常州史稿

现代卷

常州市地方志办公室 编撰

凤凰出版社

图书在版编目（CIP）数据

常州史稿 / 常州市地方志办公室编撰. -- 南京：凤凰出版社，2018.12
ISBN 978-7-5506-2883-0

Ⅰ.①常… Ⅱ.①常… Ⅲ.①常州—地方史 Ⅳ.①K295.33

中国版本图书馆CIP数据核字(2018)第233701号

书　　　名	常州史稿
编　　　撰	常州市地方志办公室
策　　　划	常州华双文化艺术有限公司
责 任 编 辑	汪允普
出 版 发 行	凤凰出版社（原江苏古籍出版社）
	发行部电话 025-83223462
出版社地址	南京市中央路165号，邮编：210009
出版社网址	http://www.fhcbs.com
印　　　刷	常州市武进第三印刷有限公司
	常州市武进区湟里镇村前街99号，邮编：213154
开　　　本	718×1005毫米　1/16
印　　　张	75
字　　　数	1385千字
版　　　次	2018年12月第1版　2018年12月第1次印刷
标 准 书 号	ISBN 978-7-5506-2883-0
定　　　价	580.00元（全三册）

（本书凡印装错误可向承印厂调换，电话：0519-83761576）

《常州史稿》编纂委员会

名誉主任 汪 泉 丁 纯

主　　任 徐光辉

副 主 任 方国强

主　　编 李亚雄

编　　委（按姓名笔画排列）

丁 一　王 援　叶 舟　叶英姿　孙春伟　李亚雄

陈满林　邵 建　虞建安　臧秀娟　樊百成　鞠 烨

学术主编 熊月之

副 主 编 叶 舟　臧秀娟　邵 建

撰 稿 人　熊月之（导论）　　黄建康、于成龙（第一编）　　池桢（第二编）
　　　　　　周才方（第三编）　　叶舟（第四、六编，历代地方官员）
　　　　　　吕扬（第五编）　　葛涛（第七编第一、二章）
　　　　　　徐涛（第七编第三、四章）　　高俊（第七编第五、六章）
　　　　　　赵婧（第八编第一章）　　张生（第八编第二、三章）
　　　　　　何方昱（第八编第四、五章）　　王援（第九编）
　　　　　　虞建安、华岩（第十编）　　盛祖祥（第十一编）
　　　　　　王粉龙（第十二编）　　吉英平、孙兵（第十三编）
　　　　　　朱海山、苑全驰（第十四编）　　臧秀娟（大事记、书记市长表）

终审专家组（按姓名笔画排列）
　　　　　　王卫平　叶英姿　陈满林　邵　建　胡发贵

天宁寺

天目湖

常州市容市貌

常州高架道路

新龙大桥

快速公交车

常州住房保障项目——景秀世家

篦箕——竹梁漆绘大丁篦

梳篦

杨守玉乱针绣作品
《托尔斯泰》

徐素白留青竹刻作品

徐秉方留青竹刻作品

巨幅刻纸作品《百年奥运》

常州小热昏《卖梨膏糖》

蒋塘马灯舞——破阵杀敌

万绥东岳庙戏楼

目录

第九编 社会主义建设探索时期（1949—1965）

第一章 社会主义建设的准备 …… 003
- 第一节 新政权的建立和巩固 …… 003
- 第二节 新思想新文化的树立 …… 008
- 第三节 新经济秩序的建立 …… 011
- 第四节 土地改革和互助合作 …… 018
- 第五节 社会事业的初步发展 …… 022

第二章 社会主义建设的起步 …… 027
- 第一节 政权建设 …… 027
- 第二节 思想政治建设 …… 031
- 第三节 经济制度的社会主义改造 …… 037
- 第四节 国民经济第一个五年计划 …… 044
- 第五节 社会事业的新发展 …… 050

第三章 社会主义建设的曲折 …… 057
- 第一节 政权建设和思想政治建设 …… 057
- 第二节 "大跃进" …… 062
- 第三节 人民公社化 …… 068
- 第四节 三年经济困难 …… 071
- 第五节 经济建设的初步调整 …… 073
- 第六节 社会事业缓慢发展 …… 078

第四章 社会主义建设的调整 …… 082
- 第一节 政权建设和思想政治建设 …… 083
- 第二节 城市经济调整 …… 089

第三节　农村经济调整 ·· 095
第四节　经济形势的好转 ·· 096
第五节　社会事业在调整中发展 ·· 099

第十编　"文化大革命"时期（1966—1976）

第一章　"文化大革命"的发动与全面内乱（1966—1968） ········· 107
第一节　"文化大革命"爆发前夕的常州 ································· 107
第二节　"文化大革命"的发动 ··· 108
第三节　社会局势的动乱 ·· 112
第四节　实行军管与建立革命委员会 ····································· 117

第二章　"斗、批、改"运动与国民经济的恢复（1969—1972） ···· 120
第一节　全面开展"斗、批、改"运动 ···································· 120
第二节　中共组织的恢复与中共常州四大 ······························· 127
第三节　国民经济的恢复与逐步发展 ····································· 129

第三章　全面整顿与反对江青反革命集团的斗争（1973—1976） ···· 137
第一节　纠正极"左"思潮的努力 ·· 137
第二节　全面整顿在常州 ·· 139
第三节　经济与社会各项事业的发展 ····································· 141
第四节　抵制和反对"四人帮"的斗争 ··································· 150

第十一编　拨乱反正时期（1977—1982）

第一章　解放思想，拨乱反正 ·· 155
第一节　揭批"四人帮" ·· 155
第二节　平反冤假错案 ··· 155
第三节　民主政治建设 ··· 157

第二章　改革开放初期的"试验田" ···································· 158
第一节　农村改革起步 ··· 159
第二节　城市经济体制改革的探路先锋 ·································· 160
第三节　"全国中小城市学常州"热潮的初兴 ·························· 166
第四节　城市建设和社会文化事业 ······································· 167

第十二编 改革开放先行发展时期（1983—1992）

第一章 经济和管理体制改革试点城市 ⋯⋯⋯⋯⋯⋯⋯⋯⋯⋯⋯⋯⋯⋯⋯⋯⋯⋯⋯⋯⋯ 177
 第一节 企业生产经营体制改革 ⋯⋯⋯⋯⋯⋯⋯⋯⋯⋯⋯⋯⋯⋯⋯⋯⋯⋯⋯⋯⋯ 177
 第二节 城市管理体制改革 ⋯⋯⋯⋯⋯⋯⋯⋯⋯⋯⋯⋯⋯⋯⋯⋯⋯⋯⋯⋯⋯⋯⋯ 181
 第三节 金融财政体制改革 ⋯⋯⋯⋯⋯⋯⋯⋯⋯⋯⋯⋯⋯⋯⋯⋯⋯⋯⋯⋯⋯⋯⋯ 182
 第四节 初步建立市场体系 ⋯⋯⋯⋯⋯⋯⋯⋯⋯⋯⋯⋯⋯⋯⋯⋯⋯⋯⋯⋯⋯⋯⋯ 185
 第五节 改革开放后第一个崛起的工业新城 ⋯⋯⋯⋯⋯⋯⋯⋯⋯⋯⋯⋯⋯⋯⋯⋯⋯ 191
 第六节 经济的治理整顿 ⋯⋯⋯⋯⋯⋯⋯⋯⋯⋯⋯⋯⋯⋯⋯⋯⋯⋯⋯⋯⋯⋯⋯⋯ 192

第二章 "苏南模式"与农村改革 ⋯⋯⋯⋯⋯⋯⋯⋯⋯⋯⋯⋯⋯⋯⋯⋯⋯⋯⋯⋯⋯⋯⋯ 194
 第一节 乡镇企业的迅速发展 ⋯⋯⋯⋯⋯⋯⋯⋯⋯⋯⋯⋯⋯⋯⋯⋯⋯⋯⋯⋯⋯⋯ 194
 第二节 农村改革和农村经济发展 ⋯⋯⋯⋯⋯⋯⋯⋯⋯⋯⋯⋯⋯⋯⋯⋯⋯⋯⋯⋯ 197

第三章 外向型经济和非公经济 ⋯⋯⋯⋯⋯⋯⋯⋯⋯⋯⋯⋯⋯⋯⋯⋯⋯⋯⋯⋯⋯⋯⋯⋯ 201
 第一节 对外开放 ⋯⋯⋯⋯⋯⋯⋯⋯⋯⋯⋯⋯⋯⋯⋯⋯⋯⋯⋯⋯⋯⋯⋯⋯⋯⋯⋯ 201
 第二节 非公有制经济的兴起 ⋯⋯⋯⋯⋯⋯⋯⋯⋯⋯⋯⋯⋯⋯⋯⋯⋯⋯⋯⋯⋯⋯ 205

第四章 社会事业的探索与发展 ⋯⋯⋯⋯⋯⋯⋯⋯⋯⋯⋯⋯⋯⋯⋯⋯⋯⋯⋯⋯⋯⋯⋯⋯ 207
 第一节 社会发展综合示范试点 ⋯⋯⋯⋯⋯⋯⋯⋯⋯⋯⋯⋯⋯⋯⋯⋯⋯⋯⋯⋯⋯ 207
 第二节 科教文卫事业 ⋯⋯⋯⋯⋯⋯⋯⋯⋯⋯⋯⋯⋯⋯⋯⋯⋯⋯⋯⋯⋯⋯⋯⋯⋯ 208
 第三节 社会保障建设 ⋯⋯⋯⋯⋯⋯⋯⋯⋯⋯⋯⋯⋯⋯⋯⋯⋯⋯⋯⋯⋯⋯⋯⋯⋯ 214

第五章 城市规划建设管理 ⋯⋯⋯⋯⋯⋯⋯⋯⋯⋯⋯⋯⋯⋯⋯⋯⋯⋯⋯⋯⋯⋯⋯⋯⋯⋯ 218
 第一节 城市总体规划 ⋯⋯⋯⋯⋯⋯⋯⋯⋯⋯⋯⋯⋯⋯⋯⋯⋯⋯⋯⋯⋯⋯⋯⋯⋯ 218
 第二节 交通设施建设和旧城改造 ⋯⋯⋯⋯⋯⋯⋯⋯⋯⋯⋯⋯⋯⋯⋯⋯⋯⋯⋯⋯ 219
 第三节 城市公用事业的发展 ⋯⋯⋯⋯⋯⋯⋯⋯⋯⋯⋯⋯⋯⋯⋯⋯⋯⋯⋯⋯⋯⋯ 223
 第四节 环境卫生和环境保护 ⋯⋯⋯⋯⋯⋯⋯⋯⋯⋯⋯⋯⋯⋯⋯⋯⋯⋯⋯⋯⋯⋯ 224

第六章 民主政治和精神文明建设 ⋯⋯⋯⋯⋯⋯⋯⋯⋯⋯⋯⋯⋯⋯⋯⋯⋯⋯⋯⋯⋯⋯⋯ 226
 第一节 统一开展整党工作 ⋯⋯⋯⋯⋯⋯⋯⋯⋯⋯⋯⋯⋯⋯⋯⋯⋯⋯⋯⋯⋯⋯⋯ 226
 第二节 完善地方人民代表大会制度 ⋯⋯⋯⋯⋯⋯⋯⋯⋯⋯⋯⋯⋯⋯⋯⋯⋯⋯⋯ 227
 第三节 恢复和发展人民政协工作 ⋯⋯⋯⋯⋯⋯⋯⋯⋯⋯⋯⋯⋯⋯⋯⋯⋯⋯⋯⋯ 228
 第四节 社会主义精神文明建设 ⋯⋯⋯⋯⋯⋯⋯⋯⋯⋯⋯⋯⋯⋯⋯⋯⋯⋯⋯⋯⋯ 229
 第五节 社会治安综合治理 ⋯⋯⋯⋯⋯⋯⋯⋯⋯⋯⋯⋯⋯⋯⋯⋯⋯⋯⋯⋯⋯⋯⋯ 230

第十三编 改革开放全面推进时期（1993—2002）

第一章 开放型经济和非公经济 ………………………………………… 235
第一节 开发区建设 ……………………………………………… 235
第二节 外经外贸与国际接轨 …………………………………… 237
第三节 迅速发展的民营经济 …………………………………… 240

第二章 初步建立社会主义市场经济体制 ……………………………… 242
第一节 国企产权制度改革 ……………………………………… 242
第二节 新苏南模式 ……………………………………………… 244
第三节 培育专业市场 …………………………………………… 246
第四节 建设服务型政府 ………………………………………… 248

第三章 发展实业经济 …………………………………………………… 249
第一节 从工业明星城市到现代制造业名城 …………………… 249
第二节 现代服务业 ……………………………………………… 251
第三节 农业和农村现代化 ……………………………………… 253

第四章 建设长三角区域中心城市 ……………………………………… 254
第一节 城市框架 ………………………………………………… 254
第二节 城市生态 ………………………………………………… 259

第五章 社会事业加快发展 ……………………………………………… 260
第一节 科技教育 ………………………………………………… 260
第二节 精神文明建设 …………………………………………… 263
第三节 体育卫生事业 …………………………………………… 265
第四节 社会保障 ………………………………………………… 267

第十四编 "两个率先"与改革创新时期（2003—2010）

第一章 探索常州特色"两个率先"道路 ……………………………… 273
第一节 争做全省"两个率先"排头兵 ………………………… 273
第二节 充分集聚"两个率先"的强合力 ……………………… 275

第二章 经济结构调整与产业转型升级 ………………………………… 280
第一节 常州经济跨越式发展 …………………………………… 280

第二节　现代农业加快发展 …………………………………………… 282
　　第三节　现代制造业基地日趋建成 …………………………………… 284
　　第四节　加快发展现代服务业 ………………………………………… 287
　　第五节　营造开放型经济优势 ………………………………………… 290
　　第六节　坚持走科技创新之路 ………………………………………… 293
　第三章　全面推进长三角区域中心城市建设 ……………………………… 296
　　第一节　绘就城市总体发展新蓝图 …………………………………… 296
　　第二节　构建城市发展的新形态 ……………………………………… 297
　　第三节　建设绿色生态新常州 ………………………………………… 303
　　第四节　形成城乡一体化发展新格局 ………………………………… 307
　第四章　以人为本建设和谐常州 …………………………………………… 312
　　第一节　赋予城市人文精神新内涵 …………………………………… 312
　　第二节　推进社会事业优质均衡发展 ………………………………… 315
　　第三节　社会建设日益重视 …………………………………………… 323
　　第四节　共享改革发展成果 …………………………………………… 327

大事记 ……………………………………………………………………… 335
附　录 ……………………………………………………………………… 373
　常州历代地方官员一览表 …………………………………………………… 375
　进士名录 ……………………………………………………………………… 403
　主要参考文献 ………………………………………………………………… 423
贯古通今　立言著史——《常州史稿》编著记 ………………………… 437

第九编 社会主义建设探索时期（1949—1965）

第一章 社会主义建设的准备

1949年4月，常州建立中共常州市委及党的基层组织，同时建立市、区、乡各级新的政权。新政权没收旧政权官办资本归国有，发展国营经济；平抑物价，统一财经，打击投机商人哄抬物价等扰乱市场的行为；调整和支持私营工商业，引导它们与国营经济合作；在农村全面进行土地改革，实现耕者有其田；在乡村和城市组织农民和手工业者开展互助合作。为巩固政权，建设社会主义，全市开展镇压反革命、抗美援朝、"三反""五反"、知识分子思想改造运动，开展全民学文化、学技术活动和禁烟禁毒等行动。这个时期，全市国民经济得到恢复和发展，新思想新文化广泛传播，科学、文化、教育、卫生事业都有新的发展，为社会主义改造和第一个五年计划的实施打下了基础。

第一节 新政权的建立和巩固

1949年4月23日晨，中国人民解放军华东警备六旅副旅长朱传保等率先头营进驻常州。同月，常州建立中国共产党领导下的人民政权，并为巩固和执掌政权开展了一系列运动。

一、建置与区划

1949年3月，中共南下渡江干部机动总队奉命在泰县张甸集训，组成苏南区常州行政区专员公署（以下简称常州专署）、常州市军管会等组织，确定接管常州的方案。为配合解放常州、接管城市，常州地下党组织利用油印小报和信函，阐述党的方针、政策，团结和安抚民主人士，组织护厂队、护校队，保卫工厂、学校，通过商会，组织救火会成员站岗放哨，保护市政设施，防止坏人破坏。在国民党内的地下党员、地下团员冒着生命危险，对国民党军政人员进行策反，看管好资财档案。

1949年4月24日，吴觉率领部分南下接管干部进入常州城。4月26日，接管常州地区的地方干部陆续进城。抗战时期成立的武进、澄西、武南、金坛、茅东、溧阳等县建制撤销，所辖区域分别归属武进、江阴、金坛、宜兴、溧阳、丹阳、句容各县。4月28日，中共常州地委、常州专署成立，辖武进、金坛、溧阳、宜兴、无锡、江阴六县和常州市（六县一市统称为常州行政区或常州专区），隶属苏南行政公署，吴觉任地委书记、陆平东任专员。同日，中国人民解放军常州市军事管制委员会（简称市军管会）和常州警备司令部成立，地委书记吴觉兼任军管会主任，陈直斋任军管会副主任，张克辛任警备司令部司令员、朱传保任副司令员、陈直斋任政治委员。同时，宣布在全市实行军事管制。常州专署实行常州市、武进县分治，划武进的龙城、名山、青山、乐善、新民、崇法、荆川、永丰八镇设常州市，面积11.68平方公里。中共常州市委、常州市人民政府，中共武进县委、武进县人民政府同时宣告成立。地委副书记辛少波兼任常州市委书记，诸葛慎任代市长；市人民政府驻局前街，隶属苏南人民行政区公署常州行政区专员公署（1949年5月1—16日称武进行政分区专员公署）。常州市直属镇的8个镇分别成立镇人民政府。当时，保甲组织没有立即废除，但对保甲长采取集中受训、个别谈话等方式进行教育，加强对他们的改造，要他们改掉旧的作风，为逐步废除保甲制创造有利条件。1950年6月，辛少波任中共常州地委书记。

军管会成立后，在城内张贴《中国人民解放军布告》（即《约法八章》）和《三大纪律八项注意》，发动人民群众，依靠工人阶级，团结一切进步的民主人士，开始接管国民党政权以及金融、文化等事业单位。在军事与行政接管的同时，军管会着手接收国民党政权、军队等遗留下来的一切资产，包括动产和不动产。

1949年8月，市人民政府为加强与人民群众的直接联系，使城市工作方式和组织形式适合城市特点，撤销8个镇人民政府，将8个镇合并为4个区（即一、二、三、四区）。10月，常州行政区各地开始实行户籍改革工作。1950年9月，通过民主选举，成立1154个居民小组，普遍订立居民公约。彻底废除原有的114个保、1814个甲的保甲制度。1951年3月1日，中共常州市郊区委员会和郊区区公所（系市政府派出机构）同时成立。1952年7月，遵照中央人民政府政务院关于10万人口以上城市应建立区级人民政府的指示，常州市将原一、二、三、四区改设东、南、西、北4个区。9月，4个区分别建立区人民政府。1952年9月15日，常州市郊区区公所改为郊区人民政府。1952年底，常州专区撤销。

二、各界人民代表会议

随着形势的发展，召开普选的人民代表大会条件初步具备。1949年7月25日至27日，市人民政府在市政府大礼堂召开各界人士座谈会，有73人出席。这次座谈会是各界人民代表会议的雏形，出席人员此后大多成为市一届一次各界人民代表会议的代表。

1949年9月22日，市第一届第一次各界人民代表会议代表产生，共计182名。代表任期6个月，连选可连任。人民代表会议协商委员会作为各界人民代表会议的常设机构，实行政治协商、民主监督。市一届一次各界人民代表会议于1949年9月28日至10月1日在市政府大礼堂召开，出席会议的代表170人，列席15人，他们中间有工人、学生、教师、文艺工作者、工商业者、民主人士等，通过民选、推选、聘请等三种形式产生。大会选举常州市各界人民代表协商委员会，共有委员21人，王晓楼为主任，何乃扬为第一副主任，顾峤若为第二副主任。市二届一次各界人民代表会议于1950年6月6—9日在市政府大礼堂召开。市三届一次各界人民代表会议于9月20—24日在市政府大礼堂召开。至1952年底，常州市共召开三届七次各界人民代表会议，相应选举三届常州市各界人民代表协商委员会。1950年5月，戚墅堰区召开首届一次各界人民代表会议。1952年9—12月，其余各区（除郊区）召开首届一次各界人民代表会议，相应选举产生协商委员会，对行政区内的重大事项进行讨论并做出决定。

此时召开的常州市各界人民代表会议中，民主党派成员、无党派爱国人士的代表约占三分之一。在选举产生协商委员会中，民主党派成员、爱国人士的委员数一般占委员总数的40—50%。1951年5月18日，中国民主同盟常州市分部临时工作委员会成立，张允溪任主任委员。1952年12月13—14日，召开民盟常州市第一次盟员大会，选举产生了民盟常州市第一届委员会，张允溪为主任委员（至"文化大革命"前共开过4次盟员大会）。6月24日，中国民主建国会常州分会筹备委员会成立，刘国钧任主任委员。

三、整风整党

1950年8—11月，中共常州市委遵照中共中央《关于在全党全军开展整风运动的指示》，领导开展新政权建立后的首次整风运动。市委成立以市委副书记王晓楼为主任的整风学习委员会，下设9个分会。整风的目的是为了克服党内存在的各种错误思想倾向，纠正不良的工作作风，以适应新形势、新任务的需要。参加整风的干部共900多人，其中党员300多人，团员400多人，党外干部200多人。整风的重点是市、区两级党员领导干部。整风中，市委领导带头开展批评与自我批评，广泛听取各方面意见，并发挥《常州民报》等舆论工具的监督作用。

1951年12月6日，市委根据第一次全国组织工作会议《关于整顿党的基层组织》的决议，发出《常州市整党建党工作计划》，并先在大成一厂、民华布厂试点，逐步推开，至1953年8月基本结束。这次整党，工厂支部结合民主改革补课进行，学校支部结合暑期集训进行，机关、企事业支部结合1953年的"新三反"进行。整党中，首先组织党员认真学习《中国共产党章程》，在提高认识的基础上，有重点地进行检查，开展批评；同时党组织对党员的政治历史、社会关系、思想认识进行排队，做到心中有数；然后进行党员登记工作。这次整党至1953年8月基本结束，共处理不具备党员条件或犯有严重错误的党员204人，其中清除出党74人，受各种党纪处分的91人，被取消候补党员资格的39人。此外，对一些入党手续不完备的党员，补办入党手续。①

四、剿匪肃特和镇压反革命

新政权建立初期，国民党残余势力活动猖獗，中共常州市委、市人民政府决定开展剿匪肃特工作。1949年7月2日，市军管会发布《关于遣散散兵游勇的布告》和《国民党溃散官兵及枪支弹药呈交办法》，限令国民党散兵游勇在布告公布后3日之内到指定地点登记。至7月4日，仅50名散兵游勇登记。为此，警备司令部于7月6日在全市突击搜查散兵游勇，单龙城、名山两镇就查获150余名。对收容的散兵游勇，有近百名被遣送到外地或原籍，其余的由公安机关作恰当处理。这次行动一共遣返1200多名散兵游勇。同时，市警备司令部开展肃清武装匪特的军事行动，先后破获100多股匪特组织，共歼灭2000多名匪特，缴获各种武器1800多件、弹药16万发（枚）。剿匪工作到1950年底告一段落。

1950年7月，中共中央发布《关于镇压反革命活动指示》。10月，镇压反革命运动在常州专区各地展开。运动贯彻"首恶必办，胁从不问，立功受奖"和"镇压与宽大相结合"的方针。公安机关依法逮捕一批反革命分子。1950年11月，市委通过《反动党团、特务人员登记工作方案及实施办法》，成立反动党团登记工作委员会，由市委书记、市长等19名领导组成，并抽调一批干部负责这项工作。全市还召开居民积极分子会议，成立1800多个居民规劝组，协助政府规劝反动党团、特务人员自觉登记。

1951年1月上旬，根据苏南军区对匪特重点清剿的部署，中共常州地委成立茅山剿匪指挥处，进驻茅山，指挥剿匪斗争。1月15日，苏南区党委发出关于开展镇压反革命工作的指示。常州地委进一步部署镇压反革命工作。

市军管会于1951年1月20日发出布告，公布《反动党团、特务人员申请悔过登记实施办法》，限定反动党团、特务人员必须在1月23日至28日（后延长3日），到指定地点办理登记。登记办法公布后，有516人在限定的时间内办理登记，其中国民党区分部委员以上人员90人、三青团分队长以上人员227人、特务198人、民社党党员1人，同时收缴一批枪支弹药和596件反动证件。但是，也有抗拒登记的人。为此，1月29日，经上级批准，判处5名拒不登记、证据确凿、罪恶严重的人死刑，立即执行。

1951年4月27日，市委、市政府遵照上级指示，与苏南各市统一行动，集中逮

---

① 常州市地方志编纂委员会编：《常州市志》第2册，中国社会科学出版社1995年版，第1186页。

捕一批罪大恶极的反革命分子。29日,公安局又逮捕一批罪大恶极的反革命分子,并召开公审大会,判处3名罪犯死刑,立即执行。1951年5月6日,在市二届三次各界人民代表会议上,反革命案件审查委员会成立。1951年6月,经市委领导审核同意和呈报上级政府批准,又一批罪大恶极的反革命分子被逮捕处决。1953年上半年,镇压反革命运动结束。

五、抗美援朝运动

1950年11月12日,全市各界代表500余人举行"中国人民保卫世界和平反对美国侵略委员会常州市支会(简称常州市抗美援朝分会)"成立大会,正式揭开全市抗美援朝运动的序幕。12月2日,常州市召开以抗美援朝为中心议题的二届二次各界人民代表会议,通过《关于开展常州市时事学习与时事宣传运动的决议》以及拥护伍修权代表在联合国安全理事会上控告美国侵略台湾的严正发言和庆祝朝鲜大捷的通电。至年底,全市共举办抗美援朝为主题的报告会63场、听众8400多人,召开座谈会和辩论会23次、到会1700多人,组织1万余人参观抗美援朝实物图片展览,并于12月17日组织7万余人举行抗美援朝示威大游行,3万多人签名投函报社,表示要为保卫祖国、保卫世界和平贡献一切力量。

12月12日,常州市成立军事干部学校招生委员会,统一领导招干工作。截至1951年1月13日,首次参干报名2760人(其中女青年668人),434人被录取。到1951年7月17日,全市又有2630人报名参干,240人被批准。7月至8月,常州有11名铁路员工和54名汽车司机赴朝支援前线运输。

自抗美援朝运动开展后,常州掀起慰问捐献热潮。各校师生发起每人支援一颗子弹与一封慰问信活动,共写慰问信3600多封;家庭妇女掀起"一人一双鞋"的捐献活动,赶制4200多双新鞋支援前线;驻常军区教导团妇女干部倡导"一千元"捐献活动,省下津贴费,捐献43万元(旧人民币,下同);市工商界开展万条毛巾捐献活动,半天捐献11700多条;大成三厂(后为国棉三厂)、协源布厂(后为第一织布厂)等4家工厂捐款就达332万元。从1950年11月至1951年5月,全市共捐献慰劳金8.8亿元、慰劳品近9万件、书籍3万余册。

1951年6月1日,中国人民抗美援朝总会发出推行爱国公约、捐献飞机大炮和优抚烈军属的"三大号召"。6月15日,常州市抗美援朝分会、总工会、妇联和各民主党派分别发出响应"三大号召"的通知。全市各工厂、企业、机关、学校、街道和农村掀起制订爱国公约热潮。9月底,全市有120个行业、5097个单位订出行业或单位爱国公约,有18万多人参与,占全市总人口的85%以上。至1951年底,全市优先照顾烈军属就业298人;组织农民为113户烈军属代耕;学校对309位正在就读的贫困烈军属子女减免学费；医院为烈军属免费诊治 4000 余人次；政府向烈军属发出补助粮 1 万多斤、补助金 186 万元。至 1952 年 5 月，全市共捐款 251.36 亿元，折合战斗机 16.5 架，提前和超额完成原定计划；先后组织 30 个慰问团、16 个文艺演出小组专程赴医院、驻地进行慰问、演出，献锦旗 300 面、慰问金 390 余万元。1951 年和 1953 年，中国红十字会常州分会还派出两批援朝医疗队，支援前线的卫生医疗和防疫工作。

1953 年 7 月 27 日，朝鲜停战协定在板门店签字。7 月 31 日，市抗美援朝分会召开各界人民代表座谈会，庆祝停战协定签字。至此，常州市抗美援朝运动基本结束。

第二节 新思想新文化的树立

围绕国民经济的恢复、发展，在土地改革、镇压反革命、"三反""五反"和抗美援朝等一系列社会运动中，党和政府对全体人民群众进行广泛深入的宣传教育，开展整党整风、扫盲、知识分子思想改造、禁烟禁毒等一系列活动，树立新社会的新思想和新文化。

一、思想宣传教育

1949 年 4 月 28 日，常州市委设立市委宣传部。此后，全市各区建立区委，下设宣传科，逐步建立党的宣传工作网络。1951 年 2 月 15 日，苏南区委下发《关于在全党建立对人民群众的宣传网的实施办法》，常州市委制定建立宣传网的实施计划。据 1952 年 11 月 15 日统计，全市基本建成宣传网，有市、区两级报告员 72 人，党的宣传员 3066 人。此外，还建立各种群众宣传组织，计宣传队 252 个（队员 4453 人）、戏剧团 49 个、歌咏组 158 个、读报组 758 个（读报员 1482 人）。为了加强队伍建设，提高宣传员、报告员的素质，市委每年结合布置宣传工作的主要任务，多次召开市、区两级宣传员、报告员代表大会，或交流经验，或做示范报告。

1949 年 5 月 21 日，常州地委民运部在市区首次举办职工训练班，100 多名学员学习一周的时事形势和党的方针政策。1949 年 6 月 5 日，常州地委民运部举办第二期职工训练班，233 人参加。同年 10 月 23 日，市军管会文教部举办第三期时事政训班，纺织、手工业、搬运行业的工会工作者 276 人参加。团市委青年服务部组织 1163 名失学失业青年分 67 个小组开展政治学习。据不完全统计，1949 年 5 月至年底，市主管部门举办各种职工政训班 19 期，学员 2808 人。

1950 年 5 月 1 日，《中华人民共和国婚姻法》颁布施行。1951 年起，根据市各界人民代表会议的决议，全市开展《婚姻法》的宣传讲解，同时结合形势，围绕抗美援朝、土地改革、"三反""五反"、增产节约等中心工作，深化政治教育。郊区政府和市文教局积极开展农民教育工作，举办政训班，进行政治形势、阶级、民主教育，3000余人参加。7月，常州专区各地开始在工人中开展"共产主义和共产党"的教育活动。8月，为贯彻中共中央和苏南区党委《关于开展〈武训传〉的讨论的通知》要求，常州专区各地组织开展对《武训传》的讨论，批判"武训精神"。11月，根据华东行政区工人政治教育工作会议精神，市委部署全市主要企业党政工团密切配合，加强对产业工人进行马列主义和党的基础知识的系列教育，掀起政治学习的热潮。

1952年国庆节前后，"新中国成立三年的成就和今后任务"的宣传教育集中进行，举办报告会达94场，8万余人次受到教育。1952年11月，举办《婚姻法》巡回展览。仅据1952年11月至12月的统计，全市群众主动办理婚姻登记的达237对，比1951年同期增209.6%，登记率显著提高。

这一时期，全市还举办各种报告会、展览会、宣传周，造成强大的社会舆论氛围。在抗美援朝运动中，8万多人学会唱抗美援朝歌曲，有18万人在保卫世界和平、禁止原子武器的宣言上签名，有17万人参加反对美帝侵略台湾、朝鲜的宣传活动；在镇压反革命运动中，举办反特展览会，观众达9万多人次；在"三反""五反"运动中，举办"五反"展览会，演出戏剧《千军万马》，7万多人次受到教育。

二、知识分子思想改造

1949年5月，常州市军事管制委员会文教部发出通知，要求各中小学组织教师学习新民主主义理论。1950年上半年，市政府遵照常州专署指示，在各中小学普遍成立教职员工会和在职教师学习委员会，对教职员进行教育。1951年8月，利用暑假，市区287名中学教师参加苏南区中等学校教师思想改造学习会，其余由市文教部门组织起来集中学习。之后，市文教局组织参加苏南区学习的教师向学生报告思想改造的收获和体会。1951年11月，常州市委成立学习委员会，加强领导。市文学艺术界联合会筹委会根据上级指示精神，于12月20日举行扩大会议，讨论决定在市区文艺界开展以整顿文艺、改造思想、改进工作为主要内容的整风学习运动。23日，常州地委、市委负责人在市文艺界机关、团体领导干部中进行学习动员。12月，常州专署召开教育界知识分子大会，贯彻中共中央《关于在学校中进行思想改造和组织清理工作的指示》，动员广大教职员认真学习政治理论，进行自我思想改造，确立为人民服务的观念，当好人民教师。1952年9月，市区4个剧团的骨干在苏南文联的指导下集中学习1个月，随后至年底利用业余时间开展整风。

此外，市各界人民代表会议协商委员会遵照中国人民政治协商会议常务委员会《关于开展各界人士思想改造的学习运动的决定》和号召各界人士学习《共同纲领》

的通知精神，专门成立以学习《共同纲领》为主要内容的学习委员会，从11月1日起，集中9个月，组织市各民主党派、工商联、科技界、医务界、宗教界等315人学习。

教育、文艺界的思想改造学习运动分端正学习态度、自我思想检查、组织审查清理三个阶段。到1953年7月底，常州市的知识分子思想改造学习运动基本结束。

三、禁烟禁毒

新政权刚成立时，各区公安分局曾在辖区内对毒贩、吸毒者进行初步调查，破获数十起烟毒案，缴获一批毒品、毒款和毒具。1949年11月，苏南行署公布《禁烟禁毒暂行条例》后，常州市立即向各区公安分局布置禁烟禁毒任务，由各公安分局在辖区内进行突击搜查，又破获30余起吸毒案和9起贩毒案，并责令贩毒、吸毒者到所属公安分局进行悔过登记。1950年2月，常州判处4名屡教不改的大毒犯死刑，同时抓捕147名烟毒犯，进行教育改造。

1952年5月，根据苏南行政公署关于要在"三反""五反"运动胜利的基础上开展一次"清毒"运动的指示，中共常州市委、市政府成立禁毒工作委员会，决定开展全市性禁烟禁毒运动。1952年6月，常州专区各地相继成立禁烟禁毒委员会，开展禁烟禁毒运动。各公安分局再次进行调查，发现仍有贩毒犯在活动，还有吸毒犯继续吸毒。8月上、中旬，政府组织两次统一行动，共逮捕18名毒贩，收审50名吸毒犯。8月下旬，市委、市政府召开2000余名禁毒宣传员大会，布置深入街道、里弄，宣传党的禁毒政策，建立群众劝戒小组。派出所和劝戒小组分别组织辖区的群众及毒贩家属召开座谈会，收集贩毒吸毒材料，动员毒贩家属到收容所规劝毒贩坦白。8月25日后，全市又先后召开2000余次座谈会、报告会、大小检举会，在此基础上召开控诉会和公诉会。9月7日，市政府又召开2万多人参加的群众控诉检举大会，把收审和逮捕的毒犯全部带入会场，接受控诉批斗。9月28日，全市分片召开10场坦白检举大会。根据毒犯的检举，再次宣布逮捕一批毒犯。11月17日，在贻园戏院召开宣判大会，判刑84人，交群众管制118人，教育释放301人。据1952年10月统计，全市共有吸毒者1000多人，大小贩毒、制毒犯700多名。市公安局根据毒犯的罪行轻重，共先后逮捕154名毒犯（其中贩毒犯152人、制毒犯2人）。

四、宗教活动

1949年，常州有佛、道、伊斯兰、天主、基督五大教寺观教堂122座，职业宗教人员800余人。人民解放军一进常州，常州市军事管制委员会就张贴公告，宣布宗教信仰自由，保护寺庙教堂。不久，市人民政府提出"生产、学习、修持"三不误的方针，协助宗教界组织宗教职业人员学习与生产自养。在天主教、基督教中，帮助开展以独立自主、自办教会和"三自"（自传、自治、自养）为内容的反帝爱国运动。宗教事务由市人民政府民政局（科）管理。1956年，归市、县委统战部分管。1957年9月，常州市人民委员会设民族宗教事务处管理宗教事务。1949年至"文化大革命"前，历届地方政治协商会议和人民代表大会中，均有宗教界的代表参政议政。

由于城市掀起学习文化的热潮，宗教活动逐渐减少。例如，郊区小茅山村的30多户人家，1949年前有20多人常年念佛，1950年后农民搬走当地庙内的菩萨，在庙内办起俱乐部，把过去磕头作揖、求神拜佛的地方，变成交流生产技术和学习文化的场所。

第三节 新经济秩序的建立

1949年初，常州各种社会矛盾错综复杂，市场和金融秩序混乱，经济萧条。当时，工商企业或破产倒闭，或开工不足，全市纺织行业7000多台布机仅有2000台左右在运转。由于民众购买力低，再加上资金周转困难，商业萧条。市区近3万名职工有一半失业。市委、市政府在抓政治稳定的同时，着手建立公有经济，扶植私营工商企业，运用综合手段，稳定经济，发展生产。在此期间，国营经济逐步发展起来并发挥重要作用。在壮大国营经济的同时，对资本主义工商业通过调整劳资关系、银行贷款、收购产品等，扶持它们恢复生产，并采取加工订货等初级形式进行利用、限制、改造，促使它们走上国家资本主义道路。为保证经济健康发展，全市前后3次开展平抑物价行动以及"三反""五反"运动。

一、经济秩序的稳定

常州市人民政府先后成立了常州专署工商局、国营建中贸易公司、中国人民银行常州市支行等机构，开始整顿经济秩序。

中国人民银行常州市支行首先发出布告，宣布中国人民银行所发行的人民币为唯一合法的货币，废止金圆券，禁止银元流通，以巩固人民币的地位，并挂牌限期收兑群众手中的金圆券。由于人民币刚在市场流通，市民对人民币不够信任，银元一度成为市场的主要通货。一些投机奸商倒卖银元，银元价格一日数变，引起物价轮番上涨。对此，军管会再次发出布告，严禁以银元计价及流通。然而，还是有少数投机分子置若罔闻，转入地下继续进行黑市活动。6月9日，市军管会作出平抑物价的四项紧急决定：立即召集米粮业会议，疏导粮源，组织采购；国营建中贸易公司筹备处即日起实行配售大米、面粉、布匹等物资；对银元非法投机行为予以严格禁止；严禁抬价居奇、操纵市场等非法活动。决定实施后，市场物价逐渐下跌。至11日，大米、纱布价格均下降20%左右。当天，国营建中贸易公司筹备处向职工、教师、学生及机关工作人员配售平价口粮。6月10日，华东军政委员会公布《金银管理暂行办法》。14日，市军管会颁布银字第六号《公告》，责令所有银贩停止活动，违者严惩不贷。公安和工商行政管理部门对非法经营的银贩子予以检查和拘禁，按情节轻重分别处理。经过一个多月的斗争，银元被逐出流通领域，人民币占领市场。

为了保证大宗商品价格平稳，不让不法资本家和投机商人操纵物价，常州市委、市政府专门成立纱布、粮食、油饼等交易市场，取消场外交易；对黑市交易、哄抬物价的投机商进行行政和经济处罚；禁止各机关在市场抢购物资，购存货物；给工人、学生、公教人员平价配售大米；国营建中贸易公司又抛售物资，回笼货币，物价上涨风得到初步遏制。

1949年11月，由于受全国物价波动的影响，常州物价涨风又起。在中央财政经济委员会的统一部署下，各地国营贸易公司一致行动，大量抛售粮食、棉花等物资，给哄抬物价的投机势力以沉重打击。1950年春天，常州的投机商抱着年关"红盘"（兴旺的市面）必涨的心理，接连抢购3天，囤积商品。国营建中公司抢先调购大量物资，首开"红盘"，粮食、纱布、食油等主要商品仍按原价敞开供应，投机商贴利息亏本，国营经济取得了商品市场的领导权。

为使工厂尽快恢复生产，市人民政府于1949年发出命令：凡是工厂停歇，必须经过工商局批准，未经批准擅自停工的工厂都必须限时复工；工厂不论停工与否都不得停止工人伙食，不得禁止工人进厂，未得劳动局同意不得任意解雇工人。市人民政府还决定，扶助私营工厂，对于资金困难，自己不能完全解决的企业，给予必要的贷款。1950年3月，市人民政府决定采取委托加工和订货的形式，帮助私营民丰纱厂和染织业的协源等5家厂维持生产。

1950年3月，以通货膨胀为基础的虚假购买力趋于消失，市场出现银根吃紧、商品相对过剩的现象，834户私营工商业户因营业困难而关歇。市政府及时调整棉布、百货、日用品和粮食的批零差价，提高大米、面粉的起批点，使私营零售商得到10—20%的盈利。6月，完成包括摊贩在内的6294户工商登记，同时制止摊贩的盲目发展，维护了零售坐商的正当经营（1951年，私营商业增加779户，全年零售总额上升到557万余元，占市区商业总营业额的49.99%）。

1950年6月，常州市二届一次各界人民代表会议通过《关于调整工商业与改造生产，战胜困难，争取经济的逐步好转的决议》等。会后，市人民政府决定全面地、有计划有步骤地调整工商业，调整公私关系、劳资关系、产销关系，帮助私营工商业克服生产上的困难，引导它们走国家资本主义道路，初步改变经济上的无政府状态。在恢复和发展生产的同时，为保障失业工人的生活，市人民政府贯彻常州市二届一次各界人民代表会议通过的《关于救济失业工人的决议》，于1950年7月成立救济失业工人委员会和救济处，着手登记和审查失业工人，采取以工代赈、组织生产救济、发放救济粮、介绍职业、征集救济基金等办法，解决失业者的生活困难。1951—1952年，市人民政府支出救济大米57528公斤。在不到3年的时间里，安置3648名失业工人、知识分子，还对市区80个百人以上单位的28315个职工和9770个家属实行劳动保险，在未实施劳动保险的工厂以及百人以下工厂企业签订劳动保险集体合同。

二、经济建设的恢复

从1949年到1952年，人民政府历时三年多，将各种官僚资本收归国有。原有官办金融机构和省、县地方银行由军事管制委员会接管。中国、交通两银行经过清理改组后恢复营业，其余办理结束工作。对私营行庄按照"利用、限制、改造"政策，通过组织联合放款、统一利率牌价等手段，加强管理和监督。由于物价仍有波动，为保障储户利益，开办以折实牌价为计算单位的"折实储蓄"。人民银行按照先国营企业后私营企业的信贷原则，积极支持国营经济和合作社经济的发展，对私营企业贯彻有利于国民经济恢复和发展及先工后商的政策，进行适当扶助。

1949年，常州市老城区的私营工业企业包括电气、棉纺、染织、印染、机械、碾米、面粉、油饼等行业，有大小工厂、工场、作坊474家，职工及个体从业人员共7.7万人，其中全民职工2.9万人。年底，市区工业总产值为7203万元，其中轻纺工业占93.2%。同时，常州城乡有手工业户4540户，从业人员6826名。城乡主要手工行业有手工染织、服装、梳篦、木器、打铁、竹藤柳器业等四五十种，进行修配、服务性经营或生产传统的手工艺品。1949年，手工业产值329.11万元，占全市工业总产值的3%。商业行业则有百货、绸布、土布等50个左右。1949年5月，常州专署工商局和国营建中贸易公司成立。1950年，市区相继成立花纱布、百货、粮食、煤建、土产等国营公司和盐业办事处，各自然行业分别归国营公司管理。在发展国营经济的同时，按照"公私兼顾，劳资两利"的政策，调整和支持私营工商业。对不利于国计民生的行业，国营公司采取限制、淘汰、合并、转业等方法进行整顿。

工业方面，对棉纱、棉布、面粉、油料等重要产品，通过国营贸易部门委托加工、订货收购方式，帮助解决原料不足和销售困难，使私营企业维持正常生产，取得合理加工利润。人民银行扩大对私信贷，帮助解决资金困难。由于政府的扶植，工业生产得到恢复和发展。通过加工订货，协源布厂、民丰纱厂、厚生机器厂等一批私营企业开始走上国家资本主义道路。此外，对机器铁工、染织、针织、印刷等一些小厂实行联营或合并，对一些无发展前途和过剩的厂商如木业、粮商、纱号等，引导它们转产或重开新厂。政府还在工厂开展民主改革。1951年11月，常州地委抽调机关干部 53 人组成工作组，分赴民丰纱厂、武进电厂等 5 家单位进行民主改革试点工作，提高群众的政治觉悟，并组织职工群众开展以增产节约为中心的劳动竞赛，推动生产的恢复和发展。

商业方面，在稳定市场的基础上，国营贸易公司扩大批发业务，让出部分零售业务，提高批零差价和批发起点；调整工商税收，提高所得税起征点；加强工商登记，制止行商和摊贩的盲目发展，以保护坐商；有计划地对私营批发商逐步实行由国营商业代替的政策，对零售商实行经销代销形式；市里召开物资交流会，并组织厂商参加苏南区内外物资交流大会，活跃城乡经济。1951 年，国营商业销售总额中花纱布占 76.23%、百货占 5.09%、粮食占 9.8%、煤建占 5.31%、土产占 3.57%。到 1952 年，纺织业由国家委托加工订货的任务增至 76%。国营商业已掌握主要商品货源，控制批发阵地。1952 年 8 月 15—20 日，常州专区城乡物资交流会在常召开，总成交额达 882 万元。

手工业方面，根据手工业不同行业的供需情况、经济建设的需要和人民群众的消费习惯，分别采取适当发展、保留限制、逐步转业或淘汰的方针。对手工染织、手工针织、营造木器、手工圆作、木器、车木、梳篦、打铁、皮鞋制作、竹藤柳器、刺绣业等，由国营公司给予加工订货任务和收购销售产品，初步纳入国家计划。对某些原材料供应紧张的行业如铜锡制造、猪鬃整理等业，尽量维持生产。锁作组铜料来源困难，全部改制铁锁，仅锁芯用 20% 的铜料，由中百公司协助解决，生产的铁锁全部由公司收购。猪鬃整理业制订质量规格标准，畜产公司恢复收购其产品，生产渐趋正常。对某些没有发展前途或生产迷信品的行业如油篓、油箍、手工丝线、手工棉线、手摇纱、手工锯木及土香、蜡烛、棺材等业，则采取限制、转产或淘汰的措施。铜锡业中制造蜡扦、蜡台等迷信品的转产或闭歇 10 多户。1951 年，市合作总社扩大加工订货、收购包销，组织手工业者参加苏南区和常州地区的土特产、物资交流大会，帮助手工业者解决原材料的供应和产品的销售问题，促使手工业复苏。全市最大的手工行业之一的梳篦业为便利外地客商采购，成立联销处，1951 年销量 657.3 万张，比 1949 年增长 13 倍。在人民银行贷款扶持下，竹藤柳器业营业比上年增加一倍以上。1952 年，全市手工业户增加到 2019 户，产值 1313.28 万元，占全市工业总产值的比重上升到 4.48%。

在恢复和发展工商业的同时，政府还对民船运输和搬运行业加以整理和组织，市成立运输委员会，统一运输计划，提高运输能力。

农村在实行减租（减少足租额 25%）减息（减少过高的不合理部分，包括实物）后，限制地主的高额地租和高利贷剥削，初步减轻贫苦农民的负担，并在农村掀起兴修水利设施的高潮，平原圩区整修内河圩堤，丘陵山区开塘筑坝。1949年7月下旬，台风雨造成江堤数百处溃决。1950年，武进县修复长江堤防，疏浚德胜河闸外河段。1951年，京杭运河常州市区段工程开工。1952年，金坛、溧阳6座小型水库动工并修建众多山区塘坝。

这一阶段，全市虽然还没有正规的经济计划，但市政府已经开始统筹安排有关国计民生的重大问题。1952年9月，遵照苏南行署指令，由市财政经济委员会负责，编制市区11个主要工业企业的增产节约计划，这是新政府正式编制的第一个计划。

到1952年，市区主要工业产品产量，都超过以前的最高产量，生产棉纱5.5万件、棉布14883万米、印染布7060万米、植物油8338吨、碾米10.7万吨。农田亩产594.7斤，比1950年提高31.4%；大型工厂工人的平均工资比1949年增加近40%；有2800多职工享受劳动保险；新建职工住房近1万平方米。国营、合作社营、公私合营工业产值占全市工业总产值的比例，由1949年的6.5%上升到14.1%；私营工业的主要产品大部已为国家加工订货和统购包销，在生产流通领域内基本纳入国家计划的轨道。

1949年，常州（包括金坛、溧阳、武进三县，以下同）地区生产总值24979万元，其中市区（不含武进区，以下同）5140万元；社会商品零售总额8830万元，其中市区4253万元；财政收入472万元，支出17万元，其中市区收入42万元，支出无记录；全市总人口173.89万人，人均国民生产总值144元。1952年，常州地区生产总值34493万元，其中市区9064万元；社会商品零售总额13797万元，其中市区6101万元；财政收入3750万元，支出736万元，其中市区收入2492万元，支出336万元；全市总人口183.34万人，人均国民生产总值190元。[①]

三、"三反"

新政权建立后，政权机构中的部分党员干部随着地位的变化，放松思想改造，部分留用的旧人员旧作风、旧习气依然严重，追求吃喝贪图享受。当时的市税务局发生集体贪污案，贪污总额2.4亿元（旧人民币，下同），是震动苏南地区的大案之一。公务活动的浪费也十分惊人，动辄吃喝、赠送纪念品。有些部门、某些领导作风不细致，工作不深入。

1951年12月上旬，根据中共中央《关于实行精兵简政，增产节约，反对贪污、反对浪费和反对官僚主义的决定》和苏南区党委的指示，市委召开全市党员、干部会议，传达苏南区党委关于立即在全社会发动群众开展"三反"（反对贪污，反对浪费，反对官僚主义）运动的指示。12月22日，常州市增产节约委员会成立，具体

---

① 常州市统计局：《常州统计年鉴》（1991），中国统计出版社1991年版，第32、53、65、267、317页。

领导这场运动。1952年1月11日、12日，市委书记崔涛、副书记王晓楼，代市长诸葛慎分别在全市党群系统、政府系统所属科局干部大会上严肃地检讨自己对待运动认识上的不足和行动上的缺点，要求干部群众打消一切顾虑，大胆提出批评。同时，动员有问题的人彻底坦白，争取光明前途。随后，市政府各科局、市委各部委及群团组织的负责人亦分别于13日、14日两天在群众大会上就本单位存在的问题进行自我批评。为了进一步发动群众，市委还采取五项措施：一是在邮局设立检举信箱；二是建立人民检举接待室，负责接待干部坦白和群众来访；三是在《常州民报》连续刊登宣传材料，造成强大的社会舆论；四是召开各界人民代表会议协商委员会扩大会议，发动工商界人士检举；五是成立3个专门小组，到公安局、工商局、市政府建设科等单位重点检查，推动运动的发展。市委还召开两次全市性的坦白检举大会：一次是1月19日，全市机关干部坦白检举大会；另一次是1月22日，各界万余人公审大贪污犯周谦大会。会后，全市的坦白检举活动走向高潮，群众发出检举信24000余封。

2月3日，全市的"三反"运动转入全面打击贪污犯阶段。常州地委召开全区机关干部大会，号召揭发和清查贪污犯。2月12日，苏南区党委派遣"三反"工作队256人到常州，深入税务局、工商局、粮食局和市政府建设科4个重点单位以及一些工厂协助工作。3月14日，市委召开全市干部大会，传达党中央《关于处理贪污、浪费及克服官僚主义错误的若干规定》，"三反"运动进入定案处理阶段。4月17日，苏南区党委对常州专区的"三反"工作做出指示，要求常州地委积极、认真、细致地抓紧抓好"三反"追赃定案工作并于月内结束。随后，地委按中央指示精神组织开展第四阶段工作。市委成立清理委员会，对已定案和还没有来得及定案的贪污犯作全面的复查和甄别。

6月，运动转入以搞好思想建设、组织建设、制度建设为主的总结巩固阶段，结合整党，整顿机构，对犯错误的党员给予党纪处分，并提拔一批德才兼备的干部。同月，运动结束。据统计，常州地委、专署机关和企业共有28个单位、干部2116人参加"三反"运动；惩处严重贪污腐化分子30人，酌情分别处理140人。市区共查出犯错误党员156人（其中犯有贪污的136人），受党纪处分的50人。①

四、"五反"

"三反"运动中，揭发出不法资本家与国家机关中的贪污分子相勾结，违法乱纪、破坏经济的行为。据统计，1951年全年发生偷税漏税案件1万余起，金额达50余亿元。偷漏税方法有进货不登账、一票多用、伪造税务局查验印等40余种。木材业有

---

① 常州市地方志编纂委员会编：《常州市志》第2册，中国社会科学出版社1995年版，第1286页。

一名不法资本家成立所谓"法规研究会",专门研究钻国家税法的空子。一些厂商加工国家订货时,偷工减料、以次充好、以假充真。有些奸商竟把死牛肉、腐臭萝卜干卖给志愿军食用;在为志愿军做饼干时,普遍少放豆油,并用普通面粉调换特制面粉,烘出的饼干外熟内生,造成大批霉烂。这些不法奸商还常常以行贿利诱手段腐蚀国家干部,某不法奸商施用"美人计"骗得收缩通货、调整物价的经济情报后,急忙从银行提取大量现款,大肆抢购套购商品,转手倒卖,获取暴利。

1951年12月中旬,市委首先在全市工商界开展"四反"(反行贿、反欺诈、反偷漏、反暴利)斗争。1952年1月,选定碾米业为重点坦白检查行业,以取得经验、全面推广。到28日,工商界连续3天召开大规模的坦白检举大会。2月1日,在凯旋、大光明、新华、常州4个影剧院同时举行不同行业的坦白检举会。

1952年2月1日,根据中央部署,市委副书记王晓楼在店员、会计短训班上作"反行贿、反偷税漏税、反盗骗国家财产、反偷工减料和反盗窃国家经济情报"的动员报告,全市的"五反"运动正式开始。2月6日,市增产节约委员会工商界分会召集工商联各业筹委会千余人开会,要求各工商户按照"五反"精神继续开展坦白检举活动。2月15日,市委建立"五反"委员会,并拟定计划,要求充分发动和依靠工人、店员,开展广泛的群众性的检举活动,团结守法的工商户及市民,孤立打击少数不法资本家。在此期间,市委运用各种宣传舆论工具在全社会造成浓厚的运动气氛。妇联成立动员委员会和由骨干积极分子组成的行动小组;店员工会在48个行业成立150个检查组和检查小组。坦白交代工作于2月底告一段落。随后,市委抽调60多人进驻木业、酒酱业,进行"五反"的试点工作。试点的办法、步骤以及分类、处理的标准,完全按照中央和上级有关指示进行。到3月27日,试点结束。为加强对"五反"运动的领导,市委在全市分块、分行业成立11个"五反"领导机构,直属市委"五反"委员会领导。各行业抽调干部成立"五反工作队"进驻各重点单位,发动职工群众开展检举揭发,迫使不法资本家坦白交代。

4月,在市委统一领导下,对全市所有工商户进行排队与分类的摸底调查。排队是以工商户的资金、规模等为依据,列出大户、中户、小户和无职工户的具体数字和比例数;分类是根据工商户的基本情况,包括违法情节轻重、违法所得多少、政治态度好坏等分为守法户、基本守法户、半守法半违法户、完全违法户和严重违法户五类。最后排定大户447户、中户586户、小户2950户、无职工户3335户,其中守法户、基本守法户、半守法半违法户在97%以上。

4月中旬,市委派王晓楼等12人到上海取经,结合常州的实际部署定案。定案分两期进行。5月5—20日为第一期,重点解决小户和无职工户;5月21日到6月为第二期，着重解决大、中户。方法上采用"工商户自报互评——职工审查——政府批准"的三级审查制，逐一过堂定案。定案工作一结束，即开展退财补税工作。根据中央的规定，市委参照上海的办法，先后发布《常州市对工商户违法数字的核算标准和办法》《处理"五反"运动中工商业户偷税漏税案件参考资料》两个文件。到7月15日，核算工作基本结束。共核定应退补的户数有1594户，总退补额为937.88亿元。为了慎重，市委又成立"五反"评议委员会，专门接受工商业户的复议申请，通过劳资座谈会、个别谈话等方式深入了解工商户的退补情况，发现问题，立即予以纠正。

8月12日，市委召开全体退补工商户大会，当场发给退补通知书，限令他们订出退补计划。为了把更多的资金用于生产和经营，放宽退补时间，如果数目较大，一次退清有困难，准予缓期补缴；退补一般是付现款，但也可以酌情折公股或挂账处理。13户严重违法户和完全违法户经人民法庭审判，受到刑事处分。

第四节 土地改革和互助合作

1950年，共产党和人民政府领导农民进行土地改革，没收地主土地分配给农民耕种；同时，引导农民在自愿互利的基础上走互助合作道路。

一、土地改革

1950年5月，中共金坛县委选择白塔区龙海乡和金东区陇东乡进行土地改革试点工作。到6月，常州各地已经普遍开设训练班，组织干部进行整风和土改学习。1950年6月30日，《中华人民共和国土地改革法》公布。常州地委、专署根据《中华人民共和国土地改革法》和苏南区土改工作意见，部署土地改革工作。常州地区土改运动开始。

1950年7月15日，中共溧阳县委组织75名土改工作队员，到淤西乡进行土地改革试点。1950年7月，中共常州地委派土改工作队450人、武进县配备50人，共500人，分别在新安镇与厚余、新中、政北、鸣凰、万塔、桐庄、南夏墅、卢家巷、沄西10个乡进行土改试点。11月8日，常州市支援农村土地改革委员会成立，有委员12人，诸葛慎任主任，李南芗、李杏卿任副主任。11月9—14日，中共常州地委召开各县土改实验乡负责干部会议。同月，根据苏南行署公布的《苏南区土地改革实施办法》，常州专区各市、县相继建立土地改革委员会。12月27日，苏南区党委发出《关于放手发动群众，组织土地改革运动高潮的指示》。

1951年1月20—24日，常州专署召开县、区主要干部会议，检查前一阶段土改工作情况，传达苏南区党委的指示，布置今后土改工作任务。2月中旬，常州市政府召开市郊各乡干部会议，贯彻政务院发布的《城市郊区土地改革条例》，部署土地改革工作，并在城南乡进行土地改革试点。3月2—4日，召开常州市首届农民代表大会，分地区成立土改小组，具体部署土改工作。会后，各乡分别召开乡农民代表大会，成立乡行政委员会和乡、村农民协会。

3月16日，常州市郊区土地改革委员会成立，朱越国任主任，左偕余、朱润农等12人为委员。又从市区党政机关、人民团体抽调干部27人，地委土改工作队派26人共53人组成郊区农村土改工作队。工作队进村后，贯彻执行党的阶级路线，开展土改的宣传教育，批判"江南无封建"等错误言论，培训百余名农村干部和积极分子。帮助各乡农民协会根据中央人民政府政务院发布的《关于划分阶级成分的决定》进行土地登记，按出租户土地使用情况、家庭职业、剥削范围与程度确定成分。3月下旬，在城南乡试点的基础上，各乡土改全面展开，先后对19名地主等开22次斗争会，参加斗争的达5000多人次，上台控诉的139人。经过斗争，2名地主被判死刑，还有2人被判有期徒刑，8人被判管制。同年4月上旬，各乡出榜公布成分，登记地主财产，召开出租、收租户会议，将征收没收的土地逐块测量，插标设帜。然后，以乡为单位，以农业人口为依据，制定分田方案，逐户通过，由土改委员会批准后张榜公布。全郊区征收没收土地2678亩、房屋59间、大米12242.5公斤以及部分农具、家具等，分别分配给1416户无地少地的农民。其中，有贫雇农946户、3667人，分得土地1843亩、房屋34.5间、耕牛1头、农具80件；有中农229户、1226人，分得土地430亩、房屋1间、农具11件；有其他劳动人民241户、838人，分得土地405亩、房屋5间。城南乡4月10日分田结束，其余各乡4月20日结束。后又复查纠错，查出漏划地主1人，没收土地14.7亩、粮食2290公斤、房屋7间；还查报出"黑田"96亩多；处理历史上遗留下来的土地纠纷159件。9月3日，举行发证大会，发给农民土地所有证4397份，土地使用证1833份，同时焚毁老田单23400份，郊区土地改革运动结束。①1951年8月，武进县土地改革结束；同年10月，金坛县、溧阳县土地改革结束。

二、农业互助组

1950年春，全市各级党政组织号召广大农民"组织起来，发展生产"，在劳动模范的带领下，开始组织常年互助组。这些常年互助组，农户相对固定，一般7户至10户，民主选举组长、记工员、保管员，实行评工记分，民主管理，订立互助公约；一年四季各项农活和耕牛、工具、劳力均实行互助，计酬方法为以工换工（包括牛力、工具换取人工），年终或收获季节结账，差额以现金找补。当时，溧阳县有杨庄乡

---

① 常州市地方志编纂委员会编：《常州市志》第2册，第750页。

枢巷村杨水生、竹箦乡棠荫村吕兆庚、强埠乡柏家圩柏咬齐、埭头乡察水庵村苏挺庚、新昌乡大山下村孙兰英等互助组。吕兆庚由于组织互助组进行生产自救成绩显著，出席了1950年9月在北京召开的全国工农兵劳动模范代表大会。1951年春，金坛县白塔区龙溪乡东崔庄村（今属后阳乡）出现杨孝虎常年互助组，开始由7户组成，占全自然村总户数的11.5%，翌年发展到90%。同时，社头区东浦乡庄阳村（今属指前镇）也成立李裕庚常年互助组，全村30户农户全部参加。

1951年土改后，郊区城西乡的王巧根，西北乡的袁全海、周祥大、周全林等响应中共中央关于"组织起来"的号召，联合本村的贫农，带头成立互助组。他们学习先进丰产经验，农业生产连年丰收，分别被评为苏南区和郊区的丰产互助组，成为当时农业生产的一面旗帜。到1952年底，全区有常年互助组26个，临时互助组102个。参加农户967户，占农户总数的10%。

1951年，武进县有常年互助组1421个，季节性互助组4857个。1952年5月，金坛县已组织各类互助组5429个（其中常年组1925个），参加农户48914户，约占总户数的65%。1952年底，溧阳全县有互助组9044个，参加农户54566户，占总农户的61%；其中常年互助组2258个，占互助组总数的四分之一左右。

1953年3月，中共中央正式公布《关于农业生产互助合作的决议》后，常州郊区发展了145个临时互助组和52个常年互助组，共1347户。互助组在推广合式秧田、点诱蛾灯治螟、小株方形密植、深耕浅水勤灌等丰产经验方面起到带头作用。1954年底，全郊区互助组增加到563个（其中常年的264个），组织起来的农户共4692户，占农户总数的45%。1955年6月，常年互助组和临时互助组达到610个，参加农户5144户，占农户总数的57%。

三、初级农业生产合作社

1952年4月，苏南区党委和常州地委派员组成工作组，到各县指导试办农业生产合作社。5月10—14日，常州专署召开试办农业生产合作社的干部会议，调研基层情况，讨论合作社的性质、办社方针和一些具体问题，形成《农业生产合作社专题报告》，上报地委和苏南区党委农委。5月11日，常州专署召开农业生产合作社第一次会议。全专区有农业生产合作社47个。7月25—29日，常州地委召开农业生产合作社驻社干部、社长会议，汇总农业生产、增产计划完成情况，讨论下一步社内开展政治思想教育的领导方法问题等。10月12—14日，常州专署召开全专区5个农业生产合作社干部会议。地委合作事业委员会主任陈云龙就分红、发展的重要意义进行宣传教育；会议形成《农业生产合作社的专题报告》。

1952年春，中共金坛县委在社头区东浦乡庄阳村试办全县第一个初级农业生合作社，原互助组组长李裕庚为社长。该社实行生产资料入股，统一经营。规定当年夏熟谁种谁收。秋熟开始按股按劳分红。同时制定耕田、收割、栽插、罱泥等21项农活劳动定额，推广水稻合理密植、品种改良、化肥施用等先进技术。秋收时，水稻每亩增产20多公斤，总产比互助组时增六成，副业生产净收入5800元。年终分红时，除去成本、公粮和5%的积累，每股分得稻谷182.5公斤，平均每个劳动日分得9公斤，副业收入按劳动工分分配。社员毛德厚全家分得稻谷4100公斤，比1951年互助组时多得1300公斤。社员联合写信向党中央毛泽东主席汇报，得到毛主席的复信嘉许。[①]

1952年冬，中共溧阳县委根据中共中央《关于农业生产互助合作决议》的精神，选择杨庄乡枢巷村和马家乡（现南渡镇）新河村试办初级农业生产合作社（简称初级社）。杨庄乡枢巷村初级农业生产合作社是由劳动模范杨水生领导的互助组和另外两个互助组合并建立的，共20户、106人、45名男女劳动力、260.8亩耕地。他们在中共溧阳县委办社工作组的协助下，具体研究土地、农具、耕畜折股入社办法。土地除划出各户自留地外，其余按前三年实际产量、灌溉和耕作条件，分5等折算入股，上等田1亩1股，其余按等次递减5%折算，共折合238股。3个互助组的耕牛、农具，按质评价，折价入社，用公积金分3年偿还，收益采取土地劳动两者按比例分配，全社除开支外的净收入，提取5%的公共积累，其余按土地四成劳动六成分配。并拟订社章，制订生产计划。该社于1953年2月24日召开成立大会，选举社务委员会和社长，通过社章。建社后，全体社员立即投入春耕生产，当年粮食亩产650斤，比上年增产5%。[②]

四、城市生产合作社

1950年，市区开始对手工业进行社会主义改造。改造的目标是：从扶助、恢复发展手工业生产入手，根据自愿的原则，采用说服、示范和国家援助的方法，通过手工业生产合作小组、供销合作社、生产合作社等组织形式，由小到大、由低到高，逐步地把私有制改变为公有制，把分散生产改变为集体生产。1950年3月，市合作总社配合市总工会、市手工业工会组织部分西服业失业工人成立生产合作工场。8月，豆腐业工会组织两个豆腐生产小组生产豆腐供应机关、工厂等集体伙食单位。1951年3月和8月，市合作总社组织棉织、梳篦两个行业的失业工人生产自救，分别成立生产合作社。同年民政部门组织梳篦失业工人成立新建梳篦厂。羽革业有8家皮行组成联业羽毛制革厂。1952年，木业、棕床、绞线、针织、铁业等生产合作社成

---

① 金坛县地方志编纂委员会：《金坛县志》，江苏人民出版社1993年版，第168页。
② 溧阳县志编纂委员会：《溧阳县志》，江苏人民出版社1992年版，第181页。

立。棉织生产合作社发展很快，入社布机从 150 台猛增至 550 台，社员增至 634 人，逐步由分散生产过渡到集体生产。木业、棕床生产合作社成立后，满足了机关、团体、学校等对产品的需求。1952 年，木器产值比 1949 年增长 1.8 倍，棕床增长 2.4 倍；当年，全市手工业合作社（组）的产值 331.55 万元，占手工业总产值的 25.2%。

第五节 社会事业的初步发展

随着政权的巩固、经济的发展，新思想、新文化的逐步树立，常州的各项社会事业都有新的发展。

一、扫盲与成人教育

新中国成立初，据统计，职工中文盲占 68.5%，农民中文盲占 80%，因此推进扫盲工作便引起了新政府的高度重视。到 1949 年底，全市工厂共办职工识字班 31 个，学员达 1 万余人。1949 年 12 月 6 日，中央人民政府教育部发出《关于开展冬学工作的指示》，推动群众中的业余教育，次年又确定了脱盲标准为识 1000 字（与 1929 年国民政府的标准相同）。1950 年，市郊办冬学 12 所，设 21 个班，学员 733 人，课程设政治、语文、数学三门，分低、中、高三等，中、高级相当于高小和初中程度。1951 年冬学学员增至近万人，其中文盲占 80%。1950 年 1 月，市妇联与省常中联合创办人民识字学校；同月，市妇联组织家庭妇女俱乐部，举办家庭妇女及失学儿童的识字班，学习人数为 1882 人。至 1951 年底，全市 54 个俱乐部有 46 个办起居民识字班，学员达 4349 人。

1950 年 3 月，市政府联合各机关、团体及有关人士，成立常州社会教育协进委员会，负责发动群众、搞好成人教育工作。同月，市教育局、市总工会和常州专署文教科试办大成一厂、东郊（大成二厂、三厂）、民丰纱厂 3 所工人业余学校。同月，市人民教育馆开办缝纫培训班，以家庭妇女和失学失业女青年为主，时间 4 个月，学杂费一律免收。市失业工人救济处举办失业工人转业训练班，有 500 余名学员分别接受五金、电气、建筑、会计、保全等专业技术培训。3 月 20 日，常州专署建立第一所机关学校，校址分设在乐善小学、青云中学、芳晖女中，开设低级、中级、高级班和初中班、研究班 5 个班级。3 月 27 日建立常州市机关学校，开设初、高级两个班。1950 年 6 月，中央人民政府政务院发出《关于开展职工业余教育的指示》，年内学员达 13287 人，其中工人 10376 人；同月，为加强市民学习管理，成立常州市新知识学习会。7 月，常州市职工业余教育委员会成立，由专属文教科、中共常州市委、市文教局、总工会文教部、团市委、妇联、工商局、劳动局、工商联、教育工会、纺织工会、人民文化馆等 12 个单位组成,市文教局局长为主任委员。1951 年 3 月,市政府召开全市首届职工业余学校学习模范大会,表彰 36 所职工业余学校评出的 200 名学习模范。1952 年 10 月,常州市速成识字法推广委员会成立,由市长任主任委员,市总工会主席任副主任委员,委员会下设办公室。同年成立常州市职工业余教育研究会。1952 年 11 月,创建常州市文教干校,首届招收 500 名失学知识青年。此外,农村的扫盲运动也加紧开展。1951 年 1 月,常州专区各县便组织农民开展冬学运动。全专区参加冬学学习的农村俱乐部有 1282 所,60 多万名农民参加学习。冬学结束后,转入常年民校的农村俱乐部 595 所、1079 个班、53968 人。平均每区有 3 个农村俱乐部,每乡有 2 所民校。1951 年 3 月,市政府召开全市首届职工业余学校学习模范大会,表彰 36 所职工业余学校评出的 200 名学习模范。

1952 年,全市举办十期店员簿记和会计专业培训班,学员 300 余人。1952 年 10 月,常州市速成识字法推广委员会成立,由市长任主任委员,市总工会主席任副主任委员,委员会下设办公室。同年成立常州市职工业余教育研究会。1952 年 11 月,创建常州市文教干校,首届招收 500 名失学知识青年。同年 12 月,市劳动局和卫生科分别举办司炉工和药剂员培训班,共 100 余人。

二、学校教育、科学

1949 年,城区有小学 81 所(其中 10 所小学设幼儿班),普通中学 18 所,中等师范学校 1 所,独立设置的中等职业学校 7 所,聋哑学校 1 所,计 108 所。当时就读于公私立中学的工农子女仅占在校学生数的 10% 左右。1949 年 5 月 3 日,市军管会接管全市公立中小学校及国立音乐院。新政权成立伊始,即废除国民党的训导制度,撤销中小学的训育处,设立生活辅导处;废除国民党设立的党义、公民、军事训练、童子军训练等课程与教材,废除公民课,设政治课。组织教师学习《中国人民政治协商会议共同纲领》,要求教师划清新民主主义教育同半封建半殖民地教育的界限,明确新民主主义教育的任务,提高贯彻新民主主义教育方针的自觉性。1949 年 8 月,常州市人民政府教育局成立,贯彻"维持原状,逐步改造"的方针,即改造旧的教育制度、教育内容和教学方法。次年,市文教局发出《改进教学方法的指示》,要求采用启发式、讨论式的教学方法,坚持理论联系实际的原则。1950 年,贯彻向工农开门的方针;1951 年,试行五年一贯制。1952 年,组织教师学习苏联教育经验,试行新课堂教学法与五级记分法;其后,又组织学习苏联凯洛夫《教育学》,开展对资产阶级教育观点的批判。1952 年 11 月 25 日,苏南人民行政公署命令常州市政府接管正衡中学等 4 所私立中学和崇真小学等 6 所私立小学,改为公办。截至 1952 年,市区中学生在校人数由 1949 年的 6158 人增加到 11074 人,中专生由 586 人发展到 1461 人，小学生由 20286 人增加到 29731 人；工农业余教育也有很大发展，有 70 多所职工业余学校，学员 18000 多人，农村有常年民校 15 所；小学中的工农子女由 1949 年的 23% 增至 39%，中学新生中的工农子女由 1949 年的 20% 增至 50%。

1949 年，常州有武进农业推广所、武进蚕桑改进区等农业科技机构，还有中华中医学会江苏常州分会等 3 个医药学团体。在纺织、印染、电力、机械、粮食加工等行业拥有一批专门技术人才，多数是在生产实践中成长起来的熟练技工。称得上科技人员的仅 739 人，其中有工程技术人员 399 人，占当年职工总数的 1.36%，另有医卫技术人员 340 人。1951 年，市级机关团体中从事社会科学研究工作的人员有 78 人，其中国家机关 22 人，党群系统 56 人。

三、文化、新闻

1949 年前后，常州以演出常锡文戏为主的剧场有西区大戏院等 7 个，分布在市中心及东、北、西城厢，长期演出的剧团有联谊、国华等 10 多个。当时纺织厂也普遍开展业余锡剧活动。1949 年 5 月 16 日，常州军管会文教部文化服务团组建，又称中共常州地委文工团，同年 11 月改名中共常州地委文化服务团。11 月 25 日，常州市少年儿童工作委员会及市少年儿童文工团成立。1950 年，苏南行署将常锡文戏定名为常锡剧。1951 年 1 月，常州专区文联（筹）组建常州新华实验常锡剧团，建团后排演的第一个戏是《信陵公子》。1951 年 6 月，常州专区文联成立，将新华实验常锡剧团和红星京剧团作为实验剧团归常州专区文联领导。1952 年 7 月，专区文联撤销，两团归由常州市文联领导。自 1951 年起，专业演出团体贯彻文化部"改戏、改人、改制"的三改政策，挖掘整理一批传统剧目。1952 年，常州市文学艺术工作者联合会成立，并先后组建文学、戏剧、音乐、美术等协会。当时的剧团常在广场演出。为配合土改运动，宣传抗美援朝，宣传新婚姻法、合作化等，剧团深入农村演出，有时观众多达万人以上。戏台一般由当地乡镇政府配合，用门板、课桌搭成，常州市锡剧团也自备台板及两副高架。

群众文艺活动也开始得到发展。1951 年 10 月，市区建成东外直街、南大街、西直街、局前街 4 个中心俱乐部以及郊区城西、城北 2 个农村俱乐部，始有城市街道和农村群众文化活动的事业机构。1952 年 10 月，中心俱乐部分别改名为东区、南区、西区、北区、郊区文化馆。以上群众文化事业单位，均全力配合解放初期的土改、抗美援朝、婚姻法、普选等中心活动，开展广泛深入的宣传、演出活动。同期，分属工厂、街道、学校的业余文艺团体发展迅猛，成为宣传活动的又一生力军。团市委、文化馆等选派文娱积极分子分赴工厂，为职工教唱革命歌曲，广受欢迎。1950—1953 年，市年关文娱（艺）活动委员会连续 4 年主办春节文娱竞赛。在党的"面向工农兵，为工农兵服务"的方针指引下，到1952年全市已有俱乐部62所，业余剧团18个，文艺小组28个。

1949年4月29日，市军管会创办《新华电讯》；7月1日，《新华电讯》改名《常州日报》，由中共常州地委主办，两报均在市区和所辖各市发行。不久遵照中共苏南区委指示，抽调人员支持新解放区和集中人力办好《苏南日报》，《常州日报》于12月26日终刊。1950年1月《常州民报》创刊，这是新中国成立后常州出版的第一张民营报刊。常州解放后，新华社三野前线分社奉命接管了国民党武进县党部电台和常青广播电台，4月27日，常州广播电台正式向全市播音。9月1日，改称常州人民广播电台。1950年5月16日，常州人民广播电台奉命停播，机器设备和大部分人员迁往无锡，建立苏南人民广播电台。1951年下半年，常州市有线广播站（初名常州市有线广播电台）筹建，站址设在市文化馆内；年底完成架设线路及机器校验任务，在市区各主要街道装置高音喇叭；1952年元旦正式播音，定时播送新闻或文娱节目。

四、卫生、体育

1949年10月，人民政府成立卫生科，先后接管3所公立医院，对众多的私人诊所进行组织，并在一些较大的工厂企事业单位建立医疗机构。1951年各区成立卫生事务所，1952年市爱国卫生委员会成立。同年，全市的医疗机构（包括工厂保健站）从1949年的9个增加到57个，市区病床从194张增加到651张，当年有75万多人次接受各种预防接种。1950年3月，常州市卫生防疫委员会成立。1952年8月，改名为常州市卫生委员会。1952年7月，常州专区各地普遍开展大规模的夏季爱国防疫卫生运动。

1949年后，群众体育活动兴起，各级各类体育协会相继出现。1949年11月20日，常州市举行第一届人民体育大会，参加竞赛和表演的有6639人。1950年，常州市人民体育协进会成立。同年，苏南军区教导旅干部战士3000多人参加义务劳动，拆城墙，搬城砖，在大观路原常州府监舍废基上新建市人民体育场。1951年国家体委颁布第一套广播体操，市政府9个部门联合发出《关于推行广播体操的联合通知》，将广播操推广到市内各工矿企业和机关、事业单位。市区12个产业的基层都建立职工体育协会或体育领导小组。很多工厂、企事业、机关等单位建立工前和工间操制度。各级中小学校从1952年开始推行《体育锻炼标准》和《劳卫制》，球类、田径、射击、举重、体操、游泳、棋类也成为市民经常开展的活动，篮球运动尤其兴旺。

五、灾害救治

1950年4月，常州行政区发生蝗灾，地委成立治蝗委员会指挥部，要求各地紧急开展治蝗工作和治蝗宣传，发动群众通过秧田采卵、播种早晚稻、除稻根等办法治蝗。常州行政区各地合作社成立。

1952年7月25日，常州地区武进、无锡、宜兴、金坛等共计22个区84个乡的芦滩发现蝗虫，受灾面积10315亩。武进、金坛少数稻田里也发现蝗虫，受灾面积630余亩。其中，武进情况最严重，33个区69个乡受灾，仅仅湟里、北塘两个区就达4400余亩。多为土蝗，少量为飞蝗，夹有蚱蜢等害虫。常州地委积极组织灭蝗运动，各县先后发动群众3.9万余人，捕灭蝗虫42300余斤。有些芦滩蝗情严重，干脆将芦苇割掉或烧掉。至8月上旬灾情基本控制。1952年夏，因天旱少雨，常州专区宜兴、金坛、溧阳3县旱灾严重，生产大受影响。溧阳县有115333亩田插了秧无水灌溉。

六、城市建设

解放前常州城市陈旧破败，城区大多是低矮简陋的平房，极少有三层以上建筑，人均居住面积4.22平方米。城市布局零乱分散，道路以土路、条石路、碎石路为主。常州公路总里程仅有179公里，路面窄、路况差，各条河道也都处于自然状态，市区数十条街道仅有行道树479株，绿化覆盖率不足0.2%，人均绿地0.05平方米。落后的城市建设严重制约国民经济和社会事业发展。军管会刚接管常州，就组织清洁队清扫垃圾，整顿市容。1949年11月，市人民政府发布建字第一号布告，并同时颁布《常州市建筑管理暂行规则》《常州市请领建筑执照须知》和《街道计划宽度表》，对城市建筑、道路建设作出规定。遵循"利用维修为主、新建为辅"的原则，在无固定建设经费、财政十分困难情况下，市政府拨款、调粮，组织专业人员和失业工人以工代赈，拆城墙、筑路、整修沟管、疏浚市河等，经费（以大米计）从市失业救济处拨给。

1951年，政府组织拆除东门至大南门城墙，1952年又拆除新西门至北门城墙1500米，此后除西瀛门及附近170米城墙外均拆除。与此同时，大规模的道路整修开始实施。1951年，4055米长的东内、外直街（县学街口到白家桥）拓宽为14米。同年，市政府成立围城运河疏浚委员会，疏浚运河西大王庙至白家桥段8.15公里河道，至1952年3月竣工。公用事业建设也逐步展开。1952年，市政府组建公私合营常州自来水公司筹备委员会，投资14万元扩建东门水厂。同年，在武进电气公司和戚墅堰发电厂两厂之间建成33千伏联络线，联通两个电源，实行并列运行，统一调度。1952年7月14日，市政府利用拆除的旧城墙砖，在南门外建造第一个住宅小区——工人宿舍，共462间9850平方米，到1953年竣工。从1949年至1952年，市政府用于市政建设、住宅、环境卫生的支出共133.03万元和大米32吨。1949年，常州市区建成区6.6平方公里，1952年增加到8.8平方公里。

第二章 社会主义建设的起步

从 1953 年起，在中国共产党关于过渡时期总路线的指引下，常州逐步实行对农业、手工业和资本主义工商业的社会主义改造，同时开始编制和执行发展国民经济的第一个五年计划；1956 年，基本完成改造，并提前实现第一个五年计划的主要指标。在学习苏联经济管理模式的基础上，常州根据市情摸索出一套以国营经济为主，集体经济与私营经济同时并存、各得其所的经验，初步形成以计划经济为主体的管理体制，经济建设和各项社会事业建设都取得很大成就。这一时期，在中国共产党的领导下，常州市开展社会主义政治体制以及思想文化建设，全市重视知识分子工作，在文化艺术领域贯彻"百花齐放""百家争鸣"的方针，并按照中共中央和省委的指示，开展党内整风、全民整风以及反右派斗争。由于错误地把反右派斗争当作整风的一个必经阶段，以致在指导思想上和实际工作中出现偏差，造成不幸的后果。

第一节 政权建设

1953 年开始，常州在中国共产党的领导下，进行社会主义民主政治建设。常州市人民代表大会、政治协商会议常州市委员会先后成立；党员、干部经历第二次"三反"和党内整风的教育；政府开始在全市取缔反动道会门。

一、建置与区划

1953 年 1 月 5 日，江苏省人民政府发出命令，撤销常州专员公署。常州市升为省辖市，中共常州市委（简称市委）、常州人民政府（简称市政府）直属于中共江苏省委、江苏省人民政府管辖。武进、金坛、溧阳三县划归镇江专区管辖，江阴、无锡、宜兴三县划归苏州专区管辖。2 月 27 日，江苏省人民政府将武进县戚墅堰区全部划归常州市管辖，并于 3 月成立中共常州市戚墅堰区委和常州市戚墅堰区人民政府。同年 2 月，武进县剑湖、北塘、湖塘、新闸 4 个区 9 个乡的部分或全部行政村划归常州市郊区，市区总面积扩大到 75.1 平方公里。

1955 年 4 月 5 日，市人民政府改称市人民委员会。同时，市、区、乡人民政府先后改名人民委员会。同年，由市人民代表大会选举产生首届常州市人民委员会，它既是人民代表大会的常设机构，又是执行机关。1955 年 9 月 15 日，经省人委批复，撤销常州北区建制，将北区所辖区域分别划给东、南、西3个区管辖。11月，按省人委指示，以地名更改区名，东区改称天宁区，南区改称广化区，西区改称钟楼区。

1956年3月6日，市人委根据《国务院关于设置市镇建制的决定》精神，撤销天宁、广化、钟楼3个区的建制，3个区的区委、区人委随之撤销；同时成立中共常州市街道委员会和街道办事处，领导街道居民工作。1956年5月28日至6月2日，中共常州市第一次代表大会召开，代表350人，列席代表40人，代表全市党员9015人；大会选举产生第一届委员会，选出委员25人，候补委员3人。

二、人民代表大会和政治协商会议的建立

1953年5月29日，根据《中华人民共和国全国人民代表大会和地方各级人民代表大会选举法》，常州市选举委员会成立，组织基层普选。6月上旬，首先在郊区西北乡、南区西大街、东下塘3个地区进行试点，至8月初分别召开选举大会，通过无记名投票，由选民直接选出区、乡人民代表大会代表。然后分三批推广。通过无记名投票，直接选举出6个区、15个乡的两级人民代表936名；在434名区人民代表中，劳动人民占91.25%，资产阶级占8.75%，妇女占25.57%。

在市内各区完成普选工作的基础上，1954年4月，市政府着手进行市人民代表大会代表的选举准备工作。市人大代表的任期为两年，至下一届人大举行第一次会议止。6月，采取市、区两级协商、联合提名的办法，提出市人大代表候选人建议名单，采取无记名投票等额选举，共产生市第一届人大代表256名，其中民主党派成员、无党派爱国人士和工商业者共55名，占代表总数的21.1%。1954年7月，市首届人民代表大会召开。

1953年1月，农工民主党常州市工作委员会成立，1955年5月召开市第一次党员大会，选举产生农工民主党常州市第一届委员会；1955年1月，民建常州市分会召开市第一次会员大会，选举产生民建常州市第一届委员会。1956年2月，市各界人民代表会议协商委员会改建为政协常州市委员会。同月，召开中国人民政治协商会议常州市第一届第一次会议，有117名委员。其中，民主党派成员、爱国人士人士共84人，占委员总数的70%以上，王余积当选为常州市第一届政协主席。

1956年，常州市、戚墅堰区和4个乡进行人民代表换届选举，其他城区及郊区撤销区级建制，不设区人民代表大会。

三、第二次"三反"

第二次"三反"当时称为"新三反"。1953年1月，遵照中共中央发出的《关于反对官僚主义、反对命令主义和反对违法乱纪的指示》，常州市于2月开始，从市区机关到企事业单位，逐步开展新的"三反"斗争。运动开始时，市及区、局领

导对市内存在的官僚主义、违法乱纪等问题调查摸底,归纳起来主要有:一是不研究上级指示、不了解下面的情况;布置工作只交待任务,不交待政策界限和做法;只凭会议、文件指导工作,不能及时检查和总结。二是不关心人民群众的疾苦,有时敷衍搪塞。三是企业部门不及时清查账目和物资就盲目调拨,造成严重损失。此外,还有无组织、无纪律、分散主义等倾向。为使"三反"斗争健康地进行,市委、市政府领导分别在局长和党支部书记以上干部大会上作检查,动员广大干部就全市党政工作的不足揭发问题和提出改进意见。会后,各区委、产业(系统)党委主要负责人各自结合工作中存在的重点问题进行检查,做自我批评,并发动群众开展自下而上的揭发和批评,领导与群众一起研究改进办法。在党内还结合进行整党,贯彻"边反、边建、边改"的方针。从3月底开始,各地陆续将解决"五多"(任务多,会议集训多,公文报告表册多,组织多,积极分子兼职多)问题作为反官僚主义的重要内容来抓。1953年夏季以后,新"三反"运动又从解决"五多"问题,转而重点反对分散主义,持续了半年多的新"三反"运动基本结束。

四、党内整风

1957年4月27日,中共中央政治局讨论通过《关于整风运动的指示》,指出有必要"在全党重新进行一次普遍的、深入的反官僚主义、反宗派主义、反主观主义的整风运动"。从5月3日开始,中共常州市委负责人先后邀请市工商联、民建、民盟、农工党等民主党派和医务界、科技界、文教界等部门负责人开座谈会,征求批评意见。5月5日,市委召开常委扩大会议,表示坚决拥护《指示》,并研究制定贯彻意见。为加强对整风运动的领导,市委成立整风领导小组,下设整风办公室。各部、委、局、处和各党委均建立整风领导小组。5月20日,市委召开全会扩大会议,讨论通过《中共常州市委关于开展整风运动的计划》,提出全市整风分三批进行,市级党政领导机关为第一批。5月22日,市级机关举行整风动员大会,邀请非党干部参加。市委负责人作整风动员报告,号召全体党内外干部毫无顾虑、毫无保留地对市委领导工作上的缺点进行批评,市委边学习、边检查、边改进,通过整风推动工作。

为了发动党外人士和广大群众帮助党内整风,从5月10日至21日,市委连续召开教育界、文艺界、科技界、医务界、工商界、居民干部、社会人士和宗教界等一系列座谈会,市委负责人亲自参加,听取意见。27日至28日,市委统战部召开各民主党派地方组织负责人座谈会。5月29日,市委召开常委扩大会议,分析研究整风情况。会议认为,过去市委各级领导对缺点体会不深,一经揭露,震动很大,教育很深。会议要求各单位领导干部要继续欢迎批评,不要有反驳意见,要以理服人,领导作风要迅速转变,要与群众打成一片。全市掀起"大鸣""大放"、帮助共产党整风的浪潮。31日，市人民委员会召开非党副市长、局长、处长和工程技术人员座谈会。在此期间，市政协、民盟常州市委、政法部、重工业局、团市委和民主青年联合会等也分别召开座谈会，对党和政府的工作以及党政干部的思想作风提出大量的批评和建议。《常州工人报》从5月初至6月初，比较集中地刊发130余名党外人士在座谈会上的发言摘要，内容涉及党与非党的关系、公私共事关系、干部政策、政治思想教育、领导作风、工作方法等方面。6月3日，政协市一届二次全体会议召开。5日，市二届人大二次会议召开。在这两个会议上，市委又发动委员和代表对党和政府工作中的缺点和错误提出批评。

这一时期，人们思想活跃，民主气氛浓厚，对党外人士和群众提出的大量批评意见，市委领导在各种场合予以鼓励，一再表示决不允许打击报复、压制批评。市人委贯彻边整边改精神，对收到的800余条意见和232件提案逐条研究，制订整改方案。市长、副市长深入基层调查研究，帮助解决实际问题。如果严格按照《指示》规定的正常步骤进行下去，这次党内整风将有效改进党的工作和党的领导，树立起执政党的新风。但是，在整风运动开展后1个月，就转入反右派斗争并扩大为全民整风。

五、取缔反动会道门

为进一步巩固政权，建设社会主义文化，保障经济建设顺利进行，各地方政府开始取缔反动会道门。常州市军管会于1953年2月7日宣布取缔反动会道门组织，自1953—1960年，常州市公安局共发动6次群众性运动，取缔了40个大大小小的反动会道门。

第一次从1953年2—7月，取缔一贯道、同善社、一心天道龙华圣教会、后天九宫道、先天道等5个反动会道门，共取缔坛堂250个，逮捕作恶多端的道首132名，登记办道人员623名，声明退道道徒17004名，其规模、声势是6次运动中最大的一次。第二次从1954年3月7—14日，历时8天，取缔中华理教会、修身道、中教道义会等3个反动会道门，查封坛堂14个，逮捕作恶多端的道首8名，登记办道人员324名，声明退道道徒3557名。第三次于1954年11月开展，取缔清净佛教会、龙华会、天仙道、西乾道、崇德社等5个反动会道门，共取缔坛堂14个，逮捕作恶多端的道首2名。第四次从1956年9月9日起，取缔三茅会、大王会、中国健康促进会、中华洪道社、天门道等5个反动会道门，取缔坛堂57个，登记道首、办道人员349名，道徒退道1000余名。

从1958年7月起，常州第五次大规模取缔反动会道门。取缔德化慈善会、往生助念会、昆仑教、大仙堂、红三教、中国济生会、无为教、门坛、鱼兰会、观音堂、关帝会、儒教、蟠桃会、八字会、琳琪社、佛学慈善社、斗坛等17个反动会道门，查封坛堂 4 个，逮捕作恶多端的道首 4 名，登记办道人员 136 名，其中斗坛 74 名，红三教 16 名，往生助念会 12 名，佛学慈善社 11 名，昆仑教 9 名，关帝会 6 名，琳琪社 4 名，蟠桃会、八字会 3 名，声明退道的道徒 893 名，这是取缔反动会道门最多的一次。1960 年 12 月 23 日至年底，第六次取缔，取缔莲社、菩提会、红相会、大乘教、道教会等 5 个反动会道门，查封坛堂 78 个，逮捕作恶多端的道首 10 名，管制 12 名，收容 5 名，批斗 54 名，退道道徒 366 名。

经过这 6 次取缔和打击，反动会道门的道首骨干遭到法律制裁，组织机构全部被摧毁。

第二节 思想政治建设

这一时期，常州全面展开社会主义思想文化建设。全民宣传过渡时期总路线，学习《婚姻法》、《宪法》草案；思想文化领域曾经"百花齐放，百家争鸣"，知识分子也受到重视。但是，在反右斗争开始后，党内整风运动扩大为全民整风运动，情况出现变化。

一、过渡时期总路线的宣传

1953 年下半年，中共中央正式形成和制定党在过渡时期的总路线：从中华人民共和国成立，到社会主义改造基本完成，这是一个过渡时期。党在这个过渡时期的总路线和总任务，是要在一个相当长的时期内，逐步实现国家的社会主义工业化，并逐步实现国家对农业、对手工业和对资本主义工商业的社会主义改造。

1953 年起，围绕贯彻党在过渡时期的总路线总任务，全市就实施《宪法》、选举人民代表、新《婚姻法》、粮棉油统购统销、发行建设公债、工农联盟、中苏友好活动、社会主义三大改造等进行宣传教育。1953 年 11 月 6 日，市委、市政府召开党员干部扩大会议，9 日又召开全体机关干部会议，传达党在过渡时期的总路线和总任务。此后，各区委、产业党委分别举办短训班，组织党员、团员、基层干部进行总路线的学习。同时，建立宣传员、报告员队伍，形成覆盖全市的宣传网。至 12 月上旬，共作报告 180 多场次，近 9 万人次接受了总路线的教育。12 月 2—3 日，常州市第三届第三次各界人民代表会议召开。会议中心议题是：贯彻国家在过渡时期的总路线和总任务。1954 年 1 月 4 日，市委发出《关于继续深入学习总路线的指示》。要求各部门、单位进一步组织干部和群众深入学习总路线，把总路线作为照耀各项工作的灯塔。

1954年1月4日，市委发出《关于继续深入学习总路线的指示》。要求各部门、单位进一步组织干部和群众深入学习总路线，把总路线作为照耀各项工作的灯塔。

二、《婚姻法》《宪法》（草案）的宣传

1953年3月，市和各区成立贯彻《婚姻法》领导机构，继续宣传实施《婚姻法》，各居民委员会组织72个宣传队，共举办展览会、报告会168场，还以人民群众喜闻乐见的戏剧、说唱等形式进行形象化教育，形成宣传教育高潮。全市共有21万多名群众受到不同形式的教育。1954年6月14日《宪法》（草案）公布后，全市进行广泛的宣传。6月16日，市委发出《常州市关于中华人民共和国宪法草案学习和讨论的计划（草案）》。同时，组织干部和党的报告员，根据中央宣传部下发的报告大纲，到群众中去作关于《宪法》（草案）的报告并组织讨论。下旬起，全市从机关到基层开展学习和宣传《宪法》（草案）的活动。当年，共有450名报告员、机关和企业宣传员作了564场报告，受教育者达8.7万人次。

三、知识分子的团结、教育和改造

1954年以后，党对知识分子的团结、教育、改造工作转入正常化。1954年全国人大一届一次会议提出知识分子"可以同劳动人民结合而成为劳动人民的知识分子"。1955年，市区共有各类知识分子5798人，其中高级知识分子119人、一般知识分子5679人。知识分子中有共产党员401人、青年团员1002人，一批德才兼备的知识分子担任机关和学校、医院、剧团、企事业等基层单位的领导职务。

1956年1月，中共中央召开关于知识分子问题的会议，宣布知识分子绝大部分已经是工人阶级的一部分，并向全党全国人民发出"向科学进军"的号召。1月25—27日，为贯彻党对技术人员、知识分子的政策，动员全市技术人员投入生产高潮，市人委召开全市技术人员会议，要求全市工程技术人员密切与广大职工的联系，充分发挥科学技术在生产中的作用，并不断提高自己的技术水平和政治水平。会议最后一天，市委批准4名高级技术人员加入中国共产党。6月起，在市委领导下，全市知识分子学习《1956年至1967年科学技术发展远景规划纲要（修正草案）》，制订规划，掀起向科学进军的热潮。各学校成立"向科学进军"领导小组，市科普协会组织会员讨论"向科学进军"的科普工作。

同年，市委文教部对全市知识分子情况作认真细致的调查，制定工作计划。推动知识分子参加政治活动，吸收表现突出的人入党。年内，戏剧演员荆剑鹏等7人入党。6位非党老知识分子被安排到省文史馆工作，另有5位被选为市人民代表，6位被推选为市政协委员。各部门遵照市委指示，尽力解决知识分子的经济困难，酌情实行

定期或临时性补助，改善其学习、工作和生活条件。

1957年8月7日，市人委召开部分应届中学毕业生座谈会，鼓励毕业生从党和人民利益的大局出发，到农村去参加农业生产劳动。9月1日，被首批批准的40名毕业生光荣下乡。

这一时期，常州也组织了一些偏颇、激烈的思想文化批判运动，如1951年批《武训传》，1954年批胡风文艺思想和批农业合作化运动中"右倾""小脚女人"等。1955年5月、6月，中共中央整肃"胡风反革命集团"，在全国舆论界展开对胡风文艺思想的批判。1955年6月15日，中共市委召开全市领导干部会议，市委负责同志作有关"胡风反革命集团"的报告。17日，各界人士举行声讨"胡风反革命集团"罪行大会。同时各单位组织干部学习《关于胡风反革命集团的材料》。这种批判混淆不同性质的矛盾，把学术文化问题、党内正常争论当作政治斗争并加以尖锐化，挫伤了知识分子的积极性，一定程度上为后来的反右运动埋下了伏笔。

四、"双百"方针的贯彻

1956年4—5月，党中央确定在艺术问题上要"百花齐放"，在学术问题上要"百家争鸣"。7月底，常州市委召开干部会议传达江苏省第三次党代会精神，讨论和部署在全市贯彻"双百"方针。9月，市人民委员会、市政协分别召开会议，学习和讨论"双百"方针，在全市倡导自由讨论、民主争鸣。随后、市委召开全市文教卫生系统的党员干部和知识分子代表会议。市文化处和文联召集文化界30余人座谈，就国画、文艺创作、群众文化活动中存在的问题进行争鸣。戏曲界召开剧团团长和艺委会主任联席会议，讨论整理传统剧目。《常州工人报》8月起连续发表文章，阐述"双百"方针的内涵及贯彻的目的和意义；及时报道市内有关活动的情况及各界人士的意见；开辟文艺园地、国画园地，鼓励群众创作和发表作品，专设"向科学进军"栏目宣传科普知识。

10月17日，市委文教部召开文教系统党员干部会议，深入贯彻党的"百花齐放、百家争鸣"方针和党对知识分子团结教育改造的政策。会议提出，必须在党内外干部中，认真学习和宣传"双百"方针，开展科学艺术上的自由讨论，达到"互相学习、共同提高"的目的。会议要求在教师中开展"全面发展、因材施教"的讨论和研究；文化工作要继续贯彻"百花齐放、推陈出新"的方针，组织戏曲、舞蹈、音乐的定期会演；卫生工作要加强中西医对祖国医药遗产的研究。在知识分子工作方面，要加强知识分子的自我教育、自我改造，并进一步关心他们的政治要求，改善工作条件。

1957年2月毛泽东发表《关于正确处理人民内部矛盾的问题》，市委和市政协联合召开会议进行学习和讨论。会议部署各部门将学习毛泽东指示和深入贯彻"双百"

方针相结合，鼓励群众大胆揭露和解决人民内部矛盾。5月初，市委连续召开市工商业联合会、民主建国会、农工民主党、民主同盟以及科技界、卫生界、文艺界、教育界、工商界和社会人士代表座谈会；市政协召开宗教界、少数民族、妇女代表座谈会；市政府召开各界非党干部和技术人员代表、学徒和练习工座谈会。代表们就各方面工作中存在的问题、党群关系、干群关系、公私关系及党的政策反映基层意见，为进一步落实"双百"方针、推进各项工作提供重要的调查研究资料和依据。不久以后，全国开展反右派斗争，"双百"方针的贯彻中断。

五、反右派

1957年6月8日，中共中央发出毛泽东起草的《关于组织力量准备反击右派分子进攻的指示》，《人民日报》发表毛泽东撰写的社论《这是为什么》。整风运动逆转，一场反右派运动在全国开展起来。

常州市委于6月中旬召开会议，研究部署开展反右派斗争。农工党市委、民建市委和工商联、民盟市委分别于6月17日、18日、19日，召开扩大会议，揭批自己党派内部少数成员的所谓右派言论。19日，全市5000余名职工代表在天宁林园举行"坚决保卫社会主义利益、彻底粉碎右派分子进攻誓师大会"，市委负责人在会上发表讲话，13位职工代表作批判发言。6月20日，市委对反右派斗争作全面部署；23日至25日，又分别在工业、财贸等系统召开1600余名基层干部参加的动员会议。

6月23日，民盟市委扩大会议揭发民盟市委个别人所谓反党言行，并于25日《常州工人报》以头条新闻点名批判，并用一个半版面报道批判情况。28日，《常州工人报》以一个半版面点名揭发市工商联个别人的所谓反党言论。7月上旬开始，24所中等学校中有841名教职员工参加反右派斗争，省常中、女中、常师、一中、三中、五中等校，共揭露右派分子24人，至8月10日告一段落。与此同时，市级机关和事业单位相继开展反右派斗争。税务局、报社等先后揭发出一批右派分子。8月17—20日，市委召开全市工业交通系统基层干部会议，讨论和部署在企业开展整风和反右派斗争，确定第一批开展的有戚机厂、戚电厂、常州电厂、常州机器厂、大成一厂、大成二厂、大成三厂、民丰纱厂、恒丰盛布厂、同新布厂和人民印刷厂11家工厂。从6月下旬到12月底，《常州工人报》陆续公开点名批判市民主党派、工商联和教育、医务、新闻、商业各界及机关系统中的右派分子多达34名。市级机关共有50家单位、3582人，是整风运动的重点，也是反右派的重点部门之一。1957年7—8月，有10家单位开展反右派斗争。9月初再次动员鸣放。从11月开始，全面转入反右派斗争，具体做法：一种是先点名，批驳论点，后戴右派帽子；另一种是先批驳论点，再点名戴帽。

截至1958年2月10日，全市的右派分子达421名，其中中共党员40人、共青团员55人、民主党派成员80人。3个民主党派649名成员中，有77人被划为右派分子。右派分子中还划分出极右分子和普通右派分子两类。1958年2月22日，市委负责人在中共常州市第一届代表大会第二次会议上作《乘风破浪、鼓足干劲，为实现社会主义事业全面跃进而奋斗》报告中称："到目前为止，挖掘和反击了右派441名，占参加运动人数的1.72%。"[①] 在反右派斗争后期，被划为右派分子的人，凡是共产党员、共青团员的全部开除党籍、团籍，撤销一切行政职务；有的被送劳动教养，或被监督劳动；少数留在原单位"留用察看"或调动单位，同时降职、降级、降薪。

自1959年起至1963年，根据中央的指示，常州市逐年摘掉一些被认为确实改造好的右派分子帽子。大部分右派分子直到1978年以后纠错改正，恢复名誉。

六、全民整风

反右派斗争告一段落后，立即进入以"端正政治方向，提高思想水平，改进工作缺点，团结广大群众，孤立和分化资产阶级右派和一切反社会主义分子"为目的的全民整风运动，并持续到1958年夏季基本结束。

1957年9月，全市的反右派斗争作为党内整风运动的一个必经阶段，还在各部门、各阶层进行，市委根据中央和省委指示，将原来党内整风运动扩大为全民整风运动。10月20日，市委召开各部、委党组和区委负责人会议，部署全民整风运动。29日市委发出《关于全市各行各业开展整风反右派社会主义教育运动的初步规划》，对不同对象提出不同的整风要求：对工人阶级和共产党的基本队伍、党政机关各级干部，主要是整顿思想作风；对资产阶级及其知识分子，主要是接受社会主义改造，脱胎换骨、转变政治立场；对民主党派要在政治上和组织上进行根本改造，使他们转化成为社会主义服务的政治力量。

全民整风分三批进行。第一批市级机关50家单位、5个学校、12家工厂、21家国营商业公司、5个农业合作社及民主党派、工商联，共计30140人，从9月开始。第二批为77个工厂和手工业合作社、合营商业公司、初级中学、医院、文化系统及农业社等114个单位60813人，于11月中旬开始。其余为第三批共84602人，从1958年1月开始。这三批交叉进行，多数单位在1958年6月结束，个别延续至8月。

全民整风采用"放""争""反""改""学"的步骤和方法，分为四个阶段。

第一阶段是"放""争"，揭露矛盾，辨明是非。市委领导先后多次召开动员大会，重申整风决心，明确表示态度，批判阻碍运动发展的各种右倾思想，要求党内外一

[①] 中共常州市委党史工作委员会、常州市档案馆编印：《中国共产党常州市历次代表大会文献汇编》，内部出版物，2004年，第38页。

起发动。至12月，形成高潮，大字报数量从1万余张猛增至29万张，召开座谈会、民主讲坛、小组会5000余次，共提出各种批评意见近50万条。接着，广泛开展群众性的大辩论，对不同的对象提出不同的辩论内容。在工人和劳动群众中辩论的题目是：工人阶级如何担负起领导阶级的责任；个人和集体、个人和国家的关系，改善生活和发展生产的关系，自由和纪律、民主和集中的关系问题等。在郊区40个农业生产合作社社员中辩论的题目是：农业合作社有没有优越性，为什么要实行粮食和其他农产品的统购统销，农业生产能否跃进，怎样勤俭办社等。在民主党派中辩论的题目是：民主党派的阶级基础和两面性，政治路线和组织路线，在国家事务管理中的地位和作用，基层组织在社会活动中的地位作用，接受共产党领导和长期共存、互相监督的关系问题，资产阶级知识分子的两面性和共产党能不能领导知识分子等。在工商界中辩论的题目是：社会主义制度的优越性和资本主义立场的反动性，当前资产阶级的两面性和继续接受社会主义改造的必要性，要不要接受共产党的领导，合营企业公方代表制度、私方人员同工人的关系等。通过上述辩论，大多数人制订自我改造的规划，并在1958年初发展为向党交心活动。

第二阶段是"反"，即反右派斗争。

第三阶段是"改"，即大整大改，解决矛盾。全市整改工作的重点是：紧缩机构，减少脱离生产人员，下放干部，加强劳动战线，加强基层制定规章制度，切实克服脱离群众、脱离实际的作风。各级机关和企事业都把精简机构、紧缩编制、下放干部、加强基层工作作为整改的重点。市级机关将59个单位300个科室整编为49个单位204个科室，紧缩行政编制42.3%。1957年12月11日和23日，全市两次召开欢送大会，欢送被批准下乡务农的干部1054人和回原生产岗位、退职退休的干部320人。工厂和国营商业系统下放4000余名干部和科室人员到车间或农业社参加生产劳动。首批整风的11个工厂原有企业管理人员和脱产干部2532人，占职工总数的16.65%，整改中，把业务相近的科室合并，非生产人员减为1376人，压缩45.6%，占职工总数的比例下降为9.04%。

1958年第一季度，全民整风继续进行，在初步精简机构的基础上，市委又把领导参加生产、工人参加管理和改革各种陈旧的规章制度作为整改中心，进一步调整管理人员与直接生产者之间、脑力劳动者和体力劳动者之间、领导和群众之间的关系。从市级机关到各基层单位，掀起一个以"双反双比"（反浪费、反保守、比先进、比多快好省）为中心的新的鸣放、整改高潮，铲除干部身上的"五气"（官气、暮气、阔气、骄气和娇气）。大字报又一次贴满墙面。市委领导也分别与基层单位建立固定的联系制度，保证每年以不少于3个月时间深入基层作调查研究。1958年3月30日，常州市各民主党派和无党派民主人士举行社会主义自我改造促进大会。提出要加速自我改造,把知识技术贡献给党和人民。会议通过《常州市民主党派和无党派民主人士保证实现社会主义自我改造公约的决心书》和《交心书》。

1958年4月2日,中共中央发出《关于整风问题的指示》,指出"各部门,在目前的'双反'运动告一段落后,应当及时地转入整风的第四阶段"。从6月开始,整风进入"学"的第四阶段,即通过深入学习文件,提高政治觉悟,改进思想方法。机关和企事业单位学习的文件主要是毛泽东的《关于正确处理人民内部矛盾的问题》和《工作方法六十条》,刘少奇在中共八大二次会议上的报告第二、第三部分。在学习文件提高认识的基础上,各人检查自己的思想和工作,开展批评与自我批评,作整风思想小结。在企业中还着重推行"两参一改三结合"的经验,在职工中组织"能不能多、快、好、省发展生产"的辩论。

1958年7月以后,市委仍然提出"以整风为纲,以生产为中心,全面贯彻总路线,带动各项工作齐跃进"的口号,但主要工作已经转入贯彻社会主义建设总路线方面,全民整风运动基本结束。1958年5月27日,市三届人大一次会议《政府工作报告》声称,全市有1131家单位、145911人参加全民整风运动和反右派斗争。

第三节 经济制度的社会主义改造

1953年初,市区通过从低级到高级的国家资本主义形式,对资本主义工业企业进行社会主义改造;并有计划地引导、组织农民和城市个体手工业户走合作化道路。1956年1月,市区所有工商企业实行公私合营。1957年6月,约75%的手工业者参加了合作社。1956年底,全市农户的95.6%加入初级农业合作社;到1957年,初级社全部转为高级社,全市基本完成对农业的社会主义改造。

一、农业合作化

(一)初级农业生产合作社

1953年2月26日,溧阳县马家乡的新河农业生产合作社成立,当年生产获得丰收。1953年3月,武进县在雅田乡帮助张来生互助组试办初级农业生产合作社,4月又帮助东安乡安北村石典锦互助组和薛家乡叶家村叶瑞春互助组试办初级社,取得了一定经验,并逐步推开。1953年12月16日,中共中央作出《关于发展农业生产合作社的决议》。在中央的号召下,1954年3月12日,郊区西北乡前袁、后袁、毛浦3个自然村的互助组共34户、223人、245亩土地合并成立市郊第一个初级农业生产合作社袁耀良农业生产合作社。同年秋,城南乡成立花园初级社、德安初级社、城东乡成立林园初级社,城北乡成立周祥庆初级社,采菱乡、定安乡、茶山乡、广福乡亦成立4个初级社。此外,还有6个乡成立21个未经批准的所谓自发社。初级农业生产合作社实行土地入股,统一安排种植,劳力和耕畜、农具合理使用;收益按土地和劳力比例分配,市郊各初级社采用的分配比例是劳力占55—60%,土地占40—45%。初级社已有部分公有生产资料和留有公共积累,农业产量比互助组为高。1954年,袁耀良农业合作社水稻亩产288公斤,比一般高30多公斤。32户中有28户增加收入,折合粮食350—500公斤,最高的2户增加1000公斤。

1955年8月24日,武进县委发出《关于农业生产合作社五项具体政策规定的意见》,具体内容为:一、土地评产入社。按常年产量和土质等级评定。二、土地和劳力分红的比例。水稻区和轮作区的土地报酬为40—45%,旱谷、杂粮区为35—40%。三、耕牛、农具处理。耕牛在建社第一、二年租用付酬,第三年折价归社。大中型私有农具租用付酬,公用公修,小农具自用自带。四、投资。股份基金按入社土地分摊,自由投资(现金、实物)还本付息,实物合理折价。五、社长、会计报酬。采取包干制,社长、会计自己劳动占30%,其他人员因公误工补工。

至10月上旬,郊区已有农业生产合作社127个,入社农户占总农户的37.7%。1955年冬,贯彻"全面规划、加强领导"的方针,初级社发展到133个,入社农户3407户,占农户总数的27%。1956年小社并大社,合并成立40个初级社,入社农户4314户,占总农户数的32.7%,1957年全部转为高级社。建社初,因缺少生产资金,合作社规定土地入股应交纳股份金,一般股金占全年生产成本的40%。还规定在年终分配时,按净收入的3—5%提取公共积累,用于改善生产条件和兴办集体福利事业。初级农业生产合作社由社统一组织生产和分配,并逐步形成生产、劳动、财务、分配等一套管理制度。在劳动组织上大多实行土地划片、劳力分组、统一领导、临时派工的办法。评工记分仍采用"死分活评"。

至1955年10月上旬,金坛县有初级社1393个,入社农户39900多户,约占总农户的53%。同年11月,溧阳全县有初级社1789个,入社农户46532户,占全县总农户的48.3%。1956年春,武进县有初级社2870个,入社农户达194700户,占总农户的93%。

(二)高级农业生产合作社

1955年8月,中共金坛县委在庄阳初级社创办高级社试点,10月3日成立庄阳高级农业生产合作社。同年12月,中共溧阳县委派工作组到杨庄乡,以扬水生初级社为主,筹建杨庄乡第一高级农业生产合作社(即杨庄乡枢巷高级社)。

1956年1月9日,市委制订《1956年实现农业合作化和发展农业生产的计划》,

要求郊区在4月份前基本实现农业合作化，年内成立17个高级农业合作社，使入高级社的农户达到总农户数的40%。1956年2月中旬，武进县在雅田乡试办雅田高级农业生产合作社，将58个自然村编成31个生产队、181个劳动小组。该社实行"三包一奖"（包产、包本、包工，超产奖励）。这是武进县建立的第一个高级农业生产合作社。

1956年2月19日，郊区第一个高级农业社西北乡新新高级农业生产合作社成立。2月24日，城东乡成立林园一、二、三3个高级社。此后，城南乡的德安、花园、桃园，城北乡的光辉、胜利、红星，茶山乡的青龙、勤俭、白荡、荆川、新华、浦前、富强等高级社相继成立。到1956年底，市郊共组成农业生产合作社64个，入社农户12610户，占总农户13195户的95.6%。其中，高级社24个，8296户，占总农户数的62.9%；初级社40个，4314户，占总农户数的32.7%；尚存单干户585户。1957年，40个初级社合并为15个高级社，大部分单干户也入了社，至此，全郊共有39个高级农业生产合作社，入社农户已占98%左右。[①] 同年底，金坛全县有90%以上的农户加入高级社；溧阳全县高级社发展到481个，入社农户占农户总数的99.34%；武进县入社农户占总农户的95.59%，其中高级社231个，入社农户占总农户40.45% 初级社526个，入社农户占总农户的55.14%。1957年春，武进县共办高级社653个。1958年8月，金坛县有高级社318个，入社农户约80122户，占总农户的99.4%。

1956年农业合作化高潮后，郊区各高级社在市派出的整社工作队帮助下，围绕生产制订各项管理制度，以自然村为单位编组生产队，推行"三包一奖"（包产、包工、包成本、超产奖励）等制度；按工种繁简、劳动强度、技术要求订出计算工分的标准，按质按量评工记分；还制订财务计划，贯彻勤俭办社、民主办社方针，使农业生产合作社逐步趋向巩固。1956年，全郊区粮食亩产达341.9公斤，比1955年的307.7公斤增长11%，蔬菜、蚕桑等农副业生产也都有较大增长，90%以上的农户增加收入。

农业互助合作运动之初，发展比较健康，1955年秋季以后，全国范围内批判"右倾保守""小脚女人"思想，合作社运动超速发展，各级干部害怕被批评为"右倾"，纷纷抢进度，不到一年时间，就基本实现农业合作化。合作化运动后期的主要问题：一是急于求成，工作过粗。采取开会一宣布就全部入社的办法（个别"钉子户"除外），违反了自愿互利的原则；干活只求数量，不顾质量，都抢工分多的活干，不爱惜集体财物。有的农户未经过初级社一下子就成立高级社，干部缺乏领导经验，素质不高，内部管理比较混乱，致使生产效益下降。二是没有认真处理好农民的物质利益。把原来初级社的公共积累全部转为高级社所有，实质上是平调，挫伤了农民的积极

---

① 常州市地方志编纂委员会编：《常州市志》第2册，第752页。

性。三是贯彻勤俭办社、民主办社的原则不够好，有的干部缺乏民主观念，强迫命令，很少参加劳动，有的贪污挪用钱物，干群关系不够融洽，矛盾较多。因此，在一些地区出现退社风。武进县一度有2423户要求退社，少数社还发生过闹事。1957年，各地开始整顿高级社，但是仍有许多问题没有很好解决。

二、手工业合作化

1953年4月2日，党中央发出《关于应当重视手工业的指示》，随后确定对手工业的改造采取"统筹兼顾、全面安排、积极领导、稳步前进"的方针，组织手工业生产小组、手工业供销合作社、手工业生产合作社等，引导手工业者走合作化道路。手工业社会主义改造的对象主要是独立经营的个体手工业、农民兼营的商品性手工业和雇工不足4人、业主参加劳动的小型工场手工业。从属于农业的自然经济形态的家庭手工业和以农业为主的兼业户都归入农业社会主义改造的范围；雇工超过4人的工场手工业，一般归入私营工商业社会主义改造的范围。

1953年8月，市区成立食品、制鞋生产合作社，各有社员30余人。车木业成立建业纱管合营厂，扩大产品销路。打铁业有15户组织锻铁合营工厂。梳篦业6个大户组织联营，成立大陆梳篦厂。郊区手工业染织业的布机增开到593台，龙游、茶山、福渚等乡有556台布机组织起来，编成26个生产小组，为合作社加工坯布。手工针织的织袜业组织商业联营，产品由中百公司收购，远销上海、浙江、苏北等地。1953年，市区手工业55个行业、2959户，产值1994.89万元，比上年增长51.9%，占工业总产值的比例上升到5.78%，其中合作社（组）的产值663.9万元，占手工业总产值的33.3%。

1954年9月至11月，市委、市政府成立手工业调查工作委员会，查清全市手工业共有71个行业、10040户、17687人（农民兼营1235人不在内），总产值1909.7万元。

1955年4月1日，常州市手工业生产合作联社（筹）成立。4月5日，市人民委员会设立常州市手工业管理处，具体负责手工业的社会主义改造，举办训练班，培训骨干力量。5月上旬，召开全市手工业生产合作社社员代表大会，竹藤柳器等8个社（组）介绍经验。1955年底，已有生产合作社14个、合作组21个、供销社（组）3个，共计2906人，年产值866.32万元，占当年手工业总产值2187.92万元的39.6%。根据国务院《关于试行轻工业计划产品分工管理办法的通知》，按轻工行业确定隶属关系、划分管理系统的精神，将11个行业127户、职工318人划归工业；10个行业745户、职工1755人划归商业。

1955年底和1956年初，在全市资本主义工商业的社会主义改造高潮中，通过大规模的宣传教育，手工棉织、针织、木器、打铁、修配、服务等10多个行业、1000

多户纷纷申请合作。1956年1月19日市人民委员会宣布批准手工业52个行业、3659户、10376人实行合作。至此时,全市手工业先后组织起来的户数已占总户数的83%,从业人员占86.5%;并按行业归口,建立金属制品、木材加工、竹藤柳器、棉麻制品、缝纫皮革、直属和戚墅堰区7个联合社,辖46个基层社、一个合作小组。1956年3月初,常州市手工业联社正式成立,基本实现全市手工业的合作化。① 至1956年7月,全市手工业者集中生产的人数占总人数的31.4%,其中纳入统一经营的人数占73.6%。在1956年全市手工业总产值中,合作社(组)的产值占绝对优势。当年,全市手工业总产值达2578.9万元,占全市工业总产值的6.37%。其中合作社(组)的产值2498.5万元,占96.9%。1956年,轮运业、汽运业公私合营,木帆船和人力装卸运输业通过合作化途径,走上集体化道路。

但是,手工业工场的不适当合并引发了多种弊端,造成管理人员增加、管理费用上升,服务网点减少、群众生活不便等。为满足市场需求,一些自发的手工工场应运而生,一些合作社(组)人员利用业余时间接业务,当时,一概被斥之为"地下工场""投机倒把""走资本主义道路"而受到严厉的批判和取缔。1956年9月,市手工业管理处、手工业联社等按照"有利生产、便利群众,大部不动、小部调整"的原则,结合各行业的不同情况实行调整,具体有三种形式:对棉织、针织、梳篦、麻纺、绞线、铜铁、衡器、造船、车木、算盘镜箱、造纸、食品、乐器和钟表、无线电修理、刻字等行业采取大部集中的形式;对皮革、制帽、棕床、木器、黑白铁、圆木、竹藤柳器、皮鞋、雨伞、手工木器、打铁、机绣、刺绣、花边等行业,采取小规模集中与分散兼有的形式;对车辆修理、铜铁修配、油漆加工、缝纫、绱鞋、修鞋、修钢笔等纯修理业或服务业,一般仍分散经营。

1957年继续遵照党中央的指示,把盲目集中合并组成的手工业合作社,采取建分社、增设服务点、改变核算关系等不同方法,调整体制,实行供产销的归口管理。至6月底,全市合作社(组)数增加到106个,社(组)员9504人,占总人数的74.7%,其中分散经营的3186人,占三分之一。1957年底,全市手工业总产值2635.47万元,占全市工业总产值的6.77%;其中合作社(组)的产值2582.87万元,占手工业产值的98%。

三、资本主义工商业的改造

1953年1月,常州市工商业联合会(简称市工商联)成立。同年,党在过渡时期的总路线公布后,市委帮助工商界成立学习委员会,由市委副书记王晓楼任主任,刘国钧、张允溪等5人为副主任,掀起学习、宣传总路线的热潮。在总路线的指引下,

---
① 常州市地方志编纂委员会编:《常州市志》第1册,第772页。

市委对资本主义工商业采取利用、限制、改造的方针，通过实行委托加工、计划订货、统购包销、委托经销代销、公私合营等一系列从低级到高级的国家资本主义过渡形式，最后实行和平赎买，完成对资本主义工商业的改造。

1953 年，国家对与国计民生有重大关系的粮食、食油、棉布实行计划收购、计划供应，同时，

图 9-1　刘国钧参加公私合营

加强对投机可能性最大、对市场和物价有较大影响的私营批发商的改造。随着国家对主要农产品计划收购和计划供应的扩大，割断了私营批发商同工农业生产、广大零售商的联系，国营经济基本上掌握了批发市场。全市商业批发行业中，国营、合作社营商业占 82.2%，私营零售额的比重也继续下降。同年，为适应国民经济发展的形势，常州私营粮食、豆杂业、卷烟、盐业等批发商大部分转业，百货、绸布、文具等业的批发商和批零兼营户也先后闭歇或转业。1953 年工业总产值中，国营、合作社营和公私合营的比重为 17.3%，私营为 82.7%，在私营工业产值中，有 80% 以上已经分别纳入加工订货、统购包销等国家资本主义轨道。全市工业和商业中，国营经济领导地位逐步巩固。同年，刘国钧、江子砺、蒋鸿文等资本家率先向市政府提出公私合营的申请，引起巨大反响。

1954 年 1 月 22 日，常州市成立国家资本主义办公室。经过对全市 10 人以上私营工业企业的全面调查，市委于 3 月 13 日向省委上报《常州市私营工业进行社会主义改造初步方案》。打算在第一个五年计划中，通过各种方式将 192 家私营大型工厂，基本实行公私合营，并有计划地整顿并发展加工订货、统购包销、收购、经销等中低级形式。然后，在第二个五年计划中，用两年左右时间，以这些已经合营的工厂为基础，将余下的小型工厂全部纳入各种形式的（主要是公私合营）国家资本主义轨道中来。后来，由于改造步伐加快，此《方案》的设想被突破。

1954 年 7 月 27 日至 8 月 3 日，市委先后四次研究并提出对食品业、机器业、纺织业、针织业的改造意见。6 月 1 日，常州大成纺织染公司暨所属第一、二、三厂被省政府批准为全市首批公私合营企业，并签订协议书。8—9 月又批准民丰纱厂、大明纱厂、协源布厂、同新布厂 4 家企业实行公私合营。至此，全市公私合营企业已有 11 家。这些企业公私合营后，市政府立即委派公方代表下厂，对所有资方实职人员量才使

用,并在企业内部成立新董事会,制定章程,确立"四马分肥"的利润分配原则,即国家对私营企业所得利润分配大体按国家所得税金、企业公积金、职工福利奖金、资方股息红利和资方代理人的酬劳金四个方面分配(1956年实行全行业公私合营后资方的股息红利被定息所代替)。随即开展清产核资和生产改革等工作。实行公私合营后的企业改变了生产关系,社会主义成分居于领导地位,公私合营企业所得利润大部分根据国家计划用于扩大再生产,推动生产迅速发展。

1955年,社会主义改造的步伐加快。1月10日,市政府向原私营厚生机器厂投资,宣布成立地方国营常州机器厂。7月起,市政府先后批准恒源畅、民华、同庆、嘉声染织厂、溥利油厂、协盛、阜康、元中染织厂、益丰昌染厂、益联机器厂等企业公私合营。在交通运输方面,公私合营的汽车车辆已占全部私营车辆的47.6%;私营轮船亦从同线合营到企业公私合营。至年底,全市已有公私合营企业27户,占私营工厂总数的52%;职工13062人,占私营工厂职工总数的51.48%;产值1.8亿元,占私营工业总产值的58.92%,占全市工业总产值的36.41%。在全市私营工业中,接受国家加工订货、统购包销的产值已占90%以上。

1955年第三季度,市政府对全市私营商业和饮食业进行一次全面普查,制订规划,统筹安排改造工作。至1955年底,全市私营批发商基本上为国营、合作社营的批发业务所代替,国营及合作社商业已占市场批发总额的95%以上,私营商业在货源上已不得不依赖于国营经济。在零售业务方面,私营商业中已有3个行业60户为国营公司经销代销,零售营业额占全市私商零售营业总额44.1%,加上国营及合作社营商业零售营业额的45.3%,零售市场亦基本上为社会主义经济成分和国家资本主义经济成分所占领,真正属于私营经济部分仅占10.6%。

1956年1月5日,市委成立对资改造领导小组,市工业局、商业局、纺织工业局及所属专业公司、粮食局、交通局等都健全相应的机构。天宁、广化、钟楼、戚墅堰、郊区亦指定专人负责。全市形成资本主义工商业归口改造的组织网络。此时,一个大张旗鼓宣传全行业公私合营的活动在全市开展,连日举行各种报告会、学习会、讨论会188场次,80%以上的职工、90%以上的工商业者及其家属参加各种报告会接受教育。全市有8名青年工商业者自愿增资3.2万元、黄金20两、房屋13间;有39户资本家将股东垫款、黄金、现金、公债、房屋、土地、机器、实物等投入企业,总价值约17.95万元;有的还现身说法,积极推动同业申请公私合营。

1956年1月13日,市委、市政府首次批准37个工商行业实行全行业公私合营,并在红星剧院召开全市广播大会掀起对资改造的第一个高潮。37个行业中,工业为20个、303户,职工17789人,产值2.37亿元,分别占全市工业总户数的62%,职工总数的68.83%，总产值的77.52%；商业17个，占商业总户数的26.27%，职工总数的32.84%，总营业额的41.82%。其间，传来北京市私营工商业全部公私合营的消息，全市工商业界遂掀起对资改造的第二个高潮。

1956年1月13日市委、市政府首次批准37个工商行业实行全行业公私合营，并在红星剧院召开全市广播大会掀起对资改造的第一个高潮。37个行业中，工业为20个、303户，职工17789人，产值2.37亿元，分别占全市工业总户数的62%，职工总数的68.83%，总产值的77.52%；商业17个，占商业总户数的26.27%，职工总数的32.84%，总营业额的41.82%。期间，传来北京市私营工商业全部公私合营的消息，全市工业业界遂掀起对资改造的第二个高潮。

1月19日，市委、市人委采取"先改编，后改组"的步骤，批准全市所有工商业和手工业要求公私合营和合作化的申请。全市共批准私营工业47个行业的454户实行全行业公私合营。按行业归口，建立纺织、印染、染织、针织、机器、梳篦、粮食加工、食品工业、轻工业9个工业公司。全市还批准58个行业2560户（余14户尚未申请）私营商业公私合营、经销代销、组织合作和独立经营，其中实行公私合营的664户，占私营商业总户数的25.94%，从业人员占总数的40.47%，占职工总数的55.17%，占营业总额的67.96%。同时还对4306户摊贩中的3853户，批准组织合作或独立经营，按行业归口，分别由原百货、花纱布、文化用品、医药、食品、土产、粮食、油脂、专卖、木材、煤建、水产等12个国营公司设立零售管理处加以领导，并新建饮食、蔬菜、福利3个公司和戚墅堰区的综合公司。①1月19日下午，全市各界3万余人参加在市人民体育场举行的盛大集会，晚上5000余人游园；20日晚，工商业界2000余人又举行提灯会，庆祝常州市资本主义工商业社会主义改造取得全面胜利。几天之内，145位工商业者又拿出价值约49万元的金银、现款、实物等作为追加投资。到此时为止，私营工商业的社会主义改造全面完成。

第四节 国民经济第一个五年计划

1953年以后，国家开始进入有计划的经济建设阶段。1956年，常州提前实现第一个五年计划的主要指标。同时，根据经济发展的需要对地方工业进行调整改组。

一、计划编制

1953年，常州开始编制和实行第一个五年计划。市政府在学习苏联经济管理模式的基础上，根据市情摸索出一套以国营经济为主，集体经济、私营经济同时并存，

---

① 常州市地方志编纂委员会编：《常州市志》第1册，第771页；《常州市志》第2册，第808页。

各得其所的经验,初步形成以计划经济为主体的管理体制。市人民政府根据国家过渡时期总路线的要求,编制出台《常州市五年国民经济计划情况综合报告》。1954年12月,常州设立计划委员会。1955年,常州市在贯彻国务院《地方各级人民委员会计划委员会暂行组织通则》中对计划管理做出具体规定:一是分级、分局下达计划;二是分级管理,层层负责;三是明确工业、农业、基本建设、物资供应、交通运输、综合财政、内外贸易、公共事业、文教卫生与科学研究等方面要编制计划;四是建立和健全各级计划机构,要求各工业、商业、财政金融、交通、劳动、农副业局以及500人以上的工厂和国营商业中心店都应配备一定数量和质量的计划干部。在编制1956年度计划时又明确,凡国营经济实行直接计划,即指令性计划;其他经济成分实行间接计划。计划编制的重点在工业方面,主要是对工业企业的能力平衡、产量安排、经济定额、成本和利润计划安排,对计划的进度、指标完成情况的分析、检查也不放松。1956年开始编制常州第一个城市发展规划和布局调整规划。年底,在国家和省的统一部署下,开始编制"二五"计划。

当时计划管理的范围比较大,政府对企业的生产经营活动也管得较多,在某种程度上影响了一些企业的自主权和积极性。但第一个五年计划期间,在计划的指导思想和原则上也形成不少好的经验,如计划要积极稳妥、因地制宜、集中力量保重点,要不断协调平衡等,对以后的建设有着积极的借鉴意义。然而,单一的公有制结构及计划经济体制也存在很大弊端,在长时期内制约了经济的发展速度。

1957年,在第一个五年计划全面完成的基础上,市计划委员会受市委、市政府的委托,对整个第一个五年计划的执行情况进行全面分析,摸清资源状况,总结经验教训,并提出第二个五年计划的发展意见。

二、计划实施

1953年起,常州开始执行发展国民经济的第一个五年计划。在此期间,虽然工业企业的机动余地很小,但在纺织、机械、食品等行业的基础上,开发了电子、化工、医药等方面的小产品。随着经济实力的增强,对工业生产计划的管理也从之前直接下达企业转为行业管理,各项计划都通过行业贯彻执行。

1953年9月26日,市委举行干部扩大会议,贯彻中共中央《关于增加生产、增加收入、厉行节约、紧缩开支、平衡国家预算的紧急通知》和省委关于开展增产节约运动的指示,要求各工厂企业努力提高产品质量,厉行节约,降低成本,减少浪费,增加产量,完成和超额完成国家计划。

1954年,全市贯彻华东和省委地方工业会议,进一步明确"提高质量,降低成本,安全生产"的指导方针,扩大计划管理的范围。在企业管理中,抓住计划管理、财务管理、技术管理三个环节，学习鞍钢，开展劳动竞赛。加强农田基本建设，扩大电力灌溉农田面积12000余亩，战胜了夏季洪水和冬季冰冻等自然灾害。改善城市环境卫生，新建、扩建了一些公共娱乐和卫生设施。加强市场管理，调节供需，稳定市场，保证人民必需品的供应。在继续实行粮食、食油统购统销后，对有些供应紧张的物资（如粮食、水泥、煤油、桐油、棉布等）实行计划供应，有组织的市场逐步扩大，稳定物价和市场。1954年10月，常州市工业生产展览会举办。

1955年2月下旬，为贯彻执行国务院《关于发行新的人民币和收回现行的人民币的命令》，市委成立新币发行办公室。3月1日起，新人民币在常州流通，同时收回旧人民币。新旧币的折合比率，定为新币1元等于旧币1万元。

1955年，市委制定《关于执行中共江苏省委继续贯彻厉行节约、反对浪费运动的方针》，要求全市围绕完成和超额完成国家计划目标，开展以厉行节约、反对浪费为中心的劳动竞赛，就加强技术管理、提高产品质量、提高效率、提高单产等各方面制定有效措施，抓计划，抓指标，抓关键。在工业生产方面进一步学习巩固1951织布工作法和郝建秀工作法，推广原棉管理，节约用棉，推广一模多铸、浇铸工艺规程等28种先进经验，四季度逐步推行苏联班组节约核算等先进经验。

1956年初，市委召开全市先进工作者代表会议，发出"四年完成第一个五年计划的社会主义竞赛运动"倡议书。为进一步调动广大知识分子参与社会主义建设的积极性，市人委召开全市技术人员会议，市委负责人在会上作《明确形势，明确政策，明确任务，为提前完成五年计划而奋斗》的报告。中国人民政治协商会议常州市第一届委员会第一次会议举行，市委负责人作《加强团结，为提前完成和超额完成五年计划而奋斗》的报告，进一步动员全市各界投身社会主义建设事业。全市举行农业高额丰产代表会议，认真贯彻兴修水利、推广新式农具、增集自然肥料、改换良种、改良土壤、扩大复种面积等十大措施，号召农民投入到丰产竞赛运动中去。

1957年，市区兴办27家小型企业，以本市及周边地区废品、工厂中副产品和下脚料为原料，如猪骨榨油、糠粉酿酒、零料制手套和棉毯等，总计投资19万元，全年产值达460万元，利润48万元，安排劳动力就业1550余人。同年，发动群众开展提高质量、节约原材料为中心的生产运动。1月至9月，职工提合理化建议7034条，为国家节省资金69万元，节约财富111万元。

1953—1957年，市委、市人委根据"结构更加合理、力量相对集中、基础相应加强"的原则，对市区染织业、机器、粮油加工工业进行第一次大规模调整、改组，将474家企业合并为300多家，其中112家染织、针织厂合并为35家，52家铁工厂合并成7家，51家粮油加工厂合并成15家。对某些行业有多余生产能力的企业实行转产，使原来分散的互不联系的企业相对集中，并发展一批新产品，重点扶持轻纺工业以满足社会需要（在全民所有制工业企业新增职工中，轻纺工业占83%）。5年内，工业新增固定资产2000多万元，除用于挖掘原有企业潜力外，还扩建、新建一批工厂。1956年7月，在对工业企业改组的同时，也对商业企业分别采取合并、迁址、撤点、增设、扩大等形式进行网点调整，其中26个行业在原有402户的基础上调整为270户，合并面为32.84%。

1956年6月至1957年5月，市区全面进行工资改革。参加工资改革的有362个单位、43737名职工，月平均工资由47.08元提高到56.09元。1957年，全市社会商品零售总额达16352万元，比1952年增长18.51%；城镇居民储蓄1276万元，比1952年增长178%，平均增长22.74%；农村社员储蓄390万元，比1952年增长747.8%，平均增长53.34%。

三、农产品统购统销

随着工业发展和城市日益扩张，粮食生产和需求之间的矛盾显现。常州郊区粮食生产1953年比1949年增长13.17%，其中稻谷增长9.31%，小麦增长29.39%，杂粮增长9.12%。但是，1953年全市城镇人口达27.93万人，比1949年增加3.26万人，这使1953年的粮食销售量比1952年增加33%，而国家收购的粮食只有1952年的53.39%，粮食购销难以平衡，引发多种问题。中共中央反复论证，寻求解决粮食问题的办法，于1953年10月16日做出《关于实行粮食的计划收购与计划供应的决议》（以下简称《决议》）。1953年12月8日，为贯彻《决议》，市委决定从即日起，对城市居民实行"划分地区，统一销售，凭证记账"的粮食供应办法；在农村实行粮食的计划收购和计划供应（简称统购统销）。

1954年9月至1955年3月，常州市政府先后发出《常州市粮食计划供应暂行办法》《常州市粮食管理办法及私商经销、代销的管理规则》《常州市国家粮食市场管理暂行办法》。12月8日，全市开展粮食计划收购、计划供应工作。郊区经评定产量，规定留粮标准，采用征购合一，先征后购的方法，当年公粮、余粮入库25115吨。1955年8月20日，常州市第一届人民代表大会第三次会议通过常州市城镇人口定量供应办法。1955年9月1日，常州市正式实行定量供应。居民按年龄大小、职工按工种分等定量。粮食供应计划到人，归户上证，按月凭证供应。

粮食计划收购和供应工作实施之初出现畸轻畸重、偏多偏少现象，农民产生"增粮无底"的错觉，一定程度上影响了种粮积极性，部分农民闹缺粮。市政府及时采取返销措施，扭转紧张局势。1955年8月25日，国务院颁布《农村粮食统购统销暂行办法》，进一步实行粮食定产、定购、定销（简称"三定"）。9月起，常州市委在市郊开展"三定"到户工作。与农民签订协议,自1955年起,三年不变。"三定"办法贯彻以后,消除了农民的紧张心理,有余粮的农民可以毫无顾虑地处理统购后的余粮,缺粮的农民口粮有切实的保证。1958年以后,"大跃进"、人民公社化运动以及接踵而来的"反右倾"运动产生高指标、瞎指挥等错误,打乱了粮食"三定"的基础。

统购统销制度还由粮食逐步发展到食用植物油和棉花、棉布。1953年11月15日,中共中央做出《关于在全国实行计划收购油料的决定》。油料、食用植物油由国营油脂公司收购、供应,私商不得经营。常州市自1953年底开始实行食油计划供应,由合作社通过行政组织及居民委员会向居民及郊区农民发购油证,每人每月供应7.5两,1955年改为居民8两,船民及郊区农民5两。中国棉花产量从1951年起连年丰收,棉纱和棉布生产有很大发展,但仍赶不上人民需求的增长。1951年1月,中央对棉纱实行统购。1954年9月14日,政务院公布《关于实行棉布计划收购和计划供应的命令》《关于棉花计划收购的命令》,并开始实行。9月,常州市成立棉布计划供应办公室,立即开展核查人口、统计棉花和棉布存量等工作,组织宣传队伍,加强市场管理等。9月15日,全市实行棉布凭布票供应。1955年,市区居民每人每年计划供应布匹9.33米。

四、经济成就

第一个五年计划期间,全市固定资产投入(全民基建)4167万元,新增国民生产总值6627万元,平均投入产出比约1:1.59,是历史上比较高的年份。

1957年,市区由解放初的6个产业部门(电力、化学、机械、森林、食品、纺织)发展到12个产业部门,冶金、建材、皮革、造纸等部门开始起步。此时,常州的纺织工业在市区工业中的比重为63.5%,轻纺工业产值占工业总产值的82.63%,是地区经济发展的支柱产业,并为各行各业的发展提供了大部分资金和人才,成为当时的"母鸡"工业。市区机械工业发展比较快,在工业中的比重由1952年的7.1%上升到1957年的13.9%,年均增长1.4个百分点,产品规模和技术也有较大发展。同时,一些企业开始向其他领域渗透。例如,1957年底,常州农业机械厂转向拖拉机制造,并于次年初用旧柴油机和小履带拼装出一台5马力履带式拖拉机;民丰纱厂机修车间改造为常州动力机器厂,成为常州林业机械厂的前身。

手工业也有较大发展。市委、市政府通过合同制度和有计划的供销业务,使手工业小生产经济与国营经济逐步联结起来,帮助手工业者克服困难,恢复生产。常州刺绣业全市有260户,原来分散经营,销给上海私商,1953年6月起,由常州、无锡百货公司收购,产值增长约4倍。打铁业刀剪组得到银行贷款后,生产正常化,

1953年承接中百公司订货，试制新产品杭州镀光剪刀成功。车木业棋子生产组月产各种棋子3万余副，均由常州、上海中百公司收购，远销西北、东北。合作总社帮助雨伞业改进产品，纸伞、布伞兼制，仿制温州伞，改良天津伞，1953年6月后全部由常州、武进中百公司和合作社收购，走向全国市场。1953年市商业局成立。是年，市区所属国营公司的批发商业销售总额22873万元，利润总额921.46万元。到1957年，市区国营批发商业销售总额28598万元，利润总额1478.68万元。

市郊在完成土地改革的基础上，走上合作化道路，依靠集体力量，开垦荒地，平整土地，推广旱地改水田。从1950年至1953年，郊区共开垦荒地1599亩，旱改水面积400亩。同时，推广丰产经验，提高复种指数，加强农田水利建设，提高农业机械化程度。1954年1月，武进县小新桥电灌站施工，设计灌田12400亩，当年完工。11月，金坛县、武进县联合建设湟里机械灌区工程，设计灌溉面积4.68万亩。1955年2月，武进县全面整修江、港、洲堤；11月，市区南运河整治开工。1956年3月~5月，在德胜河两岸建成电灌区10万多亩。12月，溧阳县上沛河疏浚工程开工。同年，武进县新建改建电灌站49座，扩大机电灌溉面积29.34万亩；金坛县东门电灌站、溧阳县竹箦桥电灌站先后建成，灌溉面积3000多亩。1957年春，武进县疏浚老孟河。1957年11月、12月，溧阳县竹林寺水库、金坛市浮山水库动工。1952~1957年，全市兴建小型水库36座。第一个五年计划期间，仅市郊用于农田水利建设投资便达31.76万元，年均增长88%。1957年，在改造原有机电灌溉站的同时，相继建成电灌站20处，装机泵24套，灌溉面积2000多亩。1957年，郊区全年种粮9.79万亩，虽遭洪涝灾害和小麦秆锈病等影响，粮食总产仍达1393.7万公斤，平均亩产283.7公斤，比1950年增长25.4%。①

第一个五年计划完成后，全市经济规模迅速增大，产业结构实现第一次转换。1957年，全市国民生产总值达41120万元，其中市区国民生产总值14017万元；社会商品零售总额16352万元，其中市区6952万元；全市财政收入6532万元，支出2025万元，其中市区财政收入4845万元，支出1040万元。此时，国民生产总值一、二、三次产业比重由1952年的61.13:19.19:19.68发展到1957年的49.29:27.75:22.96，第二产业五年中上升了8.56个百分点，年增长幅度为7.65%，并于1957年首次超过第三产业。当年，全市总人口203.70万人，人均国民生产总值205元。②

---

① 《常州水利志》，第20-24页
② 常州市统计局：《常州统计年鉴》（1991），第32、53、65、267、317页。

第五节 社会事业的新发展

第一个五年计划期间，在经济发展的同时，常州各项社会事业有新的发展。

一、扫盲和成人教育

1953年，全市围绕为生产建设服务的方针，推动扫盲和成人教育。当时的扫盲标准因对象而异：职工、干部识2000字，写500字左右的通顺文章；市民识1500字，写500字左右的通顺文章；农民识1000字，大体能读通俗的书报、写农村常用的便条。1954年，中央就干部学习文化作出重要指示，指出干部文化教育的目的是使文化水平较低的干部逐步提高到相当于高小以上至初中毕业的水平，实行速成和联系实际的方针。全市扫盲工作按"整顿巩固，提高质量"的要求发展，采用通常识字教学法、单元识字教学法。1954—1955年，全市识字班学员均达万人以上。1956年，在扫盲中贯彻政治教育、文化教育、技术教育三结合的原则，确定扫盲对象以14—50岁者为主。是年为批判"右倾保守"思想，要求限期完成扫盲任务。据年初的调查，全市文盲、半文盲的比重仍很大，在职工中约占50%，在青壮年农民中约占60%。1956年2月20—25日，市委、市人委联合召开干部扩大会议，布置和讨论开展群众性的文化学习、扫盲和爱国卫生运动，要求机关、工厂、企业职工识字2000个，农民识字1500个，在"会认、会读、会写、会默"的基础上能阅读通俗书报，能写二三百字的短文，会写简单的通知和便条。全市成立246个扫盲队，队员7292人。据不完全统计，全市各行各业共办识字班（组）498个，学员达47402人；党政工团干部参加文化学习的达3262人，其中扫盲班409人、高小班803人、初中班1918人、高中班132人。1956年4月23日，为响应中央提出"向科学进军"的号召，动员在全市进一步开展扫除文盲工作，成立常州市扫除文盲协会，在113家基层单位也成立扫盲协会，计有会员5700人。至5月初，入学人数达4.7万人，占全市文盲和半文盲总数的85%。1954年和1956年，市政府两次召开表彰扫盲先进大会。1957年，着重扫除40岁以下工农中的青壮年文盲（指不识字或识字在500字以下者）、半文盲（指识字在500字以上而未达扫盲标准者）。

成人教育和工农培训也进一步推进。1953年，劳动局组织市民中的初中毕业生100余人去北京、南京等地学习技术。1955年9月16—22日，常州市和武进县合办农民教师骨干培训班，参加者71人。1955年成立常州市工农教育教研组。1956年，成立常州市职工业余学校高小语文、算术教学研究会。

1949年至1956年，全市比较系统地学习政治、文化、技术业务的人数达24.2万人，其中职工 14.4 万人、市民 4.5 万人、农民 5.3 万人；学习文化的有 15.7 万人，占入学总数的 67%（识字班 11.3 万人，占参加文化学习人数的 71%）。至 1956 年，全市成人教育形成办学规模，建有各级各类成人学校 166 所，其中职工学校 98 所、干部学校 5 所、市民学校 47 所、农民学校 16 所；成人教育专职教师达 252 人，稳定的兼职教师达 1430 名，扫盲高潮时期兼职教师达 7292 人。

二、学校教育、科学

1953—1956 年，学校教育贯彻"整顿巩固、重点发展，提高质量，稳步前进"的方针，停办一些办理不善的中小学；合并、新建一些公立中小学，调整学校布局；有计划、有步骤地接办私立中小学，转为公办；停办职业学校，改为普通中学，改办 1 所职业学校为中等专业学校。到 1956 年，市区除幼儿园外，有小学 86 所，普通中学 18 所（其中农村中学 3 所）、中等师范学校 1 所、中等专业学校 1 所、特殊学校 1 所，另有职工业余学校 52 所、农民业余学校 59 所、干部学校 3 所。同解放前夕相比，常州教育有较大的发展，有了独立设置的幼儿园，学校均为公立，改变了农村长期没有中学的不合理状况，成人教育兴起。但在调整中不恰当地摒弃职业教育，给教育体系造成严重的缺陷。同年，普及小学义务教育，98% 以上的学龄儿童入学；新办小学、初级中学各 3 所。1957 年，工农子女已占在校学生绝大多数。

1956 年 4 月，常州市科学技术普及协会成立。1956 年 8 月，常州市戚墅堰发电厂、戚墅堰机车车辆厂成立工厂科学普及工作协会。9 月，常州市纺织工程学会建立。11 月 8 日，为贯彻中央关于向科学技术进军的指示，市委出台《关于进一步发动全市职工向科学文化进军的规划（草案）》。该规划根据各系统的不同特点，提出不同的要求和做法。全市各行各业兴起"动脑筋""找窍门"的科学研究、技术革新和合理化建议活动。到 1957 年底，市科普协会本着"小型多样、通俗易懂、生动活泼、吸引自愿"的原则迅速在基层建立 36 个工作组，发展 1000 余名会员，共举办科学和技术讲座 4320 余次，还放映科教影片和幻灯，办"科学园地"栏目，印发宣传材料等。

此时，常州的社会科学学术活动主要是进行马克思主义理论的学习、宣传，确立和巩固马克思主义在社会科学体系中的指导地位，同时结合宣传中共党史、编写文史资料、进行史志研究。学术活动形式主要是报告会、座谈会、展览会及撰写、发表各种理论文章等。此后，由于反右派斗争扩大化的开展及其他原因，一直到"文化大革命"结束，几乎没有社会科学研究。

三、文化、新闻

1953 年，经华东文化部批准，将常州市新华实验常锡剧团改名为常州市实验常锡剧团，属民营公助性质。3月，老艺人王嘉大开始挖掘整理《庵堂相会》等折子戏30多个。1955年5月，省文化局决定常锡剧简称锡剧。同年9月，常州市举行戏曲观摩演出大会，市属6个专业剧团均有剧目参演，演出京、沪、锡、滑稽剧种的17个节目。1956年10月，常州市实验常锡剧团更名为常州市锡剧团。1957年征集、整理和改编剧目133个。

1953年12月，文化部发布《关于整顿和加强文化馆、站工作的指示》，群众文化活动始以业余、自愿、小型、多样的活动原则，以时政宣传、文化学习、文娱活动、科普宣传4项为工作任务。群众文化生活形式多样，市区还经常举办展览会、画廊、板报、联欢会、游艺会、舞会、音乐会、演唱会、故事会、歌咏竞赛、美术作品比赛和各种讲座、训练班，组织小型艺术团、演奏团和戏剧、象棋等业余爱好社、队。

1955年，由常州市人民委员会、民主建国会、工商业联合会合资兴建的红星剧院建成，坐落东大街，有观众席位1353个，是新中国成立后常州市第一个公私合营的文化娱乐场所。5月1日常州工人文化宫落成，成为常州当时最大文化娱乐阵地。1957年春节期间，城乡举办工人、农民、居民会演20余场共130余个节目，广大群众得以娱乐身心，陶冶情操。

1956年8月，市保护文物小组成立，积极搜集文物、修整古迹、宣传文物保护知识。1956年起建立文物管理机构，市人委拨款修缮天宁寺、红梅阁等古迹。

1957年，市文联召开"创作社会主义思想的作品动员大会"，提倡各种文艺体裁和风格的自由竞赛，反对创作中的公式化和概念化。紧密联系现实的杂文兴起，散文、特写、诗歌、评论和演唱作品的创作十分活跃，童话、寓言、电影剧本、中长篇小说等也逐步面世，连多年不动笔的老先生也写起新内容的旧体诗词。在这种形势下，文化界一些优秀作品和人才脱颖而出。在江苏省第一届戏曲会演和省滑稽、话剧会演上，常州市《长流水》等5个参赛剧目获导演、剧本、演出、舞台美术、音乐、表演6种奖。崔荷生、张中之的歌、乐曲和李振家、姜连章的小说获省奖。国画工作者创作《百花齐放、繁荣富强》等反映现实内容的作品。1957年报刊上发表的美术作品有漫画、宣传画、速写、木刻、国画、小连环画、插画、水彩、剪纸、人物速写、版画、金石、摄影等13类共114幅。

在新闻宣传方面，1954年1月，民办的《常州民报》停刊。1954年7月，戚墅堰机车车辆工厂主办的《工厂生活》报创刊。1954年10月1日，中共常州市委（以下简称市委）机关报《常州工人报》出版。《常州工人报》创刊初期为周二刊，1955年起改为周三刊；1956年5月起改为周六刊。该刊每期发行量4000多份，大部分向工厂发行。1954年11月，市政府决定拆除街头的高音大喇叭，开始安装入户小喇叭，并筹建新的常州市有线广播站。1955年1月23日（农历除夕）夜，常州市有线广播试播成功，2月1日正式播出。

四、卫生、体育

1953年3月29日，常州市卫生防疫站筹建小组成立，7月正式成立市卫生防疫站。防疫站组织人民群众采取突击与经常相结合的方法，开展以除害灭病为中心的爱国卫生运动。在"预防为主"方针指引下，防疫工作在各个领域内广泛展开。全市逐步地、有计划地开展对血吸虫病和其他寄生虫病防治、传染病管理、劳动有害物质监督监测、职业病防治、环境卫生监测、食品卫生管理等工作，同时逐步开展妇幼保健、干部保健、城区地段保健、农村卫生保健工作。

1954年11月，武进医院门诊大楼动工新建。1955年4月7日，武进医院改名为常州市人民医院，次年2月1日，又改为常州市第一人民医院，隶属市人民委员会。1955年，公立医疗机构增至263所。1956年，成立中医院，由名中医屠揆先任内科主任。1956年1月，常州各地响应党中央"在7年至12年内消灭危害人民最严重的疾病和在5年至12年内消除'四害'"的号召，在全市范围内积极开展除"四害"（麻雀、蚊虫、苍蝇、老鼠）运动。1956年8月，增设2个区卫生防疫站，不久改为血吸虫防治组。次年，市区妇幼保健网建立，由市第一、第二医院，红十字门诊部等妇产科人员，以及工矿保健站有关人员，分别组成6个妇幼保健站和1个联合妇幼保健所，分片负责妇幼保健业务技术的指导工作。

1953年，市区有3万余人经常参加广播操锻炼。其中机关占在职人员的70%，每天有3000余人按时活动。随着群众体育的兴起，很多工矿企事业单位成立运动队。到1954年，市区共有152个运动队、1447名队员。其中戚机厂的职工体育开展得最活跃，有男女篮球、排球、乒乓球、田径和男子足球、举重等9个运动队。

图9-2 1953年常州市第三届运动会

1954年7月，常州市体育运动委员会成立，推进体育事业的发展。1955年，市体委又组织常州市国防体育协会。随着群众体育的普及，一些行业、工厂也建立起基层体协组织。1956年3月，市纺织、机械、轻工、商业、建筑、邮电、交通运输、医疗卫生、教育、银行10个系统先后建立体育协会。不久，市机关也建立体协。到1956年，百人以上的企业、机关基本都建立体协。有些不满百人的单位联合建立体育协会。这时，常州共有97个体育协会，8000余名会员。

自从国家在中等学校推行体育锻炼标准和"劳卫制"后，到1956年，市区20所中学有17所实行《劳卫制暂行条例》，已有3000多名学生达到标准。在竞技体育方面，市内增开体操、技巧、游泳、射击、举重、无线电测向、航模、跳水、网球等许多新的项目。1956年6月，常州市青少年业余体校在大观路体育场内成立。初设田径、体操两个班。从市区初中招收100名男女青少年学生接受训练。1956年6月，体育场北游泳池开始建设。1957年，市工人文化宫为了满足篮球爱好者的要求，在电影院东首兴建常州最早的露天灯光球场。从此，常州许多大的篮球比赛在这里举行。五六十年代是常州篮球活动的高潮，很多工厂在工会的推动下，都建起篮球场地。

图9-3　1952年常州市第二届小学生运动会

五、抗灾救灾和社会保障

1953年春，市生产救灾委员会组织春赈，向822户2489人发放大米4514公斤；又向军属、鳏寡孤独、老弱病残、少数民族及城市贫民共1576户4406人发放救济补助款19069元。1953年后，对社会困难户分别实施临时救济和定期救济。救济标准为每户每月3—8元。1955年，每户每月增至4—9元；临时救济对象有2648人，定期救济对象有133户218人。1956—1957年由于就业困难，临时救济对象略有增加。

1953年1月，政务院公布修正后的《中华人民共和国劳动保险条例》，实施范围扩大到工矿、交通事业的基本建设单位和国营建筑公司，享受的职工增加到16330人，比1952年增加658人。1954年为精简机构，经政务院批准，劳动保险业务由劳动部门移交工会统一管理，常州市劳动局于同年6月后，根据劳动部、全国总工会联合通知中规定精神，把劳动保险业务移交给常州市总工会，由工会组织进行统一管理。

1954年，常州遭特大水灾，降水量超过1931年历史最高纪录。中共常州市委、市人民政府积极组织抢险救灾。经军民日夜抢救，终于保住工厂和物资，排除8278亩被淹土地的积水，减轻了灾害损失。此后，多年无特大自然灾害，仅郊区部分乡、村遭遇零星灾害，城区少量危房倒塌，均及时组织抢救抢修。

1956年，常州市根据《条例》实施范围扩大到商业、外贸、粮食、供销、金融、水产、国营林牧场等12个产业部门的规定，市区实施的单位增至62个，享受的职工达17792人。至同年6月，国营商业单位全部实施，享受职工31000余人，合营商业职工有1818人签订职工本人及其城市家属享受医疗待遇的劳保合同；有3088人签订职工本人享受病、伤、生育等保险待遇的劳保合同。到1957年6月，市总工会所管理的实施单位累计共支付各项劳保待遇（含企业直接支付的）987万元。

到1956年，常州已经建设有婴幼院、敬老院、老残教养院、精神病疗养院、火葬场和殡仪馆等多项民政事业设施。农村的优待、供给、补助初步形成制度；城镇定期和临时救济补助工作逐步完善；优抚、复员退伍安置工作列为政府的经常性任务；民办福利生产得到迅速发展，大部分有劳动能力的盲、聋、哑、伤残人员走上工作岗位。

六、城市建设

随着第一个五年计划的实施，城市建设工作被提到重要的位置上，从以维修为主逐步转向有计划、有步骤的建设。

从1954年5月起，城市建设纳入计划安排，经费由地方自筹解决。1955年4月，市人民委员会建设科改称常州市建设局，下设营建科（1956年1月改称规划管理科），负责从事规划及管理等业务工作。同年5月，成立市园林管理所，负责全市行道绿化、公共绿化、公园管理和苗木生产。1956年4月，常州市清洁卫生管理所成立，负责街道清扫、垃圾粪便清运。1956年7月，市政工程队建立，负责全市市政工程建设与养护维修管理。1957年10月，市城市建设局组建路灯组，对由原常州电气公司和南京电业局常州营业站两家管理的照明路灯实施统一管理。至年底，城市规划、供电、邮电、建筑、园林绿化、供水、公共交通、环境卫生、市政施工、路灯等市政公用事业都有专门的管理机构和专业建设队伍。

1953年，南京至常州的66千伏宁常线建成，南京电力系统和戚常电力系统联网，常州武进地区有了外来电源。同年，扩建东郊公园（舣舟亭），面积由17.6亩扩大至35.2亩。同年10月，高7层的消防大楼在解放西路口建成，成为当时市内最高建筑物。人民体育场、第一百货公司营业大楼、第一人民医院门诊大楼、红星剧院和工人文化宫等较大型商业、文化、卫生、体育公共建筑等先后建成。

1954年，和平路拓宽改造为长1800米、宽14米的弹石路，成为南北向主干道；怀德桥、新丰桥、水门桥和表场、老西门的交通卡口也进行拓宽改造。同年，在五角场南建和平新村（9000多平方米），东下塘南建东头村住宅区；全市共新建楼房、平房等各类房屋1万多间；至1957年，建成吊桥巷商业宿舍、局前街电业宿舍、教工宿舍、项家弄宿舍、邮电新村等。公园建设也逐步推进。1954年7月，市政府建设科出资整修、扩建人民公园，面积由5亩增加到48亩。1956年，在国棉一厂门口建成常州第一个街心绿岛，面积592平方米。

1956年起加强城市规划工作，组织测绘人员对常州现状开展第一次普查，分城市建筑、工业企业、文娱设施、学校、服务行业、交通运输、电力等20个项目。首次编制《常州市简要规划》（1956年至1967年），确定城市性质为新型的以纺织、机械工业为主的工业城市；发展规模为市区人口从28.76万人发展至40万人，其中城区人口从20.1万人发展至30万人；建成区面积从12.64平方公里扩大至31平方公里，全市总面积扩大至100—120平方公里，同时对城市发展及其格局也做了初步确定。这个时期的城市规划工作刚刚起步，内容比较简单，但为以后城市总体规划打下了基础。①

1956年9月5日，江苏省锡镇公路管理局常州汽车营业处在常州市内同时开辟1路、2路两条公共汽车线路，这是中华人民共和国成立后常州最早开辟的公交线路。1路从火车站至湖塘桥，全长8公里；2路从虹桥至白家桥，全长6.6公里。1956年全市公交车客运量74.89万人次。

1957年春，又在大观路北首和小营前辟绿岛，时称体育场花圃、小营前花圃；同时在火车站前植树、栽绿篱，绿化面积450平方米。运河疏浚工作开始推进，1955年11月至1956年1月，南运河疏浚。此外，还疏浚东西下塘河、白荡河、锁桥河等；整修运河广化桥两侧南北岸、缸行街、关河等段的驳岸，新建整修码头8个。1957年，公共汽车又增加3路（火车站至卜弋桥）、4路（常州至小新桥）、5路（文在门至新闸）。1957年，南门自来水厂兴建；同年，常州市区邮电局自办局、所比1949年增加3.7倍，电报服务网点增加3.3倍，市话容量增加50%。

这一时期，城市市政公用事业的投资为198.84万元，其中用于市政工程131.07万元，自来水工程58.36万元，城市绿化9.42万元；新辟、拓宽清凉路、常焦路，改建整修青山桥、水门桥、广化桥、南运桥、同济桥等18座桥梁。1953—1957年全市改建、新建道路52条，长25.56公里，面积18.7万平方米，市区道路总长达138.1公里，面积68.49万平方米，分别比解放初增加28%和71%，为城市路网的形

---

① 常州城市建设志编纂委员会编：《常州城市建设志》，中国建筑工业出版社1993年版，第42页。

成打下基础。1957年底，市区建成区面积12.64平方公里。

第三章 社会主义建设的曲折

1958年开始，常州实施第二个五年计划。这一年，中共中央确定"鼓足干劲、力争上游、多快好省地建设社会主义"的总路线，发动"大跃进"和人民公社化运动。在此期间，常州的经济和社会发展经历了曲折的过程，由于违背科学精神和客观规律，在工业和农业领域盲目冒进，表现出经济上急于求成和制度上急于向"一大二公"过渡的倾向，致使社会的物质财富遭受极大的损失，出现三年经济困难时期。不过在这三年中，常州也新建了一批工业企业，为以后常州工业的发展奠定了基础。

第一节 政权建设和思想政治建设

1958年后，常州人民在共产党的领导下，围绕"三面红旗"（总路线、"大跃进"、人民公社）开展了一系列的政治运动，进行社会主义的政治和思想文化建设。

一、建置与区划

1958年7月5日，中共江苏省委决定，将镇江专区改称常州专区，辖常州、镇江两市和武进、金坛、溧阳、丹阳、扬中、句容、宜兴、溧水、高淳九县，隶属江苏省。中共镇江地委和镇江专员公署分别改称为中共常州地委和常州专员公署，专署由镇江迁往常州市区局前街办公，常州市改由常州专区领导。8月15日，常州市郊区长田、茶山、太平桥（后改名红梅）、丁堰4个乡划归武进县管辖。1959年3月8日，4个乡仍划归常州市管辖，武进县的竹林、周庄村、章家村等7个生产队的土地于1959年1月划入红梅乡（公社）一并属常州市。1959年8月13日，常州专区撤销，改名镇江专区，专署于9月迁往镇江办公，常州市属镇江专区。1959年9月5日，为贯彻"郊区为城市服务"和"城市副食品供应以自力更生为主、外援为辅"的方针，专署划武进县的青龙、西林、新闸、新桥、东青、湖塘6个乡（公社）部分地区属常州市，面积85294亩，市区总面积扩大到166.57平方公里。1961年3月，经省委批准，武进县划归常州市领导。

1958年后，区、街道、乡一度建立政社合一的人民公社（其中农村乡级人民公社一直延续到20世纪80年代），常州市人民委员会（人民政府）一度隶属常州行政区专员公署和镇江地区专员公署，大部分时间内隶属江苏省人民委员会（人民政府）。

1958年2月，中共常州市委召开一届二次会议，增选委员3人；1959年2月27日至3月2日，召开第二次代表大会，选举产生第二届委员会，选出委员26人，候补委员5人。1960年1月，市委召开二届二次会议，增选委员3人，并设立书记处。1963年2月5—12日，召开市第三次代表大会，选举产生第三届委员会，选出委员22人，候补委员11人。1964年3月，召开三届二次会议。1958年、1961年，常州市举行市人民代表、市政协委员换届选举。会议期间，政协全体委员列席市人大会议。

二、整党整风

1958年1月起，结合全民整风运动，中共在各基层党组织中开展整党工作。市委分别组织机关正副科长、工交、财贸、文教以及农村基层领导骨干，围绕对"三面红旗"的态度，就党性、世界观、工作作风等进行培训教育。同时，贯彻精简机构、紧缩编制方针，大兴干部参加体力劳动之风，从市、区机关中抽调大批干部加强新建、扩建企业；并培养、选拔一批干部，仅1959—1960年就提拔各级干部2770名。

1959年中共庐山会议后，市委遵照中共中央和省委的统一部署，于10月下旬至11月上旬，集中支部书记以上党员干部1400余人，分16个系统，进行"反右倾"整风，一批党员干部受到批判。这场"反右倾"整风，使党内民主生活遭到严重损害。市委分别组织机关正副科长、工交、财贸、文教以及农村基层领导骨干，围绕对"三面红旗"的态度，就党性、世界观、工作作风等进行培训教育。同时，贯彻精简机构、紧缩编制方针，大兴干部参加体力劳动之风，从市、区机关中抽调大批干部加强新建、扩建企业；并培养、选拔一批干部，仅1959—1960年就提拔各级干部2770名。

1960年8月1日，市委号召全市各级干部积极投入与工人"四同"（同吃、同住、同劳动、同商量）运动月，同时开展"五比"（比思想、比作风、比解决问题、比学习、比劳动）竞赛。至9月9日据不完全统计，全市局、处长以上干部（包括市级领导）中的60%及工厂企业1300多名书记、厂长级干部中的82%和市、区两级机关干部中的65.3%都到工厂班组或农村生产队与工人、农民实行"四同"。

1961年5月14日，市委发出《关于在全市分期分批开展整风运动的意见》，决定9月份以前在全市分三批开展以整顿思想作风、整顿制度、整顿队伍为中心的整风运动。整风的对象以市委、区委、产业党委和基层党组织的领导为主。为加强对整风运动的领导，市委成立整风领导小组并设办公室。

三、"反右倾"

1959年8月7日，中共中央向全党发出《关于反对右倾思想的指示》。8月27日，中共常州市委在《关于宣传讨论党的八届八中全会的公报和决议的意见》中要求"'反右倾'主要是在干部中进行，根据当前工作中的主要思想倾向，特别是'右倾'思想的各种具体表现（畏难松劲、等待依赖、盲目乐观等），对事不对人进行正面教育"。全市召开 2 万余人参加的"坚决响应党的号召、拥护党的八届八中全会决议动员誓师大会"。9 月 12—13 日、14—15 日，市委分别召开局（处）长，区委书记和市属企业党委书记参加的市委扩大会议，工厂、公社、学校、机关和企事业单位党支部书记会议以及市、区机关共 2040 名党员干部会议，传达贯彻中央的两个决议。9 月 15—18 日，市委组织由 60 余名领导干部构成的报告团，分别对基层单位的 10345 名党员（占全体党员数的 94.5%）作传达报告，号召全体党员积极参加"反右倾"斗争，各单位分别组织党员座谈讨论。《人民日报》《红旗》杂志先后发表《"得不偿失"论可以休矣》《驳"国民经济比例关系失调"的谬论》等社论。全市党员、干部、群众在这样的舆论导向下，纷纷对"右倾"思想口诛笔伐。《常州日报》先后刊载《谁说"今不如昔"》《社会主义市场好得很》《冶金馆中看"得失"》等大量批判文章。还用更多篇幅刊发宣传各条战线的十年辉煌建设成就的 50 余篇专稿，颂扬"三面红旗"。

1959 年 9 月 23 日到 10 月 18 日，市委召开有 140 多人参加的二届七次全会扩大会议，贯彻中央八届八中全会和省委三届七次全会扩大会议精神，联系常州实际，"清算"思想领域和经济工作等各方面的所谓"右倾思想"。与会者普遍进行自我检查，搞人人过关，并对少数人作重点批判。批判所谓怀疑、否定"大跃进"伟大成就、"右倾"保守、畏难松劲、不相信群众积极性和创造性的巨大威力等思想言论。市委《战斗》杂志一位副总编因为提出要组织干部学习社会主义政治经济学，不要违背客观经济规律等正确意见而受到批判。1959 年中共庐山会议后，市委遵照中共中央和省委的统一部署，于 10 月下旬至 11 月上旬，集中支部书记以上党员干部 1400 余人，分 16 个系统，进行"反右倾"整风。

1959 年 11 月 8 日。市委对开展"反右倾"整风运动作具体部署，号召立即在全市党员干部中，开展一个以两条道路斗争和社会主义教育为中心的整风运动。提出限期发动，分批、分层、交叉推开，把斗争搞深、搞透、搞全，一个不漏的要求。从市委到基层党委都成立领导小组，建立整风办公室。武进、溧阳、金坛县委也召开会议、成立整风领导小组，开展以"反右倾"为主要内容的整风运动。全市机关实行上午工作、下午和晚上整风，工厂党政管理干部用半天时间整风。

11 月 10 日，第一批开展"反右倾"整风的市、区级机关、产业党委、市属大企业、文教系统的 119 个单位共 1904 名党员干部参加对 59 名重点对象的批判斗争；11 月

15日第二批各产业所属工厂和商业公司共114个单位的815名党员干部，11月20日第三批215个单位共248名党员干部参加批判斗争。纺工系统推行"四高"（高速、高效、高产、高质）、"四省"（省原料、省财力、省人力、省电力），加快车速，有人提出加快车速应当有个标准，不能越快越好，这种正确的意见也被批判为"右倾"。11月26—28日，市委又以3个半天、2个晚上的时间，举行全市性的重点批判大会，党员科长以上干部570余人参加，组织22人发言，批判2个重点对象。各系统也分别召开全行业（或分块、分片）批判大会，扩大批判会的规模，被批判者身心遭受更大伤害。12月下旬，"反右倾"基本结束。

据统计，全市先后有遭受批判的重点对象109名、一般批判对象21名，共计130名党员干部遭到批判，占参加运动的2967名党员干部数的4.4%，其中局、处长级21名，科长级31名。这中间有极少数被定为"右倾机会主义分子"，其余定为"严重右倾"或"严重个人主义"，大多数人不予处分或免予处分。平时对"三面红旗"略有微词者在本单位大小会议上作检讨。

此时，农村也开展"反右倾"整风运动。1959年11月29日至12月11日，常州市委召开郊区共264人参加的农村党员干部大会，重点批判某些干部的"右倾保守思想"，号召全郊区干部、社员立即开展社会主义教育和两条道路的斗争，划清社会主义与资本主义的界限，清除右倾思想，鼓足干劲，誓夺农业生产大丰收。会后，市委派出工作组，分头在郊区各社、队开展以宣传总路线、"大跃进"、人民公社为内容的社会主义教育运动。通过大小会议、田头读报、实物展览、访问老农、大组辩论等形式，算账对比，忆苦思甜，对所谓站在富裕中农立场上反对"三面红旗"的人进行批驳；针对"合作没有单干好，集体总归弄不好"等言论，歌颂"公社好，公社强，公社好比红太阳"；针对社员普遍对办食堂的不满情绪，进行"公社食堂实在好"等舆论宣传。在全郊区农村党员干部中开展批判"中游论""条件论""增产到顶论"等思想。丁堰乡党委书记坚持实事求是的原则，顶住"五风"的干扰，1958年该乡粮食产量高于其他各乡，被批判为"右倾"。当年，郊区的7个公社（茶山、红梅、丁堰、长田、青龙、西林、新闸）遭批判的公社、大队、生产队三级干部有230余人。

"反右倾"斗争在经济上打断了纠"左"的进程，使得以高指标、浮夸风、瞎指挥为主要标志的"左"倾错误再度泛滥。全市工农业生产计划指标层层加码，成倍甚至几十倍地增长。《常州日报》几乎每天使用诸如大提前、大超额、大翻番、开门红、满堂红等大字标题。至1960年5月下旬，市委仍然使用"大反右倾、大鼓干劲，力争持续跃进"的口号，不切实际地提出各种"大办"。1960年起，宣传以农业为基础和国民经济以调整为中心的八字方针，但是中共八届十中全会后，又突出"以阶级斗争为纲"的宣传教育，导致"左"倾错误进一步发展。

1961年6月，中央指示各地，对最近几年受过批判和处分的干部和党员，要实事求是地加以甄别、改正、平反。并规定，今后在不脱产的干部和群众中间，不再开展反对"右倾"或者"左"倾的斗争，禁止乱戴政治帽子。此后，省委、地委也做出部署。1961年12月起，全市甄别工作在常州机器厂和茶山公社两个单位作试点，市级机关同时开展，对甄别对象逐个调查研究、核实材料后，实事求是地重新做出结论。

四、第三次"三反"

1960—1961年，市委遵循上级统一部署，先后结合农村整社，在城乡部分地区和单位，陆续开展新"三反"（反贪污、反浪费、反官僚主义），以反贪污为重点。凡是犯有贪污、多占、挪用错误的人，不论数量大小，都必退必赔。在农村基层干部中，需要进行"三反"检查的，是生产队以上的干部和财贸系统的基层干部，特别是公社一级和公社直接经营的企业单位。运动的原则是教育为主、惩办为辅，处分的面一般不宜太宽，以控制在3%以下为宜。

1960年6月20日，根据中共中央5月15日发出的《关于在农村中开展"三反"运动的指示》及省、地委指示，常州市委设立"三反"运动领导小组。21日，市委制订和下发《中共常州市委关于开展"三反"运动的计划》。7月起，市、区机关、商业、国营公司等117个单位的10040名干部首批开展"三反"运动，之后又在工业、交通、财贸、区属工厂等273个单位的1.6万名干部中开展。9月22日，根据中央农村"三反"未整先改的有关精神，溧阳县委做出《未整先改的十项规定》：砍掉干部开小灶、多吃粮等特权；将公社、大队扣留未分的钱、粮、草等立即分给社员；整顿公共食堂，要求各级干部必须到食堂用膳，通过吃食堂，经常关心食堂来办好食堂；取消公社招待所；公社、大队停止开支招待费；停止集体的一切非生产性建设，并在5年内不得再办；干部要教育家属带头参加农业生产；将小段计划安排、耕畜和大中型农具使用、劳动力安排、种子保管等权力下放给小队，禁止公社和大队随意调用小队的人力、物力；干部必须养成劳动自觉，学习经常，有事同群众商量，和群众吃一样饭菜的优良品质；保证省人委相关政策的贯彻执行。①

全市"三反"运动于1961年3月结束。这次运动查处了一批贪污案件，市区查处728人，经复查随即纠正一些处分面过宽、处分过重的现象，较原处分减少131件。通过运动，官僚主义现象大为减少，群众路线工作作风得到发扬，干部的政策思想

---

① 中共常州市委党史工作委员会：《中国共产党常州历史大事记》，内部出版物，2014年，第201页。

水平进一步提高。

第二节 "大跃进"

1958年1月,毛泽东在中共中央南宁会议批评"反冒进"。1958年3月3日,中共中央发出《关于开展反浪费、反保守运动的指示》(简称"双反"运动),指出运动的性质是"一个社会主义的生产大跃进和文化大跃进的运动",并提出用两到三个月的时间在全国开展"反浪费、反保守、比先进、比多快好省地建设社会主义的运动"。指示还强调要采用"群众大鸣大放、大字报、大辩论、开现场会议和展览会等等形式,揭露和批判浪费、保守的现象和它们的危害性"。至此,常州与全国各地一起开展"大跃进"运动。

一、"大跃进"的发动

1958年3月20—21日,市委召开全委扩大会议,传达、学习中央和省委对"双反"(反浪费、反保守)、"双比"(比先进、比多快好省地建设社会主义)运动的指示。会议提出:在新的形势面前,要"乘风破浪,力争上游,以整风为纲,推动生产和带动各项事业的全面大跃进"。会议要求,1958年工业总产值比1957年增长65%,争取翻一番。这次会议,标志着全市开始进入全面"大跃进"。"双反"运动很快在各个领域开展,在党政军机关,主要是克服官僚主义、宗派主义和主观主义作风,以及克服官气、暮气、阔气、骄气、娇气,推行各级干部种试验田;在民主党派、宗教界,主要开展"自我改造"和"向党交心"活动。在工矿企业,批判右倾保守思想,制定出适合生产"大跃进"的1958年生产计划。

4月16日,为贯彻中央关于国民经济"全面跃进"的要求和省委有关指示,市委、市人委举行"比干劲、比奇迹、比跃进、比措施"广播大会。在此前后,市文化、民政、体育、财政、档案等系统、单位,先后召开"跃进大会""誓师大会",提出"跃进"指标或竞赛倡议,掀起"大跃进"的热潮。

5月5日,中国共产党第八次全国代表大会第二次会议在北京召开,大会确立了"鼓足干劲、力争上游、多快好省地建设社会主义"的总路线。同月,市人委向全市人民提出"鼓足干劲,力争上游,多快好省地为加速社会主义建设而奋斗"的任务,号召全市人民"沿着总路线前进"。6月24日,市委根据中央指示精神,提出以粮食、钢铁、机械制造三项为"元帅",以交通运输和动力两项为"先行"。工业生产突出抓住以"钢铁为纲"。市委要求常州全党、全民大办钢铁,带动各项事业齐跃进。7月28日,常州市机关、企业等2万余人举行"常州市社会主义建设大跃进誓师大会"。

市委书记王余积号召全市人民坚决贯彻总路线，高速度建设社会主义。会议提出"学先进，超无锡，赶南京，争取全省冠军"的口号，并开展打擂比武夺红旗活动。大会通过"常州市社会主义建设大跃进誓师大会向全省兄弟市开展共产主义友谊竞赛倡议书"。此后，高指标、瞎指挥、浮夸风出现并畸形发展。报纸、电台相应出现浮夸、失实的宣传报道。

1959年2月27日—3月2日，中国共产党常州市第二次代表大会在市工人文化宫举行。省委第一书记江渭清到会讲话。会议根据中共八届六中全会和江苏省三届三次党代大会精神，总结1958年"大跃进"的经验，确定1959年实现更大"跃进"的任务。

1958年11月—1959年7月，中共中央着手纠正"共产风"，强调要反对浮夸、冒进，但是在1959年8月中国共产党八届八中全会决定开展"反右倾"斗争后，高指标、瞎指挥、浮夸风再度泛滥。1960年冬，中共中央发出《关于农村人民公社当前政策的紧急指示信》，开始纠正农村工作中的"左"倾错误，"大跃进"运动才停止。

二、农业生产"大跃进"

1957年10月，中共中央公布《全国农业发展纲要四十条》（修正草案），农民在"一切为了提前实现四十条"的口号下，掀起以积肥和兴修水利为中心的冬季大生产运动，揭开农业生产"大跃进"的序幕。

1958年初，在全国"大跃进"形势推动下，郊区农民提出"三麦赶水稻，水稻翻一番"的目标。男女老少齐上阵，不管刮风下雨，每天有2万多名农民奋战在农业生产上。为了庆祝夏熟丰收和争取秋熟更大丰收，7月15—17日，常州市委和武进县委联合召开四级干部和社员代表共3万多人参加的誓师动员大会，总结交流夏熟丰收经验，表彰先进，开展乡与乡、社与社、队与队之间的打擂比武竞赛。获得夏熟高产红旗的茶山乡，掀起一个声势浩大的保擂台、保红旗的"双保"群众运动，誓把"水稻卫星"送上天。在会后的一个星期内，就积了比冬春积肥总数多3倍的肥料。许多公社在积肥中做到了"五光"：田埂青草铲光，家家户户垃圾扫光，河里水草捞光，粪坑周围泥土挖光，村前屋后垃圾搬光。从1954—1958年，郊区开垦荒地401亩，当地的荒地基本开垦完毕。公社社员还开展农具改革，争取以最快的速度完成夏收夏种任务。

1958年、1959年"大跃进"时期，5座大中型水库及21座小型水库同时开工。1958年9月7日，溧阳县内第一座大型水库沙河水库动工兴建，翌年6月主坝合龙，总库容1.09亿立方米，受益范围8个乡87个村，灌溉面积9.06万亩，其中自流灌溉6.8万亩。11月，苏南最大水库溧阳大溪水库、金坛茅东水库动工；溧阳组织3万余名民工，金坛组织 1.5 万人，修建东坝引水总渠工程；金坛县大规模拓浚丹金溧漕河丹金段 19 公里（1959 年 5 月停工，1964 年 3 月正式完成）；京杭运河镇武段拓浚工程开工。12 月，新孟河拓浚、小河闸工程开工，金、武北干河疏浚工程开工。① 这些水利工程的建设对经济社会的发展起到一定作用。

三、工业"大跃进"

1958 年，常州市委、市人委提出"东学上海，西赶南京"的口号，决定在社会主义改造的基础上，对公私合营后的许多小企业进行合并改造，在年内新建钢铁公司、电解铜厂、农药厂、制药厂、变压器厂、铸件厂、化工建筑器材厂等 67 个单位，扩建、改建九丰印染厂、益丰昌染厂、大成二厂、恒丰盛染厂等 97 个单位，发展化学工业、冶炼工业、机械工业，使常州逐步向综合性的工业城市发展。在办新厂时，干部，工人群众采用"众星捧月""蚂蚁啃骨头""母鸡下蛋"等办法，从老企业抽调一批人力、财力、物力，对确定的重点产品组织会战，开发一批新产品，填补常州工业的空白。1958 年 4 月，民丰纱厂（后为国棉二厂）把机修车间分出建立常州林业机械厂。1958 年 5 月，常州电气公司修试工场创办常州变压器厂，当时仅有 3 台旧机床、30 名工人，借 300 元资金，即"三三起家"发展壮大起来。1958 年，大成一厂机修车间分出开办纺织机械厂，后与东风印染厂的常州印染机械厂合并成立常州纺织机械厂；年底，市里决定又把该厂生产纺织印染机械配件的车间分出建立常州第二纺织配件厂（今第二纺织机械厂）。

1958 年 8 月 25 日，市委向省委、地委的汇报《高举不断革命红旗在建设高潮中跃进再跃进》中说："在工业战线上，办工业首先就冲破了工厂企业内部的范围，各行各业都跳出围墙，百花齐放，商业、学校、医院、居民都大办工厂……以大带小，以老带新，大中小并举，土法与洋法结合，因陋就简地利用厂房设备和原材料，在短短两个月就办起了以土法上马为主的 774 个民办厂和卫星厂。" 10 月 12 日，市委举行常委会议和扩大会议，提出在全市开展"机械高额丰产运动"。26 日，市人委召开机械工人誓师大会。本着"土洋结合，简易为主，大中小并举，中小为主"的方针，很快掀起全民办机械的热潮。全市 4 个区有 48 家工厂与 33 个居委会挂钩办厂，生产任务安排和技术指导由老厂负责，产品为老厂服务。

1959 年 2 月 27 日—3 月 2 日，中共常州市第二次代表大会召开，会议要求 1959 年工业总产值在 1958 年 8.4 亿元的基础上达到 15 亿元，争取 20 亿元。② 提出实现更大更好更全面"跃进"的任务，领导规模空前的大办工业群众运动。各行各业利用老

---

① 《常州水利志》，内部出版物，2001 年，第 26、27 页。
② 中共常州市委党史工作委员会、常州市档案馆编：《中国共产党常州市历次代表大会文献汇编》，第 101 页。

厂办小厂，小厂升大厂，大厂再办厂，产生"原子爆炸""连锁反应"。年底，全市出现民办厂（组）1100多个，工厂办卫星厂（车间）688个。1959年8月，东方红印染厂（原益丰昌染厂）办起常州染料厂。同年，轻工业的老厂、生产合作社也办了不少新厂。例如常州轻工机械厂、常州橡胶厂以及机械、冶金、农机行业的30多个工厂，除原有一个小铁工厂外，其余大部分是在纺织和轻手工业合作社基础上发展起来的。

1960年初，受"反右倾"影响，又出现各类卫星工厂、车间和生产小组900余个，近2万人参加生产。纺织行业一些老厂一个月就办了220家卫星厂（车间小组）。1960年初，冶金工业部筹建常州冶金机电修造厂，常州有了冶金机械工业。电子工业也在这时发展起来。东风印染厂（原大成二厂）没有一个仪表车间，而当时工业战线上大量需要交流电转换成直流电源的硒片和硒整流器，工厂抽出部分技工反复试制，于1960年4月制成并投入生产。不仅轻纺行业办电子工业，其他各行各业也积极办电子工业，如常州日报社办起电传机厂，市工商联办起继电器厂，德泰恒菜馆办起星火电讯器材厂，常州工专调整时校址成为无线电厂等等。与此同时，电子仪器、电子元件和微特电机等行业，也都在大办电子工业中播种、发芽、成长起来。

"大跃进"大办工业造成巨大浪费。1958年至1960年，全市3年总投资比第一个五年计划时期总和还高7.67倍。用于重工业部门的资金占80.1%，挤占轻工业的原材料、资金和劳动力；用于发展制造工业企业的比重达98.66%，致使修配工业与制造工业的比例严重失调。但是，在此期间创办的一些企业为以后常州工业的发展打下了基础。利用老厂办新厂的是当时工业发展的基本做法，成为常州发展工业企业的一条经验，被形象地称为"母鸡下蛋"。3年间，市区新办275家企业，形成机械、冶金、电子、化工、医药、建材等工业门类；开发出内燃机、牵引电机、电站设备、拖拉机、变压器等35种新产品；一些主要产品增幅较大，钢增长3.6倍，钢材6.3倍，内燃机17.9倍，电动机9.6倍，纱39%，印染布80%，烧碱13倍，其中的大部分后来成为常州的拳头产品。1960年，市区主要工业产品从1957年的700多种增加到1500多种；市区工业产值达7.27亿元，比1957年增长1.8倍，年递增率达到41.6%，比第一个五年计划时期快7倍。3年的发展使全市工业企业从306家增加到420家，特别是机械和化工行业的职工人数从2419人和273人增加到24700人和3194人。

四、其他行业"大跃进"

1958年，财政、税务、建行、保险机构合并，增设利润监交科，撤销财政监察科。受"左"倾错误影响，提出"多收多支""大收大支"等不切实际的财政口号，为基本建设规模急剧膨胀开"绿灯"，当年建设拨款占财政支出的72%；税务部门制订炼钢、炼焦等征免税的规定。1958—1960年"大跃进"期间，财政收入超过1953—1957年的1.3倍，基建拨款超过5.7倍，1958年财政赤字达960万元。市人民银行从资金上重点支持"大炼钢铁"和兴办化学、电子等工业。信贷偏重支持生产，忽视了必要的监督。企业盲目生产，商业盲目收购，导致资金大量占压，钢铁冶炼等企业亏损严重。储蓄业务片面追求高指标，将大量非储蓄款项划入储蓄余额之内，出现虚假的高余额。会计结算在"破除迷信"的口号下，冲击各项规章制度，无原则地简化手续，造成企业资金不清，银行账务错乱。

1958年6月，为贯彻"全党全民办交通运输"的方针，确保钢铁、机械"元帅"升帐，市委要求"全党动手，全民动员，迅速行动，搞好运输"，并成立运输工作领导小组。此后全市成立7个社会主义建设支援大队，有4万多名群众以"蚂蚁搬泰山"精神投入运输行列。

1958年，全市取消专业公司，合作商店、合作小组急于升级过渡，组织"大购大销"，增设网点，造成商品大量积压，损失严重。商业职工被抽调参加工农业生产，人员大幅减少。全市还撤销一部分商业零售企业，创办工业企业125家。1959年，常州各基层供销社下放给所在人民公社，成为其供销部，后改为国营商店，供销社第一次由集体所有制改为全民所有制。1960—1962年，商业体制几经变动，企业划进划出比较频繁，小型企业逐步合并，中型企业数量增加，同时对商办工业企业实行关、停、并、转，32家工业企业划归工业系统。

五、大炼钢铁

1958年5月19日，常州市委根据党中央和省委提出的"以钢为纲""钢铁工业一马当先"的指示精神，召开各区局书记、局长会议，要求把整风和生产推向新的高潮，大搞土炼铁、土炼钢等原材料工业生产。5月20日，常州炼铁厂两座15.8立方米高炉土建基本完成，6月9日在戚机厂、鞍山钢铁厂等单位支持下开炉成功。1958年6月6日，专门成立常州钢铁公司，将常州炼铁厂并入。6月下旬，市委扩大会议提出"以钢为纲，保证钢铁元帅旗开得胜"的号召，全市不分行业，在机械设备、技术力量、原材料、劳动力、交通运输等方面，全面支持大炼钢铁。机械工人一夜突击赶制350台鼓风机；商业职工四出采购矿石；数以千计的干部、工人、店员远至凤凰、牛首、大洪等山区安营扎寨开采矿石。

7月28日，市委根据省委钢铁工作会议"高速度发展钢铁工业"的指示，要求大干7月、8月、9月三个月，并提出：生产不仅要翻几番、几十番，而且要翻100番、1000番，市区大炼钢铁运动进入高潮。常州市、武进县成立钢铁联合指挥部。大炼钢铁运动迅速波及城乡，纺织、机械、商业、机关都抽调大批干部、职工，武进县抽调民工1万余人，与常州市组成10万人的炼钢炼铁大军。由市委书记挂帅，市、区、基层各级领导深入现场指挥。钟楼区率先兴建鼎泰元式小土炉；广化区自制中华式小土炉；天宁区把鼎泰元式和中华式结合起来，形成了小土群。华通机器厂用砂石、破缸片、焦炭、炭灰、老煤粉混合搅拌制成土耐火砖，三天建成一只0.5立方米的土炉；市总工会干部试验成功用煤球炼铁办法等等。人们不计时间、报酬，日夜苦战，大搞突击。8月初，常州柴油机厂办起大红旗钢铁厂。8月14日，大成一厂8立方米土高炉炼出第一炉铁水。同月，市委在加强统一领导的原则下，实行分线负责，成立冶炼、交通、运输等7条专线领导小组，常委分头挂帅，既管政治，又抓业务。大红旗钢铁厂做出表率，一天内13只小土炉同时开炉，又兴建13立方米土高炉2只，3立方米土炉1只。

1958年8月，中共中央政治局扩大会议正式决定和公开宣布1958年的钢产量要从1957年535万吨增加到1070万吨，全国随即出现全民大炼钢铁运动。8月18日，市委召开常委扩大会议，做出"加快步伐，加紧部署，迅速在全市掀起全党全民生产钢铁的高潮"的决议。到8月底，在"一切为了钢铁，一切服从钢铁""不惜一切，全力以赴"的口号激励下，全市小土炉遍地开花。9月24日，市委提出"苦战七昼夜，日产千吨铁，放颗大卫星，迎接国庆节"的口号。据统计，截至9月底，全市土洋炉炼钢铁突破双千吨大关。至10月，市委连续召开"向钢铁进军动员大会""大办钢铁跃进大会""放钢铁高产'卫星'誓师大会""钢铁高额丰产周战斗动员广播大会"等，集中人力、物力、财力，确保"钢铁元帅"升帐。10月初，常州市成立冶炼办公室。至10月中旬，15万人参加钢铁大会战。全市已建炒钢炉977只，坩埚327只，转炉、电炉15只，日产钢铁达百吨以上；已建小土炉2814只、1297.8立方米，设备安装的小土炉1591只、695立方米。但是，到18日土炉只开出568只、223.12立方米；洋炉16只中有14只挂料炼结，产量比原先降低75%；小土炉能正常生产的不多；配套设备跟不上，燃料紧缺，加上队伍组织混乱，缺乏技术指导，干群疲劳不堪。10月19日市委召开5000人参加的大战钢铁大会，表彰炼钢、炼铁、炼焦先进单位，介绍经验，掀起各方挑战、应战，响应市委大战10天、保证各项工作满堂红的号召。24日，市委召开各区、市属厂党委书记、部委和局处负责人会议，进一步动员决战，提出"元帅领先，先行突出"，把丰产日变为丰产周、丰产月、丰产年。

12月3—6日市委召开干部会议，检查总结近一年"大跃进"的情况。到年底，全市共建小土炉2994座、1421立方米，完成4000座预定目标的74.85%，其中只有极少数能炼出钢铁；全年生产钢21600多吨，完成指标的43.2%，铁19985吨，完成指标的24.98%；钢铁质量差，成本高，浪费大。为推动大炼钢铁，12月24日，市委决定成立市冶金工业局,提出从1959年初要逐步由"小土群跨上小洋群",由分散走向集中,从全民参加转为专业生产,从连续突击转到正常生产,从以数量为主转到产量、质量、成本跃进的新阶段。决定除少数2.5立方米和3立方米的土炉外,小土炉停开,逐步报废拆除,全部设备、物资和劳动力分别由市财委和劳动局统一安排。对钟楼、天宁、广化区三个大洋炉群,市委要求实行定点、定员、定组、定型、定领导、定任务,建立一定的管理制度、责任制和操作规程,实现基地化和工厂化。各机关建的洋炉一律交所在区委组织生产,各工厂自建洋炉或作1个车间或作卫星工厂。1958年底,按"相对集中,专业管理,定点生产"的原则,除常钢厂、大红旗钢铁厂外,相继成立广化、钟楼、天宁区3个钢铁厂(公司)。到1959年9月,市区已建成小洋高炉38座,容积506立方米。全市大炼钢铁,直接损失3337万元,常州钢铁厂一家就亏损1450万元。

与此同时,乡村也开展"大炼钢铁"运动,所有的公社都开办炼钢厂,各大队抽调人员前往。到处砍伐树木作为炼钢厂的燃料,还动员中小学生捡废陶瓷碎片,砸成碎末,送到坩埚厂作为烧耐火砖的原料。为完成炼钢指标,每家每户把农具以外的铁锅、秤砣、工具等所有铁器,通通送到炼钢厂作为炼钢原料。由于土高炉不符要求,炼钢技术不行,炼出的钢铁是渣块,根本就不能用。

第三节 人民公社化

1958年9月,全市农村建立人民公社。由于它是在高级农业合作社立足未稳的情况下,一哄而起仓促建立的,存在多种弊端,带来严重的后果。

一、人民公社的建立

1958年3月,中共中央政治局成都会议通过《关于把小型的农业合作社适当地合并为大社的意见》。夏收夏种前后,郊区的干部、社员就酝酿并社问题。8月,中共中央政治局在北戴河召开扩大会议,会议通过《中共中央关于在农村建立人民公社问题的决议》,认为这是"指导农民加速社会主义建设,提前建成社会主义并逐步过渡到共产主义所必须采取的基本方针"。当月,中共常州市委按照中央和江苏省委的指示,很快在郊区掀起人民公社化运动的热潮。有农民以书面或口头形式申请入社,但也有人犹豫,怕加入人民公社后会吃亏。针对这种情况,市委在农村中普遍开展社会主义和共产主义教育运动,采取大鸣、大放、大辩论、大字报等形式,宣传社会主义制度的优越性,批判一部分富裕中农残存的资本主义自发倾向,批判干部中的严重右倾保守思想,开展"拔白旗""插红旗"活动。

1958年9月初，武进县派出工作组，分赴鸣凰、湖塘乡进行建立人民公社的试点，5日、6日两乡先后成立人民公社。6日县委发出《关于大办人民公社的指示》，到9月20日，全县成立40个人民公社，入社农户占总农户的99.7%。1958年9月，金坛全县在18个乡、318个高级社的基础上，合并建成环城、水北、直溪、尧塘、社头、朱林、茅麓、幸福（薛埠）8个人民公社，公社下设生产大队70个，生产队919个。1958年9月3日，溧阳红旗人民公社成立，9月15日，全县建立21个人民公社，农民均加入公社。

自9月上旬起，在不到15天的时间内，原郊区4个乡在武进县（因郊区撤销，4个乡划归武进县领导）成立4个人民公社。至此，市郊原39个高级农业生产合作社、14364户、63180人、5.6万亩土地全部加入人民公社。人民公社实行政社合一，工农商学兵五位一体。把基层政权机构的乡政府同农民集体所有的经济组织农业社合并在一起，以公社为统一的核算单位。全公社所有劳动力、土地、耕畜、农机、林木、水利设施、工厂、房屋等均属公社所有，由公社统一调度、使用、核算、分配。

9月29日，为适应城市人民公社化的需要，市委、市人委决定在广化区古村成立城区第一个人民公社——东风人民公社，并建立党支部。10月1日，又在钟楼区北大街街道建立荷花池人民公社。此后各街道均成立人民公社。12月22日，常州市郊区又恢复，成立丁堰、茶山、长田、红梅（原太平桥）4个人民公社。1958年12月24日起，常州各级党组织遵照市委指示，认真组织学习、宣传中共八届六中全会公报和全会通过的《关于人民公社若干问题的决议》。1959年9月5日，武进县35个大队和部分生产队划归常州市，常州市郊区的人民公社扩大为红梅、茶山、丁堰、长田、青龙、新闸、西林7个。

1960年4月21日，常州市委发出《关于进一步开展城市人民公社运动的意见》，规定城市人民公社的规模、管理体制和基本任务。1960年5月5日，江苏省委书记处书记刘顺元到溧阳上兴公社建盟大队上街生产队视察，称赞生产队长刘锁金一家为"一门忠义""全家红"。

5月1日至6月9日，人民公社进一步扩大规模，农村与城区合并成立"一大二公"的人民公社，由城区公社和市农业局双重领导。天宁、广化、钟楼、戚墅堰4个区相继建立人民公社管理委员会和人民公社党委，实行政社合一，区人民公社和区人委、区人民公社党委与区党委均为一套班子、两块牌子。茶山、西林并入广化人民公社，红梅、青龙并入天宁人民公社，长田、新闸并入钟楼人民公社，丁堰并入戚墅堰人民公社；原来的7个街道人民公社改成7个分社。1961年1月25日，城区与农村分开，仍恢复为7个人民公社。

二、"五风"和"一平二调"

人民公社化初期一度刮起"五风",即共产风、浮夸风、瞎指挥风、强迫命令风和部分干部的特殊化风。因"五风"而产生出分配上的平均主义和无偿调用财物(即"一平二调")的现象,压抑了农民群众集体生产的积极性,造成农业生产力的一次大破坏。

人民公社片面强调"一大二公",取消个体经济和合作社经济,其规模比高级农业合作社一下子扩大一二十倍,有一段时间甚至更大,远远超过当时的生产力发展水平与干部管理能力。同时,盲目追求过高的公有化程度,把土地占有不同、收入水平悬殊、生产经营状况差异的社队强制合并,将原来分别属于各个高级社的生产资料无偿地转归公社所有,实行统一经营和统一核算,人为地搞穷富拉平,并且把农民的自留地、私有宅基地、自养家畜、自有果树和大件农具也一并归为公社所有,实行统一调拨分配,造成社员之间一部分人无偿占有别人的劳动成果。一些农民不满,出现分散财产、砍伐树木、宰杀牲畜等现象。

人民公社实行以供给制为主的分配制度,使高级社时期已经存在的平均主义更加严重。人民公社建立后,取消高级社建立的社员按劳动工分领取报酬的按劳分配制度,队队办公共食堂,各家各户毁锅拆灶,集中用膳。1958年秋,农民全部参加公共食堂,普遍实行"吃饭不要钱"的伙食供给制,并且不顾当时的物质基础和农民的思想觉悟程度,任意扩大供给制范围,提出包吃、包养、包教、包葬,以及"放开肚皮吃饱饭,鼓足干劲搞生产""一步跨入共产主义"等口号。公社各食堂之间开展竞赛,比谁吃得好,造成严重浪费。社员的家庭饲养业和副业全部停止,破坏了正常的家庭生活安排。1960年6月上旬,城区均成立人民公社,也开始办街道公共食堂,平调居民的房屋、生产生活资料等等。这种违背按劳分配原则的做法,侵犯公民的所有权,损害人民群众的物质利益,严重挫伤了群众的劳动积极性,使生产力遭到严重破坏。

人民公社采用军事化、大兵团作战方式组织生产,导致严重的瞎指挥、浮夸风。人民公社一成立,将原来的1至2个高级合作社成立1个营,3个生产队成立1个连,组织实行军事化,由公社统一调配、统一指挥生产,进行大兵团作战,完全打乱原来的劳动组织,取消高级社经过整顿建立起来的包工到组、零活包到户的生产责任制,出现"社员等派工,干活一窝蜂"等消极、混乱现象。指挥生产不切实际,搞一刀切。1958年秋收秋种大忙季节,在农业生产任务重、要求高、季节紧的情况下,郊区各公社还抽调2334个劳动力(占当时农村主要劳动力的13.6%)大炼钢铁,组织大批劳力开凿西运河和修建铁路复线工程,使当年本应获得丰收的大量稻谷无法收上来,还严重影响了秋播和下年度的农业生产。

人民公社实行政社合一的管理体制，助长命令主义，使公社领导人员可直接用行政手段干预经济活动，从而在组织上为强迫命令、侵犯集体所有制和社员的民主权利提供方便。

第四节 三年经济困难

"大跃进"和人民公社造成社会生产力的破坏和物质财富的巨大浪费，经济产量急剧下降，人民生活水平下降，进入三年困难时期。

一、粮食产量下降

1958—1959年，常州由于基本建设投资过大，战线过长，工业企业及职工增加过快、过猛，农民进城当工人数高达4.5万人。据近郊县145个大队调查，务农者不足总人数30%，农田抛荒严重。1958年下半年，由于大批劳力抽调去大炼钢铁，开矿筑路，兴修水利，误了农时，大量稻谷糟蹋在地，丰产未丰收，但郊区亩产仍达377公斤，比1950年增长66.6%。1959年，因为上述原因，再加上在增产措施上过了头，有的高产试验田投放肥料太多，肥力过大，水稻三麦大部分倒伏，甚至颗粒无收。从1959年起，农业生产连年下降。1958年，全市粮食总产量为794952吨，1959年为625692吨，1960年为599140吨，1961年为599438吨。1959年及以后郊区各年的亩产分别是273.85公斤、299.7公斤、249.65公斤。[①]

二、农村饥荒

粮食产量的下降与公共食堂的浪费——"寅吃卯粮"，再加上浮夸风造成的上交统购粮过多，超出了农民的承受能力，1959年农村普遍饥荒。

1958年，武进农民能分到口粮原粮269公斤，至1959年146公斤，1960年174.8公斤，1961年167.7公斤。金坛县农民1958年到1961年，人均口粮分别为235公斤、190公斤、169公斤、191公斤。当时郊区3年人均口粮每年原粮176公斤，每人每月食油1.3两；1961年，在完成征购任务后，实际人均口粮仅存原粮117.5公斤。金坛最严峻的时期农民人均日口粮仅3两8钱。[②] 这点粮食对于一个整天干着繁

[①] 常州市地方志编纂委员会编：《常州市志》第2册，第768页；《常州统计年鉴（1991）》，第203页。

[②] 武进县县志编纂委员会：《武进县志》，上海人民出版社1988年版，第809页；金坛县地方志编纂委员会：《金坛县志》，江苏人民出版社1993年版，第169、718页；溧阳县志编纂委员会：《溧阳县志》，江苏人民出版社1992年版，第854页；《常州郊区志》，1986年征求意见稿第4册，第252页；中共常州市委党史工作委员会、常州市档案局编：《正道沧桑录》，内部资料，1997年，第157页。其中《溧阳市志》未记载原粮分配情况。

重的体力活又缺乏荤腥的壮劳动力来讲,根本不够吃。夏秋两季分粮以后的几个月里,通过"忙时干点,闲时稀点""杂以瓜菜代"的调剂,尚可度日,但每年的3月至6月、8月至10月青黄不接时,都是缺粮阶段。1960年春,刚过完春节,眼看食堂就要揭不开锅了,武进县政府从外地调来山芋干,用青糠与豆饼轧成糠粉,名曰"健康粉";用红花草(俗称河花郎)剁碎捏成团,外敷面粉,蒸成团子,称为"幸福团"。大队干部带头吃,称之为"卧薪尝胆"。然后在社员中推广,不少人家还采来野荠菜、马兰头、奶浆草、灰灰菜、榆树叶、喇叭花草根等野菜充饥。由于吃不饱肚子,劳动力干活没有力气,做活也是出工不出力。很多人因饥饿得了青紫病、浮肿病。春荒漫长,社员碗里的粥汤越来越稀。

1959年全市(包括武进、金坛、溧阳)死亡人数26971人,之后两年分别为32791人、26508人;而在1958年、1962年,全市死亡分别是18203人、20515人;如果以1962年死亡人数为正常情况,那么在三年困难时期,非正常死亡人数是25000人左右。①

三、城市经济困难

1959年下半年,市区粮食库存几乎为零。到1960年,市区商品供应全面紧张,出现严重的经济困难。当时,粮油、蔬菜和副食品供应严重匮乏,集市物价飞涨,黑市盛行。有时市价高于国家统销牌价多倍,其中食物尤为突出。《武进县志》记载,黑市猪肉1960年每500克3元。《溧阳县志》记载,三年困难时期,大米国家牌价每50千克13元,黑市130元。《金坛县志》记载,黑市大米每500克3元。武进《遥观乡志》记载,黑市大米每500克3元,黑市猪肉每500克5元,鲫鱼每500克6元,母鸡每500克6元,菠菜每500克5角,大白菜每500克3角。由于价格不稳,群众心里恐慌,1960年谣传食盐定量供应,几次引起抢盐风潮。为控制物资,工商部门出台市场管理的有关规定,禁止生猪自由买卖、私自宰杀,禁止集体生产的农副产品到市场自由出售,动员群众不套购抢购、不买黑市货品。当年,被迫降低居民粮食定量标准。郊区非农业户口居民定量除乡干部不变外,其余平均每人每月减少1千克,食油每人每月从4两降至2两。城区也出现因营养不良而发生的浮肿病。1959—1961年,每人每年凭票证供应布匹0.53米。市区国营批发商业利润只有2252.6万元,比1959年下降47.66%。同年,国家在提高粮食、油料统购价格的同时,相应提高食油的统销价格。8月,冻结18类人民生活必需品的价格,确保定量供应的商品平价供应;同时对烟酒、钟表等部分紧俏商品先后实行高价敞开供应,

---

① 常州市统计局:《常州统计年鉴》(1991),第69页。

部分商品采取议价购销。①

第五节 经济建设的初步调整

1960年11月3日,中共中央发出《关于农村人民公社当前政策问题的紧急指示信》(简称《十二条》)。1961年1月14—18日,中国共产党八届九中全会在北京举行。会议正式通过对整个国民经济实行"调整、巩固、充实、提高"的八字方针,并决定在农村深入贯彻《十二条》,进行整风整社。1961年3月15—23日中共中央在广州举行会议,讨论和制订《农村人民公社工作条例(草案)》,全文共60条,简称《农业六十条》(草案)。条例总结农村人民公社3年的经验,针对社、队规模偏大,搞平均主义,公社对下级管得太多太死,民主制度和经营管理制度不健全等问题,作出比较系统的规定。全市在中共中央的领导下,进行经济建设的初步调整。

一、工商业调整

1960年下半年起,国营商业贯彻八字方针,恢复专业公司和合作商店、合作小组,合理调整网点,改进工业品经营方式和企业管理,开展清理库存、清理资金、清理账目的"三清"运动。1960年冬季开始,市政府开始对社会集团购买力进行控制,停止对地方工业的基建拨款,清理"半截子"基建工程,整顿"大跃进"中兴办的全民工厂,对69家工厂实行"关、停、并、转"。同时,从资金上充实对农业、商业、粮食企业和城市公用事业的财政拨款。

1961年6月26日至7月10日,市委召开工作会议,初步总结"大跃进"的经验教训。会议认为存在的主要问题是:工业和其他各项事业发展过猛过快,战线太长,摊子太大,过多地占用了农村土地、劳力,影响了农业;为农服务的工业布局不够合理,支农工作还不够主动、经常、自觉、全面;高指标,计划脱离实际;在尊重生产规律、正确指挥生产、贯彻党委领导下的厂长负责制等方面均存在一些问题。会议决定对工业布局和基本建设进行调整,收缩重工业投资,加强轻纺工业和为农服务工业,并将一批全民所有制企业下放为集体所有制企业。

1961年9月16日,中共中央起草《国营工业企业工作条例(草案)》(即《工业七十条》),探索适合中国实际情况的管理企业的规章制度。10月14日,常州市委发出通知,要求各单位学习、贯彻《工业七十条》,并确定戚机厂、常机厂、大

---

① 武进县县志编纂委员会:《武进县志》,第527页;溧阳县志编纂委员会:《溧阳县志》,第544页;金坛县地方志编纂委员会:《金坛县志》,第368页;《常州市郊区志》第4册,征求意见稿,1986年,第253页;《遥观乡志》,内部资料,1986年,第312页。

成二厂和常化厂为贯彻《条例》的首批试点单位。这对于提高企业的经营管理水平、技术水平、生产水平起了作用。

二、整风整社

1959年2月至3月初,中共中央政治局扩大会议(第二次郑州会议)决定纠正"共产风"问题,并规定了整顿和建设人民公社的方针。3月底至4月,市委贯彻会议的决定和一系列指示,公社和大队开始清理内部"一平二调"问题,将公社一级所有权下放,实行以生产大队为基本核算单位,生产队为劳动单位。大队对生产队实行"三包一奖赔"(包工、包本、包产量,超产奖励,减产赔罚)。生产队再按各人劳动实绩,分配到人。口粮分配采取基本粮(按人)与工分粮(按工)相结合的分配方法。基本粮按人分等定量,一般分为1—5岁、6—10岁、11岁以上三个等级,每个等级差为两成左右。1960年开始,各地逐步解散公共食堂,重新划给社员自留地,清查"一平二调"的财物。1960年3月,武进县按总耕地面积的5—7%给社员分配自留地。有了自留地,社员可以自由支配,种上麦子、山芋、南瓜和各种蔬菜,有了一点调节生活的空间,减弱饥饿的威胁。1959年后,公社规模逐步缩小。1959年,金坛将原8个人民公社划分增加为18个人民公社。1961年5月,武进县公社增加到54个。1961年8月,金坛县又把18个人民公社划分为27个。同期,溧阳县公社数扩大到41个。

1960年11月,全市贯彻中共中央《关于农村人民公社当前政策问题的紧急指示信》(即《十二条》),进一步调整农村中的社会主义生产关系,纠正"五风"问题,算账退赔,并逐步缩小供给部分,减少征购,让农民休养生息。1960年12月24日,武进县委下发《关于"一平二调"退赔原则和处理步骤的意见》,年底核清全县"平调"物资折算金额达1127.1万元,县拨款退还群众。当年,溧阳全县共退赔519.2万元。1961年1月24日,常州市抽调1305名干部,其中武进337名,分别到各公社开展以宣传中共中央《十二条》指示,开展以落实"三包一奖"方案清理"平调"账目,揭发处理干部贪污、违纪问题,整顿公社经营管理等为内容的整风整社运动。1961年1—4月,金坛全县对公社无偿调拨的集体、个人的土地、财物进行退赔。[1]

1961年4月27日—5月4日,市委召开郊区、武进县农村三级干部大会,1100多人与会。会议贯彻《农村人民公社工作条例(修正草案)》。同时,根据中共中央要求,将《农业六十条》(草案)从头到尾一字不漏地向人民公社全体党员和社员宣传,广泛征求修改意见。市委工作组在茶山公社浦前大队进行调查、试点工作,

---

[1] 中共金坛市委党史工作委员会、金坛市档案局编:《中共金坛党史大事记》,中央文献出版社2002年版,第102页。

综合群众意愿，提出对《农业六十条》（草案）的修改意见：1. 根据"利于生产，利于经营管理，利于组织生活，利于团结，不宜过大"的精神，适当划小生产队。2. 解散食堂，分户自炊。3. 改变以人分等定量的办法，实行人劳结合的办法，口粮中85—90%按人口平均分配，10—15%按劳分配。4. 按照各队的具体情况，合理调整"三包"指标，实行超额全奖和短包赔偿80%。5. 除对五保户实行基本生活供给，对人多劳少的困难户实行定工生产、定额补助办法以外，其余社员一律实行按劳动工分分配，多劳多得，少劳少得。6. 平均主义除了突出表现在"三包一奖"、评工记分、四固定（即土地、劳力、耕牛、农具固定到队）、供给制方面外，还有一些比较明显的拉平分配账，要进行认真清理。7. 将耕牛、农具等生产资料下放给生产队，由大队与生产队协商作价，分三年摊还。8. 在不影响集体劳动和集体利益的前提下，允许社员搞家庭副业。[1]

1961年7月，市委认真贯彻中共中央《关于坚决纠正平调错误，彻底退赔的规定》，自人民公社成立以来，谁平调的谁退赔，从哪里平调的就退赔给哪里，对高级社遗留下来的社员折价入社的耕畜、农具的欠款也进行清算偿还。8月至9月上旬，郊区农村扩大农民自留地1536亩，总数达7867亩，占郊区耕地总面积的6.23%。生产队在生产经营、财务管理、收益分配等方面有了较多的自由权，相应建立和健全劳动组织和生产责任制；分配制度上重新以评工记分为社员按劳取酬的依据，口粮分配到户，停办公共食堂，逐步降低并最终取消平均供给部分。1961年，郊区政府各部门初步清理和退赔对农村人民公社的平调账343万元。

1961年底，公共食堂全部停办。当年，武进县小河公社十二大队第六生产队粮食大增产，共增产7000多公斤，一季夺回前五季减产的粮食6000多公斤。12月3日，《人民日报》在头版头条登出新闻，并配以社论《贵在鼓气》。12月28日至次年1月7日，市委召开武进县、常州市郊区三级干部会议，2700人与会。会议主要研究实行公社以生产队为基本核算单位和生产队粮食生产"三年大包干"。会后，生产队核算工作全面展开。

三、人口精简

1958年"大跃进"时，从农村大量招用新职工，常州职工人数猛增。1958年底，全民职工人数上升到113592人，比1957年增长1.07倍，严重脱离了国民经济协调发展和劳动生产率提高的实际需要。1959年1月4日，根据中央和省委指示，市委发出《关于严格禁止私招农民的紧急通知》。规定任何工厂、企业不得再招一个新工人；首先"刹住车"，然后进行全面整顿。27日，市委执行省、地委整顿压缩劳动力的

---
[1]《常州郊区志》第2册，第20页。

指示，又发出《关于进一步整顿劳动力的意见》，确定动员 2 万名农民回乡生产。至 2 月底，回乡农民已达 1.7 万人。3 月 20 日，溧阳县支援新疆社会主义建设委员会成立；8 月 26 日，经自愿报名，县人委批准，共有 806 人随带家属 36 人起程赴新疆支边。3 月 30 日，常州市支援高淳县工农业生产建设的 100 名干部离常；4 月 1 日，又有第二批 153 名干部先后下放工厂、农村，进行为期一年的劳动锻炼。7 月 25—27 日，武进县人委召开有 16 个公社参加的去新疆支边工作动员会议。至 9 月 2 日，全县参加支边人员 2033 名。

至 1960 年 2 月，市区共整顿压缩全民所有制单位职工 38781 人。其中，从集体、合作单位支工归队的 12750 人，占 32.8%；从农村招收新职工回农村的 25483 人，占 65.9%；从社会新招收职工中下放居民 548 人，占 1.3%。1960 年 3 月 5 日，常州市第三批 149 名干部下乡劳动锻炼。1960 年 8 月 20 日，中共中央发出《关于坚决地认真地清理劳动力，加强农业生产第一线的紧急指示》，江苏省下达常州市 1961 年从全民所有制职工中精减 3.5 万人的任务。市委作了具体部署，成立精简领导小组，下设办公室，开始精减职工和压缩城镇人口工作。到 1961 年底，市区又动员 2 万余名农民工返回农村。

四、城市支农

为搞好农业生产，解决粮荒，从 1959 年秋到 1960 年夏，常州先后有 37 万人次下乡支援劳动。同时，为加强农村公社工业的领导和技术力量，先后向农村输送干部、工程技术人员 529 人；并经常组织送技术下乡，帮助农村新建农具、农药、农肥、饲料加工等工厂 300 多个，培训各类技工 9923 人。还向农村"开仓献宝"，无偿支援钢丝绳、元钢、铁管、水力挖土水浆泵、薄钢板、皮带盘、电焊机等急用物资、器材。

1960 年 1 月 15 日起，常州市第二届代表大会第二次会议召开，讨论分析当时的经济形势，作出《关于工业支援农业、城市支援农村的决议》，决定以支援农业实现技术改造为主要目标，从组织厂社挂钩发展到城市各行各业与县社挂钩，建立固定的协作联系，并开展"工农业共同跃进"的社会主义竞赛，全面支援农业。3 月 6 日，市委第一书记杜文白在市、区及武进县共 1000 多人参加的党员干部会议上，动员大张旗鼓地进一步开展支农群众运动，并宣布成立市委工业支援农业委员会。中共江苏省委充分肯定常州的做法，向各地委、市委批转常州市委《关于工业支援农业、城市支援农村的情况报告》，要求各地仿照常州市的做法，把工业支援农业、加速农业的技术改造作为现阶段巩固和发展工农联盟的一个中心问题来抓，取得更大的支农成绩。至此，轰轰烈烈的支农群众运动拉开帷幕。

4月1日，市委召开全市技术革新万人报喜比武及欢送支农干部、工人下乡大会，全市有1000余名干部、工人下乡支农，参加农业技术改造。5月21日，第二批303名支农干部、工人背上行装，奔赴金坛、高淳等6个县。8月17日，第三批160名干部、工人下乡支农。截至6月，全市共有406家工厂、36家企业、53家商店、24所学校、12所医院、7家科研所、2个剧团、20个居委会分别与武进等7个县、139个公社、140个大队、16家县属厂、1个国营农场挂钩，建立固定协作关系。支援农村的干部、技术工人、服务人员共1355人；支援大批机器设备，如机床、水泵等；为挂钩县筹建农机、农药、农肥、饲料加工等类工厂263家，其中农机修配厂36个，使农机大修不出片，中修不出社；为农村培训技术人才5165人；还先后组织9.4万人积肥、送肥21万担。据统计，1960年，在国家计划外，市区支援农村各种机床218台、拖拉机2台、电动机158台、1160匹内燃机185台、变压器18700千伏安、水泵77台、农药机械156架以及小型工具刀、板车、生铁等；还组织35个技术巡回队到农村检修机器、传授技术。

9月17日，1万多名干部、工人响应号召，下乡支援秋收秋种，5000多人到郊区兴办"四场"（养猪场、养鱼场、养禽场和种菜场），以缓解城市副食品供应日趋紧张的局面。1960年10月，市委发出《关于抽调劳动力支援农业生产和大办"四场"的指示》。10月4日，市委召开各机关、工厂、企业、学校、团体和郊区各公社大队以上党支部书记或行政负责人会议，动员全市人民紧急行动起来，开展大种、大补、大管蔬菜，发展副食品生产的突击运动，掀起种菜、养猪的高潮。1960年11月14日中共中央《关于立即开展大规模采集和制造代食品运动的紧急指示》，市委组织科研、卫生、工业、商业等部门成立市代食品生产领导小组，试制成功人造肉精、人造蘑菇、稻草淀粉等13种代食品，举办代食品展览会，推广这些产品。这些努力为进一步加强粮食、副食品生产，组织安排好人民生活，摆脱物质匮乏的困难局面起到了积极作用。据统计，到1961年1月31日，全市兴办"四场"168个，种植蔬菜4400余亩，养猪8300多头。

1961年2月26日，市委总结前段支农工作情况，发出《关于立即掀起更大的城市支援农村、各行各业支援农业的群众运动的指示》（以下简称《指示》）。这一阶段的主要特点是全市各行各业广泛深入开展以农业为基础的教育，动员力量全面完成各项支农产品生产任务；采取措施调整工业布局，充实农业第一线的劳动力；切实贯彻执行中共中央政策，彻底退赔平调账。《指示》下达以后，工业、财贸、文教、卫生等行业闻风而动。工厂企业狠抓支农产品的完成和超额完成，积极试制支农新产品，努力降低成本，减轻农民负担；财贸系统改变经营方式，送货下乡，加强和改进农副产品收购工作,帮助郊区社队发展副业生产;全市动员19.8万个劳动力突击支农,组织大批肥料送往农村;帮助武进和郊区新建、扩建、改建86座电灌站;为武进县每个公社配备1名分管工业的党委副书记,并帮助办1家农具厂。

第六节 社会事业缓慢发展

受"大跃进"的影响,各项社会事业也开始"大跃进",在曲折中求得发展。

一、教育、科学

1958年6月27日,在"大跃进"形势推动下,市人委决定创办常州工业专科学校、常州师范专科学校、常州医学专科学校,3所专科学校于10月上旬先后开学。1961年在贯彻"调整、巩固、充实、提高"的八字方针中,常州师专并入镇江师专。其间还创办了常州体专、纺专等专科学校,后来均调整停办。同年,中共常州市委发出"全党动员,全民动员,苦战十个月,扫除文盲"的号召。经"突击扫盲",至8月,青壮年职工与市民中的文盲、半文盲由17521人减为961人,非文盲率94.5%。1958年12月21—25日,市委召开教育工作会议。会议着重讨论教育为无产阶级政治服务、教育与生产劳动相结合等问题。1958年,工厂办学156所,扫除文盲1.6万人;学校办厂47个,试制产品100余种。

1960年,市区学校数由1957年的132所增到245所,其中中等职业技术学校(含农业中学)由1957年的1所增至48所,高等学校从无到有办起3所,成人学校增至600余所。贯彻1958年中共中央提出的"教育必须为无产阶级政治服务,教育必须同生产劳动相结合"的方针,开展教育革命。但是,由于当时对该方针理解上的片面性,加上受"大跃进"的影响,所以在教育工作中未能正确处理教学与生产劳动、劳动教育与劳动技术教育的关系,以致收效甚微。1963年,开始贯彻《全日制小学暂行工作条例(草案)》《全日制中学暂行工作条例(草案)》,实施德智体全面发展的教育。

1958年11月,市人民委员会建立科学工作委员会,中共常州市委成立科学工作领导小组,在全市进行科普宣传教育,推广先进工作法,发动群众"向科学进军"。1959年9月,常州市科学工作委员会改建为科学技术委员会。1958年,常州市化工研究所成立。1959年,铁道部戚墅堰机车车辆工艺研究所、常州市建筑科学研究所、常州市蔬菜研究所、常州市医学科学研究所成立。国家依靠行政手段管理科技工作,科研部门由国家拨款。1959年9月,市科委成立情报科,并逐步建立基层情报机构;常州市化学化工学会建立。同年,市建筑学会、市机电工程学会建立(1962年9月改组为常州市土木建筑学会）。1959年，常州市区各类自然科技人员发展到1478人。1961年，市科委按照国务院第110次会议通过的《关于新产品新工艺新技术鉴定暂行办法》组织科技成果鉴定工作。

1959年，市区社会科学技术人员有326人，其中教育界74人，新闻出版界70人，文艺界182人。1959年1月18日，常州市、武进县成立"常州市十年史编辑委员会"，下设办公室，负责编写常州市解放十年史和91部专业史。2月15日，市委提出"人人动手编写工厂史"的号召，各厂相继建立厂史编辑委员会，由党委（支部）书记挂帅。6月26日，市十年史编辑委员会编写的《常州市十年大事记》由江苏常州人民出版社出版。1960年5月10日，市委决定着手编写常州地区革命斗争史，向党的40周年献礼。市委成立党史编辑委员会，搜集、整理、编写常州武进地区革命斗争故事及《常武烽火——中共在常州武进地区领导革命斗争概况》（1926—1949）等，并在1961年6月至1962年1月的《常州日报》上刊登。

二、文化、新闻

1958年11月10日，遵照省委"关于广泛发动群众创作，放出文艺'卫星'，迎接国庆10周年"的指示，市委发出《关于开展一个"人人搞创作，人人写先进"的群众性创作运动的指示》，要求高举三面红旗，把革命的浪漫主义与现实主义相结合，以"解放十年"和"大跃进中的日日夜夜"为题材，创作各类形式的文艺作品。此后，很快掀起群众性文艺创作热潮。

1958年，常州市杂技团、地方曲艺工作团、评弹团先后成立。1958年9月，常州戏剧专科学校成立，设锡剧班。1959年随常州地委迁至镇江，改名为镇江戏剧专科学校。1958年10月，常州市博物馆建立。1959年5月，常州专区锡剧院（1961年复名常州市锡剧团）成立。1959年，常州市京剧院建立，下设一、二两团。1959年，全市举办庆祝建国10周年群众文艺会演，其中《拖拉机出厂》等作为江苏省代表队的节目参加1960年全国职工文艺会演。

1958年，出现歌颂"三面红旗"的散文、诗词、歌曲、漫画等创作活动。文学工作者搜集民间故事和民谣民谚，市图书馆将28000余册古旧图书分类编目上架。美术工作者开始调查研究刺绣、剪纸、梳篦、烫花、插花和浮雕等传统工艺技术。常州籍树根造型艺术家屠一道从1959年起开始制作树根艺术，历经30多年，根艺作品上千件。

1958年元旦，根据形势发展需要，市委机关报《常州日报》创刊（四开四版），原《常州工人报》改为《常州日报》工人副刊，直至1966年底，因"文化大革命"被迫停刊。1958年8月4日，中央广播事业局批准常州恢复无线广播，8月底开始筹建。1959年1月1日，常州人民广播电台正式播音。

三、卫生、体育

1958年，为加强基层防疫工作，钟楼、天宁、广化、戚墅堰区分别成立卫生防疫站。群众性的爱国卫生运动持续开展，普遍发动群众消灭蚊蝇、老鼠、臭虫、蟑螂，除害灭病、讲究卫生成为时尚，常州被评为全国、全省卫生先进城市。1958年8月，常州医学专科学校创办（1962年停办）。1958年，中医院设内科病床30张。从此，中医诊治形式由个体分散转向集中，由坐堂门诊治疗发展到收治住院治疗。同时，市属综合医院相继设置中医科。

1959年3月，市人民政府决定成立常州市卫生系统业余红专大学，脱产学习与业余学习同时进行，先后办学3年。随着西医先进医疗器械不断添置，医疗技术水平的不断提高，市区西医卫技人数也随之逐年增加，1959年由1954年的80人增加到146人。1959年9月，常州市精神病医院初创（1962年3月改名为常州市精神病收容所）。同年，因4个区医院和其他医院先后建立，病床总数增加到2148张，每万人占有50张。同年，常武地区流行脑膜炎，为加强对传染病的收治和管理，将妇幼保健院改为传染病医院。

1960年，开办各种专业训练班22个，参加学习人数976人，占卫技人员总数的84%。同年，市第一、第二人民医院设中西医结合病房，重点对慢性肝炎、高血压、肺结核、盆腔炎、关节炎等10余种疾病采取中西综合治疗，实行"慢病快治"法。临床实践症明，其疗效比单纯中医或西医为高。这一时期，中、西医各医疗专科逐步形成，市属医院先后从基础护理逐步转向专科护理。医学科研成果突出，三尖杉制剂治疗白血病、NJS-4型脑积水引流装置、喘立平气雾剂等科研项目达到国内先进水平，分别获得全国、全省科技成果奖。

1958年"大跃进"开始后，职工体育一度出现热潮，受浮夸风影响，向职工盲目提出"放劳卫制和等级运动员双卫星"的口号；向各类学校提出在执行锻炼标准中达到"双红""三红""四红""满堂红"的要求，并大搞"万人誓师""千队万人篮球赛""十万人游泳赛"等形式的竞赛运动。上半年有10万人参加广播操、武术、球类、田径、射击等体育活动。嗣后，由于受浮夸风影响，讲形式不讲实效之风蔓延。市内12个产业系统，一下子建起208个基层体协和50余所青少年业余体校，大多有名无实。常州市区竟出现37所小学，24所大专、中学全部达到省规定的所谓体育锻炼标准，劳卫制一级、二级运动员，普通射手4项"满堂红"等虚假成绩。经过放"卫星"以后，有些学校的体育教学成为形式。不久，群众体育步入低谷，有些项目甚至停止活动。1960年，除市体委业余体校还能继续招收少量学生进行训练外，其他区、工厂业余体校均消声匿迹。1961年，市业余体校朝着多项目方面发展，增开乒乓、篮球、举重等班。

三年经济困难时期后期，从事体育活动的人逐渐减少，各级各类体协组织自行解散。1961年，市体委贯彻中央调整方针，引导体育工作向"有利于生产、有利于工作、有利于健康"发展，群众体育才逐步正常。随着国民经济的好转，一些工厂、企业逐渐恢复广播操、工间操和篮球等活动，常州的体育比赛相应增多。

四、自然灾害和社会保障

1958年5—8月遇大旱，武进县受灾19.2万亩，金坛县受灾15.79万亩，溧阳县受灾19.8万亩，1959年8—10月有大旱，市郊3万多亩农田受灾，武进县23.8万亩受灾，金坛县受灾11.81万亩，溧阳县受灾17.8万亩。

1958年2月9日后，常州市遵照国务院《关于工人职员退休处理的暂行办法》和《关于工人、职员退职处理暂行规定》（草案），统一常州市企业、事业单位和国家机关的退休制度及退职办法，适当放宽退休、退职条件及提高退休待遇标准，增加有特殊贡献职工的优异待遇，取消原《条例》规定的在职养老金。对区以上城镇集体工业企业（主要是手工行业），20世纪50年代中在市没有明文规定的情况下，因厂（社）制宜，逐步建立起项目单一、待遇低下的保险办法，经济情况好的厂（社），建立医药费用限额包干使用，超额自理的办法。1958—1959年大办工业，就业人员增加，市区救济经费由1957年的53165元减至22663元。

1960年6月底，实施《中华人民共和国劳动保险条例》的有92个单位，享受的职工有64998人，占市区全民企业职工的64.35%；签订劳保合同的有178个单位，职工28091人，占27.81%。上半年共支付各项劳保待遇的金额达352.73万元。11月18日中共常州市委批转市总工会《关于当前劳动保险工作中几项规定的意见》，对待遇、标准作相应的调整。

五、城市建设

从1958年起，在"以钢为纲，带动城市建设齐跃进"的口号下，道路随工厂企业向西沿常新路、向北过铁路延伸，市区拉开架势。全市先后新建、改建、大修关河东路（原为纤道）、关河西路、北塘路、同梅路、西运河路、常横路、常新路、武青路，使城市外围形成机动车道。居民稠密区和工业区的狭窄道路均得到拓宽。城区主要街道的土路、条石路，全部改为可通行机动车的弹石路或级配路。1959年9月，首次在东西大街和南大街部分路段铺筑贯入式半贯入式沥青路面；1960年首次将县直街长41.5米的弹石路改筑厚7厘米的混凝土路面。1961年和1962年，先后在北大街、局前街弹石路柔性路面上加铺沥青材料面层，从此结束常州只有砖石类低级路面没有高级次高级路面的历史。市人民委员会颁布建筑管理暂行办法，清理违章建筑。环境卫生、建筑管理、市政、绿化等逐步实行市、区两级管理。1959年5月，各区成立环卫所。至1960年，在清凉路48号、新市街和戚墅堰区建成南水厂、西水厂和戚墅堰水厂。1960年5月，成立常州市公共交通公司，并淘汰人力车，组成三轮车队。1959年，全市公交车客运量已经达642.31万人次。1960年10月，在天宁林园基础上扩建的红梅公园全部建成开放。1961年，在南郊建清凉新村，有二层楼4幢。

1958年前后，为适应"大跃进"的形势，常州市重点围绕城市发展方向，编写《常州市初步规划》，并几经修改。其中第六稿设想要把常州逐步发展为以重工业、轻工业、化学工业三项各占同等比重的综合性工业城市。发展规模：市区人口为50万人（其中城区44万人）；用地为51平方公里。不过由于"大跃进"的影响，这个城市规划定了一些过高的指标，其中第七稿还有要建设城市中心公社之类的计划，可谓是特殊时期对城市概念错乱的产物。该规划并未经省政府审批，但对当时的城市建设起到了参考作用。

至1961年，城区建成区面积增加到17.16平方公里。但是，由于地方财力集中投资发展工业，城市基建工程一度缓建，市政建设以维修养护为主，城市基础设施建设严重滞后。破坏城市建设的情况也屡屡发生。如1958年，受"浮夸风"影响，在"户户种果树、社社辟果园、人人育苗种植、水果自供自给"的口号下，市区成立果化办公室，占用大片绿地，盲目发展果园，城市建设受到严重影响。

第四章 社会主义建设的调整

1962年1月11日至2月7日，中共中央在北京召开扩大的工作会议（又称"七千人大会"），会议初步总结1958年"大跃进"的经验教训，开始全面纠正工作中发生的"左"的错误。常州市委第一书记韩本初出席"七千人大会"。大会结束后，市委对会议精神进行贯彻，继续贯彻经济调整的"八字方针"，贯彻农业六十条，进一步进行城乡经济调整。具体做法是：继续精简职工，减少城市人口；压缩基本建设，实行必要的关、停、并、转；从人力、财力、物力各方面加强和支援农业建设；对曾被错误批判、处分的党员和干部进行甄别平反。接着，在中共中央的领导下，全市开展社会主义教育运动以及先进典型的政治思想宣传活动。这一时期，常州经济形势略有好转,各项社会事业建设也取得一些成就,并探索和初步开创出具有常州特色的经济和社会发展道路。

第一节 政权建设和思想政治建设

1961年底到1962年,在中共中央的领导下,常州正式开展对"大跃进"时期"反右倾"的纠错工作。1962年底,又按照中共中央指示精神,着重围绕阶级斗争、反修防修,在全市开展城乡社会主义教育运动。

一、建置与区划

1962年6月2日,中共江苏省委决定,常州市由镇江专区辖市改为省辖市,市区面积仍为166.57平方公里。中共常州市委、市人委由省委、省人委直接领导。1963年2月5—12日,中国共产党常州市第三次代表大会在工人文化宫举行。出席会议的正式代表467人,列席代表127人,代表全市10767名党员。1963年4月26日,遵照中共中央《农村人民公社工作条例(修正草案)》的规定并经省委同意,常州市郊区将原9个人民公社重新划分建立20个人民公社(乡)。10月19日,常州市恢复建立街道办事处,与人民公社分社合署办公,同时撤销管理区,恢复居民委员会。1963年11月,常州市五届人大一次会议、政协四届一次会议召开,选出市第五届人民委员会、市政协第四届常务委员会。1964年10月24日,常州市郊雕庄、采菱、青龙、三里、北塘、新鹤、西林、海塘、陈渡9个公社的全部及丁堰、芳渚、竹林、城北、芦墅5个公社的部分地区合计51个大队、656个生产队、面积97032亩划出,归武进县。市区总面积减至73.58平方公里。武进县人委根据原有基础和自然条件,成立三井、北港、西林、雕庄、青龙、北塘等6个公社,并设立城郊区。1965年底,市人民代表、市政协委员换届选举。1965年,区、公社(乡)人民代表依法举行换届选举。9月25日,武进县由常州市划归镇江专区管辖。从1955年3月至1966年,经市历届人民代表大会选举,先后产生6届市人委。1962年1月,太滆渔业人民公社在太湖之滨成立,作为水产养殖基地,增强了郊区为城市人民生活服务的功能。

二、"反右倾"纠错工作

1962年1月3日,市委发出《关于对近几年来受过批判和处分的干部、党员进行甄别工作的计划》,制定甄别工作计划,成立甄别工作领导小组,下设办公室。各级党委由组织监察部门为主,抽调党员干部组成专业工作队伍。1月31日,市委召开甄别工作会议作全面部署,并举办培训班,培训甄别工作人员,统一思想认识,掌握政策界限,有步骤地落实工作任务。凡是过去批判和处理正确的,不再改变;

部分错的，予以纠错；完全错的，就彻底平反，恢复名誉、职务或另行分配适当工作。据统计，前几年全市受批判、处分的干部、党员共3925人，其中列为甄别对象的有2514人，占64.05%。市区从1958年起因"反右倾"而受过批判、处分或变相处分，需要甄别平反的干部、党员有1631人，涉及424家单位。

纠错工作先在茶山公社试点。从茶山公社试点情况看，34个甄别对象中，平反或纠错的14人，占41.2%。试点结束后，从2月至4月，市级机关、事业单位，部分公社和戚机厂作为第一批；5月至7月，区级机关、事业单位、部分公社、城建系统和国营工厂作为第二批，两批共148家单位开展甄别工作。其间，中共中央于4月27日发出《关于加速进行党员干部甄别工作的通知》。市委从6月初起分别对39名领导干部作出甄别结论。7月12日召开组织、监察工作会议。8月10—12日，又召开全市甄别工作会议，市委主要领导在讲话中承担责任，向1635名受委屈的人赔礼道歉。会后，第三批甄别工作开始，涉及工业、交通邮电、文教卫生、粮食、商业等系统的276家单位。

甄别工作面广量大，在全市千余名甄别工作人员的努力下，采取先近后远、先易后难和先领导骨干、后一般那干部的方法。对于批判和处分错了的人，原来在多大范围内批判和宣布处分的，原则上也在同样范围内平反，有领导代表原决定和批准机关作诚恳的检讨，向被批判、处分的人道歉。被平反者受处分期间扣发、少发的工资全部补发。全市甄别平反工作于1962年10月基本结束。至10月底，已甄别2405人，占应甄别总数的95.64%。另外，对群众中因牵连受批判、处罚而进行甄别的有1037人。

三、城乡社会主义教育运动

1962年9月，在中共八届十中全会上，毛泽东提出要在实际工作中进行社会主义教育。1962年底，市委先后组织老工人讲师团在基层作报告63场．对全市人民普遍进行阶级教育。

（一）新"五反"和"四清"

1963年3月1日，中共中央发出《厉行增产节约和反对贪污盗窃、反对投机倒把、反对铺张浪费、反对分散主义、反对官僚主义运动的指示》，在全国城市逐步开展反贪污盗窃、反对投机倒把、反对铺张浪费、反对分散主义、反对官僚主义的"五反"运动。1963年3月2—3日，市委三届三次全委（扩大）会议决定在全市开展增产节约、"五反"和社会主义教育运动。首先试点，为全面开展运动做准备。

试点工作分为农村和城市两条线。农村选择郊区茶山公社。市委工作组于3月进驻试点公社的荆川大队。市委提出三点要求：1.着重解决社会主义方向教育问题；

2.解决社队干部的思想作风问题;3.划清若干具体政策界限。城市的增产节约和"五反"运动的试点是大成三厂、食品公司等14家单位。

1963年5月,毛泽东主持制定《关于目前农村工作中若干问题的决定(草案)》(即《前十条》),规定了怎样组织"革命的阶级队伍"和进行社会主义教育运动的政策和方法。同月,全市的试点逐步扩大到49家单位。9月,中央根据各地试点中提出的问题,制定《关于农村社会主义教育运动中一些具体政策的规定(草案)》(即《后十条》),此后,常州市派出大批工作队,开展大规模的社会主义教育运动。1963年底,中央关于农村社会主义教育运动问题的两个文件正式下达,市委多次召开不同层次的学习座谈会,先后两次召开市委常委扩大会议,根据中央、省委指示精神,对全面推广、深化运动进行部署。此时,首批开展"五反"运动的单位达113家。

1964年5月,除运动试点单位和首批开展运动的113家单位外,全市确定第二批90家单位开展"五反"运动,市委派出66个工作组、361名工作队员深入各单位帮助推动运动。当时第一批单位运动尚未结束,第二批运动单位同时交叉进行。运动方法基本上按照试点单位和第一批运动单位的路子进行。此运动至9月基本结束,它对于纠正干部作风,改进经营管理,打击贪污盗窃、投机倒把等歪风起到一定作用。但由于"以阶级斗争为纲",混淆了两类不同性质的矛盾,使一些干部和群众受到不应有的批判和打击。

1964年6月25日,中共中央发出《关于印发〈中华人民共和国贫下中农协会组织条例(草案)〉的指示》。至年底,结合社会主义教育运动,郊区各公社、大队成立了贫下中农协会,生产队成立了贫下中农小组。8月20日至9月17日,市委召开三届九次全委(扩大)会议,听取"桃园经验"录音报告,并就国民经济第三个五年计划、社会主义教育等问题进行讨论。10月15日,市委对各机关企事业单位抽调的近2000名社会主义教育工作队队员进行为期1个月的集训。11月12—30日,市委召开常委(扩大)会议。市委书记韩本初代表市委常委作《最近一个时期工作中右倾的检查和补充检查》。此后,各区委、产业党委也相继进行以"反右倾"为内容的批评与自我批评。

1964年底,市委决定在郊区全面开展农村社会主义教育运动,工作队进入各公社、大队、生产队。在企业又确定156家运动单位(占全市单位总数的22%),职工64896人(占全市职工总数的42%)。其中有61家单位被指定为运动重点。市委共抽调619名干部组成工作组,于12月中旬先后进驻有关单位。

(二)大"四清"

1965年1月14日,中央发出《农村社会主义教育运动中目前提出的一些问题》(即

《二十三条》），对前阶段运动中出现的一些"左"的偏差作了部分纠正。《二十三条》规定，城市和乡村的社会主义教育运动，今后一律称"四清"（即清政治、清经济、清组织、清思想）。1月下旬—2月上旬，市委相继召开各部、委、区、局负责人及"四清"运动试点单位工作队长会议、市委三届十次全委（扩大）会议、基层党委（总支、支部）书记会议、全市机关干部和基层党政领导干部大会、郊区生产队长以上四级干部会议等，传达学习中共中央《二十三条》。经过调整，常州市的主要任务被确定为搞好生产，进行面上的社会主义教育运动。常州市对工作队进行整训，解脱大部分基层干部，并提出"四清"要落实在生产建设上面，把增产作为搞好运动的标准之一。市委决定61家重点单位除10家单位（市开关厂、钟楼运输社、市面粉厂、酱品厂、嘉声布厂、溥利厂、玻璃厂、九丰染厂、天宁修建站、房屋公司）应继续搞好外，其余51家均为"收缩"单位。原定的第三批运动单位也调整为进行面上教育。1965年7月，国营工交系统3.9%的单位开展"社教"运动。

在调整阶段，常州市的"四清"运动主要分三个层次展开：第一层次是10家重点运动单位。主要内容是：工作队和群众实行"三同"，深入群众，发动群众，激发群众的运动热情，初步形成一支积极分子队伍；认真进行调查研究，排队摸底，掌握单位的基本情况和领导存在的主要问题；对一些典型案件进行处理，以煞歪风，祛邪气；帮助一些"四不清"干部认识自己的问题，"洗手洗澡"，纠正自己的错误；解决生产和生活上存在的一些突出问题。第二层次是正在收缩的51家单位。要求认真贯彻《二十三条》精神，迅速掀起工农业生产的新高潮；解决前一段工作中暴露出来的问题；切实做好材料的归档工作；搞好宣传教育工作，讲清面上社教工作的主要任务；调整工作队。第三层次是面上的其他单位。1965年9月4日，由省委书记处书记彭冲带领的城市"四清"工作队到常州柴油机厂蹲点，指导该厂和全市开展"四清"运动。

1966年5月16日，中共中央政治局扩大会议通过《中国共产党中央委员会通知》（即《五一六通知》），市委根据中央和省委指示，提出将"四清"运动与"文化大革命"结合起来，并把"文化大革命"作为"四清"运动的中心，同时撤回"四清"工作队。

从1963年开展社教运动起，到1965年6月止，常州揭发出来的各类案件和党员干部日常违纪案件达4046件，市区查处案件699件，受处分者达128人。郊区在社会主义教育运动中清理"四不清"问题，通过清查、复查和重点审查三关，共清出贪污盗窃粮食2230公斤、人民币10716元，多吃多占粮食1700公斤、人民币2346元、工分9528个、布证340尺，挪用、超支、宕款35700元，隐瞒私分粮食

46885公斤。全郊区还揭露出所谓阶级敌人的各种破坏活动，其中有严重破坏活动的52人，一般破坏活动的302人，占全区"四类分子"总数的77%。这场"四清"运动对于纠正干部作风和经营管理方面存在的问题起到了一定作用，改善了干部与群众之间的关系，改善了社会风气，贪污盗窃、投机倒把等犯罪活动也得到有效遏制。但是，由于受"大跃进"、人民公社化运动中"共产风"、浮夸风和国民经济暂时困难影响，一些干部和群众产生一些想法，本来是很正常的，却被认为是革命意志衰退，阶级立场不稳，上升到两个阶级、两条道路分歧的高度。又如，干部中存在的多吃多占、瞎指挥、官僚主义等作风问题，也被无限上纲，使一部分干部受到严重的处理。在经济管理上，一些生产队账目、财物长期不清，管理制度不健全，一些工厂企业也存在类似问题，同样一概被认为是阶级斗争在新形势下的表现，发动群众大鸣大放，揭发存在的问题。常化厂、一电仪还发动职工群众开展批判斗争。

四、学习先进典型活动

伴随着经济调整，按照中央部署，常州在全市进行社会主义思想和价值观的宣传教育，1964年举办常武地区革命先烈事迹展览会和"阶级教育"展览会，特别是开展了一系列学习先进典型的宣传学习活动。

（一）学习雷锋

1963年3月5日，《人民日报》发表毛泽东"向雷锋同志学习"的题词，在社会各界引起强烈反响。1963年3月6日，团市委和市广播站联合举办学习雷锋专题广播节目，播放雷锋生前讲话的录音片断，全市工业、农业、商业、学校等各界青年代表谈学习雷锋的体会。3月9日，市人武部、总工会、团市委联合邀请雷锋生前战友刘景凤在一〇二医院会场介绍雷锋生前事迹。10日，刘景凤在市体育场又作两场介绍，市内5000多人接受教育，市广播站作实况转播。市有关部门还专门训练近700名介绍雷锋事迹的故事员和团队干部，先后在农村、工厂、企业、学校、街道作近1000次雷锋生平事迹介绍。4月1日，市教育局和团市委在双桂坊市少年之家举办"向雷锋叔叔学习"展览会，分四个专题，共展出图片100多张。全市少年儿童踊跃参观展览，接受教育。4月11日开始，《常州日报》开辟"做一个雷锋式的好工人"专栏，宣传学雷锋活动中涌现的好人好事。通过广泛的动员，全市各级工会、共青团和少先队组织开展丰富多采的教育活动，普遍在组织生活、团队活动中，采用讲故事、读报纸、看展览、唱革命歌曲、朗诵雷锋日记、写学习心得、组织专题讨论、出墙报、广播鼓动等形式，对大家进行深入细致的宣传教育。

1963年11月21日，团市委召开常州市青年学习雷锋活动分子大会，各工厂、企业基层单位的团干部和全市各条战线上学习雷锋的青年活动分子1200余人参加。

1964年4月4日，为纪念毛泽东主席"向雷锋同志学习"题词发表一周年，市文联和市图书馆在常州书场举行"向雷锋同志学习"诗歌朗诵演唱会，近1000人观看。1965年3月27日，全市工业、交通、财贸、基建、机关、农村、文教、卫生战线的青年学习雷锋积极分子和生产活动分子1300多人在红星剧院举行集会，表示一定要响应毛泽东主席的伟大号召，在全市范围内更加广泛、深入、持久地开展"向雷锋同志学习"活动。会上团市委命名表彰了万瑞珍等8位市红旗青年突击手和常州变压器厂第三团支部青年突击队等两个红旗青年突击队。

（二）学习解放军

1964年1月12日，遵照省委部署，市委召开局处以上干部会议，号召学习解放军政治工作经验。2月1日，《人民日报》发表题为《全国都要学习解放军》的社论，全国掀起学习解放军的热潮。9日，市委邀请解放军驻宜兴某部政委向党员干部作报告，介绍解放军的政治工作经验。16日，市委领导在全体机关干部大会上作学习动员报告。3月19—22日，中共常州市第三次代表大会第二次会议要求全市人民深入学习毛泽东著作，加强思想政治工作，进一步开展比学赶帮活动，改进工作方法，实现领导机关革命化。

1964年3月开始，全市工厂、企业、学校的民兵开展军事野营活动，有戚机厂、大成一厂、省常中、市一中、市五中、市女中等40多家单位14000余人。活动内容包括政治学习和军事技术（射击、掷手榴弹、地形识别与利用、单兵进攻等），得到解放军某部大力支持，大批官兵担任野营的指导员、教练员，并为民兵举办兵器展览。有些单位的民兵还与解放军座谈联欢、交流经验，学习解放军的优良作风。5月19日起，全市组织4家电影院隆重上映"学习解放军电影展"，共6组21部影片，观看者达18万人次。11月9日，市委发出通知，号召全市党员、团员、干部和人民群众开展学习王杰革命精神的活动。11月27日、29日、30日，市文化局、文联和文化馆在常州剧院举行学习王杰、歌颂王杰诗歌朗诵演唱会。11月29日，市人武部、总工会、团市委和妇联邀请王杰生前战友樊本富、谢朝金分别在文化宫和红星剧院，向来自全市工业、交通、部队、街道和武进、宜兴两县的民兵、群团和宣传等部门3100余名干部介绍王杰成长的道路和英雄事迹。30日，市机关、财贸、郊区、文教、卫生等系统1700多人听取了王杰事迹的报告。

1965年9月13日至21日，市委召开基层政治工作会议，总结交流一年多的全市学习解放军政治工作的经验。益丰昌染厂、柴油机厂等10多家单位作经验介绍。轰轰烈烈的学习解放军活动，对振奋人们的革命精神，促进生产和工作起到了积极作用。

(三）农业学大寨、工业学大庆

1964年2月10日，《人民日报》发表《大寨之路》的报道，同时发表《用革命精神建设山区的好榜样》的社论。年底，毛泽东发出号召："农业学大寨"。1965年3月，全市开展农业学大寨运动，提倡自力更生，艰苦奋斗，掀起以改土治水为中心的农田基本建设高潮，原来零乱、高低不平的土地有很大改观。但是，学大寨忽视经济规律，有些社队把家庭副业和自留地当作"资本主义尾巴"来割，后来又推行"自报公议"的"大寨式评工记分"，把政治学习和政治态度也作为评工记分的标准，导致出工不出力的情况。

1964年2月5日，中共中央发出通知，在全国开展"工业学大庆"运动。2月25日，常州市委召开机关干部大会，组织收听大庆油田政治工作经验录音报告，传达大庆油田大会战经验，向全市人民发出"工业学大庆"的宣传动员。会后，全市各行业积极响应市委要求，广泛使用各种宣传阵地和宣传工具，大张旗鼓地宣传学习大庆经验。机关、工厂的党团员骨干成立板报组、广播组、读报组等多种形式的宣传小组，许多单位还组织报告会、座谈会等进行宣传和发动。"工业学大庆"运动推动各行各业掀起比学赶帮的社会主义劳动竞赛热潮。1964年3月9日，《人民日报》刊登题为《把所有职工组织到比学赶帮运动中来》的长篇报道，介绍常州"本厂职工向本厂生产能手学，本厂能手向全市能手学，一般企业向先进企业学，市先进企业向全国先进学"的经验，并向全国推广。学大庆推动了常州工业的发展，但是也存在着"革命化统帅工业化"的过分强调精神作用、违反客观规律的"左"的倾向。农业学大寨、工业学大庆运动持续到改革开放初期结束。

第二节 城市经济调整

1962年，为争取国民经济的根本好转，常州继续进行经济调整，在城市继续精简人口，调整工商业企业布局，提高企业运行质量和经济效益，进一步探索适合当地的经济发展道路。

一、收缩信贷

1962年3月，市人民银行贯彻中共中央、国务院《关于切实加强银行工作的集中统一，严格控制货币发行的决定》（简称银行六条），严格信贷管理，划清信贷资金和财政资金的界限，加强现金管理和工资基金管理，并对结算工作进行一系列整顿和改革。同年，按中央和省的部署，用财政拨款201万元处理一批"大跃进"中造成的遗留问题；财务、银行制定一套卡关的办法，处理积压物资计4.2亿元等。

二、工业布局调整

1962年，常州对原有300多家老企业和275个新企业反复进行分类排队，采取"保证重点，充实内容，通盘规划，上下对口""关停，撤并，改变所有制，上交部、省管辖"等办法，以产品为中心调整工业布局。对于盲目上马，产品重复，原材料消耗大，质量不过关的产业如炼铁、炼焦等工业，坚决予以压缩。对上级调整意见需要收缩的厂，按照常州发展战略要求的需要，分别采取联合、转产或与中央工业部门挂钩联合办（当时称作"拉郎配"）、或挂钩归口定点等方法予以保留；能保留全厂的则保留全厂，不能保留全厂的就保留一个车间，不能保留全民所有制厂的就改为集体所有制厂。对符合国家调整要求和地方发展需要、有发展前途的新的工业门类如农用工业"两机、一药、一肥、一膜"（柴油机、拖拉机、农药、化肥、塑料薄膜）等产品继续扶持。当年，在全民所有制工业企业中，关闭27家，停产2家，合并28家，改全民为集体所有制12家，上交3家，转独立核算单位为非独立核算单位7家。分别归口各工业局管理的街道工厂52家。

经过调整，一批有一定基础、产品方向明确、有发展前途的工厂，被作为骨干企业保留下来。机械冶金行业保留常州柴油机厂、拖拉机厂、钢铁厂、冶炼厂、林业机械厂、机床厂、变压器厂、绝缘材料厂、牵引电机厂和市政工程机械厂（即客车厂前身）等；化工医药行业保留常州化工厂、农药厂、制药厂、染料厂、曙光化工厂、橡胶厂和建材二五三厂等；无线电行业保留常州无线电厂、第一电子仪器厂、第二电子仪器厂、光学仪器厂、航海仪器厂和三个元件厂等；轻工行业保留味精厂和立新综合厂等。这些被保留下来的企业，有不少后来成为常州工业的骨干和支柱。在调整中，市委还注意到全市工业的合理布局，有计划地把重型机械工业企业设置在西郊及武进，形成从虹桥到新闸一线的机械工业区；市区东南则形成电子和纺织工业区。这是常州自1949年后对地方工业进行的第二次较大规模的调整改组。至1965年，工业企业从1960年底的420家减为365家，其中全民所有制企业从220家减少到118家，而集体企业却从200多家增加到247家。

三、企业整顿改造

从1963年至1964年，常州市以提高产品质量、增加产品品种为中心，开始加强企业内部的整顿工作。在技术基础工作方面，一是加强以总工程师（或技术负责人）为首的技术责任制和技术指挥系统，1963年为全民所有制地方工业企业任命58个技术负责人；二是加强设备维修，在全市范围内建立大、中、小修制度和经常维护保养制度，改善设备状况；三是加强工艺工作，对工艺文件进行全面整顿，到1964年底各种主要产品的工艺装备已基本适应生产需要；四是加强技术培训，开展各种操作大练兵活动,提高职工技术水平;五是加强技术监督,在全市工业企业范围内设立技监科或专职技监员,制订和健全质量标准,定期开展质量检查评比。在管理基础工作方面,一是通过狠抓扭亏增盈,整顿、健全经济责任制;二是通过学大庆运动,建立、健全岗位责任制;三是加强财务、物资等工作,开展班组经济核算。由此,产品质量有所提高,新产品试制工作进度加快,欠债基本还清,工艺秩序普遍得到改善,技术力量得到充实,岗位责任制也逐步建立和健全。

同时,对企业积极进行技术改造。全市掀起技术革新和比学赶帮的群众运动。各个工业部门在广泛发动群众的基础上,制订规划,把生产的薄弱环节作为技术改造的重点,实行"两参一改三结合"(即干部参加劳动、工人参加管理;改革不合理规章制度;工人、干部、技术人员三结合),取得许多革新成果。其中研制成功1500千瓦汽轮发电机组的重大成果,《新华日报》在头版作了专题报道;大成一厂丙班五工区副工长创造的织机高产、优质、低耗、安全的革新经验,由纺工部和全国纺织工会向全国推广。1964年3月9日,《人民日报》在头版显著位置发表《把所有职工组织到比学赶帮中来》,介绍常州经验。

四、老厂办新厂

在大炼钢铁遭到挫折之后,常州以轻纺工业为"母体"积累资金和技术力量,再采用老厂办新厂"母鸡下蛋"的办法,利用老厂的部分设备、资金、技术力量和干部,另行组织生产新品,扶植新的工厂,发展新兴工业,逐步形成机械、电子、化工等产业。1962年7月,东风印染厂将本厂研制的硒片和硒整流器产品连同设备、技工人员并入第二电子仪器厂,又从修理车间抽出部分设备、技工开办常州印染机械厂,把制双氧水的车间分出并入助剂厂,把原铸钢一部分技工分出并入市政机械厂(后为客车厂)。机械工业不仅老厂办新厂,而且在新厂初具规模之后,又分出子厂。例如锻焊厂是由10多家黑白铁手工业合作社合并组建而成的,随着生产发展的专业化需要,该厂又分出金工车间作为内燃机车厂的厂房,于1964年分出铸造车间办成自力铸钢厂,于1966年分出铆焊厂车间建成工农钣焊厂等等。

由于实行计划经济,开办这些工厂,最大的束缚是"立项"难,但常州市独辟蹊径,不是花大量时间和人力先去"立项",而是埋头苦干,拿出产品后再去争取"立项"。这是常州大办工业的一个重要特色,也是一个突破。常州拖拉机厂就是利用原来生产水泵的小厂搞总装,与柴油机厂等单位协作配套,因陋就简发展起来的。只花少量投资,没有增加工人,奋战两年,就建成了年产手扶拖拉机3000台规模的工厂,有力地支援了农业机械化建设。总结充分利用原有基础发展工业的经验,全市明确规定建厂"三原则":凡是可以充分利用老企业的,不建新厂;凡是可通过组织社会主义大协作发展的产品，不建新厂；凡是通过老厂技术改造能增产的产品，不建新厂。

五、发展支农工业

在中央提出"八字方针"后，常州柴油机厂、拖拉机厂、变压器厂、化工厂等作为支农工业骨干企业保留下来，并得到重点支持。常州的柴油机、拖拉机生产起步很早，但一直没有形成规模。1962年农业部、财政部联合下达试制195B型柴油机的任务，地方国营常州机器厂被列为定点制造企业。经过一年多的奋战，试制成195B型柴油机，经鉴定合格投产500台。1964年，常州机器厂正式更名为常州柴油机厂。后该厂与科研单位联合设计成功第一代S195型柴油机，成为常州柴油机行业的主导产品。1962年8月，国家农机部确定常州拖拉机厂为第一批生产手扶拖拉机的定点企业。1963年5月，常州拖拉机厂按农机部标定图纸，试制成工农7型拖拉机，1964年投入批量生产。随着柴油机、拖拉机两大主机的上马，配套的齿轮、农用拖车、弹簧、双铧犁、锻件、铸钢件、钣金件和有色金属铸件等产品也迅速发展。

农业机械上去了，有力地推动和促进了林业机械、纺织机械、机床制造等行业的发展，形成常州机械工业格局的雏形。围绕支农办工业，即以支农为首要任务，以支农产品为"带头"产品，带动柴油机、拖拉机等生产企业以及配套和延伸企业的发展的做法，后来被形象地称为"农字当头滚雪球"。

六、"一条龙"协作

把现有中小企业组织起来，进行生产组合形式的尝试，实现专业化，开展大协作是当时做的另一项重要工作。其具体做法是，在全市的统一规划下，按照专业化协作的原则，围绕几种有发展前途的大类产品，抓住一两个骨干工厂，把隶属关系不同、所有制不同但在生产上有联系的一些工厂梳成"辫子"，配套成龙，协作生产，以提高全市工业的综合生产能力。这样组成的专业化生产协作线，被称为产品一条龙。

常州市从1954年开始试制灯芯绒，到1958年初步形成生产能力，并能小批量出口。但是，由于当时纺织工业处在多工序、多环节、生产工厂互不协调的落后状况，常州的灯芯绒和先进国家的产品比较，质量不高，花色品种也不多。1962年，常州市将纺纱、织布、割绒、印染等有内在联系的大成一厂、民丰纱厂、大成三厂、同新布厂、同庆布厂、利群布厂、恒源畅布厂、民华布厂、协源布厂、割绒厂、九丰印染厂等11个工厂配套，组合成全市第一个"一条龙"专业化协作线。在灯芯绒厂最终产品的印染厂设"一条龙"办公室，负责"龙"内各厂产品质量检查，新品种试制和前后道工序的协调等管理工作。由于"龙"内各厂的有机结合，协调统一而产生的集体力量得到充分发挥。1963年与1961年比，灯芯绒印染布的入库一等品率从53.4%提高到90.1%，品种从51个发展到71个，年产量从1058万米增加到1524万米，年出口量从50万米剧增到236万米，质量赶上日本。在灯芯绒"一条龙"的启示下，1964年常州形成卡其、花布生产两条"龙"。1963年，常州市根据国家需要决定生产手扶拖拉机，按照工艺特点，把主机总装厂、辅机厂、配套零部件厂和工艺协作厂等共计

图9-4　1965年常州生产的内燃机

26家企业组成生产"一条龙"，用了两年多时间、325万元资金，在不增加劳力的情况下，形成年产3000台手扶拖拉机和9000台柴油机的生产能力。

七、职工下放

1962年5月8—15日，市委召开全市基层干部会议，落实1962年精简职工、减少城镇人口的指标和任务。5月22日，市委发出《关于贯彻精兵简政和精简行政编制的意见》，对市、区两级的机构设置、人员编制及干部配备、人员下放等工作作出部署。调整机构编制的原则是精简上层、减少中层、加强行政、充实基层。6月15日，市委成立安置工作领导小组。年内，市、区机关共精简、处理干部123名；撤并6个产业党委和9个工业、财贸办公室等部门；撤销了各种临时性办公室；全市企业单位精简下放干部859人。截至1962年底，全市精简城镇定量供应人口6万余人，减少职工5万余人。

1963年，江苏省又下达常州市再从全民所有制职工中精减5000人的任务。1963年1月12日，市委召开全市机关、企业党员干部大会。会议根据中共八届十中全会《关于进一步巩固人民公社集体经济、发展农业生产的决定》，动员全市党员干部响应党的号召，服从组织分配，到农村去，到祖国最需要的地方去。2月1日，首批赴农村工作的干部出发去丹徒县集训。1961—1963年，常州共精减全民所有制职工41591人，其中，1957年底前参加工作家在农村的老职工5046人。

1964年，根据压缩城镇人口是一项长远方针的要求，常州市组织一次居民下乡插队试点，有63户267人下乡，被分别安置落户到丹阳和金坛两县的7个人民公社插队。同年，对精减下放职工组织一次普查，发现2763人（占精减下放职工总人数

的 6.6%）下放后存在各种安置问题。经市委同意，对这部分人员分别情况做好安置工作。至 1966 年上半年，迁回常州 594 人（下放时持有组织发给的"回乡三年证书"）；安排进市区做临时工、合同工的 449 人；改办享受本人原标准工资 40% 民政救济的 300 人；原下放单位收回工作的 18 人；补发下放退职费的 3 人；给予临时救济或定期生活困难补助的 539 人。

1966 年 4 月 1 日，为贯彻毛泽东关于"把医疗卫生工作的重点放到农村去"的指示，常州市首批 40 余名医务工作者赴苏北农村安家落户。

八、知识青年上山下乡

1957—1958 年，常州曾动员组织一次知识青年上山下乡，对象主要是市区未能升学的高中毕业生和社会青年，分 3—5 人一组，集体插队到武进县芙蓉乡等农村，也有回原籍农村老家务农的，人数约 300 人。"大跃进"之后，这些人又大都通过招工、支工等各种渠道回到城区。

1962 年，中共常州市委根据省委《关于国营农、林、牧、渔场安置大中城市精简职工和青年学生的报告》，对在调整中停办的常州工业专科学校、常州医学专科学校、常州技工学校和常州牵引电机厂技校的学生以及一部分未能升学的高中毕业生，动员上山下乡。当时有 412 人响应号召，到苏南国营农场插场，安置在溧阳县的瓦屋山林场、龙潭林场、溧阳麻场、燕山苗圃、上黄水产养殖场 5 个国营农场。这是经济调整后第一次知识青年上山下乡。

1963 年 5 月 27—30 日，为贯彻中共中央、国务院《关于全部完成和力争超额完成精减任务的决定》，再次动员和组织城镇青壮年下乡参加农业生产，常州市召开社会知识青年代表会议。1963 年 7 月，常州市区知识青年上山下乡 1361 人，其中插场 1250 人，插队（回原籍）111 人，他们是 1962 年 1 月以后未能升学的初、高中毕业学生和达到劳动年龄的小学生，分别被安置在苏北的白马湖农场和东辛农场、苏南的丹阳练湖农场。

1964 年，市区第三次组织应届未能升学的初、高中毕业生和社会青年 320 名上山下乡，除 50 名安置在省内国营农场外，以 3 至 10 人为一集体户，安排到金坛、丹阳两县农村插队。当年还有首批常州支援边疆农业建设的 35 名知识青年赴新疆大宛其农场插场，有 369 名知识青年分散回原籍。全年全市有 2007 名知识青年上山下乡。

1965 年，市区第四次动员往届未能升学的学生和社会青年上山下乡，297 人到新疆各国营农场插场，198 人到金坛、丹阳两县农村插队。《常州日报》为此发表社论《脱下学生装，穿起粗布衣》和评论员文章《上山下乡接受贫下中农再教育》。1965—1966 年上半年，共有 916 名城市知识青年分 3 批支援新疆建设。他们被分别安置到大宛其、乌拉斯台、五一、头墩河、哈木湖、寅尔其等 6 个国营农场。

第三节 农村经济调整

1962 年 2 月 13 日，中共中央发出《关于改变农村人民公社基本核算单位问题的指示》，提出把人民公社基本核算单位由生产大队改为生产队。1962 年 9 月 27 日，中共八届十中全会正式通过《农村人民公社工作条例（修正草案）》。常州农村开始进一步的经济调整。

一、经营体制调整

1962 年 4 月，市委根据中共中央指示，由农工部在新闸公社唐家大队进行以生产队为基本核算单位的试点，实行土地、耕畜、劳力、农具四固定的管理办法。1962 年 9 月，市委全面贯彻《农业六十条》（修正草案），将生产资料重新划归生产队所有，生产队实行自负盈亏，产品和收入每年按规定的比例向大队上缴管理费，其余由生产队进行分配；恢复社员的自留地和家庭副业。此后，直到中共十一届三中全会召开以前，全市农业经营体制基本定型，未发生大的变动。

二、包产到户的探索

早在 1959 年，溧阳县南渡公社钱家圩村就悄悄搞"借田"经营，让社员在集体田边种芋头，每人 70 棵，每户可收 1000 斤左右。第二年春，又借给每户二三分地种旱谷，弥补了口粮的不足，度过饥荒。农民说："大田不足小田补，单靠大田饿肚子。"1961 年，郊区北塘公社跃进四队，以 10 亩旱田分给纯农户劳力，全年包产，多收多留；新闸、西林公社的一些队，将一熟红萝卜包产到户；北塘高田大队把一熟麦子包产到户；还有以借田或借饲料田名义，将部分旱地分田到户，让农民多收粮食，补充口粮；仅西林、新闸两个公社包产到户的土地即有 291 亩，分田到户的 498 亩，租田到户的 65 亩。同年，溧阳县的社渚搞起包产到户。

1962 年冬，金坛县内茅麓、河口、五叶、尧塘 4 个公社的 5 个生产队率先在小范围内实行小作物包产到户，后逐渐推开，当年夏收夏种前已发展到 17 个公社、238 个生产队。其中尧塘公社金华大队将全部大田包产到户，引起争议，省、专区、县联合调查组前去调查，未作结论。此后，其他未实行包干的生产队，也开始明里暗里行动起来，包干迅速遍及全县。承包形式有四种：一是全部作物包产到户；二是较差的田分到户；三是扩大自留地；四是零星作物包产到户。同年，溧阳县也有不少地方开始包产到户。据 1962 年溧阳县委工作组《关于河口公社包产到户情况的报告》：河口公社有 38 个生产队的部分水田分到户，占生产队总数的 40%；有

56个生产队后季稻分到户，占生产队总数的60%；有13个生产队把山芋、大豆田分到户，占总数的14%。这种尝试明显增产、增收，缓和了农民的生活问题。但是，不久以后，这样的做法在当时被说成是"方向性的错误""刮单干风"而受到批判、制止。①

三、城市支农

1962年1月到1966年"文化大革命"开始之前，整个支农工作继续向前发展。常州市委继续把发展农村经济，恢复农业生产当作工作中心，工业、财贸和文教卫生等部门继续发挥行业优势，加大支农力度，支农工作再掀高潮。

市区工业在狠抓支农产品生产的同时，试制支农产品新品种，到1965年10月底试制成功稻麦两用脱粒机、草鞋式胶鞋、塑料莳秧雨衣、拖拉机犁头和亮瓦等82种新产品，还新建化肥、农药等支农工厂。同时，动员城市劳动力积极开展支援农业生产的活动，选调一批素质较好的干部和企业熟练技术工人支援农业。市区企业帮助挂钩县、公社筹建农机修理厂，新建和扩建电灌站等；为社队培训农业技术员；常柴厂、拖拉机厂和变压器厂等3家支农工厂先后派技工5748人次前往农村巡回检修机器，解决技术难题。常州市为武进县各公社配备党委副书记，专管社队企业。1950年代至1960年代初期，农村基本上是单一经济。即以种植业为主，种植业中又以粮食为主，近郊则粮菜兼种。至1965年，在城市支农的推动下，社队工业开始发展，郊区社队工业产值占工农业总产值的13%。这些社办企业就是后来闻名全国的苏南乡镇企业的萌芽，而社办企业中的很多人成为后来的乡镇农民企业家。

各行各业也在物质上给予农村以极大支持，主要是支援社办农具厂所需的机床、水泵等；组织生产适销对路的支农产品；通过各种形式供应农业生产资料；为小化肥、小农药、小水泥等支农工业提供投资、拨款等。市区医院组织巡回医疗队，赴苏北、武进、郊区等地进行血防和巡回医疗。1965年9月26日，《新华日报》在头版头条报道武进县城郊供销社全力支援农业生产的事迹，并配发《支援农业要积极主动》的社论。1966年5月"文化大革命"开始，支农工作也告中断。

第四节 经济形势的好转

常州在经济调整中收到良好的效果。1962年，常州地区实现国民生产总值46409万元，其中第一产业19128万元（占41.2%），第二产业15090万元（占32.5%），第三产业12191万元（占26.3%）。市区实现国民生产总值20695万元，

---

① 赵顺盘、陈伯鹏主编：《为了大地的丰收》，江苏人民出版社1997年版，第13、14页。

其中第一产业 1044 万元，第二产业 12167 万元，第三产业 7484 万元。社会商品零售总额 23148 万元，其中市区 11103 万元。财政收入 8694 万元，支出 1915 万元，其中市区财政收入 5950 万元，支出 781 万元。总人口 222.13 万人，人均生产总值 212 元。1965 年，市区工业总产值达 5.35 亿元，比 1957 年增长 101.38%；农业总产值达 1484 万元，比 1957 年增长 93.85%。当年，全市实现国民生产总值 62909 万元，其中第一产业 29268 万元（占 46.5%），第二产业 21549 万元（34.3%），第三产业 12092 万元（19.2%）；市区实现国民生产总值 23845 万元，其中第一产业 1133 万元，第二产业 16387 万元，第三产业 6325 万元；社会商品零售总额 26174 万元，其中市区 9984 万元；财政收入 16044 万元，支出 2533 万元，其中市区财政收入 12640 万元，支出 1042 万元；全市总人口 240.79 万人，人均生产总值 264 元。[①]

一、粮食产量增加

在调整中，农村继续垦荒和"旱改水"。1962 年，郊区开垦芦滩荒地 121 亩，1963 年开垦 649 亩，1965 年开垦 544 亩，从 1949 年起全区共开垦 3314 亩荒地；到 1965 年，郊区旱田改水田面积达到 1290 亩，为粮食增产创造了条件。吸取"大跃进"年代瞎指挥的教训，农村开始注重"科学种田"，贯彻"土、肥、水、种、密、保、管、工"农业八字宪法，增加农家肥料，辅之以化肥，积极改善土壤结构，兴修水利，合理密植，治理病虫害，加上科学的田间管理，粮食产量逐年提高。1963 年 12 月，溧阳县为补给南渡以西 14 万亩农田灌溉水源，组织 6000 民工赴东坝开挖茅东闸引河，次年 1 月竣工，6 月、12 月又两次施工。

从 1962 年开始，农村情况逐步好转。当年全市粮食总产量达 748048 吨，农业总产值达 3.59 亿元，郊区粮食亩产达 340.15 公斤，均接近 1958 年的水平。至 1965 年，全市粮食总产量达 116.93 万吨，农业总产值 5.61 亿元。郊区粮食亩产 571.7 公斤。

二、企业效益提高

经过四年大调整，常州逐步探索总结出"农字当头滚雪球""母鸡生蛋""一条龙"生产协作等发展地方工业的新路子，经济结构逐步趋向合理。1949 年，工业内部各业产值比例为：电力工业占 3.5%，化学工业占 0.2%，机械工业占 3%，食品工业占 23.5%，纺织工业占 69.5%，缝纫工业占 0.1%，其他工业占 0.04%。1965 年市区工业内部结构发生较大变化，冶金工业从无到有，占 2.8%，化学工业上升到 8.5%，机械电子工业上升到 21.8%，纺织工业下降到 50.5%，食品工业下降到 6.9%。全市工业总产值从 1958 年的 6.30 亿元增加到 1965 年的 6.61 亿元；工业增加值从 1958 年的 1.76 亿元增加到 1965 年的 2.05 亿元。

---

① 常州市统计局：《常州统计年鉴》（1991），第 32、53、65、267、317 页。

1962年，国营批发商业销售总额降为32483万元，是1958年后最低的一年。从1963年开始，常州商业经济效益好转。1965年，国营批发商业销售总额回升到41051万元，费用水平1.84%，利润1962.05万元，利润率4.78%，资金周转45.82天。与1957年相比，销售上升43.55%，利润上升32.69%，费用水平下降8.46%，流动资金周转加快4.97天。

三、市场供应增加

1962年9月28日，为保证人民基本生活需要，做好城市商品的供应和分配工作，市人委发出《批转市商业局〈关于部分商品实行凭购货券供应试行办法的报告〉的通知》。规定本市的商品分配采取定量计划供应、照顾供应、敞开供应、高价敞开供应、凭购货券供应等5种办法，从10月1日起试行。同年，市区高档商品以及议价的肉、禽、蛋都恢复平价。同年，针对一些地方发生在交通要道或车站码头随意盘查、扣留、收购甚至没收农民随身携带的农副产品的情况，市人委发出以"促进农副业生产发展，活跃农村经济，加强集市贸易的领导和管理"为内容的《布告》，规定："任何人在旅途中所随身携带的农副产品和熟食品，一律通行无阻。任何机关和人员，均不得借故在任何地点进行搜查、扣留、强制收购和没收。"从1962年起，市场价格稳中有降，集市价格逐步回落。1963年，市人委作出规定，在加强管理的前提下，恢复农村粮油集市贸易。到1967年，布匹供应恢复到每人每年5.33米。①

四、居民生活好转

1962年4月，粮食统销价格每公斤提高2厘，对每个职工给予每年2元的粮食价格补贴。到1965年，全市人均国民收入238元，市区591元，均超过1958年的水平。同年，城区年人均总收入达213元，比1958年的182.07元增加30.93元；年均生活费收入201.36元，比1958年的173.81元增加27.55元。

1962年，常州对郊区蔬菜、西瓜、生猪、家禽、鲜蛋和水产品的生产与收购，规定派购、换购、奖售棉花或粮食等办法，同时适当调减农业税负担。农民年人均原粮和收入分配水平逐年提高。1962年，郊区人均口粮提高到215.5公斤，1965年达到296.5公斤。蔬菜队和渔业队等吃统销粮的队每人年均265公斤（1963年前是215公斤）。②

从1962年到1965年，武进县农民年人均原粮分配水平分别为237公斤、265.8公斤、277.6公斤、287.8公斤，人均收入水平（不包括家肥收入）分别为59.66元、63.37元、70.95元、79.10元；金坛县农民人均口粮分别为213公斤、243公斤、254公斤、266

---

① 常州市地方志编纂委员会编：《常州市志》第1册，第658页；《常州市志》第2册，第1304页。
② 常州市地方志编纂委员会编：《常州市志》第2册，第920页。

公斤，人均收入水平（不包括家肥收入）分别为 50.2 元、60.8 元、75.4 元、84 元；溧阳县农民人均收入水平（不包括家肥收入）分别为 55 元、79 元、77 元、73 元。郊区农民 1961—1965 年，人均年收入 64 元。[①] 尽管口粮和收入有了提高，由于农村体力劳动艰苦繁重，副食又差，一年吃不到几次肉，消耗的粮食多，每年还是有一到两个月的口粮空缺，对于劳动力多的人家，更是如此。所以，一直到改革开放前，在青黄不接时，常常是稻麦"借半穗"，山芋"墩卵子"，再杂以蔬菜瓜薯类苦度两荒。

第五节 社会事业在调整中发展

与经济上的调整相应，全市的各项社会事业也进行调整，并在调整中恢复发展。

一、教育、科学

1962 年，凡"大跃进"中成立的技工学校、中等专业学校、高等学校除极少数并入外地学校外，均停办。中小学与成人学校相应调整。各级各类业余教育有较为固定的课程设置，并重视改进教学方法。扫盲工作仍然进行。在调整事业规模的同时，中小学贯彻国家教育部颁全日制中、小学暂行工作条例（草案），学校工作转向以教学为主，实施德、智、体全面发展的教育；成人业余学校贯彻教育为政治服务、为生产服务的方针，把文化、政治、技术教学结合起来。农业中学、耕读小学有较大发展。1964 年，常州贯彻中共中央关于试行两种教育制度的指示，试办半工半读中等专业学校。1965 年，市区有幼儿园 84 所、小学 103 所、普通中学 22 所、农业中学 14 所、中等师范学校 1 所、中等专业学校 16 所、特殊学校 1 所、职工学校 73 所、农民学校 72 所、干部学校 2 所。

这一阶段，没有新的科研机构成立，但是科普技术革新活动在发展。1964 年 6 月 11—14 日，市委、市人委召开科技工作会议。全市各条战线 500 多名革新能手参加会议，有 298 个革新项目成果和经验在会上作交流。据统计，当年全市共推广 58 项新工艺新技术，完成 32 个科研项目，实现 6200 多个项目的技术革新。1965 年 8 月和 1965 年 12 月，变压器厂、轻工机械厂先后成立科学普及工作协会。1965 年，市区有各类自然科技人员共计 2641 人。自 1961 年 8 月起，常州市政协组织撰写文史资料，至 1966 年共撰写 80 多万字，但大部分文稿在"文化大革命"中散失。

---

① 武进县县志编纂委员会：《武进县志》，第 809 页；金坛县地方志编纂委员会：《金坛县志》，第 169 页、718 页；溧阳县志编纂委员会：《溧阳县志》，第 854 页；《常州郊区志》，1986 年征求意见稿第 4 册，第 252 页。《溧阳市志》未记载原粮分配情况。

二、文化、新闻

1962年，常州撤销京剧院，改名常州市京剧团，属集体所有制。3月，常州市文物商店成立。7月，市人民委员会撤销木偶剧团。同年，常州图书馆举办明、清书画展；上海人民美术出版社出版《吴中行艺术摄影作品集》。1963年，常州市专业戏曲团体为配合社会主义教育运动，排演《夺印》《槐树庄》《雷锋》《霓虹灯下的哨兵》等一批革命现代剧目，深入武进、宜兴、溧阳、金坛、丹阳等地农村演出，共演1076场，观众达55万余人次。同年，市滑稽剧团主要演员应邀参加长春电影制片厂摄制故事片《满意不满意》，小杨天笑获该厂首届电影小百花奖最佳男主角奖。1965年6月，市人民委员会决定撤销杂技团，其他各团实行精简。1964年，市工人文化宫成立工人艺术团戏剧分团，下设话剧队，组织爱好话剧的职工开展业余创作和演出活动。同年，常州市文联在市文化馆举办严寒青、缪法宝、是有福3人木刻展，展出作品150多幅；缪法宝的水印木刻《渔池春色》入选江苏水印木刻展，在上海、北京及挪威、芬兰、美国、瑞士展出。1965年，是有福的《阻塞军运》入选第五届全国版画展览。

1962年4月9日，常州人民广播电台奉命停止播音。7月，在原无线广播设备的基础上筹建实验台，承担干扰敌台的任务；有线广播继续播出，改名为常州有线广播站。1969年9月30日，又恢复无线广播，恢复常州人民广播电台名称，同时播出无线、有线的两套节目。

三、卫生、体育

1962年，城区医卫技术人员占95.8%，郊区占4.2%；市区医院有医卫技术人员1143人，占总数的63.7%；工厂企业有301人，占16.8%；市区卫生事业机构有16人，占0.9%；城区有关保健所、站和疗养院（所）、卫生防疫站等有171人，占9.5%；郊区农村有76人，占4.3%；私人开业户86人，占4.8%。当时，常州卫生技术人员的比例中医高于西医近2倍。市一院曾用"麻杏石甘汤"治愈支气管炎，用"参苓白术散""鸡金散"治愈慢性腹泻，并自制成"胃安散一号"，有效地治疗胃酸过多、胃痛等疾病。

1962年，市区病床数调整减至1974张，每万人占有49张。市级医院开始购置和使用心电图仪，还购置多孔无影灯、电动离心机等现代化仪器。1963年起，西医医师数超过中医。卫生技术队伍主要来自医科大、专院校毕业生，还有部队转业来的军医、招收社会青年定向培养的初级医护人员和吸收社会上私人开业的卫技人员。当年，市卫生防疫站对市区23处放射性物质实行集中贮存，以减轻污染。这一阶段是常州环境污染治理的开端。1965年市区各类卫技人员1771人中，中医师249人，占14.1%；西医师511人，占28.9%；护士443人，占25%；其他护理员等各种卫技人数占32%。1964—1965年，通过各种形式培养的高、中、初级卫技人员有316名。1965年6月，原护士学校扩建为常州卫生学校。

1965年3月28日，《人民日报》《光明日报》《健康报》同时发表题为《除害务尽不留后患》的报道，评论员发表《掌握客观规律，彻底战胜瘟神》的文章，分别对常州市和武进县开展血吸虫病防治工作作介绍和评论。同年，武进县结合兴修水利灭钉螺7.4万平方米。

1962年后，随着国民经济的好转，群众体育活动又兴旺起来。1962年，市区工矿企业、机关近9万人参加广播操和各种体育活动。1963年，市区共有147家单位经常开展体育锻炼，有81家工厂配备专兼职体育干部。产业系统纷纷建立运动队。同年，市教育局、体委发出《关于加强中小学体育工作的几点意见》，明确体育教学以增强学生体质，促进学生身体正常发育，练好基本功为重点。嗣后，市区25所中学、68所小学，按"两操""两课""两锻炼"的具体要求，除开展田径、球类、体操教学外，同时进行射击、航模、野营、无线电报务、棋类、游泳等活动。1963年9月，市区建成体操房、举重房；1964年5月，乒乓房建成；1965年7月，航空俱乐部建成。到1965年，市业余体校已开设15个班，有203名学员。学员在参加市省田径、举重、游泳等各种比赛中，有31人、81次打破29项市纪录，并有1名学员打破1项全国少年田径纪录。

这一时期的职工体育，除三年自然灾害中受到极大影响，其他时间基本正常开展。到1966年初，常州产业系统有篮球队101支，乒乓球队106支，射击队41支，排球队18支，象棋队11支，足球队5支，举重队4支。与此同时，无线电、航模、信鸽、篮球、乒乓、棋类、武术等协会也相继成立。

四、自然灾害和社会保障

1962年7月4—7日，连降暴雨，市郊淹没农田近万亩，其中3000余亩受重灾；倒塌房屋69间，死亡4人；金坛受灾6.31万亩；溧阳受灾13.25万亩。同年9月上旬，武进县遭受暴雨，20万亩受涝。1963年春，连续阴雨，市郊三麦受涝3000余亩，倒塌民房53间，毁坏桥梁5座。

三年经济困难时期，大批职工精简下放，市区救济对象激增。1962年，市民政局向15455人（次）发放临时救济费131822元；发放冬令寒衣4025件，被面496条，被里523条，被絮639条，稻草11.5万公斤。1963年救济2865人（次）。1964年起，为保证春节期间困难户能够购回计划供应的副食品，市民政局决定每户每人增补2元，其中人多户适当递增。对精简下放在家的1957年底前参加工作而身体有病不能参加劳动的老职工，则按原工资40%发放生活救济费，并报销三分之二的医药费。

五、城市建设

1963年是常州城市建设的一个重要转折点。经江苏省建设厅、财政厅批准，常州市在地方财政中开征公用事业附加税、工商业附加税、房地产税三项财源（简称"三项费用"），列为城市建设专用资金；同时开征城市公共交通附加费。从此常州城市的建设经费有了专项来源，1963—1966年，每年城市建设资金均在400万元左右。有了经费的保证，常州城市建设的进程开始加快。

1963年，火车站扩建广场。1964年起，劳动新村、西新桥一村开始建设；同年，环城西路（今劳动中路）、关河西路、罗汉路拓宽。1964年7月，市政工程处成立道路养护队和机具站。1963—1965年，市区拓宽、改建常横路三号桥（横塘桥）、四号桥（丁塘桥）、五号桥（丁堰桥）等一批由砖、木、石梁组成的半永久性桥梁，把它们改建为钢筋混凝土结构桥梁。1965年，上海铁路局在火车站建造常州第一座铁路人行立交地道；同年，开始拓建环城东路（今劳动东路）、红梅路，沟通城区东南片及城郊道路。1964—1965年，改建东大街至小营前道路，在改建的同时建成副食品大楼、韶山商店商住楼（4层）、常州饭店等临街建筑。同期，在南北大街建成新华书店、邮电大楼、国际照相馆（均为3层）。

图9-5 常州第一条柏油马路——南大街

1963年，市城建局制定《市政工程养护管理试行办法》（草案），并于同年4月实行市、区两级管理，各区成立市政绿化队，负责里弄小道和下水道等设施的维护，市政工程处管养市区（含郊区）主要道路、下水道和桥梁。至1964年底，城区实行普遍绿化并取得成效，共有树木16万株，公园面积达550亩，育苗面积277亩。1963年8月三轮车合作社改称三轮车服务站。1963年底，常州形成基本适应市区公共交通需要的运行网络。到1965年，共有7条线路总长70.27公里。以后的10余年间，市区未开辟新线路，客流量和客运能力很不适应，乘车难的问题长期存在。[①]与此同时，城市供水事业发展速度加快，民用自来水用户1962年较1957年增加800户，达2070户，全年公共自来水供水量349.33万吨。1965年，市区公共自来水供

---

① 常州市城市建设志编纂委员会：《常州城市建设志》，第248页。

水582.53万吨。1962年首次在新丰街、和平路上使用第二代光源高压汞灯。1965年,全市有路灯1977盏,线路总长度72公里;同年,城区形成东起戚墅堰、西至新闸的梭形格局,建成区面积19平方公里。

「文化大革命」时期（1966—1976）

第十编

第一章 "文化大革命"的发动与全面内乱（1966—1968）

在中共中央领导下，全党和全国各族人民经过团结一致的共同奋斗，克服各种严重困难，胜利完成了国民经济调整任务。常州的工业企业经过整顿巩固，成效十分显著。全市从1966年开始执行发展国民经济的第三个五年计划，各项工作顺利展开。正当全市干部群众为实现四个现代化而努力奋斗的时候，"文化大革命"爆发。常州干部群众出于对党和毛泽东主席的信赖，投入了这场运动。造反浪潮在全市迅速蔓延，各条战线的干部先后受到冲击、批斗，红卫兵开展"破四旧"，大肆破坏文化设施、文物古迹等。"文化大革命"由文化、教育领域及党政机关迅速扩大到工矿企业和农村。

第一节 "文化大革命"爆发前夕的常州

1966年初，常州开展了学习焦裕禄活动。1966年2月7日，《人民日报》发表长篇通讯《县委书记的榜样——焦裕禄》和《向毛泽东同志的好学生——焦裕禄同志学习》的社论。2月12日，中共常州市委发出通知，要求全市共产党员和干部，特别是各级领导干部要以焦裕禄为榜样，紧密联系当前形势和任务，对照自己的思想、作风、工作，排出差距，找出原因，提高思想觉悟，改进工作。要求各基层党组织以焦裕禄的模范事迹为教材，对全体共产党员、共青团员、积极分子进行教育，以进一步提高觉悟，搞好生产和工作，推动增产节约运动。2月25日，中共常州市委召开市、区两级机关领导干部会议，要求领导干部面向生产、面向基层、面向群众，切实解决实际问题。学习焦裕禄活动在全市干部中普遍展开。钟楼区机关党支部专门以两个晚上的时间，组织全体干部学习和讨论。广化区委带领干部到条件较差、问题较多的地区蹲点，负责疏浚运河工作的领导干部深入工地劳动，现场解决实际问题。财贸系统的许多党组织召开干部会、党员大会，学习焦裕禄精神，70名干部分别到常州柴油机厂、常州化工厂、民丰纺织厂等32家企业调查研究，深入民丰纺织厂工作的干部帮助工厂解决了革新项目所需的资金。郊区长田、丁堰公社的领导干部联系实际学习焦裕禄，冒寒踏雪深入生产队，访问每一户社员，关心社员生活，和社员一起查苗、查耕牛。大成一厂、大成三厂、绝缘材料厂等单位的干部深入班组搞调查研究,到生产一线参加劳动。干部的作风大变,群众的精神面貌大变,推动了全市增产节约运动的开展,推进了全市社会道德文明的建设。

1966年,常州城乡的"四清"运动进一步开展。其间,全市根据中共中央《农村社会主义教育运动中目前提出的一些问题》(简称《二十三条》)及中共江苏省委指示,对运动中出现的某些"左"的偏差作了部分纠正,对工作队进行整训,解脱了大部分基层干部,提出"四清"运动要落实在生产建设上,增产成为搞好运动的标准之一。全市大张旗鼓地宣传和讲解《二十三条》,提高广大群众的思想觉悟,督促各级干部参加集体生产劳动,逐步实行定岗位、定职责、定时间,顶替定员的"三定一顶"制度,切实解决阻碍巩固社会主义经济、发展生产的突出问题。始终强调要安排好生产计划,抓好生产,积极组织开展比学赶帮超的劳动竞赛。

1966年5月16日,中共中央政治局扩大会议通过《中国共产党中央委员会通知》(即《五一六通知》),中共常州市委根据中共中央和江苏省委指示,提出将"四清"运动与"文化大革命"结合起来,把"文化大革命"作为"四清"运动的中心,同时撤回"四清"工作队。

与此同时,中共常州市委坚决贯彻国民经济"调整、巩固、充实、提高"八字方针,坚决走城乡优势互补、共同发展的全面调整之路,立足原有基础,充分发挥群众的主动性和能动性,创造性地开展许多卓有成效的工作。这一时期,经过调整与合并,全市企业数量有所减少,但产品质量提高了。特别是一批有一定基础、产品方向明确、有发展前途的工厂,被作为骨干企业保留下来。常州柴油机厂、拖拉机厂、农药厂、橡胶厂、味精厂等企业,成为常州工业的骨干和支柱。在国民经济调整中,常州注意处理好农业、轻工业、重工业之间的关系,大力发展地方工业。相继形成支农工业、以轻工业为依托的工业发展新路子。"母鸡下蛋"、"老厂办新厂"、"母厂办子厂"、生产协作"一条龙"等发展工业的经验在全市工业系统推广。至1966年上半年,经过大发展、大调整,全市工业结构有了新的突破,起了质的变化,常州这个传统的轻纺工业城市,正逐步向机械、冶金、电子、纺织、化学、轻工、建材等门类较为齐全的工业城市方向发展。①

第二节 "文化大革命"的发动

1966年夏,史无前例的无产阶级"文化大革命"爆发。狂热的人们怀着对伟大领袖毛泽东主席的无限忠诚,"坚定地捍卫毛主席的无产阶级革命路线",热情投

---

① 中共常州市委党史工作委员会、常州市档案局编:《正道沧桑录》,1997年,第175页。

身于这场运动。

一、贯彻《五一六通知》

1966年5月4—26日，中共中央政治局扩大会议在北京召开。会议于5月16日通过《中国共产党中央委员会通知》，要求全党"高举无产阶级文化革命的大旗，彻底揭露那批反党反社会主义的所谓'学术权威'的资产阶级反动立场，彻底批判学术界、教育界、新闻界、文艺界、出版界的资产阶级反动思想，夺取在这些文化领域中的领导权。而要做到这一点，必须同时批判混进党里、政府里、军队里和文化领域的各界里的资产阶级代表人物，清洗这些人，有些则要调动他们的职务。尤其不能信用这些人去做领导文化革命的工作"。①这次会议标志着"无产阶级文化大革命"正式发动。

《五一六通知》成为发动"文化大革命"的纲领性文件。5月下旬至6月，《人民日报》连续发表《横扫一切牛鬼蛇神》等社论和批判所谓"三家村""黑帮"的文章，常州市通过《常州日报》及时转载这些社论和批判文章，在全市组织开展各类学习活动。②常州市级机关干部率先"组织座谈会，出墙报、黑板报，写文章，声讨邓拓等反党反社会主义分子的罪行。大家一致表示，要和广大工农兵一起，积极参加这场伟大的革命斗争，彻底搞掉反党反社会主义的黑线，捣毁'三家村'黑店，捍卫党、捍卫社会主义，打倒一切牛鬼蛇神"。③6月15日，中共常州市委召开万人大会，中共常州市委书记章德，副书记申云章、颜诚、汤永安等出席大会。章德作开展"无产阶级文化大革命"的动员报告，指出：在常州"不论工厂、商店、学校、机关、街道以及郊区，都掀起了文化大革命的群众运动""广大群众和干部特别是工农兵群众，以毛泽东思想为武器，开大会小会，贴大字报，组织战斗小组写文章，纷纷揭发、批判和声讨反党反社会主义的资产阶级代表人物的罪行"。要"充分放手发动群众，彻底揭露、彻底批判、彻底打倒反党反社会主义的资产阶级代表人物和资产阶级'学术权威'"。同时，通过这场"革命"，"大力提高工农兵群众、革命干部和革命知识分子的觉悟，发扬共产主义精神，彻底打碎剥削阶级强加于劳动人民身上的精神枷锁"。④中共溧阳县委于6月3日召开各区工委书记会议，部署在农村开展"文化大革命"宣传活动等工作，6月15日，溧阳县、区、社三级"样板队"和"四夏"⑤工作组，向人民群众宣传"文化大革命"。⑥至6月底，《五一六通知》

---

① 《中国共产党历史》第二卷（1949—1978）下册，中共党史出版社2011年版，第760—761页。
② 《常州市中共党史大事记（1949—1994）》，江苏人民出版社1995年版，第125页。
③ 《市级机关干部积极参加文化大革命》，《常州日报》1966年5月20日，第1版。
④ 《常州日报》1966年6月16日，第1版。
⑤ 即夏收、夏种、夏管、夏分。
⑥ 《中共溧阳市党史大事记（1949—2000）》，中央文献出版社2004年版，第102页。

传达到全体工作队队员和社队干部。① 8月1—12日，中共八届十一中全会在北京召开。全会通过了主要由中央文化革命小组起草、经毛泽东审定的《中国共产党中央委员会关于无产阶级文化大革命的决定》（简称《十六条》），对"文化大革命"的目的、重点、依靠力量、方法等作出规定。全会还改组了中央领导机构。8月15日，中共常州市委办公室发出通知，要求各级中共组织认真组织干部、群众学习中共八届十一中全会精神。要求"认真地学习，积极地宣传，坚决地贯彻执行"《十六条》。

二、红卫兵运动的兴起

1966年6月3日，在刘少奇、邓小平主持下，经过中共中央政治局常委会扩大会议讨论决定，按照中共领导历次群众运动的做法和毛泽东主席批准，同意向大中学校派出工作组。几天内，全国大部分省市自治区陆续向一些学校派出工作组。工作组进入大中学校后，宣布停止校领导的职权，由工作组代行领导。② 力图使运动有序进行。6月5日，《人民日报》发表社论《做无产阶级革命派，还是做资产阶级保皇派？》，鼓动"一切革命同志"起来同维护原单位领导的"保皇派"进行坚决的斗争。中共常州市委根据中共中央关于"这次文化大革命的重点是文教部门和党政机关"的指示精神，向文教单位派出"文化革命"工作组。武进、金坛、溧阳也向各中学派出工作组，各学校开展大鸣、大放、大字报、大辩论，开始停课搞"文化大革命"。6月13日，常州市第一初级中学青年教师贴出《同我校资产阶级教育思想开火》的大字报。6月14日，江苏省常州中学学生贴出全市第一张题为《向资产阶级的顽固堡垒——我校领导开火》的大字报。各学校纷纷贴出大字报，一些学校的领导干部和教师被诬陷为"黑帮""三反分子""牛鬼蛇神""反动学术权威"，遭到批斗。③ 金坛县中学、县二中、县人民医院、县中医医院也相继贴出揪"黑帮""三反分子"的大字报，一些单位领导、教师和医生遭到批斗。武进将县委宣传部、县文化局、县戏剧团等7家单位作为县级机关"文化大革命"的重点和试点单位，300余人集中在武进县委党校开展"文化大革命"。④ 至7月底，常州市各级"无产阶级文化革命"领导小组相继成立。各学校普遍组织批斗教师队伍中家庭出身不够好、政治历史有些问题或被错定为右派分子的人员以及业务骨干，把他们打成"牛鬼蛇神""反动学术权威"。中共常州市委"文化革命"领导小组宣布撤销市委宣传部副部长李文瑞党内外一切职务，在工人文化宫召开"声讨大会"，由《常州日报》发表社论。李文瑞成为"文化大革命"爆发后常州领导干部中最早的受害者。8月20日，中共

---

① 《武进市中共党史大事记（1949—1995）》，苏州大学出版社1996年版，第107页。
② 《中国共产党历史》第二卷（1949—1978）下册，第765页。
③ 《常州市中共党史大事记（1949—1994）》，第125页。
④ 《武进市中共党史大事记（1949—1995）》，第108页。

常州市委、市人民委员会在常州市体育场开展"文化大革命"动员大会,常州市、武进县两万多名群众冒雨参加大会,市委"文化革命"小组组长申云章在会上讲话。大会结束后,参加大会的群众沿市区主要街道游行,所到之处,群情激愤,口号声响彻云霄。常州的"文化大革命"开始由学校向社会扩展,影响到每家每户。①

中共八届十一中全会后,红卫兵组织迅速发展,形成席卷全国的红卫兵运动。8月23日,在各地广泛掀起红卫兵运动的形势下,江苏省常州中学、市一中、市二中、市三中等学校师生集会,倡议成立红卫兵组织。9月6日,常州市红卫兵总指挥部筹备处成立。②

红卫兵冲出学校,走上街头,开展破除"四旧"③活动。常州许多工厂、商店字号、街道里弄的名称改为"兴无""反修""卫东""为民""劳动"等充满革命色彩的名称,一些具有历史文化内涵的老字号招牌被砸烂,付之一炬。各区、学校、公园等也纷纷改名,1966年10月1日起天宁区改名为东风区,钟楼区改为胜利区,广化区改名向阳区,戚墅堰区改名卫东区。④

图10-1 常州红卫兵在砸天宁寺

1966年8月24日,常州市区部分中学的红卫兵闯进天宁寺,将寺内千余尊佛像全部捣毁,法器被砸坏,经书被焚烧,文物被查抄。僧人遭到批斗,继而被赶出寺院。在天宁寺举办常州市破"四旧"成果展览,将天宁寺佛像毁坏后作为陈列品,以说明菩萨是"泥塑木雕";将查抄的个人财产当作资产阶级奢靡品展览。此后不久,寻求住房的居民陆续搬进天宁寺各殿堂楼阁居住,洁净整洁的寺院变得杂乱无章,殿宇建筑遭到严重破坏。

随着红卫兵运动的兴起,掀起了抄家、焚毁书画、没收金银首饰物品、戴高帽子游街的风潮。大街上行驶着宣传车,革命的歌曲、口号声此起彼伏。1966年8月

---

① 常州市地方志编纂委员会编:《常州市志》第3册,第1101页。
② 《常州市中共党史大事记(1949—1994)》,第127页。
③ 即《十六条》中所说的剥削阶级的旧思想、旧文化、旧风俗、旧习惯。
④ 1980年,常州市各区改回原名,学校、公园等也恢复原名;1986年广化区撤销,所属街道分别并入天宁区和钟楼区。

29日，武进奔牛中学的红卫兵数百人步行到武进县机关"造反"，将中共武进县委副书记邱福成押到火车站批斗。8月24日至9月3日，武进县发生自杀事件43件。①9月7日，以金坛县中学生为主体的红卫兵组织冲击中共金坛县委，贴出《炮轰金坛县委》的大字报、大标语，部分金坛县委领导被点名批判，社会秩序渐趋混乱。②溧阳县也掀起抄家、焚烧书画、没收金银首饰的风潮。③在抄家、批斗、游街的风潮中，稍有不从者，就会被红卫兵谩骂围攻，有的遭到莫名其妙的殴打，落下终身残疾，心灵受到极大伤害。

1966年9月初，中共中央、国务院发出关于组织外地师生到北京参观"文化大革命"的通知。各地迅速掀起大串连的热潮。常州市大批红卫兵和青年学生停课去北京、韶山、井冈山、遵义、延安等革命圣地大串连。与此同时，外地红卫兵和青年学生也到常州串联，中共常州市委为此成立"文革"接待站。④10月18日，武进有2700名红卫兵及教师代表在北京受到毛泽东主席检阅。⑤金坛组建革命师生赴京参观代表团，代表团有师生969名。⑥溧阳前往北京在天安门广场接受毛泽东主席检阅的红卫兵有800余人。⑦以大串连为标志，红卫兵运动达到高潮。

第三节 社会局势的动乱

"文化大革命"使社会局势一步步陷入动乱。以南京大学溧阳分校事件为先导，常州的批斗、游街、抄家行为愈演愈烈。在上海"一月风暴"的影响下，常州的造反派非法夺取全市各级党政领导机关的权力，全市党政机关陷入瘫痪。随着造反派派性的恶性发展，全市持续发生大规模的武斗，造成大量人员伤亡和国家财产严重损失。

一、南京大学溧阳分校事件

南京大学溧阳分校是1964年为了适应"反修防修"的需要而筹办的。分校设在溧阳县果园，由南京大学的中文、历史、政治三个系合并，办大文科分校，实行半工半读，匡亚明兼任分校校长。1966年2月，南京大学文科三个系500多名师生打着红旗，背着行李，用了3天时间徒步到达溧阳果园，投入紧张的建校劳动。每天

---

① 《武进市中共党史大事记（1949—1995）》，第108页。
② 《中共金坛市党史大事记（1949—2000）》，第128页。
③ 《中共溧阳市党史大事记（1949—2000）》，第104页。
④ 《常州市中共党史大事记（1949—1994）》，第128页。
⑤ 《武进市中共党史大事记（1949—1995）》，第110页。
⑥ 《中共金坛市党史大事记（1949—2000）》，第129页。
⑦ 《中共溧阳市党史大事记（1949—2000）》，第103页。

要劳动10个小时，学生有着严重的抵触情绪。

1966年6月2日，《人民日报》全文刊载聂元梓等人的大字报，同时发表《欢呼北大的一张大字报》的评论员文章。这在全国立即引起强烈反响，许多高校学生纷纷走上街头游行。6月2日下午，消息传到南京大学溧阳分校，溧阳分校部分师生贴出了第一张大字报，对南京大学党委书记兼校长匡亚明的某些言行提出批评，对南京大学以往的工作提出了一些不同的看法。正在溧阳分校检查工作的匡亚明立即召集分校领导开会，研究如何对待大字报的问题。匡亚明说，大字报问题，要从两方面看。一方面，我们工作上有问题；另一方面，大字报情况很复杂，有些人有偏激情绪，要做工作。匡亚明又主持召开分校中共总支部扩大会议，在会上强调"领导层要认识一致，分清两类矛盾"。他肯定了溧阳分校的工作："劳动建校以来，文化革命以来，基本是正确的，工作是有成绩的。"会议认为，溧阳分校的"大字报事件"是少数"右派分子"利用"文化大革命"向党组织发泄不满的表现，是破坏毛泽东关于"教育革命"号召的举动，必须坚决制止。在中共总支部扩大会议召开的时候，8位学生联合贴出《十问匡校长》的大字报，其他学生纷纷贴出大字报，一时间大字报铺天盖地，形成一股很大的声势。

6月2日晚上，溧阳分校召开共产党员大会。在以后的几天里，分别召开不同类型的会议，要贴大字报的共产党员作检讨。分校中共总支部对贴大字报的学生进行了教育、批评，在小范围的会议上批判了部分学生。这就是"南京大学溧阳分校事件"。

南京大学溧阳分校事件在南京引发了一场更大的浪潮。回到南京的匡亚明首先向中共江苏省委领导汇报了分校的情况。省委对此十分重视，立即派出人员去南京大学调查事情的经过并向中央有关部门汇报。6月3日，南京大学校园内贴出大字报，对溧阳分校的大字报表示支持。至6月3日晚，南京的19所高校贴出1.1万张大字报，点了高校34位领导的名。一些学生指责匡亚明"镇压学生运动"，是"刽子手"；也有一部分学生不同意这种观点，贴出大字报反驳。"中央文化革命小组"的康生指责匡亚明是"镇压学生运动"。根据这个指示，中共江苏省委召开常委会议，作出撤销匡亚明一切职务的决定。6月7日，南京大学党委召开常委扩大会议，研究溧阳分校事件，匡亚明在会上作了检讨，承担了责任。[①]随后，南京大学召开全校师生大会，声讨匡亚明的"罪行"，宣布对他"罢官""夺权"。南京大学溧阳分校事件发生后，常州的各行各业纷纷给南京大学师生发出声援信。民丰厂、常州染料厂、太滆渔业公社、天宁区委、手工业干训班、大成三厂纺织技术学校、市女中等单位，有的以单位名义，有的是部分人员联合署名，将声援大字报送到南京大学师生的手中。

① 《中共江苏地方史》第2卷（1949—1978），江苏人民出版社2011年版，第338—339页。

6月16日，《人民日报》在第一版发表社论《放手发动群众，彻底打倒反革命黑帮》，将匡亚明定性为"反党反社会主义的反革命黑帮"，使事态进一步恶化。常州钢铁厂、常州火车站、常州锻造厂、钟楼粮管所等单位的干部职工一致表示拥护中共中央和中共江苏省委的决定，支持"南大革命斗争，坚决做彻底的革命派，把无产阶级文化大革命进行到底"。在"大鸣、大放、大字报、大辩论"带动下，揪斗之风开始在常州盛行。

二、揪斗之风与造反派夺权

教育领域是揪斗的重灾区。骨干教师被诬为"资产阶级学术权威"，曾有政治历史问题或以前被错定为右派分子的教师，以及家庭出身不好的教师和学校领导都成为批斗的对象。他们被打成剥削阶级的"孝子贤孙"，统称为"牛鬼蛇神"，被非法揪斗、游街、戴高帽子、挂黑牌子、关押、抄家。与此同时刮起了"罢官风"，各级党政负责人在所谓"执行资产阶级反动路线""走资本主义道路当权派""反革命修正主义分子"等莫须有罪名下，遭到错误的批判和残酷的斗争。[①] 至10月底，武进县有296名小学教师、209名中学教师被打成"钻进党内的资产阶级代表人物和牛鬼蛇神"，被剥夺教书育人的权利，被揪斗游街示众，以至于出现学校师资不足的情况。[②] 全县各中等学校的党支部、校行政领导机构瘫痪，陷入无政府状态。常州的省、市人民代表、政协委员、民主党派成员、原工商业者、宗教职业者，受到冲击、批斗、游街、抄家的甚多，有的不堪凌辱，含冤自杀。中共早期重要领导人张太雷烈士的夫人、常州市妇联副主任陆静华及其女儿张西屏也遭迫害而死。从11月起，常州、武进、金坛、溧阳一些造反组织以"整理黑资料""执行资产阶级反动路线"等罪名，逼迫中共组织的负责人签字，"开除"了1000多人的党籍。从9月1日起，大字报贴满中共常州市委大院，开始贴到大街上。章德、申云章、汤永安、金德培等市领导受到点名"批判"，[③] 各级党政机构陷于瘫痪，无政府状态开始蔓延。

1967年元旦，《人民日报》《红旗》杂志发表社论《把无产阶级文化大革命进行到底》。号召"向党内一小撮走资本主义道路的当权派和社会上的牛鬼蛇神，展开总攻击"。1月4日至5日，上海的造反派先后宣布接管《文汇报》《解放日报》。1月6日，以上海"工人革命造反总司令部"为首的32个造反派组织的名义，抢夺了上海市党政领导大权。1月11日，由"中央文化革命小组"起草，以中共中央、国务院、中央军委、"中央文化革命小组"的名义，给上海造反派发去贺电，认为"为

[①] 常州市地方志编纂委员会编：《常州市志》第3册，第1102页。
[②] 《武进市中共党史大事记（1949—1995）》，第111页。
[③] 常州市地方志编纂委员会编：《常州市志》第3册，第1102页。

全国工人阶级和劳动人民,为一切革命群众,树立了光辉的榜样",支持上海造反派的夺权。随即,南京发生夺权事件。在上海"一月革命"、南京等地造反派夺权的风暴下,常州、武进、金坛、溧阳的造反派不甘示弱,抢夺各级党政机关的领导大权。

1966年9月,常州成立了跨系统、跨行业的造反组织"常州市红色造反总司令部"(简称"赤卫军");1967年1月1日,"赤卫军"改名为"主力军",成为常州"文化大革命"中的一派;1月28日,"常州市无产阶级革命造反派联合总指挥部"(简称"联指")成立,成为另一派。

1967年1月16日,常州的造反派在《常州日报》发表《告全市人民书》。发出坚决贯彻执行毛泽东提出的"抓革命,促生产"的方针;活学活用毛泽东著作,把《为人民服务》《纪念白求恩》《愚公移山》"老三篇"作为座右铭来学;认真学习、广泛宣传中共中央贺电、《人民日报》《红旗》杂志的有关社论,掀起群众性的打倒经济主义的热潮;彻底揭发、彻底批判常州市委和各单位一小撮党内走资本主义道路当权派的严重罪行;严格监督和控制国家资金的使用,保证国家财富不受损失;学习上海革命造反派工人,建立革命生产委员会;对地、富、反、坏、右分子等进行坚决斗争,实行无产阶级专政;团结一切革命力量,实行无产阶级革命派组织的大联合等十项倡议。

1967年1月5日,常州市人民银行"主力军"夺取了单位的领导权。1月12日,《常州日报》社被夺权,于1月14日出版《新常州报》。1月中下旬,常州市汽车营业处、邮电局、手工系统、公安局等均被"主力军"夺权。"联指"则不承认夺权,在有些单位进行反夺权。①2月,中共武进县委、县人委及其基层党政领导机关被造反派夺权。一批领导干部遭迫害,全县各级党政领导机构陷入瘫痪或者半瘫痪,中共党员被迫停止组织生活。②3月29日,溧阳县造反派开始夺取党政大权,中共溧阳县委、县人委及其党政机关全部瘫痪。③2月上旬,金坛县大部分党政机关、企事业单位被造反派夺取了单位的领导权。④全市各类造反派形成不同派系,对立情绪逐步加剧。

三、大规模武斗造成流血事件

在疯狂的夺权浪潮中,各派别从维护各自的派别观点和利益出发,各行其是。"主力军"和"联指"之间冲突不断,矛盾越来越激烈。1967年4月16日至6月下旬,

---
① 《常州市中共党史大事记(1949—1994)》,第130页。
② 《武进市中共党史大事记(1949—1995)》,第113页。
③ 《中共溧阳市党史大事记(1949—2000)》,第102—103页。
④ 《中共金坛市党史大事记(1949—2000)》,第129—131页。

先后发生大大小小的武斗40多起,酿成流血事件。

5月31日至6月1日,在常州市无线电工业学校发生一起较大规模的武斗,有一人受重伤,送医院后死亡,成为常州武斗事件中第一名受害者,也成为常州大规模武斗的先导。①6月22日,在常州人民剧场、新华电影院等处发生大规模武斗,该起武斗,不仅在政治上造成很坏的影响,在经济上也造成巨大损失。6月22日武斗发生后,"联指"一派撤离常州城区,在农村进行训练活动,于7月1日成立"常州市工农学革命串联会"(简称"工农学")。"主力军"针锋相对,7月6日成立"常州市无产阶级革命派大联合筹备处"【简称"大联合(筹)"】。②全市上下形成"工农学"和"大联合(筹)"两大派,大批工人离开工厂,拿着自制的"武器",占据地盘,武斗规模逐步升级。7月22日,江青对一派群众组织的代表讲话时,公然提出"文攻武卫"的口号。次日,上海《文汇报》公开发表"文攻武卫"的口号,广为宣传。在此影响下,常州市区7月25日、9月11日和1968年元旦发生三次大规模武斗。

1967年7月25日,"工农学"与"大联合(筹)"两派群众组织动用了大刀、长矛、硫酸瓶等凶器,在常春饭店、常州柴油机厂等处互相攻击,造成人员伤亡,新华照相馆被毁。"大联合(筹)"部分成员前往镇江等地。

1967年9月11日发生的武斗,"大联合(筹)"部分成员与"工农学"在民丰厂、常州柴油机厂等处枪战。9月12日和13日,在火车站、琢初桥等处两派再次发生枪战,造成严重的人员伤亡,大批工厂、企事业单位停工停产,市内交通中断10天,沪宁铁路中断11天,邮电通信中断15天。这起武斗,引起中共中央的关注,9月14日晚、15日晨,周恩来两次电话指示,要求常州两派立即停火,派代表到北京谈判。9月20日,常州两派代表在北京达成《关于坚决制止武斗的协议书》。在中央调查组的帮助下,10月3日,两派签订《关于坚决制止武斗的补充协议书》,并陆续上缴各种枪支弹药。

1967年12月25日,"工农学"少数人制造的枪击14次特快列车事件,造成沪宁铁路中断运输23小时51分,震惊全国。12月28日,周恩来等接见常州两派代表,明确要求双方在三天内缴枪,逾期强行收缴,宣布6410部队进驻常州,实行军管、制止武斗。部队负责人于12月30日和31日,召集在常州的两派头目开会,要求两派执行赴京代表在首都签订的协议,立即停止武斗,拆除工事,彻底上缴武器,两派在1968年元旦"支左"部队进驻常州时,只能在各自控制的区域内组织欢迎。1968年1月1日,6410部队武装进驻常州,实行军管,制止武斗。数十辆军车从马

---

① 《常州市中共党史大事记(1949—1994)》,第132页。
② 常州市地方志编纂委员会编:《常州市志》第3册,第1106页。

公桥及新闸方向，经西新桥、关河路、新丰街入城。"工农学"有7辆欢迎车闯入行驶的军车队列之中，进入武进县政府门口时，"大联合（筹）"某些人早有准备，先用砖、瓦等物件对汽车上的人猛砸，接着向汽车开枪射击，将首尾两辆车拦住，车上部分人员被抓。其余5辆汽车开至常州饭店门口时，又遭到"大联合（筹）"的枪击，其中一辆撞在文化宫西侧人行道上，影响极为恶劣。在一系列大规模武斗中，常州市区共死亡174人。①

金坛、溧阳的造反派组织也多次发生武斗，抢劫解放军武器，造成人员伤亡。造反派组织的武斗及打、砸、抢、抓行为，严重危害了人民群众生命财产的安全，由于武斗的破坏，全市大部分工交企业生产指挥失灵，致使全市生产严重下降，一度处于停产状态，常州市区1967年度完成工业产值仅占国家计划的60%，比1966年下降36%。常州市郊区全年粮食产量比1966年下降16%。②武进县1967年实现工农业产值36191万元，比1966年减少6.3%，其中农业总产值26754万元，减少12.8%。③

第四节 实行军管与建立革命委员会

1967年1月开始，解放军指战员奉命进驻常州，投入"支左"、支农、支工、军管、军训"三支两军"，直接介入地方"文化大革命"，承担起支援地方工农业生产的任务。常州市各级革命委员会相继成立，一定程度上结束了大规模的混乱局面，使全市社会局势初步稳定，工农业生产开始逐步恢复。

一、军管会成立与制止武斗

1967年1月23日，中国人民解放军4105部队、6549部队、常州市人民武装部等驻常部队奉命介入地方"文化大革命"，支持"左派"。1月27日，人民解放军大批干部、战士进入各部门、各单位。3月19日，经中国人民解放军江苏省军事管制委员会批准，常州市实行军事管制，成立常州市军事管制委员会。常州市军管会首先自上而下在各工厂企业、事业单位、机关、学校建立生产指挥部等机构，召开"抓革命，促生产"誓师大会和中等学校复课闹革命誓师大会；由点到面，逐步对中学生实施军训。④

1967年3月，中国人民解放军江苏省溧阳县军事管制委员会成立；4月1日，

---

① 常州市地方志编纂委员会编：《常州市志》第3册，第1106、1107页。
② 《常州市中共党史大事记（1949—1994）》，第135页。
③ 《武进市中共党史大事记（1949—1995）》，第119页。
④ 常州市地方志编纂委员会编：《常州市志》第3册，第1105页。

中国人民解放军武进县军事管制委员会、金坛县军事管制委员会成立。三个县的军管会，替代县委、县政府行使权力。军管会采取一系列措施，制止造反派的武斗。溧阳县军管会发出通知，强调各部门首先要保证公、检、法及财政、税务机关的正常办公秩序，同时着手收缴流散在社会上的武器弹药及武斗凶器。

1967年3月31日，常州市军管会发出通知，要求各群众组织"正确对待干部"，以便"动员和支持广大干部起来革命"，彻底揭开"阶级斗争的盖子"。10月8日、11月1日，常州市军管会再次发出《通告》和《关于当前工资发放问题的通知》，规定持有武器的群众组织和个人应在四天之内上缴，逾期严肃处理；各据点工事、武斗设施应彻底拆除；坚决刹住打、砸、抢、抄、抓的歪风；集结在据点内的人员迅即返回生产、工作岗位；因武斗造成停产的单位，已恢复生产的工资照发，还未恢复生产的单位工资停发，基层群众应坚持"业余闹革命"，如不在原单位上班者，工资停发。在军管会的艰苦努力下，常州的社会局势渐趋好转。①

二、各级革委会成立与局势初步稳定

1967年7月至9月，毛泽东到中南地区了解"文化大革命"的情况，沿途经过华北、华东地区，在不同场合作了多次谈话，号召消除两派对立，实现大联合。1968年1月19日，常州两大派赴北京代表在"中央文革办事组"江苏联络组和江苏省、常州市军管会赴北京代表的帮助下，达成了《江苏省常州市两大派关于促进和实现革命大联合的协议》《江苏省常州市工人革命大联合协议》和《联合拥军公约》。协议从1月20日起生效。此后，各系统、各单位纷纷签订类似协议。3月3日，两派组织又对执行协议作出具体规定，此后，各单位、各系统纷纷实行大联合。②2月21日，金坛县两派组织在北京达成《江苏省金坛县两大派关于实现革命大联合协议》。2月23日，溧阳县两派在北京达成革命大联合协议。3月，武进县两派组织达成协议，建立大联合委员会。

1968年3月14日，金坛县军管会在金坛体育场召开3万余人参加的金坛县革命委员会成立大会，大会宣布：金坛"一切党政财文大权，统归金坛县革命委员会"。至4月14日，金坛27个公社、4个场圃全部建立革委会。3月17日，武进县革命委员会成立。3月19日，县革委会在常州市人民体育场召开成立庆祝大会，各界代表两万余人参加。会议通过《告全县人民书》。3月23日，溧阳县革命委员会成立。3月24日，常州市革命委员会（简称市革委会）成立。市革委会实行解放军代表、革命干部代表、群众代表"三结合"。常州市革委会由65名委员组成，张孝先任主

---

① 常州市地方志编纂委员会编：《常州市志》第3册，第1106页。
② 常州市地方志编纂委员会编：《常州市志》第3册，第1107—1108页。

任，乔正才、沈谦、段辉鹏任副主任。4月13日，市革委会下设办事组、政治工作组、生产指挥组、群众专政组4个办事机构。纺工、机械等各局改称系统并相继成立革命委员会。各级革委会成立后，军事管制委员会即撤销，由革委会领导"文化大革命"和生产。①

1968年2月22—25日，在常州市军管会的主持下，市协商委员会举行第一次会议，决定各群众组织所持用的武器、弹药（包括自制武器、长矛、大刀、铁棍、硫酸瓶等），必须在3月5日前全部上缴军管会，有隐瞒、分散、转移武器者，由军管会强行收缴；离开本单位的职工，必须在3月5日以前返回原单位上班。3月1日，常州市军管会发出《立即行动起来，开展一场围剿派性，打倒无政府主义的人民战争》的号召书。一度混乱不堪的社会局势趋向相对平稳。②

1968年10月23—25日，常州市相继召开首届革命工人代表大会（取代市总工会）、贫下中农代表大会和红卫兵代表大会（简称"三代会"），各自选出常设机构。10月27日，常州市无产阶级革命派大联合筹备处和常州市工农学革命串联会发表撤销各自组织的联合通告。武进、金坛、溧阳等地也先后召开"三代会"，各县革委会发布收缴武器、弹药等的通告，要求各群众组织和个人立即贯彻执行。

三、抓"革命"，促生产

"文化大革命"全面爆发后，常州市大多数工矿交通企业，甚至农村的生产受到了极大的干扰，有的企业生产陷于完全停顿状态。常州市和武进、金坛、溧阳革命委员会成立后，逐步恢复瘫痪的生产指挥系统，使工农生产比较正常地进行。

1968年4月5日，常州市革委会举行第一次全体会议。围绕学习毛泽东思想、解放领导干部、"抓革命，促生产，促工作，促战备"、革委会成员"思想革命化"以及开展"阶级斗争"等问题，进行讨论并作出相应决议。10月16—18日，常州市革委会召开"抓革命、促生产"誓师大会。常柴厂等13家单位向全市工交战线发出"抓革命、促生产"的倡议。戚机厂革委会成立后，工厂下属各单位也相继成立革委会或革命生产领导小组。广大干部和群众以国家利益为重，积极致力于恢复和发展生产，蒸汽机车和货车修理产量又很快提高，东风Ⅱ型内燃机车的制造批量也逐年加大。③ 在武进，县革委会也采取一系列措施，全县工农业生产逐步恢复，1968年全县实现工农业产值36792万元，比上年增1.66%，其中农业总产值27158万元，增1.5%，工业产值9634万元，增2.09%。④ 溧阳县革委会、金坛县革委会分别在11

---

① 《常州市中共党史大事记》，第138页。
② 常州市地方志编纂委员会编：《常州市志》第3册，第1108页。
③ 常州市地方志编纂委员会编：《常州市志》第3册，第1108页。
④ 《武进市中共党史大事记（1949—1995）》，第119页。

月18日、19日召开县、社革委会中共党员代表大会,要求全县中共党员坚决执行"抓革命,促生产,促工作,促战备"的方针,夺取"革命"、生产双胜利。

第二章 "斗、批、改"运动与国民经济的恢复（1969—1972）

中共九大召开后,"文化大革命"进入新的阶段。常州市各级革委会一方面通过全面的"斗、批、改"运动,逐渐恢复社会的正常秩序;另一方面按照"抓革命,促生产"的基本方针,发展生产。全市各级中共组织逐步恢复,各项工作逐步开展。在经济领域,巩固和发展生产协作"一条龙"的"常州现象"。

第一节 全面开展"斗、批、改"运动

"斗、批、改"的任务,最先是在《十六条》中提出来的。1968年9月7日,《人民日报》《解放军报》发表《无产阶级文化大革命的全面胜利万岁！》的社论,传达了毛泽东的指示:"建立三结合的革命委员会,大批判,清理阶级队伍,整党,精简机构、改革不合理的规章制度、下放科室人员,工厂里的斗、批、改,大体经历这么几个阶段。"[1]中共九大后到1970年中共九届二中全会之前的各项政治活动,基本都包括在"斗、批、改"这个总任务中。1968年9月19日至21日,常州市革委会召开干部大会,传达省革委会常委扩大会议精神,要求全市人民搞好"文化大革命"的"斗、批、改"。常州市革委会组成常州市无产阶级革命派斗、批、改指导小组（后改为市革委会政工组斗、批、改办公室）,各系统设立斗、批、改联络组（站）,各基层单位成立抓叛（徒）挖特（务）专案小组。

一、毛泽东思想宣传队

1968年8月,遵照中共中央8月25日发出的《关于派工人宣传队进学校的通知》精神,常州市革委会组建工人、贫下中农毛泽东思想宣传队及其办公室。9月2日,首批毛泽东思想宣传队进驻省常中、市一中、市二中等学校和医院、文艺团体及机关。1969年1月,常州市革委会派出解放军毛泽东思想宣传队,进驻郊区各人民公社,帮助农村搞好"斗、批、改"。至1969年7月,全市各中小学校都派驻了毛泽东思想宣传队,领导各单位的"斗、批、改"运动。[2]9月12日,武进县首批工农兵毛泽

---

[1] 姚文元：《工人阶级必须领导一切》,《红旗》杂志1968年第2期。
[2] 《常州市中共党史大事记》,第139页。

东思想宣传队进驻湖塘、雪堰、夏溪公社及奔牛中学等单位,开展"斗、批、改"运动。12月中旬至1969年2月,武进县革委会举办两期公社干部毛泽东思想专题学习班,全县65个公社的1300余名干部参加学习。① 在金坛、溧阳广大农村,从1968年8月起,陆续成立贫下中农毛泽东思想宣传队,进驻农村的中小学校,开展宣传教育工作。

在派出毛泽东思想宣传队的同时,常州市号召全体人民活学活用毛泽东著作,全市开始发起了以学习《毛主席语录》和"老三篇"为主的全市活学活用毛泽东思想的群众运动。在机关、学校、工厂、农村社队甚至家庭中盛行"早请示""晚汇报"活动,一度风靡跳"忠字舞"。在武进县,树立全县活学活用毛泽东思想典型,设立专门展览馆,组织数以万计的干部群众参观学习。社员下田实行"四带"(带宝书、毛主席像、语录牌、革命红旗)制度,社员家家张贴毛泽东像和语录。

1969年7月1—8日,常州市首届活学活用毛泽东思想积极分子代表大会召开。会议交流活学活用毛泽东思想的经验,表彰了"对毛泽东指示紧跟、照办,在三大革命运动中作出显著成绩的先进集体和个人"。武进、金坛、溧阳也分别召开学习毛主席著作积极分子代表大会,表彰先进集体和个人,会后组成活学活用毛泽东思想讲用团,到公社(镇)巡回演讲。

二、批判无政府主义和开展"经济领域的阶级斗争"

1968年3月1日,常州市军管会发出《立即行动起来,开展一场围剿派性,打倒无政府主义的"人民战争"》的号召书。1969年8月16日,常州市革委会为贯彻中共中央文件精神,在省常中操场召开围剿无政府主义动员大会。8月29日,常州市革委会在纺织机械配件厂召开围剿无政府主义,深挖一小撮阶级敌人现场经验交流会。8月30日,常州市革委会召开声势浩大的群众大会,主会场省常中4万人,体育场2.5万人,文化宫1.5万人,共8万人。② 武进县在9月1日召开公社(镇)革委会主任、副主任和贫代会主任会议,决定在全县掀起围剿无政府主义思想的新高潮。随后,全县各公社(镇)先后举办学习班,培训宣传骨干4.5万人。③

在反对无政府主义的同时,开展了"经济领域的阶级斗争"。1968年7月28日,常州市工人纠察队总指挥部在市体育场召开"坚决打击投机倒把和一切反坏分子大会"。1969年10月下旬,根据江苏省革委会召开的专区、市革委会主任会议和政法会议精神,常州市革委会召开为时一周的政法会议,集中开展经济领域的阶级斗争。11月6日,常州市革委会召开有5万人参加的"坚决粉碎阶级敌人在经济领域的进攻,

---

① 《武进市中共党史大事记(1949—1995)》,第125页。
② 常州市地方志编纂委员会编:《常州市志》第3册,第1111页。
③ 《武进市中共党史大事记(1949—1995)》,第130页。

为进一步巩固无产阶级专政而斗争"动员大会,开始展开"经济领域的阶级斗争"。

三、清理阶级队伍与深挖"五一六"运动

1968年1月1日,《人民日报》、《红旗》杂志、《解放军报》发表元旦社论《迎接无产阶级文化大革命的全面胜利》。社论提出,要彻底清查混在革命队伍内部的一小撮叛徒、特务、走资派以及没有改造好的地、富、反、坏、右分子。1月25日,中共中央要求各地"有步骤地有领导地把清理阶级队伍这项工作做好"。

常州市革委会先后组建常州市工人纠察队总指挥部和常州市贫下中农纠察队总指挥部。在常州市革委会统一领导下,发动群众向"阶级敌人展开主动进攻",把"隐藏的叛徒、特务和反革命分子统统挖出来"。市级机关革命大联合委员会首先召开揭批章(德)金(德培)汤(永安)颜(诚)等市领导的大会,将李文瑞等部委办领导带到现场陪斗。

1968年6月24日、7月11日,江苏省革委会先后正式批复同意公开点名批判常州市领导章德、金德培,此后,常州市革委会负责人在批斗大会上就此公开发表讲话,《红常州报》发表《打倒章德》的社论。7月,在体育场召开高举毛泽东思想伟大红旗,斗争反革命修正主义分子章德大会,公检法系统专门组织批斗金德培大会。①

1968年初,戚墅堰机车车辆厂在"清理阶级队伍"运动一开始就乱点名、乱揪斗,大搞引供、诱供、套供,甚至刑讯逼供,酿成"中、军统三线情报网""中统特务集团案""军统特务集团案""中心社特务集团案""戚墅堰材料厂中、军统特务集团案""医院日特案"等6个冤案。

1968年9月,常州市军管会、革委会派军宣队进驻东风印染厂,成立清队办公室,开展深挖、揪斗资本家"黑班底"运动。11月15日,常州市革委会在东风印染厂召开现场批斗大会,市革委会负责人到会讲话,市有线广播转播大会实况,《红常州报》刊登东风印染厂揪"走资派"、斗"黑班底"的"经验"。"黑班底"假案一时震动纺织工业系统,人心惶惶,造成极坏影响。

1969年2月,常州市革委会派出解放军毛泽东思想宣传队进驻郊区社队,帮助搞清队。从7月1日起,由常州市革委会负责人、解放军及工人组成的毛泽东思想宣传队分别进驻冶金修造厂、电力修造厂、林业机械厂、常州制药厂等23个单位,开展清队。这些单位的"经验"在常州市区得到推广,造成了不良后果,形成冤案,②也给社会带来了混乱和动荡。

---

① 常州市地方志编纂委员会编:《常州市志》第3册,第1109页。
② 常州市地方志编纂委员会编:《常州市志》第3册,第1109—1110页。

1970年4月,常州市革委会根据中共中央《关于清查"五一六"反革命阴谋集团的通知》、中央领导人的讲话及中共江苏省委的部署,将清查"五一六反革命集团"作为"一打三反"的主要内容。1971年2月6日,常州市革委会在体育场召开3万余人参加的控拆"五一六反革命集团"罪行大会。市革委会负责人作动员报告。市革委会成立"五一六专案组",负责这项运动。各区、系统和基层单位掀起深挖"五一六"高潮,大批无辜干部、群众深受其害。金坛县在一个月的时间里,召开各种批斗会80余次,深挖细找"五一六"的各类学习班160余期。溧阳县干部到沙河水库办学习班,深挖"五一六"分子。有的人在深挖"五一六"运动中,被迫害致死。下半年,清查"五一六"运动草草收场。1975年,各级中共组织为在清查"五一六"运动中受害的干部、群众公开平反,彻底恢复名誉,销毁所有材料。

在清查"五一六"运动中,有觉悟的群众自觉地站出来抵制和反对,许多奉命清查的干部也千方百计保护无辜的受害者。1971年4月24日,常州市革委会一名被打成"五一六"分子的干部,写信给省革委会负责人,要求"为被路线错误打成的所谓'五一六'分子进行平反"。

四、"一打三反"运动

1970年1月31日和2月5日,中共中央相继发出《关于打击现行反革命破坏活动的指示》《关于反对贪污盗窃、投机倒把的指示》和《关于反对铺张浪费的通知》,决定开展打击反革命分子、反对贪污盗窃、反对投机倒把、反对铺张浪费"一打三反"运动。

1970年2月中旬,常州市革委会召开党的核心小组会议、市革委会常委会议和基层干部会议,先后三次召开动员、誓师大会。《红常州报》连续发表《大张旗鼓地打击反革命破坏活动》《动员起来,打一场围歼阶级敌人的人民战争》《狠狠打击帝修反的"别动队"》等社论。① 全市"立即掀起一个大摆、大排、大检举、大揭发、大批判、大清理的高潮"。"一打三反"运动成为"清理阶级队伍"之后又一场大规模的运动,造成许多冤假错案。

一是蔡铁根冤案。蔡铁根是河北省蔚县人,1936年加入共产党,曾任中央军委军训部条令处处长、条令局副局长,训练总监部军事科学和条令教范处处长等职,1955年被授予大校军衔、正师十级。反右派时被错划为右派分子,开除党籍、军籍,剥夺军衔,撤职降级,安排到常州市机械局工作。1959年后,蔡铁根与朋友经常在一起议论国家大事,他的思想还表露在日记和与他人的通信中。"文化大革命"开始后,蔡铁根公开为彭真、罗瑞卿、陆定一、杨尚昆鸣冤,说:"他们几个人联合反对毛泽东,

---

① 常州市地方志编纂委员会编:《常州市志》第3册,第1114页。

我不相信……这是强加给他们的。"于是，蔡铁根等人相继遭批斗、关押。1970年3月7日，江苏省革委会批准判处蔡铁根死刑。3月11日，罪名为"蔡铁根反革命集团"主犯的蔡铁根被处决。一大批人员受到牵连，遭审查，被判刑或枪决。

二是章恩海"二〇四反革命"冤案。1970年3月蔡铁根被害后，卫东区丁堰公社七一大队社员章恩海在街头墙上贴出为蔡铁根鸣冤、抨击林彪"窃权篡政，祸国殃民，残害百姓"等标语。4月25日，章恩海被拘留。4月28日，经江苏省革委会批准，定为"恶毒攻击、咒骂无产阶级司令部，公开为大叛徒刘少奇和一小撮阶级敌人歌功颂德，鸣冤叫屈"，"实属罪大恶极，民愤极大的反革命分子"。在没有给予上诉权利、拘留仅10余天后的5月6日，即召开公判大会，会后章恩海被冤杀。

三是"李、戚反革命集团"在常州的"基地"冤案。1968年1月10日，上海《文汇报》《解放日报》《工人造反报》编辑部联合发表由张春桥修改的《无产阶级革命派，联合起来！》一文，编造了一个所谓李顺之、戚拯反革命集团，把常州1967年7月和9月的两次大规模武斗归咎于这个反革命集团。李顺之、戚拯抗日战争时期在常州地区开展抗日活动，在铁路沿线、戚墅堰机厂等组织青年抗敌团、兄弟会，与日伪展开斗争。李顺之解放战争时期坚持在澄西地区斗争。1968年5月28日，常州市革委会在文化宫举行向"李戚反革命集团"及其同伙发动猛烈进攻动员报告大会；8月26日，常州市革委会召开彻底摧毁"李戚反革命集团"在常州的"基地"誓师大会。一开始就形成揪斗、关押、逼供、毒打、挂牌游街等风潮，许多无辜的群众受到牵连，当年与他们一起开展活动的人遭到迫害。

溧阳"一打三反"运动历时一年，涉及政治事件241起，刑事案件317起，清查出的经济案件应退还人民币112万元、粮食51万公斤、布票2700丈。

五、教育革命与上山下乡运动

"斗、批、改"运动开展后，进驻学校的毛泽东思想宣传队，领导学校各派组织"实现革命大联合，进行革命大批判，清理阶级队伍，整党和斗批改"，逐步促进了两派的联合。1968年12月16日，常州市革委会成立教育革命领导小组，开展教育革命。全市实行工厂（公社、大队）管理学校。学制改为小学五年，中学四年，废除班主任制，建立宣传队领导下的班、排、连编制。实行军事化管理，开门办学，教学内容突出"以阶级斗争为纲"。小学的语文、政治教材，大部分用《毛主席语录》代替，取消了美术、体育、音乐等课程。

武进县从1968年8月下旬起，在"贫下中农管理学校"的口号下，罗溪公社贫下中农代表首先进驻学校，建立以贫下中农为主体的教育革命委员会。全社贫下中农讲师队230人开进学校，走上讲台，对师生进行再教育。随后公办中小学全部下放到社、队办,学校的文权、人权、财权都归贫下中农管理。12月底,武进县革委会提出"上初中不出大队,上高中不出公社"的要求,全县公办中学分班级下伸,教学设备分散,教师下放,所有农业中学都改为全日制普通中学,部分小学办起初中班,称"戴帽"。1969年5月召开教育革命经验交流会,教育秩序进一步受到干扰。金坛、溧阳同期开展教育革命,结果大同小异。

1968年12月,毛泽东发出"知识青年到农村去"的号召,全国各地掀起上山下乡运动的高潮。常州的知识青年上山下乡运动动员工作,在1968年下半年就开始了。

"文化大革命"进入到第三年,常州市的教育事业受到严重摧残,高等学校停止招生,中小学校停课已久,1966年、1967年、1968年初、高中毕业生除个别人外,大多光荣批准上山下乡。12月《人民日报》发表毛泽东关于"知识青年到农村去,接受贫下中农的再教育,很有必要"的指示,知识青年上山下乡运动形成高潮。知识青年分别到武进、丹阳、金坛、溧阳、溧水、高淳、宜兴及苏北生产建设兵团、苏北沿海农场接受再教育。①1973年11月,常州市在金坛、句容交界处设立茅山区,专门安置城市知识青年。

1969年11月26日,常州市革委会根据毛泽东关于"广大干部下放劳动"的号召,召开干部下放和知识青年、城镇居民上山下乡动员誓师大会,宣布了下放干部、医务人员和城镇居民名单。为了推动这场运动,常州市革委会派出宣传队,开进街道、居民委员会(简称"居委会")深入居民家中,宣传上山下乡运动。有的在校学生自发组织起来,到居委会请战,动员居民上山下乡。

图10-2 1969年江苏省常州中学召开动员会

上山下乡运动,虽然暂时缓解了城市就业压力,但由于对知识青年的使用、教育和培养上以及其他方面存在不少问题,造成了严重的社会问题。

为了稳定上山下乡人员的情绪,1970年1月25日至2月3日,常州市革委会负责人带领慰问团,到金坛、溧阳、高淳等地走访、慰问下放人员,解决突出问题。1970年上半年,上山下乡运动暂停,应届初中毕业生全部留城安排工作。此后几年,少量中学毕业生下放农村。1977年后,城市知识青年不再

① 常州市地方志编纂委员会编:《常州市志》第3册,第1113页。

下放农村。

武进1966年至1968年初高中毕业生全部动员上山下乡，全县至1969年安置知识青年12377人，其中县内知识青年2345人。① 至1969年9月，武进县、区、社（镇）三级干部2042人留用1143人，占总数的56%，其余下放农村、国营场圃、基层企事业单位、县五七干校等。金坛县至1969年1月，城镇户口的老三届初高中毕业生全部去县茶场、林场、农村生产队插队落户，农村户口的则全部回老家。至1969年底，全县分三批下放干部498人，约占机关干部的40%。② 溧阳在1970年1月召开欢送大会，500余名干部及其家属上山下乡干革命，至1971年12月，全县1200余名下放干部和医护人员等陆续调回，重新安排工作。③

1968年12月，根据常州市革委会的决定，常州市级机关毛泽东思想学习班、部分军管单位和新辖区的人员共2400多人，到宜兴林场筹建常州五七干校、林场。干校、林场建立建立革委会筹备小组，干校、林场下设3个营、12个连，组织筹建人员一面劳动，一面继续进行斗、批、改运动。1969年6月30日，经市革委会批准，正式成立常州市五七干校、林场革委会。7月1日，常州市五七干校第一期训练班正式开学，学员300多人。至1972年共举办训练班4期，受训学员1000余

图10-3　20世纪70年代常州知青在茅山

人。1972年10月20日，中共常州市委决定撤销常州市五七干校革委会，成立市委党校；撤销五七干校林场革委会，成立常州市林场，由市委党校代管。1974年3月根据中共江苏省委指示，撤销市委党校，恢复市五七干校。1979年，中共常州市委决定停办市五七干校。

六、备战备荒为人民

1969年3月，苏联军队入侵中国领土珍宝岛，在边境陈兵百万，严重威胁中国安全。

---

① 《武进市中共党史大事记（1949—1995）》，第126页。
② 《中共金坛市党史大事记（1949—2000）》，第136、138页。
③ 《中共溧阳市党史大事记（1949—2000）》，第120页。

8月，根据毛泽东建议，成立了全国人民防空领导机构。之后，全国各地成立了相应的机构，全国随即出现修建防空工程的高潮。

1969年11月7日，常州市革委会召开战备工作会议，遵照毛泽东"备战、备荒、为人民""深挖洞、广积粮、不称霸""要准备打仗"等指示精神，部署全市的战备工作。在此前的10月，市革委会成立常州市人民防空领导小组及其办公室，市区13个系统、5个区及大中型厂矿企业相继建立人民防空领导小组。全市军民在常州市区和郊区开挖了大批防空洞和防空壕。防空工程一般采用掘开式，深度不等，长短不一，用木料架在工事上再行覆土，大多不用砖头和水泥，质量普遍不高。经过一个冬春，此类防空洞较多出现坍塌。1971年，常州市人防办对全市人防干道规划进行调整，拟建设地下主干道7条，支干道若干，由于规模过大，受财力、物力、下水管道影响，未能全部实施。1971年4月，利用市区内河进行建设、代号为"七一三"的防空干道工程破土动工，1973年底，经迎春桥白云渡至甘棠桥段竣工，甘棠桥至电信局段同时开工，于1979年正式建成。1970年，武进在县机关大院修建地下防空洞，投资2万元。11月，金坛县委召开战备工作会议，部署全县战备工作，城镇居委会动员居民，在金坛老城墙下挖防空洞和防空壕。溧阳在1969年11月召开战备动员会议，12月建立县民兵独立团，集中社会车辆，成立县战备车队，实行统一管理。

图10-4 1971年4月常州利用市河修筑地下防空工事（庙沿河）

大规模的战备对常州市的经济工作、政治生活产生了多方面影响，尤其是白云溪等城内很多河道因此被填没，不仅破坏了城市的排水系统，为日后雨水排涝留下了严重的隐患，更改变了城市的人文景观，造成了难以弥补的损失。

第二节 中共组织的恢复与中共常州四大

开展整党是"文化大革命"的一项重要内容。1967年10月27日，中共中央发出《关于已经成立革命委员会的单位恢复党的组织生活的指示》。12月2日，中共中央、"中央文革"发出《关于整顿、恢复、重建党的组织的意见和问题》。1969年中共九大提出了党的整顿和建设问题，指出："这次无产阶级文化大革命，是我们党历史上一次最广泛、最深刻的整党运动。"1968年7月17日，江苏省革委会发出《关于整顿、恢复、建设党的组织的通知》，要求把整党建党同革命大批判、清理阶级队伍、"斗、批、改"等运动紧密结合起来。

一、整党建党

根据中共中央和江苏省革委会的指示精神，1968年12月，常州市革委会召开整党工作会议，部署全市的整党工作。1969年5月，常州市革委会成立由党员、群众代表和市革委会负责人组成的"三结合"九人整党领导小组。6月16日，市革委会举办整党建党工作毛泽东思想学习班，培训基层单位整党建党工作的骨干。至1969年底，全市95.1%的单位开展整党，74.6%的党组织恢复活动，陆续建立党支部、党总支部、党委。至1971年上半年，全市各单位的党组织都恢复了组织生活。1969年7月，武进县根据毛泽东关于"党组织应是无产阶级先进分子所组成，应能领导无产阶级和革命群众对于阶级敌人进行战斗的朝气蓬勃的先锋队组织"的指示和新党章规定，全县进行"开门整党"和"吐故纳新"。19444名党员经过党内外群众评定，有18793名恢复组织生活，占党员总数的96.65%。[①]

从1969年8月起，常州市革委会在工农钣焊厂进行整团建团试点，随后在全市逐步展开。1970年7月后，通过贯彻《中共中央关于整团建团工作的通知》，各级党组织加强对整团建团工作的领导，进行组织上的吐故纳新和超龄团员的离团工作。1970年10月，向阳区、胜利区、东风区相继召开中共党员代表大会，分别选举产生新的中共区委；1971年6月，中共卫东区委也重新建立。[②]

二、各级中共组织的恢复

1970年12月，中共金坛县革委会核心小组根据中共九大精神和中共九大通过的党章，在全县开展"开门整党""吐故纳新"工作，重新建立公社、场圃党委。至1971年6月，全县27个公社和1个茶场全部建立党委。在整党过程中发展党员599名。至1971年12月31日，金坛全县有干部4024人，基层党委29个，党支部561个，党员7970人，基层团委29个，团支部566个，团员12672个。[③]

1970年6月25日，中共溧阳县横涧公社委员会建立。1971年1月28日，中共

---

① 《武进市中共党史大事记（1949—1995）》，第129页。
② 《常州市中共党史大事记（1949—1994）》，第151页。
③ 《中共金坛市党史大事记（1949—2000）》，第143、145页。

溧阳县革委会核心小组转发埭头公社革委会党的核心小组《关于整党建党的工作意见》，要求各公社（镇）、场圃革委会党的核心小组坚持开门整党，搞好思想和组织整顿工作，为建立新党委创造条件。至 7 月 7 日，全县 41 个公社（镇）均重新建立党委。中共溧阳县革委会核心小组根据中共九大精神，在全县进行开门整党，至 1971 年底共举办学习班 3 期。①

至 1971 年底，常州市基层中共组织全部建立。各级党委实现了老、中、青三结合，注意新生力量和妇女干部的选拔、培养。全市基层中共组织中，青年干部占干部总数的 23.2%，妇女干部占 16%。整团建团工作也取得较大成绩，全市 98% 的基层单位恢复和建立了团组织，壮大了团的队伍，进一步发挥了共青团组织的突击队作用和党的助手作用。②

三、中共常州市第四次代表大会

1971 年 6 月 6—10 日，中国共产党常州市第四次代表大会在工人文化宫举行。出席代表 504 人。大会的主要议程有两项，一是讨论和通过常州市革委会党的核心小组向大会所作的工作报告，二是选举产生中共常州市第四届委员会。纪国会代表党的核心小组作《高举毛泽东思想伟大红旗，沿着毛主席革命路线胜利前进》的工作报告。报告分为"无产阶级文化大革命的伟大胜利使全市发生了深刻的革命变化""在两条路线斗争中加强党的建设，把党组织建设成坚持毛主席革命路线的先锋队""谦虚谨慎，戒骄戒躁，沿着毛主席革命路线胜利前进"三部分。13 名代表在会上发言。大会在无产阶级专政下继续革命理论的指导下，提出"坚持在两个阶级、两条道路、两条路线的斗争中进行思想和政治路线的教育"等任务。大会按照党章规定和党的民主集中制原则，通过无记名投票方式，选举产生了由军队干部、地方干部、党员群众三方面人员组成的中共常州市第四届委员会，委员 40 人，候补委员 9 人。在四届市委一次全会上，选举纪国会为书记，李华文、董彦为副书记，通过了《关于加强学习，进行思想和政治路线教育的决议》。

1970 年 10 月至 1971 年 7 月，东风区、胜利区、卫东区、向阳区及武进县、金坛县、溧阳县也相继召开党的代表大会，党的组织生活全面恢复。

第三节 国民经济的恢复与逐步发展

自 1969 年起，由于社会形势的相对稳定，常州渐渐地恢复和发展生产。1973 年

---

① 《中共溧阳市党史大事记（1949—2000）》，第 116 页。
② 《常州通讯》，1972 年 1 月 22 日，常州市革命委员会办事组编印。

12月11日,《人民日报》在头版发表题为《常州市委以党的基本路线为纲,加强党对经济工作的一元化领导,依靠群众挖潜力,自力更生办工业》的报道,称:常州市近几年来工业生产发展非常迅速。从1969年至1973年,只花了少量投资,基本上没有新建工厂,工业生产总值即每年递增15%以上,1972年工业总产值比1966年增长1.2倍,全员劳动生产率增长42.6%。常州市工业部门提供给国家的积累,超过了国家向常州市工业部门投资总额的4倍。

一、生产协作"一条龙"

1960年代,常州市经济根据中央提出的"调整、巩固、充实、提高"的八字方针,以及1963年开始的三年国民经济调整,至1965年,全市经济开始复苏,逐步走出低谷,全市工业生产采取母厂办子厂、老厂扩建、以老带新、以民养军等方法发展经济。同时,以产品为龙头,组织一部分企业开展生产大协作,逐步形成生产协作"一条龙"。[①]生产协作"一条龙",是指在20世纪60年代至70年代,常州由市属工业主管部门统一规划,围绕若干有发展前途的重点产品,以一两个工厂为骨干,打破企业、行业的界限,把生产上有内在联系的专业化工厂,配套组织起来,建立固定协作关系,共同发展重点产品,从而把工业生产推向前进。用"一条龙"形式组织企业之间的专业化分工、协作、联合,是推动常州工业蓬勃发展的一条重要措施,是常州发展工业的一大创举和一条重要的基本经验。

"文化大革命"期间,在批判"唯生产力论"时,生产协作"一条龙"一度被扣上"资本主义托拉斯"罪名,致使生产协作"一条龙"一度停止,但不久便恢复,并在1970年、1972年新组成化纤、半导体、塑料、玻璃钢四条"龙"。生产协作"一条龙"使许多小企业发挥了大作用,工人夸它是"桌子上唱大戏"。据1978年统计,常州市区发展到16条"龙",其中灯芯绒、卡其、花布、手扶拖拉机、化纤、半导体、塑料、玻璃钢八条"龙"内拥有的企业、职工、产值分别占常州市区总数的25.75%、28.1%、48%。[②]

"文化大革命"中,常州市的工业生产恢复较早,引进了一批工程技术人员,与外地大专院校和科研单位搞技术协作,进行老厂改造和设备更新,研制一批新产品;在部、省的支持下,抓紧上马一批国家急需和市场紧俏的产品,发展化纤、呢绒、自行车、照相机、单路传真机、塑料包装制品、石油化工、集成电路等产品和企业,走专业化分工、协作联合之路,充分挖掘工厂内在潜力,发挥诸多方面的积极效应,

---

[①] 常州市地方志编纂委员会编:《常州市志》第1册,第639页。
[②] 常州市地方志编纂委员会编:《常州市志》第1册,第776页。

图 10-5　1977 年柴油机生产车间

从而推动工业生产多快好省地向前发展。①

二、区街工业的发展

在常州工业的发展和崛起过程中，规模较小、经营灵活、面广量大、形式各异的区街工业队伍功不可没。

常州市区的区街工业包括区属工业、街道办事处（简称"街办"）所属工业及居委会工业。常州市区区属工业、街道工业始于1952年和1951年，其间几经发展关停。1965年12月20日，中共常州市委和市人委发出通知，批转市计委《关于整顿街道工业和社办工业意见的报告》，大批区、街企业先后收归市各主管局，区、街工业衰落。城镇居民上山下乡，更使仅存的街道工业陷于奄奄一息的境地。②

1966年初，东风鞋垫组等街道工厂、生产组陆续开办，南大街纸箱组试制成功的复制包装纸箱受到全国关注。1968年各区、街道成立革委会，设生产指挥组管理街道工业，区革委会管理领导班子、生产计划，街道革委会管理劳动工资和生产经营，对一批生产状况较好、规模较大的生产组，经区革委会批准，作为街道革委会领导的定型生产组，这些生产组陆续建立考勤、仓库保管等制度。1970年起，各区区属工厂生产规模迅速扩大，连续几年产值、利润成倍递增。常州市革委会将部分市属轻手工业企业下放给各区，街道革委会、居委会发展街道工业生产。其中较大的企业，由区生产指挥组统一下达计划，确定产品方向，街道革委会提取利润。区街工业企业开展以"优质、高产、低耗、安全、多品种"为内容的增产节约运动，调整产品结构，承接生产市属工厂的脱壳产品（即转让出来的产品），建立、健全企业管理制度，实行生产定额管理，生产形势日新月异。东风区东风压缩机厂等区属工厂的产值、利润，逐年大幅度递增，许多新产品试制成功并投入生产，玻璃绝缘子等区街工业产品质优价廉，在全国同行业中名列前茅，部分产品列入省、市计划，填补空白，并且为外贸出口服务。全市城区区街工业形成机械、纺织、轻工、电子、化

---

① 《正道沧桑录》，内部资料，1997年，第180页。
② 常州市地方志编纂委员会编：《常州市志》第2册，第483页。

工等门类,产品有空气压缩机、电焊机、鼓风机、电动机、农用130汽车配件等机电产品,整流器、继电器、可控硅、电力电容、自动电话机、波段开关、各种机箱等电子器件,工艺台灯、自行车配件、藤柳、塑料、玻璃及铝制品,以及胶鞋、雨伞、玩具、印相纸等,台虎钳、无线电元器件等产品还提供外销。

常州市的区街工业不仅创造了大量财富和利润,起到为地方工业拾遗补缺、锦上添花的作用,而且多次调整归口,成为市属工业的后备力量。工业利润除了用于扩大再生产,还给区、街、居委会提供建设与管理经费,支持农业特别是蔬菜等农副产品的生产,发展城乡文化教育和社会福利事业,增强了城区和郊区的服务功能。工业的发展为安置街道闲散人员和有劳动能力的残疾人员就业、以"离土不离乡"的方式转移农村富余劳动力提供了空间,在提高人民生活、促进社会安定和加速农村城市化进程方面,发挥了积极作用。

三、社队企业的兴起

常州市的社队工业兴起于1950年代,最早发展的是手工业、铁木业和纺织业。大多利用公房、仓库,生产简易产品。规模较大的是织布厂,其设备是原手工业社一家一户集中起来的老式织布机,机型庞杂,工艺落后,产品多属来料加工;农机厂以手工及半机械化生产铁、木、竹农具。主要技术力量是农村的一些能工巧匠,原材料靠自行采购。①

20世纪60年代至70年代,各农机厂进行自我武装,制造土设备,改革旧工艺,购置了一些普通机械设备;纺织工业利用城市纺织厂设备更新替换下来的布机,改造更换了一部分落后织机。随着生产的发展,厂区占地逐步扩大,厂房面积不断增加。

原材料来源,纳入国家计划产品所需的主要原材料,基本上由计划归口部门下达计划供应;棉织、塑编两个行业需要的棉纱、塑料粒子等,分别由常州市纺工局、外贸局负责调拨供应;省管产品经常州市归口局或公司按生产计划分割材料指标,由生产厂到指定材料库办理调拨供料手续;商业部门安排的小五金产品,由商业部门带料委托收购部门核定供应。由于产、供、销互为一体,故原料并不十分紧张。地方性计划产品所需的原材料,由下达产品计划的部门供应一部分,一般有不同程度的缺口,需要通过调剂或协作关系,多渠道求援或采购,组织补缺。市场调节产品的原材料,均由生产厂自行解决。区、乡工业主管部门的供销经理部,也组织力量采购,以满足生产需要,并在企业之间调剂余缺,解决困难。

"文化大革命"前,常州市郊区社队工业以手工业产品为主,比较有影响的如新闸公社企业的镰刀,红梅公社胜利木器厂的圆木器具及永红梳篦厂、五星梳篦厂

---

① 常州市地方志编纂委员会编:《常州市志》第2册,第507页。

的木梳、篦箕。60年代后期有棉布及常州市脱壳下放的黄酒、小型电力变压器、民用锁等几个品种。

　　70年代，常州市属工厂陆续向郊区社队企业下放了一批产品。机械系统下放S195柴油机零件、东风12型手扶拖拉机零件、1吨拖车制动总成、轮圈总成、内燃机车和工矿电机车前后司机座、3吨至20吨工矿电机车加工件等六个类；轻工系统下放橡胶三球、蹄骨粒、羊角保险、铁滑车、油毡、石碱、造纸等七个类；向阳区下放铅丝布、渔用网等两类；东风区下放年产30吨塑料果盘及打包带、农用袜等三类；物资局及木材公司下放木材包装箱；供电局下放避雷器总成；建材二五三厂下放给红卫公社红星大队加工玻璃纤维布的任务；纺工局负责安排区、公社各棉织厂的生产计划和品种，使郊区工业不断开拓新产品。另外，省、市安排的定点生产产品有灯芯绒坯布、纯棉织物、矿用瓦斯检测仪、防漏检漏器及外贸产品丙烯编织袋、乙烯薄膜袋等。常州市郊区形成批量生产的产品40多种，为大工业配套协作生产的零部件100多种。①

　　1958年，武进县各级人民公社兴办工厂730家，大多数资金短缺，设备简陋，产品低劣，1961年大部分停办，仅保留粮油综合加工厂和农具厂等。1963年起陆续恢复，至1966年全县有社办工厂34家，产值327.8万元，占全县工业总产值的4.13%，大队办工业产值1326.36万元，占工业总产值的16.71%。"文化大革命"初期，社队工业被斥为"资本主义"，后又限于"为农业生产服务"，迈不开大步。②

　　"文化大革命"前的1965年，金坛县各公社有农具厂、服装社、粮油加工厂等工业企业36家，工业产值60万元。1966年后，全县社队工业有所发展，但局限于为农业生产服务方面的产品，强调就地取材、就地生产、就地销售，全县陆续兴办了一批小化肥、小农机、小钢铁、小煤炭、小水泥企业，发展速度缓慢。至1977年全县有社队工业企业543家，从业人员22631人，固定资产576万元，工业产值4123万元，利润664万元。③溧阳的社队工业受三年自然灾害和"文化大革命"的影响，至1968年，有企业29家。④

　　为加强对社队办工业的管理，1967年5月21日，武进县军管会制定《关于社、队办工业管理的暂行规定（试行草案）》。对办厂原则、经营范围、工人来源、生产管理以及财务管理、收益分配、审批手续等作了具体规定。

---

① 常州市地方志编纂委员会编：《常州市志》第2册，第508页。
② 武进县县志编纂委员会：《武进县志》，第333页。
③ 金坛县地方志编纂委员会：《金坛县志》，第246页。
④ 溧阳县志编纂委员会：《溧阳县志》，第278页。

四、农业生产与水利建设

1958年的"大跃进"、1959年至1961年的经济困难期,使得常州市农村的生产力遭到不同程度的破坏。而"文化大革命"的爆发,更是使全市的农业生产雪上加霜。在党的领导下,全市广大农民克服诸多困难,发展农业生产。

"文化大革命"开始时,全市农业生产的主要组织形式是人民公社,是在高级社基础上把土地、大型农具、耕畜等所有权由小集体变成较大集体所有,经营管理与高级社基本相同。收益分配上,1966年开始强调突出政治指导分配,1969年强调广积粮,准备打仗,批判多分少留的思想。分配形式一度推行"大寨式"记工,搞"政治工分",认真干的人得不到应有的报酬,出现出勤不出工,出工不出力的情况。[①]

常州农作物种植以稻麦为主。在金坛、溧阳的部分低山丘陵地区,也有种植大豆、花生、芝麻等油料作物。"文化大革命"期间,盲目扩大双季稻种植,由两熟制为主体的耕作制改为麦、稻、稻三熟制,增产却不增收。金坛县片面强调"以粮为纲",经营单一,粮食产量虽有增加,但经济效益不高,1966年至1976年间全县农业总产值年递增率仅为1.06%。[②]

其间,农业生产技术有一定程度的提高。公社、生产队相继建立种子田繁育良种,公社建有农科站(场),大队有良种场,一般由公社农科站引进良种,推广到大队繁育,提供大田用种,建立种子繁育体系。在水稻育秧、田间用肥、田间管理以及病虫害防治上都取得一定的进步。武进、金坛、溧阳结合当地实际,进行农田基本建设。武进在全面开展田间路、渠、沟配套建设的基础上,1970年进行了山、水、田、林、路、村的综合治理和全面规划。选择孟城、魏村、芙蓉、夏溪、漕桥等五个不同类型地区进行调查研究,在此基础上制订全县农田基本建设十年规划。

常州地处江南水乡,历来就有依靠捕鱼捉虾为生的渔民。1968年3月,常州市成立渔改办公室,着手渔业改造工作,同时,根据中共中央和江苏省有关指示精神,为渔民陆上定居创造条件。常州本地渔民均集中于太滆渔业公社,太湖为其主要生产基地。1969年,常州市渔改办、郊区革委会与武进县商定,在雪堰公社雅浦大队太湖之滨的虎嘴头围湖造田,于2月15日开工围湖造田,至5月1日圩堤合拢,造田1800亩。1970年至1981年,所造湖田共生产粮食338.37万公斤,平均年产粮食28.19万公斤。1976年起圩田逐年开挖渔池772亩,进行水产养殖,创造流水养鱼化,提高养殖产量,改单纯捕捞为捕养并举。[③]1970年,武进县革委会从15个公社调集

---

① 常州市地方志编纂委员会编:《常州市志》第2册,第754页。
② 金坛县地方志编纂委员会:《金坛县志》,第165页。
③ 常州市地方志编纂委员会编:《常州市志》第2册,第789页。

民工建设夏溪良种繁育场，造田 2000 余亩。①1971 年 1 月 31 日，武进县内最大的围湖造田工程在丫河以南滆湖北端全面开工，6 月底基本竣工，围湖面积 3 万余亩。8 月 16 日，在围区建立武进县地方国营五七农场，作为繁育稻麦和生猪良种的基地。

1966 年 8 月，武进县对全县连家渔船进行社会主义改造，296 户渔民、1471 人组成 13 个生产队，开垦荒地 656 亩，另有 95 户、239 人插到其他生产队，参加农业生产。②

1966 年春，溧阳全县造林达 5.6 万亩。1967 年至 1971 年间，造林面积 4 万亩，但有 1 万亩的山林被毁。1971 年后，造林速度加快，至 1976 年全县共造林 20 万亩，其中 1973 年一年就造林 6.86 万亩。③

金坛的茶树种植和茶叶制作历史悠久。1964 年后，金坛的茶树种植开始由生产队集体经营。金坛集体茶园发展到 1000 余亩。1976 年金坛山区社队均有茶园，面积达 1 万余亩，全年茶叶产量达 388.55 吨。④溧阳的茶树种植和茶叶生产也取得长足的进步。

20 世纪 60 年代，常州市提出"以治水为中心，以小型为主，社、队自办为主"的原则兴修农田水利，对零星分散、高低不平的土地进行平整，修筑渠道，扩大旱改水面积，每年冬春农闲季节，集中劳动力搞农田水利基本建设。70 年代，提出田、渠、路、村全面规划、综合治理的要求，农田水利基本建设规模渐趋扩大，疏通开拓农河，挑高填低，平整土地，格田成方，建设条田；同时进行了联圩并圩，建排灌站，设防洪闸，在菜区搞菜地园艺化，建喷灌站等。农业生产抵御自然灾害的能力大为提高，基本建成了高产稳产，旱涝保收的农田。

1966 年 6 月 26 日，武进县德胜河翻水站指挥部成立。全县先后疏浚河道 24 条。6 月 23 日，动工兴建百渎港、德胜河两个大型翻水站，将太湖、长江水翻入内河，解决灌溉用水。1966 年 9 月 20 日，金坛、武进两县联合拓浚北干河工程开始施工，于 1967 年 1 月竣工。1969 年 10 月，卜泰河及厚余浜西段拓浚工程开工，受益农田 3 万余亩。1972 年 12 月 5 日，德胜河疏浚工程进入全面施工，一个月竣工。德胜河疏浚后与魏村闸配套使用，成为常州市连接长江和大运河的主干航道，沿岸受益农田 14 万亩。

1966 年 12 月 10 日，溧阳组织民工拓浚北河，拓浚河道 25.9 公里。1969 年 12 月 16 日，溧阳组织民工拓浚城中河。工程分三期进行，1974 年 11 月 28 日竣工，拓

---

① 《武进市中共党史大事记（1949—1995）》，第 132 页。
② 《武进市中共党史大事记（1949—1995）》，第 109 页。
③ 溧阳县志编纂委员会：《溧阳县志》，第 205 页。
④ 金坛县地方志编纂委员会：《金坛县志》，第 183 页。

浚河道2.1公里，总投资97.19万元。拓浚后城中河达国家六级航道标准，提高了河道引排能力，改善了居民和工业用水条件。1971年1月，溧阳组织民工拓浚朱淤河，至2月5日竣工，新建桥梁8座，新开河道2.35公里，加高堤防16公里，总投资20万元。1972年12月，溧阳组织民工拓浚沙河水库溢洪河，1973年1月20日竣工，拓浚河道6.65公里。

图10-6　德胜河工地

常州市的水利农田基本建设，为农业生产的连年增产丰收，发挥了极大的功效。

五、发展国民经济第三个五年计划的实施和完成

1956年，常州市在编制全市发展规划，对市区工业布局进行较大规模调整的同时，在国家和省的统一部署下，编制发展国民经济第二、第三个五年计划的初步意见。"文化大革命"期间，常州市计划工作基本处于瘫痪状态，计划机构被撤销，计划工作并入市革委会生产指挥组，发展国民经济第三个五年计划实际上没能得到实施。"文化大革命"后期，常州市生产指挥组集中力量抓了"几个重点""几个基地"的上马，推动生产协作"一条龙"建设。

工业生产计划上，常州市采取灵活变通的政策措施，在已有基础上，通过"充分利用，合理组织，积极改造"，在企业内部抓好挖潜革新改造，在外部组织生产协作"一条龙"，同时积极发展集体所有制企业，强化生产指挥系统，保证了工业生产持续稳定发展。同时，大胆引进各类技术人员，改造和新建生产流水线上百条，提高了技术水平，促进了经济的发展。

图10-7　1968年12月常州试制的手扶拖拉机

常州市的工业总产值,1970年比1965年增长89.1%,1971年1月至5月比上年同期增长21.7%。新产品、新技术、新工艺、新材料大量涌现。常州郊区农业生产连年获得丰收。全市财政收支有余,市场繁荣,购销两旺。①

第三章 全面整顿与反对江青反革命集团的斗争(1973—1976)

"斗、批、改"运动在全国范围内紧张进行时,发生了震惊中外的"九一三"林彪事件。林彪事件的发生客观上宣告了"文化大革命"理论和实践的破产。毛泽东、中共中央对极"左"思潮进行一些纠正,加快了落实干部政策的步伐。常州市充实调整党政领导机构,全市工农业生产的组织领导力量进一步得到加强,经济状况进一步好转。1975年初,邓小平复出工作,进行全面整顿。常州的工业学大庆、农业学大寨活动搞得有声有色,成为全国先进城市。

在工业经济发展的同时,教育、科技、卫生、文化等领域也出现了新的气象,人民群众自觉投入发展国民经济第四个五年计划的各项建设中去。1976年年初,周恩来逝世,常州人民自发集会,举行各种形式的悼念活动,悼念活动演变为反对江青反革命集团的革命行动。1976年10月,"文化大革命"宣告结束,全市进入社会主义现代化建设的新时期。

第一节 纠正极"左"思潮的努力

1970年11月16日,中共中央发出《关于传达陈伯达反党问题的指示》,"批陈整风"运动由上而下展开。

一、"批陈整风""批林整风"

1971年1—2月,中共中央相继发出《反党分子陈伯达的罪行材料》《关于扩大传达反党分子陈伯达问题的通知》。3月26日至4月5日,常州市革命委员会党的核心小组举行扩大会议,传达中共中央关于陈伯达问题的文件和省委扩大会议精神,部署"批陈整风"运动。

5—6月,为贯彻中央和省委《关于把批陈整风运动推向纵深发展的通知》精神,常州市革命委员会党的核心小组相继举办两期基层党的骨干批陈整风学习班。每期

---

① 《中国共产党常州市历次代表大会文献汇编》,内部资料,2004年,第361页。

两周左右时间,着重批判"唯心论的先验论""唯生产力论""地主资产阶级人性论""阶级斗争熄灭论"。① 武进县委于1971年5月27日召开扩大会议,部署开展"批陈整风"运动,运动分"批陈"和干部"整风"两个阶段。5月29日,溧阳县革委会党的核心小组和溧阳县革委会也召开扩大会议,传达贯彻中央《关于把批陈整风运动推向纵深发展的通知》精神,部署开展彻底批判陈伯达反党反社会主义罪行的活动。至10月15日,共举办"批陈整风"学习班3期。

"批陈整风"进行之际,1971年9月13日发生了震惊中外的"九一三"事件。1971年10月10—12日,中共常州市委分两批向党员领导干部传达中共中央文件,批判林彪反革命集团的严重罪行。10月12—18日,常州市分四个点向基层单位党员干部及各系统、区、直属机关的党员干部进行传达。11月上旬,根据中共中央和中共江苏省委的指示,中共常州市委布置各区委、系统党委向群众传达林彪叛党叛国事件。

1972年2月,中共常州市委召开各区、系统、市直属单位负责人、基层党委书记会议,传达中央专案组整理的《粉碎林陈反党集团反革命政变的斗争》,深入批判《"571"工程纪要》。至1972年8月,中共常州市委根据中央批林整风汇报会议精神,在全市开展批林整风。8月9—24日,8月26日至9月3日,中共常州市委相继举办批林整风学习班,组织独立支部书记以上干部学习《毛主席在外地巡视期间同沿途各地负责同志的谈话纪要》和1966年7月8日《毛主席致江青的信》等文件,批判林彪的反革命罪行,在此基础上开展整风活动,至11月下旬,全市批林整风运动告一段落。

与此同时,常州市各县区的批林整风运动分别开展。武进县在1971年10月,在县机关、南夏墅公社、前黄公社同时召开全县党员干部大会,传达粉碎林彪反革命集团的有关文件,揭批林彪叛党叛国的罪行。10月底,武进县委向全县群众传达文件精神,各地举办各种类型的学习班,开展批林整风。1972年,武进全县结合学习毛泽东讲话和中央文件精神以及读书活动,深入开展批林整风活动。8月举办四级干部学习班,培训批林整风骨干1392名。1972年10月,金坛在全县开展批林整风学习。1971年11月,溧阳在全县掀起声讨和批判林彪反革命集团罪行的热潮。

二、落实干部政策

1972年4月24日,《人民日报》发表《惩前毖后,治病救人》的社论,针对"文化大革命"中老干部遭受打击和迫害,冤案、假案、错案遍及全国的情况,社论重申了党的干部政策,强调指出:"要相信90%以上的干部是好的和比较好的。经过

---

① 《常州市中共党史大事记(1949—1994)》,第152页。

长期革命斗争锻炼的老干部，是党的宝贵财富。"①

早在1969年，结合"整党建党"工作的开展，常州市有一批领导干部获得"解放"。至年底，在常州市各单位建立革命委员会或革命生产领导小组时，大部分部、局以上干部和基层领导干部被结合进领导班子或"解放"出来。1972年10月，中共武进县委对"文化大革命"中被停职的老干部、下放干部落实政策，分批考察使用。② 这批"解放"出来的老干部有着丰富的工作经验，全市的生产组织领导得到加强，工农业生产得到进一步恢复与发展。

随着各地参加"三支两军"部队干部陆续返回部队工作，基层更加需要一批干部。1971年，溧阳县1200多名下放干部、医护人员和教师就开始陆续调回，重新安排工作。1974年10月，武进县从基层选拔的第一批30名工农干部，充实到基层党委、革委会领导岗位，至1975年共选拔三批、374人。③ 一大批老干部的重新启用和新选拔的年轻干部走上领导岗位，加强了对经济工作的领导。

三、为"五一六"分子平反与纠正冤假错案

全市开展的清查"五一六"运动中，制造了大量冤假错案。1972年5月，中共常州市委召开政法工作会议，贯彻全省政法工作会议精神，强调要缩短战线。9月下旬，胜利区委对在清查"五一六"运动中受到冲击的90名干部群众进行了复查处理，根据有关政策精神，发还查抄现金2.5万元。至1975年，各级党组织对在清查"五一六"运动中受迫害的干部群众公开平反，彻底恢复名誉，销毁清查材料。仅溧阳一地就有321人经过重新复查而落实了政策。

第二节 全面整顿在常州

1974年批林批孔运动再次引发全国动乱，毛泽东希望结束社会动乱局面，逐步恢复国家秩序的正常，实现社会稳定和经济发展。在周恩来病重的情况下，1975年初，邓小平在毛泽东、周恩来的支持下开始主持国务院工作，继而又同时主持中共中央日常工作。根据邓小平提出的对国民经济进行全面整顿的方针，常州市对各行各业进行全面整顿，取得成效。

一、"一学三批五大讲"自我教育运动

1975年4月22日，中共常州市委召开党员干部会议，传达贯彻中共江苏省委召

---

① 《中共江苏地方史》第2卷（1949—1978），第399页。
② 《武进市中共党史大事记（1949—1995）》，第139页。
③ 《武进市中共党史大事记（1949—1995）》，第145页。

开的地、市委负责人会议精神,部署开展群众性学习无产阶级专政理论,批判修正主义、批判资本主义倾向、批判资产阶级派性,讲路线、讲党性、讲大局、讲团结、讲纪律的"一学三批五大讲"自我教育运动。中共东风区委向全区各单位转发压缩机厂开展自我教育运动的方案。金坛县在4月召开全县党员干部扩大会议,部署"一学三批五大讲"自我教育运动,重点揭批资产阶级派性,促进安定团结。溧阳县组织尚未分配工作的下放干部开展"一学三批五大讲"自我教育活动,学习结束时,大部分人安排工作。①

二、整顿各级领导班子

1975年1月全国四届人大一次会议后,中共中央着手在各条战线进行整顿,各方面的工作有了转机。

1975年3月,中共常州市委先后召开全会扩大会议、区局负责人会议和党员大会,传达贯彻中共中央《关于加强铁路工作的决定》和全国工业书记会议精神,采取坚决措施,制止派性活动。各单位建立、健全必要的规章制度,整顿和加强劳动纪律,加强企业管理。

1975年9月,武进县漕桥、湖塘等8个区恢复建立工作委员会,作为县委的派出机构,同时撤销各区党的核心小组和革命生产领导小组。金坛、溧阳在7月分别召开工作会议。在金坛,金坛县委要求加强领导班子团结,解决资产阶级派性问题,努力完成全年国民经济计划。在溧阳,着重讨论了加强领导班子建设等问题,帮助县委常委会整风。8月,溧阳县委发出通知,要求县委常委会及各基层党组织要抓好理论学习,规定每月的逢5日为集体学习日,全县建立理论学习三级辅导网开展教育活动。常州地区的县委、区委领导班子召开整风学习会,围绕常委中存在的软、散、懒、满问题,总结经验教训,落实整改措施。

三、各行各业的整顿

常州的整顿工作起步早,成效显著。1971年常州市为发展石油化工企业,成立会战总指挥部,在人力、财力、物力上集中调度、使用。全市组织11个局、37个单位大会战,承担相关任务,常州石化厂于1974年5月正式投产,不久就扭亏为盈,1976年实现利税超100万元。②

中共常州市委加强对工业生产的领导和整顿表现在对工业主管局和重要企业领导干部配备的重视,特别是注意配备好纺工、机械、化工、电子、轻工局分管生产的负责人。"文化大革命"期间,常州的纺织工业发展较快,广大干部工人发扬连

---

① 《中共溧阳市党史大事记(1949—2000)》,第131页。
② 《正道沧桑录》,内部资料,1997年,第192页。

续作战的作风,"只有星期七,没有星期天",力争上游。常州的纺织工业1972年至1976年平均增长速度保持10%以上,向国家提供税利12.8亿元,为投资的40倍。同时重视纺工企业的管理,组织生产"信得过"产品。常州纺织工业成为全国同行业中的佼佼者,被命名为全国纺织工业学大庆标兵。对常州柴油机厂、东风印染厂、常州拖拉机厂、常州化工厂、建材二五三厂等重点工厂,中共常州市委派出老干部主管,防止派性干扰,保证重点工厂生产的发展,成为全国同行业中的先进单位。

1975年9月,中共常州市委贯彻中央领导关于"工业要整顿"的指示,组成三个调查组,到拖拉机厂、灯芯绒厂、无线电厂蹲点调查,作为整顿企业的试点。1975年9月,常州市出席全国农业学大寨会议的代表在会上作《组织起来,分工协作,充分发挥工业支援农业的作用》的报告。11月,中共常州市委召开全会扩大会议,传达全国农业学大寨会议精神和省委关于加强普及大寨县运动领导的通知。讨论如何实现"城市带动农村,城市农村互相支援"等问题。会议印发《常州市郊区和茅山区建设大寨区的初步规划》,要求"苦战一两年建成大寨区"。为加强对农村社队的整顿,1975年12月,常州市成立农业学大寨工作队和工业学大庆调查组,工作队的任务是协助基层党组织搞好"党的基本路线教育",深入开展农业学大寨的群众运动。此后,中共常州市委又派出第二、第三批农业学大寨工作队。

1975年8月底至9月初,全省教育工作座谈会召开,要求对教育战线进行整顿,狠抓教育质量。常州市各级教育部门开始重视学校的管理和教育质量,整顿学校秩序和课堂纪律,一些富有教育经验的老教师重返教育岗位,学校的教育质量有所提高。

第三节 经济与社会各项事业的发展

1970年后,常州市的工业产值每隔4年翻一番,这一情况受到中共中央、中共江苏省委的高度关注。1975年,新华社记者撰写的《坚持社会主义方向赢得高速度——评述常州工业的大发展》《"农"字当头滚雪球——常州工业大发展调查之一》《"桌子"上唱大戏——常州工业大发展调查之二》等3篇材料,5月由新华社向全国播发,同时在《新华日报》上刊登。常州市从一个不知名的中小城市变成工业学大庆先进城市,到常州参观考察的络绎不绝。[①]

一、因地制宜发展经济

常州在工业发展的路径上,实行灵活变通的办法。资金使用上,以确保国家财政收入为前提,灵活处理,努力做到投资省、速度快、贡献大。一是筹集资金"吃

---
① 《正道沧桑录》,内部资料,1997年,第192页。

拼盘"。财务制度规定为专款专用,而常州在20世纪70年代初就允许企业把更新资金、大修资金等捆在一起,经过批准后,进行调剂使用,解决增添设备、挖潜改造、修建厂房等问题。二是讲实效、算细账。常州化工厂因河道淤塞,每年原盐短驳费用近10万元,损耗原盐6000吨。疏浚河道时,常州化工厂分摊10万元,原盐可直接进厂,一年节约30万元。三是看准项目放贷款。只要是生产急需,全民集体一样对待,可与其他资金统筹使用。全市发放各类贷款超一亿元。还贷方法灵活,对能单独计算经济效益的项目,坚持用项目投产后的新增利润还贷;对不能单独计算经济效益的项目,可用企业超上年利润基数部分或超计划利润部分等还贷。企业资金用得活,贷款还得起,大部分都能增产增收。

价格上,按照物价管理范围和常州市生产协作"一条龙"的经验,制订合理的内部协作价,使双方都得利;对有发展前途的新产品,在一定时间内要亏本的,实行暂作价或试销价,限期扭亏为盈;有些老产品在销售情况发生很大变化时,主动对价格作相应的浮动,薄利多销,促进生产。流通环节上,立足于疏通,着眼于搞活。常州是个加工工业城市,每年主要原材料缺口很大,仅钢材一项每年缺口约一万吨。在计划经济条件下,常州主要组织超计划的工业产品对外协作,如组织增产拖拉机、柴油机、机床等,和外地串换钢材,以保证计划内的生产需要;对计划内外两种渠道的资源,实行时间、品种规格、资源数量的统一调度。对常州市内配套生产的部分原料,根据发展的需要减少流通环节。

二、所有制结构的内部创新

从1953年到1978年,常州全市工业总产值年均递增速度,超过同期全国的增长速度。生产的快速增长,不少全民企业急需增人或更新劳动力,国家下达的全民增人指标远远不能适应,而社会上又有大批待业人员,于是地方运用自己拥有的可以批准集体增人计划的一点权力,全民办集体就应运而生了。这是新的生产力发展水平与旧的经济管理体制相冲突的产物,也是常州在所有制结构无法基本改变下,充分发挥主观能动性进行的积极内部创新。

常州的全民办集体最主要的有两种方式。一是各工业系统利用集体企业上缴的合作事业基金创办了一批集体所有制企业,新建和扩建生产原材料和中间体的"大集体"所有制工厂,解决"造米下锅"的问题。二是创造出一种全新的"一厂两制"结构(即全民带集体或集体内含全民的所有制形式),以适应工业生产的需要。有些产品方向好、需要量大而劳动力不足的全民所有制工厂,办起"集体"所有制性质的车间,增加一定数量的新工人,利用老厂的厂房、设备和技术力量,承担本厂的零部件生产或某道工序的加工任务,但在财务上分开核算。等到这个车间形成一定的生产能力，工人能独立操作，质量和工艺基本过关，并有一定积累的时候，就分出来成立一个"大集体"所有制的新厂，并逐步归还原借的设备和资金。

集体所有制工业的经营自负盈亏，企业发生亏损，就要影响地方不能提成，企业不能发展甚至不能存在，职工的工资发不出去，这就促使企业精打细算，讲究经济效益。20世纪70年代，在常州市工业企业中，没有一个"大集体"所有制企业是亏损单位。另一方面，全民办集体实质上是扩大了地方和全民企业的自主权特别是人权和财权。由于集体企业的税后利润可归地方和企业支配，有利于发展地方经济和改善职工生活福利，所以地方和全民企业更乐于兴办集体企业。在国家很少投资的情况下，常州市高速发展地方工业，主要就是靠"大集体"所有制工业提供的积累。

此外，"大集体"所有制企业也在其他方面发挥了积极作用。由于地方有权批准增加劳动力，使留城知识青年和社会闲散劳动力得到了妥善的安置，扩大了就业面。常州成为全国解决就业问题最好的城市之一。同时，在组织产品生产协作"一条龙"过程中，"大集体"所有制企业在生产能力的填平补齐方面起了很大作用。据统计，在手扶拖拉机"一条龙"的26家协作厂中，"大集体"所有制工厂就有16家。而在全市按产品归口的16条"龙"中，将近一半也是"大集体"所有制工厂，有的还成了"一条龙"的"龙"头厂和骨干厂。

全民办集体之后，集体所有制工业在常州市的地方工业中占有越来越重要的地位。1977年全市共有集体所有制工业企业243家，占全市工业企业总数的61%。它们的职工人数和工业产值，分别占全市的39%和22%。而"大集体"企业共有178家，占全市集体所有制工业企业的73%。全市生产的500种主要产品中，集体所有制工业企业生产的就有200种。

三、苏南煤田建设

20世纪60年代末，江苏省地质部门先后在金坛、溧阳、武进三县进行大规模煤田地质勘探。1969年，在勘探工作全面铺开的同时，矿井建设也开始进行。9月27日，常州市卜弋煤矿举行开工典礼，这是常州市新增的一个工业门类。10月6日成立常州市革委会煤矿建设指挥部。12月26日，常州市上黄煤矿破土动工。1970年11月，上黄、茅山、卜弋三个煤矿建设工程团成立。至1973年，常州地区已经建成上黄、卜弋、厚余、茅山、导墅等5个市营矿、六对井。针对各矿井的地质报告审批进度不一，常州市革委会煤炭建设指挥部向省燃化局提交《关于要求迅速审批地质报告的请示》，省燃化局组织人员进行集中审批，提出勘探精度不够、构造控制差、缺少瓦斯和水文资料等问题。

自1973年起，各矿陆续投产。至1974年，全市生产原煤10.2万吨。1975年和

图 10-8 1970 年开发苏南煤田

1976 年分别达 12.3 万吨和 13.1 万吨。①

在开办煤田的同时，1970 年 10 月开办了上黄、卜弋、茅山等 3 所煤矿学校，意在培养煤矿工人，后 3 所学校合并至茅山矿校，并于 1974 年解散，矿校的干部、教师、学生由市有关部门统一安排。

四、工业项目开花结果

经过 20 世纪 60 年代的调整改组，常州地方工业打下了坚实的基础。坚持城市以工业生产为中心的思想，已经在全市干部群众中牢固树立。常州资源短缺，又不是全国重点城市，工业项目上常州市主要靠自力更生、自筹资金，多种渠道、多种形式与部、省厅联系。抓住中央、省领导到常州视察的机会争取上级的支持。机械、冶金、电子、纺工、轻工、化工等行业通过跑部、跑省，相互沟通掌握经济信息，对常州工业发展起到了重要作用。全国范围较长时间生产的不正常，使地方企业的煤、油、电等能源和原材料供应相对充足，为常州的生产建设提供了条件；全国动乱的局势也在客观上使中央和省对常州的计划调控相对松弛，力度弱化，常州在生产、经营、投资、资金使用、劳动人事、兴办集体企业等权限方面进行灵活变通，有一个较为宽松的环境。而常州相对稳定的政治经济局势，也赢得中央各部和省各厅局的支持。

常州纺织工业在历史上遗留下来的不平衡是纱锭少织机多，纺工着眼对纺织厂进行老厂改造，缩小纺与织的差距。1973 年，常州第四棉纺织厂从省纺工厅得知遵义纱厂有 4 万纱锭因闹派性而闲置了几年的信息，于是局、厂联合起来跑部、跑省，纺织部将遵义的 4 万纱锭调给常州第四棉纺织厂。纺工局再次派员上北京找部领导，解决 1400 个招工指标。常州第四棉纺织厂做到当年建设，当年部分投产，当年收益，成为常州市最大的一家棉纺厂，年利税达 1400 万元。化工行业依靠部、省争取了一批项目，燃化部不仅将全国性的化工专业会议安排在常州召开，而且给予常州核留外汇补贴资金项目。据统计，从 1967 年至 1975 年期间，常州从部里批到的核留外汇补贴项目有 28 个，补贴资金 831.6 万元，补贴钢材 2790 吨以及各种配套设备和机

---

① 常州市地方志编纂委员会编：《常州市志》第 2 册，第 270 页。

械加工设备。常州农机行业经常跑部汇报情况，争取项目，常州被确定为农机出口基地。电子行业从局到厂，主动四处调查市场所需产品，从全市电子工业基础弱、条件差的实际情况出发，依靠部、省支持，试制新产品，如中、大规模集成电路，电子计算机和外部设备、合金线、雷达等。以高水平的军品样机争取电子工业部的投资，常州无线电厂抓住通讯机不放，并争取部把生产录音机的点定在常州无线电厂。

在中央部、省支持下，常州对一些国家急需和市场紧俏的短线产品，抓紧上马。生产协作"一条龙"持续发展，技术进步显著加快，新建成自动、半自动生产线近百条，发展了化纤、呢绒、自行车、照相机、单路传真机等一批重点企业和产品。至1975年，常州市区工业产品达270余种，比1965年翻了一番。灯芯绒、柴油机等一批拳头产品相继出现，不仅在国内市场上有很高的覆盖率，而且远销国外。

五、工业学大庆与农业学大寨

中共中央和毛泽东主席于1964年发出全国"工业学大庆"的号召。1964年2月25日，中共常州市委组织机关干部收听大庆油田政治工作经验录音报告，号召各行各业学大庆。1966年全市开展宣讲活动1500多场次，150万人次参加宣讲活动。1970年1月，常州市革委会召开第二次全会扩大会议，提出1970年要狠抓革命，猛促生产，实现工农业生产新的跃进。会议强调必须搞好各级领导班子的建设，开展工业学大庆等活动，进一步掀起社会主义劳动竞赛的高潮。

1973年4月，全市召开增产节约动员大会。中共常州市委书记纪国会作《认清大好形势，鼓足革命干劲，广泛深入地开展增产节约运动》的报告。要求全市各条战线"以批林整风为纲"，抓革命，促生产，广泛开展以优质、高产、安全、低耗为中心的增产节约运动，为提前超额完成全年国家计划，加快社会主义建设而奋斗。8月，中共常州市委、市革委会召开抓革命，促生产，提前超额完成全年国家计划动员誓师大会。动员全市人民深入开展工业学大庆活动，努力争取提前一个月全面超额完成全年国家计划。常州市积极发展机械、电子、化工等新兴行业，开发国家急需的轻重工业新产品，加速发展常州的工业。农用拖车、排灌机械、化肥、农用薄膜等多种产品对促进全市农业技术改造，支援农业生产做出了极大的贡献。常州涌现出21个月织造13.9万米无疵布的全国纺织工业劳动模范叶慧英，发明"七〇砂"新工艺取代石英砂作冶铸造型材料的王道年等一批先进代表人物。[1]1974年，全市涌现工业学大庆先进单位21个，先进集体114个，先进个人156名；1976年全市大庆式企业达12个，学大庆先进企业74个，学大庆先进集体245个，先进个人504名。1976年12月，常州市革委会召开全市基层干部会议，传达江苏省工业学大庆经验交

---

[1] 《正道沧桑录》，内部资料，1997年，第216页。

流会精神。会议提出要大搞群众运动,大干社会主义,大战 12 月,全面完成和超额完成当年国家计划。

1964 年 12 月,周恩来在三届人大一次会议的《政府工作报告》中发出了"工业学大庆、农业学大寨,全国学人民解放军"的号召,并把大寨精神概括为"政治挂帅、思想领先的原则,自力更生、艰苦奋斗的精神,爱国家爱集体的共产主义风格"。从此,农业学大寨运动在全国开展起来。

1966 年 12 月,常州市郊区茶山公社党委组织各大队书记和公社机关干部赴山西省大寨大队参观学习,回常后即部署相关工作。1968 年 12 月,常州市郊区革委会召开扩大会议,强调从 1969 年起,要深入开展农业学大寨群众运动,学大寨人,长大寨志,兴大寨风,走大寨路,掀起冬春生产新高潮。1971 年 9 月,常州市郊区举行誓把郊区建成大寨式的社会主义新农村誓师大会,会议总结上半年全区农业学大寨的情况,提出新的工作目标要求。10 月 26 日,中共常州市委召开农业工作会议,部署进一步深入开展农业学大寨运动。

1971 年 3 月,武进县工业学大庆、农业学大寨领导小组成立。1973 年 8 月 22 日,中共武进县委召开全县农业学大寨会议。会议总结全县自 1970 年 9 月全国北方农业会议后开展农业学大寨运动的经验教训,要求全县各行各业把工作纳入以农业为基础的轨道,尽快把武进建成大寨式的县。1975 年 9 月 7 日,武进县召开会战 17 亿斤粮食誓师大会。

1964 年 8 月,金坛县人委召开全县农业先进单位代表会议,会议学习了大寨大队的经验,研究夺取全县农业丰收的措施,讨论了全县多种经营规划。1975 年 10 月 20 日,金坛县革委会副主任程九度在全国农业学大寨会议上,代表金坛向毛泽东、中共中央、国务院递上苦战两年建成大寨县的决心书。12 月,金坛农业学大寨会议召开,动员建设大寨县。

1975 年 10 月,中共溧阳县委召开传达全国农业学大寨会议精神大会,组织参观句容和溧阳部分高标准样板田。随后,县委抽调干部组成农业学大寨工作队,到上兴等 12 个公社的 52 个大队、35 个集镇企事业单位,开展党的基本路线教育活动和农业学大寨运动。12 月,中共溧阳

图 10-9 圩塘学大寨动员大会

县委召开农业学大寨会议,进一步贯彻落实全国农业学大寨会议精神,会议表彰了127个先进集体和71名先进个人。1976年1月,中共溧阳县委召开农业学大寨工作队员学习班,学习贯彻全国"农业学大寨"会议精神。

在"工人学大庆""农业学大寨"的热潮中,激发了工人、农民的干劲,但存在着片面追求形式、追求轰轰烈烈场面的不良现象。

六、科教文卫事业的发展

在落实党的干部政策和经济政策的同时,常州市着力在教育、科技、卫生、文化等领域开展批判极"左"思潮、落实党的政策的艰苦工作,这些领域也和其他行业一样,出现了新的气象。

1972年8月,全国科学技术工作会议在北京召开。这是"文化大革命"爆发后召开的第一次全国性的科技工作会议。全市一度瘫痪的科技机构重新恢复。常州较早地从全国各地引进一批科技人员,取得一批科技成果。1974年2月,为进一步加强全市科学技术研究工作,加速工业生产的发展,常州市革委会发出文件,同意恢复和新建常州市纺织、无线电、化工、轻工、机电5个研究所。此后科技人员队伍不断扩大。

随着科学技术的发展,围绕老企业的技术升级改造,新技术新工艺的推广应用,在工农业、医疗卫生、环境保护等许多方面新的产品不断开发、升级换代不断加快,常州皮革机械厂的液压片皮机,常州玻璃厂的国内第一台电子数控制瓶机,戚机厂、戚研所的热处理用流动粒子电炉,常州味精厂的用石油发酵生产工业用柠檬酸技术,常州东风印染厂、常州纺织机械厂联合试制的印染机成套设备,建材二五三厂的无捻粗纱方格布,常州电讯电机厂的小步距角步进电动机等均获得"文化大革命"结束后的全国科学大会表彰奖励。

"文化大革命"给全市中小学教育带来了严重危害,无论是培养目标还是教育内容、教育方法,受到极"左"思潮的危害,造成全市的教育质量严重下降。

各类学校在"文化大革命"后期有一定数量的恢复性增长。至1976年,常州市区有幼儿园108所。小学数量比"文化大革命"前稍有增长。1972年,筹建常州市北郊中学,方便居住在附近的学生就近入学。至1976年常州市区有中学41所。中等专业学校方面,"文化大革命"初期,一些学校停办、并入或改办普通中学。1972年后,常州卫生学校、常州无线电工业学校、常州轻工业学校、常州机械学校、常州会计学校等相继复校。1973年,常州市创办七二一工人大学,招收35岁以上的工人入学,文化程度不一。

教学上,"文化大革命"期间各类学校除政治课外,一度开设"天天读""大批判"等课程,政治课也无固定教材,教授《人民日报》《解放军报》等报刊关于"文化大革命"的社论，规定班主任必须深入持久地对学生进行阶级斗争、路线斗争的教育。在扫盲教育上，全市扫盲工作在"文化大革命"初期陷入停顿，1972年开始恢复，继续开展扫盲教育。1973年11月2日，武进县革委会召开全县教师代表会议。

"文化大革命"期间文化事业受到严重破坏，全市专业剧团领域人员下放，一些文化设施被移作他用。京剧团等专业、业余剧团，以推广和普及"样板戏"为主要任务。锡剧是常州的地方剧种，遭受严重破坏，除移植"样板戏"演出外，只创作了《渔乡春曲》等少数剧目。1970年1月，常州市革委会重新命名常州市锡剧团、京剧团、文工团。1971年，集体创作的大型话剧《东风凯歌》上演。1972年，常州市文工团首演独幕话剧《关键问题》，1975年，独幕话剧《方向问题》参加江苏省群众文艺会演，获优秀创作奖和优秀演出奖，剧本由江苏人民出版社出版。

群众文化方面，1968年7月，常州市举办"红太阳"图片巡回展览。1969年1月，常州工人业余毛泽东思想宣传队举行文艺交流会演。1960年代末开始，常州市区和农村一度兴起"大唱革命歌曲"和普及"革命样板戏"的演出活动，1975年10月，组成常州市代表队参加江苏省群众文艺会演。

"文化大革命"开始后，常州市各类医疗机构管理混乱，医疗质量明显下降。大批卫生技术人员被下放农村，此后从高初中毕业生中招收一批医务人员，导致医疗水平和素质下降。1974年开始，各级医疗机构开始纠正"综合门诊""医护一条龙"等做法，医院管理和医疗水平稍有起色。1970年代，常州的血防工作取得很大进步。常州市革委会加强对血防工作的领导，采取"三管齐下"的措施，一是反复查灭钉螺，二是搞好粪水管理，提倡厕所、猪圈和沼气三结合的"三联式"沼气池。三是彻底查治病人。至1976年底，常州市区血吸虫病基本消灭。在其他寄生虫病、传染病、职业病防治等方面也都取得长足的进步，全市城市、农村、工矿企业等的卫生保健工作取得新的发展，全市城乡居民的健康水平有一定的提高。农村普遍推进"合作医疗"制度，农民看病难问题初步得到缓解。

七、城市建设

1968年之后，随着工业经济的发展，常州城市建设开始步入正规。至1976年，市区普及沥青、混凝土路面，拓建兰陵平面交叉道口、常焦铁路立交地道，开辟新闸至拖拉机厂专用道路等。城市改造也缓慢进行，对博爱路进行零星改建，1972年在西大街、早科坊口建造高为四层的轻工大楼，1974年后在东大街文化宫一侧建造高六层物资大楼、在劳动中路西口建造高六层兰陵饭店等临街建筑，城市的天际线在逐渐发生变化。1975年，国家城建局派员到常州，写出《关于常州工业发展带动城市建设的调查》，给予常州城市建设以较高评价。

但同样不可否认的是，此时城市基础设施建设仍然严重滞后，整个城市其实处于一个超负荷运转的状态，人口增加，住房紧张，道路拥挤，供水困难，街道杂乱，再加上城市布局不合理，化工厂建于城市主导风向上方，工业区与生活区呈犬牙交错状态，公园绿地被任意侵占，城建专项经费大量挪作他用，所有这一切不仅影响到了城市功能的发挥，也为以后常州城市的发展带来了很多问题。

图10-10 广化桥建成通车

八、发展国民经济第四个五年计划的制订和实施

1972年11月19日，中共常州市委召开区、局、直属单位负责人和生产组长会议，对常州市第四个五年计划和1973年工农业生产计划提出了初步意见。

计划要求："工业战线要高举《鞍钢宪法》的旗帜，深入开展'工业学大庆'运动，狠抓煤炭、钢铁、化工原料，带动其他全面发展；相应地发展交通运输和电力工业，注意发展电子工业和轻纺工业，抓好轻工业生产和市场商品的生产；农业战线要深入开展'农业学大寨'运动，狠抓两个阶级、两条道路的斗争，坚决贯彻'以粮为纲，全面发展'的方针，同时要抓好蔬菜生产，保证市场供应。财贸战线要坚决贯彻'发展经济，保障供给'的财经工作总方针，整顿财贸队伍，把革命和生产搞得更好，促进工农业生产的发展。要求各级党员干部狠抓路线，狠抓当年，树立高度的全局观念，正确处理数量与质量、数量与品种、增产与节约等方面的关系，提高企业管理水平。"[①]

在1971年至1975年发展国民经济第四个五年计划期间，常州市采取灵活变通的政策措施，在企业内部抓好挖潜革新改造，在外部组织生产协作"一条龙"，同时积极发展集体所有制企业，强化生产指挥系统，从而保证了工业生产持续稳定发展；大胆引进各类技术人员，改造和新建生产流水线，提高生产技术水平，促进了经济的发展。1975年全市财政收入为49437万元，比上年增长10.72%，比1971

---

① 《红常州通讯》，江苏省常州市革命委员会办事组编印，1971年1月24日。

年的 33681 万元增长了 46.78%。①

第四节 抵制和反对"四人帮"的斗争

1975 年邓小平领导开展的整顿工作，使全国形势迅速好转，工农业生产和各项事业有了较大的发展。随着整顿工作的全面深入，不但触及"文化大革命"的"左"的错误，而且逐渐发展成为对"文化大革命"比较系统的纠正。这导致"批邓、反击右倾翻案风"运动的发生。1976 年 1 月 8 日，周恩来总理逝世，引起全国各族人民的巨大悲痛。"四人帮"压制和阻挠人民群众的自发悼念活动，激发了悼念周恩来、反对"四人帮"的革命行动。1976 年 10 月，中共中央一举粉碎了江青反革命集团，结束了十年"文化大革命"的内乱。

一、常州人民自发悼念周恩来

1975 年 1 月四届全国人大一次会议闭幕后，周恩来的病情加重。2 月，毛泽东同意由邓小平主持国务院工作。这一决策得到广大干部群众的衷心拥护。邓小平根据毛泽东提出的关于要学习理论、要安定团结和把国民经济搞上去的指示，对各条战线进行整顿，提出加快经济恢复和发展的一系列措施，尽一切可能消除派性，进行拨乱反正。整顿的全面开展扭转了各条战线的混乱状况，生产和经济出现了良好发展势头。"四人帮"竭力阻挠和反对在各行各业各条战线的整顿，导致在全国范围内开展了"批邓、反击右倾翻案风"运动。常州的干部群众从整顿工作取得的成效中，感到邓小平的主张是正确的，仍将主要精力放在整顿工作上。而人民群众对"文化大革命"的怀疑和抵触情绪迅速发展，他们用消极的态度抵制所谓的"批邓、反击右倾翻案风"，批判会读读报纸，批判文章抄抄报纸，但是运动在常州并没有真正开展起来。

1976 年 1 月 8 日中央人民广播电台广播周恩来逝世的消息后，常州人民无不为之悲恸。"四人帮"为了压制、限制人民群众悼念周恩来的活动，发出禁令：不准戴黑纱、白花，不准送花圈、开追悼会。"四人帮"还以简化治丧礼仪为名，作出种种规定压制和阻挠人民群众的悼念活动。"四人帮"的倒行逆施，激起了常州人民极大的愤怒。人民群众纷纷自发举行各种形式的悼念活动，臂戴黑纱、胸佩白花，设置灵堂，在周恩来遗像前敬献花圈。1 月 14 日，中共常州市委、市革委会负责人及机关干部、广大群众在红梅公园垒砌一座总理纪念台，栽种雪松一棵、龙柏 78 株，寄托对周恩来的哀思和怀念之情。许多单位的干部群众抬起花圈走上街头，游行悼

---
① 常州市地方志编纂委员会编：《常州市志》第 2 册，第 1012 页。

念周恩来。"总理爱人民，人民爱总理""总理功德照千秋，总理品德传万代"等标语，贴满常州的街头巷尾。

二、"常州事件"的追查

常州的干部群众冲破"四人帮"的阻挠，利用清明节的祭祀习俗，广泛举行对周恩来的各种悼念活动。有的贴出矛头直指"四人帮"的标语；有的抬起周恩来的像走上大街，高呼纪念周恩来的口号，随着队伍的行进，越来越多的市民自发汇入游行的队伍；在红梅公园，广大人民群众敬献的花圈摆满总理纪念台四周，哀乐低徊，前来悼念的群众昼夜不息。4月4日清明节这一天的悼念活动达到高潮，人们高喊"打倒野心家、阴谋家"等口号。

1976年4月5日，北京爆发了天安门事件。4月7日，中共中央政治局召开会议，根据毛泽东主席的提议，作出了《关于华国锋任中国共产党中央委员会第一副主席、中华人民共和国国务院总理的决议》和《关于撤销邓小平党内外一切职务的决议》。

4月7日晚，中共常州市委召开区、局、直属单位负责人紧急会议，学习、讨论中共中央政治局作出的两个决议。4月8日中共常州市委召开有5万人参加的大会，传达中共中央两个决议，会后举行了大游行。4月15日，常州市委、市革委会贯彻江苏省公安局召开的地、市公安局长会议精神，对彻底追查常州出现的类似"南京事件"的"幕后策划者"和"反革命谣言制造者"作出部署。在追查工作中，常州一些积极参加斗争的干部群众遭到逮捕和拘留，还有一些干部群众被停职检查或隔离审查。张贴在常州大街小巷的各类斗争标语被清除或者覆盖。但是这个追查运动遭到常州广大干部群众的抵制和反对，他们用各种方式保护参与悼念周恩来、反对"四人帮"斗争的同志，用各种方式慰问和关心受到处理的同志和他们的家人。粉碎"四人帮"后，常州市对1976年悼念周恩来、反对"四人帮"活动的参加者陆续落实政策，对被错误拘捕的干部群众彻底平反，恢复了名誉。

三、反对"四人帮"斗争的胜利

1976年9月9日，毛泽东主席逝世。常州市人民沉浸在巨大的悲恸之中，广大干部群众纷纷用各种形式开展悼念活动。9月18日下午，中共常州市委隆重举行有5万余人参加的"常州市党政军民深切悼念伟大的领袖和导师毛泽东主席逝世大会"。9月30日，中共常州市委召开"响应党中央号召，继承毛主席遗志决心大会"，市轻工业局等10家单位在会上发言，决心化悲痛为力量，把毛泽东开创的伟大事业进行到底。

10月6日，中共中央代表人民的意志，一举粉碎"四人帮"。10月14日，中共中央公布粉碎江青反革命集团的消息。10月18日，中共中央向全党正式发出粉碎江青反革命集团的重要通知。中共常州市委先后召开市委常委会议、基层独立中共支部书记以上领导干部会议，传达贯彻中共中央精神。10月21日，常州市举行5万人参加的庆祝大会，金坛召开1.8万人参加的军民庆祝大会，热烈庆祝粉碎江青反革命集团的伟大胜利。溧阳召开万人大会，组织40多万名干部、工人、农民和街道群众等参加的盛大庆祝活动。11月3日，中共武进县委发出《关于涉及王、张、江、姚"四人帮"反党集团的影片、戏剧、图片和书刊等问题的处理意见》，要求各级中共组织、有关部门加强领导，立即组织各图书发行单位及图书管理单位，对涉及江青反党集团的影片、戏剧、书刊、画片、照片等进行全面清理。11月6日，中共常州市委召开区、局、直属单位负责人会议，部署开展揭发江青反革命集团的斗争。11月30日，中共常州市委召开全市揭发、批判江青反革命集团罪行大会，市委负责人提出，要"从政治上、思想上、组织上彻底批判'四人帮'推行的反革命修正主义路线，肃清其流毒和影响"。根据中共中央和江苏省委的指示，全市开展清查与江青反革命集团篡党夺权阴谋活动有牵连的人和事的运动，中共常州市委专门成立清查工作机构。12月开始，武进、金坛、溧阳从机关到学校、从城镇到农村，全面开展声讨江青反革命集团罪行的活动。

　　结合揭批江青反革命集团，常州分批分期开展整党整风运动，重点是整顿和建设好各级领导班子，恢复和新建一些重要领导机构，开始初步平反冤假错案。在此基础上，全市的工业、交通运输、农业、商贸业等都得到较快发展。备受"文化大革命"摧残的教育、科技、文化、体育卫生等事业得到进一步的恢复和发展。城市建设和改造开始发力，新丰街拓宽工程、花园新村等一批城市建设工程相继动工。

拨乱反正时期(1977—1982)

第十一编

第一章 解放思想，拨乱反正

1976年10月6日，中共中央一举粉碎"四人帮"，标志着持续10年之久的"文化大革命"结束。以揭批"四人帮"、平反冤假错案为开端的拨乱反正揭开了序幕。

第一节 揭批"四人帮"

1976年10月底，常州市按照中央当时提出的"抓纲治国"的方针，开始组织揭批"四人帮"。1977年新年伊始，常州市委就召开全市工人理论辅导员大会，部署深入揭批"四人帮"罪行，并结合开展整党整风，重点是整顿和建设好各级领导班子。7月23日，举行了5万名群众集会，庆祝中共十届三中全会召开，拥护恢复邓小平的职务和开除王洪文、张春桥、江青、姚文元党籍的决议，传达《王、张、江、姚"四人帮"反党集团罪证材料》，并要求联系常州实际，批判"文革"遗留下来的派性思潮，进一步开展揭批"四人帮"，当年共召开九次全市性的揭批"四人帮"会议。这为克服"文革"造成的经济困难、形成安定团结的局面创造了条件。由于中共十届三中全会和十一大没有能够纠正"文化大革命"的错误理论、政策方针，反而加以肯定，这对深入揭批"四人帮"造成了障碍。当时，阶级斗争仍然是"纲"，"四人帮"的极"左"被批判为"反革命修正主义路线"的"极右"。这种状况在中共十一届三中全会后得到纠正，从此把揭批"四人帮"运动引上了正确轨道。

第二节 平反冤假错案

"文化大革命"给人民群众带来了巨大的灾难和心灵的创伤，而灾难又往往与无数的冤假错案连在一起。据统计，仅1968年至1969年1月，在所谓的破"四旧"、"清理阶级队伍"运动中，常州被批斗的人员达1.5万人，有156人被批斗致死或被逼自杀含冤而死。大量的冤假错案若得不到平反，人民群众的怨气和心理创伤就难以消除和抚平。于是，为冤假错案平反，为蒙冤受害者昭雪，成为当时最为迫切的政治任务。在揭批"四人帮"罪行的基础上，特别是在中共十一届三中全会恢复了实事求是的思想路线后，常州投入了大量的精力和人力，为"文革"及之前的冤假错案进行大规模的复查平反。

1977年9月，常州市公安局宣布对姚国龙等20位被错误拘捕的人员彻底平反、恢复名誉。10月至12月初，常州市机械工业局、化工局、商业局、轻工局、棉织十一厂、煤炭局、邮电局、市委农村工作办公室等单位也分别为此案召开平反大会。1978年5月，常州召开落实干部政策会议，要求各级尽快妥善处理审干遗留问题。7月，又在区局负责人会议上传达了省委关于纠正一切冤假错案、落实党的政策会议精神。10月25—27日，还召开复查纠错、落实政策会议，总结、交流情况和经验，并集中研究了7个大案例，以统一思想和政策。当时的市委负责人在会上强调：要克服"怕"字，认真地、大胆地给受迫害的干部和群众平反昭雪。真正搞错的，就要勇于否定，敢于拨乱反正。要又快、又好、又准地做好纠错复查工作。

平反、纠错、昭雪工作面广量大、错综复杂，但始终有条不紊地推进。首先是相继平反一些大案，获得了良好的社会反响。一是为张太雷烈士夫人陆静华冤案平反。1978年9月14日，常州市委、市革委会在工人文化宫为陆静华举行了隆重的骨灰安放仪式，充分肯定她对革命事业作出的贡献。会后，陆静华的骨灰安放在常州烈士陵园。二是为"李、戚反革命集团在常州基地"假案平反。1979年1月22日，常州市委在红星大剧院召开平反大会，宣读了市委《关于对"李、戚反革命集团在常州'基地'问题"的平反决定》，这桩以"莫须有"罪名成立的假案终于得以推翻。三是为"蔡铁根反革命集团"冤案平反。1979年7月25日，中共江苏省委根据最高人民法院判决，撤销"江苏省革命委员会政法组1970年3月7日判处蔡铁根死刑、立即执行的批复"，宣告蔡铁根无罪。1980年1月5日，中共常州市委、市革命委员会联合下发《关于对"蔡铁根反革命集团"冤案彻底平反昭雪的决定》，向全市人民公开宣布：所谓"蔡铁根反革命集团案件"纯属冤案，给予彻底平反昭雪，对于因这一冤案受害及受株连的所有干部和群众，一律彻底平反，推倒一切诬蔑不实之词，消除影响，恢复名誉。1980年1月10日，中共常州市委、市革命委员会为蔡铁根举行了追悼会，蔡铁根的骨灰盒安放在北京八宝山革命烈士公墓。同月21日，又为李业舫举行了追悼会。四是为因悼念周总理反对"四人帮"受迫害的群众平反。常州市委于1978年11月6日召开部、委、办、区、局、直属单位领导参加的市委常委扩大会议，指出1976年清明节前后市民自发上街游行、悼念周总理，完全是出于对周总理的无限爱戴和怀念，是出于对'四人帮'祸国殃民滔天罪行的痛恨，完全是革命的行动。常州市委书记代表市委郑重宣布对所有因悼念周总理、反对"四人帮"而受到迫害和牵连的群众予以平反。

其他案件还包括：为1957年被错划的资产阶级右派分子进行了复查改正，摘掉

"右派分子"的帽子;为所谓纺工系统"黑班底"事件中的受害者平反,全部推倒强加给他们的的诬蔑不实之词;为戚机厂所谓"中统、军统三线情报网"等6个假案中受害的761名职工平反,对受冤屈和株连的干部、家属、子女、亲友及死亡人员,逐一落实政策、消除影响;为在"文化大革命"期间被错误点名批判的章德、金德培、李文瑞、羊淇、杨天笑、史洪等同志恢复名誉;对605名地主、富农、反革命分子、坏分子重新评审"摘帽",并为他们的子女重新确定成分;对"文化大革命"中经政法机关批准判刑、管制、戴帽、定性、劳教、拘捕的2832件案件进行复查,平反纠错或部分平反纠错的2375件,占83.86%;对以叛徒、特务、反革命等问题为理由办学习班隔离审查及乱批乱斗的1358人,重新复查并作出正确的结论;对因受审查造成非正常死亡的217人(其中干部92人)和严重伤残22人,分别作出书面结论,其中119人比照因公伤亡待遇处理;对4466人的87939份档案进行清理;妥善处理了冤假错案补发工资、丧葬费、抚恤费、补助费等善后事宜。

经过努力,市委组织部全面复查"文化大革命"中受审查处理的干部案件2643件,其中纠错1784件,占67.5%;复查基层不脱产干部、党员案件414件,纠错304件,占73.4%。

此外,市委统战部为各界知名人士、民主党派成员共460人进行纠错平反,对其中16名"文化大革命"中蒙冤去世的人士补开追悼会;被扣减的统战对象工资共315万余元和被查抄的价值537万余元的财物基本发还;被查抄的图书155954册、古玩玉器63738件、珍珠168.22两,凡能找到被查抄者的,也都陆续发还。对被冲击、挤占的私房1859户,发还产权1824户,结退租金99万余元;天宁寺等6处寺庙教堂陆续修复开放。

第三节 民主政治建设

在平反冤假错案的基础上,常州市各级党委、政府和各民主党派组织趋于健全,各级民主政治生活开始恢复正常运行。

1966年"文化大革命"起至1979年12月,常州的人民代表普选工作被强行中止。1980年是"文革"后常州的"民主政治建设年"。3月28日,市革委会全体会议通过关于召开市第八届人民代表大会的决议,并成立常州市选举委员会。首次采用差额选举的方法产生市人民代表。6月,经各区人民代表大会和军人代表大会选举并经代表资格审查,产生市八届人大代表466人。其中,产业工人120人,占25.8%;农民32人,占6.9%;驻常部队7人,占1.5%;其他劳动人民51人,占10.9%;干部

96 人，占 20.6%；知识分子 127 人，占 27.2%；爱国人士 27 人，占 5.8%；归国华侨 6 人，占 1.3%。代表中，妇女 110 人，占 23.6%；青年 70 人，占 15%；少数民族 4 人，台湾省籍同胞 2 人。代表任期改为 3 年。市八届人大一次会议于 1980 年 10 月 15—22 日在工人文化宫举行，应到代表 466 人，实到 433 人，列席代表 18 人（市革委会各委、办、局、区、直属单位负责人）。会上，市革委会副主任沈达人作政府工作报告，财政局长徐剑虹作财政预决算报告，市中级人民法院院长胡宗文作中级人民法院工作报告，市人民检察院代检察长程洪祥作检察院工作报告，市计划生育领导小组在会上作书面发言。大会经审议通过相应的决议。大会选举产生市第八届人大常委会主任、8 名副主任、18 名委员，选举产生市人民政府市长、6 名副市长，以及市中级人民法院院长、市人民检察院检察长。中共常州市委副书记张洪范致开幕词并以新任市人大常委会主任身份致闭幕词。9 月 22—27 日，中断 9 年的中国共产党常州市第五次代表大会召开，选举产生新一届中国共产党常州市委员会。10 月 23 日起，常州市人民政府正式取代了于 1968 年 3 月 24 日成立的市革命委员会。市政协在 10 月 13—24 日召开，选举产生了市政协六届委员会。与此同时，各民主党派的组织健全工作也纷纷开展。这一年里，市农工民主党、民建、工商联、民盟也分别举行了党员（会员、盟员）大会，各自选举产生了新一届的市委（执委）会。同年，"文化大革命"期间被更名的东风、向阳、胜利、卫东区，恢复天宁、广化、钟楼、戚墅堰区区名，陆续成立了区级人民代表大会制和区人民政府；恢复了郊区建制，重新成立了中共郊区委员会和郊区人民政府。从此，常州的各级政权组织得以恢复和健全，民主与法治建设逐步走向正规。

第二章 改革开放初期的"试验田"

　　1977—1982 年，常州领改革开放之先，为中国中小城市在新时期的发展探索前行提供经验，成为崛起的"明星城市"，成为中国改革开放初期的先行者、"试验田"。正如时任国家体制改革委员会副主任童大林 1983 年 8 月 23 日在《人民日报》发表《常州的优势与战略》文中所说："常州是中等城市的佼佼者，全国注目。"

第一节 农村改革起步

中共十一届三中全会揭开了农村改革的序幕。常州同全国一样,改革率先在农村起步。

一、联产承包责任制

常州农村最早实行联产承包责任制的是溧阳原上兴乡老河生产队,是常州的"小岗村"。这个生产队地处茅山西南部的丘陵地带,尽管土地资源丰富,但一直是远近闻名的"吃粮靠返销,生产靠贷款,生活靠救济"的"三靠"穷队。1978年遇上了百年罕见的大旱,生产队干部眼看就要颗粒无收,就瞒着上面搞起了联产承包责任制,结果当年生产队出现了三个第一:粮食亩产第一年过千斤,皮棉亩产第一年过百斤,人均分配第一次过百元。1979年7月溧阳发生了6级中强度地震,震中就在上兴、上沛一带。由于实行联产承包责任制,这个队大灾之年夺得大丰收。1980年又战胜了连绵阴雨等多种灾害,生产又上一层楼,一举甩掉了"穷队"的帽子,成为丘陵山区后来居上的典型,为当时在面上推行联产承包责任制起到了开创和带动作用。[①]

随后,金坛的原西岗公社周家渡大队、白塔公社储庄五队也开始实行联产计酬责任制。到1981年8月,金坛市各种形式的家庭联产承包制发展到4640个生产队,占生产队总数的98.6%,在常州处于领先地位。其中,20世纪50年代合作化时期曾经得到毛主席批示嘉许的庄阳农业合作社(现庄阳村),也从1979年起实行了"专业承包,联产计酬",改变了生产"大呼隆"、分配"大锅饭"的状况,社员各尽所能,献计出力。实行联产承包制两年,粮食连年增产,猪、鱼、禽、菇齐发展,副业收入翻两番,人均分配翻一番。后来,溧阳的一些村、队又创造了"大包干"的做法,即交了国家的、留好集体的、剩下都是自己的。这个直来直去不拐弯的办法,体现了生产经营上较多的自主权和分配上的多劳多得,更受农民的欢迎,很快在面上推广。

水稻高产地区的武进,一度争论过能不能搞家庭联产承包。有人认为水稻生产复杂,包产到户了耕作、水利等难统一,弄不好产量要降下来等等。但是,农民群众不满意"出工齐步走,栽秧吹哨子,干活'大呼隆',分配一样平"的做法,原崔桥乡莲蓉、蓉胜等大队搞了包产到户、到劳,原剑湖乡湖港四队实行粮食联产到劳。他们增产增收的成功实践证明,粮食高产地区联产承包具有强大的生命力。武进县委及时总结了湖港四队等经验,于1981年7月5日批转了县农委《关于统一经营,

---

① 《常州改革开放记忆》,向明辉《改革在农村起步》,第56—57页。

联产到劳责任制试行办法》，在全县推行。到年底，全县10461个生产队实行联产到劳、包干到户的生产责任制，占生产队总数98%。

1981年起，全市农村全面推行了家庭联产承包责任制，并及时扩展到林牧副渔各业。到1982年春，全市270万亩粮田、9万亩桑田、35万亩水面、5万亩荒山实行了承包到户经营。

在实行家庭联产承包责任制过程中，农村出现了一批生产经营能手，根据自己的特长优势和当地的农业资源，承包各种专业经营项目而成为大户，就是大家所说的"专业户"。他们是农村先进生产力的代表、共同富裕的先行者和经济改革的积极分子。

至1984年全市有各类专业户7.6万户，占总农户数的11.9%。这些专业户主要生产项目商品率高达94.7%，人均收入1029元，是全市农村人均收入的两倍。这些专业户中有户售商品粮几万斤、生猪几百头、家禽几千只的；有年产值几十万、收入超万元的；有加工豆制品、炒货几万斤、几十万斤的；有承包开发山水几亩、几百亩的；有一户带一村、一人富带动大家共同富，发展成为专业村的。

二、乡镇企业崭露头角

常州农村的乡镇企业，在农村手工业和农产品加工业的基础上逐步发展起来。20世纪70年代初期，社队企业主管部门开始建立，加强了对社队企业的组织领导，乡镇企业开始真正起步。此后在"围绕农业办工业，办好工业促农业"的方针指导下，广大干部群众群策群力，发扬千山万水、千家万户、千辛万苦、千言万语的"四千四万"精神组织原辅材料，开拓销售渠道，为城市工业配套，生产人民生活、生产需要的产品。当时社队办厂的职工是亦工亦农，采取"劳动在厂，分配在队，评工记分，称粮分钱"，以高积累低分配"滚雪球"的办法，逐步发展壮大。到1978年底，全市社队办厂发展到3103家，职工15.58万人，固定资产原值1.14亿元，实现工业产值4.56亿元。中共十一届三中全会召开后，迎来了乡镇企业的春天，中央接连发了发展农业与农村经济的四个一号文件，肯定了乡镇企业的地位、作用。在"无粮不稳、无工不富"的致富政策指引下，乡镇企业以前所未有的速度发展。

第二节 城市经济体制改革的探路先锋

1978年12月，中共十一届三中全会明确以经济建设为中心，而经济管理体制中长期形成的经济形式构成不合理、经营方式单一、条块分割、分配上搞平均主义、经济杠杆起不到调控作用等等弊端和缺陷，成了经济发展的严重障碍。因此，整顿、改革成为必由之路。1981年,中共中央和国务院颁发了《关于国营工业企业全面整顿的决定》。1982年4月,国务院批准常州市为经济体制综合改革的试点城市。常州市委及时抓住机遇,迎难而上,站在了全国改革开放的前沿阵地。

改革开放初期的1980年前后,常州探索经济体制改革大体可分为两个阶段:第一阶段,整顿改造企业,改革企业管理体制。第二阶段,推进综合改革,探索建立新的市场体系和运用经济手段调控的路子。

一、整顿改造企业,改革企业管理体制

1979年起,常州许多企业开始探索进行企业领导体制改革。1982年,开始建立以包、保、核、奖、扣为具体内容的经济责任制。其中有生产经营成果记分计奖责任制、超定额计件工资制、浮动工资制、集体企业职工分红制。1983年,进一步建立以承包为核心,从上到下逐级承包的经济责任制。1984年5月,作为全国经济体制综合改革的试点城市,常州率先开展企业领导体制改革,主要是扩大企业自主权,改革分配制度,完善经济责任制。首先在常州国棉一厂、常州柴油机厂、常州拖拉机厂和常州齿轮厂等管理基础较好的企业推行。企业整顿和改革突出了厂长在企业的中心地位和中心作用,实现厂长责任和权力的统一;改变企业中党政不分的状况,企业由党委领导下的厂长负责制改为厂长负责制,企业党委从全面领导企业工作转到对企业实行保证监督;进一步健全职工代表大会制度和其他民主管理制度;把推行厂长负责制与改善企业经营机制紧密结合起来。实行厂长负责制以后,厂长的作用有了明显的增强,通过领导班子的调整,多数企业的厂长已具有较高的政治、文化和技术素质。据市区182个试点企业厂级领导班子调查,中青年干部的比例由试点前54%上升到75%,平均年龄为43岁,形成以40岁左右为骨干的梯形班子结构;大专以上文化的厂级干部由28%提高到40%,其中厂长占比由45%提高到76%。1982年,随着国家利改税的推行和企业留利资金的形成,允许企业可将留成基金按主管部门规定的比例,分别建立生产发展基金、新产品试制基金、后备基金、职工福利基金和奖励基金,并有权自行支配使用。这一改革措施使企业有权将留成资金用到真正需要的地方,调动了企业用好、用活留成资金的积极性,增强了企业自我改造能力。

通过整顿、改革和改造,常州企业普遍开始呈现生机,各项技术经济指标不仅达到了历史最好水平,许多指标还创出了全省、全国的先进水平。常州柴油机厂以改革为动力,通过创优质产品推动企业全面发展,在国内小马力柴油机生产行业中创出了产量最大、出口创汇最多、各项指标最优的业绩,有的产品性能指标还达到了国际先进水平。在开展企业改革整顿的过程中,全市树立了常州柴油机厂、常州拖拉机厂为典型,并在全市广泛开展学习"两常"(常州柴油机厂、常州拖拉机厂)的活动。①

二、探索建立新的市场体系

1. 改革商业流通体系

1981年下半年,常州商业系统在全国率先学习农村联产承包责任制的做法,开始试行经营责任制。从1981年7月到1982年8月,选择不同行业、不同企业在小范围试点,试点面约占全部零售网点的25%。主要做法是实施"一包三改"的经营承包责任制,"一包"即企业对国家承包,职工对企业承包,层层承包;"三改"即把职工工资改为基本工资加浮动工资,把综合奖改为提成工资,把平均分配改为计分计酬。1982年8月,商业部刘毅部长来常视察,充分肯定常州实行经营责任制的做法,鼓励扩大试点范围。到1982年底,有260户零售企业实行经营责任制,占市属商业企业的55%。从1983年初开始,全面实行各种形式的经营责任制。到年底已达436个,占企业总数的90%。承包责任制调动了企业和职工的积极性。实行承包制的零售商业、饮食服务企业的营业额和实现利润逐年增长。市物资系统冲破生产资料不是商品的樊笼,围绕有利生产、方便用户,更好地为生产、为重点建设、为人民生活服务的目标,陆续建立一批物资供应网点,实行"独立核算,自负盈亏",扩大了门市部的经营自主权。供销社本身是在国家扶持下,由农民入股组织起来的集体所有制合作经济组织。由于长期受"左"的影响,供销社办成"官商"。从1982年开始,常州市供销社开始进行改革,使基层合作社恢复集体合作商业性质,同时抓恢复"三性"工作,即恢复供销社组织上的群众性、管理上的民主性和经营上的灵活性。

2. 改革科技管理体制

1980年起对开发性研究所的事业费(或补贴费),规定在三五年内逐步取消,做到经济自立,到期无力自立从事研究工作的科研机构,将予以撤并或转化为技术咨询服务机构。这项改革在实施中采取了3种模式:对条件较好,有一定经济基础的化工、机电、建筑、农机、工美等5个研究所,完全取消国家财政拨款或补贴;对条件比较差,经济上尚有困难的印染、电子、塑包、蔬菜、药物、气管炎、服装、纺织产品开发等8个研究所,逐步递减国家财政拨款,递减率一般是25—50%;对新批建或虽建所多年但经济困难的建材、粮油、环境工程、能源、轻工电子、家电、水产和医学等8个研究所,国家财政拨款或补贴暂时照发,继续扶持,如经过整顿改革,无切实措施和明显进步的,则予以撤并。

---

① 《常州改革开放记忆》,浦国荣《"六五"时期常州工业发展》,第2—15页。

从 1982 年开始，为提高科研资金的使用效率，规定对有偿投资的科研合同，由财政局按合同扣还投资，偿还资金仍由市科委作为科研再投资；允许企业把新产品的部分研制费用打入老产品成本，以老养新；对能单独核算经济效果的项目，允许从新项目投产后企业的新增利润中归还；新产品投产初期，经过批准可实行浮动试销价或暂定价，商业让利，工业保本；对于极少数企业投资较多，发展前途较好，初产时企业无利的新产品，经过审核批准可实行部分免税；银行专门开辟新产品贷款；物资部门对科研所需计划物资开辟专门渠道，切块供应。以上措施对当时新技术的研究和新产品的开发起到了"催生"和"助产"的作用。1984 年起，先是实行科技经费分类管理，对新产品研制、新工艺的应用、经济效益比较高的项目，采取贷款办法（对医药、环保等体现社会效益的项目，采取拨款包干的办法），对农村科技经费，则切块拨款（即定额拨款），由市、县科学技术委员会自主安排。

与此同时，开展与科研单位的科技协作，包括成果转让、人才培养、技术咨询、聘请顾问、学术交流等，初步形成多层次的科研生产联合体。实行共同规划、共同选题、共同开发，共同推广应用，共享成果，共分效益。到 1985 年，与院（校）一级组成的联合体已有 22 个。全市 1981—1985 年通过鉴定总结的科技项目中，约有四分之一的项目是同全国高校、科研单位联合研制成功的；全市 20 多种重点产品中，有三分之二是联合体协作的成果。1982—1984 年，每年实现的重要科技成果数，平均以 25% 的比率递增。

3. 实行财政包干制

1982 年，市政府提出学习首钢经验，实行收支挂钩、分级管理的财政包干办法，即"核定包干基数，逐年递增上缴，收支比例挂钩，超包地方分成，短包相应赔补，一定三年不变"的办法。包干收入基数以 1982 年的财政收入 5.3 亿元为基数，年递增率为 3%，作为各年递增包干应上缴的收入基数，对超过年递增包干部分，按"交三留七"的比例，留市 70%，如短收则按同比例赔补。1982 年 11 月 3 日经国务院批准的《常州、沙市经济体制综合改革试点工作座谈会纪要》，确定常州从 1983 年起实行财政递增包干（后来为了使概念确切，改称财政递增增长分成）试点。

4. "一条龙"发展演化为企业集群

20 世纪 60 年代初，常州在调整中组建起"一条龙"的生产技术协作，并不断发展这种生产组织形式，到 70 年代末，常州先后组建起灯芯绒、卡其布、手扶拖拉机等八条"龙"。在改革开放的新形势下，"一条龙"生产协作在形式、内容、范围和组织方法上，已不适应形势发展的要求。常州提出了既要"自由恋爱找对象"，又要"上下左右当红娘"的口号，进一步调整和改革企业的组织结构，在"一条龙"

图 11-1 1977 年常州灯芯绒"一条龙"生产

生产协作的基础上，组建了一种新的更高形态的生产组织——企业群体。1978 年在贯彻中共中央"调整、改革、整顿、提高"八字方针过程中，在"一条龙"的基础上，以名、优、新产品为核心，以一部分有市场优势的骨干厂为依托，采取自上而下、自下而上相结合的办法，先后组建起拖拉机、塑料、服装、医药、钟表、玻璃搪瓷、纺织机械、工艺美术、日用五金等 9 个专业公司。随着商品经济的发展、企业自主权的扩大和市场竞争形势的发展，在原有相对稳定的协作配套的基础上，由企业自愿结合、自下而上，组建起平等、互利的多层次、多形式、城乡结合的 15 个总厂。到 1981 年底，常州市组建了各种企业群体 32 个，参加各种形式经济联合体的企业占全市企业数的 55.26%，职工占 43.42%，产值占 56.57%。作为一个发展阶段，企业群体的组建，有利于树立产品优势，有利于城市企业与乡镇企业的联合发展，也为后来企业集团的组建创造了条件。

5. 外向型经济体制改革

到 70 年代末期，常州已初步形成以轻纺为主的出口商品供货基地。1978 年开始，常州由过去的单纯出口贸易开始向引进外资、引进技术、扩大对外经济技术合作等全方位推进。首先是深化外贸体制改革，由"一揽子"公司发展为市外贸局和专业公司两级经营管理体制。在这基础上，外贸公司实行改革，放开经营，由独家经营转变为工贸结合、合营联营、多渠道出口，用国际通行的灵活贸易方式，开展加工装配、补偿贸易、国际租赁等多种进出口贸易体系。1979 年常州市人均年提供出口商品额达 587.37 元，超过无锡、苏州，跃居全国中小城市首位，先后获得外贸部、全国财贸大会表彰和国务院嘉奖。至 1981 年底全市已有 140 个工厂生产出口产品，占全市工厂总数的三分之一，产品 190 多种，销往 90 多个国家和地区。1983 年常州市率先在全国获准农机自营出口。后来，国家进一步放宽地方进出口权限，常州获准地方自主对外成交签约和参与国际投标、劳务合作和承包工程，自行车、电子产品由工业部门直接对外供货履约，丝绸产品建立贸工农结合、内外贸兼营的生产经营体系。

1978年起常州自主引进外资。是年，常州服装一厂与香港溢达公司成交4条服装生产线补偿贸易。由港商提供价值95万美元的432台生产设备，工厂用本地面料生产出口服装偿还设备价款。由于引进先进技术设备，实行科学管理，产品质量稳步提高，内外销服装合格率和技术质量考核均好于国家标准，在历次全国同行质量评比中名列前茅，工厂产量、销售额和利润3年翻两番。1982年，全市纺织服装工业引进投产了13个项目，当年新增的产值和利税分别占全行业新增产值和利税的71%和79%。

在自主引进外资、引进技术设备的过程中，常州注重开发多种优质畅销、富有竞争力的新品出口。例如，当时的国棉一厂六鹤牌纯棉气流纺纱、东方印染厂狮王牌涤棉卡其、东风印染厂蝶球牌涤棉包芯烂花布、红卫色织厂黑牡丹牌靛蓝防缩劳动布、灯芯绒厂金凤牌棉灯芯绒布、针织厂大红花牌涤棉混纺T恤衫、自行车厂金狮牌彩色自行车、电池厂达立牌扣式氧化银电池、无线电元件一厂剑鱼牌碳膜电位器、无线电厂星球牌录音机、工艺鞋厂工艺鞋、卫生材料厂橡皮膏，以及木工夹、角夹等一大批出口新品种，迅速形成"拳头"，批量外销。

常州还在开展"三来一补"（来料加工、来件装配、来样生产和补偿贸易）的基础上进一步实行"三外并进"（外贸、外资、外经）。1978年，服装工业通过补偿贸易引进4条服装生产线95万美元；轻工业通过补偿贸易引进金丝球焊机和来件装配、电子手表、来料加工胶合176.80万美元；纺织工业承接来料加工纱卡其7.21万美元；电子工业承接来件装配半导体收音机、电位器3.40万美元；建材工业承接来料加工脚手架配件2.80万美元。1982年常州自行车厂利用投资银行贷款、国际租赁和技改外汇等，引进电镀、油漆、测试等自行车制造技术设备，使金狮牌自行车质量大大提高，获轻工部优质产品称号，并被推荐为全国新名牌产品之首，成为常州税利大户之一。1979年开始，常州除继续承担国家下达的援外任务外，还开拓对外劳务合作、合作生产、承包工程、境外投资等多种经济技术合作途径。出国考察、培训，引进国外（境外）先进技术，邀请外国专家合作和交流活动日益频繁。合作领域涉及建筑、建材、纺织、机械、冶金、农机、电子、轻工、塑料、饮食服务等10个行业门类，合作区域涉及美国、日本、西欧、中东、非洲等20多个国家和地区。对外经济技术合作已发展成为常州对外经济贸易的一个重要组成部分。

第三节 "全国中小城市学常州"热潮的初兴

20世纪80年代初,全国绝大多数城市面临就业安置困难、工业经济落后、生产和生活用品匮乏等突出问题,但常州却探索出一条新路。

到1981年底,常州已成为一个以轻纺为主,并有机械、电子、化工、医药、建材等产业的工业城市,工业产品有500多种,品种3000多个,出口产品190多种,年外贸收购额达4亿多元,有2个产品获得国家金质奖,9个产品获得银质奖,63个产品获得部、省优质、名牌的称号。全市平均每人国民收入已达2385元(按当时价折1428美元),由于工业企业迅速发展,用工逐步扩大,劳动就业问题已基本得到解决。常州的就业安置工作业绩名列全国第一,凡符合就业条件的初、高中毕业生都能迅速就业。常州市区1978—1980年工业增长速度分别为11.4%、12.7%和16.0%。1982年市区工业总产值和财政收入分别达到39.02亿元和5.33亿元,比1975年分别增长101.8%和28.2%,每个职工平均创工业总产值1.2万元,仅次于上海;每个职工创财政收入为1580元,名列全国第三位。至1983年市区主要经济指标与全国50个城市(除北京、天津、上海因资料不全未列入外)比较,在9项主要经济指标中,常州居第一位的有人均国民收入、全民工业企业全员劳动生产率等5项指标;居第三位的有百元产值占用定额流动资金和定额资金周转速度等2项指标;还有2项指标居第11位和第12位。这就是说,常州多数经济指标在国内同类城市中居领先地位。1983年,常州市区累计上缴国家财政收入达78.7亿元,相当于同一时期国家给常州拨款的8.2倍,相当于常州工业固定资产原值的4.4倍。如此瞩目的成就自然引起了全国的关注,再加上改革开放初期,改革之风往往从常州兴起,许多城市因此纷纷来常州学习城市改革的经验,由此"全国中小城市学常州"的热潮开始兴起。

在国内中小城市中,第一个提出并组织学常州活动的是湖北省沙市(今荆州市),从1962年起,沙市每年都要组团到常州考察与交流,并派企业与常州相关企业挂钩,开展对口学习交流活动。常州也派出技术人员,无私帮助沙市发展了灯芯绒产品。从1980年起,到常州来参观交流的人逐步增多。1981年1月10日,中央电视台来常州拍摄制作了《不在会上磨嘴皮,深入实际抓工作》《常州人民的志气》两部电视片,播放后在全国引起反响。同年4月24—29日,时任全国人大常委会副委员长、民主建国会中央委员会主任委员胡厥文一行来常视察,返京后向中共中央递送了《关于常州市工业发展情况的报告》。他在报告中说常州"为我国各地中小城市根据各自的具体情况和条件,因地制宜、因时制宜地发展自己的特点和优势,扬长避短用多快好省的办法,进行现代化建设闯出了新路,是很值得借鉴的"。1981年7月17日,新华社播发了中共中央总书记胡耀邦在报告上的批示。胡耀邦在批示中指出:"常州市是全国城市中的一个典型,希望全国一半城市都能像常州一样,吸取常州市发展中的经验和教训。"随后,国内一些专家、学者到常州进行调查研究,系统总结常州发展经验,出版反映常州发展道路的专著,探索中国式的社会主义工业化道路。《人民日报》等中央一级的新闻媒体纷纷报道常州的改革实践、发展成就和发展经验。

第四节 城市建设和社会文化事业

由于长期受"先生产、后生活"指导思想影响,常州城市建设欠债很多,而1978年、1979年6万余名上山下乡的知识青年和城镇居民集中回城,市区总人口由1975年40.48万人,至1979年增加至46.10万人,由此带来了极大的社会问题,集中表现在"住房难""吃水难"和"乘车难"三个方面。由于常州城区面积与郊区面积之比过小(仅为1:1.74,为国内同类城市的最低水平),至1978年底,常州城市布局十分混乱,工厂夹杂在居民区中;人车混行拥挤,群众乘车困难;城市供水和供电在高峰期间被迫实行工厂减产措施;城市环境"脏、乱、差",人民群众对此的呼声强烈。

面对城市百废待举的状况,常州市动员和组织全社会力量,克服建设资金紧缺的困难,勇于创新,切实做好城市规划、建设和管理工作。

一、城市规划

常州市区长期局限在戚墅堰至新闸的狭长地带发展空间,又受运河与沪宁铁路的制约,面积仅为22平方公里。1978年6月起,常州编制了《常州市城市远景规划提纲》(1980—2000),提出要进一步改造旧城市,有计划、有步骤地建设一个布局适当、有利战备、各项事业相应协调发展、自然环境良好的新型工业城市。发展规模:市区人口至1980年控制在39万人左右;建成区用地控制在20平方公里左右。后由江苏省政府于1984年批准了这一规划提纲。这一规划虽然均未能最终付诸实施,但也对当时城市建设起到了实际参考作用。

二、城市居住小区的探索

20世纪60—70年代常州采取分散进行的方式建设的清凉一村、劳动新村、西新桥一村、电子新村、机械一村、朝阳一村等住宅区,大多为二到四层的砖木结构或砖混结构楼房,由市房管部门或建设单位实行无偿分配。随着城市人口逐渐增多,到70年代末期,常州的住房矛盾日益突出,1978年全市人均居住面积仅3.49平方米,低于1949年的水平。1978年和1979年,常州在全省率先让所有上山下乡知识青年

图 11-2 1978 年常州知青回城安置房（浦北新村）

返城，并逐步安排就业。这一"民心工程"受到了全市人民的拥护。但接踵而来的是市民的住房困难更加突出，市区到处可见抗震棚和新搭起的简易披屋。面对这种现状，先由市房管局具体负责，在浦南突击建造了 300 间简易住房，作为临时过渡，把部分无房户安顿下来。但这是权宜之计，不能从根本上解决老百姓的住房难问题。于是，常州决定举全市之力，把住房问题作为首要的民生工程来抓，开始筹划建设大型的住宅小区，同时提出住宅小区应充分考虑生活配套设施和居住环境的优化，遵循"规划好、建设好、管理好"的方针。经过勘察比较，首先选定在离市中心 4 公里处的郊区五星乡花园村建设住宅小区，定名为"花园新村"。工程于 1980 年 1 月开工，至 1981 年 1 月 14 日举行竣工典礼，一个环境优美、功能配套、生活方便的居民新村就落成并交付使用。

花园新村占地 190.5 亩，总建筑面积 11.75 万平方米，建有 49 幢住宅，能容纳居民 1678 户、7000 余人。小区内部设置了托儿所、幼儿园、小学、中学、文化站、小公园等文教设施，布置了百货、副食品、菜果、粮油、煤球、小吃、理发、修理等营业项目，配置了供水加压站、银行、邮电所、居委会、街道办事处、派出所、医务室、管养段等服务设施。同时，还打通了新村向市中心的道路，配套敷设电力、通信、上下水、路灯等管线；专设公交场站，作为 3 路车的起点站，方便居民出行。花园新村采用统一征地、统一规划、统一设计、统一施工、统一配套、统一管理的方法[1]，各部门、各行业、各区域协同作战，进行社会化的大协作，是中华人民共和国成立以后第一个按照现代理念设计的城市住宅小区。

在花园新村的建设中，常州市逐步确立住宅小区建设的指导思想：首先是一切为市民着想，按照小社会的要求建设小区，不仅满足人们吃、住、休息等基本需求，而且考虑他们的学习、社交、娱乐等多种活动，满足不同年龄、层次的需要，使小区达到配套齐全、服务就近、绿化普遍、环境优美、居住安宁、交通便捷的要求；其次是小区建设与整个城市建设紧密结合，作为实现城市总体规划的重要环节；再

---

[1]《常州改革开放记忆》，洪文鑫《在岗札记》，第 121 页。

次是按照打硬仗、打大仗的要求组织施工。此外，与住宅小区建设相适应，常州还成立了公房管修段及住宅区管理委员会，加强对新村的管理，开展创建文明住宅小区的活动。

花园新村建设与管理的经验，在当时引起了较大的反响，国家建委、国家城建总局以至国务院总理都专程进行考察，认为是全国的首创，要在全国推广，并由此为契机，启动了中国的住房制度改革。1981年9月，中国房屋建设开发公司常州市公司由市住宅统建办公室和城市改造办公室合并组建成立，这是中国房屋建设开发公司的第一家分公司，也是全国各大中城市中第一个成立的房地产开发公司，成为常州在城市建设中的又一个全国第一。公司成立以后积极推行房屋建设的社会化和商品化，运用经济手段，对房屋建设和城市改造实行综合开发，使新建住宅区、旧城改造等有计划、有秩序地进行，更好地发挥了社会综合经济效果，加快了城市建设步伐。市政府还把1月14日定为常州的"住宅节"，决定每年这个时候建成一个住宅小区，使常州市民都能早日住上舒适的房子。从1982年起，公司以每年竣工一个新村并交付使用的速度进行建设，先后建成了清潭、北环、丽华、红梅等新村，改变了分散落后的小生产方式，拓宽了房地产业的新视野，房地产开发企业也在常州应运而生。其中1982年开始建设的清潭新村获得了国家优质工程银质奖，小区规划获江苏省第二次优秀设计奖，中央领导人曾多次来此参观并题词留念，成为常州住宅建设的又一个里程碑。

三、市政建设

1977年起，市政府先后就市政工程设施管理、治理污染、开征城市维护建设税等发布了一批规范性文件，拓宽新丰街、兰陵路，新建常锡公路。其中1977年起实施的新丰街改建是常州市区第一条道路拓改结合临街改建的大街。此前，市区主干道一般宽14米左右，为快慢车道不分隔的一块板型，道路基础多为弹石路面加铺沥青。从新丰街改建起，市区主干道逐渐改为宽36米左右、快慢车道分隔的三块板型式，路面结构改为二渣基础+碎石+面层。同时按统一规划对临街进行改建。1979年9月新建文化宫广场，总面积11212平方米，其中绿化面积3438平方米。

1981年投资3540万元整治京杭大运河常州段，由五级航道提升为四级航道，发展雨、污水分流的排水网系，设置机械化垃圾中转站、生活污水处理厂，开辟了兰园等公共绿地。为解决市民的饮水难问题，从1980年起，国家、省、市共同投资2085万元，建设长江引水工程，从此常州人民开始吃上了长江水，改变了常州水源不足和世世代代吃运河水的状况。1977年和1980年先后创办民用石油液化气、管道煤气事业，并成立煤气公司。城市公交线路增至15条，农村线路4条。万人平均占

图 11-3 1980 年运河常州段第一期拓宽工程

图 11-4 运河拓宽工程中拆除老桥

有车辆居全省城市第二位,并成立出租汽车公司。城市照明采用新光源、新技术,不仅增加线路灯盏,而且讲求美观、节能,增加亮度。1981年在原有1.3万亩菜田中建立7130亩稳产高产的蔬菜基地,解决老百姓的吃菜难问题。还建设了一批社会事业项目,扩建、迁建、新建中医院、第三人民医院、妇幼保健医院;整修天宁寺等文物古迹;维修了一批中小学危房。

四、文化事业的恢复和高等教育的初步发展

1979年1月15日,经党中央和国务院批准,中科院正式恢复学部活动,并立即开始增补学部委员工作。1980年11月,各学部进行差额、无记名投票,增选了283位学部委员,其中庄逢甘、杨澄中、吴旻、吴阶平、蔡旭、吴汝康、董申保、吕保维、谈镐生、彭少逸、方俊等11位常州籍学者当选为学部委员。

随着学术和文化事业的逐渐恢复,常州籍学者在人文社会科学方面也取得了卓越的成就。有代表性的人物如:

姜椿芳(1912—1987),别名椒山,笔名有林陵、什之、厚非、江水、叔懋、侯飞筠、蠹仿、绿波、常江等,武进人。1978年底,姜椿芳被任命为《中国大百科全书》总编委员会副主任,1982年任中国大百科全书出版社总编辑。通过15年努力,涵盖哲学、历史、社科、文艺、教育、自然科学、工程技术等66个学科及知识门类,共74卷、1.2亿字的《中国大百科全书》终于出版。

图11-5 工作中的姜椿芳

阿甲(1907—1994),原名符律衡,又名符正,武进人。阿甲长期从事戏曲编导、表演艺术实践。新中国成立后,历任文化部戏曲改进局艺术处研究室主任,中国戏曲研究院研究室主任,中国京剧院总导演、副院长(梅兰芳为院长)、名誉院长,中国戏剧家协会副主席,全国政协委员。1964年改编和导演京剧现代戏《红灯记》,受到不公正待遇。1980年代指导和帮助京剧团体、江苏省昆剧院排演《李慧娘》《烂柯山》等戏剧,获得成功。代表著作有《戏曲表演论集》,为建立中国戏曲美学和表演理论体系作了有益的探索和实践。

谢稚柳(1910—1997),原名稚,字稚柳,以字行,晚号壮暮生,斋名鱼饮溪堂、

图 11-6 1990 年阿甲（右）在排戏

杜斋、烟江楼、苦篁斋，常州人，著名书画家和文物鉴定家。1950 年被聘为上海市文物管理委员会编纂，主持古画鉴别，负责文物收购、荟集文物及管理。1980 年代起，文化部文物局成立以其为组长的中国书画鉴定小组，对全国现存古书画进行全面、系统调查和鉴定。

高晓声（1928—1999），武进人。1957 年与方之、陆文夫、叶至诚等发起成立"探索者"文学社团，负责起草《"探索者"文学月刊启事》，发表探索小说《不幸》，被打成右派遣送武进农村"劳动改造"。1979 年陆续在《雨花》《人民文学》《上海文学》《钟山》等文学刊物上发表创作题材都来自农村现实的 11 部短篇小说。其中《李顺大造屋》《陈奂生上城》分获 1979 年和 1980 年全国优秀短篇小说奖。高晓声寄情农村生活，善于在普通农民的日常生活中发现并揭示具有重大意义的社会问题，以塑造"陈奂生"典型农民形象而获得高度评价。"陈奂生"体现了中国农村在经济体制改革中所发生的深刻变化和广大农民艰难行进的身影，被视为是反思农村改革题材小说的代表人物。

常州人文历史悠久，是一座书香城市，但是在改革开放之前，常州基本上没有高等教育，特别是失去了 20 世纪 50 年代高等教育院系调整的发展机遇，一定程度上影响了常州人才的集聚和文化素质的提高。粉碎"四人帮"后，化工部需要在江苏办一所化工类的大学——江苏化工学院，委托省化工厅选址和筹建。最初，省政府决定把这所大学办在无锡，1978年，省化工厅长胡翠华带了几名助手去无锡选择校址，回南京时路过常州，常州市委抓住机遇，经过努力工作，使江苏化工学院落户常州，将校址选定于市委党校原址及周边地块。由于依托了市委党校的原有基础，常州又为学院的筹建提供了良好的服务，使学院在最短的时间内完成了筹建工作。1981年9月17日江苏化工学院举行开学典礼。另外，1979年在常州市职工大学的基础上筹办了常州工业基础大学（大中专），当时设立电子、通用机械、工业电气自动化、化工、土木建筑、企业管理等6个专业，1982年经教育部批准，改名常州工业技术学院，现为常州工学院。

改革开放先行发展时期(1983—1992)

第十二编

第一章 经济和管理体制改革试点城市

常州到20世纪80年代初已发展成为一个工业明星城市,引起全国的关注,得到了中央的充分肯定。常州也因此成为中国改革开放初期的最重要的改革试验田之一,承担了多项全国第一个(或第一批)的改革试点任务,赢得了"中国经济体制改革的摇篮"的美誉。1982年3月,经国务院批准,常州市被列为全国经济体制综合改革试点城市。在1984年中共十二届三中全会之前,常州根据国务院批准的"常州改革试点规划",在经济管理机构、计划管理、市领导县、工业改组联合、财政税收、金融信贷、商业、外贸、劳动工资、物资、科技、教育等12个方面进行了改革试点。中共十二届三中全会之后,常州的改革紧紧围绕搞活企业这个中心环节,按照简政放权的思路,从搞活企业、培育市场、加强宏观调控三个方面有计划有步骤地展开,逐步使改革向深层次发展。1986年1月,常州市被列入全国金融体制改革试点的5个城市之一;5月,被列为全国首批机构改革试点城市;8月,被列为社会发展综合示范试点城市。此外,常州还是全国第一个进行财政递增包干试点城市,首批补贴出售公有住房改革试点城市,全国科技体制改革试点城市,全国和全省教育综合改革试点城市等。

第一节 企业生产经营体制改革

20世纪70年代末至80年代初,常州市着手在市区部分企业进行扩大自主权、实行经济责任制的试点,局部、单项地开展企业体制改革试点。1984年5月,国务院发布《关于进一步扩大国营工业企业自主权的暂行规定》;6月,常州市出台50条具体贯彻意见,通过市长与106家国有工业企业厂长直接见面的形式,明确赋予工厂新权利。此后又出台多个规范性文件,使搞活企业的改革向配套化、制度化方向发展。

一、实行厂长负责制

1984年4月,国家体改委在常州召开全国城市经济体制改革试点工作座谈会。此后,国家体改委、国家经委确定北京、天津、上海、常州等6个城市为实行国有企业厂长负责制的试点城市。常州市按照"大胆探索、精心指导、稳步前进"的方针,率先推行试点,取得明显成效。1984年6月3日,首批13家工厂施行厂长负责制。到1984年底,全市166家企业实行了厂长(经理)负责制。1985年底,试点企业达303个,占全市611个整顿验收合格企业的49.5%。1988年底,全市95%县属以上工业企业实行厂长负责制。1992年,市委组织部在全市大中型企业试行由厂长聘任副厂级行政管理人员。到1995年,全市县属以上工业企业全部实行厂长负责制。厂长负责制实行后,出现了"五个变化":厂长的地位变了,成为企业的法人代表,是企业生产经营和行政管理的决策者、指挥者和组织者;厂长的职权变了,实现了决策权与指挥权、指挥权与用人权、用人权与奖惩权的统一;厂长的工作重点变了,由日常生产行政的组织和管理者向企业生产经营的决策者转变;厂长的责任变了,对外代表企业,行使法人的权利和义务,对上向国家全面负责。与此同时,企业党群组织的工作也发生了明显的变化,企业党委转变思想观念和工作的内容、重点、方法,摆脱了大量的行政事务,集中精力加强思想政治工作,发挥保证监督作用。企业民主管理出现了四个方面的变化:职代会的代表构成起了变化,增加了管理人员和技术人员的比例,初步形成"四三三"结构,即生产工人占40%,管理人员、技术人员各占30%;民主管理的内容起了变化,从关注奖金分配、生活福利转为关心、讨论企业的生产经营和各项改革;民主管理的作用起了变化,许多企业注意发挥职代会对各级干部实行监督的职能,建立了定期评议干部的制度;民主管理的形式起了变化,除定期召开职代会外,许多企业建立了厂长接待日制度,直接听取职工群众的意见、批评和建议,成立合理化建议委员会,组织建言献策等。1990年6月,常州市总结了常州合成纤维厂和锻造厂的经验,在国家体改委修订《厂长工作条例》座谈会上介绍了实施厂长负责制、加强党委保证监督和职工民主管理的做法。

二、扩大企业自主权

1984年6月11日,市政府颁布关于进一步扩大国营工业企业自主权的50条规定,从生产经营、产品销售、机构设置等10个方面,为企业放权、"松绑"。其主要内容是:放开全民所有制的小型企业,既可以实行集体经营、集体承包,也可以实行分散经营和个人承包等;放宽对集体企业10个方面的经济政策,如可以吸收本企业职工和外单位人员入股,按经济效益和股金进行分红等;改革统收统支、高度集中的分配制度,第一步建立企业基金制度,第二步实行各种形式的利润留成制度,第三步实行利润递增包干,第四步从1984年10月起,实行了完全的利改税制度;改革企业内部分配制度,把工资、奖金与企业经济效益挂钩,在国家核定的工资总额范围内,由企业自主选择分配形式和分配方法,分别实行全额计件工资制、浮动工资制、结构工资制、干部职务津贴和工人岗位津贴,以及对有特殊贡献的职工实行晋升制。

1984年5月31日,国营零售商业、饮食服务业的第一批35家小型企业实行由职工集体承包经营;6月7日,20家小型国营工厂施行"全民所有,集体经营,独立核算,自负盈亏"的体制改革。1986—1995年,常州市分两轮在企业全面推行承包经营责任制。第一轮承包多以三年为期,第二轮承包多以五年为期。1986年3月,市政府召开经济承包大会,市政府与纺工、机械冶金、拖拉机、电子、轻工、化工、医药、建材等8个工业公司签订为期三年的经济承包合同。1987年4月30日,市政府举行第二批企业承包合同签字仪式,市属14家全民企业、66家集体企业跨入承包行列。由此,全市90%的国有企业实行承包经营。从1990年起,市政府有关部门完善承包措施,组织实施第二轮承包。全市地方预算内工业企业签订承包合同的有125家(市区91家),占应包企业的96%;市区集体工业企业签约的有87家,占应包企业的93%;市区67家流通企业有64家签约,承包面96%。承包经营调动了经营管理者的积极性,促进了生产,一些企业实行承包经营后生产经营取得明显成效。但由于经营管理者素质的不一和监督管理方面的漏洞,也存在承包者负盈不负亏、包挂脱节、以包代管、企业技改投入不足、内部管理混乱等问题。

1988年4月,全国人大通过并颁布《中华人民共和国全民所有制工业企业法》,企业的经营自主权有了法理依据。常州市制订了6个文件共88条扩大企业自主权的规定,还针对国有小型工业企业、集体所有制工业企业等分别制订扩权规定。1993年,常州市出台《全民所有制工业企业转换经营机制实施意见》,市有关部门清理废止了39个市级文件,工业企业全面实行"六自主",即生产自主经营,投资自主决策,产品自主定价,分配自主决定,用工自主安排,机构自主设置。

三、发展企业横向联合

改革开放以后,常州市在"一条龙"生产协作的基础上,组建了一种新的更高形态的生产组织——企业群体。企业群体是各有关企业根据生产力发展的客观需要和经济活动的内在联系,按照"三自"(自愿互利、自上而下、自由结合)、"三不变"(群体内部各企业的所有制、隶属关系、财政解缴渠道不变)的原则组建,参与企业在生产、销售、技术、质量标准、经济利益方面实行紧密联合。到1984年底,常州市组建的各种企业群体32个,参加群体的企业有202家,当年实现的工业产值和利税分别占全市的17%和22%。1985年3月,由常州东风印染厂名优产品为龙头,由9个城市的23家企业联合成立蝶球纺织印染联合公司,是全国纺织行业中第一个跨地区的企业群体。在1985年全国体改工作会议上,常州市发展企业群体的经验向全国做了推广。至1988年底,全市有企业群体82个。

随着城乡经济体制改革的不断深入,所有制性质、隶属关系、财政解缴渠道的"三不变"原则,越来越成为企业群体发展的束缚和障碍,常州市的企业群体开始向更高的组织形式——企业集团发展。企业集团以大中型骨干企业为主体,集科研、生产、贸易、服务于一体,集团内部按照生产要素配置及经营管理的紧密程度,形成核心层、紧密层、半紧密层和松散层4个层次,实行跨行业、跨地区、跨所有制多层次联合,以兼(合)并、托管、承包、租赁、控股为联结企业的重要形式。股份制进入企业集团后,实现了企业集团更高层次的联合——资产联合。1987年起,常州市把组建和发展企业集团作为发展经济、深化改革的突破口来抓,积极组织企业联老外(外资)、联老大(大企业、大集团)、联老乡(市郊、县、乡企业)、联科技(高校、科研院所),组建具有行业特色、技术水平高、市场容量大、规模效益好的企业集团,企业横向联合进入新阶段。1988年4月,常柴集团成立,以江苏常柴集团有限公司(常州柴油机厂)为核心,由23个省份的267个单位组成,其中紧密层企业23家、半紧密层企业88家、松散层企业155个,是江苏省第八个成立的省级重点大型企业集团。至1988年底,全市产值在1亿元、实现利润在1000万元以上的企业集团有金狮自行车、蝶球纺织印染、东南化工、塑料、常柴、常拖、水月纺织印染、常林、长江客车集团等。1990年有9家企业加入宝钢集团、熊猫集团等8个全国性大集团、大公司,1991年又有9家市属企业加入10个全国性大集团、大公司。1992年起,为适应国内外市场

图 12-1　金狮自行车股份公司成立

竞争不断加剧、对外开放与合资合作逐步深化的新形势,常州市把调整企业组织结构作为一项战略任务来抓,推进组建了一批省、市级企业集团。1992年,市区组建了常州宝马电机集团公司、国光电子总公司等7家企业集团,全市企业集团达62家。

四、企业股份制改革起步

从20世纪80年代中后期起,常州市将股份制改革作为企业改革的重要环节来抓,企业产权制度改革逐步展开。80年代中后期为建立存量型股份制企业阶段,企业从生产经营联合走向资金联合,强化企业间联系的纽带。90年代初,为形成增量型股份制企业阶段,即企业集团核心层通过增量的投入对紧密层企业实行控股,对半紧密层企业实行参股。1987年,金狮自行车股份有限公司向集团成员企业和成员企业职工发行股票。1992年开始进入股份制规范试点阶段。

第二节 城市管理体制改革

1983年,常州市按照精干的原则进行了市级机关的机构改革,使领导班子成员的平均年龄有了降低,干部的专业化、知识化程度有了提高;根据政社分设的原则,分别建立了143个乡(镇)一级政府、经济联合委员会和1714个村民委员会。随着改革的深入和经济的发展,原有的城区功能已不能适应新的形势要求。从1986年9月开始,常州市对城区进行了以"一调三放"为主要内容的改革探索。"一调"就是调整郊区行政区划,将原来建制"小而全"的4个城区调整合并为3个城区,撤销广化区,将原广化区的行政区域分别划归钟楼区和天宁区,将武进县的三井、青龙、北港、西林4个乡划归常州市郊区管辖,使城郊面积比例从1:2变为接近1:4。同时,在离市区较远的戚墅堰区试行了区带乡体制,将武进县的潞城乡、郊区的丁堰乡及雕庄乡的梅港村划归戚墅堰区管辖。"三放"就是三个权力下放,一是下放零售商业、服务业管理权;二是下放城市建设管理权,把城市改造开发、市政养护、环卫、园林绿化、房地产、环境建设、城市综合治理七方面的管理权下放给城区;三是下放财税管理权,试行"划分收支范围、确定基数、基数比例挂钩、增长另外分成"的办法,明确市、区财政的范围和功能,从而调动了各区增产增收的积极性。这项改革一直持续到2002年。与此同时,积极探索制度化、规范化管理公共事务的新方法,逐步建立完善了工作管理制度和目标管理体系、规范性经济管理体系等。

1983年,常州市按照国务院批准的《常州市经济体制综合改革初步规划》,在总结过去"一条龙"专业化协作经验的基础上,将工业管理局改组为企业性公司。4月11日,常州市委、市政府决定撤销纺工、机械、无线电、轻工、化工、建材等6

个行政性工业局，组建纺工、机械冶金、电子、轻工、化工等 11 个工业公司，成为相对独立的企业性单位。市各综合部门将计划、劳动工资、物价、干部任免、机构设置等五个方面 21 条权力下放给工业公司。按照国务院批准对市区实行财政递增包干的体制，对 8 个工业公司采取利改税和递增包干相结合的形式，试行"核定包干基数，逐年递增上交，超包比例分成，短包比例赔补，一定三年不变"的承包办法，使企业内有动力，外有压力，进一步增强了活力，经济效益显著提高。电子、化工、冶金机电、拖拉机、医药、轻工、建材等 7 个工业公司的上交利税分别比上年增加 10% 到 40% 以上。

1986 年，常州市被国务院确定为全国 16 个中等城市机构改革试点市之一。常州市按照国家和省关于"政企职责分开、党政合理分工、简政放权、搞活企业"的要求，在对城区"一调三放"的同时，从 1987 年起实施了工业管理机构改革。将工业公司的综合经济管理职能转到市有关经济管理部门，行业行政管理职能集中到市行业主管部门，撤销了 11 个政企合一的工业公司及其党委，组建了纺织行业管理局和机械冶金、轻工业、电子、化工、建材、塑料、医药等 7 个行业管理办公室，同时成立 3 个党的基层工作委员会。这种"整体未动，局部先行""上下未改，中间突破"的改革，在对口联系工作，寻求上级支持方面非常为难，遇到了难以逾越的障碍，后来又不得不重新恢复工业局建制。这些问题的出现，从客观上说明城市改革受到宏观环境的制约，以及各方面承受能力的影响。1989 年 8 月，市委、市政府在认真总结工业管理机构改革经验和教训的基础上与 7 个行业相对立，建立了 8 个行业工会联合会，对改革后的工业管理机构作了调整和完善，撤销了 8 个行业管理局（办公室），组建了纺织、机械冶金、电子、化工、轻工、医药等 6 个工业（管理）局，作为市政府主管部门，进入政府序列。与工业局相对应，对口设置了 6 个党的工作委员会，作为市委的派出机构。新的工业管理机构从 1989 年 9 月 1 日开始运转，各方面反映较好，适应了经济发展的形势。

第三节 金融财政体制改革

一、金融改革试点

1986 年 1 月，国家体改委、人民银行总行在广州召开专题研究金融体制改革会议，并报经国务院同意，确定深圳、广州、武汉、沈阳、常州为全国首批金融体制改革试点城市，其中常州是唯一的中小城市。试点的主要内容是：在加强金融宏观调控的同时，通过改革金融计划管理、金融机构、金融企业经营机制，建立和发展金融市场，增加信贷资金总量，提高资金自给比重，合理调整资金结构，促进经济振兴。

人民银行常州分行建立了银行联席会议（后发展为理事会），讨论制定了常州金融改革总体方案，重点在发展短期资本市场、设立多种金融机构、创新多种信用工具、探索专业银行企业化经营等方面进行改革尝试。当年，常州成立了独立核算的保险宏达投资公司、农业银行信托投资公司、和平路城市信用社，增设了4个邮政储蓄网点和4个联办储蓄所；开展了商业信用票据化工作，开办了商业承兑票据贴现和再贴现业务；扩大了同城票据交换业务范围，把武进县的湖塘、横林、奔牛三大镇的金融机构纳入同城票据交换；在取得各总、分行的同意下，经市政府批准，分别核定了各专业银行的补充信贷基金率、利润留成率和费用成本率；研究制定了银行经营管理责任制和储蓄所承包责任制。

一系列的改革措施，推动常州金融业务迅猛发展。1986年银行信贷资金自给率由上年的49.7%提高到54.7%，保费收入增长62%。常州的金融改革成果相继在北京、大连两次全国性金融改革会议上作了汇报，人民银行总行副行长刘鸿儒带队专程到常州作金融改革情况调研，全国有70多个城市的140多批代表团来常州学习交流金融改革经验，常州成为金融体制改革明星城市。

常州是一个原料、市场"两头在外"的新兴工业城市，信贷资金运行一直是贷大于存，资金严重短缺。1984年9月，常州市金属公司与北京首都钢铁公司达成一项钢材协作协议，首钢以优惠价格供应超产钢材4万吨，支持常州建设，要求常州提供3000万元资金给首钢使用。当时，常州的金融系统无法提供这笔巨额资金，唯一的办法是向外省市银行借钱，但自1949年以来尚无先例。人民银行常州分行以全国金融改革试点城市的身份，与人民银行北京分行磋商，最后签订了资金拆借协议，成功引进3000万元资金，以北京的资金买了北京的钢材，用于常州建设。新华社、中央人民广播电台对此事均作了采访报道。人民银行常州分行就此在全省计划经济工作会议上作了经验介绍。

1985年，常州金融系统积极开拓融资渠道，逐步建立起多层次的融资网络。一是全国12个地级以上城市人民银行融资网，该网络由人民银行武汉分行发起，南京、重庆、常州等12个城市人民银行组成。各行按旬拍发电报，互通资金余缺情况，随时融通资金。二是跨省三市15个银行组成的网络，由常州、湖州、嘉兴三市人民银行牵头，组织各市的人民银行、工商银行、农业银行、中国银行、建设银行15个分行参加，每月由三市人民银行以书面方式交流资金情况，提供融资信息。三是江苏省内融资网络，由苏州、常州、无锡、南京、镇江、南通等六市的人民银行组成。四是常州市辖内所有金融机构组成的融资网络，由人民银行常州分行协调管理。多层次的融资网络促进了资金的横向融通,大大提高了资金使用效益。1985年至1986年,常州从外地拆入资金4.3亿元,是当时人民银行对各专业银行发放临时贷款的3.6倍,有效地缓解了资金供需矛盾,促进了经济发展。1987年3月3日,常州市资金市场正式成立,当年即引进资金6.16亿元。到1988年,常州资金市场与全国150多个城市建立了资金融通关系。1987年至1990年,常州资金市场共拆入资金22亿元,为地方经济发展做出了积极贡献。

二、在全国率先试行财政递增包干制

经国务院批准,从1983年起,常州在全国城市中第一个进行财政递增包干试点,1983—1989年,常州共实施了两轮财政递增包干体制试点。财政递增包干的主要内容是:在1982年分成体制的基础上"核定包干基数,逐年递增上缴,收支比例挂钩,超包地方分成,短包相应赔补,一定三年不变"。核定市区以1982年的财政收入5.3亿元为收入包干基数,收支挂钩比例考虑到水产、供销企业下放、电力纳税环节调整等因素定为8.2%,收入基数每年递增上交率为3%,3%以内的收入按省对市原体制进行分成(总额分成5%、增收分成15%),超过3%以上部分收入,常州市留用70%、上缴30%,短包相应赔补70%,市级超包分成即70%部分,由中央与省按财政体制分别负担。凡遇国家重大经济政策变动,除有专项规定者外,均不调整收入基数与分成办法。在第一轮(1983—1985年)承包取得较好成效的情况下,常州市与财政部商定继续采用承包办法。第二轮(1986—1989年)基数和递增率都有所调高,分成办法不变。这四年中,由于价格等多项改革和政策措施出台,地方收入下降,支出幅度提高。因此,中央对常州市区财政体制作了两次调整。1987年底,将年递增率在1986年收入实绩基数上由6%降低到4%,基数分成比例由4.97%提高到8.73%,超递增部分地方分成比例由70%降低到60%。1988年底,将年递增率由4%降低到3.7%,基数分成比例由8.73%提高到10%;超递增部分全留,并对当年短包的1232万元免于赔补。

为落实包干任务,市与各有关工业公司签订承包合同,公司对企业也实行多种形式的承包办法。1985年,在市郊及县所属的乡全面推行了乡一级财政;1987年市同区实行财政包干,划定收支范围,确定收支基数,收支比例挂钩,超包1987年按10%,1988年、1989年按15%分成。

1989年6月,全国财政体制进行改革,江苏省也实行递增包干财政体制。财政部决定从1989年起,常州市级财政体制由过去与财政部单独核算,改为并入江苏省财政统一结算,常州试点至此结束。总的来看,常州的财政体制改革试点取得了应有的成效,为在全国范围内实行财政包干体制探索了路子,提供了经验。一是在保证国家稳定增收的前提下，调动了地方增产增收的积极性。第一期承包三年中，常州市区工业生产平均每年递增 15.6%，财政收入平均每年递增 9.88%，好于省内同类城市。三年中，常州市区累计财政收入 17.8 亿元，其中，上缴中央、省 15.31 亿元，占 86.04%，市得 2.49 亿元，占 13.96%。二是增强了企业活力，推动了企业得技术改造和技术进步。第一期包干中，各工业公司和企业得到超包分成资金 2907 万元，增加了自有资金，使技改投入量增大、进度加快。前三年，常州市区完成技术改造（包括引进）项目 765 项，累计完成投资 5.18 亿元，新增产值 15 亿元，新增 2.78 亿元。三是依靠自我积累，加快了城市改造和基础设施建设的步伐。第一期包干三年中，常州市得到的超包分成，除返还企业外，有 8958 万元补充了地方财力，相应地增加了常州城市建设的资金，常州建成了一批基础设施项目，科学、文教、卫生等事业的支出也有较多增长。但由于这种改革方案，没有考虑到大环境变化对一个地区发展的影响，在价格体制、税收制度、市场机制等尚未完善和国家宏观调控、经济政策调整变动较大的条件下，随着全国经济体制改革特别是价格体系改革的推进，以加工工业为主的常州，财政收入受到较大影响，比如纺织品两次大幅度调价，常州市纺织企业减收较多，减收需要赔付，因此在后一阶段，市级财政的减收增支增加了地方经济发展的困难。

第四节 初步建立市场体系

1979 年，常州市开始着手市场体系建设。1982 年国务院确定常州市为国家综合配套改革试点城市后，市场体系建设步伐加快，陆续兴建了农副产品、工业品、粮油、生产资料四大贸易中心和以迎春小商品市场为代表的一批集贸市场，并在全国率先建立起物资综合商场。各类要素市场也逐步发展起来，1987 年 3 月，常州市建立全省第一家会员制金融市场；1988 年以后，常州市劳务市场、人才市场、技术市场、信息市场等相继建立。到 1990 年底，全市初步形成了门类比较齐全的市场体系框架。

一、商品市场建设

随着社会主义商品经济的发展，一批与人民生活密切相关的农副产品、日用消费品市场应运而生。被誉为"香港市场"的常州迎春市场是常州第一个大型小商品专业市场，也开了全省的小商品市场发展的先河。该市场始建于 1980 年初，原称惠民桥小商品市场。1982 年，市政府根据城市建设规划，将其迁移扩建成位于后北岸的常州迎春市场。市场纵深 630 米，总面积 1.06 万平方米，共有国有、集体、个体摊位 642 个，近百家商店，经营食品、服装、针织品、床上用品、家电等 26 个大类

图 12-2 1982 年常州迎春市场

3000 多个品种。1991 年成交额达到 1.13 亿元，是全市第一个年成交额突破亿元的专业市场。迎春市场深受百姓欢迎，在周边城市甚至全国都有一定影响，各地来参观学习的人络绎不绝，曾经是国家领导人来常视察的参观点。此后，表场农副产品批发交易市场、中山路粮油市场、西新桥综合市场、溧阳江南春市场等一批市场由原来的小型集市经改、扩、新建相继开业。到 1980 年代后期，一批其他类型的市场也不断出现。1987 年 5 月 12 日，常州市钢材市场正式开业，常州市成为全国第二批建立钢材市场的地区之一。

进入 20 世纪 90 年代后，全市商品交易市场进入了快速发展阶段。1991 年，先后建成常州针纺织品交易市场、湖塘纺织品批发市场、机电产品和塑料产品专业市场、溧阳市苏浙皖边界市场等一批专业市场；1991 年 11 月，为解决城市蔬菜供应问题，市长办公会议决定，在城郊接合部的凌家塘建一个批发市场，并列入常州市第八个五年规划时期重点工程之一。第一期工程于 1992 年 2 月动工，同年 9 月 28 日正式开业，当年交易量 3500 万公斤、交易额 4741 万元。至 90 年代中期以后，凌家塘农副产品批发市场已成为江苏省规模最大、集散功能最强的农副产品批发市场，也是华东地区最大的农副产品集散中心。1992 年，又建成武进工业品交易市场、常州百货站"城中城"等一批新市场。至 1993 年底，全市共建有各类市场近 350 个，在各类市场中，苏浙皖边界市场、武进县生产资料市场被分别列入省农副产品和生产资料十大市场行列，年销售额超亿元的商品市场 11 个。

二、流通体制改革

流通体制改革是建立市场体系的必要环节。中共十一届三中全会后，对原有的计划经济体制进行改革，逐步建立社会主义有计划商品经济体制。常州市作为国务院批准的第一批综合改革试点城市，其流通领域的改革既受宏观经济体制改革的影响和作用，又具有开创性、超前性，许多改革曾领先于全国流通领域的改革。

1980 年开始，物资流通出现两种资源（计划内、计划外）、两种价格（计划内价格、计划外价格），常州市实行"两统一"（两种资源统一经营、统一调度）、"三分开"（指标、价格、核算分开）的管理办法，使计划内、外物资既能统一调度使用，又严格区别、互不混淆。由物资局下属公司——金属、机电、农机、化轻、建材、木材等 6 个专业公司设立的经营部，同商场本身设立的综合经营部共同组成经济联合体。它们各自在商场设立专柜，拿出 20% 左右的计划内物资和计划外组织的物资，放在商场内经营。在经营范围上，以适用工业生产资料为主，辅以经营 5 种交叉商品：国家允许交叉经营的商品，节约代用和综合利用的商品，随主商品配套供应的商品，简单加工的延伸产品，尚未明确归口经营的商品。开业以来经营范围不断扩大，经营品种 1981 年 4 月为 784 种、1500 多个规格，1984 年增加到 1500 个品种、1.66 万个规格。1986 年，生产维修用的钢材、木材，工业生产用的煤炭以及物资部门从计划外组织进来的主要物资，不再列入指令性分配计划，实行由专业公司与用户直接按需衔接供应；指令性计划分配比重大幅下调。1991 年，国家逐步实行计划内、外物资价格的并轨。1993 年，根据省部署，常州取消了钢材、煤炭、木材、水泥等主要物资的计划分配。至此，物资管理体制基本完成由单一的计划分配向市场调节为主的过渡。

与此同时，物资价格也从计划价向市场价过渡。1984 年第四季度，在常州市化轻公司对计划外物资试行浮动综合定价；1985 年 7 月，明确除钢材、木材、水泥、煤炭等 10 个品种外，其余计划外物资价格均由企业自主定价；1986 年，对煤炭、钢材、木材三种主要物资，实施了以改革分配调拨供应和销售作价办法为主要内容的试点方案，对计划内、外资源均按统一市场价作价销售，改变了过去企业因享受计划比例不同而造成的不合理状况。1992 年 9 月进一步明确，除国家专项规定的品种外，其余计划外物资的定价权均放给企业。

为促进物资流通市场化，常州市积极建设生产资料市场。1981 年，先后开办 3 个物资综合商场，成立全国最早的"物资百货公司"。1985 年 7 月建成生产资料贸易中心，成为供方驻场经营、供需直接见面、进行大宗买卖的生产资料交易场所。

80年代初，常州市开始对零售商业、商业批发、企业领导体制和全市商贸管理体制进行改革，在全国率先拉开商业体制改革帷幕。1984年5月，市政府出台《关于放宽政策，进一步搞活零售商业的意见》。1987年3月，10家商业服务企业率先实行租赁经营；1989年起，组建了常州五交化批发、兰陵商业、常州食品等集团型公司；1992年12月，市政府制定30条意见，从1993年起在流通企业全面推行经营、价格、分配、用工"四放开"。第七个五年计划期间还兴建和改造了一批服务设施和商业网点，新增零售网点6100多个，比1985年增长一倍多。全市供销社系统也逐步改"官办"（政府部门）为"民办"，成为一个独立核算、自主经营、自负盈亏的农民群众合作商业组织，不仅发挥商品流通主渠道作用，还担负国家委托的农药、化肥、农膜专营和棉花统一经营的重任，对稳定物价、保障供应、繁荣市场起到了积极作用。

三、粮食购销体制改革

从1953年起，粮食一直由国家粮食部门实行计划收购、计划供应（又称统购统销）。改革开放后，国家实行定购定销和议购议销的"双轨制"，粮食市场建设开始起步。1980年，常州在中山路西端建立粮油交易市场，这是一个以批发为主、零售为辅的议购议销专业市场。1984年8月，拥有6000平方米交易场地和250万公斤储量仓库的常州粮油贸易中心在米市河旁建立。该中心与全国27个省、自治区、直辖市建立购销关系，开展粮食联购联销、代购代销、代储代运、代办代托业务。原有的国有粮食商业企业也开始推行议购议销业务，拓展市场经营。1985年，常州市取消粮食统购制度，改计划收购为合同定购，由粮食部门在播种季节前与农民协商签订定购合同。合同定购任务为国家指令性计划，在正常年景必须保证完成，定购以外的粮食和不属于定购范围的粮食可自由上市，实行多渠道经营。1986年，位于局前街的常州市首家粮油食品自选商店天宁粮油食品自选商店开业，受到群众欢迎。1987年开始实行化肥、柴油、定金与粮食定购合同"三挂钩"政策。1993年4月，国家决定放开粮食经营，取消统销，不再使用粮票，只保留定量人口的粮油供应关系；对粮食收购仍实行合同定购，但价格由市场调节。同时开始建立市级粮油储备，作为政府调控手段。为保证市场供应，1993年8月，地处小东门桥的第三粮库又兴建了常州粮油批发市场。此后，溧阳苏浙皖边界市场粮油贸中心、金坛糯米批发市场和武进大豆批发市场也相继建成。

改革开放后，粮油供应制度也发生多次变革。1981年开始销售议价粮，1985年7月，计划议价粮停止供应，居民需用议价粮补充定量的，则随行就市、自由选购。由于当时粮源还不充足，粮食市场一度出现抢购风波。1988年上半年，因部分副食品调价，加上粮贩子乘机作乱，常州市出现了四次粮油抢购风潮，特别是从5月15日至月底，群众从早到晚纷纷排队抢购，时间之长、数量之大，为解放以来所罕见。为了平息抢购风，从6月1日起实行"凭票、记证、定点、限量"的供应办法，后又实行"凭票、凭券、限量、不定点"和大米、面粉按比例供应的办法。1991年，国务院统一部署，粮油统销价格从5月1日起进行调整。1996年，全国粮食生产形势好转，市场供应充足，凭证购粮的历史从此结束。

四、要素市场建设和中介组织发展

随着改革开放的不断推进，要素市场建设的重要作用日益显现，从1980年代中后期起，常州市按照"以商品市场为基础，以要素市场为支柱"的建设原则，陆续建立了金融人力资源、房地产、运输、产权交易、中介组织等市场，为常州经济社会发展提供了有力支撑。

1. 金融市场。

中共十一届三中全会后，金融领域改革稳步推进，银行的组织体系首先发生了重大改变，建立了以人民银行为领导、国有商业银行为主体、多种金融机构并存的金融组织体系。1986年常州被确定为全国首批金融改革试点城市之后，常州市的金融市场建设开始起步。1986年6月，常州市同城票据交换所成立。1987年3月，常州市资金市场正式成立，是江苏省首家有形资金市场，主要为金融同业拆借服务；1991年6月改名为常州金融市场，实行自主经营、独立核算、自负盈亏；1993年10月，更名为江苏省融资中心常州办事处。1988年3月30日，中国银行常州分行率先在常州市发行人民币长城信用卡，填补了常州金融史上的一项空白。1988年6月，常州设立外汇调剂中心，帮助机关企事业单位进行留成外汇余额的现汇调剂，到1995年末，累计成交外汇金额8.43亿美元，对于解决全市用汇需求，推动外向型经济发展，打击外汇黑市起到了积极作用。1998年12月1日，该中心结束所有业务工作。

常州证券市场起步于1988年7月，起初主要经营国库券交易。1991年，经人民银行批准，全市有85家企业发行短期融资券1.62亿元，19家企业发行债券5300万元，交易额2.89亿元。1992年9月，经中国人民银行总行批准，成立常州证券有限公司。该公司是由地方金融、财政机构和大型工商企业集团共10个单位出资，注册资本3000万元，主要致力于开拓证券业务、拓展资金融通渠道，发展和完善证券市场。为了与全国证券大市场接轨，常州市证券有限公司分别加入上海、深圳证券交易所，成为上海、深圳证券登记公司结算会员。从1992年9月2日开始，公司着手办理上海、深圳上市股票常州地区股民开户工作。

2. 运输市场。

1984年，常州以国营运输企业为骨干，鼓励集体、个体从事交通运输，到年底，全市个体运输专业户、联户发展到1.42万户，逐步成为运输市场的一支生力军。1988年，常州市运输市场已形成多形式、多层次、多种经济成分、多种经营方式并存发展的交通运输市场新格局。1992年邓小平南方谈话发表后，常州随即出台国家、集体、私营、个体和外资"五个一齐上"办法，对运输市场实行客运、货运、运输服务、汽车维修等"五放开"，并鼓励发展豪华型客车、卧铺车、大吨位车、集装箱车和其他专用车投入运行，运输业务朝着集约化、专业化、大件运输、危险品运输等纵深发展。

3. 人力资源市场。

1988年，常州市开始建立劳务市场，先后到市、县、区劳务市场进行待业登记、就业报名的有11.66万人次，其中有7.95万人次通过劳务洽谈、交流，走上就业岗位。从此，常州劳动力就业由过去的计划安排逐步向劳动力市场方向转变。1992年11月，按照人事部关于"加快培养和发展人才市场"的要求，常州市人才市场成立。

4. 信息技术市场。

1988年9月1日，江苏省第一家信息市场常州市信息市场成立。它由19家信息机构联合组建，通过多种形式，为各行各业提供信息咨询、新产品开发、产供销动态和发展趋势预测等服务。1993年，常州市技术市场成立，后增挂信息市场牌子。常州市技术（信息）市场积极围绕技术开发、技术转让、技术咨询和技术服务开展工作，与全国各地大专院校和科研院所建立广泛联系，每年收集最新科技成果5000余项，为企业服务。

5. 房产市场。

1980年，常州开始出现房屋买卖、租赁、调换以及与房屋相关的土地使用权转让等房地产交易活动，并日趋活跃。1990年，常州成交房产交易608起，总面积3.35万平方米，成交额1058.79万元。由于当时常州市还没有建立起固定的专业市场，房地产交易一度比较混乱。为规范房地产交易行为，1992年11月20日，市政府发布《关于清理市区房地产市场的通告》，出台常州市房地产交易办法，规定今后房产交易统一在房产市场内办理。12月29日，位于吊桥路的房产专业市场建成使用，房产交易纳入规范管理。

6. 中介组织。

1980年9月16日，中国律师制度开始恢复运行，常州市当时仅有6名律师。1988年7月，常州市成立全省第一家合作制律师事务所——常州市联合律师事务所。

1985年12月，常州会计师事务所正式建立，拥有各类专职人员70余人，其中一半以上具有注册会计师资格。1987年2月，常州市审计事务所成立；1992年10月，成立常州市新区审计事务所。1991年，常州资产评估事务所成立，主要从事资产评估、会计查账、财务咨询等业务；1992年6月，常州市税务事务所成立。1992年5月25日，常州市拍卖行在市关河路成立，当年开拍七场；同年9月，苏浙皖边界市场拍卖中心挂牌；同年11月6日，常州市典当行成立，是解放后常州第一家、江苏省第二家开业的典当行。开业当年便受理乡镇、私营企业及居民个人典当业务92笔，典当金额10.8万元。常州的中介组织实现了从无到有开始起步，为经济社会发展做出了贡献。

第五节 改革开放后第一个崛起的工业新城

1983年1月，中国社会科学院乌家培等出版了专著《探索经济建设的新路子》，该书认为"常州是我国的一个明星城市"，总结常州经验对于全国中等城市发展经济有借鉴作用。1984年中宣部组织出版的《新兴城市丛书》，第一批第一个城市就是常州，而且书名直接定为《第一个崛起的常州》，常州被称为社会主义工业化道路上"第一个崛起的工业新城"；同年，著名社会学家费孝通首次把常州、苏州、无锡等地乡镇工业发展之路命名为"苏南模式"。这些极大地提高了常州在全国的知名度，创造了良好的舆论氛围。

据常州市接待部门统计，1980—1984年，常州共接待了全国各地由市以上领导干部带队的代表团3049个、38366人次。许多中央及国家领导人也专门到常视察。常州的崛起还受到了国际上的注意。1984年，外交部组织了30多个国家的驻华使节来常州来考察和访问。据统计，其间常州共接待了17458位外国朋友。

1981年，常州曾经总结其工业企业发展之路为四句话，即"充分利用，合理组织，积极改造，变通灵活"。综合而言，常州改革有四大特点：一是在指导思想上，在全国最早确立"城市工作以经济工作为中心，经济工作以工业生产为中心，工业生产以产品为中心，产品以质量、品种为中心"的思路。二是在发展模式上，走依靠现有企业，进行挖潜、革新、改造的路子。在国家没有直接投资的情况下，用母鸡生蛋、蛋生鸡、鸡生蛋的办法来发展地方经济；用滚雪球的办法，促进地方工业企业的发展。三是在运作方法上，常州在组织工业生产、发展企业中，创造出许多具有地方特色的经验。主要有："农字当头滚雪球"，通过发展农机、农药、农肥、农膜等支农产品，推动地方企业的不断发展；"小桌子拼起来唱大戏"，把众多的小企业组织起来，围绕产品开发和扩大规模，实行专业化、协作化、联合化生产；"用小孩子吃糖的方法"发展产品，嘴里吃一个，手里拿一个，眼睛看一个，脑子想一个；组织"一条龙"生产技术协作，在全国最早提出"组织起来就是生产力"的概念，抓一个产品带动一串产品，抓一个企业带动一批企业；实行"二十字"市场竞争对策，即：人无我有、人有我多、人多我好、人好我廉、人廉我新；"跑步学大庆"，即把开发成功的短线、缺门产品争取报上中央企业或部门的户口，纳入国家计划，获得"粮油"（物资和资金）关系，以求得更好更快发展。四是在抓经济工作中，坚持"积极变通、实事求是"的原则，在计划经济的框架内，千方百计，灵活变通，采用资金吃"拼盘"（把各种资金捆起来使用）、物资靠协作、人才靠引进、就业靠发展（特别是发展集体企业）等许多政策措施，解决了地方经济发展中的缺资金、缺物资、缺人才和就业难等一系列矛盾，为企业发展创造了良好的外部环境。

到 20 世纪 80 年代后期，常州工业结构性矛盾日益显现，由于经济结构调整和产品创新步伐缓慢，原有工业"拳头产品"的优势逐步丧失，而新的具有竞争力、附加值高的优势产品没有形成，工业经济的发展缺乏新兴工业和主导产业的支撑，常州工业的整体素质有所下降；在处理改革与发展、改革与开放的关系上，跟不上形势发展的要求，特别是对外开放明显落后于苏州、无锡等兄弟城市；投入不足和投资分散的矛盾并存，第七个五年计划后期固定资产投资下降的幅度较大，重点项目建设周期拉长，也成为常州被其他城市赶超的重要原因；由于企业经济效益下滑、财政递增包干体制弊端显现等多种原因，市级财政出现极度困难，对后续发展产生不利影响，常州在全国全省的知名度和影响力开始下降。

第六节 经济的治理整顿

常州和全国各地一样，在由计划经济体制向有计划的商品经济体制转变的过程中，由于法律规范的滞后和管理上的不到位，出现过一些不稳定甚至是混乱的现象，所谓"一收就死，一放就乱"。常州市按照国家和省的统一部署，从 1981 年到 1991 年，开展了两次经济领域的治理整顿工作，促进了经济社会的持续健康发展，超额完成第六个五年计划，并在国内外政治经济形势发生重大变化的情况下，努力地完成第七个五年计划。

1981 年，中共中央、国务院颁发了《关于国营工业企业全面整顿的决定》。按照中央和省的统一部署和要求，常州市从 1982 年起分期分批地对现有国营工业企业进行全面整顿和综合治理。从 1984 年起，企业整顿的范围又从国营工业企业扩展到集体工业企业，从工业企业扩展到交通、财贸等其他行业的企业，从市区企业拓展到县、区企业。这项工作历时四年，到 1985 年底基本完成，并分别进行了验收。

这次企业整顿总的要求是紧紧围绕增强企业素质，提高经济效益，充分挖掘现有企业的潜力，依靠现有企业搞好改革开放。主要任务有六项：一是整顿和建设好领导班子；二是建立健全经济责任制，搞好按劳分配；三是切实整顿基础工作，积极推行全面质量管理和全面经济核算；四是加强思想政治工作，搞好职工队伍建设；五是加强民主管理；六是认真整顿财经纪律，健全各项财经制度。常州市结合本市实际，重点抓了五项工作：一是抓组织，建立工作班子；二是抓规划，实行分类指导；三是抓验收，及时检查验收；四是抓重点，切实转变作风；五是学先进，开展学"两常"（常州柴油机厂、常州拖拉机厂）和学习上海的活动。企业整顿实行"四个结合"，即：与企业改革相结合；与企业技术改造，推广新工艺、新技术，引进国外先进技术相结合；与企业的改组联合、组建企业群体相结合；与推行现代企业管理相结合。

常州市企业整顿的主要成果表现在：整顿了领导班子，在知识化、年轻化、专业化方面前进了一大步；整顿了劳动组织，精简了机构，压缩了非生产人员，企业按定员定额组织生产，扩大了定额面，提高了劳动生产率；整顿和完善了经济责任制，加强了标准化、计量、定额、信息等一系列企业管理基础工作，推行了全面质量管理、全面经济核算、价值工程分析、目标管理等一系列现代企业管理方法，由传统管理向科学管理、现代企业管理发展；整顿了劳动纪律，加强了思想政治工作，开展了全员培训，职工队伍的素质有了明显提高；整顿了财经纪律，加强了财务会计工作，建立健全了物资、成本、固定资产、流动资金、专项资金等管理，开展了成本的预测和控制，提高了企业的财务、会计工作水平；产品质量有了明显进步，经济效益有了显著提高。

1988 年，国家和省部署了治理整顿工作。1988 年 11 月 5 日，中共常州市委六届七次全体扩大会议确定贯彻落实中央关于"治理经济环境，整顿经济秩序，全面深化改革"重大决策的具体部署和措施。常州市把贯彻中央治理整顿和深化改革的方针作为中心任务来抓，取得了六个方面的成效。一是零售物价指数升幅明显下降。常州市围绕稳定市场、平抑物价，一方面努力增加有效供给，特别是蔬菜、副食品和人民生活必需品的有效供给，全年出栏生猪 93.70 万头，出栏家禽 843 万只，水产品产量 5.12 万吨，市区合同定购蔬菜达 3.26 万吨，使部分价格稳中有降。社会商品零售总额在市场比较疲软的情况下仍完成 36.5 亿元，比上年增长 29.8%，整个城乡市场比较平稳。另一方面积极落实控涨治乱的措施，推行了物价控制目标责任制，强化监督检查和物价管理，使零售物价上涨幅度逐月回落，全年零售物价指数控制在 16.1%，比上年降低了 7.7 个百分点。二是固定资产投资规模得到控制。全市先后停缓建 269 个项目，压缩投资 4.8 亿元。三是消费基金增长过快的势头初步得到遏制。全年货币收支相抵净投放 2.47 亿元，比上年少投放 5.16 亿元，工资性现金支出比上年增幅降低 16 个百分点，全市非生产性专控商品审批数扣除物价上涨指数同口径比上年压缩 22%。四是流通领域秩序有所好转。全市确定撤并的公司共 387 家，占公司总数的 27%，1702 户商业批发企业撤销了 1183 户，占总户数的 69.5%，金融性公司只保留 1 家。严厉打击了在商品中掺杂假冒行为。五是税收专项检查成效明显。开展了个体工商户、个人租赁承包户、个人收入调节税应税人"三个"税收专项检查，共查定应补税款 2119 万元，查出偷漏税万元以上的 218 户，10 万元以上的 14 户。六是体制改革得到充实和完善。改进企业工资总额与经济效益挂钩的办法，将 14 项主要经济技术指标纳入考核内容；积极稳妥地试行了增量股份制和全员风险抵押承包；进行了工业管理机构的调整，发展和完善了一些企业局和企业集团。

1990 年，继续开展治理整顿工作。共撤并各类公司 477 个，对医药、建筑、运输等市场进行了集中清理整顿，从承包形式、工效挂钩、指标体系、审计考核、经营者奖惩等方面完善了企业承包经营责任制，稳步推进企业内部配套改革，推行企业内部共保合同和优化劳动组合，鼓励和推进跨地区、跨部门的横向联合，积极引进外地产品、技术和资金，据统计，全年共吸引外地资金 1.35 亿元。

两次治理整顿，规范了市场秩序，维护了社会稳定。但是用行政手段对经济进行过多干预，一定程度上阻碍了经济的发展和市场的繁荣。

第二章 "苏南模式"与农村改革

20 世纪 80 年代以后，常州与苏州、无锡共同创造了著名的"苏南模式"，乡镇企业的发展加上联产经营承包责任制的推进，促进了传统农业分解和转型，为本地农村带来了一系列的变革，由自给半自给经济迅速向着较大规模的商品经济转型，并使原来以粮食为主、单一种植业的产业结构转变为以农业为基础，多行业综合发展的产业结构，农村面貌发生了重大变化。

第一节 乡镇企业的迅速发展

乡镇企业的前身是农村的社队企业，是由农民或农村经济组织为主举办或合办、坐落在农村的企业。1980年代中期，一些学者把全国乡镇企业归纳为两种发展模式：一是苏南模式，以苏州、无锡、常州的乡镇集体所有制企业为代表；二是温州模式，以温州地区的乡镇个体私营企业为代表。所谓苏南模式，并不简单等同于"乡镇企业模式"，是以"农业为基础，以大中城市为依托，利用市场和市场机制，与农业上的所有制结构和经营方式相适应，举办以集体为主体的乡镇企业，以农村工业化推动农村分工、农业发展和产业结构改革，多行业的内向组合和多渠道的外向开发相结合，促进农村全面繁荣和农民的共同富裕"。[①] 当时，学者认为苏南模式有两大特征：从企业的产权角度看，以集体所有制企业为主，乡镇、村集体所有制经济份额占90%以上；从产业结构来看，以工业企业为主。以上两项，当时常州市均占93%以上。

中共十一届三中全会后，乡镇企业迎来了发展的春天，中央接连下发4个关于发展农业与农村经济的一号文件，特别是1984年的中央四号文件，进一步肯定了乡镇企业的地位、作用。邓小平同志又高度赞扬了"乡镇企业异军突起"，给广大农村干部群众以极大的鼓舞。常州市及所辖县、郊积极推动乡镇企业发展。武进县是全市乡镇工业发展最快的地区，1984年7月12日，武进县委、县政府作出《进一步发展乡镇企业的规定》，要求全面实行经济承包责任制，放开经济计划的审批权，放开体制管理的"紧箍咒"，改干部任免制为选聘制，改固定用工制为合同制，改固定工资制为浮动工资制，同时实行厂长（经理）负责制，简称"一包二放三改"。在"无粮不稳、无工不富"的政策指引下，乡镇企业以前所未有的速度发展。至1984年底，全县乡、村工业企业已达2349家，务工人员19.72万人，完成工业总产值13.06亿元；1985年出现了"遍地开花、村村冒烟"的景象，当年乡、村工业企业总数达3386家，职工22.37万人，乡、村两级工业总产值23.46亿元，分别占全县农副工总产值、工业总产值的62%和75.35%，在全县经济总量中已超过"半壁江山"。

从1978年到1990年，全市乡镇企业（含金坛、溧阳、武进，下同）从3103家发展到7618家；企业职工从15.58万人增加到62.25万人，平均每年增加近4万个就业岗位；固定资产原值从1.14亿元增加到32.36亿元，年均递增32.16%；工业总产值从4.56亿元增长到114.55亿元，年均递增30.82%。产品涉及机械、电子、纺织、化工、冶金、电力、煤炭、炼焦、石油、建材、食品、缝纫、皮革、造纸、森林工业、文教艺术等16大类。乡、村两级工业产值106.68亿元，占全市工业产值的54.6%；乡、村两级工业上缴税金3.64亿元，占全市财政收入的27.28%；完成外贸收购额7.75亿元，占全市外贸收购额的29.89%。全市农村涌现出工业产值46个超亿元的乡镇、90

---

① 顾松年等：《苏南模式研究》，南京出版社1990年版，第11页。

个超千万元的村、496 个超 500 万元的骨干企业和 113 个外贸交货额超 100 万元的出口创汇企业。

1989 年，武进剑湖前杨村实现工农业生产总产值 1.01 亿元、利税 828 万元，成为常州第一个亿元村。该村有村属企业 10 多家、固定资产 3000 万元、职工 1600 余人，主要生产直径 6.5 毫米线材、工业用铁环链、印花手帕、金属拉丝等 10 多种产品。1992 年，常州开展亿元村创建活动，当年，武进剑湖乡前杨村、礼河乡河头村、奔牛镇东桥村、横山桥镇五一村、横林镇红联村、马杭镇东升村、横林镇狄坂村、湟里镇河南村、横山桥镇西崦村、鸣凰镇鸣凰村、牛塘镇竹园村、鸣凰镇沟南村 12 个村达到亿元村的目标。

90 年代，常州被国务院发展研究中心列为全国唯一乡镇企业发展战略与政策研究重大课题探索的中等城市。常州的乡镇企业逐步认识到发展不能再靠铺新摊子，便开始围绕"三上二创一提高"（上质量、上技术、上管理，产品创优、出口创汇，提高经济效益），实施由劳动密集型向劳技密集型、由粗放经营型向集约经营型、由内向发展型向外向开拓型、由产值速度型向速度效益型转变。1989 年，常州市轻型飞机制造厂制造的 AD200 轻型飞机试飞成功。该厂是常州郊区三井乡的乡办企业，1986 年与南京航空学院共同研制 AD200 轻型飞机。1990 年参加北京第十一届亚运会"航空杯"轻小型飞行器展示会表演获航空杯奖。1990 年，常州市长江塑料机械厂荣获国家二级企业称号，在全市 6700 多家乡镇企业中，率先进入国家二级企业行列。该厂原是常州郊区五星乡的乡办厂，主要生产塑料注射成型机和四棱圆织机。1987 年，常州鸿联新型灯具装饰器材有限公司开业，实现了常州乡镇企业对外合资零的突破，开创了全省乡镇企业与外商合资合作的先河，也标志着常州乡镇企业对外合资合作进入一个新的阶段。到 1988 年底，全市出口创汇的乡镇企业已发展到 251 家，其中工贸联营的 29 家。出口产品已有 12 个大类、250 种产品。郊区永红五金工具厂、永红塑料编织厂、麻塑包装公司兰陵分公司和武进新光棉织厂、苎麻纺织厂 5 家企业获农业部颁发的"飞龙奖"，跨入了全国百家出口创汇大户的行列。常州的乡镇企业还与城市企业、国有商业物资企业、外贸企业、科研单位、大专院校、金融部门和相关企业开展了多层次、多类型、多形式的城乡横向经济联合，解决技术、人才、物资、资金、流通、市场等发展要素制约问题，积极发展规模化经营，形成了一批装备精良、规模较大、产品有竞争力的骨干企业，一批小而专、小而精、效益好的特色企业，以及在全国有一定影响的拳头产品和工业明星乡村。1992 年 10 月 28 日，武进兰陵化工（集团）公司成立，这是常州第一家村级企业集团。该集团公司以横山桥镇五一村办武进化工防腐材料厂为核心，联合 24 个单位组成，集生产、经营、服务于一体。

第二节 农村改革和农村经济发展

常州的农村改革，与全国其他地区一样，从1979—1993年大致经历了三个阶段：1979—1984年，改革"一大二公"的人民公社体制，实行家庭联产承包责任制；1985—1991年，改革流通体制，从统购派购到实行合同定购与市场调节"双轨制"，再到农产品价格放开；1992年以后，进一步深化农村改革，发展农村商品经济。1983—1992年，全市农村进行了以调整产业结构为中心的第二步改革，农村经济向商品化、专业化、社会化方向发展。1984—1987年，全市累计为国家提供商品粮20.5亿公斤。1988—1992年，全市逐步建成良种选育、繁殖、推广体系，形成市和辖市县、乡镇三级高产示范方，粮食产量每年基本稳定在150万—155万吨之间，最高年份达到165万吨。1990年，棉花和油料作物产量分别比1985年下降221%和6.4%，但水产品、蚕茧、茶叶、水果等比1985年增长40%以上。农副产品基地建设有了突破性进展，建成了武进商品粮基地、武进瘦肉型猪基地、长荡湖和滆湖大水面围养等15个基地。

一、改革人民公社三级管理体制

按照中央和省的要求，对原人民公社体制进行改革，实行政社分设新体制，县、郊人民公社均改为乡、镇，全部成立乡（镇）人民政府，同时成立乡党委，增设经济联合委员会（简称经联会），乡以下以原大队范围成立村民委员会，以3到4个生产队或自然村成立村民小组，废除大队、生产队建制。1983年2月，武进县委派工作组到雪堰公社进行政社分设试点。4月3日，武进县第一个政社分设的基层政权雪堰乡人民政府成立。至8月26日，全县公社级体制改革结束，共成立68个乡、镇人民政府。金坛县也先后成立26个乡、1个镇人民政府，溧阳县成立37个乡、3个镇人民政府。从3月到9月中旬，常州县、郊人民公社政社分设工作结束，共成立乡、镇人民政府137个。

二、多种经营和专业户

1983年，全市农村已有99.9%的生产队实行联产承包责任制，98%的生产队签订了承包合同。在实行家庭联产承包责任制过程中，农村出现了一批生产经营能手，根据自己的特长优势和当地的农业资源，承包各种专业经营项目而成为大户，俗称"专业户"。1984年中央一号文件对专业户作了很高的评价，赋予他们"农村先进生产力的代表""共同富裕的先行者""经济改革的积极分子"等桂冠。鼓励在种植业内部，从"粮食为主"向粮食、经济作物合理布局转变，农业生产内部从以种植业为主向农林牧渔业并举转变。常州和所辖县、郊也积极推动农村多种经营。溧阳县于1982年9月就召开全县多种经营专业户、重点户座谈会，明确了9项农村经济政策：充分挖掘劳力资源，让社员生财有道，劳动致富；充分挖掘人才资源，发挥能工巧匠和有技术专长的人的作用；充分利用水面资源，积极发展水产事业；充分利用荒岗薄地、房前屋后开展多种经营；充分利用现有的集体房屋和机械设备，支持社员开展多种经营；鼓励和支持社员经营家庭副业；通过生产责任制的不断完善，把专业户、重点户推动起来；促进多种形式的联合经营；划清投机倒把与劳动致富的界限。武进县于1983年3月的通知中还允许社员购买手扶拖拉机、挂桨船和农副产品加工机械，可以私人购买大、中型拖拉机和汽车，允许社队办商业、饮食业、服务业，集镇居民和农村社员经批准可以从事个体工商业，允许个体技术能手和能工巧匠带徒传艺等等。1984年，全市有各类专业户7.6万户，占总农户数的11.9%。种粮大户溧阳县汤桥乡圩庄村的蒋财喜、金坛县水北乡的梁来芳、武进县奔牛镇东桥村的张金泉三人于1989年9月评上了全国劳动模范，赴京出席全国劳动模范和先进工作者表彰大会。1985年，全市林牧副渔业产值占农业总产值的比重由1984年的25.5%上升到32.1%，1987年提高到37.7%。1993年，多种经营规模化、区域化、基地化有了新的进展，多种经营产量、产值双双创历史最高水平，全市林牧副渔业产值占农业总产值的比重达到63%。

改革开放后，武进夏溪乡政府鼓励农民发展花木生产。到1992年，夏溪4800多农户就有2500多户培育苗木花卉，种植面积有166公顷左右；花木品种发展到150多个；供销队伍有近500人，销售额从1982年的200多万元扩大到1991年的1300多万元。苗木花卉成为夏溪多种经营的拳头产品和农民发家致富的主要门路。武进洛阳为常州水蜜桃主要产地。1990年，江苏省举办优质果品评比，常州地区出产的白花水蜜桃总分荣登榜首。1979年洛阳水蜜桃总产量为1.95万公斤，1981年达5.3万公斤，1992年达75万公斤。洛阳的桃园主要集中在西部的谈家头村，1992年有桃园26公顷，约占洛阳桃园的一半。

常州的金坛、溧阳两地丘陵山区土地肥沃，适合茶树生长。改革开放后，茶园面积有所扩大，茶叶加工技术不断创新，金坛茅山青锋1984年荣获国家农牧渔业部优质产品称号，1990年荣获国家质量银质奖，为全省茶叶行业唯一的国优银奖。此后，金坛的雨花茶、雀舌茶、银芽茶、旗枪茶，溧阳的南山寿眉、水西翠柏、沙河桂茗、前峰雪莲、竹箦碧螺春等相继于1985年、1986年在国内、省内获奖。从1991年开始，溧阳市举办以弘扬茶文化、促进茶叶贸易、加强横向联系、推动经济发展为目的的中国溧阳茶叶节。首届茶叶节于1991年4月18—20日举行,中外宾客1580余人参加。

农村多种经营的发展,与国家不断完善农副产品购销政策密切相关。从1982年开始,国家对农副产品购销政策进行调整。1982年,进一步疏通农副产品进城渠道。1984年,江苏省继续减少统购、派购的品种和数量,扩大自由购销的范围。1985年,粮食、棉花取消统购,改为合同定购。定购以外的粮食、棉花随行就市,实行多渠道经营。对生猪取消派购,放开价格,实行有指导的议购议销。水产品全部放开,不再下达派购或评价上调任务。购销政策的调整完善,对调动农民生产积极性、丰富城乡居民物资供应、促进农村商品经济的发展,都起到了积极的作用。

三、农业服务体系建设

1983年,在改革人民公社三级管理体制的同时,在乡镇设立经济联合委员会,内设经营管理办公室、农业服务公司、多种经营服务公司、工业公司。村级经济组织也逐步建立。1986年,全市有156个村建立了村经济合作社或农工商实业公司。到1988年底,全市有1583个村健全了村级合作经济组织,占总村数的82.3%,其中527个村成立了村实业公司。农村社区性合作经济组织的建立健全,促进了农村集体经济的迅速发展。

1985年后,全市各级开始把农业服务体系建设作为深化农村改革的重要任务和完善双层经营体制的中心环节来抓,农村多种形式的合作经济组织不断出现。1985年,全市各种形式的经济联合体已发展到3100多个,比上年增加一倍多;乡、村两级为农副工服务的联合体已有1800多个。1987年2月,常州第一个新型乡村两级合作经济组织在郊区茶山乡诞生,乡成立实业总公司,各村设分公司。1988年,全市有600个村建立了农机服务队,常年水利服务队有315个,村级植保专业队600个。1989年,为农服务开始向网络型、配套服务的方向发展,服务机制开始由"输血型"向"造血型"转变。年末,全市建成村级综合服务队806个,占村总数的41.8%。1990年,市委要求各村建立"五统一"(统一供种、统一农技、统一农机、统一管水、统一植保)综合服务队,实行专业化、社会化服务。1991年,全市村级"五统"服务已达65%。1993年末,全市建有"有服务队伍、有工作场所、有服务设施、有服务实体"的"四有"经管站132个、"有服务队伍、有工作场所、有服务设施、有服务实体、有试验示范基地"的"五有"农技站124个、多种经营推广站56个、兽医站76个、水利站126个、农机站90个。

1987年,全市乡、村普遍建立"建农合作基金"制度,用于农田水利建设、农业服务体系建设和扶持农业规模经营、农村商品流通设施建设、开发性生产和先进技术推广支出、必要的农业补助。1989年,建农合作基金制度完善为农业合作发展基金制度，并建立了以财政专项资金为来源的市、县、乡农业发展基金制度，进一步完善了农业积累机制。

四、农业适度规模经营

20世纪80年代中后期，常州的农村经济、社会面貌发生了历史性的变化，一些经济发达的乡镇、村陆续开展了农业机械化、农业现代化试验，为农业和农村现代化建设奠定基础。1986年，常州市提出了以农机化试点带动农机化、推动本市农业发展的构想，首批有1个镇、16个村参加。1987年，将农机化试点延伸为农业现代化建设试点，市级试点单位扩大到1个镇21个村。1987年，在普遍推行家庭联产承包责任制的基础上，进行了以调整产业结构为中心的第二步改革，促进了农村经济进一步向商品化、专业化、社会化方向发展。市政府制定17条鼓励农业发展政策，积极引导农民开展适度规模经营，使承包10亩以上粮田的农户发展到1万多户。1990年，全市21个市级农业现代化试点村形成承包0.67公顷以上种粮大户264户，合计经营面积230.6公顷，创办各类农场6个，经营面积60公顷。

1992年，常州市委明确提出农业现代化建设要围绕提高农业专业化、集约化生产水平，全面推行责任田集中经营、口粮田分户经营的"两田制"，鼓励有条件的发展所有农田集中经营的"一田制"。从1992年秋播起，武进魏村镇新华村率先实行"一田制"农业规模经营。全村76.7公顷耕地划归6个农场承包。1993年初成立农业公司，为农场和农户提供机械收割、水利设施检修、稻麦自然灾害保险服务及粮食仓库和晒谷场等。村每年每公顷补贴农场主5850元，农场每年每公顷上缴村粮食10125公斤，增产减产实行全奖全赔，金额按市场价计算。村和农场配合做好丰产方、样板示范田等工作。

五、农业基础设施建设

在促进农村经济持续发展的过程中，各地加强了农田水利建设。1988年全市完成2000多万土石方，改善灌溉排涝面积62.6万亩，增加旱涝保收田4.6万亩。1989年，金坛岸头建成万亩水稻丰产方。丰产方水稻平均亩产超过600公斤，其中最高百亩丰产方单产超过700公斤。该丰产方分成6个大方、16个中方、132个小方，实行定人、定岗、定责任、定奖惩的管理办法，以农技站为核心，建立乡村组三级科技网络，做到统一供种、统一稀播壮秧技术、统一栽培模式、统一病虫害防治、统一技术培训，分户操作，使丰产目标得以成功实现。1990年，全市建成吨粮田11万亩，改造低产田11万亩，新建农田林网28万亩。1991年，用于农田水利基本建设的资金5771万元；全市新改造低产田10万亩，新建吨粮田7.2万亩，新建农田林网52.9万亩，复垦土地1.1万亩。

1991年12月开工建设魏村水利枢纽工程,这是太湖流域综合治理十大骨干工程之一,位于德胜河入江口,由武警水电二支队和武进水利工程公司负责施工,累计完成总投资7900余万元,挖填土方218万立方米,砌石2.4万立方米,浇注混凝土2.99万立方米。至1996年3月竣工。

第三章 外向型经济和非公经济

常州作为苏南模式的发源地之一,集体经济发达、公有制经济占绝对比重的所有制结构是一个重要特点。随着改革开放的推进,外向型经济和非公经济也得到了迅速的发展。但当时由于思想解放还不够,加上区位条件影响,与周边城市相比,常州在外向型经济和非公经济发展步子上仍相对较慢。

第一节 对外开放

1978年7月,常州被列为对外开放城市序列。1984年,随着中国对外开放的深入推进,常州逐步建立起对外开放的格局;1992年邓小平南方谈话发表后,常州形成了"三外"(外贸、外资、外经)齐上的新局面,为后来的全方位接轨世界,构建开放型城市奠定了坚实基础。

一、对外贸易

1978—1984年,常州对外经贸侧重于组织出口商品的货源收购,还没有自主地对外经贸合作。重点是抓好产品质量和出口计划的争取,培植了一批如"水月"牌卡其布、"月夜"牌灯芯绒等质量过硬的出口拳头产品,以"出口争光、创汇为荣"为动力,成为全国重点纺织品出口基地。与此同时,通过各类部省公司"借船出海",积极开拓对外工程承包、成套设备输出和劳务合作。1982年,常州首次签约外经合同额110万美元,完成外经营业额9万美元。至1984年,常州共签订外经合同额555万美元,完成外经营业额298万元。

1984年,国家实施了新一轮外贸体制改革。1985年2月15日,国务院、中央军委批准常州市列为外国人旅游甲类对外开放区;2月18日,中共中央、国务院批准常州市列为对外经济开放区。常州相应地进行了外贸管理体制的改革,成立了对外经济贸易委员会,积极拓展地方外贸经营权;成立了第一家地方性外贸公司——

常州对外经济技术贸易公司，并获得了对外经营权。"三资"（中外合资经营企业、中外合作经营企业、外商独资经营企业）企业成为首批拥有自营实绩的队伍，当年全市完成自营出口 128 万美元，均为"三资"企业出口。在统一对外的原则下，试行了省市联营、地方自营、工贸结合等多种经营方式，制订了鼓励多出口、多创汇的若干政策措施，出口创汇、引进外资、引进技术、对外劳务合作出现了新局面。至 1988 年，常州除了丝绸、电子以外的所有专业外贸公司都取得了近洋地区的自营权，基本摘掉了市、县外贸代购、代销、代发运的"三代店"帽子。常州柴油机厂和常州自行车总厂成为首批拥有直接对外经营权的生产企业。1987 年 1 月，纺织工业部确定常州服装行业为全国 10 个出口服装集团之一；常州电机电器总厂首批 1 万台常微牌洗衣机电机和 2000 台鸿运牌电扇电机分别出口埃及和销售到我国香港地区。1988 年，常州外贸出口达到 2858 万美元，其中外贸公司首次成为出口主力军，年出口超过 2000 万美元，自营出口生产企业出口 289 万美元。

随着外资企业加快进入常州，"三资"企业出口成为常州对外贸易的一支重要力量。1990 年，武进湖塘镇实现外贸收购额 1.11 亿元，比 1989 年增长 44.47%，成为常州市第一个外贸亿元镇。1992 年，全市外贸收购总额 57 亿元，比上年增长 88.8%。从 1991 年起，全国对外经济贸易体制改革进一步深化，实行了自负盈亏、平等竞争新机制。当年，江苏省人民政府发布《关于改革市县外贸体制的通知》规定，自 1992 年 1 月 1 日起，10 家市、辖市（县）外贸公司的机构设置、人员编制、劳资财务等全部由省划归市、辖市（县）管理。省、市、辖市（县）外贸公司在自主经营、自负盈亏、自愿结合、公平合理、互利互惠的原则下，发展各种形式的联营和合作。根据这一实施办法，依照经贸部《关于江苏省各类外贸企业撤并留方案的批复》精神，常州可保留两家自营进出口公司。经市政府同意，组建常州市对外贸易公司和常州市农机机械设备进出口公司，均为独立核算、自主经营、自负盈亏的全民所有制外贸企业，隶属外经贸委领导和管理，享有对外进出口经营权，原有其他外贸公司的对外经营并入新组建的两家公司，作为成员单位，均可以两家公司的名义对外签约成交及履约。

1992 年市外经贸委决定实施外贸企业经营机制改革，在外贸企业内部引进竞争激励机制，试行承包奖励办法，对公司领导、外贸业务人员分别确定各类考核指标及奖惩额度，对综合部门、后勤人员实行目标管理，进一步落实经济责任制，双管齐下，促进各外贸公司积极开拓，为本市外贸出口的大幅增长创造条件。

二、引进外资

1988 年 2 月，国务院决定全面推行对外贸易承包经营责任制，在自主经营、自负盈亏的道路上迈出重要一步。顺应国家改革方向，常州保留了2家自营进出口公司，即常州对外贸易公司和常州市农机机械设备进出口公司，这两家公司享有自主的对外进出口经营权，其他外贸公司实行借权经营。与此同时，中共十一届三中全会后，常州引进外资工作开始出现雏形，但引进外资的主要方式是"三来一补"（来样订货，来件装配，来料加工，补偿贸易）。1984年，"以外贸带动外资"的摸索性引进外资开始起步，一批与常州企业保持良好外贸供货关系的国外企业为了寻求长期、稳定的供货渠道，逐步与常州接触、洽谈建立合资企业，常州开始了真正意义上的引进外资。1984年9月15日，由常州继电器厂和香港好利来有限公司、好盈利公司、宝维达贸易行合资经营的企业中国常利企业有限公司（后改名为常州市佳创电子有限公司）正式开业，是常州市第一家合资企业。当年新签协议项目数12个，协议外资366万美元，实际引进外资167万美元。其中，"三资"企业数为2个，另外10个均为其他形式引进外资。1987年12月，常州鸿联新型灯具装饰器材有限公司开业，由武进横林镇红联灯具厂与香港天安工业投资有限公司于1987年6月签约成立，总投资136万美元，港方出资25%，是常州最早的乡镇工业合资企业。1988年12月，全省首家私营合资企业常州裕达塑料制品有限公司开业。1989年6月8日，武进吕墅任葛轻工塑料厂与台湾裕城企业有限公司合资成立常州常裕羽毛制品有限公司，是常州市也是江苏省成立的第一个台商合资企业。

1984年至1991年，常州引进外资的形式从间接到直接，从初级阶段的"三来一补"向合资合作方向发展。投资领域由轻纺扩展到机电、化塑、建材、食品、医药等10多个部门。同时，世界级的大公司开始关注常州，通过小规模的投资在发展中了解常州，日本丸红株式会社1987年投资成立了常州生化千红制药有限公司，成为第一个在常州投资的世界500强企业。总体上看，来常州投资的企业表现为四个"居多"：港澳资居多，嫁接式的合作方式居多，与国有集体小企业合资居多，劳动密集型项目居多。1992年，新批三资企达业555个。1992年9月10日至12日，常州市在江南春宾馆举办首次农业招商活动，洽谈项目23个，总投资3325.7万美元，其中外方投资1610.45万美元。

三、对外经济技术合作

随着对外开放步伐的加快，全市参与外经合作的企业不断增多，一些企业开始通过上挂下联，承接了一批境外工程项目，业务量不断扩大。1984年5月11日，常州冶金机械厂与美国尤尼特瑞格汽车公司合作，制造出国内第一台154吨电动轮自卸载重汽车；12月10日，国外引进的涤纶长丝生产设备在常州合成纤维厂投入生产。1985—1991年共签订外经合同额4424万美元，其中1991年外经合同额首次突破了

1000万美元，达到1431万美元；累计完成外经经营业额2641万美元。与此同时，"走出去"事业开始起步，通过对外投资、境外经营进军国际市场，提升企业的国际竞争能力。1985年9月10日，常州与省国际经济技术合作公司合资经营的中国餐馆，在阿尔及利亚首都阿尔及尔正式开张营业，标志着常州企业开始走出国门。1991年7月26日，由常州对外友好服务中心、常州东方印染厂和中国江苏国际经济技术合作公司3家投资的中国江苏餐馆在中美洲加勒比海地区的安提瓜开业，安提瓜政府总理和11个部的正副部长等80余人出席开业典礼。到1991年，全市已拥有境外企业11家。但总体而言，这一时期常州对外直接投资规模小、领域窄，主要是餐饮、贸易等，涉及的国家和地区少，参与投资的主体单一，以国有企业为主。1992年，新签劳务合作、承包工程、境外办企业等合同39个，合同额3824万美元。

四、外事旅游与对外交流

随着改革开放的深入，旅游业逐步发展起来。1986年以前的常州旅游业仅有数百名职工，全年营业收入不足300万元，是依附于外事接待、局限于城区范围的小行业。1986年，常州被国务院列为全国重点旅游发展城市后，市委、市政府开始把旅游业的发展摆上议事日程，市有关部门对一些旅游景区（点）实施小规模维修建设和整治，推出了古运河旅游、自行车旅游、蒸汽机车和农村旅游等一批特色旅游项目。1986年3月25日，常州第一艘豪华游船"龙城"号载着第一批游客——英国促进旅行社6107旅行团人员，于当日顺利到达苏州枫桥码头，一次试航成功。为了适应对外开放的需要，常州加快了接待服务设施建设。常州大酒店于1986年10月开工建设，1991年8月投入试运行，9月成为常州首家三星级旅游饭店。1991年1月，常州市旅游局成立。1992年，全市接待外国人、华侨和港澳台同胞来常旅游、参观、访问和交流的人员13297人，旅游外汇收入1750万元外汇人民币。旅游业总体规模在江苏居第六至七位。

对外交流出现空前活跃的局面。1984年6月12日，经国务院批准，同意常州市与意大利普拉托市缔结友好城市关系。1986年6月6日，常州市与意大利普拉托市正式举行缔结友好城市签约仪式。此后，常州市先后与日本高槻市、所泽市，荷兰梯尔堡市，澳大利亚赫斯特维尔市，毛里求斯荷津市，韩国南杨州市，美国罗克福德市缔结友好城市关系。1987年9月8—10日，常州市首届中外经济贸易恳谈会举行。美国、加拿大、联邦德国等10个国家和港澳地区90家企业、128名海外客商与会。共签订成交合同、供货协议、供货意向书57件，金额达2035.75万美元；签约外贸项目14个，总投资达2901.6万美元。

五、区域经济技术协作

常州是一个资源和市场"两头在外"的城市,20世纪80年代,通过加强区域经济技术协作,积极争取了一些常州工农业生产急需的资金、物资、技术、人才、设备等资源要素,有力地促进了常州经济发展;同时也有力地支持和促进了其他市、县的经济建设。

1986年5月6日至9日,由辽宁省锦州市、河南省平顶山市、江苏省常州市、江西省南昌市、福建省福州市共同发起组织,在福州市召开友好市县横向经济联合恳谈会,进行各市县之间工贸、财贸、科技、物资、外经等实质性事项的对口洽谈,达成271项合同、协议和意向书。1986年11月,福州、南昌、常州、平顶山、锦州、兰州、成都、秦皇岛、齐齐哈尔、牡丹江、阜新、安阳、襄樊、九江、铜陵等十五城市经济联合恳谈会在常州召开,会议决定在常州设立十五城市经济联合联络处,建立十五城市秘书长联席会议。1986—1994年,16个城市(后增加江西省上饶市)召开9次横向经济联合恳谈会,相互签订经济技术联合和协作合同、协议、意向书项目2800余项。

1990年,常州与苏州、无锡、杭州、嘉兴、湖州等环太湖城市共同发起成立苏锡常杭嘉湖经济技术协作区,1991年2月在苏州召开成立大会。1992年,常州又参加了长江三角洲十五城市协作办(委)主任联席会议。通过这些组织,常州加强了周边城市和上海的经济协作。

与此同时,常州按照中央和省的要求,认真做好支援边疆地区发展经济工作。1980—1992年,常州市对口支援广西;1986年起,常州对口支援新疆塔城地区;1992年起对口支援三峡工程库区移民,先后对口支援了四川省涪陵市和重庆市云阳县、湖北省秭归县,被国务院和省政府表彰为先进单位。

第二节 非公有制经济的兴起

1949年中华人民共和国成立后,国家对私营经济逐步采取限制措施,特别是社会主义工商业改造后,私营个体经济比重更小。1976年,常州市的个体工商户仅有358户,从业人员只有407人。

1983年12月13日至14日,常州市召开首届个体劳动者代表大会。会上成立了全省第一个个体劳动者协会联合会(1986年3月改名为"常州市个体劳动者协会")。出席大会的有市区、武进、金坛和溧阳县的个体劳动者代表194人。1984年,中共十二届三中全会提出了"实行国家、集体、个人一起上,发展多种经济形式和多种经营"

的方针，第一次明确了个体经济是社会主义必要的、有益的补充。常州个体经济到1985年发展到39357户，从业人员55033人，个体工商户数比1978年增加了20多倍。其中，武进县个体工商户为21598户、27901人，金坛县为5750户、9829人，溧阳县为9042户、13213人。从1978年11月至1985年，个体工商业的发展在行业结构等方面又有新的突破。在行业结构上，常州市打破了以往只准经营"五小"（即：小百货、小五金、小土产、小日杂、小手工业品）的限制，允许"一业为主，兼营相近的行业"。经营方式可以自产自销、来料加工，可以经销、代销、代购、代运、代储、城乡贩运，可以零售，也可以在国家规定范围内批量销售。允许请帮手、带徒弟。随着经济的快速发展，对服务业的需求增强，第三产业蓬勃兴起。从事第三产业的个体工商户越来越多，1985年常州市区的2967户个体户中，从事第三产业的有2542户，占总户数的85.68%。其中有运输业79户，商业1036户，饮食业760户，服务业372户，修理业290户。一些为经济建设和人民生活服务的工艺装潢、工程设计信息资讯等新型行业也逐步兴起。个体经营积累的速度也大大加快。1981年市区个体经营户的登记资金平均每户为61.81元，至1985年已达到613.75元，4年间增长9倍。在人员组成上突破了一家一户的范围，请帮手、带学徒、雇工经营的户数大大增加。

1986年，全市认真贯彻落实邓小平关于"让一部分人先富起来"的战略思想，个体工商户继续稳定发展。到1990年底，全市共有个体工商户44261户、65842人，年工业产值15995.4万元，营业额67998.5万元，其中零售营业额占83%。自愿组织的个体合伙经营企业也从无到有，逐步发展。到1989年末，全市共有个人合伙企业3647户，从业人员16835人。

1987年10月召开的中共十三大，第一次明确了私营企业的合法地位；1988年，国务院颁发《中华人民共和国私营企业暂行条例》。1988年8月，改革开放后常州市首家私营企业高达实业有限公司创立。此后不久，便由1988年的18户迅速发展到1990年的1442户，投资者2253人，注册资金7479.2万元，拥有职工15019人。其中，独资企业1052户，拥有职工10125人；合伙企业356户，投资者1079人，职工4220人；有限责任公司34户，投资者122人，职工674人。1990年私营企业年产值10028.5万元，出口创汇10.2万元。

1992年10月召开的中共十四大确立了个体经济、私营经济的重要地位。1992年11月11—12日，常州市私营企业协会成立并召开第一次代表大会，产生首届理事会，通过《常州市私营企业协会章程》，此时全市私营企业已发展到1851家。

第四章 社会事业的探索与发展

社会事业是反映城市经济发展水平和社会进步程度的重要标志。中共十一届三中全会后,常州的教育、科技、文化、卫生、体育等各项事业得到恢复和发展。随着经济的发展,常州既面临工业化进程必然伴随的共性矛盾,又逐渐暴露出由中国国情和区域特点决定的个性问题,特别突出的是环境污染及人居建设问题,这些问题和矛盾逐步引起了常州市领导者的高度重视和常州人民的热切关注。

第一节 社会发展综合示范试点

1986年8月,国家科委联合计委等14个部委、团体,正式批准常州市为社会发展综合示范试点城市。市政府成立常州市社会发展综合示范试点领导小组,连续召开五次社会发展综合示点工作会议,编制完成《常州市社会发展综合示范试点规划》。1986年9月12日至15日,全国社会发展综合示范试点规划会议在常州召开,会上审议常州市社会发展综合示范规划和17个分规划,全国政协副主席费孝通出席会议;12月5日,首次全国社会事业计划工作座谈会在常州召开。国家计委同意常州市为利用世界银行贷款进行社会发展综合规划建设试点项目的三个城市之一,可以获得世界银行6500万美元贷款,项目宽限期5年,还贷期20年,年利率5%。1989年5月,常州市政府在美国华盛顿世界银行总部,与世行进行信贷协定、贷款协定、项目协定的最后谈判并签字。后因中国春夏之交的政治风波,正式用款又推迟了一年多。1990年7月,国家科委批准常州第二阶段(1990—1992年)社会发展综合示范试点规划,常州市进一步推进了教育、文化、住宅建设、城市规划和建设、公安、民政等方面的工作。通过试点,常州市的社会事业迅猛发展,各级领导对社会事业发展更加重视,1991年确定了100项年度国民经济和社会发展目标,其中社会发展综合示范计划22项,子目标33项。1992年10月28—30日,由国家科委、体改委主持,在常州召开了社会发展综合示范区第三阶段规划论证会。会上,正式授予常州市"国家级社会发展综合试验区"铜牌。

第二节 科教文卫事业

改革开放后，常州坚持以人为本，加快改革创新，科教文卫事业快速健康发展，为整个城市的发展提供了重要的智力支撑和人才保证。

一、教育事业的发展和进步

1980年后，常州市为适应经济发展与社会进步的要求，一是在普及初等义务教育的基础上，改革中等教育结构，实行普通教育与职业教育并重，突破了中学教育单一的升学教育模式，至1985年全市普通高中与中等职业技术学校招生数比为1.5:1，其中市区为1:1.27。二是积极争取部、省支持，努力发展高等教育。三是成人教育的发展兼顾普及与提高，既开展扫盲教育与实施岗位培训，又按需发展成人中、高等教育。1984年，全市达到并超过国务院规定的基本扫除文盲标准。1985年，达到并超过教育部规定的普及初等义务教育的标准。1985年，全市小学教师学历合格率63%，居全省第八位；初中教师学历合格率53.2%，居全省第三位；高中教师学历合格率53.8%，农村职业中学教师合格率80.1%，均居全省第二位。

1986年，全面贯彻中央关于教育体制改革的决定，制订和修订了《普及九年义务教育规划》等4个规划，由此开始推进实施九年制义务教育，中小学普遍实行了分级管理、分级办学。努力改善中小学办学条件，推进校校无危房、班班有教室、学生人人有课桌凳（简称"一无两有"），1986—1989年，全市共修建校舍60余万平方米，至1989年，基本实现全市中小学消除危房的目标。中等教育结构经过调整，职业高中与普通高中的招生比例，全市已达1:1.2，市区达1.5:1。学龄儿童入学率为99.9%，在校学生巩固率为99.4%，毕业率为99.5%，初等教育普及率为99.7%。

1988年，国家教委和省政府把常州市确定为全国和全省教育综合改革试点城市。中小学试行校长负责制、教职工聘任制、教师工资总额包干制和教职工考核奖惩制，职业教育实行毕业证和专业技能合格证"双证制"。多渠道筹措经费发展教育事业，利用世界银行低息贷款，加快学校标准化、现代化建设，建成一批重点项目。1989年，通过撤并3所职业中学，异地重建占地6.67公顷的刘国钧职教中心；1990年，对职教发展实行"五个统一"，即统一布局、统一计划、统一招生、统一考核、统一安置毕业生。开展了中学课程改革试点，在全国率先创办了职业先修学校。1991年，全国城市教育综合改革经验交流会在常州召开，常州市职教作为常州市教育综合改革成果，向全国100多个城市市长进行展示。1990年，常州市聋哑学校建成较高标准的示范学校，实施教育、娱乐、康复、培训和就业五位一体的教育试验。1992年，内外开放、功能互补的地方教育体系已初步成型,九年义务教育已在全市102个乡镇实施。

1978年,常州市技工学校等3所技工学校复办。此后,常州技工学校经历了数量扩张、结构调整和层次提升三个阶段。1980年代,伴随着常州工业经济的飞速发展,以行业为主创办的技工学校大量涌现,1986年,全市有机械、无线电、轻工等技工学校13所,其中部属2所、省属1所、市属10所,设车工、钳工、电工、微机等50多工种(专业)。至第个八个五年计划末期,全市共有15所技工学校,有16个工种招收农村学生,实行农转非,招收农村学生2840人。1985年7月,江苏省落实国务院"智力援藏"精神,在常州创办全日制普通初中学校常州西藏民族中学,生源来自西藏各地区。1991年成为省级重点中学,该校毕业生100%升入高一级学校,其中70%升入普通高中。1999年,西藏自治区首次组织全国20所内地西藏校(班)毕业生回藏参加中考,常州西藏民族中学毕业生以530.8分的总均分名列全国各西藏内地校(班)之首,巴桑次仁以668分获第一名。

以江苏化工学院在常州创立为契机,常州开始推进大学建设。1984年8月筹建常州职业师范学院,1987年正式成立并更名为常州技术师范学院,为省属普通本科院校。1986年,国家教委批准在常州成立河海大学机械学院,1987年设立本科专业并招生。至此,常州有4所普通高等学校。1992年,江苏化工学院更名为江苏石油化工学院,隶属中国石油化工总公司。1992年,常州高校在校生5469人。

二、科技事业

1984年5月,国务院科技领导小组、国家体改委和国家科委确定常州市为全国科技体制改革试点城市。常州市根据省政府批准的方案,以促进科学技术向生产转移为目标,着手进行科技体制改革,推广了常州化工研究所实行事业单位企业化,不要国家财政补贴,技术有偿转让,自负盈亏的改革经验;推动科研经费实行有偿合同制、开发性研究单位企业化管理、合理组织人才流动、建立技术市场等。到1985年,全市科学研究机构与科技团体已分别发展到58个、67个,还出现了常州市第四制药厂、武进柴油机厂等一批科研型工厂。市区科技人员发展到21909人,其中在市级以上31个科研机构中有2825人,在各个生产岗位上有工程技术人员1176人,占职工总数的5.4%。全市基本形成以"科研、开发、应用、服务"为内容的门类比较齐全的城乡科技体系,并获得明显的经济效益。1985年,在全市的经济增长总额中,约有40%来自科技进步。1978—1985年,全市科技成果获国家级奖15项,省级奖168项,市级奖925项,有不少成果填补国内空白,有的达到国际先进水平。新型无磁定膨胀磁封合金荣获国家发明奖,用于雷达、通信、导航等现代科技,受到发达国家的高度关注；常州的中国式灯芯绒生产工艺具世界先进水平，常州人用不到10年时间赶超了日本100多年的工艺发展水平；常州气流纺技术进入国际先进行列；中国第一台电子数控自动制瓶机在常州诞生，从此中国制瓶行业开始了"人离炉台看仪表，手按电钮瓶子跑"的电子自动化生产；传统造型石英砂是铸造工人职业病硅肺病的致病源，常州研制的健康"七〇"砂推广全国，被誉为"幸福砂"。

1986年，国家开始实施"星火计划"，1987年设立"星火奖"。常州市积极组织实施"星火计划"，推进科技进步。1986—1988年，全市完成总结鉴定科技项目933项，其中首创、超过和达到国内先进水平以上的140项，电刷涂技术等10项科技成果获得首届全国科技进步奖。

1989年，市委、市政府提出实施"科教兴市"战略，制定了《关于依靠科技进步，振兴常州经济的决定》及与之相配套的《若干政策措施》。市、县建立了科技发展基金，当年全市多渠道安排科研经费757.4万元。全年共总结鉴定科技成果315项，获得省级科技进步奖28项。1990年，总结鉴定科研项目325项，获得国家、省科技进步奖20项。戚墅堰机车厂试制成功东风9型高速客运内燃机车，把中国的铁路牵引动力提高到一个新的水平。1991年，全市共投入科研经费4100万元，比上年增加90%。是年5月，经国家科委批准，建立了苏锡常火炬带常州开发区，常州成为全国星火计划重点推广城市。全年完成14项重点科研攻关项目、11项重大科技成果中试，通过鉴定的科研项目372项。1992年，通过总结鉴定的科研项目380项。1989—1992年，全市共创建科研工厂225个。

常州籍的科学家继续取得了令人瞩目的成就。1991年11月，汤定元、徐至展、翟中和、孙枢等4位科学家当选为中国科学院学部委员。

三、文化事业

中共十一届三中全会以后，常州的文化事业经过拨乱反正，得到全面复苏。至1985年，市与武进、金坛、溧阳县，均建有图书馆、博物馆和档案馆。全市共有专业表演团体10家，影剧院、书场31家，文化馆7家，文化站174家。其中市区拥有5家表演团体，影剧院、书场31家，群众艺术馆1家，区文化馆4家，街道、农村文化站33家；三县共有县文化馆3家，乡镇文化站141家。

在体制创新方面，1983年3月，常州市新华书店在全省新华书店中率先推行经营承包责任制；从1983年11月起，常州书画院进行体制改革，将书画创作员由终身制改为聘用制，向社会公开招聘兼职书画创作员29人，开创了全市事业单位人事制度改革的先河。

在艺术生产方面，1983年，《红楼夜审》荣获省百花奖，并搬上了银幕。1984年，

《攀弓带》《乐在其中》等剧目荣获省优秀剧本、演出等77项奖；创作、拍摄了常州第一部电视剧《水乡有情人》。1988年，市滑稽团创作的《土裁缝与洋小姐》、《多情的小和尚》赴京演出，受到观众热烈欢迎。《多情的小和尚》、锡剧《欢喜店》、电视剧《远方的课堂》等多个剧目获国家级和省级奖励。1992年，常州市创作拍摄的《人生难忘少年时》《英才一代青春魂》电视剧，由中央电视台播出，获得较好的社会反响。

在文化建设方面，作为常州社会发展综合示范试点重点项目的亚细亚影视城，1987年11月由国家电影局批准立项，1991年底建成，是国内第一个电影城，有4个电影厅、3个镭射厅、3个咖啡厅，还有卡拉OK厅、舞厅、保龄球馆、室内游泳池、餐厅、客房、商场、金融机构等，成为一个多功能的文化娱乐场所。1992年8月建成的刘海粟美术馆，结束了常州没有美术馆的历史。1992年1月21日，中共中央总书记江泽民来常，先后视察了亚细亚影视城、刘国钧职教中心、聋哑学校，赞赏这些设施并一一题词。从1985年起推出"常州读书节"活动，新华书店举办"龙城书市"，引导全市人民多读书、读好书。

在文物博物方面，1984年，整修、开放了清凉寺博物馆旧址、太平天国护王府和溧阳水西村新四军江南指挥部旧址陈列馆；1985年，修建和开放了瞿秋白纪念馆、段玉裁纪念馆和恽南田故居，发掘了圩墩历史遗迹。1987年，市政府批准公布青果巷、前后北岸、天宁寺至舣舟亭三个历史文化保护区和30处市级文保单位，修复了张太雷故居、新坊桥等文物古迹。

广播电视发展较快。1986年，全市有广播电台1座，电视台1座，电视转播台2座，有线广播站（台）5个，建成卫星电视地面接收站，可同时播出5套电视节目。1987年，金坛县和溧阳县先后建成广播电视卫星地面接收站，提高了电视综合覆盖率。1989年，电视播、转频道增至10个，电视人口综合覆盖率达92%。1991年，在市总工会、共青团、妇联的倡议下，每个在职职工每月捐一元钱，三年共计36元，支持广播电视事业发展，开创了广大人民群众积极参与建设社会事业的先例。1991年9月，新的广播电视中心启动建设，1993年建成投运。

1981年，常州较早响应国务院"编史修志，为历史研究服务"号召，成立中共常州市委党史资料征集小组办公室地方志组。1983年，市地方志机构由临时的方志组上升定编为市地方志办公室（简称"市志办"），与党史机构实行两块牌子，一套班子。到90年代第一轮修志基本结束，公开、内部出版的市志、县志、区志、行业志、专业志、基层志达500部，其中200余部（本）被收入《中国新方志目录》，名列全国各省辖市榜首。其中《常州市志》由中国社会科学出版社1995年10月出版，1997年，《常州市志》荣获江苏省第五届哲学社会科学优秀成果奖一等奖，成为常州首次获得省政府授予的社会科学一等奖,也是全省地方志书在社会科学评奖中第一个获得的一等奖。1991年起,常州市地方志办公室开始连续编辑出版《常州年鉴》。

四、卫生事业

1983年,新建了市妇产医院和中心血站,迁建了中医院和传染病医院,恢复了第四人民医院和红十字会医院。经过多次合并、调整、发展,至1985年,全市共有医疗机构839个,卫技人员13132人,床位9405张。其中市区有医疗机构474个(市级医院6所,区级和其他医院9所,工矿保健站、所等459个),卫技人员5472人,病床4561张。卫技人员、床位数与人口之比分别达10.5‰和8.73‰。从1984年起,进行了医院管理体制的改革。1984年7月,首先在市一院、二院、中医院和广化区医院进行试点工作,1985年扩大到市区各医院。主要内容是:把党委(总支、支部)领导下的院长负责制改为院长负责制;改革管理制度和办法,实行多种形式的责任制;改革卫生事业结构,建立城乡医疗联合体;改革医院经济结构,多方集资,接受社会捐赠,在完成医疗、预防任务的前提下,开展综合性服务经营。1985年,医院改革初见成效,市区10所医院门诊和住院人次分别增加7.92%、7.87%,业务收入增加81.7%,去外地转院率降低21.1%。

1985年,郊区消灭了血吸虫病,获得国家金杯奖。1986年以后,在农村全面推进初级卫生保健工作。1990年8月,全国初级卫生保健合作中心、试点县工作会议在常州召开,卫生部部长陈敏章和世界卫生组织亚太区代表出席了会议,金坛县介绍了经验。市区进一步调整和优化了医疗卫生布局,城市三级卫生预防保健网络建设全面展开,先后建成市急救指挥中心、妇幼保健中心、健康教育中心、卫生职教中心和医学科学情报中心等五个中心。从大卫生观念出发,既紧紧抓住全市骨干卫生设施建设,又改善急救、医疗、预防、保健、中医、教育、科研和情报信息等八个网络。同时,健全了三级综合目标管理体系,把卫生工作自上而下地层层分解,强调宏观调节和自我控制;实施在职卫技人员学分累积制,将学分与定岗、定职、晋级挂钩,促进在职人员继续医学教育;开展了医院全面质量管理的研究和实践,以及城市初保指标体系的研究。常州职业病防治、结核病防治及农村合作医疗覆盖面均为全省第一,金坛县初级卫生保健工作列为全国首批达标县。

1983—1992年,常州市广泛开展爱国卫生运动,加强环境卫生综合整治,积极争创省级以上卫生城市。1986年,在江苏省创"三优"(优美环境、优良秩序、优质服务)竞赛活动中,常州市获得优胜城市称号;1990年,全面启动创建国家卫生城市工作,1992年创建成省级卫生城市,1993年1月被评为省"五佳卫生城市"之一。

五、体育事业

中共十一届三中全会后,全市体育工作在拨乱反正中恢复、发展。到1985年,全市有省级传统学校12所,市级传统学校16所,县(区)级传统学校43所,实施《国家体育锻炼标准》的学校有1851所;常州市区已拥有一座5015个座位的现代化体育馆(清潭体育馆),5个正规田径场,19个小型运动场,14个游泳池,4个草皮足球场,2个体操房,2个举重房,2个旱冰场,1个射击场等;市区常年参加锻炼的职工人数达15万人,占市区职工总人数的58%。1984年,常州体育健儿获得省级各类比赛金牌88块。1985年,常州选手在全国、省级比赛中获得金牌30枚、银牌52枚、铜牌51枚;向省和国家输送了22名优秀体育后备人才,其中国家队2人,溧阳县光华中学被评为全国体育传统校先进集体,常州冶金机械厂被评为全国职工群体先进单位。

1986年以后,体育工作紧紧围绕提高人民体质、培养选拔优秀运动员苗子,把推进体育社会化作为主要工作。在学校体育教育方面,到1991年,贯彻《国家体育锻炼标准》的施行面达100%,达标率94.29%。以争创全国体育先进县为抓手发展农村体育,武进、溧阳分别被命名为国家和省体育先进县(市)。市区建立健全行业和各级体协,组织开展丰富多彩的群众性体育运动会和竞赛。促进体教结合,青少年业余训练走学校化路子,体育部门的教育训练建立起自办幼儿班—联办运动学校附属小学—青少年业余体校—体育初中—运动学校的系列,教育部门形成校运动队—体育传统校—重点中学重点班—体育后备人才试点班的系列,通过一体化管理体制和"一条龙"训练体制,把两个系列合并成完整的"结合体",并充实完善必要的体育重点设施,成效十分显著。1988—1992年,共获得省级以上体育比赛金牌159枚,王晓红等常州输送的运动员在一些重大国际比赛中获得15枚金牌。1986年10月,在第44届世界射击锦标赛中,常州市运动员杨伊明与队友获得移动靶混合速射团体冠军,这是常州市运动员获得的首个世界冠军。1988年10月,常州市运动员蔡祖胜在第八届(汉城)伤残人奥运会截肢A6级游泳项目中,获得3枚金牌,并在100米仰泳赛中以1分20秒08的成绩,破这个项目的世界伤残人运动纪录。1991年11月19日,常州市首届农民运动会开幕,共有5个代表队、280多名运动员参加,进行篮球、民兵军事三项、男女乒乓球、田径、象棋5个项目的比赛。

六、人口与计划生育

1983年,常州实行市管县体制,全市人口共3042601人,其中市区504627人,武进县1312444人,金坛县507959人,溧阳县717571人。1985年,全市人口比1983年增加26063人,其中市区增加18055人。1983年5月18日成立常州市计划生育委员会。继续严格控制人口的增长，坚持实行计划生育、优生优育。在城乡采取多种形式进行了计划生育方针、政策、科普知识的宣传教育，表彰实行计划生育的先进集体和个人。1984 年，计划生育率达到 95%，人口出生率下降到 11‰以内，比省下达计划指标低 2 个千分点。1985 年，计划生育率达到 98.6%，人口出生率下降到 10.1‰，比省下达的控制指标低 3.3 个千分点。

1986 年以后，常州进一步加强和改进人口生育计划管理，建立逐级上报和抽样复查相结合的统计制度。创办常州市人口学校，对县、乡人口学校、村人口分校，进行逐级培训，形成人口观念教育网络。为解决广大农民实行计划生育后在生产、生活、养老、子女保健等方面的后顾之忧，1989 年下半年开展了计划生育保险，走出一条计划生育与养老保险相结合的新路子。到 1995 年，全市累计有 7 万多对独生子女的父母参加养老保险，7 万多名独生子女参加平安保险，两项保险储金共 4000 多万元，在全省名列前茅。1992 年，全市人口自然增长率 5.71‰，为 1986 年以来自然增长率最低的一年。

第三节 社会保障建设

20 世纪 80 年代以来，常州在经济又好又快发展的同时，认真贯彻可持续发展的理念，确保社会事业快速健康发展，居民的生活得到明显的改善，为进一步发展打下了坚实的基础。

一、民政工作

在国家民政部、省民政厅的关心下，常州在社区服务中关注老年人和残疾人等弱势群体，以及精神病员康复等方面探索了符合国情的新模式。1987 年 4 月，民政部部长崔乃夫和副部长阎明复在京听取了常州民政事业试点工作汇报，对常州的发展规划予以充分肯定，特别对常州将建立基层社会福利网络十分赞赏，认为常州市建造老年公寓的设想很好，同意将常州老年公寓项目列为全国十个资助项目之一，拨款 100 万元。该项目于 1989 年的"敬老日"建成运行，成为全国第一个老年公寓大楼。实施《常州市社区服务三年发展规划》，社区服务组织和设施得到快速发展。天宁区朝阳街道积极开办了丽华老年公寓，创造了"年轻老年人为高龄老年人服务"的老年志愿服务模式。市德安医院新建园林式开放式精神病人康复活动区，设置了体疗、音乐等康复活动室，实施了科学管理，经江苏省和民政部考核，成为江苏省第一个合格的一级社会福利单位。该院还完成了城市和农村社区精神病残疾分级调查。为此，民政部、中残联在常州召开全国精神康复工作会议。

二、小区建设与城镇住房制度改革

在花园新村、清潭新村等一系列城市住宅小区成功建设之后，常州市进一步推进小区建设。1984年1月，北环二村竣工，共建住宅楼79幢，公共建筑22项，总建筑面积17.45万平方米。1985年1月，丽华新村（一村）竣工，共建成住宅楼83幢、公共设施31幢，建筑总面积达18.42万平方米。全市第一个由农民经营管理的综合性商业服务网点在丽华新村开张，设有百货、五金交电、农副产品、茶馆小吃、储蓄所、菜场、服装加工、理发、土杂品等9个经营门市部。1986年1月，西新桥二村住宅小区竣工，建成住宅楼79幢，面积11.98万平方米。1986年初，围绕环境更加优美、居住更加舒适、配套更为完备的目标，开工建设常州红梅新村实验小区，1987年1月竣工。该居住小区总建筑面积27.57万平方米，其中住宅124幢，25.42万平方米，公建配套设施40项、2.4万平方米，是常州第一个住宅实验小区。1989年9月，翠竹新村首期34幢住宅落成交付使用，占地总面积15万平方米，其中住宅建筑面积11万平方米。1991年12月开工建设红梅西村，1994年5月全面竣工，建筑总面积16.1万平方米。该小区特别重视环境设计，并注意为今后的社会进步留有动态发展的余地，其中"计算机住宅小区建设管理信息系统"是国内首次使用。小区落成后获得鲁班奖、建设部城市住宅小区建设试点综合金奖等一系列荣誉。

同时，积极推动住房制度改革。1982—1991年为探索试点、积累经验阶段；1992—1998年为全面推进、深化改革阶段。1982年4月，常州与郑州、沙市、四平

图12-3　住宅实验小区——红梅新村

图 12-4 红梅西村

等 4 个城市被国务院列为公有住房补贴出售试点城市，开始以补贴出售的形式向居民出售公有住房。补贴出售住宅是无偿分配向住房商品化的过渡形式，但由于相关配套方案和政策措施未跟上等原因，加上当时认为个人出资偏少、单位补贴过多，1985 年 10 月，国务院宣布停止补贴出售公有住房试点。1986 年 3 月，国家又决定常州、镇江两市按"提高房租、增加工资，促进个人买房"的构思进行试点。但这一试点并未真正付诸实践。1988 年，常州市根据"筹资调租、实转起步"的思路，拟定了常州住房制度改革实施方案，通过筹集房改基金、调整租金、实行新房新办法、住宅出售、成立房地产储蓄银行、逐步实行住宅社会化等改革措施，初步实现以住宅的生产、交换、分配和消费的初步良性循环，达到住房制度改革的目的。但由于解放后长期实行"低租金、无偿分配"的住房制度，加上经济发展水平较低，深化房改缺乏相应的群众基础、经济基础，阻力大、困难多，致使方案并未付诸实施。

1991 年，常州市根据省政府的决定，按照《江苏省住房制度改革实施意见》的要求，结合常州实际，拟定了《常州市住房制度改革实施意见》，经省政府批准后于 1992 年 6 月正式实施。市政府还先后颁发了住房公积金管理、住房基金管理、优惠出售公有住房等 7 个配套文件。此次房改主要包括推行住房公积金、分步提租发补贴、新租公房交定金、职工买房给优惠、建立住房基金制、多种办法建住房等 6 个方面。

三、抗御自然灾害

1991 年 4 月 16—17 日，常州市各地普降暴雨，京杭运河市区段水位 4.7 米，超过警戒水位0.5米,出现暴雨时间之早、强度之大,为常州历史上罕见。6月13—16日,常州又连降暴雨,洪涝成灾,造成全市83.17万亩农田受涝,其中30万亩严重受淹,6300间房屋倒塌,55350户住宅进水,1462家工厂企业停产或半停产,307个仓库被淹,53所中小学、幼儿园被迫停课,52座桥梁、闸冲毁,9人死亡。6月30日至7月4日,暴雨再次袭击常州,造成160万亩农田受淹,其中34万亩全部失收,4395家工矿企业停产或半停产,8万间民房倒塌或严重受损,20余万人被洪水围困,近10万平方米校舍损毁。8月7日深夜,金坛县白塔乡遭受龙卷风袭击,造成42间房屋倒塌,1820亩棉花严重倒伏,3条电话线路中断。8月7—8日,常州第三次遭受特大暴雨袭击,城区部分地区再度积水成灾。据统计,全年降雨1888毫米,汛期降雨(5—9月)1192毫米(金坛1387毫米、武进1198毫米、溧阳1082毫米),为历年汛期平均降雨量的1.8倍。7月14日出梅,梅期长49天,梅雨量852毫米,均突破历史纪录。境内主要站最高水位为常州5.52米、金坛6.73米、河口7.28米、南渡6.64米。这次特大洪涝灾害,暴露出了当时农村水利防洪标准普遍偏低,骨干工程能力不足等问题,城市防洪设施更为薄弱,国民经济和人民生命财产蒙受了很大损失。全市因灾死亡25人,直接经济损失27.49亿元。

面对严重的灾情,全市人民和人民解放军指战员、武警官兵、公安干警、广大民兵在市委的统一领导下,紧急动员,奋起抗灾。7月2日,市委、市政府发出抗洪救灾紧急通告,迅速组织80万人参加数千个抢险、突击、巡逻队投入抗洪战斗。对被洪水围困的群众紧急组织疏散,对全市千亩以上的大圩重点加固,共抢修土方22.5万立方米,加固圩堤105公里,全力确保供电、通信、交通的畅通和水、电、煤、粮等群众生活必需品的供应。在抗洪救灾过程中,坚持一手抓抢险救灾,一手抓恢复生产。抓紧时机对34万亩失收的稻田立即组织抢种;抓好重灾的水产、桑田的复产工作,调入鱼苗2亿尾,发放2500万元贴息贷款支持种植、养殖大户;调集各种排水设备,组织对受淹企业突击抢救,使一些重点企业

图12-5 1991年7月常州水灾场景

在短期内全部恢复生产。市委市政府出台加快恢复工农业生产的 18 条政策,切实解决了企业的实际困难,增强了抗灾复产实力。灾区人民的生活得到妥善安置,全市中小学在安定的环境中如期开学。共修建救灾住房 25753 户、41687 间,及时抢修城区受灾住房 3867 户、2441 间。卫生部门向灾区派出 500 多个医疗队,并充分发挥三级医疗卫生网的作用,创造了大灾之年无大疫的奇迹。一方有难、八方支援。8 月 12 日,市文艺界在红星大剧院隆重举行"风雨同舟,奉献一片爱心"赈灾义演,广大群众积极参加救灾募捐活动。至 11 月 22 日,100 余万名群众献爱心,全市人民募捐和接受国内外捐款 1051.79 万元、粮票 89.7 万公斤。8 月 31 日,常州市抗洪救灾总结表彰大会在红星大剧院召开,市委、市政府对 92 个先进集体、202 名先进个人进行了表彰。

灾情发生后,党中央、国务院和全国人民、港澳同胞、台湾同胞、海外侨胞及外国朋友,对常州的灾情表示了极大的关注,7 月 21 日,国务院总理李鹏到常察看灾情,对针织总厂和戚墅堰等地灾民表示亲切慰问,国务院 10 多个部委的领导同志亲临常州视察,省委、省人大、省政府、省政协以及有关部门领导先后来常州了解灾情和现场办公,中央和省对常州恢复生产、重建家园给予了大力支援,先后下达贴息和无息资金 2500 万元、贷款指标和资金 3.3 亿元,发放救灾物资和资金共 2815 万元。

第五章 城市规划建设管理

改革开放以后,随着经济的发展、行政区划的调整和对城市发展规律认识的不断深入,常州的城市发展战略经历了多次调整完善。1983—1992 年,常州的交通、市政、住房、通信、电力等基础设施建设步伐逐步加快,城市框架逐步拉大,城市公共服务日趋完善,城市管理、环境保护也逐步纳入体系化、规范化、制度化轨道,为常州加快建设现代化城市奠定了坚实基础。1992 年,常州市被列入中国城市综合实力五十强中第 28 位及中国投资环境四十优城市之一。

第一节 城市总体规划

1984 年 4 月,《常州市城市总体规划(1981—2000)》,经省政府批准实施,成为常州市有史以来第一个具有法律效力的总体规划。该总体规划确定"城市性质"为"以轻纺、电子为主的中等工业城市",城市规模:到 2000 年达到 60 万人。根据东西长、南北窄的带形城市现状，城市规划用地范围为控制东西，向南北发展，形成以老城为中心，以戚墅堰、新闸、湖塘桥、龙虎塘四个区、镇为辅的"一城四点"组群式布局。

1983年1月，国务院批准江苏省实行市管县体制；3月1日起，镇江地区的武进、金坛、溧阳三县划归常州市管辖。在实行市管县体制后，有必要在市域范围内，市县统一规划，以城市为中心，农村为基础，小城镇为纽带，组成城乡一体的经济网络和城镇体系。于是，常州自1986年起，开始对常州市城市总体规划进行了充分调整，1990年8月《常州市城市总体规划充实调整方案（1989—2000）》获省政府批准。此次调整将"城市性质"修订为"以轻纺机电为主的工业城市、苏南地区中心城市之一"。城市用地发展战略是：控制东西，发展南北，重点向北，开发江边。以老城为中心，以对外交通干线为发展轴，形成以戚墅堰、湖塘、新闸、龙虎塘为"四翼"的"一城四翼"城市布局。规划2000年人口规模65万人，建设用地规模56平方公里。

与此同时，常州市积极响应国家建设长江经济开发带的战略，呼应上海浦东的开放开发，确立"以港兴市，连江通海，三区一线，再造常州"的总体发展战略。1992年，常州市在城北组建国家级常州高新技术产业开发区。1990年8月，国务院批准撤销溧阳县设立县级溧阳市。

第二节 交通设施建设和旧城改造

改革开放之后，常州致力于推动城市交通网络建设，构建城市综合交通体系，同时通过市政建设，带动临街改建，推动旧城改造。

一、构建城市综合交通体系

1978年后，常州加快了交通基础设施建设。1985年，全市有公路115条，通车里程1044公里；有航道150条，通航里程1251公里；投产港口25个，泊位389个。1986年3月，民航常州机场正式通航，标志着常州已形成由水路、公路、铁路和民航构建的立体式交通网络。此后，常州的交通网络逐步完善。1993年，全市货运量达5916.3万吨，其中公路运量和水运分别占61.5%和35.8%；客运量达6486.2万人，其中公路运量和水运分别占88.8%和12.2%。

20世纪80年代，公路建设着重于对主要干线公路和影响市县乡镇进出口交通的"瓶颈""卡脖子"路段实行拓宽改造，1986年全市141个乡（镇）实现乡乡通公路。90年代，致力于公路等级化改造。1984—1991年，常州市对G312分段进行了改造，总长度36.93公里。1990年8月，G104（京福线）拓宽改造为二级公路。1990年9

月,镇澄线常龙段改造工程竣工通车,其中三井至龙虎塘段成为常州最早的一级公路。1994年8月,完成S338(浏张镇线)石庄至高桥24.5公里的改建;当年,实现乡乡通油(沥青)路。1992年,沪宁高速公路开始建设,常州公路建设进入快速发展时期。

沪宁铁路于1970年代实施复线改造,客货运量大幅增加。1985年,客列增加到35对,货列增加到45对,年运送旅客418万人次、年到达货物91万吨。1989年,常州火车站东场改造工程竣工,提升了货运能力;1990—1992年,先后开通了煤炭、危险品、粮食等多条铁路专用线。

1984年3月至1988年底,常州实施京杭运河常州段整治一期工程,总投资8000多万元。在运河整治过程中,沿河数百户居民,从三世同堂的小屋和危房中搬进新村住宅,生活条件得到改善;长达8.92公里的运河两岸,新建了石驳岸,修复了一批文化古迹。同时,不但增强了灌溉、防洪、排涝能力,而且提高了通航能力。长江圩塘轮渡与泰兴县七圩镇隔江相望,是常州地区长江南北公路运输的最佳线路,1987年10月,长江圩塘汽车轮渡竣工通渡,是常州最早的长江轮渡。1991年10月,常州港夹江港区德胜港正式开港,含千吨级泊位4个,填补了常州没有长江港口的空白。此外,还完成了奔牛港、采菱港扩建工程、丹金溧漕河改造工程,建成东门轮船货运站等设施。1993年10月,常州港总体布局规划通过部、省专家审查。但总体而言,这一时期常州的港口建设亮点不多,尤其是长江港建设进展缓慢。

图12-6 整治前的京杭运河常州段

图12-7 整治后的京杭运河常州段

民航常州站原为军用机场,位于常州西北郊奔牛镇。1985年4月20日,国务院、中央军委批准改为军民合用机场,随后进行机场改建。1985年10月4日,中国民航常州站正式开工。1986年2月28日,首条往返广州—常州—北京航线试航成功，3月15日正式通航。1986年10月24日，西安—常州—广州两个航班试航成功，11月18日举行首航仪式。1990年、1991年分别新增至厦门、武汉航线；1993年新增至福州、深圳航线，年旅客吞吐量12.1万人次。

二、城市内部交通建设和旧城改造

1983年以后，随着城区规模的扩大，城区道路网继续向外延伸拓展，老城区配合旧城改造不断完善和提高道路功能。1983年，建成机场路。1984年完成劳动东路、和平南路拓建工程。1985年，完成怀德北路、丽华路、花园路改拓建工程，新建、改建、大修了关河东路（原为纤道）、关河西路、北塘路、同梅路（后改称清凉路）、西运河路、常横路、常新路、武青路，使城市外围形成机动车道。至1985年，市区道路总长121公里，面积104万平方米。

1986年起，先后拓建关河东路西段（小东门桥至火车站）、常澄路、东横街、博爱路西段（博爱桥西）、关河中路东段（新丰桥到北太平桥）、延陵西路（小营前至怀德中路）、常戚路（丁塘桥至机厂桥段）、新堂路（永宁支路口至北环路口），建成圩墩路。拓建延陵西路、采菱路、常新路（西涵洞桥至新闸段）、关河中路西段（北太平桥至北塘桥）及关河西路。至1990年末，常州市区道路共长336公里，面积296万平方米。其中高级、次高级道路长228公里，面积209万平方米。城区道路形成以新丰街、和平路和延陵路组成的内十字，以怀德路、劳动路、五角场南路和关河路组成的内环路，以及对外以常澄路（通江阴、苏北）、常新路（达丹阳、镇江）、常溧路（连溧水、南京）、兰陵路（接武宜路至宜兴、浙江）、常锡路（东

图12-8　拓宽后的延陵西路

至无锡、上海,西至南京)、常焦路组成的常州市区为中心的六放射的道路骨架网。

在1991年洪涝灾害中,市区公用设施损坏严重,39平方公里建成区受淹面积达40%,博爱路、兰陵路、采菱路、万福路等14条主要道路受淹交通中断,损坏沥青路面11万平方米,12座铁路立交10座受淹,水深均在2米以上。1991年至1992年,以战胜特大洪涝灾害,确保城市正常运行为目标,市区先后完成了凌家塘公路立交桥、宁沪二级公路常州西段、关河中西路改造、西窑沟桥、同安桥、清南桥、奔牛铁路立交、采菱路拓宽等工程项目建设。1991年12月,在市政建设上首次利用世界银行贷款建设项目——全长1.5公里的关河中路拓改工程竣工通车。

常州火车站广场至20世纪80年代初已初具规模,面积达5000平方米,但与城市建设和交通发展仍不适应,1984年按规划先期扩建西广场,至1986年8月竣工,广场总面积达11390平方米。篦箕巷是常州一条老街,历史上以经销梳篦而驰名,全长180米。1987年春,市政府决定结合运河拓宽,改造篦箕巷,修复古迹胜景。为保留其特有风貌,按商业步行街规划。改造工程自1987年5月动工,1988年1月竣工,建成仿古建筑群体4589.38平方米,共38个店面,为常州第一条仿古建筑商业步行街,再现了"文亨穿月""篦梁灯火"等景观。探索市政工程结合旧城改造的"综合开发,配套建设"模式,通过市政道路拓建,带动临街改建。结合和平路改建,1984年至1990年,分二期在和平北路西侧斜桥巷改建成8幢多层住宅、2幢高层住宅(14层,局部16层)及一批临街商店。1987年至1989年结合东西大街(后改称延陵西路)改建,建成风格各异、以商业为主的3—14层临街建筑12幢,总面积7.66万平方米,沿线配套建设有2个街心花园,4个汽车、自行车停车场,1个公交回车场,4个公厕,设置4处公用电话亭。给排水、煤气、电力、电信等9

图12-9 仿古步行街篦箕巷

条管线均入地,净化了城市空间。总面积8000平方米的绿化美化了环境。道路西端建成江南地下商场,地上建有街心花园、钟楼、反应时代特征的大型雕塑,成为常州80年代城市建设的标志性工程。

第三节 城市公用事业的发展

改革开放以后，常州在旧城改造过程中，注意解决影响城市发展和居民生活的供水、供电、供气、公交等问题。

一、供水

从1980年起，国家、省、市共同投资2085万元，建设长江引水工程，1983年5月，西石桥水厂全面动工。该水厂位于江阴境内，一期工程设计日供水10万立方米，1984年列为常州市十件大事之一，同年11月7日正式向市区供水。1985年最高日供水量17.9万吨，比1949年增长210倍。1988年，西石桥水厂改称常州第一水厂。1987年7月，投资1000余万元，以三井增压站为供水中心，新建龙虎塘地下水厂，1988年竣工投产，日产水5万吨。1988年3月，三井增压站更名为常州第三水厂。至1990年该厂有深井33口，成为市区主要水厂之一。1989年，常州长江引水二期工程正式开工，概算总投资1.23亿元，其中世界银行贷款人民币5664万元，1994年竣工。1992年，公用自来水日生产能力26.4万吨，全年公用自来水供水量8261万吨。

二、供气

1977年和1980年先后创办民用石油液化气、管道煤气事业，并成立市煤气公司。1979年1月，常州石油化工厂向市煤气供应站正式供气；同年实施管道煤气一期工程，1981年1月正式竣工投入运行。1983年开始实施煤气二期工程，至1985年11月建成水煤气发生炉和大型煤气柜，综合生产能力大大提高。1985年底，市区煤气日产能力7.4万立方米，储气能力6.4万立方米，分别为1981年的18.8倍和6.4倍，城区气化率达21.7%。1989年12月开始在新闸建设常州焦化厂一期工程，1994年12月正式对外供气。城市供气管网建设同步加快。城市煤气气化率1990年为33.6%，1992年上升至70.1%，提高了36.5个百分点。

三、公交

1977年常州拥有公共汽车87辆，年客运量4303万人次；1980年公共汽车达147辆，年客运量首次突破1亿人次，达10862万人次；1984年拥有公共汽车突破200辆，达205辆。至1985年，城市公交线路增至15条，农村线路4条，市区营运的公共汽车214辆，万人平均占有车辆居全省城市第二位，客运量达1.13亿人次，平均每天运客31万人次。1986年，市区营运的公共汽车217辆，全年客运量达1.11亿人次，比上年略有减少。但1987年以后受道路拓宽改道较多、路阻情况较严重等因素的影响，全年客运量跌破1亿人次，至1992年底客运量才重新恢复到1亿人次以上，达10201万人次。1992年常州拥有营运公共汽车254辆，仅比1985年增加40辆。1980年1月，常州出租汽车公司成立，至1985年共有各类运营车26辆；1985年9月，常州市外事旅游汽车服务公司成立，有44辆营运车，至年底全市有出租车85辆。1988年出租汽车增至131辆。1992年，随着对外开放步伐的加快，出租汽车迅速增加，年底达到290辆，比上年增加144辆。

四、通信和电力

1985年，市话开通了两个分局，总容量比上年增长40%，全年装机2216号线，为1980—1984年五年装机数的总和。1986年新开办国际、国内特快专递、邮政储蓄、工种用户电报等业务。1988年5月，常州邮电局开通第一批国际自动直拨电话，可直接拨叫世界上180多个国家和地区的电话。1989年7月，常州邮电局安装开通一台BJC型64线电报分集机，这是全国第一台64线电报分集机。投入使用后，实现了市（县）局局内电报传递由人工转发改为自动转发，传递速度局内由57分钟减少到2分钟。1991年1月20日，市话由5位升至6位；当年，建成武进县的一批模块局，扩大了程控电话容量和覆盖面，建成了常州—金坛—溧阳光缆通信工程，开通溧阳5000门程控电话，实现了光缆通信的传输。1992年，装备自动转换、载波、微波等多种先进设备，开通移动通信，建立无线寻呼系统。1993年，常武地区全面实现交换程控化和传输数字化。1993年8月18日，武进魏村镇新华村全村一次装通327户电话，建成常州地区第一个电话村。

改革开放初期，常州城乡电力供应十分紧张。在扩大戚墅堰发电厂产能和新建常州化工厂等一批热电站的同时，常州市加快了供电线路建设。1986—1992年，常州先后建成溧阳扬庄变和武进东岱变、魏村变、芳渚变的50万伏至22万伏超高压送电网架建设，建成了陈渡、北郊、湖塘、薛埠、潞城、桃园、横林、竹箦的11万伏高压送电网架建设，完成罗溪变、清凉变、雕庄变、金坛变的扩建工程，完成横山、儒林、雪堰、三河口等一批3.5万伏农电网架建设等输变电工程，改善供电条件，提高了供电能力。1993年3月，常州市第一座由县、乡二级集资的110千伏变电所——坂上变电所投入运行。

第四节 环境卫生和环境保护

1981年，在建设清潭新村时，将生活污水处理厂作为新村配套设施，1982年6月竣工投入使用，设计规模为二级生化处理，日处理污水5000吨，承担花园新村和清潭新村 4 万居民生活污水处理任务，开创中华人民共和国成立后建设城市生活污水处理厂的先河，扬名全国。之后，常州相继建成北环污水处理厂、丽华污水处理厂、西新桥污水处理厂等基础设施，实施一批污水治理工程。1990 年 12 月，全市最大的污水治理工程在东风印染厂竣工，日处理污水能力 5500 吨。

园林绿化方面，1985 年 12 月占地 41.5 亩的兰园建成开放。1989 年 6 月，占地 160 余亩的圩墩公园初步建成开放；12 月，占地 3.2 万平方米的芦墅公园建成开放。1993 年与 1981 年相比，城区园林绿地面积从 171 公顷上升到 699 公顷，公共绿地从 58.59 公顷上升到 182.72 公顷，人均公共绿地从 1.55 平方米上升到 3.23 平方米，绿化覆盖率从 13.08% 上升到 29.6%。1993 年，武进、金坛和郊区达到"平原绿化县"标准，全市有绿化达标乡镇 117 个。

这一时期，兴建一批公共厕所、大型蓄粪池、垃圾场和中转站，提高环卫工具机械化程度，日常保洁工作有条不紊。从 1983 年到 1992 年，市区开展多次临街建筑和小区环境卫生整治行动，持续开展文明大街、文明小区（新村）、文明单位、卫生模范单位创建活动，加强广告张贴、占道经营等管理工作，市容市貌得到改善。1992 年 3 月，常州市委、市政府召开创建国家卫生城市动员大会，城市管理进入新阶段。

1979 年 9 月成立常州市环境保护局以后，开展环境保护宣传和环境污染治理，环保工作逐步走上正轨，一定程度上控制或改善了局部环境污染状况。但是随着工业经济的发展，环境污染严重的势头没有从根本上得到控制。1985 年，向运河排放工业废水的工厂增至 182 家，全年直接排入运河的工业废水达 6895 万吨，另有 173 家工厂向市区其他河流排放工业废水 6000 多万吨。大气环境污染、环境噪声污染、工业固体废弃物污染、农药污染也日益严重，环境污染事故时有发生。为此，常州市制订完善了环境保护规划和条例，积极开展环境污染治理工作。

1983 年，常州停产、迁移、撤并了污染严重的厂、点 29 个，治理改造锅炉 89 台。1984 年，开始对城市噪音进行监测和管理。1985 年，实施防治污染、保护环境十件实事，完成 41 个污染治理项目，新增日处理废水能力 1.4 万吨，是新增废水处理能力最多的一年。1988 年，实行环境目标责任制和污染物排放许可证制度，逐步由浓度管理转向总量控制管理，环境污染的恶化势头有所缓解。1988 年全市治理污染投资 1271 万元，完成"三废"治理工程 47 项，但运河常州段及其支流有机污染仍然严重，大气环境质量仍属中等污染，酸雨频率由 1987 年的 10.3% 提高到 13.2%。1989 年，实现计划内建设项目环境影响报告审办率和"三同时"执行率均达到 100% 的目标。1990 年，市区烟尘控制区由 1987 年的 1.5 平方公里扩大到 41.3 平方公里，建成区覆盖率达 100%。1989 年 6 月建成南市河换水泵站，这是一座集换水与排涝功能于一体的多功能双向泵站，也是市河系统规划"三泵三闸"中的第一座泵站。至 1993 年，全市废水日处理能力达到 15.15 万吨，工业废水处理率达 55.2%；环境噪声达标区覆盖率达 47.6%，提前两年实现省定目标。

第六章 民主政治和精神文明建设

常州在抓好经济建设的同时，在民主法制建设和精神文明建设方面也取得积极进展，分期分批对党的作风和党的组织进行了一次全面整顿，健全完善人民代表大会制度和政治协商制度，恢复和逐步完善了法制建设，从 1985 年起开展第一个和第二个五年普法教育，检察院、法院和公安工作探索了新路子，根据中央和省的统一部署，开展了严厉打击严重刑事犯罪、严惩严重经济犯罪分子等专项行动，维护安定团结的政治局面和平安有序的社会环境。持续开展社会主义精神文明建设活动，涌现一大批先进单位和个人。

第一节 统一开展整党工作

中共中央决定，从 1983 年下半年开始，用 3 年时间分期分批对党的作风和党的组织进行一次全面整顿。这次整党的基本任务是：统一思想，整顿作风，加强纪律，纯洁组织。常州市于 1984 年 7 月开始试点，1985 年 1 月全面展开，至 1987 年 2 月底基本结束，历时两年零八个月。全市参加整党的党员共 125442 名（其中预备党员 5230 名），登记的 119377 名，占正式党员总数的 99.3%；受组织处理、缓登、不登、延长预备期和取消预备党员资格的人数占党员总数的 8.1‰。

整党按自上而下的顺序进行。城市分市级机关，县、区、局（公司），基层单位三批；农村分区、乡机关，县属企事业，乡镇企业和村级三批。整党前，从思想上、组织上进行了充分准备，组织党员分期分批学习了中央整党决定和中央关于经济体制改革的决定等重要文件；调整了领导班子；培训了整党骨干和联络员队伍。每批整党分学习文件、对照检查、党员登记（含组织处理）三个阶段。整党结束后，继续抓了巩固和发展整党成果的工作。

至 1985 年底，党政机关和机关干部经商办企业的问题全部作了处理。从 1985

年1月到1986年底，共查处违纪案件1600多件，其中重大案件37起。1986年全市党员违纪案件600多起，比1985年下降27%以上。领导班子建设进一步加强，多数县级领导机关和约四分之三的基层党组织领导班子得到了调整充实。全市农村2006个党支部的领导班子，好的和比较好的由整党前的60%上升到76%；工交系统197个基层领导班子中，好的和比较好的由整党前的三分之一上升到二分之一以上，差的则由五分之一降为十分之一以下。经核查，定为"三种人"的14人、定为严重错误的61人，不定性受处分的41人，对纯洁组织、消除隐患，起到重要作用。通过整党，保证了改革开放的顺利进行，促进了两个文明建设。全市各项改革和对外开放健康发展，扩大城区功能、调整城区体制顺利进行，工农业生产不断发展，文教卫生、科技工作、计划生育、城市建设和城市管理等各个方面不断取得新成绩，落实知识分子政策、统战政策和干部政策以及处理"文革"遗留问题等繁重任务基本完成，社会风气和社会治安状况进一步好转。

第二节 完善地方人民代表大会制度

乡、镇人民代表大会制度是人民代表大会制度的一个重要组成部分。1982年，乡、镇人民代表大会制度开始恢复，选举产生乡、镇人民政府。1989年8月，江苏省七届人大常委会第十次会议通过《关于乡、镇人大主席团在闭会期间设立常务主席的决定》。1990年县、乡人大换届选举时，常州市137个乡、镇都设立乡、镇人大主席团常务主席，以后又根据市委、市人大常委会的规定配备工作人员，使乡、镇人大成为相对独立的领导机关，乡、镇人大工作走上了经常化、制度化、规范化轨道。1993年3月19日，市人大工作研究会成立。

市各级人大及其常委会按照宪法和法律规定的原则精神，对本级财政经济、民主法制、城市建设、精神文明、社会治安等一系列重要事项，及时讨论，作出决议、决定，用议案决议的形式推进重大问题的解决。城市供水一直是制约经济建设和影响人民正常生活的大问题，市人大常委会经过广泛细致的调查研究，在1984年九届人大二次会议上提出抓紧制订常州市合理饮水用水规划的议案，促进投资数亿元的长江引水工程的实施，基本解决了市区饮用水问题。

从1990年起，市各级人大常委会采取执法检查的形式对法律法规的实施进行监督。1982年常州北太平桥发生一起凶杀案，侦查认定凶手是武进区邹区人许浩明，不久许浩明被枪决。过了几年，真正的凶手被人揭发。市委对此事高度重视，组建了专案组，由市人大常委会法制工作委员会主任、市落实政策办公室主任李汉清任组长查处此案。专案组经过调查核实，确认许浩明为错杀。1990年3月，在市十届人大三次会议上，19名市人大代表联名提出关于许浩明冤案的质询案。这是人大代表首次在市人代会上提出质询案。大会主席团认真研究后，决定按当时的地方组织法处理质询案的规定，责成市中级人民法院院长回答代表提出的质询。按照当时的地方组织法，可以口头或书面回答，市中级法院采用口头回答的方式，说明冤案查处的进展情况，代表们对答复表示满意。专案组为许浩明作了平反，市委对造成这起错案的9名责任人进行了处理。

第三节 恢复和发展人民政协工作

中国人民政治协商会议常州市委员会（以下简称市政协）1978年10月恢复活动后，把促进和服务经济发展作为政协履行职能的第一要务，通过举行全体委员会议、常务委员会会议、主席会议、专门委员会会议以及各种专题座谈会、情况通报会等形式，对全市政治、经济、文化和社会生活中重要问题履行政治协商职能。为适应壮大爱国统一战线和发展社会主义民主政治的要求，市政协的界别组成和委员名额不断扩大。1980年市第六届政协委员人数283名，比市第五届政协委员增加50%。1983年市第七届政协委员人数为328名，新增常州侨居香港的爱国同胞、原国民党起义人员、历史上有贡献的代表人物和革命先烈后裔，市属三县的各方面代表人士。从市第七届政协起，每届都安排一名民主党派负责人任专职副主席。1986年至1990年，全市推荐或当选全国、省、市、县四级政协、人大的委员和代表的党外人士计1505人，在市、县（区）人大、政协担任领导干部的党外人士35人，在市政府有关部门中担任局级领导干部4人、副区长1人。1993年，全市共有1590名党外人士担任全国、省、市、县（区）人大代表、政协委员，36名党外人士担任市、区政府及政府有关部门的领导职务。

1983年9月至11月，组织百人视察团，对全市落实政策工作进行全面视察。此后又8次组织视察团（组），深入基层，协商解决具体问题。经有关方面批准，为历届错划为"右派分子"的15名政协委员平反；为"文化大革命"中受到乱斗乱批地13名委员恢复名誉；为4名委员纠正历史错案；为受打击迫害去世的16名委员召开追悼会，妥善处理善后问题；为64名委员清退查抄财物；为被挤占私房的33名委员归还房屋。

第四节 社会主义精神文明建设

1981年2月,全国总工会、共青团中央、全国妇联等9个单位,联合作出"关于开展文明礼貌活动的倡议",大兴"五讲四美"(五讲:"讲文明、讲礼貌、讲卫生、讲秩序、讲道德";四美:"心灵美、语言美、行为美、环境美")之风。以后,这项活动又和"三热爱"(热爱祖国、热爱社会主义、热爱中国共产党)活动相结合,在全国迅速开展起来。1982年,全国妇联倡导并发起了"争创五好家庭"(政治思想好、生产工作好;家庭和睦、尊敬老人好;教育子女、计划生育好;移风易俗、勤俭持家好;邻里团结、文明礼貌好)活动。1983年,中央要求有领导有步骤地开展军民共建社会主义精神文明活动。1985年,全国共青团思想政治工作会议上提出:要加强和改进新时期的青年思想政治工作,在四化建设的伟大实践中培养和造就一代有理想、有道德、有文化、有纪律的共产主义新人。常州市于1983年成立"五讲四美三热爱"委员会,1985年将"五好家庭"活动纳入全市精神文明建设规划之中,广泛开展"五讲四美三热爱"、创建"五好家庭"和军民共建文明村、文明街等活动,加强对广大干部群众的形势、政策和"四有"教育,进行了以干部和青少年为重点的普及法律常识教育。到1985年底,全市共建市、县两级文明单位1040个,"五好"家庭13万户,涌现一大批为振兴中华、建设常州做出优异成绩的先进单位和先进个人。1986年5月,在省政府召开的创"三优"(优美环境、优良秩序、优质服务)优胜城市和文明单位、文明标兵电视授奖大会上,常州市被评为"创'三优'优胜城市",27个单位和10名个人分别被表彰为省文明单位和文明标兵。1987年,常州市委根据中央部署,开展坚持四项基本原则、反对资产阶级自由化斗争,加强和改进思想政治工作。是年,制定《常州市委、市政府关于"七五"期间社会主义精神文明建设的实施规划》,公布试行《常州市民公约》和《常州市市容环境卫生管理暂行规定》,配套颁发了市河管理、城区"门前三包"责任制管理等11个规范性文件,推进了精神文明建设和文明城市创建工作。1988年,组织开展党的基本路线教育,宣传十年改革的伟大成就,在工矿企业普遍开展企业精神教育,在农村深入进行移风易俗教育,在各行各业普及职业道德教育,在城镇广泛进行了以《市民文明公约》为主要内容的社会公德教育。1990—1991年,在全市城乡广泛开展以国内外形势教育、民主法治教育、国情市情教育、改革开放成果教育为主要内容的社会主义思想教育活动,普遍开展职业道德教育和纠正行业不正之风活动,加强了书报刊和音像市场的清理整顿。1992年,继续开展以创建文明单位、实行军民共建、抓好"窗口"行业建设为主要内容的精神文明建设活动，全市涌现 57 个省级文明单位、142 个市级文明单位标兵、658 个市级文明单位和 208 个文明村镇；武进县、天宁区分别成为省"双拥"模范县（区）；清潭、红梅两个新村成为全国文明住宅小区。

第五节 社会治安综合治理

从 1983 年起，全市公安机关积极应对改革开放后社会治安出现的新情况新问题，加强调查研究，推出多项改革举措，基本形成"以内促外、以外保内、以城带乡、以乡保城，服务在先、管在其中"等城市公安工作的新路子。1987 年 4 月，反映常州市公安机关《探索城市公安工作新路，为经济体制改革创造良好的社会环境》电视专题片，由公安部向全国公安保卫系统推荐发行。同年 6 月，新华社、中央人民广播电台等驻京新闻单位组团到常采访，随后分别刊播了常州市治安工作见闻的专题报道。在 7 月召开的北戴河全国公安厅局长会议上，公安部将常州市探索城市治安新路的材料作为会议参阅件印发。

在公安部的关心指导下，常州市在全国地级市中率先探索建立集公安指挥决策系统，有线、无线通信系统，犯罪信息传输存储系统，计算机人口管理系统，110 接报警系统等六大指挥决策系统为一体的公安指挥中心，大大提高公安队伍的快速反应和整体作战能力，在同犯罪分子和自然灾害作斗争、处理突发事件中发挥显著作用。还进行派出所装备标准化试点，开展社会治安综合治理，完善全社会安全防范体系建设，提高重大刑事案件破案率。

从 1983 年 8 月开始，常州市按照中央和省的统一部署，组织开展了为期三年、分三个战役的集中严厉打击严重刑事犯罪斗争（简称"严打"）。1987 年底，全市又组织了以打击暴力犯罪，防范和制止恶性案件，严防少数坏人煽动闹事，预防和压降以爆炸、火灾、交通事故为主要内容的保卫中共十三大顺利召开的专项工作。

1985 年 4 月，全市政法工作会议提出，各级党委要加强领导，抓紧打击经济领域里的严重犯罪活动。从 1986 年开始，检察机关行使市经济案件办公室的职能，采取抓系统、系统抓的做法，从突破常州面粉厂内外勾结贪污粮食 20 余万元的特大案件入手，在粮食系统侦破经济案件 70 余件，而后又在金融、物资、建筑、供销、财务系统取得突破。1987 年 7 月，市检察院设立经济罪案举报中心，辖县（区）检察院分设经济罪案举报室。由省、市、县联合侦破的武进县化肥厂原财务科长蒋正国特大贪污案震惊全国，共计贪污 129.45 万元的蒋正国被依法处决。《人民日报》还专门为此配发了题为《要从严治党》的社论。1989 年 9 月，全市政法机关贯彻最高人民法院、最高人民检察院《关于贪污、受贿、投机倒把等犯罪分子必须在限期内自首坦白的通告》精神,掀起了打击严重经济犯罪的高潮。在通告期限内,全市先后有112人向检察机关投案自首,交待犯罪总金额107余万元。20世纪90年代,全市重点查办县处级领导干部和党政机关、司法机关、执法执纪机关、经济管理部门的严重经济犯罪大要案件,打击金融诈骗、倒卖虚开增值税发票、走私贩私以及制售假冒伪劣商品等违法犯罪活动,维护了社会主义市场经济秩序。

1989年春夏之交,北京等地发生的"六四风波"影响全国。在错综复杂的形势面前,常州市各级党委政府在市委的统一领导下,采取一系列措施,防止了事态的扩大蔓延。全市公安干警、武警官兵、国家安全人员立场坚定,及时掌握各种社会重要信息,超前做好应付突发事件的准备,有效地控制了事态的发展;广大机关干部、大中专院校教职员工和各条战线的干部职工坚守岗位,坚持工作和生产,为稳定常州,保持社会正常秩序做出了贡献。

市政府为切实加强政府法制建设,于1984年8月在市政府办公室设置了全省第一个法规科,主要从事行政、经济管理规范性文件的草拟、协调和审核(定)等工作。1989年3月,经省政府批准,在苏南地区第一个将法规科升格为法制局,作为市政府办事机构,为二级局建制。从1985年2月开始,全市城乡广泛开展第一个五年普法教育,至1989年底,全市有239万余人完成法制学习任务,完成率达91.6%。1991年起,开展第二个五年普法教育。

改革开放全面推进时期（1993—2002）

第十三编

第一章 开放型经济和非公经济

随着市场经济的逐步建立,以发展集体所有制为核心的传统"苏南模式"慢慢显示出了弊端,进一步快速发展的潜力已经不足。常州在充分意识到体制突破和外向型发展的重要性和必要性后,迅速调整发展战略,快步跟上发展民营经济和外向型经济的潮流,外向型经济和民营经济的双轮驱动,为常州经济的快速、健康发展提供了有力的支撑。

第一节 开发区建设

常州的开发区受限于地域位置和国家开放开发进程,于20世纪90年代初才起步,但凭借自身的基础条件和实力优势,埋头苦干,后来居上,取得了令人振奋和瞩目的发展速度和成就,在全省和全国保持领先的地位和贡献份额。

一、起步摸索阶段

常州的开发区建设,从1990年建设城北工业村开始。当时,常州的对外开放处于初级阶段,1990年全市外贸收购值(按当年计划价格)只有17.5亿元,仅占当年国民生产总值的18.4%,批准的合资企业累计只有100家,开业投产的只有54家,实际引进外资累计只有1.5亿美元。1990年7月16日常州向省政府申报《关于建立常州市城北工业村的请示》并获得批复,在三井至龙虎塘之间建设常州开发区的雏形——城北天安工业村。常州城北工业村的建设,率先探索地方加快对外开放步伐、改善投资环境、调整工业布局的新路子,坚定走出自求突破、自主建设、自费开发的园区发展路子。城北工业村的建设,也拉开常州开发区建设的序幕,为两年后转型为国家级高新技术产业开发区打下坚实基础。工业村当时发展条件很差,选址远离城市中心区,发展基础薄弱,生产条件欠缺,建设资金短缺,城市已有的产业基础也借不上力。为克服困难,建设者们摸索了多种创业思路和途径,其中常州城北工业村与新鸿基集团香港天安中国投资有限公司的合资开发,开创引进港澳台资本及外资合作开发工业园区的先例;由3家公司出资成立的长江经济开发公司成为全省第一个以工业园区建设为目标的股份制性质开发公司;第一期建成的天安工业村厂房也成为常州最早建成的标准厂房。

二、框架形成阶段

1992年8月28日常州抓住全国增建国家级高新技术产业开发区的机遇，在城北工业村的基础上，申报建立国家级常州高新技术产业开发区。11月9日，经国务院批准，常州高新区正式成为国家级高新技术产业开发区，规划面积5.63平方公里，定位为"以老城区为依托、以发展高新技术产业为重点、以外向开拓为突破口"，发展二产、繁荣活跃三产的"投资者的福地，新常州的摇篮"，努力建成一个"综合性、多功能、现代化、外向型的新城区"。1995年6月，在高新区的基础上成立常州新区，原属武进县的龙虎塘、新桥、百丈、圩塘四乡镇划归常州高新技术产业开发区（以下简称开发区），辖区面积扩大到116平方公里，并把市区扩展到长江边，常州市委、市政府批准成立中共常州市新区工作委员会、常州市人民政府新区管理委员会，与中共常州高新技术产业开发区工作委员会、常州高新技术产业开发区管理委员会实行"两块牌子一套班子"的管理体制。

建成国家级开发区的同时，常州又开始筹建省级开发区。1993年，全市先后争取批准成立溧阳经济开发区、金坛经济开发区、常州东南经济开发区和常州戚墅堰经济开发区，完成了除全市主城区以外、所有建有独立城区的县域都建有省级开发园区的布局。1994—1997年，常州抓住开发区多元拓展发展种类的机遇，申报批准旅游度假型省级开发区——溧阳天目湖旅游度假区和两个农业综合开发性质的开发区——常州外向型农业综合开发区和武进外向型农业综合开发区。1996年常州抓住武进县撤县建市的机遇，申报批准省级武进高新技术产业开发区。至此，除钟楼、天宁两个主城区外，全市所有辖市区都建成省级以上开发区，多层次、多类型、全覆盖的开发区布局框架基本形成。

到1997年底，全市开发区规划总面积达到303.83平方公里，累计完成基础设施投入23.89亿元，其中，国家级高新区投入基础设施建设资金15.86亿元。五年间先后引进外资项目250个，实际引进外资4.63亿美元，其中常州高新区引进外资项目157个，实际引进外资2.69亿美元。

三、成长发展阶段

至1997年，常州在基本完成从市到辖市区的开发区布局后，迎来引进外资的黄金发展时期。这一时期全球的产业结构调整与产业转移进入高潮，加上中国正式加入世界贸易组织，在众多有利因素的共同推动下，开发区事业进入了一个较好的成长发展阶段。常州提出"以园区建设为抓手，整体推进开放型经济快速发展"的战略部署。全面推进"向北发展战略"，以长江一号码头的建成投运为标志，实现了江边开发的重大破题；常州高新区在1995年批准成立常州新区后，又通过两次行政区划的调整，于 2002 年建立新北区，区域面积扩大到 439.16 平方公里；常州高新区内部也确立高新区、新龙区和新港区三个规划组团，建立国家环保产业园、国家火炬计划三药产业基地、国家火炬计划软件产业基地、电子科技产业园、留学人员创业园等特色产业园区和产业基地；在园区功能建设上，海关直通点、常州港一类口岸等重大开放功能获得国家验收通过。其他省级开发区也在空间和功能上作了重大调整，如武进高新区实施"南扩发展"战略，专门聘请著名规划设计大师编制了南区总体发展规划，启动了 9 平方公里的先期建设；金坛、溧阳开发区合并周边的部分乡镇，使园区可开发面积扩大 4 倍至 5 倍，金坛开发区充分利用丰富的盐矿资源设立盐化工产业基地；武进农发区按照"建设花园式现代化综合性园区"的思路，重新编制开发区总体规划；天宁开发区坚持走差别化发展道路，确立以发展纺织、印染为主体的特色产业定位，规划建成了全市最大的纺织印染工业园区；常州农发区及时转型，与市纺织国有资产经营公司联合打造市区纺织印染企业集中迁建的专题园区。值得一提的是，2002 年 9 月钟楼区抓住区划调整的重要契机，经省政府批准成立钟楼经济技术开发区，规划面积 11.65 平方公里，这是全省在国家清理整顿开发区之前批准的最后一个省级开发区。

这一时期，作为招商引资主体的各省级以上开发区总体引进外资进入了快速增长期。截至 2002 年底，10 个省级以上开发区累计协议引进外资 58.7 亿美元，实际引进外资 21.2 亿美元，累计批准外资项目 1295 个，其中投资总额 1000 万美元以上项目 317 个，有 50 多个世界知名企业和跨国公司落户开发区。同时，开发区在全市经济发展中的贡献份额和主体地位显著提高，10 个省级以上开发区占全市协议引进外资和实际引进外资的比重从 1997 年的 19.53% 和 22.6% 逐年提升到 2003 年的 72.9% 和 61.2%，钟楼、戚墅堰和金坛开发区占本辖市区的比重超过 75%；财政贡献度从 1997 年的 6% 提高到 2003 年的 25.5%；国内生产总值和自营出口也分别占到全市的 22% 和 36.3%。开发区成为全市开放型经济的主阵地、引进外资的主载体、经济发展的增长极。

第二节 外经外贸与国际接轨

随着中国加入 WTO 以及常州海关直通过点获准设立、常州港被国务院批准为一类开放口岸，常州逐渐突破"内"和"外"的观念束缚，拉开全方位、快速度发展外向型经济的序幕。

一、外贸体制改革

1994年为提高自营生产企业的出口创汇能力，市外经贸委对自营生产企业的自营出口实行"双轨考核"，使全市自营生产企业出口创汇比上年增长143%，出口规模名列全省前茅。但联营企业下放地方管理后，企业数量多，经济效益普遍不好，经营管理问题很多。针对这种情况，市外贸主管部门于1996年底推出市外贸系统有史以来动作最大的一次改革，将所属14家外经贸企业组建成4家集团型企业，即常州市对外贸易集团公司、常州市大华进出口集团公司、常州市大亚进出口集团公司、常州市国际经济技术合作集团公司。4家集团公司实行资产经营一体化，为对外贸易的规模化、集约化经营创造了条件。此外，重组了技贸公司和外贸储运公司，陆续注销五矿进出口公司、销售公司等12家经营效益比较差的老外贸企业。经过这次重组，常州市直属外贸企业有外贸、大华、大亚、国际、宝达、储运、包装、基地公司等8个实体初步实现了集约化经营，规模与效益日益提升。全市进出口总额从1992年的2.01亿美元，增长到2002年的39.2亿美元，累计进出口总额187.9亿美元，其中出口133.4亿美元，2002年自营出口达10.2亿美元，是1992年的15倍，增速远远高于GDP增长。在国际上形成一批常柴柴油机、东风拖拉机、新科DVD、晨风服装、"黑牡丹"牛仔布等特色品牌，出口国别地区发展到118个，并形成了由1500多家直接经营进出口业务的外资企业、130多家拥有经营权的生产企业以及30多家外贸公司组成的三路出口大军。

二、引进外资实现新突破

1996年以后，常州市坚持贯彻"积极、合理、有效"引进外资的方针，拓展引进外资渠道，通过采取合资、独资、收购等多种形式吸引外资，1992年至2001年，全市共新批引进外资项目2530个，实际引进外资31.33亿美元。

三、加快"走出去"步伐

1992年5月27日，成立常州市对外经济技术合作公司。公司为全民所有制企业性质，隶属于市对外经济贸易委员会领导，主营对外承包工程、劳务输出、境外投资合作、国家经济援助项目以及相关的外贸业务；兼营与对外经济技术合作项目有关的咨询、服务业务，以及为外贸出口企业组织货源、采供所需原辅材料。1993年8月29日，常州地区第一家经国家对外经贸部批准的具有国际法人地位的国际公司——常州国际经济技术合作公司成立。这标志着常州市对外经济技术援助从政府间的合作逐步转变为商业性的承包工程活动，使全市的外经合作又迈上新的台阶。一批建筑、纺织、机械等行业企业开展外经合作业务，合作区域达到46个国家和地区，合作方式由单纯的劳务输出发展到对外工程承包、成套设备技术输出、服务与技贸易以及承担国家经援改革项目等等高层次的内容,在巩固壮大新加坡建筑劳务基地和毛里求斯、塞班岛服装劳务基地的基础上,又开拓培植坦桑尼亚、牙买加等一批新的境外基地。其中,1995 年由时任国务院副总理朱镕基确定、作为中国经援改革试点、江苏省最大的海外投资项目——坦中合资友谊纺织有限公司项目(FTC)签约并实施,常州蝶球纺织印染集团便是该项目中方投资主体,2001 年 3 月中方投资主体改为常州纺织国有资产经营公司。此项目一直受到中坦两国政府及领导人的高度重视和关注。坦中合资友谊纺织有限公司项目(FTC)通过推进改革、强化经营、加速技改、严格管理等措施,企业经济效益不断提升,成为坦桑尼亚的纳税大户。2000 年常州市外经合同额首次突破 1 亿美元,达到 1.25 亿美元,是 1992 年的 3.2 倍,完成外经营业额 9409 万美元,是 1992 年的 6.1 倍。1992 年至 2002 年,10 年间累计实现外经合同额 8.4 亿美元,累计完成外经营业额 6.5 亿美元。

四、常州港对外开放

常州作为沿海内陆城市,北临长江,京杭大运河穿城而过,航运一直是常州商贸发展的重要基础。随着对外开放的不断深入和企业产能的提升扩大,为了满足企业货物"大进大出"的需要,"联江通海""沿江大开发",

图 13-1 万吨常州港口

港口建设势在必行。1992 年常州市委、市政府提出"以港兴市、连江通海,三区一线、再造常州"的发展战略。1996 年初,市政府决定在常州新区圩塘镇投资建设常州长江港,规划为圩塘港区、德胜港区和录安洲港区 3 个港区,可常年满足万吨级海轮直航和靠泊需要。1997 年 12 月常州港第一期万吨级通用码头建成投产,设计年吞吐量 135 万吨,并具备集装箱年吞吐能力 3 万标箱。1998 年 3 月 23 日江苏省政府批准常州港为二类口岸,7 月 14 日承运从韩国进口的塑料粒子的镇江海运公司"江天"轮靠泊常州港,成为二类开放后的第一条外贸远洋船舶。8 月 25 日,经国家有关部门批准,承运机电产品的新加坡籍"特莎"轮靠泊常州港,成为二类口岸开放后靠泊的第一条外国籍船舶。2001 年 4 月 25 日国务院批准常州港为一类开放口岸,并同意设立常州港口岸边防检查机构,当年常州港口岸外贸业务量大幅增长,全年完成外贸吞吐量 57 万吨。2003 年 4 月常州港一类口岸正式对外开放。

1991年常州海关建立。其后，常州海关驻溧阳办事处、公共保税仓库、常州海关走私犯罪侦查支局（2003年1月更名为中华人民共和国常州海关缉私分局）、中华人民共和国江苏常州海事处、常州市高新区直通式海关监管点、中华人民共和国常州边防检查站相继成立、开通，使常州地区外向型经济发展的平台更加趋向多元化、便利化。

五、会展经济

为充分搭建企业的发展平台，常州市从1996年开始举办国际中小企业经济合作及贸易洽谈会，2000年升格为中国国际中小企业商品博览会，既提高了城市的国际知名度，又帮助企业拓宽了国际发展空间。1996年10月8日至12日，由国家经贸委中国中小企业对外合作协调中心、中国中小企业国际合作协会与常州市政府联合举办'96常州国际中小企业经济合作及贸易洽谈会。时任全国人大常委会副委员长吴阶平、国家经贸委副主任陈清泰、世界中小企业协会秘书长阿格拉瓦等领导及外国驻华使领馆经济商务代表以及来自北美、欧洲、东亚等地区的工商企业界人士、友城代表团队等700人参加。会议以中小企业发展国际战略研讨、外资外经项目洽谈和进出口贸易洽谈为主要内容。期间，常州市取得外贸成交1.5亿美元、达成协议外资4亿美元、外经合同1529万美元的成果。

1997年，会议的组织形式和内容结构进一步优化，正式命名为"常州国际中小企业商品博览会"。这是常州市举办的第一次国际性博览会。应邀前来的中外宾客有4000多人，其中境外宾客1000多人，来自世界20多个国家和地区。博览会期间，常州市与世界中小企业协会秘书长阿格拉瓦签订工作备忘录，世界中小企业协会接纳常州中小企业对外交流协会为会员单位，并作为世界中小企业协会设在常州市的办事机构。博览会还首次设立韩国馆，为本市与韩国的科技合作与交流开创了新局面。2002年世界中小企业大会在常州举行，这是继1993年北京大会后在中国举办的第二次世界中小企业大会，与第七届中国国际中小企业商品博览会同期举行，"两会"在常州的成功召开反映常州外向型经济良好基础。2002年常州协议引进和实际引进外资分别为12.2亿美元、5.61亿美元。

第三节 迅速发展的民营经济

1992年邓小平南方谈话之后，个体私营等非公有制经济持续稳步发展。到2002年底，常州有个体工商户89789户，从业人员15.5万人，注册资本13.9亿元；民营企业24008户，从业人员33.4万人，注册资本177.2亿元；全市规模以上个私民营企业完成工业产值占全市 60% 以上，个私企业零售额占全市零售额 50% 以上。常州民营经济板块逐步由小变大、由强变弱，成为常州工业经济发展的重要力量。

一、政策激励

1993 年 4 月国家发布《关于促进个体私营个体私营经济发展的若干意见》，放宽私营经济的经济方式，简化私营企业的登记手续，为个体经济、私营经济的发展创造一个良好的外部环境。常州制定出台扶植私营企业发展的政策，规定对私营企业在创办注册资金、名称核准、登记区域、生产场所、准入行业、生产经营范围、税利、用工等方面放宽政策，并在私营企业开展自营进口、招商引资、开发新产业等方面给予优惠。常州在制定国家第九个五年发展计划中，把国有、集体企业的深化配套改革和发展私营企业作为重要内容，个体私营企业获得了发展的大好机遇。至 1995 年末，全市私营企业数量达 4985 家，注册总资本达 11.4 亿元，年末全市私营企业从业人员已接近 7 万人。

二、乡镇企业改革

1997 年全市乡镇、乡村集体企业产权制度改革在试点的基础上全面展开。1999 年是全市私营企业壮大的重要一年，全市私营企业不仅在数量和规模上有了一个大的发展，通过转制纳入的私营企业活力蓬勃，涌现一批在全市各个工业门类行业中的龙头骨干企业和乡镇工业中的支柱企业，奠定了民营经济平稳过渡和提速跃升的基础。之后的"二次改制"及一系列的激励政策鼓励，使改制乡镇企业迅速发展和壮大。

三、国有企业改革

中共十四届三中全会后，常州国有企业改革主要围绕"两个试点"（国有大中型企业现代企业制度试点、"优化资本结构"城市试点）和"抓大放小"（企业集团组建和完善、中小企业放开搞活和乡镇企业产权制度改革）展开，逐步形成所有制结构由单一国有（集体）所有制转向以民营为主体的多种所有制共同发展的新格局。一大批既规范改制又真正转制的企业通过市场开拓、新品开发、技改投入、强化管理，经济效益大幅提高，成为全市经济新的增长点，进一步壮大了全市民营经济队伍。

第二章 初步建立社会主义市场经济体制

1992年6月常州市被国家体改委确定为全国第二轮综合配套改革试点城市。1994年2月常州市被国家确定为"优化资本结构、增强企业实力"试点城市。自1996年至2001年中共十五大召开前后，常州市紧紧抓住经济结构调整和所有制结构调整的机遇，企业体制改革进入体制创新、机制创新的新阶段。按照"抓大放小"的方针和"有进有退""有所为有所不为"的原则，对国有大中型企业进行规范的公司制改造、实现投资主体多元化、建立健全企业法人治理结构、建立现代企业制度的改革。全面推开国有、集体中小企业的产权制度改革。自2002年起，常州市企业体制改革着力于推进所有制结构与投资主体多元化、公有制实现形式多样化、企业法人治理结构规范化。

第一节 国企产权制度改革

20世纪90年代起，常州市以所有制结构调整为主线，以放开搞活中小企业为重点，陆续通过停产重组、兼（合）并重组、嫁接重组、分离重组和破产重组等方法，推进产权制度改革，调整产权结构。

一、现代企业制度试点

1994年5月市委、市政府提出要通过产权制度改革加快现代企业制度建立的要求。1994年7月常州市政府确定了第一批20家企业进行现代企业制度试点，其中常州华电变压器集团公司等11家企业列入江苏省百户企业试点。1995年2月常州市政府印发《常州市1995年经济体制改革实施要点》，提出"以建立现代企业制度为目标，加快国有企业经营机制转换"等十条意见；3月市政府出台《关于选择20家企业进行现代企业制度试点实施意见的通知》，对试点目的、试点内容、配套措施和实施步骤提出了明确意见。1996年3月第一批20家试点企业中已有16家企业的试点方案经省、市批复，其中完成公司制改造的6家。在此基础上，又选择了江苏常柴集团有限公司等第二批21家企业进行试点。1997年3月市政府出台《常州市现代企业制度试点企业职工持股会试行办法》。至1997年底，41家试点企业完成改制29家，占试点企业总数的70.7%。其中改制成股份有限公司8家、有限责任公司11家、国有独资公司（含集团全资子公司）6家、股份合作制企业2家、母子公司体制2家。1998年，常州市在现代企业制度试点的基础上，对26家企业实施现代企业制度建设。

二、优化资本结构试点工作

1994年8月常州市上报的《"优化资本结构，增强企业实力"试点实施方案》获得国家经贸委等九部委批复，成为首批18个"优化资本结构"试点城市之一。1995年上半年，市政府出台《常州市工业企业合（兼）并暂行规定》《常州市工业企业租赁经营暂行办法》和《常州市国有企业破产实施意见》等政策。年底，常州第二物资公司破产终结，常州第九织布厂、常州第三无线电厂等进入破产法定程序，其中第三无线电厂为常州首家破产的市属集体工业企业，第九织布厂是常州第二家破产的工业企业，也是常州第一家破产的市属国有企业。两户企业实施破产，开启了常州国有、集体企业破产的先河。至2003年底，市属企业破产累计达60家，涉及资产33.6亿元、各类债务42.49亿元、职工52004人；企业关闭累计39家，涉及资产19.31亿元、职工19121人。2004年常州轻工机械厂、常州橡胶厂、常州商标带厂、常州市第二毛纺织厂、常州塑料机械厂等破产。2005年完成苏南煤机厂、电线电缆厂等破产清算。

三、抓大放小

按照中共十五大提出的"三年两个大多数"的国企改革阶段性目标和省政府"8829"（即国有大中型企业改制面达80%、脱困面80%、亏损面20%、小企业改制面90%）的考核指标，以1997年末的106家国有大中型企业为重点，通过三年的实践，以结构调整为重点，坚持改革、改组、改造与加强企业管理相结合，不断加快国有企业脱困步伐，基本完成了国有企业三年脱困的既定目标。全市以"加快企业改革转制、加快公有资本退出、加快劣势企业淘汰"为主要内容，进一步促进企业转换机制。市委、市政府对企业改制操作要求、职工身份置换、不良资产核销、公有资本退出价格、股份合作制与职工持股会、外资民资参与企业改革以及离退休人员社会化管理等重大问题作出制度性政策性的安排，促进了全市企业特别是大企业的改革，至2003年底基本完成企业改革任务。据不完全统计，全市累计完成改制363家，破产63家，关门走人41家。一大批既规范改制又真正转制的企业通过市场开拓、新品开发、技改投入、强化管理，经济效益大幅提高，成为全市经济新的增长点。

四、股份制改革

1992年7月初，市体改委、经委、财政局、人民银行常州分行出台《常州市关于股份制试点的实施办法》。在试点中，常州市把握三个方面的结合：一是将股份制试点与转换企业经营机制结合起来，要求股份制企业在转换经营机制、强化科学管理和提高经济效益上下功夫；二是将股份制试点与企业发展结合起来，要求股份制企业用好、用活募集的资金，着力技术改造，开发名优新特产品，培育新的经济增长点，提高产品市场占有率；三是把股份制试点与企业制度创新结合起来，要求股份制企业充分发挥体制优势，构造与市场经济相适应的企业经营体制和运行机制，成为建立现代企业制度的示范。1992年，常州柴油机厂经国家批准设立常柴股份有限公司，在企业自愿的基础上，选择12家企业进行法人持股、企业内部职工持股等多种形式的股份制试点。至1995年底，全市改制企业2000多家。至1996年底，全市改制企业5000多家，其中股份有限公司16家、有限责任公司1100多家、股份合作制企业1300多家。至2002年底，全市2474家规模以上工业企业中共组建58家股份有限公司，有限责任公司280家，股份合作制企业787家，私营企业647家，外资企业352家，企业股权多元化格局形成。

1992年4月常州柴油机厂成为全省第一批向社会公开发行股票的12家股份制试点企业之一，改制设立常柴股份有限公司。1993年1月常州百货大楼改组为常州百货大楼股份有限公司，成为全市首家定向募集的股份制试点企业。2000年前后，全市股份制进入重点推进阶段。全市以建立国有、集体、外资以及个人资本相互融合、相互促进的混合所有制经济为方向，实施国有企业投资主体多元化，推进股份制企业加快资本运作、上市融资。2001年常茂生物化学工程股份有限公司、常州药业延申生物技术有限公司、常州华钛化学有限公司先后改制成立，并进入上市辅导期。至2002年，全市共有常林股份有限公司、远东实业股份有限公司、江苏五菱柴油机股份有限公司、金狮股份有限公司、黑牡丹（集团）股份有限公司和常茂生物化学工程股份有限公司等6家企业上市。

第二节　新苏南模式

1990年代以后，随着乡镇企业的快速发展，集体所有制所固有的政企不分、"遍地开花"发展方式造成的大量占用耕地和环境污染等问题，严重制约了乡镇企业的发展，迫切需要从根本上、从体制机制上解决乡镇企业的问题。1992年起，为解决政企不分、负盈不负亏、产权关系模糊、集体资产流失等问题，常州市在试点的基础上，全面推进乡镇企业产权制度改革。其主要形式有规范的股份制改制、股份合作制改制和直接出售给个人转为个私企业三种形式。2000年10月，开展以"一退二转三买断"（集体股退出，股份合作制企业向公司制或个私企业转化，买断职工工龄、厂房、土地使用权）为主要内容的"二次改制"，从而改革了企业的产权制度，解放了生产力，特色经济发展，工业集聚效用明显，形成区域特色、行业特色和产品特色，像武进湖塘、横林地区的纺织、计算机操作台，横山桥、小河地区的精细化工、汽摩配等已在全国具有较高知名度和市场占有率。乡镇企业最终实现体制障碍和环境障碍超越，融入了城市工业的大行列，这意味着传统苏南模式的终结，标志着新苏南模式的诞生。

一、乡镇企业产权制度改革先行试点

随着改革开放的深入推进，乡镇企业经营机制呈现出弱化、退化趋势：缺乏促进企业发展的有效激励机制；政企不分，企业的市场主体地位没有得到确认；产权关系模糊，乡镇企业集体资产流失严重；没有自担风险、自负盈亏的约束机制。乡镇企业的社区集体所有和企业集体承包、厂长负责的单一经营体制，不能使经营者和职工的利益与企业命运紧密地结合起来，企业缺乏在市场竞争中追求自身效益最大化的内在动力。1992—1994年，市委、市政府本着"先村后乡、先易后难、先试点后推广"的原则，要求每个乡镇首先选择1—2个村办小企业进行股份合作制试点，逐步探索改革路子。1993年4月市委、市政府召开农村股份合作制改革座谈会；6月，市委农工部、市乡镇企业管理局等五个部门制定《常州市农村股份合作制试行办法》，并由市委办、市政府办转发各地执行。全市试点工作向纵深发展，武进芙蓉、邹区等乡镇走在了全市改革的前列。1992年，郊区茶山乡丽华五金厂作为常州市第一家由乡镇企业改制的股份合作制企业，成为实现保持企业集体性质、隶属关系和税费上交办法"三个不变"原则的企业。至1993年底，全市有40%的乡镇开展改革试点工作，组建股份合作制企业442家，其中由乡村集体企业改制149家、集股新办293家，股金总额1.36亿元，其中乡村集体股8156万元、企业职工股3513万元。

二、乡镇企业产权制度改革全面推进

按照新办企业一步到位，原有企业分批推进，个体联户积极引导的工作思路，加快乡镇企业产权制度改革步伐，全市乡镇集体企业改革进入了全面推进阶段。一是拓宽改革领域，形式日趋多样。改革在一、二、三产业，大中小、好中差、乡村组企业等多领域、多层次范围内全面推开，形式除采取股份合作制外，各地因企制宜，采用转让拍卖、租赁、风险抵押承包、组建有限责任公司和企业集团等多种形式。二是改革政策创新。1994年8月，市委办、市政府办联合下发《关于当前乡镇企业产权制度改革中若干问题的意见》。比如对一些规模大、效益好的企业可以按《公司法》要求直接组建有限责任公司或股份有限公司；对面广量大的一般中小企业，以股份合作制为主，如职工入股积极性不高，可以采取不动产租赁、动产拍卖、先售后股的办法，强调股份合作制企业仍属集体性质，"先售后股"企业保留一年的过渡期；

采取兼并、租赁、拍卖等形式，放手搞活小、微、亏企业。三是加强集体资产管理。为了防止改革中低估漏估集体资产，低价变卖企业，造成集体资产流失，1994年8月市委办、市政府办联合转发市委农工部《关于加强农村集体资产管理的意见》。乡镇一级集体资产管理机构，切实承担起改制企业的集体资产审计和监管责任；抓紧全乡范围内的集体企业清产核资和造册登记，切实摸清家底；在乡、村集体企业进行股份合作、租赁、兼并、拍卖，企业产权发生变动时，搞好资产评估；对集体资产，包括资产拍卖款、资产租赁费、集体股红利等实行统一管理。至1995年9月底，全市近半数的乡镇建立了集体资产管理机构，改制的乡、村集体企业有4918家，占乡、村企业总数的71%。其中股份制和股份合作制企业1053家，转让、兼并企业956家，租赁制（风险抵押承包）企业1838家，中外合资企业1071家。此外，组建企业集团61家。

到2000年初，全市乡镇企业改制基本结束，但部分企业改制尚未涉及企业产权制度改革，产权主体模糊，经营机制不活，加上企业发展、竞争环境变化等因素，常州市于当年10月开展乡镇企业"二次改制"。主要围绕"一退、二转、三买断"的思路开展。"一退"就是逐步退出集体股份，使民间资本成为乡镇企业资本构成的主体；"二转"就是加快股份合作制企业向公司制企业和个私企业、合伙企业两头转化，使公司制企业成为全市乡镇企业的主体；"三买断"就是买断厂房、职工工龄和土地使用权，使乡镇企业真正成为市场竞争的主体。

在"二次改制"中，全市各级坚持因企制宜、循序渐进的原则，在操作上实行因企制宜、分类指导、逐步推进，做到股权结构调整到位、"三买断"实施到位、债权债务落实到位、工商执照变更到位，让符合公司制条件的股份合作制企业、个私企业向公司制企业过渡。

第三节 培育专业市场

1992年起，常州相继建立凌家塘农副产品批发市场、湖塘针纺织品市场、苏浙皖边界市场、证券期货市场、房地产市场，基本形成设施先进、管理有序、服务配套、市场繁荣、辐射面广的区域性市场体系。

一、商品市场

中共十一届三中全会后，常州市各类市场建设发展迅速。20世纪90年代的商品交易市场，大多建在企业改制后闲置下来的仓库、厂房内。2000年前后，新建市场规模越来越大，投资额也由上亿元发展到数十亿元。江苏凌家塘农副产品批发市场、武进邹区灯具城、武进夏溪花木市场、金坛市茅山茶叶市场、苏浙皖边界市场等，通过搬迁或改扩建逐步壮大规模。这些市场交易量大、辐射力强，有的逐步成为区域性大市场。随着市场竞争的日趋激烈，经营策略也不断翻新，特色交易的农副产品、粮油制品、日用百货、针纺服装、花卉苗木、汽摩配件、皮件、眼镜、电脑电器、通信器材等专业市场，也迅速发展起来，其中影响较大的有武进湖塘纺织城、江苏国际塑化城、武进横林地板城等，其市场专业性强，管理有序，推动了常州市场经济的发展。

二、要素市场

20世纪80年代中后期起，常州市按照"以商品市场为基础，以要素市场为支柱"的建设原则，相继建立金融、保险、证券、期货、劳动力、人才、技术、房地产、运输、产权交易、土地交易等市场。制定出台《常州市劳动力市场管理规定》《常州市国有土地使用权招标拍卖规定》等一系列规章制度，要素市场的信息化、网络化水平不断提高，法制化和规范化管理逐步加强，服务功能趋向完善，使各类要素市场步入了健康的发展轨道。

图 13-2　常州农机市场

图 13-3　常州华夏花木市场

三、中介组织

随着统一、开放、竞争、有序的市场体系的建立和完善,拍卖、典当、律师事务所、会计师事务所、审计事务所、税务师事务所、资产评估事务所、工程造价事务所、产权交易所和商会等各类中介服务,作为市场经济发展的配套机构相继建立,面向社会开展各种各样的中介服务。它们在生产要素市场发展中发挥了不可替代的作用,使得生产要素市场的服务功能得以不断拓展延伸。2002年市劳动力中介服务、公共职业介绍机构(包括街道、乡镇和民办)达108个。

第四节 建设服务型政府

企业活力的逐步增强和市场经济的发展,对政府服务经济的能力提出了更新更高的要求。常州市加快改革步伐,进一步强化政府公共服务职能,努力打造服务型政府。

一、工业管理机构改革

为促进国有经济战略性调整,进一步转变政府职能,2000年3月,撤销常州建材局建制,将其企业和资产、债权债务及人员全部划归常州塑料集团公司;将常州丝绸公司成建制划归市纺织工业局。同年8月,撤销市机械冶金工业局、电子工业局、纺织工业局、化学工业局、轻工业局5个工业局建制,组建纺织、化轻、机电3个国有资产经营有限公司,独立承担授权范围内国有资产的经营、管理和监督责任,并确保国有资产保值增值。与此同时,在市经委内部设立机械冶金、化工、纺织丝绸服装、电子信息、轻工建材等行业管理处,以加强工业行业管理工作。

二、国有资产管理体制

1990年市财政局正式组建国有资产管理科,承担全市国有资产的具体监管职能。1995年为探索政企分开、政资分开的路子,根据国家有关政策和常州市实际,在全面调查和掌握全市国有资产总量分布和结构的基础上,制订常州市国有资产管理授权经营试行办法,选择纺工局、机冶局和常柴集团进行国有资产授权经营试点,以探索建立适应社会主义市场经济要求的国有资产管理体制及运行机制。2000年,常州市国有资产管理委员会正式成立,国资委主任由市长兼任,副主任由市有关领导兼任,市委组织部、计委、经委等部门主要负责人为委员,初步建立国有资产管理委员会、国有资产经营公司、国有及国有控股企业三个层次的国有资产管理、监督、营运体系。2001年,在推进纺织、化轻、机电3家国有资产经营有限公司规范运作的同时,新组建贸易、建工两家国有资产经营有限公司。2003年,为进一步调整完善国有资产管理体制,成立市交通产业集团、市城建投资集团公司和新的工业投资公司,为经营城市和资本运作提供载体。2004年,组建常州市人民政府国有资产监督管理委员会,作为专司国有资产管理的政府机构,履行国有资产保值增值等方面的职能。2007年常州市国有资产监督管理委员会实施市属工贸系统国资(集团)公司整合,常州机电国资公司、常柴集团、塑料集团和中房公司等9家国资(集团)公司整合组建为常州工贸国有资产经营有限公司。到2007年底,常州市国有资产管理体制框架基本建立,国有资产保值增值得到落实,促进了市场化改革步伐的顺利实施。

三、行政审批制度改革

为减少和规范行政审批事项,简化办事程序,2001年2月,常州市开展第一轮行政审批制度改革。行政审批总事项由原来的1494项减少到927项,减幅37.95%。同年9月,组建行政审批服务中心,对涉及35个部门的496个项目实行"一门式"集中审批。2002年,实施第二轮行政审批制度改革,行政审批总事项由927项减少到462项,减幅50.2%,行政审批时限在2001年审改的基础上再缩减27.5%,并在全省率先实行企业登记注册并联审批。

第三章 发展实业经济

20世纪90年代,常州的实业经济快速发展,经济规模不断壮大,经济实力显著增强,经济结构趋向多元,一、二、三产结构逐步趋于合理。

第一节 从工业明星城市到现代制造业名城

作为20世纪80年代的工业明星城市,进入90年代以后,常州致力于发展机电业和提高轻纺业,进入新世纪后重点发展装备制造业和高新技术产业,形成了农业机械制造、输变电设备制造、工程机械车辆及配件制造、新型纺织服装业四大支柱产业,以及电子信息、新型材料、生物医药三大新兴产业,是国内中小功率柴油机、高速内燃机车、牛仔布等产品重要生产基地,拥有常柴、东风、新科3只中国驰名商标,已成为全国全省知名的制造业基地。

一、产业结构调整

90年代，常州工业化中期阶段的特征十分明显，依靠技术进步、促进工业经济从粗放式向集约式发展成为结构调整的重要目标。常州加大技改投入，从80年代重点发展纺轻电和加工业，转入重点发展机械、电子等技术密集型产业和改造提升纺织、轻工等传统产业，加快培育动力工业、输变电设备、汽车（摩托车）工业、工程机械、计算机通信、现代视听设备、纺织服装、基础化工及精细化工、合成新药及生物制造等十大优势产业。

由于国有企业改革与解困十分艰难，再加上投资严重不足，这对经济增长主要依靠投资拉动的常州来说，形势相当严峻，特别在第九个五年规划期间的调整可以说是步履维艰，新的经济增长点成长缓慢。但即便如此，这一阶段的结构调整仍然取得了一定的成绩。到"九五"末，经过重组和调整，工业经济集中度得到提高，重工业比重也从20世纪80年代的"五五开"提升到"四六开"，达到38.9：61.1。全市形成工业企业集团100多家，年销售收入超10亿元的11家。

二、壮大支柱产业

常州通过产品开发、技术改造、结构调整、市场开拓、人才培养、政策扶持等方面的推进，支柱产业取得新的进展。支柱产业占全市工业经济的比重逐年提高。2002年，四大支柱产业规模以上企业实现销售收入、利税、利润和工业增加值分别占全市规模以上企业比重为40.2%、35.9%、37.5%和36.5%，按照调优、调高、调大、调强的总体要求，加大了支柱产业规模经济的力度，提高了支柱产业的集中度。2002年60家重点企业实现销售收入占支柱产业规模以上企业的比重达到了53.5%。技术创新明显加快。支柱产业主要企业都把技术进步、科技创新作为企业生存发展的首要问题来对待，常州拥有国家、省、市确认的20多家企业技术中心。以提高技术含量、扩大市场容量为目标，实施名牌工程，加快调整产品结构，黑牡丹牌牛仔布、华蕾牌聚酯切片、长江牌城市客车等逐步成为代表常州形象和水平的新一代优势产品。涌现出现代工程机械、东芝变压器、金源铜业等一批新的经济增长点，增强了经济的发展后劲。2002年现代工程机械实现销售收入20.1亿元、利税1.72亿元、利润1.25亿元，比上年分别增长85.01%、501.8%和338.9%。

三、新兴产业

常州市着力培育以电子信息、新型材料、生物医药为代表的新兴产业。到2002年底，三大新兴产业规模以上企业实现销售收入222.2亿元，利税17.7亿元，增长26.3%；利润10.4亿元，工业增加值48.7亿元。实现销售收入、利税、利润和工业增加值的增幅分别高于全市8个、9个、15个和10个百分点。

四、小巨人企业

20 世纪 90 年代，常州市从构筑经济新优势着眼，把调整企业组织结构作为一项战略任务来抓，以名牌产品为龙头，以公有企业转制换型为核心，通过企业自我裂变、兼并或资产重组、合资嫁接等途径，扩展资产经营规模，发展规模经济，分层次组建一批省、市级企业集团。1993 年，按照"优势产品、主体企业、资产联结、规模经济"的思路，市区围绕技术含量较高、市场竞争力较强的优势产品和主体企业，组建天马集团公司、常州华电变压器集团、常州肯特集团、常州飞天集团、常州连环集团公司、常州牛仔布集团等 16 家企业集团，使全市企业集团达 78 家。1994 年市区组建常州金象电器集团、常州苏南汽车集团、常州工贸针织集团、江苏新辰集团等 6 家企业集团，辖市、区组建企业集团 29 家。1995 年，组建常州东风农机集团、常州金港集团、常州常能集团、恒源集团、江苏五菱集团、江苏省常州双百集团等企业集团 45 家，其中市区 9 家、武进市 10 家、金坛市 13 家、溧阳市 13 家，使全市企业集团总数发展到 151 家，其中省级 38 家。这些集团中，年销售收入超过 10 亿元的有 13 家。1996 年，常州市出台扶持六大支柱产业以及工业、流通大企业、大集团发展的若干政策意见，组建或上报组建江苏潇翔集团、江苏神鸡集团公司、常州合力集团等省级企业集团 11 家、市级企业集团 6 家。1997 年，调整常柴集团的隶属体制，将常柴集团有限公司变为市计划单列的集团公司，并根据省、市政府授权，成为国有资产经营公司，将飞天集团公司、东风农机集团公司加入常柴集团，形成以农机为主的大型企业集团；把常州包装联合公司成建制划归常州塑料集团公司，促进塑料行业企业组织结构调整和优化；以常州变压器厂和江苏神鸡集团有限公司等骨干企业为依托，组建江苏输变电设备集团有限公司等 7 家企业集团。1998 年，坚持扶优、扶强原则，引导存量资产向支柱产业骨干企业倾斜，重点抓了 10 家企业的资产重组工作，组建南方机车集团等 7 家企业集团。截至 2002 年末，纳入统计的 76 家企业集团共拥有资产 453.3 亿元，户均资产达到 6 亿元，年末净资产 186.8 亿元，资产总额超过 10 亿元的企业集团达到 14 家，其中总资产超过 20 亿的集团达 5 个。在资产规模上，常柴集团以 41.3 亿元的总资产名列首位，列第二位的是新科集团，总资产达到 39.7 亿元。

第二节 现代服务业

1992 年 6 月《中共中央、国务院关于加快发展第三产业的决定》颁布，常州市于同年 11 月成立常州市第三产业办公室，归口计划委员会管理，制定《常州市

"八五"后三年加快发展第三产业规划纲要》。1993 年 3 月市委颁发《关于加快发展第三产业的若干政策规定》，制定"谁投资谁受益"等 38 条政策措施，在产业结构调整方面推行"退二进三"战略，明确常州半导体厂等 6 家首批试点企业。虽然有些过热，但拉开了发展服务业的序幕。1993 年 7 月三产办又联合市政府十个职能部门制订《常州市鼓励个体私营经济兴办第三产业的若干规定》，出台若干税务优惠政策。在政府有关政策的推动下，全市服务业增加值从 1991 年的 20.51 亿元增加到 2002 年的 280.26 亿元，超过同期 GDP 的增长速度，也超过了同期工业的增长速度，占 GDP 的比重从 20.1% 增加到 2002 年的 36.8%，10 年中平均每年提高 1.5 个百分点。

服务业发展最快的是旅游业。"自昔亦号雄繁邦，却少山水供眺览"，① 自古常州周边没有名山大川可供登览，很长一段时间，常州是一个被华东旅游线遗忘的城市，只是连接南京、无锡、苏州这些旅游名城的交通枢纽。1996 年常州市政府出台《关于鼓励常州旅游业发展的若干政策》，设立市旅游事业指导委员会，统筹决策和协调组织全市性的旅游发展。基本形成六大重点旅游景区，即以中华恐龙园为主体的现代旅游区，以集千年古刹天宁寺、文笔塔、东坡园、古运河为一体的天宁风景名胜区，天目湖旅游度假区，茅山金坛旅游风景区，武进环太湖旅游区，春秋淹城等旅游景点，体现了"好山好水好地方、古寺古塔古运河、名人名馆名建筑、龙城龙园龙文化"的常州旅游特色。

"小题大作"的天目湖旅游度假区。1958 年溧阳在苏浙皖交界地区依靠人力建设了沙河水库和大溪水库。1992 年国务院决定在全国试办一批旅游度假区，江苏省政府也准备批准成立一批省级旅游度假区。溧阳市勾画出以沙河水库为主体，实施旅游综合开发的蓝图，抓住机会成为第一批"省级旅游度假区"，并且开始实施开发建设。专门排出 20 多个项目由政府相关部门责任包干，市领导挂钩督查，通过招商引资集聚 20 多亿元。2001 年 1 月，天目湖旅游度假区获得首批国家 AAAA 级旅游区（点）称号。

"无中生有"的中华恐龙园。1996 年世界地质大会在北京召开，地矿部有意在北京之外建一个恐龙博物馆，常州及时抓住机遇，中华恐龙园于 1997 年 9 月破土动工，

图 13-4　中华恐龙园

---

① （清）祝德麟：《悦亲楼诗集》卷三〇《常州守令诸公宴我于叙舟亭东观东坡洗砚池》。

2000年9月20日开园对外开放。2002年江苏省第三届园博园建在恐龙园,又为景区增加200多亩的园林绿地。中华恐龙园以中华恐龙馆为核心,以恐龙化石、恐龙标本、活体恐龙、恐龙群雕、侏罗纪走廊,以及恐龙形状的仿生建筑等,构成一幅形象生动、内容丰富、趣味无穷的恐龙世界和恐龙乐园,陆续获得了国家AAAA级景区、全国科普教育基地、中国文化产业示范基地等多项殊荣,成为常州一张闪亮的城市名片。

第三节 农业和农村现代化

1992年中共常州市委在《关于进一步加强农业和农村工作的意见》中提出农业现代化建设要以开展农业规模经营为重点,围绕提高农业专业化、集约化生产水平,推进农业适度规模经营,全面推行责任田集中经营、口粮田分户经营的"两田制",有条件的发展所有农田集中经营的"一田制",为以后试验区建设提供示范导向。此外,通过对现代化试点镇、村进行适度规模经营的探索,推进全市的规模经营,提高农业生产效益、机械化水平。

1995年随着《常州农村初步现代化建设纲要及"九五"农村发展规划》的制定,全市基本进入以农村现代化试验为主的建设阶段;1996年6月常州市正式列入国家级农村现代化试验区,武进成为国家级试验基点县(市),金坛、溧阳成为省级试验基点县(市),同时全市有5个镇15个村成为第一批省和国家级农村现代化试验区先行示范镇、村。

一、农业产业化经营

20世纪90年代中期以后,常州市在确保粮食生产的前提下,以调整农业结构、提高效益为中心,初步建成稳定的种植业、发达的养殖业、先进的园艺业、深度发展的加工业、活跃的流通业。通过几年的努力,建成一批有一定规模的高效农业生产基地,发展一批农副产品加工、销售、服务龙头企业,发展一批农民合作经济组织,建成一批农副产品专业批发市场和集贸市场,使全市农业产业化经营的生产规模、科技水平、市场占有率和贸工农一体化程度均有较大提高。至1999年底,全市以农产品为原料的加工企业有1023家,销售收入107亿元。全市农业规模经营面积占总面积的45%,农产品商品总量占全市的65%左右。全市建成蔬菜、珍珠、水产品、花卉苗木等农副产品批发交易市场20余个,年成交额超60亿元,武进华夏花木市场、西太湖水产品批发市场等被评为常州市十佳贸工农一体化龙头企业。民间中介服务组织应运而生,全市创办各种专业服务协会70个,会员近万人,从事农产品营销的农民经纪人有 5 万余人。

二、农村"三大合作"改革

农村"三大合作"改革包括发展农民专业合作经济组织、农村集体经济股份合作制改革和农村土地股份合作制改革，是常州广大农村干部群众在推进农村经济体制改革和经营机制创新中的一项重大创举，旨在解决制约农村经济发展的重大体制障碍，建立与市场经济体制相适应的新型合作经济组织，全面提升农民的组织化程度，构建农民增收的长效机制。常州市农民专业合作经济起步较早，萌芽于 1980 年代，表现为专业合作社和专业协会；发展于 1990 年代后期及 21 世纪，为农村经济的发展和农民增收作出了重要贡献。常州市农村集体经济股份合作制改革走在全省前列，2000 年武进焦溪牟家村组建了全省首家股份经济合作社——牟家村股份经济合作社。

三、农村税费改革

20 世纪 80 年代以后，城乡二元经济格局以及由此形成的农村税费制度、城乡分割的财政体制，使"三农"问题尤其是农民负担过重、收入增长缓慢问题越来越突出，严重挫伤农民的生产积极性，影响了农业和农村经济持续健康发展以及农村社会的稳定。1998 年中共十五届三中全会正式提出要逐步改革农村税费制度。2000 年 9 月溧阳市入选全省 4 个农村税费改革试点市（县）。2001 年常州市全面实施农村税费改革。改革分两步进行：第一步正税清费，规范和减轻农民负担；第二步实施"一取消、三改革"，即用三年时间取消农业税；改革乡镇机构，精简人员，转变乡镇政府职能；改革农村教育体制，有效配置教育资源，提高农村教学质量；改革县、乡财政体制，规范财政转移支付，增加对农村的公共财政投入。

第四章 建设长三角区域中心城市

进入 20 世纪 90 年代，常州开始树立现代化建设理念，高起点规划，高投入建设，高标准管理，创新城市发展模式，实施行政区划调整，加快实施了一批重大基础设施建设，倾力打造长三角区域中心城市。

第一节 城市框架

20 世纪 90 年代常州的城市格局发生重大的变化。1992 年常州市高新技术产业开发区成立，常州城市向北发展的空间豁然开朗；1993年武进县驻地由老城区迁至湖塘镇，并于1995年撤县设市，在湖塘镇以南建立新的行政中心和新区，推动了常州中心城区南翼的发展，"完善东西，发展南北"的战略得到贯彻。《江苏省"十五"城市化发展规划》提出，要打破行政区域束缚，以交通为纽带，以经济分工与协作为基础，形成以特大城市为中心的城市圈，到2005年，全省形成南京、徐州、无锡、苏州、常州五个特大城市，这为加快常州市的城市化建设指明了方向。按照"东西呼应上海和南京，南北辐射浙北、皖南和苏中、苏北"的发展方向，常州提出了城市"一体（中心城）两翼（新北区和武进区）"协调发展的战略。2000年以后，常州市投入建设资金100多亿元，拉开特大型城市框架建设的步伐。随着主城区功能的提升和武进、新北两翼的加速展开，2002年市区城区面积达120平方公里，聚居非农人口130万人。

图13-5　常州交通路网

一、行政区划调整

20世纪90年代至21世纪初，常州先后进行了三次规模较大的行政区划调整。

第一次调整始于1992年8月，建立常州市高新技术产业开发区，并被国务院批准为国家级高新技术开发区，面积5.63平方公里。为了促进外向型经济的发展，把郊区的三井乡和原武进龙虎塘镇的2个行政村划归其代管。1995年省政府又决定，将原武进县龙虎塘、新桥、百丈和圩塘4个乡镇划入常州市区,成立开发区管委会,市区面积由190平方公里扩大至280平方公里。第二次调整始于1999年,武进、金坛、溧阳撤乡并镇。武进由56个乡镇调整为30个,金坛由28个乡镇调整为15个,溧阳由36个乡镇调整为18个,郊区的太滆乡并入武进雪堰镇。这次行政区划大范围乡镇调整,开创了江苏省撤乡并镇先例。

第三轮调整始于2002年4月,根据国务院《关于同意调整江苏省常州市部分行政区划的批复》,武进撤市设区、撤销郊区、新建新北区。一是撤销武进市,设立武进区。武进区共辖原武进市的湖塘、牛塘、洛阳、礼嘉、南夏墅、前黄、寨桥、潘家、漕桥、雪堰、奔牛、邹区、卜弋、夏溪、嘉泽、湟里、东安、横林、遥观、横山桥、芙蓉、焦溪、郑陆23个镇。区人民政府驻湖塘镇。原武进市的薛家、安家、魏村、罗溪、西夏墅、小河、孟河7个镇划归新建的新北区管辖。二是撤销郊区,新建新北区。新北区辖原新区管理的龙虎塘、新桥、百丈、圩塘4个镇、三井乡和河海街道,以及原武进市的薛家、安家、魏村、罗溪、西夏墅、小河、孟河7个乡镇。区人民政府驻原新区。三是将原郊区的新闸镇和永红、五星、西林、北港4个乡镇划归钟楼区管辖。四是将原郊区的茶山、雕庄、红梅、青龙4个乡划归天宁区管辖。

二、新一轮城市总体规划

1994年3月常州开始编制《常州城市总体规划(1996—2010)》,1996年12月31日由江苏省人民政府批准。这一规划将常州定位为以高新技术产业为先导的长江三角洲重要的经济中心城市之一和历史文化名城。城市规划区范围为市区的行政区范围,即天宁、钟楼、戚墅堰、郊区和城北新区(含龙虎塘、新桥、百丈、圩塘四乡镇),土地总面积约280平方公里。另外,城市道路交通、供电、邮电等重大基础设施按常武地区(1864平方公里)统一规划。而城镇体系、对外交通和风景旅游等则按市域行政区(4375平方公里)统一规划。将城市空间发展战略确定为"完善东西、发展南北、重点向北、开发江边"。常州的城市结构形态将形成以主城区为中心,向东、向北两个发展带(向东发展带为戚墅堰分区和雕庄分区,向北发展带为新龙分区和新港分区)组成的L形布局形态。考虑到常州市区南侧武进市新城区和西侧奔牛镇区的发展和建设,常武地区城市密集区的总体布局将形成以主城区和外围若干分区组成的十字形城市结构形态。其中主城区土地总面积约152平方公里。

三、城乡一体化基础设施建设

2000年之前,常州城市基础设施水平与城市功能、环境的要求有较大差距。2000年常州市围绕加快城市化和城市现代化进程、建设现代化特大城市目标,对照创建国家卫生城市标准和建设特大型城市规划要求,推进城市基础设施建设,投入呈逐年翻番之势，2000年完成基础设施建设投入13亿元，2001年完成20亿元，2002年完成112.2亿元，2003年完成174亿元，通过强投入、快建设，掀起新一轮城市建设的高潮，全市城市基础设施的现代化水平得到不断提升。20世纪90年代，常州市以高速公路和大外环线公路建设为重点，大交通建设取得突破。1992年9月首条高速公路沪宁高速常州段开工建设，全长42.66公里，至1996年8月15日全线竣工，9月15日投入运营。此后，锡宜高速、宁杭高速、沿江高速、扬溧高速先后开工建设，国道和高速公路构成道路交通网的重要骨架。在以高速公路为主干的道路交通中，省地县三级公路充实和丰富了道路网络的血肉。1995年1月龙城第一环——凌家塘至潞城乡的外环路建成，西环线、北环线，新机场路等构筑起市区交通的快速通道；常金线、镇溧线、常溧线、常漕线、金坛溧水线等纵横交错，联结城乡、沟通内外，进一步优化城市路网结构，形成"内十字、内外环、六放射"的市区道路骨架网络，市区人均道路面积达16.61平方米；推进老城区、武进区和新北区的道路一体化步伐。全面整治大运河，在大运河市区段整治完成的基础上，1993年8月开始了县郊段整治工程，于1997年10月竣工。

图13-6　录安洲夹江大桥

图13-7　沪宁高速常州段

在运河整治中把河道疏浚出来的泥土用于砖瓦厂制砖、高速公路加高路基，节约土地2000多亩，创造了综合利用土方、保护土地资源的宝贵经验。至此，常州境内水陆空立体交通种类齐全、便利发达，初步形成具有本地特色的现代化交通体系，成为苏南地区重要交通枢纽城市。

在市政公用设施上，提高包括供水、供电、供气等在内的公用设施的规模化、现代化、区域化水平。城市供水方面，在1984年建设西石桥、实现直接引用长江水的基础上，又按照适度超前的原则，于2001年10月16日开工建设总投资5亿元的魏村水厂，2003年12月底竣工投产，实现常武地区的统一供水，日供水能力达83万吨，城乡自来水普及率达100%；城市供电方面，实施了一系列城市电网建设和改造工程，2002年全社会用电量98.9亿千瓦时，其中工业用电量68.6亿千瓦时，市区全社会用电量81亿千瓦时，其中工业用电量56.1亿千瓦时；城市燃气方面，20世纪90年代中期易地新建煤气厂和社会办液化石油气，提高了城市燃气普及率，城市气化率达90.8%；城市供热方面，1997年利用近郊热电联产的余气和社会资金，建成集中供热工程，开创苏南地区城市民用集中供热的先河；城市公交方面，公交营运线路由1992年的10条、97.6公里增加到2003年的70条、858.7公里，市区公交运行车辆1651台，万人拥有公交车辆7.42标台，满足了城市居民的出行需要；城市污水方面，常州市结合住宅小区建设和旧城改造，基本实现市区生活污水干管敷设规划，相继完成一批污水处理厂新建和改扩建工程，形成日处理污水24万吨的能力，城市污水处理率为83%，生活污水集中处理率已达78.58%；垃圾无害化处理方面，已由原来的简易无害化处理转变为卫生填埋和焚烧相结合，建成库容量达140万立方米的武进夹山无害化垃圾填埋场，城市生活垃圾无害化处理率达88.16%。

在通信邮电为主导的信息化建设上，1992年常州年建成全市第一个移动通信基站并开通移动电话业务，到2002年移动交换机容量达150万户。1996年成立了全市信息化工作领导小组及其办公室，在市区基础通信管道集约化建设加快，网络容量、规模、质量、覆盖和服务各项软硬件均达到新的高度。市话网络进一步延伸，固话交换不断扩容，2002年全市固定电话交换机总容量已达114.3万门，是1992年的17倍；无线市话网络基本覆盖常州全区，移动电话用户数达123.6万户，是1993年0.21万户的588倍；互联网骨干网、数据智能网等相继建成并形成规模，因特网用户达22.1万户，其中宽带网用户2.04万户，实现了广电设施的数字化、集成化、智能化，"数字常州"建设步伐加快推进。

四、城市功能的提升

21世纪初常州城市功能得到战略性提升。一是加大旧城改造力度。围绕增强中心城市功能来推进旧城改造。在第八个和第九个五年规划期间,由于实施"完善东西、发展南北、重点向北、开发江边"的方针,重点建设跨越运河"门槛"的8座桥梁和城市供水、供气的"源头"工程,着力调整城市中心区用地结构,形成了依托城市中心区向北快速发展的格局;进入新世纪后,常州旧城改造实现真正的脱胎换骨。二是推进住宅小区建设。改革开放以来,常州高度重视居民住宅小区的建设,在全国最早实行居民小区综合开发,常州市区由1978年的人均居住面积3.49平方米提高到2002年的人均建筑面积23.7平方米。此外,还按照政策倾斜、规范操作、集中开发的原则,扶持经济适用房建设,平均每年约建设10万平方米左右的经济适用房;加大了老住宅小区整治和危旧房成片改造的力度,按市场化运作的办法来推进城市中心区域低洼地段的危旧房改造;坚持有序开发建设商品房,严格控制市中心区域内的住宅开发,加快启动城市外围大型居住社区建设工程,推进生态住宅小区试点和建设工作,进一步改善了人居环境,逐步形成并完善商品房、经济适用房以及廉租房三级住房供应体系和规模比例。

第二节 城市生态

常州市紧紧围绕创建国家环保模范城市以及文明城市、国家卫生城市的目标,立足于改善城市环境、美化城市形象。组织以市容环境、交通秩序、马路市场、清临拆违等"四项"专项整治为主要内容的城市环境综合整治工作,组织实施市河水环境整治工程、生活污水处理工程、生活垃圾处理工程、生态绿化建设工程、城市清洁美化工程、城市安静工程、入湖河道整治工程等"八大"工程,城市的综合环境质量明显提升,先后获全国创建文明城市工作先进城市、国家卫生城市、中国人居环境范例奖称号,城市生态环境质量得到有效保护和改善,创建国家环境保护模范城市通过国家级考核。一是园林绿化环境建设,以加快城市外围环境绿化建设和提高城市中心区绿化水平为重点,兴建城市公共绿地,新建和扩建了一批公园、城市绿

图13-8 整治后的东市河

地广场及沿路、沿河两侧绿色通道，完善总量适宜、布局合理、物种多样、景观优美的城市绿地系统，城市环境绿化水平和品位有较大提高。2002年园林绿地面积达4779公顷，其中公园绿地面积达1101公顷，建成区绿化覆盖率32.9%。二是加强水环境治理。实施市河水环境整治一期工程，加大对"断头浜"的整治力度，通过河道整治、水体置换、污水截流和处理、生态保护等多种措施，市河水质明显改善，2003年常州市城市地表水环境质量较前有所好转，入太湖两条河流水质部分指标基本达到三类水质标准。三是大气环境治理。优化市区行驶车辆结构，控制机动车尾气排放，实施天然气利用工程，加快城市人工煤气用户及燃煤热电厂的天然气置换步伐，扩大集中供热，推进实施脱硫工程，整治餐饮业油烟气污染，2002年城市环境空气质量达标率达到81.1%，空气污染指数小于100的天数占全年总天数的80.6%。

第五章 社会事业加快发展

常州市以促进人的全面发展为中心，发展各项社会事业，特别是1997年，常州市被国家确定为实施《中国21世纪议程》的试点城市之后，经济与社会协调发展成为共识，常州逐步走上经济、社会、人口、资源和环境相互协调的可持续发展道路，社会事业步入良性发展轨道。

第一节 科技教育

一、科教兴市战略

1994年10月常州市委、市政府将1989年确立的科技兴市战略充实为科教兴市战略，1995年8月市委、市政府召开全市科学技术大会，明确提出科教兴市战略是常州市经济发展的主体战略。各地、各部门出台一系列科教兴市、兴区、兴局、兴乡镇、兴厂的政策措施。1996年度科技进步综合得分为84.75分，增幅在省辖市中名列第一。常州被国家科技部评为1997—1998年度全国科教兴市先进城市，被确定为全国十大"新一轮专利试点城市"之一。

常州籍的科学家继续取得显著的成就。1993年10月19日国务院第十一次常务会议决定，中科院学部委员改称中科院院士。同年，中科院学部进行增选工作，于11月选举出59名院士，常州籍科学家许学彦当选为院士。此后冯元桢、金怡濂、吴德昌、侯云德于1994年，沈学础、郑厚植、冯纯伯、朱森元、陆孝彭、庄松林、徐旭常、梅自强于1995年，李瑞麟、史轶蘩于1996年，顾冠群、刘伯里、蒋亦元、王志新、伍小平于1997年，陶宝祺、沈国荣、刘大钧、蒋士成、柳百成、潘君骅于1999年，庄逢辰、李猷嘉、柳百新于2001年，吴耀祖于2002年相继当选为中国科学院院士。截至2002年，已经有30名常州籍科学家当选为中科院院士（学部委员），在全国各市名列前茅。

二、高新技术产业

1991年5月国家科委批准建立苏锡常火炬带。1992年5月国务院批准建立常州国家高新技术产业开发区。常州逐步形成以苏锡常火炬带为依托，以高新技术产业开发区为突破口和区、带结合，城乡一体的新格局。在建设和发展高新技术产业开发区的基础上，加快特色产业基地建设与申报，轨道交通、新型涂料、武进新材料、新北区"三药"科技、金坛精细化学品和常州软件园先后被科技部火炬中心批准为国家级高新技术特色产业基地，并形成特色产业链和集群效应，成为提升区域经济竞争能力、促进科技成果转化的重要载体。常州市先后出台一系列鼓励高新技术产业发展的政策。1991年制定了一系列优惠政策，如《中共常州市委、常州市人民政府关于加快国家高新技术产业开发区建设的若干决定》及22条补充意见、《常州市关于促进和鼓励火炬计划实施的暂行规定》《常州市民营科技型企业管理暂行办法》《科技新技术开发综合保险办法》《杰出科技人员重奖办法》等。2000年制定出台《常州市高新技术2000年发展规划》，2002年市政府出台《常州市鼓励技术创新、促进高新技术产业发展暂行规定》。从1996年常州市认定首家省级高新技术企业以来，到2002年底，全市有国家高新技术企业195家，新科集团等12家企业被评为2005年江苏省百强高新技术企业；培育民营科技企业602家，其中13家被列入省百家重点民营科技企业。

三、教育现代化

1994年提出"科教兴市"战略之后，常州教育进入新中国成立以来最好的发展时期。常州市以"创一流教育，让在常的每个孩子都接受良好教育"为目标，坚持以人为本，实施统筹推进，加快改革创新，初步形成"基础教育高质量、职业教育高水平、高等教育有特色、社会教育有成效"的发展格局。1995年常州市贯彻落实省政府《关于加强基础教育改革与发展的意见》，高质量普及十二年教育，统筹义务教育和非义务教育发展，着力发展高中阶段教育，至2000年，初中应届毕业生的升学率逐步提高到90%以上，普职教招生比基本维持在1:1左右。全面启动教育现代化工程，对全市所有乡镇进行教育布局调整，实施资源整合、撤校并校、改造薄弱学校、队伍配备等标准化建设。全市城乡累计投入普通中小学基本建设资金20多亿元，全市中小学的办学条件、设备设施、校园环境得到根本改善，实现了"三个100%"，即100%的小学学龄儿童得以入学读书、100%的乡镇成为省或市教育现代化乡镇、100%的中小学实现"校校通"。全市重点校、示范校、实验校数量在全省位于前列，实现规模办学、质量效益的同步提高。

在坚持以政府为主办好公办学校的同时，积极探索和完善民办教育发展模式，鼓励社会力量以各种形式举办幼儿教育、高中教育、高等教育、职业技术培训、社会教育等，满足人民群众的多元需求，初步形成了政府办学为主、社会共同参与、公办和民办学校公平竞争、协调发展的多元办学格局。从90年代中期开始，常州市陆续兴办一批非国有学校，如常台合资创办大地幼稚园、电子职大与香港合资创办逸仙进修学院、常州国际学校等。1999年，结合学校布局调整，全市兴办一批公办民营学校，新世纪实验学校、怀德苑小学（局前街小学分校），常州工业技术学院和常州技术师范学院分别成立民办二级学院延陵分院和东方学院，同时建立民营高校常州工商管理进修学院。2000年10月，为规范民办中小学管理，市政府出台《常州市民办中小学（幼儿园）管理暂行办法》。2002年全市贯彻实施《民办教育促进法》。常州市办学规模较大、办学质量较好的民办（民营）中小学有常州外国语学校、常州正衡初中、常州国际学校、常州理想中学、前黄实验中学、武进湖塘实验初中、武进星辰实验学校、金坛市金沙中学等10余所学校。

四、高等职业教育

进入新世纪，常州市高等教育进入快速发展阶段，尤其是高等职业教育发展迅猛。2000年10月常州市电子职工大学、常州无线电工业学校合并组建常州信息职业技术学院，隶属江苏省信息产业厅。2001年6月在常州工业学校基础上建立常州纺织服

图13-9　常州科教城

装职业技术学院。2002年6月由常州化工学校与江苏建筑材料工业学校合并升格为常州工程职业技术学院；常州轻工业学校升格为常州轻工职业技术学院；常州机械学校升格为常州机电职业技术学院，隶属江苏省教育厅。

2002年以培养生产、建设、管理、服务第一线需要的高素质技能型专门人才为目标，启动建设常州高等职业教育园区，即科教城（时为常州大学城）。园区占地面积366.67公顷，建筑面积214万平方米，常州轻工职业技术学院、常州信息职业技术学院、常州机电职业技术学院、常州纺织职业技术学院、常州化工职业技术学院五所高职院校，江苏工业学院（2002年前为江苏石油化工学院，2002年更名为江苏工业学院，2010年更名为常州大学）一所本科院校进驻。园区推行学历文凭、职业资格证书、计算机、外语、汽车驾驶等5种证书制度，与企业合作共建校外实训基地364个，与国内外高校、企业共建校内实验、实训、培训、技术研发中心近100个，五所高职院毕业生就业率连续达100%，成为引领全省乃至全国高职教育发展的基地和实验区。1984年6月，党和国家领导人先后视察常州科教城，对常州发展高职教育和构筑产学研协同创新平台给予充分肯定。

第二节 精神文明建设

20世纪90年代以来，常州市以艺术生产为中心，以群众文化为基础，以设施建设为标志，致力于文化建设，推动了城市文明跨上新台阶。

一、学习型城市

善学习、重教育是常州文化传统的核心。进入近代以来，常州的文化传统开始发生了变化，但是勤学习、善吸纳、敢创新、争一流的城市人文品质一直得以延续：1979年10月在北京隆重举办的全国青少年科技作品展览，正是发轫于常州青少年"我们爱科学"的倡议而达成的一次成果大检阅。常州地区群众性读书活动十分普及，几百个定期开展活动的读书兴趣小组遍布城乡。1995年10月，常州首届读书节拉开帷幕，更为"好读书，读好书、读书好"的良好风尚推波助澜。常州的高考万人达线率和人均购书量持续多年在省内领先，全国知名。但另一方面，常州渐渐成为人才输出地，而不是吸引人才的中心，更多人才流入上海、北京这样的大城市，使得常州这样的中小城市文化再生产的机制产生某些局限，当年人才辈出、学派林立的盛况似乎已经一去而不复返。更重要的是，随着改革开放的深化和机制优势的逐步丧失，常州要继续保持领先优势，率先实现现代化，必须率先实现由机制优势向内发优势的重大转型。而能否实现这一转型的关键则取决于整个城市的文化素质。针对这种情况，2001年8月常州市第九次党代会作出建设学习型城市的战略决策，使常州成为全国最早开展学习型城市建设的城市之一。2002年4月6日全市80个市级机关的数千名干部参加常州市建设学习型城市第一个"学习日"活动，学习型城市建设全面推进。2002年11月13日常州市建设学习型城市研究中心暨河海大学学习型组织研究所成立，开创地方政府与高校合作成立学习型组织研究机构的全国首创。全民学习、终身学习、全过程学习和不断提升自身学习力等理念深入人心，学习型机关、学习型系统、学习型企业、学习型村镇、学习型社区和学习型家庭六大类学习型组织建设顺利推进，每年双月第一个星期六的全市"学习日"活动、学电脑学外语学科技知识为主要内容的"新三学"、推广普通话、农村科技文化超市以及全民读书活动开展，领导干部队伍、公务员队伍、企业经营管理队伍、外向型经贸人才队伍、科技人才队伍和高技能人才队伍"六支队伍"建设加强。2003年10月第二届全国学习型城市论坛，"以全民学习力提升城市竞争力"为模式的建设学习型城市经验在全国产生了影响。

二、特色文化

围绕把常州建设成为文化名城的目标，加快建设具有江南灵秀之气与现代文明之风交相辉映、独具特色的地域文化。常州市修复革命先烈瞿秋白、张太雷、恽代英三杰故居、遗迹。1995年瞿秋白纪念馆被评为1994年度"全国优秀社会教育基地"，张太雷纪念馆被命名为省、市爱国主义教育和学校德育基地。与此同时，天宁寺、近园、舣舟亭、唐荆川墓、水西村新四军江南指挥部纪念馆、护王府、洪亮吉纪念馆、李公朴故居等一批历史文化遗产得到整理和保护，建设了刘海粟美术馆、谢稚柳艺术馆、吴青霞艺术院、华罗庚纪念馆、段玉裁纪念馆等一批以常州文化名人命名的文化标志性工程，实施淹城保护和开发项目，改善和优化了常州的人文景观。

三、文艺创作

至2002年，常州市文艺工作者共创作大戏、小戏、小品1000余个，其中专业剧团上演剧目100余台，出版剧作选15部，论文集及专著38部，获省以上各种奖励的剧目57台；创作电影、电视、广播剧本90余部（集），其中拍摄播映的48部（集），获省以上各种奖励的11部。1992年常州市创作拍摄的反映瞿秋白和张太雷的两部电视剧《人生难忘少年时》《英才一代青春魂》在中央电视台播出，获得较好的社会反响。1994年滑稽戏《诸葛亮与小皮匠》获中宣部"五个一工程"提名奖和江苏省"五个一工程"奖。广播剧《永久的青年——瞿秋白》获中宣部"五个一工程"入选奖，2000年滑稽戏《我要做好孩子》在第六届中国艺术节上获优秀剧目奖，在国家级大奖评选活动中获文华奖第九届文华新剧目奖，殷延平、周蕾分获文华表演奖，实现了常州市文化史上零的突破，2001年又获全国第八届精神文明建设"五个一工程"入选奖。歌舞、书画、摄影等艺术门类获得省以上各类奖励2000余件次，大型民间舞蹈《好一朵茉莉花》获中国第九届"文华新剧目奖"和第六届中国艺术节大奖。汤德胜被评为全国十佳摄影家，殷延平、陈云霞分别摘取戏剧"梅花奖"，周玉峰获得中国曲艺表演"牡丹奖"，吴小英获紫金奖，李淑娴获白玉兰表演奖。

第三节 体育卫生事业

常州市自1986年8月被国家科委确定为社会发展综合示范试点城市后，体育事业蓬勃发展，改革的范围逐步扩大。卫生领域改革主要围绕行政管理体制、推行综合目标管理责任制、开展多种形式办医办体、建立卫生防病体制、健全医疗服务体系、改革人事和分配制度、完善公立医疗机构内部运行机制、实行医药分开核算、分别管理、推行药品公开招标、推行农村卫生体制改革、尝试医院补偿机制等方面展开。

一、体育

进入20世纪90年代，具有常州地方特色的群众体育活动逐步形成，常州市所辖的溧阳市、金坛市、武进区先后被评为全国体育先进县（市），金坛市获国家体育总局授予的1996—2000年度全国群众体育先进单位称号。常州市先后举行12届市运动会和5届全民健身节，运动会的规模和运动成绩都有大幅度的扩大和提高，形成了一支拥有国家级、高级、中级、初级教练员的教练队伍，培养出一批在国际比赛、全国比赛中争金夺银的优秀运动员以及一大批国际级、国家级运动健将，常州籍运动员在国际竞技体育比赛中高歌猛进，屡创佳绩。王晓红在西班牙巴塞罗那第25届奥林匹克运动会获女子200米蝶泳银牌，女子100米蝶泳第四名；孟洁代表中国击剑队参加2000年9月在澳大利亚悉尼举办的第27届奥林匹克运动会，获女子花剑团体第七名。常州市体育中心等一批重点体育设施建设陆续兴建，2002年完成清潭体育馆改造。启动建设新区体育中心（奥体中心）、国家曲棍球训练基地，并在常州建立了由省市合办的江苏省女子曲棍球队和女子手球队。另外，这期间黄强、陈佳鸣、宋志娟、陶毅、陈建军、朱澎涛、王湘等8位运动员获得世界冠军称号。

二、卫生

通过医疗卫生资源的进一步整合，到2002年，全市医疗卫生机构由1992年的873个发展到1269个，病床总数由10607张增加到11842张，卫生技术人员由13695人发展到15242人，每千人口总床位3.55张，每千人口执业医师和执业助理医师1.9人，每千人口注册护士1.66人。鼓励民营资本进入卫生领域，2002年常州激光专科医院、常州星明医院两家民办医疗机构率先成立。基本建设快速发展，2001年前后，常州市第一人民医院病房楼、第二人民医院门诊综合大楼、妇幼保健院病房大楼等先后投入使用。公共卫生不断加强。建立起遍及城乡的医疗卫生服务体系。1993年1月获江苏省五佳卫生城市称号；1995年12月在全国城市卫生检查评比中被评为全国卫生城市；2000年4月常州市获第四次全国城市卫生检查评比先进城市称号。2003年12月24日常州市被命名为国家卫生城市，金坛市、溧阳市也同时获此殊荣。

三、城镇职工基本医疗保险制度

1999年以前，常州市执行的是全国统一的劳保医疗和公费医疗保险制度。1999年9月省政府批转省职工医疗保险制度改革领导小组《关于江苏省城镇职工医疗保险制度改革的实施意见的通知》，决定推进城镇职工医疗保险制度改革，在全省建立城镇职工基本医疗保险制度。2000年4月25日常州市政府下发《常州市建立城镇职工基本医疗保险制度的实施办法》，标志着全市城镇职工基本医疗保险制度正式实施。同时印发由市劳动保障局等9个部门共同制定的《常州市市区职工基本医疗保险12个配套文件》，确保了常州市医疗保险制度改革试点工作稳步推进，良好运行。当年成立常州市职工医疗保险基金管理中心，确定第一批定点医疗机构35家和定点零售药店3家。同时公布2000年基本医疗保险统筹基金起付标准、最高支付限额和定点医院定额偿付暂行标准。全市有19万名职工参保，占应参保职工人数的31%。基金收缴率超过72%，其中市区100%。2002年常州市分别召开全市医疗保险制度改革和扩大医保覆盖面工作会议，着力推进医保扩大覆盖面、公务员参保和部省属企事业单位属地参保等工作。全市3.37万名机关公务员和事业单位职工于8月1日顺利进入医保。全年新增参保人员18.4万人，其中市区12万人。至年底，全市参保单位4644家，其中市区2186家，参保人数48.4万人，其中市区30.1万人，全市和市区医保覆盖面均达85%；全市基金征缴率99.5%，其中市区99.2%。2003年制定下发《常州市市区城镇灵活就业人员参加基本医疗保险暂行办法》，将市区城镇灵活就业人员纳入医保范围。至年底，全市医疗保险参保人数57.02万人，其中市区36万人，新增参保7.38万人，其中市区6.3万人。经过探索、完善和发展，常州市医疗保障体系逐步完善，医疗保障水平稳步提高，初步构成以基本医疗保险为主，医疗救助、公务员补助、补充医疗保险及工会互助保险为辅的多层次医疗保障体系。

四、农村合作医疗制度

1990年常州市委、市政府针对农村因病致贫、因病返贫这一突出问题，开始恢复和巩固完善农村合作医疗制度，探索切合本地实际的农村合作医疗形式，兴办以大病统筹为主要形式的农村合作医疗制度。各辖市、区、乡镇财政按当地农业人口每人每年1元钱的标准予以补贴,村民以户为单位,每人每年缴纳3—25元不等的费用参加农村合作医疗保险,受到农民群众普遍欢迎。1995年全市合作医疗制度的覆盖率上升到90%。其后,由于农村合作医疗筹资水平未随着社会经济的发展同步提升,吸引力又逐渐下降。2003年11月,常州市出台《新型农村合作医疗保险暂行办法》,建立起政府组织引导、农村居民自愿参加、集体扶持、财政资助相结合,低水平、广覆盖,以收定支、保障适度、大病统筹为主的新型农村合作医疗保险制度。

第四节 社会保障

中共十四大以后,社会保障制度改革逐步走上系统化、多样化、规范化发展轨道,常州市基本建立适应城镇各类企业职工和个体劳动者的保障需求、资金来源多渠道、保障方式多层次、权利与义务相对应、管理服务社会化的社会保障体系。除了城镇职工基本医疗保险和农村合作医疗保险之外,社会保障制度逐步建立完善。

一、企业职工基本养老保险

常州市于1992年实行"两金"(合同制工人养老金和固定工人退休统筹金)合并使用的职工基本社会保险制度。从1993年起,常州市又将养老保险的范围扩大至小集体、私营企业和个体工商户,不分所有制、不分经济成份、不分劳动者身份差别,建立了多层次(基本养老保险、企业补充养老保险、个人储蓄养老保险)的养老保险制度、离退休人员养老金正常调整机制及《职工养老保险手册》制度。1996年1月开始常州市实行社会统筹与个人账户相结合的制度模式,建立了统一的个人账户。至当年底,全市参加基本养老保险的企业达3284家,参保率99%,涉及职工33.81万人,其中市区1870家,参保率99.83%,职工24.88万人,基本建立起覆盖广泛、水平适当、结构合理、基金平衡,适合常州市情、实现可持续发展的基本养老保险制度。

二、农村社会养老保险

常州市农村养老保险制度于1992年在全市推开,至年底,全市有95个乡镇启动运转,参加保险人数17.3万人,共收保险费841.9万元,初步形成全市农村社会养老保险体制。

1994年8月市政府颁发《常州市农村社会养老保险暂行办法》,这是常州市制定的第一部有关农村社会养老保险方面的规范性文件。明确农村社会保险的对象是非城镇户口的农村人口,缴纳养老保险费的年龄男女均为18周岁至60周岁,缴纳养老保险金以个人缴纳为主、集体补助为辅,分别记账在个人名下;领取养老金的年龄为60周岁,按月领取。至年底,全市有12.3万人参加农村社会养老保险,收缴保费 2002 万元，累计 4322 万元。

1996 年 5 月市民政局制定《常州市农村社会养老保险各级各类岗位职责》等规定，使全市农村社会养老保险工作逐步规范化。收缴保费打破连续几年在 2000 万元徘徊的局面，全市 137 个乡镇全部开展农保工作，参保人数 23.7 万人，积累保险基金 1.1 亿元。此后农村社会养老保险参保覆盖面持续扩大，管理日趋规范，2002 年底，全市参保人数近 18 万人。

三、失业保险

1992 年 10 月市政府实施《关于完善职工待业保险制度的实施意见》，扩大了待业保险基金的筹集范围、待业救济对象，合理调整筹集待业保险基金标准，调整待业救济标准，使全市失业保险制度改革进一步完善。1996 年 10 月 10 日市劳动局、工商行政管理局、地方税务局联合签发《常州市私营企业和个体工商户失业保险实施办法》，全方位地建立失业保险制度，对常州市经济发展和社会稳定起到重要的保证作用。2000 年和 2001 年，失业保险基金出现收支倒挂，主要是由于这一期间国有企业改革步伐加快、经济周期出现波动，导致失业人数增多。

四、工伤保险

1996 年 5 月，市政府颁发《常州市企业职工工伤保险试行办法》，自 1996 年 7 月 1 日起开始建立常州市工伤保险制度。1999 年 7 月 20 日市政府颁发《常州市企业职工工伤保险暂行办法》及实施细则，在不提高基金统筹率的情况下，扩大工伤认定范围，提高伤残待遇。

五、生育保险正式建立

在总工会等部门的倡导下，自 20 世纪 80 年代末开始试行市区职工生育保险基金的筹措办法。1998 年 12 月，市政府下发《常州市市区企业职工生育保险试行办法》，标志着常州市生育保险制度的建立。1999 年底，常州市有 2986 家单位参加生育保险，涉及职工 35.8 万人，基金收缴率为 93.7%，支付生育补偿金 865 万元。

六、社会福利和救济

建立完善的社会救助体系和社会福利体系，建立健全自然灾害救助应急体系，确保受灾群众的基本生活；建立城市生活无着的流浪乞讨人员救助制度，实现从强制收容遣送向自愿受助、无偿救助的重大转变，教育、住房、医疗、司法等救助制度建设也取得重要进展。同时，注重各项救助制度之间的配套衔接，各级政府救助资金预算逐年增加，各地救助管理服务网络逐步健全，全市城乡社会救助体系框架基本形成。自 1997 年 1 月起实施最低生活保障线制度，全年市区共保障 290 户贫困户，向 4067 人次发放最低生活保障金 46.2 万元。此后城市低保水平多次提标，1997

年为家庭月人均 140 元，1998 年为 160 元，1999 年为 180 元，2002 年为 200 元。加大对茅山老区等经济薄弱地区的帮扶力度，开展农村草危房改造，改善贫困农户的居住条件，自 1997 年起，投入 4177.8 万元先后改造 2747 户农村草危房，其中茅山老区 979 户，非茅山老区 1768 户。

七、住房制度改革全国试点

1992 年 2 月常州市颁发《常州市住房制度改革实施意见》，1995 年 7 月常州市公布实施《常州市深化城镇住房制度改革实施方案》及《常州市区住房公积金管理细则》等三个房改配套文件，进一步完善住房制度改革。1995 年 6 月常州市被国家确定为首批实施国家安居工程

图 13-10　常州安置小区

城市，开始开发经济适用住房。1998 年常州市出台《常州市市区房改房上市交易试行办法》和《常州市城市住宅房屋拆迁货币化安置试行办法》，使房改房的上市交易和城市房屋拆迁得以顺利实施。至 1998 年底，常州市区共出售公有住房 8 万余套，自有房比例为 75%。1999 年 4 月又出台《常州市关于进一步深化城镇住房制度改革的实施方案》及四个配套文件，进一步完善住房公积金制度，建立各种形式的职工住房补贴制度。对不同收入的家庭实行不同的住房供应政策，为实现住房供应市场化、社会化创造条件。2001 年后，积极实施货币化分房新机制，并建立了经济适用房、廉租房等适应低收入阶层住房需求的住房供应体系。

「两个率先」与改革创新时期(2003—2010)

第十四编

第一章 探索常州特色"两个率先"道路

常州市在推进"两个率先"（率先全面建设小康社会，率先全面实施现代化）、实现富民强市的总体目标，深入贯彻落实科学发展观，积极推进发展战略、发展思路和发展体系创新，探索具有常州特色、富有发展成效的"两个率先"道路。

第一节 争做全省"两个率先"排头兵

中共十六大确立了全面建设小康社会的奋斗目标和行动纲领，明确提出在本世纪头二十年，集中力量，全面建设惠及十几亿人口的更高水平的小康社会奋斗目标，指出"有条件的地方可以发展得更快一些，在全面建设小康社会的基础上，率先基本实现现代化"。2003年7月22日，江苏省委十届五次全会召开，提出了到2010年左右全省总体上全面建成更高水平的小康社会，到2020年左右全省总体上基本实现现代化，在全国率先全面建成小康社会、率先基本实现现代化的目标。

2003年9月11日，常州市委九届八次全会根据中央和江苏省委的精神，对率先全面建成小康社会进行了部署，明确到2006年在全省率先建成全面小康社会。市委九届八次全体会议的召开，标志着常州市正式进入了全面建设小康社会的发展新阶段，力争"两个率先"成为新时期引领经济社会发展的主旋律。

在全面建设小康社会进程中，常州市根据经济社会发展新形势，不断完善发展思路和发展举措。2006年，常州市国民经济和社会发展第十一个五年规划发布，确立了"把常州建成产业先进、群众富裕、文化发达、城乡繁荣、人居环境优美的长三角名城"的发展目标。2006年8月28—31日，常州市第十次党代会召开，通过了《加快发展、科学发展、和谐发展，为实现"两个率先"和富民强市目标而奋斗》的报告，全面推进建设创新型城市、全国生态城市、全国文明城市、社会主义新农村和富裕常州等"五大建设"。

常州市紧紧围绕实现"两个率先"的总体目标，本着既创优争先又切实可行的原则，坚持富民优先，从本地实际出发，着力建设一个不含水分、人民得实惠、老百姓认可的全面小康，建设一个经得起实践检验、人民检验、历史检验的全面小康。2007年4月，江苏省政府宣布常州市2006年总体上达到了全面小康指标，以市为单位达到省定全面小康标准，成为继苏州、无锡之后，江苏省第三个被评估达到全面小康的城市。

对照全面建设小康社会四大类18项25条指标的要求，2006年常州市已有23个指标达到或超过目标值。全面小康核心指标中，人均CDP、城镇居民人均可支配收入、农村居民人均纯收入均高于目标值。2个未达标的指标为居民文教娱乐支出比重和森林覆盖率。由于绝大多数指标达到或超过目标值，特别是所有的核心指标已经达标，经初步评估认定：常州市以市为单位总体上达到了全面小康指标。分类指标达标情况是：

一、经济发展

2006年常州市人均CDP达37210元（按常住人口计算），相当于目标值的1.55倍。二三产业占GDP比重为96.2%、城市化水平达60.5%，分别比目标值高4.2和5.5个百分点。城镇登记失业率3.4%，控制在5%以内。

二、生活水平

常州市城镇居民人均可支配收入为16650元，超出目标值650元；农村居民人均纯收入为8001元。城镇人均住房建筑面面积、农村人均钢筋砖木结构住房面积分别为30平方米和57.2平方米，农村行政村通灰黑公路（或航道）比重实现100%，城镇人均拥有道路面积18.0平方米，百户家庭电话拥有量262.1部，百户家庭电脑拥有量41.5台，城乡恩格尔系数36.5%。居民文教娱乐服务支出占家庭消费支出比重为13.4%，距离目标值差4.6个百分点。

三、社会发展

R&D经费支出占GDP比重达1.63%。高中阶段教育毛入学率和卫生服务体系健全率均达100%。城镇养老、失业、基本医疗保险覆盖面分别为97.0%、97.1%、96.1%。新型农村合作医疗覆盖面97，8%，高出目标值12.8个百分点。人民群众对社会治安的满意率97，3%，城镇社区居委会依法自治达标率99.0%，农村村委会依法自治达标率99.0%。

四、生态环境

城市绿化覆盖率40.6%。森林覆盖率为15.3%，低于20%的目标值。坏境质量综合指数达80.3分，比上年提高13.9个百分点。

2006年，武进区也总体上达到了全面小康标准。2007年金坛、溧阳达到了全面小康标准。常州市在2006年以市为单位达到省定全面小康标准后，2007年又实现了以县为单位全面达小康，在江苏省率先建成全面小康社会。

在率先建成全面小康社会以后，常州市按照中央和江苏省委的决策部署，继续建设更高水平的全面小康,同时积极向率先基本实现现代化迈进。2007年12月10日,常州市委十届四次全体会议对建设更高水平全面小康和率先基本实现现代化作了全面部署,明确常州要在提升全面小康建设水平中,不失时机向率先基本实现现代化进军,努力走出一条以科学发展为主要特征的现代化建设之路。

第二节 充分集聚"两个率先"的强合力

在推进"两个率先"的进程中,常州市全面加强党的建设,推进政府职能转变,充分集聚发展合力,不断优化区域发展环境,为全面小康和现代化建设提供强有力的发展支撑。

一、创新党建工作,激发基层党组织和广大党员的积极性

以建一流干部队伍、创发展先行地区为目标,常州与时俱进推动党的建设和组织工作,2004年出台贯彻落实中共中央《关于加强党的执政能力建设建设的决定》的意见,2009年,出台《关于加强和改进新形势下党的建设的实施意见》,不断把党建工作推向新的高度。

按照干部队伍革命化、年轻化、知识化、专业化的方针和德才兼备原则,以加强能力建设为重点,努力建设一支高素质的党政人才队伍。建设学习型党组织,2003年在全国率先实施领导干部学习积分制,2004年在全国率先推出领导干部"网上学习城"。2006年,启动实施"十一五"干部教育培训规划,培养眼界宽、思路宽、胸襟宽的"三宽型"干部。2008年,建立以"重点、热点、难点工作、一线"为主要平台的干部实践锻炼机制,推进全市党政机关科级中层干部轮岗交流。2009年,实施"双百双千"(百名人大代表、百名政协委员进农村、进社区,千名机关干部进企业、千名科技联络员进大学和科研院所)行动。2010年,以"创先争优比贡献,再立新功十二五"为主题在各级党组织开展创先争优活动。常州干部队伍素质得到不断提升和发展。

坚持系统谋划、整体推进,不断深化干部人事制度改革。2003年建立党政领导干部选拔任用首提责任制、讨论干部任用票决制、选拔任用工作一责任追究制等11项制度。坚持公推公选的改革方向,2003年面向全国公开选拔县处级和科级领导干部,2004年推进金坛市市长、县处级"一把手"助理和辖市区镇长、镇党委领导班子等人选公推公选,不断促进公推公选制度化、科学化。2006年建立了县处级领导干部岗位职责规范。2007年,将县处级后备干部分为经济、政法、城建、社会事业、综合、非中共党员和女干部七个类别。2008年,实行了"双推双考一审定"分层分类

后备干部选拔培养新模式。2009年,建立党政领导干部选拔任用优选模型,推行了党政领导颁布选任用人责任审查、机构编制责任审核和任期经济责任审计"三责联审"工作。2010年,出台《2010—2010年深化干部人事制度改革实施意见》,构建内容完备、结构合理、功能健全、科学管理干部工作新机制。

2004年成立了党的基层组织建设工作领导小组,建立了市委常委、党员副市长基层党建工作联系点制度。2005年,在江苏省率先推进"六好"社区党建①和党建"带工建、团建、妇建"工作。不断深化农村党建"三级联创"和争创"创业型、富民型"基层党组织活动。2008年,实施建立健全地方党委、部门党组(党委)抓基层党建工作责任制。2010年,村、社区党组织换届选举普遍推行公推直选方式。

加强党风廉政建设,推进反腐倡廉制度化、长效化。2003年,建立常州市县处级领导班子和领导干部述职述廉制度。2005年,实施县处级领导干部廉洁自律承诺书制度,建立党风廉政建设教育联席会议制度。2007年,建立县处级领导干部廉政档案制度,开展行政权力公开透明运行试点。2008年,完善对县处级领导班子主要负责人监督的制度,党委(党组)领导班子实施"三重一大"事项集体决策制度,进一步明晰"一把手"权力行使边界,规范权力运行。2009年,开展党政领导干部舆论监督工作试点和镇党代表询问质询工作。2010年,实施"制度执行力提升工程",形成了制度执行力评价体系和标准。纠正不正之风,严格查办违法违纪案件,积极开展市级机关行政效能监察,党风廉政建设和反腐败工作取得明显成效。

深入开展党员教育活动,加强党性锻炼,增强各级党组织的创造力、凝聚力、战斗力。深入开展保持共产党员先进性教育活动,2003年在农村基层党组织试点,并在2004年开展活动"回头看",2005年在全市党组织广泛开展,探索建立了保持共产党员先进性的创新举措和长效机制,取得了很好成效。2009年,深入开展学习实践科学发展观活动,坚持在提高认识、服务大局、改革创新、改善民生、改进作风和组织建设上下工夫,不断凝聚科学发展的共识、健全科学发展的机制、推动科学发展的实践。

二、转变管理方式,不断提高政府机关服务效能

以转变政府职能为核心,按照精简统一效能的原则,进一步理顺职责关系,优化政府组织结构。分别于2004—2005年、2010年实施了两轮市县政府机构改革,市政府工作部门确定为400个,做到权责一致、分工合理、决策科学、执行顺畅、监督有力。按照政事分开、管办分离的思路,深入推进事业单位改革。2003年,启动

---

① "六好"社区党建指党员队伍好、保障体系好、党组织领导班子好、工作机制好、保障体系好、工作局面好。

市属生产经营型事业单位改制转企工作，2005年基本完成。2005年首次开展事业单位公开招聘，2007年推进事业单位公开招聘社会化用工。2009年，开展事业单位岗位设置管理试点工作，明确了岗位通用等级标准，实施"以岗定薪"。

　　以简政、放权、增效为着力点，不断推进行政审批制度改革。常州市行政审批服务中心是推进行政审批制度改革的主要载体，2004年更名为"常州市行政服务中心"。行政审批制度改革主要围绕审批事项集中办理、提升审批服务效能、创新审批服务机制展开。自2003年以来，行政服务中心不断提升审批事项集中度，2010年又推进"两集中、两到位"，即部门行政审批服务职能向一个处室集中，承担行政审批服务职能的处室成建制向市行政服务中心集中；部门行政审批服务事项进驻市行政服务中心到位，部门向行政服务处室授权到位。推进审批服务机制创新。2003年，实施并联审批、告知承诺制等制度，设立了综合代理服务窗口，建立了基本建设项目审批、内资企业注册登记、外商投资企业设立等"一条龙"审批服务链。2005年，实施企业联合年检制度，设立大项目审批推进服务窗口。2007年，实行联审会办、联合现场踏勘、建设规费扎口收缴等审批服务新机制。为提高审批服务效能，2003年开通行政审批网上服务系统，2007建立了网上监察系统。2008年依托常州市电子政务网，对行政执法数据库、网上审批系统、电子监察系统进行整合、改造和提升，建设行政服务、法制监督与行政监察互联互通、资源共享的"三合一"网络平台。到2010年底，已有6179项行政权力事项网上运行，强化行政行为网上全程监督和实时监察。

　　深入开展依法治市，不断提高法治化水平。围绕依法治市工作目标，2003年成立市四套班子法律事务律师咨询组，推行行政执法责任制、行政执法评议考核制和政务、审务、检务公开"两制三公开"，促进依法行政、司法公正。2004年全面贯彻实施《行政许可法》，着力提高依法行政水平。2005年，实施法治常州建设总体规划，部署推进经济生活、政治生活、社会生活的法治化，力争到2015年率先基本实现法治常州。2006年，组织实施"法治常州八大行动计划"，在加强民主政治建设、促进依法行政、促进司法公正、推进基层法治建设、实施法治宣传教育、办好法治建设实事、加强社会主义法治理念教育、实现法治建设基本保障等方面加大工作力度。2010年，开展法治城市创建活动，以法律手段调整和处理城市化进程中的各种利益关系和矛盾冲突，促进城市经济可持续发展、社会和谐稳定、消费安全放心、环境舒适宜居。

　　三、凝聚各方力量，营造心齐气顺的良好局面

　　中共常州市委重视加强多党合作和政治协商制度建设，经常就重大方针政策重

要工作部署等与党外人士民主协商，进一步规划市委与民主党派政治协商的程序，建立了市委常委与党外人士联系交友制度，完善了民主党派和无党派人士考察视察调研制度，加强对民主党派和无党派人士的培养、选拔、任用，构筑了党委政府出题、党派调研献策、党委政府采纳的议政新渠道。常州市人大及常委会围绕代表人民行使好管理地区发展事务的权利，不断创新人大代表联系选民的方式，实施了主任接待日制度、镇（街道）人大工作联系点制度、检察机关人民监督员制度等，集中开展"联系人民，服务人民"活动，通过重点调研、提交建议意见、视察检查等方式反映民意，提高了人大代表参政议政的成效；切实加强对市政府贯彻落实中央、省法律法规情况的临督检查、，制定地方规范性文件的备案审查，规范行政行为、促进依法行政；全面开展对市政府、检察院、法院工作情况的督查，建立了对政府工作部门作风效能情况和人大常委会任命干部所负责工作情况进行评议的新机制。常州市政协每年都围绕经济发展、城乡建设、民生改善等热点领域开展调查研究，形成高质量的调研报告与市政府专－题协商，并转化为市委、市政府的发展决策；通过政协提案、政协委员视察等途径，对市政府进行民主监督；加强对常州历史文化资源的搜集整理，出版了《常州文化丛书》《运河常州》等一批文史资料。各民主党派通过政治协商制度建言献策，主动服务社会发展。工商联等社会各界积极为常州发展贡献力量。常州市政府自觉接受人大的法律监督、工作监督、政协的民主监督以及社会监督、舆论监督，充分吸纳各方意见建议，及时办结人大代表意见、建议和政协提案，把切实可行的意见建议落实到具体工作中，体现在发展成效上。

不断扩大与港澳台地区的合作交流，每年举办形式多样的经贸文化交流活动，积极参加"江苏台湾周"活动，为港澳台在常州投资创业提供优质服务。高度重视引进海外留学人才，每年都举办"创业之桥——海外人才常州创新创业洽谈会"，建设了常州留学人员创业园等一批华侨华人创业基地；成立常州市华侨服务中心，深入开展归侨侨眷"关爱工程"，为归侨侨眷在常州发展、生活创造更好条件。积极加强区域经济协作。稳步推进江苏南北合作活动，不断加强与盐城市的挂钩合作，2002年建设武进高新区阜宁工业园，2007年建设常州高新区大丰工业园，集聚了一大批企业项目。深入开展与新疆伊犁市、陕西省安康市和三峡库区的对口挂钩扶贫协作，实施了一批扶贫项目，培育和增强了"造血"功能。援助四川地震灾区重建。2008年8月，启动对口支援四川省绵竹市灾后恢复重建工作，其中常州市援建遵道镇3大类16个项目，武进区援建金花镇7项工程，2010年9月保质保量提前完成了援建任务。

以更加开放的视野融入世界潮流，加强对外宣传，在科技、经济、文化、教育等领域开展广泛交流合作，常州对外影响力不断增强，每年都有一批国际重要人士访问常州。积极承办、举办国际重大活动，举办了"一村一品"国际研讨会、安博思论坛、天目湖中欧经济论坛、第六次中国——欧盟智库圆桌会议、第三届中美民间和平论坛等活动，常州积极参加会议交流活动，彰显了良好的国际形象。加强拓展国际友好城市，到 2010 年末，常州共有国际友城 20 对，其中市级国际友城 15 对，辖市区国际友城 5 对。按照中央和江苏省的统一部署，积极开展对外援助。由常州机械设备进出口公司承办的坦桑尼亚中国投资贸易促进中心在开展中坦双边经贸合作中做了大量工作，2006 年设立了江苏名优产品长期展示中心；常州援建的坦桑尼亚友谊纺织厂保持稳健发展。

四、优化发展环境，不断降低创业创新成本

把优化区域发展环境作为力争"两个率先"的重要举措，2003 年 10 月召开全市优化发展环境动员大会，动员全市上下营造有利于加快发展的舆论环境、政策环境、服务环境、法制环境和人文环境，努力使常州成为长江三角洲地区政策宽、成本低、服务优、环境好的创业福地。

完善发展政策，助力企业发展。2003 年，出台《关于进一步改善和优化经济发展软环境的决定》，从改革行政审批、规范行政执法、规范行政收费、维护市场秩序等 6 个方面制定了具体措施。2005 年，出台《关于进一步创优发展环境的五项规定》，在下放审批权限、减轻企业负担、精简和规范对企业的检查、改进工作作风等方面优化投资创业环境。2006 年，对重大项目实行市领导挂钩联系制度。2007 年，开展"创优环境兴常州、改进服务促发展"专项行动，经济发展软环境得到不断优化。

改进工作作风，优化政务服务。2004 年起，开展"万人评议机关"活动。2005 年，成立纠正行业不正之风办公室，加强督促整改，改进机关作风。2005 年出台《关于进一步加强和改进政府作风建设的五项规定》，2006 年出台《关于健全和完善市级机关作风建设长效机制的意见》，2007 出台《领导干部不作为乱作为问责暂行办法》，着力建设法制、诚信、高效和透明政府，营造良好的政务环境。为帮助企业应对发展严峻形势，不断创新创优服务举措，2008 年在全市开展解放思想找差距，科学发展创新业的大讨论，以新一轮思想大解放推进科学发展的具体实践；召开服务企业关爱有加，支持企业克难求进动员大会，推动市级部门深入企业开展创新性服务举措。2010 年，召开全市提升机关效能，优化发展环境大会，将机关效能建设不断引向深入，形成共谋发展、共促转型、共创和谐的强大合力。

第二章 经济结构调整与产业转型升级

在市区行政区划调整以后，常州市加大了整合发展资源力度，加快推进经济结构调整与发展方式转变，充分释放体制机制活力，积极构建具有地区特色和核心竞争力的产业体系，实现了发展提速、产业提质、实力提升。

第一节 常州经济跨越式发展

2003年以来的八年，国内外宏观经济形势严峻复杂，常州市积极顺应发展形势变化，及时采取扎实有效的发展举措，推动了经济快速健康发展。

一、深刻反思"铁本事件"教训

自2003年起，中国实施了历时五年的宏观经济调控。这次宏观调控从控制钢铁、有色金属、建材等行业盲目投资和低水平建设开始，逐步向清理整顿开发区、遏制房价上涨等领域扩展。2006年以后，调控目标聚焦到防止经济增长由偏快转向过热上。国家在宏观调控期间，严把信贷和土地闸门，综合运用"两高一资"产业调整政策、有保有压的财税政策、紧缩性货币政策等，给区域经济发展造成较大影响。随着国内国际经济形势的变化，2008年11月中央出台扩大内需促进经济增长的十条措施，2009年推出总额4万亿元的两年投资计划，实行结构性减税，扩大国内需求。

在这次国家宏观调控中，常州市受到很大影响。2004年4月，国务院严肃查处了江苏铁本钢铁有限公司违规建设项目。常州市召开领导干部大会，向全市领导干部通报铁本项目情况，要求各地区、各部门深刻反思铁本事件的教训，举一反三，引以为戒，贯彻落实好国家各项方针政策。

与此同时，常州市主动加快产业结构调整步伐，弘扬创新、创业、创优的"三创"精神，实施加快引进外资、加大民资投入、加速园区建设的"三加"工程，在全市上下营造了浓郁的发展氛围。2003—2007年间，常州经济总体保持了较快发展，但2008年经济发展出现减速，2009年下滑更为明显。面对严峻的经济形势，常州市抓住国家稳增长的政策机遇，先后出台促进五大产业、外贸出口、房地产业发展等多项政策措施，充分发挥政策在保增长中的驱动效应，地区经济在2010年又开始企稳回升。

二、国民经济持续快速发展

在这八年中，常州市经济总量实现了重大跨越，地区生产总值连续跨上1千亿元、2千亿元、3千亿元台阶，2010年达到3044.9亿元，是2002年的4倍；三次产业增加值分别达到99.8亿元、1683.7亿元、1261.4亿元；按现行汇率折算人均（常住人口）地区生产总值超过9000美元。财政收入持续高速增长，2010年财政总收入达841.7亿元，是2002年的8.2倍；2010年地方一般预算收入达286.2亿元，是2002年的6.2倍。全社会固定资产高强度投入，2010年达2103.6亿元，是2002年的8.4倍；其中，第一、二、三产业分别完成投资7.4亿元、1186.5亿元、909.7亿元。社会消费品零售总额快速扩张，2010年达1054.4亿元，年均增长19.8%；其中批发零售贸易业、住宿餐饮业分别年均增长20.4%、17.1%，2010年分别达972.4亿元、82亿元。金融机构人民币存贷款余额大幅攀升，2010年存贷款余额分别达4550.5亿元、3011.7亿元，分别是2002年的5.03倍和5.02倍。

三、经济结构发生根本性转变

常州经济在保持快速增长的同时，发展质量也得到同步提升，成效十分显著。三次产业结构不断优化。2010年三次产业结构由2002年的6.4:56.8:36.8调整为3.3:55.3:41.4，第三产业增加值占比提高了4.6个百分点。农业现代化加快推进，工业转型升级步伐加快，现代服务业发展逐步提速。多种所有制经济蓬勃发展。深入推进国有企业改革，通过股权转让、增量入股、兼并重组等方式推进国有及集体企业改制，至2004年底基本完成了市属国有、集体企业改制任务，实现企业股权多元化，国有经济重新焕发活力。到2010年底，拥有规模以上国有及集体工业企业49家，实现总产值105.8亿元。促进个体私营经济发展，连续实施多轮民营经济跃升计划，个私经济成为支撑经济发展的重要力量。至2010年末，全市拥有私营企业6.7万户，个体经营户15.8万户，分别是2002年的2.8倍和1.8倍；民营经济占全市经济总量的比重达59.5%。三资企业加快发展壮大，2010年底规模以上三资工业企业达1009家，实现工业总产值占全市规模工业的比重达33.2%。区域经济协调发展。武进区、新北区成为支撑全市经济发展的重要力量，2010年地区生产总值分别占全市的39.1%和16.8%。金坛市、溧阳市经济快速发展，2010年地区生产总值分别占全市的10.3%和14.3%。

第二节 现代农业加快发展

2004年，常州市实施了《现代农业产业发展总体规划（2004—20110）》，推进农业功能、结构、布局和经营方式战略性调整，促进常规传统农业向现代都市农业转变，建设具有地区特色和核心竞争力的现代农业产业体系。2009年又对农业发展思路进行了调整，形成了《现代农业产业发展总体规划（修编）（2009—2015）》，突出了现代农业"高产、优质、高校、生态、安全"的特质，着力促进农业和农村经济又好又快发展。

一、传统农业向现代农业转变

经过长期发展，常州农业逐步形成了优质粮油、花卉苗木、特种水产养殖、地方特色畜禽、时令水果等主导产业，2003年五大农业产业占农产品商品生产的75%以上。以此为基础，2004年实施的现代农业发展规划确立了"基础产业以退为主、主导产业做强做大、新兴产业积极开发、特色产业做优做精"的发展思路，发展优质稻米、花卉苗木、经济林果、设施农业、水产养殖、畜牧养殖、种源农业等重点产业。2009年修编的规划把发展思路调整为"充实提高保障型产业、开发完善服务型产业、做强做优竞争性优势产业"，重点产业中用"蔬菜产业"替换"设施农业"，并增加"休闲观光农业、农业社会化服务业和农产品加工业"，形成了农业十大产业，强调了农业的生态功能、社会功能和向二、三产业延伸发展，使现代农业产业体系更加科学完善。

在构建现代农业产业体系的同时，加快推进专业化生产和区域化布局，根据农业发展的自然环境条件和资源分布的地域差异，以及城镇体系和城市建设的形态布局规划，努力构筑多区、多带、多点镶嵌的农业生产网络化布局。

经过不懈努力，常州农业综合生产能力稳步提高，产业结构进一步优化，特色产业区域化布局逐步形成。2010年，水稻平均亩产达620.1公斤，再创历史新高，单产连续8年居江苏省第一；优质粮油、花卉苗木、特种水产、特色畜禽和经济林果等五大农业产业发展水平不断提升，种源农业产业化经营和发展取得了积极进展，农业社会化服务业和农产品加工业发展加速；休闲观光农业发展势头良好，建成全国农业旅游示范点18个；基本形成洮滆平原花木、洮滆两湖及周边地区特种水产、武进东部时令水果、金溧丘陵山区特色茶果和特色畜禽养殖等五大产业带（区）。

二、进一步释放农村经济发展活力

培育具有带动作用和核心竞争力的农业龙头企业，提高现代农业市场竞争力。

2003年，江苏省国家级龙头企业座谈会在金坛召开，晨风集团成为全省农业龙头企业的示范样板。2004年，市级及其以上农业龙头企业达23家，其中国家级2家、省级11家、市级10家。到2010年末，全市有市级及其以上农业龙头企业达47家，其中国家级2家、省级20家、市级25家，实现销售收入总额280亿元。

持续推进农业农村改革，增强农村经济发展活力。2004年，在江苏省率先实施免征农业税及其附加，基本实现农民合同内零负担。不断深化农村"三大改革"，2003年全市农村专业合作经济组织发展到254家；2004年农村集体经济股份合作制改革试点工作取得突破，全市有7个村组组建股份合作社；2005年农村土地股份合作制改革试点取得突破，金坛和溧阳分别完成2个试点单位的土地股份合作制改革。到2010年末，全市农民专业合作社总数695家，农民专业合作社联合社总数13家；农地股份合作社累计94家，武进区有9家农地股份合作社经工商登记取得法人资格；累计有188个村、893个组组建了社区股份合作社，量化集体资产占全市村组集体经营性净资产的58.5%。2010年组建常州市武进区西湖富民物业股份合作社、溧阳市李家园富民资产专业合作社两家富民合作社，为创新农村股份合作形式、构建农民持续增收机制作了新探索。集体林权制度改革于2009年在溧阳市试点，2010年在全市全面推进，基本完成主体改革任务。

建设无公害农产品生产基地，推进主要产业和主导农产品生产基地化、规模化，开展无公害农产品生产的产业认证。2010年末，全市共有无公害农产品生产基地244个，省级以上认证的无公害农产品464个，省级名优农产品39个，获得绿色标志的农产品279个，有机食品131个。

以农业机械化为抓手，推进农业生产方式变革。加快推进水稻种植机械化，积极探索农机新机具、新技术的试验示范推广、农机服务组织和农机安全建设，农业机械化水平稳步提升。到2010年底，全市农机总动力达150.2万千瓦，主要农作物耕、种、收、植保四环节综合机械化水平达92.7%，处于全省领先水平。

三、不断完善现代农业发展形态

在不断壮大农业主导产业、推进产业化经营的同时，进一步加强农田基础设施建设，发展现代农业产业园区，为实现农业现代化、提高发展能级打下坚实基础。

以现代农业产业园区为载体，建设各具特色的农业产业基地。2008年，制定现代农业科技示范园区（企业）认定办法，认定常州市现代农业科技示范园区（企业）42个。2009年、2010年涌现出溧阳环天目湖农业生态示范园区、金坛银湖食用菌产业园、武进龙潭湖农业生态园、新北区设施蔬菜产业园等规划起点高、投入强度大的农业产业园区。2010年，全市126个农业园区总面积达9.9万亩，实现销售收入

23.2亿元。金坛市长荡湖现代高效河蟹园区、武进农博园被认定为江苏省首批现代农业产业园区。

积极实施现代农业"双百万亩"工程，强化农业发展根基，助推现代农业发展。2009年，启动实施现代农业"双百万亩"工程，计划分别通过3年和5年的努力，使全市高效农业面积、高标准农田总量均达到6.67万公顷。至2010年末，全市累计建成高标准农田6.2万公顷，占耕地总面积的41.9%；高效农业、设施农业面积分别达6.6万公顷和1.4万公顷，分别占耕地总面积的44.6%和9.5%；高效渔业总面积达2.63万公顷，占水产养殖面积的67.5%。

开展"万顷良田建设工程"，促进农村土地有效集聚、高效利用。2009年，启动"万顷良田建设"工程，通过对田、水、路、林、村进行综合整治，建设较大面积的连片高标准农田，增加有效耕地面积，提高耕地质量，优化区域土地利用布局。首批工程涉及金坛、溧阳、武进、新北4个项目区，实施后新增耕地7153亩，置换城乡建设用地5091亩，建成高标准农田63146亩。至2010年底，金坛市和新北、武进两区办理土地流转的农户3500户，总面积1866.7公顷；筹建农地股份合作社18家，引进农业项目22个，建成高标准农田2666.7公顷。

第三节 现代制造业基地日趋建成

进入21世纪，常州工业开转变了传统的发展方式，快速走向由传统加工业向高端制造业、投资驱动向创新驱动、物质资源支撑向人力资源支撑的三大转变，实现了工业经济历史性突破。常州已经建成以名牌产品为龙头、骨干企业为核心、支柱产业为支撑的现代工业体系，已经从昨天的乡镇工业崛起发展到今天的长三角地区重要的现代制造业城市。按照新型工业化的要求，加快推进产业结构调整和发展方式转变，突出信息化带动工业化，努力走出一条科技含量高、经济效益好、资源消耗低、环境污染少的工业化道路。

一、全面振兴"五大产业"，积极推进现代制造业基地建设

2002年实施了《现代制造业基地发展纲要（2002—2010）》，明确"以三大产品群为重点，逐步建成全国七大专业化制造基地"的发展战略。通过第十和第十一个五年规划期间的发展和调整，基本实现制造业结构的优化升级，形成高新技术产业更强、传统制造业更优、先进制造业更发达的发展局面，构筑区域性现代制造产业群，全面提高制造业的整体素质和市场竞争力。

建设常州现代制造业基地的核心和关键是培育特色产业和特色产品，形成具有竞争能力的产业群。重点培育三大产业群：以强化竞争优势为重点，巩固、深化和提高以农用机械、工程机械、输变电设备、城市客车、摩托车零部件为主的机械产业群。以提高经济效益和加快优化升级为核心，积极发展电子信息、制药和精细化工等新兴产业群，逐步成为常州新的经济增长点，培育未来主导产业；积极采用现代技术，继续强化纺织服装工业群，开发出适应人们生活水平提高和需求变化的新产品。围绕三大产品群，培育打造农用机械制造业基地、输变电设备制造基地、工程机械、车辆及其零部件制造基地、纺织服装工业基地、电子信息设备及机电一体化设备制造业基地、生物医药及精细化工基地、新型材料工业基地等七大专业化制造基地。

为加速推进产业转型升级，做强做大优势产业，2009年初，常州市委、市政府启动实施《常州市振兴五大产业行动计划》，进一步聚焦发展先进装备制造、新能源、信息、新材料、生物技术及制药等五大产业。围绕五大产业发展组织实施"龙腾计划"，加快培育龙头企业；实施"瞪羚计划"，加快培育新兴企业；实施"梧桐树计划"，加快建设创新创业平台；实施"金凤凰计划"，加快引进创新创业人才；实施"产业航母计划"，加快产业集聚和产业链建设。

二、转变增长方式，加快制造业转型升级步伐

按照制造业转型升级的方法和定位，从增长动力、资源要素、产品品质、技术改造等诸多方面推进发展方式转变，推进产业转型与发展方式转变的融合与统一。

在一个较长的时期内，投入仍然是拉动经济增长的重要动力，投入结构优化调整则是产业转型升级的重中之重。因此，常州市部署实施能有效带动产业转型的大规模增量投入，协同推进经济存量提升与经济优质增量跨越，进入了制造业投入高速增长期。2003年–2010年，工业投入累计达5279.9亿元。

为改变工业粗放型增长方式，综合运用产业导向、项目审批、土地集约、环境保护、技术改造等政策，加快推进新型工业化进程，努力实现绿色发展。加快调整"村村点火、镇镇冒烟"的工业散乱布局，推进工业企业向工业园区集中，并对乡镇工业园进行整合，2003年乡镇工业园由85个调整到63个。加快淘汰冶金、水泥、印染等高耗能、高污染落后产能，严格审批新上项目。2003年起，在印染、化工等重点行业全面推进清洁生产，加强环境管理、优化设计方案、改进工艺流程等多种措施，提高资源综合利用率，降低污染物排放。2006年10月起实施了为期三年的化工生产企业专项整治行动，推进化工企业向常州江边化工区和金坛化工区集聚，关停淘汰落后生产能力和污染企业（项目），到2008年末累计淘汰小化工企业912家，提前一年完成三年任务。

推进质量兴市战略,引导企业培育中国名牌产品、国家免检产品和中国驰名商标,不断提高产品附加值和市场竞争力。2003年,中国名牌产品取得突破,拥有2只中国名牌产品、11只国家免检产品。2005年,常州成为全国12个中国品牌经济城市之一。至2007年底,拥有28只中国名牌产品,89只国家免检产品。此后,中国名牌产品暂停评选。商标战略取得很好成效,仅2010年就新增8件中国驰名商标,累计达24件,居江苏省辖市第三位。2006年起加大标准化工作推进力度,引导企业参与标准研制、开展标准化生产及认证,至2010年底累计制(修)订国家标准、行业标准270多项。

把培育发展大企业、大集团作为转型升级的重要举措,引导企业通过加大投入、产品研发、多元经营、兼并重组、资本运作等途径做强做大。2005年,中天钢铁成为首家销售超百亿的企业。2010年,天合光能成为新兴产业中首家销售超百亿的企业。2010年,全市百强工业企业完成产值占规模以上工业总产值的比重达40.9%,超百亿工业企业达到8家。企业上市也取得重大突破,2010年上市公司总数达21家,特别是2008—2010年就有16家企业挂牌上市。

三、新兴产业大力发展,产业结构调整取得新成效

"常州制造"并不是常州人追求的最终目标,"常州创造"才是常州工业飞速发展的核动力。经过这几年的努力,常州工业重点在加大机制环境创新、产业体系创新、科技开发创新等方面做了大量工作,"常州创造"取得了重大突破。2003年以来常州工业经济的高速发展主要受益于城市化和产业结构调整。由于中国城市化加速推进,国内基础设施大规模投入,房地产业高速发展,带动了机械、钢铁、建材等与基建相关产业的发展。产业结构加快优化升级,新兴产业、新产品扩大了发展空间。2010年,常州市规模工业总产值达到7396.1亿元,保持了年均25.9%的增速。同时,传统产业结构调整稳步推进,新兴产业蓬勃发展,产业转型升级取得了积极成效。经过多年发展,常州工业相应积累了先进的技术装备、较高科技含量的研发能力和工业技术实力,研发、生产出一批具有产业特色和技术优势的名牌名品,奠定了常州现代制造业基地在国内外的地位,为"常州创造"添加了光彩。

机械工业稳居第一大工业行业,2010年完成工业总产值2903.4亿元,占规模工业总量的39.4%。在旺盛市场需求带动下,工程机械、输变电、轨道交通快速发展。受产品单一、层次偏低的影响,农机产业发展偏慢。机械产业产品结构调整进程加快,在众多领域保持国内领先地位,涌现出特高压变压器、东风Ⅱ型内燃机车、多缸柴油机、中大马力轮式拖拉机、五轴联动数控机床等一批高端产品。风力发电装备形成了从整机到齿轮箱、叶片的完整产业链。智能机器人产业产生了一定的集聚效应。

在钢铁产业加速扩张的带动下,冶金工业自2004年起跃升为第二大工业行业,

2010年实现总产值1383.1亿元，占规模工业总量的18.7%，产品结构逐步由建筑用钢向优特钢、不锈钢管材、线材等拓展。

化学工业经过行业专项整治、兼并重组，行业集中度提升，产品结构也加快调整。2010年完成总产值894.9亿元，占规模工业总量的12.1%。

纺织服装行业进入深度调整期，受成本上升、人民币升值、出口环境不稳、产品结构不合理等因素影响，行业发展较慢，产品结构逐步向汽车用纺织物等特种面料、品牌服饰等转型。2010年纺织服装产业完成总产值783.9亿元，占规模工业总量的10.6%。

电子工业平稳发展，消费电子升级换代慢拖累了行业发展，投资类电子和电子元器件发展态势良好。2006年以后，光伏产业异军突起，形成了金坛开发区光伏产业园和新北天合光能产业园两大集聚区，常州成为全国光伏产业的重要基地。半导体照明产业逐渐崭露头角。2010年电子工业完成总产值562.1亿元，占规模工业总量的7.6%；光伏产业实现销售收入261.3亿元。

建材工业逐步形成了以水泥、墙体材料等基础建材和功能型装饰装修材料并举的格局，玻璃纤维、多轴向经编复合材料等新型建材发展较快。2010年建材工业完成总产值266.3亿元，占规模工业总量的3.6%。

塑料工业的塑料薄膜、结构性发泡材料等新产品成为产业亮点。2010年塑料工业完成总产值125.7亿元，占规模工业总量的1.7%。

医药工业形成了化学原料药、生化药物、中药饮片、医疗器械等众多门类。2010年医药工业完成总产值110.9亿元，占规模工业总量的1.5%。

经过努力，振兴五大产业取得了积极进展，呈现增速快、效益优、质量高的发展态势。2010年五大产业规模以上企业完成产值4731.2亿元，占工业产值的比重由上年的61.7%提升到64%。其中，装备制造业完成产值2389亿元，新能源和环保产业完成产值301.1亿元，新材料产业完成产值1394.8亿元，电子信息产业完成产值453.56亿元，生物技术及制药产业完成产值192.06亿元。

机械、冶金等产业的持续快速发展，进一步加剧了常州工业产业重型化的趋势，2010年重工业占比达到78.8%，比2003年提高了15.2个百分点。

第四节　加快发展现代服务业

自1980年代以来，全球产业结构就呈现出由工业经济向服务经济转型的趋势，进入新世纪这种趋势更加明显。常州市把服务业发展放到前所未有的重要位置，通过实施先进制造业与现代服务业"双轮驱动"战略，推动传统服务业业态创新，促进新兴服务业加快发展，服务业进入了量质齐升的发展快车道。

一、构建现代服务业发展新格局

2005年，制定出台《加快发展服务业实施纲要》，确立了"把常州建成富有特色的物流商贸中心、休闲度假胜地和全国著名职业教育及动漫基地，形成产业高度融合、集聚化发展的服务业高地"的发展定位，重点发展现代物流、产品交易市场、科技服务、金融服务、商务服务等生产性服务业，培育职业教育、信息服务、文化旅游等新兴产业，提升发展商贸流通、房地产业、社区服务等生活服务业，加快构建现代服务业快速、高效、优质发展的新格局。

为加快推进服务业发展，决定从2005年起用三年时间，实施50项重点服务业项目，以重点领域和重点项目的突破，推进现代服务业跨越发展。这50个重点项目包括8个物流园区、18个专业市场、6个旅游景区和18个其他类项目。随后，出台了一系列政策，全方位优化服务业发展环境。为扩大国内消费、繁荣农村市场，国家商务部2006起推进"万村千乡市场工程"，2009年起实施"家电下乡工程"，对促进服务业发展产生推动作用。

2008年，国务院出台《关于进一步推进长江三角洲地区改革开放和经济社会发展的指导意见》，明确长三角地区到2012年产业结构进一步优化，服务业比重明显提高，到2020年形成以服务业为主的产业结构。

根据国务院的要求和服务业发展的新态势，2008年常州市对服务业发展思路进行了调整，出台《关于进一步加快发展常州现代服务业的若干政策意见》，提出"通过五年奋斗，建立以服务经济为主导的现代产业体系，发挥常州作为区域性中心城市对周边地区的辐射能力，建成国内外有影响力的文化创意产业基地和职业教育与科技研发基地，富有特色的区域生产性服务业基地、休闲度假旅游基地和物流商贸基地"，重点突破发展生产性服务业、文化创意产业和旅游业，提升发展商贸流通业和房地产业。

二、促进服务产业转型升级

经过不懈努力，2003年以来常州服务业发展取得了优异的业绩，服务业支柱产业经营模式和经营业态不断创新，引领服务业加快转型升级。

批发、零售和住宅餐饮业2010年实现增加值392.5亿元，占服务业增加值的比重达31.1%。大娘水饺、月星家具等本地连锁企业走向全国，餐饮业形成全国百强餐饮企业2家、自主品牌餐饮连锁企业5家、中华餐饮名店12家，一批国际零售业巨头相继落户。2004年南大街商业步行街开业，2007年莱蒙都会商业街开业，商业综合体发展迈出坚实步伐。专业市场特色化、规模化发展，2010年5家市场成交额超100亿元、8家超50亿元。

房地产业虽然受到国家宏观调控影响，但商品住房价格总体稳步上扬。2010年房地产业实现增加值191.6亿元，占服务业增加值的比重达15.2%，在服务行业的排位由2002年的第四位上升至2010年的第二位。

金融体系不断完善，2010年实现增加值168.4亿元，占服务业增加值的比重为13.3%。地方法人金融机构发展扎实推进，2007年常州商业银行与省内城商行合并成立江苏银行；2009年组建江苏江南农村商业银行股份有限公司；东海证券发展壮大。金融机构引进步法加快，一批全国股份制银行相继开业。农村金融改革取得突破，2009年成立2家村镇银行和3家农村小额贷款公司。至2010年底，银行业金融机构达18家，农村小额贷款公司达13家。典当、担保、创业投资等类金融产业也得到发展。

交通运输业、仓储业2010年实现增加值100.1亿元，占服务业增加值比重达7.9%。交通运输业形成了水、陆、空、铁立体物流网络，建设了常州亚邦医药物流、中国物流常州中心等一批现代物流园区，基本建成了规模化的交通物流基地。

租赁和商务服务业开始成为服务业新支柱产业，2010年增加值达到109.1亿元，占服务业增加值的比重达8.7%。律师、会计、广告策划、工业设计、会展等服务业不断提档升级，形成了一批具有知名品牌的大型事务所和中介机构。

三、支持新兴服务业快速发展

在传统服务业加快转型升级的同时，新兴的现代服务业也逐步发展壮大，并在某些领域形成了明显优势，建成了常州科教城、创意产业基地、邹区灯具城等一批省级现代服务业集聚区。

2001年，依靠"小题大做"发展的天目湖旅游度假区和"无中生有"建设的中华恐龙园，常州市获得了"中国优秀旅游城市"称号，发展旅游业的热情得到极大地鼓舞。2003年，全面推进旅游区域规划及景点景区规划编制，确立了建设具有国际影响力的旅游目的地、全国文化旅游名城和华东地区首选的休闲度假胜地的目标，重点打造天宁风景名胜旅游区、中华恐龙园现代休闲度假区、淹城遗址公园和西太湖生态休闲区、常州环太湖湾旅游度假区、天目湖旅游度假区、茅山旅游度假区等景区，拉开了旅游业大发展的序幕。2005年，围绕创建全国工农业旅游示范点，开始发展工业遗存和乡村旅游。其后，南山竹海、天宁宝塔、淹城春秋乐园等一批新景区、景点投运，中华恐龙园内涵不断丰富和拓展。常州旅游业逐步形成了主题娱乐、自然景观、城市文化和乡村文化等多层次的旅游业发展体系，实现了由观光旅游向休闲度假、健康养生的拓展。到2010年底，拥有1家国家5A级景区、8家4A级景区、

18家国家级工农业示范点。2010年，实现旅游业接待总人数2838.3万人次，实现旅游总收入349.7亿元，分别是2002年的4.3倍和5.7倍，稳居全省第4位。

依托常州软件园发展软件及信息服务业，常州软件园集聚了一大批国内外知名企业，在嵌入式软件等领域形成了较强竞争力。加快通信、广电、互联网等三网融合，推动企业运用信息技术提高生产经营水平，促进了软件及信息服务业迅速发展。2010年，全市软件和信息产业完成营业收入101.4亿元。

2002年，常州市将动漫产业作为新兴服务业发展的重点，在常州高新区启动建设动画产业基地。2004年12月，常州动画产业基地被国家广电总局命名为"国家动画产业基地"。为进一步加快产业发展，2005年成立常州市动画产业发展领导小组，2006年成立常州国家动画产业基地管理委员会，搭建了完善的公共服务平台，迅速集聚了一批行业优势企业，打造出一批精品动画。2008年12月，将软件园、动画产业基地、中华恐龙园进行资源整合，成立常州创意产业基地，形成了以动漫、网游、软件、广告、信息服务、创意设计、文化旅游为主导的产业格局。从2004年起，每年举办中国（常州）国际动漫艺术周，开展产品展示和产品交易。常州创意产业基地先后获得国家文化产业示范基地、国家数字娱乐示范基地、国家现代服务业文化创意产业化基地等荣誉。2010年，创意产业基地内国家重点动漫企业数、重点动漫产品数、国家文化出口重点企业和重点项目数保持全省第一，常州创意产业总产值达到109亿元。

第五节 营造开放型经济优势

中国加入世界贸易组织后，对外开放进入了一个新的发展阶段。常州市积极顺应发展形势，推动外向带动战略向纵深发展，第十个五年规划期间以构建全方位开放格局为核心，第十一个五年规划期间以转变开放型经济发展方式为主线，积极有效引进外资，拓展对外贸易，加快实施"走出去"战略，提升开发区建设和管理水平，在更大范围、更深程度、更高水平上参与国际合作与竞争，营造了开放型经济发展的新阶段。

一、引进外资量质齐升

长期以来，常州市虽然高度重视招商引资，但引进外资一直规模偏小、增长较慢。进入新世纪，引进外资规模更是大幅波动、徘徊不前，2003年实际引进外资8.55亿美元，创年度历史新高，但2004年又下降到5.8亿美元。

为尽快拉长引进外资短腿，常州市从2005年起把突破引进外资作为一项重大发展举措,重点推进"以外引外"、以民引外、产业链招商、开发园区建设、优化投资软环境等工作,迅速扭转了引进外资的不利局面。2005年实际引进外资达到7.31亿美元;2006年跨上10亿美元大关,达到12.51亿美元;2008年再上20亿美元台阶,达到20.4亿美元;2010年达到26.7亿美元。

随着引进外资规模的壮大,常州市招商思路逐步由"招商引资"向"招商选资"的转变,引进外资进入量质并举的新阶段。项目规模不断扩大,2010年新增工商登记协议注册外资3000万美元以上项目32个。投资领域更趋多元化,2010年制造业实际引进外资占总量的57.3%,其中新兴产业实际引进外资占制造业总量的49.6%;生产性服务业引进外资占到服务业总量的17.5%。世界500强企业纷至沓来,至2010年底46家500强企业投资了68个项目。

二、对外贸易更趋合理

随着中国对外开放的不断深入和经济全球化步伐的加快,国际生产竞争日趋激烈,贸易保护日益加剧,特别是2006年以来人民币的升值、2007年美国次贷危机及其引发的欧债危机,使国际经济发生了巨大变化。为稳定外贸出口、提升外贸竞争力,常州市,常州市实施科技兴贸、多元开拓和品牌战略,推动对外贸易由量的扩张向质的提升转变。2010年,实现外贸进出口总额222.8亿美元,其中出口155.6亿美元,分别是2002年的5.68倍和5.85倍。

2003年江苏省在苏南城市试点开设私营外贸企业创业园,常州作为试点城市之一,正式启动私营外贸企业试点工作。2004年中国新外贸法开始实施,企业从事外贸经营资格限制全面放开,外贸经营主体队伍迅速壮大,形成对外贸易公司、自营生产企业、外资企业并驾齐驱的外贸格局,2010年分别完成进出口总额22.5亿美元、74.2亿美元和126.1亿美元。

不断优化外贸出口结构,推进出口市场多元化,在巩固欧美、日韩等传统出口市场的同时,开辟东欧、东南亚、中东、拉美等新兴市场,2010年出口市场比重结构为亚洲36.5%、欧洲32.7%、北美20.2%、拉丁美洲4.7%、非洲3.4%。在增强一般贸易出口优势的同时,积极发展加工贸易,2010年完成一般贸易出口109.2亿美元、加工贸易45.9亿美元。

提升贸易竞争力,把扩大机电产品和高新技术产品出口作为重中之重,占出口总额的比重提逐步提升,2010年分别占全市的55.9%和23.7%。积极推进外贸出口基地建设,常州市轨道交通产业基地等获得国家级出口基地称号。2007年部署发展国际服务外包产业,常州市被认定为江苏省国际服务外包基地城市,重点打造软件园、动画产业基地和科教城服务外包产业三大集聚区。2010年全市拥有服务外包注册企业321家，服务外包合同额、执行额分别达2.8亿美元和2.2亿美元。

三、外经合作领域不断拓展

对外经济技术合作主要集中在境外工程承包、境外投资等领域。外经合作保持稳定增长。对外工程承包规模不断扩大，在亚洲、非洲等进行深耕细作，业务国家数量不断增多。2010年签订营业额5.8亿美元，完成营业额4.7亿美元。境外投资成为发展热点，常州企业纷纷到欧美、亚洲一些发达国家设立贸易公司、生产基地、研发中心，开展企业并购。2010年，境外投资中方协议投资额3.4亿美元，连续三年实现倍增。

四、开发园区引领作用逐步增强

2004年，积极响应国家对开发区清理整顿的政策，以"集约发展、统筹协调、差别竞争"和可持续发展为原则，以"整合、集聚、提升、扩容"为总体思路，加快推进开发区转型发展，全面提升新型工业化水平。

逐步优化开发园区体系，形成更加合理的空间布局。2002年，常州市区行政区划调整后，市区新成立钟楼经济开发区，其他省级以上开发区也在园区规划和发展定位上进行了调整。常州高新区不失时机地从原来国家批准的5.63平方公里扩展到30平方公里，建设软件园、电子产业园、生物医药产业园等专题园区，增挂新北工业园区作为省级开发区。武进高新区加快建设南区，并与南夏墅镇进行合署办公。武进农发区变更为省级经济技术开发区。天宁区把常州农业开发区变更为省级天宁经济开发区。钟楼经济开发区把新闸工业园纳入开发区总体规划。金坛、溧阳经济技术开发区也进行了空间调整。

推进开发园区建设，先后实施两轮开发区三年跃升计划，明确和强化了开发区的发展目标和产业功能定位，推动了开发区快速发展。2010年，全市1个国家级开发区和9个省级开发区实现地区生产总值1368.9亿元、地方一般预算收入144.5亿元、实际到账外资25.2亿元，分别占全市的44.9%、50.4%和82.5%；开发区特色园区累计达18个，获批省级特色产业园区7个，省级生态工业园区5家，钟楼开发区建成国家级生态示范园区。

不断提升开发园区功能，出口加工区建设取得突破，常州出口加工区、武进出口加工区分别于2005年、2009年获批建设。通关环境不断优化，2003年常州高新区直通式海关监管点海关业务开通运行，2010年实施"区港联动"通关模式，全面推行"多点申报，码头放行"、"属地申报，口岸验放"和直通放行便利通关措施。

第六节 坚持走科技创新之路

长期以来,常州市坚持把教科兴市战略作为经济社会发展的主导战略之一。进入新世纪,常州市紧紧围绕经济建设主战场,牢牢抓住创新型城市建设主线,不断加大科技投入,集聚创新资源,推进体制机制创新,营造了科技创新的浓厚氛围,创新活力日益迸发。

一、积极构建适应常州经济发展的科技创新格局

2003—2005年,常州市围绕制度建设、创新机制、创新要素等各环节全方位推进科技创新。坚持科技创新与产业创新相结合,突出发展壮大高新技术产业,实施了高新技术产业"双倍增"计划(2004—2007),发展电子信息、先进装备制造、新材料、"三药"(医药、农药、兽药)、高科技农业等高新技术产业。

深入推进产学研合作,依托江苏省政府与"两院两校"(中国科学院、中国工程院、北京大学、清华大学)的合作平台,广泛开展产学研合作。积极创新合作机制,2004年与清华大学成立清华—常州产学研合作办公室,与北京大学联合设立常州北大众志科技有限公司。不断扩大产学研合作范围,2005年与国防科工委系统、华东理工大学等更多院校开展合作。自2005年起每年举办科技经贸洽谈会,集中开展科技合作洽谈对接。同时,积极开展国际科技合作,与日本、韩国、俄罗斯、德国等国家建立广泛的联系与合作。

建设特色产业基地,带动提升产业竞争力。2003年起加快推进区域特色产业基地建设,力争通过基地建设,带动新兴支柱产业培育、优势技术研发、重点产品开发和龙头企业发展的突破。2003年常州轨道交通车辆及部件、新型涂料、新北区"三药"科技、武进新材料等4个国家级特色产业基地正式挂牌,2004年金坛精细化学品特色产业基地、常州软件园正式挂牌,高新技术特色产业基地特色产业链和集群效应进一步显现。

加快建设科技创新平台,强化科技创新支撑力。至2005年底,全市建成市级以上工程技术研究中心27个、企业技术中心78个。常州高新技术创业中心孵化企业不断增多,武进高新技术创业中心与深圳清华国际技术转移中心设立江苏武进力合企业孵化器有限公司,实行孵化器加风险投资一体化运营的先进模式。全市建有科技中介服务机构69个。

进一步做好人才工作,实施常州市人才队伍建设规划纲要(2003—2010),重点抓好党政人才队伍、企业经营管理人才队伍和专业技术人才队伍建设。2003年出台了人才柔性流动管理暂行办法、引进高层次人才规定、引进海外留学人员若干规定等系列政策，加快各类人才的引进力度。

建立健全知识产权管理体系，为企业创新提供更多支持。2003年常州、金坛、溧阳先后成立知识产权局，2004年武进区、新北区成立知识产权局，形成完整的知识产权行政管理体系。专利申请量和授权量逐年快速增长。2004年常州被国家知识产权局批准成为国家专利试点城市，在国家、省、市和企业三个层面推动知识产权试点。2005年建成常州市专利信息服务平台，企业专利数据库佰腾网开通，成为全国第一个企业专利数据库平台。

二、探索"经科教联动、产学研结合、校所企共赢"常州模式

2006年召开的全国科技技术大会，提出了到2020年把中国建设成为创新型国家的战略决策。常州市迅速行动，2006年出台《关于增强创新能力建设创新型城市的决定》，部署建设创新型城市。2010年，常州成为国家创新型试点城市，把自主创新作为城市发展的核心战略，部署加快建设创新驱动能力强、创新产出水平高和创新特色明显的国家创新城市。

为最大限度地补足科教资源的短板，自2006年起每年组织上百人的企业家队伍，进西南、走西北、闯关东、溯长江，进出于大学大院大所之间，广泛开展产学研合作，被形象地称为"科技长征"，逐步走出一条"经科教联动、产学研结合、校所企共赢"的"常州模式"。2006年起，每年举办中国常州先进制造技术成果展示洽谈会，集中开展科技项目对接。在产学研合作商，形成了政府与重点院校的战略合作机制、企业与高校院所的长效合作机制和国际科技合作交流机制。

加快建立政府引导、企业主体、市场导向、高校院所为依托的产学研合作技术创新体系，加快培育高新技术企业，扶持民营科技企业。2006年起开展创新型企业试点工作，通过培育科技创新示范企业引领和带动众多企业参与创新活动。更加突出产业创新，组建轨道交通、风电设备等产业技术创新战略联盟。推进科技创新平台建设，2008年启动实施科技创新平台建设三年计划，围绕重点产业建设行业共性技术中心等产业技术平台，引导企业建设"一站两中心"等企业研发平台，广泛建设科技企业孵化器，发展科技中介服务，形成更加完善的科技创新服务体系。

把发展高水平创新载体作为建设创新型城市的重要环节，积极构建布局合理创新型园区体系。2006年在"常州高等职业教育园区"东区启动建设科技城，2007年又将"高等职业教育园区"扩展为"科教城"，构建教育、科技、社会服务三大平台，努力建设国内一流、国际先进的示范性高等职业教育园区、高层次人才教育培养园区和科技创新园区。引进研发机构，中科院常州先进制造技术研发与产业化中心、南京大学高新技术研究院、西南交通大学轨道交通研究院、湖南大学机械装备研究院等研发机构纷至沓来，至 2010 年末科教城累计入驻机构 422 家，其中企业研发和销售总部 3 家、有独立法人资格的研发机构 57 家、高科技企业 360 家，各类中介配套服务机构 68 家。2008 年 11 月，常州市大学科技园挂牌，2009 年 2 月被认定为国家大学科技园，分为"一园两区"，创业孵化区设在常州科教城，产业拓展区设在武进高新区。2010 年 5 月，常州国家创新型科技园区获批，以"一核八园"的模式建设。"一核"即科教城创新之核，八园分别是常州高新区的创意、光伏、生物医药、新能源车辆、武进高新区的风电、半导体照明、机器人及智能装备、功能新材料等 8 个新兴产业专题园区。

实施"科教兴市、人才强市"战略，集聚创新创业人才，提升人才的国际化水平。2007 年，启动实施"千名海外人才集聚工程"，决定 5 年内引进 1000 名海外人才，其中 100 名领军型创新创业人才。到 2010 年末，千名海归人才集聚工程 5 年计划 3 年完成，累计引进海外人才 1802 人、领军型创新创业团队 300 个，其中 83 人入选江苏省"双创人才"计划，12 人入选国家"千人计划"。

三、科技创新成为城市发展的新动力

常州市对科技创新的强力推动取得了很好的成效，高新技术产业得到迅猛发展，特色产业基地迅速壮大，为推进"两个率先"提供了重要的智力支持。

创新实力不断增强。2010 年，全社会研发投入占地区生产总值比重达到 2.33%，连续 10 年被评为"全国科技进步先进城市"；从事 R&D（研究与开发）的人数从 2003 年的 335 人增加到 2010 年的 914 人。2010 年专利授权量达 9093 件，是 2003 年的 9.8 倍。2007 年，常州市东高染整有限公司等研发的织物变性涂料连续染色新技术项目获中国纺织工业协会科技进步一等奖。2008 年，江苏工业学院参与的"高效利用反应热副产工业蒸汽的热法磷酸生产技术"项目获国家技术发明二等奖。2010 年，戚研所研发的时速 250 公里动车组高速转向架及应用项目荣获国家科技进步一等奖。

创新体系不断健全。2010 年底，全市已有 476 家企业被认定为高新技术企业，实现工业总产值 1341 亿元；全市共拥有国家级创新型企业 1 家，省级创新型企业 105 家，全市 105 家省创新试点企业完成工业产值近 1100 亿元；全市累计拥有各类科技创新平台 580 个，其中国家级 22 个、省级 276 个；全市孵化器面积累计达 253 万平方米，在孵企业 3130 家。

高新技术产业不断壮大。2010 年，全市实现规模以上高新技术产业产值 3798 亿元，占全市规模以上工业总产值的比重超 50%，比 2003 年提高 24 个百分点。至 2010 年末，全市累计有省级高新技术产品 3069 项，是 2003 年的 3.25 倍。累计有高

新区光伏产业园等 11 家科技产业园被列为省级科技产业园，成为新兴产业发展的重要载体。

常州科技创新工作得到了江苏省政府和中央领导的充分肯定，科技创新成为城市名片。2005 年 10 月胡锦涛总书记视察常州，对科教城的办学模式和创新机制给予充分肯定。其后，全国人大常委会副委员长顾秀莲、全国政协副主席徐匡迪、全国人大副委员长、中科院院长路甬祥，中央政治局委员、国务委员刘延东等国家领导人先后视察了常州科教城。2009 年 1 月，国务院总理温家宝在考察常州科教城时，赞扬常州这条路走对了。

第三章 全面推进长三角区域中心城市建设

2002 年，常州市区行政区划调整标志着城市发展新时代的来临。顺应中国城市化加速的新趋势，常州市第十个五年规划确立了建设"长江三角洲区域重要的中心城市"发展定位，开始全面推进城镇体系、空间布局、城市功能的优化调整，高水平推进城市化和城市现代化建设。

第一节 绘就城市总体发展新蓝图

常州市根据中央"统筹城乡发展、统筹区域发展、统筹经济社会发展、统筹人与自然和谐发展、统筹国内发展和对外开放"的战略方针和长三角区域一体化的新趋势，围绕力争"两个率先"、实现富民强市的总任务，修编形成《常州城市总体规划（2004—2020）》，着力建设现代制造业发达、人民生活富裕的经济强市；历史文脉彰显、现代科教先进的文化名市；连东接西、承南启北的区域性枢纽城市；以人为本、人与自然和谐共存的生态城市。

一、完善市域四级城镇体系

构筑和完善市域四级城镇体系，推进常州中心城市建设，加快发展金坛、溧阳两个二级中心城市，择优培育 9 个中心镇，积极推进一般镇现代化建设，着力引导产业与人口集聚，全面提高城镇发展质量，形成布局有序、功能互补、城乡一体的现代化城镇发展新格局。

常州中心城市发展方向为"拓展南北，提升中心"，形成一主两副多组团的空间结构。一主为中心城区，包括主城区、高新、城西、湖塘、城东5个组团。"两副"为南部武南组团和北部新龙、新港组团。在中心城区外围建设孟河、奔牛、邹区、湟里、雪堰、洛阳和横山桥等7个片区，统筹推进市区城乡一体化发展。

提升发展金坛、溧阳中等城市。金坛建设全国服装制造名城和盐化工城市。溧阳建设苏浙皖三省边界中心城市、以湖光山色为品牌的江苏省重点旅游城市。

构建"两横一纵"城镇聚合发展轴。"两横"即沪宁城镇聚合发展轴，常合高速公路城镇聚合发展轴；"一纵"即镇广线城镇聚合发展轴。优先建设重点中心镇，促进一般镇集约发展，优化农村村庄布局，作为促进健康城市化与现代化的城镇空间载体。

二、建设快速便捷的综合交通体系

加强铁路、公路、航道和机场的建设，建立健全高效、畅通、便捷、安全的现代化综合运输体系。以常州为中心构建"1小时交通圈"覆盖长三角北翼主要城市，"2小时交通圈"覆盖长三角南翼的杭州、湖州、宁波等城市，市区主要节点15分钟内驶入高速公路，市区乡镇30分钟内到达中心城区。

构筑与现代化城市发展目标相适应、协调高效、与区域综合交通相衔接、富有弹性的城市道路交通体系，形成城市快速干道系统和层次分明、连接有序的城市道路网系统，实现居民一次出行至中心城区主要节点的时间不超过30分钟。优先发展城市公共交通，建立以快速轨道交通为骨架，以地面公交为主体（含快速公交和常规公交），以旅游公交和出租车为辅助的公共客运交通体系。

三、优化人性化城市功能体系

建立与现代化区域中心城市相适应的服务功能，增强对周边区域的凝聚力和辐射力。突出城市空间结构的优化调整，推进功能设施共建和共享，引导人口、产业有序集聚。加强城市形象设计，凸显"古、水、文、秀、活"的城市文化个性。充分利用自然景观资源和历史文化遗产，打造城市特色景区景观，建设全国知名的休闲度假旅游目的地城市。创造安全优质的生态环境，建设人与自然和谐的生态城市。

第二节 构建城市发展的新形态

围绕建设长三角区域中心城市的发展定位和城市总体规划，以"拉开框架、优化布局、提升功能、注重生态、美化环境"为主线，从2003年起连续实施三轮城市建设三年行动纲要，2005年提出了"一年一个样，三年大变样，五年展辉煌"的目标，全面推进城市开发建设，管理体制机制创新、服务功能优化提升。

一、提升中心，拓展南北，构建"一主两副"城市发展新格局

长期以来，常州城区在一个狭小的空间内局促发展，人口过于密集，功能过于集中，中心与南北沟通不畅，城市东西部发展不充分。针对这些问题，2003 年以来常州城市建设主要围绕"提升中心，拓展南北"空间发展战略展开，加快构建"一主两副"的城市发展格局。

按照建设"道路成网、快速成系、内外成环、多向放射"路网结构的目标，实施了一批沟通中心城区与外围组团的骨干道路工程。在东西走向上，新建、改建勤业西路、东方大道、常戚路、龙城大道、常金路、东方西路、中吴大道等道路。在南北走向上，新建、改建龙江路、青洋路、兰陵路、长江路、玉龙路、丽华北路、丽华南路等道路。2005 年开工建设京杭运河和 312 国道常州段改线工程，2008 年全线贯通，同步建设 11 座跨运河桥梁，形成了 11 条沟通中心城区和南北新城的主通道。2006 年开工建设城市高架快速路，一期、二期分别于 2008 年、2010 年建成通车，形成了环绕主城区的"两纵两横"高架环线，将南北新城、城西组团、城东组团串联在一起。同时，以打通城市"断头路""瓶颈路"为重点，完善中心城区路网结构。到 2010 年底，拉开了城市发展框架，城市南北跨度由 2002 年的 30 公里增加到 45 公里，建成区道路总长达 1753 公里。

加快城市开发建设，按照"城市理念一体化、城市功能一体化、城市建设一体化"的理念，推动中心城区与南北新城"南北一体，三城联动"发展。到 2010 年末，常州建成区面积扩大到 153 平方公里，比 2002 年增加 52 平方公里。

中心城区工业企业与居住区混杂、城中村众多、老住宅区陈旧，城市现代化改造的任务十分艰巨。2004 年，启动实施中心城区工业企业搬迁，腾出的空间用于新建住宅区、商业设施、公园绿地等。对城中村和老小区有计划地实施拆迁改造，建设了一批现代化的住宅区，培育形成了青龙、飞龙等新居住区。中心城区重点建设了以延陵路为轴线的核心功能区，2002 年完成人民公园改扩建，2003 年完成明城墙修缮和文化宫广场改造、南大街商业街开业，2006 年完成红梅公园改扩建，2007 年莱蒙都会商业街开业、完成前后北岸历史文化街区整治修缮、天宁宝塔建成开放，2009 年完成东坡公园改扩建、开通古运河水上游览线。延陵路东路成为历史文化风景区，延陵西路则是现代文化与历史文明交相辉映，中心组团逐步成为以商务、金融、文化中心为主要功能的核心城区。

中心城区在提升中心组团的同时，也加强了对城西组团和城东组团的开发建设。2002 年钟楼经济开发区成立，带动城西组团快速发展。2008 年青枫公园开园以后，周边现代住宅和商业等服务设施加快布局，城西组团呈现了产业园区与城市融合发展的现代化新城形态。城东组团逐步形成了以戚大街为主轴的老城区和以戚墅堰经济开发区为核心的新城区两大板块。为促进戚墅堰区城市建设，2008年启动实施东大门建设工程，连续三年实施"五个一"（改造一个老小区、建设一个公园、整治一条河、整治一条街、建设一条路），快速改善了城东组团城市面貌。2010年又实施东大门发展新规划，"一盘棋"推进包括戚区、武进、新北、天宁在内的270平方公里东部地区发展。

武进1995年撤县设市，其城区依托湖塘镇区向南发展，并逐步打造以武进行政中心为核心的新城区。撤市设区后，武进加快了新城区建设步伐。2002年常州高等职业教育园区开工、2003年武进高新区南区启动，城市建设重点从广电路沿武宜路、常武路向常州高等职业教育园区、武进高新区南区推进，武进市民广场、新天地公园、淹城风景区、大型住宅区、星级酒店等项目齐头并进。2008年，开始"挺进西太湖，建设滨湖城"，建成揽月湾广场和一批商务办公、现代住宅项目。同时，加大湖塘老镇区的改造力度，重点推进武宜北路、花园街两侧改造提升。到2010年末，武进新城区5.6平方公里的核心区全面建成，16.6平方公里的中心区初具规模，形成了"三城"（常州大学城、太湖湾旅游城、西太湖生态城）、"三区"（武进高新区、市场物流区、重点乡镇工业集中区）、"一中心"（常州城市南部副中心）的发展格局，逐步建成以旅游休闲、生态居住、高等职教、高新技术为主要功能的南部新城。

2003年，新北区形成了一区（高新区）、两港（航空港、长江港）、三沿（沿江重化工产业带、沿黄河路机电一体化产业带、沿通江路电子信息产业带）、四组团（高新、新龙、空港、新港）、五平台（动漫产业基地、出口加工区、电子软件园、高新产业园、"三药"基地）的发展规划，加快优化城市空间布局、生产力布局、基础设施布局和人居环境布局，重点推进了高新、新龙两个组团建设。2006年，常州市新行政中心启用，博物馆、规划馆、奥体中心、大剧院等相继建成，带动周边地区发展成为城市新板块。推进通江路业态调整和功能提升，逐渐形成现代化的通江路商务区。中华恐龙园加快向综合性旅游休闲区发展，打造建设环球恐龙城，并与创意产业基地构成文化旅游板块。2007年以沪宁高铁建设为契机，开始加快推进新龙组团建设开发。北部新城逐步形成了以高新技术产业、现代物流为主要功能的现代化新城区。

随着城市框架的拉开，打破了常州千年来自然经济发展规律，常州从一个江南古城迅速发展成为了一个日新月异的现代化城市。但也必须承认东西两翼的发展受到了一定的阻碍，并在城市格局中稍显边缘化，加上武进区与中心城区的实质性融合尚未完成，重复建设分散了城市的聚合力量，这些都制约了常州城市发展，所以著名的区域经学家刘君德教授才称:"常州发展中的问题一半是行政区划的问题。"①随着城市建设的加快,武进和常州的日益融合,加上高铁和城铁的建设对常州东西两翼,尤其是对戚墅堰这个常州离上海最近的区块的外力推动,以及城市管理体制的理顺,生产力的合理布局,常州的行政区划体系和总体发展规划将会在发展中不断得到完善。

二、水陆空并举,综合交通体系建设全面推进

按照"承接上海、南京和杭州,辐射苏中、苏北、浙北和皖西,凸显区域中心城市区位交通优势"的目标,建设公路、水路、铁路、航空协调发展的现代化综合交通体系。

加快构建高等级公路网络,进一步便捷对外联系。2004年沿江高速通车,2007年宁常高速、扬溧高速通车,2008年西绕城高速、泰州长江公路大桥南接线开工,2010年末常溧高速奠基开工,常州市区绕城高速公路和全市高速公路主骨架网络基本形成。有序实施国省干线公路新建、改建,建成340省道、342省道、241省道、232省道、239省道、104国道等一批道路,国省干线公路等级快速提升。2010年末,全市公路总里程达8348公里,其中高速公路221公里、一级公路855公里、二级公路1170公里,公路密度为每平方公里1.9公里。

顺应江苏省沿江开发战略,常州充分利用宝贵的岸线资源,推进长江港口建设。2003年常州港一类口岸正式对外开放,2005年通用码头扩建工程完工,2007年录安洲港区开发全面启动,先后建成夹江通用码头、夹江集疏运码头。2008年,常州港成为首批63个大陆与台湾直航港口之一。2010年末,常州境内共有万吨级以上泊位9个,万吨级以下千吨级以上泊位30个,常州港形成圩塘港区、德胜港区、录安洲港区"一港三区"运营格局。2010年常州港完成货物吞吐量9598万吨、外贸货物吞吐量341.6万吨、完成集装箱吞吐量10.6万标箱,首次突破10万标准箱。

加快改造提升航道网。建设"水上高速公路"。2007年底京杭大运河常州段改线工程建成通航,2008年东西港区建成投运,2008年全面启动三级航道网整治,京杭运河东西两段、锡溧漕河整治工程先行开工,2010年丹金溧漕河、芜太运河三级航道整治工程开工,整治工作将于2015年完成。

铁路建设实现历史性突破,逐步形成高速铁路网。2008年启动实施京沪高速铁路、沪宁城际铁路、宁杭城际铁路建设及配套工程,2010年沪宁城铁开通、沪宁城铁常州客运中心投运,京沪高铁、宁杭城际铁路分别于2011年、2013年通车,常州发展进入了高铁时代。

---

① 刘君德:《中国转型期凸显的行政区经济现象分析》,《理论前沿》,2004年第10期。

实施民航机场改造，推进航空运输发展跃升。2008年，民航常州奔牛机场按照中型机场的定位，启动改扩建工程，按飞行区4E级、旅客吞吐量300万人次/年、货邮吞吐量10万吨/年、一类口岸开放的目标改造建设。2010年，新航站楼建设进入收尾阶段，飞行区完成第一阶段改扩建工程，航管区、办公区完成主体框架建设。2010年末，常州机场开通飞往北京、广州、深圳等10个城市的航线，完成旅客吞吐量65.8万人次、货邮吞吐量9122.5吨。

三、以民需为第一目标，推动公共事业跨越式发展

不断深化公用事业改革，切实提高市政公用事业的供给能力和服务质量。根据城市建设跨越式发展的需要，组建了城市建设（集团）、交通产业集团等投融资平台，承担项目融资、市政公用行业国有资产监管等工作。2003年完成焦化厂和液化气公司整体出让，通过收购、兼并等方式实现新北区与市区自来水、排水、公交等一体化，到2004年完成了建设领域公司的改革改制。2005年，完成城北污水处理厂经营权转让和自来水集团49%的国有产权转让。

持续实施长江引水工程和供水管网建设，区域集中供水能力大幅提升。2003年武进区长江饮水工程建成投用，2005年常州—金坛长江引水工程建成投用。魏村水厂一期、二期工程分别于2003年底、2009年底竣工投产。有序实施乡镇和农村自来水管网改造建设、住宅小区二次供水改造、老住宅小区管网改造等，防止饮用水二次污染。至2010年末，常州市区自来水综合生产能力达到157.5万立方米/日，供水管道长度达到7488公里，自来水普及率达100%。

燃气行业进入了天然气时代，2003年"西气东输"开始向常州供气。2004年3月在苏南地级市中率先开始天然气置换，2005年完成居民天然气置换，2007年完成蒸汽用户的天然气置换。2009年，"川气东送"导入工程顺利竣工。积极发展绿色公交，实施公交车和出租车"油改气"。2010年末，市区燃气管道长度达3389公里，建成天然气汽车加气站9座，燃气普及率达99%。

以"便捷、舒适、准点"为目标，优先发展城市公共交通，2003年常州公交运行车辆突破1000辆，2006年，常州获得"全国优先发展城市公共交通示范城市"荣誉，2007年常州市区在全省率先实现城乡公交一体化，2008年基本实现村村通公交。2008年常州市区快速公交一号线和三条支线全面开通。2009年快速公交二号线开通。2010年开通快速公交配套环线H1、H2线，形成"十字加环"的快速公交骨架走廊系统。2010年，常州快速公交一号线、京杭运河常州市区段改线工程同期获得第九届中国土木工程詹天佑奖。到2010年末，市区公交车运行车辆达到2518辆，运营里程达到2981公里，空调车占比达73.2%；快速公交日均客运量突破31万人次，占市区日均

公交客流的近 30%。

城市照明、城市防洪、电力电网、宽带通信网、数字电视网等都得到长足发展，提升了城市现代化水平，为经济社会发展提供了坚实保障。

四、两级政府，三级管理，重心下移，全面创新城市管理体制机制

按照"属地管理，重心下移"的原则，不断深化城市管理体制改革。2003年，常州市城市管理行政执法局挂牌，开始实施城市管理领域相对集中行政处罚权工作。2005年，成立常州市城市管理委员会，统一领导全市城市管理工作。天宁、钟楼、戚墅堰区实现向每个街道派驻行政执法中队。2006年，向区级政府下放城市管理事权、财权，建立城市长效管理机制，对日常保洁、"五小"行业、市场、道路容貌、住宅小区、建设工地、城郊结合部等13项内容进行天天检查、月月点评、年度考核，"两级政府、三级管理"城管体制的全面形成。2007年7月，启动建设数字城管工作，实现城市管理空间细化和管理对象的精确定位。2007年11月，成立常州市城市管理监督指挥中心，全面负责数字城管运行和工作考核。2008年将城市长效综合管理考评的13项内容纳入数字化城市管理运行；2009年数字化城管覆盖面积扩大到220平方公里，建立横向到边、纵向到底、责任到人的全覆盖网络。通过城市管理体制机制创新，常州城市面貌焕然一新。

按照"全面规划，分步实施，重点突破，稳步推进"的原则，逐步深化环卫行业改革。2004年，在武进区开展管干彻底分离的改革试点。2006年7月，全面推进天宁、钟楼、戚墅堰区环卫体制改革，同步推进区环卫管理机构调整与定岗定员、城区主要道路环卫作业市场化与一体化、街巷里弄清扫保洁作业的市场化与专业化，通过2年的努力，基本实现环卫作业主体企业化、价格形成市场化、市场监管法制化。2008年，市区道路清扫保洁100%实现作业市场化。2009年，在戚墅堰区开展生活垃圾收集转运市场化试点。2010年开展道路清扫保洁作业标段机械化作业发包，市区机械化清扫率提高到55%。

为进一步优化城市环境、创新城市形象，持续实施城市市容环境整治。从2003年起，每年实施市容环境整治，对城乡结合部及入城口、夜排档、户外广告等进行专项整治，开展市区临街建筑物清洗、实体围墙透景改造、楼宇景观照明建设等综合整治。2006年，按照敞开城市空间、美化道路街景、提升建筑风貌、升格绿化品位的基本思路，实施城市主要道路市容环境综合整治三年规划，对主城区99条道路实施杆线入地，对市区74条主要道路进行综合整治。2010年实施并完成通江大道两侧、市行政中心周边、武进新城区"一路两区"景观照明工程和沪宁城际铁路两侧绿化和环境整治工程。常州城市主要景观道路基本实现了"路畅、街美、景优"及景观连续性的目标，市容市貌"脱胎换骨，焕然一新"。

第三节 建设绿色生态新常州

改革开放以来，常州在取得经济快速发展的同时，也付出了环境污染加剧的沉重代价。进入新世纪，常州环境污染呈现多元化趋势，部分区域环境安全压力加大。由此，常州市加大了环境保护和治理力度，着力推进生态经济、生态环境建设，构建高效生态产业体系、优良生态环境体系、宜居生态人居体系和先进生态文化体系，努力把常州市建设成为经济高效、环境优美、自然生态与社会文明高度和谐统一的现代化城市。

一、全面持续加强生态建设

从2001年起，常州市举全市之力，创建国家环保模范城市，并与创建国家卫生城市、全国文明城市同步推进。稳步实施市河环境整治、生活污水处理、生活垃圾处理、生态建设和绿化、城市清洁美化、城市安静、入湖河道整治、生态文明社区等八大工程，全市环境质量和市容环境面貌明显改善。常州市2003年建成国家卫生城市和国家环保模范城市，金坛市、溧阳市分别于2003年、2004年建成国家卫生城市和国家环保模范城市。

2004年初，常州市委九届八次全会提出建设"生态常州"的目标，在创建国家环保模范城市的基础上，推进以辖市、区为重点的国家级生态示范区建设。溧阳市、金坛市、武进区分别于2002年、2005年、2006年建成国家级生态示范区。

2004年部署打造"打造绿色常州，建设园林城市"，推进重点绿化工程、园林景观工程和主要道路绿化工程，全面开展园林城市创建。2005年建成江苏省园林城市，2008年成功建成国家园林城市。

在辖市、区全面建成国家级生态示范区的基础上，2006年启动建设国家生态城市，实施清水工程、蓝天工程、绿化工程、家园工程、清洁工程、宁静工程、生态修复工程、生态产业工程、生态安全工程、生态文明工程等十大工程。到2010年底，建设国家生态市取得突破性进展，武进区、金坛市、溧阳市通过国家生态市（区）考核，常州市通过国家生态市技术评估。

常州市在建设生态城市和加强环境保护过程中，积极转变环境保护思路，环保工作从被动防治向主动参与经济社会发展的全过程转变，从源头和根本上防治污染；环境治理从注重工业污染整治向工业、生活、农业面源污染综合整治转变，实现整治面的全覆盖；环境监管从注重事后管理向事前审核、事中监管、事后验收管理转变,实现监管的全过程;改善环境质量从注重单个问题、表面问题向改善大气、噪声、固体废弃物和辐射等环境质量转变,全方位改善环境质量。

以前所未有的力度推进环境保护和生态建设,按照"三调四严,不欠新账;六治一绿,还掉旧账"①的思路,先后于 2005 年、2008 年实施了两轮环境保护和建设三年行动计划,全面开展环境保护和生态建设各项工作。

加强源头控制污染,推行建设项目的环境保护设施与主体工程同步设计、同时施工、同时投产使用,对引进项目坚持"四不办、三不批"②原则。加强环境保护设施建设,先后建成江边污水厂、武进城区污水处理厂、雕庄污水处理厂以及一批乡镇污水处理厂,建成了相对完备的污水收集管网,污水日处理能力达到 105 万立方米;建成夹山城市生活垃圾填埋场、城市生活垃圾焚烧发电厂及生活垃圾、餐厨垃圾收集运输体系。积极推进饮用水及备用水水源地保护及整治,完成深井水作为应急备用水源的改造。加强对交通、工业、社会生活、建筑施工等噪声的防治,建立健全放射源管理制度和防范措施。在全国率先系统开展土壤和地下水污染调查与修复,采取资源化利用方式处置污染土壤。到 2010 年底,全市污水处理率达 89.8%,工业废水排放率达 99.98%,工业固体废物综合利用率达 94.9%,生活垃圾无害化处理率 100%,城市集中式饮用水水源地水质达标率 100%,城市环境噪音稳中有降。

二、推进水环境整治

以太湖治水和市河清水为重点,全面推进水环境综合整治,同步推进环境保护与生态修复。

太湖治水的主要任务是治理好武进港、太滆运河、雅浦港三条入太湖河道。自 2001 年创建环保模范城市以来,采取一系列措施加强入湖河道整治。2003 年起,持续开展清理整顿不法排污企业、保障人民群众健康转型行动,在武进港和太滆运河地区开展印染、化工电镀、纺织后整理行业整治。2006 年太湖蓝藻事件发生后,更是加大了治理力度,在全市范围内组织开展太湖治水攻坚战。

在实施太湖治水过程中,对工业重污染行业实行提标限排,废水排放执行新的一级排放标准,对不能达标或排污超总量的企业实施停产整顿。抓好农业面源污染治理,取缔了太湖一级保护区的养殖场,控制农业、氮肥使用量。对工业废水、生

---

① "三调四严"指调整产业结构、调整企业布局、调整发展思路,严格的环保准入门槛、严格的环保执行标准、严格的环保监管执法、严格的环保考核评价。"六治一绿"指治水、治气、治音、治土、治村、治废和全民造绿。
② "四不办、三不批"指不符合国家产业政策的不办、不符合结构调整方向的不办、不具备污染处理能力的不办,污染负荷严重超过环境承载能力的不办,项目环保情况不明的不批,污染防治方案不行的不批,项目选址不当不批。

活污水进行接管集中处理，探索分散的农村生活污水处理新方式。开展水上交通污染防治，禁止未安装防油污染装置的船舶驶入航道，在年吞吐量15万吨以上的码头配备固体废物收集装置。在武进港、太滆运河入太湖口建设了1000亩生态湿地，并上溯15公里两侧各建20米的防护林带；实施了环滆湖1100亩和长荡湖5000亩生态湿地建设。通过不懈努力，太湖水治理取得了阶段性成果，到2010年底，全市11个太湖流域省考核断面中有9个达标，高锰酸盐指数、氨氮、总磷浓度都大幅下降，三条入太湖河道主要水质稳定达到五类水标准，竺山湖、西太湖、长荡湖和天目湖水质均明显改善，实现了江苏省政府下达的太湖治理目标。

积极推进市区河道整治，2001年以来组织实施的城市污水治理工程荣获2002年度"中国人居环境范例奖"。为巩固市河整治成果，2004年对城市中心区16条主要河道实施专人分时、分阶段不断保洁，建立市河调水和换水机制。2005年又启动实施市河清水工程，用三年时间完成对主城区102平方公里内与居民生活密切相关的52条河道整治，采取水系沟通、污水截流、河道清淤、岸线美化、沿岸污染物总量控制等措施，2008年底河道基本变清。2009年又把提升河道生态功能作为重点，采取底层改良、曝气臭氧、水生植物定植等措施强化河流自净能力，部分恢复其生物多样性，达到水清岸绿景美的目标。此外，又新增14条支线河道实施两年综合整治，2010年全部达到水清标准。

三、实施空气净化工程

随着经济社会快速发展、城市大规模建设和机动车数量的急剧增加，常州市区大气环境质量总体处于良好水平，但局部区域的大气环境问题较为突出。大气污染结构由煤烟型向煤烟、机动车和扬尘混合型污染转变，污染源多为工业废气、城市扬尘、机动车尾气和季节性秸秆焚烧，大气污染表现为可吸入颗粒物超标、酸雨酸度增加、灰霾天气增多等。常州市把净化空气作为生态市建设的核心工程之一，根据大气污染源结构和来源，采取了行之有效的治理举措，大气环境质量逐步实现好转。2010年，全市空气质量达到二级标准（空气优良）的天数为334天，占全年天数的91.5%。

深化"禁燃区"建设，市区"禁燃区"面积由22.3平方公里扩展到2010年的66平方公里，"禁燃区"内除集中供热的设施外，一律禁批新建、扩建、改建燃用高污染燃料设施，并配建集中供热脱硫设施，对锅炉、炉窑、炉灶、茶水炉等实施清洁能源改造。

开展机动车尾气防治，对公交车、出租车实施"油改气"，市区禁行高污染汽车，达不到排放限值的机动车不予通过年检，引导使用小排量、高性能、低排放的汽车，加快淘汰油耗高、污染重的老旧汽车。

强化工业废气污染防治，对高污染企业实施停产整顿或关闭，对发电企业实施烟气脱硫脱硝。对滨江化工区、龙虎塘、新闸、横林、牛塘、雕庄等重点区域开展专项整治，2009年起对城区120平方公里范围内恶臭气体排放单位全面开展整治。

推进秸秆污染防治，推广秸秆还田、食用菌栽培、造粒燃料、气化等资源化利用技术，金坛、溧阳、武进、新北4个辖市区建成省级秸秆机械化还田示范区，建成6个秸秆综合利用示范点。

加强扬尘污染控制，中心城区全部使用预拌砂浆，施工工地向环保部门备案并提交扬尘控制措施，对灰料堆场采取围墙围挡或天棚储库，施工工地车辆实施密封并进行出工地清洗。利用污水处理厂提标尾水对道路冲洗或清扫洒水。

四、大规模开展城乡绿化

为尽快改变城市绿化不足的局面，2004年常州市发出了"打造绿色常州，建设园林城市"的号召，动员全市人民美化绿化家园，让常州大地绿起来、美起来，让人民群众拥有树荫环抱、绿茵遍地、繁花似锦、四季翠绿的绿色空间。根据缺山少水、中心城区空间局促、缺少大规模绿化用地的实际，建设以大型公园绿地为核心、大型生态林为主体，以沿"江、河、湖、路"地区的绿地为网络的城市绿地系统，全面开展园林城市创建。至2010年底，常州市区园林绿地面积7222公顷，公园绿地面积1632公顷，人均公园绿地12.3平方米，建成区绿化覆盖率42.2%，分别比2002年增加54%、48.2%、7平方米和9.4个百分点。

结合老城区改造更新和新城区开发，加快建设公园绿地。自2002年以来，先后敞开扩建和新建了兰园、人民公园、翠竹公园、五星公园、荆川公园、芦墅公园、青枫公园、红梅公园、东坡公园等大批公园绿地。在公园绿地建设中，充分挖掘历史上的"名人名事名作、古典古迹古建筑"，将历史文化、现代文明与自然山水、园林绿化有机结合，塑造有城市个性特色的绿地景观，做到了"一园一主题、一园一特色"。红梅公园2007年成为国家4A级风景旅游区，2008年入选国家重点公园。2010年，青枫公园成为国家4A级风景旅游区。到2010年底，常州市区公园绿地达64个，其中市政类公园25个，比2002年增加8个。所有市政类公园都免费开放。常州市公园绿地建设管理体制创新项目获得2009年中国人居环境范例奖。

结合道路建设、河道整治、街道市容环境整治等项目，实施绿化提升。自2003年以来开展的市容环境整治，把道路垂直绿化、补绿添绿、围墙透绿作为一项重要工作，增加了很多的绿化面积，建成了一批景观道路。2006年提出用三年时间把全市所有可以绿化的高速公路、环城公路、国道、省道、河道走廊基本建成标准化的绿色通道。2006年实施了"八路八口"绿化工程，2007年实施了"八路八口四河"绿化工程，2008年实施绿色通道、河道生态绿化、城乡道路绿化提升工程，2009年实施生态修复、绿色通道、河道生态绿化、城乡道路绿化提升、城市出入口绿化、镇村绿化等工程，2010年实施公园绿地建设、道口绿化提升、垂直绿化建设、道路绿化提升、围墙绿化等五大特色绿化工程。到2010年底，基本形成了生态防护走廊和各具特色的城市道路、河道绿化景观，达到了"空间大起来、道口绿起来、灯光亮起来、景观美起来"的整体效果。"十一五"期间就新增城乡绿化11334公顷，超过1949—2005年的绿化总面积。

在打造绿色常州的过程中，把面广量大的企事业单位和居住区作为城市绿化的重要载体，积极引导企事业单位、居住区开展植树造林活动，形成了多层次、广覆盖的绿化格局。从2003年起，组织对居住小区环境整治，同步进行绿化建设和改造。2006年起又开展了创建生态园林乡镇、生态园林居住区和生态园林单位活动。到2010年底，全市累计建成5个江苏省园林小城镇、172个省级园林式单位、68个省级园林式居住区。

第四节 形成城乡一体化发展新格局

从城市发展史的角度看，1980年代常州和无锡、苏州创造的"苏南模式"使得乡镇企业吸收了大量农业剩余劳动力，促进了农村人口由农业向非农业，由乡镇向城镇的转移。另一方面，随着乡镇企业的发展为城镇建设积累了大量资金，小城镇基础设施日益完善，工商业更加活跃，城镇经济实力进一步增强，资金积累不断增加，又为城镇的进一步建设和发展提供了资金来源。进入二十一世纪以后，经过改制后的乡镇企业以及正在兴起的民营经济为城镇化提供了持续不断的动力。这种良性循环、滚动发展、相互促进的结果，使得常州的小城镇建设迅速发展，同时功能也从传统的集镇发展成为新型的小城镇，"苏南模式"因此成为对中国农村城市化的重要贡献。乡镇企业靠农民自己来发展农村工业，解决农民就业增收、非农化转移的根本问题，促进农村人口向城镇的集聚，促进小城镇公共事业的发展和基础设施建设，最终形成了对旧的城乡隔离制度的一次重大冲击，导致了一场在整个中国城市化历史上具有重要意义的农民造城运动的出现，成为中国工业化进程和农村劳动力转移的一个独特现象。可以说，没有乡镇企业，常州的整个城市化进程应该完全是另外一个样子。当然，乡镇企业推动的小城镇发展模式只是城市化发展特殊历史阶段的起步点，城镇发展从量的扩张向质的提高的集约化转变之路仍然实现较为漫长，而常州也在这方面进行了重要的探索。尤其是中共十七大明确要求"形成城乡经济社会发展一体化新格局",十七届三中全会对农村改革发展作了全面部署,常州市抓住机遇,坚持把农村地区发展纳入常州城市总体布局规划,着力探索城乡一体化发展新模式。

一、探索"三化一转移"农村发展之路

1980年代之后,依托乡镇企业和村级集体经济的发展,常州农村建设便开始起步,涌现出横山桥、新华村等一批新型小城镇、示范村;十六届三中全会后,开始从经济发展、社会保障、公共服务等各方面推进新农村建设;十七届三中全会以来,将武进区作为先导试点,随后在金坛、溧阳开展,坚持在目标定位上体现率先科学和谐发展,在发展路径上注重"三农"(农业、农村、农民)发展与"三化一转移"(农村工业化、城市化、产业化和劳动力向城市转移)互动并进,在改革导向上突出富民优先,加大创新力度,扎实有效地促进城乡一体化发展。

构建城乡一体的空间布局。不断完善全市城镇体系规划,将规划编制工作由城市向农村拓展,形成布局合理、分工有序、开放互通的城乡空间结构。规划完善了由一个特大城市、两个中等城市、8个重点中心镇和若干一般镇组成的四级城镇体系,基本完成各建制镇总体规划的修编和镇村布局规划的编制,完成了500个近期建设需求量较大村庄和居民点建设规划以及1100多个一般规划保留居民点的平面布局规划,基本实现了城乡规划全覆盖。

形成城乡融合的现代产业。以培育壮大主导和支柱产业为突破口,以先进产业带动城乡一体化进程,形成互为支撑、互动发展的城乡产业结构。推进"一镇一业",形成了邹区灯具、横林地板、孟河汽配等20多个以镇为主的特色产业集群。培育"一村一品","一村一品"专业村达150个,占行政村总数的17.5%。实施"一镇一园",对各乡镇的工业园区实施整合,建设了一批重点工业园区,推动城镇和区域产业一体化。

建设无缝对接的城乡基础设施。统筹推进城乡基础设施和各类公共服务设施建设,加快道路、供水、排污等基础设施城乡一体化步伐,促进城乡基础设施共建共享共用,基本实现供水、供电、电信、网络、数字电视城乡一体化,市域范围内实现了"村村通公交",燃气管网正加快向小城镇、集中居住点延伸。全市农村公路总里程已超7655公里,基本实现辖市(区)通镇二级公路、镇通镇三级公路、镇通行政村四级公路。

完善城乡均等的公共服务。教育方面,调整优化农村教育布局,加快农村中小学标准化建设,促进城乡教育均衡优质发展,全市独立建制中小学办学条件均达省

二类标准以上。卫生方面，合理配置公共卫生服务资源，每个乡镇都有一个社区卫生服务中心和若干个社区卫生服务站。文化方面，重点加快乡镇和村的文化站建设，公共文化设施全部免费向社会开放，基本实现了"镇有达标文化站、村有文化室"的目标。

建立城乡并轨的社会保障。积极推进城乡居民基本养老保险、最低生活保障和基本医疗保险转换接轨，农村社会保障体系逐步完善。实施新型农村社会养老保险制度，全市登记参保率99.4%，5个区实现了低保标准城乡并轨，城乡低保实现应保尽保；被征地农民全部纳入基本生活保障体系，基本生活保障覆盖率达100%；全市新型农村合作医疗基本实现全覆盖。

二、现代化城镇体系建设成效初显

金坛市确立了建设苏锡常都市圈与南京都市圈交汇处重要的节点城市、旅游休闲度假区和服装加工出口基地、机械电子产品制造和组装基地、盐产品及盐化工生产基地的发展定位。积极构建"一主"（滨湖新城和老城区南北两城、开发区和金城镇东西两翼的产城发展核心区）、"二副"（尧塘镇中心城市主导经济功能的副中心、东大门，薛埠镇中心城市生态文化功能的副中心、西大门）、"四特"（朱林镇、儒林镇、直溪镇、指前镇）的城镇发展格局，打造中心、茅山、长荡湖三个集聚发展组团。主城区实施城市"东扩南移"战略，老城区建设了布局合理的商业核心圈，着力建设滨湖新城，城南新区形成了"三横三纵"道路框架。着力建设生态城市，实施了金沙广场、城南体育公园、环钱资湖景观、下塘河风光带等工程。到2010年底，金坛建成区面积达22.58平方公里，基本建成"宜居、宜业、宜游"的现代化中等城市，彰显"产城一体、水城相融、生态低碳、江南特色"的城市特色。

溧阳市确立了建设长三角都市圈重要节点城市、苏浙皖边界区域中心城市、江苏西南门户城市的定位，构建"以溧阳中心城区为核心，宁杭城镇发展轴为主线，扬溧—溧广、常溧城镇发展轴为补充，市域生态空间开敞，农业空间动态平衡，旅游发展空间互动"的空间格局。溧阳城区围绕"拉开城市框架、形成山水城市特色、增强城市功能，提高城市品位"的目标，紧扣"增强中心、发展两翼"的中心思路，加快推进城市"南拓西延"，促进老城区功能完善、结构升级、品质提升和传承历史文脉，向南重点建设燕山新城、天目湖工业园区商住区，向西重点推进城西片区。建成了高静园、芜太运河绿化景观带、湾溪公园、燕山公园、文化公园等公园绿地。到2010年底，溧阳建成区面积达21.8平方公里，基本建成"中等城市规模、中心城市功能、山水城市风格"的现代新兴工贸旅游城市。

为优化区域空间结构，常州市对乡镇行政区进行了两次优化合并调整。

2003年10月，对新北区、天宁区、钟楼区部分乡镇、街道行政区划实行调整。2007年3月，又对全市乡镇行政区划进行调整。金坛市原15个镇调整合并为7个镇，溧阳市原17个镇调整合并为10个镇，武进区原23个镇调整合并为14个镇、1个街道办事处。此外，钟楼区的新闸镇改设新闸街道办事处；戚墅堰区的潞城镇、丁堰镇改设潞城街道办事处、丁堰街道办事处。经过调整后，全市共有37个镇、20个街道办事处，调整率为42.2%；镇平均面积为100.38平方公里，平均人口为6.67万人。

城镇建设按照城郊镇、重点镇、一般镇的层次分类推进建设。推进薛家、遥观等毗邻城区的乡镇与城区一体化发展，成为城区功能板块。常州中心城市外围七个片区的城镇建设呈现良好态势。雪堰、横山桥、湟里、孟河、薛埠、尧塘、南渡、天目湖等8个镇确定为重点中心镇，给予重点支持，重点中心镇已逐步发展成为经济实力强、具有一定集聚效应的新型城镇。一般镇突出了特色发展、集约发展，在加速城市化、促进农村劳动力转移方面发挥了积极作用。到2010年底，全市21个镇成为全国环境优美乡镇。

三、全面推进社会主义新农村建设

江苏省把实施实事工程作为推进新农村建设的重要举措，相继实施2003—2005年、2006—2010年两轮农村实事工程。常州市按照江苏省的总体部署和农村发展实际，推进实事工程，有效改善了农村环境、提高了农民生活质量。

到2004年底，提前一年完成第一轮农村实事任务，累计完成农村公路改造1640.8公里；农村改水受益人口35.4万人，自来水普及率91.3%；185万名农民参加以大病统筹为主的新型农村合作医疗，占应参保人数的91.3%；农村草危房改造3535户；实施免征农业税及其附加，基本实现农民合同内零负担，实施实行粮食直补、良种和农机补贴，取消"两工"和规范"一事一议"筹资筹劳。

到2010年底，第二轮农村新五件实事进展顺利。农村道路通达工程，累计建设改造农村公路2340公里及旧危桥1250座，行政村实现了村村通公路。农村教育培训工程，累计农民就业培训34.9万人，创业培训1.7万人，新型专业农民培训1.4万人。农民健康工程，全市农民新型农村合作医疗参保率保持100%；全年人均筹资258元，住院补偿率45.56%。农村环境整治工程，累计疏浚县乡河道613条1699公里，整治村庄河塘2万多个，金坛、溧阳、武进、新北4个辖市区全部通过省级验收。农村文化建设工程，形成了市、县（区）、镇、村四级全覆盖的公共文化服务体系，市、县区有文化馆、图书馆（室），乡镇建有达标文化站，村有达标文化室；累计送戏1095场、送电影37000余场、送书超过300万元；农村有线电视实现了"村村通"。

2006年，全面启动社会主义新农村建设，按照"生产发展、生活富裕、乡风文明、村容整治、管理民主"的总体要求,实施以城市化带动农村、以工业化致富农民、以产业化提升农业的策略,加快推进农村劳动力转移,着力发展新产业、美化新环境、培育新农民、健全新机制、树立新风尚、建立新秩序,促进农村经济、政治建设、文化建设、社会建设全面进步。按照区域城市化发展的不同阶段,实施分类推进,天宁、钟楼、戚墅堰以城市现代化为核心、加快农村融入城市步伐,全面实施城乡一体化建设;武进、新北一手抓城市化建设,一手抓新农村建设;金坛、溧阳以新农村建设为重点,加快农村工业化、产业化、城市化和农村劳动力转移步伐。在硬件环境建设上,主要开展了现代化新农村建设示范村、示范点和村庄环境整治。针对金坛、溧阳茅山老区,在加大财政转移支付的基础上,2006—2008年开展了"党员进社区、万人帮万户"三年行动,2009年起又开展了新一轮帮扶,139个市级单位牵手金坛、溧阳茅山老区8个镇,在工业园区建设、农业产业化经营、农村道路等方面,帮助老区增强发展能力。

按照村庄布局规划,确定了20个现代化新农村示范村和100个新农村居住示范点。对地处工业规划区、城镇规划区的村落,加快改造步伐,建设与城镇建筑风格相融合的新型社区;对地处农业发展区、生态保护区的村落,加强环境综合整治,建设具有江南水乡特色、适合生产和人居的新型村庄;对于历史文化遗存丰厚的村落,着重修缮改造,建设具有休闲度假功能的旅游新景点。同时,全面推进城中村、馅心村改造,建设新社区、培育新市民,加快融入城市步伐。到2010年底,现代化新农村示范村、居住示范点建设取得了很好成效,涌现了武进区横山桥镇五一村、金坛市金城镇白龙荡村、溧阳市天目湖镇桂林村等一批特色村庄,累计有18个村被评为江苏省社会主义新农村示范村,武进区荣获"江苏省农业农村政策创新奖"。

在开展村庄环境整治试点基础上,2008年开展了"整治村庄环境、共建小康家园"专项行动,决定用三年时间,在全市农村全面开展环境整治,推进"三清一绿"(清垃圾、清粪污、清河塘和村庄绿化)工程;发动有条件的村在"三清一绿"的基础上实施"五化三有"工程(道路硬化、村庄绿化、卫生洁化、河塘净化、环境美化以及有公共服务中心、有长效管理机制、有乡村文化),并按照好中选优的原则评选小康家园示范村。到2010年底,累计有966个村完成"三清一绿",480个村达到"五化三有",30个村成为村美、民富、班子强的市级小康家园示范村,促进农村环境面貌发生根本改观,农村人居环境得到明显优化。

第四章 以人为本建设和谐常州

常州市坚持把科学发展、率先发展、和谐发展的理念贯穿于经济社会发展的各领域全过程,以建设和谐常州为目标,统筹推进精神文明建设、优化提升公共服务、保障和改善民生、社会管理创新等各项工作,在与百姓生活密切相关的各领域实施了一批有影响的民心工程,一个人民安居乐业、发展充满活力的和谐常州展现了其独特的文化魅力。

第一节 赋予城市人文精神新内涵

常州具有深厚的历史文化底蕴和优良人文传统,在传承发扬传统文化精髓的基础上,坚持与时俱进发展现代文化,以建设文明城市、学习型城市、慈善常州等为载体,切实加强精神文明建设,提升市民文明素质,不断赋予常州文化新的时代内涵。

一、精神文明建设结硕果

1996年起,常州开始建设全国文明城市的工作,期间尤其注重凝练城市的精气神,激发城市发展活力。2003年,集中开展了"抢抓新机遇,推动新跨越"的大讨论,实现了全民思想大解放。2004年,通过常州市民精神大讨论活动,形成了"勤学习、重诚信、敢拼搏、勇创业"的常州新时期市民精神。始终坚持把思想道德建设贯穿于精神文明建设的全过程,2005年实施以"做文明市民、建文明城市"为主题的"文明礼仪"教育工程和"志愿者彩虹行动",2008年开展"建设文明交通市,争当文明出行人"活动,2010年成立"我爱我家,城市管理百人'找差团'",全面增强了市民的文明意识,引导市民在自我奉献中自我提升、在服务他人中感染他人。广泛开展群众性精神文明创建活动,建成了一大批文明行业、文明村镇、文明社区。2002年、2005年和2008年,常州市连续三次获得中央文明委授予的创建全国文明城市工作先进城市称号。2008年,被中央文明委表彰为首批全国未成年人思想道德建设工作先进城市,为全省唯一获此荣誉的城市。自2009年开始,常州市在全国首创提升市民素质的道德讲堂,受到中央文明委、中共中央宣传部的肯定并向全国推广。至2010年,全市累计有全国文明单位9个、省文明单位(含标兵)468个次;有全国文明行业2个、省文明行业(含创建文明行业工作先进行业)82个次,全国文明村镇5个、省文明村镇382个（次）；有全国模范文明住宅小区、文明住宅小区、创建文明社区示范点各1个和省文明社区76个次（含标兵）。常州市殷秀梅当选为全国见义勇为道德模范，邓建军、杨建琴获全国道德模范提名奖；有3人被评为省道德模范，4人获省道德模范提名奖；全市建成青少年爱国主义教育基地52处。

1997年，常州市青年志愿者协会成立，全市青年志愿者服务工作走向组织化、规范化。2005年3月5日，市文明办、团市委整合全市志愿服务队伍和资源，联合各辖市区、有关高校和14个部门，常州市志愿者总会（简称志愿总会）在文化宫广场成立，开启志愿者彩虹行动。总会成立时，有志愿者团体26个、志愿服务组织1500个，有志愿服务者17万人。至2010年，全市有志愿者协会、分会和服务分队等团体会员41个，志愿服务组织2300多个。全市有志愿服务人员27万名，占全市总人口的7.7%。其中市区22余万名，占市区总人口的10%以上。

二、学习型城市创特色

常州是全国较早开展学习型城市建设的地区之一，以前瞻的眼光、创新的思维、系统的谋划，广泛开展形式多样、扎实有效的学习活动，掀起了"人人学习，终身学习"的热潮，建设学习型城市的经验在全国产生了积极影响。自2001年以来，常州相继出台了建设学习型城市的决定、建设学习型城市实施纲要、建设学习型政党的意见等一系列政策文件，对建设学习型城市作出了具体部署，逐步形成了完善的制度体系，构建了以学习型机关、学习型系统、学习型企业、学习型社区、学习型村镇、学习型家庭为主体的学习型组织架构，建立了学习日制度、新"三学"活动（学电脑、学外语、学科技知识）和推广普通话、引导广大干部群众确定个人学习计划、农村科技文化超市、远程教育平台、高层论坛、教育培训网络、社会力量办学、群众性读书活动、专门人才队伍培养等十大载体，着力培养领导干部、公务员、企业经营管理、外向型经贸人才、科技人才、技能人才等六支队伍，学习型城市建设走上了制度化、体系化、长效化的发展道路。

在推进学习型城市建设过程中，注重充分研判当前市民学习动机和需求，持续创新社会教育发展理念，打造市民喜闻乐见的学习品牌。2003年开通"网上学习城"，逐步发展成为"常州在线学习平台"，针对领导干部、机关公务人员、企业家、市民等开设具有针对性的教学课程。2004年，创办"龙城讲坛"，定期邀请全国名家大师来常举办讲座，累计举办233讲，讲坛已成为常州人生活中不可或缺的精神食粮。2006年以来，每年举办"全民终身学习活动周"，在全社会营造终身学习、全民学习的浓厚氛围。2009年依托常州广播电视大学成立江苏省首家社区大学，依托常州工学院等7所学校成立社区大学分校，纵向建成了市社区大学、县（区）社区学院、街道（乡镇）社区教育中心、居民（村民）学校四级体系，"常州终身教育在线"开设课程16000多门。

经过多年持续推进，常州建设学习型城市建设取得了很好的社会效应，学习让城市变得越来越美好。学习让人才加速成长，人力资源数量以每年8%的速度递增，总量已接近80万人，涌现了一大批通过社会教育、终身学习、快速成才的优秀人才。通过学习，现代文明素养逐步融入到市民的日常生活，内化为文明言行。学习让生活更殷实，很多居民依靠学到的技能实现了创业致富梦，生活质量不断提高。

三、"慈善之城"打品牌

常州人民历来具有乐善好施的美德，在中国慈善史有着重要的地位。2001年，金坛市在常州地区成立首家慈善总会，加强对慈善事业的组织推动。2005年，常州市开始从构建和谐社会的战略高度，推动慈善事业发展。2005年12月成立常州市慈善总会，市慈善总会当年募集创始基金1.8亿元。2006年底，常州市慈善基金总量就达到10.36亿元。2006年，溧阳慈善总会和武进区慈善总会成立。2007年，常州市慈善总会在新北区、天宁区、钟楼区和戚墅堰区组建慈善分会，健全了慈善工作组织体系。

在募集慈善资金上，坚持"依靠宣传发动、遵循自愿原则、重点企业带头、社会广泛参与"，党委政府领导把自己的角色定位为"组织策划者、宣传倡导者、带头践行者"，市四套班子领导带头捐赠，机关事业单位职工主动捐献，广大市民踊跃参与。在全市持续开展"捐出一张废纸，奉献一片爱心"主题活动，增强全体市民的慈善意识、环保意识、科学和谐意识。引导企业采取"一次认捐，按息捐赠""一次认捐，分年捐赠""定向捐赠，冠名基金"等灵活多样的方式捐赠。吸引捐赠企业参与慈善总会管理，总会理事、监事、副会长、监事会副主席80%以上由认捐企业家担任，激发了企业家参与慈善事业的热情。

慈善基金承担政府救助外的补充救助、临时救助职能，对低保对象、边缘群体等开展助学、助医、助老、助孤、助残、助困等"六助"。在加大慈善基金救助力度的同时，还开展了形式多样的慈善救助和服务活动。2008年，推出了社区慈善超市实物救助，在市区街道、乡镇建立或开放60家慈善超市，实现了慈善超市城区全覆盖；在南大街建立"慈善广场"，设置慈善服务工作站、慈善助学点、慈善助老点、慈善助困点、义工登记处等，推出低保家庭学生免费午餐、空巢老人免费搓澡、老人廉价午餐等慈善服务，为全市人民提供爱心汇集的平台；在城西建成慈善主题公园——爱心公园，颂扬为常州慈善事业作出突出贡献的典型人物和先进事迹，弘扬扶贫济困、乐善好施的传统美德。通过努力，"携手慈善，共创和谐"成为全社会的自觉行动。"奉献爱心、践行义举"的爱心接力故事不断演绎，常州成为国内知名的"慈善之城"。到2010年底，常州各级慈善会累计募集和认捐慈善款总额17.32亿元。2006—2010年，各级慈善会累计直接发放救助金3.22亿元，救助困难群众35.59万人次。

第二节 推进社会事业优质均衡发展

以统筹经济与社会协调发展为主线，以人人享有优质公共服务为重任，不断健全公共服务体系、丰富社会公共产品，推进社会事业全面进步。

一、让每个人都能享受优质教育

2003年完善实施辖市区区域教育现代化建设规划，以教育现代化为统领，积极推进教育创新，优化教育结构，逐步形成高质量的基础教育、高水平的职业教育、有特色的高等教育、有成效的社会教育的发展格局。

加强学校布局优化和基础设施建设，2004年实施市区教育布局规划（2004—2020），高标准通过省中小学布局调整达标县市区验收，陆续建成市北郊中学新北校区、常州旅游商贸高等职业技术学校异地新建等工程，对市二中、聋哑学校、江苏省常州高级中学等进行整体改造；2009年启动校舍安全工程，分批推进中小学校舍抗震加固改造。根据城市开发建设进程，推进城市住宅区配建幼儿园、小学。

加快教育信息化进程，建设中小学校园网，2003年常州教育局域网基本建成，2007年全市中小学100%建成校园网，全面使用数字化教学平台。积极创建优质学校、特色学校，到2010年底全市61%的幼儿园成为省优质幼儿园，71.5%的小学、初中成为优质小学、初中，公办高中全部创建成省三星级及其以上高中，省四星级高中占全市高中总数的48.7%，省艺术特色学校累计9所，省健康促进学校累计52所，省绿色学校累计116所，建成首批省青少年科学教育特色学校5所。促进农村中小学发展，2005年"六有工程"（有食堂、有宿舍、有水冲厕所、有饮用水、有整洁校园、寄宿生每人有一床位）通过省级达标验收；2006年启动农村中小学物理、化学、生物、历史、地理实验设备和体育、艺术教育器材及图书资料等"四项配套工程"，2008年"四项配套工程"通过考核验收。到2010年底，全市义务教育阶段公办中小学教育技术装备全部达到省二类标准，部分学校达一类标准，"春晖工程"覆盖全部农村中小学和幼儿园。2003年启动实施"蓝天计划"，创办常州市蓝天实验、新市民子弟学校等流动儿童少年专门学校。2010年全市外来务工人员子女接受义务教育普及率100%，公办学校吸纳比例85.1%。

教育改革稳步实施,"促进学校主动发展"战略在省内外产生重大影响,陆续组建省常中、局前街小学、湖塘桥中心小学等6个教育集团,2009年实施中考招生制度调整和义务教育学校教职工绩效工资改革,2010年常州市被评为江苏省基础教育课程改革先进市。2005年与安康建立教育对口支援关系,在职业教育、基础教育和师资培训等方面开展合作。民族教育加快发展,2002年奔牛中学开始接受教育援藏任务,2009年常州市聋哑学校对口支援拉萨、常州旅游商贸高等职业学校与拉萨城关职教中心合作办学,常州西藏民族中学新校区建成使用,到2010年末全市有初中、高中和中等职业技术三种学制的西藏校(班),在校藏族学生约700人。积极参加国际教育合作交流,开展教学课程合作,5所学校与美国、英国、丹麦、韩国的学校结成友好学校。

到2010年末,全市有普通高中37所、普通初中126所、普通小学190所、幼儿园207所、特殊学校5所,在校学生74.15万人;学前三年教育入学率112.3%,全市义务教育阶段入学率100%,初中毕业生升入高一级学校的比例99.9%,高中阶段教育毛入学率100%,高考第二批本科及其以上上线率45.5%、本科录取率62.9%、总录取率93.4%,3项指标均列全省前茅;所有辖市区均成为省教育现代化先进市(区)。

发展职业教育,努力把常州建成全国一流高职教育基地。2002年,常州高等职业教育园区开工建设,江苏工业学院和常州信息职业技术学院、纺织服装职业技术学院、工程职业技术学院、轻工职业技术学院、机电职业技术学院等5所高等职业技术学院入驻,2010年江苏工业学院更名为常州大学,园区成为江苏省唯一的示范性高职园区,也成为国家首批高职综合改革实验区。2010年末,全市有常州大学、江苏技术师范学院、常州工学院和河海大学常州校区等4所全日制普通本科院校和6所专科院校,常州市广播电视大学、常州市职工大学2所成人高校;全市高校有部级重点学科2个、省级重点学科4个,部省级重点实验室4个,一级学科硕士学位授权点9个、二级学科硕士学位授权点33个、工程硕士专业学位授权6个;全市在籍统招全日制研究生和普通本科、专科大学生12.28万人。

积极提升中等职业教育水平,加大中职技术学校整合力度,逐步完成由职业技术学校向高等职业技术学校的升格,建成了一批省高水平示范性职业学校、省级五年制高职示范专业和品牌、特色专业。推动职业技术学校向开发区、产业园集聚,促进职业教育与企业技能人才培育互动发展。职业中学、技工学校也得到快速发展。2010年末,全市有高等职业技术学校(初中后五年制)6所、中等专业学校5所、职业高级中学1所、技工学校(技师学院)4所,职业学校应届毕业生参加省单招考试,本科录取率51.4%,总录取率98%,连续11年居全省辖市首位。

围绕建设学习型城市,加快发展城市社区培训学院和乡镇社区培训中心,逐步构建市社区大学、县(区)社区学院、街道(乡镇)社区教育中心、居民(村民)学校四级终身教育体系。2005年,武进区、钟楼区被确定为国家级社区教育实验区。2008年,戚墅堰区、天宁区、溧阳市创建成省级社区教育实验区。2009年,新北区、金坛市建成省级社区教育实验区、所有辖市区社区培训学院都成为省级社区培训学院。2010年,钟楼区创建成全国社区教育示范区,4个镇(街道)成为省级社区教育示范乡镇(街道);启动常州市社区教育居民(村民)学校标准化建设,35所居民(村民)学校被确定为市级标准化居民(村民)学校。

二、让每个人都能体验优雅文化

以建设社会主义先进文化为导向,逐步深化文化体制改革,着力完善公共文化服务体系,不断满足人民群众日益增长的精神文化需求。

2006年,常州市被江苏省确定为文化体制改革综合试点城市,开始加快推进文化领域改革。2007年在江苏省率先完成文化、广电、新闻出版合并,成立常州市文化广电新闻出版(版权)局。2008年组建了江苏省第一家文化行政综合执法支队,成为文化行政综合执法改革样板。2009年实施"深化文化体制改革、加快文化常州建设"三年行动计划,全面推进文化体制改革。2010年11家经营性文化事业单位改制为国有文化企业,18家公益性文化事业单位实施岗位设置、人事制度和收入分配制度改革。不断深化新闻单位宣传经营"两分离"改革和发行体制和制播分离改革,积极拓展现代媒体发展空间。在报纸方面,常州日报社整合互联网中心,实现了报纸与网络互动发展,推出了手机报等新业务。在广电方面,常州电视台对影视剧、动漫等业务进行市场化运作;2007年对广电系统进行整合,成立自收自支的全民事业单位常州广播电视台,下辖中吴网、常州电视报社、江苏亚细亚影视制作有限公司、江苏卡龙影视动画有限公司等,2010年常州广播电视台在全国百强媒体排名中列第三位。常州市作为全国首批有线电视数字化试点城市之一,2007年启动有线数字电视整体转换工作,2008年江苏省整合省、市、县有线电视网络成立江苏省广播电视信息网络股份有限公司,2010年底完成数字电视置换。

突出建立健全覆盖城乡的公共文化服务体系,为人民群众提供优质、丰富的公共文化产品和服务。2004年,基本形成市文化馆、辖市区文化馆、乡镇街道文化体育工作站三级文化网络。2005年,以金坛市社头镇为试点,以点带面,在全市逐步推进乡镇文化站标准化建设。到2006年底,全面形成覆盖市、辖市区、乡镇、村(社区)的四级文化网络。常州市区建成了常州书画院、常州博物馆、常州大剧院等一批文化设施,全市文化馆、图书馆、博物馆、纪念馆等所有公益文化单位率先在全省向社会免费开放。2006年起每年开展送科普书籍、送戏、送电影等"三送"活动,2007年起持续实施"农家书屋"工程,2008年起推出阵地天天演、广场周周演、社区行巡回演、非物质文化遗产展演等文化惠民"四个演",2009年又推出"幸福广场——常州市广场文艺周周演"及千台文艺节目走进社区(村镇)活动,各类惠民演出逐步实现制度化、常态化。到2010年底,全市拥有图书馆4个,博物馆12个,群众艺术馆、文化馆8个,文化站58个;镇文化站、村文化室全部达省标,农家书屋实现行政村全覆盖。

按照"月月有活动,季季有新招,年年有亮点"的目标,广泛开展各类群众文化活动,推进特色文化乡镇和特色文化团队建设。常州市获长江三角洲地区首家国家级楹联文化城市称号,培育形成了溧阳少儿书法、金坛刻纸、武进摄影等中国民间文化艺术之乡,薛家镇乡村广场文化、直溪龙舞等江苏省特色文化之乡,钟楼西林戏曲艺术团、常州市文化馆交响乐团等特色文化团队。全市五大广场、十几家阵地、上千个社区(村落)、60余个群众文化特色品牌遍布常州城乡,2000多支名称各异、形式迥然、内容丰富的民间艺术团体活跃在公园、广场、社区、街头。

"我们家在运河边上,前门在路上,后门在水边。"这是著名语言学家周有光对他的家乡老常州城的回忆,文字中描述的典型的江南古城的景象,在现在的常州城内,只能在青果巷、前后北岸等少数地段才能寻到一丝痕迹,而古城的全貌只能停留在想象中。由于城市现代化与文化名城管理未能理顺,加上文物保护没有带入城市整体,常州的历史文化名城保护工作曾一度引起争议。近年来,市委市政府开始逐渐把历史文化名城保护工作放到了现代城市建设的重要位置。首先,遵循"保护为主、抢救第一、加强管理、合理利用"的文物工作十六字方针,按照省政府批准的《常州历史文化名城保护规划》,先后出台了《关于进一步加强文物保护工作的意见》等一系列政策文件和管理规章;编制完成了《常州历史文化名城保护规划(2004—2020)》《常州市文物事业"十一五"发展规划》以及各项文物保护的具体规划;制定了《常州市2001—2010年文化名城建设规划纲要》,明确提出创建全国历史文化名城。其次,积极推进历史文化资源的保护与利用,加大对非物质文化遗产的保护与传承,积极培育现代特色文化,塑造更加鲜明的常州文化品牌。2005年,全面启动文保单位修缮工程,修复了常州府学、西瀛里城墙、齐梁皇家戏楼等文保单位、天宁寺、近园、护王府等文物古迹、前后北岸、青果巷等历史文化街区,用3年时间完成所有文保单位的修缮。到2010年末,全市拥有全国重点文物保护单位5处、省级文物保护单位50处、市(县)级文物保护单位235处。保护非物质文化遗产,建立了国家级、省级、市级和县（区）级四级保护体系，拥有常州吟诵、天宁寺梵呗唱诵、锡剧、常州梳篦、金坛封缸酒酿造技艺、金坛抬阁、常州留青竹刻、金坛董永传说和金坛刻纸等9项国家级非遗，确定了5位国家级、28位江苏省级、90位常州市级"非遗"传承人。2010年，常州非物质文化遗产展示馆在常州大学图书馆开馆。

实施文艺创作精品战略，组织创作生产了一大批影视剧（片）、动画片、戏剧、广播剧、文学作品、艺术作品等，并连续荣获国家级大奖。滑稽戏《我要做个好孩子》、电影《殷雪梅》、连续剧《天骄》、电视剧《瞿秋白》等获全国"五个一工程"奖，戏剧《少年华罗庚》获全国儿童剧展演优秀剧目奖，动画片《小卓玛》获全国动画精品一等奖，电视剧《郭海的家事》获飞天奖等，锡剧《烟村三月》、舞剧《格桑花·茉莉花》等成为江苏省舞台艺术精品工程精品剧目，常州书法、美术、摄影家屡获国际、国家荣誉。建设了常州创意产业基地、华夏工艺美术产业博览园、"运河五号"创意街区等文化产业基地，实现了文艺创作的产业化、文化产业的集聚化、文化产品的多元化、文化价值衍生化，有效促进了文化与演艺、出版、旅游、制造、互联网等产业的融合发展，文化产业发展呈现出勃勃生机。

三、让每个人都能病有所医

以"规划总量、调整存量、优化增量、提高质量"为总方针，全面统筹卫生资源布局，探索多种所有制形式办医，为城乡居民提供方便快捷、价格合理的基本医疗服务，逐步满足人民群众多层次、多样化的医疗卫生服务需求。到2010年末，全市有医疗卫生机构1103个，其中，医院、卫生院93所，常州市一院、二院、中医医院、妇幼保健医院、一〇二医院5家三甲医院；每千人拥有卫生技术人员6.08人、医生2.76人、床位数4.63张。

稳步实施医药卫生体制改革，坚持非营利性医疗机构在卫生服务中占主导地位，鼓励营利性医疗机构参与医疗市场竞争，适度发展非基本医疗和特需服务。稳健实施公立医院改革改制。2003年，溧阳市二院及6个镇卫生院分院、门诊部启动改制工作。2010年，把常州市第三人民医院为公立医院改革试点，开展绩效工资、岗位聘任制度等改革；在常州市第一、第二人民医院和常州市妇幼保健院、武进人民医院的13个专业科开展临床路径管理试点。积极发展民营医疗机构，民营医院数量不断增多，2010年把10家民营医院确定为医保定点单位，年末全市民营医院达21家。加强药品集中招标采购管理，逐步扭转以药养医状况。2004年，首次将骨科植入器材等高值医用耗材纳入器械集中招标范围。2005年，将城区卫生院纳入招标采购单位。2009年起实施基本药物制度，2010年把金坛市、戚墅堰区作为江苏省基本药物制度试点单位，实行基本药物网上采购、统一配送、零差率销售，全市政府举办的基层医疗卫生机构全面实施基本药物制度。

加强医疗机构基本建设，各医院均实施了门诊、急诊、病房等基建项目，建成了常州市疾控中心大楼、市医疗急救中心大楼、市中心血站大楼等项目。推进医疗资源整合调整，完成了常州市、区两级架构医疗服务体系的再造，实现东南西北均有优质医疗资源的新格局。2010年，武进区成立以武进人民医院、武进中医医院为核心，镇卫生院协作组成武进医疗集团，开展集团化办医试点。在推进医疗机构硬件建设的同时，加快医疗科研和医疗技术发展，在常州市第一人民医院、常州市中医医院各建成一个博士点，形成了一批国家级、省级临床重点专科和国家发明专利，每年都有一批项目获国家自然科学基金资助、江苏省卫生厅医学新技术引进奖或省、市科技进步奖，在器官移植等领域处于国内先进水平。2004年，常州市一院被列为江苏省首批基本现代化医院，逐步进入全国大型医院综合实力50强行列。2007年，武进医院成为江苏省基本现代化医院。

围绕构建"小病在社区、大病到医院"医疗服务格局，促进卫生资源向社区转移，加快建立以社区卫生服务为基础的卫生服务体系，为居民提供低成本、广覆盖、高质量的社区卫生服务。不断加大城乡社区卫生服务中心、卫生服务站建设力度。2004年，全市66个乡镇提前3年实现省农村初级卫生保健先进地区目标。2007年，推进常州城区镇卫生院转型为街道社区卫生服务中心、卫生室转型为社区卫生服务站。到2010年末，常州城区设有社区卫生服务中心20个、社区卫生服务站67个，社区卫生服务中心（站）业务用房、基本装备全部达到省定标准，医院挂钩帮扶社区卫生服务机构实现全覆盖，全市累计建成江苏省示范城市社区卫生服务中心15家；全市累计66个乡镇卫生院、492个村卫生室，其中建成4家省级示范乡镇卫生院、39家市级示范中心、200家示范服务站，农村卫生服务体系健全率100%。

不断提高公共卫生服务水平，扩大基本公共卫生服务项目数量，成功抵御了2003年的"非典"、2005年的禽流感、2009年的甲型H1N1流感。深入开展爱国卫生运动，在巩固2003年建成国家卫生城市成果的基础上，重点转向建设国家级卫生镇、卫生村，至2010年底，全市拥有国家级卫生镇3个、省级卫生镇27个、省级卫生村478个。

四、让每个人都能就近健身锻炼

以"八个一工程"为抓手，[①]持续推进全民健身体系建设。以全民健身日、全民

---

① "八个一工程"工程，是指建设一个健身组织网络、一个全民健身（工程）点、一批晨（晚）练健身点、一支社会体育指导员队伍、形成一个特色体育项目、每年举办一次全民健身周活动、一次科学健身系列讲座。

健身周、全民健身节为载体,开展形式多样的全民健身活动,组织参加全国、全省群众性赛事。至2007年底新建、补建31个镇体育健身中心、建成295个村级全民健身点,基本实现健身中心乡镇全覆盖、农民健身不出村。2007年全市共有31个镇被命名为江苏省首批体育强镇(乡),创建率达100%。2008年起全面实施"体育惠民工程",向市民提供优质的公共体育产品和服务,推进群众体育生活化、社会化。2009年把8月8日设置为常州首个"全民健身日"。到2010年底,全市体育人口比例提高到52.3%,国民体质合格率、每万人拥有社会体育指导员数量居全省前列,拥有市级体育单项协会30个、民办非企业体育俱乐部25个,形成市、辖市区、镇街道和村社区群众体育设施的全覆盖,体育主题公园达13个,有舞龙、舞狮、风筝、健身秧歌等特色群众体育团队近100支,武进龙舟比赛、茅山登山节、溧阳风筝比赛等成为常州群众体育活动品牌。

发展竞技体育,市运动学校和少体校成功创建国家级奥林匹克后备人才基地,向省以上体育队输送了大批优秀运动员。参加省以上重大赛事屡创佳绩,2005年参加第十届全国运动会获6.5枚金牌、4.5枚银牌、6.5枚铜牌。2006年参加第十六届省运会获金牌104.5枚、银牌95枚、铜牌93枚,总分列全省第六位。2009年参加第十一届全国运动会,摘得金牌3枚、银牌5枚、铜牌5枚。2010年参加第十七届省运动会,常州市总分和金牌数分列全省第二和第三位,创历届省运会最佳参赛成绩。常州籍运动员不断获得世界冠军,2003年邰普庆获第七届世界武术锦标赛70公斤级散打冠军,成为本市第十一位世界冠军;蒋燕皎、卢兰在2006年尤伯杯羽毛球赛中与队友一起获团体冠军,成为第十二、第十三位世界冠军;2007年陆春龙获蹦床世界锦标赛男子团体冠军,成为第十四位世界冠军;2008年北京奥运会蹦床运动员陆春龙获金牌,为获得奥运冠军的首位常州籍运动员。

2003年以来,相继建成国家女子曲棍球武进基地、金坛体育中心、常州市游泳健身中心、常州市奥体中心、少体校综合训练大楼、运动学校重竞技馆等设施,并对中天体育馆等体育设施进行改造修缮,实现了体育设施的现代化。先后承办了全国第六届残运会部分项目、全国女子手球锦标赛、全国女子曲棍球冠军杯赛、全国技巧冠军赛、中国羽毛球大师赛、世界杯跳水比赛、国际龙舟赛等赛事。2010年,成功承办了第十七届省运会,办成了一届"最精彩、最圆满、最成功、最难忘、最和谐"的体育盛会。

五、让每个孩子都得到优生优育

2010年,全市人口出生率为7.8‰,自然增长率为-0.7‰,均呈现下降趋势;常州市被评为国家"十二五"婚育新风进万家活动示范市;优生优育早教模式获得江苏省人口计生委授予的创新奖。

  2003年，出台人口与计划生育实施办法和城镇企业职工生育保险，农村养老保险政策向独生子女家庭倾斜，实施计划生育公益金和计划生育妇女发展项目贴息资金，通过完善生育保险制度保障女职工合法权益。2005年，出台批准再生育一个孩子特殊情形的规定和规范人口与计划生育信访工作的制度，推行农村部分计划生育家庭奖励扶助制度。2007年，出台独生子女伤残家庭扶助制度；开展"生育关怀零距离服务行动"，募集"生育关怀行动基金"，向面临生活困境的计生专职干部、计划生育母亲、计生家庭独生子女发放慰问金、赠送妇女健康险或学习用品；推出生育关怀妇女健康保障计划、怀孕妇女新生儿健康保障计划，为育龄妇女和出生缺陷婴儿提供保险服务。2008年，出台对持独生子女父母光荣证退休的企业职工实行一次性奖励的意见。生育关怀系列保险陆续推出"健康宝宝险""独生子女孤女保险""独生子女幸福家庭险"等险种。2010年开展"生育关怀"微笑行动，为符合条件的贫困家庭唇腭裂患者免费手术。

  不断完善服务网络，努力提供便捷化、多样化、个性化的计生服务。以创建江苏省人口与计划生育工作示范市（县、区）为抓手，加快建设"县站—中心站—普通镇—村服务室"的服务网络体系，完善731个计生、卫生"二室合一"基地。2004年启动"世代服务"机构建设行动计划，[①] 以"世代服务"品牌改造提升人口计生服务阵地。2005年，溧阳市被省人口与计生委评为"世代服务"试点样板。2006年，全面推进溧阳、金坛、武进区"世代服务"项目建工作。2008年，溧阳、金坛、武进建成江苏省人口和计划生育工作示范县、钟楼、天宁建成示范区。到2010年底，建成世代服务机构1015个，其中市级中心1家、辖市区中心7家、镇（街道）中心60家、村（社区）服务室947个，提前实现优质服务体系全覆盖。

  以"世代服务"项目为依托，逐步将服务对象扩大到所有女性和亚健康人群，服务内容由单纯的计划生育项目，扩展到生殖健康、家庭保健、青春期教育等，推动人口计生工作转型提质。免费为已婚育龄妇女提供生殖道感染综合防治服务，形成孕前指导、产前诊断和新生儿疾病筛查的出生缺陷干预体系，实施免费婚前医学检查与孕前优生筛查，建立流动人口计划生育免费服务证制度。为提高出生人口素质和0—3岁婴幼儿早教质量，常州市引进了中国人口早期教育项目，[②] 2006年武进区、

[①] 世代服务是由江苏省人口和计划生育委员会与玛丽斯特普国际组织合作基础上创造的一个"为全面推进计划生育、生殖健康、家庭保健服务而创建的社会公益型服务机构"的服务品牌。"世代服务"主题是"世代服务，服务世代"。
[②] 中国人口早期教育暨独生子女培养示范区项目，旨在充分利用人口计生系统基层基础工作网络健全的优势，协调当地幼教、妇幼保健、妇联等部门，探索建立以素质教育为核心，以婴幼儿、家长及看护人员为对象，以改善婴幼儿的生存环境为途径，以人的全面发展为目标的早期教育服务和独生子女培养模式。

天宁区、钟楼区通过国家人口计生委培训交流中心的评审和验收,被授予中国人口早期教育暨独生子女培养示范区资格。2007年成立常州市优生优育专家指导委员会,聘请优生遗传、孕产期保健、社会心理、婴幼儿早教等领域的专家学者作为指导委员会委员;向全市社会各界发出"提高出生人口素质,建设幸福和谐社会"倡议书,开展"百家企业共御出生缺陷行动",全面开展人口早期教育工程。到2010年底,形成市、辖市区、镇(街道)和村(社区)四级孕前保健体系,全市建成早教指导中心1个、人口早教示范基地10个、镇(街道)人口早教指导站20个、村(社区)人口早教指导点50个;全市婚检率从上年的62.9%提升至90%,出生缺陷发生率5.1‰,1.59万人次免费服用叶酸等营养素,新生儿疾病筛查率95.8%,科学育儿知识100%进家庭,亲子体验100%进社区。

第三节 社会建设日益重视

新世纪以来,农村人口加快向城镇转移,外来人口规模越来越大。到2010年底,全市户籍总人口达360.8万人,城镇人口达293.7万人,常州市区人口227.8万人,全市暂住人口达133.5万人。常州市顺应社会结构和人口结构的变化趋势,以建设和谐社会为目标,积极构建党委领导、政府负责、社会协同、公众参与的社会管理格局,推进社会秩序与社会发展、社会建设与社会管理互动贯通。

一、多元发展社区建设

加快社区服务平台建设,形成更加完善的服务体系。2006年,实施社区管理信息系统建设,实现市、辖市(区)、镇(街道)、村(社区)的四级信息互联互通。2007年,启动建设常州市级行政服务中心、辖市区行政服务中心、镇(街道)社区公共服务中心、村(社区)便民服务中心四级公共服务平台,到2009年底建成了覆盖社区全体成员、服务主体多元、服务功能完善、服务质量较高的社区服务体系。

推进城市社区建设示范创建,2003年戚墅堰区建成江苏省社区建设示范区,北环街道和清潭街道成为江苏省社区建设示范街道,9个社区居委会成为江苏省社区建设示范居委会;2004年天宁区局前街道和钟楼区文亨花园社区被命名为全国万家社区图书室援建和万家社区读书活动先进单位;2006年启动建设和谐示范社区和常州市星级示范社区建设,到2010年底累计建成全国和谐社区5个、省级和谐社区29个、五星级15个、四星级13个、三星级22个,星级和谐社区占全市社区总数的70%。

积极拓展农村社区建设,探索建立新型城镇管理体制。2003年开展农村中心镇社区改革试点和村民自治创建活动,溧阳市南渡镇等3个镇创成常州市村民自治模范镇，武进区被命名为全国村民自治模范县（区），2005 年全市有 62 个镇被命名为村民自治模范镇。加快推进村务公开和民主管理工作，2005 年制定村务公开评估标准，以公开村级财务和农民负担为重点，推进公开的内容、时间、阵地、程序和管理"五规范"。2007 年启动中心村社区建设试点，金坛市和武进区被国家民政部列为全国农村社区建设试验市（区）。到 2010 年底，全市所有乡镇、村均成为江苏省管理民主示范镇、示范村，建设了一批起点高、功能全、带动性强的农村新社区。

社区民间组织快速发展，到 2010 年底常州社区服务志愿者组织达 2477 个，社区服务志愿者人数达 164000 多人。同时，不断加强社区队伍建设与管理，对民办非企业单位实施年检制度，2005 年形成了社区专职工作者规范化管理的制度体系，2006 年实施了社区民间组织登记发证制度，2007 年中国首次举行社会工作者职业水平考试，当年常州市有 156 人获得社会工作师资格证书。

二、民族宗教融合包容

常州市境内有 48 个少数民族，2010 年底少数民族人口占全市总人口的 0.3%，其中回族、满族、土家族、壮族、苗族等 5 个少数民族人口超过 1000 人。常州市以解决少数民族在经济社会发展中面临的突出问题和特殊困难为切入点，促进各民族和睦相处、和衷共济、和谐发展。扎实推进农村少数民族脱贫致富奔小康，到 2004 年末，全市 362 户农村少数民族贫困户全部脱贫。2005 年，启动新一轮少数民族脱贫致富奔小康工作，推进武进潘家镇城西回民村、常州清真牛羊肉加工基地、溧阳后周少数民族养羊基地"一村组两基地"建设，形成了清真食品产业链；推进项目致富，通过"公司＋农户"模式带动少数民族同胞创业致富。2007 年，发动企业界人士、创业带头人、宗教场所、宗教团体与少数民族家庭结对帮扶，加速致富奔小康进程。2008 年武进、新北农村少数民族家庭 100% 达小康水平。2010 年，金坛、溧阳分别有 90% 和 92% 的农村少数民族家庭达小康水平。

深入开展民族团结进步模范创建活动，巩固发展平等、团结、互助的社会主义民族关系。扶持少数民族聚居村建设，推进少数民族干部培养工程。全市唯一的回民聚居村——武进区雪堰镇城西村 2007 年建成大型果品市场、城西民族文体中心，2009 年在全省率先建成少数民族小康村，被评为全国民族团结进步模范集体。到 2010 年末，全市有 4 个社区获省级民族工作示范社区。

2005 年，成立民族团结促进会，构筑民族工作新平台，加强对少数民族流动经商、外来务工人员的联络协调工作，及时解决流动少数民族子女入学、生活困难和矛盾纠纷等问题。2006 年，在市民族团结促进会内设立清真餐饮服务协调小组，开展清真标志牌的申领和清真食品基本供应点的认定，促进清真食品行业规范有序发展。

2008年，以街道为单位建立少数民族常住人口、流动人员和贫困户档案，指定专人定期走访少数民族家庭，逐步形成服务少数民族同胞的长效制度。

常州市重视弘扬优秀宗教文化，充分发挥宗教界人士和信教群众在促进经济社会发展中的积极作用。2010年底全市宗教信徒达40余万人，到2010年底，全市有依法登记的宗教活动场所165处，其中佛教78处、道教16处、伊斯兰教2处、天主教5处、基督教64处。加强宗教团体自身建设，2003年深入开展创建"六好"宗教活动场所和争当"五好"宗教信徒活动，2005年开展创建"平安宗教活动场所"活动，2007年起引导宗教界开展公益慈善活动，2010年开展创建"文明和谐宗教活动场所"，有效促进了宗教与社会的和谐互动。宗教工作法制化有序推进，对乱建寺庙、假僧假道乱做佛事道场、基督教私设聚会点等突出问题进行专项治理，深入实施反邪教警示教育活动，加强宗教教职人员资格认定和宗教操守建设，不断提高宗教管理水平。切实改善教职人员的生活待遇，帮助伊斯兰教、基督教教职人员调整工资、办理社会保险手续，解决其后顾之忧。

广泛开展宗教文化交流活动，2010年成立常州市宗教文化交流协会成立，通过协会工作开展促进宗教文化交流与合作，共同挖掘和弘扬宗教文化积极有益的内容，为常州改革发展营造良好环境。同时，有序推进寺观教堂建设，2003年完成市基督教堂原地翻建和九华禅寺移地新建，2004年常州市基督教新教堂、2006年常州清真寺、2007年天宁宝塔相继落成，2010年常州市天主教堂（中华圣母堂）开工建设。

三、倾力打造"平安常州"

2004年起，实施社会治安防控体系建设总体方案，坚持人防、技防、物防相结合，持续推进技防镇（街道）、技防单位和技防居住区建设，组建街面巡逻网、单位保安网和社区联防网。2009年，又实施社会治安防控体系建设三年规划，连续两年推出民生实事"和谐安民工程"，免费为老住宅区补建技防设施。社会治安防控体系建设取得重大进展，到2010年底，基本建成市、辖市区、镇（街道）三级视频监控平台，实现社会面动态治安情况的实时监控；城市住宅区普遍建设技防设施，技防镇、技防村分别达100%和98.5%；单位内部防控做到了保卫力量、安防设施、特种行业和危险品管控"三落实"；建成了市、区两级应急指挥中心。

加强违法犯罪预防和矛盾纠纷调解，广泛开展平安交通、平安社区、平安企业、平安校园、平安医院和无毒社区系列创建活动，实施百名综合治理报告员下镇（街道）、千名综合治理指导员到村（居）、万名综合治理志愿者进家庭工程，辖市区、街道建成集预防、排查、控制、调解和处于一体的社会矛盾纠纷调处中心。2009年起，推动建立多元矛盾纠纷解决机制，构建多渠道行政性的纠纷解决网，健全社会性、民间化的纠纷解决机制，发展群众性、行业性调解组织；建立化解行政争议互动联动机制，加强行政调解与诉讼调解对接，全市行政调解组织网络初步形成。2010年，实施重大决策风险评估制度，将社保、教育、建设等10个热点部门的60个事项纳入风险评估体系。

积极完善基层服务体系，优化流动人口管理服务，镇（街道）建设外来流动人口管理服务中心，村（社区）普遍设立警务室。2006年以来，在江苏省率先开展流动人口输出输入地结对管理服务，实施创业、维权、蓝天、关爱、文化、文明等"新市民六大工程"。2010年，武进区新市民管理模式获联合国人居环境特别奖。

持续严厉打击各种违法犯罪活动，组织开展打黑除恶、"两抢一盗"、网络犯罪、查娼禁毒、电信诈骗等专项整治行动，全市刑事案件发案率连续下降。在推进社会治安综合智治理的同时，全面加强安全生产长效管理，编织了突出企业主体责任的"内控网"，强化了政府监管责任的"外控网"，建设了满足日常监管及应急救援的"技控网"，有效遏制了重大安全生产事故发生。"平安常州"建设取得丰硕成果，公众的社会安全感和满意度不断上升，技防工程建设、新市民管理、治安防控社会化、民生警务等成为常州特色品牌，连续获得全国社会治安综合治理优秀市、全省社会治安综合治理先进市、江苏省社会安全市等荣誉，社会治安综合治理多项工作进入全省、全国前列，综合绩效位居全省前列。

四、有效维护群众权益

为更好地适应深化改革、扩大开放、加快发展的新形势，建立健全新闻发布会制度，提高政务信息发布的及时性、准确性和权威性。2005年，出台建立新闻发布会制度的实施意见，首批在40个单位实施新闻发布会制度，设立常州市新闻发言人和各地区、部门新闻发言人。2006年，进一步完善了政府新闻发布会的基本形式、运作机制和工作职责。2007年，常州市委对外宣传办公室（市政府新闻办公室）开始实质化运作，统一履行全市对外宣传、新闻发布和网络文化管理职能。2008年，常州市85家单位148名新闻发言人的职务和联系电话向社会公布；把市政府会议中心的惠风厅改造为政府固定新闻发布厅。新闻发布会制度体系逐步完善，进入常规化、制度化发展轨道。2005年以来，常州市新闻办举行了100多场新闻发布会，在推进政务公开、重点活动宣传、沟通政府与民众等方面发挥了积极作用。

不断拓宽党委、政府与群众沟通的渠道，建立各种制度吸引社会团体、民间组织参与管理社会事务。常州市委常委会邀请党代表、常州市政府常务会议邀请人大代表、政协委员参加会议，促进重大决策科学化、民主化、公开化。注重通过网络渠道与市民沟通交流，常州市明确专门团队搜集整理网络民意，编写《每周一报》

供市领导参阅，网民的众多意见建议转化为发展决策。2008年5月1日常州市政府在政府网站、化龙巷等地方门户网站开通"市长与网民"专栏，网民可直接发帖提出意见建议，市长对重要意见及时批转处理，并以"每月一告"方式公布网民意见处理结果，在网上建造起了一座政府与市民沟通的桥梁。

在保障人民群众知情权、参与权的同时，强化信访在构建和谐社会中的重要作用，把信访工作列入各级党委、政府工作重要议程，及时有效解决社会矛盾，有效维护群众利益。严格落实信访工作领导责任制和信访接待日制度，建立健全信访矛盾排查调处、协调会办、群体性事件预防和处置、信访工作督查和责任追究等长效机制。加强基层信访网络建设，推进关口前移、重心下移，实施年轻干部到信访部门锻炼制度，2005年建成市、辖市区、镇（街道）、村（社区）四级信访工作网络。2006年启动构建党委挂帅、政府主导、部门负责、齐抓共管的大信访工作格局，建立市及辖市区两级人民来访接待中心，提供一站式服务。2006年，市长公开电话升格为市长公开电话受理中心和"12345"市长服务热线，开通常州信访网站，进一步畅通了信访渠道。做好来信来电来访处理，积极推进信访工作法制化，双向规范行政机关行政行为和信访人信访行为，依法开展无理信访终结认定，提高了信访事项的办理效率和质量。在做好信访工作的同时，2004年开播"政风热线"，邀请职能部门负责人轮流走进电视直播间，与群众对话，当场解答处理问题，一人投诉，万人监督，做到件件有回音，事事有着落，促进了政风行风建设，深受群众欢迎。

第四节 共享改革发展成果

2007年全面实施建设"富裕常州"五年行动纲要和三年行动计划，围绕更为宽裕、均衡、充实的富民目标，加快提高城乡居民收入，健全完善社会保障体系，提升居民生活质量，建设现代生活形态，让全体市民都能更多分享改革发展成果。

一、实现城乡居民收入持续稳定增长

积极推进城乡就业一体化，2007年成立常州市人力资源市场，在全国地级市中率先实现人才市场、毕业生就业市场和劳动力市场的全面贯通；2008年加快推进就业政策、就业援助服务体系向农村延伸，把农村零就业家庭纳入城镇零就业家庭管理。就业帮扶工作每年均超额完成年度任务，动态消除零就业家庭，城镇登记失业率控制在4%以内。2010年全市新增就业9万人，失业人员再就业4.8万人，其中困难对象再就业1万人；完成就业再就业培训6万人次、农村劳动力培训3万人、农民工在岗培训2.8万人。在促进就业的同时，积极推进工资集体协商制度，每年调整和发

布企业工资指导线和劳动力市场价位,适时适度提高企业最低工资标准,不断扩大城乡居民工资性收入规模。2010年职工年平均工资达43634元,是2002年的3.1倍。

支持创业致富,实施创业带动就业战略。2008年启动城乡百千万创业工程,2009年出台以创业带动就业的意见,2010年推进创建国家级创业型城市,形成创业政策、创业培训、创业服务"三位一体"工作机制。2008—2010年,建立了71家创业就业定点培训机构,培训学员3.58万人,带动就业4.93万人,建设创业园区50个、创业孵化基地60个、创业实训基地35个、创业见习基地187个、民间各类创业服务组织156个,形成百姓创家业、能人创企业、企业创大业的氛围。

多渠道增加城乡居民收入,不断完善居民收入结构。2003年以来城乡居民收入保持快速增长,2010年全市城镇居民人均可支配收入、农村人均纯收入分别达26269元、12637元,分别是2002年的2.69倍和2.46倍。同时,收入结构也发生了可喜变化。2010年,常州市区居民家庭人均工薪收入18552元、经营性净收入2551元、财产性收入1149元、转移性收入6754元,经营性净收入、财产性收入分别是2002年的6.9倍和13.6倍;全市农民家庭人均工资性收入8412元、家庭经营收入4561元、财产性收入696元、转移性收入986元,工资性收入、财产性收入分别是2002年的2.69倍和5.6倍。

二、建设覆盖各类人群的保障体系

坚持"广覆盖、保基本、多层次、可持续"的方针,覆盖城乡居民的社会保障体系逐步建立。持续推进城镇职工养老、医疗、失业、工伤、生育保险扩面征缴,到2010年底养老、医疗、失业保险综合覆盖率达98%。在扩大城镇职工社会保险覆盖面的同时,不断健全城乡居民养老和医疗保险体系。

在医疗保险方面:2003年在全市推进农村新型合作医疗保险,农民参保率达100%。积极推进常州市区城镇居民医疗保险,2007年将老年居民、少年儿童纳入医保,2008年把劳动年龄段内城镇非从业人员、在常就读的外来务工人员子女纳入居民医保制度范围,2009年将在常高校学生纳入居民医保,至此,实现了医疗保险制度全覆盖。同时,不断提高医保待遇和水平,到2010年底,新农合住院补偿率达45.6%,职工医保、居民医保参保人员制度规定范围内的住院医药费用报销比例分别达85%和61%。

在养老保险方面:2007年出台市区"知青半家户"及1960年代精简下放职工等城镇老年居民养老补贴暂行办法,符合条件的老年居民从2007年7月1日起即可享受每人每月150元的养老补贴。2008年,实施新型农村社会养老保险制度,将农民和城市中没有能力参加城镇企业养老保险的人员纳入保障范围,到2010年底,新农保参保覆盖率达99%，38.1万人直接享受基础养老金。2010年出台城乡居民社会养老保险实施意见，将新型农村社会养老保险从农村向城镇居民延伸，将本市户籍的农民以及城镇中没有养老保障的居民全部纳入保障范围，至此，实现了养老保障制度全覆盖。2010年，参加城乡居民养老保险并达到领取条件的居民每月可领取168元养老金，企业职工月均养老金水平达1661元。

把住房保障作为完善社会保障制度的重要内容，尽力保障市民安居乐业的美好生活。2003年以来，持续推进住房制度改革，做好公房清理及出售、老职工购房补贴发放、房改房接轨等工作，解决了一批住房历史遗留问题，落实了私房政策。加大住房公积金资金归集力度，2008年起推进各类企业建立住房公积金制度，2010年启动住房公积金三年扩面专项行动，到2010年底累计归集183.60亿元，累计发放个人住房贷款161.84亿元。在稳步推进廉租房和经济适用房保障的基础上，2007年出台《常州市区住房保障规划（2007—2011年）》，建立健全以廉租住房、经济适用住房和公共租屋为主要形式的住房保障制度。最低收入家庭享受廉租住房政策，低收入家庭、中等偏低收入家庭申购经济适用住房，不符合廉租住房申请条件、但又无力购买经济适用住房的低收入家庭、中等偏低收入家庭租住公共租屋，把市区存在住房困难的2.8万户低收入家庭全部纳入保障，其中8000户纳入廉租房保障、20000户纳入经济适用房和公共租屋保障。同时，逐步把新就业人员和外来务工人员纳入保障范围。采取集中新建、分散配建、定向代建、批量收购、零星收购和园区自建等多种房源筹集方式，拓宽了房源筹集渠道。2009年对经济适用住房保障方式进行改革，由"补砖头"改为"补人头"，对符合条件的经济适用住房申请家庭全部实行每户8万元的购房货币补贴。到2010年底，常州市区累计有近2万户中低收入住房困难家庭享受到相应的住房保障，占中心城区家庭总户数的7%。常州住房保障成为享誉全国的民生品牌。

把最低生活保障制度作为惠民生、解民忧、保稳定、促和谐的重要方面，不断提高城乡居民低保标准，完善制度体系建设。2005年在全国率先将低保标准与居民收入水平直接挂钩，按照城乡居民收入的20—25%确定低保标准，形成了低保标准自然增长机制。建立了低保对象物价上涨动态补贴机制，当物价季度平均涨幅达到3%时，低保对象按季享受低保标准25%的补贴。实行低保对象定期补助制度，年底对低保对象增补一个月全额低保金，对低保边缘家庭和农村五保对象发放一次性生活救助。把不能及时找到就业岗位的下岗工人和失地农民也纳入了低保，保障他们基本生活。2010年全面实现城乡低保标准一体化，年底全市有城乡低保对象31127户、59483人，年内全市发放保障金总额1.3亿元，保障人数占全市户籍总人口的1.7%。

在完善各类保障制度的同时，积极利用各种途径对困难群体、弱势群体实施社会救助，作为保障体系的有益补充。2008年，出台加强社会救助体系建设的意见，积极构建以医疗、教育、住房、就业、法律等专项救助为辅助，以其他救助、救济和社会帮扶为补充，建立覆盖城乡的新型社会救助体系，全面提高困难群体救助水平。加大对困难群体的帮扶力度，对特困及弱势群体在实施最低生活保障的基础上，实施医疗救助、临时生活救助等各种救助，及时解决他们遇到的生活难题，让各类特殊困难群体切身感受到社会温暖。

三、发展老龄和残疾人事业

新世纪以来，常州市人口老龄化趋势不断加剧，到2010年底，全市60岁以上老年人口占到户籍总人口的19.4%，超出老龄化社会标准9.4个百分点。针对人口老龄化的趋势，常州市建设以社区为依托、居家养老为基础、机构养老为补充的养老服务体系，加快社会福利设施建设，全面提高养老服务水平。推进国有福利机构和农村敬老院制度改革，鼓励社会组织、民营企业等兴办养老福利机构和居家养老服务机构。到2010年底，全市共有各类养老机构93个、床位14045张，床位数占户籍老年人口数的2.01%。2007年全面启动居家养老工作，到2010年基本实现全市街道、镇建设居家养老服务中心，社区建设养老服务站和老年人助餐点。积极发展老年人教育，形成以常州老年大学为教育示范点、辖市（区）级老年大学为骨干、镇（街道）老年学校和村（社区）老年人学习点为基础的四级老年教育网络。支持发展老年文体组织，为老年人旅游、就医、乘公交等提供各种优惠，不断扩大服务老年人志愿者队伍，为老年人创造良好的生活条件。

把符合条件的残疾人全部纳入低保，自2008年起，对不享受低保、本人无收入或收入低于低保2倍的重残人员救助，按低保标准发放生活救助金。推进残疾人就业服务，形成集中安置、按比例安排就业和扶持个体创业的残疾人劳动就业体系，就业稳定率达98%以上。普及基础教育，残疾少年儿童入学率99.8%，特殊学校学生免收各类费用并补助生活费，对考上中等以上学校的残疾学生每学期发放补助金。逐步优化无障碍社会环境，城市道路无障碍设施建设率达95%以上，新建小区无障碍设施建设率达60%以上。支持残疾人参加群众性文体活动，丰富精神文化生活。2009年起，开展残疾人"三进五有"服务，推进残疾人"康复服务、安养服务、无障碍设施进家庭"，实现残疾人"有康复中心、就业教育培训中心、庇护安养机构、辅助器具服务中心、文体活动中心"，全面提高残疾人服务水平。

四、建设舒适、便捷、宜人的生活环境

为改变老住宅小区设施陈旧、配套不全、卫生环境不佳等状况，从环境整治、

专项整治、公建配套、设施整治、综合执法和转入物业管理等五个方面开展整治，2003年实施老小区三年整治计划，到2005年底整治更新了中心城区52个较大规模的老小区，面积达570万平方米、共2320幢房屋，老小区整治更新的直接受益人口达到40万人。2004年常州老小区改造工程获"中国人居环境范例奖"。2006年以来又持续对其他老小区和散居住宅楼进行整治，并将整治后的老小区转入长效物业管理。经过多年努力，常州一幢幢老旧居民楼旧貌换新颜。

从2007年起，对常州市区建成区内103个菜市场按照环境商场化、设施人性化、管理制度化、卫生安全化、价格大众化的目标进行分类分期改造，2009年全部完成了改造任务。同时，按规划建设了一批较高标准的新菜市场，实现了大型菜市场服务半径在1000米以内，中小型菜市场在500米以内，为市民创造了清洁、舒适、美观、便捷的购物环境。

在优先发展城市公共交通的同时，2007年起实行公交低票价惠民。常州是全国第二个实行低票价的城市，市区空调车、普通车均实行1元票价，持IC卡六折乘车，老年卡二折优惠，学生三折优惠，70岁以上老人、残疾人等六种对象免费乘车。江苏新城集团出资500万元设立公交爱心基金，为困难职工发放爱心公交卡，实现"困难职工乘公交，不用自己掏腰包"。

在持续改造常州市区旱厕、露天厕所的基础上，针对公厕数量少、布局散、标准低、卫生差等情况，2006年启动实施公共厕所"优化布局、改造提升"三年行动计划，改造建设高档次、标准化的公厕，至2010年底，市区建成区公厕达到801座，比2005年净增150座，公厕面貌显著改观，全部免费开放。

为改善居民出行条件，2007年起实施背街小巷整治工程，推进道路路面硬化、排水设施增设、照明设施补建、绿化整修补植、弱电杆线整理等，用两年时间完成对368条背街小巷综合整治任务，原先年久失修、道路坑洼、通行能力差的背街小巷全部得到更新改造，实现了路平、灯明、排水畅、环境美、设施全。

为优化城市交通环境，常州市2000年起实施"畅通工程"，2002年达到国家B类城市二等管理水平，成为国家优秀交通管理城市。2003年以来，在不断完善道路网络、实施公交优先的基础上，对重要节点设置地下人车分流通道，对主要堵点采取交通渠化、设置单行线、禁止左转弯、合理配置信号灯等措施，科学组织交通流量。2005年主城区开始限摩，限摩范围从3.3平方公里扩大到36.2平方公里，摩托车总量从35万辆降到了10万辆。2006—2007年，开展"规范交通秩序，解决三难一乱"（行车难、停车难、公交难、交通秩序乱）专项行动。同时，实施货车白天限行、电动自行车上牌、规范出租车交通秩序等措施。通过不懈努力，常州市区道路通行能力大幅提高，2008年交通管理荣获"全国畅通工程A类一等"管理水平，形成了和谐、文明、安全的交通环境。

积极推进住宅小区物业管理，物业管理水平不断提升。2010年底，全市有物业服务企业294家，其中一级资质4家，二级资质27家、三级资质174家；管理住宅700个，6300万平方米。

五、人民生活方式日益多元化

改革开放以来，随着社会保障体系日益健全，加上党和国家的富民政策，在收入大幅度提高的基础之上，人民生活方式日益多元化。城市居民逐渐从对单位的依赖中渐渐脱离出来，变成以合同为基础的"社会人"。农村中随着乡镇企业的崛起和小城镇建设，过去祖祖辈辈在家种田的农民，其生活方式已基本与城市居民一样，土地和户籍对人民的约束已经大大减轻，自主择业权、流动迁徙权等不断增加，计划经济体制下旧的人际关系格式被彻底打破。

在消费方面，居民消费支出快速增长，消费结构持续升级，特别是1996年之后，消费模式由传统温饱型逐步向生活质量型转变，食品、衣着等基本生活消费在居民家庭消费总支出中所占比重逐渐下降。2010年，城市居民人均消费性支出达17124元，比1986年提高17.7倍。改革开放初期，城市居民衣着服饰单一，着重经穿耐久。随着经济快速发展和开放，居民服装消费逐步向时尚化、多样化、品牌化、高档化发展。居民食品消费结构发生较大变化，在吃饱吃好基础上更加注重健康、科学和安全。食品消费占家庭消费总支出比重由1986年的54.4%降至32.7%。人均消费大米日益减少，人均消费鲜蛋、鲜果、鲜奶则显著增加。随着生活条件的改善、社会节奏的加快、工作压力的加大和消费观念的变化，居民在外饮食消费支出逐年攀升，2010年，城市居民人均在外饮食支出1354元，占食品消费支出的24.2%，比1986年提高14.8个百分点。1980年代，城市居民住宅有独立卫生间不多，两个家庭合住一套住宅情况常见，甚至1个房间兼有居室、厨房等功能。1986年，只有5%的城市居民家庭拥有厕所浴室设施，68%的家庭没有卫生设备，22%的家庭没有厨房，30%的家庭没有独用自来水。进入21世纪以后，随着住房制度改革，城市居民住房自有率迅速提高，住房面积逐渐扩大，新型厨房、卫生设施进入普通居民家庭，居住条件得到极大改善。2010年，拥有自有产权住房的城市居民达99%，人均住房使用面积由1986年的8.2平方米增至24.91平方米；有98.3%的家庭拥有齐全卫生设施，全部家庭拥有独用自来水，使用管道天然气家庭占78.7%，罐装液化石油气家庭占21.3%。人均居住消费支出由1986年的74元增至2010年的1408元，年均增13.1%。1980年代，居民主要交通工具为自行车和公交车，出门难、行路难、坐车难矛盾比较突出。

进入21世纪后,随着购买能力的增强和道路条件改善,私家车增多。据抽样调查,2010年,全市每百户城市居民家庭拥有家用小汽车19.67辆。居民人均交通与通信支出为2928元,比1986年增加121倍,年均增22.2%;交通与通信支出在居民家庭消费总支出中所占比重达17.1%,比1986年上升14.5个百分点。1986年,每百户城市居民家庭拥有彩色电视机10台、黑白电视机87台、洗衣机63台、收音机64台、录音机53台、照相机9台。1990年代后,市居民耐用消费品开始进入更新换代期,消费需求由普及型向娱乐性和享受型转变,新潮高档、功能齐全的家电产品受到居民青睐,手机、家用电脑拥有量迅速提高。据抽样调查,2010年每百户城市居民家庭拥有彩色电视机195台、电冰箱104台、洗衣机104台、空调199台、照相机65台、家用电脑83台、移动电话211部;居民人均家庭设备用品及服务支出1136元,为1986年的18倍。随着经济收入的提高和闲暇时间的增加,闲暇生活的内容日趋丰富,休闲方式相应发生变化。居民在教育文化娱乐服务方面支出逐渐加大,家庭文娱用品日趋增多,旅游等休闲娱乐方式成为时尚。2010年,市区人均文教娱乐支出2574元,比1986年增加35倍,年均增16.1%。同时,随着生活质量的提高,人们更加注重身体健康,逐步加大医疗保健方面支出。2010年,市区居民人均医疗保健支出1108元,比1986年增加72.9倍,年均增19.6%。

大事记

大事记

旧石器时代

约 4500 万年前

1994 年 3 月，在溧阳上黄镇水母山发掘中华曙猿化石，与上黄动物群伴生，该动物群包括 12 个目 36 科 60 余种动物，以小型动物为主，包括灵长类、有袋类、食虫类和翼生类等。灵长类动物分为低级灵长类和高级灵长类，高级灵长类是一个新科——曙猿科，具有很多原始的特征，如保留一个未愈合的下颌联合部，ml-2 齿上具有突起的下前尖，p4 齿的下后尖位置相当靠后，齿尖低于下原尖等，体重在 47—137 克。时代为中始新世，距今约 4500 万年。该考古发现表明：亚洲东部可能是除非洲之外高级灵长类另外的起源地。中华曙猿及其伴生的动物群化石的发现，被认为具有划时代的意义。

约 30 万年前

2001 年由南京博物院调查发现地处金坛市薛埠镇曙光村的曙光遗址。地貌属于低山岗地，共采集石制品 160 余件，有石核、石锤、石镐、砍砸器等器型[1]。

2002 年 10 月，对位于金坛薛埠镇东进村的和尚墩遗址进行发掘；2005 年又进行一次抢救性发掘。共发现石制品近 400 件，还发现"砾石层""砾石堆"等遗迹现象。考古专家认为这里应是古人的石器加工场，可能是江南地区古人类活动的中心地带之一。

约 1 万年前

海面上升至目前海面下 30—40 米。长江三角洲南翼成为沟谷切割的滨海台状平原。太湖地区属台状平原的内缘延续部分。在太湖西部的南、北，各有一条支谷与钱塘江、长江沟通，沟通钱塘江的谷地，从太湖中的大雷山、小雷山之间，西经宜兴、溧阳之北，折北长荡湖至金坛；北部的谷地从马圩向北经雪堰、前洲、青阳、芙蓉、夏港入长江，太湖西北地区的部分地表径流，经此长江支谷流注长江，深度较浅。

---

[1] 房迎三、沈冠军：《江苏旧石器时代考古 20 年回顾》，《东南文化》2010 年第 6 期。

新石器时代

约 7000—5800 年

20 世纪 60 年代首次发现圩墩遗址。该遗址是常州地区最有代表性的马家浜文化时期遗址,总面积约为 20 万平方米,共清理出各时期墓葬 191 座。墓葬中的人骨架保存较好,其下层发现了夹杂着碎骨、螺丝蚌壳末的红烧土居住面和木柱、柱洞、木桩和木柱础板、木构建筑等;发现成年女子和幼儿合葬墓;马家浜文化墓葬中还发现某些遗骸存在生前拔牙的现象。还发现随葬猪、狗的下颌骨。因此许多学者认为,史前先民已经有家畜饲养业。还出土当时划船用的木浆,说明当时的人们已经懂得利用舟船在水上航行。

20 世纪 70 年代发现位于溧阳社渚镇下文头村的神墩遗址,其遗址总面积近 3 万平方米。出土有马家浜文化时期墓葬 252 座、良渚文化时期墓葬 9 座,并发现一处相对完整的马家浜文化时期的大型氏族公共墓地,出土大量的陶器、石器、玉器、铜器等文物和动物标本。

1985 年江苏省文物普查时发现金坛三星村遗址。其遗址位于金坛市西岗镇三星村,总面积约 10 万平方米,出土陶、石、玉、骨、角、牙蚌器等各类文物达 4000 余件(组),其中玉器有璜、玦、管、串饰等。还发现了配有精美骨质饰件的木柄石钺 2 件,刃部保存完好,通体抛光,制作精良;其他出土的骨器亦丰富,像雕刻精美的骨针筒和用于某种祭祀的刻纹板状骨器,且很多器物为国内首见,说明当时加工骨角器技术的高超,他们是代表权力或地位的礼器。三星村遗址的最下层是人类居住生活的遗存,发现有房址的圆形柱洞、红烧土堆积、灰坑等遗迹。遗迹有 1001 座墓葬分布密集,出土文物量大。于 1998 年被评为"全国十大考古新发现"之一。

约 6000—5000 年

1991 年,常州博物馆对位于常州市区西部的新岗遗址进行试掘;至 2009 年,先后进行五次考古发掘,共清理新石器时期至宋代墓葬 120 座,出土器物 1000 余件。是常州市区保存较为完整的史前人类活动遗址。

1992 年,南京博物院联合常州博物馆、武进县博物馆对位于常州东部的武进乌墩遗址进行抢救性发掘,共发掘面积 600 平方米,共清理崧泽文化时期墓葬 9 座、房址 10 座及一批出土文物。除 M15 墓外,均为小墓,随葬器物一般为 1—7 件,以陶鼎、豆和石锛比较常见,墓坑大都较浅。而 M15 坑规整清晰,墓室敷朱,并随葬 37 件器物,其中包括形体较大的石斧和一件双孔石斧,可见该墓的主人具有高于其他社会成员的地位。

1997 年，常州博物馆、武进县文化馆对位于常州市东南部的潘家塘遗址进行小规模试掘，共发掘面积 100 平方米，出土马家浜和崧泽文化时期文物数十件，其中崧泽文化器物较多，器型包括豆、壶、罐、杯、碗、石斧、玉钺等。

20 世纪 80 年代，武进嘉泽乡姬山村陆续出土陶鼎、陶壶、陶罐和石器，具有明显的崧泽文化和良渚文化特征。该发现填补了常州西南部、滆湖西侧地区未发现新时期时代遗址这一空白，对研究常武地区新石器时期遗址的分布及人类的活动具有重要的意义。

约 4500 年前

20 世纪 70 年代，南京博物院、常州博物馆开始对位于常州市东北的武进寺墩遗址开展考古发掘。该遗址是太湖流域地区良渚文化时期非常有代表性的重要遗址。遗址中心部位是直径为 100 米、高 20 米的人工堆筑的圆型祭坛。环绕祭坛的是一条人工开凿的内围沟，另有一条外围沟环绕整个遗址。东南部发现的几座大墓随葬品多，有精美琮、璧、钺、柱等玉礼器。3 号墓出土玉器达上百件之多，其中玉琮 33 件，玉璧 24 件。玉琮均为外方内圆，每面中间有直槽一分为二，并有横槽分为若干节。以六七节为多，最少的一节，最多的 15 节，最大的一件玉琮高 33.5 厘米。另一件玉琮高 23 厘米，雕刻兽面纹，反映了祭天器物的厚重和神秘，首领贵族已经利用对天命神权的控制来统治良渚社会，高等级大型高台"玉殓葬"墓地、刻划符号，表明在良渚文化后期，其社会性质由于贫富差距扩大、社会分层，已经接近早期国家门槛。寺墩三号墓的发现，被誉为"东方的金字塔"。寺墩一带遗址的密集型分布表明，良渚文明的社会政治、经济中心有迁移至太湖西、北地区迹象。

2012 年，位于常州市春江镇杏村南的象墩遗址被常州市考古研究所发现。试掘共清理灰坑 11 个、灶台遗迹 1 个、柱洞遗迹 3 组、烧结面 2 处，出土的遗物包括石箭镞、石锛、青铜箭镞及大量印纹硬陶和原始瓷器，其中鼎足和印纹陶具有马桥文化和湖熟文化特征。灶台、多层柱洞、用火遗迹及土台的发现，说明象墩遗址早期主要为一处良渚文化聚落遗址，后期随着土台的修筑和不断加高，可能已演变为具有祭祀功能的祭台遗址，而已成型的良渚文化时期灶台在江苏还是首次发现。该遗址的发掘，把良渚文化中后期到马桥文化再到商周时期的常州历史串联了起来。

夏、商、西周

约 3500 年前

2005 年，南京博物院对金坛薛阜镇新浮遗址进行抢救性的试掘。该遗址属于早商时期，出土物颇丰，主要为陶器，对研究殷商时期江南历史文化有重要价值。

西周

约前 1042—前 1021 年

金坛周代土墩墓群的发掘，土墩墓群中多有"墓坑"的发现，"堆土掩埋与竖穴土坑并存"，对进一步了解土墩墓的营造过程、形制结构、丧葬习俗乃至该时期江南地区的社会面貌有重要价值。入选 2005 年中国十大考古新发现。

太伯奔吴之地出现文献与考古难以对应的情况，太伯奔吴路线很难细致复原。据徐中舒、顾颉刚的说法，太伯奔吴的路线，应是由陕西而江汉，再江西、江苏。进入江苏后，由宁、镇而常州，最终到无锡、苏州的过程。

管、蔡、殷武庚作乱，徐、奄（今山东曲阜城东）、淮夷随之叛乱。周公东征三年，残奄，迁其君蒲姑（今山东博兴县），伐淮夷。相传奄君南逃至淹筑城（今常州武进淹城）。经考古调查，淹城系土筑城垣，东西长约 850 米，南北宽约 750 米，总面积约 65 万平方米。林志方在《淹城探秘》中提出淹城三道城墙的修筑分别出自三个时代的不同人之手的说法，即"子城墙为西周晚期奄族人始筑"，内城墙为春秋晚期吴国始筑，吴在筑内城墙时，并对子城墙进行了修筑；外城墙则为西汉时始筑，西汉人在筑外城墙时，并随着对子城墙和内城墙加以修筑。在武进淹城内城河中，先后出土 4 条独木舟。有两条经过碳 14 测定，约当西周、春秋之际。淹城遗址是中国目前保存最完整的春秋古城城址。

周灵王二十五年（馀祭元年，前 547 年），吴封季札于延陵。

前 544 年，季札在鲁国听到各国的歌曲，能一一辨别其特点，说明受中原礼乐文化的浸染之深。

通江运河，由江阴越江达广陵，往西经今无锡至常州达镇江。

春秋战国

阖闾城，相传在武进雪堰桥与无锡胡埭镇之间，东距太湖约 1 公里。2007 年第三次全国文物普查进行了全面系统的调查勘探，弄清内城东、西二小城内建筑基址的布局、道路，发现已全部掩埋于地下的东西长约 2100 米、南北宽约 1400 米、面积约 2.94 平方公里的外城。在龙山石冢中出土陶器、原始青瓷器等春秋早期至中期的文化遗物 150 余件。发掘者推断阖闾城遗址为春秋时期吴王阖闾所建的都城。此城调查成果入选 2008 年全国十大考古发现。

西 汉

秦王政二十五年（前 222） 置会稽郡，治所在吴县（今苏州）。江苏省内辖领县七，其中有毗陵［治所在今常州市，西汉初改延陵为毗陵；新莽始建国元年（9）王莽改毗陵为毗坛县］。

汉代，会稽郡成为造船业的中心之一。1982 年，武进县万绥乡曾发现汉代的造船遗址，出土有经过开孔加工过的长达数米的圆木和其他木料以及绳纹瓦、陶圈井、环首铁刀等遗物，还出土一条长 20 米左右的木船，船舷用柿木，船底用樟木，榫用花柏，固定斜榫的木梢用榉木，可见工匠对木材选用的讲究[①]。

东 汉

光武帝建武元年（25） 复改毗陵县。

东汉前期，会稽郡辖 26 城，郡治吴县（治今苏州市）。其中有吴县、毗陵（治今常州）等。丹阳郡辖 16 城，其中有溧阳等。

顺帝永建四年（129） 毗陵、吴县等 13 城自会稽郡析出，置为吴郡。

三 国

黄武元年（222） 孙权手下大将朱治被封为毗陵侯，毗陵县改为侯国。

吴大帝嘉禾三年（234） 分吴郡无锡以西地方为屯田区，置毗陵典农校尉统一管理，下领毗陵、丹徒（武进）、曲阿（云阳）三县，治毗陵。毗陵是东吴规模最大的民屯区，"赤乌中（238—250）诸郡出部伍。新都都尉陈表、吴郡都尉顾承各率所领人会佃毗陵，男女各数万口"。[②]陈表、顾承各自率领的部队及家属各达数万人，说明在毗陵屯田的总人数很多。

---

① 《江苏武进县出土汉代木船》，《考古》1982 年第 4 期。
② 《三国志》卷五二《诸葛瑾附子融传》注引《吴书》。

晋

太康二年（281） 省校尉为毗陵郡。统县七[分毗陵、无锡置暨阳（今江阴）；析丹徒、曲阿（今丹阳）以东之地，置武进县，县治今万绥附近]，即丹徒、曲阿、武进、延陵、毗陵、暨阳、无锡。此乃毗陵为郡之始。

永兴元年（304） 以毗陵郡封东海王世子毗，避毗讳，改为晋陵[一说永嘉五年（311）]。毗陵县同时改为晋陵县。《隋书》卷三一《地理志下》"扬州"后序载：晋陵和吴郡(今苏州)是江南商业兴盛的重要城市，"川泽沃衍，有海陆之饶，珍异所聚，故商贾并凑"。

▲ 西晋时期的全国地方行政区划为三级管理体制，即州、郡、县。今江苏境内的长江以南属扬州，长江以北属徐州。扬州统郡15，即毗陵郡、丹阳郡等。

晋元帝大兴元年（318） 晋元帝侨置兰陵郡、兰陵县于晋陵郡武进县境，兰陵郡领兰陵县。明帝太宁年间(323—325)，又侨置东莞郡于晋陵县境，领东莞、莒、姑幕三县（郡、县均无实土）。

晋元帝大兴四年（321） 张闿出补晋陵(今常州)内史，当时晋陵所部四县都曾因干旱使农田失收，张闿至晋陵后，"立曲阿(今丹阳)新丰塘，溉田八百余顷，每岁丰稔"。张闿还在无锡、武进之间的芙蓉湖泄水为田，史称"堰其中，泄湖水"，由于时值天寒地冻，围湖未成而罢。刘宋元嘉二十年(443)，当地百姓在芙蓉湖区修阳湖堰围田成功。《读史方舆纪要》卷二五载：阳湖"东西八里，南北三十二里，其北通菱饶和临津二湖，共为三湖，刘宋元嘉中修湖堰，得良畴数百顷"。太湖地区开垦湖田活动的兴起，反映了当时太湖地区水土资源的开发，已由垦殖高亢平原逐渐向湖沼滩地推进，这是三吴地区人口增殖和土地集约化程度提高的反映。

太和六年（371） 六月，晋陵大水，稻稼荡没，是年饥荒。

南北朝

永初元年（420） 宋武帝颁令土断，改兰陵郡为南兰陵郡，领兰陵、承县两县。改东莞郡为南东莞郡，领东莞、莒、姑幕三县。

宋元嘉二十二年（445） 民众修阳湖堰围田获成功。

大明八年（464） 宋孝武帝将武进县划入南东海郡。其时晋陵郡领有晋陵、延陵、无锡、南沙[今常熟市，晋咸康七年（341）设立]、曲阿、暨阳（今江阴市）等六县。

宋泰始二年（466） 晋陵太守袁标举兵反，右将军萧道成东讨，平晋陵。

齐高帝时（479-481） 建文笔塔。

梁天监元年（502） 梁武帝改南东海郡为南兰陵郡，改武进县为兰陵县并属之。

注："▲"表示与上条目为同一时间，下同。

隋

隋文帝开皇九年（589） 并兰陵于曲阿。废郡置州，于今常熟市置常州，晋陵属之。后移常州治于晋陵。隋大业初又废州置郡，常州复名毗陵郡。此为常州得名之始，下统晋陵、无锡、义兴、江阴四县。

隋文帝开皇十四年（594） 常熟改隶苏州，常州治所移至晋陵。

隋炀帝大业三年（607） 四月，改州为郡，置太守。常州为毗陵郡。

隋炀帝大业六年（610） 隋炀帝东巡会稽（今绍兴），疏拓运河，建三闸，蓄上游水，奔牛居其一。

隋炀帝大业九年（613） 八月，吴郡朱燮、毗陵管崇聚众抗暴，百姓群起响应，众至10余万人。

隋炀帝大业十二年（616） 夏，炀帝令毗陵通守路道德，集十郡兵匠数万人，在今常州东南（今湖塘镇夏城桥），仿东都西苑建造毗陵宫，以备南逃。大业十四年，隋炀帝为宇文化及所杀，吴兴太守沈法兴据余杭、毗陵、丹阳等十余郡，自称江南大总管。后以毗陵为都自称梁王，年号延康。

唐

唐高祖武德三年（620） 吴王杜伏威平李子通，归唐。改毗陵为常州，以故兰陵地复置武进县，属常州。是时，常州领晋陵、武进、无锡、义兴四县。

唐太宗贞观元年（627） 分天下为十道，常州属江南道。

唐太宗贞观八年（634） 并武进县入晋陵。

唐太宗贞观十年（636） 降扬州大都督府为都督府，督常、扬、滁、润、和、宣、歙七州。

唐太宗贞观二十一年（647） 八月，唐太宗"敕宋州刺史王波利等发江南十二州工人造大船数百艘，欲征高丽"[①]，据胡三省注，这12州中分别为常、宣、润、苏、湖、

---

① 《资治通鉴》卷一九八，唐太宗贞观二十一年（647年）八月条，中华书局1955年版，第6249页。

杭等，今江苏省的常（常州）、润（镇江）、苏（苏州）三州首当其冲，说明唐前期常、润、苏是今江苏省域的造船中心，而且也是全国的造船中心之一。

唐永徽年间（650—655） 金陵牛头山宗开山祖师法融禅师来故乡常州，化缘募粮，"筑室十数楹"，为天宁寺前身。

唐高宗显庆二年（657） 法融于金陵建初寺圆寂，世寿64岁。法融（594-657），俗姓韦，润州延陵人，著有《心铭》。常州天宁寺为其所创。

武后垂拱二年（686） 复析晋陵县西36乡置武进县，与晋陵并为常州附郭。

武后垂拱四年（688） 六月，江南道巡抚大使狄仁杰以吴、楚多淫祠，奏焚其1700余所，独留夏禹、吴太伯、季札、伍员四祠。

▲是岁，分延陵县东界置金坛县。

武后大足元年（701） 七月，常州地震。

唐玄宗开元四年（716） 常州晋陵与扬州江都、润州曲阿、苏州吴县，升为望县。

唐玄宗开元二十一年（733） 分全国为十五道，分江南道为江南东、西两道，常州属江南东道。

唐玄宗开元二十二年（734） 萧颖士获对策第一。

唐玄宗天宝元年（742） 二月，改州为郡，刺史为太守。常州为晋陵郡。

唐肃宗乾元元年（758） 置宣歙观察使，今溧阳属之。

▲全国改郡为州。晋陵郡为常州。

唐代宗永泰元年（765） 十一月，拜常州刺史韦损为润州刺史，韦损整治丹阳练塘，灌溉丹阳、延陵、金坛三县农田。

唐代宗大历（766—779） 初年，李栖筠出任常州刺史，用心发展当地社会经济，同时本着"化民成俗，以学为本"①的宗旨，"兴起学校"，常州州学由此初兴，取得了很好的效果。

唐代宗大历十二年（777） 常州武进县升为望县。

唐宪宗元和八年（813） 常州刺史孟简在原有渠道上修凿而成孟渎河，全长41里，其作用是引长江潮水接济运河和灌溉农田，后屡经修治，明代扩建为引潮兼通船的运河，对京杭运河的全线畅通发挥了重要作用。

唐文宗太和七年（833） 常州大水，农田被淹。

唐武宗会昌四年（844） 常州升为望州，为全国州府十望之一，所辖5个县，其中4个是望县（晋陵、武进、无锡、江阴）。

唐景福元年（892） 淮南节度使杨行密遣唐彦随权领州事重建内子城，城周长

---

① （唐）梁肃：《昆山县学记》，见《全唐文》卷五一九，中华书局1985年版，第5275页。

2里318步，城高2丈1尺。

唐昭宗天复二年（902） 唐朝廷封杨行密为吴王，官拜东面行营都统、中书令，杨行密的政权称为"吴"，史称"杨吴"。常州基本上是吴的属地，但由于是吴、吴越两国对峙的最前线，经常受到战争的威胁。

吴顺义元年（921） 刺史张伯宗增筑外子城，城周7里30步，城高2丈8尺，厚2丈，内外筑以砖石，"方直雄固"，号称"金斗城"，其范围是内子城的4倍。东南西北分设迎春、金斗、迎秋、北极四城门。

吴天祚元年（935） 刺史徐景迈筑罗城，这是常州历史上规模最大的城垣。城周27里37步，城高2丈。有通吴、怀德、德安、广化、朝京、青山、和政、东钦、南水9个城门。

南唐烈祖昇元六年（942） 六月，常州大雨，河水漫溢。

南唐保大年间（943—957） 中建成常州天宁寺塔。

南唐元宗保大十四年（956） 三月，吴程攻常州，破外郭，执南唐常州团练使赵仁泽。南唐遣柴克宏会袁州刺史陆孟俊救常州，大破吴程。四月，南唐军收复常州。

唐代江苏省域江南的常、润、苏三州的蚕桑业应是蚕桑业最发达的地区之一，戴叔伦《郊园即事寄萧侍郎呈萧常州复》云："衰鬓辞余秩，秋风入故园。……邻里桑麻接，儿童笑语喧"[①]，描述了常州的蚕桑业的景象。

唐代罗纱主要出自南方，今江苏省域贡罗纱的有常、润二州，《新唐书·地理志》中留下品名的有润州衫罗、常州紧纱。此外，常州的透额罗也非常有名，元稹《赠刘采春》诗中咏道："新妆巧样画双蛾，漫裹常州透额罗。正面偷匀光滑笏，缓行轻踏破纹波。"

宋

宋太宗太平兴国四年（979） 常州知州石雄在州治之西南兴修先圣庙。景祐三年(1036)，朝廷下诏立学，便在先圣庙址重建州学。

宋太宗淳化元年（990） 宋廷下令废去常州奔牛堰。绍圣年间，又令恢复奔牛堰，并改堰为闸。

宋仁宗天圣二年（1024） 处士侯遗在三茅山后侧创建茅山书院，是北宋全国六大书院之一。是年朝廷赐金坛茅山书院田3顷，"充书院赡用"[②]。

[①]《全唐诗》卷二七三，中华书局1960年版，第3082页。
[②]《至正金陵新志》卷九。

宋仁宗庆历三年（1043）　常州知州李余庆开后河，将惠明河水引入漕渠。武进知县杨玙疏浚孟渎。

宋仁宗嘉祐六年（1061）　常州知州陈襄疏浚常州段运河，在望亭导太湖水入运河，改变了运河横遏太湖积水入江的局面。

宋神宗熙宁四年（1065）　废江阴军为县，隶属于常州。①

宋哲宗元符二年（1099）　常州奔牛闸修筑完成，一直延续至近代。

宋徽宗建中靖国元年（1101）　苏轼卒于常州。苏轼（1037—1101），字子瞻，号东坡居士，眉山（今属四川）人。北宋中期，苏轼突破传统词作格局，开创了豪放派词风，对词的革新和发展做出了重大贡献。元丰八年（1085），苏轼得请常州居住。

宋崇宁年间（1102—1106）　创办城东书屋。

宋崇宁年间（1102—1107）　常州，属望州。毗陵郡，设军事。下有四县，即晋陵（今常州），属于望县；武进，属于望县；宜兴，属于望县，唐义兴县，太平兴国初改；无锡，属于望县。该地区在此期间，有165116户、246909人。贡白纻、纱、席等。②

宋徽宗大观三年（1109）　常州在历史上第一次在科举上取得成功，一科常州得53名，占四分之一。宋徽宗赐诏"进贤"。

宋徽宗政和元年（1111），杨时待次萧山知县，过常州，寓早科巷，与邹浩相见。萧山知县任满后，杨时遂徙居常州讲道城东书堂，前后在常州近18年。

宋钦宗靖康二年（1127）　汴京沦陷，孙觌力主议和，并执笔为宋钦宗起草投降文书。孙觌（1081—1169），字仲益，自号鸿庆居士，常州晋陵人。自幼聪颖过人，才思敏捷，被苏东坡赞誉为"神童"。大观三年（1109）进士，政和四年（1114）中词科。历任国子司业、侍御史、翰林学士。是宋颇负盛名的骈体文作家。

南宋高宗建炎三年（1129）　年末，岳飞指挥军队在常州和镇江发动邀袭战。《宋史·岳飞传》记载："金人再攻常州，飞四战皆捷。尾袭于镇江东，又捷。"《鄂国金佗粹编》亦载："飞自建炎三年十一月二十二日起离建康府，至广德军界，与金人六次见阵，收复溧阳县。及于常州界以来，邀击金贼，袭逐至镇江府。"③

宋高宗绍兴十六年（1146）　周孚先陈乞在常州城东兴建书院，官方特赐"龟山书院"敕额，建大成殿、讲堂，设四斋。

南宋孝宗乾道八年（1172）　常州知州太守晁子健在常州州学西侧建苏东坡祠。

宋孝宗淳熙间（1174—1189）　知州杨万里在常州城南殷薛创建城南书院。

---

① 《宋史》卷八八《地理四》，中华书局1977年版，第2176页。
② 《宋史》卷八八《地理四》。
③ 《鄂国金佗粹编》卷一九《建康捷报申省状》。

宋孝宗淳熙五年（1178）　常州自无锡县以西横林、小井及奔牛、吕城一带地高水浅之处开浚以通漕舟。

南宋理宗绍定三年（1230）　武进龟山书院创办，为学者杨时讲学处。

南宋理宗淳祐间（1241—1252）　常州知州王圭在常州州学讲堂西偏建先贤祠，祀陈襄、杨时、邹浩、陈瓘。

宋度宗咸淳元年（1265）　常州知州史能之浚后河。①

▲是年，建立县学。

宋度宗咸淳四年（1268）　知州史能之纂修《咸淳毗陵志》。

宋代常州，"多先生长者，以善俗进后学为职，故儒风蔚然为东南冠。及余公中、霍公端友，皆策名天下士第一"，故时人称常州"是东南文明之地"。②

元

元世祖至元十二年（1275）　十一月，忽必烈命伯颜率兵进攻常州，常州是拱卫临安的前阵，是元军整个攻取临安计划的关键。常州守将姚訔率将士浴血奋战，终寡不敌众而失败。伯颜下令屠城。文天祥派部将率兵赴援失败。常州之战是宋元战争中最悲壮的一役，影响很大。

至元十四年（1277）　常州府升为常州路。下有录事司一，主管常州城内事务；县二：晋陵、武进；州二：宜兴，元初立府或立县几经反复，终在元贞元年升为州；无锡，元贞元年升为州。

至元二十七年（1290）　常州路有209732户、1020011人。

大德五年（1301）　常州路通判袁德麟开浚关河，"自东而南，自南而西，延袤凡十里"，又在河上建怀德、德安、广德三桥。③

至大年间（1308—1311）　顾塘桥北东坡终老处建东坡书院。

至正二年（1342）　陈祖仁为一甲第一。

至正十七年（1357）　三月，朱元璋率军攻克常州，将常州路改名为长春府，至永乐七年（1409）重新更名为常州府；万历后期，为避太子朱常洛的讳，一度改名为尝州府，不久即恢复常州本名。下辖武进、无锡、宜兴、江阴、靖江五县。改武进为永定，晋陵为京临。不久并京临入永定。至正二十二年八月，朱元璋仍改永定为武进。

---

① 黄冕修，李兆洛纂：《道光武进阳湖合志》卷三《水利》。
② 陆游：《渭南文集》卷一八，《常州河府记》。
③ 文天锡：《重浚后河记》，佚名《永乐常州府志》卷一七。

明

洪武二年（1369） 罗城废，筑常州新城，周长10里有余，置七门。同年，汤和督浚城濠，宽16丈，深2丈。

洪武二十五年（1392） 朱元璋派人"疏凿溧阳县银墅东坝河道，自十字港至沙子河凡3960丈，又沙子河至胭脂坝凡360丈，计役嘉兴等府、州、县民丁359700人"[①]。

永乐三年（1405） 郑和下西洋。随同郑和下西洋，借助史料记载有名籍可考的，常州人有乌金安（曾作为阴阳官生随郑和下西洋）。李维桢《王处士墓碑》载："处士家毗陵，故乌氏裔，代有闻人。高王父金安公善为星。从中黄门三宝奴下西洋，望气知有风，购同人一壶，悬之，未几，风发舟覆，以壶免。"[②]

永乐十三年（1415） 漕粮停止海运，武进赋粮悉数沿运河北上解缴淮安仓。

永乐十九年（1421） 明朝中央直辖区名称"直隶"改称"南直隶"，其下辖的常州府领五县：武进县、无锡县、宜兴县、江阴县、靖江县（成化十四年增设）。

永乐年间（1403—1424） 镇江、丹徒一带有三港通江，成为江浙漕舟北运的咽喉，但经常淤塞不通。"浚镇江京口、新港及甘露三港，以达于江。漕舟自奔牛溯京口，水涸则改从孟渎右趋瓜洲，抵白塔，以为常"[③]。此后，两道交替行运，成为惯例。

宣德六年（1431） 周忱以工部右侍郎巡抚江南，对芙蓉湖进行整治。芙蓉湖位于太湖之北，地跨武进、无锡、江阴三县，明初芙蓉湖时常泛滥成灾。经过综合整治，围筑大堤63里，成圩田10万余亩，有"十万八千芙蓉圩"之称。

▲ 疏浚德胜新河40里，开辟了江南运河另一条通江水道。此河由常州之西的运河上开口向北入长江，入泰兴的北新河，由泰州坝至扬子湾入淮扬运河，比入白塔河更为便利。江南运河常镇段与孟渎、德胜新河并通，使江南运河更为畅通。

▲ 6月2日，应天府溧阳县钱成等以"谋反罪"被南京守备襄城伯李隆发兵捕获，斩于市。

正统四年（1439） 常州府大水，溺死者甚众。

正统五年（1440） 武进怀南乡运河南建造西仓，储武进西乡之漕米；在东直

---

① 《明太祖实录》卷二二一，洪武二十五年九月戊申条，台湾"中央研究院"历史语言研究所1962年校印本。
② （明）李维桢：《大泌山房集》卷一一二，《四库全书存目丛书》集部第153册，齐鲁书社1997年版，第284页。
③ （清）张廷玉等：《明史》卷八六《河渠志四·运河下·海运》，第2104页。

厢运河南造东仓，储武进东乡之漕米。

正统八年（1443） 周忱疏浚镇江到常州间的运河及其支流，重建孟渎河闸。

正统十年（1445） 常州知府叶蓁在西瀛里建二贤祠，将苏东坡与杨时合祀。

正统十二年（1447） 巡抚周忱建木桥"仓桥"，以满足仓储业务的需要。成化年间改建成三孔石拱桥，习称"西仓桥"。从西仓桥到怀德桥沿河两岸，粮食市场绵延数里。

弘治八年（1495） 巡抚御史樊祉、常州知府曾望宏购地，在双桂坊创设常州城内社学。

正德十四年（1519） 常州知府陈实在毗陵驿原址创建道南书院，供奉杨时。

嘉靖年间（1522-1566） 溧阳嘉义书院建成。

嘉靖三十七年（1538） 年过半百的唐顺之临危受命抗倭，"往南畿浙江与总督胡宗宪协谋讨贼"。

嘉靖四十五年（1566） 常州府武进县谢师严订立《征粮一条编法》，总征内容包括夏税、秋粮、物料和徭役，将发往各项分别派征，改为一图十甲丁粮数总征，分限纳完。

隆庆二年（1568） 武进县田赋改革实行"官民一则"，每亩均科平米2斗1升5合余。

隆庆六年（1572） 常州知府施观民在原晋陵县衙旧址上创建龙城书院。万历初张居正毁天下书院，遂废。万历三十一年知府欧阳东凤恢复，改名先贤祠，钱一本于其中经正堂讲学。开日后东林书院先声。清康熙初废，乾隆十九年知府宋楚望重建。

万历九年（1581） 常州知府穆炜凿新运河，入城改道飞虹桥东流，西与南运河接通。浚河所掘土运至东西两端筑堤坝。

万历二十年至四十年（1592—1612） 武进人张梦泽和钱一本成立中国最早的纯粹的慈善救济性质的武进同善会。

万历二十九年（1601） 常州知府周一梧和武进知县晏文辉再组织民工运土夯实筑固其坝身，东边坝取名"文成坝"，西边的坝取名"石龙嘴"。

万历三十二年（1604） 顾宪成在常州知府欧阳东凤、无锡知县林宰等的支持下，修复北宋著名理学家杨时讲学的东林书院。东林书院、龙城书院、明道书院共同推动了常州地区在晚明期间的学术发展。

万历三十三年（1605） 武进人龚道立在北京与利玛窦进行重要对话，相关记录收入利玛窦所编的《畸人十篇》第八篇《善恶之报在身之后》，成为常州中外交流史上的重要文献。

万历四十三年（1615） 常州府学学额为80名，武进县为68名，无锡为69名，宜兴为60名，江阴为50名，靖江为18名。

万历年间，知府施观民建龙城书院（后改称先贤祠），清咸丰十年毁。同治四年（1865）5月，杨艺芳、庄俊甫等在先贤祠废基上改建贡院，后复为龙城书院。

天启二年（1622） 南大街童宁远药店开设。

天启六年（1626） 三月，常州爆发数千人反抗锦衣卫缇骑逮捕东林党人李应升的行动。

明代，常州府的水稻"如白稻、粳稻、籼稻、早稻、晚稻、糯稻与他郡无异，香珠稻、红莲稻则产于武进者佳，而籼稻则岁以二十石为上供焉"。①

清

顺治二年（1645） 闰六月，清廷以"留头不留发，留发不留头"，威逼汉族民众易装剃发，金坛数百人聚集慈云寺，众人抗议"剃发令"。闰六月二十九日，管绍宁、杨兆升等人被常州知府宗灏指为叛逆，在城中斩首示众。八月，清兵攻江阴，多铎驻兵常州，欲屠城，武进知县孙振先愿以一家保全城，遂得免，常州城民数万人诣县衙跪谢。后嘉庆中，赵怀玉、洪亮吉等请为其立祠。

顺治四年（1648） 武进士子吕宫殿试夺魁，高中状元。此科全国共录取进士298人，武进县即考中27人，为全国各县之冠。

顺治十八年（1661） 夏，清廷将上年尚未完纳钱粮的江南常州等四府并溧阳一县的官绅士子全部黜革，史称"奏销案"。

康熙二十二年（1683） 在子城厢一图，将府西察院改建举办"府署前义学"。

雍正二年至四年（1724—1726） 清廷开始政区改革，苏、松、常三府分县，析武进置阳湖县，析无锡置金匮县，析宜兴置荆溪县。常州从此号称"八邑名都"。

乾隆五十八年（1793） 洪亮吉在撰写的《意言》中，提出无神论和人口论，比马尔萨斯的《人口原理》早五年。

乾隆年间（1736—1795） 天宁寺刷经楼创建。同治二年（1863）复造，光绪年间定名毗陵天宁刻经流通处，最多时雇工30余人，印板用枣木刻成，为常州最大的印刷作坊。

乾隆、嘉庆年间以常州学派为代表的今文经学开始复兴。

---

① （清）张廷玉等：《明史》卷八六《河渠志四·运河下·海运》，中华书局1974年版，第2104页。

嘉庆二十五年（1820）　常州府阳湖县知县张作楠运用有关天文历算原理，吸取明末传入中国的欧洲日晷优点，按常州所处的纬度，在常州天宁寺亲自设计和制作了两具石制日晷。

道光二十一年（1841）　苏应柯等在河南厢新街建冠英义学，光绪七年（1881）义学迁至觅渡桥，改名冠英义塾。

咸丰元年（1851）　山西漆商在常州开设义兴升漆栈，常州拥有采购、储存、加工、销售生漆的专营商号。

咸丰三年（1853）　正月，原广州知府余保纯在常州育婴堂设保卫局，这是常州兴办团练的开始。

咸丰七年（1857）　常州裁缝业建立绸缎业天章公所。说明常州的服装业已有发展，出现社会性质的成衣公所。

咸丰十年（1860）　闰三月三十日（5月20日），太平军攻占丹阳后，直奔常州。李秀成部在奔牛天喜闸遭清军张玉良部和马德昭部阻击，太平军还击，张、马两军大败。① 四月初六日（5月26日），太平军猛攻常州小南门，架云梯登城，至中午时攻入城内，占领常州，史称"庚申之变"。据战后统计，此次守城及巷战死者近2万人，其老弱男妇自焚自溺自缢者亦不下2万人，而常州全城死于此役者在6万人以上，其中有名有姓者44877人。

▲四月十三日，太平军攻克苏州即宣布建立苏福省，辖常州郡等四郡。其属县主要有武进、阳湖、宜兴、荆溪、江阴、无锡、金匮等地。

▲逃亡在上海的江苏巡抚薛焕则"委倪宝璜为七邑（为常州府属的七个县）团练总办，设局靖江"②。

▲常州第一家规模较大的蒋懋大银楼在甘棠桥北堍开业。

同治二年（1863）　十一月初八日，苏南地区是太平天国的重要根据地。李鸿章奉命攻打常州太平军。至第二年四月初五日，李鸿章指挥淮军攻下常州，太平天国守将护王陈坤书被俘，不屈被杀。据记载：城内除数百人逃出外，其余平民"一万二千人及其家属全部遭到了残杀，而守军尚不在内"③。

同治十一年（1872）　薛昂千于西门外开设鼎泰元冶坊，生产犁头、井罐、铁锅等，畅销苏、浙、闽、鄂等十余省市。

同治十三年（1874）　阳湖朱宝奎（13岁）和次年武进吴焕荣（13岁）赴美留学，

---

① 中国史学会主编：《太平天国》第8册，神州国光社1954年版，第739页。
② 王铭西：《寇变纪略》。
③ [英]呤唎著、王维周译：《太平天国革命亲历记》下册，中华书局1961年版，第611页。

成为晚清政府组织的幼童留学美国120位中的两位。朱宝奎是常州近代留学第一人。

光绪初年武进仅东南少数地方养蚕，到清末迅速从东南向西北扩散。

光绪二十二年（1896） 张鹤龄、周维翰在常州创设"经世学社"，所授教材皆为上海格致书院广学会翻译出版的新学书籍。

▲刘树屏、李正光将龙城书院改为常州致用精舍，开设算学、舆地、时务、策论等课程，聘请著名数学家华世芳任总教习，传授《续几何原本》等自然科学知识。1902年，恽祖祁、刘树屏等将常州致用精舍改为武阳公学，教授新学，为常州最早的新式公立小学。

▲常州人李伯元在上海先后接办或创办《指南报》《游戏报》《海上繁华报》，成为近代小报的奠基者之一。

光绪二十三年（1897） 由常州人董康等发起，集资万金，在上海新马路创立译书公会，"以采译泰西东切用书籍为宗旨"①。同时，由常州人恽积勋、陶湘任总经理的《译书公会报》创刊。

▲常州人盛宣怀在上海创立中国通商银行，这是中国新式银行之鼻祖。

光绪二十四年（1898） 常州人陈范接办《苏报》。因愤于清廷腐败，鼓吹变法维新，报道各地的学生爱国运动，刊载章炳麟的《驳康有为书》，鼓吹"反满革命"，终被封禁，形成中外瞩目的"苏报案"②。

光绪二十七年（1901） 11月5日，常州（武进）邮政支局在西瀛里大水关创设。邮件运输靠肩挑、车拉，投递员全是步班，称为"出差"。

光绪二十八年（1902） 武进人吴稚晖率男女学生数十人赴日本留学。

▲是年，庄茂之（盛宣怀内弟）在常州西门创立常州内河招商局，盛宣怀调拨泰昌煤轮1艘，首开武进至溧阳运输线。

▲木业商行筹垫资钱3万串，把丹徒、小河两处进口河道及西运河拓宽浚深。县署允许西运河停泊木排，各帮山客木商荟集常州，常州木业开始兴盛。

光绪二十九年（1903） 正月初一日，蒋维乔等青年知识分子发起成立常州体育会，提倡尚武精神。

光绪三十年（1904） 盛宣怀和刘树屏、刘树森兄弟合资创办正则小学堂，次年春节后开学，学校分正则东校（设于盛宣怀周线巷家宅）和正则西校（设于西关刘氏祖宅西下塘），各有高等小学堂和初级小学堂一所。

---

① 中国史学会编：《中国近代史资料丛刊·戊戌变法》四，神州国光社1955年版，第381、459、461页。
② 李新主编：《中华民国史》第一编，全一卷《中华民国的创立》（上），中华书局1981年版，第162页。

▲ 常州人周维翰创办近代第一份中医期刊——《医学报》，并组织第一个全国性医学团体——中国医药会。

光绪三十一年（1905） 庄鼎臣、庄鼎彝、庄济泰、庄询等庄氏族人创办冠英小学堂。开设3个班，学生70余人。

▲ 邑绅恽祖祁发起筹建武阳商会（又称常州商务分会），经农工商部批准，筹备处设磨盘桥钱业公所。商界入会者共26业。翌年7月正式成立。1912年武阳商会合并为武进商会。

光绪三十二年（1906） 常州第一家织布厂——晋裕布厂在东下塘原江西会馆旧址建立，创办人吴有儒。

光绪三十三年（1907） 二月，在东门玉梅桥南护国寺基建设的常州府中学堂工程竣工，占地面积29亩多。九月二十五日，组织首次招生考试。屠宽被推举为学堂监督。

▲ 四月，沪宁铁路建成通车，常州始有铁路客货运输。

▲ 常州第一家也是国内创办较早的商业股份有限公司形式的商业银行——和慎商业储蓄有限公司成立。

▲ 在双桂坊延陵季子祠余基以建武阳商会余款建造的五楹图书馆楼屋——武阳商会图书馆落成。这是中国历史上第一个县级图书馆，也是第一个由专业团体创办的图书馆。

光绪三十四年（1908） 武进县成立自治期成会，宗旨为参酌各国地方自治制度，研究地方自治。

宣统元年（1909） 六月一日，武进、阳湖两县城厢成立武阳镇乡筹备自治公所，所长恽祖祁。自治范围东起政成桥，西至西圈门，南起木梳街，北至仁寿栅。这是常州最早的地方自治机构。

▲ 武进商业体育会成立，后改名商团，钱以振任会长。招收、训练青年，负责常州地方治安。

宣统二年（1910） 六月二十日，设武阳城厢议事会；七月三十日设武阳城厢董事会。前者为议事机关，后者为执行机关。两会会址同设双桂坊忠义祠。

宣统三年（1911） 年初，常州最早的报纸《民苏报》问世。

▲ 七月，武阳农会成立。屠寄当选会长。

▲ 九月十九日，苏州发兵至常州，常州全城遍插白旗，响应起义，成立军政分府，何健为军政分府司令；武进、阳湖两县合并为武进县，成立县民政署和司法署，屠寄为民政长。

▲ 九月二十一日，为推行普及教育，武阳两邑教育界人士决定建立常州教育会，推选屠寄为会长，朱溥恩为副会长。

▲ 奚九如和吴康在常州西门外日晖桥试购柴油机和碾米机加工碾米成功。

▲ 武进、阳湖两县人口为 771788 人，常州府为 231.8 万人。①

宣统年间武进有人开始使用机器印刷。"机器印刷，自清宣统间，原有人工印刷刻字作坊，设于千秋坊之杨日升，开始改办，是为机械铅印之始"②。

中华民国

1912 年 武阳城厢议事会、董事会改称武进市城厢议事会、董事会，武阳城厢地方自治区公所改称武进市自治区公所（简称市公所）。1915 年，武进市自治区公所改名为武进市公益事务所，仍沿称市公所。

▲ 李仁创办女子职业团，设工艺速成班及机缝专科。翌年改名女子职业学校。

1913 年 10 月 10 日，商会图书馆花园对公众开放；11 月 16 日，武进县商会向市公所承租双桂坊旁武进忠义祠后空地修筑公园，并与图书馆花园连片，翌年初建成。这是常州第一个公园，时称公花园(今人民公园)。

▲ 武进秀才奚九如创办常州厚生机器制造厂，当年仿制成功 8 马力煤油发动机，成为江苏省最早生产内燃机的厂家。第二年，该厂将自制的 3 马力煤油发动机用于带动木槽龙骨水车戽水，在国内首创机器灌溉新办法。

▲ 常州马公桥裕源油坊的谢文新首先提倡装用引擎和轧磨、轧豆机等机器设备，从而开了常州地区机器榨油业之先河。

1914 年 4 月，武进县首届联合运动会开幕，全县有 20 所小学参加。

▲ 5 月，张赞墀、祝大椿等集资创办的振生电灯股份有限公司横兴桥发电所建成发电，常州始用电灯照明。12 月 19 日，西直街、新桥弄、箅箕巷、豆市河等处首批装置电力路灯，结束使用煤油路灯的历史。

1915 年 2 月 20 日，在美国旧金山举办的巴拿马太平洋万国博览会上，武进茧业所的蚕茧、仁和号的各式孟河绉、武进女子师范的工艺品获金牌奖章；老卜恒顺的梳篦获银牌奖章；武进第一女子小学、常州第五中学的文艺作品获名誉优胜奖章。

1916 年 杨守玉创造绵纹绣(乱针绣)，亦称正则绣。

---

① 曹树基：《中国人口史·清代卷》，第 459、461 页。
② 于定一：《武进工业调查录》，转引自《常州地方史料选编》第 1 辑，常州市地方志编纂委员会办公室等 1982 年编印，第 67 页。

1917年　由朱承仙、汪赞纶、金武祥、钱振锽等42人发起成立诗社——苔岑吟社。

1918年　6月，商会将白龙庵及市公益事务所原有荒地及府学多余基地共10余亩地开辟为第二公园。1920年2月25日竣工开放。

1918年　7月1日，武进医院(今常州市第一人民医院)举行开幕典礼。该院由美国基督教监理公会集资创办，设旧阳湖县署。院长芮真儒(美籍)。

▲常州新开恒丰盛布厂设置染部，是江苏使用机器生产漂、染布之开始。

1919年　6月4日，为声援五四爱国运动，常州中等以上学校开始罢课。

1920年　常州人吕思勉撰写完成中国第一部白话通史著作《白话本国史》，是中国历史学界具有划时代意义的一部著作。

1921年　2月21日，中国红十字会常州分会在福音医院召开成立大会，屠寄任会长，王完白任理事长。

▲11月，常州布商蒋盘发等集股60万元筹建的大纶纱厂在常州投产。该厂拥有纱锭1万枚、布机260台，此为常州第一家近代化的棉纺织厂。

▲钱以振等人联合无锡荣氏兄弟创办的常州纱厂投产，该厂总股本60万两，拥有纱锭12800枚，其产品为"仙女"牌粗纱。

1923年　刘国钧在常州创办广益二厂，该厂为当时常州最大的织布厂。

▲震华电厂在武进戚墅堰镇建立。

1924年　江上梧在湖塘蒋湾桥先行试办农田2000亩电力戽水，后又在吉三垛试办1000余亩。这也是中国历史上第一次试行电力戽水。

1925年　10月17日，五省联军占领常州，19日总司令孙传芳抵常。奉军退往镇江。

1926年　3月，国民党武进县第一区党部在第一公园(今人民公园)召开成立大会，党员23人出席。5月2日在放生寺(今第三中学)召开国民党武进县第一次代表大会。

▲中共党员包焕赓在横山桥建立常州地区最早的中共支部。

1927年　3月20日，北伐军攻克武进。3月21日武进召开"欢迎北伐军入城，庆祝常州光复"的市民大会，参加者2万余人。

1928年　4月4日，常州地方产品233件参加美国费城赛会展出，有7件获奖。宏泰号及张恒顺的纱绢、恒庆正绉、女子职业学校的刺绣获甲等大奖；章庆记绒线、老卜恒顺梳篦、贫儿院栽绒车垫获乙等奖。

1929年　2月，卢正衡创办私立正衡初级中学。

1930年　2月，刘国钧接盘大纶久记纱厂，成立大成纺织染股份有限公司。

1932年　1月1日，杨柳巷乾元市场建成开业。场内有一幢4层楼房共8间，设有各种商店和游艺场。后面为菜场，设摊240个。

▲ 4月20日，在磨盘桥新星二楼召开中华工业联合会武进分会会员大会。推举裕源成油厂的屠公复为会长，代表武进电话公司的庄启和大成公司的刘国钧为副会长。

1934年 1月1日，大庙弄内新建中山纪念堂举行落成典礼。

1936年 11月23日，全国抗日救国会领导人沈钧儒及常州人史良、李公朴等7人在上海被国民党逮捕，史称"七君子事件"。

▲ 局前街药王庙开设私立武进国医专科学校。

▲ 吴淞机厂（今戚墅堰机车车辆厂）由上海吴淞迁戚墅堰。次年2月，改名戚墅堰机厂。

1937年 11月29日，日本侵略军进占常州。据不完全统计，武进县在沦陷期间，被日军烧毁房屋36580余间，枪杀无辜百姓8790余人，被奸妇女2570余人。[1]

1938年 9月中旬，新四军一支队司令陈毅派团参谋长王必成、营长段焕竞率领二团一营来武进（北）组织、发动群众，开展抗日活动。

▲ 伪维新政府内政部统计司公布《江苏省灾区难民户口统计》，其中武进县日本侵略常州前（即1937年11月沦陷前）户数63183户，人口453991人；现有（沦陷后）户数48745户，人口266668人；其间死亡4732人，伤3060人，被毁房屋及财产约值2062万元。[2]

1939年 8月，新四军江南指挥部在溧阳竹箦成立，陈毅、粟裕分任正、副指挥。

1941年 5月10日，伪中央航空署设常州办事处，筹建航空学校。6月3日，伪中央航空学校成立。

1944年 12月，常州中日工商联合会调查统计，当年常州工业计有：制粉工场4家，机器厂27家，油厂8家，铁厂25家，纺织浆纱厂44家，染织厂71家。[3]

1945年 9月2日，抗日战争胜利结束，驻常州城乡日军先后集中在清凉寺等地待命遣返。

▲ 10月，武进县恢复建立10个区，城区为第一区，区公所设双桂坊，下辖34乡、287保、3014甲、35729户、157264人。[4]

1946年 常州开工永大盛、大同、协兴德、经纶、忠远、利生、协丰等25家布厂，大部分系由纱布号转业或投资兴办。至1948年，常州纺织、印染工厂计有113家，拥有纱锭111796枚、布机6774台，月产棉布、印染能力均达35万匹。其主要产品士林蓝布、纱咔叽、印花布销售至东北、华北、长江中下游、华南及南洋群岛一带。

---

[1] 陈鹤锦、孙宅巍主编：《侵华日军在江苏的暴行》，中共党史出版社2000年版，第63、64页。
[2] 常州市地方志编纂委员会编：《常州市志》第1册，中国社会科学出版社1995年版，第60页。
[3] 常州市地方志编纂委员会编：《常州市志》第1册，第67页。
[4] 常州市地方志编纂委员会编：《常州市志》第1册，第69页。

1947年 6月11日，武进县第一届参议会在中山纪念堂举行成立大会，曾任武进县县长的李渺世当选为议长。

1948年 4月15日，武进县第一届运动会在公共体育场举行，会期3天。

1949年 2月7日，戚机厂工人开展反饥饿、争生存大罢工，将流线型客车推上戚站正线，阻断京沪铁路运输15小时。15日夜，2000余名工人开出专列赴沪请愿，得到上海、杭州及京沪沿线铁路工人的声援。上海路局被迫部分满足工人的要求。

▲4月23日，人民解放军东路作战集团解放常州。4月24日，吴觉率领部分南下接管干部进入常州城。4月28日成立常州市军事管制委员会，吴觉为主任。中共常州地委、常州专员公署和中共常州市委、常州市人民政府同时成立，吴觉为地委书记，陆平东为专员，辛少波为市委书记，诸葛慎为代理市长。

▲4月26日，苏南行政公署正式成立，辖1个直属市和4个行政区；其中武进行政区，下辖常州市(划武进县龙城、名山、新民、崇法、荆川、永丰、青山、乐善八镇设常州市)及武进、无锡、江阴、溧阳、金坛、宜兴等六县。5月16日改称常州行政区。

▲4月29日，市军管会创办《新华电讯》；7月1日改名《常州日报》，由中共常州地委主办。

中华人民共和国成立

1949年 9月28日至10月1日，召开常州市一届一次各界人民代表会议，选举常州市各界人民代表协商委员会，由21名委员组成，王晓楼为主任。

▲11月20日，举行常州市第一届人民体育大会，参加竞赛和表演的有6639人。

1950年 9月30日，户籍改革结束，废除保甲制度，新建1154个居民小组，颁发新户口簿33320册。

1951年 3月2—4日，召开常州首届农民代表大会，分地区成立土改小组，部署土改工作。8月、10月，武进县和金坛县、溧阳县土地改革结束。

▲6月1日，始拆城墙，至1952年9月除保留西瀛门附近一段外，共拆除5100多米。

▲9月3日，郊区土地改革结束，土改中共没收、征收土地2678亩和一批房屋、农具、耕牛等，全部分配给贫雇农。政府陆续颁发土地所有证4397份、土地使用证1833份，焚毁旧契23400份。

▲12月21日，市党政机关开展反对贪污、浪费、官僚主义的整风运动(简称"三反"运动)。12月22日，对工商界开展反对行贿、偷漏税、欺诈、暴利的斗争(简称"四

反"运动)。翌年初改称"反对行贿、反对偷税漏税、反对盗窃国家财产、反对偷工减料和反对盗窃经济情报"的"五反"运动。

▲ 常锡文戏由苏南行署定名为常锡剧。

1952年 10月22日,市政府利用拆除的旧城墙砖,在南门外建造的常州第一个住宅小区——工人宿舍(后改称工人新村)破土动工,翌年2月1日竣工,共4621间,建筑面积9850平方米。

1952年 12月13—14日,召开民盟常州市第一次盟员大会,选举产生民盟常州市第一届委员会,张允溪为主任委员。

1953年 1月5日,常州市改为省辖市。

▲ 7月1日零时,常州进行第一次人口普查。常州市区常住人口265006人,其中男性138720人,女性126286人;城区203363人,郊区61643人。

▲ 7月23日,暴雨成灾,运河水位高达5.24米,接近历史最高水位(5.59米)。淹没农田11659亩,倒塌房屋131间,死伤28人(其中溺毙儿童19人)。

▲ 常州开始编制和实行发展国民经济的第一个五年计划。初步形成以计划经济为主体的管理体制。

1954年 7月4—10日,常州市首届人民代表大会召开。共有代表256名,其中民主党派成员、无党派爱国人士和工商业者55名。

1955年 由常州市人民委员会、民主建国会、工商业联合会合资兴建的红星剧院建成,有观众座位1353个。是新中国成立后常州第一个公私合营的文化娱乐场所。

▲ 年底,常州地区的机器、染织、纺织等行业的工厂通过以大带小、以先进带落后的办法实行公私合营。1956年1月,常州私营工商业全行业公私合营掀起高潮。至7月,基本完成对资本主义工商业的社会主义改造。

1956年 2月6—9日,中国人民政治协商会议常州市第一届第一次会议召开,有委员117名。王余积当选为市第一届政协主席。

1958年 3月31日,常州柴油机厂生产出中国第一台手扶拖拉机。

9月,全市农村建立人民公社。

▲ 常州市委、市人委决定在社会主义改造的基础上,对公私合营后的小企业进行合并改造,新建钢铁公司、农药厂、变压器厂等67家单位,使常州逐步向综合性工业城市发展。

1959年 8月,在天宁林园基础上辟建红梅公园。10月征地扩建,翌年10月1日正式开放,面积近600亩,为常州市区最大的公园。

1962年 将纺纱、织布、割绒、印染等有内在联系的大成一厂、民丰纱厂、大成三厂等11个工厂配套，正式组合全市第一个"一条龙"专业化协作线。

1964年 7月1日零时，常州市第二次人口普查。常州市区常住人口为413089人，其中男性208632人，女性204457人；城区人口273140人，郊区人口139949人。

1967年 7月25日，常州发生大规模群众武斗事件，造成8人死亡，4人重伤。

▲9月11日，常州发生第二次大规模武斗（简称"九一一事件"），自11—17日，共死亡78人，伤115人（其中残废8人，重伤51人，轻伤56人），造成大批工厂停产，损失产值2357万元、物资近80万元，迫使沪宁铁路中断11天，邮电通讯中断15天，市内交通中断10天。

1969年 12月5日，常州市首批上山下乡的干部及家属、知识青年、城镇居民共100多户、550多人，前往高淳、溧水、金坛等县农村落户。

▲凿除妨碍安全航行的石龙嘴，拓宽运河航道。

1972年 常州玻璃厂试制成功国内第一台电子数控制瓶机。1978年获全国科学大会奖状。

1975年 5月，新华社高级记者李峰在常州采访撰写的《坚持社会主义方向赢得高速度——详述常州工业的大发展》《"农"字当头滚雪球——常州工业大发展调查之一》《"桌子"上唱大戏——常州工业大发展调查之二》由新华社向全国播发，同时在《新华日报》上刊登。

1978年 7月11日，省革委会通知，常州市被列为对外开放城市序列。

▲溧阳原上兴乡老河生产队在常州农村最早实行联产承包制。

▲年底，常州市社队办厂发展到3103家，职工15.58万人，实现工业产值4.56亿元。常州乡镇工业所有制结构以单一集体所有制为主。1984年，著名社会学家费孝通把常州与苏州、无锡等地乡镇工业发展之路命名为"苏南模式"。

1980年 1月23日，常州第一个主体建筑和配套公用建筑同时施工的住宅小区花园新村动工兴建。1981年1月14日，花园新村（一村）竣工，建成住宅楼49幢，面积为11.7万平方米。

1981年 9月17日，江苏化工学院建成并开学。1992年更名为江苏石油化工学院，2002年更名为江苏工业学院，2010年更名为常州大学。

1982年 3月3日，国务院决定常州为经济体制综合改革试点城市。

▲7月1日零时，常州市进行第三次人口普查。常州市区常住人口500737人，其中男性258306人，女性242431人；城区395938人，郊区104799人。

1983年 1月18日，国务院批准江苏省实行市管县新体制，将武进、金坛、溧阳三县划归常州市管辖，3月1日按新体制运作。

▲2月6日，常州市加入以上海为中心的长江三角洲经济区，并实行跨省、市的经济联合。

▲9月15日，常州柴油机厂获得国家质量管理奖金牌；床单厂生产的6278丝光印花床单、红卫色织厂的靛蓝防缩劳动布、常州注射器厂的5毫升玻璃注射器、常州制药厂的氢氯噻嗪、常州冶金机械厂的直径小于或等于250毫米有色金属工作辊获得国家银质奖牌。

▲是年起，常州在全国城市中第一个进行财政递增包干试点。至1989年，共实施两轮财政递增包干体制试点。

1984年 1月17—19日，大雪成灾，积雪达22厘米，全市死4人，伤31人，压毁房屋10815间，折倒电线杆80587根。

▲5月15日，国务院科技领导小组、国家体改委和国家科委确定常州市为全国科技体制改革试点城市。

▲6月3日，全市首批13家工厂施行厂长负责制。到1995年，全市县属以上工业企业全部实行厂长负责制。

▲8月31日，常州国棉一厂生产的六鹤牌36.4号纯棉气流纺起绒纱获国家优质产品金质奖；国棉三厂的陵鹤牌58.3号纯棉起绒纱等20种产品获银质奖；清潭三村工程获国家优质工程银质奖。

1985年 2月18日，中共中央、国务院批准常州市列为对外经济开放区。

▲3月，由常州东风印染厂名优产品为龙头，由9个城市的23家企业联合成立蝶球纺织印染联合公司，是全国纺织行业中第一个跨地区的企业群体。

▲4月30日，市哲学社会科学联合会举行全市首次哲学社会科学优秀成果授奖大会。

▲6月18日，瞿秋白纪念馆举行开馆典礼。

1986年 1月，常州被国务院批准为全国首批金融体制改革试点城市之一。

▲2月28日，广州至常州民航班机在常州奔牛民航机场顺利降落，试航一次成功。3月15日举行常州至北京、常州至广州两线首航式。

▲4月23日，常州后北岸意园旧址发现晋、唐、宋、元、明代著名书法家书法碑刻16块。

▲6月6日，常州市与意大利普拉托市举行缔结友好城市签约仪式。此后，常州市先后与日本高槻市、所泽市，荷兰梯尔堡市、澳大利亚赫斯特维尔市、毛里求斯荷津市、韩国南杨州市、美国罗克福德市等缔结友好城市关系。

▲9月8日，国务院同意常州市撤销广化区，原广化区的行政区域分别划归钟

楼区和天宁区。1987年1月1日起按新建制运行。

▲ 12月25日，常州西仓桥因运河市区段拓宽按原样移至东郊舣舟亭公园工程竣工，并恢复原名广济桥。

▲ 常州市被国务院确定为全国16个中等城市机构改革试点市之一。

1987年1月26日，建于梁代大同元年(535)的新坊桥修复工程竣工。

▲ 2月中旬，常州出现气象异常，11—12日最高气温26.7摄氏度，18—19日突降至零下2—4摄氏度并降中雪。

▲ 3月14日，全市第一个集团股份公司——金狮自行车(集团)股份有限公司成立，有市内外150家企业加入。

▲ 8月，常州市成为全国首次利用世界银行贷款进行城市综合规划建设试点城市。

▲ 9月8—10日，常州市首届中外经济贸易恳谈会举行。签订外贸项目14个，总投资2901.6万美元。

▲ 10月1日，武进县圩塘至泰兴县七圩的长江汽车轮渡工程竣工(1986年12月11日开工)，并试渡成功，10月11日正式通渡。

▲ 12月8日，常州市委举行张太雷烈士故居修复落成典礼。

1988年1月13日，淹城遗址被列为全国重点文物保护单位。

▲ 8月，改革开放后常州市首家私营企业高达实业有限公司创立。

▲ 9月14日，国务院批准设立常州海关。1991年12月26日中华人民共和国常州海关开关，正式对外办公。

1989年1月19日，位于戚墅堰区圩墩新石器时代遗址西侧的常州圩墩公园建成开放。

▲ 1月25日，市委宣传部召开新闻发布会宣布：市滑稽剧团演员张克勤获全国第六届中国戏剧梅花奖。

1990年2月初，武进县龙虎塘乡仙龙山村发现新石器时代马家浜—崧泽文化时期遗址。

▲ 7月1日零时，常州市进行第四次人口普查，常州市常住总人口3279734人，其中市区731182人。

▲ 8月30日，国务院批准撤销溧阳县设立溧阳市(县级)。12月6日正式挂牌。

▲ 10月16日至11月2日，天宁禅寺举行传授三坛大戒法会，来自全国27个省、市、自治区(含台湾)以及香港的佛教四海弟子1250余人在常求授戒法。

▲ 12月29日，马复兴面馆、迎桂馒头店、常州麻糕店、光明酒酿店、常州糕团店、义隆素菜馆、三鲜馄饨店、双桂麻糕店、银丝面馆、美味斋汤团店10家传统小吃店

全部挂上"名特优点心店"招牌。

1991 年 4 月 1 日，省内第一家城市信用合作联社——常州市城市信用合作联社经中国人民银行总行批准，正式成立。

▲ 4 月 18—20 日，溧阳市举行首届中国溧阳茶叶节，成交额 1.79 亿元。

▲ 5 月 23 日，亚细亚影城基本落成剪彩，影片《我们走向未来》全国首映式在影城举行。12 月 28 日，影城全面竣工。

▲ 6 月 13—16 日，常州连降暴雨，洪涝成灾，造成全市 83.17 万亩农田受涝，其中 30 万亩严重受淹，6300 间房屋倒塌，55350 户住宅进水，1462 家工厂企业停产或半停产，307 个仓库被淹，53 所中、小学、幼儿园被迫停课，52 座桥梁、闸冲毁，9 人死亡。自 6 月 30 日傍晚至 7 月 4 日，暴雨再次袭击常州，造成 160 万亩农田受淹，其中 34 万亩全部失收，4395 家工矿企业停产或半停产，8 万间民房倒塌和严重受损，20 余万人被洪水围困，近 10 万平方米校舍损毁，造成直接经济损失 22 亿元（含 6 月中旬损失）。

▲ 11 月 22 日，全国首例少年保护案在天宁区人民法院审结，原告潘小龙等 3 人得到应有经济补偿。

▲ 12 月，开工建设魏村水利枢纽工程，累计总投资 7900 余万元。至 1996 年 3 月竣工。

1992 年 1 月 15 日，江苏首家省级边界市场苏浙皖边界市场在溧阳市开业。

▲ 3 月 30 日，沪宁高速公路武进段正式启动，5.1 公里先导试验路段拆迁工作开始。常州段途经 9 个乡镇，东起武进县崔桥乡北邵村，西至武进县罗溪乡与丹阳市交界处的蒋园里，全长 42.7 公里。8 月 8 日在武进县崔桥乡境内开工。至 1996 年 8 月 15 日全线竣工，9 月 15 日投入运营。

▲ 4 月 4 日，作家高晓声的《陈奂生上城出国记》获上海首届长中篇小说优秀作品大奖赛的长篇小说二等奖。

▲ 4 月 21 日，武进县名列 1991 年中国乡镇企业产值"十大百强"第三位。

▲ 4 月，常州柴油机厂成为江苏省第一批向社会公开发行股票的 12 家股份制试点企业之一，改制设立常柴股份有限公司。至 2002 年，常州共有常林股份有限公司、远东实业股份有限公司、江苏五菱柴油机股份有限公司、金狮股份有限公司、黑牡丹（集团）股份有限公司和常茂生物化学工程股份有限公司等 6 家企业上市。

▲ 5 月 5—6 日，首次全国性张太雷研究学术讨论会在常州举行，收到论文 36 篇。

▲ 5 月 27 日，溧阳市兴建天目湖风景旅游区，区内被列为省、市级保护的历史文化遗迹达 28 处。

▲ 6月17日，据农业部统计：1991年度全国15个县（市）乡镇企业产值超50亿元，武进县名列第二位。

▲ 6月，常州市正式实施住房制度改革，先后颁发住房公积金管理、住房基金管理、优惠出售公有住房等7个配套文件。

▲ 8月13日，常州高新技术产业开发区和常州经济技术开发区管理委员会成立，18日对外办公。11月9日，国务院批准常州高新区为国家级高新技术产业开发区。

▲ 9月9日，常州市首次出让城区地块土地使用权，香港天安（上海）投资有限公司以总额1796.256万元的毛地价获得正素巷9—6号地块的土地使用权。

▲ 9月28日，"八五"期间常州城市建设重点项目凌家塘农副产品批发市场开业。

▲ 10月11日，常州市被列全国户均年收入超7000元的31个城市第16位。

▲ 10月21日，常州市红梅、清潭住宅小区被评为全国文明住宅小区，清潭新村被评为全国模范住宅小区。

▲ 10月28—29日，举行常州市社会发展综合实验区第三阶段(1993—1995年)规划评议会，国家23个部委和团体代表参加，常州市被授予国家社会发展综合实验区。

▲ 12月12日，常州市政府制订《关于流通企业全面推行"四放开"改革的实施意见》30条，从1993年起全面推行经营、价格、分配、用工"四放开"。

1993年 2月22日，常州市政府举行人民警察授衔仪式，向市区首批1382名公安干警授予警衔。

▲ 4月1日，常州市放开粮食、油料购销价格。

▲ 4月2日，常州市区外环路工程启动，全长20.3公里、总投资2亿元，6月10日全线开工，1995年1月26日通车。

▲ 5月31日，常州市政府制发市区优惠出售公有住房实施方案，7月1日起实施。

▲ 6月9日，常州市委办公室、市政府办公室转发市委农工部等5个单位制订的《常州市农村股份合作制试行办法》。至年底，全市农村股份合作制企业达442家。

▲ 6月24日下午，厦门航空公司一架波音737／2501号客机由常州飞往厦门途中被歹徒劫持到中国台湾桃园机场，于当晚安全返回厦门。

▲ 6月27日零点20分，市话3.15万门和长途1000线程控全部开通。至此，常州市市话通信全面实现程控化、数字化。

▲ 9月18日，常州市江苏南华电子元件厂与美籍华人王秀发共同开办的全市首家境外合资企业美国华纳实业有限公司在洛杉矶开业。

▲ 10月1日，《常州晚报》试刊出版第一期。共试刊4期，1994年1月1日正式出版。

▲ 10月4日，常州市郊区西林乡马家村发现春秋早期瓿1件、原始青瓷豆2件，唐代钵、碗和宋代瓶各1件。

▲ 11月10日，国务院批准撤销金坛县设立金坛市（县级）。12月28日举行撤县设市仪式。

▲ 11月14日，常州市委、市政府出台重奖杰出科技人员办法，决定全市每年评选3—5名有杰出贡献科技人员，奖金3万—15万元。

▲ 11月，常州市馆藏的文徵明行书七言诗轴、瞿秋白赠杨之华金别针等38件文物被省文物鉴定组鉴定为一级文物，同时受鉴的文物中定为一级文物的市区24件，武进县2件，金坛县8件，溧阳市4件。

▲ 12月，金坛市被命名为中国民间艺术之乡(刻纸)。

1994年 1月4日，《常州日报》讯：据常州市卫生部门提供的信息，常州市解放初期人均寿命为38岁，目前常州市人均期望寿命已达73.45岁，分别比全省、全国平均值高出2.05岁和4.45岁。

▲ 3月1日，常州市各部门和单位实行新工时制度，职工每日工作8小时，平均每周工作44小时。

▲ 3月10日，举行常柴股票发行新闻发布会。常柴股份有限公司（于1993年1月16日经国家体改委批准设立）首次向社会公开发行人民币普通股票3000万股，其中含公司职工股300万股，每股面值1元，发行价为3.9元，发行手续费0.8元，实际每股成本为4.7元。7月1日在深圳证券交易所挂牌上市2700万股(社会个人股部分)。

▲ 9月28日，沿江公路常州段正式建成通车。常州段于1992年8月开工，全长24.5公里，自武进孟城至江阴石庄，途经孟城、小河、孝都、魏村、圩塘5个乡镇，按二级公路标准改建，路面宽11米。

▲ 10月11日，据常州市统计局数据，常州市243万名农民人均居住面积达32.66平方米，高出全国农民人均居住面积11.96平方米。

▲ 11月2日12时37分，溧阳市境内发生3.7级有感地震，震中位于强埠镇、社渚镇一带。

▲ 11月3日，江苏省、常州市政协在常州亚细亚影城隆重举行盛宣怀诞辰150周年纪念会，散居在日本、美国、加拿大等国和香港等地区的盛氏后裔代表30余名应邀参加。下午在江南春宾馆举行"盛宣怀与中国近代化"学术研讨会。

▲ 11月13日，在全国乡镇企业表彰会上，常州市有23家（武进县12家、金坛市2家、溧阳市7家、郊区和戚区各1家）乡镇企业获全国"最佳经济效益乡镇企业"称号；陈人金、任竹君获"全国优秀乡镇企业家"称号；尹国新、王金成、冯仁清、

冯海清、庄维新、谈志仁、耿昌明、徐耀明、陈殿铭9人获"全国乡镇企业家"称号。

▲ 12月23日,江苏省寺墩遗址考古发掘队发掘寺墩(位于武进郑陆)5号墓,发现墓中大量文物(玉琮、玉璧、腰带等90件)。经考证后认定,寺墩遗址是一座距今4500年前的良渚文化古城,墓中大量文物表明,良渚文化时期太湖流域已出现国家。

▲ 12月31日,据气象资料表明,1994年是130多年来最暖和的年份之一。常州11月份的平均气温比常年偏高3.0摄氏度,12月份3个旬的平均气温也比常年旬均气温偏高,日最低气温≤0摄氏度的日数仅1天,远少于常年。

1995年 3月8日,常州市红十字会决定每月8日为常州红十字慈善日,并成立常州市红十字慈善服务中心。

▲ 3月8日,常州天宁寺佛学院在停办46年后重新开学,全国各大寺庙21名学僧入学。

▲ 6月8日,国务院批准武进撤县设市(县级),8月26日挂牌。

▲ 6月29日,常州市第一人民医院护士长孙静霞在北京接受国家主席江泽民颁发的第35届南丁格尔奖章。

▲ 6月30日,常州市除郊区太滆乡为渔业乡外,其余136个乡(镇)划定一、二级基本农田保护区,全市一级农田保护284.6万亩,二级农田保护101.5万亩。

▲ 7月,常州的北宋太平兴国石经幢、清代管干贞故居等7处文物列为第四批省级文物保护单位。

▲ 8月5日,常州市被列入国家"安居工程"首批59个实施城市,于当年全市"安居工程"建设规模15万平方米,总投资1.25亿元。

▲ 10月15日零时,常州市区和武进、金坛、溧阳市采用统一长途区号"0519",金坛、溧阳市电话号码由6位升至7位。

▲ 11月,河海大学机械学院更名为河海大学常州分校,下设机电工程学院、国际工商学院、计算机及信息工程学院。

1996年 3月31日,国务院批准常州烈士陵园为全国重点烈士纪念建筑物保护单位。

▲ 9月20日,常州市政府作出保护历史文化古城若干问题的决定,明确青果巷、前后北岸、古运河市区段为常州历史文化古城精华。

▲ 10月8—12日,国家经贸委中国中小企业对外合作协调中心、常州市政府联合举办'96常州国际中小企业经济合作及贸易洽谈会,常州市外贸成交1.5亿美元,达成协议外资4亿美元,外经合同1529万美元

▲ 11月6日,南京博物院在金坛市三星村考古发掘中发现墓葬500余座,出土

新石器文物 2000 余件，其中有距今 6500—5500 年的完整石钺和雷纹彩陶豆。

▲ 12 月，国务院批准瞿秋白故居 (常州清代建筑) 列入第四批全国重点文物保护单位。

1997 年 4 月 1 日，常州市投资 1700 多万美元的坦（坦桑尼亚）中合资友谊纺织有限公司投产。

▲ 7 月 15 日，南京考古工作者确认溧阳市杨庄乡沙涨村为古回鹘族的后裔村。

▲ 9 月，中华恐龙园破土动工，2000 年 9 月 20 日开园对外开放。

▲ 10 月 9 日，苏南运河常州段整治工程竣工，并通过验收，全长 44.48 公里，总投资 6 亿元。

▲ 10 月 17—20 日，举行常州市首届残疾人运动会，173 名残疾人参赛，金坛市代表队获团体总分第一名。

▲ 12 月 28 日，常州火车客运站改建工程竣工，总投资 1.2 亿元。

▲ 12 月，常州港第一期万吨级通用码头建成投产，年吞吐量 135 万吨。2001 年 4 月 25 日，国务院批准常州港为一类开放口岸。

1998 年 5 月 1 日，武进市潘家镇蓼莪山顶发现 2800 年前的春秋中晚期墓葬两座，出土陶瓷文物 37 件。

▲ 5 月 13—15 日，常州市被国家发展计划委员会、科技部和联合国开发计划署确定为中国地方 21 世纪议程能力建设项目试点地区。

▲ 7 月 10 日，国务院批准武进市横山桥镇、邹区镇、洛阳镇，金坛薛埠镇，溧阳市杨庄乡和 15 个村，分别列为首批省和国家级农村现代化试验区先行镇、村。

▲ 11 月 18 日，全国铁路工业系统首家跨省、市大型企业集团南方铁路机车 (集团) 有限责任公司暨南方铁路机车集团在常州市成立。

1999 年 5 月 18 日，常州城区公交线路全部实行无人售票。

▲ 7 月 14 日，常州市委组织部、市人事局联合召开全市党政机关竞争上岗和轮岗工作会议。

▲ 8 月 13 日，常州市委召开常委扩大会议，传达学习省委"三讲"(讲政治、讲学习、讲正气) 教育工作会议精神，8 月 21 日召开"三讲"教育动员大会，10 月 16 日召开市级领导班子"三讲"教育总结大会。

▲ 10 月 9 日，常州市南山牌南山寿眉茶叶、正昌牌乳猪用预混料、天宁牌 50% 乙草胺乳油、江南牌冻银鱼等 11 个产品在北京举行的'99 中国国际农业博览会上被评为国家名牌产品。

▲ 11 月 25 日，江苏省政府批准武进市设置乡镇由 56 个调整为 30 个。

2000年1月4日，江苏省政府批准金坛市设置乡镇由27个调整为15个。

▲1月8日，江苏省政府批准溧阳市设置乡镇由36个调整为18个。

▲3月13日，考古学家在金坛市茅山东麓采集到10万年前人工打制旧石器34件。

▲3月23日，常州大麻糕、兰陵卤汁蛋、江南八宝粥和加蟹小笼包认定为"中国名点"。

▲3月30日，教育部批准常州工业技术学院、常州机械冶金职工大学、常州市轻工业职工大学合建常州工学院，12月28日举行建院仪式。

▲4月25日，常州市政府下发《常州市建立城镇职工基本医疗保险制度的实施办法》，标志着全市城镇职工基本医疗保险制度正式实施。

▲5月22日，常州市属工业企业经营管理者实行年薪制启动，首批试行年薪制的10家市属工业企业经营者分别领到2万—16万元的1999年度年薪。

▲8月18日，常州市委、市政府宣布撤销常州市机械冶金工业局、常州市电子工业局、常州市化学工业局、常州市轻工业局、常州市纺织工业局，组建常州机电国有资产经营有限公司、常州化轻国有资产经营有限公司、常州纺织国有资产经营有限公司。

▲9月10日，常州天合铝板幕墙制造有限公司研制成功中国第一座太阳能能源建筑系统样板房。

▲10月16日，江苏省政府批准常州无线电工业学校、常州市电子职工大学合建常州信息职业技术学院。

▲10月，常州市苏南航道网整治工程开工，总投资3.84亿元，翌年12月23日竣工。

2001年4月14日，常州市公开选拔县处级领导干部工作动员大会召开，8月15日举行19名县处级领导干部任用仪式。

▲5月7日，据第五次全国人口普查公报，常州市常住人口384.78万人。

▲5月16日，黑牡丹（集团）股份有限公司主任工程师邓建军作为江苏省唯一代表，赴京参加全国工会经济技术创新工程经验交流大会，并进入新世纪首批"中国能工巧匠"行列。

▲8月12日，江苏省第一所民办高校建东学院在常州揭牌。

▲8月，常州市第九次党代会作出建设学习型城市战略决策。

2002年3月8日，武进市横山桥镇确定为全国创建文明小城镇示范点。

▲4月22日，江苏省政府发文，经国务院批准撤销武进市，设立常州市武进区，辖23个镇；常州市郊区更名为常州市新北区，原郊区的永红、五星、西林、北港和新闸镇划归钟楼区管辖；原郊区的茶山、雕庄、红梅、青龙乡划归天宁区管辖。

▲ 5月7日，常州冶金机械厂研制成功全国首台、世界第5台唐山钢铁公司热轧超薄带高速地下卷取机。

▲ 6月1日，国家治理太湖流域重点工程常州澡港河水利枢纽工程竣工投入运行。

▲ 6月18日，第二届中国曲艺牡丹奖红杉树杯颁奖晚会在常州红星大剧院举行，常州市评弹团团长、国家一级演员周玉峰获表演奖。

▲ 7月8日，金坛市锡剧团编排的锡剧《少年华罗庚》获第十届文华新剧目奖。

▲ 10月8日，常州市钟楼区五星乡新岗崧泽文化遗址开始发掘，11月9日出土5300年前墓葬物品30多件。

▲ 10月19日，常州大学城（即科教城）奠基，总体规模10万名学生，投资25亿元，首期进城学院6所。园区占地面积366.67公顷，建筑面积214万平方米。

2003年3月27日，常州市南大街商业步行街开工建设，2005年1月29日开街。

▲ 10月8日，常州市部分单位实行"朝九晚五"上下班制度，涉及单位为常州市、区党政机关和社会团体、文化艺术、体育、社会福利业、有公共服务管理职能的事业单位及金融保险机构。

▲ 11月23日，中共常州市九届九次全体会议首次以无记名投票表决方式差额产生金坛市市长推荐人选。12月17日，金坛市十四届人大常委会第八次会议以无记名投票方式选举吴晓东任副市长、代市长，成为中国大陆首位公推公选市长。

▲ 12月15日，金坛市被授予中国中华绒螯蟹之乡、中国食用菌之乡称号。

▲ 12月17日，经常州市民广泛讨论，概括提炼形成"勤学习、重诚信、敢拼搏、勇创业"的新时期常州市民精神。

2004年2月15日，钟楼区清潭广成路发现一座500年前明代中期石室木椁木棺墓。

▲ 4月15日，国务院专项检查组全面查处江苏铁本公司违规建设钢铁项目。

▲ 7月28日，常州市家庭暴力报警中心、常州市家庭暴力伤情鉴定中心、常州市家庭暴力庇护中心在江苏省率先成立。

▲ 11月22日，常州市第一个村级集体股份合作制改革试点武进区湖塘镇大墩村股份合作社成立。

▲ 12月21日，常州市被命名为国家环保城市。

▲ 12月27日，常州市老住宅小区综合整治工程被授予中国人居环境范例奖。

▲ 12月31日，连接金坛茅麓镇与该镇塔山村的塔山路竣工通车。至此，常州市提前一年并在江苏省第一个实现辖市与镇通二级以上公路、镇与镇通三级以上公路、镇与行政村通四级以上公路的道路建设目标。

▲ 是年，常州市水稻平均亩产600公斤，居江苏省辖市第一位。

2005 年 4 月 7 日，金坛市举行人民的好教师殷雪梅追悼会。殷雪梅以身挡车救学生而献身，被省委追认为中共党员，省政府批准为革命烈士，并授予江苏省见义勇为英雄称号，江苏省总工会追授五一劳动奖章，江苏省、常州市妇联分别授予"三八红旗手"称号，常州市委、江苏省教育厅、常州市教育工委、金坛市委、金坛市政府作出《向人民的好老师殷雪梅学习的决定》，6 月 8 日人事部、教育部追授她为全国模范教师称号。

▲ 6 月 10 日，京杭运河常州段改线工程全线开工，全长 26.09 公里，总投资 29.97 亿元；2008 年 1 月 17 日竣工通航。

▲ 8 月 19 日，常州方圆制药有限公司承担的硫酸依替米星项目通过科技部、省科技厅专家组验收，成为中华人民共和国成立后唯一由科研人员独立研发、具有自主知识产权的抗生素类国家一类新药。

▲ 9 月 1 日，沪宁高速公路常州段扩建工程竣工，主线 8 车道全幅在江苏省率先通车。

▲ 9 月 3 日，常州市为 18 名抗战老战士颁发中国人民抗战胜利 60 周年纪念章。

▲ 9 月 19 日，武进区横山桥镇启动全国首批小城镇发展改革试点工作。

▲ 10 月 14 日，中共中央总书记胡锦涛到常州视察，并实地考察中国南车集团戚墅堰机车车辆厂、常州高等职业教育园区和瞿秋白纪念馆。

▲ 11 月 20 日，全国第一个专门解决城市低收入家庭住房困难的国家康居示范工程陈渡新苑经济适用房小区，在常州钟楼区紫荆西路开工。

▲ 11 月 22 日，常州市三杰纪念地（瞿秋白故居、张太雷故居、恽代英纪念广场）被列为第三批全国爱国主义教育示范基地。

▲ 12 月，常州市慈善总会成立。

2006 年 3 月 20 日，第六次人口抽样调查统计，2005 年 11 月 1 日零时，常州市常住人口 411 万人。

▲ 4 月 18 日，常州市企业家茹伯兴、汤燕雯、王振华、丁佐宏、刘灿放、黄小平、梅鹤康、董才平、车建新被列入 2006 年中国慈善排行榜，市工商联会长、长兴集团董事长汤燕雯被列入 2006 年中国十大慈善家。

▲ 4 月 28 日，常州市率先实现整体由村民转居民的武进区湖塘镇长安家园社区居民委员会揭牌。

▲ 5 月 25 日，常州市张太雷故居和金坛三星村遗址被列为第六批全国重点文物保护单位。

▲ 7 月 4 日，溧阳天目湖南山竹海景区被评定为 AAAA 级旅游区。

▲ 7月24日，钟楼区荷花池社区被授予全国学习型家庭创建示范社区。

▲ 8月28—31日，常州市第十次党代会召开，通过《加快发展、科学发展、和谐发展，为实现"两个率先"和富民强市目标而奋斗》的报告，全面推进建设创新型城市、全国生态城市、全国文明城市、社会主义新农村和富裕常州等"五大建设"。

▲ 10月21日，首届中国常州孟河医学论坛在常州市举办，中外中医专家、孟河医派再传弟子代表120人参加。

▲ 10月31日，金坛董永传说、常州吟诵、溧阳跳幡神、金坛谈庄秧歌灯、常州天宁寺梵呗唱颂、常州锡剧、金坛剪纸（刻纸）、常州乱针绣、常州竹刻、常州梳篦、金坛封缸酒酿造、金坛抬阁12个项目被列入江苏省首批文化遗产保护名录。

2007年 1月9日，全国首家1000万元规模的常州市劳模关爱基金成立。

▲ 3月9日，常州市3位市人大代表、3位市政协委员首次列席市政府第59次常务会议，开创常州市民代表参政议政的先河。

▲ 4月30日，举行天宁宝塔落成典礼。

▲ 8月18日零时，常州市固定电话号码升至8位。

▲ 9月26日，武进区被命名为中国花木之乡。

▲ 11月27日，英国伦敦当地时间11月26日晚，武进区夺得"国际花园城市"最高级别组竞赛全球第一名，被授予大赛最高奖金奖。

2008年 1月1日，中国大陆第3条、江苏省第一条快速公交线，常州新北公交中心站至中吴大道站的快速公交一号线试运营。4月18日全线贯通，全程24公里。

▲ 1月5日，江苏省县级最大粮食物流中心在金坛市建成，年吞吐量8万吨，总投资2500万元。

▲ 1月25日，常州市第二代身份证集中换发工作结束，全市换发身份证296万张，换发率95%。

▲ 2月13日，常州市被命名为国家园林城市。

▲ 3月15日，常州市政府公布第四批文物保护单位共计四大类68处。

▲ 4月18日，总投资28.8亿元的常州城市防洪工程启动，第一个项目北塘河枢纽工程奠基。

▲ 5月4日，常州市在江苏省率先推出"捐出一张废纸，奉献一片爱心"慈善公益活动。

▲ 5月17日，常州市青枫公园建成开园，总面积45公顷，为全市面积最大免费敞开式城市森林公园。

▲ 5月18日，常州国际创新基地在科教城奠基，总投资50亿元。

▲ 9月10日，常州市第一条高架道路一期工程竣工通车，双向六车道，全长29公里，总投资50亿元。

▲ 9月15日，常州奥林匹克体育中心（以下简称奥体中心）、常州国际会展中心正式运营。

▲ 10月14日，唐荆川爱国兴学奖助金首发式举行，20名品学兼优、家境困寒学生受到资助。

▲ 12月13日，苏南首家村镇银行金坛常农商村镇银行有限责任公司挂牌营业。

▲ 12月16日，溧阳市城乡公交一体化线路全部开通。

2009年 1月1日，常州市全面完成省政府下达对口支援长江三峡工程库区重庆市云阳县移民任务，出资583万元，援建希望小学8所。

▲ 1月10日，国务院总理温家宝到常州视察常州科教城、江苏常发集团和江苏新瑞机械有限公司。

▲ 3月4日，金坛市被命名为中国民间文化艺术之乡。

▲ 3月23日，常州城区关河、北塘河、东支河与红梅公园、东坡公园、中华恐龙园联成的都市景观"三河三园"工程开工，总投资3.8亿元。

▲ 3月23日，常州市电信3G放号，网络覆盖全城区，成为全国首批跨入3G时代城市。

▲ 3月24日，常州市客运中心及综合配套系统工程全面开工，总投资24亿元，翌年6月25日竣工投运。

▲ 4月28日，常州东坡公园免费开放，至此，市区公园全部免费开放。

▲ 5月26日，江苏省首家社区大学常州社区大学举行成立庆典。

▲ 6月11日，市政府与韩国文化产业振兴院在常州签订《中韩游戏产业人才培训合作备忘录》，全国唯一的国家级中韩游戏产业人才培训合作基地落户常州市。

▲ 8月8日，为常州首个"全民健身日"。

▲ 9月15日，常州人瞿秋白、张太雷、恽代英、李公朴、罗忠毅入选"100位为新中国成立作出突出贡献的英雄模范人物"，华罗庚、邓建军入选"100位新中国成立以来感动中国人物"。

▲ 11月3—28日，常州市级机关首次招聘海外高层次人才，28日与5名受聘海外博士签约。

2010年 2月9日，常州市和辖市、区政府机构暨乡镇机构改革动员大会召开，市政府机构改革方案公布，各辖市、区政府机构及乡镇机构改革启动。

▲ 3月28日，常州快速公交一号线、京杭运河常州改线工程获中国土木工程詹

天佑奖。

▲4月18日，环球恐龙城晋升为常州市第一个国家AAAAA级景区。

▲4月20日，常州市被确定为国家创新型试点城市。

▲9月1日，《常州市市区城乡居民社会养老保险实施办法》施行。

▲9月3日，常州市巢松全、居亦琴、杨金孝、黄洪德、孙燕云、萧剑波、陈桂方、倪久晋、缪德根、欧阳洪福、汤金龙被确定为第三批江苏省非物质文化遗产代表性传承人。

▲9月6日，跨金坛、溧阳市的长荡湖网围整治工程通过江苏省海洋与渔业局专家组验收，该工程历时8个月，投入1.92亿元。

▲9月10日，常州渔夫动漫有限公司耗时6年制作出品的第一部3D动画电影《西域传奇》在全国公映，并卖出海外版权。

▲10月11—18日，江苏省第十七届运动会在常州举行。

▲11月10日，华罗庚诞辰100周年纪念大会在金坛市举行，华罗庚之子华俊东、华陵、女儿华密出席。

▲12月5日，武进区被评为2010中国全面小康十大示范县（市、区）。

▲是年，全市村、社区党组织换届选举普遍推行公推直选方式。

（撰稿：臧秀娟）

附录

常州历代地方官员一览表

本表收入常州历代郡守级官员，根据历代官制不同，有太守、刺史、知州、总管、知府等，时间下限至清宣统三年，即公元1911年。本表参考《咸淳毗陵志》《道光武进阳湖县志》《常州市志》《唐刺史考》《宋两浙路郡守年表》等相关资料编成。

晋代

晋陵太守

张闿，建武中
羊曼，元帝中
刘耽，太宁中
周懋，太宁中
顾和，太中中
郗迈，成帝中
王蕴，简文帝中
殷师，简文帝中
江灌，简文帝中
王茂之，简文帝中
卞耽，孝武帝中
滕恬之，孝武帝中
吴隐之，孝武帝中
殷仲堪，孝武帝中
刘牢之，隆安中
刘敬宣，元兴中
诸葛长民，义熙初
殷道初，义熙中
谢景仁，义熙中
谢方明，义熙中

殷叔道，失考

兰陵太守

李闿，成帝中
蒯恩，安帝义熙中

宋

晋陵太守

王智，武帝永初中
袁顗，孝武帝孝建中
荀万秋，孝建中
沈文叔，大明中
袁标，明帝泰始中
王蕴，明帝泰始中
袁凝，明帝泰始中
颜师仲，失考
刘粹之，失考
蔡景元，失考

南兰陵太守

刘彧

南东莞太守

戴明宝

齐

晋陵太守

徐孝嗣，高祖建元中
王逊，建元中
萧懿，武帝永明中

王亮，永明中
顾宪之，明帝建武中
王瞻，建武中

兰陵太守

徐雄
萧谌，武帝永明二年
萧子伦，郁林王隆昌元年

梁
晋陵太守

王暕，武帝天监中
张充，天监中
范岫，天监八年
蔡撙，天监中
孙廉，天监中
萧昱，普通中
萧推，普通六年
谢举，普通中
萧琛，中大通元年
褚翔，中大通中
刘孺，大同六年
杜僧明，承圣初
周文育，承圣中
王劢，承圣中
萧直，承圣中

兰陵太守

王份，天监中
王泰，天监中
王僧儒，天监中

褚球，普通四年
孔休源，普通中
张缵，大通二年
谢微，大通六年
张绾，大通中
褚球，中大同中
周文育，承圣中
徐度，承圣中
侯安都，承圣中
程灵洗，承圣中

陈
晋陵太守

孔奂，武帝永定二年
王质，永定三年
谢哲，永定中
杜陵，文帝天嘉元年
阴铿，天嘉中
骆牙，天嘉中
王劢，天嘉中
殷不害，宣帝太建中
王克，太建八年
王猛，太建中
陈君范，太建中
蔡凝，太建中

兰陵太守

萧济

隋
毗陵郡太守

杨初，炀帝大业中

唐代
常州刺史

李子智，高祖武德中
高翰，武德中
李玄道，贞观二年至三年
窦德明，贞观三年
李袭誉，贞观中
权文诞，贞观中
卢幼孙，贞观末
萧说，永徽二年
长孙祥，显庆三年至四年
平原公，麟德元年
李孝逸，咸亨二年
长孙浚，唐高宗时
杜行敏，唐高宗时
杨崇敬，约唐高宗时
李明，唐高宗末
杨德裔，约唐高宗末期
张铉，武后时期
于知微，长安二年
薛登，长安四年
杨执一，神龙中
姚崇，景龙二年
张讷之，景龙末
平贞？景云中

封全祯，开元初年
崔日用，开元五年
王昱，开元十二年
李少康，约开元二十年
齐澣，开元二十四年
罗思崇，约开元中
桓玄范，约开元中
韦晋，约开元中
褚琇，开元中
宋颙，约开元中
卢奂，天宝元年
刘同升，天宝三年至五年
林洋，天宝六年至七年
杜庭诫，天宝七年
董琬，天宝中
韦昭理，约天宝中
荥阳公，天宝中
崔巽，至德中
崔涣，约乾元元年
李某，乾元元年
陈希昂，上元元年
李可封，上元元年
韦损，永泰元年
李栖筠，永泰元年至大历三年
殷某，大历中
独孤及，大历八年至大历十二年
萧复，大历十二年至大历十四年
皇甫愉，建中时
孙会，约贞元初年
张严，贞元三年
刘赞，贞元三年
李衡，贞元六年至七年

李巽，贞元七年至八年
韦夏卿，贞元八年至十一年
裴肃，贞元十二年至十四年
李锜，贞元十四年至十五年
贾全，贞元十七年
卢珽，贞元十八年？
田敦，约贞元十九年
穆赞，约贞元二十年至二十一年
路应，永贞元年
颜防，元和二年
李逊，元和五年
崔芃，元和六年
孟简，元和七年至八年
裴汶，元和八年
辛秘，元和九年至十一年
薛戎，元和十一年至十二年
卢元辅，元和十二年？至元和十三年？
房挺，约元和末
孟简，长庆二年至三年
陈某，长庆三年
贾㻛，长庆四年至大和元年
韦缜，大和二年
韩泰，大和四年至六年
杨虞卿，大和七年至八年
卢钧，大和八年至九年
敬昕，大和末至开成初
湛贲，开成中？
崔璘，约会昌中
马植，大中三年
姚勖，大中四年？
李从晦，大中十一年
杨假，大中、咸通中？

张择（铎），咸通三年

令狐涣？咸通七年

李昭，咸通十一年

李蔚，咸通、乾符中？

李瞻，乾符中

王枧（祝），乾符中

孙徽，广明元年

朱实，中和四年

刘革，光启元年至二年

张郁，光启二年正月至五月

丁从实，光启二年至三年九月

杜棱，光启三年十二月至龙纪元年十月

刘建锋，龙纪元年十二月至大顺元年二月

李友（宥），大顺元年二月至八月

张行周，大顺元年九月至闰九月

刘建锋，大顺元年闰九月至十二月

陈可言，大顺二年十二月至景福元年三月

张训，景福中

陶雅，景福中

屠瓌智，乾宁四年

刘捍，天复三年

李遇，天复三年

陆泊，天祐二年

张崇，天祐三年至四年

贾翃，天祐四年

吴

常州刺史

唐彦随

张训

张崇，天祐三年

王彦章，天祐中
李简
徐温
张伯惊
徐景迈，天祚二年

南唐

常州刺史

睦昭符，保大中
姚凤，保大中
赵仁泽，保大中
冯谧，保大中
何重贵，保大中
禹万诚

宋代

常州知州

丁德裕，开宝八年五月
固惟举，开宝八年至九年
杜载，开宝九年至太平兴国二年
郑仲，太平兴国二年至三年
石皓之，太平兴国三年四年
柳开，太平兴国四年至五年冬
藏晔，太平兴国六年至八年
山靖，太平兴国八年至雍熙三年
石熙政，雍熙三年至端拱元年
赵籍，端拱元年至淳化二年
郑元规，淳化二年至淳化五年
乐颖，淳化五年至至道二年
赵化基，至道二年至咸平二年

张献可，咸平二年至咸平六年
石该，咸平六年至景德三年
周绛，景德三年至大中祥符二年
张子发，大中祥符二年至五年
吕希之，大中祥符五年至七年
陈渐，大中祥符七年至九年
郭允恭，大中祥符九年至天禧元年
张方回，天禧元年至二年
冯敢，天禧二年至三年
杨侃，天禧三年至四年
窦锡，天禧四年至五年
崔育，天禧五年至天圣元年
吴遵路，天圣元年至二年
王仲庸，天圣二年至四年
刘赛，天圣四年至六年
张太冲，天圣六年
夏侯度，天圣六年至七年
李余庆，天圣七年
胡士举，天圣七年
李昭述，天圣七年至十年
郭维，天圣十年至景祐二年
王浞，景祐二年至四年
陈商，景祐四年至宝庆元年
王盘，宝庆元年至二年
胡端甫，宝庆二年至庆历元年
李载，庆历元年至三年
李余庆，庆历三年至五年
孙仲谋，庆历五年至六年
张和之，庆历六年至七年
邱崇道，庆历七年至皇祐元年
郭大同，皇祐元年至二年
吕公孺，皇祐二年至四年

邵必，皇祐四年至五年

胡楷，皇祐五年至六年

彭思永，至和元年至二年

吕宪，至和二年

沈之柔，至和二年至三年

范师道，嘉祐元年九月至二年四月

王安石，嘉祐二年四月至三年二月

沈康，嘉祐三年二月至四年五月

陈求古，嘉祐四年五月至五年

路远，嘉祐五年

刘述，嘉祐五年至六年

陈襄，嘉祐六年至治平元年

郑伸，治平元年至四年

王说，治平四年至神宗熙宁二年三月

楚泰，熙宁二年三月至四年

王汾，熙宁四年至六年

余从周，熙宁六年至七年

吕嘉问，熙宁七年至八年

徐九思，熙宁八年至九年

范子谅，熙宁九年至元丰二年

石元令，元丰二年至五年

董组，元丰五年至七年

张安尚，元丰七年至元祐元年

李孝鼎，元祐元年至五年

钱景堪，元祐五年至七年

石景衡，元祐七年至八年

周济，元祐八年至九年

曾永昌，元祐九年至绍圣二年

廖正一，绍圣二年至三年

何琬，绍圣三年

吕公雅，绍圣三年至四年八月

刘当时，绍圣四年

真子襟，绍圣四年至元符二年
张彻，元符二年至建中靖国二年
陈绶，崇宁元年
丰稷，崇宁元年
朱彦，崇宁元年闰六月至二年
曹傅，崇宁二年
邵篪，崇宁二年至三年五月
李孝节，崇宁三年十月至四年十月
燕若豪，崇宁五年正月至大观二年十月
徐申，大观二年十月至政和元年十二月
张绶，政和元年十二月至三年三月
晁端诚，政和三年四月至八月
叶唐稽，政和五年六月至七年八月
安泳，政和七年八月至宣和元年十月
何处厚，宣和元年十月至三年五月
魏宪，未赴
刘光，宣和三年五月至六年四月
蔡仚，宣和六年四月至七年五月
方阊，宣和七年六月至八月
何兖，宣和七年十月至建炎元年十一月
周杞，建炎元年十一月至四年五月
张锐，建炎四年五月至七月
徐天民，建炎四年七月至绍兴二年五月
俞俟，绍兴二年五月至四年五月
詹至，绍兴四年五月至五年闰三月
郑作肃，绍兴五年闰三月至七年三月
谢澈，绍兴七年三月至五月
虞沄，绍兴七年五月至八年十月
韩肖胄，绍兴八年十月至十一月
耿自求，绍兴八年十二月
王缙，绍兴九年正月至十一年正月
秦梓，绍兴十一年二月至四月

陈正同，绍兴十一年六月至十三年七月
徐康，绍兴十三年七月至十五年六月
叶三省，绍兴十五年七月至九月
汤鹏举，绍兴十五年十月至十六年六月
强行父，绍兴十六年七月至十七年十二月
黄积厚，绍兴十八年正月至七月
庄必强，绍兴十八年八月至十九年四月
吴序宾，绍兴十九年五月至十一月
钱周材，绍兴十九年十二月至二十三年闰十二月
李琛，绍兴二十三年闰十二月至二十四年四月
孟处义，绍兴二十四年五月
黄敏行，绍兴二十四年六月至十一月
钱秉之，绍兴二十五年正月至三月
李沇，绍兴二十五年五月至六月
杜师旦，绍兴二十五年七月至十月
沈调，绍兴二十五年十一月至二十六年正月
荣薿，绍兴二十六年三月至九月
吴秉信，绍兴二十六年九月
周石，绍兴二十六年十一月至二十七年正月
梁仲敏，绍兴二十七年三月至二十八年二月
莫伯虚，绍兴二十八年四月至三十年二月
陈鼎，绍兴三十年三月至五月
叶颙，绍兴三十年七月至三十二年四月
郭契敷，绍兴三十二年五月至隆兴二年正月
刘唐稽，隆兴二年二月至乾道元年二月
叶衡，乾道元年二月至二年十月
郏升卿，乾道二年十月至三年正月
李瑾，乾道三年正月初四日至十八日
钱建，乾道三年二月至四年五月
李安国，乾道四年八月至六年八月
晁子健，乾道六年八月至八年八月
莫漳，乾道八年九月至九年正月

沈祖德，乾道九年正月至八月
叶模，乾道九年九月至十一月
曹总，乾道九年十一月至淳熙元年十月
陈善举，淳熙元年十一月至二年三月
陈庸，淳熙二年五月至四年五月
杨万里，淳熙四年五月至六年正月
李结，淳熙六年二月至七年五月
章冲，淳熙七年七月至九年七月
张孝贲，淳熙九年七月至十一年七月
陈文中，未赴任
丰谊，淳熙十一年八月至十一月
林祖洽，淳熙十三年二月至十五年二月
吴琚，淳熙十五年四月至十月
张商卿，淳熙十五年十二月至十六年十二月
李嘉言，绍熙元年二月至十一月
曾三复，绍熙二年正月至十一月
陈谦，绍熙二年十一月至四年七月
黄灏，绍熙四年十月至五年十月
张贵谟，绍熙五年闰十月至庆元二年正月
赵善宣，庆元二年正月至三年八月
赵公豫，庆元三年八月至四年七月
王闻礼，庆元四年十月至六年九月
李珏，庆元六年十二月至嘉泰二年十月
赵善防，嘉泰二年十二月至四年九月
叶筌，嘉泰四年十月至开禧元年五月
汤璹，开禧元年五月至三年十月
刘董，开禧三年十月至嘉定元年十一月
李直养，嘉定元年十一月十七日至二十二日
王遇，嘉定元年十二月至三年六月
张烨，嘉定三年七月至五年七月
赵善湘，嘉定五年九月至六年十一月
吕祖平，嘉定六年十一月至八年十月

赵伯麟，嘉定八年十二月至十年四月

胡卫，嘉定十年四月至十二年闰三月

赵崇模，嘉定十二年闰三月至十四年四月

赵汝遫，嘉定十四年四月至十六年四月

史弥忞，嘉定十六年四月至宝庆元年四月

赵彦悈，宝庆元年四月至三年闰五月

史宣之，宝庆三年闰五月至绍定二年五月

郑必万，绍定二年五月至三年十一月

赵必愿，绍定三年十一月至十二月

江湛，绍定四年正月八日至十五日

王定，绍定四年二月至五年九月

程有俊，绍定五年闰九月至绍定六年

赵汝皓，绍定六年

刘昼，绍定六年至端平元年十月

陈艾，端平元年十月至端平三年

刘泳，端平三年

何处言，端平三年十月至嘉熙元年十一月

董槐，嘉熙元年十一月

谢遫，嘉熙元年十一月至二年正月

倪祖常，嘉熙二年正月至闰四月

卫樵，嘉熙三年六月至九月

陈采，嘉熙三年十月至四年九月

宋慈，嘉熙四年十一月至淳祐二年四月

陈昉，淳祐二年六月至三年正月

章琰，淳祐三年四月至四年九月

陈大猷，淳祐四年十月至五年九月

王镕，淳祐五年九月至六年六月

王克谦，淳祐六年八月至七年四月

李迪，淳祐七年七月至八年八月

王圭，淳祐八年七月至十二年七月

田文虎，淳祐十二年七月至宝祐二年十二月

陈均，宝祐三年二月至四年十二月

赵时潨，宝祐四年正月至五年十月
马扬祖，宝祐五年十二月至六年七月
汪洵之，宝祐六年八月至开庆元年三月
卫宗武，开庆元年三月至闰十一月
陈桃，开庆元年闰十一月至景定元年四月
孙子秀，景定元年六月至九月
黄大任，景定元年十一月至十二月
汪立信，景定二年二月至八月
包恢，景定二年八月至十月
赵亮夫，景定二年十月至三年闰九月
钱庚孙，景定三年十一月至四年正月
洪穟，景定四年四月至五年十月
孙吴会，景定五年十月至十二月
家铉翁，景定五年十二月至咸淳二年十月
史能之，咸淳二年十二月至咸淳八年
赵与鉴，咸淳八年至德祐元年三月
王宗洙，德祐元年三月
姚訔，德祐元年三月至十一月

元代

达鲁花赤

马恕，至元十三年十二月
王侃，至元十四年正月至十五年九月
火赤合赤怀，至元十五年九月至十一月
和尚，至元十五年十一月至十六年九月
牛麟，至元十六年九月至二十一年三月
塔剌海，至元二十一年三月至二十二年十月
秃奇，至元二十二年十月至二十四年十月
忙兀夕，至元二十四年十月至二十六年十月
阔里伯，至元二十六年十月至二十八年九月
孛兰溪，至元二十八年九月至三十年九月

李罗不花，至元三十年九月至大德元年十月

脱回，大德元年十月至四年正月

阿合八失，大德四年正月至五年八月

札马剌丁，大德五年八月至八年四月

要束术，大德八年四月至十一年六月

岳烈，大德十一年六月至皇庆元年十月

忽都鲁，皇庆元年十月至延祐二年八月

奥里牙，延祐二年八月至五年七月

速剌哈，延祐五年七月至至治元年七月

桑奇，至治元年七月至至大二年十月

答儿马吉的，至大二年十月至泰定元年八月

帖木迭儿，泰定元年八月

伯颜帖木儿，至正十年

忽儿忒哈，至正十四年

马恕，至正中

兀颜，至正中

常州路总管

戴森，至元十三年至十五年十一月

王矩之，至元十五年十一月至十八年六月

韩海山，至元十八年六月至二十二年十月

畏吾儿撒里，至元二十二年十月至二十六年九月

廉简，至元二十六年九月到至二十八年九月

田忙速儿，至元二十八年九月至三十年十二月

吕师圣，至元三十一年十二月至大德元年闰十二月

刘炜，大德元年闰十二月至五年四月

刘绍庆，大德五年四月至七年十月

柳泽，大德七年十月至八年五月

赵克复，大德八年五月至至大四年二月

刘阙，至大四年二月至十二月

李衎，至大四年十二月至皇庆二年五月

李诠，皇庆二年五月至延祐元年三月

史塈，延祐元年三月至四年三月

太平，延祐四年三月至七年正月

曹晋，延祐七年正月到任至治三年三月

周惟良，至治三年三月至泰定三年八月

移剌迪，泰定三年八月至至顺三年正月

亦祖丁，至顺三年正月至元统二年八月

和尚，元统二年八月至至元二年四月

木八剌沙，至元二年四月二十二日至至元三年十二月

朵儿只，至元三年十二月十五日

贾禧，至正九年

赵也速台，至正十年

金太不花

杨不花

薛世昌

兀颜思忠

野峻台

华友直，元末

明代
常州知府

高复，至正十七年

孙用，洪武三年

张度，洪武九年

董子琦，洪武十二年

商准，洪武十三年

王伯启，洪武中

李德善，洪武十五年

安盛，洪武中

王士良，洪武中

黄宏，建文中

万子雅，永乐中

陈贵芳，永乐中
熊观，洪熙元年
余文，宣德元年
莫愚，宣德五年
叶蓁，正统九年
周源，景泰三年
蒋忠，天顺元年
王恺，天顺二年
卓天锡，天顺六年
龙晋，成化六年
刘钰，成化十一年四月至十四年六月
孙仁，成化十四年十一月
华仲贤，成化二十三年
曾望宏，弘治八年至十一年
连盛，弘治十二年至十五年
杨二和，弘治十八年
史俊，正德四年
马骙，正德六年三月至六月
李嵩，正德六年十一月
王教，正德十年
陈实，嘉靖二年至四年
申纶，嘉靖四年
赵兑，嘉靖九年
应槚，嘉靖十三年
陈大用，嘉靖十六年
张志选，嘉靖二十年
符验，嘉靖二十四年
郭廷冕，嘉靖二十五年
佘勉学，嘉靖二十九年
陈宗夔，嘉靖三十年
金豪，嘉靖三十二年
邵惟中，嘉靖三十七年

朱衫，嘉靖四十年
汤宾，嘉靖四十三年
李幼滋，嘉靖四十五年
许岳，隆庆二年
郭文辅，隆庆三年
施观民，隆庆五年
陈应荐，万历三年
穆炜，万历五年
王三锡，万历十年
谭桂，万历十三年
马化龙，万历十七年
钱守成，万历十八年
田一麟，万历二十二年
边有猷，万历二十三年
周一梧，万历二十七年
欧阳东凤，万历三十年
王述古，万历三十二年
黄得贵，万历三十五年
杜承式，万历三十六年
陈幼学，万历四十一年
刘广生，万历四十三年
何应瑞，泰昌元年
曾樱，天启二年
石万程，崇祯元年
洪周禄，崇祯四年
王观光，崇祯六年
陈琯，崇祯八年
吴兆埕，崇祯十四年
张志宏，崇祯十五年
傅天锡，崇祯十六年
闵自寅，崇祯十七年
郭佳胤，崇祯十七年

清代

常州知府

宗灏，顺治二年六月
萧起元，顺治二年冬
夏一鹗，顺治三年至四年
佟达，顺治四年至七年
祖重光，顺治七年至八年
宋之普，顺治九年任至十二年
崔宗泰，顺治十二年至十三年
赵琪，顺治十四年至十八年
陈翼鹗，顺治十八年至康熙二年
王吉人，康熙三年至八年
骆锺麟，康熙八年至十年
纪尧典，康熙十年至十二年
单务嘉，康熙十三年至十七年
吕应奎，康熙十七年
何中举，康熙十八年
孟宗舜，康熙十九年至二十一年
卢宗义，康熙二十一年至二十二年
祖进朝，康熙二十三年至二十六年
周元宰，康熙二十七年至二十八年
于琨，康熙二十九年至三十八年
秦邦英，康熙三十九年至四十三年
章文镳，康熙四十四年至五十年
李廷徵，康熙五十一年至五十四年
王嗣衍，康熙五十五年至五十六年
刘元标，康熙五十七年至五十八年
胡增耀，康熙五十九年
张汝愫，康熙六十年至雍正元年
叶前，雍正二年至三年

包括，雍正四年至八年
魏化麟，雍正九年
李震，雍正十年至十二年
徐宗奭，雍正十三年至乾隆四年
魏化麟，乾隆五年
王欽福，乾隆六年
赵世朗，乾隆七年
董怡曾，乾隆八年至十年
黄永年，乾隆十一年至十二年
苏凌阿，乾隆十三年
杨偊，乾隆十四年
胡文伯，乾隆十五年至十八年
宋楚望，乾隆十九年
胡文伯，乾隆十九年十二月至二十年
增福，乾隆二十一年至二十二年
觉罗永会，乾隆二十三年至二十六年
谢煌，乾隆二十七年至二十八年
潘恂，乾隆二十九年至三十二年
杨魁，乾隆三十三年
梁敦书，乾隆三十四年
栋文，乾隆三十五年
费淳，乾隆三十六年
福安，乾隆三十八年
五德，乾隆三十八年至三十九年
杨灿，乾隆四十年至四十二年
王泽定，乾隆四十三年至四十四年
成汝舟，乾隆四十五年至四十七年
金云槐，乾隆四十七年六月至五十一年十月
福德，乾隆五十一年十月至十一月
嵩庆，乾隆五十一年十二月至五十三年三月
觉罗长庚，乾隆五十三年三月至八月
李廷敬，乾隆五十三年八月至五十五年五月

梁群英，乾隆五十五年五月至八月

李尧栋，乾隆五十五年八月至五十六年三月

金城，乾隆五十六年三月至九月

巴哈布，乾隆五十六年九月至五十九年十二月

胡观澜，乾隆五十九年十二月至六十年闰二月

葛建楚，乾隆六十年二月至六月

胡观澜，乾隆六十年六月至嘉庆二年七月

鳌图，嘉庆二年七月至十一月

胡观澜，嘉庆二年十一月至四年三月

吕燕昭，嘉庆四年三月

安福，嘉庆四年至嘉庆六年六月

瑭琰，嘉庆六年六月至十一年九月

张桂林，嘉庆十一年九月至十二年三月

蒋荣昌，嘉庆十二年三月至十四年三月

黄定文，嘉庆十四年三月至十四年十月

蒋荣昌，嘉庆十四年十月至十七年八月

傅山，嘉庆十七年八月至嘉庆十七年十一月

朱澄，嘉庆十七年十一月至十八年十二月

卞斌，嘉庆十八年十二月至二十二年四月

唐先甲，嘉庆二十二年四月至十月

卞斌，嘉庆二十二年十月至二十四年正月

王荣，嘉庆二十四年正月至闰四月

卞斌，嘉庆二十四年闰四月至二十五年五月

赵日煦，嘉庆二十五年五月至十一月

卞斌，嘉庆二十五年十一月至道光元年九月

仓斯升，道光元年九月至二年闰三月

李德立，道光二年闰三月至四月

仓斯升，道光二年四月至七月

李景峰，道光二年七月至九月

程钟龄，道光二年九月至八年九月

王青莲，道光八年九月至十二月

郑其忠，道光八年十二月至九年六月

陈肇，道光九年六月至十年八月
赵光禄，道光十年八月至十月
恒泰，道光十年十二月至十二年正月
王瑞徵，道光十二年正月至三月
黄在厚，道光十二年三月至五月
罗士菁，道光十二年五月至闰九月
汪河，道光十二年闰九月至十五年七月
恩龄，道光十五年七月至十二月
李璋煜，道光十五年十二月至十六年三月
杨承湛，道光十六年三月至八月
毓衡，道光十六年八月至十八年十月
黄冕，道光十八年十月至十九年六月
毓衡，道光十九年六月至十月
黄冕，道光十九年十月至二十年六月
钟承露，道光二十年六月至九月
崇源，道光二十年九月至二十一年正月
查文经，道光二十一年正月至七月
徐家槐，道光二十一年七月至十二月
查文经，道光二十二年正月至十月
杨承湛，道光二十二年十月至十二月
邱见猷，道光二十三年正月至十一月
李正鼎，道光二十三年十一月至十二月
周涛，道光二十四年正月至十月
桂文耀，道光二十四年十月至二十九年二月
洪玉珩，道光二十九年二月至七月
严正基，道光二十九年七月至三十年六月
陈延恩，道光三十年六月至三十年九月
张铨，道光三十年九月至咸丰三年八月
乔松年，咸丰三年八月至四年五月
金咸，咸丰四年五月至闰七月
色克通阿，咸丰四年闰七月至六年八月
平翰，咸丰六年八月至九年十二月

岳昌，咸丰十年正月

周沐润，咸丰十年以常熟知县兼署

薛书堂，同治元年

李仲良，同治二年十一月至三年十月

王学懋，同治三年十月至四年三月

高梯，同治四年三月代理

扎克丹，同治四年四月至同治十年七月

钱卿鈢，同治十年七月至十二月

吴鼎元，同治十年十二月至十三年二月

厉学潮，同治十三年二月至六月

谭钧培，同治十三年六月至光绪三年正月

杨岘，光绪三年七月至四年二月代理

毕保厘，光绪四年二月至五年闰三月

英敏，光绪五年闰三月至六年七月

钱卿鈢，光绪六年七月至七年八月

英敏，光绪七年八月至九年五月

吴道中，光绪九年五月至十年十一月

桐泽，光绪十年十一月

詹鸿谟，光绪二十年七月至二十一年闰五月

谭泰来，光绪二十一年闰五月至二十三年四月

有泰，光绪二十三年四月至二十五年元月

王毓苹，光绪二十五年元月至四月

德元， 光绪二十五年四月至三十年九月

许星璧，光绪三十年九月至三十二年十一月

陆勉斋，光绪三十二年十一月至三十三年九月

王步瀛，光绪三十三年九月至三十四年八月

长明，光绪三十四年八月至宣统三年十一月

中共常州市委书记

姓名	籍贯	职务	任职时间	备注
辛少波	山东莱阳	书记	1949年4月—1951年8月（兼）	中共常州市委员会
崔涛		书记	1951年8月—1953年3月	
王余积		书记	1953年2月—1956年5月	
王余积		书记	1956年6月—1958年11月	中共常州市第一届委员会
杜文白		书记	1958年11月—1959年2月	
杜文白		书记	1959年3月—1961年12月	中共常州市第二届委员会
韩本初	江苏沙洲	书记	1961年12月—1963年2月	
杜文白		书记	1963年2月—1964年6月	
韩本初	江苏沙洲	书记	1964年6月—1965年7月	中共常州市第三届委员会
章德	江苏海门	书记	1965年7月—1969年9月	
张孝先	山东荣成	组长	1969年9月—1969年10月	中共常州市革命委员会核心
沈谦	江苏沙洲	组长	1969年10月—1970年11月	
纪国会	山东文登	书记	1971年6月—1975年2月	
何冰皓	山东栖霞	书记	1975年9月—1980年1月	中共常州市第四届委员会
徐智	浙江	书记	1980年1月—1980年9月	
徐智	浙江	书记	1980年9月—1981年10月	中共常州市第五届委员会
沈达人	江苏吴县	书记	1981年10月—1983年3月	
程维高	江苏苏州	书记	1983年3月—1984年2月	
陈玉英 ★	江苏常州	书记	1984年2月—1985年11月	
陈玉英 ★	江苏常州	书记	1985年12月—1990年12月	中共常州市第六届委员会
陈玉英 ★	江苏常州	书记	1990年12月—1994年12月	中共常州市第七届委员会
虞振新	江苏苏州	书记	1994年3月—1995年9月	
虞振新	江苏苏州	书记	1995年9月—2001年8月	中共常州市第八届委员会
李全林	江苏苏州	书记	2001年8月—2001年9月	
李全林	江苏苏州	书记	2001年9月—2003年2月	中共常州市第九届委员会
范燕青	江苏无锡	书记	2003年2月—2006年8月	
范燕青	江苏无锡	书记	2006年8月—2012年2月	中共常州市第十届委员会

注：1. 女性加注"★"。2. 1967年3月常州市军管会成立，常州市委停止活动。

常州市市长

姓名	籍贯	职务	任职时间	备注
诸葛慎	江苏金坛	代市长	1949年4月—1952年6月	苏南行政区常州市政府
吴明	江苏吴县	代市长	1952年6月—1952年12月	
			1953年1月—1954年3月	江苏省常州市政府
于春开	江苏宿迁	代市长	1954年3月—1955年3月	常州市第一、二、三、四、五届人民委员会
		市长	1955年3月—1966年1月	
申云章	江苏泰县	市长	1966年1月—1967年3月	常州市第六届人民委员会
马健		主任	1967年3月—1968年3月	中国人民解放军常州市军事管制委员会
张孝先	山东荣成	主任	1968年3月—1969年12月	常州市革命委员会
沈谦	江苏沙洲	第一副主任	1969年12月—1970年11月	
纪国会	山东文登	主任	1970年11月—1975年2月	
何冰皓	山东栖霞	主任	1975年9月—1980年1月	
沈达人	江苏吴县	市长	1980年10月—1982年8月	常州市第八届人民政府
周吉	安徽天长	代市长	1982年8月—1983年3月	
		市长	1983年3月—1983年12月	
陈鸿昌	江苏宜兴	市长	1983年12月—1988年1月	常州市第九届人民政府
曹锦成	江苏常州	市长	1988年1月—1990年5月	常州市第十届人民政府
杨晓堂	山东武城	代理市长	1990年5月—1991年3月	
		市长	1991年3月—1992年4月	

续 表

姓 名	籍 贯	职 务	任 职 时 间	备 注
孟金元	江苏常熟	代理市长	1992年4月—1993年3月	常州市第十届人民政府
		市长	1993年3月—1998年1月	常州市第十一届人民政府
			1998年1月—2000年12月	常州市第十二届人民政府
李全林	江苏苏州	代理市长	2000年12月—2001年2月	
		市长	2001年2月—2001年8月	
范燕青	江苏无锡	代理市长	2001年8月—2003年1月	
		市长	2003年1月—2003年3月	
徐建明	江苏太仓	代理市长	2003年3月—2004年2月	常州市第十三届人民政府
		市长	2004年2月—2005年3月	
王伟成	江苏江阴	代理市长	2005年3月—2006年1月	
		市长	2006年1月—2008年1月	
			2008年1月—2011年7月	常州市第十四届人民政府

进士名录

本进士名录收入常州市区（含武进县）历代进士，根据《毗陵科第考》《毗陵科第考补遗》编成。

唐朝

永徽间
高智周
开元二十二年
萧颖士
天宝间
萧立
贞元间
萧俛
元和十五年
施肩吾
太和间
萧邺、萧傲
咸通间
萧觏

宋朝

乾德五年 丁卯
宋维、宋绛
太平兴国元年 庚辰
张观

咸平二年 己亥

李堪

咸平三年 庚子

李起、丁咸序、盛贲、王盘

景德二年 乙巳

张处仁、钱冶、胡晏、张收

大中祥符元年 戊申

王简、强弼

大中祥符五年 壬子

张铸

大中祥符八年 乙卯

李仲偃、王枢、张昷之

天禧三年 己未

徐天锡、钱尚

天圣二年 甲子

陆咸、胡宿、孙夷甫、华参、曹平

天圣五年 丁卯

张大易、陈万、冯璪

天圣八年 庚午

林瞻、季缄、陈烈

景祐元年 甲戌

马元康、丁宝臣、丁宗臣、许上善、程昌言、王景芬、孙中孚、萧傅、孙及甫、胡意

宝元元年 戊寅

潘好礼、陈元、孙献臣、徐良佐、裴若讷

庆历二年 壬午

胡宗尧、孙奕、胡缜、李钧、陈傅、朱诰、张次立

庆历六年 丙戌

张瑗、孙昌龄、胡朝宗、张天经、陆起、胡宗阳、张著、施肃、严君贶、王翔、虞大微、王翔

皇祐元年 己丑

钱公辅（一甲第三）、潘隆礼、施辩、裴若水、潘与稽、王夷直、余康侯、钱公瑾、

李宗孟

皇祐三年 癸巳

宣䛒、奚若冲、邵叔庠、张天占、陈大顺、朱伯玉、强相如、陈齐、曹振、姚祜

嘉祐二年 丁酉

胡宪臣、孙云、苏舜举、严勋、丁陟、张思、胡信臣、胡象德、姚仲容、张巨

嘉祐四年 己亥

胡宗愈（一甲第二）、李钺

嘉祐六年 辛丑

丁滏、孙授、胡宗哲、胡宗师、李珏、孙开、孙庭筠

嘉祐八年 癸卯

王泽民、邵光、李镇、沈兑

治平二年 乙巳

冯震、李宗古、沈充、陈毅、陈需、胡宗炎、胡宗回、马隆、孙庭臣

治平四年 丁未

张垔、李公弼、黄辙、郑佋、卢约、黄远、叶安节、张景修、胡宗源、沈师中、沈元、黄康民、张璘、胡诉

熙宁三年 庚戌

萧㗒、史邈、邓棐、庄谊、朱旦、方次夔、章甫、吕俱、刘盱、范子渊、林辟非、张修、应昭式、吕公美、应亚、陈楚材、郑安平、胡知默、许彦、张敷、王昕、周昌谔、陈之邵、张世望、吴彦、张与、方蓁、李庄、沈通、张昱

熙宁六年 癸丑

余中（一甲第一）、张常、华棣、练亨甫、陶兑、邵如、蔡渊、施天宜、祖洽、游勋、吕适、许通、李端夫、黄颉、蔡蹈、霍汉英、方谷、邵权、吴翮、周镇、纪孙永、俞说、祖理、朱师古、吴亶、丁綖、陆元光、虞防、顾林宗、邵枢

熙宁九年 丙辰

沈冲、惠勇、虞黄、周明之、李彦武、陈廓、邵涛、吴侔、陈至、黄因、华申甫、胡觐臣、强俶、沈复

元丰二年 己未

王焕之、钱义、秦元亨、陈嘉言、胡端修、庄徽、张彦辅、周谌、邵叶、李特、刘锐、李诗、凌伯雄、薛开宗、吕衮、王鸿之、沈光远、沈偕

元丰五年 壬戌

邹浩、余干、叶宁节、暨陶、黄深、陆元成、纪霖、孙昌期、丁元宾、秦宗臣、

胡伯适、张国辅、强佐

元丰八年 乙丑
周本、马衷、皇甫汉杰、虞芮、张大年、苗兼、姚祐、周天倪、张觳

元祐三年 戊辰
杜之邵、张大忠、严惇、沈济、唐公绰、傅绅

元祐六年 辛未
邵榑、胡从易、俞衮、朱衮、郑㤨、胡充、蒋琳、王安民、邹起、薛开明

绍圣元年 甲戌
洪拟、范桓、张璿、路乔年、杨植、黄中美、蒋安上

绍圣四年 丁丑
孙穆、魏宪、汤峤、胡聿、霍旗、施天佐、唐昌期、李籍、李彦发、钱显道、钱捷、李熙嘏、周滂、严喻、余思、焦大雅

元符三年 庚辰
江滋、沈积中、华仲平、胡文修、王瞻、李端淑、唐顾言、苏昌时、张濛、孙志康、陈輹、周洞、詹折、余衮、虞蕃、唐彦光、华镇

崇宁二年 癸未
霍端友（一甲第一）、李端彦、苗安世、胡交修、沈晔、李熙靖、潘兑、钱远猷、曾彦、胡赓、张守、邵林、李充、成已、邵哲、吴迁、张彦直

崇宁五年 丙戌
丁彬、李好古、吴懋、胡世将、高志行、吴愈、张汝舟、霍筠、陈时举、申甫、胡唐老、唐元衡、沈时中、凌翱、施坰、孙近、袁植

大观三年 己丑
吴秀实、张宰、钱粗、张宇、卢察、张寀、陈偁、孙觊、沈禹卿、范越、孙棋、孙杞、强公桓、邵邦达、宋康侯、王玘、李端方、郭去病、王彦偁、道大亨、徐渐、谢廙

政和二年 壬辰
丁宗旦、范振、丁騆、庄安常、杨栝、孙畋、凌伯玉、许端夫、孙时、吴儆、李僧瀹、许知微、常因、吴福时、潘佸、王杨、张文、严憕、孙畸、蒋用行

政和五年 乙未
张汝能、汤穆、张炎、张寿、李僧石、李元裕、杨陞、钱濬明、胡思臣、戴圭、钱缙

政和八年 己亥

何大圭、强公谌、唐楫、薛璹、贝宝、顾克明、胡近、陈煜、林克明、孙谦亨、蒋全、陈端虚、张参、蒋仲龙

宣和三年 辛丑

强端臣、邵居之、张国秀、周弼、朱友闻、周林、张莘、陈涣、胡珵

宣和四年幸学，赐上舍出身一人

丁祉

宣和六年 甲辰

吴若、陈郁、陈晔、陆安民、胡浚明、张汝楫、华权、周楸、毛逢、张希亮、张犟、胡庸、张旦、汤尧咨、陆俊民

建炎二年 戊申

强公述、苗元裔、皇甫义山、邵才、孙卫、钱寿朋、邵咨、蒋夔、孙汝翼、蒋汝功

绍兴二年 壬子

陈祖言、许叔微、楼材、陈棠、许虞卿、丁汝能、卢习、杨炬、周孝能、邵点、元益

绍兴五年 乙卯

裴述、姚虞卿、席畸、薛允功、黄灏

绍兴八年 戊午

周与、唐友闻、蒋烈、周宗望、丁娄明

绍兴十二年 壬戌

庄璹、沈以庄、王裘、张抑、余伙、孙迢、沈义闻、唐希勔、程几

绍兴十五年 乙丑

许必胜（一甲第三）、沈端弼、严阜成、周麟之、李辅、孙观德、李荐何、薛抗、吴知常、皇甫秉文、孙希、许晟

绍兴十八年 戊辰

邹樗、冯公亮、胡观国、沈文、俞舜凯

绍兴二十一年 辛未

陈纲、程闻一、虞屿、陈泰定、苻祖文、蒋亿

绍兴二十四年 甲戌

陈资深、王淑孙、李允升、沈宗契、沈必豫、周仲昌、庄鸿举、王瀹、沈杞、霍骥孙

绍兴二十七年 丁丑

唐光谦、邵锐、李远、沈宗禹、吴遇

绍兴三十年 庚辰

杨恂、杨守、杨驶、孙琏、王椿、沈宗说、赵善登、边察、吴宗旦、沈蔚、周梦若

绍兴三十一年辛巳上舍释褐，赐出身一人

张涛

隆兴元年 癸未

邵文饶、张泌、邵文炳、唐铸、陈纪、赵善章、李纯孝、赵师湜、沃兴祖、李应、申锡、赵善言、萧鹗、朱济

乾道二年 丙戌

蔡勘、曾焘、赵善耆、许琮、赵公植、赵伯玉、章复、戴履、赵汝功、张坦之、赵善老、李机、丁逢、庄鸿渐、许时、章槭

乾道五年 己丑

周熺、赵师沔、赵彦辅、沈成章、臧度、钱之望、孙鼐、宋京

乾道八年 壬辰

徐鼎、沈千里、边密、赵汝嘉、胡济、唐易守、赵彦弼、赵杰之、吴铣、李日休、钟鼎臣

淳熙二年 乙未

赵汝楙、赵师涯、张逢年、陈绅、张谔、谭良显

淳熙五年 戊戌

吴梦符、吴悝、李日宣、陈忞

淳熙八年 辛丑

傅诚、蒋佑、高可行、沈明祖、傅丙、唐有已、何大正

淳熙十一年 甲辰

元伯泾、周炜、赵善嘻、邵宗衡、郑昉、孙人杰、濮云、秦榛

淳熙十四年 丁未

霍权、钱之奇、于珵、郑直柔、傅益、钱渡、蒋谊、张骧、胡熙载、沈仚、王洋、黄叔献、唐由已、吴邦翰、王元实

绍熙元年 庚戌

濮宇、胡辅之、边烈、周南、王适

绍熙四年 癸丑

赵希琦、李世杰、邵文焕、宋津、赵彦玩、汪仁荣、蒋惟晓、孙廷询、蒋木

庆元二年 丙辰

赵希党、李椿、赵希珦、钱庭玉、张沂

庆元五年 己未

黄敏夫、朱拱成、包九成、尤森、于琦、赵希士、赵希玢、于瑀

嘉泰二年 壬戌

杨琮、蒋褒然、施玉藻、周大猷、吴宗玉、王正之、沈宗辅

开禧元年 乙丑

张篯、周舜钦、孙廷、张晋之、王登

嘉定元年 戊辰

钱相、钱明德、沈超远、徐润、施继寅、祖思、施及、陈绂、丁镕、元伯潜、陈起莘、蒋垕

嘉定四年 辛未

刘梦吕、濮寀、蒋公释

嘉定七年 甲戌

郑子恭、张庚、傅学古、赵希柔

嘉定十年 丁丑

王登、赵汝苾、赵汝芷、赵希和、庄梦旂、马矗、于琪

嘉定十三年 庚辰

彭彝、陆庆洪

嘉定十六年 癸未

季希颜、赵与秉、蒋安仁、强公瑾、薛耆年、张大中、王义端、张正宸、张焕、萧日新

宝庆二年 丙戌

恽文、赵希瑾、汤纪、何伦、赵善愧、施从龙、赵晶夫、赵希槊、赵汝炬、赵汝奭、赵与铝、赵溜、赵勖夫、赵彦相、蒋孝恭、李申锡、宋宗

绍定二年 己丑

强琪、汤日新、李镐、赵与𤎭、赵与善、赵与谅、胡元发、丁埕

绍定四年上舍释褐一人

李景勉

绍定五年 壬辰

庄公迈、赵与燔、翟梦龙、赵崇顷、向士壁

端平二年 己未

赵汝荪、胡梦祺、宣发、赵汝轨

嘉熙二年 戊戌

赵崇顜、赵汝砺、强琠、裴邦彦、陈端学、蒋芝瑞、唐明桂

淳祐元年 辛丑

史若讷、赵希㮙、胡梦高、王允升

淳祐四年 甲辰

薛士豫、强应夔、章斗枢、周梦升、蒋櫄、陆当可、苏浚明

淳祐七年 丁未

陆宇、闵阗、胡用存、胡晞令、赵与熹

淳祐十年 庚戌

赵崇韵、赵孟侃

宝祐元年 癸丑

霍超龙

宝祐四年 丙辰

沈亨辰、蒋岩、黄大同

开庆元年 己未

薛琄、董雷发

景定三年 壬戌

杨宜先、凌万顷、杨起西、王应时

咸淳元年 乙丑

杨孟瀛、胡应炎、赵崇頮、杨首龙、法乐霖

元朝

延祐二年 乙卯

赵由彰、谢彦臣

至正二年 壬午

陈祖仁（一甲第一）、谢绍芳、赵由俊

明朝

洪武十八年 乙丑

马骧、唐俊民、陈迪、许灵、路仲瑄

洪武三十年 丁丑

芮善（二甲第一）、蒋恭

建文二年 庚辰

胡濙、唐复

永乐二年 甲申

段民、白瑜、谢芳、谢庄

永乐二十二年 甲辰

董敬

宣德五年 庚戌

逯端

宣德八年 癸丑

唐世良

正统元年 丙辰

韦观、黄舆

正统七年 壬戌

秦颙、杨镛

正统十年 乙丑

陆恺

正统十三年 戊辰

毛玉、吴礼、沈琮、王让

景泰二年 辛未

王㒜（一甲第三）、陈杰、刘观

景泰五年 甲戌

徐辖（一甲第三）、赵敬

天顺元年 丁丑

郑箫、孙宗显、白昂、吴渊

天顺四年 庚辰

李宗羡、陆愉

天顺八年 甲申

张泰、於宽

成化二年 丙戌

陆简（一甲第三）、毕宗贤、薛为学、胡熙

成化五年 己丑

白玢、李澨、姚伦

成化八年 壬辰

卞湮、白坦、濮晋、蒋容

成化十一年 乙未

王沂、陆怡、赵溥

成化十四年 戊戌

周鲁

成化十七年 辛丑

薛承学

成化二十年 甲辰

白圻

成化二十三年 丁未

胡华、王珀、张廷珍

弘治三年 庚戌

徐纮、唐贵、许庆

弘治六年 癸丑

白金

弘治九年 丙辰

杨溢、王禾、唐钦、庄绎

弘治十二年 己未

周埙、吴山、黄俊、杨埙、刘乾

弘治十五年 壬戌

恽巍、徐问、陆节、王奎

正德三年 戊辰

陆巽章、周金、段金、丁致祥、陆范、毛汝乾

正德六年 辛未

蒋洽、毛宪、邹輗、蒋亨、吴阗、龚大有、蒋益

正德九年 甲戌

朱敬、顾天祐、吕律、蒋同仁

正德十二年 丁丑

曹镃、吴仲、周臣、陈大纲

正德十六年 辛巳

恽釜、眭纮、孙益、孙銮、龚大稔

嘉靖二年 癸未

胡统、董绍

嘉靖八年 己丑

唐顺之（二甲第一）

嘉靖十一年 壬辰

白悦、吴希孟

嘉靖十四年 乙未

姚文祐、陈崇庆、章甫、薛应旂、吴性

嘉靖十七年 戊戌

白若圭、陈鹄、周山

嘉靖二十年 辛丑

王觉、董士宏、周熬、蒋珊、张祥

嘉靖二十三年 甲辰

蒋孝、叶材、金九成、金九龄、吴岳

嘉靖二十六年 丁未

恽绍芳、邱纬

嘉靖二十九年 庚戌

黄宪卿、白启常、谢教

嘉靖三十二年 癸丑

万鹏、吴可行

嘉靖三十八年 己未

吴椿、陈绍登、赵熙靖、贺邦泰

嘉靖四十一年 壬戌

蒋致大、王纳言、史文龙

嘉靖四十四年 乙丑

李世臣、唐一鹗

隆庆二年 戊辰

顾显仁、须用宾、龚勉、谢良琦

隆庆五年 辛未

吴中行、唐鹤徵、杨德

万历二年 甲戌

杨以忠、李际春、王国宾、嵇应科

万历五年 丁丑

吴之鹏

万历八年 庚辰

褚栋、褚国祥、吴之龙

万历十一年 癸未

何鲤、钱一本、徐常吉

万历十四年 丙戌

龚道立、王就学、褚国贤

万历十七年 己丑

唐俨纯、蒋良鼎、薛敷教

万历二十年 壬辰

周士英、胡澄、刘纯仁、沈凤翔、金汝升、孙学易、谢得申

万历二十三年 乙未

孙慎行（一甲第三）、薛近兖、郑振先

万历二十六年 戊戌

张师绎、周士龙、吴元

万历二十九年 辛丑

龚三益、吴亮、王允昌、王世宁

万历三十二年 甲辰

吴宗达（一甲第三）、周铉、钱春、恽厥初、陆卿荣、陶人群

万历三十五年 丁未

邹志隆、董承诏、陆完学、薛敷政、吴旸、陆大受、许鼎臣

万历三十八年 庚辰

郑振光、邹之麟、陈睿谟、庄廷臣、庄起元、吴奕、王念祖

万历四十一年 癸丑

杨惟和、白贻忠、邹忠胤

万历四十四年 丙辰

瞿士达、邹嘉生、徐复阳、庄应德、陈美道

万历四十七年 己未

陆卿任、张玮、白贻清、汤齐、王之柱、周诗雅

天启二年 壬戌

郑鄤、杨兆升、吴柔思

天启五年 乙丑

周士登、刘光斗、吴南灏、包虞廷、陆卿正、贺鼎

崇祯元年 戊辰

管绍宁（一甲第三）、庄应会（二甲第一）、万户侯、蒋煜、金铉、许应弦、王章、黄襄

崇祯四年 辛未

刘呈瑞、岳虞峦、吴简思、薛寀、王期昇、龚可楷、冯祖望、卜象乾、陆自岳、韩钟勋、贺儒珍、刘绵祚、曹天锡

崇祯七年 甲戌

陈祖绶、吴钟峦、陶嘉祉、唐士嵘

崇祯十年 丁丑

陆自岩、刘宪章、丁辛、毛毓祥

崇祯十三年 庚辰

吴方思、杨球、赵继鼎、毛协恭

崇祯庚辰特用

俞泰交、章晋锡、蔡凤、巢昆源、丁运泰、江文淳、庄天麟

崇祯十六年 癸未

杨廷鉴（一甲第一）、庄恒、蔡元宸、陶元祐、吴刚思、陈震生、卜云吉、毛羽皇、秦之鉴、吴伯尚、龚九畴

清朝

顺治四年 丁亥

吕宫（一甲第一）、刘果远、须兆祉、刘履旋、冯达道、陆有声、季芷、庄同生、

孙自式、陈谦生、董大翩、吴守寀、张九巘、徐可先、张祚先、薛眉、董上治、史树骏、薛耳

顺治六年 己丑

吴国岱、诸豫、董文骥、庄有筠、沈搏上、薛信辰、瞿廷谐、谢宸、董巽祥、吴来仪、董应誉、费宪冲、朱瑛、刘汉卿、裴春魁、诸保宥、庄朝生

顺治九年 壬辰

杨兆鲁、周起岐、蔡元禧、吴阆、徐经、吴琪滋、龚廷历、张星瑞、徐腾辉、王士显、岳钟淑、黄中瑄、巢震林

顺治十二年 乙未

徐元琪、杨廷锦、吴来纹、许之渐、黄永、黄云史、巢震林、施佩鸣、胡宗虞、屠尚、邹登岷、刘维祯、董绍邦

顺治十五年 戊戌

吴珂鸣、屠德隆、王松、邹祗谟、吴鼎玫、刘维烈

顺治十六年 己亥

杨大鲲

顺治十八年 辛丑

岳宏誉、吴轸、恽骍、赵煃晃、万彦、庄名弼

康熙三年 甲辰

白彦良、诸定远

康熙六年 丁未

陈玉瑊、裴天锡

康熙九年 庚戌

赵申乔、庄揩、刘维祺、高尔公、吴本立、张祖篆

康熙十二年 癸丑

恽启巽

康熙十五年 丙辰

沈支炳、贡琛、黄亮可

康熙十八年 己未

杨大鹤、钱二白

康熙二十一年 壬戌

黄晖烈、徐人凤、董佩笈

康熙二十四年 乙丑
张道源
康熙二十七年 戊辰
赵凤诏、王玮、陶自悦、吴震生
康熙三十年 辛未
庄廷伟、李廷枢、孙谋、恽东生
康熙三十三年 甲戌
钱安世、吴琦起
康熙三十六年 丁丑
庄清度、赵申季、孙振、薛祖顺
康熙三十九年 庚辰
徐永宣、薛士仁、陈聂恒、金元宽
康熙四十二年 癸未
钱名世（一甲第三）、唐执玉、蒋嘉猷、谢履忠
康熙四十五年 丙戌
庄令舆、钱荣世、杨企震、周定范、程彦、刘洽
康熙四十八年 己丑
赵熊诏（一甲第一）、须洲、孙时宜、庄令翼、戈辑、钱甫生、钱人龙、王如芳、钱万选、张奎光
康熙五十一年 壬辰
卜俊民（二甲第一）、杨士徽、刘於义、杨祖楫、吴玉崙、卜兆龙、徐依、张镛
康熙五十二年 癸巳
庄楷、黄文虎、袁浚、陈朝干、方宏度
康熙五十四年 乙未
蒋芳洲
康熙五十七年 戊戌
杨椿、史增
康熙六十年 辛丑
恽宗洵、吴端升、蒋文元、赵可大、段西铭、吴栻、壮纯
雍正元年 癸卯
邹光涛、蒋汾功、邱振鹭

雍正二年 甲辰

吴龙应、潘思榘、庄敦厚、吴祖留、吴澄清

雍正五年 丁未

庄柱、刘复、叶铭

雍正八年 庚戌

徐景曾、段之缙、张纶、吴卓、卜松源

雍正十一年 癸丑

吴祖修、丁廷让、薛复亨

乾隆元年 丙辰

吴龙见、钱度、汪文在

乾隆二年 丁巳

庄大中、庄经畲、黄宫、庄学申、王光燮、杨岳田

乾隆四年 己未

蒋麟昌、程景伊、庄熊芝、陆广霖、金景涑

乾隆七年 壬戌

杨述曾（一甲第二）、汤大绅（一甲第三）、毛复亨、龚廉、庄纶渭、冯立朝、万卓、黄宽

乾隆十年 乙丑

钱维城（一甲第一）、庄存与（一甲第二）、段汝舟、杨希曾、吴楫、盛纲、李英、庄学和

乾隆十三年 戊辰

刘星炜（二甲第一）、谢王琰、张景载

乾隆十六年 辛未

孙衡

乾隆十七年 壬申

蒋和宁、董达存、吴云步、刘钦

乾隆十九年 甲戌

庄培因（一甲第一）、吴宜燮、吕临、冯杰、龚麟万

乾隆二十二年 丁丑

许承苍

乾隆二十五年 庚辰

李瑞冈、刘焕章、王沛献

乾隆二十六年 辛巳

赵翼（一甲第三）、沈潜、裴直方、卜诒直、崔龙见

乾隆二十八年 癸未

董潮、钱璟、汤大奎、吕尔昌

乾隆三十一年 丙戌

刘跃云（一甲第三）、刘种之、毛应藻、管干贞、庄承篯、谢王鹭、谢聘、沈敬书、吴桂枝、徐鼎亨、奚寅

乾隆三十四年 己丑

史梦琦、吴哲

乾隆三十六年 辛卯

周景益、孙文起、盛大业

乾隆三十七年 壬辰

庄通敏、徐大榕、刘印全

乾隆四十年 乙未

屠珂、恽燮、董熙、张镛、钱致纯、丁履谦

乾隆四十三年 戊戌

孙履谦、杨炜、管世铭、谢赉、吕荣光、汪应奎、庄选辰、吴焕

乾隆四十五年 庚子

庄述祖、刘如蕡、刘青照、王熊应

乾隆四十六年 辛丑

盛惇崇、杨伦、谢惇

乾隆四十九年 甲辰

杨清轮、白凤、恽鹏、崔景仪

乾隆五十二年 丁未

孙星衍（一甲第二）、高乐生、吴荫暄

乾隆五十四年 己酉

王育琮、董思珂、瞿曾辑

乾隆五十五年 庚戌

洪亮吉（一甲第二）、高赐禧、宣鹏、吴霖、胡椿

乾隆五十八年 癸丑

左辅、陆寿昌

乾隆六十年 乙卯
谢诚
嘉庆元年 丙辰
吴光悦
嘉庆四年 己未
张惠言、赵学辙、丁履泰、董大醇、刘企埥、蒋蘅
嘉庆六年 辛酉
徐赓飏、屠英
嘉庆七年 壬戌
吕子班、余保纯、孙让、庄诜男、谢干
嘉庆十年 乙丑
李兆洛、魏襄、何榕
嘉庆十三年 戊辰
刘嗣绾、丁嘉干、赵植庭、赵钟彦、何汝崧
嘉庆十四年 己巳
龚镗、吴孝铭、高锡礼、李秉灏、谢增
嘉庆十六年 辛未
王日新、黄载华
嘉庆十九年 甲戌
瞿溶、刘逢禄、盛思本、苏应珂
嘉庆二十二年 丁丑
董基诚、杨景轼、沈锡之
嘉庆二十四年 己卯
费庚吉、周濂、贡清选
嘉庆二十五年 庚辰
费开绶、许融
道光二年 壬午
盛润、刘文蔚
道光三年 癸未
管遹群、史秉直、汪彬原
道光六年 丙戌
赵仁基、程应权、龚冕、吴仪澄、吕振骐、徐燮钧

道光九年 己丑
汪本铨、袁俊
道光十二年 壬辰
盛朝辅
道光十三年 癸巳
吴炜、吴颉鸿、张镜淳、吴保临
道光十五年 乙未
赵振祚
道光十六年 丙申
庄缙度、吕佺孙
道光十八年 戊戌
恽光宸、丁嘉葆、史致谔、董似谷、吕偘孙
道光二十年 庚子
庄受祺、高延绶
道光二十一年 辛丑
龚宝莲（一甲第二）、汤成彦、杨安国、高延绶
道光二十四年 甲辰
盛康
道光二十五年 乙巳
冯琛、恽世临、徐嵩生
道光二十七年 丁未
袁绩懋（一甲第三）、余光倬
道光三十年 庚戌
吕耀斗、冯燮坤、朱仪训
咸丰二年 壬子
赵曾向、冯晟、刘懋功、恽鸿仪
咸丰三年 癸丑
陈亮畴
咸丰九年 己未
恽彦琦、汤似瑄、吕邦俊
同治元年 壬戌
吴起凤

同治二年 癸亥
陆尔熙
同治四年 乙丑
冯光勋
同治七年 戊辰
吴士恺、王国均
同治十年 辛未
恽彦彬（二甲第一）、杨开第
同治十三年 甲戌
冯光遹
光绪三年 丁丑
赵源浚、冯钟岱、李维诚
光绪六年 庚辰
卜文焕、徐寿基、程维孝
光绪十二年 丙戌
庄锤济
光绪十五年 己丑
董康、费念慈、恽毓鼎、恽毓龄、刘如晖、张官劭
光绪十六年 庚寅
刘树屏、董康、刘瞻汉
光绪十八年 壬辰
恽毓嘉（二甲第一）、刘可毅、汪洵、张鹤龄、屠寄
光绪二十年 甲午
沈同芳、李组年、庄纶仪
光绪二十一年 乙未
汪赞纶、杨道钧
光绪二十四年 戊戌
赵椿年、董若洵、袁励准、史悠瑞、袁励端
光绪二十九年 癸卯
钱振锽、董秉清、钱鏐
光绪三十年 甲辰
潘鸣球、谢霈

主要参考文献

正史、实录、政书等

（西汉）司马迁：《史记》，中华书局1959年版。

（东汉）袁康著，吴平、乐祖谋点校：《越绝书》，上海古籍出版社1985年版。

（东汉）赵晔著，苗麓校：《吴越春秋》，江苏古籍出版社1999年版。

（晋）陈寿：《三国志》，中华书局1971年版。

（南朝梁）沈约：《宋书》，中华书局1974年版。

（南朝梁）萧子显：《南齐书》，中华书局1972年版。

（唐）房玄龄等：《晋书》，中华书局1973年版。

（唐）李吉甫：《元和郡县图志》，中华书局1983年版。

（唐）李延寿：《南史》，中华书局1975年版。

（唐）魏征等：《隋书》，中华书局1973年版。

（唐）姚思廉等：《梁书》，中华书局1973年版。

（后晋）刘昫等：《旧唐书》，中华书局1975年版。

（宋）李焘：《续资治通鉴长编》，中华书局1995年版。

（宋）李心传：《建炎以来系年要录》，上海古籍出版社1989年版。

（宋）欧阳修：《新唐书》，中华书局1975年版。

（宋）欧阳修：《新五代史》，中华书局1974年版。

（宋）司马光：《资治通鉴》，中华书局2007年版。

（宋）王溥：《五代会要》，上海古籍出版社2012年版。

（宋）王钦若等：《册府元龟》，中华书局1960年版。

（宋）徐梦莘：《三朝北盟会编》，上海古籍出版社1987年版。

（宋）薛居正等：《旧五代史》，中华书局1976年版。

（元）马端临：《文献通考》，中华书局1986年版。

（元）苏天爵：《元朝名臣事略》，中华书局1996年版。

（元）脱脱等：《宋史》，中华书局1977年版。

（明）李东阳等撰，申时行等重修：《大明会典》，广陵古籍刻印社2007年影印本。

（明）宋濂等：《元史》，中华书局 1976 年版。

（明）杨士奇等：《历代名臣奏议》，《景印文渊阁四库全书》第 434 册，台湾商务印书馆 1986 年版。

《明太祖实录》，台北"中研院"历史语言研究所 1962 年校印本。

（清）陈邦彦：《宋史纪事本末》，中华书局 1977 年版。

（清）高晋等：《钦定南巡盛典》，《景印文渊阁四库全书》第 658 册，台湾商务印书馆 1986 年版。

（清）顾炎武：《天下郡国利病书》，《四部丛刊》本。

（清）顾炎武著，黄汝成集释：《日知录》，上海古籍出版社 2006 年版。

（清）黄宗羲著，全祖望补：《宋元学案》，中华书局 1986 年版。

（清）嵇璜等：《清文献通考》，《景印文渊阁四库全书》第 632 册，台湾商务印书馆 1986 年版。

（清）吴任臣：《十国春秋》，中华书局 2010 年版。

（清）夏燮：《明通鉴》，中华书局 1959 年版。

（清）徐松辑：《宋会要辑稿》，中华书局 1957 年版。

（清）徐鼒：《小腆纪年》，中华书局 1959 年版。

（清）张廷玉：《明史》，中华书局 1975 年版。

《清实录》，中华书局 1986 年影印本。

赵尔巽等：《清史稿》，中华书局 1977 年版。

王钟翰点校：《清史列传》，中华书局 1987 年版。

地方志、地理文献

（宋）史能之：《咸淳毗陵志》，广陵古籍刻印社 2005 年版。

（元）佚名：《无锡县志》，《景印文渊阁四库全书》第 492 册，台湾商务印书馆 1986 年版。

（明）刘广生修，唐鹤徵纂：《万历常州府志》，《南京图书馆藏稀见方志丛刊》第 57 册，国家图书馆出版社 2012 年版。

（明）晏文辉修，唐鹤徵撰：《万历武进县志》，南京图书馆藏抄本。

（明）佚名：《永乐常州府志》，广陵古籍刻印社 2007 年版。

（明）张国维：《吴中水利全书》，《景印文渊阁四库全书》第 578 册，台湾商务印书馆 1986 年版。

（明）张恺修：《正德常州府志续集》，《天一阁藏明代方志选刊续编》第21册，上海书店1990年版。

（明）赵锦修，张衮纂：《嘉靖江阴县志》，《天一阁藏明代方志丛刊》第13册，上海书店1990年版。

（明）朱昱：《成化重修毗陵志》，《四库存目丛书》史部第179册，齐鲁书社1997年版。

（清）陈镐：《芙蓉湖修堤录》，清光绪三十四年木活字本。

（清）陈廷柱、汪邦宪修，虞鸣球、董潮纂：《乾隆阳湖县志》，清乾隆三十年刻本。

（清）顾祖禹：《读史方舆纪要》，中华书局2005年版。

（清）褚邦庆：《常州赋》，清道光刻本。

（清）洪亮吉：《乾隆府厅州县图志》，《续修四库全书》第625册，上海古籍出版社1995年版。

（清）黄冕修，李兆洛纂：《道光武进阳湖合志》，清光绪十二年刻本。

（清）李先荣原本，阮升基增修，宁楷增纂：《嘉庆增修宜兴县旧志》，《中国地方志集成江苏府县志辑》第39册，江苏古籍出版社1990年版。

（清）卢文弨：《常郡八邑艺文志》，《续修四库全书》第917册，上海古籍出版社1995年版。

（清）潘世恩等：《嘉庆重修一统志》，《续修四库全书》第614册，上海古籍出版社1995年版。

（清）施惠、钱志澄修：《光绪宜兴荆溪县新志》，《中国地方志集成·江苏府县志辑》第40册，江苏古籍出版社1990年版。

（清）王铭西：《常州武阳水利书》，清同治十三年刻本。

（清）王谟：《汉唐地理书抄》，中华书局1961年版。

（清）王其淦、吴寿康修，汤成烈纂：《光绪武进阳湖县志》，《中国地方志集成·江苏府县志辑》第37册，江苏古籍出版社1991年版。

（清）王新命等修：《康熙江南通志》，《中国地方志集成·省志辑》江南第1册，凤凰出版社2011年版。

（清）武俊修，陈玉璂纂：《康熙武进县志》，清康熙二十三年刻本。

（清）徐永言修，严绳荪、秦松龄等纂：《康熙无锡县志》，《无锡文库》第一辑，凤凰出版社2011年版。

（清）许献、高廷珍等修：《东林书院志》，《中国历代书院志》第7册，江苏教育出版社1995年版。

（清）许械：《马迹山志》，清光绪六年木活字本。

（清）严毂修：《东林书院志》，《中国历代书院志》第 7 册，江苏教育出版社 1995 年版。

（清）于琨修，陈玉璂纂：《康熙常州府志》，《中国地方志集成·江苏府县志辑》第 36 册，江苏古籍出版社 1990 年版。

（清）赵宏恩等修：《乾隆江南通志》，《景印文渊阁四库全书》第 509 册，台湾商务印书馆 1986 年版。

（清）赵鸿熙等辑：《毗陵科第考》，清同治十二年刻本。

（清）庄毓鋐等编：《光绪武阳志余》，《中国地方志集成·江苏省府县志辑》第 38 册，上海书店出版社 1990 年版。

文　集

（唐）独孤及：《毗陵集》，《景印文渊阁四库全书》第 1072 册，台湾商务印书馆 1986 年版。

（宋）胡宿：《文恭集》，《景印文渊阁四库全书》第 1088 册，台湾商务印书馆 1986 年版。

（宋）李昉等：《文苑英华》，中华书局 1966 年版。

（宋）李纲：《梁溪集》，《景印文渊阁四库全书》第 1126 册，台湾商务印书馆 1986 年版。

（宋）孙觌：《鸿庆居士集》，《景印文渊阁四库全书》第 1135 册，台湾商务印书馆 1986 年版。

（宋）杨万里：《杨万里诗文集》，江西人民出版社 2006 年版。

（宋）张守：《毗陵集》，《景印文渊阁四库全书》第 1127 册，台湾商务印书馆 1986 年版。

（宋）邹浩：《道乡集》，《景印文渊阁四库全书》第 1121 册，台湾商务印书馆 1986 年版。

（元）王逢：《梧溪集》，《景印文渊阁四库全书》第 1218 册，台湾商务印书馆 1986 年版。

（明）陈子龙编：《明经世文编》，中华书局 1962 年版。

（明）高攀龙：《高子遗书》，《景印文渊阁四库全书》第 1292 册，台湾商务印书馆 1986 年版。

（明）管绍宁：《赐诚堂文集》，《四库未收书辑刊》第 6 辑 26 册，北京出版社 1998 年版。

（明）毛宪：《古庵毛先生文集》，《四库全书存目丛书》集部第 67 册，齐鲁书社 1997 年版。

（明）祁彪佳：《宜焚全稿》，《续修四库全书》第 492 册，上海古籍出版社 1995 年版。

（明）祁熊佳：《祁彪佳集》，中华书局 1960 年版。

（明）唐鹤徵：《太常遗著》，唐鼎元编《武进唐氏所著书》，民国铅印本。

（明）唐顺之：《荆川先生文集》，《四部丛刊》本。

（明）谢应芳：《龟巢稿》，《四部丛刊》本。

（明）徐问：《山堂萃稿》，《四库全书存目丛书》集部第 54 册，齐鲁书社 1997 年版。

（明）薛应旂：《方山文录》，《四库全书存目丛书》集部第 102 册，齐鲁书社 1997 年版。

（明）薛应旂：《方山薛先生全集》，《续修四库全书》第 1343 册，上海古籍出版社 1995 年版。

（明）张国维：《抚吴疏草》，《四库禁毁书丛刊》史部第 39 册，北京出版社 1998 年版。

（明）郑鄤：《峚阳草堂文集》，《四库禁毁书辑刊》集部第 126 册，北京出版社 1998 年版。

（清）陈玉璂：《学文堂文集》，《丛书集成续编》第 126 册，上海书店 1994 年版。

（清）贺长龄编：《清经世文编》，《近代中国史料丛刊》正编第 731 册，文海出版社 1975 年版。

（清）洪亮吉：《洪亮吉集》，中华书局 2001 年版。

（清）黄宗羲：《黄宗羲全集》，浙江古籍出版社 2012 年版。

（清）蒋彤：《丹棱文钞》，《丛书集成续编》集部第 141 册，上海书店出版社 1994 年版。

（清）金武祥：《续忆补咏》，清光绪《粟香室丛书》本。

（清）金武祥：《陶庐五忆》，清光绪《粟香室丛书》本。

（清）金武祥：《陶庐七忆》，清光绪《粟香室丛书》本。

（清）李超琼：《石船居公牍剩稿》，清光绪二十二年木活字本。

（清）李兆洛：《养一斋文集》，《四部备要》本。

（清）刘逢禄：《刘礼部集》，《续修四库全书》第 1501 册，上海古籍出版社 1995 年版。

（清）刘纶：《绳庵外集》，清乾隆三十九年刻本。

（清）卢文弨：《抱经堂文集》，《续修四库全书》第 1432 册，上海古籍出版社 1995 年版。

（清）陆黻恩：《读秋水斋诗》，清同治七年刻本。

（清）陆继辂：《崇百药斋文集》，《续修四库全书》第 1496 册，上海古籍出版社 1995 年版。

（清）吕光宸：《留我相庵诗草》，1913 年刻本。

（清）缪荃孙：《国朝常州词录》，云自在龛清光绪二十二年刻本。

（清）缪荃孙编：《龙城书院课艺》，《中国历代书院志》第 12 册，江苏教育出版社 1995 年版。

（清）潘振华：《瓯舫诗文钞》，《近代中国史料丛刊》正编第 645 册，台北文海出版社 1971 版。

（清）钱维乔：《竹初文钞》，《续修四库全书》第 1460 册，上海古籍出版社 1995 年版。

（清）钱振煌：《名山文约》，民国木活字本。

（清）全祖望：《鲒埼亭集外编》，《续修四库全书》第 1429 册，上海古籍出版社 1995 年版。

（清）邵长蘅：《邵子湘文集》，《四库全书存目丛书》集部第 248 册，齐鲁书社 1997 年版。

（清）盛康编：《皇朝经世文续编》，《近代中国史料丛刊》正编第 831 册，文海出版社 1975 年版。

（清）盛宣怀：《愚斋存稿》，《续修四库全书》第 1575 册，上海古籍出版社 1995 年版。

（清）汤成彦：《听云仙馆骈俪文集》，清同治八年刻本。

（清）汤修业：《赖古斋文集》，清道光九年刻本。

（清）屠寄：《国朝常州骈体文录》，《续修四库全书》第 1693 册，上海古籍出版社 1995 年版。

（清）陈范：《陈蜕盦先生文集》，1914 年刻本。

（清）张惠言著，黄立新校点：《茗柯文编》，上海古籍出版社 1984 年版。

（清）张之洞：《张文襄公奏议》，《续修四库全书》第 511 册，上海古籍出

（清）赵怀玉：《亦有生斋集文》，《续修四库全书》第1469册，上海古籍出版社1995年版。

（清）赵起：《约园词稿》，清光绪二十六年刻本。

（清）赵翼：《瓯北集》，上海古籍出版社1997年版。

笔记、日记、年谱、文书

（明）毛宪：《毗陵人品记》，《四库存目丛书》史部第110册，齐鲁书社1997年版。

（明）王肯堂：《证治准绳》，中国中医药出版社1997年版。

（明）谢应芳：《辨惑编》，《景印文渊阁四库全书》第709册，台湾商务印书馆1986年版。

（清）洪亮吉：《外家纪闻》，《常州民俗文献汇编》，凤凰出版社2013年版。

（清）金武祥：《金溎生日记》，稿本。

（清）金武祥：《粟香行年录》，民国抄本。

（清）金武祥：《粟香随笔》，《续修四库全书》第1184册，上海古籍出版社1995年版。

（清）刘汉卿：《依思公年谱》，《北京图书馆藏珍本年谱丛刊》第73册，北京图书馆1997年版。

（清）陆世仪：《复社纪略》，《续修四库全书》第438册，上海古籍出版社1995年版。

（清）吕培：《洪北江先生年谱》，《北京图书馆藏珍本年谱丛刊》第116册，北京图书馆出版社1997年版。

（清）毛志楷：《先府君年谱》，《北京图书馆藏珍本年谱丛刊》第73册，北京图书馆出版社1997年版。

（清）缪荃孙：《艺风堂友朋书札》，上海古籍出版社1980年版。

（清）钱泳：《履园丛话》，中华书局1979年版。

（清）施建烈：《纪（无锡）县城失守克复本末》，中国史学会编《中国近代史资料丛刊：太平天国》第五册，上海人民出版社1957年版。

（清）武阳怀北怀南德泽孝仁乡士绅辑：《武阳城乡区域始末纪》，清宣统木活字本。

（清）武阳公立小学堂辑：《武阳公立小学堂拟章》，清光绪二十八年木活字本。

（清）武阳志书局辑：《武阳官书录》，光绪七年刻本。

（清）恽毓荣：《恽氏义庄规条》，清光绪二十八年木活字本。

（清）赵凤昌：《庚子拳祸东南互保之纪实》，《人文月刊》1931年第2卷第7期。

（清）赵怀玉：《收庵居士自叙年谱略》，《北京图书馆藏珍本年谱丛刊》第117册，北京图书馆出版社1990年版。

（清）赵烈文著，廖承良标点：《能静居士日记》，岳麓书社2013年版。

（清）赵翼：《陔馀丛考》，商务印书馆1959年版。

（清）赵翼著、王树民校证：《廿二史札记校证》，中华书局1984年版。

（清）庄宝澍：《庄宝澍日记》，《晚清常州名贤日记四种》，凤凰出版社2013年版。

粹化女学：《记常州粹化女学开办始末及劣绅仇阻情形》，清光绪三十年石印本。

《保婴保节局收支清册》，清宣统三年木活字本。

《常州府办理何福记油栈文牍》，清光绪三十三年木活字本。

黄濬：《花随人圣庵摭忆》，上海古籍出版社1983年版。

蒋维乔：《退庵日记》，上海图书馆藏稿本。

蒋维乔：《竹翁自订年谱》，上海图书馆藏稿本。

刘禺生：《世载堂杂忆》，中华书局1960年版。

谢荫昌：《演苍年史》，《北京图书馆藏珍本年谱丛刊》第198册，北京图书馆出版社1997年版。

庄俞：《庄百俞先生年谱》，1940年铅印本。

《常州府中学堂工程清册》，清光绪活字本。

近代档案、史料

（清）庄鼎彝等：《常州公立冠英小学简章》，上海图书馆藏盛宣怀档案。

陈敦仁：《武进县实习报告之财政与地方自治》，《二十世纪三十年代国情调查报告》第105册，凤凰出版社2012年版。

顾树森：《武进训政时期设施计划大纲》，1927年铅印本。

李范：《武进县乡村信用之状况及其与地权异动之关系》，《民国二十年代中国大陆土地问题资料》第88辑，台北成文出版社1977年版。

李耀西、石光钜、萧屏如：《武进财政之财政机关田赋实习报告》第2编《田赋上》，

《二十世纪三十年代国情调查报告》第 102 册,凤凰出版社 2012 年版。

瞿倬:《武进基本公款公产报告书》,1919 年铅印本。

沈保宜:《武进浚河录》,1914 年铅印本。

实业部国际贸易局编:《中国实业志》(江苏省)第八编,实业部国际贸易局 1933 年。

实业部中国经济年鉴编纂委员会编:《中国经济年鉴》,《民国丛书续编》第 1 编,上海书店出版社 2012 年版。

陶湘:《武进陶涉园七十年纪略》,1939 年铅印本。

万国鼎等:《武进南通田赋调查》,《民国传记史料丛刊》第 14 册,台北传记文学出版社 1971 年版。

张履鸾:《江苏武进物价之研究》,《金陵大学学报》第 3 卷 1 期,1933 年。

张惟骧:《清代毗陵名人小传稿》,《清代传记丛刊》第 197 册,台北明文书局 1985 年版。

张澹庵编:《武进指南》,武进建设协会 1948 年铅印本。

赵椿年:《覃研斋师友小记》,《中和月刊》1942 年第 3 期。

中华工业联合会武进分会编:《中华工业联合会武进分会成立纪念兼工业展览会合刊》,1933 年铅印本。

《武进长沟村农村改良会》,1932 年铅印本。

《正则高等小学堂合同》,上海图书馆藏盛宣怀档案。

近代报纸、杂志

《东方杂志》
《江苏保甲》
《江苏省政府公报》
《江苏省政府建设厅公报》
《民立报》
《申报》
《苏报》
《武进报》
《武进商报》
《武进月刊》

《银行周报》
《中外日报》
《资源委员会公报》

族　谱

《法氏宗谱》，清光绪二十六年锦晖堂木活字本。
《龙溪盛氏族谱》，1947年敦睦堂木活字本。
《毗陵吕氏族谱》，清光绪四年木活字本。
《毗陵鸣珂巷陈氏宗谱》，1948年映山堂铅印本。
《毗陵唐氏家谱》，1948铅印本。
《毗陵张氏族谱》，清宣统木活字本。
《毗陵庄氏族谱》，1935年铅印本。
《汤氏家乘》，清同治十三年木活字本。
《屠氏毗陵支谱》，1931年敬齐堂木活字本。
《武进青山门赵氏支谱》，1927年崇礼堂刻本。
《西盖赵氏族谱》，清光绪十二年永思堂木活字本。
《西营刘氏族谱》，1929年铅印本。
《萧江氏族谱》，1948年萧江氏思源堂木活字本。

资料汇编

卞孝萱，唐文权编：《民国人物碑传集》，凤凰出版社2011年版。
陈真编：《中国近代工业史资料》第4辑，三联书店1961年版。
故宫博物院明清档案部编：《清末筹备立宪档案史料》，中华书局1979年版。
华东军政委员会土地改革委员会编：《华东农村经济资料》第一分册，1952年版。
华中工委调研室：《武进调查》，1949年3月油印本。
金毓黻等编：《太平天国史料》，开明书店1950年版。
魏绍昌辑：《鸳鸯蝴蝶派研究资料》，上海文艺出版社1984年版。
扬州师范学院历史系编：《辛亥革命江苏地区史料》。
章开沅，罗福惠，严昌洪：《辛亥革命史资料新编》，湖北人民出版社2006年版。
中国大百科全书出版社编辑部编：《中国大百科全书·考古卷》，中国大百科全书出版社1986年版。

当代地方志、地方史料

《常州史话》编写组：《常州古今》第 2 辑，内部出版物，1981 年。

《常州史话》编写组：《常州古今》第 3 辑，内部出版物，1982 年。

常州柴油机厂志编纂委员会：《常州柴油机厂志》，内部出版物，1988 年。

常州城市建设志编纂委员会：《常州城市建设志》，中国建筑工业出版社 1993 年版。

常州纺织工业局编史修志办公室：《常州纺织史料》第 1 辑，内部出版物，1982 年。

常州市地方志纂委员会编：《常州市志》，中国社会科学出版社 1995 年版。

常州市交通局编志办公室编：《常州交通志》（初稿），内部出版物，1982 年。

常州市金融志编写办公室：《常州市金融志》，内部出版物，1986 年。

常州市民族宗教事务局编：《常州市宗教志》，内部出版物，1991 年。

常州市木材公司编志办公室：《常州木材志》，内部出版物，1986 年。

常州市轻工业局编史修志办公室编：《常州市轻工史料》第 1 辑，内部出版物，1983 年。

常州市商业局编：《常州商业志》，江苏科学技术出版社 1994 年版。

常州市统计局编：《常州统计年鉴》，中国统计出版社。

常州市委党史资料征集小组办公室：《常州革命史资料选编》第 4 辑，内部出版物，1984 年。

常州市政协文史委编：《常州文史资料》第 1 辑，内部出版物，1981 年。

江苏省常州市天宁区志编纂委员会：《天宁区志》，方志出版社 2003 年版。

江苏省档案编纂委员会：《江苏省明清以来档案精品选·常州卷》，江苏人民出版社 2014 年版。

金坛县地方志编纂委员会编：《金坛县志》，江苏人民出版社 1993 年版。

金坛县党史工作委员会编：《中共金坛党史大事记》，中央文献出版社 2002 年版。

溧阳县志编纂委员会：《溧阳县志》，江苏人民出版社 1992 年版。

武进粮食局编史小组：《武进粮食志》，内部出版物，1985 年。

武进县建设局编：《武进年鉴》第二回，1928 年铅印本。

武进县交通局编：《武进交通志》，内部出版物，1992 年。

武进县政协文史委员会编：《武进文史资料》第 1 辑，内部出版物，1983 年。

武进县志编纂委员会：《武进县志》，上海人民出版社 1988 年版。

武进政协文史委、武进炎黄文化研究会编：《中共早期革命活动家：董亦湘》，内部出版物，2006年。

中共常州市委党工作委员会、常州市档案馆编印：《中国共产党常州市历次代表大会文献汇编》，内部出版物，2004年。

中共常州市委党史工作委员会、常州市档案馆编：《常州市中共党史大事记（1949—1994）》，江苏人民出版社1995年版。

中共常州市委党史工作委员会编：《中国共产党常州历史大事记》，内部出版物，2014年。

中共常州市委党史工作委员会编：《常州抗战史料》，中共党史出版社2010年版。

近现代著作

阿英：《晚清小说史》，人民文学出版社1980年版。

包伟民主编：《江南市镇及其近代命运：1840—1949》，知识出版社1998年版。

曹虹：《阳湖文派研究》，中华书局1996年版。

曹树基：《中国人口史·明代卷》，复旦大学出版社2005年版。

曹树基：《中国人口史·清代卷》，复旦大学出版社2005年版。

陈国灿：《中国古代江南城市化研究》，人民出版社2010年版。

陈洪、陈凌海：《吴稚晖先生大传》，台湾颖庆印刷文具有限公司1964年版。

陈丽华、黄建康编著：《常州文物》，中国文史出版社2003年版。

范金民：《明清江南商业的发展》，南京大学出版社1998年版。

范金民编：《江南社会经济研究》，中国农业出版社2006年版。

冯天瑜、张笃勤：《辛亥首义史》，湖北人民出版社2011年版。

冯贤亮：《明清江南地区的环境变动与社会控制》，上海人民出版社2002年版。

胡阿祥：《六朝政区》，南京出版社2008年版。

胡厚宣、胡振宇：《殷商史》，上海人民出版社2003年版。

华强：《太平天国地理志》，广西人民出版社1991年版。

黄开国：《清代今文经学的兴起》，巴蜀书社2008年版。

江淼：《陈衡哲传》，上海远东出版社2010年版。

江苏社会科学院《江苏史纲》课题组：《江苏史纲》，江苏古籍出版社1993年版。

李棋：《锡剧史话》，中国文联出版社2001年版。

李夏亭：《孟河医派三百年》，学苑出版社2006年版。

柳诒徵：《江苏书院志初稿》，《中国历代书院志》第1册，江苏教育出版社

1995 年版。

陆宝千：《爱日草堂诸子：常州学派的萌坼》，《"中研院"近史所集刊》第 16 期，1987 年。

马学强：《从传统到近代：江南城镇土地产权制度研究》，上海社会科学院出版社 2000 年版。

孟森：《心史丛刊》，中华书局 2006 年版。

孟宪承：《孟宪承文集》，华东师范大学出版社 2010 年版。

南京师范大学、金坛市博物馆编：《金坛三星村出土文物精华》，南京出版社 2004 年版。

潘群、周志斌主编：《江苏通史·明清卷》，凤凰出版社 2012 年版。

浦国荣：《"六五"时期常州工业发展》，中共党史出版社 2008 年版。

汤志钧编：《戊戌变法人物传稿》，中华书局 1961 年版。

唐文起：《江苏近代经济史探讨》，江苏大学出版社 2013 年版。

田正平主编：《中国教育史研究·近代分卷》，华东师范大学出版社 2009 年版。

万灵：《常州的近代化道路：江南非条约口岸城市近代化的个案研究》，安徽教育出版社 2002 年版。

万明主编：《晚明社会变迁问题与研究》，商务印书馆 2005 年版。

王敏：《苏报案研究》，上海人民出版社 2010 年版。

王树槐：《江苏武进戚墅堰电厂的经营：1928—1937》，《台北"中研院"近代史研究集刊》第 21 期。

王树槐：《中国现代化的区域研究：江苏省（1860-1916）》，台北"中研院"近代史研究所 1984 年版。

王卫平、黄鸿山：《中国古代传统社会保障与慈善事业》，群言出版社 2005 年版。

王卫平：《吴文化与江南社会研究》，群言出版社 2005 年版。

王学钧：《李伯元年谱》，《李伯元全集》第 5 册，江苏古籍出版社 1997 年版。

吴建华：《明清江南人口社会史研究》，群言出版社 2005 年版。

伍受真：《武进民间故事》，台湾商务印书馆 1971 年版。

伍受真：《武进食单》，台湾商务印书馆 1988 年版。

夏东原：《盛宣怀年谱长编》，上海交通大学出版社 2004 年版。

徐新吾：《江南土布史》，上海社会科学院出版社 1991 年版。

徐震：《徐震佚文集》，山西科学技术出版社 2006 年版。

张研：《清代族田与基层社会结构》，人民大学出版社 1991 年版。

张玉萍：《民国江南医家著作选粹》，福建科学技术出版社 2008 年版。

赵亮、纪松：《冯仲云传》，黑龙江人民出版社 1994 年版。

赵山林等：《近代上海戏曲编年》，上海教育出版社 2003 年版。

赵顺盘、陈伯鹏主编：《为了大地的丰收》，江苏人民出版社 1997 年版。

赵新那、黄培云编：《赵元任年谱》，商务印书馆 1998 年版。

周振鹤：《中国历代行政区划的变迁》，中国国际广播出版社 2010 年版。

周自强：《中国经济通史·先秦经济卷》，经济日报出版社 2000 年版。

朱保炯、谢沛霖编：《明清进士题名碑录索引》，上海古籍出版社 1979 年版。

朱考金：《民国时期江苏乡村建设运动研究》，中国三峡出版社 2009 年版。

祝慈寿：《中国工业技术史》，重庆出版社 1995 年版。

（美）艾尔曼著，赵刚译：《经学、政治与宗族：中华帝国晚期常州今文学派研究》，江苏人民出版社 1998 年版。

（美）高居翰等：《不朽的林泉：中国古代园林绘画》，三联书店 2012 年版。

（日）冈田武彦著，吴光等译：《王阳明与明末儒学》，上海古籍出版社 2000 年版。

（日）森时彦著，袁广泉译：《中国近代棉纺织业史研究》，社科文献出版社 2010 年版。

（日）森正夫著，伍跃等译：《明代江南土地制度研究》，江苏人民出版社 2014 年版。

（日）斯波义信著，方健、何忠礼译：《宋代江南经济史》，江苏人民出版社 2001 年版。

（英）吟唎著，王维周、王元化译：《太平天国革命亲历记》，上海人民出版社 1997 年版。

外文文献

D.MacGillivary (ed), A Century of Protestant Missions in China, The American Presbyterian Mission Press, Shanghai, 1907

Robert Hymes, Statesmen and Gentlemen: The Elite of Fu-chow, Chiang-his, in Northern and Southern Sung, NY: Cambridge University Press, 1986。

Saehayng P Chung, An Introduction to the Changzhou School, Oriental Art, 1985：2。

（日）岛田修二郎：《中國繪畫史研究》，东京中央公论社 1993 年版。

（日）多贺秋五郎：《宗譜の研究》，东京学术振兴会 1981 年版。

（日）铃木敬、松原三郎：《東洋美術史要說》，东京吉川弘文馆 1957 年版。

贯古通今 立言著史
——《常州史稿》编著记

一

常州是一座历史文化名城,源远流长,底蕴深厚。从已有考古成果和历史古籍看,常州拥有5000多年的文明史、2560多年的建邑史。秦代开郡设县,置有延陵县。成为郡府级城市也有1700多年历史。自古至今,常州都是江南乃至全国知名的区域中心城市。

作为吴文化和长江文明的重要发源地之一,常州对中华文明的贡献十分突出。历史上曾出现过春秋吴文化、南朝齐梁文化、清代常州文化等文化高峰;常州学派、阳湖文派、常州词派、常州画派、孟河医派等学派,独树一帜、引领世风,在中国思想和文化史上占据重要地位;常州科第兴盛、名士辈出,常州历史名人总数在全国城市中名列前茅。

常州历史辉煌,还十分重视历史的记载和传承。清代以前就编纂过26部郡县志,其中《咸淳毗陵志》《永乐常州府志》《道光武进阳湖合志》都具有重要史学价值和典籍意义。改革开放后,常州新修两部市志均为精品良志。其中《常州市志(1986—2010)》还获得"中国精品志书"殊荣,为全国第四部、江苏第一部。

但是千百年来,作为重要的历史文化名城、崛起的近现代实业重镇和屡创经济奇迹的明星城市,常州却一直没有一部贯通古今、系统权威的地方通史,这对一个悠久、厚重且注重人文传承的城市、对一个究因解密、正谋划再度崛起的城市,不能不说是一个遗憾。也正基于此,多年来常州社会各界通过多种途径,或提案、或建言,期望市委、市政府下决心推进地方通史的编著。然而,由于这是一项工程巨大、学术严谨的文化系统工程,决策者始终没有草率启动、仓促上马。

尽早编著一部《常州通史》,成为常州人心目中共同牵挂的一个文化心愿。

二

2012年9月,是一个重要时间节点。

这一年，深藏常州人心底的"通史梦"与另一个同样期待的"申名梦"一起酝酿成长，那就是申报国家历史文化名城。

真抓实干，有名有实，名实相符，这是常州人"申名"的基本和真实心态。国字号"名城"，对常州来说，不仅是一个荣誉、一种标志，更是对家乡"千年大郡、文化名城"的历史肯定和圆满交待；对常州人内心执守千年的人文信念和情怀，也是一个积极回应。

然而，"申名"门槛并不低。除了"保留城市传统格局和历史风貌、历史建筑集中成片、保存文物特别丰富"外，还必须具有深厚的人文底蕴、独具的历史价值，且在政治、经济、文化、交通等方面具有全国影响或较高历史地位。"申名"的评估体系也十分严格，有"硬件、软件、定量、定性"两大评估体系，有5类17项49个评估子项300分值的具体指标。常州是这样认识的："申名"必须"真抓实干，名实相符"，必须"硬件、软件一起抓，定量、定性逐一对表"。常州尤其强调：注意力不能只集中在硬件，软件同样重要。

正是在这样的指导思想下，常州启动了"历史文化名城建设软件工程"，由市委宣传部牵头、市社科联组织实施。而《常州通史》赫列其中，作为重点项目寄予厚望。

三

说起来容易，做起来难。

写史，因"究天人之际、通古今之变"，所以写起来很难；而写"通史"就更难。它要全面系统、贯通古今、观点精准、史料丰富；它要对城市历史的基本轨迹、成因和规律，有敏锐的洞悉和独到的观察；它要具有一定的学术理论见地。真正意义的通史，是一部学术性很强的史学专著。环顾周边城市，他们启动通史编撰，无不"兴师动众"。温州计划8卷，苏州规划16卷，上海新修通史30卷。

而常州相比有些城市，似为更难。

一是史料不足。尽管历史上常州有20多部存世的郡县志、有一定史料基础，但对编著一部系统叙述"完整历史"的通史仍杯水车薪。尤其因史籍记载局限，汉晋以前史料极少，隋唐宋元也只粗略记载。加之常州以前没有进行过大规模、较充分的史料收集整理工程，现有史料积累难以撑起一部通史。而历史研究，所有史实陈述都必须建立在可信、全面的史料基础之上。

二是基础不厚。城市史研究，也像城市历史一样需要长期积淀。像苏州、南京、扬州，都有一批领衔的知名学者和学术团队，有文科传统深厚的高校基地，有长期稳定的研究规划。而常州，工科院校为主，多元化综合化转型的过程较短、积累不多。而社会层面的学者，多以重大时间节点和重要历史人物为重点，研究的覆盖面较专。据检索，全国研究常州古代历史的论著极少。

三是积累不够。理想状况，编著通史最好有完整的断代史作基础，至少前期能对城市的重大历史事件、重要历史人物、关键历史结论都有深入研究和成熟定论。通史主要是总结前人的研究成果，前人成果越丰富和成熟，通史的质量水准就越好越高。遗憾的是，常州没有这种充分的前期基础。通史作者基本是一边搜史料，一边梳理；一边抓研究，一边撰稿，压力很大。

四是组织不易。通史编著是一项文化系统工程。谁来领衔？邀谁撰写？如何设计顶层？如何借智借力？如何把控把关？这些都需要整体思考和设计。成功的通史，必须凝聚社会各方面的力量和智慧、必须充分吸收前人的既有成果、必须经过专家前期的专业指导和后期的反复审改、必须借力作者不厌其烦的提升打磨。

另外，全社会的关注、期待也是无形压力。

四

千斤重担，最终落在市地方志办公室身上。作为政府主持编史修志的部门，当然责无旁贷，但也诚惶诚恐。

2012年9月，初步明确任务后，市地方志办公室立马召开全市文史工作者座谈会，开始项目调研。同时马不停蹄赴上海、南京、苏州等地登门拜访、求教专家。先后拜访了上海社科院原副院长、《上海通史》主编熊月之，江苏省社科院历史所原所长许辉，南京大学博士生导师茅家琦、范金民，南京博物院原院长梁白泉，著名江南史研究专家、华东师范大学博士生导师王家范，上海师范大学博士生导师钱杭、苏州大学博士生导师王卫平和九十多岁高龄的常州籍著名史学家汤志钧等。同时向温州、苏州等兄弟城市学习，了解他们的著史经验、寻找项目的推进秘籍。

思路逐渐明朗，方案逐步聚焦。2013年5月，市地方志办公室提出实施方案和篇目框架；6月，通过市软件项目工程专家组的立项评审。2014年2月，在前期充分调研基础上，市地方志办最终拿出通史编著的基本运作框架和实施方案，并行文报市委分管领导批准。《方案》突出明确五条：

一是《常州通史》定位为学术性史学专著，目标是对常州历史发展脉络进行一次系统梳理，要求内容系统、体例完备、结构严谨、史料详实、文字精炼，突出区域特色。

二是《常州通史》编撰体例参照中国传统史书，采用《上海通史》《苏州通史》

相近的编撰方式。分古代、近代、现代三卷,上起史前,下迄 2010 年。

三是实行"专家主持、专家撰写、专家评审"全面以史学专家为参与主体的成书思路。学术主编由"申名工程"省级专家组集体推荐产生,撰稿人通过"赛马机制"竞标遴选。具体人选"三兼顾":兼顾国内专家与本土专家、院校学者与地方学者、史学专家和实战行家,尤其是优选具有常州历史研究基础的常州专家或常州籍专家。

四是实行"项目合约管理"。市地方志办作为承办单位,确定工作方案、形成运作机制、督查完成进度、组织成果评审、推进项目实施;学术主编提出全书框架和要求,对研究编著进程和质量全面负责;学术主编与各撰稿人签订任务合约,明确责任、落实措施;常州市国家历史文化名城软件项目省级专家组对项目最终成果进行终期评审。

五是建立"量、质、进度综合考评机制"。对所有参与撰稿的专家都实行目标、进度、质量与经费拨付的绩效挂钩,实行分段验收、分段拨付经费。同时实行经费透明管理,除事先扣除刚性的印刷出版费用,其余预算支出全面倾斜撰稿环节,且主要经费由学术主编掌握分配,运营费用也由学术主编提出预算意见。

由于一开始就采取"顶层设计、透明机制、规范管理",有效理顺了各方关系,明确了思路原则,尊重了学者,赢得了专家和项目组的认同,"通史"撰著由此迎来了曙光和亮色。

五

从 2012 年 9 月到 2018 年 5 月,从市委市政府交办项目,到百万字通史文稿飘着墨香摆上桌台,前后经历整整五年半。

这五年半,马不停蹄;这五年半,责任在肩;这五年半,披甲枕戈。回望这五年半,从立项、调研、启动,到撰稿、审稿、定稿,每个阶段都环环相扣;从纲目、初稿、统稿,到通稿、定稿,每个环节都严丝密扣;从肯定、推翻,到再肯定、再推翻,每个过程都一丝不苟。

立项阶段。从 2012 年 9 月至 2013 年 5 月,以市委市政府正式将项目交办市地方志办公室为标志。这一阶段,召开了市文史工作者座谈会、市地方志部门会议,总体听取通史编著的思路和意见,起草通史大纲,形成基本框架。2013 年 5 月,立项报告通过市委宣传部和市社科联组织的省级专家组评审。

调研阶段。从 2013 年 6 月至 2014 年 1 月,以连续走出去拜访求教为标志。这一阶段,先后赴上海、南京、苏州等地,向熊月之、王家范、汤志钧、梁白泉、许辉等一批史学大家登门求教,广泛听取意见。同时启动对学术主编的荐邀,酝酿参撰人员的入选标准和办法,了解南京、上海、北京等馆藏常州文献史料的情况,为项目全面启动作前期准备。

启动阶段。从2014年2月至4月,以向市委领导递交《关于加快推进〈常州通史〉编撰进度的报告》和选定学术主编为标志。这一阶段,确定了项目推进的思路和原则,明确了通史的定位和体例,形成了编著的方式和流程,制订了撰稿人遴选的条件和方式,细化了项目推进的措施和规则,确定了成果验收的标准和办法。这一阶段,在"申名"项目省级专家组的一致荐邀下,最终邀聘熊月之担纲学术主编,并在学术主编的主持下,论证形成了通史大纲,竞标组建了撰稿团队,签约明确了项目进度,登报征集了历史文献。

撰稿阶段。从2014年5月至2015年7月,以学术主编与18位撰稿人签订撰稿合约为标志。这一阶段,通过递交撰稿计划、形成撰稿提纲、扩大资料征集、举行专题座谈、开展学术研讨、加强目标管理、强化进度考核等工作和环节,逐次展开通史工程。为提高专业和学术水平,选配撰稿团队强调"两突出":突出研究专长与分工章节的契合、突出参撰人员的既有研究成果。古代部分主要由史学教授、博士承担,改革开放后的当代史部分均请市委市政府研究室原任和现任领导主笔,各展所长。

审稿阶段。从2015年8月到2016年8月,以举行第一次审稿会为标志。这一阶段,边审边改,反复审反复改,邀请各方专家分类分次审,组织撰稿人不厌其烦改。2015年8月首轮审稿,印发书稿100套,覆盖在常高校、相关部门以及本土的学者和领导,大范围征求意见;2016年5月,在上海举行第二轮审稿。邀请史学界的行家权威,包括上海社科出版社原社长承载、上海师大教授钱杭、北京师范大学教授施建中,南京大学教授茅家琦、范金民、马俊亚、万灵等,由他们提出专业意见;2016年7月,第三轮再回常州,再度邀请文史专家精审细审,包括薛锋、薛焕炳、邵志强、张戬炜、陈吉龙等;2016年8月,市地方志办公室作为承办单位与学术主编一起接受省级专家组验收终审。至此,《常州通史》基本成型。

定稿阶段。从2016年9月至今。这一阶段,凤凰出版社全程介入,对全书进行长达一年半的"严苛把关",对行文规范、观点表述、史实细节、引文注解都提出再修改意见。编著团队则集中进行统稿、通稿,同时解决重点扫尾工作,包括引文核实、疑点求证、风格统一等。

六

目前,呈现在常州人面前的通史书稿,3卷14编4个附录,计140多万字,附

图208幅。作为一部学术性通史著作,它以现行的行政建置常州市为基本地域范围,以历史的常州为记述范围,系统叙述了常州地区文明产生、演变、发展的历史。作为一项开创性工程,它第一次将常州的历史从史前文明一直贯通至2010年;第一次将常州历史的记述范围从政治、文化等主要方面拓展到经济、社会、市政、生活等更宽领域;第一次从学术角度总体梳理和概括了常州城市发展的基本脉络与规律;它填补了千百年来常州的史学空白,实现了通史类著作"零的突破"。

当然,这部厚厚的通史著作,还有方方面面的问题和不足,但从修史实践看,它成功实现了一系列难能可贵的摸索和突破:

从史学角度看,它首次从政治、经济、社会、文化、学术等综合视角,对常州历史的基本脉络进行了学术性梳理,比较立体地呈现了常州城市发展的历史全貌。尤其对新中国成立以来"当代常州史"的撰写,让当代人看到了当代历史。这种尝试在国内已著"通史"中也较少见,具有开拓性。

从史学站位看,它首次把常州历史作为中国历史大图景中的一个重要节点来看待,把常州历史放到了中国历史长河,突破了地域史偏于内视的束缚。这次通史编著,始终把常州的现象、事件和人物与整个中国的发展进程、脉络结合起来,由中国看常州,由常州关联全国。像常州众多学派在中国思想和文化史上究竟有何影响、有何地位?近代常州与上海等周边区域的特殊渊源是什么?……书中都有精辟表述。

从史料运用看,它运用了大量一手新资料,实现了史料的新拓展,同时也带动了常州基础史料的深入挖掘、整理等基础性工作。这次通史编著三管齐下,从正史、文集和基础性社会经济资料三方面入手,全面运用新史料。像民国时期报纸、杂志上的大量一手史料被吸收运用,一些生动详实的"社会调查"也被选用,这在之前是没有的。同时,围绕通史工程,市文广新局、地方志办、档案局、图书馆等单位,还先后影印、整理和出版了《常州先哲遗书》《常州历史文献丛书》《武进年鉴(1926、1927年版)》等重要文献资料,地方史料的基础性深度挖掘得以加强。

从史学评价看,它对常州历史上的重要时代、重大事件、重要人物都进行了深化和拓展研究。之前史料运用和观点表述上存在的一些谬误与偏差,这次通过大量史料论证进行了修正;之前着墨不多的重要历史人物如苏东坡、杨时,这次都给予一定笔墨、加重分量;一些历史上或学术界有争议的人物像盛宣怀等,也依据充分史料给予客观公正的评价;对齐梁故里、南兰陵萧氏的文化成就、清代出现文化高峰的原因以及近代常州纺织业对民族工业的带动等,都用最新研究成果给出了鲜明结论。

从社会影响看,它开拓了常州史研究的范围和领域,形成了常州史研究新的社会氛围和基础团队。之前常州地方史研究偏重政治、学术和名人等主要方面,这次拓展到经济、社会、生活等诸层面，常州的历史图景更立体、更饱满。同时基于全社会对通史工程的关注和参与，形成了一定范围的研究和学术氛围。而一批史学大家和江南史、江苏史研究学者的被邀撰审，也大大增强了史学界对常州地域史研究的关注。通史项目无形中搭建了一个"支持当下、影响长远"的研究团队和平台。

七

通史编著是一项严肃严谨的学术工程。发挥专家作用，是项目成功的基石和质量水平的保证。在《常州通史》成书过程中，常州始终坚持"专家主持、专家撰写、专家评审"全面以史学专家为参与主体的成书原则。"请专家、用专家、靠专家"成为集体共识。

在推进环节上，坚持依托专家、依靠专家。调研环节，专门向茅家琦、王家范、汤志钧、梁白泉、许辉等史学大家求教；撰稿环节，突出作者的史学背景和学术层次，或教授、或博士、或专家；审稿环节，广邀各领域各方面评审专家，学者有茅家琦、承载、钱杭、范金民、夏维中、马俊亚、施建中、万灵等；本土有薛锋、薛焕炳、邵志强、张戬炜、胡竹、顾春平、叶英姿、沈建钢、陈吉龙、包树森、薛奇达、徐瑞清、郑德舫、宗清元、周晓东、池银合、王荫槐、李饮水等。可以说，尽可能集中了国内和本土的各方专家。

在撰稿人选上，做到专业契合、专长对口。远古部分，由常州博物馆考古专家黄建康、于成龙主笔；先秦部分，由先秦史专家池桢副研究员主笔；南北朝部分，由齐梁史专家周才方主笔；隋唐宋元和清代部分，由以宋、清两代常州史为硕、博士课题的副研究员叶舟主笔；明史部分，由主攻明史的博士吕扬主笔；清后期和民国部分，由晚清和民国史专家邵建带领6位博士撰稿；社会主义建设部分，由参与《常州市志》和地方党史编撰的专家虞建安、王援、华岩主笔；改革开放后的历史由市委市政府研究室的原任和现任领导盛祖祥、朱海山、吉英平、王粉龙、苑全驰、孙兵等主笔。另外，18位主撰中95%是常州（籍）人，像周才方、邵建、叶舟等都是常州籍人。

在运作机制上，实行撰审分开、赛马选人。项目组由学术主编、学术顾问和编撰人员组成。学术主编邀请知名学者担任，负责制订大纲、体例，把握全书的学术观点；学术顾问由国内知名专家组成，协助审稿；撰稿人由对常州地方史有较深研究的专家学者担任；终审验收由"申名软件工程"省级专家组成员担纲。而对撰稿人，则广发"英雄帖"公开竞标。作者必须事先提供对应篇章的背景研究报告、列出三级编撰目录及详细研究计划，最后由专家组集体评议、择优选定。

当然，对于城市的首部通史，专家的覆盖范围、组合程度以及作用的充分发挥，仍有许多需要总结和探索的地方。

八

大家知道，如今面世的书版，最终并没有使用《常州通史》的书名，而被改为《常州史稿》。在最后定稿阶段，项目组作出这样的决定。

因为手捧书稿，编著者清醒地认识到，史学是一门严谨的学问。史学著作所有的观点都要建立在扎实、充分、全面的史料基础之上。科学严谨的史学工作，需要相当长时间的资料准备，需要先做若干年艰苦、细致、寂寞的资料长编等基础工作，需要展开一定范围、层次和专题性的学术讨论与观点争鸣，需要对前人的研究成果进行全面系统的搜集、梳理、消化。

编著者也深深感到，史学研究需要时间。在短短几年时间，就要拿出成熟的通史是困难和不现实的。目前的《常州通史》，从史料的搜集、整理、研究，到文稿的撰写、修改都同时交由作者在短时间内完成。尽管所有参与者都作了百倍努力，对每一史料、每一观点都作了最细致、用心的求证。但资料搜集占据的时间越多，用于研究的时间就越少，遗漏和遗憾也就不可避免地会增多。写史是细工慢活，史学工作者对此都深知和恭敬。

同时，史学研究也是一项开创性工作。它需要更多的探索精神、更开阔的胸襟视野、更高的历史站位、更丰富的滋养积淀、更纯熟的专业素质，它要给公众广泛关切的问题以答案，给疑惑不解的问题以观点。"史学"不遗余力地揭示历史真相，而"史学"又永远只在揭示真相的路上。对常州这样一个"内涵底蕴非常丰富，而史料文献又十分欠缺；文化影响十分深远，而剖因解密又相当不足"的城市，写好一部经得起时间检验的通史是极具挑战的。

相比《通史》，编著者认为《史稿》的定位，似有更大的宽容度和包容性。它给现在的作者，一种笃实；它给未来的作者，一种空间；它给现在的读者，一份理解；它给未来的读者，一份尊重。所以，当有人提议将百万字的"通史"成果改称为《常州史稿》时，无论是评审专家，还是主管领导；无论是书稿作者，还是周围同道，都给予了一致的肯定和点赞。

一位撰稿专家说：我们没有降低我们肩上的责任，《通史》一直是我们的定位和目标。而今天，我们又愿意用《史稿》来定位我们的成果，我们内心希望以此抛砖引玉，我们更愿意以我们的努力给常州历史的长远研究做一些实实在在的推动。

《常州通史》最终改名，本身就是一种史学态度、史学境界和史学精神。

九

吃水不忘挖井人。

每当一个大工程要划上圆满句号的时候，我们总会感念其间作出关键和特殊贡献的人。如果没有当年阎立书记、姚晓东市长的决断，也就没有《通史》的立项和成书；没有费高云书记和丁纯市长的接续重视，也就没有连续五年的稳定关心和支持；在出版之际，汪泉书记认真听取了汇报，并欣然作序。

一个成功项目，方向方法有时比经费还要重要。《通史》项目究竟以什么模式推进、用何种机制运作，徐缨部长在四年前就指明了路径；能不能多给专家两到三年的时间精打细磨，徐光辉部长给予了坚定支持；张云云副市长、方国强副市长更是年年督进度、每每解难题。

作为"申名软件工程"的组织实施者，宣传部丁一、孙春伟，社科联陈满林、叶英姿在进度、质量、经费拨付上都给予了最有力支持。一路来，他们参与了历次审稿环节，并牵头组织了最后的省级专家组终审验收。

"学术主编负责制"是这次《通史》工程的创新之举。它体现了《通史》项目的开放精神和对学术项目的科学态度，也使这个常州项目提升到了全国层面和学界平台。明知常州项目基础较薄，熊月之院长仍然在力荐力邀下，义不容辞地担负起这样的重职。而且在建章立规、组建团队、修订大纲、总揽全稿的同时，还亲自执笔撰写了导论，用宏观的史学视野，梳理和概括了常州史脉。他的牵头和参与，也凝聚了一批史学名家，使得常州项目获得了学界的全国影响。

在《常州史稿》成书过程中，有大批本地、全国的专家学者需要感谢，但在这里，要特别感谢熊月之主编的核心团队、上海社科院历史所的叶舟和邵建。他俩同为史学博士、同为常州籍人，他们近五年都瞄准一件事，那就是"常州通史"。这个项目，实实在在拓展和深耕了他们的研究领域，作为家乡人也为家乡做了件感恩报育的大事。

市地方志办作为项目承办单位，虞建安主任在立项和调研阶段承担了组织领导工作。副主任臧秀娟作为项目协调人，在负责牵头联络、进度跟踪、资料核查的同时，还主动承担全书审校、引文核查和照片搜集等工作。而同一时间，她还参与着《常州市志（1986—2010）》编纂出版的艰巨任务。是使命和责任，让她扛起双份重担。另外还有万志伟、陈娜、常云峰、段雅晟承担了细致的编务工作。

百万字的《常州史稿》，其实每字每句都凝结着心血。市委研究室原主任戴晓荣应邀参与了现代史部分的书稿通稿；市统计局陈邦辉审核了全书的经济社会数据；上海文字专家王瑞祥对全书进行了一次通篇校对；市图书馆朱隽、王继宗协助进行了引文核实；近百位本地文史专家参与了全书审读；凤凰出版社编辑汪允普对全书进行了责任审读，在书稿刊印之前，"字痴"李延良主动提出义务校对全书，这些付出都值得尊敬。

其实，成果最终面世就是对所有关心和支持的人最好的谢意与回报。

十

对常州历史进行梳理和深入研究，并作恰当描述，是一次前所未有的尝试，对编著者是一个不小挑战。由于编著者学识有限，撰写过程中难免疏漏和错误，而且书出众手，学术观点、见识和思考也有差异。所有不足之处，都有待日后改进。

好在编史已成为城市的自觉行动。一部通史，已在全社会掀起了地域史研究的热潮，已有学者呼吁"尽快启动第二轮国家历史文化名城建设软件工程"，建议再确立一批重大研究方向和课题；市地方志办也在思考"常州启动断代史研究的可行性"，并在2016年专门委托高校团队进行过专题调研；市委党史工委还规划了六部一套的"新时期常州系列专题史"编著，其中第一部《新时期常州城市建设史》已出版，《社会事业发展史》《开放史》也在紧锣密鼓的编著之中……

文化是城市的标识，历史是城市的印记；城市的魅力在文化，城市的底蕴在历史。一部通史，正以它特有的贯通与凝练，把一座千年古城以及它的风雨沧桑一起折叠进薄薄的书页，同时也把一个城市争先、务实、礼信、致用的城市精神浮跃于书卷之上。

李亚雄
2018年6月

常州史稿

古代卷

常州市地方志办公室 编撰

凤凰出版社

图书在版编目（CIP）数据

常州史稿 / 常州市地方志办公室编撰. -- 南京：凤凰出版社，2018.12
ISBN 978-7-5506-2883-0

Ⅰ．①常… Ⅱ．①常… Ⅲ．①常州－地方史 Ⅳ．①K295.33

中国版本图书馆CIP数据核字(2018)第233701号

书　　　名	常州史稿
编　　　撰	常州市地方志办公室
策　　　划	常州华双文化艺术有限公司
责 任 编 辑	汪允普
出 版 发 行	凤凰出版社（原江苏古籍出版社）
	发行部电话 025-83223462
出版社地址	南京市中央路165号，邮编：210009
出版社网址	http://www.fhcbs.com
印　　　刷	常州市武进第三印刷有限公司
	常州市武进区湟里镇村前街99号，邮编：213154
开　　　本	718×1005毫米 1/16
印　　　张	75
字　　　数	1385千字
版　　　次	2018年12月第1版 2018年12月第1次印刷
标 准 书 号	ISBN 978-7-5506-2883-0
定　　　价	580.00元（全三册）
	（本书凡印装错误可向承印厂调换，电话：0519-83761576）

《常州史稿》编纂委员会

名誉主任 汪 泉 丁 纯
主　　任 徐光辉
副 主 任 方国强

主　　编 李亚雄
编　　委（按姓名笔画排列）
　　　　　丁 一　王 援　叶 舟　叶英姿　孙春伟　李亚雄
　　　　　陈满林　邵 建　虞建安　臧秀娟　樊百成　鞠 烨

学术主编 熊月之
副 主 编 叶 舟　臧秀娟　邵 建

撰 稿 人 熊月之（导论） 黄建康、于成龙（第一编） 池桢（第二编）

周才方（第三编） 叶舟（第四、六编，历代地方官员）

吕扬（第五编） 葛涛（第七编第一、二章）

徐涛（第七编第三、四章） 高俊（第七编第五、六章）

赵婧（第八编第一章） 张生（第八编第二、三章）

何方昱（第八编第四、五章） 王援（第九编）

虞建安、华岩（第十编） 盛祖祥（第十一编）

王粉龙（第十二编） 吉英平、孙兵（第十三编）

朱海山、苑全驰（第十四编） 臧秀娟（大事记、书记市长表）

终审专家组（按姓名笔画排列）

王卫平　叶英姿　陈满林　邵　建　胡发贵

序

在中国广袤的版图上，常州是一颗耀眼的江南明珠。她地理位置优越，经济富庶、文化昌盛、教育发达，自古被视为人文渊薮。早在5500多年前的新石器时代，在常州已有先民聚落分布，并呈现一定密度。而作为我国现存最为古老的地面城池遗址、距今2500多年前的淹城更证明了常州发展悠久的历史。公元前547年，吴王馀祭封其弟季札于延陵，这是常州第一个见诸史册的建置名称，也是常州文化历史的起源。晋太康二年（281）设毗陵郡，开启了常州具有独立行政建置的历史。伴随多次大规模北方人南迁以及京杭大运河开通等因素，江南逐步得到开发，常州作为区域政治中心和转运中心的地位逐步确立，且地位越来越重要。

经过大浪淘沙，岁月洗涤，常州成就了辉煌的历史，铸造了耀目的业绩，更创造出以博采融通、道德诚信、经世致用、创新求变为特点的内涵丰富、特征鲜明的地域文化。尤其在清代乾嘉之际，常州更以"但开风气不为师"的精神，成为近代中国文化改革的先声、中国近代历史的"一代转捩之枢"。常州文化既是江南文化的一部分，同时由于其自然地理环境及本身特有的精神血脉，也有着属于自身的鲜明特色。常州文化在众多领域数峰并峙的现象，已成为研究江南文化乃至中华文化不可缺少的环节。

近代以来，常州经历了传承与创新、吸收与扬弃、探索与飞跃的充满激荡和兴奋的历程，发生了异乎往古的深刻变迁。特别是改革开放以来，常州始终走在时代前列，依靠积极进取、创新求变，创造了无数奇迹，从一个江南小城变成耸立在长江三角洲的一座现代城市。常州的发展不仅表现在经济总量、财政收入等经济指标的快速增长，更表现为城市的文明形象塑造和市民的生活品质提升。每个来到常州的人，都能感受到她的美丽和活力。

只有以史为鉴，才能开创未来。常州之所以能够在漫长的历史长河中始终走在时代前列，并得以在21世纪抢立潮头、焕发新颜，常州悠久而深厚的文化积淀是其生生不息的力量源泉。但另一方面，这座城市也在日益全球化的今天面临更多挑战。因此站在今天，从诸多侧面寻觅、审视过去数千年常州的演变轨迹，既是对过去历史的回顾，也反映出人们对这座城市未来的关注和思考。从这一点讲，盛世修史，在今天赋予了新的意义和内涵。

"李杜诗篇万口传，至今已觉不新鲜。江山代有才人出，各领风骚数百年。"这是常州先贤赵翼在200年前的吟诵。我们怀念数千年来常州人不断搏进的历史，更要努力推进更伟大的创新，让常州未来的岁月更加缤纷灿烂。相信《常州史稿》的编纂出版，会有助于广大读者更好地解读常州文化的独特个性，提炼升华常州的人文精神，光前裕后，古为今用，以文化人，由人化文，共同建设更美好的常州，创造更美好的生活。是为序！

2018年5月

新岗遗址崧泽文化玉环、玉璜、夹砂黄陶鼎，新岗遗址泥质黑衣陶猪

新石器时代良渚文化 人面兽面组合纹玉琮（常州博物馆藏）

新石器时代良渚文化玉钺（常州博物馆藏）

溧阳水西土墩墓红陶罐、墓陶壶

刻纹状骨器（三星村遗址）

春秋 原始青瓷罐（常州博物馆藏）

恽家墩汉墓汉代龟鹤铜灯

南朝 龙纹画像砖（常州博物馆藏）

南宋 朱漆戗金莲瓣式人物花卉纹漆奁（常州博物馆藏）

元 八思巴文漆碗（常州博物馆藏）

明弘治 青花人物盖罐（常州博物馆藏）

明 梵文金发簪（常州博物馆藏）

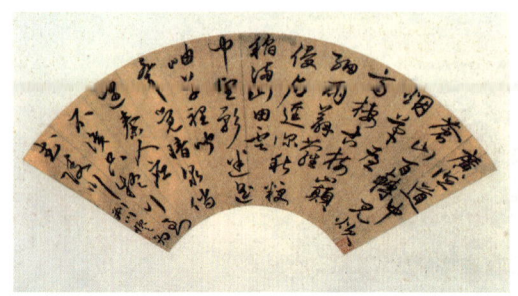

明 唐顺之 行草七律诗扇面（常州博物馆藏）

清 恽寿平 蔬果册页（常州博物馆藏）

清 恽寿平 蔬果册页（常州博物馆藏）

清 钱维城 松梅芝仙图轴（常州博物馆藏）

contents 目 录

导 论 ·· 001
  一、研究范围与时限 ··· 001
  二、相关地名释义 ·· 001
  三、地理环境与自然条件 ··· 004
  四、历史演变脉络 ·· 005
  五、区域人文特点 ·· 023

第一编 史前常州

第一章 常州的自然环境 ·· 035
  第一节 自然地理概况 ·· 035
  第二节 史前的环境变迁 ··· 036

第二章 常州史前时期的古生物和古人类 ······························· 040
  第一节 中华曙猿 ·· 041
  第二节 常州的旧石器遗址 ·· 042
  第三节 常州旧石器时代人类生活状况 ································· 044

第三章 常州新石器时代的文化 ·· 045
  第一节 马家浜文化时期 ··· 046
  第二节 崧泽文化 ·· 062
  第三节 良渚文化 ·· 074

第二编 先秦时期

第一章 吴王寿梦前的古常州 …… 087
第一节 禹别九州 …… 087
第二节 周之前的古常州 …… 088
第三节 太伯奔吴 …… 092
第四节 奄国与淹城 …… 094

第二章 春秋战国时期的常州 …… 098
第一节 延陵季子 …… 099
第二节 诸侯争雄中的常州 …… 103

第三章 先秦时期常州的社会发展 …… 107
第一节 先秦时期常州经济的发展 …… 108
第二节 先秦时期常州的文化 …… 113

第三编 秦汉魏晋南北朝时期

第一章 秦汉魏晋南北朝时期常州的行政建置 …… 119
第一节 秦统一下的延陵县 …… 120
第二节 两汉时期的毗陵县 …… 123
第三节 从毗陵典农校尉到晋陵郡 …… 125
第四节 东晋南朝的晋陵郡与侨郡县 …… 126

第二章 秦汉魏晋南北朝时期常州的经济开发 …… 128
第一节 地理环境与自然条件 …… 128
第二节 北人南迁与屯田开发 …… 130
第三节 水利兴修与农业发展 …… 132
第四节 手工业和商业的发展 …… 135

第三章 秦汉魏晋南北朝时期常州的文化肇兴 …… 136
第一节 经学与玄学 …… 136
第二节 佛教与道教 …… 140
第三节 文学与史学 …… 143
第四节 绘画与书法 …… 147

第四章 秦汉魏晋南北朝时期常州的社会生活 …… 149
第一节 衣食住行 …… 149
第二节 婚丧嫁娶 …… 152
第三节 节庆娱乐 …… 154

第四编 隋唐宋元时期

第一章 隋唐宋元时期常州的政治变迁 …… 159
第一节 隋朝时期的常州 …… 159
第二节 常州在唐代的兴衰及五代十国时期的动荡 …… 162
第三节 宋代时期的常州 …… 169
第四节 常州保卫战与元朝时期的常州 …… 175

第二章 隋唐宋元时期常州的政区沿革与城市发展 …… 180
第一节 政区沿革与军事设置 …… 180
第二节 人口 …… 183
第三节 城市发展 …… 188

第三章 隋唐宋元时期常州经济的发展 …… 192
第一节 大运河的开凿与漕运经济的形成 …… 193
第二节 水利建设 …… 199
第三节 农业、手工业和商业 …… 206

第四章 隋唐宋元时期的常州地方治理 …… 211
第一节 地方政府与吏治 …… 211
第二节 土地赋税制度 …… 215
第三节 "士大夫渊薮":新型士绅的兴起 …… 224

第五章 隋唐宋元时期常州文化的发展 …… 230
第一节 教育兴盛与科举成就 …… 230
第二节 苏轼与杨时:"二贤"与常州学术文化 …… 237
第三节 学术与文艺的初兴 …… 242

第六章 隋唐宋元时期常州的社会生活 …… 252
第一节 风俗 …… 252
第二节 宗教 …… 253
第三节 民间信仰 …… 259

第五编 明 代

第一章 明代常州的行政建置 ... 267
第一节 元末战争对常州地区的影响 ... 267
第二节 明代常州的行政建制及职官设置 ... 270

第二章 "江南政策"与明初常州 ... 272
第一节 赋役和土地问题 ... 272
第二节 南北榜事件 ... 274
第三节 人口问题 ... 275

第三章 明代常州的经济发展 ... 276
第一节 常州地区的水利 ... 277
第二节 常州地区的户口、赋役 ... 285
第三节 常州地区的手工业和区域经济 ... 292

第四章 明代常州的教育与文化 ... 296
第一节 明代常州的教育 ... 296
第二节 明代常州的学术与文化 ... 305

第五章 明代常州的社会生活 ... 317
第一节 明代常州的风俗 ... 317
第二节 同善会：民间慈善活动的创新 ... 319
第三节 明代常州的宗教与民间信仰 ... 322

第六章 明代中后期常州地区的社会矛盾与冲突 ... 326
第一节 倭寇对常州的影响 ... 327
第二节 东林党与晚明政治 ... 330
第三节 晚明常州地区的社会冲突 ... 332

第六编 清前期

第一章 清前期常州的行政建置与人口 ... 339
第一节 清前期常州的政治演变 ... 339
第二节 行政建制的演变 ... 347
第三节 人口变迁与城市格局 ... 349

第二章 清前期常州的经济发展 ………………………………… 353
第一节 农作物与手工业生产 …………………………………… 353
第二节 漕运中心的继续发展 …………………………………… 356
第三节 商业繁荣与市镇发展 …………………………………… 360

第三章 清前期常州的地方治理 ………………………………… 367
第一节 地方行政与军事 ………………………………………… 367
第二节 土地与田赋制度 ………………………………………… 370
第三节 宗族与士绅 ……………………………………………… 374

第四章 清前期常州学术与文化 ………………………………… 380
第一节 教育与科举 ……………………………………………… 380
第二节 学术发展 ………………………………………………… 386
第三节 科学技术与工艺 ………………………………………… 394

第五章 清前期常州的社会生活 ………………………………… 400
第一节 岁时节令与风俗 ………………………………………… 401
第二节 民间信仰 ………………………………………………… 405
第三节 地方文艺与戏曲 ………………………………………… 412

导 论[①]

常州，中国历史文化名城，地处江南中部，北枕长江，南揽太湖，东望上海、苏州，西瞰南京，与无锡、镇江为近邻，向以物产丰饶、人文荟萃著称于世。

一、研究范围与时限

常州作为地名，其内涵代有不同，时为州名、郡名，时为府名、市名，时指城区，时指行政建制。本次《常州史稿》研究范围，为 2010 年作为行政区的常州市所辖地域，包括常州市区，即武进、新北、天宁、钟楼、金坛 5 个区，与溧阳县级市；研究时限，上起远古时期区境先民生活，下限为 2010 年。历史上，常州、武进等涵盖范围代有变化，广狭不一，本书所述内容亦随诸地范围变化而变化。缘此，本书所述范围，有时会超出今常州境域，有时又未完全覆盖今常州境域。如无特别说明，本书所用"常州境域""常州地区"，均指 2010 年常州市所辖地域。

二、相关地名释义

与今常州市境域相关的重要历史地名有延陵、毗陵、晋陵、南兰陵、常州、武进、阳湖、金坛、溧阳、无锡、戚墅堰、淹城等。

延陵，古邑名，大致在今常州、江阴等沿江一带，是今常州境域最早出现的地名。延陵为季札所居之封邑，地及今无锡、江阴、丹阳、金坛以及张家港西部地区。春秋时，吴王寿梦之子季札为避让王位，躬耕于舜过山（今常州与江阴交界处）；周灵王二十五年（前547），吴王封季札于延陵。延陵先邑后县，沿用345年。

毗陵由延陵改名而来。秦王政二十五年（前222），延陵邑置延陵县。西汉高祖五年（前202），改延陵为毗陵，并置毗陵县，后陆续为荆（刘贾）、吴（刘濞）等同姓诸侯王封地。新始建国元年（9），改毗陵县为毗坛县；东汉光武帝建武元年（25），复改毗陵县。三国时，置毗陵典农校尉。晋太康二年（281），撤毗陵典农校尉，改

[①] 本《导论》参考了本书多位学者所撰相关内容，也吸取了多位学者的许多宝贵意见，特别是常州学者的意见，文中没有一一注明，谨此一并鸣谢。

设毗陵郡,领丹徒、曲阿、武进、延陵、毗陵、暨阳(今江阴)、无锡七县,隶属扬州,此乃毗陵为郡之始。毗陵之名共沿用506年。

晋陵由毗陵改名而来。晋惠帝永兴元年(304),以毗陵郡封东海王世子毗,为避讳,改毗陵郡为晋陵郡,仍领七县,属扬州,毗陵县同时改为晋陵县。

南兰陵由东晋南迁的北方士族设置。西晋永嘉之乱后,北方士族大量南迁,世居山东兰陵的萧氏、何氏、鲍氏等世家大族,特别注重自身阀阅与籍贯,于是在侨居地武进侨置兰陵郡县,称南兰陵,与山东兰陵即北兰陵相应。侨置兰陵郡、县设于大兴元年(318),兰陵郡领兰陵县。稍后,明帝太宁年间(323—325),侨置东莞郡于晋陵县境,领莒、东莞、姑幕三县,郡、县皆仅有虚名,而无实土。南朝宋武帝永初元年(420),改兰陵郡为南兰陵郡,领兰陵、承县二县。改东莞郡为南东莞郡。南朝齐、梁时,南兰陵郡时废时复。陈武帝永定二年(558),南兰陵郡改为东海郡,兰陵县属之,晋陵郡同属南徐州。

常州之名,始于隋朝,意为"常稔之州"。隋开皇九年(589),隋朝平陈,废南徐州,罢晋陵郡,置常州,治所先在常熟,后还晋陵,领晋陵、无锡、义兴、江阴四县,并兰陵于曲阿。常州之"常",由常熟之"常"而来。考常熟建县,始于南朝梁大同六年(540),县治设南沙城(即今常熟市福山镇)。县名取土壤膏沃,岁无水旱,"原隰异壤,虽大水大旱,不能概之为灾,则岁得常稔"之意。隋置常州时,境域广大,涵盖常熟、晋陵等地,治所设在常熟,故沿用"常"字。及至治所还晋陵,常州之名便逐渐成为原晋陵之地所专用,而原常熟之地仍用原名(再后来演变为苏州的一个属县,即今常熟市)。所以,苏南常州、常熟二"常",系出一源。大业三年(607),废州置郡,改常州为毗陵郡。唐武德三年(620),罢郡置州,复改毗陵郡为常州,领晋陵、义兴、无锡、武进(原兰陵地)四县。此后,历唐、宋、元、明、清诸代,常州除了在天宝年间一度改名晋陵郡、明代一度改名长春府、尝州府,均为时不久,其余时间均沿用常州之名。

武进之名始于三国。嘉禾三年(234),吴大帝孙权诏复丹徒为武进,取以武而进之意。三国崇尚武功,孙权曾以统一大业为己任,故名。其地在春秋时属延陵邑。晋太康二年(281)置毗陵郡、县,分丹徒、曲阿以东地区置武进县,永嘉五年(311)改称晋陵郡、县。此后,晋陵、武进两县时分时合,数易其名。雍正四年(1726)分置武进、阳湖两县,1912年合并为武进县。2010年武进为常州市辖区之一。

阳湖原为湖泊名,位于武进县东50里,因近阳山,故名,北承运河,南流入太湖。刘宋元嘉二十二年(445)治理阳湖,渐次开辟,支港错列,成良畴数百顷。清雍正四年(1726),以常州府首县武进县人口、赋税繁多,被分为武进、阳湖两县,西部为武进县，东部为阳湖县，县署均设于府城。阳湖县于1912年撤废，并入武进县。

金坛之名始于唐代。秦汉时为曲阿县，晋改为延陵县金山乡，隋大业末年（617）置金山县。唐垂拱四年（688），因东阳郡已有金山县，又因茅山华阳洞内有"金坛百丈"，遂更名金坛县，此后一直沿用。1993年常州撤县建市，金坛成为常州市下属县级市之一。

溧阳建县，始于秦始皇二十六年（前221），区域包括今溧阳市大部以及高淳区和溧水区的东南部。三国、两晋、南朝期间，境内先后设置屯田都尉和永平县、永世县与平陵县。唐武德三年（620），废永世县，划溧水东部之地复置溧阳县，县城先在溧阳旧县乡，后徙至燕山北（今地），自此溧阳作为行政区域名延用至今。元、明时期，溧阳曾升为溧州、溧阳府、溧阳路、溧阳州。民国时期，溧阳县先后隶属于江苏省行政公署、金陵道、江苏省政府、江苏省第一行政督察区（专员公署驻溧阳县）、江苏省江南行署管辖。1949年以后，先后属苏南行署武进行政分区、常州专署、镇江专署管辖。1983年实行市管县体制后，溧阳县属常州市管辖。1990年撤销溧阳县，设立县级溧阳市。

无锡建县，始于汉高祖五年（前202），属会稽郡。新始建国元年（9）改名有锡县，东汉建武元年（25）复置无锡县。西晋太康元年（280）复置无锡县，属毗陵郡。从西晋到清代，无锡一直为常州属县之一。清雍正二年（1724），分无锡为无锡、金匮两县，同城而治，均属常州府。民国元年（1912）锡、金两县合并复称无锡县，属苏常道。1927年，废苏常道，无锡县直属江苏省。1953年，设无锡市，为江苏省辖市。无锡县地处常州、苏州之间，所属先后多次变化，曾经属常州专区、无锡市、苏州专区管辖。

戚墅堰之名源于戚墅港。戚墅港属地武进，宋时因"世族戚氏卜居"而得名。隋大业年间开凿贯通南北大运河，北宋庆历年间，浚治戚墅港。南宋嘉泰年间，设南北戚墅港（南戚墅港今称武进港，北戚墅港今称三山港），南导入太湖，北引至长江。戚墅堰枕江蹈湖，遂成交通要道，至元代渐成街镇，清乾隆时已万商云集，百业俱兴。光绪三十四年（1908），沪宁铁路建成通车，在戚墅堰设站，兼营客货。1936年筑武青公路而经戚墅堰，陆路运输随之兴起，交通更添便捷。

淹城之名，最早见于东汉袁康《越绝书》："毗陵县南城，故古淹君地也。东南大冢，淹君子女冢也，去县十八里，吴所葬。"清代《读史方舆纪要》云："淹城，在府东南二十里，其城三重，壕垫深宽，周广十五里。" 1935年，考古学者对淹城进行实地调查，确认这里为一处古代居民活动遗存。20世纪50年代和60年代，在淹城内河出土了3条独木舟和一批青铜器、陶器，展示了其地独特的文化面貌和内涵。

淹城遗址在武进区湖塘镇大坝行政村,考古确认为春秋时期所筑。学界较权威的说法,认为淹城是由古奄国(在今山东曲阜一带)一支殷商后裔来此建立,建于春秋晚期;后因水源充分,地方志改为"淹"。淹城从里向外,由子城、子城河、内城、内城河、外城、外城河三城三河相套组成。这种筑城形制在中国城市建筑史上,绝无仅有。

三、地理环境与自然条件

常州位于长江下游的太湖平原,具体经纬度为北纬31°09′—32°04′、东经119°08′—120°12′。太湖平原为碟形,四周高,中央低。地貌类型属高沙平原,山丘平圩兼有。南为天目山余脉,西为茅山山脉,北为宁镇山脉尾部,中部和东部为宽广的平原、圩区。境内地势西南略高,东北略低,高低相差2米左右。

这里属亚热带气候,四季分明,光照充足。春末夏初时多有梅雨发生,夏季炎热多雨。冬季空气湿润,气候阴冷。这里雨水丰沛,空气湿润,土壤肥沃,植物茂盛,自然资源丰富。常见的裸子、被子植物门所属植物有1000余种,分属100多科。河湖水系发达,具有发展农业经济的天然优势。丘陵山区拥有丰富的自然植被,林木森森。南部山区盛产毛竹、江竹、淡竹、石竹的,以"竹海"著称。有各类动物二百余种,可供食用的有蚌、虾、蟹、鱼、野鸡、兔等,可作裘皮的有黄鼬、豹猫、草兔、獾等,可保护农林业的有石龙子、杜鹃、啄木鸟、灰喜鹊、家蝠等。山地构成的岩石,主要是石英砂岩、页岩、砾岩,其次为大理岩、花岗岩、玄武岩等,均属良好建材。境内有煤矿分布,武进、金坛、溧阳等地均有。溧阳境内有少量铁、铜、锰等矿产,金坛有盐矿。区境中药资源丰富,有千余种中药品种,包括植物类药、动物类药与矿物类药,其中二百多种被国家和省定为大宗重点品种药,以茅山苍术、兰陵半夏、孟城荆芥最为著名。

地理环境与自然条件对于人类的意义,很大程度上取决于人类的生产方式,取决于人类对于地理环境与自然条件的利用与改造。先秦时期,中国经济文化中心在黄河流域,江南地广人稀,经济发达程度远不如中原地区。按照《尚书·禹贡》记载,今常州所在的古代九州之一的扬州地区,"厥草惟夭,厥木惟乔。厥土惟涂泥,厥田唯下下",草木茂盛,树木高大,泥土稀烂,土壤肥力不足,不适合庄稼生长,能够向国家缴纳的贡赋相当有限。到了秦汉时期,这里经济仍然不够发达,如《史记》所述,"地广人稀,饭稻羹鱼,或火耕而水耨",人民少有积蓄,处于不贫不富状态,"无冻饿之人,也无千金之家"。

东晋以后,大量北方人口南迁,特别是南朝宋、齐、梁、陈四个短暂的朝廷建都建业（今南京），对常州境域影响极大。人们治理水患，发展农业，建设城市，振兴文化，江南地区的经济文化水平逐渐发展，后超过中原地区。①

随着经济社会的发展，交通设施的改进，特别是南北大运河的开通，常州的战略地位也凸显出来。诚如明清之际著名地理学家顾祖禹所说，常州的地理优势："北控长江，东连海道，川泽沃衍，物产阜繁，周处所云'三江之雄润，五湖之腴表'也。且地居数郡之中，翼带金陵，为转输重地，脱有不虞，则京口之肘腋疏，而吴郡之咽喉绝"，他认为常州的军事战略地位十分重要，为中国东南之襟要，北可以固沿海之锁钥，外足以摧淮南之藩蔽，南则"近足以消滨湖之窥伺，远可以清浙右之烽烟"②。唐代以后，历次与江南相关的重要战争，包括元军南下、元末农民战争、晚清太平天国起义，常州均为交战双方激烈冲突的必争之地。光绪二十四年（1908）沪宁铁路开通，常州恰处沪宁线中段，更加重了常州的战略地位。到 2010 年，常州已有京沪高铁、沪宁城际高速铁路、京杭大运河、312 国道和沪宁、宁杭、沿江、常澄、锡宜等高速公路，以及 4E 级民航常州奔牛机场，构成了常州的水陆空交通网。

四、历史演变脉络

常州区境历史演变，可以分为六个大的阶段，即：（一）史前与先秦时期；（二）秦汉魏晋南北朝时期；（三）隋唐宋元时期；（四）明清时期；（五）民国时期；（六）当代。

（一）史前与先秦时期

中华文明源远流长，一体多元，是在漫长的岁月中由多种区域文明缓慢发展、相互交流、相互融合而成的③。长江流域的江南文化与黄河流域的中原文化，是其中最为重要的两支。

---

① 关于江南地区经济文化发展水平超过中原地区，学术界一般认为时间在唐朝中后期。王仲荦指出，由于战乱等原因，南方经济获得迅速发展，南贫北富的局面在东晋建国至陈亡期间逐渐转变，到了唐朝，数全国财富，就以扬州为第一，"它简直成为全国的谷仓和衣料的取给地，中国的经济重心，从此由北方移到南方了"。（见王仲荦：《魏晋南北朝史》上册，上海人民出版社 1979 年版，第 497 页）蒋福亚通过对《南齐书》《通典》《册府元龟》等书所载资料的研究，更具体地确定了江南取代中原地区成为中国社会经济重心的时间是在六朝，其转折点是南齐永明年间的大规模和市，认为在宋齐之交，江南已经成为中国社会经济重心。（见蒋福亚：《魏晋南北朝社会经济史》，天津古籍出版社 2004 年版，第 109 页）参见李凭：《六朝的历史地位》，载薛峰、储佩成主编《齐梁故里与文化论集》，上海古籍出版社 2015 年版，第 152 页。
② （清）顾祖禹：《读史方舆纪要》卷二五，中华书局 2005 年版，第 1223 页。
③ 考古学界认为，新石器时代，即从公元前 4000 年起，黄河下游的大汶口龙山文化，长江下游的崧泽、良渚文化，长江中游的屈家岭、石家河文化，燕辽地区的红山文化，中原地区的仰韶文化及其后续龙山时代的各考古学文化，在中国文明进程过程中都发挥过重大作用。

远古时期，常州地区所在的江南，就为人类的进化提供了条件。考古研究表明，距今4500万年至4000万年前，常州境域已有中华曙猿生活。中华曙猿是世界上迄今发现的生活年代最早的高等灵长类动物。距今40万—20万年前，常州境域已有人类进行采集和狩猎活动。

根据考古学界1970年代以来对常州境域内天宁区潘家塘聚落遗址、戚墅堰区常州果园遗址、武进区郑陆镇三皇庙村寺墩遗址的研究，距今约7000—6000年时，常州境域已生活着属于新石器时代马家浜文化类型的原始居民，其文明程度与同期的北方中原地区居民不相上下。他们过着定居生活，住在地势较高的土墩上，木结构房屋，部分居民已入住吊脚楼；从事渔业和农业生产，已种植经人工栽培的水稻；有原始的船只以及相应的船具，有猪、狗、水牛等家畜饲养；已能制作玉器。距今大约6000年时，常州先民进入崧泽文化时期，生产方式由渔猎采摘转为以畜牧和农业为主，生产工具以石器为主，耜耕进入犁耕，有石器工具、陶制用具，玉器制作更为精美，社会血缘关系由母系向父系过渡。距今5000年前后，崧泽文化发展为良渚文化，先民的文明水平达到了相当的高度。人们大多居住在土墩上，房屋多为长方形地面式建筑，稻作农业比较发达，捕鱼用具已颇讲究，懂得养蚕和丝织，使用黑陶文字，所制作的玉器，体型大、数量多、工艺精，比中原地区更为先进。距今4000年多前，夏商之际，太湖流域被洪水淹没，常州平原地区的文明出现断层。专家猜测，受洪灾影响，常州先民向外迁徙，有少数残留于当地台地山麓并渐次繁衍。与此同时，西部丘陵山区，生活着一批受中原商朝文化影响较大的古楚人，他们生活在河湖沿岸的土墩山丘上，形成聚落，有房子、道路、墓葬等；以农业生产为主，辅以畜牧业与渔猎；印纹陶是最具特色的生活用具，石器是主要生产工具，已具有青铜器铸造技术，也喜好占卜。

常州境域有文字记载的历史始于周代。约在公元前22世纪，来自中原周部落的一支，古公亶父（即周太王）的两个儿子，泰伯与仲雍，因规避王位继承问题之矛盾，率人来到江南，建立勾吴国（先秦古籍又称之为吴国）①，并逐渐将其势力推进到常州西部丘陵地区。西周时期，吴国势力主要在茅山以西的宁镇山区，今金坛西部受到其影响。境域东部属于越文化区，在这一区域内可能存在着属于越文化的小国。滆湖北岸，可能存在一个被称为淹的小国。

春秋早期，常州境域处于越国、吴国势力交叉影响的边缘地带。春秋晚期，吴国从西向东扩张到整个太湖流域北部，与越国发生冲突。此时，常州境域属于吴国，

---

① 勾吴国具体所在地学术界说法不一，一说在今江苏无锡梅里，一说在南京、镇江一带，此外还有其他说法，待考。

地名延陵，现今金坛地域东部属于吴国延陵邑，西部属于朱方邑，溧阳地域可能属于吴国的濑渚邑（又称固城邑，后改名陵平邑）。约公元前560年后，吴国可能把国都迁移到朱方或延陵地区。约在公元前540年，勾吴国王寿梦之四子季札曾受封于延陵。延陵为已知与现常州市区相关的最早地名，季札为有文字记载的常州地区历史上最早的地方封君。约在周敬王六年（前514），吴王阖闾命大臣伍子胥在延陵南部太湖边建造吴国都城（又称阖闾城）以进取越国，延陵为吴国政治中心。阖闾后期，吴国迁都姑苏。

春秋时期，同处长江以南的越吴两国，相互征伐，烽烟屡起，演出一幕幕卧薪尝胆、复仇报恩的故事。常州境域的命运随吴越战场的风云而变幻。吴国一度打败越国，统一太湖流域。战国初期，公元前473年，吴国为越王勾践所灭，延陵、朱方、陵平归属越国。过了160多年，约前306年，战国七雄之一的楚国灭亡越国，并设郡于江东（太湖流域）。在此期间，朱方的一部分地方被分为云阳县，今金坛地区在云阳县内。楚考烈王时（前248），春申君黄歇（前320—前238）向楚考烈王请封于江东，以苏州为其都邑，延陵、云阳、平陵遂属春申君管辖。

春秋战国时期，太湖流域有过一些大规模的农田水利工程，其中著名的有勾吴国时期江南古运河胥溪（吴楚运河）、"吴古故水道"和蠡河的开掘、疏浚，以及楚国春申君对芙蓉湖的治理和改造。春申君是比较有作为的封君，《越绝书》中有许多关于他建筑城池、建设城市、兴修水利的记载，其中当有不少涉及常州境域。河道的疏通，运河的开掘，圩田的围垦，使常州境域由泽国水乡逐渐成为土壤肥沃、物产丰饶的地方。

春秋战国时期，江南地区经济与中原不相上下。其时常州地区以稻作农业为主，兼业渔猎，辅亦建筑业、造船业、蚕丝业、制陶业、冶炼业与手工业等。水稻种植比较发达，也有粱、黍、赤豆、稻、粟、麦、大豆等旱粮；日常生活用具有印纹硬陶和原始青瓷器；青铜兵器最为精良；能够制造各种形制、不同性质的船只，有由不同类型、不同用途的战舰组成的强大舟师。从淹城、平陵城、阖闾城遗址看，其建造技术具有较高水平。

春秋战国时期，对常州地区社会文化产生过重要影响的人物，有吴国、越国、楚国的一批政治家，如寿梦、阖闾、伍子胥、孙武、勾践、范蠡、黄歇等，其中季札受到延陵后人的特别尊崇。季札（前576—前485）为春秋时期著名贤人，博学多才，又诚信礼让，被认为是先秦时代的外交家、思想家和道德实践者。他最为后人称道的地方，一是他再三"让国"，不与其兄弟争夺国君之位，二是他挂剑践诺的义举①，三是他博学多才。他是后世常州人引为自豪的开邑始祖。

至于普通民众的生活，因缺乏可靠的文字记载，具体情况不得而知。可以大致知晓的是，一次又一次激烈的军事冲突，地区统治者的更换，造成当地居民大规模移动与置换，先是吴人征服了越人，接着越人取代了吴人，然后楚人赶走了越人。这使得江南地区文化的更迭，表现为覆盖与取代两种方式。②这对于居民构成与生活影响极大。从后世留下来的吉光片羽可以知道，吴为越所灭后，吴国子孙纷纷逃难。季札次子征生只身逃往齐国，后来客死他乡。季札四子子玉坚守延陵，奉祀延陵季子宗庙，其后裔以地为氏，有延陵氏、延氏、延州氏。季札嫡长孙濮婪偕母、妻逃到太湖东山莫厘峰下定居下来，以濮为姓。③普通民众，包括居住在西部丘陵、传统典籍中被称为"荆蛮"的勾吴居民，东部平原的于越居民，两者逐渐融合为一体，形成吴越文化。他们以鸟为图腾，语言与中原不能相通④，有适应水乡的生活习俗，包括断发、纹身、凿齿（敲折、拔除上颌两侧对称牙齿）等。在受到中原文化影响之后，他们逐渐接受了中原文字，但依旧保持原有一些习俗，民风朴实刚烈，尚武逞勇。

（二）秦汉魏晋南北朝时期

秦王政二十五年（前222），秦平定原属楚国的江南之地，设会稽郡，辖26县，在延陵邑地域设延陵县。此时延陵县西部有云阳县（包括现金坛地域，后改名曲阿县，属会稽郡）、溧阳县（属鄣郡）。

秦二世元年（前209），项梁、项羽叔侄在江东起兵，占据会稽郡，率领由江东子弟组成的军队北上中原，先参加推翻秦王朝的战争，后与刘邦汉军争夺天下。汉高祖五年（前202），项羽军队被战败，汉军渡过长江，占领江东。

西汉王朝建立后，延陵改名毗陵，先后属楚王韩信管辖的楚国、荆王刘贾管辖的荆国、吴王刘濞管辖的吴国。刘濞治吴时，铸钱、煮盐、造船，发展运输业、渔业和农业，带动了民间漆器、竹器、纺织、建筑等手工业的发展。吴地百业兴旺，经济繁荣。汉景帝前元三年（前154），刘濞发动"七国之乱"，兵败身死，吴国被除，

---

① 季子挂剑践诺：吴王馀祭四年（前544），吴国公子季札出使鲁国，途经徐国，徐君喜爱季札的佩剑，有心索取，却难于启齿。季札明白徐君的心意，决定把剑赠送给他，但因佩剑出使是一种礼仪，只好待其归来，才能了此心愿。不幸返回时徐君已死。季札为兑现内心的许诺，便将宝剑挂在徐君墓前的树上走了。事见《史记·吴泰伯世家》。
② 参见叶文宪：《考古学视野下的吴文化与越文化》，中国社会科学出版社2015年版，第280页。
③ 参见叶文宪：《考古学视野下的吴文化与越文化》，第265页。
④ 据语言学家研究，今吴语中有好些写不出汉字来的成分，可能是古代百越语言的残留，诸如地名中勾吴、姑苏、无锡、句容、余杭、余姚的第一个字，即"勾、句、无、余"，在上古发音都很相近，甚至相同。这些字其实都是上古土语中的字头，没有什么实际意义。参见吴恩培：《吴文化概论》，东南大学出版社2006年版，第332页。

延陵属会稽郡。西汉末年,王莽当政,改国号为新,托古改制,行政区划多有改动,毗陵改名毗坛。更始元年,王莽伏诛。东汉初年(25),毗坛复称毗陵,属会稽郡。东汉永建四年(129),会稽郡被分为二郡,以钱塘江为界,东为会稽,西为吴郡,毗陵属吴郡。

公元222年,孙权在江东建立吴国,废溧阳县建制,辟地屯田,并析原县东部置永平县。赤乌年间(238—250),在毗陵建立典农校尉,辖武进(原丹徒)、云阳(原曲阿)、毗陵三县,强迫山民屯田。此后,毗陵成为郡、州、路、府行政机构所在地,历代相沿。

晋太康元年(280),永平县改为永世县,废屯田都尉,复溧阳县。晋太康二年(281),复置毗陵郡,属扬州刺史管辖;分丹徒、曲阿地别置武进县,隶毗陵郡。毗陵郡管辖丹徒、曲阿、武进、延陵、毗陵、暨阳、无锡七县,有12000户。晋元康元年(291),毗陵郡被封给东海王越的世子毗为食邑,为避"毗"讳,改晋陵郡,并改毗陵县为晋陵县。

西晋末年,北方居民因战乱而大批南迁,常州成为北人最初落脚点之一。山东兰陵县的部分居民移居常州地区。其中,淮阴令萧整家族从兰陵南迁,侨居于今武进西北的东城里。东晋大兴元年(318),侨置南兰陵郡于武进县境内,并侨置兰陵县。所谓侨置郡县,即以故乡地名命名侨居地方郡县,设立行政机构,但多无实土。南朝刘宋文帝元嘉八年(431),侨置南徐州,治所在京口,管辖晋陵郡与南兰陵郡。梁武帝时,废侨置郡县,实行实土,行政区域重新调整,天监元年(502),实土后的南东海郡改为兰陵郡(包括丹徒、武进等县),武进县改为兰陵县。

从秦朝至南朝,虽然有过一些战乱,但常州区境社会经济发展颇快。秦始皇时期,区境西部凿丹徒曲河,自阳湖至丹徒段运河开通,为徒阳运河。孙吴时,江东社会经济有较大发展,陆续修成的浙东运河和江南运河发挥了通航效用。云阳以西开辟破冈渎,秦淮河与江南运河联通,成为毗陵至建业的便捷水道。其时,会稽郡治在吴(今苏州),西部宁镇地区为东吴都城所在,毗陵位于两者之间。孙权称帝前后,毗陵地区已有北方难民及山越难民陆续流入垦荒。毗陵屯田客达万人之多。经过50余年的屯田垦荒,毗陵逐渐得到了开发。

东晋、南朝在江南立国,都城在建业。南朝政权虽然变换频繁,但对社会底层破坏不大,相对于战乱频发、灾荒不断的中原地区,江南地区相对稳定,吸引大批北人南移。常州区境处江南腹心地带,距建业较近,生齿渐繁,诸业兴旺。许多荒地得到开垦,变成田园和村落。溧阳至晋陵沿水道的高亢平原,成为陂塘灌溉农田。晋元帝时(317—322),治曲阿新丰塘,溉田八百余顷;泻芙蓉湖水至西边晋陵,再筑岸围田,增加圩区,围湖造田。南朝刘宋元嘉年间,相继在太湖流域围湖造田,在芙蓉湖区修阳湖堰,得良田数百顷,并治临津湖为田。农田耕作普遍使用牛耕。同时,丝织业开始兴起,铜铁冶铸续发展,青瓷业走向成熟;传统手工业品梳篦已成为工艺品,木梳上已出现漆雕图案。刘宋时,人口增长,晋陵太守所辖六县,有1.5万户。从三国到南北朝时期,是中国南北经济天平发生根本性变化的时期。南朝宋齐之际,中国南方经济已经超过北方,江南已经成为中国社会经济重心。①地处江南腹地的常州区境,在这一历史性转变过程中,起了至关重要的作用。

东晋南朝时,北人大批南来,中国南北文化大面积交流、融合,对江南文化的演变、发展产生巨大影响。以萧整家族为核心(包括齐梁两朝皇室成员),以毗陵为起点,以建业为舞台,以齐高帝萧道成、梁武帝萧衍、昭明太子萧统、梁简文帝萧纲、梁元帝萧绎等人为代表,形成了在中国文化史上具有鲜明江南特色的齐梁文化。他们重儒学,好文学,修史学,吟诗作赋,唱和酬赠,将江南文化带入前所未有的烂漫境地。萧统主持编写的《昭明文选》,为中国现存编选最早的诗文总集,影响至为深远。无锡人顾恺之博学多才,其绘画达到了很高的境界,在中国绘画史上留下浓重一笔。

这一时期,常州境域道教、佛教均繁盛一时。道教自西汉已在这里流传,茅氏三兄弟茅盈、茅固在句曲山(现茅山)华阳洞修道,被称为三茅真人。南朝时,境域修道之风盛行。齐武帝时著名道家学者陶弘景在茅山修道,创立了道教茅山派。佛教自三国时期传入武进。梁武帝萧衍信奉佛教,达到痴迷状态,不光念经吃素,兴建寺庙,还多次脱下御服,披上袈裟,声称要皈依佛门,常州一带佛教兴旺一时,南齐年间所建之建元寺(后改名太平寺)为常州最古老寺院,极负盛名。

(三)隋唐宋元时期

隋唐宋元时期,常州地区行政建置变化颇多。

隋开皇九年(589),晋陵郡改为常州,治所移常熟县。后常熟县改属苏州,常州治所移回晋陵。常州下属晋陵、无锡、义兴、江阴四县。永世县并入溧阳县,与延陵县同属蒋州(由扬州改名)。②隋大业三年(607),废州置郡,复改常州为毗陵郡。大业十四年(618),隋炀帝被部下宇文化及杀死,吴兴太守沈法兴借讨伐宇文化及为名,攻下余杭、毗陵、丹阳,据江表十余郡,自称江南大总管,旋以毗陵为都,自称梁王,号延康。

唐武德元年(618),李渊登帝位,建立唐朝,恢复开皇旧制,下令改郡为州。

---

① 蒋福亚:《魏晋南北朝社会经济史》,天津古籍出版社2004年版,第109页。
② 自隋朝开始,直至1983年,金坛、溧阳两县均不归常州管辖。

武德三年（620），李子通败沈法兴，据毗陵，吴王杜伏威平李子通，改毗陵郡为常州，并以故兰陵地置武进县，属常州。同年，划溧水县东部为溧阳县，属扬州。贞观元年（627），分天下为10道，常州属江南道。贞观八年（634），并武进于晋陵。武后垂拱二年（686），复析晋陵县西北36乡重置武进县，并为常州附郭县。其时常州下辖晋陵、武进、无锡、义兴、江阴5县。武后垂拱四年（688），金山县更名为金坛县，属润州。五代十国时，中原战乱，常州先后属杨吴、南唐。

宋太祖开宝八年（975）三月，北宋军队攻占常州，常州归宋。雍熙四年（987），常州属江南道。至道三年（997），全国分为15路，常州属两浙路。北宋末年、南宋初年，宋朝军队与金兵交战，常州境域处于宋军抗金江防前线。岳飞曾率军在常州与金兵作战。高宗建炎元年（1127），以常州为沿江次要郡。建炎三年（1129），金兵占溧阳，岳飞派骑兵袭击，大败金兵。

南宋绍兴五年（1135），常州属沿江安抚司（治所镇江府）。溧阳在宋代先后属江宁府、昇州、建康府（府、州治所均在今南京市）。金坛在北宋时先后属两浙路润州、镇江府，南宋以后直至清代一直属镇江府。

宋末元初，宋元军队交战，常州境域依旧处于两军争夺区域。南宋德祐元年（1275），元军在攻克建康（今南京）后，进攻常州地区，常州2万名义军抵抗20万名元军的围攻，坚守半年，被誉为"纸城铁人"，最后终于失陷，惨遭屠城，军民被杀殆尽，是为常州史上空前劫难。

元朝统一中国后，对全国行政多有改变。至元十三年（1276），常州属行中书省（治所临安），翌年升为路，属江浙行中书省。常州路下辖武进县、晋陵县、无锡州、宜兴州和一个录事司（相当于现代的市区）。元代，溧阳曾改为溧州、溧阳府、溧阳路、溧阳县，属建康路、集庆路。元末，张士诚、朱元璋起兵反元。至正十五年（1355），朱元璋部徐达等攻占溧阳。翌年，张士诚进占常州。至元十八年（1358），张士诚败退，常州为朱元璋部所得。

隋唐宋元时期，常州地区经济有很大发展，在江南乃至全国的地位都有重要提升。

隋大业年间，京杭大运河江南段开通。常州地区在400余公里江南运河中，占有东自望亭风波桥、西至奔牛堰的80多公里，其中穿过郡城中心的运河段有20余公里，是江南运河流经地域最长，穿城距离最长的城市。这为常州创造了相当优越的运输条件，刺激了运河两岸的生产专业化和经济繁荣。

唐代，常州地区粳稻米以田赋形式大量外调，丝、麻织品驰名全国，列为贡品的丝织品就有透额罗、细绉、红紫二色绵布、纱罗、紧纱等；造纸工业颇为发达，为全国15个重要产纸地区之一。天宝年间，常州五县有102631户、694767人，分别比唐初增加约5倍、6倍。唐会昌四年（844），常州被朝廷列为望州，晋陵、武进被列为望县。安史之乱和唐末战乱导致北方人口大批南迁，常州为重要移居地，人口增长很快。

五代十国时，南方相对稳定，经济持续发展。吴越王钱镠统治期间（908—923），曾修筑水利，自嘉兴、松江沿海滨到常熟、江阴、武进，凡一河一浦都造堰闸，蓄泄有时，以待旱涝；并设捞浅军七八千，专事太湖水道疏浚。南唐保大元年（943），修建孟渎水门。这一阶段，常州城经过三次重修、扩建，城市规模不断扩展，其规模在全国仅次于开封、杭州、苏州。

宋代，常州的经济更加繁荣。常武一带知州、知县等官员，如李余庆、王安石、史能之等，多注意兴修水利、造桥筑路、关注民生。庆历二年（1042），晋陵知县许恢浚戚墅堰港，自太湖口起凡90里，通太湖；浚鼋子港（今澡港河）40里，浚申港38里，均通长江。庆历三年（1043），知州李余庆重浚顾塘河，沟通子城河与运河。私人手工作坊遍布街巷，丝绸织造精美，为全国五大丝织产地之一。织造作坊甚夥，有织罗务、窑务、造船场、药局等，还有专门制造弓箭、火药的杂造局。常州紧纱与龙凤细席均为贡品，享誉国中。漕运经济已经成为常州最重要的经济形式。常州作为中心城市的联结性、开放性和综合服务性作用日益明显，按《咸淳毗陵志》统计，常州府城内有受纳常赋的籴纳仓11廪，其余大型仓库21处以上。

北宋末年靖康之乱，北方人口再次大规模南移，全国经济重心南移完成，江南成为全国经济中心，常州作为南来人口重要接纳地，各方面得到了迅速的发展。南宋政权注意恢复与发展经济，奖励垦荒，兴修水利，清丈田亩。太湖流域开始推广稻麦二熟制，粮食单位面积产量大增。绍熙年间（1191—1194），在魏村镇北德胜河上建烈塘闸，宋嘉泰二年（1202），重建奔牛闸。端平年间（1234—1236），挖除丹阳县弭渎河上的横塘、弭村两座土坝，浚渫淤浅河段，使其成为漕运干河。其时，全国产量以两浙为最，两浙又以苏、湖、常、秀等州为最，故陆游在《常州奔牛闸记》中载有"苏常熟，天下足"的谚语。

常州作为转运中心的地位日益巩固。陆游在其《常州奔牛闸记》中便云："自天子驻跸临安，牧贡戎赟，四方之赋输，与邮置往来，军旅征戍，商贾贸迁者，途出于此，居天下十七，其所系岂不愈重哉？"常州城内已形成开放型格局。里坊制演变为厢坊制。官民分居、坊市分离的格局被打破，官府、贵戚府第、作坊、店铺与一般市民住宅杂处，商业和其它经济活动散布各处。城内已经形成一批商业区。后河两岸（现小营前一带）为闹市区，时称"大市"。

宋代常州人口稳定增长。太平兴国时期（977—984），为5万5千多户。熙宁中（1068—1077），为13万6千多户。崇宁元年（1102），为16万5千多户。祥符年间（1008—1016），有主户9万多户，客户5万5千多户。淳熙年间（1174—1189），总户数达27万多户（其中客户近11万户），较之太平兴国年间，增加了4倍，其中武进、晋陵两县户口在15万—16万户。元初因遭兵燹，常州人口锐减，但战事之后很快恢复。元至元二十七年（1289），常州路有209732户、1020011人口。

隋唐宋元时期，常州地区的教育文化有全面发展。隋以后开科举士，将读书、科考和仕进统一起来，促进了文人向学的风气。常州地区科名甚盛，名人迭出。唐大历（766—769）初年，常州刺史李栖筠兴业重教，创办常州历史上最早的州学，督责士子读书习文。此后一直至宋元时期，府学迭经重修、扩建，成就人才颇众。崇宁初，州县推行三舍法，而常州州学也达到极盛，"诸生之有籍于学者千余人"。"熙宁六年（1073），神宗廷策士，擢余中为天下第一，与开封礼部第一人皆著籍常州。是岁州举进士中第者四十余人，号称东南儒学之盛"。大观三年（1109），全国开科进士300人，常州就有53人。宋徽宗赐诏"进贤"，太守、校官进秩一等。整个宋代，常州一共产生800名进士，在长三角地区名列第一，在全国也名列前茅。

宋代常州不仅科第兴盛，而且文风蔚然，著述兴盛。文豪苏轼一生十多次来常，并终老于此。宋宣和元年（1124）开始，著名学者杨时在常州讲学18年，声名远播。乾道末年（1170），大儒张栻来常州讲学。淳熙四年（1177），杨万里任常州知州，在张栻讲学地建城南书院，以为纪念。咸淳年间（1241—1252），常州知州史能之编常州现存最早的方志《咸淳毗陵志》，30卷，体例完备，史料翔实，有名志之誉。

隋唐宋元时期，常州地区佛教、道教继续发展。唐贞观年间（627—649），金陵牛头山的法融禅师在常州筑室十余楹，为天宁寺开创基业。天宝五年（746），九华山道明大和尚在常州建宝藏禅寺。贞元二十年（804)，东瀛高僧最澄来常就学行满，归国后成为日本天台宗始祖。唐末天复年间（901—904），齐云长老维亢在常州建广福寺（后改齐云寺、天宁寺）。唐代，常州寺院林立，遍及城乡，除太平寺、天宁寺外，还有崇胜寺、智宝寺、永庆寺等。宋代抑佛兴道，永庆寺成为道教宫观。宋治平元年（1064），常州人胡宿官至枢密副使，向皇帝请额，在郡城东南建报恩感慈禅院（清凉寺前身）。

（四）明清时期

明清时期常州行政区发生诸多变化，统属屡变，辖县增多。

洪武元年（1368），明朝建立，建都金陵，以江南为直隶中书省，常州府属直隶中书省。同年，改常州为长春，改晋陵为京临，武进为永定，不久又恢复原名，革录事司，并晋陵入武进。洪武二年（1369），常州驻重兵，东御吴越，守御官员为收缩防守范围，在罗城内改筑新城。常州城周长从宋代的罗城27里余缩小为新城的10里余。洪武十一年（1378）常州直隶京师。洪武十三年（1380），罢中书省，以畿内府州直隶六部，常州直隶六部，为直隶府。永乐十八年（1420），明朝迁都北京，改京师（应天府）为南京，常州属南直隶。成化七年（1471），析江阴县马驮沙置靖江县。其时常州统武进、无锡、宜兴、江阴、靖江五县。明代溧阳初为州，后为县，属应天府。

清顺治二年（1645）六月初，清军占领常州城。同年，改南京为江南省，设布政使司，常州属江南布政使司。顺治十八年（1662），又分左右布政使司，常州属右布政使司。康熙六年（1667），改布政使司为省，分江南为江苏、安徽两省，常州属江苏省。雍正四年（1726），析武进置阳湖、析无锡置金匮、析宜兴置荆溪。至此，常州府辖武进、阳湖、无锡、金匮、宜兴、荆溪、江阴、靖江八县，遂有"八邑名都"之称。清代溧阳先后属江宁府、镇江府。咸丰年间，太平军先后攻占溧阳、常州、金坛，统治4年，建常州郡，属苏福省。同治三年（1864），太平军最终失败，常州复归清朝统治。战争期间，常州城乡遭受浩劫，人口锐减，田野荒芜，阳湖县新塘、迎春两乡野猪、野狼竟多年结队成灾。

经济方面，明清时期常州又有很大发展。

明初，中央政府努力恢复和发展经济，在全国兴修水利，奖励垦荒，推广桑、棉种植。洪武年间，常州境域先后浚澡子港（澡港河）、烈塘（德胜河）、胥溪，设闸坝节制水流，改善了水利。洪武十年（1377），常州所属四县（武进、无锡、宜兴、江阴）有14万多户、62万多人。洪武二十六年（1393），全国分区秋粮米实征数及其百分比来看，常州府实征秋粮米533515石，占全国实征总数的2.16%，接近广西、云南两省征粮数之和。永乐元年（1403），常州所属四县（武进、无锡、宜兴、江阴）有17万户、91万人。永乐四年（1406），朝廷诏疏孟河，苏、松、常、镇近10万名民夫参加。洪熙元年（1425），朝廷下令孟河三年一浚。宣德六年（1431），江南巡抚周忱着力治水，整治芙蓉湖，围筑大堤63里，成圩田10万余亩；疏浚德胜河40里。嘉靖前后，常州手工业已颇发达，印刷业已使用铜铅活字，纺织业有很大发展，居民手工业生产已占居优势，副业变为主业，农业降至次要地位；梳篦等手工业已驰名全国。

清代，常州经济继续繁荣，常州粮、棉、豆等经济作物的生产发展迅速，亦为向国家缴纳赋税最多的地区之一，手工业中如土布业、丝织业、梳篦业等均颇兴旺。康熙、雍正、乾隆年间，官府多次组织民工疏浚运河，治理孟河，修芙蓉圩，环通城内外河道。道光十二年（1832）、光绪二十七年（1901），官府再次治理孟河、德胜、澡港等。

清末,常州土布生产水平改进,土布的销路转畅,集中生产的工场增多。光绪初年,常州已有钱庄12家。光绪八年(1882),常州开通电报。光绪二十二年(1896),上海开往镇江的轮船在常州设站。光绪二十八年(1902),常州地方轮船运输业创建。光绪三十二年(1906),常州第一家机器织布厂晋裕布厂创办,常州首家银行和慎商业储蓄有限公司开设。光绪三十三年(1907),裕纶布厂开办。光绪三十四年(1908),沪宁铁路通车,常州设站。宣统元年(1909),常州第一家用柴油机为动力碾米的近代粮食加工厂公盛堆栈创办。清末,常州商业流通领域也有新的变化。布号、木行、豆行、粮行、钱庄、堆栈等相继兴起,原有的典铺长盛不衰;豆、木、钱、典业成为常州商业的四大支柱;城内客商云集,各业进销两旺,仅大豆的年销量就达300万—500万石。宣统三年(1911),常州城区有15818户、101876人。

文化方面,明清时期,常州教育、文化又有新的发展,学术繁荣,名人辈出。

明洪武初年,常州府学招廪膳生员40人。崇祯时,府学内舍宇成片,宏伟亮丽。隆庆六年(1572),常州知府施观民在原晋陵县衙旧址创建龙城书院。万历三十一年(1603),知府欧阳东凤在经正堂讲学,实为恢复龙城书院,与无锡东林书院、宜兴明道书院一时称盛。康熙六年(1667),重建尊经阁。清代,常州书院进一步发展,本地龙城书院、延陵书院先后重建,冠于东南各郡。

明清时代,常州学术文化走向繁荣,出现了许多在全国有影响的文化人物和流派。明代有教育家谢应芳,主持编纂《永乐大典》的陈济,刻印古籍数十种的学者兼藏书家薛应旂,被称为"嘉靖三大家"的文学家唐顺之等。清代,有以庄存与、刘逢禄为代表的常州学派(今文经学派),以恽敬、张惠言为代表的阳湖文派,以张惠言、张琦为代表的常州词派,以恽南田为代表的常州画派,以赵翼、洪亮吉、黄景仁、孙星衍为代表的常州诗派,以费伯雄、马培之、巢崇山、丁甘仁为代表的孟河医派均享誉一时。在其他领域,常州学者也取得了相当大的成就。在史学界,赵翼与钱大昕、王鸣盛齐名。在方志学界,常州是清代出产方志作者最多的地区,堪称方志之乡,洪亮吉、孙星衍、董祐诚、李兆洛均为一代方志名家。此外,如张惠言、段玉裁、臧庸的考据学、胡文英的方言学、董祐诚的数学、李兆洛的天文学、戈裕良的造园术等也均在整个清代文化史中占据了一席之地。正是这些璀璨的群星,组成了灿烂的清代常州学术天空。

明清时期,最具常州乡土特色的地方曲艺摊簧出现,系在本地民间山歌小调、宣卷、唱春、采茶调和南词基础上,吸收外地山歌小调,逐渐发展而成。

清末,科举废止,西学渐兴。常州的有识之士力倡新学。光绪二十二年(1896),

刘树屏、李正光等改龙城书院为致用精舍，改革课程设置。光绪二十八年（1902），改为武阳公立两等小学堂，实施新式教育。光绪三十三年（1907），常州府中学堂创办，除传统教育课程之外，还开设外语、算术、生物、体育等。至宣统末年，城内公私立小学发展到38所。与此同时，出国留学成为寻求新知的另一途径。同治十一年（1872）至光绪二年（1876），清政府相继派遣120名幼童留学美国，内有两名为常州人。屠寛、伍达、吴稚晖、孟森等都曾留学日本，赵元任在1910年以赴美留学考试第一名入康乃尔大学学习。

宗教方面，明洪武年间，常州城内始有清真寺。宣德十年（1435）印度僧智澜来常就任祥符寺住持。万历年间，临济宗高僧时雨济润住持白云禅院、祥符寺。清代，康熙、乾隆南巡经常州，对寺僧多有赏赐，倡导佛教。天宁寺在佛教界的地位日益尊崇，培养出高僧无数，民国成立天宁佛教院后，对佛学界的影响日益深远。明末清初时，常州学者如龚道立、许之渐等便与耶稣会士利玛窦、汤若望等有交往。清代后期，天主教、基督教也开始传入常州。

（五）民国时期

民国时期，常州地区社会经济发生很多新的变化，增加了一批新型企业。由于交通与通讯的发达，常州与上海、南京等地的经济、文化联系加强，与国外的联系增多。其中，上海为中国最大城市，多功能经济中心，多领域文化中心，南京在一段时间里是中国首都，是全国政治中心，常州适处两地之间，故常州人到这两地开拓事业的情况大为增加。

1912年，中华民国成立，废常州府，阳湖县并入武进县。此后十多年间，常州隶属于境域续有变化。1914年，武进县属江苏省苏常道。1927年，道废，武进县直属江苏省。1929年，改市乡制为区乡镇制，撤武进市。

民国时期，政治风云变幻，常州虽非政治中心，但地处江南鱼米之乡，又在交通要道，因此，各种政治变动都会影响常州，常州人也会主动参与这类变动，成为推动社会进步的重要力量。1921年，中国共产党成立，常州人瞿秋白、张太雷等均为早期党员与重要骨干，瞿秋白日后成为党的主要领袖之一。1923年，国共合作以后，中共党员帮助发展常州籍国民党员，组建了国民党武进县党部。同年，中共常州临时支部在城区成立，中国共产党金坛小组成立。1924年10月和1925年1月，直系、皖系军阀在苏浙交界和镇、常、锡等地区发生过两次战争，武进、常州两次遭到军阀的掳掠与骚扰。1927年3月，北伐军攻克常州，成立武进县政府。同年，国共分裂，中共常州独立支部成立，中共金坛特别支部成立。1932年2月，中共溧阳县特别支部成立。1937年抗日战争爆发。11月，日本侵略军进占常州，烧杀掳掠，大批工厂和南大街、西瀛里等主要商业区付之一炬。常州城乡人民组织游击队、大刀会、义勇军、自卫队、自卫团、工人纵队等数十支抗日游击武装，开展御侮抗暴斗争。日伪傀儡地方政权设武进县，属江南行署第二区。1938年，江南抗日游击大队、苏浙人民抗日自卫军等地方抗日游击武装先后成立，开展游击战争。新四军一支队司令员陈毅率部进入溧阳。1939年，新四军江南指挥部在溧阳成立，开创以茅山为中心的苏南根据地。从1938年底起，新四军相继创建武南、武进、澄西、金丹武4块抗日游击根据地，并建立各级抗日民主政权。1941年7月起，各抗日游击根据地开展"反清乡"斗争。1945年8月，日本宣布无条件投降，国民政府江苏省保安四纵队朱力子部进入常州。其后，常州属江苏省第二行政区。1948年，常州城区贫民频频掀起抢米风潮，城区工人、职员先进行怠工、罢工、请愿、示威达60余次，其中以戚墅堰机厂工人中断京沪铁路交通、开出专列赴上海请愿的罢工斗争规模最大，轰动京沪沿线。

民国时期，常州农业、工商业和城市建设发展很快，经济结构也有很大变化。

工商业方面，1913年，常州第一家机器制造厂厚生制造机器厂创办。1913年振生电灯公司创办，并于翌年正式运行发电。1913年，裕源油坊首先使用柴油引擎作为动力，常州油坊开始进入工业油坊阶段。1916年，梅龙坝振余布厂将土布织机改为铁木人力脚踏机。1918年恒丰染织厂成为全市首家设有机器印染车间的织布厂。1924年，武进建蒋湾桥电力戽水机站，这是中国历史上第一次试行电力戽水。1928年，常州各类近代工厂已经有工人7260人。1930年，刘国钧创建大成纺织染股份有限公司第一厂，并相继开办二厂、三厂，还在汉口开办四厂，资产增至460万元，被誉为工业企业的罕见奇迹，为常州轻纺工业企业之冠。1931年，江上达成立民丰纱厂，至抗战前已经成为资本总额达140万元，兼具纺织印染的综合性纺织企业。是年，常州已有工商业（含手工业）2000多户。1936年，吴淞机厂从上海迁到戚墅堰，占地42公顷，职工1500多人，为常州最大的近代化工厂。到1937年，常州纺织工业已具相当规模，染织布厂有40多家，纱锭6万多枚、布机8000多台；商业、服务业也有较大发展，门类齐全，营业兴旺，有粮食、木材、绸缎呢绒、五洋百货、化工油漆、国药、西药、北货、南货、酒酱、茶食、饭店、旅馆、理发、茶水等40多个行业，约1500多户。

民国时期，钱、典业和豆、木业仍是常州经济的四大台柱。1923年，常州钱庄增至27家，资本总额113.9万元，1926—1927年，常州钱庄全年营业额在千万元以上。1915年，上海商业储蓄银行在常州设立代理处，这是民国后外地在常州设立的第一家银行。1917年，钱以振集资开设常州商业银行，1920年，杨廷栋等创设富华储蓄银行。北伐战争胜利后，交通银行、江苏银行、江苏省农民银行、国华银行、信孚商业银行等相继在常州设立分行。1934年，刘国钧、吴镜渊等设立武进商业银行。1917年，常州城乡有典当牌号16家，其资本额在6万—10万元。1932年，17家当铺的资本总额为75.6万元，营业额达350万元。1914年，豆市河共有沈乾泰、刘乾丰等17家豆行。1921—1931年，各豆行全年成交额达600万石以上。民国初年，常州20多家木行中实力最雄厚的是"三丰一泰"（钱祥丰、永丰盛、乾洽丰、开泰）。1916年，全市木材营业额为300万银元，成为赣木、广木在苏南的集散中心。

民国时期，常州城市近代化程度明显提高，城市规划、内外交通、城市照明、邮政通讯等方面均有发展。1912年公布了《城区街道改良办法》，这是常州城市规划的开端。1934年通过《东北、西南新市区规划》，这是常州最早具有分区性质的规划。至1936年，常州城区初步形成路网。1949年，市区道路总长58.2千米，面积26.4万平方米。对外公路如武丹路、武宜路、武青路、镇澄路、溧武路、锡宜线等也先后开通。1932年秋，青光工业社设汽车营业部，为常州城乡汽车运输业的先导。至1937年抗日战争爆发前夕，常州城乡各公路已经多有长途汽车通车。还在清末的1905年，武进商会已仿照上海等先进城市，创办煤油路灯。1914年，煤油路灯改为电灯，至1949年，城区有街道路灯1000余盏。民用电灯用户也迅速增长，抗战前夕已经达7000户。1927年，常州第一个自来水厂创办，到1949年，城区有自备水的工厂8个，日产水6.5万吨，市区给水管道总长11.45公里，城区用户541户。1912年武进县定为二等邮局，1918年，西瀛里设立常州城内的第一个邮政分局。清光绪八年（1882），常州始有电报通信。至1948年9月已有去报2546份，来报3318份，转报514份。1913年，武进电话公司开办，到1949年底，市话用户为1223户。

民国时期，常州教育、文化、卫生事业颇为兴盛。江苏省立常州中学等成为培育新型人才的重要机构。1933年最繁盛时，武进县总计有各级学校405所，学生39064名。1949年前尚有学校108所，包括小学81所，中学18所，中等师范学校1所，职业学校7所，特殊学校1所。城市居民文化素质进一步提高，1931年，城区识字者仅占城区总人口的30.36%，而到了1946年，城区识字者已经占总人口的57.94%。常州出版的报纸有《新民日报》《商报》《武进中山日报》《武进商报》等。常州滩簧和常州道情等民间艺术发展甚快，滩簧发展为常锡文戏，后定名为锡剧。1912年，广慈医院开设，为常州第一所私立医院。1918年4月，美国监理会创建武进医院，这是常州最早的一座新式医院。至1949年常州解放前夕，城区先后创办公私立医院40所，医务人员394名。私人开业诊所40余家，分设内、外、儿、妇等科，病床234张。

　　从晚清到民国,由于近代交通与通讯的发展,轮船的通航,火车的运行,社会流动的频繁,常州人在中国的作用与影响,在政治、经济、文化方面的表现,出现一个重要的特点,即以全国为舞台,特别是以全国经济与文化中心上海、全国政治中心南京(南京作为首都时期)为舞台。晚清时期,盛宣怀在上海、天津等地从事洋务活动,办理轮船招商局、中国电报总局、中国通商银行等,创办上海南洋公学(上海交通大学前身)、天津北洋大学堂(天津大学)、中国红十字会,历任招商局督办、山东登莱青兵备道兼东海关监督、直隶津海关道兼直隶津海关监督、铁路公司督办、工部左侍郎与邮传部大臣。盛宣怀识见之开明、开拓之繁多、任事之强毅、成就之宏伟,均为同时代之翘楚。何嗣焜为南洋公学第一任总理(校长),主持校务4年多,招收各类学生300多名,派出留学生10余名,筚路蓝缕,成效显著。赵烈文为曾国藩重要幕僚,在经世之学、命理学方面,自具特色。盛康辑《皇朝经世文编续编》,前承陶澍、魏源余绪,后启清末经世文编新潮,颇有影响。李伯元创办《指南报》《游戏报》,编辑《绣像小说》,创作《官场现形记》,是著名报人与小说家。陈范在上海主办《苏报》,宣传反清革命,酿成影响极大的"苏报案"。陈撷芬(陈范之女)是晚清中国倡导妇女解放的先驱。狄楚青在上海参加自立军活动,创办《时报》,锐意革新报纸业务,在近代新闻史上颇有地位。吴稚晖执教南洋公学,支持学生爱国运动,留学法国,介绍与宣传无政府主义,民国时期为国民党重要人物。屠宽在清末留学日本,参加孙中山领导的同盟会,回国后任常州府中学堂首任监督,辛亥革命时领导光复武进,成立新政府,被选为民国首届众议院议员。庄蕴宽在辛亥革命后,出任江苏首任都督,后长期担任北洋政府审计院院长,是故宫博物院创建人之一,为清末民初重要政治活动家。赵凤昌在晚清立宪与革命运动中,联络多方,参与机要,颇有影响。瞿秋白、恽代英、张太雷都是中共早期党员和重要活动家,为中国人民的解放事业做出了重要贡献,直至献出生命。李公朴、史良是著名爱国民主人士,抗日救国"七君子"中的两位。吴在渊、华罗庚为成就杰出的数学家。赵元任执教清华大学、美国加州伯克利大学,为国际著名语言学家。此外,屠寄、孟森、吕思勉于史学,张志让于法学,孟宪承于教育学,蒋维乔、陆尔奎、沈颐于出版业,谢观、恽铁樵、周维翰、李宗恩于医学,赵燏黄于药学,孟宪民于地质学,张景钺于植物学,吴伯超、瞿维、孟波、吴祖强于音乐,陆镜若、吴我尊、洪深、阿甲、吴祖光于戏剧,刘海粟、谢稚柳、冯超然、马万里于美术,吴中行于摄影、杨守玉于刺绣,恽逸群于新闻报刊,张春帆、许指严于小说创作,或创榛辟莽,领异标新,或熔铸百家,自成气象,皆成就卓越,声誉远播。

(六) 当代

从 1949 年至 2010 年，常州地区的历史，以 1978 年 12 月举行的中共十一届三中全会为界标，分为前后两个阶段。

第一阶段（1949—1978）

1949 年 4 月 21 日，中国人民解放军发起渡江战役，进军江南。23 日至 25 日，解放军先后进驻常州、金坛、溧阳。28 日，共产党领导的常州政权建立，分置常州市和武进县，建立常州行政区专员公署。8 月，市人民政府撤销市区龙城、名山等 8 个镇人民政府，合并为 4 区。10 月，开始户籍改革，废除保甲制度。9 月 22 日，市第一届第一次各界人民代表会议举行。

此后，常州作为江苏省的一个市，在中国共产党的领导下，按照中央的精神与省委省政府的指示，随着全国的脚步一起前进、变化，生产不断发展，政权形式、境域范围偶有变化。1950 年，开展土地改革运动、镇压反革命运动、支援抗美援朝运动。至 1952 年，全市共捐款 251.36 亿元，折合战斗机 16.5 架，支援抗美援朝。1951 年至 1952 年，开展"三反"（反对贪污，反对浪费，反对官僚主义）与"五反"（反行贿、反偷税漏税、反盗骗国家财产、反偷工减料与反盗窃国家经济情报）。1952 年底，常州专区撤销。1953 年起，常州逐步实行对农业、手工业和资本主义工商业的社会主义改造。1956 年，市区所有工商企业实行公私合营，城市手工业者组成专业联社、基层合作社、合作小组。1957 年，农村初级农业生产合作社全部转为高级社。自 1959 年至 1961 年，掀起"大跃进"和人民公社运动，造成常州社会生产力的严重破坏和物质财富的巨大浪费。1961 年，国民经济实行"调整、巩固、充实、提高"方针，常州对工业布局和基本建设进行调整，收缩重工业投资，加强轻纺工业和为农服务工业，并将一批全民所有制企业下放为集体所有制企业，农村将公社一级所有权下放，实行以生产大队为基本核算单位，生产队为劳动单位。1962 年，常州市改为省辖市。

1966 年 5 月，"文化大革命"开始。此后十年间，常州成立过红卫兵，发生过大规模武斗，生产大幅度下跌，国民经济遭受重大损失，但是，常州人民坚持发展生产，与极"左"路线进行了不屈的斗争。1970 年代，常州工业经济一直在全国处于领先地位，成为全国中小城市中"工业学大庆"的先进城市。到 1978 年，常州全市生产总值 17.57 亿元，其中市区 9.08 亿元；人均地区生产总值 605 元，其中市区 2225 元。1976 年 10 月，"四人帮"被粉碎以后，常州经济社会发展逐渐走上了正常的轨道。

从 1949 年至 1978 年，常州地区人口大幅增长。1949 年，全市有 408799 户、173.89 万人；1953 年，全市有 457618 户、187.99 万人；1965 年，有 557762 户、

240.79 万人；1978 年，有 732349 户、291.00 万人。

从 1949 年至 1978 年，常州地区教育、文化也在曲折中前进。

1950 年代初，政府合并或新建一批公立中小学，接办私立中小学和 2 所公立中等专业学校，调整学校布局；建立锡剧、京剧、沪剧、滑稽剧、木偶剧、曲艺、杂技、评弹、文工团等 9 个专业剧团。1958—1960 年，市区中小学从 1957 年的 132 所增至 245 所，其中中等职业学校、农业中学从 1 所增至 48 所，成人学校达 600 余所，开办高等学校 3 所。

"文化大革命"期间，学校"停课闹革命"，开展所谓"破四旧"（旧思想、旧文化、旧风俗、旧习惯）活动。学校片面强调学工、学农、学军，忽视文化基础课教育，并且推行工人、贫下中农管理学校。"文革"后期，各类学校有恢复性增长。至 1976 年，常州市区有幼儿园 108 所。小学数量比"文化大革命"前稍有增长。1972 年，筹建常州市北郊中学。至 1976 年，常州市区有中学 41 所。此外，职业中学、技工学校、师范类中专等学校都有所发展。1972 年后，常州卫生学校、常州无线电工业学校、常州轻工业学校、常州机械学校、常州会计学校等相继复校。1973 年，常州市创办七二一工人大学，招收 35 岁以上的工人入学。

第二阶段（1978—2010）

1978 年 12 月中共十一届三中全会以后，中国共产党果断地停止以阶级斗争为纲，走上了以经济建设为中心的改革开放道路。常州政治经济和各项事业逐步恢复正常，快速发展，呈现一派新的气象。

1980 年，市人民代表大会、市政治协商会议、检察院、法院相继恢复工作。

1983 年，国家开始实行市管县体制，常州市管辖市区及武进、金坛、溧阳三个县。从此，常州进入城乡一体、共同发展的新阶段。此后，常州的内部区划经过多次调整，到 2010 年，常州下辖金坛、溧阳 2 个县级市和武进、新北、天宁、钟楼、戚墅堰 5 个区。

改革开放以后，常州在全国较早地出台一系列改革开放政策和措施，在全国发挥了先锋示范作用。1982 年，被国务院确定为全国经济体制综合改革试点城市。1983 年起，在全国率先实行城市财政递增包干试点。1984 年，被确定为全国科技体制改革试点城市和实行厂长负责制试点城市。1985 年，被国务院列入我国沿海经济开放区。1986 年，被列入全国金融体制改革试点五城市之一、全国 16 个中等城市机构改革试点市之一，以及社会发展综合示范试点城市。1992 年，被列为全国第二轮改革试点城市、新一轮综合配套改革首家试点城市。1994 年，被确定为全国"优化资本结构，增强企业实力"试点城市。1998 年，被确定为中国地方 21 世纪议程能力建设项目六个试点城市之一。2010 年，被确立为国家创新型试点城市。

进入 21 世纪，常州已经完成从农业社会向工业社会的转型，建立了具有本地特色的现代产业体系，经济社会发展水平达到世界中等发达国家的水平，成为中国工商业最发达地区之一。2010 年，市区面积为 1864 平方公里，市区建成区面积为 153.05 平方公里；全市地区生产总值为 3044.89 亿元；有 127.11 万户、360.80 万人，其中常住（半年以上）人口 459.33 万人，城镇常住人口 293.74 万人。

改革开放以后，常州社会事业得到恢复发展，文化事业开始繁荣，群众的精神文化生活日益丰富。

1979 年，新建文化宫广场；在常州市职工大学的基础上筹办了常州工业基础大学，后相继改为常州工业技术学院、常州工学院。1981 年，南京化工学院在常州、无锡开办分校，后两校合并，在常州创为江苏化工学院，为常州第一所全日制本科大学，后改为常州大学。同年，扩建、迁建、新建中医院、第三人民医院、妇幼保健医院。1984 年，长江引水工程西石桥水厂落成，常州居民自此开始饮用长江水。1991 年，建成亚细亚影视城，为国内第一个电影城。1992 年，建成刘海粟美术馆。1999 年，兴办新世纪实验学校等一批公办民营学校。2000 年至 2002 年，常州信息职业技术学院、常州纺织服装职业技术学院、常州工程职业技术学院、常州轻工职业技术学院、常州机电职业技术学院，分别在原有中等学校基础上相继成立。

到 2010 年，全市有普通高中 37 所、普通初中 126 所、普通小学 190 所、幼儿园 207 所、特殊学校 5 所；有常州大学、江苏技术师范学院、常州工学院和河海大学常州校区等 4 所全日制普通本科院校，6 所高等职业院校；6 所高等职业技术学校、5 所中等专业学校、1 所职业高级中学、4 所技工学校；全市拥有图书馆 4 个、博物馆 12 个、群众艺术馆与文化馆 8 个、文化站 58 个；有医疗卫生机构 1103 个，其中医院、卫生院 93 所，三甲医院 5 家；有依法登记的宗教活动场所 165 处，其中佛教 78 处、道教 16 处、伊斯兰教 2 处、天主教 5 处、基督教 64 处。

改革开放以后，由于经济、社会、文化的发展在全国保持相对领先地位，常州在全国城市发展的综合评价中，许多指标名列前茅，获得高度评价。1980 年代初，常州被视为中国中等城市中具有借鉴作用的工业明星城市。1992 年，被中国城市社会经济发展水平评价中心列为全国综合实力 50 强、全国城市投资硬环境 40 优。2004 年，市被国家环保总局认定为首批（苏州、常州、威海三市）国家环境保护模范城市群（包括下辖的全部县市）。2006 年，入选 12 个"中国品牌经济城市"；入选"2006 中国投资环境百佳城市"；名列"全国城市创新环境评价"第七位。2007 年，入选"中国 10 大市场强市（县）"；成为江苏省第三个率先实现以县为单位的全面小康社会的地区。2008 年，入选中国社科院社会科学研究所发布的"全世界 500 个最具发展潜力城市",在国内的排名第 20 位;同年入选"福布斯中国内地最佳商业城市榜",列第 9 位。《2009 年中国城市政府管理竞争力报告》中,常州名列政府创新能力第一位。2010 年,全国地级市富裕指数排名中,常州排名第 10 位,位列江苏第三。常州所辖武进、金坛、溧阳三市(区)均为全国百强县。

此外,常州在全国还获得了众多的荣誉,包括全国城市环境综合整治优秀城市(1992 年、1995 年、2000 年,共 3 次)、全国卫生城市(1996)、全国科教兴市先进城市(1997—1998 年度,1999 年,共 2 次)、全国创建文明城市工作先进城市(2002 年、2005 年,共 2 次)、全国科技进步先进城市(2002 年、2004 年、2005 年,共 3 次)、中国人居环境范例奖(水环境工程,2003 年;旧住宅小区综合整治,2004 年;共 2 次)、国家卫生城市(2003)、全国社会治安综合治理工作优秀地市(2004)、国家环保模范城市(2004)、中国优秀旅游城市(2007)、国家园林城市(2008)、中国十佳和谐可持续发展城市(2009)。

这一时期,涌现了众多常州籍著名科学家、艺术家、学者,如经济学家吴敬琏、周叔莲,植物学家蔡旭,医学专家吴阶平,音乐家吴祖强、瞿维、陈燮阳,作家高晓声。截至 2010 年,常州籍的中国科学院院士有 38 名、中国工程院院士 21 名,共计 59 名。

五、区域人文特点

在两千多年的秋月春风、潮涨潮落中,常州地区形成了鲜明的地域人文特点,概括起来,约有以下六端,即崇文、务实、经世、博取、创新、谦慎。

(一)崇文

常州地处江南腹地中心,气候温润,水源充沛,土壤肥沃,物产丰富,只要水利治理得法,人民较易解决温饱问题,民性亦易安顺。民性安顺,社会平静,则人民容易向文而少武。竖看历史,常州文人多而武人少,其原因盖出于此。常州人历来重视教育,重视文化。西晋末萧整家族南迁武进。南朝齐梁时期,以常州南兰陵萧氏为核心形成了家族文化群体,以文化传家。唐大历(766—769)初年,李栖筠在此创办学校,常州州学由此初兴。此后,在常州任职与游历的名流大家,包括唐代的独孤及、孟郊、皮日休,宋代的王安石、苏轼、杨万里、李纲等,在这里兴学修文,推动了常州文化的发展。宋代常州州学可与当时极负盛名的湖州州学相提并论。到了明清与近现代,常州更出现了名人辈出、学派蜂起的繁盛局面。

常州除了府、县学之外,本地书院林立。隆庆六年(1572),知府施观民创建龙城书院。万历三十一年(1603),知府欧阳东凤重建龙城书院,由此拉开东林风潮序幕，在中国书院发展史上占有显赫地位。清代常州更是"文学之盛，郁萃中吴；科第之繁，著称江左"①。龙城、延陵等书院以"反躬实践，言必由衷，行不失足"为训，以"出则以身行道为名臣，处则以身明道为名儒"要求士子②，由邵齐焘、卢文弨、褚寅亮等著名学者担任山长，使得区域人才翁郁荫翳，从而形成常州学术流派。诚如近代学者柳诒徵所云："江苏布政使司所属各府文化，以常州为称首。常州之书院，曰龙城、曰延陵，而龙城为最著。"③

常州各个家族经常会把子孙能读书看得比做官还重要。周仪暐的五世祖周基曾说："吾不求子孙膴仕，但得世世读书能文章足矣。"④清代经学大师臧琳的父亲也说过："吾不以汝骤度科名为幸，能为吾臧氏读书种子则善矣。"⑤这并不意味着家族不希望通过仕途为官，而是强调无论在任何情况下都不可断绝家族的文化命脉。对此，盛宣怀家族的龙溪盛氏在其家范中说得很清楚："天下事利害常相半，惟读书则有利而无害，不问贵贱老幼贫富，读一卷便有一卷之益，读一日便受一日之益，读书变化气质，即资性愚钝，多识几字，习他业亦觉高人一等，非止拾青紫，取荣名已也。故论人品必推大雅，问家声则说书香，凡我子孙须延一脉。"⑥可见，"须延一脉"方是家族的最大关怀。正是这种守先绪，启后学，传递家族文化传统的强烈责任感，才使得常州这些书香门第、笔耕世家代代相传，绵延不绝。常州大家族与其它地区同类家族的最大不同便是，文章道德永远是他们的核心追求。正是这种对教育的世代重视，催生了清代常州的人文之盛，风俗之美。

自隋唐开科取士至清末，常州地区共取进士2890余名，其中状元16名；武进一地出了9名状元、11名探花、1546名进士。截至2010年，常州籍的两院院士有59名。这两类人物，人数之多、名气之大，均名列全国前茅。北宋时已有"号称东南儒学之盛"之说⑦，南宋陆游称常州"儒风蔚然，为东南冠"⑧，明代《万历武进

---

① （清）王其淦、吴寿康修，汤成烈纂：《光绪武进阳湖县志》卷一九《选举》，《中国地方志集成·江苏府州县志辑》第37册，江苏古籍出版社1990年版。
② （清）钱人麟：《改建龙城书院记》，（清）黄冕修，李兆洛等纂《道光武进阳湖合志》卷一二《学校志》，光绪十二年刻本。
③ 柳诒徵：《江苏书院志初稿》，载赵所生、薛正兴编《中国历代书院志》第1册，江苏教育出版社1995年版，第61页。
④ （清）周腾虎：《先德小识》，《毗陵周氏家集》本，民国十七年铅印本。
⑤ （清）杨方达：《武进臧先生家传》，（清）臧琳《经义杂记》卷末，《续修四库全书》第172册，上海古籍出版社1995年版。
⑥ 《龙溪盛氏家谱》卷首《家训》，民国三十二年敦睦堂木活字本。
⑦ （宋）葛胜仲：《丹阳集》卷一二《朝议大夫施公墓志铭》，《景印文渊阁四库全书》第1127册，台湾商务印书馆1986年版。
⑧ （宋）陆游：《渭南文集》卷一八《常州开后河记》，《陆游集》，中华书局1972年版，第2147页。

县志》称,常州"在今为巨邑,人文盛于海内"。[①] 清代龚自珍则盛赞常州:"天下名士有部落,东南无与常匹俦"。[②]

(二)务实

务实,是江南文化的普遍特点,不独常州为然,但常州更为突出。他们讲实学、办实事、求实惠、重实效。自明清时期至近现代工商业的发展,明清以来重视物质生活的特点,精明能干形象的形成,科举人才、科技人才的大批涌现,都是这种务实精神的体现。治学方面,常州学人在重资料、重实证方面,相当突出。段玉裁《古文尚书撰异》,阳湖孙星衍《尚书今古文注疏》,秦蕙田的《五礼通考》,被认为是总结性著作。徐霞客历时三十多年,不畏艰辛,不顾危险,到全国各地旅行考察,留下极其丰富的实地考察资料。他以科学精神治地理学,一切以实测为基础,前无古人!这是务实精神的具体表现。顾祖禹著《读史方舆纪要》,历时21年,十易其稿。他极其重视实地调查、核实资料。他自称:"集百代之成言,考诸家之绪论,穷年累月,矻矻不休,至于舟车所经,亦必览城廓,按山川,稽道里,问关津,以及商旅之子,征戍之夫,或与从容谈论,考核异同。"[③] 这是道道地地的科学精神。这部书很特别,正文当中,自加解释,解释之后,又有小注,解释和小注都是他考证的心得。此书被当时学者称为"数千百年绝无仅有之作"。梁启超认为此书在研究方法上是"治地理学之最好模范"[④]。

务实,必然重视人生。考察常州文人,相当一些人都比较实际,既能治学,也善治生,很注意生活质量。所以,常州历代学者都很注重营生,重工重商。赵翼辞官回乡以后,开设当铺,置办鱼塘,出租土地,很会治理生计。常州的庄家、恽家等豪门大族,没有一家是不讲究实际、不注重生活质量的。对于这方面,钱泳(1759–1844)有两段话,很能反应他们的务实心态:"银钱一物,原不可少,亦不可多,多则难于运用,少则难于进取。盖运用要萦心,进取亦要萦心,从此一生劳碌,日夜不安,而人亦随之衰惫。须要不多不少,又能知足撙节以经理之,则绰绰然有余矣。"[⑤] "商贾宜于富,富则利息益生。僧道宜于贫,贫则淫恶少至。儒者宜不贫不富,不富则无以汩没性灵,不贫则可以专心学问。"[⑥] 这种财富观,相当实在,既不是唯利是图,

---

① (明)晏文辉:《万历武进县志》序,(明)晏文辉修,唐鹤徵纂《万历武进县志》卷首,《南京图书馆藏稀见方志丛刊》第63册,国家图书馆出版社2012年版。
② (清)龚自珍:《常州高材篇》,《龚自珍全集》,上海人民出版社1975年版,第494页。
③ (清)顾祖禹:《读史方舆纪要》总叙二,中华书局2005年版,第14页。
④ 梁启超:《中国近三百年学术史》,载朱维铮校注《梁启超论清学史二种》,复旦大学出版社1985年版,第202页。
⑤ 钱泳:《履园丛话·臆论》,中华书局1997年版,第183页。
⑥ 钱泳:《履园丛话·臆论》,中华书局1997年版,第183页。

也不是耻于言利,而是适可而止,恰到好处。

(三)经世

经世,指讲求经世之学,包括安邦治国之道,治民安民之术。儒家以修身、齐家、治国、平天下为人生理想与奋斗目标,讲求经世之学是儒家题中应有之意。讲求经世之学、践行经世之举,在中国历朝历代、各个地方均所在多有,明清江南尤为突出。常州人在这方面有相当重要的表现与贡献。清代常州学者刘嗣绾诗云:"文章益世用,所戒在浮靡。古为风雅事,一一关政体。"① 这一思想在众多常州学者那里都有表现。明代薛应旂、唐顺之便是以这一思想影响门生,从而形成了以顾宪成、高攀龙等为代表的东林学派,影响了许多江南思想家。清代文网高张,经世致用之风转为潜流。常州学者坚持明天道以合人事的主张,在乾嘉间考证学的基础上建设新的经世之学,显示出特立独行的风格。庄存与、庄述祖、刘逢禄等继承前人学说,对世事作出新解,形成今文经学,成为表达政治见解、政治理想的新径。此后,龚自珍、魏源等继承这一衣钵,阐述微言大义,康有为等则更进一步,托古改制,掀起维新浪潮。

常州学者历来重视讲求舆地、河漕、盐政、兵制、钱法、方志等经世之务。洪亮吉在为官期间,与社会各阶层广泛接触,敏锐地看到人口过快繁衍与经济发展之间的矛盾,深刻而具体地揭示了人口增长过快必定会使土地、房屋及其他生活资料显得越来越紧张的道理,说明若不控制人口,人们将要面临生活资料严重不足的威胁。洪亮吉人口论的提出,比英国马尔萨斯的《人口论》发表还早5年,在中国乃至世界人口论史上,都有振聋发聩的意义。这是他深切关注社会现实的理论结晶。晚清盛康继贺长龄、魏源之后,精心编撰《皇朝经世文续编》120卷,所搜集资料包括道光、咸丰、同治及光绪四朝重要奏稿、论著、文牍等约1900篇,内容分学术、治体、吏政、户政、礼政、兵政、刑政、工政八类,又根据社会变迁的实际,在户政中增加建置、厘捐、开矿等目,另将有关中外交涉列为外编,其中盐、漕、钱币诸目尤为详备。这是时人了解国家经济、社会、文化等方面实际情况的资料总汇,是晚清经世文编丛书中的重要一部。

经世总是与爱乡爱国、反对侵略、关注民生等社会实践联系在一起。每当面对威权相逼时,常州人从东林党人到直言敢争的洪亮吉都是坚守气节,抗言相争。东林书院的"家事国事天下事,事事关心;风声雨声读书声,声声入耳",便是常州读书人关心社会现实的生动写照。近代常州志士仁人积极引进新思潮,吸收新观念,并将其付诸实践。他们或办实业、开银行,在工商界叱咤风云;或兴学校、营出版,在文化界开天辟地;或鼓吹新思潮,创行新制度,在政界纵横驰骋,有力地影响了

---

① 刘嗣绾:《留别毂人先生即送其服阕北上》其二,《尚絅堂诗集》卷二十七。

中国的社会发展。盛宣怀之创办众多事业，陈范、孟森、赵凤昌、庄蕴宽等投身晚清维新与革命活动，瞿秋白、张太雷、恽代英等成为中国共产党的早期重要成员或领袖，无不是这种经世精神的外化。

（四）博取

以城市而论，明清常州地处运河边上，有水路交通之便，沪宁铁路通车以后，又有铁路之利。但是，常州不像苏州、无锡那样紧靠太湖，不像南京、镇江那样紧靠长江，恰好处于江、湖之间。这种地理环境，使得常州既享有交通之便，又不像港口城市那么川流不息，喧嚣烦扰。这对读书治学、文化发展，是比较理想之境。隋唐以后，特别是明清时期的常州文人，利用这种环境，退可杜门谢客，潜心读书，进可联络省城、京师文人。这种环境，造成了常州人乐于走出常州、向外发展、博取众长的特点。他们在广泛的交流中结识同道，切磋学问，提升水平。庄存与、刘逢禄、段玉裁等人，都在交流中深受教益。

李兆洛曾有段一话评价常州今文学派的创始人庄存与，"会通而不泥于迹，不为占毕记诵之所荒，不为迂僻胶固之所窜，融通旧章，定后世率由之大凡"，这段话同时也可以成为对常州文化精髓的总结。常州学术历来强调学识渊博，知识完备，同时更强调开阔的学术视野，强调兼容并蓄。阳湖文派从来不讳言他们受到过桐城派的教益，在各种场合都频频提及。段玉裁的学问有那么大的成就，很重要一点，就是他在交往中广泛受益于师友。他拜戴震为师，与钱大昕、邵晋涵、姚鼐、王念孙等人为友。近代常州的政治活动家、企业家、文化人，盛宣怀、吴稚晖、陈范、李伯元、蒋维乔等，都到上海等地谋求发展，也都在博取中获益。晚清江南制造局翻译馆的最重要的三名华人译员中，徐寿、华蘅芳、徐建寅都是常州府人，他们都在与欧美学者傅兰雅、林乐知等人合作译书过程中，扩充新知，成为各有专长的科学家。屠宽、吴稚晖、瞿秋白、张太雷、赵元任、刘海粟等更将活动范围扩大到日本、俄罗斯、美国与欧洲，放眼世界，在全球范围内汲取营养。

与此同时，常州人在交流中又能做到既坚持自我，又互相尊重，相互取长补短。赵怀玉便称："学问之道，苟可自信，虽父子君臣不妨异趣。余故辑而录之，俾人知吾里学术之盛，不为苟同，以求其是非，务申己说也。"[①]

（五）创新

清代常州学者张惠言曾与恽敬相约，"当事事为第一流"，[②] "慨然为举世不为

[①] （清）赵怀玉：《亦有生斋集文》卷二《论语束修说序》，《续修四库全书》第1470册，上海古籍出版社1995年版。
[②] （清）张惠言：《茗柯文》初编《送恽子居序》，上海古籍出版社1984年版，第27页。

之学,每举一艺,辄欲与古之第一流者相角"。①近代革命家、思想家瞿秋白诗云:"我是江南第一燕,为衔春色上云梢。"②亦是争当第一流的意思。正是本着"事事为第一流"的精神,清代常州文化既脱胎于中国传统文化的摇篮,又立图革古鼎新,别开生面,求新重创,敢为人先,方才取得了各项卓越的成就。历史上,常州人在社会实践、学术研究中多有创新,敢为人先。齐梁萧统编纂《文选》、萧纲命徐陵编纂《玉台新咏》,庄存与、刘逢禄的今文经学,洪亮吉的人口论,恽寿平的没骨花卉,刘海粟率先用人体模特写真,杨守玉乱针绣法,盛宣怀创办轮船招商局,创办北洋大学、南洋公学,都是前所未有的开创之举、创新之论。新中国成立以后,常州人继续以非凡的气概,创造了许多新经验,如生产协作"一条龙"、小企业起大作用的"小桌子上唱大戏""农字当头滚雪球""乡镇企业"等,都为中国的改革和发展提供了宝贵的经验。创新在世界各国、中国各地均所在多有,常州人的创新特点,一是量多面广,不同时期、各行各业,包括文学艺术、工具制造、园林建造、手工技艺、名特优产品,那些名目繁多的阳湖文派、毗陵四家、常州词派、常州画派,都有不俗的创新内涵。二是有创新理论。赵翼诗云:"李杜诗篇万口传,至今已觉不新鲜。江山代有才人出,各领风骚数百年。""只眼须凭自主张,纷纷艺苑漫雌黄。矮人看戏何曾见,都是随人说短长。"满眼生机转化钧,天工人巧日争新。预支五百年新意,到了千年又觉陈。"③所论既指出时代流转、社会变迁的大势,又指出凡事必须自出机杼、自我主张,不可人云亦云、随波逐流。创新有两个层次,一是自发的创新,二是自觉的创新,赵翼所论,已将创新从自发的层面提升到自觉的层面。

(六)谦慎

开创吴文化的泰伯,是为人谦慎的典型。他与仲雍奔吴以后,态度谦虚,行事谨慎,对于中原文化与所谓荆蛮文化之间巨大的差距,不是采取居高临下的态度,不是采取激烈的对抗式的处理方式,不是采取取而代之主义,而是尊重当地文化,努力调整自己行为方式,促进文化融合,入乡随俗,断发文身,从而开创出一片新的天地。他因此被孔子称为"至德"之人。不难想象,如果泰伯以强势文化高人一等的姿态,强令荆蛮民众改变习俗,那么,江南文化的品质可能就是另外一番气象。事实上,周秦时代中原人对江南土著多持鄙夷态度,这也是先秦时期关于江南历史文字记载很少的根本原因。作为泰伯的后裔,季札继承、光大了先祖的做人行事风格,为人谦逊之极,三次让国,名垂青史;做事谨慎周密,诚实守信,出使他国,

---

① (清)鲍桂星:《受经堂汇稿序》,杨绍文辑《受经堂汇稿》卷首,道光三年刻本。
② 瞿秋白:《江南第一燕》,何云春主编、江岚副主编《中华红诗精选》,线装书局2013年版,第72页。
③ (清)赵翼:《瓯北集》卷二八《论诗·二》,上海古籍出版社1997年版,第630页。

应对谦和大度而十分得体。他的事迹，在《春秋》《左传》《礼记》《史记》《汉书》《吴越春秋》《越绝书》等典籍中均有记载，尤以《史记》为详。历代常州人均以季札这位先贤为荣，在各种著述、方志、笔记、祠堂中予以褒扬。这在常州人的历史记忆中，形成崇尚谦慎的文化遗产。历史上的常州人未必个个崇尚谦慎，崇尚者也未必就能做到谦慎，但季札谦慎的形象无疑会对常州人为人处世风格产生潜移默化的影响。常州历史上做人低调、不与人争、主动退让、辞官归隐的人颇多，梁武帝不止一次地要辞去帝位，赵翼壮年退隐，瞿秋白为人处世格外低调，吴稚晖一生拒绝为官，这方面特别典型的是庄存与家族。庄存与中进士，点翰林，当过皇子的宫廷讲师，在许多省份当过学政，门生遍天下，地位很不一般，但做人做事极其低调。他有不少拒绝贿赂的故事，那是他为官谨慎的地方。他在治学方面，更是谨慎得出奇。今人都知道他是清代今文经学的开山人物，但今人很少注意到一个细节，即他的很多著作，生前都未出版，直到去世三十多年后才由其孙辈刊刻行世。他的侄子庄述祖亦步亦趋，中了进士以后，并不热衷于仕途，而是安心教书、治学，著述丰硕，成就很高，但其著作在他在世时多未刊刻，多不为人所知，而是在他去世以后才陆续问世的。庄述祖的外甥刘逢禄，是学界公认的今文经学大家，成就非凡，著有《公羊春秋何氏解诂笺》《春秋公羊经何氏释例》等。但是，他为人极其谦虚，从不恃才傲物。他曾在一篇文章中誉扬同时代的多位学人，称那些人的学问才能各有比他强的地方。①文人相轻，自古为然，像刘逢禄这样能够在取得非凡成就的同时，看到他人长处，赞赏别人长处，显示出他的博大襟怀与谦慎精神。上述各人谦慎表现，其行事背景、原因千差万别，但综合来看，则地方人文传统的印记还是相当明显的。

上述六点，崇文、务实、经世、博取、创新、谦慎，相互关联，互为补充，相得益彰。崇文是整体精神风貌，崇文的基础是物质生活相对丰裕，精神生活相对充实，民性安顺，社会稳定。务实、经世、博取、创新、谦慎等，在一定程度上，是崇文特点的表现或结果。务实是经世的精神实质，经世是务实精神在治国安民方面的外现。务实义广，经世义狭，务实为体，经世为用，但经世与社会关联度高，盖务实可以是个人独立风格，与人与世无涉，但经世必然与他人、与社会发生关联。不断追求美好的经世，与时俱进的经世，必然是与外部世界发生广泛联系的经世，必然是不断革新的经世，因此，必然是广泛博取、持续创新的精神。至于谦慎，则是务实精

---

① "敦行孝友，厉志贞白，吾不如庄传永。思通造化，学究皇坟，吾不如庄珍艺。精研《易》《礼》，时雨润物，吾不如张皋文。文采斐然，左宜右有，吾不如孙渊如。议论激扬，聪明特达，吾不如恽子居。博综今古，若无若虚，吾不如李申耆。与物无忤，泛应曲当，吾不如陆劲闻。学有矩矱，词动魂魄，吾不如董晋卿。数穷天地，进未见止，吾不如董方立。心通仓籀，笔勒金石，吾不如吴山子。"（刘逢禄：《刘礼部集》卷十《岁暮怀人诗》，《续修四库全书》第1501册，上海古籍出版社1995年版。）

神最博大高妙的体现，是博取、创新的精神基础，也是敬畏神明、正确理解个人与社会、理解生也有涯与知也无涯辩证关系之后的精神自觉，是为人处世高明博雅态度的集中体现。

研究区域文化，常有三难，即边界难分、数据难全、性质难定。这是因为，区域文化在内涵上是本来就是广义的文化，既包括观念形态的文化，也包括生活方式、风俗习惯等方面内容，其边界本来就模糊，数据本来就阙如，性质本来就见仁见智，主观成分很大，更而何况像"常州地区"这样的研究对象，在不同的历史时期，范围本不一样。但是，如果在较长时段、从比较角度来看，还是可以进行讨论与分析的。如果将上述的六个文化特点，放到较大的江南范围（包括杭州、嘉兴、湖州、苏州、松江、常州、镇江、南京在内），将时段限制在明清时期，从比较的角度去看，则特色还是能够看得出来的。以作为崇文指标之一的文化名人而论，南京、杭州、苏州所出政治人物远比常州为多，而常州所出学人则比其他各府都多。换句话说，明清江南各府都很崇文，但常州在江南各府中更为突出。细考其原因，有以下四点：

其一，地理位置适中。明清常州不是全国或江苏政治中心，但又距离政治不远。这种距离政治中心不远不近的位置，在前近代时期，在近代交通工具（轮船、火车）投入运营以前，有利于常州士人对政治保持适当的距离。明代南京是全国或江苏省政治中心，清代两江总督府设在南京，江苏巡抚衙门设在苏州，常州恰好处于南京、苏州之间。地处全国或一省政治中心的城市，文化容易被政治左右，文人容易被政治裹挟。常州距离两地，不算很近，也不算很远。这种地理位置，使得常州文化人对政治动态既有所了解，又不在漩涡中心，比较主动，进可出仕，退可归隐。这从文化发展角度看，则比较有利。常州所出经世学者不少，所出幕僚、谋士不少，但政治大家不多，当与此有关。

其二，赋税较轻。陆游有言，"苏常熟，天下足"。苏州、常州在自然条件、地理环境方面，本没有太大差异，在宋代以前，常州与苏州在经济发展程度应属同一水平。但是，在明清时代，由于国家实行特殊的赋税政策，使得常州府的赋税远比苏州府、松江府为轻。常州府的赋税，通常只是苏州府、松江府的三分之一。苏、松等府的官绅（特别是冯桂芬）对此曾大为不平，屡次上疏朝廷要求改变，但直到同治年间经李鸿章斡旋才有所改变。这种同样自然环境而不同赋税且多寡悬殊的格局，使得生活在常州府的读书人，更易谋生，更易过上比较体面的生活，也更易在文化方面有所作为。

其三，基层稳定。常州与同处江南的南京、杭州、苏州相比，从未做过一国的首都，不曾作为中国或江南政治中心；与南京、镇江等地相比，无论是冷兵器时代还是热兵器时代，常州均非军事重镇。这一特点，使得常州没有汇聚过全国或较大区域的政治、经济与文化资源,也没有成为不同政治集团、军事集团殊死争夺的关键城市,既无大得,亦无大失,既无大起,亦无大落。除了在宋元之际与晚清太平天国战争期间,因两军交战,这里遭受兵燹,其他时期,包括秦汉、隋唐、明清与辛亥鼎革之际,这里基层社会都相对平和。改朝换代之时,除了上层官府、涉事官僚连带变动之外,常州基层社会甚少波及,或波动不大,没有出现大的社会动荡。这种社会环境,有利于文化世家的形成与发展。

其四,高门联姻。传统时代,任何地区娶媳嫁女,都讲究门当户对,常州亦然,名门与名门联姻,世家与世家通好。明清常州文人婚姻史上,有很多高门联姻现象,如钱与谢、洪与赵、瞿与庄、庄与刘、薛与冯等。洪亮吉祖母出自常州望族赵氏,洪祖父入赘赵家,故赵翼与洪亮吉有同乡、姻亲之谊。刘逢禄母亲是庄存与侄女,宋翔凤母亲是庄述祖的妹妹,丁履恒是庄存与孙女婿。从优生角度看,优秀家族基因组合,则家族遗传基因不断优化,这对文化发展会带来两方面影响:一是出现聪明过人天才的概率会大幅增多。庄培因、黄仲则都是九岁就能作诗,一鸣惊人,赵翼十二岁就能一天写七篇文章,若非天才不能如此。常州历史上有许多天才、奇才,考其家族历史,都与豪门联姻有关。二是在学术主要在亲友熟人之间传承,有利于学术的代际传授,形成家学优势或地缘学派特点。对此,艾尔曼教授已有深入研究。[①]

随着波音时代、高铁时代、互联网时代的到来,人类移动速度不断加快,活动半径不断加大,信息传递不断提速,地球越来越呈现扁平化,较小范围内的区域差异越来越淡薄化。但是,"天街小雨润如酥,草色遥看近却无",区域人文的传统总是或多或少、或强或弱、或明或暗地影响着本区域人群的行为方式、伦理道德、价值观念与审美情趣。正因为如此,不同地域、不同城市的群体,才会显示出其与众不同的特有风采。上述崇文、务实、经世、博取、创新、谦慎等人文特点,正随着时代的变化,凝聚为新的精神动力,滋润、激励常州人民在加快建设"强富美高"(经济强、百姓富、环境美、社会文明程度高)的新常州,为实现中华民族伟大复兴的中国梦而英勇奋斗!

---

① (美)艾尔曼:《经学、政治和宗族——中华帝国晚期常州今文学派研究》,赵刚译,江苏人民出版社1998年版。

史前常州

第一编

第一章 常州的自然环境

环境是人类赖以生存和发展的基础，它为人类提供了栖息的空间，是人类生命系统正常运转的基本保证。正如俗话说的"一方水土养一方人"，不同地域的人们以不同的环境背景为依托，或被动适应，或主动改造，在长期的互感互动中，造成了身形面容、生活习俗、思想观念、文化性格和人文历史上的差异。要了解常州历史，全面分析常州地区的自然概况和环境变迁是必要且关键的环节。

第一节 自然地理概况

常州在地理单元上属于长江冲积平原和太湖水网平原区，具体位于太湖平原西北部。[①] 现代常州地区处于山地和东部平原的过渡地带，整体地形特征为西南高、东北低的倾斜状。区内拥有三种地貌类型，包括靠湖沿岸构造-剥蚀低山丘陵区、平坦水网平原区和河网侵蚀-堆积高亢平原区。市区内地势较平坦，地形以冲积平原为主，标高4—8米。茅山山脉位于金坛、溧阳西部边缘，溧阳南部为天目山的余脉——宜溧山地。太湖位于东南，洮湖（长荡湖）、滆湖为常州的两大淡水湖泊，一些残丘和岗地散布在湖泊周围。

在地质构造方面，常州地区属于扬子古陆下扬子台褶带的茅山—江阴褶皱束，基底为由距今15.5亿—17.5亿年元古代形成的轻变质岩系组成。沉积盖层由古生代及中、新生代各时期的地层组成，地壳厚度约36—37公里。由泥盆系、石炭系、二叠系、三叠系地层组成的北东向褶皱构造，与北东向、北西向断层构成本区地质构造的主要格局，自晚侏罗纪至白垩纪阶段有垂直升降运动，形成西侧的常州凹陷和东西的无锡凹陷。在常州凹陷边缘分布一系列中、新生代褶皱，断裂构造极为发育。[②] 新生代的构造运动最终奠定了常州现今的区域地貌格局。[③]

在气候方面，常州所处的长江三角洲属于亚热带东部温润气候带，雨量充沛，水道纵横，其中太湖一带年均温14.9℃—16.2℃，7月平均温度27.7℃—28.6℃，1月

---

① 《江苏省志·地理志》，江苏古籍出版社1999年版，第121页。
② 《常州城市建设志》，中国建筑工业出版社1993年版，第20、22页。
③ 《江苏省志·地理志》，江苏古籍出版社1999年版，第110页。

平均温度1.7℃—3.9℃，年降水量在1000—1400毫米①。现代植被属亚热带常绿阔叶林区，典型的地带性植被北部为常绿、落叶阔叶混交林，南部为常绿阔叶林，反映出常绿阔叶林向落叶阔叶林的过渡特征。②

第二节 史前的环境变迁

研究常州地区史前人类社会生活，离不开当时承载这一切并发挥重要作用的环境背景。全新世（Holocene）是最年轻的地质时代，是第四纪二分的第二个世。国际地层委员会将格陵兰岛GRIP冰芯记录中新仙女木事件结束的时间定为全新世的开始，即距今约11500年前（树轮校正后）。③相较于之前的冰期时代，全新世的气候普遍转暖，中、高纬度的冰川大量消融，海平面迅速上升，喜暖动植物逐渐向较高纬度和较高海拔的地区扩展，全球自然地理环境逐渐演进到现代面貌。也正是在这一时期，人类生存能力和生产能力得到了全面的提升，人口迅速增加。因此，有必要从全新世以来环境的演变入手，通过了解长江三角洲和太湖平原的古环境，来认识常州地区古人类生存发展的环境依托。

一、长江三角洲的古环境

长江三角洲系全新世最大海侵以来长江泥沙填充古河口水域而成的陆地，面积达57800平方千米，其中陆上部分为22800平方千米，其沉积物一部分属三角洲平原相，一部分为海积平原相。苏南的苏锡常平原和浙江杭嘉湖平原即属于长江三角洲的陆上范围。长江三角洲的现代地貌基础和轮廓源自中生代的燕山运动。第四纪以来，长江三角洲西部山地、丘陵地带新构造运动表现为缓和的上升，莫干山地区抬升了120米，茅山、宁镇地区抬升了80米左右；④东部地区除局部山地、丘陵为缓慢抬升外，平原区由于第四纪以来构造运动，处于缓慢下降状态，堆积了一套厚度达100—400米不等的河湖相、三角洲相或海相的疏松沉积物。⑤

（一）海岸线变化

早全新世晚期全球性高温导致海平面大幅度抬升，海水沿长江古河谷迅速上溯。中国东部沿海地区的全新世地层中绝大部分都有海平面上升引起的海侵记录。而古

---

① 孙顺才、黄漪平主编：《太湖》，海洋出版社1993年版。
② 吴征镒主编：《中国植被》，科学出版社1980年版，第823、888页。
③ M.Walker, S.Johnsen, S.O.Rasmussen, et al. 2009. Formal definition and dating of the GSSP (Global Stratotype Section and Point) for the base of the Holocene using the Greenland NGRIP ice core, and selected auxiliary records. Journal of Quaternary Science, 24 (1).
④ 虞志英：《长江三角洲新构造运动》，《华东师范大学地理系论文集》第3辑，1959年版。
⑤ 郑祥民：《长江三角洲及海域风尘沉积与环境》，华东师范大学出版社1999年版，第1、20页。

气候波动引起的海侵和海平面波动正是长江三角洲古环境演变的重要原因之一。①整个长三角地区在第四纪以来经历了多次规模不等的海侵,如太湖平原北翼孢粉序列显示该区晚更新世以来至少经历了12.7万—7万年前的太湖海侵和3万—2.1万年前的滆湖海侵②;武进漕桥和金坛水北等地的古生物组合显示太湖平原西北部全新世期间还经历了镇江海侵。③

尽管在时间等方面尚有争议,但可以肯定的是距今约7000—6000年前,海水直达镇江、扬州附近,形成一个喇叭型大海湾,苏北海岸线在扬州、江都、泰州蜀岗阶地的前缘,苏南海岸线在江阴、常熟、太仓一线,海湾水深达20—30米。之后现代长江三角洲开始发育。

（二）太湖平原古环境变化

今长江三角洲平原大致以太湖为中心,太湖平原是三角洲南部最重要的组成部分。在长江三角洲形成的过程中,太

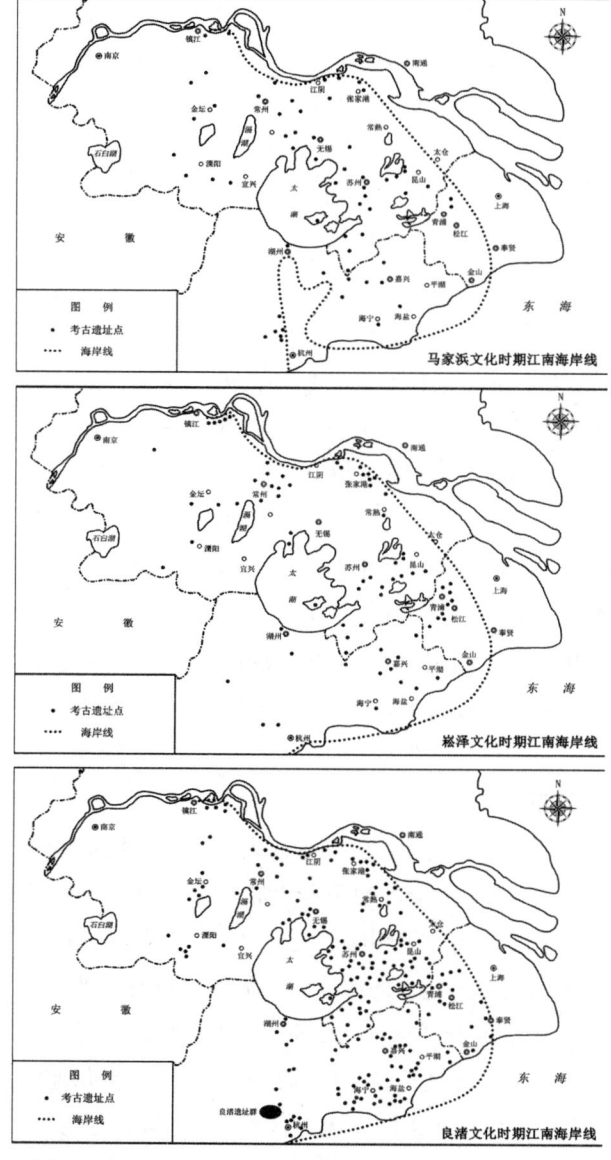

图1-1 距今7000—4000年江南海岸线变迁示意图
（根据《江南海岸线变迁的考古地理研究》图改绘）

湖地区也经历了一系列变迁。

晚更新世中期,太湖地区是一片宽浅的海湾,即第一期古太湖湾。当时无锡、苏州、

---

① 王钰:《中国全新世中期的高海平面》,《地球科学进展》1989年第3期。
② 周曙、邹松梅、刘志平等:《江苏太湖平原北翼的第四纪孢粉与环境》,《微体古生物学报》2001年第18卷第1期。
③ 蒋梦林、刘志平:《太湖平原西北部第四纪海侵》,《江苏地质》2001年第25卷第2期。

昆山的一些丘陵小山为海中小岛，上海与长江口成为陆架浅海。[1] 至末次盛冰期时，东部海平面处于最低水平，约低于现在110米，[2] 中国东部大部分陆架地区已经出露地表，整个太湖平原形成一个由黄土状物质组成的冲击平原，这一层黄土层形成了太湖平原上众多湖泊的基底。从距今15000年开始，气候逐渐转暖，海平面逐渐上升，在距今15000—10500年期间出现了迅速变化。约距今11000年时，海水已沿河谷进入到西太湖，形成海湾。距今8000年，太湖洼地已经被海水淹没，形成了第二期古太湖湾[3]。在两期古太湖湾形成期间，人类完全有机会生活在太湖及其周围地区[4]。

东西太湖形成时间并不一致，西太湖约于5000年前由咸水湖泊变成了淡水湖泊，而东太湖则启始于距今6500年前。东太湖沉积物种并未发现任何海相化石，却始终连续出现淡水藻类和一些淡水水生植物，可见东太湖自形成以来一直处于淡水环境。[5] 距今6000年前后，长江南岸沙咀开始出露水面，由镇江圌山延展至江阴、太仓一带，将分散孤立的岛山联系起来，形成向太湖低洼地倾斜的高爽平原地貌。分布在东部的几条平行排列的海滨沙堤，起到阻挡海水入侵的作用，使太湖水域淡化，适宜于远古时期人类的活动。而太湖水域南部的低洼平原，通过东南部的嘉兴—平湖低地，可能与海相沟通。高潮时海水入侵，曾经是太湖东南部的三江入海通道。后来淤塞，遂与海隔离，淡化成为湖沼低洼地。[6] 随着水位的下降，湖泊群趋于萎缩，大片土地出露成陆，最终于距今3000年左右形成了现代太湖。[7]

二、常州地区全新世环境与人地关系

多项研究表明，东部沿海在全新世初期已受到海水影响，太湖附近地区成为滨海潟湖型海湾，但是常州、江阴、无锡、昆山一带的晚更新世末期侵蚀地面的较高地区仍为半岛状陆地。长江三角洲南部平原现代沉积环境研究显示，苏南常州、无锡、常熟、昆山和青浦一带是长江河口地区的基岩山地，是古地面地势相对较高的地方，自全新世以来一直处于陆相环境。[8] 至少在5500年前，无锡—江阴一线以西，就已经成陆并且有居民点。[9] 这种周边拥有丰富水源且较稳定的陆相环境奠定了常州地区古文化发展的基础。先民的生存发展逃离不开全球性环境气候变迁的影响，人类活

---

[1] 陈淳：《太湖地区远古文化探源》，《上海大学学报（社科版）》1982年第3期。
[2] 洪雪晴：《太湖的形成和演变过程》，《海洋地质与第四纪地质》1991年第11卷第4期。
[3] 陈淳：《太湖地区远古文化探源》，《上海大学学报（社科版）》1982年第3期。
[4] 刘宝山：《论马家浜文化之前太湖地区的地理埋藏环境》，《华夏考古》2008年第1期。
[5] 洪雪晴：《太湖的形成和演变过程》，《海洋地质与第四纪地质》1991年第11卷第4期。
[6] 《江苏省志·地理志》，江苏古籍出版社1999年版，第140页。
[7] 刘金陵：《11000年以来太湖的形成与演变》，《古生物学报》1996年第35卷第2期。
[8] 郭蓄民、许世远等编：《长江三角洲现代沉积研究》，华东师范大学出版社1987年版，第185、195页。
[9] 黄象洪：《常州圩墩新石器时代遗址的地层、动物遗骸与古环境》，《环境考古研究》（第一辑），科学出版社1991年版，第148、152页。

动频繁的遗址分布区域的自然环境，也会对人类活动的改造和影响产生一定的响应，这是一个由人类适应环境，继而改造环境，同时也一直受制于环境的人地互动过程。因此，复原古代常州地区的环境及其变迁，对研究常州古代人类社会生活十分重要。

目前常州地区已经进行的相关环境分析信息主要来自武进区卜弋桥 Zk01 钻孔，这里位于太湖平原西北部，这一地区古代人类遗存发现较少，受人类活动的影响可能较小，因此，这一钻孔的分析结果在一定程度上可以较好地代表该地区古代自然植被与气候状况。卜弋桥 Zk01 钻孔全新世地层总长 8.6 米，据底部测年数据可确定该地区全新世下限约距今 11000 年，孢粉植物群显示该地区全新世以来植被与气候主要经历了三个阶段。[①] 而东部、北部多年来发现了神墩、寺墩、圩墩、潘家塘等多个遗址，获得了一批重要的文化遗存，近年来这些遗址也相继开展了相关的孢粉分析等古环境复原研究。结合卜弋桥钻孔资料和多个遗址的研究成果，可以对常州地区全新世以来古环境和气候变迁进行较好的宏观考察。

卜弋桥 Zk01 钻孔孢粉组合的第一阶段（距今 11000—9500 年）时期，常州西部的地带性植被为以壳斗科栎属、青冈属、栲属、栗属等为建群树种的亚热带常绿－落叶阔叶混交林，林中混生有少量的枫香属、水青冈属、冬青属、木樨科、胡桃属、榆属、桦属、榛属/鹅耳枥属等阔叶乔灌木植物。林地开阔处分布有以禾本科和蒿属为主的草丛，河湖边缘、沼泽及低洼地生长了大量香蒲属和莎草科湿生植物，林下分布着以水龙骨科为主的蕨类植物。这一时期为早全新世的升温期，夏季风效应增强，气候温暖湿润。

自距今 9500 年开始，常州的区域植被开始演替为中亚热带常绿阔叶林，对应于卜弋桥 Zk01 钻孔孢粉组合第二阶段的早期阶段（距今 9500—8000 年），此时孢粉组合中的栎属含量明显增加，含量上超过了青冈属，为气候增温变湿的过渡期。8200 年冷事件之后，特别是距今 8000 年以来，以青冈属、栲属、柯属为主的常绿阔叶成分大幅度增加，枫香属干量增加，栎属稍有提升，松属、榆属、胡桃属、榛属、鹅耳枥属等温带分子略有减低为特征。植被组合反映了当时东亚夏季风增强的发展趋势，气候逐步暖湿。

全新世早期以来的持续升温导致长江三角洲陆地表面几乎完全处于咸水环境的影响和控制之下，为高海面，[②] 缺乏淡水资源，同时区域内缺少可供水稻栽培的淤土

---

① 舒军武、王伟铭、陈炜：《太湖平原西北部全新世以来植被与环境变化》，《微体古生物学报》2007 年第 24 卷第 2 期。
② 朱诚、郑朝贵、马春梅等：《对长江三角洲和宁绍平原一万年来高海面问题的新认识》，《科学通报》2003 年第 48 卷第 23 期。

层堆积,常州所在的长江三角洲大多数地区史前时期人类活动罕见。① 但常州西南宜溧山地由于较高的地势,得以在太湖地区经历全新世海侵的同时仍有淡水环境适合于植被的生长发育。②

至中全新世大暖期阶段,本地区水热条件搭配较好,气候暖湿,对应于卜弋桥Zk01钻孔第二阶段的晚期阶段(距今8000—3900年),此时期孢粉组合中青冈属达到峰值,含量与栎属相当,枫香树等亚热带分子含量增加,植被繁茂且较稳定,反映了大暖期鼎盛阶段的暖湿气候。

常州西部地区自距今3900年的植被演变为具有次生性质的亚热带针阔叶混交林,对应卜弋桥Zk01钻孔的第三阶段。孢粉组合中青冈属、栎属、栲属/石栎属大幅骤减,松属、禾本科及水龙骨科的含量明显增加,喜温的桦属、枫杨属含量也有所增加。本地区植被组合和附近的太湖地区和长江下游地区孢粉资料都显示这一时段气温下降且波动较大。③

第二章 常州史前时期的古生物和古人类

从目前的发现来看,在亘古通今的中华文明之前,还有更古老的早期人类生存在这片沃土之上,把距今300万—1万年这一时段称之为旧石器时代。旧石器时代的古人类生息繁衍了上百万年的时间,与文明社会的历史相比,他们谱写了最古老、最漫长的中国历史。根据近年来发现的考古资料,中华曙猿化石的发现为人类祖先的起源提供了线索,而至少在距今30万年前,就有人类在这片沃土活动。所以无论

---

① 史威、徐孝彬、周其楼:《太湖地区早全新世罕见人类活动的古地理分析》,《江苏教育学院学报(自然科学)》2011年第27卷第2期。
② 李兰、朱诚、林留根等:《江苏宜兴骆驼墩遗址地层7500、5400BC的海侵事件记录》,《地理学报》2008年第63卷第11期。
③ a. Liu Kam-Biu, Sun Shuncai, Jiang Xinhe. Environmental change in the Yangtze River Delta since 12000 years B.P. Quaternary Research, 1992, 38(1).
  b. Yi S, Saito Y, Yang D Y. Palynological evidence for Holocene environmental change in the Changjiang (Yangtze River) Delta, China. Palaeogeography, Palaeoclimatology, Palaeoecology, 2006, 241(1).
  c. Yi S, Saito Y, Zhao Quanhong, et al. Vegetation and climate changes in the Changjiang (Yangtze River) Delta, China, during the past 13000 years inferred from pollen records. Quaternary Science Reviews, 2003, 22(14).
  d. 张玉兰:《长江三角洲东缘地区全新世孢粉与古环境研究》,《上海地质》2005年第3期。
  e. 贾丽、张玉兰:《长江三角洲东缘晚新近纪趋机的孢粉与古环境研究》,《微体古生物学报》2006年第23卷第1期。

在探讨早期人类起源，还是现代人类进化等问题上，都无法撇开常州所做出的贡献。

第一节 中华曙猿

20世纪90年代，在常州溧阳市上黄镇水母山裂隙堆积中，发掘出距今4500万年前的哺乳动物化石群，共鉴定出12目36科60多种动物。其中最重要的发现是始新世中期的高级灵长类动物——中华曙猿化石。

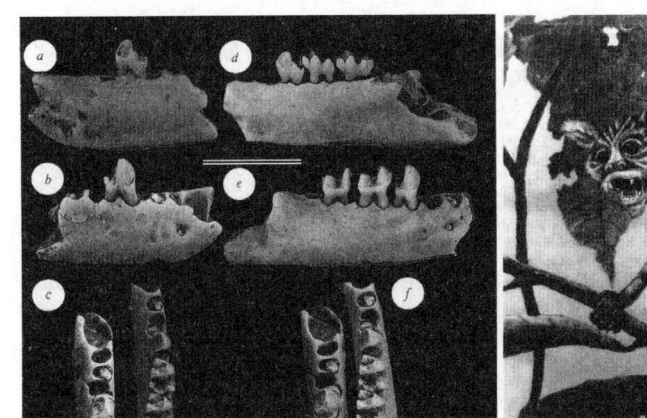

图 1-2 中华曙猿化石及复原图

中华曙猿是与上黄动物群伴生，该动物群包括12个目共60余种动物，以小型动物为主，包括灵长类、有袋类、食虫类和翼生类等，时代为中始新世，距今为4500万年。和其他原始高级灵长类相比，具有很多原始的特征，例如保留了一个未愈合的下颌联合部，$m1$-2齿上具有突起的下前尖，$p4$齿的下后尖位置相当靠后，齿尖低于下原尖等。同时根据现生灵长类$m1$齿对动物个体大小的恢复方法推断，中华曙猿个体很小，体重大约在47—137克。

中华曙猿与高级灵长类动物之间有一定的近裔共性，在高级灵长类动物进化过程中扮演着重要的角色，是高级灵长类祖先类型，出现的时代为4500万年前的中始新世中期，比埃及法尤姆的高等灵长类早了将近1000万年，它的发现证实了亚洲东部可能是除非洲之外高级灵长类另外的起源地，[①]研究者之所以将其命名为"曙猿"，意思就是"类人猿亚目黎明时的曙光"，中国科学院院士贾兰坡称之为"人类遥远

[①] a. 齐陶、K·克里斯托弗·毕尔德、王伴月、玛莉·R·道森、郭建崴、李传夔：《江苏溧阳上黄中始新世哺乳动物群的发现及意义》。

b. Beard K C, Qi T, Dawson M R., et al., A diverse new primate fauna from middle Ecoene fissure-filling in southeastern China. Nature, 1994 (368).

的祖先"，[1] 具有重要的科学价值。

另外上黄动物群的发现也具有重要的意义。如有袋类动物化石，为全球古地理环境的研究提供了新的重要的科学证据；兔猴化石的发现，证明了古生物学界关于晚始新世的斯氏马嘎利塔猴是从亚洲而不是从非洲迁入美国和欧洲这一推断的正确性。因此中华曙猿及其伴生的动物群化石的发现，被认为是具有划时代的意义。

第二节 常州的旧石器遗址

1999年5月，南京博物院在苏南地区进行旧石器专题野外调查，在句容茅山北部发现了3处旧石器地点；2000—2001年，又相继在常州的金坛和溧阳发现一批旧石器地点。

中晚更新世以来，茅山和宜溧山地山前坡麓地带和山谷广泛堆积风尘黄土，形成海拔10—50米的黄土岗地，这是古人类良好的栖身之所。截至目前常州共发现8处旧石器地点，其中金坛6处（和尚墩、曙光、东沟、东窑、丽东、上水），溧阳2处（上沛、九条岗）。除社渚镇九条岗在宜溧山地西缘，其余7处均在茅山山脉东侧。这些遗址点均位于茅山—宜溧山地一带，此处旧石器遗址密集，常州的8个地点与句容、宜兴的3个地点，共同构成"苏南旧石器地点群"[2]。其中以金坛薛埠镇的和尚墩和曙光遗址点最具代表性。

一、和尚墩遗址点

和尚墩遗址位于金坛市区金城镇西南约19公里的薛埠镇东进村第一村民组（原上水村二队）西北，遗址为露天埋藏，面积至少在1万平方米以上。2002年10月—2003年1月及2005年对其进行两次发掘，共发现石制品近400件，还发现"砾石层"和"砾石堆"等遗迹现象，考古专家认为这里应是古人的石器加工场。研究者分别借助了古地磁、电子自旋共振（ESR）、火山灰分析和热释光4种断代方法，综合分析判断遗址的年代在距今30万年左右。

二、曙光遗址点

曙光遗址点地处金坛薛埠镇曙光村的曙光窑厂和常州第三水泥厂，与和尚墩遗址点相距不过2公里。2001年由南京博物院调查发现。该地貌属于低山岗地，有发育20余米的黄土堆积，遗址面积较大，石器数量远多于其他地点，共采集石制品

---

[1] 贾兰坡：《中华曙猿是非常重要的发现》，《人民日报》2000年6月13日第7版。
[2] 房迎三：《江苏南部旧石器调查报告》，《东南文化》2002年第1期。

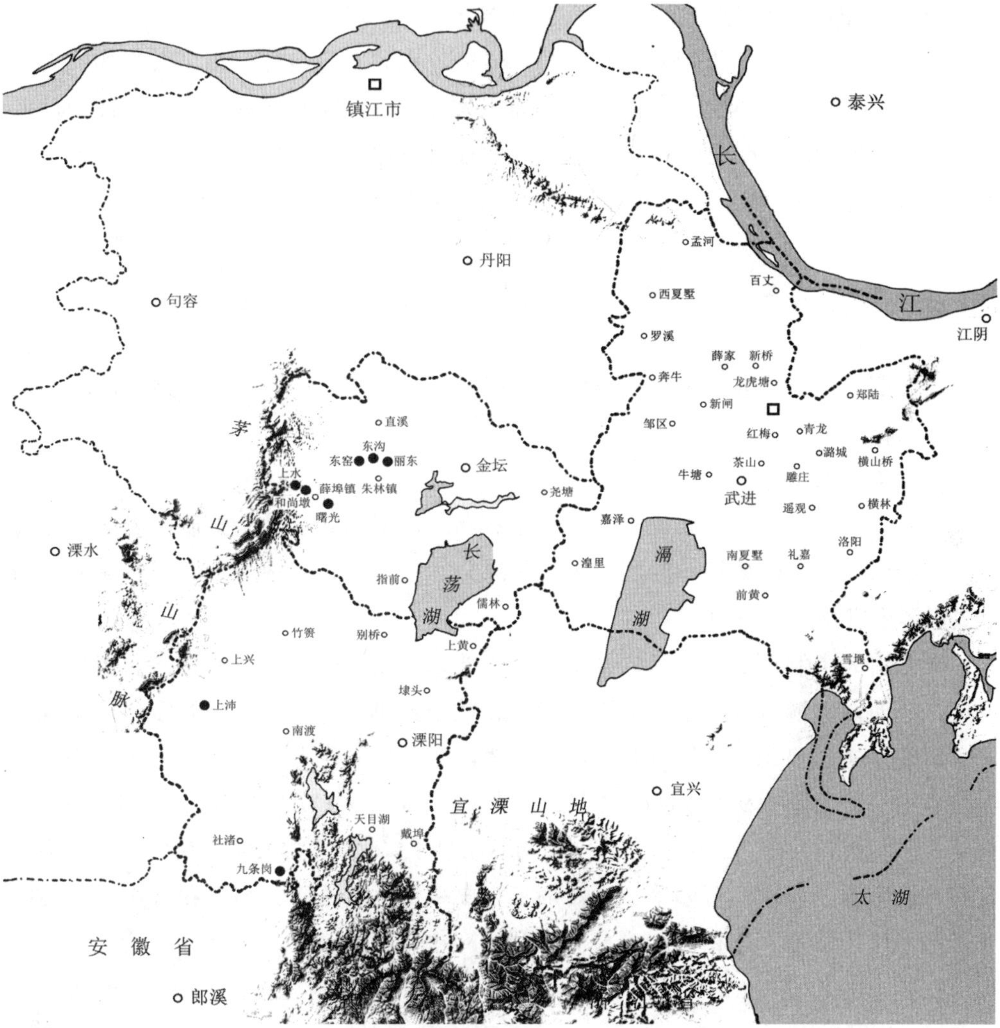

图 1-3 常州旧石器地点分布图

图 1-4 和尚墩遗址发掘现场

160余件，有石核、石锤、石镐、砍砸器等器型。[1]

常州金坛薛埠镇一带拥有丰富的旧石器遗址点和发育良好的黄土沉积物，再加上和尚墩和曙光遗址点包含人类遗存的面积大，出土石制品较多，可能是江南地区古人类活动的中心地带之一；这也是江苏发现具有比较确切年代、时代最早的区域性旧石器时代文化遗址，展示了苏南地区数十万年前古人类生产、生活的一个侧面。[2]

第三节 常州旧石器时代人类生活状况

虽然旧石器时代人类遗存支离破碎，但仍然可以组合出一幅轮廓清晰的早期人类历史画卷。

一、工具制作

旧石器时代人类最主要的生产工具是石器。苏南旧石器地点群所围绕的茅山有厚达百余米的石英砂岩层，岩层经过自然风化和流水搬运形成砾石，给古人制作石器提供了丰富的石料来源。

常州古人类制作的石器从岩性上分，主要采用石英砂岩，也有一些石英岩，极少选择硅质岩和燧石；从来源上讲，绝大多数来自砾石。例如，和尚墩遗址发现比较丰富的遗迹现象和391件石制品，所有遗迹和石制品主要由石英砂岩砾石构成，占98.44%，其余还有9种岩性，包括有硅质灰岩、硅质岩、灰岩、砾岩、砂岩、石英、石英岩、燧石和铁矿石，但它们的比例均不超过1%。常州古人类制作的石器类型有石核、砍砸器、石球、石镐等。石器加工主要采用锤击成形，再用稍加腹向、错向或者碰击修理成器。石核的比例最高，利用率也很高，常见双台面和三台面，平均每件石核上的片疤达8.7块之多。其次是砍砸器，一般直接打击砾石形成有刃口的石片即可使用，二次修整不多；石球不仅数量多，而且加工相对精细，许多经过仔细的碰击、对敲修整，通体遍布石片疤，圆度很高；石镐较少，多数只有尖刃，

图1-5 和尚墩遗址出土石器

---

[1] 房迎三、沈冠军：《江苏旧石器时代考古20年回顾》，《东南文化》2010年第6期。
[2] 房迎三、何未艾、惠强等：《江苏金坛和尚墩旧石器遗址研究：地层、遗迹与年代》，《考古学研究》（七），科学出版社2008年版。

带侧刃的少见。

从上述内容来看，常州旧石器时代早期的石器加工仍应属于"南方砾石石器种类"，即多用河卵石直接打击加工，省掉了剥离石片这道工序，石器主要以大型石器为主，多见砍砸器，刮削器和尖状器不发达。当时的石器加工制作有简单、随意的特点。石器原料的选择上多为就地取材，随用随取，随遇而用，缺少对优质石料矿源的寻找和深度开发。

二、生计类型

关于古人类生活状况，民族志中有一些相关的记述，如"茹毛饮血，夜宿树上"，"夏则巢居，冬则穴处"等；其它地区旧石器时代考古资料中也有一些反映，比如粗笨的打制石器、加工过的鹿角和有砍砸痕迹的兽骨等等。这应该也是常州旧石器时代人类的大致情形，即以洞居或者巢居为主，使用打制石器等工具，采集一些植物果实、根茎等为食，同时进行集体捕猎、捕捞等活动来维持生计，社会形态处于相对原始的萌芽阶段。

直至距今1万年前后，随着末次冰期的结束，磨制石器和制陶技术迅速兴起发展，旧石器时代也将至尾声，更重要的是，人类诞生以来一直依靠的狩猎—采集经济模式，逐渐被新兴的农业—畜牧业模式所替代，最终完成了新旧石器时代的交替，跨入了人类社会发展的新石器时代。

第三章 常州新石器时代的文化

新石器时代继旧石器时代而来，由于自然气候与地理环境的差异，世界各地进入新石器时代的时间并不完全一致。以目前所知，我国新石器时代大约从距今1万年前后一直持续到距今4000年，它的基本特征是农业、畜牧业的产生和磨制石器、陶器、纺织品的出现，[①] 以及随之发生的早期聚落、宗教和艺术等文明相关因素。特别是农业的出现，使人类逐渐具有可靠的食物来源，改变了以往"逐水草而居"的流动生活，形成比较固定的聚居村落，而定居生活又促进了农业和手工业的发展。

常州地区南临太湖，北依长江，新石器时代的古文化相当发达，是长江流域古代文化的重要组成部分。本地区新石器时代较早阶段的考古学文化尚是空白，有待今后新的发现来填补。从大约距今7000年开始，常州地区新石器时代文化的发展历

---

① 《中国大百科全书·考古卷》，中国大百科全书出版社1986年版。

经了马家浜文化时期、崧泽文化时期和良渚文化时期。到目前为止，常州地区（包括溧阳、金坛）已发现的新石器时代文化遗址达 30 多处，其中比较重要和具有代表性的有：圩墩遗址、三星村遗址、神墩遗址、秦堂山遗址、潘家塘遗址、新岗遗址、姬山遗址、寺墩遗址等，充分说明在距今 7000—4000 年的时间里，常州先民为江南的最早开发做出了卓越的贡献。

第一节 马家浜文化时期

马家浜文化是环太湖地区目前发现最早的新石器时代考古学文化，属于仰韶时代早期，因最早发现于浙江嘉兴马家浜而得名，主要分布于长江以南、钱塘江以北的太湖流域地区，年代在距今 7000—6000 年。以往对于马家浜文化的研究不够细致充分，再加上近年来发现的金坛三星村、宜兴骆驼墩、溧阳神墩和江阴祁头山等遗址与传统认识的马家浜文化内涵有所差异，引发了学术界对于马家浜文化时期诸多遗存产生、发展、类型和归属等问题的争论。

一、环境

在太湖平原地区，自马家浜文化时期开始，自然环境和气候是相对稳定的。神墩[1]和圩墩[2]等遗址的古气候复原研究表明马家浜文化时期持续温暖湿润，适宜的气候促使人口集聚增长，稻作农业迅速发展。

圩墩遗址孢粉分析[3]显示下层堆积代表的早期植被以木本植物常绿的青冈栎和栲属为主，其次伴有麻栎、榆、枫香、枫杨、樟科、杨梅、木兰、无患子、黄杞等。这种植物花粉组合反映了当时圩墩及其周围较大范围内分布的森林是混有少量阔叶树的常绿阔叶林，湖沼水网纵横分布，水分充沛，年均温可能较现代高 2—3℃。同时出现了数量较多的较大个体禾本科植物花粉，水生草本植物花粉也有较高百分含量。圩墩遗址还出土了梅花鹿、四不像、獐、野猪等动物遗骸，[4]其中四不像、獐、水牛反映了一种河沼芦荡的环境，梅花鹿、麂、野猪、小灵猫反映了山林环境，而貉、獾等又是典型土岗土丘灌丛里生活的动物。[5]地层堆积中常见大量蚌壳和螺壳。这些

---

[1] 马春梅、田名利：《江苏溧阳神墩遗址地层的孢粉记录研究》，《微体古生物学报》2010 年第 27 卷第 1 期。
[2] 萧家仪：《圩墩遗址第五次发掘植物孢粉和硅酸体分析》，《东南文化》1996 年第 1 期。
[3] 王开发：《江苏常州圩墩遗址孢粉组合及其古环境》，《历史地理》（第三辑），上海人民出版社 1983 年版。
[4] 黄文几：《圩墩新石器时代遗址出土动物遗骨的鉴定》，《考古》1978 年第 4 期。
[5] 黄象洪：《常州圩墩新石器时代遗址的地层、动物遗骸与古环境》，《环境考古研究》（第一辑），科学出版社 1991 年版，第 148、152 页。

都表明在圩墩先民的居住区及附近存在范围较大的原始森林，同时还有较多湖沼、河流遗迹水塘、小河等之类的小型水域。圩墩人在圩墩遗址居住的早期，遗址距离长江口很近，这可以从遗址中出土的鲻鱼、海豹、蟹獴等属河口动物类型标本和遗址成陆时间得到很好反映。①

神墩遗址也拥有大致相同的环境条件。神墩遗址及其周边地区在距今 7000 年以前还是以木本植物花粉占主导优势，主要生长着如青冈、枫香、胡桃、栎、枫杨、悬铃木、榆和松等在内的常绿和落叶阔叶混交林，属于比较温暖湿润的气候条件，少量水生植物花粉说明遗址附近有湖沼，但这一时期该地区尚无人类活动痕迹。马家浜文化早期（距今 7000—6500 年），遗址及周边地区的自然植被依旧延续了之前的常绿和落叶阔叶混交林景观，气候温暖湿润，适合人类生存；至马家浜文化晚期（距今 6300—5900 年）过渡的过程中，气候则向温凉偏干发展，神墩遗址周围为亚热带常绿阔叶林，森林繁茂，气候温暖湿润，依旧比较适合人类居住和活动。

金坛三星村遗址剖面堆积的地球化学分析揭示了遗址内自马家浜文化时期开始，土壤内因人类活动所带来的微量元素含量激增至该地区未有人类活动的生土层的 5—6 倍。② 这充分反映了当时人类活动的日益频繁，也深刻地反映出环境变迁对人类生存的重要影响。

二、遗址概况

常州地区所在太湖西北部，是马家浜文化分布的重要区域，同时也是马家浜文化分布的最西北缘，地理空间上处于宁镇山脉、茅山山麓、宜溧山地和太湖平原的多重交界地带，导致马家浜文化时期诸多遗存的文化面貌更具差异性。根据目前的研究成果，尝试对常州马家浜文化时期的几类遗存进行梳理。

（一）马家浜文化

常州马家浜文化的典型遗址有圩墩遗址、潘家塘遗址和新岗遗址。

1. 圩墩遗址。圩墩遗址位于常州市戚墅堰圩墩村。遗址总面积约 200000 平方米。1960 年至 1961 年，南京博物院在苏南地区进行考古复查时发现，并于 1972 年、1974 年、1978 年、1985 年、1992 年共进行 5 次发掘，发掘总面积 1900.25 平方米，现为江苏省文物保护单位。遗址堆积包括马家浜文化和崧泽文化时期遗存。

遗址共发掘清理出各时期墓葬 191 座，其中马家浜时期墓葬 181 座。马家浜墓葬多为平地掩埋，未见墓坑。单人葬居多，有少数双人合葬墓。葬式以俯身直肢葬

---

① 黄象洪：《常州圩墩新石器时代遗址的地层、动物遗骸与古环境》，《环境考古研究》（第一辑），科学出版社 1991 年版，第 148、152 页。
② 张强、朱诚、宋友佳：《江苏金坛新石器时代环境变迁研究》，《海洋地质与第四纪地质》2000 年第 20 卷第 3 期。

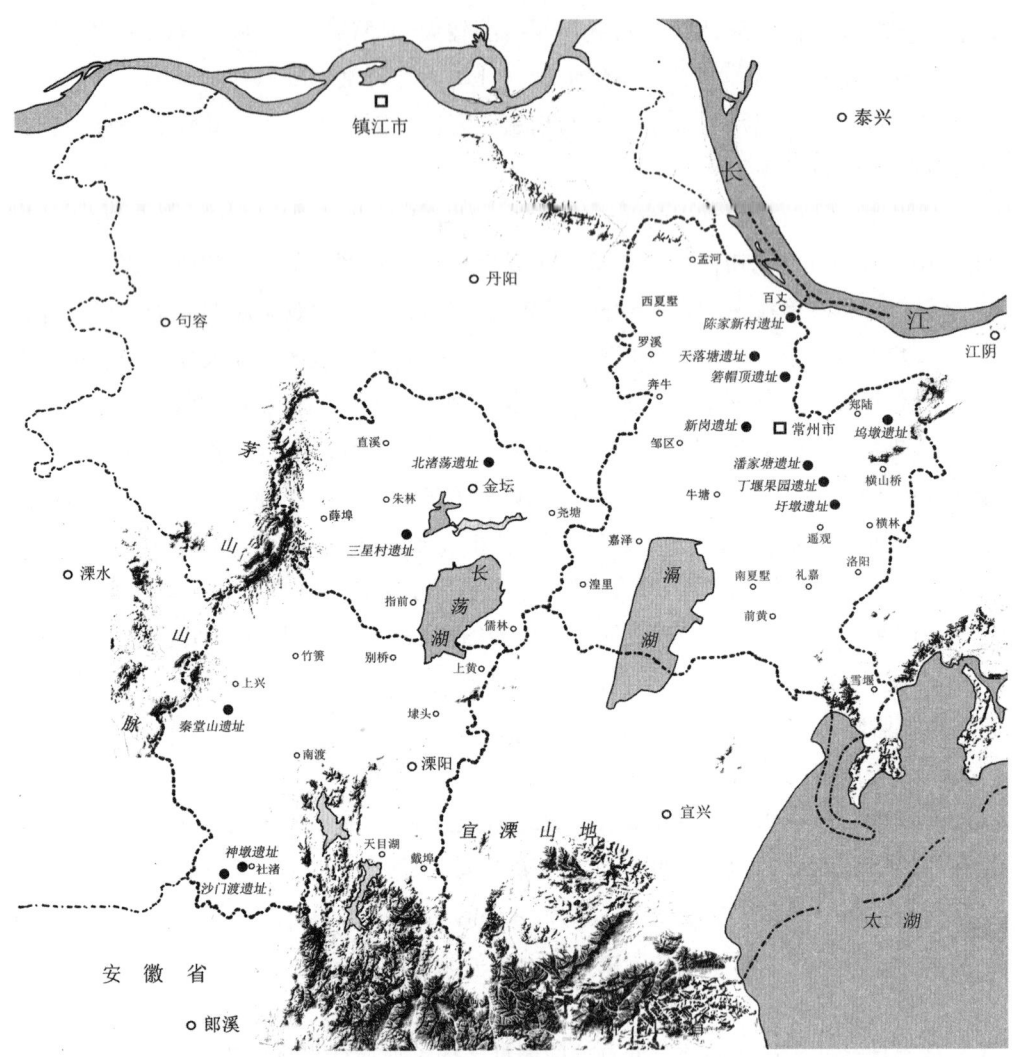

图 1-6 马家浜文化时期遗址分布示意图

为主,也有仰身直肢葬、俯身屈肢葬、侧身屈肢葬等。墓葬头向均朝北,略偏东或西。圩墩遗址墓葬中的人骨架保存较好,颅骨圆整光滑,牙床整齐,一些遗骸存在生前拔牙的现象。圩墩遗址良好的骨架标本,为医学家、人类学家和考古学家研究史前人类的体质、病理、食谱等提供了科学的资料。

圩墩遗址的马家浜文化具有早晚两期特征:早期阶段陶器均为手制,以灰褐陶为主,也有红衣陶,器形以釜、罐、豆为主。陶器作风朴素,器形种类简单,有的器形较大,广泛使用牛鼻式器耳,这一阶段大量使用木器和骨角器,石质生产工具较为少见。圩墩遗址马家浜文化晚期阶段陶器多为手制,并经慢轮修整。以灰褐陶

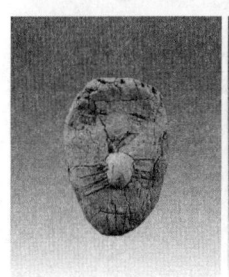

图 1-7　圩墩遗址马家浜文化遗物

为主，红陶次之。器形种类比早期阶段有较大增加，且普遍小型化。石器明显增多，除石锛、纺轮等小件器物外，石斧、石锄等大型生产工具开始出现，木器、骨角器相对少见。根据分析采集的C14年代标本数据测定，圩墩遗址马家浜文化遗存的年代跨度约为距今6200—5900年，属于马家浜文化中晚期阶段。

2. 新岗遗址。新岗遗址位于常州市区西部，现分属钟楼区五星街道新岗村和新北区三井街道曹桥村。自20世纪70年代被发现以来，陆续有文物出土，直至1991年10月，常州博物馆考古部对遗址进行试掘，发现6座墓葬，出土器物30余件。此后共进行5次发掘，面积1700平方米，发现马家浜文化墓葬16座。

3. 潘家塘遗址。潘家塘遗址位于今常州市天宁区青龙街道潘家塘村，发现于20世纪70年代，面积约3万平方米。1977年武进县文化馆、常州市博物馆对遗址进行了小范围试掘，出土文化遗物不多，器物类型有红陶釜、红陶钵、器耳、炉箅和纺轮等。

（二）神墩、秦堂山遗址（骆驼墩文化遗存①）

溧阳位于常州西南隅，西、北分别与南京、镇江搭界，南与浙江为邻，地形多为山地、台地、丘陵等小地形为主，与常州市区有明显区别，在文化面貌上也体现出环太湖平原和宁镇、宜溧地区较明显的差异性，所以有些学者将其单独分列成一

图1-8　神墩遗址出土遗物

---

① 林留根：《骆驼墩文化初论》，《东南文化》2009年第5期。

支考古学文化。

1. 神墩遗址①。神墩遗址位于溧阳市社渚镇下文头村东。于20世纪70年代发现，遗址总面积近3万平方米。2003年由溧阳市人民政府公布为市级文物保护单位。2004—2006年，经国家文物局批准，南京博物院考古研究所、常州市博物馆、溧阳市文化局联合组成溧阳神墩遗址考古队，对遗址进行了全面钻探和三次发掘。累计发掘面积1002.5平方米。发现了马家浜文化时期一处相对完整的大型氏族公共墓地，共清理马家浜文化墓葬252座，婴幼儿瓮棺葬16座，房址10座，灰坑90个，沟1条。同时还发现了良渚文化墓葬9座、早商时期灰沟遗存1条、灰坑10个以及春秋时期的灰坑2个，出土了大量的陶器、石器、玉器、铜器等文物和动物标本。

神墩遗址的主体遗存为马家浜文化时期。可分为早、中、晚三期。结合周边相关遗址及C14年代测定，其早期遗存相当于马家浜文化早期，绝对年代约为距今7000年至6500年，文化面貌与宜兴骆驼墩、西溪早期、浙江余杭吴家埠、湖州邱城等遗址相似，属于环太湖西部低山丘陵向太湖平原过渡地区的以平底腰檐釜为中心的马家浜文化早期类型。

神墩遗址中、晚期遗存相当于马家浜文化晚期，绝对年代约为距今6500年至5900年。随着宁镇地区北阴阳营文化和薛城文化类型的迅速崛起，对神墩遗址马家浜文化中、晚期的文化面貌产生了巨大的影响，陶器中釜的数量明显减少，逐渐被各种形制的鼎所取代。虽然文化面貌上出现了一些新变化，但是神墩遗址仍然属于太湖西部文化区的格局并没有质的变化，它与溧阳神墩遗址、宜兴骆驼墩遗址和西溪遗址的文化内涵基本一致，共同组成太湖西部马家浜文化时期的一类特殊的文化遗存，反映出湖西在马家浜文化晚期文化变迁的动态过程②。

2. 秦堂山遗址③。秦堂山遗址位于溧阳市上兴镇东塘村委章村西300米，2010年3月在溧阳市第三次全国文物普查中发现，总面积达150000平方米以上，其规模为神墩遗址的5倍以上。现场采集到大量陶片、石器、骨器以及贝壳。根据出土物判断，具备马家浜文化——良渚文化的特征。2011年经江苏省人民政府审核公布为省级文保单位。

溧阳神墩遗址、秦堂山遗址的发现，再次确认了太湖西部以平底釜为中心的马家浜文化早期类型和以三足平底鼎为中心的马家浜文化晚期类型，展现了太湖西部地区马家浜文化长达千余年的动态的变迁过程。神墩、秦堂山遗址重要遗物的出土，

---

① 南京博物院、常州博物馆、溧阳市文化局：《江苏溧阳神墩遗址发掘简报》2009年第5期。
② 南京博物院、常州博物馆、溧阳市文化局：《江苏溧阳神墩遗址发掘简报》2009年第5期。
③ 遗址仍在发掘中，相关成果暂未公开发表。

确立了太湖西部马家浜文化的年代标尺，确定了太湖文化区和宁镇文化区的文化分界，为重新全面认识马家浜文化的分期、分区和类型提供了坚实的基础。

（三）三星村文化遗存

三星村遗址①位于金坛市西岗镇三星村，于1980年代发现。遗址总面积约10万平方米，其中中心墓区约2万平方米。1993年至1998年，经国家文物局批准，南京博物院联合金坛市文物管理委员会，组成三星村联合考古队，对遗址进行考古勘探和科学发掘。发掘面积525平方米，共清理新石器时代墓葬1001座，灰坑55个，房址4处，出土陶、石、玉、骨、角、牙蚌器等各类文物达4000余件（组）。遗址现为江苏省省级文物保护单位。三星村遗址面积大、保存好，文化内涵丰富，为其它同时期考古遗址所少见，对深入研究长江下游地区新石器时代文化类型和文明起源等重大学术课题具有重要意义，于1998年被评为"全国十大考古新发现"之一。

三星村遗址的最下层是人类居住生活的遗存，发现有房址的圆形柱洞、红烧土堆积、灰坑等遗迹。②现今的圆台形高地部分为墓地，是在早期生活遗存废弃后逐年堆积而成的。遗址有1001座墓葬分布密集，叠压关系复杂，骨架保存完好，出土文物量大，器物造型奇特。陶器出土数量最多，具有浓厚的地方特色，常见的器形有鼎、釜、豆、罐、盆、钵、杯、盘、盉、匜、尊、纺轮、锤、网坠、陶猪、串饰等，其中匜形豆、组合式豆、鸟形壶、刻云雷纹彩陶豆等都是国内首次发现，为研究当时的丧葬习俗、生活状况、生产力发展水平等提供了一批弥足珍贵的实物资料，具有重要的价值。

三、马家浜文化的基本特征

（一）生计类型

中国古代原始农业包括以黄河中游地区为核心，种植粟黍为代表的北方旱作农业系统和以长江中下游地区为核心，种植稻谷为代表的稻作农业系统。常州地区属于后者，同时传统的采集狩猎生计模式并未退出历史舞台。考古工作表明史前常州地区采取的是稻作农耕与渔猎采集相辅相成的模式。

1. 原始稻作。常州地区目前发现最早的炭化稻米来自戚墅堰圩墩遗址。圩墩遗址下层堆积经淘洗发现的炭化稻米，经鉴定其中籼稻占72.43%，粳稻占27.57%，为以籼稻为主的粳籼混合型。③相关的孢粉分析显示地层中有大量草本植物孢粉，其中以禾本科大型花粉为主，这一类花粉很可能来自稻。④在金坛三星村遗址内许多灰

---

① 江苏省三星村联合考古队：《江苏金坛三星村新石器时代遗址》，《文物》2004年第2期。
② 南京师范大学、金坛市博物馆编：《金坛三星村出土文物精华》，南京出版社2004年版。
③ 常州博物馆：《1985年江苏常州圩墩遗址的发掘》（附录三），《考古学报》2001年第1期。
④ 萧家仪：《圩墩遗址第五次发掘植物孢粉和硅酸体分析》，《东南文化》1996年第1期。

图1-9 三星村遗址出土遗物

坑中也发现了炭化稻遗存，初步鉴定属人工栽培稻。圩墩遗址出土的木杵可用于舂米，叉丫形或直形树干配烘烤得非常坚硬的尖头的木棒可用于点播种子，而木耒上多有火烧痕迹，先民可能采用了火烤处理，以提高此类工具进行翻地耕作的使用实效。此外还发现有可能用于研磨谷物的砾石①和翻土的石锄。根据对三星村遗址 19 个人骨 C、N 同位素分析，反映了三星村先民是以稻作农业为主并辅以渔猎的，同时 δ15N 与 C3 类在先民食谱中的弱负相关比例则暗示了先民的稻作农业与渔猎活动是相对独立的。这说明在三星村先民的生活中，稻作农业逐步得到发展和强化，渔猎经济的比例则逐渐减小。但是这一时期攫取自然资源仍然是先民生计重要的组成部分。②

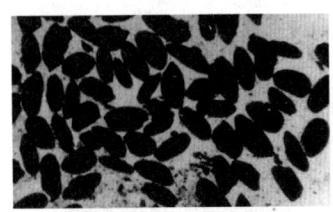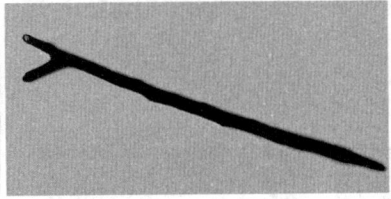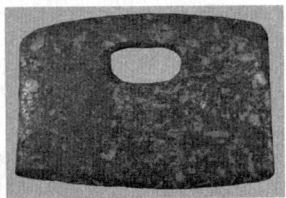

图 1-10 炭化稻米、点播棒和石锄

2.采集渔猎。马家浜文化时期，气候较现今温暖湿润，遗址周围河流纵横，森林密布，先民可以邻水而渔、近林而猎，因此采集和渔猎是当时人们重要的获取食物的方式。菱角、莲子、桃核和芡实等植物果实便是史前人类经常采摘的物品，在遗址中发现了大量这些植物的种子和果实。不过随着种植业的不断发展，采集逐渐退居到次要地位，成为先民们获得食物一种补充方式。

大量动物遗存和镞、矛、锥、匕、刀、斧等工具的伴出则是当时采集渔猎经济的有力证据。金坛三星村遗址人骨同位素分析清楚地显示了渔猎成分在该遗址先民食谱中独立且重要的位置，再参考圩墩遗址和三星村遗址的出土动物遗骸种类，可以发现传统的渔猎经济在当时人们的经济活动中仍然占据了重要地位。圩墩遗址出土了包括梅花鹿、四不像、獐、野猪、水牛属、貉、蟹獴、草龟、鼋、鲫鱼和鸟类在内的十二种动物遗骸③，其中以梅花鹿数量最多，其次为野猪。这些动物遗存组合显示当时常州及其附近一带地区，先民们以偶蹄目种类的陆生哺乳动物为主要捕猎对象，尤其是鹿科的梅花鹿、四不像以及猪科的野猪。此外在出土的兽类残骸中，

---

① 陈娟英：《试析常州圩墩新石器时代遗址的原始农业因素》，《农业考古》2000 年第 1 期。
② 胡耀武、王根富、崔亚平等：《江苏金坛三星村遗址先民的食谱研究》，《科学通报》2007 年第 1 期。
③ 黄文几：《圩墩新石器时代遗址出土动物遗骨的鉴定》，《考古》1978 年第 4 期。

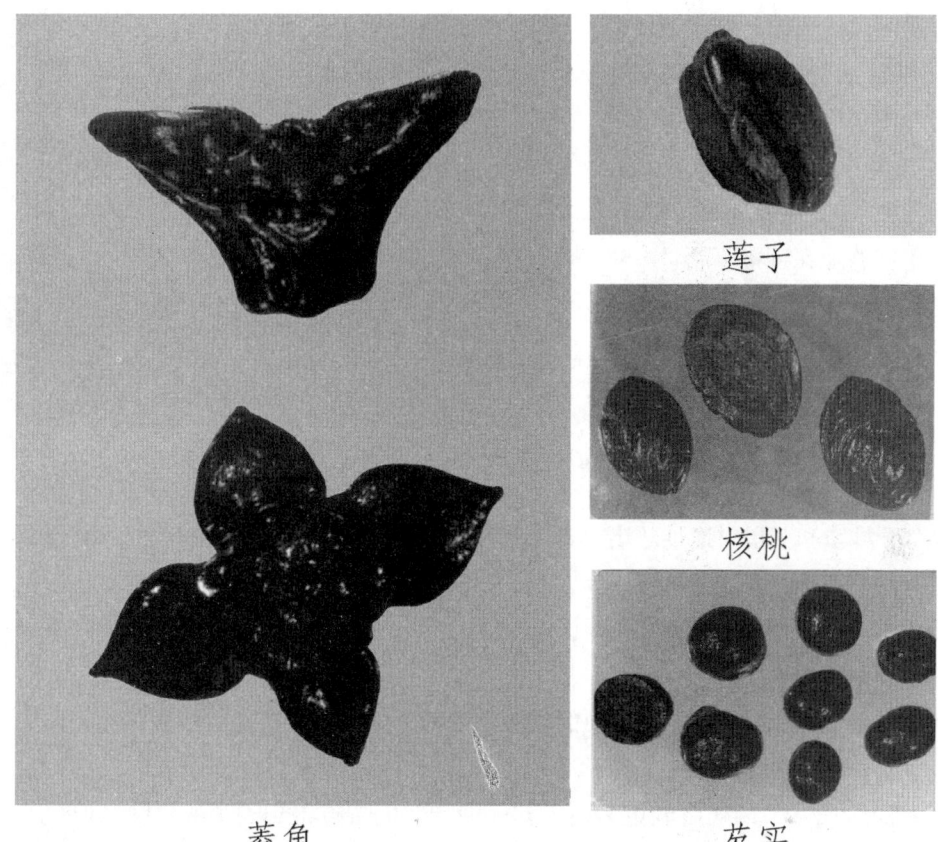

图 1-11 菱角、莲子、桃核、芡实

有的明显有被火烧过的痕迹,应该是被人类烧烤食用后废弃的。圩墩遗址地层堆积中常见大量蚌壳和螺壳,三星堆遗址中发现了大面积分布的厚达 1.2—1.5 米的螺蛳壳堆积,三星村遗址墓葬随葬品中还发现有较丰富的骨角器,还有成对出土的靴形器,这种靴形器与常伴之出土的骨梭和网坠等织网、捕鱼类工具一起配套使用,[①] 更直观地说明了狩猎和捕捞在当时人们经济生活中的重要地位。

3. 家畜驯养。种植业的发展为家畜饲养业提供了饲料来源,促进了家畜驯养的发展。

家猪起源于中国,研究表明至迟在距今 8500 年前后,以河南舞阳贾湖为代表的古代先民已经成功地驯化了家猪。[②] 随后的历史时期里,家猪遗骸在中国南北多处考古遗址中都普遍出现。家猪在其被驯化后很快成为中国古代社会中最重要的家畜和

---

① 陈丽华、黄建康编著:《常州文物》,中国文史出版社 2003 年版,第 15 页。
② 罗运兵、张居中:《河南舞阳县贾湖遗址出土猪骨的再研究》,《考古》2008 年第 1 期。

最普遍的肉食来源。圩墩遗址中1972年发掘的马家浜文化墓葬中有2座墓均随葬了猪下颌骨；在1978年发掘的30座马家浜文化墓葬中，有3座墓随葬了猪牙，另有1座墓随葬了猪下颌骨。对于随葬猪骨、埋葬猪骨的现象，有学者对其含义做了"为死者提供肉食""象征财富""社会分工""祭祀仪式"或是"迷信辟邪"等不同解释。除墓葬随葬的

图1-12 圩墩陶猪

骨骼外，圩墩和三星村遗址还出土过陶塑泥猪，肥硕憨态完全是被驯养的家猪形象。不过，尽管马家浜文化时期家猪已经成为先民的饲养对象，但这一时期家猪的饲养规模仍然较小，家猪在各遗址哺乳动物群中所占比例并不高，在先民肉食构成中也不占重要地位。①

　　一般认为，大约在1.5万年前的欧洲和亚洲，狗已经成功地由狼驯化而来。中国的狗作为家犬有很长的历史，最早的家狗可能出现在更新世晚期以来以采集狩猎经济为主的阶段。狗最初可能更多由于其"助猎"的特点得到人类的青睐，但也有学者指出，狗的驯化与淀粉类食物摄入有重要关系，换句话说，狗的驯化和农业起源之间有密切的关系。圩墩遗址出土一只较完整的成年狗头骨，仅左颧弓、左鼓泡破损，齿列基本完好，标本呈亚化石状态。经鉴定，该头骨全长、最大颅宽、面宽、吻长和颊齿齿列长等各项数据均显著地小于狼，整体形态特点与现生头型较大的狗基本一致。溧阳神墩发现两只狗骨架，无墓坑，均位于氏族墓地的边缘。狗骨较完整蜷缩一团，似有"生前看家护院，死后成卫陵寝"之意。从出土数量和完整程度上看，狗肉不是马家浜人的主要肉食来源，狗应该还是作为一种功能性动物存在。

　　综上可见，不同形式的植物遗存、动物遗存（形象）和相关生产工具的发现，表明常州地区马家浜文化时期的先民已经在聚落附近种植水稻和饲养家猪和狗，同时也捕猎野生动物、采集陆生和水生植物（根、茎、叶或果实）和捕捞水生动物资源。由于三星村遗址虽有锄和铲等工具，但数量很少，同时圩墩遗址中也未发现骨耜等晚期典型的农耕用具，加之野生动植物遗存的优势，说明以圩墩遗址和三星村遗址为代表的马家浜文化聚落生计的维持是靠传统攫取型和自主食物生产相结合的模式。

---

① 罗运兵：《中国古代猪类驯化、饲养与仪式性使用》，科学出版社2012年版，第211、215页。

（二）原始手工业

马家浜文化时期，手工业从属生产经济类活动，主要有陶器、石器、玉器、骨器、木器（漆器）等加工制作门类，它们都是当时聚落社会经济生活各方面的真实缩影。

1. 石器。进入新石器时代后，石器的加工技术更加成熟，打制成型后，工匠会进行精琢细磨，器型看起来精致美观。马家浜文化时期石器器型简单、器型小巧，主要有石锛、石斧、石锤、石锄、砺石、纺轮等，形制规整，磨制光滑。其中以石锛为大宗，石斧常见穿孔，多采用两面对钻，石斧多绑于木柄之上使用。用于随葬的石质工具不多，一般只有一两件。可见在这个阶段，石器仍然是一种珍贵的物品、稀缺的资源。

2. 陶器制作。马家浜文化时期陶器还处于手制阶段，多用泥条盘筑，后以慢轮修整。器型常见圜底釜、平底釜、甗、鼎、盆、壶、大圈足豆、碗和烧火架等生活用具，其中釜、甗、甑是最主要的蒸煮用器；还有一些小型器物，如弹丸、陶球，有的球空心，内置砂粒，摇之有声，酷似玩具。陶胎中常有夹炭夹蚌现象，烧制成形后多见气孔。器表颜色为外红内黑为主要特点，多见红陶、褐陶，少见黑皮陶、彩陶。在圩墩、神墩有极少刻纹白陶。白陶相对珍稀，在大汶口文化中常作为礼器使用，所以马家浜的白陶片是相当重要的发现。陶器装饰流行施红衣，多带腰沿、直柄斜柄鋬手、牛鼻型鋬手和鸟喙形突饰等。纹饰多有附加堆纹、戳印纹、按窝等，在三星村出土了一件云雷纹陶豆，实属罕见。

3. 骨角牙蚌器。圩墩先民在捕猎野生动物进行食肉之余，还利用了部分骨骼、鹿角和牙齿等，或切割或磨制或刻划，制成了各种精美的生产工具和生活用具，细致到令人不得不佩服古人的心灵手巧。

马家浜人制作的骨器不仅精良美观，而且门类十分齐全，常见有刀、锥、匕、钻、镞等刃具；有骨标、骨梭等渔猎工具；有匙、勺等餐具；有骨簪、骨笄这类装饰品。三星村出土的骨角器尤为丰富，很多器物都是国内首见。如有各种规格的骨针，其针形大小已能与今天使用的铁针媲美，并有与骨针配套的刻纹骨筒。尤其罕见的是一组刻纹骨板，每件骨板正反两面都钻、凿、刻有十分精细的花纹，花纹图案的位置和布局有着相互的内在联系，应用来表示某种特定的含义和作用，此器很可能与原始巫术、宗教、卜筮等有关。马家浜人制作角器的主要原材料是鹿角，出土的许多鹿角仅剩根部，并有整齐切、锯的痕迹。鹿角的尖部磨光加工成角锥，一些扁平的部位制成角匙。另有一类独特的器物——靴型器，也是由鹿角加工而成，是马家浜文化墓葬中习见的器物之一，常成对出土于死者脚拇指处，勾尖向上，表面磨光，上面常有三个钻孔，对其功用学界说法不一。在牙器方面，圩墩出土了数件獐牙磨制的牙刀，牙尖尖锐，牙内侧为锋利的刃部。金坛三星村出土有国内年代最早的两件象牙簪，由乳白色象牙制成，象牙纹理清晰，为细长圆柱体，顶部有蘑菇形簪帽，通体磨光，在帽顶和簪体交接处有一斜向穿孔，设计精巧。河蚌壳也被马家浜先民制成工具，三星村出土有用于农业收割的蚌镰，通体呈三角形，镰根部的上下各有一个凹槽，可能用于固定在木柄上使用，镰内侧为弧形，且有密麻的锯齿刃口。蚌壳可以制成工具，也可以

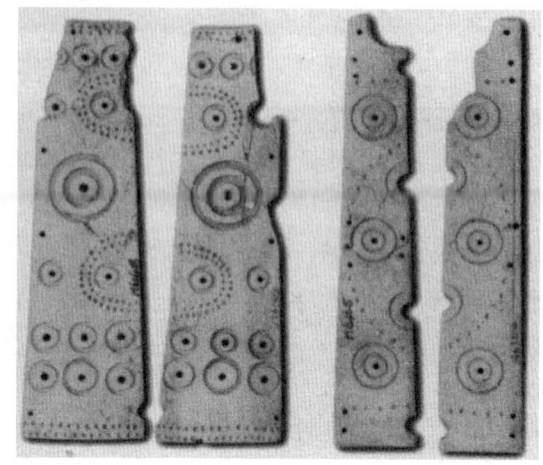

图1-13 三星村遗址刻纹骨板

制成装饰品，而且可以仿玉器装饰品。三星村遗址就出土了"蚌玦"，形制与玉玦完全相同，环形有一小缺口。此外，三星村还出土有两颗海贝装饰品，形制相同，贝壳顶部均有打磨痕迹，并穿有一孔，方便系带。

4. 木质工具。木器的普遍使用是圩墩遗址一个显著特征，这是整个太湖流域马家浜文化中迄今为止发掘出土木器最多的遗址。木质器物的种类和用途相当广泛，几乎涵盖了当时人类生活的各个方面，包括有用于农业翻土的木铲、三角形木器；有用于种植的原始点播棒；用于谷物脱粒的木杵；制陶用的木刮刀、木拍；生活用具木凿、木楔、木槌、木勺和穿孔木针等；有可能是玩具的"木陀螺"；还有木质武器木剑、竹矛等；圩墩还出土了水上交通工具附件——橹和桨，器型和功能与现代舟楫工具颇为相似。马家浜先民制作木器已能因用途选材，比如点播棒多用丫叉形树干制作而成，下端用火烘烤得非常坚硬，以增加硬度和耐久性，大大增强了使用实效，直到现在江南一带农村中在种植豆类时，还在使用这种原始的尖头棒，只是下端用尖头形铁器取代而已。木器加工面切割、砍削较为平整，穿孔光滑，榫卯简单搭配固定也相当熟练，说明当时人们制作木质工具已进入比较成熟的时期。尤为难得的是，在圩

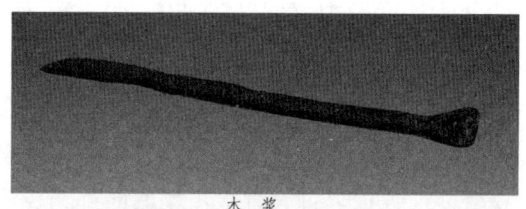
木桨

木橹

图1-14 圩墩遗址的木器

墩遗址的第四次发掘中，出土了一件表面髹有黑漆的喇叭形木器，残高12厘米，上部有火烧痕迹。漆器的出现，更表明在当时的条件下保护和利用木器的技术已向前迈进了一大步。

5. 玉器。马家浜文化的玉器种类不多，常见小型玉器，玉玦、玉璜、玉管（串饰）三类玉器在墓葬中都有发现，随葬位置均在头颈附近。玦位于耳部，璜出于颈间，时常与玉管（串饰）同出。在神墩遗址还发现有口衔玉璜的案例。可见马家浜时期的玉器主

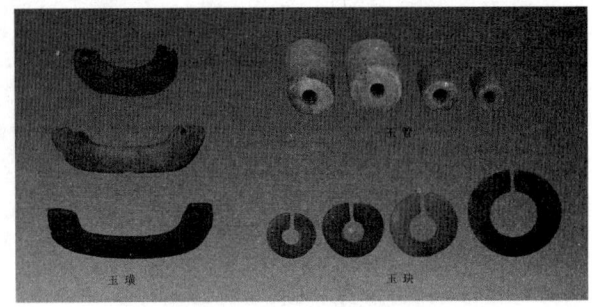

图1-15 马家浜文化的玉器

要用于首饰，绝非后世文献记述"召人以瑗，绝人以玦"的作用。

6. 编织纺织物。1985年发掘圩墩遗址时，在遗址第五层内发现一块编织物，以芦苇为材料，采用经纬编织法制成，类似草席之类的物品。此外，圩墩遗址还出土了一段草绳，绳子由两股绞丝搓成，形态完好。这显示出早在6000多年前，马家浜文化人们已经掌握了一定的编织纺织技法，可以利用天然植物茎秆制作一些生活工具和用品。

（三）建筑居址

马家浜文化时期，当时人们已经开始定居生活。圩墩遗址中迄今虽然没有发现房屋遗迹，但在历次发掘中，都有大量红烧土块和一些木质构件出土，包括木柱、木桩、带七个等距榫眼的方木桩等，出土时带榫眼的桩木，由两根木桩支撑，横置于生土之上，支撑方木的圆木桩顶部被削成尖状的梯形榫头，正好嵌入横置的方木中。另外还有较粗的丫叉形木件、两头尖插榫、木插销、方形木件等。其中插销出土数量最多，器型较小，只有5—6厘米长，顶部有圆形铆头，中间或尾部穿有小孔，可以以销钉来固定插销，使其受拉力后不滑脱。这类小部件，或许是其他木构件的附属零件，也可能

图1-16 圩墩遗址编织物、草绳

是用在木窗上的销钉。^①在圩墩第二次发掘中，还发现聚集成堆的烧土块，较大的烧土块一面平整，另一面有芦苇之类植物的茎秆凹痕，很可能就是"木骨泥墙"倒塌后的残存。^②在金坛三星村遗址中，发现了分布密集的圆形柱洞，大量的红烧土。房址内有灶坑，房址外有灰坑，灰坑土经淘洗浮选出许多炭化稻米。

图 1-17 木插梢

当时考古部门认为可能同属于圩墩房屋类型。^③溧阳神墩遗址也发现许多柱洞，房屋形状大致呈圆形，应为地面式，房屋面积很小，只有四五平方米，仅可容纳一两人。

（四）墓葬与社会形态

常州马家浜文化遗址大多以公共氏族墓地为主体，墓葬数量较多，房址、灰坑等其他人类生活遗迹数量不多。墓葬排列十分紧密，一般以单人墓为大宗，也有少数的同性合葬墓，没有出现成年男女合葬墓。墓葬可分为浅坑墓穴和平底掩埋两种，基本不见葬具，十分流行俯身直肢葬，也有一些仰身直肢、侧身直肢、俯身曲肢等葬法。墓葬中一般只有三五件随葬品，有的甚至没有随葬品，随葬器物大多数为简单日常生活用具，主要以陶器为主，常见鼎、釜、豆、盆、钵等，工具有石器、骨器、角器、蚌器、牙器等，少数墓葬有一两件小型玉器装饰品随葬，还有极少数墓葬中随葬猪骨。新岗遗址共发现 5 座儿童墓，墓坑浅，遗骸细小，没有任何随葬品，5 座墓中的 4 座组团分布在墓地中部，与成人墓分隔开来，显示出马家浜先民对幼儿墓葬区别对待的埋葬习俗。在金坛三星村和溧阳神墩遗址里，小孩夭折常常采用瓮棺的形式埋葬，即采用瓮、盆等陶容器作为棺材盛殓尸体。这种形式在市区的新岗和圩墩遗址都不曾见到，这也是常州西部马家浜文化的一个特点。

从墓葬情况可以说明，当时的社会成员之间还没有财产私有观念，没有贫富差别的现象。由于同一氏族同性别的男女有时埋葬在同一区域，反映出墓葬排列还没有充分地强调婚姻关系，家庭、家族的观念意识还处于潜在的萌芽之中。晚期阶段虽然墓葬略分散，组团出现的趋势明显增强，墓葬三五成群，群组之间有明显的间隔；男性随葬品数量有所增加，地位有所提升，显示出社会组织结构的确在逐渐发生改变，

---

① 陈晶：《中国长江下游新石器时代木器的应用》，《华夏考古》1994 年第 1 期。
② 吴苏：《圩墩新石器时代遗址发掘简报》，《考古》1978 年 4 期。
③ 南京师范大学、金坛市博物馆编：《金坛三星村出土文物精华》，南京出版社 2004 年版。

但是整个墓地都以头北俯身葬为主,可见整个氏族的共同信仰一致,并且为同一群体延续形成。

圩墩遗址中男女随葬物品有所不同,鹿角靴型器、骨笄一般出现在男性墓中,玉玦、玉璜一般出现在女性墓中;纺轮在女性墓中出现的比例更高。女性墓葬中不论随葬品的平均数量还是质量都好过男性,比如玉器几乎全被女性掌握。但是在稍晚的阶段,男性墓葬中随葬品数量有增多的趋势,随葬品种类也由生产工具类,逐渐变为日用陶器,并且猪骨等兽骨也出现在男性墓葬中,可能意味着男子在生产生活中的重要性在提升,可支配的私有财物增多,社会组织结构在悄然变化之中。

从遗址中发现葬式葬法和遗骸遗物等方面梳理出相关的信息,也可以探知当时人们的精神世界。在圩墩遗址和三星村遗址的考古发掘中,都发现了随葬品,其中常见有石器、陶器或者小型的玉器,大概希望墓主人在异度空间仍使用生前的工具、容器和装饰品,过着与生前一样的生活,保持和从前一样的妆容。在溧阳神墩遗址中视死如生的观念表现的更为明显,在墓葬中十分流行"模型明器",即按照实用器的形制,按比例缩小成为死者的随葬品。可见在神墩古聚落中已有专门为死者烧制明器的行业分工,充分显示出马家浜人对于"事死如事生"重视的态度。

马家浜先民的葬俗中常见有将陶器故意打碎再随葬的"毁器"现象。这种毁器习俗分部分打碎和完全打碎两类。在马家浜墓葬中,部分打碎的情况比较多,譬如新岗遗址有将陶豆的豆盘完整敲掉,或者敲碎,倒扣在死者的面部,而不置于墓中;神墩遗址流行将小鼎的三足敲掉再随葬的现象。也有完全使用碎片随葬的案例。毁器随葬的意图究竟是什么呢?有考古学家通过大量考古和民族学材料的分析后认为,史前人类在处理死者时,一方面表达了他们对死者的难舍之情,一方面终究人鬼殊途,生者也表达出一种害怕死者鬼魂前来惊扰的担忧之情。以豆盘、陶盆之类的敷面,大概也是就期盼死者魂魄安息之意。①

玉器作为随葬品晗于口中,最流行于汉代王室、贵族大墓中,玉晗器型多为玉蝉,反映墓主希望借玉器之灵,以保尸身不腐、灵魂不灭之意。史前墓葬中,大汶口文化墓葬中时有口含石球之例。而在溧阳神墩遗址中有几座墓葬的墓主,将佩戴于颈部的玉璜晗于口中;金坛三星村也出土一颗玉晗,扁圆饼状,光滑圆润。它的寓意大概应该跟后世所见无大差别,无非是对逝者尸身和灵魂去处的一种美好期盼。这种晗玉葬俗可能是目前中国晗玉行为最早的鼻祖了,对中国古代墓葬用玉制度的形成和发展有一定的影响。

---
① 陈星灿:《史前居室葬俗的研究》,《华夏考古》1989年第2期。

凿齿，即拔牙，是古代乃至近现代世界上一些民族刻意拔除某些健康牙齿的行为，在古代文献中还称之为折齿、摘齿、打牙等，这些行为逐渐演变成一种风俗或仪式，还有一些成为某些民族的名字。圩墩遗址中便有拔齿的存在，根据上海铁道医学院口腔系和上海自然博物馆人类组的观察研究，拔齿只发生在成人间，总拔齿频率为39.2%；其中以上颌中切牙与侧切牙组合缺失情况最多（81.6%）；女性均为右侧中切牙与侧切牙缺失，而男性则两侧皆有。这充分说明，圩墩人的拔牙完全是一种有意识有目的的风俗行为。通过对齿部的X线摄片分析可以发现，圩墩先民的拔牙方法，可能是先用石锛适度连续敲击，使要拔除的牙齿脱臼松动，然后以骨镞或骨铤拔去，与现代拔牙方法基本相似。有学者研究认为，圩墩遗址的拔牙风俗可能源于大汶口文化的影响，并且与大汶口文化高达60%以上的拔牙率相比呈现明显的衰退过程。据检测，在所有拔牙个体中，最年轻的大约在20岁，也就是说在牙齿拔除术在20岁之前就已实施，而在幼童中不见拔牙现象，拔牙风俗可能是一种成人礼或者婚嫁礼仪之类。

除了上述特点明确的马家浜人信仰风俗情况外，还有一些较零散的有趣的现象，也可以局部反映出当时人的认知能力。中国许多史前遗址都出土有陶人面，这是人类对自我认知的反映，圩墩遗址中也有一块，只是制作上稍显粗糙，隐约可见人面上似乎有些妆容，其意义还不甚明确。有些墓葬习惯用龟甲放置在脚下或手边随葬，有些还在墓葬中刻意地摆放一些彩色的小石子，可能也是马家浜人的某种信仰的体现。

第二节 崧泽文化

崧泽文化得名于上海青浦崧泽遗址，是继马家浜文化之后环太湖地区的一支考古学文化，年代在距今6000—5200年。

一、环境

崧泽文化的分布与地理环境的变迁有密切的关系，随着长江三角洲蝶形洼地的渐成，太湖东部的潟湖和浅水海湾的淡化，陆地面积的拓展和淡水资源的丰富，使得原在马家浜文化时期并不适宜人类生存的上海地区，成为崧泽文化一个重要的据点。同时崧泽文化除了继承经营马家浜文化传统大本营的杭嘉湖和苏锡常地区外，还向北跨过长江到达苏中海安地区，向西挺进太湖西南部的山地丘陵地区。

马家浜文化晚期气温达到峰值后开始降低，在向崧泽文化过渡的过程中，气候整体上是向干冷方向发展的。在三星村遗址地层堆积中孢粉序列组合中喜阳乔木，

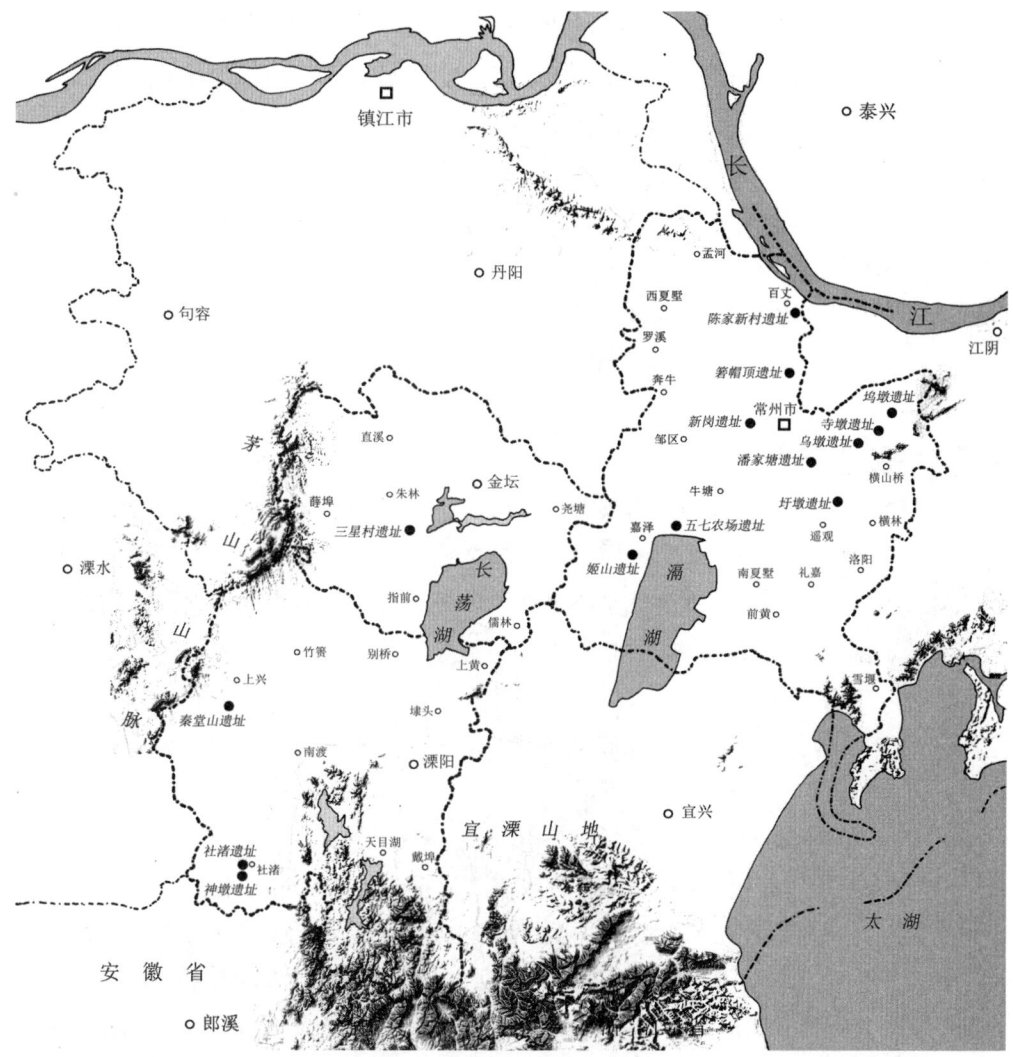

图 1-18 崧泽文化遗址分布示意图

如胡桃、榆等植物在马家浜时期孢粉带中数量已经逐渐减少，至崧泽时期孢粉带中已消失不见，相反一些松属、蒿属和禾本科等针叶树和耐旱的草本植物孢粉增多，这都反映了崧泽文化后期气候已经逐渐转向冷干。圩墩遗址出土古木的相关研究显示距今5300年前左右遗址周边存在着落叶-常绿阔叶混交林带，该林带是温带针、阔叶混交林带与亚热带常绿阔叶林带之间的过渡区，其环境条件为年平均气温14—16℃，最冷月份平均气温2.2—4.3℃，最热月份平均气温28—29℃，全年无霜期240—260天，年降水量为1000毫米左右。①

---

① 张金泉：《植物地理》，重庆出版社1989年版。

另外地球化学分析显示，三星村遗址崧泽文化时期堆积中的 P_2O_5 含量都是生土层的数倍以上，崧泽文化时期里白科植物孢粉的含量也急剧增加，[①] 这些都反映森林植被已遭到破坏，蕨类植物又开始大量繁殖。据推测，史前三星村地区在马家浜文化晚期耜耕农业向崧泽文化时期犁耕农业发展的过程中，可能存在一段很长时间内采用"烧光砍光"的方法，[②] 除了气候的变化之外，这种开荒方式也很可能就是当地植被被破坏和演替的重要原因之一。

总体而言，当时常州地区森林已逐渐减少，地势较低处存在水生植被较繁茂的湿地、浅水沼泽，这样的环境为先民提供了适宜的栖息地、丰富的食物资源和生产生活环境。

二、遗址概况

常州地区是崧泽文化的在太湖西北部的一个重要分布区，目前发现的崧泽文化遗址主要有：常州新岗遗址、乌墩遗址、圩墩遗址、潘家塘遗址和姬山遗址等。这些遗址多有一个共同的特点：几乎不存在只单纯包含某个考古学文化内涵的遗址，大多数遗址都显示出文化的继承和延续。

（一）新岗遗址

新岗遗址位于常州市区西部五星街道新岗村，是常州市区保存较为完整的史前人类活动遗址。

（二）乌墩遗址

乌墩遗址位于现天宁区郑陆镇东青张家湾村东北，1992 年和 1993 年江苏省乌墩遗址考古队对该遗址进行了两次田野考古发掘，发掘面积共 600 平方米。发掘揭示表明乌墩遗址包含有三个不同时期的文化堆积层，其中以遗址北部中层和下层为原始社会新石器时代崧泽文化遗存最为重要，尤其是 10 座崧泽文化的房址为同时期少见。根据出土文物的造型、纹饰特点，推断乌墩遗址的年代为崧泽文化早期，距今约 6000 年。

（三）圩墩遗址

该遗址堆积主要以马家浜文化遗存为绝大多数，1985 年的发掘中在最上层发现了 5 座崧泽文化墓葬。由于 M122 有 30 多件随葬品，在同时期墓葬中规格极高，十分亮眼，故圩墩遗址在崧泽文化中也具有一定的代表性。

（四）潘家塘遗址

潘家塘遗址文化层较薄，厚度约 60 厘米。文化堆积包括马家浜文化时期和崧泽

---

① 张强、朱诚、宋友佳：《江苏金坛新石器时代环境变迁研究》，《海洋地质与第四纪地质》2000 年第 3 期。
② 吴汝祚：《太湖文化区的史前农业》，《农业考古》1987 年第 2 期。

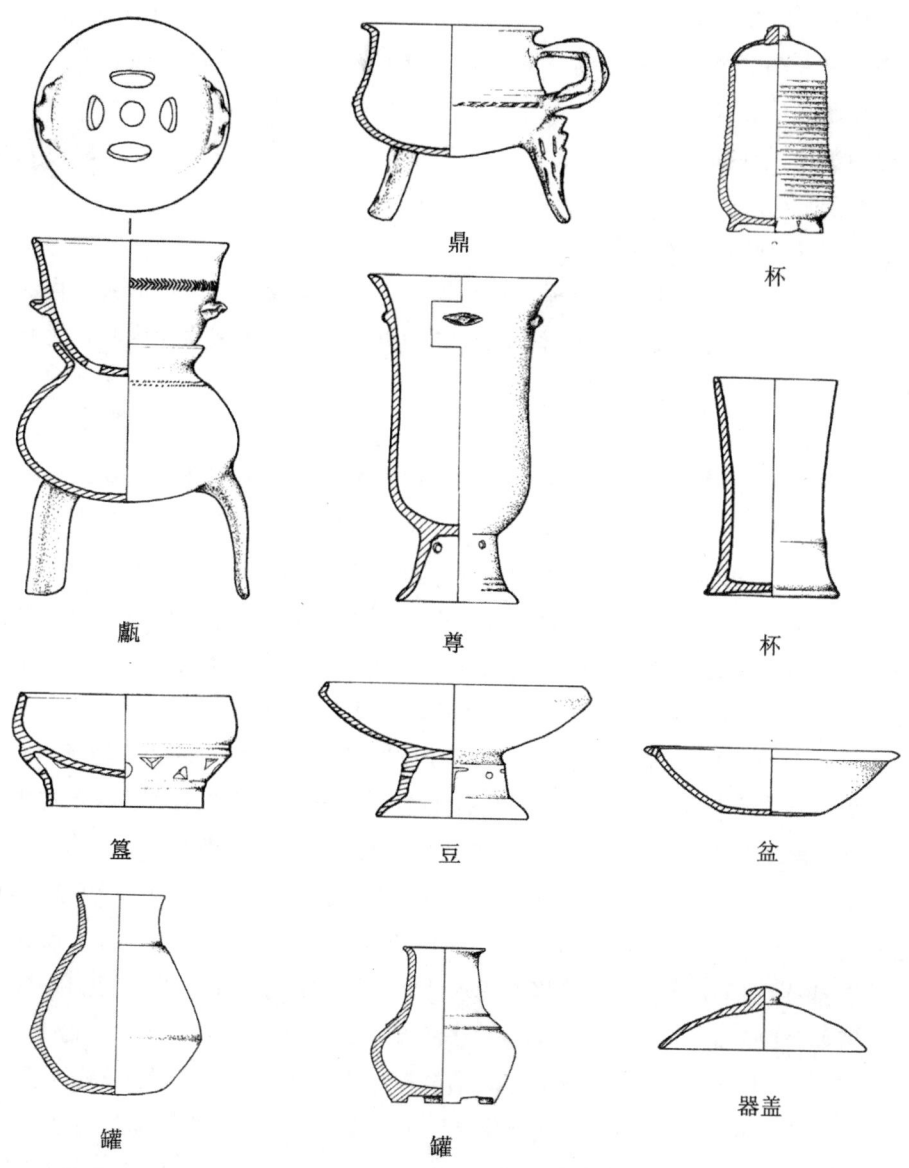

图 1-19 新岗遗址崧泽文化陶器

文化时期两个阶段。其中马家浜文化器物较少，崧泽文化器物较多，器型包括豆、壶、罐、杯、碗、器盖、纺轮、网坠、石斧、石锛、石钺、玉钺、玉玦、玉璜等。

（五）姬山遗址

姬山遗址位于武进区嘉泽镇姬山村，村民称之为"姬墩山"。20 世纪 80 年代以来，陆续出土了陶鼎、陶壶、陶罐和石器，具有明显的崧泽文化和良渚文化特征。

经过初步考古调查，姬山遗址东西长约350米，南北宽约300米，面积1万余平方米。遗址中部是一圆形土墩，底部为方形台基。因制砖取土，墩北侧已被破坏，断面采集到崧泽和良渚文化陶片，在断崖底部还发现有墓葬遗迹。以往在常州西南部、滆湖西侧地区未发现新石器时代遗址，姬山遗址的发现填补了这一空白，对研究常武地区新石器时期遗址的分布及人类的活动具有重要的意义。

三、崧泽文化的基本特征

现有考古出土材料证明，崧泽文化是继承马家浜文化直接发展而来。崧泽文化是太湖流域史前文化发展的一个新阶段，它的整个文化面貌和文化内涵较之马家浜文化阶段有了进一步的提升。

（一）生计类型

在马家浜文化时期，人们获取食物的手段主要还是依靠狩猎和采集，原始农业只是作为一种补充。经过近千年发展，在崧泽文化时期，出现一批新的大型农业生产工具，有挖土用的石铲、刨土用的石锄、收割用的石镰、三角形的石犁，耘田器和直柄（斜柄）石刀等，相比马家浜文化的木制农具而言，无论硬度还是耐久度，石质工具显然更具先进性。这样以石质农业工具为代表的崧泽文化生产力水平就得到极大的提高，农业生产效率提升，农业产量也相应有所增加。

当时"刀耕火种""连墙接栋""伐薪烧炭"等人类活动对周边环境产生影响，森林开始减少，野生动物失去了赖以生存的空间，遗址附近的动物、植物种类和数量已大不如前。加之农业生产的进步，导致崧泽文化时期采集狩猎活动已逐渐式微，在经济生活中逐渐地处于从属地位。因此在圩墩、新岗、乌墩等崧泽文化的地层、遗迹的发掘中已经很少大量出现多种动植物遗骨遗骸。

渔业捕捞则仍在继续，鱼蚌鳖蛙等水生动物形象或遗骸还时能在遗址、墓葬中看到，譬如新岗遗址的M105中随葬了一只玉蛙。蚌除了食用外，还磨成粉作为羼料加入陶土中，使陶器耐高温不致崩裂。结合遗址中仍有不少的网坠等渔具出土，说明"饭稻羹鱼"的饮食习惯已经逐渐稳定下来，而且其影响一直持续到现今。

猪仍然是崧泽先民最常饲养的家畜，在新岗遗址的多座墓葬中都发现有猪的遗骸。除此之外，新岗遗址还出土了一只泥质黑衣陶的陶猪，形象十分清晰，长着家猪的身躯，却口含野猪的獠牙，从猪头到猪臀都有精细的刻划图案，神秘莫测，寓意深远。

（二）手工业发展

崧泽文化时期，社会生产生活的各个方面都有了巨大的进步，在石器、陶器、玉器的制作方面产生了许多新的器型造型、装饰纹饰。

1. 石器。崧泽文化的石制工具制作比马家浜文化时期有了进一步的提高。新出现了一批大型的石质生产工具，如石铲、石镰、双孔石刀、多孔石刀，以及三角形的石犁等等。这些石制工具的出现，无疑会对当时的农业生产起到极大的推动作用。大量磨制石器是新岗遗址的重要遗存，包括石斧、石锛、石凿等组成一套较完整的工具，功能齐全。微痕观察显示，新岗遗址出土的石斧采用一字法进行装柄使用，其功能主要是利用前刃角砍斫劈，作业对象包括了骨骼、硬木等比较坚硬而小的物体；而石锛则是一种用途广泛的多功能石器，部分石锛可能被用于刮削较柔软的对象。

2. 陶器制作。马家浜文化时期，制陶技术一般还是采用泥条盘筑的方法，所制陶器都比较粗糙、笨重，烧成温度也比较低。到崧泽文化时期，陶器经泥条盘筑后，一般都要经慢轮修整，有些陶器应该是直接轮制，所以陶器都显得厚度均匀，器形规整。陶器颜色一般以夹砂红褐陶和泥质灰陶为主，另有少量泥质红陶和泥质黑皮陶，有些器物表面施涂红衣。彩陶极少，图案简单。泥质灰陶陶胎细腻，火候较高，在马家浜文化时期极少发现，在崧泽阶段已经近占半壁江山，表现出制陶技术的进步。崧泽文化的陶器器表装饰手法丰富多样，纹饰常见附加堆纹、弦纹、刻划编织纹和镂孔等，尤其是各种式样的刻划编织纹和由圆孔、三角形镂孔组合而成的图案装饰，布局合理，具有较强的动感、美感和神秘感。崧泽文化中还有一些异形陶器。比如仿生物造型的猪形尊、鸟形盉、江豚壶、鹰头壶、六足龟等；还有三口陶器、钟形壶、塔形壶等。这些器物十分考究艺术造型，是难得的工艺珍品，彰显崧泽人无尽的想象力和创造力，令人钦佩不已。

3. 玉器生产。常州地区崧泽文化所出土的玉器种类依旧不多，有璜、环、镯、玦和珠等器型，玦的数量明显少于马家浜文化时期。器表仍以素面为主，只有穿绳系带的钻孔，别无其他雕刻装饰。而玉器中新出现生动的动物形象则是异于马家浜文化的新变化。新岗遗址 M105 中随葬一只玉蛙，半圆形，头部圆滑，整体呈现两腿蜷缩的蹲踞式，好像随时便可发力蹦走。

（三）建筑居址

常州地区崧泽文化的房屋居址目前发现不多，乌墩遗址清理出房址 11 座，在新岗遗址的发掘中，清理出房址 4 座，共计 15 座。乌墩遗址的房屋结构保存较完整，面积较大，多数都在 30 平方米左右，具有一定的代表性。从房屋形状来看，可分为方形和椭圆形两类。其中一座 F9，椭圆形，南北跨度长达 8.4 米，东西稍窄，为 6.6 米，面积达 50 多平方米，在崧泽文化的房址中当属豪宅，十分引人注目。新岗遗址发现的房址面积也在二三十平方米，有圆形和方形两种，建筑方式与乌墩相似。房内有灶和器物坑的遗迹，F2 内有大块烟炱痕迹的烧土块，应该是灶坑；F3 的黄土面中央发现 H4，其中出土多件完整器物，应是窖藏坑，同时 F3 内部发现大量的陶片，以炊盛器具为主，鼎数量最多，其次是罐和豆。不过对于较完整地复原常州地区崧泽文化时期人们定居生活的真实面貌，现在还缺乏足够的资料和信息。

（四）墓葬习俗

崧泽文化沿袭马家浜文化而来，马家浜文化随葬猪骨的习俗部分沿袭下来。新岗 M109 共出土遗物 17 件，其中就有一件猪下颌骨，崧泽文化时期猪仍然是社会财富的象征，猪骨随葬一定程度上

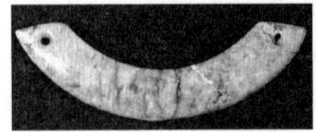
玉璜

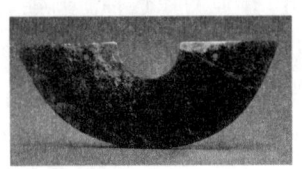
玉璜

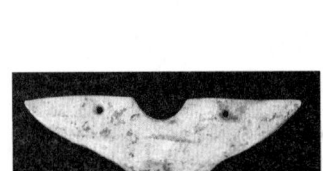
玉璜

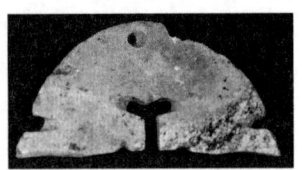
玉蚌

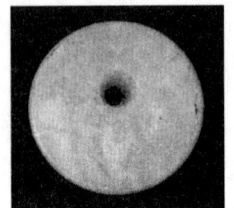
玉珠

玉镯

图 1-20　崧泽文化玉器

代表着墓主所拥有的财富和地位。马家浜文化存在着晗玉习俗，崧泽文化时期这一习俗仍旧存在。在圩墩遗址和新岗遗址崧泽文化墓葬中都发现有晗玉的现象。圩墩遗址 M122 规格很高，随葬品多达 33 件，在该墓墓主的嘴中就发现一枚算珠形玉晗；新岗遗址 M120 也在墓主嘴中出土一件玉器。在新岗遗址马家浜文化墓葬中曾出现过随葬彩色石子的案例，同样在新岗遗址崧泽文化的墓葬中再现"彩色石子"，而且就在有玉晗出土的 M120 中。"彩色石子"出土于 M120 的一件豆盘中，共有 73 粒，表面没有人工使用痕迹，直径在 0.4—1 厘米。这说明"彩色石子"应该是墓主特殊身份的标识，或是丧葬过程中的特殊仪式。

相较马家浜文化，崧泽文化的墓葬形式有了重大改变，俯身葬已经消失，墓葬无论大小贫富基本都有墓坑存在，马家浜文化时期平底掩埋的现象也很少再出现，氏族成员死有容身之所，显示出史前社会一定的进步性和道德精神。除了墓坑外，在墓葬的结构上也有了一些新的变化。常州在崧泽文化时期的墓葬中就已经出现了葬具，新岗遗址的 M107、M118 的都发现有木棺的痕迹，这是常州历史上出现最早

的葬具遗迹。而新岗遗址的 M107、M118 为了安排木棺的位置，还在墓底专门挖了一个长方形的浅坑，木棺即放置在此坑内，随葬品放置在四周的台子上，这就是考古学中所讲的二层台。二层台也是古代墓葬制度中重要的一环，影响深远。史前时期在仰韶文化、大汶口文化中有不少发现，尤其是带棺椁的墓葬中，二层台已经成为必须的结构；在夏商时期，二里头文化的墓葬也流行着内筑二层台的习俗，至商代，是二层台结构最为流行的时期，几乎所有器物随葬的墓，都有二层台结构，而且随葬品都摆在二层台上。可见崧泽文化、大汶口文化和仰韶文化墓葬中的二层台结构，是夏商时期墓葬结构定式的开先河之笔，意义重大。

（五）社会分工

崧泽文化阶段社会生产力有了明显进步，社会财富和私有财产逐渐累积，聚落成员间开始出现一些不均衡、不对等的现象，贫富分化和等级分化加剧，从聚落形态和墓葬资料两方面可以反映得比较清晰。

乌墩遗址的房屋面积较大，一般在 30 平方米左右，相应可容纳的社会人口也较多，房址内部有灶，房屋内不见其它功能分区，说明大家庭代表着一个独立的生活单位。同时从发掘的房址位置来看，分布相对集中，那么在每一个房址都代表着一个生活单位，乌墩遗址至少存在 11 个这样的单位，也就是说在大家庭单位之上还有一个家族级的社会组织存在，乌墩的社会至少存在家族—大家庭的两级社会模式。而 F9 面积 50 余平方米，明显大于其他 10 座房屋，它可容纳的家庭人数应该更多。一般来讲，一夫一妻制婚姻形态是父系社会的产物，而成年男女合葬墓正是一夫一妻婚姻制度的真实写照。三星村遗址中除了绝大多数的单人一次葬外，已经出现了 14 对成年男女一次合葬墓，在一定程度上说明了在马家浜文化晚期—崧泽文化早中期这个阶段，婚姻和家庭制度正在发生着变化。

马家浜晚期墓葬已经显示出现不同的分区的态势，但是同区墓葬等级差别并不明显。进入崧泽文化阶段，墓葬分区现象明显，而且墓葬的等级和随葬品的多少都有较大的差别，这些情况在新岗、圩墩和乌墩的墓葬中都有体现。新岗遗址 5 层下发现 8 座墓葬，属于崧泽文化较早的时期。其中北区东部四座墓葬相对密集，显示出一定的亲密关系，其余四座墓葬分布较为零散，没有明显的成群分布特点。墓葬之间也有一定的差异性，一般墓葬墓圹稍小，长不过两米，随葬物品在 4—8 件。但 M109 随葬 17 件、M120 随葬 13 件，而且这两座墓葬的墓坑长度都在两米以上，明显大于其他墓葬，随葬品除了较普通的陶器、石器外，还有玛瑙、玉唅、彩石子和猪下颌骨，种类和质量上也有明显的增加和提高。M118 虽然随葬品不多，但是却有葬具和二层台的结构，也显示出它的独特之处。以上这些现象反映出 M109、M120

和 M118 三座墓葬在墓地中的特殊地位和等级差别。新岗遗址 2 层下共发现墓葬 36 座，属于崧泽文化最晚的阶段，随葬品两极分化的趋势更加明显。其中 M5 墓长 2.55 米，宽度达到 1.2 米，随葬品 20 件，无论墓葬规模和随葬品数量都是新岗史前墓葬中首屈一指的，并且该墓葬位于整个墓葬区的核心部位，墓主人生前必然拥有不俗的身份和地位。

乌墩遗址有 9 座崧泽文化墓葬，其大小、随葬品的多寡也有很大的差异性，其中 M15 墓圹较大、墓壁清晰、器物组合复杂，共出土了 36 件随葬品，墓底还有薄薄一层朱色。[①] 其他的 8 座小墓葬或无墓坑，或为浅坑，随葬品最多不过 7 件。M15 与其他墓葬相比显得十分的引人注目，M15 墓主生前必然在社会中拥有至高无上的地位和大量可支配的财产。圩墩遗址发现的崧泽墓葬虽然不多，但是其中 M122 随葬品数量多达 33 件，还有出土玉唅一件，墓葬规格也相当高。

从上述可见，以新岗 M5、圩墩 M122 和乌墩 M9 为代表的崧泽文化高等级墓葬，明显超越了其他平民墓葬，反映出在社会组织中阶层分化的加剧，墓主应该是氏族部落中为数不多位高权重的首领。

（六）原始艺术与信仰

崧泽文化时期，随着物质条件的改善，人们的精神世界也较以前更加丰富，有些原始图腾和原始信仰开始流行起来，成为反映他们内心精神世界的一个重要方面。

崧泽文化陶器形制变化多样，器表的各类刻划纹饰更是精美绝伦，是其文化的典型代表。在各种刻划纹饰当中，主要运用对称、二方连续、反复、写实和夸张等手法，多数是起到装饰美化的效果。还有一些符号图案是从像生对象中抽象出来，又经过变体、变形或简化，作为预定的符号象征，用来表示某些特定意义，在同一文化内部和不同文化之间持续传递并产生影响。纹饰一是三角和圆点纹。典型的三角圆点图案组合，是以圆为中心，两侧为轴对称的三角，平行排列或斜向排列，三角形也常见弧边三角。这类纹饰常见于豆、壶、簋、盘等器物上，常见镂空或浅刻的技法。后来又有了很多的变体和组合方式，比如双圆点两个三角、双圆点三个三角、三圆三个三角和斜向螺旋组合等十余种。这种纹饰一直延续至良渚文化时期，对良渚文化的陶器玉器纹饰产生了很大的影响。二是编织纹。有波浪纹、绞丝纹、半环纹、网纹、链锁纹等许多种，并有更复杂的组合编织纹。有学者认为这些纹饰可能最初起源于自然物品或者人造物品的结构，多取材于外界形象和日常生活，跟竹编、

---

① 乌墩考古队：《武进乌墩遗址发掘报告》，《通达古今之路：宁沪高速公路（江苏段）考古报告文集》，《东南文化》1994 年增刊。

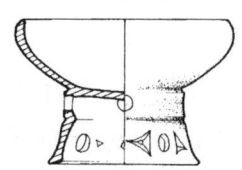
新岗M81:6

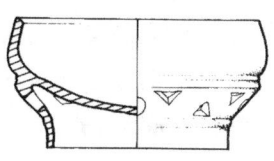
新岗M76:2

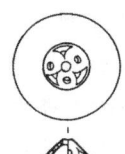
新岗J2:8

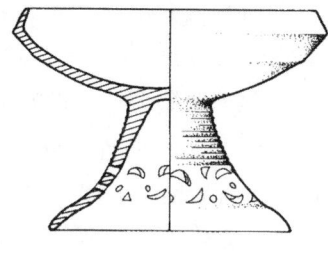
新岗M67:1

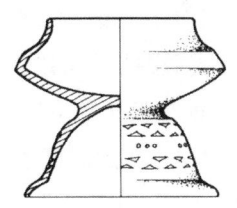
新岗M29:8

新岗M88:13

1-21 崧泽文化的三角、圆点纹

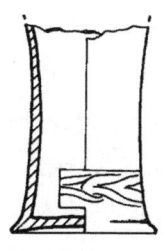
M116:3

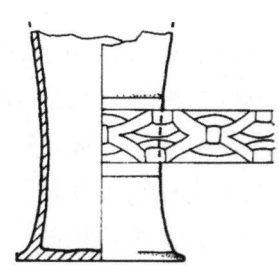
T1415②b:1

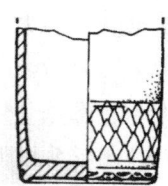
T3233②b:3

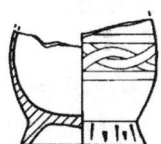
M76:5

M62:5

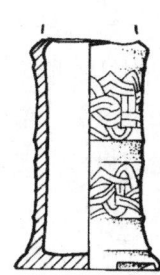
M49:3

图1-22 崧泽文化的编织纹

藤编等编织工艺有着密切的关系，①应该是陶器仿竹木藤草编成的用具的模样。

　　刻划符号中一是八角星纹。顾名思义，它由朝八个方向的锐角组成，在全国许多史前遗址中都有发现，主要集中分布在海岱地区和长江中下游地区，其中安徽凌家滩出土的那件玉鹰，在玉鹰的中部就雕刻了一幅八角形纹，有学者将其释读成"太阳"的意思。常州也是八角星纹的重要存在地点，在新岗 M110:12 和潘家塘的纺轮上都刻划有该图案。二是多角星纹。除了布局合理的八角星纹外，还存在五角、六角、七角等等的多角星纹，例如常州新岗遗址 91M5:7 陶纺轮，上面刻划了许多个角，应该算多角星纹的一个典型代表。三是"漏斗"符号，类似五铢钱币上的五字，多见于壶、罐的底部，纺轮的正面。常州新岗遗址 M12 的泥质灰陶壶就划有该符号，M52:7 陶杯底部划有"双漏斗"符号。四是弧边菱形纹，基本都刻于纺轮之上，如新岗 M28:1 纺轮、M42:5 泥质黑衣纺轮、M47:12 泥质黑衣纺轮；M112:1 陶纺轮稍显不同，四角尖处单独分开，内部戳印许多点。寺墩遗址也出土一件崧泽文化残半的纺轮，上刻纹饰应也属此类。五是"蝴蝶结"纹。T1804④标:2 鼎足上的纹饰，好像两个并排的蝴蝶结。

　　这些比较抽象的刻划符号容易让人产生其与文字的关系，有学者认为可能是一种图画记事符号，可是目前还不可能识别出其中的含义。但无论如何，这些符号无疑是古人精神思想抽象化的体现。

　　崧泽文化还出土了一些明显具有原始信仰因素的图案形象，如在新岗遗址崧泽文化墓葬中出土了三种图案，M39:5 陶猪颈背上、91M1:1 陶杯的底部和 G3:1 陶纺轮上都刻划有清晰的图案，乍眼看上去它们之间似乎没有什么关联，而实际上三种图案的主题都是一致的。陶猪背部和陶杯底部都十分形象地刻划着一条尖头长身"怪兽"。陶猪背部的"怪兽"两臂张开，两手向前，仿若飞翔在空；陶杯底部的"怪兽"右臂抬起，长身向左盘绕，长尾上翘又攀附在右臂上。可见两者主题为一物的不同姿态。G3 陶纺轮上的纹饰，其实是"怪兽"的简化，中间的三角代表头部，两侧的三角代表手臂。在新岗遗址中竟然出土了三件这类"怪兽"形象，应该是新岗崧泽先民敬仰崇拜的一种图案。在常州潘家塘遗址也有一只类似 G3 纺轮的图案，看起来像三个三角形组成的山峰，实际也是简化的"怪兽"形象。与之类似的还有在浙江湖州崧泽文化的一只三足鸟形盉的背部刻划的图案，只见"两臂张开""两爪向前"；另外在浙江长兴江家山遗址出土的一只纺轮上刻划了两只相对的"怪兽"；浙江杭州余杭区石马兜遗址的一只纺轮上也刻有这种"两臂张开"的"怪兽"形象，其刻划技法更近新岗陶猪上的图案。这 6 种"怪兽"形象虽不尽相同，但它们表示

---

① 盛启新：《崧泽文化陶器编织纹研究》，《南方文物》2012 年第 2 期。

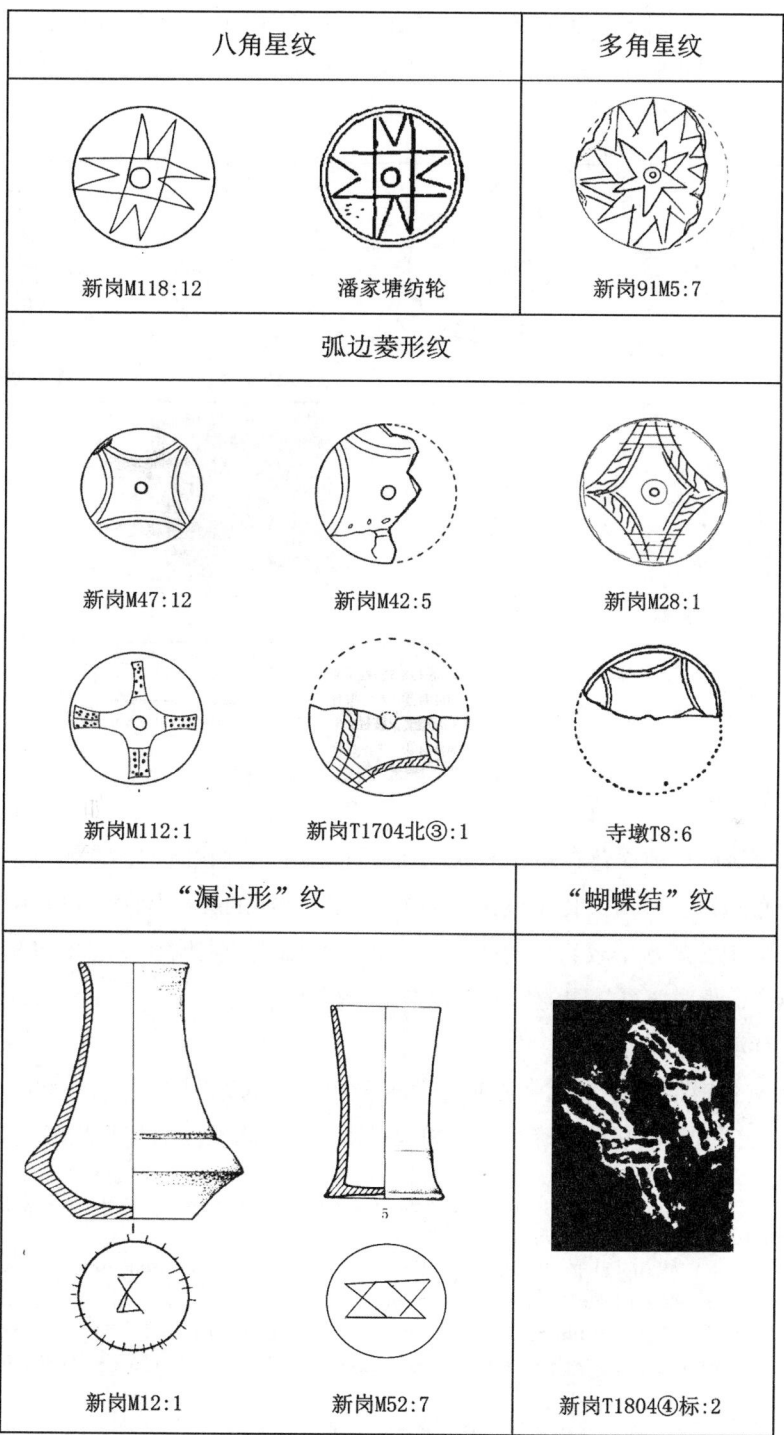

图 1-23 崧泽文化的刻划符号

的意义应该没有差别。而从"怪兽"形象的地理分布来看，虽然太湖西半部崧泽文化的陶器上有不同类型之分，但在精神层面的崇拜和信仰却保持着高度的一致性。

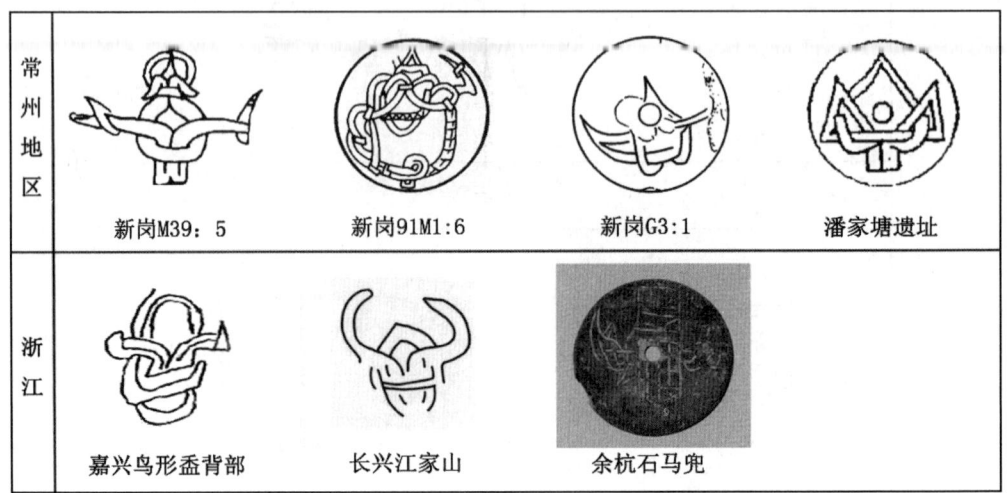

图 1-24 崧泽文化的原始图腾图案

第三节 良渚文化

太湖流域的史前文化在距今 5000 年前后进入良渚文化时期，常州也是良渚文化的主要分布地区。良渚文化不仅是太湖地区史前文明的突出代表，也是中国同时代考古学文化中发展水平较为领先的一种文化，其创造的文明在中国史前文化中占有重要的地位，也对华夏文明的形成起到推动作用。

一、环境

良渚文化时期为全新世大暖期中气候逐渐向干凉转变的时期，此时期尽管气候仍较宜人，但气温开始下降且波动较大。① 当时太湖地区的年平均温度为 12.98—

---

① a. Liu Kam-Biu, Sun Shuncai, Jiang Xinhe. Environmental change in the Yangtze River Delta since 12000 years B.P. Quaternary Research, 1992, 38(1).
　b. Yi S, Saito Y, Yang D Y. Palynological evidence for Holocene environmental change in the Changjiang (Yangtze River) Delta, China. Palaeogeography, Palaeoclimatology, Palaeoecology, 2006, 241(1).
　c. Yi S, Saito Y, Zhao Quanhong, et al. Vegetation and climate changes in the Changjiang (Yangtze River) Delta, China, during the past 13000 years inferred from pollen records. Quaternary Science Reviews, 2003, 22(14).
　d. 张玉兰：《长江三角洲东缘地区全新世孢粉与古环境研究》，《上海地质》2005 年第 3 期。
　e. 贾丽、张玉兰：《长江三角洲东缘晚新近纪沉积的孢粉与古环境研究》，《微体古生物学报》2006 年第 1 期。

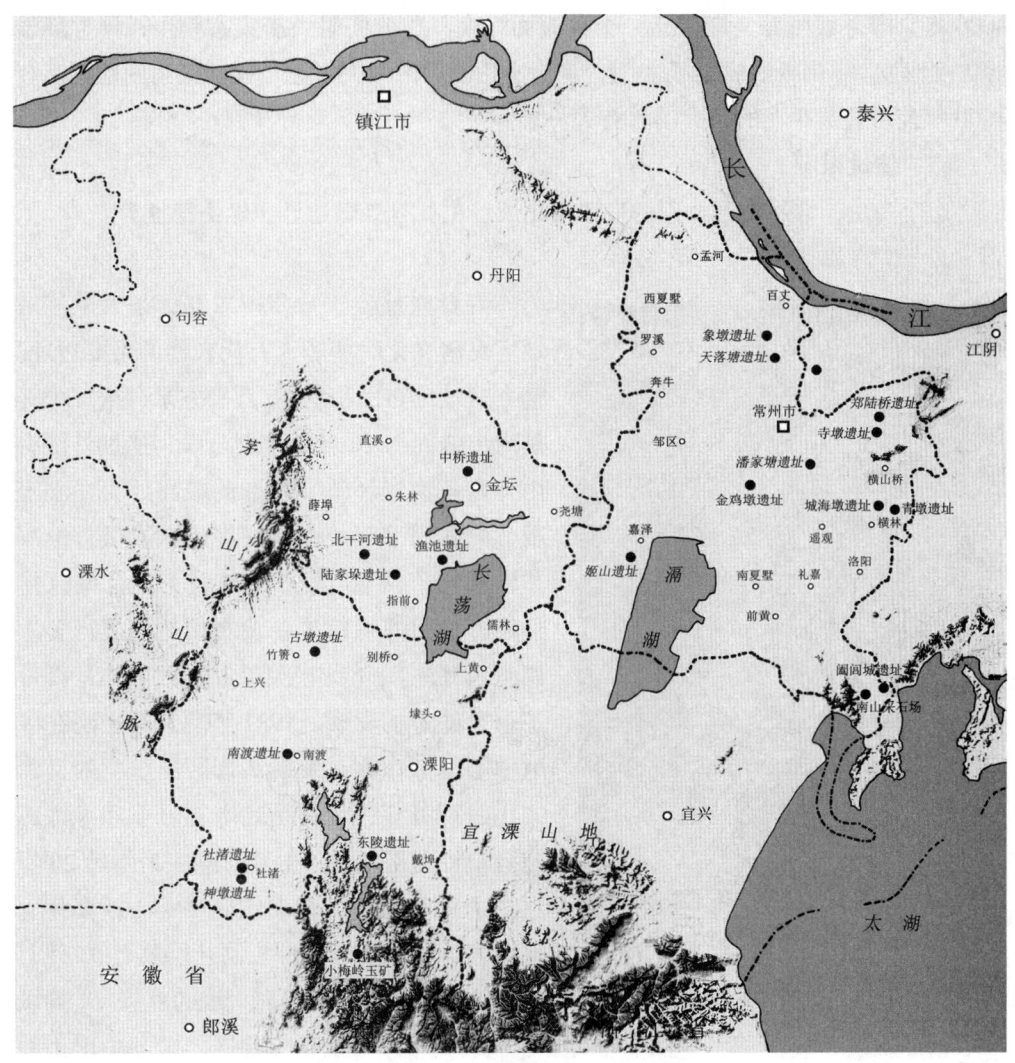

图 1-25 常州良渚文化遗址分布图

13.36℃，比今低 2.2—2.7℃，年平均降水量为 1100—1264 毫米，比今少 140—300 毫米[①]。沪杭苏地区若干遗址的孢粉-气候对应分析也表明良渚文化时期相对凉爽，年平均温度比今低 1.5℃左右。[②] 相关研究表明，距今 5500—4900 年期间浙沪苏地区海平面处于高海面之后的急剧下降期，陆地生存空间扩大，良渚文化兴起。距今 4900—4300 年浙沪苏地区进入低海面时期，良渚文化发展达到鼎盛。至距今 4300—

---

① 史威、马春梅、朱诚等：《太湖地区多剖面地层学分析与良渚期环境事件》，《地理研究》2008年第5期。
② 刘会平、王开发：《沪杭苏地区若干文化遗址的孢粉、气候对应分析》，《地理科学》1998年第4期。

4000年，海平面回升，渐入又一个高海面时期，与此同时洪涝灾害频生，异常降温等灾变频发。① 最新研究结果表明，良渚文化最后的消失可能与长江三角洲地区距今4000年前后普遍存在的特大洪水有关。②

二、遗址概况

迄今为止，常州地区发现的良渚文化遗址主要有寺墩遗址、姬山遗址等。

（一）寺墩遗址

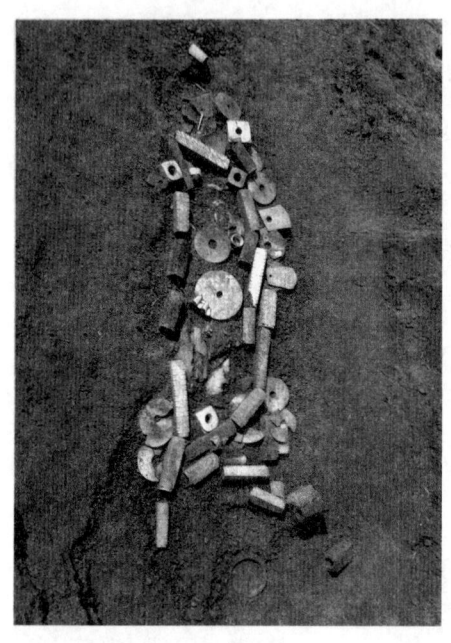

图1-26 寺墩三号墓

寺墩遗址位于常州市东北，是太湖流域地区良渚文化时期非常有代表性的重要遗址。整个遗址分布面积约90万平方米，遗址中心是高出地面约20米的大型土墩，遗址外围有内外两条河流环绕。遗址的最高处为中心土墩，向四周平缓扩张，高度逐渐减低，形制非常独特。从20世纪70年代开始，南京博物院、常州博物馆等单位对该遗址进行多次调查，并先后开展五次考古发掘工作，获得了重大的考古发现。1982年南京博物院在寺墩中心土墩东侧，发掘清理两座重要的良渚文化时期墓葬，分别是寺墩三号墓和寺墩四号墓。特别是寺墩三号墓，墓主为年龄20岁左右的青年男性，共出土随葬品100多件，其中玉琮和玉璧等大件玉制礼器就有57件，都围绕叠放在死者周围。其中一部分玉器和石器随葬品都有明显火烧的痕迹。③ 寺墩三号墓的发现，轰动了当年整个考古界，被誉为"东方的金字塔"。墓葬中出土的一大批珍贵文物，更为日后的良渚文化研究提供了极其珍贵的第一手资料。

（二）姬山遗址④

姬山遗址大致可分为崧泽文化、良渚文化和几何印纹陶文化，其中以崧泽文化和良渚文化为主。姬山遗址良渚文化出土遗物主要有石器和陶器，石器为带把石刀，陶器主要有鼎、鬶、圈足盘等，大约在良渚文化的中晚期。

---

① 朱丽东、冯义雄、叶玮等：《良渚时期文化发展与海平面变化》，《地理科学进展》2011年第1期。
② 朱诚、张芸、张强等：《江苏江阴祁头山新石器时代遗址考古地层研究》，《地层学杂志》2003年第4期。
③ 汪遵国、李文明、钱锋：《1982年江苏常州武进寺墩遗址的发掘》，《考古》1984年第2期。
④ 王岳群：《江苏武进姬山遗址调查》，《东南文化》1998年第4期。

三、良渚文化的基本特征

（一）农业和牲畜养殖

太湖流域的史前文化发展到良渚文化时期，达到了它的鼎盛阶段。生产力和生产技术较马家浜文化和崧泽文化时期都有了较大的提高。

良渚文化时期气候转为干凉，水域面积减少，水生植物资源有所减少，还有喜湿暖的一些动物，如水牛、梅花鹿、獐等逐渐南迁，对良渚文化时期人类的狩猎活动也有一定的影响。同时遗址数量剧增反映出了人口开始迅速增长，社会的复杂化发展和文明进程对剩余产品的需求日益增加，使得依靠野生资源的经济形态已难以承载。人类为了解决人口增长和社会发展所带来的粮食危机，必须发展农业，尤其是提高稻作在农业经济中的地位，这使得稻作农业成为良渚先民的经济主导，成为了食物的主要来源。[①] 这一时期水稻大量种植，武进寺墩、无锡仙蠡墩、昆山少卿山、水田畈和钱山漾遗址等都发现有稻作遗存。从少卿山、水田畈和钱山漾遗址的稻粒、植硅体和淀粉粒鉴定结果来看，人类加强了对水稻栽培驯化的力度，水稻的性状趋于稳定，基本接近于现今的粳稻类型。这一时期的农业生产工具也种类丰富，翻土、点播、收割、脱粒等工具齐全，制作也更精细，有石刀、石镰、耘田器、石铲、石犁等。尤其是耘田器和石犁的出现及大量使用，使农业生产有广种薄收向精耕细作转变。

家猪饲养在良渚文化时期有了明显的发展，迎来一个高峰期。多处遗址中猪的相对比例剧增。由猪的年龄结构和测量数据来看，这一时期家猪的饲养水平已相当成熟。[②] 太湖地区龙南和马桥两处遗址的动物遗存构成表明，牛也可能成为家畜，但猪仍是家畜饲养的主要代表。[③]

（二）手工业

良渚文化的手工业更加兴盛，已形成分门别类的单独生产部门。

陶器主要以泥质灰陶、泥质灰胎黑皮陶为主，普遍使用轮制手法，器型规整，胎壁厚度均匀，装饰纹饰精美。烧造温度接近1000℃，因此，器物更加坚固耐用。陶器器型主要有鼎、豆、壶、盘、杯等。玉器数量众多，形制复杂，主要有琮、璧、瑗、斧、环、镯、锥形器、冠状器、带钩、管、珠坠、串饰等。

玉器用材一般都选用透闪石－阳起石系列软玉。这一时期的玉器雕刻技术较马家浜和崧泽文化时期有了很大的提高。在坚硬的玉石表面，运用阴刻、浅雕、浮雕、减地透雕等多种技法。玉器表面装饰纹饰繁缛，常饰龙纹、鸟纹、神人兽面纹及其

[①] 林留根：《长江下游地区史前经济与社会文明化进程》，南京师范大学博士学位论文，2011年。
[②] 罗运兵：《中国古代猪类驯化、饲养与仪式性使用》，科学出版社2012年版，第211、214页。
[③] 罗运兵：《中国古代猪类驯化、饲养与仪式性使用》，第227、229页。

各种变体和简化图案等，充满着超自然的神秘感。玉石器加工可能是当时最重要的手工业部门，无论是从制作规模或是加工技术而言，良渚文化时期的玉石器加工堪称中国史前文化时期的巅峰。

纺织业也是当时重要的手工业部门。在许多良渚文化遗址的发掘过程中，往往有丝织品、麻织品发现。纺织品一般都采用平纹交织法，每平方厘米一般有经纬线20根、30根、40根不等。另外，从反山和瑶山遗址中出土的玉纺轮、玉捻杆、玉带钩、玉扣饰以及机刀、木卷布轴、分经杆等，足以证明已有原始的纺织机（腰机）的出现。[①]

图1-27 寺墩遗址出土玉器

---

① 林华东：《从良渚文化看中国文明的起源》，《文明的曙光：良渚文化》，浙江人民出版社1996年版。

（三）墓葬规模和习俗

良渚文化墓地大致可分为平地墓地和人工堆筑的高台墓地两类，如徐步桥、千金角、平邱墩、吴家埠、庙前等遗址中的平地墓地基本沿袭了马家浜和崧泽文化墓地的特点，不具有专门的营建墓地，只是散落在居住址的周围，墓穴狭小，随葬的只是简陋的陶器及小件的装饰用玉饰件。高台墓地则有人工堆筑的土台，具有宽大的墓穴、精致的葬具，特别是随葬有一大批制作精美的玉礼器。

寺墩墓人工堆筑的高台附近有3座东西向排列、规模较大的墓葬，其中尤以M3最引人瞩目。墓主为20岁左右男性，随葬品有陶器、生产工具、装饰品和玉礼器四类，共计100多件。该墓以随葬大量的玉器为特色，其中玉器57件。玉璧24件，在墓主的身前脚后，身上身下都有安置；玉琮33件，基本围绕尸身排列一周。《周礼》中有"苍璧礼天""黄琮礼地""璧琮以殓尸"的记载，以寺墩的发现来看，璧琮殓尸应发生在良渚文化时期，并延续至后世，寺墩三号墓应该就是史前的玉敛葬。寺墩遗址是除了良渚最核心的反山、瑶山遗址群外，唯一发现有"玉敛葬"的墓葬，可见寺墩遗址地位之高，应是良渚文化晚期的核心区域之一。3号墓的随葬品中，有13件玉璧、8件玉琮以及几件石器都有明显经过火烧的痕迹，有的玉器碎裂严重，并发白变色。仔细观察墓主骨架也有火烧的迹象，说明埋葬时举行过某种用火的敛葬仪式。据发掘者推测，火葬仪式先将一些玉璧放置在尸位的头前脚后，然后放火燃烧，在火未熄灭时，将死者安置就位，再围绕人形排放玉琮，将质地最好的两件玉璧摆放在死者的胸腹之上，最后掩埋。

（四）艺术与信仰

良渚文化时期，人们的精神世界也产生重大变化。首先，统治阶层为了维护他们的统治，逐步培育了一套遵循有序的礼仪制度。专门从事祭祀活动的祭坛被大量发现。祭坛源于崧泽文化时期，到良渚文化时期出现了跨越式的发展，规模之大、等级之高是前所未有的。常州寺墩遗址便有大型祭坛存在。特别重要的是，出现了以玉琮、玉璧为代表的一整套完整的用于祭祀的玉制礼器。现在一般研究学者都认为，玉琮、玉璧是良渚文化时期，统治阶层为了维护自己的利益、巩固自身的特权、用于祭祀天地和鬼神的专用法器，其独特的造型、精美神秘的纹饰所包含的丰富的文化内涵，是良渚文化时期人们精神认知的一个重要方面，更是良渚文化时期礼仪制度逐步形成的重要表征。其次大量的考古发掘材料还表明，良渚文化时期，人们对于自身周围与他们生活密切相关的动植物和自然现象为对象的自然崇拜也更为普遍。在这一时期许多遗址中出土的玉器和陶器上经常会发现有大量鸟和太阳的纹样，有些鸟的纹样更是直接镌刻在用于祭祀的重器——玉璧之上，足以证明当时的鸟类在人们的心目中有着比较崇高的地位。

四、良渚文化的社会形态及其衰落

如果说马家浜文化是一个简单平等的社会,在崧泽文化时期则出现了初步的分化,而到良渚文化时期则已经进入了早期文明时期。在良渚文化时期,随着农业和手工业进一步发展,社会财富增加,社会成员之间贫富差距日益加大,权力逐渐集中到少数人手中,社会结构日益复杂。

(一)酋邦:良渚文化的社会形态

在良渚文化时期,长江下游地区文化面貌统一,聚落分化显著,逐渐形成以环太湖地区为核心,湖西、宁绍、宁镇和江淮地区为其辐射范围的"良渚文化圈"大型聚落群,以寺墩为中心的寺墩遗址群便是良渚文化聚落群的典型代表,各个遗址群下都有很多规模、大小不等的遗址,各遗址的职能、分工、地位都有明显的差异,可以分为中心聚落、次中心聚落和一般聚落等,形成等级社会结构。聚落的形成本

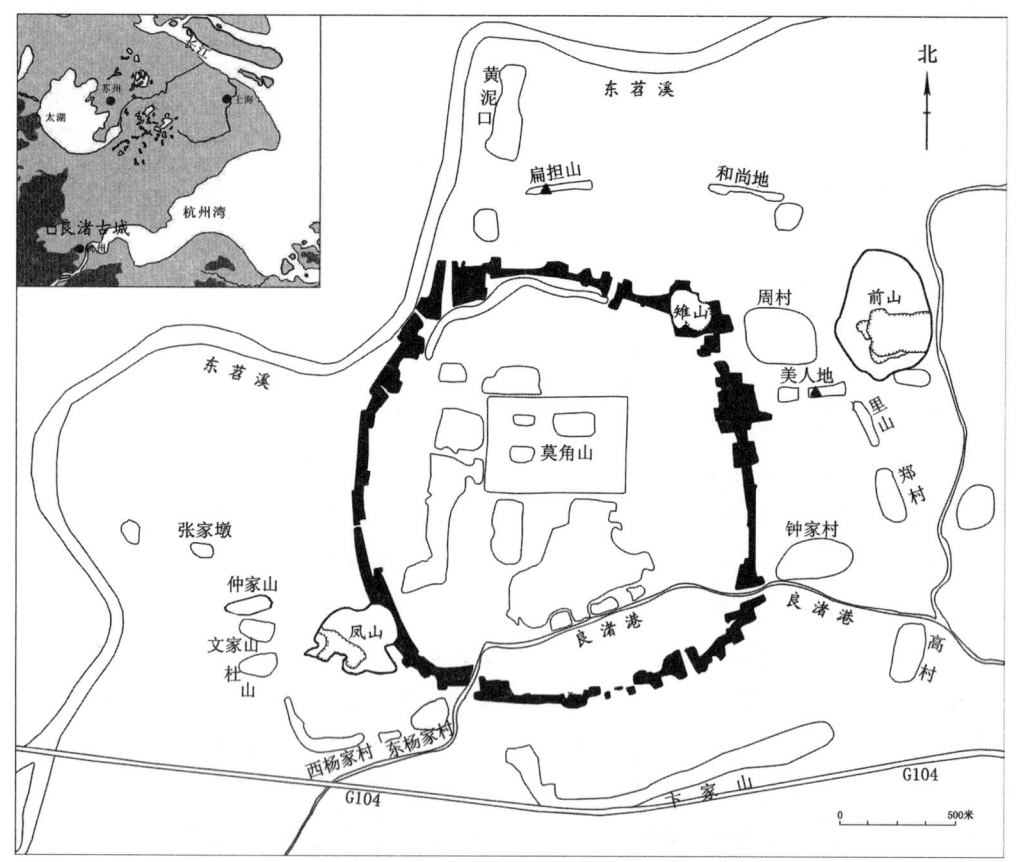

图1-28 良渚古城及外围结构

身便是一个地区史前文化长期发展积累的过程,正是依靠技术与物质的支撑,人口逐渐向中心地区聚集,经济和文化面貌相对统一。

另外,良渚文化可能已形成早期的统治阶层,在墓葬礼仪和制度上均出现了巨大的差距。有的学者根据对多年考古资料的系统整理,把良渚文化时期墓葬分成六大等级,进而把当时社会划分成四大阶层:第一层是掌握神权和军权的最高统治者,第二层是掌握部分权力的管理者,第三层是从事农业和手工业的平民阶层,第四层是处于社会底层的贫困阶层。[①]寺墩 M3 墓主是一位年仅 20 岁的男性青年,却随葬大量的玉璧、玉琮,研究者大都认为其显贵的地位应该是源于血缘世袭而非由本人能力获得,而世袭权力的出现有力地证明了特权阶段的存在。另外像高台墓地这样大规模的营建工程,需要一定的社会秩序来加以保证。而建立这种社会秩序,又是与当时社会等级差别的产生有着密切的联系。2006 年在浙江瓶窑发现了良渚古城,[②]众所周知,城市的出现是古代文明形成的基本要素之一。这样大规模古城的出现,需要调动更多大量的人力物力,需要有一整套强有力的管理运作机构,这不是一般的氏族社会的物质条件和统治能力所能达到的。

对于良渚文化的社会形态,历来有很多的争议,有学者认为是原始社会末期的军事民主制的部落联盟,有些学者认为良渚文化时期已进入文明社会的门槛,至少在其中晚期国家政体已经形成。[③]而随着人类学理论的引入,特别是"游群—部落—酋邦—早期国家"理论体系的传播,大部分学者认为良渚是"酋邦(chiefdom)",更有学者认为良渚文化已经进入了早期国家阶段。酋邦(chiefdom)是比部落社会更高的早期政治组织形式和社会发展阶段,已经有中央集权的权力,社会出现分层的现象和制度,不同等级的人群地位不同,以财产为基础的不平等显著发展,实际上已经接近了产生真正的阶级,社会最高权力已被占据社会特殊地位的个人所掌握,同时权力呈现一种金字塔形的结构。酋长集宗教、军事与民政权力于一身,形成唯一的最高权力点。但同国家相比,酋邦社会的生产力还不够高,经济基础还不够强大,还没有明确的阶级区分,血缘性的部落并没有发展成不同血缘成分的结合体,权力结构虽已同国家十分相像,却不像国家权力那样正规化和专业化。[④]谢维扬根据良渚文化遗址的情况,认为良渚文化的社会形态具有如下的特征:一是社会规模超过简单氏族、部落社会;二是社会分化程度甚于一般氏族、部落社会;三是出现了掌握社会最高权力的个人;四是在社会高层权

---

① 张忠培:《良渚文化墓地与其表达的文明社会》,《考古学报》2012 年第 4 期。
② 刘斌、王宁远等:《2006—2013 年良渚古城考古的主要收获》,《东南文化》2014 年第 2 期。
③ 中村慎一:《良渚城址发现的意义》,《考古学研究》(九)。
④ 参见谢维扬:《中国早期国家》第四章《酋邦》,浙江人民出版社 1995 年版。

力者之间存在着金字塔式的等级结构；五是宗教和世俗权力的结构。另一方面，良渚遗址虽然有一些显示社会分化程度和政治权力程度的大型工程，但要比中原地区早期国家的类似工程规模要小得多，也简单得多，良渚社会宗教与政治权力的结合也显示其政治组织不够专门化，所以良渚文化的社会形态实际上就是酋邦。①酋邦理论目前已经被越来越多的学者所接受。

（二）良渚文化的突然衰落

考古学家俞伟超曾指出："在距今5000—4000年前，我国文明的曙光时代，以东方的龙山文化和东南的良渚文化的光芒最亮。"但是在距今4000年左右的时间，良渚文化突然衰落了，之后出现的马桥文化并不是良渚文化继续发展演变而来。良渚文化急剧衰落的原因，学术界至今也没有定论，依然存在争论。②在诸多观点中，把良渚文化的骤然中断归于自然因素的提法颇引人注目。如俞伟超便认为："4000多年以前我国曾发生一次延续了若干年的特大洪水灾难……尤其是长江三角洲之地，当是一片汪洋，大雨还会引起海进，人们只能向高处躲避或是逃奔外地，原有的发达的龙山、良渚文化的种种设施，顷刻便被摧毁，而其农耕之地，更是常年淹没，再也无法以农为生了。残存的居民，在相当时间之内，恐怕只能勉强维持生命，根本谈不上搞什么有关文明的建设了。"③相关研究结果也表明，在距今4300—4000年，海平面回升，渐入又一个高海面时期，与此同时洪涝灾害频发，异常降温等灾变频发。④太湖平原一些处于低洼地势的良渚晚期遗址都有淤泥或泥炭层堆积，表明气候突变等环境灾变因子可能是导致良渚文化消亡或中断的重要原因之一。⑤江阴祁头山遗址在厚达2.48米的马家浜文化层之上出现了明显的文化断层，可能与长江三角洲地区距今4000年前后普遍存在的特大洪水有关。⑥面对自然灾难，居民如果不愿意坐以待毙，就只能离开故居，寻找更加适宜的居住地；而离开也就意味着当地既有文明的终结。

与受到干旱影响的西北和饱受洪水之苦的南方相比，古中原地区"在气候上位于全新世适宜期时的温带和北亚热带之间的过渡带，在地理上位于中国二级阶地和

---

① 谢维扬：《中国早期国家》，第290、294页。
② 参见王健主编：《江苏通史·先秦卷》，凤凰出版社2012年版，第109、110页。
③ 俞伟超：《古史的考古学探索》，文物出版社2002年版，第115页。
④ 朱丽东、冯义雄、叶玮等：《良渚时期文化发展与海平面变化》，《地理科学进展》2011年第30卷第1期。
⑤ a. 吴文祥、胡莹、周扬：《气候突变与古文明衰落》，《古地理学报》2009年第11卷第4期。
　　b. Yu S.Y., Zhu C., Song J., et al. Role of climate in the rise and fall of Neolithic cultures on the Yangtze Delta. Boreas, 2000,29(2).
⑥ 朱诚、张芸、张强等：《江苏江阴祁头山新石器时代遗址考古地层研究》，《地层学杂志》2003年第27卷第4期。

三级阶地的交接地带，因此它即可以减少降温和干旱对其旱作农业的毁灭性打击，同时又能较好地避免洪涝的袭击。①"独特的地理优势，使得中原免遭自然灾害的毁灭性打击，从而在周边文化急剧衰落的时候持续发展，最终开启了中国文明的新时代。

---

① 吴文祥、刘东生：《4000a B.P 前后东亚季风变迁与中原周围地区新石器文化的衰落》，《第四纪研究》2004 年第 3 期。

先秦时期

第二编

第一章 吴王寿梦前的古常州

由于可靠文献资料的缺乏及考古发掘资料的局限,西周之前的常州历史缺失和断裂之处甚多,本章所能提供的只是这一时期常州历史的一些局部和片断。

第一节 禹别九州

《尚书·禹贡》序云:"禹别九州,随山浚川,任土作贡。"传说大禹在治水的过程中,走遍全国,对古中国作了初步的划分,这就是著名的定九州,即把中国划分为九个大的地理区域。根据《尚书·禹贡》的记载,大禹划定的九州是:冀州、兖州、青州、徐州、扬州、荆州、豫州、梁州、雍州。

从图中看出,这里的九州是古中国的基本构成,与今天人们对中国地理的基本

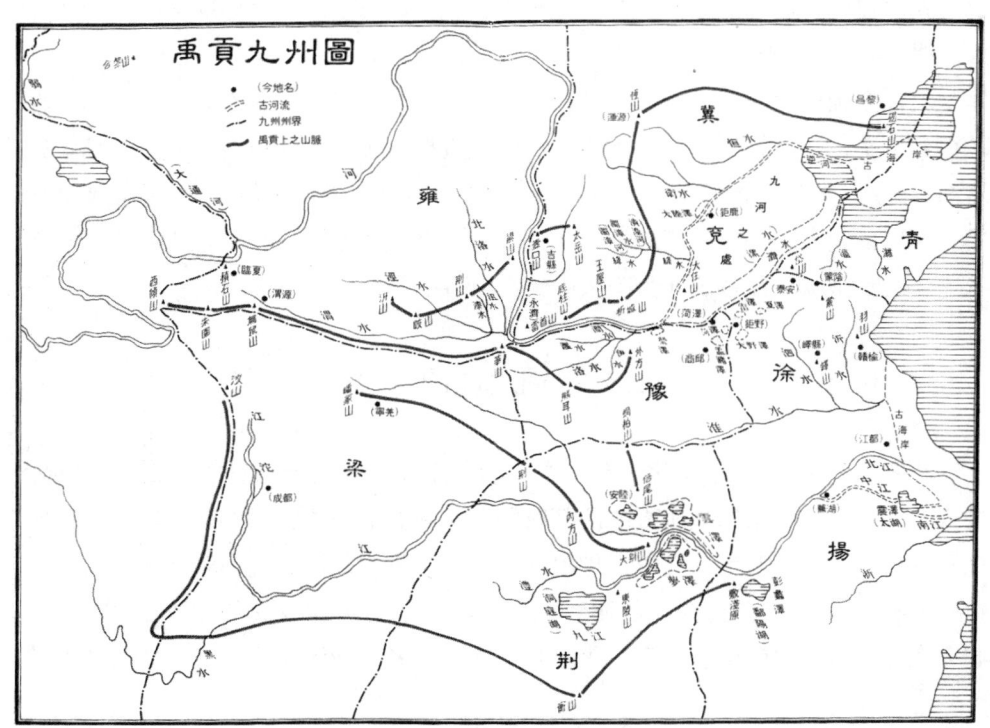

图 2-1 《禹贡》九州图

认知是一致的。

在学术界，对大禹是否真有其人、大禹是否真的从事"道九川"及定九州这样宏大的国家建设工程，一直有着激烈的争论。同时，《禹贡》的成书年代尚难确定，多数学者认为成书于战国，不一定是夏代文献和信史。另外，相当多学者认为在夏初这样一个蛮荒时代，人口的稀少、生产力水平的低下等等因素，决定禹不可能完成这些工作。甚至一些态度激进的学者彻底否定了大禹其人及事迹的真实性。本书认同沈长云先生的观点，[①]认为禹治洪水应是信史，同时也认为目前可见的关于大禹特别是其事迹的记载，带有后人美化或者夸大的成分。完全的否定与尽信无疑，都失之盲目。

在《尚书·禹贡》记载的九州中，有一处地方与今天的常州直接相关，这就是"淮海惟扬州"：

> 淮、海惟扬州。彭蠡既猪，阳鸟攸居。三江既入，震泽厎定。筱簜既敷，厥草惟夭，厥木惟乔。厥土惟涂泥。厥田惟下下，厥赋下上上错。厥贡惟金三品，瑶、琨、筱簜，齿、革、羽、毛、惟木。岛夷卉服。厥篚织贝，厥包桔柚，锡贡。沿于江、海，达于淮、泗。

这里对"扬州"的地理位置、重要湖泊、土地质量以贡赋标准都作了较为详细的说明。其中的"震泽"尤其值得我们关注。结合上面的《禹贡·九州图》，可知"震泽"就是今天的太湖。更重要的是，这一巨大湖泊在当时的状态是"厎定"，也就是得到了平治。这就表明：扬州地区特别是太湖一带，已经被纳入初成的夏代国家体系，得到一定程度的管辖和治理。而常州，恰恰是位于环太湖带的一片重要区域。假设禹别九州存在一定的可能性，或许可以据此大胆推测：先秦时代伊始，常州已经进入以中原地区为中心的早期中国国家文明圈。

第二节 周之前的古常州

距今约4000年，良渚文化突然消失，常州所在的太湖流域历史文化发展出现断裂，进入了一个逐步由中原文明影响的新时期。从现有的考古成果可以发现，常州所在地区开始进入青铜时代。有学者指出：考古资料表明长江下游的湖熟文化受到商文化的影响；江苏省的殷商时代遗址反映了东夷处在"中原商文化的强烈影响"之下。[②]如无意外，古常州应该也在商文化影响区内。学者宋新潮在谈及商代"长江下游文

[①] 沈长云：《论禹治洪水真相兼论夏史研究诸问题》，《学术月刊》1994年第6期。
[②] 胡厚宣、胡振宇：《殷商史》，上海人民出版社2003年版，第52、53、85页。

化区"时，明言该地区湖熟文化遗址中出土的一些陶器"具有明显的中原文化的特征"，而马桥文化中也存在"大批类似于二里头文化的因素"，这些"足以证明殷商时代长江中下游地区同中原地区在文化上的密切交往"。①

一、马桥文化遗址

马桥文化因首次发现于上海闵行区马桥镇而得名，这是一种晚于良渚文化的考古文化，在年代上约与中原地区的夏、商时代相当，从遗物特点看与夏商文化也有着紧密的联系。因为其遗址出土有小件青铜器物，所以也可以把其称为南方（长江下游地区）的青铜时代。

20 世纪 60 年代，马桥文化类型的无锡许巷村遗址②被发现，近年则在江阴发现花山③、佘城遗址④。其中佘城遗址位于江阴云亭镇花山村，城址形状大致呈圆角长方形，南北最长近 800 米、东西最宽近 500 米，总面积约 30 万平方米。城墙保存完好，城址西有河流围绕，东、北、南面地势明显低于城墙，推测可能为原来的护城河。在北城墙中段的内侧约 50 米处发现了一处大型建筑遗址，主体建筑进深约 22 米，分前后两进，前间宽 10 米，进深 8 米；后间宽 15 米，进深 11 米。辅助建筑有廊和露台等。从遗址内出土的几何印纹陶器和原始瓷器等遗物分析，佘城是一座距今约 3500 年前的古城遗址，也是迄今发现的江南地区在这一阶段规模最大的古城遗址。佘城遗址出土青铜锛、青铜镞，花山遗址中还出土一块冶炼青铜块，这是江南地区早期使用青铜器的证明。其中镂空青铜镞工艺精湛，显示较高的青铜铸造技艺。马桥文化的另一特色是几何形印纹陶，陶器表面除素面外有条格、云雷、梯桥、复线曲折、席纹等拍印纹饰，尤以梯格纹和条纹为特色。如无锡许巷出土的灰陶鸭形壶，器表拍印篮纹便是马桥文化的典型的器物。

尽管马桥文化层和良渚文化层是上下叠压的，但良渚文化中并没有发现马桥文化的因素，也找不出良渚文化趋于衰落和向马桥文化过渡的迹象。不少学者认为作为"继承者"的马桥文化不仅与良渚文化风格有很大不同，而且发展水平也落后于良渚文化。譬如杨楠就曾指出：马桥文化遗址的密度、遗迹的类别和规模远逊于良渚文化；马桥文化带有多元色彩，良渚文化的因素很少；虽然马桥文化的有关遗址出土有小件青铜器，但是陶器和石器制作水平远落后于良渚文化，更没有丝毫精美玉器制作的痕迹；马桥文化的墓葬和建筑遗迹也反映出其社会发展水平不高。⑤可见

---

① 宋新潮：《殷商文化区域研究》，陕西人民出版社 1991 年版，第 190 页。
② 《江苏无锡许巷村新石器时代遗址》，《考古》1961 年第 8 期。
③ 江苏花山遗址联合考古队：《江阴花山夏商文化遗址》，《东南文化》2001 年第 9 期。
④ 江苏佘城遗址联合考古队：《江阴佘城遗址试掘简报》，《东南文化》2001 年第 9 期。
⑤ 杨楠：《良渚文化兴衰原因初探》，《民族史研究》第 1 辑，民族出版社 1999 年版。

马桥文化和良渚文化是由两批文化传统不同的居民分别创造出来的,因此内涵并不连贯,虽然两者地层上下叠压,但中间却存在着一个文化断层。

2012年6月,常州发现象墩遗址,并进行发掘。象墩遗址位于常州新北区春江镇杏村南侧的象墩自然村,为一高出地面5米左右的土台,整体呈三级阶梯上升,顶部为一开阔的平台。经过考古发掘,发现该遗址主体为良渚文化时期人型高台墓地,包含了良渚文化中期、晚期,兼有马桥文化和湖熟文化特点的商周文化以及春秋吴文化地层。

图 2-2　象墩遗址

象墩遗址出土有石制的箭镞和锛、印纹硬陶、原始瓷器,也有青铜箭镞,器物具有马桥文化特征。① 更值得深思的是:这里还出土了具有广富林文化特征的陶器。"广富林文化"是新命名的考古学文化,其介乎良渚文化末期与马桥文化之间。这种文化的得名来自上海广富林遗址,但它实际上是在河南龙山文化的强烈影响下形成的,其分布范围包括今天的皖东及江浙沪,整个环太湖古文明带尽入其中。②

象墩遗址发掘的重要性,首先在于把良渚文化中后期到马桥文化再到商周时期的常州历史串联起来,表明这一地区虽然在良渚文化衰落后走向沉寂,但发展并未完全停止。其次表明良渚文化衰落后,来自中原地区的一支文化进入江浙等地,把新的元素注入当地。因为新因素的影响,良渚文化故地在马桥文化阶段的发展呈现

---

① 常州考古研究所:《江苏常州象墩遗址的考古调查与发现》,《中国文物报》2013年5月10日。
② 陈杰:《广富林文化初论》,《南方文物》2006年第4期。

出与前一个阶段迥然不同的风格和特点。古常州的历史进程不会脱离这样的大脉络。

二、湖熟文化遗址

湖熟文化在时间上相当于中原商周时期的考古文化,因1951年首先发现于江苏江宁湖熟镇而得名。该文化遗址的一个共同特征是都有突出地面的大型土台,一般高出地面5—

图2-3 象墩出土文物

10米,面积多在7000—8000平方米,大的可达20000平方米以上,呈圆形或椭圆形,顶部平坦,故被称为台形遗址。湖熟文化和马桥文化一样也已经进入青铜时代,农业生产工具则仍以石器为主。

2005年6—7月,南京博物院对金坛薛埠镇新浮遗址进行了抢救性的试掘。该遗址属于商代早期,距今3500多年,年代超过殷墟。虽然发掘面积较小,发现遗迹不多且多不完整,但出土遗物比较丰富,主要为陶器,如湖熟文化有代表性的鬲等,另有少量硬陶器、石器及原始瓷器。虽然没有出土青铜器,但却出土了两件挹铜勺,为夹砂陶,勺呈灰色,柄呈红色,器形厚重,柄末端留有插木柄的方孔。此外还出土了一些以往发掘的早期湖熟文化遗址少见或未见的器形,如豆把上部突鼓的泥质浅盘豆、夹砂白陶尊、镂孔呈三瓣形的原始瓷豆等,丰富了早期湖熟文化的内涵。①

一般认为湖熟文化分布中心在茅山以西的宁镇地区和皖南东部,而新浮遗址的发掘则证明湖熟文化在茅山以东也有发展。再联想到象墩遗址中存在具有湖熟文化特征的地层,可以推断湖熟文化与马桥文化应该在常州地区汇集交流。曾有研究者认为,从考古学的角度看,所谓"先吴文化"就是湖熟文化。②新浮遗址和象墩遗址的发掘在侧面对这一理论进行了支持,因此,对研究殷商时期的江南历史文化有着重要的价值。而以后随着考古工作的深入,会有更多有关的遗址遗迹被发现发掘,这一阶段的常州历史乃至江南历史会变得更加丰满。

中原与长江下游两个地区的交流是双向的。商代早期,从吴地走出来一位著名的人物巫咸,成为商王太戊的重要辅佐。巫咸在商王身边最重要的功能是卜筮,这

---

① 南京博物院:《江苏金坛市新浮遗址的试掘》,《考古》2008年第10期。
② 陈振康:《先吴文化与点将台文化》,《江南论坛》2011年第11期。

一点无论是历史文献还是已经出土的甲骨文,都可以证明。①商代极为重视占卜,王室尤其如此,几乎所有的事情都要通过占卜获得上天的指导后再付诸行动;巫咸利用自己精通占卜术的优势,通过讲说,引导商王修德从善。有学者很敏锐地认识到,如果巫咸来自吴地的信息是准确的话,那么很有可能是巫咸把良渚文明中的原始易卦文化带到了商王朝的中心。②因为卜筮在商文明的发展中扮演着至关重要的角色,所以这样的争论还需要更多扎实的证据。不管最终的结论是什么,这样的推测反映出:在一些学者看来,在商王朝的早期,长江下游地区不是完全被动的,而是在接受中原地区文化的同时,也向对方有所辐射。古常州在其中发挥什么样的作用,虽然无法确言,但有理由相信它至少参与了这一过程。

第三节 太伯奔吴

据此,一些学者提出在"吴文化"(始自商末周初)兴起前,包括古常州在内的吴地应该经历了一个"先吴文化"阶段,前述关于马桥文化和湖熟文化的遗址使得整个吴地文化发展序列相对完整。而到太伯奔吴,吴文化开始揭开了其发展的序幕。

太伯奔吴事见于多种文献记载,如《史记·吴太伯世家》载:吴太伯,太伯弟仲雍,皆周太王之子,而王季历之兄也。季历贤,而有圣子昌,太王欲立季历以及昌,于是太伯、仲雍二人乃奔荆蛮,文身断发,示不可用,以避季历。季历果立,是为王季,而昌为文王。太伯奔之荆蛮,自号句吴。荆蛮义之,从而归之千余家,立为吴太伯。③

关于太伯奔吴,历来均有争议,如崔述在《丰镐考信录》中便持否定态度。卫聚贤则认为太伯奔"吴"之"吴"为陕西陇县吴山,④更有学者直斥"吴为周说"是吴国在成为中原大国之后为了抬高身价"编造"出来的。⑤关于太伯奔吴路线,传统说法认为是直奔吴地,在无锡梅里定居,中途并未停留,此说早已为研究者所不取。因此,本书综合各种因素,仍取太伯奔吴目的地为江南之说,但以为这可能是一个相对长期的过程。

关于太伯奔吴的路线也说法众多,如徐中舒、顾颉刚基本上认为是由陕西而江汉,而江西,再至江苏。⑥而杨善群则认为太伯是先至宁镇一带,而周武王有天下,封周

---

① 王文清:《吴人吴咸与殷商文明》,《江苏纪念甲骨文发现100周年甲骨文与商代文明国际学术研讨会论文选集》,江苏省甲骨文学会2004年,第132—134页。
② 张怀通:《"巫咸"考:兼论良渚文化向中原的传播》,《东南文化》2000年第7期。
③ 《史记》卷三一《吴太伯世家》,中华书局1959年版,第1445页。
④ 卫聚贤:《太伯之封在西吴》,《江苏研究》第三卷第5、6期合刊《吴越文化》专号。
⑤ 陈桥驿:《"越为禹后说"溯源》,《吴越文化论丛》,中华书局1999年版。
⑥ 参见王健主编:《江苏通史·先秦卷》,凤凰出版社2012年版,第156页。

章，国号吴，其地便是江宁。而1954年在江苏丹徒烟墩山出土的宜侯夨簋所记"侯于宜"，是指周康王徙封周章子熊遂于宜地，即今丹徒区。然后西周晚期，吴又东向灭掉了淹国，扩地至常州一带。后又乘胜东进，约到春秋前期，太湖以北以东地区终为吴国全部占领。① 由于相关文献记载过于简略，又没有直接的考古遗址与之印证，太伯奔吴的过程很难复原。但是宁镇和太湖两个古文化分界线大致在茅山一线，前述常州发现的多个文化遗址中均出现两种文化的叠压和交错现象，因此太伯及其后人先宁镇、再常州，最终才到无锡、苏州一带的可能性相对较大，常州在这一过程中应该扮演了重要的角色。

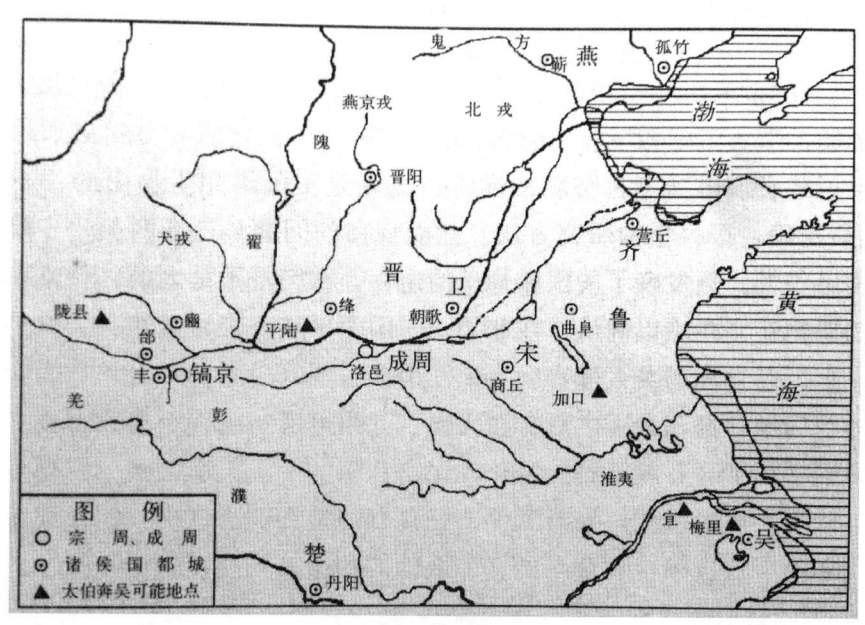

图2-4 太伯奔吴地点的说法

太伯奔吴标志着：一支来自以中原地区为中心的文明体系的力量，正式进入长江下游地区，开始经营这片土地。一方面，太伯等人把较为先进的文化传播到当地，"端委以治周礼"（《左传·哀公七年》），即实行姬姓部落已有的成系统的礼仪制度；同时，也采取了与本地文化融合的态度，"文身断发"，通过这一颇具象征意义的行为，表达了对当地的充分尊重。太伯在这里"自号勾吴"，其行为赢得当地部落的理解和支持，"荆蛮义之，从而归之千余家，立为吴太伯"。在这个意义上，太伯奔吴拉开了吴文化的大幕。

太伯在吴地颇有作为。《吴越春秋》载："数年之间，民人殷富。遭殷之末世衰，

---

① 杨善群：《吴国在西周至春秋前期的发展》，《学术月刊》1992年第3期。

中国侯王数用兵,恐及于荆蛮,故太伯起城,周三里二百步,外郭三百余里。在西北隅,名曰故吴,人民皆耕田其中。"①太伯等人带来了相对先进的生产技术和人文制度等等,经过多年经营后,有了相当的发展,"数年之间,民人殷富",所以吴地如常州及其他地方在古代多有以太伯命名的地名,或纪念太伯的建筑。当然与此同时也应该认识到,如果不是原来吴地在物质文明和精神文明方面已经发展到一定的阶段,太伯及其后人也不可能取得这样的成就。

由于商末统治的失败,其被新王朝取而代之已不可避免。周武王姬发在牧野之战中决定性地击败了商纣王,殷周革命完成,西周王朝正式建立。周武王并没有忘记在遥远的吴地还有自己的族人,于是"求太伯、仲雍之后,得周章。周章已君吴,因而封之"。②他找到了太伯和仲雍的后代周章;鉴于当时周章已经是吴地事实上的统治者,所以就对其加以正式的册封,把其纳入新建立的王权体系。

关于"受封",有学者认为周王室一共进行了两次。第一次就是上述武王克商后寻找太伯后人而进行的;还有一次是在周康王(武王之孙)时进行的,是改封。其根据就是出土的西周青铜重器宜侯夨簋。该簋的铭文明言康王把"虞侯"(即吴侯)改封到"宜"地。如果这一信息是准确无误的,那就说明西周王朝从一开始就对吴地加强了管理,双方的联系应该是非常紧密的。受封之后,这个得到天下共主周天子认可的"吴国"对当地的经营也就更上层楼了。可惜,我们对从周章到有着清楚纪年的吴王寿梦(前584—前561年在位)之间的五个多世纪的吴国历史,知之不多,只能做非常简略的描述。

第四节 奄国与淹城

吴国的发展历程也是其吞并江南江北众多地方的过程。在江南,它占有了朱方、奄(淹)国;在江北,它拥有了邗国、棠邑等等。③其中奄(淹)国都城就在今天常州。这个奄国究竟是谁建立的,学术界莫衷一是。古常州之地出现奄国,与周初的动荡局势有关。

周武王灭商之后不久就去世了,继位的是成王。成王年幼,所以国事由周公旦处理。主少国疑,西周初年政局并不稳固。当时刚刚丢失政权的商人并未彻底臣服;一些王室贵族对周公旦独揽大权也有所不满。《史记·周本纪》对周初对亡国的商

---

① (东汉)赵晔撰,苗麓校:《吴越春秋》,江苏古籍出版社1999年版,第4页。
② 《史记》卷三一《吴太伯世家》,第1446页。
③ 王卫平:《寿梦以前吴国史探讨》,《苏州大学学报》1991年第2期。

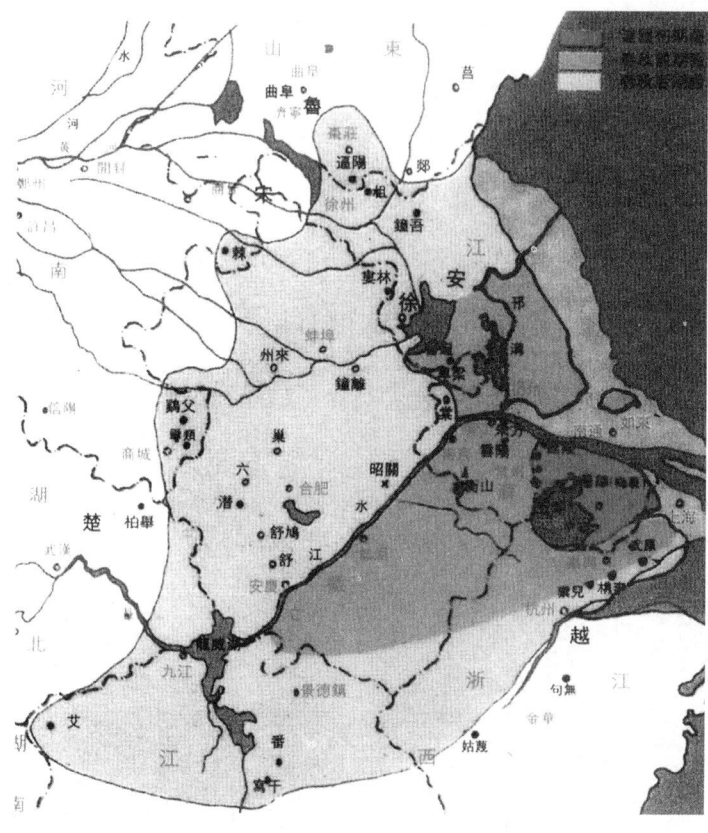

图 2-5 吴国疆域图

人的管理是这样记录:"封商纣子禄父殷之余民。武王为殷初定未集,乃使其弟管叔鲜、蔡叔度相禄父治殷。"①换言之,武王封地给商王的儿子,同时任命姬姓贵族对其进行监管。对周一直心存不满的商王子利用管、蔡对周公摄政的疑虑,在王朝东部掀起了叛乱。为了王朝的稳定,周公起兵平叛,"周公讨之,三年而毕定"。但是,东土并未真正安宁下来。于是周公和年轻的成王一道继续东征。"召公为保,周公为师,东伐淮夷,残奄,迁其君薄姑。成王自奄归"。②这一次的军事打击范围很广,对反叛势力的清除也比较彻底。《史记》中尤其提到了"残奄",也就是把"奄"完全摧毁。学者杨朝明在其论文《周公东征史实诠说》中比较详细地分析了对"奄"的征伐。③

杨朝明认为位于山东曲阜附近的奄地是周初殷商势力的大后方。在商代,奄地与王室关系极为密切,甚至可被视为"陪都"。因此,奄国控制了其自身周围很多小的封国,让不少蛮夷部族归附自己。杨朝明引用《尚书大传》的记载,称唆使商王子叛乱的正是奄君。周公及成王对奄的征讨耗时三年,最终取得胜利,从根本上清除了这股势力,把其统治者迁往异地。奄国在故地覆灭后,其国民中有一部分南迁进入今天的江苏境内,其落脚地就是常州的"淹城"。在《越绝书》中,有一条被广泛引用的记载,指明存世的淹城就是奄人所居之地,其言:"毗陵县南城,故

---

① 《史记》卷四《周本纪》,第 126 页。
② 《史记》卷四《周本纪》,第 133 页。
③ 杨朝明:《周公东征史实诠说》,《史学月刊》2006 年第 6 期。

古淹君地也。东南大冢，淹君子女冢也。去县十八里。吴所葬。"①

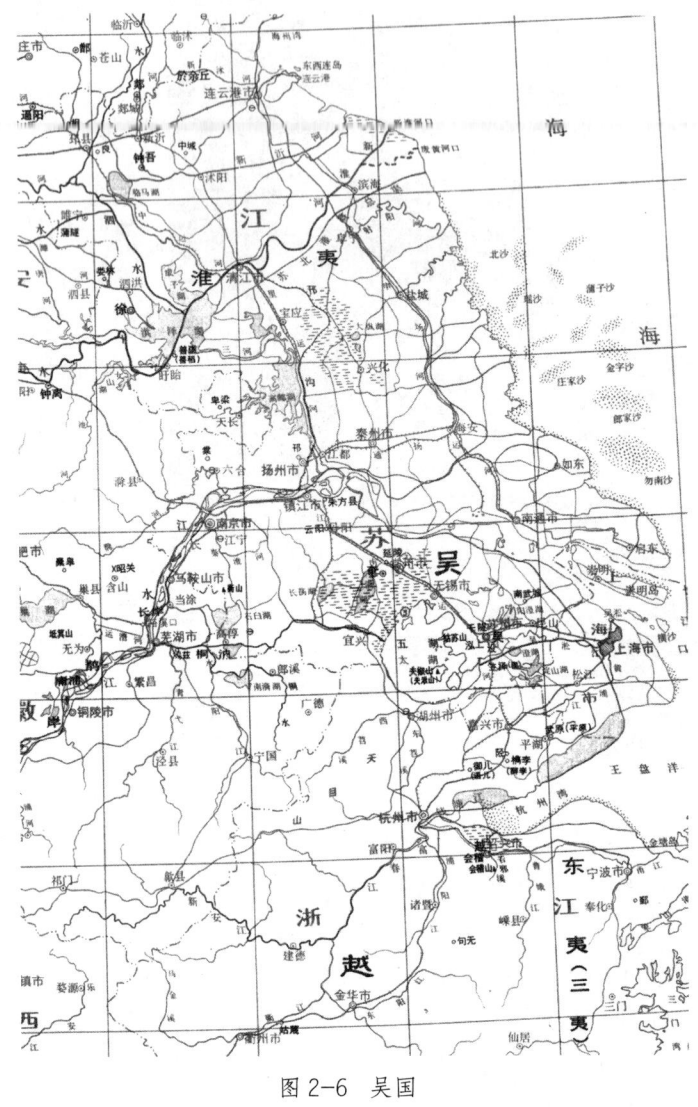

图 2-6 吴国

淹城遗址已经得到比较充分的考古发掘。关于淹城的城址年代，一般认为是春秋晚期古城遗址，但学术界意见并不统一。如林志方《淹城探秘》中曾提出淹城三道城墙的修筑分别出自三个时代，子城墙为西周晚期奄族人始筑，内城墙为春秋晚期吴国始筑，外城墙则为西汉时始筑。②此外还有人认为"淹城"与"奄族"无关，

---

① （东汉）袁康、吴平撰，乐祖谋点校：《越绝书》，上海古籍出版社1985年版，第15页。
② 林志方：《淹城探秘》，黑龙江人民出版社2007年版，第213—221页。

而与季札有关。但这种说法并无太多证据支持。本书仍以为淹城之得名与奄人有关。

图 2-7 淹城遗址

奄人来到此地后，长期经营这片土地，最终形成了颇具规模的一方政权，不断兴建城市，以之作为统治的中心。根据考古资料，存世的春秋淹城极具特色，有学者将其描述为三城三河相套而成。①"三城"是说它有内、中、外三层城墙。内城为方形，面积较小，周长不到 500 米；中城也呈方形，周长约 1500 米；外城是椭圆形，周长约 2500 米；再往外，有一道外城郭，周长约 3500 米。②古城的总面积达到 65 万平方米，属于中等规模。"三河"是说古城由外到内有三条护城河，宽度从 30 米至 80 米不等。③三城之间完全靠水道相连，交通工具是小舟；唯一的水道跟城外的自然水系连通。

进出淹城只能依靠水道，是淹城的重要特色。同时淹城整个布局又跟《孟子》所说的三里之城七里之郭相吻合，更有研究者认为其应该是"有本于《考工记》中的周王城图而设计的"。这都说明淹城和姑苏城一样，既吸收了中原文明的优秀成分，又充分考虑本地的特点，是吴文化开放多元又有自身特色的体现。

---

① 彭适凡、李本明：《三城三河相套而成的古城典型：江苏武进春秋淹城个案探析》，《考古与文物》2005 年第 2 期。
② 赵玉泉：《武进县淹城遗址出土春秋文物》，《东南文化》1989 年第 4、5 期合刊。
③ 彭适凡、李本明：《三城三河相套而成的古城典型——江苏武进春秋淹城个案探析》。

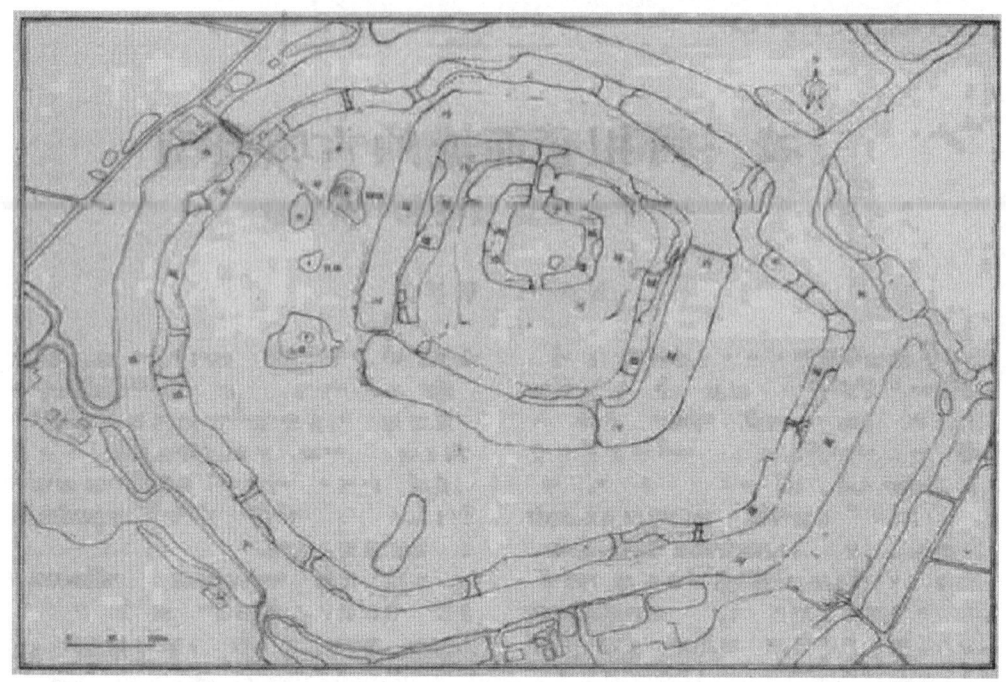

图 2-8 淹城图

古奄国最终应当亡于新兴的吴国。有学者认为"从吴王寿梦直到吴亡文献记载没有灭奄（淹）之事"，由此推断"吴灭奄（淹）应在寿梦之前"，另有学者从公元前547年寿梦之子季札受封延陵（即常州），而延陵距离淹城不远，推定最晚到这个时候奄国已不复存在。① 总之，至迟在吴国历史进入寿梦王阶段前后，身处古常州的奄国消失了。古常州开启了一段新的历史进程。

第二章　春秋战国时期的常州

春秋战国时期，中国处于激烈的动荡变化之中，井田制逐渐瓦解，东周王室日益衰落，诸侯纷争的局面开始形成。吴国自寿梦后开始强盛，实现了东南一隅的局部统一。公元前547年，吴王馀祭封其弟季札于延陵，成为常州2500多年有文字记载历史的真正开端。季札三次推让王位，多次出使中原列国，被尊称为常州的文化始祖。此后，公元前473年，越王勾践灭吴。不久之后，楚国打败越国，常州所在

① 赵颂华：《江南古国遗址：淹城》，《江苏省考古学会1983年考古论文选》（内部资料），第8页。

地区成为楚国后期的战略后方，文化也被楚文化浸润，直到最后被秦国灭亡。

第一节 延陵季子

学者王卫平依据考古发现，认为早在寿梦的祖父句卑之时——甚至更早，吴国就已经称"王"。称王在先秦时代是非常了不起的事件，意味着该诸侯国的国力已经有了巨大发展。他还根据《管子》中的一些记载，认为吴国可以不来朝拜春秋早期的霸主齐桓公，说明其确实有一定的实力；根据《左传》中的记载，楚庄王和吴、越签订盟约，说明强大的楚国也不敢看轻吴国。① 另一位年轻的研究者在其博士论文中，详细描述了吴国在寿梦之前开疆拓土的努力，指出："到吴王寿梦即位之前，吴国的疆域北邻郯国（今山东临沂市、临沭县、郯城县一带）一线；西部与钟吾国（今

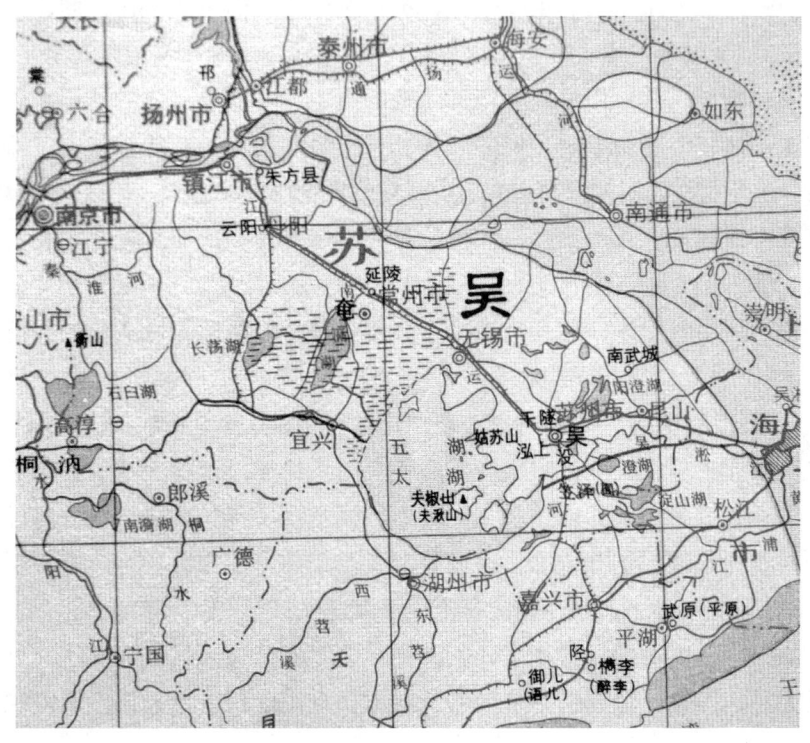

图2-9 春秋图

江苏宿迁、新沂一带）、徐国（故城在今洪泽湖西北岸、江苏泗洪县东南的半城镇一带）、钟离国（今安徽凤阳、蚌埠一带，今凤阳县有钟离故城遗址），州来（今安徽凤台、

---

① 王卫平：《寿梦以前吴国史探讨》，《苏州大学学报》1991年第2期。

寿县一带），淮南群舒之地相邻；向南在黄山、天目山，太湖一线与越国相邻。"①周简王元年（前 585）寿梦继位，"寿梦立而吴始益大，称王"。②这表明吴国已经跻身大国之列。吴国的发展，其最明显的表现就是疆域的拓展。寿梦在位 25 年，北上西进，开疆拓土，特别是经过与南方大国楚国的反复争夺，吴国控制了原属于楚国的淮南群舒之地，逼近了楚国本土。③

寿梦并不只是通过军事手段拓展领土，他对作为国家根本之一的人文礼仪也很重视。《吴越春秋》记载："寿梦元年，朝周，适楚，观诸侯礼乐。鲁成公会于钟离，深问周公礼乐，成公悉为陈前王之礼乐，因为咏歌三代之风。寿梦曰：'孤在夷蛮，徒以椎髻为俗，岂有斯之服哉！'因叹而去，曰：'於乎哉，礼也！'"④经学者考证，寿梦不应该在元年与鲁成公会于钟离。⑤这里关注的不是会面时间而是事件的意义。看到典雅的周公礼仪，寿梦深为触动，感叹自己身处蛮夷之地，对礼乐制度了解的非常不够。从国家建设的角度来看，扩张领土是形而下的工作；创建并完善各项人文礼仪是形而上的工作。领土可以得到，也可以失去；礼乐文明则几乎是永恒的，构成了国家的精神内核。作为一名蛮荒之地的君主，寿梦有这样的认识，着实让人起敬。或许是这样的心态影响了他的后代，寿梦最小的儿子季札就是一位熟知礼乐制度的人。正是季札，使得古常州的历史变得完全清晰起来。

"寿梦有子四人，长曰诸樊，次曰馀祭，次曰馀昧，次曰季札。季札贤，而寿梦欲立之，季札让不可，于是乃立长子诸樊，摄行事当国"。⑥季札后封于延陵，故称延陵季子，后又封州来，称延州来季子。季札是学习中原先进文化的典范，是儒家的先导之一。

一是让国挂剑。由于季札有贤德，所以寿梦非常喜欢季札，准备让他继承王位，但季札坚决放弃王位，长子诸樊成为新一代吴王。诸樊办理好父亲的丧事后，仍旧希望王位由季札继承。季札谢过长兄的好意，说道："曹宣公之卒也，诸侯与曹人不义曹君，将立子臧，子臧去之，以成曹君，君子曰'能守节矣'。君义嗣，谁敢干君！有国，非吾节也。札虽不材，愿附于子臧之义。"⑦吴王诸樊去世后，把王位传给弟弟馀祭。这么做的目的就是让王位在兄弟之间传递，最终确保季札可以顺理成章地成为吴国国君，让先王寿梦的心愿得以实现。馀祭去世后，三弟馀昧继位。

---

① 张志鹏：《吴越史新探》，河南大学博士学位论文，2012 年，第 82 页。
② 《史记》卷三一《吴太伯世家》，第 1447 页。
③ 张志鹏：《吴越史新探》，第 91 页。
④ （东汉）赵晔撰，苗麓校：《吴越春秋》，江苏古籍出版社 1999 年版，第 8 页。
⑤ 参见金永平：《吴越春秋讹误考辨》，《浙江学刊》1999 年第 1 期。
⑥ 《史记》卷三一《吴太伯世家》，第 1449 页。
⑦ 《史记》卷三一《吴太伯世家》，第 1450 页。

馀眛在位时间不久就去世了,王室仍旧希望由季札继承王位。季札闻讯后,选择离开。在这种情况下,王室只好立馀眛的儿子僚为吴王。季札的多次让国,其行为可谓"让义"。这里的义是由嫡长子继承王位的大义,是政权稳定的一个极为重要的制度性保证。以嫡长子继承为核心的宗法制度是西周礼乐文明的基石之一。作为蛮荒吴地精通中原礼乐制度的人,季札深知稳定的王位继承制度对国家的重要性。所以,他一再违背父王的心愿,一而再再而三地主动放弃继承王位的机会。其目的很明确:不要因为父亲个人的喜好而破坏了更加理性和稳定的制度。父亲寿梦还曾经感叹身在蛮荒而对中土人文知之甚少,儿子季札竟已把握住了礼乐文明的制度性内核。这或许折射出吴文化在季札时期有了巨大的进展。

季札还是诚信之士。《史记·吴太伯世家》载:"季札之初使,北过徐君。徐君好季札剑,口弗敢言。季札心知之,为使上国,未献。还至徐,徐君已死,于是乃解其宝剑,系之徐君冢树而去。从者曰:'徐君已死,尚谁予乎?'季子曰:'不然。始吾心已许之,岂以死倍吾心哉!'"这就是著名的"季子挂剑"。①《新序》把这个故事发展得更加充分,其中有季札对自己行为的详细解释。季札说:"吾心许之矣。今死而不进,是欺心也。爱剑伪心,廉者不为也。"如果因为徐君已死而不赠剑,是"欺心";贪恋自己的宝剑而违背内心,这样的行为,正直的人不耻为之。徐国人非常欣赏季札的做法,为之唱道:"延陵季子兮不忘故,脱千金之剑兮带丘墓。"②

二是观乐知礼。季札曾经到鲁国访问,鲁国乐人为他表演古代舞乐,当听了《周南》《召南》两首乐诗,他认为"二南"体现文王教化的始基,虽不尽善,"然勤而不怨矣"。当听了邶、鄘、卫三地的歌曲,季札说:优美而深沉,百姓对卫国虽有忧虑但不觉困顿。对《王风》,他认为这是思念文、武德行,但无所畏惧,是周王东进的诗。听郑风奏后,认为太过细密,是百姓无法忍受的心声,也是其国率先衰亡的原因。齐风响起,他感叹道:美轮美奂,泱泱大国。豳地之歌听后,季札说:诗乐美妙,轻松快乐而又不过分,是在说周公前往东方之地。秦地歌曲奏过后,他评价道:这就是"夏"声,能"夏"则能伟大,甚至达到伟大的极致,其实就是过去的周。魏国乐曲过后,他说道:既美且温顺,广阔又简单易行,再加上道德教化,这样的国家就会成为诸侯的首领。听了唐乐后,认为有深沉的思想,有陶唐时代的遗风。而陈国的乐曲过后,他则讽刺道:"一国无主,怎么能够持久?"陈国是小国,兴亡不定,所以季札对其评价不高。郐风及以下都是些小国的乐曲,季札对其未做品评。③

---

① 《史记》卷三一《吴太伯世家》,第1459页。
② (西汉)刘向著,石光瑛注:《新序校释》,中华书局2001年版,第867—868页。
③ 《史记》卷三一《吴太伯世家》,第1452—1453页。

司马迁在其《史记》中如此详细地记录了季札对各地诗歌及著名乐舞的评价，应该是要凸显这位边地吴国的智者对中原礼乐文明的出色掌握和非凡理解。这些诗歌乐舞都不单单是一种艺术创作，而是有着丰富的政治内涵。无论是诗歌，还是乐舞，它们其实都是对政治的表达。所以，季札对它们的言简意赅的评论，恰恰反映了他对治国理政的根本见解。整体而言，季札像一位早期的儒者。他对远古的尧舜时代推崇备至，认为那时是至德之世，可谓人类的黄金时代。西周虽然未及至德，但是文、武王和周公开创了亦为楷模的王道政治，垂范后世。接近先贤的王道，是治国理政的目标。治国要有大国之风，要做到平和温雅，重视道德教化，实现上下和睦团结；为政切忌恣睢无度，让人民忍无可忍，造成最终的败局。

季札不仅是有道德，有诚信，更是一位非常有智慧的政治家和外交家。馀祭四年，他访问列国，经徐至鲁，见鲁大夫叔孙穆子时，对其直言相告："你好行善事，不能择人，恐不能善终。君子应致力选择贤明，作为鲁国的宗卿，你不能慎重选拔贤人，久之，祸必及子。"日后果然如他所言。季子熟悉当时的天下大势，能明察各国优劣之所在，具有敏锐的观察力，这样的事例屡见不鲜。

又如他"去鲁，遂使齐。说晏平仲曰：'子速纳邑与政。无邑无政，乃免于难。齐国之政将有所归；未得所归，难未息也。'故晏子因陈桓子以纳政与邑，是以免於栾高之难"。①还有一次：他"自卫如晋，将舍于宿，闻钟声，曰：'异哉！吾闻之，辩而不德，必加于戮。夫子获罪于君以在此，惧犹不足，而又可以畔乎？夫子之在此，犹燕之巢于幕也。君在殡而可以乐乎？'遂去之。文子闻之，终身不听琴瑟。"②可见季子燕之巢于幕的比喻应该正说中了文子的心思。以上诸例都显示了季札的政治敏锐性和外交能力。

当然面对强硬的权力，他也有无奈之时。《史记》载，吴国公子光趁着吴楚有战事的机会，派遣专诸刺杀了吴王僚，自立为君。之前吴国君位在谦让和平中顺利传递的历史被现任国王的鲜血淹没了。"季子至，曰：'苟先君无废祀，民人无废主，社稷有奉，乃吾君也。吾敢谁怨乎？哀死事生，以待天命。非我生乱，立者从之，先人之道也。复命，哭僚墓，复位而待。'"③这些话充满了无奈。季札最终选择离开吴国权力的中心，直至身殁，再未归来。

季札封于延陵，是常州2500多年有文字记载历史的真正开端。而他三次推让王位，多次出使中原列国，更被尊称为常州的文化始祖。虽然司马迁认为他是"非学

---

① 《史记》卷三一《吴太伯世家》，第1457页。
② 《史记》卷三一《吴太伯世家》，第1458页。
③ 《史记》卷三一《吴太伯世家》，第1465页。

而知"，只是天性使然，但实际上他是学习中原文化的典范，江南地区文化发达的先声，也是儒家精神的先导。他让国挂剑是建立在真挚情感基础上的对道德的追求，观乐知礼是对国计民生的热切关注，而这也成为支撑常州学风中最基本的特色之一，即重道德和重经世。而他对中原文化的学习和吸收更是奠定了日后常州文化中开放包容的思想因子。季札多次放弃了王位，所以他的很多政治理念未能在吴国付诸实施。回到封地常州，他应该会综合吴国既有的制度和自己的理念，实施相应的管理，只是限于史料的缺乏，其治理古常州的具体情况，实在无法得知了。

第二节 诸侯争雄中的常州

古常州的发展并非只存在于吴国的历史脉络中。与吴国相邻的还有越国。越人是吴的南邻，江南地区另一支古老的土著居民，有着悠远的历史。《史记·越王句践世家》称："越王句践，其先禹之苗裔，而夏后帝少康之庶子也。封于会稽，以奉守禹之祀。文身断发，披草莱而邑焉。"① 吴越两国崛起的时间有先有后。吴国是在寿梦王时期（公元前 6 世纪初）有了较为显著的发展；大约在公元前 6 世纪末至前 5 世纪初，越国也像吴国那样"称王"。② 也有学者根据《管子》中有"吴越不朝"齐桓公的记载，推断越国应该跟吴国是同时崛起的。③ 吴越两国因为同在一个区域，且都处于上升期，都致力于开疆拓土，对土地、人民等重要资源都有巨大需求，两国走向冲突不可避免。此外，当时强大的晋国和楚国为了争夺霸主地位，分别拉拢吴国和越国为自己的战略服务，这也让吴越长期处于对立状态。④

吴国在崛起的过程中，曾于公元前 584 年进攻楚国，最终把原先由楚国控制的蛮夷之地尽收囊中。有学者推测，吴国经过这次扩张，把越国变成了自己的附庸。四十年后，吴国伐越，把被俘的越人变为看守舟船的奴隶；这些被俘的越人利用吴王视察船只的机会，刺杀了吴王。吴国利用此事迫使越国与自己订立了盟约。又过了三十多年，其时越王允常已经在位。吴王阖闾不顾吴越有盟，再次伐越。这些都说明在吴越相争中，吴长时间处在优势地位，而越是吴的属国。⑤

---

① 《史记》卷四一《越王句践世家》，第 1739 页。
② 叶文宪：《吴越两国的冲突、吴越文化的交融与吴人越人的归宿》，《东方考古》第 6 期，科学出版社 2009 年版，第 272 页。
③ 孙香兰：《春秋末期吴、越争霸产生的原因》，《历史教学》1984 年第 9 期，第 2 页。也有把越国的崛起前推至春秋早期的，参见孟文镛《越国史稿》，中国社会科学出版社 2010 年版，第 184—185 页。
④ 孟文镛：《越国史稿》，中国社会科学出版社 2010 年版，第 2 页。
⑤ 孟文镛：《越国史稿》，第 187—188 页。

允常在位时期，越国有了相当的发展。当时势力强盛且已控制了太湖北部的吴国继续向太湖南部渗透，对越构成了较大的压力。在这种情况下，允常把越国的都城迁至今天的绍兴，以避开吴国的锋芒，面向南方扩充领土。越国南部主要是古徐国衰落后来到此地的徐夷诸部落。越王允常比较有效地整合了他们，从而让自己控制的区域涵盖了今天浙江省的全境。① 此外，允常还努力改变自己的国家相对于楚国的地位，让越从楚国的一个牵制吴国的工具，转变为与楚国合作的"战略伙伴"。②

吴王阖闾时期，采取爱惜民力，崇尚俭朴，任用贤才，发展经济，加强战略等一系列措施，使得吴国"西破强楚，北威齐晋，南服越人"③，国力强盛，开始称霸。

在今无锡滨湖区胡埭镇和常州武进雪堰桥交界处有阖闾城，是 1956 年公布的江苏省第一批重点文物保护单位。《越绝书》云："伍员取利浦、黄渎土筑阖闾城。"《吴地记》则云："阖闾城，周敬王六年，伍子胥筑。大城周四十五里三十步。小城八里六百六十步。"《吴地记后集》则言：伍员伐楚还，运润州浰湖土筑之，不足又取吴地黄渎土，为大、小二城。《咸淳毗陵志》卷二七《古迹》则认为所谓"润州浰湖土"不确，"若尔，则自苏取土于润不亦远乎？今县东梅李乡自有浰浦及黄渎，非润州浰湖明矣"。目前阖闾城遗址有保存较好的城墙和大型高土台，现存东城和西城两个小城，范围约 50 万平方米。2007 年初，江苏省考古队和无锡市第三次全国文物普查办公室组成联合考古队，对阖闾城遗址进行了考古复查。此次考察，进一步弄清了内城东、西二小城内建筑基址的布局、道路，并发现了已全部掩埋于地下的东西长约 2100 米、南北宽约 1400 米、面积 2.94 平方公里的外城，在城东北的龙山上还发现了一条蜿蜒曲折的石墙。在龙山石冢中则出土了陶器、印纹硬陶器、原始青瓷器等文化遗物 150 余件，其年代为春秋早期至中期。此次考古认为阖闾城遗址的年代为春秋晚期，与吴王阖闾年代相当，其遗址有郭有城，西城内有完整的宫殿群，其规模、布局与春秋时期的都

图 2-10 阖闾城遗址

---

① 张志鹏：《吴越史新探》，第 180—182 页。
② 孟文镛：《越国史稿》，第 210 页。
③ 《史记》卷六六《伍子胥列传》，第 2177 页。

城基本相同。全城有水门和陆门，大城外还有胥山湾和龙山石城，构成了完整的宫殿群和完整的防御体系。其地理环境、地理位置、年代均与历史文献的记载相符，初步推断阖闾城遗址为春秋时期吴王阖闾的都城。①

公元前506年，吴王阖闾大举伐楚，连战连胜，攻克楚国都郢，重创强楚。但在同时，因为吴国主力部队全部参加对楚作战，国内空虚。《史记》载："越闻吴王之在郢，国空，乃伐吴。吴使别兵击越。楚告急秦，秦遣兵救楚击吴，吴师败。阖庐弟夫概见秦越交败吴，吴王留楚不去，夫概亡归吴而自立为吴王。阖庐闻之，乃引兵归，攻夫概。夫概败奔楚。楚昭王乃得以九月复入郢。"②虽然在第二年，阖闾遣太子夫差再度伐楚，迫使楚国迁都；但因为越国的出兵，其原有计划被彻底打乱，最终的效果比预期的要差很多。越国则是真正的赢家，它通过这次的战争扭转了自己在吴越相争中的被动局面，转而与强劲的吴国在东南大地分庭抗礼。

公元前496年，越国国君允常去世，勾践即位，吴国觉得可以利用越国新君方立、局势不稳，出兵伐越。结果双方在槜李交战，吴军大败，阖闾受伤，不治身亡。夫差即位后，时刻不忘越国杀父之仇。"夫差使人立于庭，苟出入，必谓己曰：'夫差！而忘越王之杀而父乎？'则对曰：'唯，不敢忘！'"③吴越两国的血仇已经无法消解。

勾践因为不久前的胜利而膨胀，他没有充分考虑越国自身的实力，决定采取先发制人的策略，率先进攻吴国。勾践的辅佐范蠡力劝勾践慎行，但并未被勾践接受。公元前494年，越国与吴军在常州所在的太湖地区激战，最终失败。这也是有历史记载以来，第一场在常州周边发生的大规模战役。战争打到最后，吴军兵临越国国都，遭到惨败的勾践这时候向范蠡承认了自己的失误，范蠡建议他放低身段，向吴王求和。勾践于是派出大夫种，告诉吴王夫差："勾践请为臣，妻为妾。"④夫差心软，愿意答应勾践的求和。收受贿赂的太宰嚭说服吴王夫差，答应了勾践的请求。勾践以个人的尊严为代价，换得越国不被灭亡。

伍子胥看出勾践非寻常之辈，力主除掉勾践。但夫差不听伍子胥的劝告，还是接受了勾践的求和，并最终允许他回到越国。勾践回到母国后，励精图治，致力于国家的恢复，为后世留下了"卧薪尝胆"这一历史佳话。而此时的吴国则在争霸中原的迷梦中乐此不疲。夫差的目标是与当时的"泱泱大国"齐国一争高下。齐景公去世后，齐国政局不稳，夫差趁机出兵。头脑十分清醒的伍子胥再次告诫吴国真正的心腹大患是回归故地的勾践。他认为："越王勾践食不重味，衣不重采，吊死问疾，

---

① 张敏：《阖闾城遗址的考古调查及其保护设想》，《江汉考古》2008年第4期。
② 《史记》卷三一《吴太伯世家》，第1467页。
③ 《史记》卷三一《吴太伯世家》，第1468页。
④ 《史记》卷四一《越王句践世家》，第1740页。

且欲有所用其众。此人不死，必为吴患。今越在腹心疾而王不先，而务齐，不亦谬乎！"①但是夫差未听伍子胥的忠告，执意伐齐，不久太宰嚭离间吴王与伍子胥的关系，伍子胥被赐死。

公元前482年，"吴王北会诸侯于黄池，欲霸中国以全周室"，②当时，夫差把全部精力都用在争当霸主的事业中去了，"精兵从王，惟独老弱与太子留守"。越王勾践于是兵发吴地，杀死了吴国太子。正在黄池与诸侯会盟的夫差，对此消息秘而不宣。公元前474年，连年征战的吴国，"士民罢弊，轻锐尽死于齐、晋"。③越国再次进攻吴国，吴国溃败，夫差自尽，吴国终于灭亡。越国占领吴地，并把吴国占领的楚、鲁、宋等国的土地归还原国，向周天子献贡，获得"伯"的封号，"横行于江、淮东，诸侯毕贺，号称霸王"。④吴越相争以吴亡越霸告终。

关于夫差死后葬地，历来都有争议。《越绝书》卷二《外传记吴地传》云："秦余杭山者，越王栖吴夫差山也。去县五十里，山有湖水，近太湖。"又"夫差冢在犹亭西卑犹位。越王候干戈人一累土以葬之。近太湖，去县十七里"。又"三台者，太宰嚭、逢同妻子死所在也。去县十七里"。由于这一段话是紧接着"毗陵"的相关内容，因此这里的"县"指的是苏州还是指毗陵，便显得有歧义。如王鏊《姑苏志》卷八便云："阳山，一名秦余杭山，一名万安，在城西北三十里。"大部分学者都以为秦余杭山即苏州阳山。而清代学者常州人邵长蘅在其《毗陵诸水记》中则言："秦阳山者，《越绝书》名秦余杭山，盖越王栖夫差山云。在夹山东，自县治至此七十里。"不过唐鹤徵《万历常州府志》卷二《山川》则用"岂即此邪"表达对此说的疑问，此后历代常州方志均持此谨慎的态度。

带着击败强吴的余威，越王勾践和随后的君主向北拓土，成为春秋末、战国初的一个重要国家，对当时的历史进程产生了一定的影响。2004—2005年，南京博物院等单位对无锡鸿山越墓进行了抢救性发掘，共发掘战国时期越国贵族墓葬7座，墓葬年代可定为战国早期，约公元前470年，墓主可能为越大夫。其中特大型墓葬邱承墩中出土了礼器、玉器、乐器等珍贵文物共1100多件。墓主生前佩戴五璜佩，埋葬时又使用了玉覆面，其规格在春秋战国时期大致与诸侯相同，出土的乐器的等级和规模也不亚于诸侯，用鼎的数量不合周礼制，明显出现僭越。这一考古发掘填补了春秋战国时期越国在吴地历史的空白，具有重要的意义。⑤

① 《史记》卷三一《吴太伯世家》，第1471页。
② 《史记》卷三一《吴太伯世家》，第1473页。
③ 《史记》卷四一《越王句践世家》，第1745页。
④ 《史记》卷四一《越王句践世家》，第1746页。
⑤ 南京博物院、江苏省考古研究所、无锡市锡山区文物管理委员会编：《鸿山越墓发掘报告》，文物出版社2007年版。

公元前 4 世纪早期，越国的争霸势头减弱，把都城从更靠北方的琅琊回迁至吴国的故都（苏州），全力固守江南。公元前 355 年，楚灭越。《史记》记载了越国的终局："于是越遂释齐而伐楚。楚威王兴兵而伐之，大败越，杀王无疆，尽取故吴地至浙江，北破齐于徐州。而越以此散，诸族子争立，或为王，或为君，滨于江南海上，服朝于楚。"①

楚考烈王十五年（前 248），封春申君黄歇于故吴，筑城于故吴墟。此后，春申君离吴至楚王朝任职，由其子以"假君"的名义治理封地。相传，春申君父子在吴地重视农业，开发水利，疏浚河道，功绩非凡。如《越绝书》云："春申君时，立无锡塘，治无锡湖。""无锡湖者，春申君治以为陂。凿语昭渎以到大田。田名胥卑，凿胥卑以下南注太湖，以写（泻）西野，去县三十五里。"同时他还治常州与无锡之交的芙蓉湖，开凿申港和黄田港，在常州等地还有很多与黄歇有关的地名，如《咸淳毗陵志》卷一五载："黄公山，在县南八十里，去太湖十五里，即春申君黄歇所封故吴墟。"同书卷二七《古迹》则言，黄城在（无锡）县西十二里，是黄歇在吴封地的都邑，《太平寰宇记》卷九二"黄城"条引《舆地志》便云："楚考烈王封黄歇为相，赐灌北一十三城。后以其地边齐，请以为郡，更以江东故东吴邑封之。今历山下春君祠去城三里，古道通此黄城。"历山即今锡山，山下还有春申君祠，《咸淳毗陵志》卷一四《祠庙》曾引张继诗云："春申祠宇空山里，古柏阴阴石泉水。"另外江阴人亦将瞰江山作为纪念黄歇的衣冠冢，并改称君山，上建春申庙。②

公元前 223 年，强大的秦军灭亡了楚国；次年，秦王设置会稽郡，管辖曾经的吴越之地，古常州进入统一的帝国时代。

第三章 先秦时期常州的社会发展

根据《尚书·禹贡》，古常州属于"扬州"。这里土地的质量不算好："厥土惟涂泥"；"厥田唯下下"。相对于已经有了发达农业文明的中原地区，这里的农业水平要低一些。不过这里也有自己的特色，"厥贡惟金三品"，即盛产金属。《周

---

① 《史记》卷四一《越王句践世家》，第 1751 页。
② （明）赵锦修，张衮纂：《嘉靖江阴县志》卷三《提封记第二下》，《天一阁藏明代方志丛刊》本，上海书店 1990 年版。

礼·夏官·职方氏》对扬州的描述是："东南曰扬州，其山镇曰会稽，其泽薮曰具区，其川三江，其浸五湖，其利金、锡、竹箭，其民二男五女，其畜宜鸟、兽，其谷宜稻。"这一描述更加详细一些，还特别指出该地区适合种植水稻。司马迁曾经把中国划分为山西、山东、江南及"龙门、碣石北"四个大的区域，并指出"江南"（包括吴、越、楚三国的广大地区）的物产很丰富："江南出楠、梓、姜、桂、金、锡、连、丹沙、犀、玳瑁、珠玑、齿革。"① 司马迁进而分析这一地区因为出产丰富，所以人民的生活介乎中位："楚越之地，地广人稀，饭稻羹鱼，或火耕而水耨，果隋蠃蛤，不待贾而足，地势饶食，无饥馑之患，以故呰窳偷生，无积聚而多贫。是故江淮以南，无冻饿之人，亦无千金之家。"② 从中我们可以看出，虽然包括古常州在内的广大地区的农耕文化不算发达，但是丰富的物产弥补了农产品的不足。这种相对独特的自然条件，让这一地区的社会发展与中原地区有所不同，独具个性。

第一节 先秦时期常州经济的发展

先秦时期，常州的经济发展取得独特的成就，在农业、水利、手工业等方面都有着重要的发展。

一、水利

《尚书·禹贡》所说的"震泽（太湖）底定"，大概说的是上古对太湖的初步整治。吴国控制太湖地区后，这一地区的发展脉络相对清晰一些。太伯奔吴后，"注意兴修水利，发展经济，教民识字，治以周礼"。③ 古常州处在水网密布的地域，整治自然水道，开挖新的沟渠，是一项基础工程。无论谁主政，对这一事业都很重视。《越绝书·外传记吴地传》载："吴古故水道，出平门，上郭池，入渎，出巢湖，上历地，过梅亭，入杨湖，出渔浦，入大江，奏广陵。"④ 有研究者认为这条"吴古故水道"并非重新挖就，而是在当时已有的太伯渎的基础上拓浚的。太伯渎据说是开创吴国的太伯开挖的，这一点未必可信；它应当是吴国早期的一项水利工程，由很多代人完成。它位于在延陵（古常州）境内，对当地社会的发展有较大影响。春秋时期，"吴古故水道"在其基础上形成。这条水道的作用是加强吴都与各地之间的联系，增强吴王对辖地的控制。水道的起点在国都姑苏城的"平门"，终点在今天常州市东北

---

① 《史记》卷一二九《货殖列传》，第 3254 页。
② 《史记》卷一二九《货殖列传》，第 3270 页。
③ 戈春源、叶文宪：《吴国史（商末—春秋）》，人民出版社 2001 年版，第 116 页。
④ （东汉）袁康、吴平撰，乐祖谋点校：《越绝书》，上海古籍出版社 1985 年版，第 10 页。

的渔浦（利港），连通苏常两地。①

伍子胥辅佐吴王阖闾期间，为了满足吴王与楚国争霸的需要，同样也开挖了一条人工水道，这就是著名的"胥溪"。②这条人工水道在太湖以西，起点或在苏州胥门，终点在今安徽芜湖，它"使太湖流域与青弋江、水阳江流域相通，在后来的漕运中起了重要作用"。这条河道在吴楚争霸中的作用非常明显，吴国的水军就是利用它运粮运军而进攻楚国的。吴国在春秋时期一度军功兴盛，水师作战能力尤强，跟其致力于开挖河道不无关系。吴越相争时，越国为了最终灭亡吴国，也开挖河湖。勾践身边最重要的谋臣范蠡"在今无锡东南望亭开了一条运河，向东合华长泾，东至坊桥，汇伯渎水，连通漕河，东达漕湖，东通常熟运河，长80里，名蠡渎（今蠡河）。……并在今无锡与武进之间开挖了一条西蠡河"。③

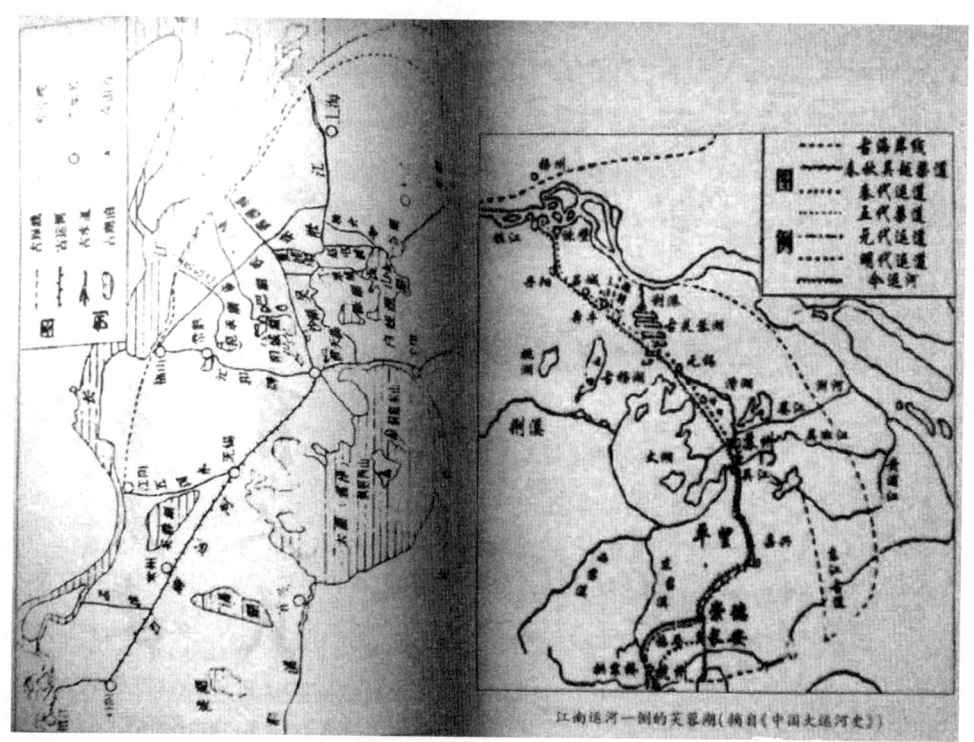

图 2-11 芙蓉湖图

有学者认为，上面提及的水道，当是"区域性的人工运河，以联通邻近的江河

---

① 薛焕炳：《江南运河与吴古故水道》，《江南论坛》2014年第7期。
② 亦有学者力主胥溪的挖建与伍子胥无关，见魏嵩山：《胥溪运河形成的历史过程》，《复旦学报》1980年历史地理专辑。
③ 戈春源、叶文宪：《吴国史（商末—春秋）》，第188—189页。

湖泊为目的,是运河的萌芽时期"。① 当时或拓浚或开挖这些水道,主要目的是为了军事征伐,但是它们客观上改善了当地的自然环境,加强了区域内各地以及本区域与外界的联系,造就了一些河运枢纽,对地区商贸的发展是有利的。

以上是与古常州社会发展直接相关的一些基础性的水利工程。从中可以看出,无论是拥有该地区时间最长的吴国,还是灭吴称霸的越国,以及最终又吞掉越国的楚国,对改善这一地区的自然环境、发展交通与农业,都还是用了一番心思的。整体上,古常州的发展跟吴国的兴衰息息相关。伍子胥曾经向吴王阖闾进言治国之术:"凡欲安君治民,兴霸成王,从近制远者,必先立城郭,设守备,实仓廪,治兵库。斯则其术也。"② 其中的"实仓廪"就是发展以农业为主的经济。伍子胥的建议为阖闾及随后的夫差继承,吴国也是在这两任国王统治下,达到国力的巅峰。

二、农业

如前述春申君治理芙蓉湖便是一例。吴国土地虽"厥田惟下下",农业并非通常所认为的那样落后。《周礼·夏官·职方氏》便谓:"东南曰扬州……其畜宜鸟兽,其谷宜稻。"考古发现早在湖熟文化和马桥文化时期,江苏地区就有了比较完备的农业生产工具,甚至青铜器也被用于实际生产,粮食的产量、食物的种类都值得称道。③ 吴王夫差时期,"其民殷众,禾稼登熟,兵革坚利"。④《吴越春秋》中更说"吴王乃与越粟万石",⑤ 也就是一次性借给越国上万石的粮食。金坛鳖墩一号西周墓中随葬器物52件,在坛、罐等器物中,普遍盛有粮食及其他食物,据推算,一个死者随葬的粮食多达500—600斤以上。⑥ 这些都可反映当时吴地农业生产已经有了相当的发展。农具也有了新的发展,淹城地区曾出土过铁钩镰。

在农业之外,这一地区得益于优越的自然条件,畜牧渔猎也较为发达。常见的"六畜"——鸡、鸭、牛、羊、猪、狗等在考古遗址中都有发现。《吴地记》曾经提及过"鸭城""豨坟""豆园""鸡陂"等地名,反映当时牲畜养殖的兴盛,常州、江阴、无锡目前仍有"鸭城墩""鸡墩"等地名。同时吴地多山林和江河湖泊,有着悠久的渔猎传统,有学者甚至断言这里是中国"最早进行淡水养殖的地方"。⑦

---

① 周自强:《中国经济通史·先秦经济卷》,经济日报出版社2000年版,第1341页。
② (东汉)赵晔撰,苗麓校:《吴越春秋》,江苏古籍出版社1999年版,第31页。
③ 刘兴:《吴国农业考略》,《农业考古》1982年第2期。
④ (东汉)袁康、吴平撰,乐祖谋点校:《越绝书》,第73页。
⑤ (东汉)赵晔撰,苗麓校:《吴越春秋》,第147页。
⑥ 镇江市博物馆、金坛县文化馆:《江苏金坛鳖墩西周墓》,《考古》1978年第3期。
⑦ 戈春源、叶文宪:《吴国史》,第186—187页。

三、手工业

在铁器普及以前,铜器一直是最重要的器物,既涉及国计民生,更关乎上层的身份地位。前引《禹贡》便称此地"厥贡惟金三品",即盛产金属。《周礼·夏官·职方氏》谓此地"利金、锡",《考工记》则称"吴粤之金、锡,此材之美者也"。吴地盛产金属及其制品,所以手工业亦甚为发达。在前述武进象墩、江阴花山佘城都出土过青铜箭镞,金坛薛埠新浮遗址虽然没有出土过青铜器,但出土了挹铜勺,这都说明至夏代和早商时期,常州地区已经有了青铜铸造业。至西周时期,常州地区的青铜文化渐趋繁荣,1975 年金坛鳖墩西周墓出土了一坛青铜块,计 230 块,重 70 余公斤,1976 年又出土了青铜块 150 公斤。[①] 到了春秋时期,吴地的青铜冶炼技术已经享有盛名,淹城曾经出土了青铜器 20 多件,主要有尊、盘、匜、簠、鼎、镬、箭镞、锸等,纹饰有蟠螭纹、云雷纹、钩连纹、连珠纹、锯齿纹、鱼鳞纹等,制作方法一般为二范、三范合铸,工艺水平独特,其中句镬等都是吴地所独有的奇特型铜器,尤以淹城三轮铜盘最为珍贵。三轮铜盘是盥洗用的水器,在盘的矮圈足上装有三个可以转动的轮子,前一轮的两侧各有一底部向上伸出的兽首,回首折向盘内,造型和装饰都十分罕见。

图 2-12 淹城考古现场

常州地区的马桥文化和湖熟文化相关遗址中都有大量陶器出土,其中湖熟文化以表面夹砂红陶为主,器形以鬲、甗、罐、盆、簋等为主,而几何形印纹陶则是马

---

① 镇江市博物馆、金坛县文化馆:《江苏金坛鳖墩西周墓》,《考古》1978 年第 3 期。

桥文化重要的标志之一，此外在马桥文化和湖熟文化遗址中都发现了原始瓷器。到了西周以后，这一地区的几何印纹陶和原始青瓷已经开始形成特色。淹城出土的文物便以几何印纹陶为主，尤以印纹硬陶占多数，主要器形有盆、罐、瓿、瓮、缸、坛等，饰有席纹、回文、叶脉纹、水波纹、大小方格纹、曲折纹、菱形填线纹、绳纹、云雷纹等50余种纹饰，大多采用拍印的方法，附有刻划纹和附加堆塑，印纹陶采用的制作方法多为泥条盘筑，经慢轮修整的方法。同时淹城还出土了一批原始青瓷器，釉色有茶绿、米黄、淡青等，胎质分浅黄胎、浅灰胎两种，器形有豆、碗、杯、盘、盂、鼎、簋等，制作方法以轮制为主，少量手制。纹饰则采用拍印、刻划、剔刺、堆贴等多种形式，造型规整，制作精良。其中1972年出土的青瓷簋施青绿釉，肩部饰对称绳纹附耳，附耳两侧为"S"形堆贴纹。另外肩部不等距分布五只鸟形装饰物。腹部布满排列整齐的"S"形戳刺纹，腹两则各堆贴一道扉棱。①另外，在金坛鳌墩西周墓中出土了29件原始瓷器，有瓷罐、瓷碗、瓷盂等，瓷罐上有两个小耳，肩部饰以水波纹，腹部装饰着编织纹，罐上有盖，盖上立有一只形象简练的小鸟，稚拙可爱。瓷罐内外都施釉，釉呈青黄色。小瓷盂的造型也非常别致，小口，釉色青灰，腹部下垂而宽大，肩上还有两个绞丝的小系。②

此外，有学者认为这一地区在春秋时期已经懂得冶铁，溧阳曾经出土了一件甬钟和二件钲，甬内都嵌有铁心。③在外城东北角的夯土中还出土了较多的铁铸件残部，有的似盂形，有的似耙形，但多数成不规则形，这种残铁器对春秋时的铸铁业是新的线索。④到战国时期，这一地区的冶铁业有了进一步的发展，淹城地区便曾经出土过一种器身呈长弧状，基部可夹装本柄的铁钩镰。⑤

中国古代"作车以行陆，作舟以行水"，很早就创造和发展了车船业。前述淹城出土的三轮铜盘已经证明当时吴地可以制造各种车辆，而船舶的制造更能显示出吴地的个性和高超工艺。在今天常州的淹城遗址中，曾出土了4条独木舟，考古工作者将其分为"Ⅰ"和"Ⅱ"两式。"Ⅰ"式两条，"船形如梭，两端小，中间宽，用整段楠木凿成"；"Ⅱ"式两条，"尖头敞尾，前端剪而翘，船尾宽而平"。⑥这种独木舟用来进出拥有三重护城河的淹城，说明当时在日常生活中使用舟船是吴地的传统。春秋战国时期，吴越两国征战频仍，都拥有强大的"舟师"（即水军），造

---

① 陈丽华、黄健康编著：《常州文物》，中国文史出版社2003年版，第35—36页。
② 镇江市博物馆、金坛县文化馆：《江苏金坛鳌墩西周墓》，《考古》1978年第3期。
③ 肖梦龙：《试论江南吴国青铜器》，《东南文化》1986年第3期。
④ 戈春源、叶文宪：《吴国史》，第193页。
⑤ 林华东：《吴越农业初论》，《农业考古》1988年第2期。
⑥ 赵玉泉：《武进县淹城遗址出土春秋文物》。

船业也随之有了巨大的发展。伍子胥为了水战的需要,设立了专门用来造船的"舟室";①越国在春秋末年(其时吴地当已归越所有),也有自己的造船机构"船宫"。②吴越都是当时最早建立水师与建造舰艇的诸侯国之一,其船舶制造业应该处于领先位置。另外《越绝书》载有"平门陆道通毗陵"的记载,

图 2-13 淹城独木舟

说明这一阶段常州地区陆路交通也有一定发展。

第二节 先秦时期常州的文化

先秦吴文化有明显的开放与多元特色。吴文化的出现和形成就是中原商周文明与当地土著文化结合的产物。太伯、仲雍来到吴地,带来了既有的殷商制度以及兴起中的周部落发展出的人文礼乐;同时,他们也愿意断发文身,加深与当地的融合。后来吴国的发展,一方面与中原较为先进的国家交流,吸收其礼乐文明,季札在周公故地鲁国评论诗歌乐舞,就是一起杰出的案例;另一方面,吴国在开疆拓土的过程中,不断吸纳新成分。如果问吴文化有什么最鲜明的个性,那就是它与外界始终有积极互动和交流。后来常州地区又为越国所统治,"吴之与越也,接土邻境,壤交通属,习俗同,言语通",③文化相近。所以整体上可以这么说,古常州受到吴越文化的强烈影响,而吴越文化的特色和个性自然也就融进这片土地中去了。

一、风俗

吴地信鬼,《史记·封禅书》便称"越人俗信鬼,而其祠皆见鬼"。宋代范成大《吴郡志》里也明言吴地"其俗信鬼神,好淫祀"。④吴地的信仰应该跟更早期的宗教传统有关。譬如在距今约4500年的常州武进寺墩遗址,出土了以精美玉琮为代表的大

---

① 戈春源、叶文宪:《吴国史》,第196页。
② 周自强:《中国经济通史·先秦经济卷》,第1347页。
③ 《吕氏春秋》卷二三《知化》,陈奇猷:《吕氏春秋新校释》,上海古籍出版社2002年版。
④ (宋)范成大著,陆振岳点校:《吴郡志》,江苏古籍出版社1999年版,第8页。

量玉器,①这样的玉器多不是生产工具,而是用在宗教祭祀和礼仪上,这从另一个侧面反映了当地远古宗教的兴盛程度。这些曾经的历史,不会轻易地从古常州的记忆中流失。

民风,可谓一个地域最显明的个性。包括古常州在内的吴地之人,"好剑轻死""多豪侠之士",②这成为当地民风的一个重要特征。季子作为吴国的使节佩剑出行,又将心爱的宝剑挂于徐君家树上,恰恰反映了吴人好剑之风。"好剑"主要跟当地盛产剑这种武器有关。《越绝书·外传记宝剑》里列举了不少天下名剑的名称,如"湛卢""纯钩""胜邪""鱼肠""巨阙"等,可见吴越两地宝剑种类之多。有如此多种类的剑,亦可证明当地人对这一武器的喜爱。《汉书·地理志》言吴人"至今好用剑,轻死易发"。好剑是与尚武轻死联系在一起的。吴人以"吴王刚猛而毅,能行其令,百姓习于战守,将明于法禁"。轻死的背后原因则是吴地发展不如中原,原始氏族制度仍留有相当的残余。当然"轻死"有其积极的一面,即吴地之人敢于面对极度危险的情况,在需要付出生命的情况下无所畏惧。也正因为这个原因,此地多"豪侠"。譬如刺杀吴王僚的专诸"其怒有万人之气,甚不可当",应伍子胥之召刺杀王僚;要离则自断一臂,刺杀庆忌,均被后人引为美谈。

衣着打扮是最直观的,用最直接的方式呈现一个地区的特点。吴越两地均有断发文身之俗。断发就是剪发,冒首代冠。文身则是在身上黥出龙蛇图纹,"刻其肌,以丹青涅之"。③对于吴人,有学者描述道:"他们的装扮是断发文身,倮以为饰,黑齿雕题,椎髻为俗,所穿衣服,就地取材,以丝绸、葛布为主,贵族多刺绣。"衣服的式样以轻短为特点,方便在水中活动及驾驶船只。④而越人的特点,研究者总结为:不戴帽子,披散头发,赤脚文身而行;衣物材料有丝织有葛麻,款式长袍、短袄兼具;穿衣左衽(衣服前襟从左开),最是有越人之风。⑤古常州的居民会有怎样的风格?我们猜想应当是以吴风为主;当然,越风也完全有可能吹到太湖北岸。

二、葬俗

古人相信死后世界的存在,所以对墓葬之事格外用心,希望能够在另一个世界延续阳间的生活。透过今天已经发掘的吴越古墓,我们可以窥见当地文化的一些特点。总体来看,这一地区墓葬以"土墩墓"为主。土墩墓外观形式为明显隆起于地表的馒首形土墩,土墩平面大多呈圆形或椭圆形,从侧面观察,土墩自中间向四周弧低,

---

① 南京博物院:《1982年江苏常州武进寺墩遗址的发掘》。
② 王卫平:《吴文化与江南社会研究》,群言出版社2005年版,第109—110页。
③ 《史记》卷四三《赵世家》集解引郑玄注,第1809页。
④ 戈春源、叶文宪:《吴国史》,第232页。
⑤ 孟文镛:《越国史稿》,第619-623页。

部分有石室的土墩顶部相对较平，少数规模较大的土墩顶面略呈覆斗状。墓葬的主要特点是平地起伏，不挖墓穴，平地以上直接营建墓葬再堆土掩埋。正是在这一基本概念的基础上，土墩墓这一名称在20世纪70年代由江苏省考古工作者首先提出。常州地区的土墩墓大致可分为两类，一是"石室土墩墓"，即先平地营建石结构墓室再覆土掩埋，土墩内墓葬主体是用块石垒砌而成的石室；另一类是"无石室土墩墓"，墩底没有用块石垒成的有一定空间的石室。① 颇值得注意的是，石室墓除了传统的埋葬死者的功能外，很有可能还扮演着祭祀平台的角色。②

常州的"无石室土墩墓"主要集中分布在南郊及淹城周围，同时广泛分布于金坛、溧阳等地，土墩墓常以集群形式分布，在20世纪60年代平墩整地前，淹城周围的土墩遗存有200余座；20世纪90年代初，金坛薛埠等地土墩多达270余座。其中淹城附近的蒋家墩、淹城城内的头墩和金坛薛埠连山的三星墩先后进行了正式发掘。"石室土墩墓"主要分布在武进雪堰和潘家桥境内的城湾山，城湾山土墩墓超过200座。潘家桥镇的大茅山、四顶山、腰沿山及雪堰桥的牛头山和蓼莪山等地先后进行了发掘。两种土墩墓中的随葬器物基本相同，以几何形印纹陶和原始青瓷器为主，大都为西周中晚期至春秋晚期乃至战国早期的器物。③ 至战国后期，这种平地起冢的葬俗基本消失，这可能是楚文化东渐的结果。另外，战国后期楚墓普遍出现封土堆，也应该是受了吴地葬俗的影响，可见文化传播始终是双向互动的。

图2-14 土墩墓

---

① 浙江省文物考古研究所、德清县博物馆编：《吴越土墩墓的形制结构及相关问题》，科学出版社2007年版，第114—116页。
② 钱正：《祭天遗址：江南石室土墩的再探讨》，江苏省吴文化研究会编《吴文化研究论文集》，第223—230页。
③ 陈丽华、黄健康编著：《常州文物》，中国文史出版社2003年版，第26—31页。

秦汉魏晋南北朝时期

第三编

第一章 秦汉魏晋南北朝时期常州的行政建置

从秦朝开始,常州被正式纳入统一的中国政治版图,接受中央政府的管辖。其行政建置大致经历了一个从区区小县到莘莘大郡的演变过程。秦时为延陵县,属会稽郡,西汉初改称毗陵县。王莽新政时,将毗陵县改为毗坛县。东汉初复改毗陵县,仍属会稽郡。公元129年,分会稽郡置吴郡,毗陵县属之。

三国孙吴时,分吴郡无锡以西地方为屯田区,置毗陵典农校尉统一管理,其级别相当于郡级政区,下领毗陵、丹徒、曲阿三县,治毗陵。

281年,晋武帝司马炎废毗陵典农校尉,改设毗陵郡,领丹徒、曲阿、武进、延陵、毗陵、暨阳、无锡七县,隶属扬州,此乃毗陵为郡之始。从此,常州就发展为莘莘大郡,长期成为郡、州、路、府治所在地。

304年,以毗陵郡封东海王世子毗,为避讳,改毗陵郡为晋陵郡,仍领七县,属扬州,毗陵县同时改为晋陵县。东晋南朝时,晋陵郡行政建置多次变动,其辖境内设有许多侨郡、侨县,用于安置北方移民,皆隶属于南徐州。

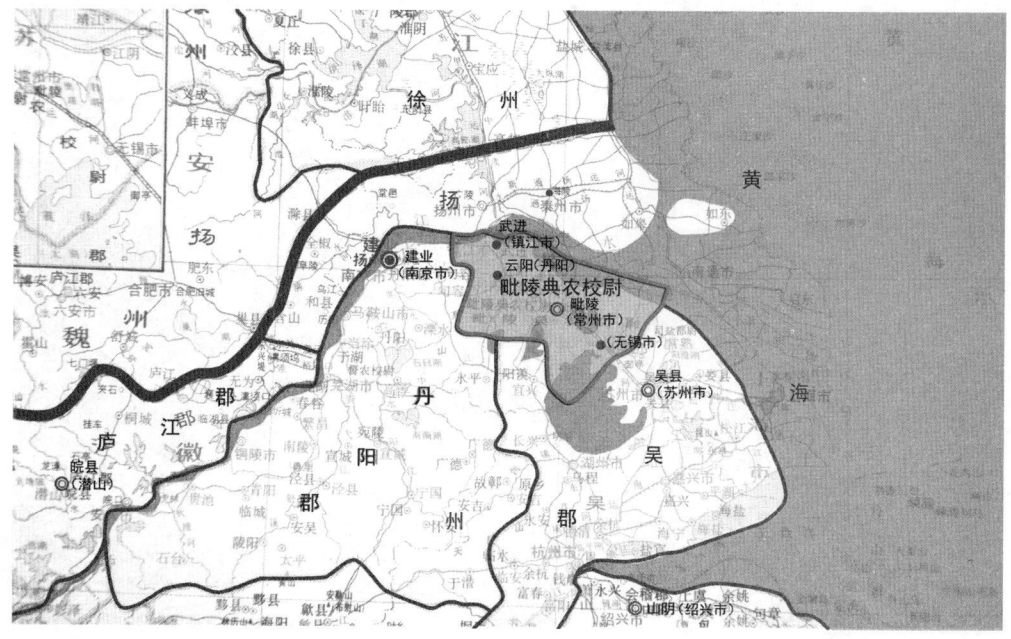

图 3-1 三国行政图

第一节 秦统一下的延陵县

常州在历史上长期属于古吴国,战国时先后为越国和楚国所占有,一直被称为延陵邑。秦统一后,吴地归秦,实行郡县制,延陵邑改置为延陵县。

一、吴地归秦

先秦时期,以太湖流域为中心的吴地先后由吴、越、楚等不同的诸侯国统治。先是在商朝末年,来自陕西周原的泰伯、仲雍南奔吴地,断发文身,以随吴俗,获得当地土著荆蛮族的拥戴,建立了勾吴国。西周初年,武王封其五世孙周章为宜侯。后经数百年的发展,至吴王寿梦时崛起,阖闾、夫差时国力达至鼎盛,成为"春秋五霸"之一。但不久遭到越王勾践武力进犯,吴国由盛转衰,公元前473年终于被灭,吴地沦为越国属地。前355年,来自长江中游的楚国打败越国,驱散越人,尽占长江下游的吴越之地,楚国一跃而为"战国七雄"中版图面积最大、实力最强的诸侯国。

战国后期,原偏居西北之寓的秦国崛起,并随着国力的增强,开始了征服东方六国的兼并战争。秦军从关中出发,兵分三路向东挺进,其进攻重点是拥有东、南、西"三楚"之地的

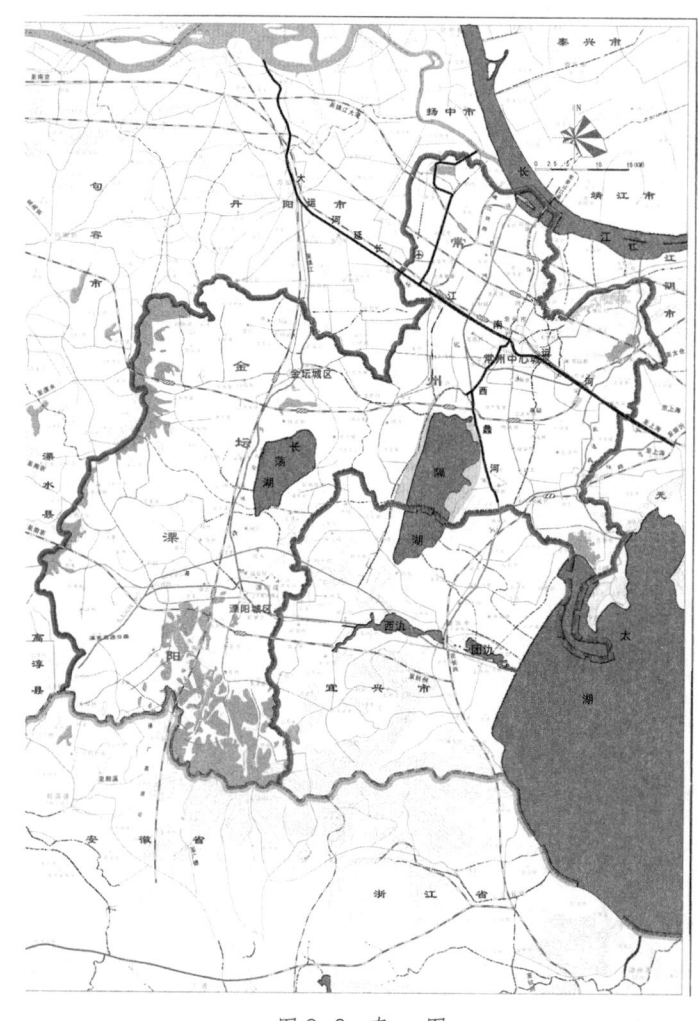

图 3-2 秦 图

楚国。前312年，秦羞辱楚怀王，引发两国大战，结果楚惨败，失去汉中地区；前292年，楚顷襄王时，两国再次交手，楚又败，失去南阳盆地；前278年，秦大将白起攻占楚都郢（今湖北江陵），楚被迫迁都陈（今河南淮阳）；后慑于秦威，楚又迁都寿春（今安徽寿州）。秦王嬴政时期，秦国使用纵横捭阖的外交手法，采取分化瓦解、各个击破的军事策略，仅用十年时间就先后消灭了六国，完成了统一大业。秦王政二十三年（前224），秦老将王翦率60万大军进攻楚，大败楚师，占领郢陈以南地区，俘虏楚王负刍，秦王亲临郢陈。次年，秦军又打败了楚将项燕所立的楚王昌平君，占领淮河南北地区，项燕兵败自杀。前222年，秦军攻占楚国的最后一块根据地故越地，降越君，置会稽郡。[①] 至此，原属于楚国的吴越之地尽归秦。

二、秦行郡县制

秦朝是中国历史上第一个统一的中央集权制的君主专制王朝。为了巩固统一，确保长治久安，秦始皇采纳丞相李斯关于废除分封制、改行郡县制的意见，"使秦无尺土之封，不立子弟为王、功臣为侯者，使后无战攻之患"；"分天下以为三十六郡，郡设守、尉、监"[②]，在全国范围内建立起严密完善的以郡统县的行政区划体系。

行政区划是统治者根据统治需要而确立的一种分权体系和治理模式。"只有国君将自己所直接掌握的领土进行分层次的区划，采用集权的统治方式，派遣定期撤换的官员，这样的区划才属行政区划的范畴。行政区划的实质就是分民而不分土。"[③] 尽管春秋战国时期，各国在新兼并的土地上早就设有县或郡，但那些都是临时举措，不成体系。真正将这种治理方法规范化、制度化，并将它推行至全国，则是到了秦王朝建立后，在秦始皇的主持下完成的。它一方面反映时代发展的内在要求和进步趋势，另一方面也体现秦始皇的雄才大略和远见卓识。后世的人们大多盛赞秦始皇的这一英明决断，将此视为中国历史上带有里程碑意义的重大事件，认为中国2000多年的政治史都是在秦政的基础上演变而成的，形式虽有变化，但本质从未改变。

在郡县制下，郡为秦朝地方行政组织最高一层，可称"高层政区"。郡设郡守、郡尉、郡监御史等官员，分掌政务、军事和监督之职，秩2000石，均由皇帝任命，并向皇帝负责。郡下辖若干县，县设县令、长，凡县万户以上为令，以下为长，秩500石至300石。下设丞、尉，秩400石至200石，是为长吏。百石以下有斗食、佐史之秩，是为少吏。县令统管全县政务，县丞协助县令主政事，县尉掌军事和治安。

---

① 参见《史记》卷五《秦本纪》和卷六《秦始皇本纪》。
② 《史记》卷八七《李斯列传》，第2546页。
③ 周振鹤：《中国历代行政区划的变迁》，中国国际广播出版社2010年版，第9页。

县政权是秦朝的基层政权，代表朝廷直接管辖平民百姓，具有管理户籍、征收赋役、上传下达、维持秩序等多种职能。

郡县制是中国政治制度史上的一大创新，它确立了与西周分封制截然不同的分权体系，成为古代中央与地方关系的新起点，有利于民族的团结和国家的统一，为日后中国的大一统奠定了基石，树立了标杆。

三、秦统一下的延陵县

秦始皇巩固统一的措施体现在多个方面，除了在地方上推行郡县制外，中央政府实行以皇帝为中心的三公九卿制，在全国范围执行"书同文、车同轨、量同衡、币同铸、行同伦"制度，由此建立了空前统一的中央集权的专制王朝。

在此背景下，先秦时期作为季札封地的延陵邑就改设为延陵县，隶属于郡治在吴（今苏州）的会稽郡。由于史料缺乏，所以我们无法得知当年延陵县的具体情况，如县域面积有多大，人口数量有多少，当时的生产力水平如何，百姓的生活状况如何。这些都需要新的史料和地下考古文物资料的发现以及深入研究后才能逐渐知晓。

不过，县是中央政府直接任命长官的基层政区，划定县的幅员是确定其他层级政区幅员的基础，而秦汉时就定下了一个基本原则："县大率方百里，其民稠则减，稀则旷。"也就是以百里见方的面积作为县的幅员的基数，再以居民的数量作调节，人口稠密的地方，县的面积划得小些，人口稀少的地方，县的面积划得大些。这个原则就是古人俗称的"百里之县"原则，并在此基础上又进一步提出"千里之郡""万里之州"的说法。

根据"百里之县"的原则，结合史料记载，我们大致可以推测当年的延陵县域范围为东到无锡、西达丹阳、南靠太湖与宜兴一带、北抵长江，中心区域相当于今天的常州市区、武进区、新北区和江阴市、张家港西部以及丹阳市的西南、东北部分，是一个面积较大而人口稀少的偏僻小县。

秦朝郡县之下，又有乡里作为最基层的管理机构。"大率十里一亭，亭有长。十亭一乡，乡有三老、有秩、啬夫、游徼。三老掌教化。啬夫职听讼，收赋税。游徼徼循禁贼盗。"①与县官由皇帝直接任命，多由原秦国人士担任不同，乡之"三老"、里正、亭长等下层吏属多为本地富家或有一定文化的男子充任。

秦朝统一后实行"强干弱枝"政策，对原东方六国多加防范和政治打压。如在原楚国控制的吴越之地设立会稽郡，而政治中心却在吴，明显是"扬吴抑越"、打拉结合的统治手腕。"究其原因，原吴国地区在文化上与中原国家渊源深厚，较钱塘江以南的越国开发程度高。吴国在春秋末期已经被越国灭亡，后成为楚地，文化

---

① 《汉书》卷一九上《百官公卿表》，中华书局1962年版，第196页。

上被楚文化浸润，吴人早就丧失了原有的独立性，完全没有复国的内在动力；越国存在时间很长，直到战国后期还存在，残余势力强大，具有复国的潜在能量。越国灭亡晚，独立性更强，越人比较强悍，反抗强烈，故秦始皇有'扬吴抑越'的策略。"①

第二节 两汉时期的毗陵县

西汉初，朝廷实行分封制，郡国并行，延陵县改名毗陵县，先后成为荆、吴等诸侯王的封地。王莽改制时，毗陵一度改称毗坛。东汉建立后，又恢复了毗陵县旧名。

一、毗陵县的设立

统一后的秦王朝继续采用暴力政策，横征暴敛，役使民众，官逼民反，爆发了大规模的起义，使得秦朝仅历二世而亡。在这场推翻暴秦统治、改朝换代的历史大潮中，发挥决定性作用、扮演英雄角色的是西楚霸王项羽。项羽起事于吴中地区，依托的是江东八千子弟兵，也就是历史上曾经以"轻死易发"、彪悍蛮勇著称的荆蛮族人的后裔。这些江东子弟当是来自于吴地。换言之，应该有延陵县人参与了秦末大起义。也许正是看到了吴地民众的骁勇善战以及桀骜不驯，故新主刘邦在楚汉战争中胜出不久，即在吴地恢复郡县制，将延陵县改为毗陵县。不久，又立其堂兄刘贾为荆王，领东阳（即临淮）、鄣（即丹阳）、吴（即会稽）三郡五十二城，都于吴（今苏州市）。毗陵县因此成为荆王荆国的封地。毗陵一名源于毗陵山。《隋书·地理志》云："毗陵有毗陵山。"《乾隆武进县志》载："毗陵，《山海经》曰诸毗，今毗山（毗陵山）跨武进、江阴二县。"《江阴市志》："长寿乡位于江阴市东南，距离市区19公里，乡境西北的毗山又名毗陵山。汉初，延陵乡（县）置毗陵县，即以此山为名。"江阴旧为毗陵县暨阳乡，故此，旧志皆云"毗陵有毗陵山"。

汉高祖十一年（前196），淮南王黥布起兵反汉，东并荆王刘贾地。刘贾溃败身故，荆国就此灭亡。刘邦亲自率兵镇压，不久获胜。刘邦"患吴、会稽轻悍，无壮王以填（镇）之"②，决定改荆国为吴国，另立其兄刘仲之子刘濞为吴王，吴王国的领地由荆国的三郡扩大为四郡，"王四郡之众，地方数千里"。③于是，毗陵县又成了吴王刘濞的封地。

在刘氏同姓诸侯王中，吴王刘濞为人稳重，精明强干。他"招致天下亡命者（盗）铸钱，煮海水为盐，以故无赋，国用富饶"。④同时，为了争取民心，富国强兵，刘

---

① 虞友谦、汤其领主编：《江苏通史·秦汉卷》，凤凰出版社2012年版，第41页。
② 《史记》卷一〇六《吴王濞列传》，第2821页。
③ 《史记》卷一一八《淮南衡山列传》，第3076页。
④ 《史记》卷一〇六《吴王濞列传》，第2822页。

濞"节衣食之用，积金钱，修兵革，聚谷食，夜以继日，三十余年"。①经过几十年的苦心经营，吴国成为西汉前期最强大的诸侯国，大有与汉皇室分庭抗礼之势。汉景帝对此忧心忡忡，遂采纳大臣晁错的"削藩"建议，结果引发了吴、楚"七国之乱"。"七国之乱"的主谋是吴王刘濞，他自恃兵强马壮和深孚民望，企图挑战中央政府，但当时天下安定、政治清明，"文景之治"下的老百姓安居乐业，民意向汉，分裂是不得人心的。所以，汉景帝仅用了三个多月的时间就平定了影响大半个中国的"七国之乱"，废除了吴国，并在此基础上进一步剥夺其他地方诸侯国的权力，强化中央集权，至汉武帝时再行"推恩令"，终于彻底解决了地方诸侯的分裂问题，实现了中央政令的空前统一。

失去吴王领地名分的吴地诸县再次回归中央政府，毗陵县又成了隶属于会稽郡的普通县。也许是经历了这场动乱后，汉廷对吴地多有忌惮和防范，政治上比较轻视吴人。汉武帝时尚有几位吴中文人如严忌、严助和朱买臣等参与政事，但毗陵县却没有出现任何军政人才。

二、从毗坛县再到毗陵县

西汉末年，外戚干政，朝廷腐败，土地兼并现象严重，阶级矛盾日趋尖锐，起义时有发生。为了克服严重的社会危机，王莽开始进行改革，他"托古改制"，下令恢复古代的井田制，借以实现"一夫一妇田百亩，什一而税"的理想；通过恢复西周的礼乐制度，确保宗法地主势力的统治地位；又仿照古代"工商食官"的制度，下令实行"五均六筦"，垄断工商业和高利贷。同时，他还假托古制，更改官制，滥改行政区划与建置等等。这一改革不但没有解决当时迫在眉睫的社会危机，相反却让各种矛盾迅速激化，导致了大规模的绿林、赤眉军起义，自己身首分离、死于非命。

在王莽的"托古改制"中，用行政命令的手法，强制民间将一切地名、官名按照《礼记·王制》进行更改。又按照传说中先古圣王的行政区域规划，任意调整行政区划及其职能，有的郡名一年中居然改了五次，最后又改回到原来的，不但影响工作效率，造成资源浪费，而且败坏政府公信力，降低民众信任度，成为历史上的笑柄。在这场改名运动中，新莽始建国元年（9），毗陵县被改名为毗坛县。直到刘秀崛起、重建汉朝，才于光武帝建武元年（25）恢复为毗陵县。汉顺帝永建四年（129），鉴于会稽郡经济发展、人口增多，而管辖范围太大，朝廷将故吴地从会稽郡划分出来，单独设立吴郡，由此，毗陵县改属吴郡。

---

① 《史记》卷一〇六《吴王濞列传》，第 2828 页。

第三节 从毗陵典农校尉到晋陵郡

孙吴时，分吴郡无锡以西地方为屯田区，置毗陵典农校尉统一管理，其级别相当于郡级政区，下领三县，治毗陵。常州政治地位由此开始上升。西晋时，改设毗陵郡（晋陵郡），下领七县，隶属扬州，此乃毗陵为郡之始。

一、孙吴设立毗陵典农校尉

东汉末年，天下大乱，群雄纷争，统一的中央政权瓦解，取而代之的是曹魏、蜀汉、孙吴三足鼎立的局面。其中，孙吴政权立足江东，定都建业（今南京），占据了包括常州在内的广大南方地区，客观上促进了江南开发和经济发展。毗陵因临近吴郡中心吴（今苏州），又距离都城不远，而成为王畿之地，得到了当政者的重视和青睐。吴黄武元年（222），孙权手下大将朱治被封为毗陵侯，毗陵县改为侯国。①孙皓时，陆景封毗陵侯。②

嘉禾三年（234），孙权颁令，分吴郡无锡以西地方为屯田区，置毗陵典农校尉统一管理，其级别相当于郡级政区，下领毗陵、丹徒、曲阿三县，治毗陵。③常州政治地位由此开始上升。

毗陵典农校尉辖地范围大致为东起无锡，西至镇江，南抵太湖、滆湖、长荡湖一带，北达长江。与曹魏典农校尉仅主管屯务不同，孙吴"是将原郡辖区整个地或部分地改置为郡级屯田行政区，在此范围内仍存在着郡县编户，他们既不会全部迁出，也不可能统一改编为屯田户，所以孙吴的典农校尉既管屯务，又兼民政。孙吴县级屯田行政区的名义与性质，也是大略如此"。④

二、西晋的建郡统县

晋太康元年（280），西晋军队攻占建业、消灭孙吴，全国实现短暂统一后，社会安定，经济发展，老百姓安居乐业，"天下书同文、车同轨，牛马被野，余粮委亩"。⑤在此背景下，晋武帝司马炎于次年撤除毗陵典农校尉，改设毗陵郡，领丹徒、曲阿、

---

① 《三国志》卷五六《朱治传》，中华书局1971年版，第1303页。
② 《三国志》卷五八《陆逊传》附，第1360页。
③ 《三国志》卷五二《诸葛瑾传附子融传》注引《吴书》云："赤乌中，诸郡出部伍。新都都尉陈表、吴郡都尉顾承各率所领人会佃毗陵，男女各数万口。"按《三国志》卷五二《顾承传》，顾承曾官居吴郡西部都尉，由此可知毗陵典农校尉乃改吴郡西部都尉（亦治毗陵）而置。又据陈玉屏《论孙吴毗陵屯田的性质》（《西南民族学院学报》1988年第2期）一文之考证，毗陵会佃始于嘉禾三年而非赤乌中，初为军屯，嘉禾六年或赤乌元年初始转变为民屯，于是设置毗陵典农校尉，划出毗陵、丹徒、曲阿三县归其管辖。
④ 胡阿祥：《六朝政区》，南京出版社2008年版，第149页。
⑤ 《晋书》卷五《孝愍帝纪》，中华书局1973年版，第133页。

武进、延陵、毗陵、暨阳（今江阴）、无锡七县，隶属扬州，此乃毗陵为郡之始。从此，常州就从区区小县发展为莘莘大郡，长期成为郡、州、路、府治所在地。

自汉高祖五年（前202）改延陵为毗陵县起，毗陵之名共沿用506年。至晋惠帝永兴元年（304），以毗陵郡封东海王世子毗，为避讳，改毗陵郡为晋陵郡，仍领七县，属扬州，毗陵县同时改为晋陵县。

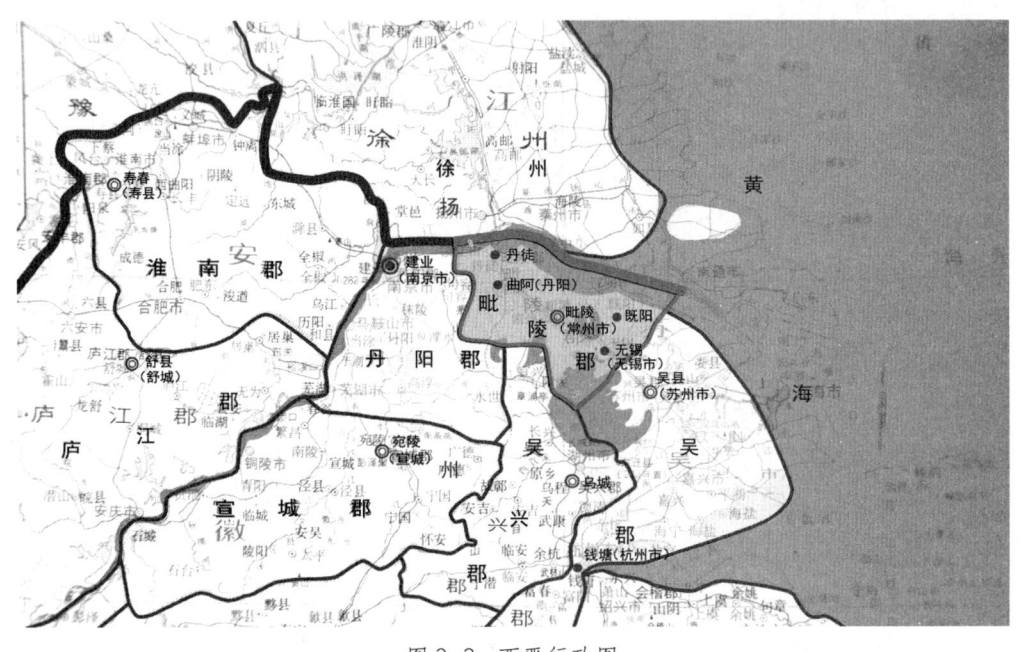

图3-3 西晋行政图

第四节 东晋南朝的晋陵郡与侨郡县

东晋南朝时期，为了安置来自北方的移民，朝廷在江南地区实行侨置郡县制度，其中晋陵郡内就先后设有兰陵郡、东莞郡、南兰陵郡、南东莞郡，分别领有兰陵、东莞、莒、姑幕等县。

一、东晋时期晋陵郡内的侨郡县

西晋末年，帝王昏庸，政治腐败，纲常失序，八王混战，导致北方胡骑南侵，中原沦陷，大量民众纷纷渡江避难。据《宋书·州郡志》《南齐书·州郡志》《晋书·地理志》等正史记载，又据近现代学者考证，从西晋末至南朝后期，前后有百万左右的北方人流亡至南方，其中移居建康、京口及晋陵郡境内的人数最多，约有22万人，几乎占了移民总数的四分之一。

东晋初,为了安置这些来自北方的难民,朝廷在江南多地实行侨置郡县制度,即以移民原籍的州郡县名设置在所寄居之地的州郡县,有名分但无实土,只是借土寄寓。其目的一是安顿流民;二是保持北方门阀士族地望;三是笼络人心,巩固统治基础。侨人不列入当地户口册即"黄籍",而是另立户口册"白籍",也不用缴纳赋税,以区别于土著居民。《隋书·食货志》云:"晋自中原丧乱,元帝寓居江左,百姓之自拔南奔者,并谓之侨人。皆取旧壤之名,侨立郡县,往往散居,无有土著。"大兴元年(318),晋元帝侨置兰陵郡、兰陵县于晋陵郡武进县境,兰陵郡领兰陵县。明帝太宁年间(323—325),又侨置东莞郡于晋陵县境,领东莞、莒、姑幕三县(郡、县均无实土)。

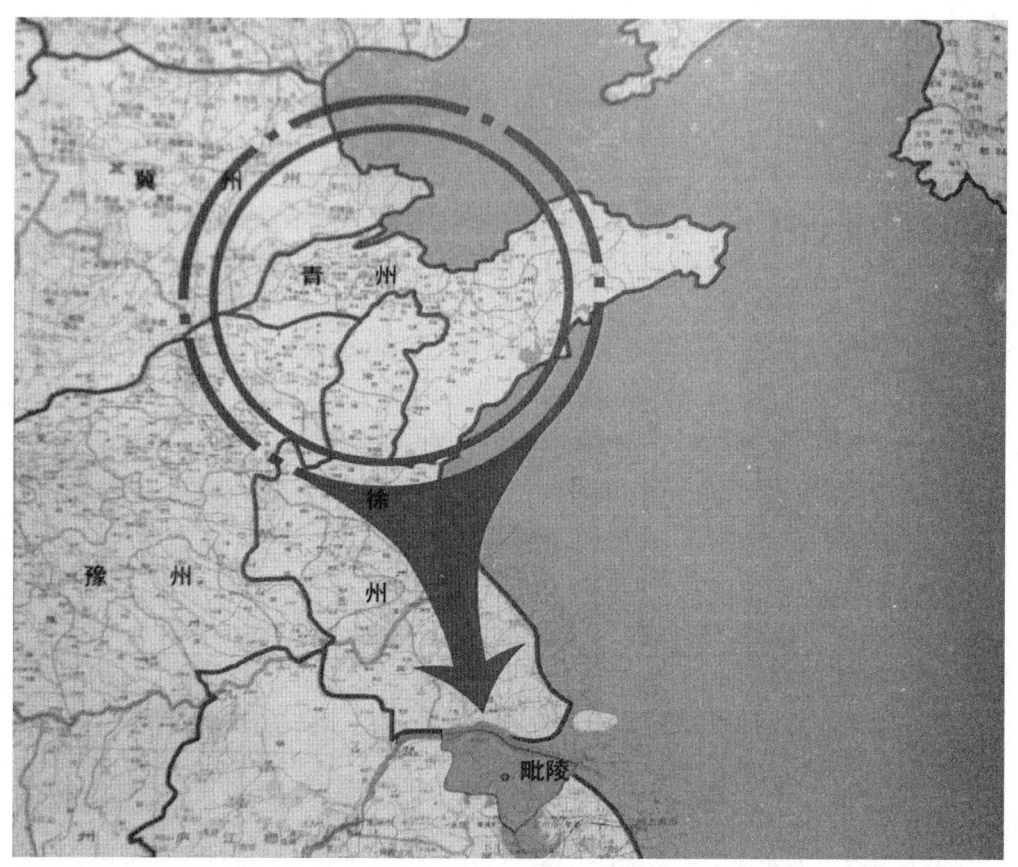

图 3-4 永嘉之乱

二、南朝时期晋陵郡内的侨郡县

进入南朝,政府一方面继续实行侨置郡县制度,安置流民,一方面又多次推行"土断",将侨寓多年已有实土的侨人"白籍"转为"黄籍",取消其原先优惠特权,与土著一样承担赋役,以确保政府收入,充实国库。永初元年(420),宋武帝颁令土断,改兰陵郡为南兰陵郡,领兰陵、承县两县。改东莞郡为南东莞郡,领东莞、莒、姑幕三县。元嘉八年(431),宋文帝置南东海郡,与晋陵郡同属南徐州,并将丹徒县划入南东海郡。大明八年(464),宋孝武帝又将武进县划入南东海郡。其时晋陵郡领有晋陵、延陵、无锡、南沙〔今常熟市,晋咸康七年(341)设立〕、曲阿、暨阳(今江阴市)等六县。南东海郡领丹徒、武进、剡、朐、利城等县。建元元年(479),齐高帝撤南兰陵郡,所领兰陵、承县改属南琅邪郡。永明二年(484),齐武帝设立海阳县属晋陵郡。天监元年(502),梁武帝将南东海郡改为南兰陵郡,武进县改为兰陵县并属之。永定二年(558),陈武帝又将南兰陵郡改为南东海郡,与晋陵郡皆隶属于南徐州。

第二章 秦汉魏晋南北朝时期常州的经济开发

这一时期的常州经济,从总体上看处于一个不断上升的进步趋势之中,是从地旷人稀、刀耕火种的贫瘠之地发展为物产丰饶、人丁兴旺的鱼米之乡,经济得到大开发的重要时期。大致经历了三个发展阶段,即从秦汉时的人烟稀少、经济落后、发展缓慢阶段到孙吴西晋时的初步开发、有所起色阶段,再到东晋南朝时的经济大开发、民用较富足的阶段。

第一节 地理环境与自然条件

常州地处太湖平原,地理条件优越,自然资源丰富,具有发展经济的天然优势。但在古代生产力落后的条件下,这里地广人稀,开发缓慢,秦汉时长期落后于中原地区。

常州具有发展农业的天然优势。但在古代很长时间里,常州经济却一直落后于中原地区。即使到了秦汉时期,这里仍然是地旷人稀,经济贫瘠,远落后于关中地区。因此司马迁在《史记·货殖列传》里描述道:"楚越之地,地广人稀,饭稻羹鱼,或火耕而水耨……无积聚而多贫,是故江淮以南,无冻饿之人,亦无千金之家";而"关中之地,天下三分之一,而人众不过什三,然量其富,什居其六"。①

究其原因,主要有三:

一是古代生存环境艰难。古代常州虽然具备优越的自然条件,但在开发之前并不适合人类居住。这里沼泽遍地、森林密布、杂草丛生、野兽出没,夏天炎热高温,梅雨连连,潮湿发霉;冬天寒风凛冽,冰封大地,万物萧条,大部分地区的原始条件不适于人类生息,所谓"江南卑湿,丈夫多夭"②。

二是农业开发难度大。在古代劳动工具简陋、生产力水平十分低下的情况下,黄河中下游地区平原辽阔、植被稀少、土壤松软,易于开垦,更适合人类的生存和发展,而江淮以南的广大地区则榛莽丛生,湖塘密布,土壤坚硬,难以开垦,其开发的艰难程度远远超过当时的黄河流域。

三是人口稀少,劳动力紧缺。正因为受到自然条件的制约,加上生存环境的艰难,所以古代常州历史上长期存在人口偏少、劳动力不足的现象。据葛剑雄所著《西汉人口地理》的研究统计,秦汉时期的常州人口密度远远低于中原地区。西汉时人口密度最高的是函谷关以东的黄河以南地区济阴郡,每平方公里达261.95人,而常州所在的会稽郡北部每平方公里只有14.28人,两者的差距竟高达20倍。而"人口密度的高低是一个地区经济开发和发展的标志,它显示出来的人口分布的多寡则是直接影响和制约着经济开发和发展的重要因素"。③

当然,与以往相比,秦汉时期的常州经济还是有所发展的,这从当地发现较多汉墓,出土大量随葬器物可得到印证。据常州博物馆历年考古论证,两汉时期的墓葬遍布常州各地,尤以常州城郊的东、南、西面最为密集,大致沿京杭大运河常武段一线的南岸,东起雕庄,西至奔牛,南到湖塘、牛塘等地的纵深地带,分布着数以千百计的汉墓土墩。这些汉墓大致有无坑土墓葬、堆土砖室墓、竖穴砖室墓等形制,砖室墓分单室和双室,一般由墓门、甬道和墓室组成,所用砖比较考究,正反面均有图案饰纹,以显示墓主身份。墓内有大量随葬品,种类繁多,大体有礼器、生活实用器、祭奠器、明器等类。按其质地分又有铜器、铁器、玉石器、竹木漆器、陶器和原始瓷器等。

从这些众多汉墓的发现与大量随葬品的出土,可以反映出秦汉时期常州地区的经济发展水平较过去有了明显进步:一是铁器农具的使用已相当普遍,加上当

---

① 《史记》卷一二九《货殖列传》,第3262、3270页。
② 《汉书》卷二八《地理志》,第306页。
③ 许辉、蒋福亚主编:《六朝经济史》,江苏古籍出版社1993年版,第42页。

时牛耕的推广,农业生产有了一定发展;二是青铜铸造业、冶铁业、陶瓷业、造漆业、玉器制造业等手工业生产技术显著提升;三是人口开始增多,贫富分化现象明显,富家大族生活奢侈,死后厚葬,出现大量砖室墓,与贫民死后草草埋葬形成鲜明对照。

第二节 北人南迁与屯田开发

常州经济的发展与江南其他地区一样,得益于北方居民的纷纷南迁。北人的到来,不仅带来了先进的生产技术和农作物品种,而且促使了荒地开垦、经济开发和人丁兴旺。

一、北人南迁

常州经济的发展与北方人口的南迁有着密切的关系。

虽然两汉时期已有少量北方人来到江南地区定居,但影响不大。真正出现北人南迁高潮,给南方带来重大影响的主要是魏晋南北朝时期。

东汉末年,天下大乱,群雄纷争,军阀混战,最后形成了三国鼎立的局面。长期的战乱动荡,使中原地区的农业生产遭受巨大破坏,粮食奇缺,饥荒频发,百姓流离失所,纷纷逃避战祸,渡江南下,寻找新的安身之处。如史料记载,"初,曹公恐江滨郡县为权所略,征令内移,民转相惊,自庐江、九江、蕲春、广陵户十余万,皆东渡江,江西遂虚,合肥以南,惟有皖城"[①]。魏正元二年(225,吴五凤二年),魏国毌丘俭作乱,"寿春城中十余万口,惧诛,或流进山泽,或散走入吴"[②],其中南奔孙吴者就有数万口。另外,为孙吴政权建立而做出重大贡献的诸多功臣名将中,来自中原及江淮间的约占半数,如周瑜、鲁肃、吕蒙、张昭、严峻、步骘等。孙吴立国于江南凡数十年,对于包括常州在内的吴地经济开发影响颇深。

第二次北人南迁的高潮开始于西晋末年的"永嘉之乱"。这是一次更大规模的人口迁徙狂潮,不仅移民数量多,如同长江波浪般,一波接着一波,纷至沓来;而且人口素质高,上至皇亲国戚,下至平民百姓,北方社会的各个阶层成员、各种各样的人才都有。另外,这次迁徙浪潮持续时间很长,直至南朝刘宋元嘉以后才平息,分布范围也很广,从长江上游、中游到下游,几乎遍布整个长江流域。

关于这次北人南迁,正史多有记载,如《宋书·州郡志序》:"自夷狄乱华,司、冀、雍、凉、青、并、兖、豫、幽、平诸州一时沦没,遗民南渡,并侨置牧司,非旧土也。"

---

① 《三国志》卷四七《吴主传二》,第1118—1119页。
② 《资治通鉴》卷七六《魏纪》,中华书局2007年版,第897页。

又《晋书·王导传》："洛京倾覆，中州士女避乱江左者十六七。"近代学者也多有研究考证，其研究成果表明，发生于东晋南朝的北人南迁高潮，从北方移居到南方的人数超过 100 万人，其中侨居在今江苏省的有 26 万人，而其中南徐州（治所在京口）一州领有的侨寓人口即达 22 万人，几乎占侨居江苏全省人口总数的十分之九。南徐州侨、旧人口合计约为 42 万人，侨寓人口超过了原有人口。

在南徐州侨寓人口中，大多聚居在晋陵郡境内。史载晋永嘉乱后，幽、冀、青、并、兖州及徐州之淮北流民，相率过淮，亦有过江在晋陵郡定居者。晋成帝咸和四年（329），司空郗鉴又徙流民之在淮南者于晋陵诸县，其徙过江南及留在江北者，并立侨郡、县以司牧之。安帝义熙七年（411），始分淮北为北徐，淮南犹为徐州。后又以幽、冀合徐，青、并合兖。宋武帝永初二年（421），加徐州曰南徐，而淮北但曰徐。宋文帝元嘉八年（431），更以江北为南兖州，江南为南徐州，治京口，"割扬州之晋陵、兖州之九郡侨在江南者属焉"。故南徐州领有徐、兖、幽、冀、青、并、扬七州郡邑，人口庞杂，侨民集中。

数十万名侨民的到来，给当时的常州地区带来了丰富的劳动力，为常州经济的开发和发展注入了强大动力。

二、屯田开发

对于北方移民的到来，政府一般采用集中管理、集体屯田的方式加以安置。在第一次北人南迁高潮中，孙吴政权就多次颁令移民屯田，并设有典农校尉或典农都尉专职管理屯田。典农校尉地位与郡守相当，典农都尉与县令（长）地位仿佛。孙吴在今江苏南部的江乘、湖熟、溧阳、毗陵等地，都设有典农都尉或校尉，属于孙吴最重要的屯田区，其中毗陵是孙吴规模最大的民屯区。嘉禾三年（234），孙权颁令，分吴郡无锡以西地方为屯田区，置毗陵典农校尉统一管理，其级别相当于郡级政区，下领毗陵、丹徒、曲阿（今江苏丹阳市）三县，治毗陵。据《三国志》卷五十二《诸葛瑾附子融传》注引《吴书》载："赤乌中诸郡出部伍，新都都尉陈表、吴郡都尉顾承各率所领人会佃毗陵，男女各数万口。表病死，权以融代表。"陈表、顾承率领的部队及家属各达数万人，说明当时在毗陵屯田的总人数是很多的，毗陵的政治经济地位之上升由此可见一斑。

东晋南朝时期，北来的侨寓人士大多聚族而居，起初没有土地，也无需缴纳赋税，享受一定的特权和优惠照顾。但随着时间的推移，他们渐渐将侨寓之地当作自己的第二故乡扎根下来。他们不大可能挤占土著居民的土地，于是就到熟田之外开垦荒地。由于侨民们掌握比较先进的生产技术，加上采用集体开发的方式，所以很快开垦出大量适合耕种的土地。而这种示范效应很快就在土著民众中推广开来，参加垦荒的人数越来越多，大片大片的蛮荒之地被改造为良田沃土，粮食产量迅速得以提高，农作物品种日趋丰富，民众的生活条件多有改善，吸引着越来越多的移民前来定居。不知不觉之中，常州的经济得以大规模的开发，发展成为江南一带的经济重镇和富足之地。据史料记载，在东晋初还是"地广人稀，且少陂渠，田多秽恶"[①]的晋陵，宋齐以后，已蔚为大郡，"富室承陂之家，处处而是"，"陈秽之谷，皆有巨万"，"温富之家，各有财宝"。[②]

第三节 水利兴修与农业发展

常州地处太湖与长江之间，河湖池塘密布，特别适宜于农业生产发展。但由于这里处于太湖平原向宁镇丘陵过渡带，地形高低起伏，不利于农田灌溉；又属于江南梅雨带，雨季时雨水过多，容易发生洪涝灾害，旱季时又会缺水断流，所以为了确保农业生产的正常进行，兴修水利就成为关键。

一、水利兴修

早在先秦时期，常州人民就开始重视河水泛滥问题，着手开挖河渠、疏浚水道。秦汉时期继续探索治水方法，积累了一些经验。进入六朝时期，随着经济的开发和人口的增加，当地民众愈加重视兴修水利设施。

针对当地地形地貌特征，晋陵郡内民众大力兴修以陂塘堰坝为主的水利工程，通过合理的蓄泄调节水量，变水害为水利，从而为农业生产提供保障。由于此类工程因地制宜、效益显著，很快在江南发展起来。《南齐书·竟陵王子良传》载萧子良任丹阳尹时，上表称京师周围"萦原抱隰，其处甚多，旧遏古塘，非唯一所"，说明南朝此类水利设施相当多。

政府对孙吴、两晋在这一带兴修的水利工程多有维护和增扩，例如"（宋）明帝复使（沈）瑀筑赤山塘，所费减材官所量数十万"。[③]此次工程系对原有赤山塘之扩建，仅节约材官预算即达数十万，规模之大可以想见。再如，孙吴于建康附近筑娄湖，刘宋沈庆之亦在此"广开田园之业"。[④]齐、梁两朝在今金坛、丹阳附近，亦由官府主持兴建多处水利工程，简况见下表：

---
① 《元和郡县图志》卷二五《江南道一·润州丹阳县》，第592页。
② 《宋书》卷九一《孝义传》，中华书局1974年版，第2252页。
③ 《南史》卷七〇《沈瑀传》，中华书局1975年版，第1713页。
④ 《宋书》卷七七《沈庆之传》，中华书局1974年版，第2003页。

齐梁水利工程一览表

朝代	名称	位置	主持人	规模、效益
齐	单塘	金坛东北	单旻	
梁	吴塘	金坛、丹阳间	吴游	周40里
梁	谢塘	金坛北	谢法崇	
梁	南谢塘	金坛东南	谢德威	各溉田千顷
	北谢塘			
梁	莞塘	金坛东南	谢贺之	

资料来源：参见两唐书《地理志》、《至顺镇江志》及《景定建康志》等。

官修水利同时，民间修建陂塘堰坝也形成热潮。据《宋书·孝义传》，宋元嘉二十一年（444）江南大旱，"禾稼不登，氓黎饥馁"，晋陵人徐耕诣县陈辞云："晋陵境特为偏枯。此郡虽弊，犹有富室，承陂之家，处处而是，并皆保熟，所失盖微。陈积之谷，皆有巨万，旱之所弊，实钟贫民，温富之家，各有财宝。谓此等宜助官，得过俭月，所损至轻，所济甚重。"徐耕这段话是说，通过多年的建设，晋陵的民间水利工程已经普及，当面临严重的自然灾害时，这些工程不仅确保农业收成，舒缓民众困苦，而且还能支持官府赈灾救济。

除了以上两方面的成就外，晋陵民众在围湖造田上也有建树。据《康熙常州府志》引《南徐州记》载，东晋初年，晋陵内史张闿于曲阿筑新丰塘时，于芙蓉湖泄水造田，但时值隆冬，未成而罢。在宋元嘉二十二年（445），民众修阳湖堰围田却获成功，《读史方舆纪要》卷二五曰："（阳）湖东西八里，南北三十二里，其北通荚饶、临津二湖，共为三湖。刘宋元嘉中修湖堰，得良畴数百顷。"

总之，六朝以来，常州等地农田水利事业的发展，对于加快当地经济开发起到了重要作用，尤其对提升南方在全国经济中的地位产生深远影响，诚如吕思勉先生所言："河域水利，不如江域之饶，而文明启发，转在其先者，沟洫之修举实为之。沟洫废而水灾兴，隋唐以后，北方遂仰给于江、淮矣，此古今升降之一大端也。而其转移，实在晋、南北朝之世，丧乱与民生之关系，岂不大哉？"[①]

二、农业发展

（一）牛耕和铁农具的推广

两汉时，北方地区已经采用二牛抬杠，一人扶犁的先进耕作技术，而江南地区还在流行"火耕水耨"的落后方式。但经过六朝以来的推广，江南应用牛耕的范围

---

① 吕思勉：《两晋南北朝史》下册，上海人民出版社1983年版，第1085页。

进一步扩大。从史料记载看,南朝将孙吴、东晋禁止屠宰耕牛的政策法令加以延续,《梁书·傅昭传》载昭"子妇尝得家饷牛肉以进,昭召其子曰:'食之则犯法,告之则不可'",这说明杀牛不仅犯法,政府且鼓励举报,显然对保护耕牛、推广牛耕十分有利。当时流行于北方平原的长辕犁不适合南方丘陵地带和水田生产,于是,南方出现了经过改进的单牛驾短辕的耕田方式。

除了铁犁外,六朝时期的常州地区已普遍使用铁农具,如锄、锸、镰等。《齐民要术》卷二"水稻"便言及中耕除草多"以镰侵水芟之",陶弘景也说"钢铁是杂炼生鍒作刀镰者",[①]可见这时已将先进的炼钢技术用于制作镰刀,常州一带用镰早已流行。

(二)耕作制度的进步

南朝时期,常州地域的农业耕作制度由一年一熟制逐渐向轮作复种制发展,即一年一熟的稻作方式,开始与绿肥苕草轮作。《齐民要术》卷十"苕"引晋人郭义恭《广志》曰:"苕草,色青黄,紫华。十二月稻下种之,蔓延殷盛,可以美田。"按《广志》一书多载南方风物土产,苕草为豆科植物,可肥田。它反映至迟在两晋,已在稻田播种豆科植物以取养田肥田之效。此种方法能够收入《齐民要术》之中,反映南朝稻作生产区已逐渐流行与绿肥轮作。

(三)稻作技术的改进

这一时期,常州地区的稻作技术有了明显改进:一是从北方引进了区田法和粪肥法,注意改良土壤,提高肥力;二是开始出现稻苗移栽法,注意选择良种,培育秧苗;三是注重稻田的田间管理,观察掌握水稻的生长规律。

(四)农作物品种的增加

这一时期,常州地区的农作物品种也开始增加。水稻仍是种植最广泛的粮食品种。《晋书·食货志》称"东南以水田为业",同书《五行志上》曰"丹阳、晋陵、吴郡、吴兴、临海五郡又大水,稻稼荡没,黎庶饥馑",充分反映了水稻在粮食生产和社会生活中举足轻重的地位。

随着北方流民大量南迁,麦类作物开始在晋陵地区推广。东晋建国之初,为解决粮荒问题,在徐、扬二州督令种麦,但仍集中于侨置郡县。直至南朝刘宋,针对连年水旱灾害造成的粮荒,作为应对政策之一,元嘉二十一年(444)和大明七年(463)两度下诏督令种麦,尤其是前者称:"比年谷稼伤损,淫亢成灾,亦由播殖之宜,尚有未尽。南徐、兖、豫及扬州浙江西属郡,自今悉督种麦,以助阙乏。"这才使麦类作物在江南逐渐推广。[②]

[①] (宋)唐慎微:《重修政和证类本草》卷四,《四部丛刊》本。
[②] 参见范金民编:《江南社会经济研究(六朝隋唐卷)》,中国农业出版社2006年版。

除了粮食作物外,这一时期还出现了经济作物,如茶叶、桑树、水果以及各种蔬菜的种植。《颜氏家训·治家》曰:"生民之本,要当稼穑而食,桑麻以衣。蔬果之畜,园场之所产;鸡豚之善,埘圈之所生。"南朝时,茶果、蔬菜已是人们日常饮食必不可少的组成部分,不但丰富了人们的食物资源,而且还促进了商品经济的发展。

第四节 手工业和商业的发展

随着农业生产的发展,人口数量的增多,特别是由于六朝时期的常州成为京畿重地,这一时期常州地区的手工业和商业有了迅速发展。

一、手工业的进步

1. 纺织业。与江南其他地区一样,这一时期晋陵地区的手工业以纺织业为主,传统门类还是麻纺织。麻织品在我国的纺织品中流行最早,中国古代所产之麻,主要有大麻、苘麻和苎麻三类,其中唯有苎麻的纤维细长坚韧,平滑而有丝光,染色易而退色难,织成布轻爽离汗,挺括透气,最受欢迎。据研究,由于气候变化,魏晋以后北方已不适宜苎麻生产,南方成为苎麻的主要产地。① 东晋初年江南丝织业尚未发达时,麻布的产量已很大,南朝以来麻织生产继续发展。齐永明间,竟陵王萧子良语曰:"(宋)永初,官布一匹,直钱一千,而民间所输,听为九百。渐及元嘉,物价转贱,私货则束直六千,官受则准五百……近入官好布,匹堪百余。"② 宋永初至齐永明前后仅六七十年,布价由千文降至百余,麻布产量激增可见一斑。正因为产量提高,麻布的消费在社会上一直占重要地位,不仅一般百姓,官僚士大夫也多以麻布为日常衣料。李剑农先生曾统计南朝史传中帝王恩赐布、绢的次数,每朝赐布均超过赐绢。③ 这说明麻织业在南朝国计民生中仍占举足轻重地位,其发达明显早于丝织业。

2. 冶铁业。扬、南徐等州所在的长江下游,在金属冶炼和铁器制作上很早享有盛誉。但是,秦汉四百余年间,政治经济中心一直在黄河流域,原来颇有基础的南方矿冶业反而一度消沉,以冶铁业为例,《汉书·地理志》载西汉设铁官49县,扬、南徐等州竟为空白。六朝以来,南方矿冶业的消沉局面始有改观,尤其是西晋灭亡之后,南北对峙交争日渐激烈,加上南方经济开发的推动,铁矿的开采与冶炼重新兴盛起来。《宋书·百官志上》曰:"江南诸郡县有铁,或置冶令,或置丞,多是

---

① 吴淑生等:《中国染织史》,上海人民出版社1986年版,第113页。
② 《南齐书》卷二六《王敬则传》,第483页。
③ 李剑农:《魏晋南北朝隋唐经济史稿》,三联书店1959年版,第51页。

吴所置。"可见，孙吴已为江南冶铁业再度兴盛奠定基础。东晋南朝，官府冶铁主要由尚方统领。南朝分置左、右尚方，并掌造军器，其下有东冶令、南冶令，掌工徒鼓铸。齐、梁以后，称东、西冶。① 为保证所需劳力，朝廷经常以刑徒发配官冶铸所，宋永初元年（420）诏曰："反叛淫盗三犯补冶士。""又制，有无故自残伤者补冶士"②，梁朝刑法也有"补冶锁士""冶士"③等配冶刑徒的名目，反映朝廷对冶铁生产的重视。南北朝以来，扬、南徐等州陆续兴起铁矿采掘和冶炼中心，如丹阳永世（今江苏溧阳）"县西北百余里铁砚山，广轮二百许里，山出铁，扬州鼓铸之地"。④ 南齐时茅山冶铁业也很兴盛，这里锻造的神剑在梁天监时"供御用，穷极精功，奇丽绝世"。⑤ 南朝官营冶铁业的生产规模比孙吴、东晋时期明显扩大。

二、商业的发展

这一时期，由于江南地区长期稳定，战乱破坏较少，社会相对安定，在经济加速开发的推动下，商业活动日益活跃，不仅规模明显扩大，而且社会上经商成风，晋陵当然不能与首都相提并论，但也与京口、吴郡等地一样商铺林立，百货汇集，生意兴隆，市场繁荣，被誉为"川泽沃衍，有海陆之饶，珍异所聚，故商贾并凑"。

第三章 秦汉魏晋南北朝时期常州的文化肇兴

秦汉时期，由于经济发展缓慢，常州在文化领域也相对落后。但进入孙吴西晋阶段，尤其是到了东晋南朝阶段，随着北方移民的到来，经济的开发以及南北文化的碰撞交融，常州地区的文化迅速发展起来，在经学、玄学、佛教、道教、文学、史学、艺术等领域均取得了前所未有的成就，不但为日后常州成为文教中心打下了坚实基础，而且在中国文化史上也留下了辉煌一页。

第一节 经学与玄学

经学是以先秦诸经为研究对象的学术，自汉武帝采纳董仲舒的"罢黜百家，独

---

① 参见《宋书·百官志上》《隋书·百官志上》。
② 《宋书》卷三《武帝纪下》，第55页。
③ 《隋书》卷二五《刑法志》，中华书局1973年版，第697页。
④ 《太平御览》卷四六引山谦之《丹阳记》。
⑤ 《太平御览》卷六六五《道部七》引陶弘景语。

尊儒术"后，儒家经学遂成为两汉时期的主流学术和正统思想。魏晋后，经学衰微，玄学兴起，社会思潮多元。与其他地区类似，当时的常州地区不可避免地受到了影响，在经学和玄学方面取得了一定成就。

一、经学成就

魏、吴分治时期，以孙权为代表的统治者比较重视利用儒学，将其视为标榜正统、巩固统治的有效工具，对经学名家多采取保护和重用的政策，故儒学仍能在江东世族中流行，且基本未受北方玄学影响，较多地保留了汉代经学传统。这个阶段与常州有关的儒者是高岱，字孔文，吴郡无锡人，天性聪达，轻财贵义，"善《左传》"，遭孙策妒才而遇难。

西晋司马氏政权平定天下后，基本遵循汉魏旧制，对儒学比较重视。但经学名家多为北方人，出于南方学者之手的经学著作相对较少。东晋经学总体衰落，但就江东地区而言仍有明显进步。在统治者尊儒的文化政策影响下，不管是南迁的北方儒者还是江东土著学者中间，仍有部分人士致力于儒学教育和经学研究。到了南北朝时期，儒学复苏的趋势明显增强。刘宋统治者积极倡导儒学，恢复国子学，鼓励诸生研习经学，促使社会上重新形成崇尚儒学的风气。齐高帝萧道成少年时曾就学于名儒雷次宗，"治《礼》及《左氏春秋》"，[1]有着较好的儒学修养，故登基之后不久即倡导儒学教育。建元四年（482），他下诏建立国学，具体规定"置学生百五十人，其有位乐人者五十人。生年十五以上，二十以还，取王公已下至三将、著作郎、廷尉正、太子舍人、领护诸府司马谘议经除敕者、诸州别驾治中等、见居官及罢散者子孙。悉取家去京都二千里为限"。[2]国学设祭酒、博士、助教三级，入选者以经学为先。

齐武帝萧赜继位后，于永明三年（485）正月又下诏立学，指出"在昔开运，光宅华夏，方弘典谟，克隆教思，命彼有司，崇建庠塾。甫就经始，仍离屯故。……今遐迩一体，车轨同文，宜高选学官，广延胄子"。[3]规定"召公卿子弟下及员外郎之胤，凡置生二百人，其年秋中悉集"。[4]并任命王俭为祭酒，陆澄为国子博士，正式建立了国学。永明国学课程设置有郑、王《易》，杜、服《春秋》，何氏《公羊》，麋氏《谷梁》，郑玄《孝经》，旨在弘扬儒学。齐武帝对国子学十分关注，永明四年三月亲临国子学讲《孝经》，并"赐国子祭酒、博士、助教绢各有差"。[5]永明五

---

[1]《南齐书》卷一《高帝纪上》，第3页。
[2]《南齐书》卷九《礼志上》，第143页。
[3]《南齐书》卷三《武帝纪》，第49—50页。
[4]《南齐书》卷九《礼志上》，第145页。
[5]《南齐书》卷三《武帝纪》，第52页。

年冬，文惠太子萧长懋也亲临国学策试诸生。同年，武帝次子竟陵王萧子良在建康鸡笼山西邸，聚集一批学者抄录经学及百家文献，并依《皇览》体例编撰《四部要略》1000卷。武帝第七子晋安王萧子懋也撰有《春秋例苑》30卷，受到武帝的称赞，交秘阁收藏。

萧齐虽立国仅二十余年，但振兴儒学却不遗余力，既有系统的儒学教育机构，又重视文献收集整理，经学研究以《易》《春秋》较为活跃。萧梁代齐后，由于统治者的大力提倡，特别是梁武帝萧衍的身体力行，儒学全面复苏并有所拓展，呈现出兴盛的局面。

天监四年（505），梁武帝下诏曰："二汉登贤，莫非经术，服膺雅道，名立行成。魏晋浮荡，儒教沦歇，风节罔树，抑此之由。朕日昃罢朝，思闻俊异，收士得人，实惟酬奖。可置五经博士各一人，广开馆宇，招内后进。"不久就以平原明山宾、吴兴沈峻、建平严植之、会稽贺㻛场为博士，各主一馆，馆有数百生，官供食宿，其射策通明者即除为吏。在此政策影响下，"十数年间，怀经负笈者云会京师"，建康成了经学人才荟萃之所。梁武帝还分遣博士祭酒，到州郡立学，促进地方教育事业发展。

天监七年，武帝又下诏曰："建国君民，立教为首，砥身砺行，由乎经术。朕肇基明命，光宅区宇，虽耕耘雅业，傍阐艺文，而成器未广，志本犹厥，非以镕范贵游，纳诸轨度，思欲式敦让齿，自家刑国。今声训所渐，戎夏同风，宜大启庠敩，博延胄子，务彼十伦，弘此三德，使陶钧远被，微言载表。"①要求皇室成员和贵族子弟入学受业，接受儒学教育。梁武帝对国子学十分重视，曾多次亲临国学讲解儒学经典，策试胄子，赏赐学官，鼓励学子钻研经术，提高经学素养。

大同七年（541），梁武帝在宫城西立士林馆，延集学者在此讲学和研究学问。如领军朱异与左丞贺琛在士林馆讲梁武帝的《礼记中庸义》；"独积思经术"的沈洙也常在此讲授；国子博士周弘正讲课时，听者倾朝野；虞荔为士林馆制牌，后被任为士林学士。一时间，都城建康成了儒学教育和学术研究的中心，文化教育事业呈现一派繁荣景象。

梁武帝不但重视儒学教育，而且还身体力行地开展经学研究，先后著有《制旨孝经义》《周易讲疏》《周易义》《系词义》《文言义》《序卦义》《毛诗答问》《春秋答问》《尚书大义》《中庸讲疏》《孔子正言》以及《老子讲疏》，共200余卷。他鼓励大臣们对自己的著作质疑提问，并亲自解疑释惑。他还把自己的著作列为国子学的课程内容和考试材料，要求学子们学习、领会和掌握。史载其书"正先儒之迷，开古圣之旨"，虽是溢美之词，但也反映了梁武帝的经学造诣的确很深。

---

① 《梁书》卷四八《儒林传序》，第662页。

梁朝后期的几位皇帝虽然比不上梁武帝，但从小接受正规的儒学教育，也有较好的经学修养。如简文帝萧纲，"幼而敏睿，识悟过人，六岁便属文。……九流百氏，经目必记；篇章辞赋，操笔立成。博综儒书，善言玄理"。①他在玄圃讲解梁武帝的《五经讲疏》，"听者倾朝野"。著有《礼大义》20卷、《老子义》20卷、《庄子义》20卷。梁元帝萧绎5岁时就能背诵《曲礼》，"长而好学，博总群书，下笔成章，出言为论，才辩敏速，冠绝一时。……著述辞章，多行于世"。②著有《周易讲疏》10卷、《内典博要》100卷、《老子讲疏》4卷。

二、玄学成就

东晋时，随着北方玄学人士的大量南迁，玄学开始在江南地区传播和兴盛起来，都城建康取代洛阳成了玄学的中心。当时，上至皇帝和大臣，下至一般士族和僧人，多以祖尚玄虚、辨析义理相标榜，习玄清谈一时成为上层社会流行之风尚。进入南朝，随着经学的复兴和皇权的加强，玄学极盛的高潮开始消退，但其影响仍很广深。统治者的个人修养和执政风格具有明显的玄学色彩。如齐高帝萧道成"少沉深有大量，宽严清俭，喜怒无色。博涉经史，善属文，工草隶书，弈棋第二品。虽经纶夷险，不废素业。从谏察谋，以威重得众。即位后，身不御精细之物……后宫器物栏槛以铜为饰者，皆改用铁，内殿施黄纱帐，宫人著紫皮履，华盖除金花爪，用铁回钉。每曰：'使我治天下十年，当使黄金与土同价。'欲以身率天下，移变风俗"。③显然，萧齐开国皇帝这种"俭素之德"与玄学倡导的疏离世俗、放达任性的精神价值相一致，符合当时的社会需求。

及至梁，情形相同。梁武帝萧衍"少而笃学，洞达儒玄"，具有深厚的玄学修养，曾著有《老子讲疏》《周易讲疏》及六十四卦、二系、文言、序卦等义。他兴趣广泛，"六艺备闲，棋登逸品，阴阳纬候，卜筮占决，并悉称善。又撰金策三十卷。草隶尺牍，骑射弓马，莫不奇妙"。虽贵为皇帝，但生活极其俭朴，"日止一食，膳无鲜腴，惟豆羹粝食而已。庶事繁拥，日昃移中，便漱口以过。身衣布衣，木棉皂帐，一冠三载，一被二年。常克俭于身，凡皆此类"。④昭明太子萧统"美姿貌，善举止""性宽和容众，喜愠不形于色""性爱山水，于玄圃穿筑，更立亭馆，与朝士名素者游其中"。⑤梁简文帝萧纲"幼而敏睿，识悟过人"，长大后"器宇宽弘，未尝见愠喜。……博综儒书，善言玄理"。⑥著有《老子义》20卷、《庄子义》20卷。梁元帝萧绎"性不好

---

① 《梁书》卷四《简文帝纪》，第109页。
② 《梁书》卷五《元帝纪》，第135—136页。
③ 《南齐书》卷二《高帝纪下》，第38—39页。
④ 《梁书》卷三《武帝纪下》，第96—97页。
⑤ 《梁书》卷八《昭明太子传》，第166—168页。
⑥ 《梁书》卷四《简文帝纪》，第109页。

声色，颇有高名，与裴子野、刘显、萧子云、张缵及当时才秀为布衣之交，著述辞章，多行于世"。① 著有《周易讲疏》10卷、《老子讲疏》4卷。

第二节 佛教与道教

佛教原是产生于古代印度的宗教，西汉末通过西域传入中国，东汉时流传于中原地区，东汉末开始影响徐州、扬州地区。魏晋南北朝时期，佛教获统治者青睐，逐渐在全国流行。几乎与此同时，另一种本土宗教即道教也应运而生，在大江南北传播开来。受此影响，当时的常州地区也出现了佛庙道观和众多信徒。

一、佛教在江南的传播

据《三国志·吴书·刘繇传》记载，汉灵帝时，丹阳人笮融聚众数百，为徐州牧陶谦督广陵、彭城等郡漕运，私截公粮作为款项，用于大造浮图祠和佛像，招揽信徒，课读佛经。"每浴佛，多设酒饭，布席于路，经数十里，民人来观及就食且万人，费以巨亿计"。

孙吴占据江东后，佛教由北方陆路和南方水路辗转传入，支谦、康僧会等僧人先后入吴，翻译佛经，宣传教义，感化百姓，并得到孙吴统治者的支持。康僧会以"仁义忠孝"等中国传统儒家思想和"天人感应"的神学学说来解释佛教教义，有利于佛教在江南的传播和佛教的本土化。史传常州的白土山寺、无锡的圆通寺以及苏州的报恩寺（后改称瑞光寺）、报恩寺塔、通玄寺（后改称开元寺）就是在康僧会的参与下，得到孙权及其母亲的支持而建成。

萧齐时，高帝萧道成很注意利用佛教巩固统治。他"优待高僧僧远，曾到孝庄严寺听僧达讲《维摩诘经》，任命法颖为京邑僧主，掌管京城佛教事务"。② 齐武帝也信奉佛教，在都城建造了齐安寺、禅灵寺、集善寺，并制定了僧官制，立下沙门觐见王者的新规矩，以加强对僧尼的管理。齐武帝之次子竟陵王萧子良对于佛教"敬信尤笃，数于邸园营斋戒，大集朝臣众僧，至于赋食行水，或躬亲其事，世颇以为失宰相体"，他因提倡佛教，而"终致盛名"，其"招致名僧，讲语佛法，造经呗新声，道俗之盛，江左未有也"。③

梁武帝是南朝诸帝中在位时间最长的皇帝，执政长达48年，同时又是佞佛最甚的一位皇帝。他早年信奉道教，但即位第三年就颁布《舍道事佛诏》，正式宣布皈

---

① 《梁书》卷五《元帝纪》，第136页。
② 参见许抗生、赵建功、田永胜著：《六朝宗教》第六章《南朝佛教的隆盛》，南京出版社2003年版。
③ 《南齐书》卷四十《萧子良传》。

依佛门。从此,他采取各种各样的形式和手段提倡佛教,鼓动和要求王公贵族乃至平民百姓都来信仰佛教,几乎把佛教抬高到国教的地位。

梁武帝大事营造寺院佛像,常州作为齐梁故里,更是直接受到其崇佛的影响。如武进县万岁镇的智宝禅院原为萧衍的旧第,天监七年,已经成为梁武帝的萧衍便将其舍为僧寺。而太平兴国禅寺则是齐高祖创建,另外如永福禅寺、龙兴寺、妙胜禅寺、能仁禅寺等均在这一时期兴建。[①]作为一个虔诚的佛教徒,梁武帝曾经三次舍身同泰寺为寺奴,每次都由国家和公卿施舍大量钱财把他赎回来。其结果是寺院经济得到极大的充实,而国库收入急剧减少,朝廷将负担趁机转嫁到老百姓头上,变相榨取人民的血汗,加重了人民群众的苦难。

梁武帝的佞佛固然不利于经济发展和社会进步,但在推动佛教中国化和本土化、促进中外文化交流方面,他却多有贡献,对后世影响深远。首先,梁武帝敕令大量编译佛教经典著作,优待中外高僧,鼓励他们从事佛学研究和著述,有利于丰富佛教文化的内涵,推动中国佛教事业的发展。他即位不久就命来自扶南(今柬埔寨)的沙门曼陀罗、僧伽提婆共同译经;后又邀请印度高僧真谛来建康专门翻译大乘有宗的著作,其中《摄大乘论》的译本,对中国佛教思想的发展有较大影响。为了进一步宣扬佛法,梁武帝亲自撰写佛教著述,计有《制旨大涅槃经讲疏》101卷、《大品注解》50卷、《三慧经讲疏》《净名经义记》《制旨大集经讲疏》16卷、《发般若经题论义并问答》12卷,还有《立神明成佛性义记》《净业赋》《金刚般若忏文》等重要佛教论著。此外,他还三次敕编佛经目录,其中,僧佑所撰的《出三藏记集》经录完备,具有很高的学术价值。

其次,梁武帝创制了"水陆法会"和"盂兰盆会",后演变成中国民间重要的佛事活动。水陆法会又称水陆道场或水陆斋,是佛教徒为普济众生、超度水陆一切鬼魂而设斋诵经,追荐亡灵的法事活动。史称由梁武帝创制仪文,在润州(今江苏镇江)金山寺率先修设水陆法会,后人仿效,相沿成习。盂兰盆会,来源于《佛说盂兰盆经》,一般在每年农历七月十五日举行,是佛教徒为追荐超度祖先而开展的法事活动。史载梁武帝在大同四年(538)亲临同泰寺,设盂兰盆斋。此后,自王公贵族到民间百姓,纷纷仿效,盂兰盆会就成为中国民间重要的佛事之一。

第三,梁武帝亲制《断酒肉文》,禁止出家人饮酒吃肉,使素食成为中国佛教的重戒。早期的佛教徒并不恪守戒律,一直被允许喝酒吃肉。但梁武帝依据《涅槃经》《四相品》等经文,亲制多篇《断酒肉文》,从各个角度全面地阐述断禁肉食的必要性和重要性,以慈悲心肠劝导大众不可杀生,并以身作则,每天只吃一顿饭,不

---

① (宋)史能之:《咸淳毗陵志》卷二五《仙释》,广陵古籍刻印社2005年版。

沾酒肉，仅食豆羹粗饭，严令僧徒遵守，从而改变了汉代以来僧徒可以吃三净肉的习惯，对后来佛教徒的生活影响甚巨，并演化为一种素食习俗，在社会上广为流行。

第四，梁武帝倡导"三教同源说"，力图调和佛教与儒、道二教的矛盾。三教同源说完全是梁武帝出于政治的需要与个人的目的，其主旨是以佛教为中心，而同时又包容儒、道。既用儒、道的道理教人在世间行善，又用佛教教义劝人出世成佛。如此才能达到理想的境界，天下才能太平。由此可见，佛教在梁武帝手里虽被提到国教的高度，但实质上只是一种统治术。

由于梁武帝笃信佛教，其子昭明太子萧统、简文帝萧纲、元帝萧绎也都好佛。史载昭明太子萧统"亦崇信三宝，遍览众经。乃于宫内别立慧义殿，专为法集之所。招引名僧，谈论不绝。太子自立二谛、法身义，并有新意"。①萧纲撰有佛学著述《长春义记》100卷、《法宝联璧》300卷；萧绎撰有《内典博要》100卷、《连山》30卷、《洞林》3卷等，均刊行于世，引人注目。

二、道教的流传

两晋时期，道教在江南地区流传广泛，发展迅速，出现了一位杰出的道教思想家葛洪及其创建的神仙道教理论体系，具有重要的里程碑意义。在他的影响和带动下，道教为愈来愈多的上层社会人士所接受和信仰，呈现出道教士族化的趋向。同时，形成了上清派、灵宝派等新的道派。

葛洪（283—363），字稚川，号抱朴子，句容人，出身于官僚与道教世家。葛洪从小好学，博通经书，为人木讷，不好荣利，清心寡欲，闭门修炼。"时或寻书问义，不远数千里崎岖冒涉，期于必得，遂究览典籍，尤好神仙导养之法"。②年轻时随郑隐学习，"悉得其法"。后来又师事担任南海太守的道教徒鲍玄（鲍靓，字太玄，见《晋书·艺术传》。《晋书·葛洪传》作鲍玄，乃脱太字，或双名单称），为鲍器重，以女妻之。"洪传玄业，兼综练医术，凡所著撰，皆精核是非，而才章富赡"，终于成为一个学问高深的道教学者。

葛洪一生著作宏富，撰有600多卷作品，涉及经学、道学、史学、医学、化学等诸多领域，其代表作为流传至今的《抱朴子》。该书分内外两编，共116篇。今本为内编20篇，外编52篇，合计72篇，其余44篇已经亡佚。从内容上看，其内编言神仙方药、鬼怪变化、养生延年、禳邪却祸之事，属道家；其外篇言人间得失、世事臧否，属儒家。这是一部以神仙养生为内，以儒术应世为外，把道教的神仙理论与儒家的忠孝仁信调和起来的著作。它的问世，标志着神仙道教理论体系的建立。

---

① 《梁书》卷八《昭明太子传》，第166页。
② 《晋书》卷七二《葛洪传》，第1911页。

南朝统治者和权贵对道教均非常重视。如萧齐文惠太子召请高道楼惠明到京城传授道术，恭敬有礼。齐、梁间想要师从陶弘景受经法的王侯公卿竟多达数百人。梁武帝早年信奉道教，与许多道士有交往，在当了皇帝、改奉佛教后也仍继续尊崇他们，给予各方面的照顾和支持。如对陶弘景，梁武帝始终十分尊重，关系密切，经常召见或看望他，并赐予田产和财物。天监年间，梁武帝为五斗米道创始人张陵的第12代孙张裕在虞山（今江苏常熟）建立招真馆。普通年间，又召请道士庾诜做黄门侍郎，庾承先为中书侍郎。梁简文帝曾经师从陶弘景学道法，为张裕的招真馆撰写了碑记。梁元帝在天目山建立太清馆，常召请高道居住，还撰写了《隐居先生陶弘景碑》《南岳衡山九真馆碑》等。

常州一向是道教重要的传播区域，天庆观是本地有记载的最早的道观，由晋永嘉初毛中尉舍宅建，此外如澄清观、冲虚观、大和观以及无锡的洞虚观、妙觉观、洞阳观等都在此时建成。

第三节 文学与史学

进入东晋南朝后，以齐梁萧氏为代表的文化世族高度重视文史创作，留下了许多经典作品，极大地推动了常州地区的文化发展，出现了地方文化史上的第一个高峰。

一、文学的繁荣

与中原地区相比，秦汉时期的常州乃至于整个江南地区的文学相对落后。但魏晋以后，由于社会动荡，北人南迁，玄学盛行，佛教传播，各种思想文化相互碰撞、激荡，极大地激发了常州文人学子们的文学创作欲望，各种体裁的文学作品如同雨后春笋般地不断涌现，文学开始进入自觉的时代，常州文学出现了前所未有的繁荣景象。常州早期文学的代表人物是华覈，字永先，吴郡武进（今江苏常州）人。早年担任上虞尉、典农都尉等职，后以文学入为秘书郎，迁中书丞。孙皓即位后，封为徐陵亭侯。因"研精坟典，博览多闻，可谓悦礼乐敦诗书者也"而迁东观令，领右国史，与韦昭、薛莹等共修《吴书》。据《三国志》本传记载，其前后上书、表等百余篇，陈寿评曰："华覈文赋之才，有过于曜（韦昭）。"今存《车赋》《表荐陆祎》《谏吴主皓盛夏兴工疏》《上务农禁侈疏》等10篇作品。另有四言诗一首，见载于本传之中。

南北朝时期，南方地区总体保持稳定，经济进一步发展，为文人学士的学术活动提供了良好的社会环境和条件。而南朝统治者的大力提倡和身体力行，则促使常州地区的文学创作活动更趋活跃，艺术技巧益发成熟，名家名作层出不穷，文学地位显著提高，已发展成为一门独立学科。

　　南朝的最高统治者和皇族成员多雅好文学，喜与文人交游，并亲自参与文学创作，具有较高的文学修养和才能。据《隋书·经籍志》载，南朝诸帝中有文集传世者就有宋武帝、宋文帝、宋孝武帝、梁武帝、简文帝、梁元帝、陈后主等，其中后三位更以提倡和创作诗文为务，具有相当高的水平。

　　史载简文帝萧纲酷爱文学，自7岁起就养成了吟诗作赋的爱好，一生创作大量作品，仅辞赋方面保留下来的就有《晚春赋》《秋兴赋》《临秋赋》《海赋》《梅花赋》《修竹赋》等23篇。《隋书·经籍志四》著录有《梁简文帝集》85卷。严可均《全梁文》辑录其文210余篇，多为诏、令、表、启，也有书、铭、碑、文。逯钦立《先秦汉魏晋南北朝诗·梁诗》卷二十至二十二辑录其诗285首，多为描写宫廷生活的"宫体诗"。简文帝是"宫体诗"的主要倡导者，主张"立身之道，与文章异，立身先须谨重，文章且须放荡"。这种文学主张可谓是惊世骇俗，别有新意，在当时就引起了争论，被诋为轻佻、淫靡之作，后世也多持否定批评意见。其实，换一种角度审视之，不失为文体的创新和尝试，也是对简文帝生活环境的真实写照，对后人了解那段历史不无裨益。简文帝的诗作中也有一些精品和名句，如"风轻花落迟"（《折杨柳》）、"山河同一色"（《临高台》）、"落花随燕入"（《春日》）等，皆清新飘逸，历来为诗家所赞赏。

　　梁元帝萧绎也是一位颇具文才的君主，一生著述宏富，涉及经学、玄学、文学和史学，惜已大部分散失，今仅存《古今同姓名录》。《隋书·经籍志四》著录有《梁元帝集》52卷、《梁元帝小集》10卷。严可均《全梁文》辑录其文140余篇，逯钦立《先秦汉魏晋南北朝诗·梁诗》卷二十五辑录其诗124首。梁元帝的诗风格绮丽，辞章华美，表现了典型的齐梁诗风，如《咏阳云楼檐柳》《折杨柳》等皆为优秀诗篇。此外，梁元帝还著有《金楼子》一书，其中《立言》篇说："至如文者，惟须绮系纷披，宫徵靡曼，唇吻遒会，情灵摇荡。"意思是，文学作品应该文采繁富，音节动听，语言精炼，感情充沛。这种对文笔的区分较好地表现了文学的特征，在中国文学理论批评史上具有积极影响。

　　在皇帝的带动和影响下，皇室成员积极参与文学活动，组织形成了一些有影响的文学集团。如刘宋时期的临川王刘义庆爱好文义，招揽了陆展、何长瑜、鲍照等一批文学名士，集体编成反映魏晋名士风流故事的著名志人小说《世说新语》。齐朝的文惠太子萧长懋、竟陵王萧子良、随郡王萧子隆不仅自身文才非凡，而且积极聚拢文人学士共同开展文学创作活动，形成了一个个文学圈子，其中最有名的是围绕在萧子良身边的"竟陵八友"。梁代的昭明太子萧统、简文帝萧纲、元帝萧绎也各自组成了以自己为中心的文学集团。这些文学集团经常开展各种文学活动，或吟诗唱和，或作赋抒情，或品评人物，或切磋文艺，互相启发影响，共同倡导文学时尚。

南朝时期，由于文学创作的繁荣，引发了人们对文学理论更大的关注和更深入的探讨，产生了一部伟大的文学批评专著——刘勰的《文心雕龙》。

刘勰（约465—约521），字彦和，祖籍东莞莒（今山东莒县），世居晋陵郡。从小家贫而笃志好学，长大后投靠建康定林寺沙门僧佑，通晓佛教经论，同时又崇尚儒学。梁天监中，曾任东宫通事舍人。晚年出家为僧，改名慧地。

《文心雕龙》完成于南齐末年。全书十卷、五十篇，分上下两编。上编论述文学的基本原则和各种文体的源流演变，下编则为创作论、批评论和统摄全书的"序志"。刘勰写作本书的直接动机是对当时文坛上流行的形式主义文风深以为弊，对前人的文学理论不大满意，希望通过此书建立正确的文学准则，以匡正时弊。《文心雕龙》是继陆机的《文赋》以后中国文化发展史上所出现的又一部文学批评巨著，也是中国文学理论史上一部空前绝后的巨著，具有体系完整、论述全面、观点独特、富有创新等特征。刘勰的这些理论建树和贡献给后人留下了珍贵的思想文化遗产，在中外文学史上具有十分重要的意义和影响。

另外，这一时期的文章选本也令人注目，代表作品主要是昭明太子萧统的《文选》。《文选》是萧统在东宫时聚集文人僚属共同编辑的一部文章精品选集，共30卷，保存了自周代至梁朝数百年间各种文体的代表作。内按"事出于沉思，义归于翰藻"之标准，分为赋、诗、表、启、赞、论、碑文、墓志、行状、祭文等约39类，每一大类又分多个子目，反映了萧统关于文章应"丽而不浮，典而不野"的文学主张。由于入选作品经过精心挑选，大多为文学史上的精品佳作，因而《文选》流行广泛，盛行不衰。该书经过唐初李善加以注释后，增加为60卷，更成为文人学士的必读之书。到了宋代，进一步流传为"文选烂，秀才半"的民间谚语。至近代，许多文人竞相研究《文选》而形成一门"选学"，足见此书影响之深远。

正因为统治者的重视和倡导以及文化士族的引为时尚，所以才有了这一时期的重文习文之风，文学才出现了繁荣的局面，并逐渐从经学的束缚中独立出来，在刘宋元嘉年间单独设科教学，从而获得了与经学、玄学和史学同等重要的地位。《南史·文学传序》说："自中原沸腾，五马南渡，缀文之士无乏于时。降及梁朝，其流弥盛。盖由时主儒雅，笃好文章，故才秀之士，焕乎俱集。于时武帝每所临幸，辄命群臣赋诗，其文之善者赐以金帛。是以缙绅之士咸知自励。"《梁书·文学传序》也说："高祖聪明文思，光宅区宇，旁求儒雅，诏采异人，文章之盛，焕乎俱集。……其在位者，则沈约、江淹、任昉，并以文采，妙绝当时。至若彭城到沆、吴兴丘迟、东海王僧孺、吴郡张率等，或入直文德，通燕寿光，皆后来之选也。"《南史·梁武帝纪》论曰："自江左以来，年逾二百，文物之盛，独美于兹。"南朝文学之盛况，由此可见一斑。

二、史学的昌盛

孙吴统治者非常重视本朝国史的编撰工作，模仿两汉官制设置史官。因孙吴政权以复兴西汉正统为旗号，故在史官制度上多循西汉旧制，也有少数源于东汉。先后设有太史令、左国史、右国史、东观令等史官。孙吴国史《吴书》之编撰始于孙权末年，终于孙皓亡国，历经四帝三十年才大致完成。常州华覈便曾参与其事，《三国志·吴书·薛综传附子薛莹传》载华覈上疏救莹事，便回顾了其参与《吴书》的几次修撰情况，曰："大吴受命，建国南土。大皇帝（孙权）末年，命太史令丁孚、郎中项峻始撰《吴书》。孚、峻俱非史才，其所撰作，不足记录。至少帝（孙亮）时，更差韦曜（即韦昭）、周昭、薛莹、梁广及臣（华覈）五人，访求往事，所共撰立，备有本末。昭、广先亡，曜负恩蹈罪，莹出为将，复以过徙，其书遂委滞，迄今未撰奏。臣愚浅才劣，适可为莹等记注而已，若使撰合，必袭孚、峻之迹，惧坠大皇帝之元功，损当世之盛美。"

萧齐代宋建国第二年即置史官："建元二年，初置史官，以（檀）超与骠骑记室江淹掌史职。"① 齐朝国祚虽短，但著作官甚多，史载兼任著作郎者有沈约、裴子野等九人，著作佐郎有萧洽、张率等九人。其史官职掌有所变化：一是专掌国史的史官不是著作官，而是由别职兼任，职事在外朝；二是著作官专撰起居注，任职在内朝。

萧梁代齐，史官制度基本因循前朝，而其班品、职掌稍异于齐。天监七年（508）改官品，著作郎改为十八班第六班，著作佐郎改为十八班第二班，以班多为贵。佐郎为起家之选，多任或转太子舍人、太子洗马，掌记东宫。佐郎以下还有著作令史及新设的撰史学士。著作郎多以掌知诏策文书的内侍官兼任，既掌国史，又撰起居注，职同东晋。先后兼任著作郎者有任昉、王僧孺等10人，担任著作佐郎者有刘孝绰、谢绥等16人。

萧子显（489—537）是常州地区第一位真正有影响的史学家。萧子显，字景阳，齐高帝萧道成之孙。齐亡后入梁，以文才秀隽为梁武帝所爱，累迁司徒主簿、建康令、吏部尚书、吴兴太守等。萧子显从小爱好文史，有撰史之志，开皇族成员编著史书之先例。先后著有《后汉书》100卷、《齐书》60卷、《普通北伐记》5卷、《贵俭传》30卷、《文集》20卷，可谓著述宏富、成绩卓著。

萧子显所撰史书大多已佚，仅有《齐书》流传至今。《齐书》又称《南齐书》，以区别于唐朝李百药的《北齐书》，原有60卷，因《自序》一卷亡失，今存59卷，

---

① 《南齐书》卷五二《文学·檀超传》，第891页。另据《南史》卷五九《江淹传》，"建元二年，始置史官，淹与司徒左长史檀超共掌其任"。

为本纪8卷、志11卷、列传40卷。虽是当代人写当代史,又属皇族子孙叙祖父辈业绩,难免有曲笔回护、虚美隐恶之弊,与史德不符,但总体而言,该史书以纪传体叙述萧齐一代历史,还是以取材丰富、材料可信、裁剪得当、文字简练见长,具有较高的史料价值。另外,独创《文学传》,所编《百官志》简明扼要也是该书的优点。正由于此,《南齐书》得以跻身"二十四史"之列,成为后人了解这段历史的主要依据。

第四节 绘画与书法

进入六朝后,常州地区绘画与书法艺术突飞猛进,产生了一批绘画、书法名家,不但在创作题材上有了重大突破,而且艺术手法也有明显改进,绘画方面出现了山水画、花鸟画、宗教画和人物画等,书法方面出现了隶书、楷书、行书和草书等。与此同时,专门品评画家、书法家及其作品的绘画与书法理论也有相当发展。

一、绘画艺术

六朝时期,常州地区在绘画方面的人才辈出,各领风骚,尤以东晋时的顾恺之最为著名。

顾恺之(344—405),字长康,晋陵无锡(今无锡市)人。出身名门大族,父亲顾悦之初为无锡县令,曾任尚书左丞。顾恺之早年入仕,先后为东晋权臣桓温、殷仲堪之参军,相处甚欢,晚年官至散骑常侍。顾恺之博学多才,擅长诗文,尤精绘画,为人诙谐,大智若愚,有"才绝、画绝、痴绝"之称。

顾恺之首创春蚕吐丝之"密体",即以既雄劲有力又连绵不绝之线条来勾勒图画,大大提高了绘画的表现技巧。他还主张观察现实生活,临摹自然山水,力求"实对""传神",通过典型环境来刻画典型人物,这在中国绘画艺术史上前所未有,实属创举。顾恺之一生创作了大量作品,唐朝《贞观公私画史》《历代名画记》等文献资料有详细记录,其代表作品有《女史箴图》《洛神赋图》《中兴帝相列像》《列仙图》等,可惜原作均已散佚,少数流传至今者多为唐宋摹本。后世对顾恺之的评价很高,历

图 3-5 南朝砖画

代画史多将其作品尊为上品,一如书法史上对王羲之的评价。顾恺之之后,顾氏绘画之家学门风仍得以延续,有成就者,刘宋有顾宝光、顾骏之、顾景秀,陈有顾野王,以顾骏之为最。

在现代考古发掘的六朝墓葬中,其墓室内保存着许多风格不同的砖画和砖拼壁画,让今人得以从一个侧面真切领略到六朝人的绘画艺术。由于砖拼壁画扩大了画面,可以表现更为复杂多彩的生活内容,所以一经产生便具有强大的生命力,在社会上广泛应用,到南朝晚期时已发展为浮雕形式。例如常州市南郊戚家村南朝墓出土的龙、虎、飞仙等砖画;①常州市南郊田舍村南朝墓出土的车马出行、骑马出行、凤凰、狮子、飞仙、仙女乘鹿等砖画,②多由3至7块画像砖拼砌而成,此乃小型壁画。这些经发掘出土的墓葬壁画,为研究这一历史时期的绘画艺术提供了珍贵的实物史料。

这一时期,探讨绘画艺术技巧以及自身发展规律的绘画理论也相应成熟起来,出现了顾恺之的《论画》、孙畅之的《述画记》、谢赫的《古画品录》和姚最的《续画品录》等论著。

顾恺之既是一流画师,又是中国最早的绘画评论家,"对于画评、画法、画论均有极精当之见解,虽其文字间有错落,不易了解,然只词片语,多含精意,为后代论画者千言万语所不及。是恺之不但于绘画之技能上,堪称大家,而于绘画之理论上,尤足独步千古"。③存留至今的画论之作有《论画》《魏晋胜流画赞》《画云台山记》三篇。《论画》专讲临摹古画的模写要法,并论画人物的技法要领。《魏晋胜流画赞》是一篇批评古画的画评,兼论笔墨与传神的关系。《画云台山记》专门介绍创作云台山水画的经过及其心得体会,实际上是对山水画创作手法以及艺术技巧的理论阐述,对后世颇有影响。

二、书法艺术

魏晋南北朝时期,常州地区书法人才众多,名家辈出。上自皇帝及皇室成员,下至世家大族与一般文人学士,都把临摹、研习书法当作一门必修功课,勤学苦练,自成一体,并形成家学门风,世代相传,催生出许多名家大家。

萧思话,南兰陵人,是宋武帝刘裕的孝懿皇后的侄子,曾官至中书侍郎、右将军、雍州刺史、吏部尚书等职,爱才好士,颇有声望。他"好书史,善弹琴,能骑射。……涉猎书传,颇能隶书,解音律,便弓马"。④可见其多才多艺,具有良好的艺术修养。他擅长隶书和行书,笔法秀丽俊逸,深受士人推崇,张怀瓘《书断》列其为"能品",

---

① 常州博物馆:《常州南郊戚家村画像砖墓》,《文物》1979年第3期。
② 常州博物馆:《江苏常州南郊画像、花纹砖墓》,《考古》1994年第12期。
③ 俞剑华:《中国绘画史》,商务印书馆1938年版,第38—39页。
④ 《宋书》卷七八《萧思话传》,第2011页。

称其"学于羊欣,得其体法,行草连冈尽望,势不断绝"。对推进南朝书法艺术发展有一定贡献。

萧子云,字景乔,南兰陵人,齐高帝萧道成之孙,竟陵王萧子显之弟。他"善草隶书,为世楷法,自云善效钟元常(繇)、王逸少(羲之)而微变字体"。他曾向梁武帝汇报自己研习书法的心路历程:"臣昔不能拔赏,随世所贵,规摹子敬,多历年所。年二十六,著《晋史》,至《二王列传》,欲作论语草隶法,言不尽意,遂不能成,略指论飞白一势而已。十许年来,始见敕旨《论书》一卷,商略笔势,洞澈字体;又以逸少之不及元常,犹子敬之不及逸少。自此研思,方悟隶式,始变子敬,全范元常。逮尔以来,自觉功进。"[①]梁武帝赞其书法"笔力劲骏,心手相应,巧逾杜度,美过崔寔,当与元常并驱争先"。萧子云的书法名声甚至远播海外,当时朝鲜半岛上的百济国使者曾慕名来建康向其求取书法真迹。萧子云的儿子萧特也善草隶,造诣非凡,得到梁武帝的称赞,认为其书法水平不亚于萧子云。

另外,梁武帝对书法理论也有深入探讨和独到见解。梁武帝著有《观钟繇书法十二章》《草书状》和《答陶隐居论书》等理论著作,观点独特,持论精当。

第四章 秦汉魏晋南北朝时期常州的社会生活

这一时期,由于经济的发展和科技的进步,南北之间的冲突和融合以及中外文化的交流,常州地区的社会生活面貌也发生了重大变化,在衣食住行、婚丧嫁娶、节日礼仪与生活习俗等方面逐渐形成了自己的特色。

第一节 衣食住行

秦汉时期的常州地区,经济落后,人口稀少,衣食住行方面与中原地区有很大的差别。魏晋南北朝时期,随着北人南迁,南北文化交融,常州的物质地区生活水平有了明显提高,在衣食住行方面逐渐向中原地区靠拢,但仍保持着浓郁的江南水乡特色。

一、服饰

秦汉时期,因社会地位不同,人们在服饰方面有官服和民服之分。常州地区的

[①]《梁书》卷三五《萧子恪传》附传,第515页。

居民多着便服,一般为上衣下裳,分裁合缝,连为一体。外衣里面都有中衣和内衣,季节不同,厚薄不一,衣料多为麻葛,颜色流行黑色或褐色。

进入魏晋南北朝,随着由于少数民族的不断内迁和北方士族的纷纷南下,人们的着装观念发生了很大的改变,朝廷规定的服饰制度往往不能实行,穿衣着装方面的尊卑之别常常被突破,服饰的样式变化也日趋频繁。东晋葛洪在《抱朴子·讥惑篇》中曾说:"丧乱以来,事物屡变。冠履衣服,袖袂裁制,日月改易,无复一定。乍长乍短,一广一狭,忽高忽卑,或粗或细,所饰无常,以同为快。其好事者,朝夕放效,所谓京辇贵大眉,远方皆半额也。"

其中,三国两晋时期服饰基本依循汉之旧制,东晋中期以后,由于玄学名士们追求风流放达,故衣服的主流趋势是越来越宽大,"晋末皆冠小而衣裳博大,风流相放,舆台成俗"。① 进入南朝,关于服装的等级规定日趋松弛,人们的穿着打扮发生了很大变化。史载刘宋时"凡厥庶民,制度日侈,商贩之室,饰等王侯,佣卖之身,制均妃后。凡一袖之大,足断为两,一裾之长,可分为二,见车马不辨贵贱,视冠服不知尊卑。尚方今造一物,小民明已睥睨。宫中朝制一衣,庶家晚已裁学。侈丽之原,实先宫闱"。② 话虽有些夸张,但却反映了当时服制的尊卑之别被打乱的真实情形。同时,它也说明了讲究衣服宽大的奢靡之风,实出于皇室的提倡,而寒门庶族在经济地位上升后,服饰方面也向士族看齐,以致尊卑不分贵贱莫辨,从而形成一种风尚。至梁代,此风更盛,社会上皆以宽衣博带、峨冠高履为时尚。

二、饮食

这一时期,人们的饮食结构、饮食方式在沿袭汉代饮食习惯的基础上有了一定的变化和发展,主要是少数民族的一些饮食习俗被汉族吸收和改进,北方地区的饮食习俗随南迁人口带到了南方,出现了胡汉、南北饮食文化的大交融。

饭和粥是当时人的主要食物,当时江南地区居民的主食为稻米,米饭是用大米和水按一定比例放在锅里蒸煮而成,与现代做法基本相似。但一般只有社会上层人士才能吃得起上等米饭,而平民家庭只能吃普通米饭,至于那些生活困难的贫民则吃不起米饭,多数以食粥来充饥。"义兴吴国夫,亦有义让之美。人有窃其稻者,乃引还,为设酒食,以米送之"。③ 可见当时的稻米还是很值钱的。由麦做成的面食很多,有麦粥、面糊、面饼等,泛称为饼,与现在的概念不同,饼的种类较多,其中水引饼类似于今天的面条,细如长丝,白如雪花,拌上肉汁,鲜美可口,据说南

---

① 《晋书》卷二七《五行志上》,第 826 页。
② 《宋书》卷八二《周朗传》,第 2098 页。
③ 《宋书》卷九一《吴国夫传》,第 2253 页。

齐开国皇帝萧道成就很喜欢吃水引饼。

这一时期的副食主要是蔬菜、鱼和肉。蔬菜的品种很多。《南齐书·高祖十二王传》记载，武陵昭王萧晔招待尚书令王俭，"设食，盘中菘菜鲍鱼而已"。又，南齐文惠太子问太子仆兼著作周颙："菜食何味最胜？"周颙答："春初早韭，秋末晚菘。"① 另外，原产于北方，后流传到南方成为家常菜的蔬菜有韭菜、茄子等。由于江南一带河网密布，湖塘众多，水资源和鱼类资源十分丰富，所以当地居民自古以来就过着"饭稻羹鱼"的生活，鱼虾就成为人们日常生活中的主要肉食。肉类食物除了最常见的猪肉外，还有马、牛、羊、鸡、鸭、鹅等家畜家禽肉。不过当时肉食并不普及，只有统治者阶层才能享用。寻常百姓由于贫穷普遍吃不起猪肉，南方居民一般只吃鸡、鸭、鹅等家禽肉。

在各种饮料中，最流行的是酒和茶。饮酒之风，古已有之。魏晋六朝时期，社会动荡，人生无常，许多人借酒浇愁，逃避现实，促使饮酒之风更加盛行。当时酒的品种很多，有白酒、米酒、陈酒、葡萄酒、药酒等，尤以各种米酒居多。酒的酿造技术也较前发达，有许多以个人或家族名字命名的酒和酿酒方法。茶原产于我国西南地区，汉代时就被当作药物使用。魏晋时期，茶由药物逐渐转变为人们的日常饮料。东晋以后，饮茶在南方地区形成风气，并成为招待客人的必备饮料。至南朝，江南地区的饮茶之风更盛，不但注重茶叶的品种和质量，而且对饮茶的用具也十分讲究，出现了许多形状不一的青瓷茶具。甚至人死后的祭祀用品和随葬品里都有茶叶或茶具，如齐武帝萧赜临终前留有遗诏，要求"我灵上慎勿以牲为祭，唯设饼、茶饮、干饭、酒脯而已"。②

三、居住

到了南北朝时期，砖瓦材料的使用渐趋广泛，建筑水平有所提高，室内器具摆设受北方少数民族的影响也有明显变化。

普通民居以土墙茅草屋和竹舍为主，所谓"江南土薄，舍多竹茅"，③ 一般以木材或毛竹架构，干土垒墙，茅草覆顶。家境稍好者建有数间茅屋，围成院落，内设畜栏、禽舍、谷仓和厕所；家庭贫穷者则连像样的茅草屋都盖不起，只能就地取材，随便搭个草棚或竹舍，条件十分简陋。

当时，人们在正式场合仍沿袭商周以来的跪坐习俗，若在非正式场合或个人独处时也能做到跪坐，则被认为是遵守礼仪规范的楷模。如梁武帝的侄子萧藻，"性恬静，

---

① 《南齐书》卷四一《周颙传》，第732页。
② 《南齐书》卷三《武帝纪》，第62页。
③ 《隋书》卷四一《高颎传》，第1181页。

独处一室,床有膝痕,宗室衣冠,莫不楷则"。①不过,由于受玄学名士行为放达的影响,越来越多的人采取箕坐的坐姿,因此坐床的高度也相应增加,在床上出现了倚靠用的长几和半圆形的凭几,床前设置了供上下床和放鞋用的案。几和案均属形体不大、比较矮小的桌子,多为长方形,也有圆形或半圆形的,一般用于饮食、下棋、读书、写字或摆放物件。

与此同时,来自西域的胡床逐渐在江南地区流行开来。与胡床一起传入江南地区的北方少数民族的生活用具还有各种桌椅板凳,也在相当程度上便利了南方民众的日常生活。

四、交通

南方交通以建康为中心,通过陆路和水路,连接大江南北的长江中下游流域和江淮地域,并辐射到四川盆地、岭南、中原地区和更加遥远的地方,形成一种纵贯南北、横穿东西的交通网络,较之秦汉时期有了明显进步。在这些陆路和水路交通线上,设有一系列驿站和客栈,专供往来官员客商歇宿和存放物资,便于各地经济文化交流,也有利于统治者对各辖地的有效控制。

陆路交通工具主要为牛车、肩舆、步辇等,水路交通工具主要由各式各样的船舶组成。从形制来看,既有水乡民众日常使用的扁舟、方舟、小艇和木筏,又有达官贵人乘坐的龙舟、画舫、大船和长舰;从功能上讲,既有摆渡载客的客船和专供游玩的游船,又有生产用的渔船和长途运输的货船,更有用于战争的各种兵船。《吴越春秋》载,江南吴地"以船为车,以楫为马",百姓出门坐船如同家常便饭,充分显示出江南水乡的出行特色。《陈书·孔奂传》称其"除晋陵太守"后,以"单舱临郡",可见建康、晋陵间水道便捷。

第二节 婚丧嫁娶

无论达官贵人,还是平民百姓,婚丧嫁娶几乎是每个家庭都要经历的人生大事,历来深受重视,并形成了一整套礼仪规范和民情风俗。这一时期的常州与其他地区一样,在婚丧嫁娶方面遵循着共同的礼仪制度,同时也呈现出一定的地方特点。

一、婚姻

秦汉魏晋南北朝时期,常州地区大体上仍遵循传统的婚姻礼仪,但由于社会动荡、人口迁移,人们的婚姻观念和行为已发生了深刻而又复杂的变化,呈现出与以往时代不同的特点。归纳起来主要有:注重门第,士庶不婚;政治联姻,不计行辈;

---

① 《梁书》卷二三《萧业传附弟藻传》,第362页。

父母包办，早婚早育；男子多纳妾，女子可改嫁。即使是士族出身的男子，若无钱也难以娶妻成家。如《文心雕龙》的作者刘勰"早孤，笃志好学，家贫不婚娶，依沙门僧佑，与之居处，积十余年"。① 早婚早育在魏晋南北朝时期是一种带普遍性的习俗，社会上绝大多数人未及弱冠之年就已婚配成家。据史料记载和专家统计，这一时期的历代皇帝结婚年龄平均为15岁，皇后们的结婚年龄平均为13岁。文武大臣、门阀士族的结婚年龄也多在十几岁，如南朝梁张缵11岁尚富阳公主。② 至于生活在社会底层的平民百姓更是流行早婚早育，常常是十五六岁就已为人父母，40岁不到已成祖父母了。

之所以出现这种现象，是因为魏晋南北朝时期，战乱频繁，人口锐减，各地政权为了增加劳动力，扩大兵员，增加税收而采取了鼓励早婚早育的政策，试图尽快恢复和增长人口。如南齐建武四年（497）正月诏："民产子者，蠲其父母调役一年，又赐米十斛。新婚者，蠲夫役一年。"③ 梁武帝天监十六年（517）正月诏曰："若民有产子，即依格优蠲。"④

这一时期，由于儒家思想受到冲击，婚姻观念发生变化，男女结婚相对自由，妇女改嫁成了司空见惯的社会现象。改嫁有被迫者，也有自愿者，如刘宋谢混死后，其妻晋陵公主被迫改嫁给琅邪王练，后自请复归谢氏。还有坚决不愿改嫁者，《南史·孝义传》也记载：晋陵吴康之妻赵氏，"少时夫亡，家欲更嫁，誓言不二焉"；"义兴蒋儁之妻黄氏，夫亡不重嫁，家逼之，欲自杀，乃止"。妇女不愿改嫁反而会遇到家长逼迫，可见当时妇女改嫁之风盛行。

二、丧葬

由于受到社会大背景的影响，特别是玄学的流行、佛教的传播和道教的兴起，到了魏晋南北朝时期，常州所在的江南丧葬习俗出现了一些有别于北方的特色。据《颜氏家训·风操》记载："江南凡遇重丧，若相知者同在城邑，三日不吊则绝之"，"有故及道遥者，致书可也。"当有客人前来吊丧时，一般是主人先哭，客人则一进门就要陪着主人一起哭，常常是边哭边倾诉衷肠，以示对死者的哀悼和怀念。这与北方人哭丧时呼天抢地、大声哀嚎的风俗颇不一样。随着佛教的流传和渗透，常州民间在丧事中逐渐增加了由佛教徒诵经、祈祷及供奉佛像等活动内容，形成了举行七七斋和水陆法会的新民俗。如水陆法会便相传起源于南朝梁武帝时，据《佛祖统纪》卷三三载，梁武帝梦见一个神僧告诉他说："六道四生，受苦无量，何不作水陆大斋以拔济之？"

---

① 《梁书》卷五〇《刘勰传》，第710页。
② 参见朱大渭等著：《魏晋南北朝社会生活史》，中国社会科学出版社2005年版，第183页。
③ 《南齐书》卷六《明帝纪》，第89页。
④ 《梁书》卷二《武帝纪中》，第56页。

在高僧宝志的奉劝下,梁武帝搜寻佛经,创制仪文,三年乃成,遂于天监四年二月十五日,在润州(今江苏镇江)金山寺修设水陆法会。此后,水陆法会就成为经常举行的超度死者亡灵的大规模法会,并在民间丧事活动中广为应用。

这一时期,统治者提倡孝道,号称以孝治天下。在此影响下,社会上从上到下普遍遵循居丧守孝之礼,有的还走向了极端。如梁昭明太子在其母丁贵嫔死后,"步从丧还宫,至殡,水浆不入口,每哭辄恸绝",在其父梁武帝的劝说下,才进粥数合,"自是至葬,日进麦粥一升。……虽屡奉敕劝逼,日止一溢,不尝菜果之味。体素壮,腰带十围,至是减削过半。每入朝,士庶见者莫不下泣"。①不仅昭明太子至孝如此,其弟简文帝也一样,在穆贵嫔去世后,"哀毁骨立,昼夜号泣不绝声,所坐之席,沾湿尽烂"。②至于民间恪守孝道之事,更是屡见不鲜。如南朝齐晋陵无锡人薛天生,"母遭艰菜食,天生亦菜食。母未免丧而死,天生终身不食鱼肉"。③这是以终身吃素来表达对母亲的怀念之情。

第三节 节庆娱乐

至魏晋南北朝时期,常州地区的主要节庆活动有元日、人日、上元节、上巳节、寒食节、端午节、乞巧节、盂兰盆节、重阳节、腊日、除夕等。这些节庆大致沿袭秦汉传统,但也逐渐加入了一些具有宗教色彩的节日。

魏晋南北朝时期,常州地区的娱乐活动开始变得丰富多彩,如南齐萧惠基精通音乐,据本传载:"自宋大明以来,声伎所尚,多郑卫淫俗,雅乐正声,鲜有好者。惠基解音律,尤好魏三祖曲及《相和歌》,每奏,辄赏悦不能已。"④

南齐南梁时期,围棋流行,南齐的建立者萧道成"弈棋第二品。……尝与直阁将军周覆、给事中褚思庄共棋,累局不倦,覆乃抑上手,不许易行"。⑤其第五子武陵昭王萧晔也擅长下围棋。梁武帝萧衍"六艺备闲,棋登逸品",⑥非常喜欢与人下围棋,入迷起来往往通宵达旦。这一时期,在围棋活动广泛开展的基础上,开始对棋手分级定品。如南齐时,高帝萧道成弈棋第二品,永明中,齐武帝萧赜又命王抗评品棋手,并让萧惠基主管这项工作。梁武帝天监年间,"使(柳)恽品定棋谱,

---

① 《梁书》卷八《昭明太子传》,第167页。
② 《梁书》卷四《简文帝纪》,第109页。
③ 《南史》卷七三《薛天生传》,第1821页。
④ 《南齐书》卷四六《萧惠基传》,第811页。
⑤ 《南史》卷四《齐高帝纪》,第113页。
⑥ 《梁书》卷三《武帝纪下》,第96页。

登格者二百七十八人，第其优劣，为《棋品》三卷。恽为第二焉"。[1]大同末年，陆云公"受梁武帝诏校定《棋品》"，这是对过去已定的《棋品》作校定工作。此外，梁简文帝萧纲还著有《棋品》五卷。

另外流行的一种娱乐活动是弹棋，起源于西汉，其规则不同于围棋。梁简文帝曾专门写过《弹棋论》，可见弹棋在当时很流行。

---

[1]《南史》卷三八《柳元景传附柳恽传》，第989页。

隋唐宋元时期

第四编

第一章 隋唐宋元时期常州的政治变迁

隋文帝开皇九年（589），隋朝灭陈，常州从此成为统一的中原王朝——隋朝的属地。武德七年（624），常州又纳入唐朝的版图。五代十国时，中原战乱，常州先后属杨吴、南唐。开宝八年（975），常州归宋。1275年，元将伯颜率元军进攻常州，常州在坚守半年之后，最终失陷，惨遭屠城，从此进入元代统治时期。

第一节 隋朝时期的常州

581年，北朝的北周政权被外戚杨坚禅代，隋朝建立。隋文帝杨坚励精图治，采取了一系列强化中央集权、发展社会经济的措施，政治、军事、经济力量日益壮大。此时立国于长江流域的南朝汉人政权正在最后一个王朝——陈朝的统治时期，陈朝在南朝各代中，疆域最小，国力最弱，"逮于陈氏，土宇弥戚，西亡蜀、汉，北丧淮、肥，威力所加，不出荆、扬之域。州有四十二，郡唯一百九，县四百三十八，户六十万"。①且陈朝历代皇帝有为者少，政治黑暗，百姓困苦，末代皇帝后主陈叔宝更是昏庸无能，两相对照，中国开始出现了统一的趋势。

开皇八年三月戊寅，隋文帝下诏征讨陈朝，同年十月，"命晋王（杨）广、秦王（杨）俊、清河公杨素皆为行军元帅，以伐陈"。②十一月，隋军向陈朝开始发起全线进攻，昏庸的陈后主此时仍然大言："王气在此，齐兵三度来，周兵再度至，虏今来者必自败。"③开皇九年正月初一，隋将贺若弼自广陵引兵渡江，拉开了攻陈的序幕。正月二十日，攻陷建康，陈后主躲入景阳宫的枯井，被隋军发现俘获。二十二日，平陈总元帅晋王杨广进入建康，陈朝宣告灭亡，中国至此得以重新统一。

晋王攻陷建康后，"诸城皆解甲"，④但包括常州在内的苏南及浙江部分地区仍在进行抵抗。后梁灭亡前夕，宗室萧岩、萧瓛叔侄率文武百官及男女十万人投奔了陈朝，分别被封为东扬州刺史和吴州刺史，这也是当年隋朝发动灭陈战争的导火索。

---

① 《隋书》卷二九《地理志》，中华书局1973年版，第807页。
② 《隋书》卷二《高祖纪》，第31页。
③ 《南史》卷一〇《陈本纪》，中华书局1975年版，第308页。
④ 《资治通鉴》卷一七七，中华书局1955年版，第5512页。

隋朝攻克建康后,驻守在常州的陈朝永新侯陈君范"自晋陵奔瓛,并军合势",① 试图抵御隋军。杨坚得悉后,命右卫大将军宇文述率行军总管元契、张默言等东下征讨。萧瓛一面在晋陵城东立栅抗拒隋军行进,一方面遣部下王褒守吴州(今苏州至浙江富春江以北地区),自己则率部从义兴进入太湖,想切断隋军后路。结果宇文述进破其栅,回军反击,大获全胜。萧瓛退守洞庭四山,旋即被俘。此后在浙江的萧岩、陈君范也向隋军投降,陈朝全境宣告平定。

　　隋朝虽然立国时间较短,却是中国历史上承上启下的一个重要阶段,为了整治南北分裂以来的混乱局面,加强统治,在政治体制、经济制度、户籍管理和刑律等诸方面进行了一系列的改革,其中很多改革措施为唐朝所继承,对后世影响深远。在平陈以后,隋王朝便将其各项制度在陈朝旧境中推行,其中主要包括省州郡县、废除士族特权、统一赋税、检校户籍、"大索貌阅""输籍定样"等,推动了江南地区的发展。但另一方面,士族的特权被剥夺,导致他们对新政权产生怨恨,所谓"江表自东晋已来,刑法疏缓,世族陵驾寒门;平陈以后,牧民者尽更变之"。② 正当此时,隋朝政府又开始在江南推行"无长幼悉诵"五教的政策,虽然其初衷是为了加强意识形态的统一,改变江南地区的风俗,但由于方式粗暴,加以烦鄙之辞,"士民嗟怨",再加上之前陈朝宗室和主要世家豪族被强制迁入关中,此时江南民间又讹传隋朝政府要将江南民众全部迁入关中,江南民众人心惶恐不安,矛盾迅速激化,最终引起了"陈之故境,大抵皆反"的大规模豪族反叛。当时在晋陵的顾世兴和无锡的叶略举兵反隋,整个苏南地区几乎全部卷入这场争斗中。隋文帝闻讯后,以杨素为行军总管,开始对其进行大规模镇压。顾世兴及其都督鲍迁等数次拒战,最终被杨素击破,俘获3000人,无锡叶略也随即平定。隋文帝在杨素出征前,曾经命令其在平定江南后,"男子悉斩,女妇赏征人,在阵免者从贼",③ 使江南民众受到了重大打击。

　　和隋文帝对江南实行高压政策不同,其继承者隋炀帝杨广由于曾经坐镇扬州,担任过扬州总管,对江南有着别样的感情,再加上关陇集团的部分成员当初拥立太子杨勇,使得其需要吸纳江淮人士以作后盾,因此对江南地区采取了一种怀柔的姿态。大业元年(605)他开凿通济渠和邗沟后,更是从洛阳西苑乘龙舟循通济和邗沟下江都南巡。大业六年,他第二次南巡江都后,又下诏开通江南运河。大业十二年,隋炀帝在四面楚歌声中,又一次南巡。此时他还命令毗陵通守路道德召集十郡士兵数万人在郡东南起宫苑,打算把东都洛阳的西苑在此复制,并拟定都于此。④ 据史籍记载,

---

① 《隋书》卷六一《宇文述传》,第1464页。
② 《资治通鉴》卷一七七,第5530页。
③ 《北史》卷四一《杨敷传附杨素传》,中华书局1974年版,第1511页。
④ 《资治通鉴》卷一八三,第5702页。

毗陵宫周围12里，内有凉殿4座，离宫16座，环以清流，荫以嘉木，每宫回廊复阁，飞觞流水，工技精巧，丹碧绚丽，华丽更超西苑。①可是毗陵宫尚未完全建成，20个月后，隋炀帝在江都被杀，隋朝宣告灭亡。

隋炀帝屡次南巡，已经浪费了大量国帑，再加上大业七年、九年、十年，他连续发动了三次征伐辽东的战役，把隋王朝拖入了战乱和亡国的深渊。军事上的失败，财政上的匮乏，再加上水灾频发、饥荒频仍，给社会带来了深重的灾难，反隋运动也随之一触即发。反隋运动虽然有下层农民抵抗隋朝沉重兵役、徭役负担而发起的斗争，但更多的却是地方豪强和官员谋取权力再分配的一场角逐。这场角逐从大业七年邹平人王薄在长白山（今山东章丘境内）聚众起义开始，至唐武德七年（624）才最终落下了帷幕，其间涌现出的大大小小的武装力量达130余支，最终导致了隋王朝的覆灭和唐王朝的兴起。在常州境内，也出现了好几股反隋力量，成为反隋运动的重要舞台。

大业九年夏，隋礼部尚书杨玄感在黎阳（今河南浚县）起兵造反。当年七月，余杭（今属杭州）百姓刘元进起兵响应杨玄感，聚众10万人。八月初，吴郡人朱燮、晋陵人管崇也相继起兵。管崇身材高大，姿容俊美，志气倜傥，隐居在常熟，自称有王者之相，故"群盗相与奉之"。此时，隋炀帝正在涿郡（今河北涿州），命虎牙郎将赵六儿率兵1万人到扬子（今属扬州）驻扎，分五营以备"南贼"。管崇派遣部将陆顗渡江，夜袭赵六儿，破其两营，收其器械军资而去。此后管崇的势力更加强大，部众达到10万人。

刘元进率部众正准备渡江时，传来了杨玄感兵败的消息。朱燮、管崇便"迎元进，推以为主，据吴郡，称天子，燮、崇俱为尚书仆射，署置百官，毗陵、东阳、会稽、建安豪杰多执长吏以应之"，②建立了政权。隋炀帝改派左屯卫大将军吐万绪、光禄大夫鱼俱罗率兵前来讨伐刘元进，在润州击破刘元进，进屯曲阿。刘元进连栅与吐万绪军对峙百余日，终被击溃。吐万绪发起进攻，义军被打败，死伤了数万人。刘元进奋勇突围，乘黑夜逃了出来。朱燮、管崇屯毗陵，连营百余里。吐万绪乘胜进攻，攻破连营，将刘元进、朱燮、管崇包围在黄山。刘元进、朱燮只身逃脱，吐万绪"于阵斩管崇及其将军陆顗等五千余人，收其子女三万余口，送江都宫。进解会稽围"。③刘元进此后又一度以建安为根据地，继续抵抗。隋炀帝命令吐万绪继续进军讨伐，吐万绪以士卒疲惫不堪为由，请求暂停用兵。隋炀帝改派江都郡丞王世充作统帅进

---

① （宋）史能之：《咸淳毗陵志》卷二七《古迹》，广陵古籍刻印社2005年版。
② 《资治通鉴》卷一八二，第5682、5683、5685页。
③ 《隋书》卷六五《吐万绪传》，第1538—1539页。

攻刘元进。王世充召来先前投降的人在通玄寺的佛像前焚香为誓，约定降者不杀，但却背信弃义，将这些人全部坑死在黄亭涧，死者达3万余人，此后"余党复相聚为盗，官军不能讨，以至隋亡"。①

大业十四年三月，宇文化及等在江都宫弑杀杨广，此后国家权力陷入极度混乱之中。首先占领常州的是沈法兴。沈法兴是武康（今属浙江德清）人，是南朝著名的地方豪族，拥有较强大的私人武装，在江南有着极大的影响力。隋末时沈法兴任吴兴（今浙江湖州）太守，受命与太仆丞元祐去镇压东阳（今浙江金华）楼世干。隋炀帝死后，沈法兴便与元祐的部将孙士汉、陈果仁合谋，囚禁元祐，"号令远近"，借诛宇文化及为名，自东阳出发，攻下余杭、乌程等地。待进发到乌程时，他已有精兵六万，继续向北攻击。他以会盟为名，袭杀了毗陵通守路道德，占据了毗陵，又派陈果仁等攻占了丹阳。

沈法兴占领了长江以南十几个郡，自称江南道大总管。听说越王杨侗在洛阳被王世充等立为帝后，即上表杨侗，表示归顺，自称大司马、录尚书事、天门公，自署百官，以陈果仁为司徒，孙士汉为司空。沈法兴攻克毗陵后，认为江、淮以南可轻松平定，乃自称梁王，建都于毗陵，改年号为延康，恢复陈朝制度，建立起了割据政权。沈法兴性情残忍，崇尚严刑峻法，将士稍有过错，便立即被诛杀，司徒陈果仁也被其杀害，于是将士离心。此时，杜伏威占据历阳（今安徽和县），李子通占据海陵（今泰州），原隋朝江都郡守陈棱占据江都，都有窥伺江南的意图。沈法兴三面受敌，屡屡败北。大业十五年，李子通率军围逼陈棱，陈棱向沈法兴求救，沈法兴遣子沈纶领兵数万前往救援，李子通率兵攻击，大败沈纶，乘胜渡江，攻陷京口。沈法兴又遣蒋元超迎敌，也被杀死。沈法兴只得放弃毗陵郡，逃往吴郡，不久投江而死，丹阳、毗陵等地都投降了李子通。②此后常州先后被杜伏威、李子通及杜伏威的部将辅公祏所占据。唐武德七年（624），辅公祏政权被平定之后，常州境内长达二十余年的动荡终于宣告结束，常州迎来了一个全新的时期。

第二节 常州在唐代的兴衰及五代十国时期的动荡

大业十三年（617）六月，时任太原道安抚使的李渊从太原起兵，十一月攻陷长安，立炀帝之孙杨侑为恭帝，改元义宁，遥尊远在江都的炀帝为太上皇，李渊自为大丞相，掌握实权。次年三月，炀帝被杀，五月，李渊登基，改国号为唐，改元武德，

---

① 《资治通鉴》卷一八二，第5688页。
② 《旧唐书》卷五六《沈法兴传》，中华书局1975年版，第2272、2273页。

都长安,即唐高祖。唐王朝先后平定了各地的割据势力,重新建立了一个统一的国家。在唐代统治前期,继续推行着隋朝以来的"关中本位"和"强干弱枝"政策,其政治、军事、社会、文化等各领域,均以关中地区和中原地区为中心,江南地区受到一定的压制。但随着江南地区经济的发展,到开元时期,已经在唐帝国占据着越来越重要的作用,逐渐成为唐王朝中央政府新的财赋之地,其政治地位也开始明显上升。

唐朝统一全国之后,结束了数百年的战乱,进入了长达百余年的承平时期,到唐玄宗在位的开元、天宝年间(713—756)更达到了全盛,史称"开元之治""天宝盛世",杜甫在《忆昔》诗中回忆当年盛景曾写道:"忆昔开元全盛日,小邑犹藏万家室。稻米流脂粟米白,公私仓廪俱丰实。九州道路无豺虎,远行不劳吉日出。齐纨鲁缟车班班,男耕女桑不相失。"但表面上的鼎盛背后隐藏着众多的危机。天宝十四载十一月,平卢节度使兼范阳节度使、河东节度使安禄山在范阳起兵,以诛宰相杨国忠为名,率部南下,横扫中原。由于长期承平下的军备废弛、府兵制度名存实亡,各地军队根本无法抵抗,"州县发官铠仗,皆穿朽钝折不可用;持梃斗,弗能亢。吏皆弃城匿,或自杀,不则就擒,日不绝"。^①次年五月,长安门户潼关失守,玄宗出走西川,七月,逃至灵武的太子李亨在部分臣僚的拥戴下即皇帝位,是为肃宗。此后,唐王朝历时八年,直至代宗广德元年(763)初才将这场动乱平息下去。其间,安禄山曾试图南下江淮,在汴渠沿岸的睢阳,唐将许远、张巡率军奋战,誓死抵抗,才使得安禄山南下的企图无法得逞,保住了江南的和平。但江南地区仍然遭受了一定的冲击,其中刘展之乱便使常州深受其害。

刘展时领淮西节度副使,"素有威名,御军严整",然而"刚愎自用,故为其上者多恶之"。其上司淮西节度使王仲升便通过监军宦官邢延恩向肃宗上奏,称其"倔强不受命,姓名应谣谶,请除之"。唐肃宗为此感到为难,邢延恩便献计将刘展升任为都统淮南东、江南西、浙江西三道节度使,计划使刘展脱离兵众后,在其就任途中将其擒获。邢延恩把皇帝任命的制书授给刘展时,刘展心中起疑,说:"展自陈留参军,数年至刺史,可谓暴贵矣。江、淮租赋所出,今之重任,展无勋劳,又非亲贤,一旦恩命宠擢如此,得非有谗人间之乎?"不由泪下。邢延恩见他起疑,连忙说:"公素有才望,主上以江、淮为忧,故不次用公,公反以为疑,何哉!"刘展得到印玺与旌节后,就上表谢恩,然后下文书召来江淮亲信,委以重任,一切准备就绪后,刘展率领所统兵七千前往广陵去赴任。

邢延恩见状提前奔到广陵,与原江淮都统李峘、淮南东道节度使邓景山联兵抵御,并下檄书给各州县,说刘展谋反。而刘展也发布檄书说李峘谋反,各州县莫知

---
① 《新唐书》卷二二五上《安禄山传》,中华书局1975年版,第6417—6418页。

所从。李峘、邓景山的军队军心动摇，被刘展击败而溃散，于是刘展率兵进入广陵，随后攻陷了润州、昇州（今南京）、常州、苏州、湖州、宣州以及舒州、和州、濠州、楚州、滁州、庐州等地，大有割据江南之势，朝廷大为震恐。邓景山兵败后，与邢延恩上奏，请求唐肃宗下敕书命令驻守济南的平卢节度使田神功率兵平乱。邓景山还亲自派人催促田神功出兵，并许诺战胜后将江南的财物女人都送给田神功。田神功听说后，全军南下，与刘展会战于都梁山，大败之。上元二年（761）正月，刘展在镇江附近再次与田神功等官军决战，刘展被箭射中眼睛后身亡。邓景山等率领一千兵马从海陵（今泰州）渡过长江，东扑常州，李可封献出常州投降。不久，各地刘展残余的叛军都被平定。田神功占领广陵之后，便放纵士兵大肆掠夺。回京师前，又在江淮大掠十日，使包括常州在内的这一地区遭受空前浩劫。①

安史之乱以后，唐王朝中央政府权威日益衰微，藩镇的地位日益重要，唐朝国运之兴替，社会之安危，无不系于藩镇，所谓"国命之重，寄在方镇"，地方藩镇已经成为政治重心和关键。和北方藩镇割据，与中央政府争权夺利不同，处于江南地区的浙西和淮南二镇，长期和中央保持着密切而且顺从的关系，成为唐朝赖以维系国运的根基，江南地区的重要性也日益突显起来。而如何保持江南的长治久安，也成为唐王朝面临的一个重要课题。从代宗广德（763—764）至唐末僖宗乾符年间（874—879）的百余年间，江南只发生过一起针对中央集权的较大规模叛乱，故史称"天下方镇，江南最宁"。但这唯一一次的李锜之乱也对包括常州在内的江南地区造成了一定影响。

李锜是唐朝的宗室，曾担任过常州刺史，以宝货行贿当时的宠臣李齐运，于贞元十五年（799）二月，升任浙西观察使、诸道盐铁转运使。李锜上任后，利用职务之便大肆敛财，交结权贵，因每年按时进贡，深得皇帝的恩宠，便仰仗信任，日益桀骜专横。唐顺宗即位后，于永贞元年（805）三月改任其为镇海节度使（治所也在京口），解除了盐铁转运使职务。宪宗即位后，立志打击藩镇，各地藩镇畏惧不安，纷纷请求入朝任职，李锜也请求回京入朝。宪宗便顺水推舟，同意他前来朝见，但李锜迟迟不动身，引起了宪宗的不满。李锜郁愤不满，于是决心反叛。暗中下令先前布置在所辖常、苏、杭、湖、睦五州的镇将，伺机杀死各州刺史，阴谋割据江东。常州刺史颜防早有预防，起兵抵抗，杀死了镇将李深，并写信给其他各州刺史，相约共同进讨。宪宗也派淮南节度使王锷为招讨处置使，率兵从宣州、杭州、信州三路进兵征讨。李锜素来为江南人所深恶痛绝，此时便众叛亲离，于当年十一月被擒，

---

① 《资治通鉴》卷二二一，第7097页。

押送京师斩首。①

到9世纪后半期，唐王朝逐步濒于分崩离析的境地。唐僖宗乾符元年（874），濮州（今山东鄄城县北）人王仙芝率数千人于长垣（今河南长垣县）起义。次年，冤句（今山东菏泽市西南）人黄巢聚众响应。乾符五年（878）六月，"王仙芝余党剽掠浙西"，一度威胁东南，后因唐政府急调荆南节度使高骈迎战，阻止了黄巢进攻浙西的企图。僖宗中和二年（883），黄巢退出长安，次年战死。唐皇室虽然回到长安，但缉捕"盗贼"又助长了藩镇势力的发展，此时藩镇"皆自擅兵赋，迭相吞噬，朝廷不能制。江淮转运路绝，两河、江淮赋不上贡，但岁时献奉而已。国命所能制者，河西、山南、剑南、岭南西道数十州。大约郡将自擅，常赋殆绝，藩侯废置，不自朝廷，王业于是荡然"。② 各种新兴藩镇此起彼伏，你争我夺，动乱频繁，常州也和其他地方一样，屡屡易主。

常州当时属于镇海军节度使，镇海军节度使即浙西节度使，镇守润州（今镇江），领润、常、苏、杭、湖、睦六州，时任镇海军节度使为周宝，他在僖宗乾符六年十月接任。光启二年（886）正月，镇海牙将张郁作乱，攻陷了常州。六月，周宝又遣牙将丁从实袭常州，逐张郁。周宝曾募"亲兵千人，号后楼兵，稟给倍于镇海军，镇海军皆怨，而后楼兵浸骄不可制"，张郁作乱可能便由此导致。光启三年度支催勘使和镇海军将刘浩再度作乱，后楼兵亦反，周宝出奔常州，依常州刺史丁从实。③

此时临安人钱镠崛起，刚刚被唐王朝封为杭州刺史，他认为机会不可错失，五月即派东安都将杜棱等以讨伐薛朗的名义北上进攻。十月，杜棱等人攻克常州，丁从实逃往海陵。钱镠迎周宝进入杭州，委任杜棱为常州制置使，带兵驻守常州。到光启五年，钱镠已经统一了浙西的大部分地区，为吴越国的建立奠定了基础，直接与当时的另一个豪强淮南杨行密相对阵。

杨行密庐州（今安徽合肥）人，出身草莽，在战争中迅速崛起。中和三年（883）二月被任命为庐州刺史。在高骈去世后，逐步成为淮南有影响力的人物，力量日益壮大。先后夺取池州（今安徽池州）、宣州（今安徽宣城），被唐政府封为宣歙观察使。唐朝叛将孙儒于文德元年（888）攻取扬州，自为淮南节度使，"谋定江南，乃北争天下"。④ 杨行密、孙儒和钱镠便在常州、苏州、润州、宣州之间展开了争战。

龙纪元年（889）冬，杨行密遣马步都虞候田頵攻取常州。十二月，孙儒攻取润州，又打败田頵，占据常州。唐昭宗大顺元年（890）二月，杨行密派部将李友率

---

① 《新唐书》卷二二四上《李锜传》，第6683、6684页。
② 《旧唐书》卷一九下《僖宗纪》，第720页。
③ 《资治通鉴》卷二五六，第8329、8338、8345、8346页。
④ 《新唐书》卷一八八《孙儒传》，第5466页。

兵 2 万名再次攻克了常州。九月，杨行密委任手下将领张行周为常州制置使。闰九月，孙儒派遣刘建锋率兵再次攻打常州，张行周战败被杀，孙儒又一次占领常州。次年正月，孙儒命刘建锋等将苏州、常州焚烧抢掠一番后，引兵宣州，由甘露镇守使陈可言率领一千人马据守常州。杨行密便向钱镠求援，钱镠一方面乘机收复苏州，一方面联合杨行密共击孙儒。景福元年（892）二月，杨行密部将张训乘虚攻占常州，并任常州刺史。六月，钱镠和杨行密联合击败孙儒。八月，唐以杨行密为淮南节度使，这为他日后建立吴国打下了基础。九月，唐授钱镠为镇海军节度使、浙西观察处置使。杨行密和钱镠对孙儒的胜利，一方面有效地阻止了中原藩镇势力对东南地区的侵入，另一方面促成了东南地区吴、吴越两大割据势力的正式形成。唐昭宗天复二年（902），唐朝廷封杨行密为吴王，官拜东面行营都统、中书令，杨行密的政权从此称为"吴"，史称"杨吴"，以别于三国时期的孙吴政权。常州基本上是吴的属地，但由于是吴、吴越两国对峙的最前线，经常受到战争的威胁。

唐哀帝天祐二年（905）十一月杨行密病死，他的三个儿子杨渥、杨隆演、杨溥先后嗣位，但是大权逐渐落到了大将徐温及其养子徐知诰（即李昪）的手中。天祐四年四月，北方的朱温取代了唐朝，建立了后梁政权，中国历史进入五代十国时期。杨吴政权以"复唐"为号召，与后梁为敌，并一直延续唐朝年号。为了削弱淮南政权，朱温进封钱镠为吴越王。次年，钱镠便以"淮寇终为臣患，欲速平之，命（王）景仁奉表至阙，面陈水陆之计，请合禁旅"，①策划与后梁共讨杨吴。九月，吴越将张仁保攻下常州之东洲（今南通），杨吴兵死者万余人。杨吴便命池州团练使陈璋帅裨将柴再用等带兵救援，大破张仁保于鱼荡，复取东洲。十月，后梁派寇彦卿攻打杨吴，以援吴越，却兵败而归。天祐十年（后梁乾化三年，913）九月，钱镠遣其子钱传瓘率军进攻常州，营于无锡潘葑。徐温率诸将日夜赶往常州。到达无锡时，部将陈祐请求将其所部绕到吴越军后，吴军前后夹攻，大破吴越军。吴宣王武义元年（后梁贞明五年，919）三月，吴越受后梁诏，遣钱传瓘"帅战舰五百艘，自东洲击吴"。②杨吴以舒州刺史彭彦章等率军抵御。四月，两军战于狼山江（今江苏南通南狼山附近长江），吴军战败，彭彦章自杀。七月，钱传瓘又将兵三万攻常州，徐温率军迎战，双方战于无锡，吴越军大败。此后诸将称："今天旱水涸，宜尽步骑之势，一举灭之。"徐温叹道："天下离乱久矣，民困已甚，不如战胜以惧之，戢兵以怀之，使两地百姓安业，君臣安枕，多杀何为？"③八月，杨吴将无锡被俘的吴越兵遣返，并派欧阳

---

① 《旧五代史》卷二三《王景仁传》，中华书局 1976 年版，第 318 页。
② （清）吴任臣：《十国春秋》卷七八《钱镠世家》，中华书局 2010 年版，第 1093—1094 页。
③ （宋）路振：《九国志》卷三《徐温传》，《续修四库全书》第 333 册，上海古籍出版社 1995 年版。

江前往吴越修好,吴越亦遣使议和,"自是吴国休兵息,三十余州民乐者二十余年"。①

徐知诰自称是唐朝皇族后裔,出身孤苦,后为徐温养子,由于其才能出众,在杨吴乾贞元年(后唐天成二年,927)徐温去世后,逐渐取代了徐温的嫡子,成为杨吴的实际掌控者。杨吴天祚元年(后唐清泰二年,935),徐知诰继承了徐温的齐王爵位,以"昇、润、宣、池、歙、常、江、饶、信、海"十州为齐国,这十州"自润循江而上,至于江则中断吴国之腰膂,江都之与洪、鄂,脉理不属矣。自常、润波海界淮而有海州,则有包举吴国之势"。②次年一月,正式建立大元帅府。到天祚三年(后晋天福二年,937)十月,徐知诰正式受杨吴禅让,在金陵即帝位,改元昇元。登基之初,新政权仍沿袭"齐"的国号,昇元三年,徐知诰复姓"李",改名为"昇",改国号为"唐",南唐政权正式建立。杨行密、徐温、李昇是唐末少数几个能体恤民情的统治者之一,他们"招合遗散,与民休息,政事宽简,百姓便之",再加上一个短暂的和平时期,使得江淮地区不久便"公私富庶,几复承平之旧",③使得这里在中原生灵涂炭的大背景下,获得了相对安定的时间和空间。有人曾指出:"盖自长庆以来更七代三百年,吴人老死不见兵革。"④虽然这句话颇显夸张,但是必须承认,正是这种相对和平使江南赢得了发展的条件与机遇,成为其迅速发展的重要原因之一。但当然,此时的太平只是相对而言。《咸淳毗陵志》便载:吴时江盗傍午,民不奠居,徙附郡城。⑤而且李昇去世后,南唐的政策开始发生变化,对百姓的横征暴敛愈发严重。

李昇去世后,其子李璟继位,是为南唐中主。初期,他"改元保大,盖有止戈之旨,三四年,皆以为守文之良主",然而由于"连年丰乐,兵食盈溢",⑥在一班臣僚的鼓动之下,"慨然有定中原,复旧都之意",⑦于是连年发动对闽、楚的战争,导致国力大衰。保大十年(后周广顺二年,952)起,又发生连续三年大旱,农田干涸,此后又发生蝗灾,饥疫流行。再加上保大九年,郭威建立后周政权,在他与继承者养子柴荣的励精图治之下,中原地区逐渐恢复了生机,出现了人口由南向北回流的趋势,胡三省便称:"观人心之向背,唐之君臣可以岌岌矣。"⑧此时为缓解旱情,南唐兴修白水塘,灌溉田地,负责督察此事的官员,以修复湮废渠塘为名,大肆掠

---
① 《资治通鉴》卷二七二,第8849页。
② 《资治通鉴》卷二七九,第9136页。
③ 《资治通鉴》卷二五九,第8435页。
④ (宋)龚明之:《中吴纪闻》卷六,上海古籍出版社1986年版,第143页。
⑤ (宋)史能之:《咸淳毗陵志》卷二《地理》。
⑥ (宋)陆游:《南唐书》卷一《烈祖本纪》,南京出版社2010年版,第222页。
⑦ (宋)陆游:《南唐书》卷一五《魏岑传》,第332页。
⑧ 《资治通鉴》卷二九一,第9496页。

夺农田，辟为屯田，导致大量农民失去了赖以生存的土地，"力役暴兴，楚州、常州为甚""江淮骚然，百姓以数丈竹去节，焚香于中，仰天诉冤者不可胜数"。知制诰徐铉认为民怨沸腾将直接动摇南唐的统治，而李璟竟回答："吾国兵数十万，安肯不食捍边事。"① 后因事情渐至不可收拾，方让徐铉至常、楚二州巡视，将强行剥夺的土地还给百姓，可是这又引起了从屯田中获利的官员的不满和诬告，李璟听信谗言，罢免了徐铉。南唐政权此时"朝无贤臣，军无良将，忠佞无别，赏罚不当"，② 已经处于风雨飘摇之中。

后周显德三年（南唐保大十四年，956），柴荣下诏南征，吴越也趁机进入常州、宣州等地，开始了对南唐的战争。二月，吴越王钱弘俶以丞相吴程为帅，率衢州刺史鲍修让、中直都指挥使罗晟等攻常州。三月，吴越军克常州外城，生擒常州刺史赵仁泽等百余人。此时，南唐开国功臣柴再用之子柴克宏主动请战，但枢密使李徵古因为党派之争，多方沮抑。柴克宏母亲自表奏李璟，称柴克宏有父风，堪当重任，如其不能克敌制胜，甘与同受孥戮。李璟感动，命柴克宏为右武卫将军，会同袁州刺史陆孟俊援救常州。李徵古又从中刁难，仅给老弱士卒数千，戈甲器械皆朽钝。柴克宏力争："今以羸兵赴难，器甲当得坚利者，此色何用？"李徵古竟漫天叫骂，士卒愤怒。柴克宏力劝止之，毅然而行。到了润州，李徵古又遣使召柴克宏还京，另以土著将领朱匡业代之。时李璟长子、燕王李弘冀为宣润大都督，上表称柴克宏有大将才略，常州危在旦夕，不宜中途移主将。但柴克宏到常州后，李徵古仍不罢休，遣使促其还朝。柴克宏怒道："吾计日破贼，汝来召吾，必奸人也。"传令将来人斩首。使者辩解道："受李枢密命而来。"柴克宏言："李枢密来，吾亦斩之！"遂率兵急进，大破吴越军，斩首万级，获其将数十人。③ 柴克宏虽然取得了常州之战的胜利，但也暴露出南唐政治的混乱，更无法改变整个战局的走向。后周显德五年，南唐上表议和，请划江为界，尽献江北土地，并改用后周年号，奉周正朔，李璟本人也更名为"景"，不久更从金陵迁都洪州（今江西南昌），此后，南唐国势已如江河日下无可挽回。李璟的继承者后主李煜"生于深宫之中，长于妇人之手"，④ 虽然是个著名的词人，但"性骄侈，好声色"，⑤ 且生性多疑，对百姓更是残酷压榨。

---

① （宋）陆游：《南唐书》卷二《元宗本纪》，第279页。
② 《资治通鉴》卷二九〇，第9472页。
③ 《资治通鉴》卷二九三，第9549、9550页。
④ 王国维：《人间词话》，中华书局2003年版，第7页。
⑤ 《新五代史》卷六二《南唐世家二》，中华书局1974年版，第779页。

第三节 宋代时期的常州

后周显德七年（960）正月元旦，后周禁军最高统帅殿前都点检赵匡胤发动陈桥兵变，黄袍加身，取后周而自代，建立了宋朝，是为宋太祖。宋朝建立后，南唐和吴越均继续向其称臣，吴越国王钱弘俶还接受了宋朝所授"天下兵马大元帅"之称号，并为避赵匡胤之父赵弘殷讳，改名钱俶。赵匡胤即位后，继续周世宗柴荣统一中国的进程，制定了先南后北、先易后难的统一方针，开始南征，先后灭荆南、后蜀和南汉。自开宝七年（974）十月起又全面实施渡江灭南唐之役，吴越国为配合宋朝的进攻，也向常州发起攻击。李煜曾在战前致书钱俶："今日无我，明日岂有君？一旦今天子易地赏功，王亦一大梁布衣耳。"① 钱俶只是把李煜来书送交宋朝。宋太祖则劝说钱俶："江南倔强不朝，我将讨之。元帅当练兵甲助我，无惑人'唇亡齿寒'之言。"② 十二月，钱俶率兵包围常州，于常州城下俘唐军250人，马80匹。不久，又拔利城寨，击溃唐军3000多人，俘虏600余人。此后，又破唐兵万余众于常州北境。常州刺史禹万诚誓死不降吴越，然而城中已经人心涣散，大将金成礼劫持禹万诚降宋，常州于开宝八年陷落。③ 在宋军与吴越的夹攻之下，南唐终于在十一月灭亡。此后，在宋太宗太平兴国三年（978），吴越王钱俶向宋朝纳土归降，宋收复吴越，共得县86个，户55万，兵11万人。宋对南方的统一最终完成。

宋朝在江南地区采取了一系列除旧布新、禁暴去苛的措施，"条析旧政，赋敛烦重者，蠲除之"。④ 并派王赞任转运使，均两浙杂税。吴越原田税为亩税3斗，"赞谓亩税一斗，天下之通法。两浙既为王民，岂可复循伪国之制，上从其说，浙人至今便之"。⑤ 由于江南地区对宋代有着极为重要的价值，所谓"自祖宗以来军国之费，多出于东南"，⑥ 再加上宋朝政府以为此地"饶实繁盛，人心易动"，⑦ 因此对这里向来都非常重视，认真加以管理，如北宋著名政治家王安石曾任知常州。熙宁三年（1070），宋神宗任命其为同中书门下平章事，开始了著名的"王安石变法"，但是由于王安石政策中的失误以及反对派的阻挠，在元丰八年（1085）宋神宗病逝，宋哲宗即位后，所有新法基本废尽。王安石变法失败后，北宋王朝内部不同利益集

---

① （清）吴任臣：《十国春秋》卷一七《南唐后主本纪》，第248页。
② （清）吴任臣：《十国春秋》卷八二《吴忠懿王世家》，第1167页。
③ 《宋史》卷四八〇《世家三·吴越钱氏》，中华书局1977年版，第13898页。
④ （宋）李焘：《续资治通鉴长编》卷一六，中华书局1995年版，第354页。
⑤ （宋）龚明之：《中吴纪闻》卷一，第24页。
⑥ （宋）李焘：《续资治通鉴长编》卷四六六，第11141页。
⑦ （宋）李焘：《续资治通鉴长编》卷二八，第639页。

团之间的党争逐渐将政治引入歧途，腐败日益加深。宋徽宗赵佶继位后，国势更是江河日下，佞臣蔡京、童贯、王黼、梁师成、李彦、朱勔"六贼"专权用事，结党营私，货贿公行，荼毒生民。为了打击异己，宋徽宗与蔡京于崇宁元年九月（1102），以继承王安石新法的名义，将司马光、文彦博、苏轼、秦观等120人列为元祐奸党，进行空前残酷的迫害，将其姓名"御书刻石端礼门"，作为后世之诫，这就是著名的元祐党籍碑。次年，蔡京自书党籍大碑，令各州县刻石立于长吏厅，称为"元祐奸党碑"。崇宁三年，又将名单扩大到309人，刻石于朝堂之上。常州是王安石政治生涯早年起步的地方，并且在王安石变法中获益良多，很多人由此开始进入北宋的政治中心，尽管如此，仍然有胡宗愈、邹浩等多人列入元祐党籍的名单中，受到极大的迫害。

同时蔡京又倡为"丰亨豫大"之说，开始大兴土木，粉饰太平，"视官爵财物如粪土，累朝所储扫地矣"。① 宋徽宗爱好江南的山林竹石，为迎合他的喜好，童贯和朱勔相继"领苏、杭应奉局及花石纲于苏州"，② 为寻求奇花异石，"江南十郡，深山幽谷，搜剔殆遍，或有奇石在江湖不测之渊，百计取之，必得乃止，程限惨刻，无问寒暑"③ "民一与此役，中人之家悉破产，至卖鬻妻子，以供其需"。④ 惠山"有柏数株，在人家坟墓畔，勔令掘之，欲尽其根，遂及棺椁。若是之类，不可胜数"。⑤ 常州本地"花石舟舫络绎于道，县出挽夫尤亟，既夺农时，且去城市远，民告病""又尝以花石故，郡俾造舟"，⑥ 骚扰不止。而朱勔也因此讨得宋徽宗的宠信，权倾一方，苏杭应奉局"名为应奉御前，其实搬入私室，东南财赋尽于朱勔"，⑦ 所谓"北斗以南，一人而已"。当时江浙一带盛传着"金腰带，银腰带，赵家世界朱家坏"的童谣，睦州青溪县民方腊终于在宣和二年（1120）冬，称"东南之民，苦于剥削久矣，近岁花石之扰，尤所弗堪"，⑧ 以诛杀朱勔为号召，开始了起义，其声威波及至苏、常一带。

王夫之曾称北宋末"君不似乎人之君，相不似乎君之相，垂老之童心，冶游之

---

① 《宋史》卷四七二《蔡京传》，第13724页。
② （清）陈邦彦：《宋史纪事本末》卷五〇《花石纲之役》，中华书局1977年版，第505页。
③ （宋）方勺：《青溪寇轨》，《泊宅篇》附录，中华书局1983年版，第111页。
④ （宋）王称：《东都事略》卷一〇六《朱勔传》，第1623页。
⑤ （宋）曾敏行：《独醒杂志》卷一〇，《景印文渊阁四库全书》第1039册，台湾商务印书馆1986年版。
⑥ （宋）李纲：《梁溪集》卷一六九《主管南京鸿庆宫张公墓志铭》，《景印文渊阁四库全书》第1126册，台湾商务印书馆1986年版。
⑦ （宋）李光：《庄简集》卷八《论制国用札子》，《景印文渊阁四库全书》第1128册，台湾商务印书馆1986年版。
⑧ （宋）方勺：《青溪寇轨》，第112页。

浪子，拥离散之人心以当大变，无一而非必亡之势"。① 在这样的统治之下，北宋王朝仿佛一座外表华丽的空中楼阁，其实根本无法经受暴风骤雨的袭击。东北地区女真族的兴起，最终使北宋王朝遭受到覆灭的命运。北宋政和三年（1112），完颜阿骨打出任女真部落联盟的首领，举族反辽。政和五年，阿骨打于会宁府建立政权，国号大金，年号收国。宋朝君臣妄想借助金人的力量收复北方的燕云诸州，便订下著名的"海上之盟"，相约夹攻辽朝，灭辽后，燕云等地归宋，宋把进贡辽国的岁币如数转给金国。可是和金军势如破竹的战绩相反，北宋两次攻打燕京均以惨败告终，其虚弱与无能暴露无遗。宣和七年，金军俘辽帝，辽国灭亡。同年十一月，便以宋朝擅纳叛亡、招收户口、首违盟约为由，南下攻宋，次年正月便渡过黄河，包围了汴京。面对强敌，宋徽宗匆匆传位于太子赵桓，是为钦宗，改元靖康，本人则东逃避难。由于两路金军无法配合，加上宋钦宗任命主战派、无锡人李纲负责保卫汴京，金军遂与宋议和。金军撤退后，宋朝既不能做好应对防御措施，又对履行和议，割让土地与否的问题犹豫不决，正当君臣议论未定之时，金太宗下令再次用兵。靖康元年闰十一月下旬，金军攻下汴京，扣押了徽、钦二帝。次年三月，金军策立张邦昌为傀儡皇帝，建立了大楚伪政权。四月初一，金军押着徽、钦二帝及宗室、后妃、百官 3000 余人，将搜刮到的所有金银、绢帛、书籍、宝物等席卷而去，沿途又"纵兵四掠，杀人如刈麻，臭闻数百里。淮泗之间亦荡然矣"。北宋的政治统治到此结束。康王赵构于靖康二年（1127）五月在宗泽等北宋旧臣的拥戴下于应天府（今河南商丘）登基，改年号"建炎"，是为南宋，赵构便是宋高宗。高宗此人平庸而又自私，即位后，既拒绝了宗泽"还阙"的请求，又不同意李纲"暂幸襄、邓"的建议，直接南逃扬州以避金兵锋芒，同时遣使向金求和。他的这种不抵抗政策，间接鼓励了金军南侵的步伐。建炎二年（1128）七月，金军决定南征，力图彻底摧毁南宋政权。八月，金西路军首先发起进攻，攻入陕西。十月，东路军开始进攻，次年正月便攻占徐州，紧接着以一万轻骑从泗州渡淮河，直扑扬州，击溃退守宿迁的韩世忠部，迅速占领楚州、天长军等处。二月，高宗乘小船从瓜洲渡江逃往镇江，当夜就径趋杭州。就在同一天晚上，金军 500 名骑兵已经到达扬州，因没有舟师，只得停止了进攻。

建炎三年二月，高宗改杭州为行宫，下罪己诏，赦死罪以下，放还窜逐诸臣。三月初，扈从统制苗傅、刘正彦发起兵变，强迫高宗逊位于皇子赵旉，让隆祐太后垂帘听政。此时任监常州仓的宗室赵隽之闻变，请于常州知州周杞，率宗室数十人至秀州，求见权两浙提点刑狱公事赵子璘，请其团结兵民勤王，子璘不从，事遂止。周杞便命赵隽之措置大军钱粮，做好准备。不久，同签书枢密院事吕颐浩率兵进入

---

① （清）王夫之：《宋论》卷八《徽宗》，中华书局 1964 年版，第 155 页。

常州,一方面治兵扼其险要,一方面与周杞商议平叛之事。①周杞便与吕颐浩、张浚等传檄中外,宣布勤王。②经过一番周折,在张浚、韩世忠等的努力下,兵变平息,高宗复位,周杞也因此官升右文殿修撰。高宗为收买人心,不得不振作精神,做出一些抗金复国的姿态。建炎三年十月,金军乘南宋内乱初定,在兀术的统帅下,分东西两路渡江南下,西路由黄州附近渡江入江西,东路主力由和州渡江攻江浙。兀术亲自率领的东路军渡过长江后,击败建康留守杜充,于十一月份攻克建康。高宗在越州闻金军渡江,从越州奔明州,准备下海逃跑。十二月,金军攻克临安,高宗从明州奔舟山定海。金军占领临安继续南下,迫使高宗漂泊于温州、台州濒陆海域三四个月之久。金军因后方空虚,水土不服,又担心岳飞、韩世忠将其归路切断,只得撤军。

建炎四年三月十日,金兵北撤时攻克常州,常州知州周杞闻敌至,弃城奔宜兴。"官吏禁其闸,断其绊,放练湖水使干,则金人舟船不可行。惜乎官吏奔窜,而闸犹俨然,故金人长驱而无阻碍"。③金兵一把火把常州城烧成废墟,直奔吕城。留在常州的"部民数万"赖时任常州通判的梁汝嘉以安集。④时南宋大将岳飞驻于广德,上年末在广德与金人六次对阵,收复溧阳。⑤此时,宜兴人派赵九龄奉书邀岳飞进驻,岳飞至宜兴之后,剿灭乱兵,"破郭吉而降其众,斩张威武而并其军",统制戚成已死,其部曲遽来归,其军始大。⑥由于岳飞军令整肃,不令骚扰民庶,有犯者并依军法,当时常州士民官吏弃其产而至宜兴投奔者达万余家,金人闻其名,也称"岳爷爷军"。⑦岳飞在宜兴,与奔往宜兴的常州知州周杞及赵九龄谋划,调发精锐,邀击金军,四战皆捷,溺河死者不可数计,擒金万户少主孛堇等11人。又复尾袭之于镇江东,战屡胜。此后,岳飞便以宜兴和溧阳为战略基础,从东南方向分兵两路进攻建康。三月二十五日,岳飞与金军战于建康以南之清水亭,金人大败。不久又在牛头山设伏,大破兀术之众,随即收复建康。建康的收复,不仅使岳家军一举成名,也使东南战局转危为安,东南人民的生灵也免遭涂炭。

金军北撤之后,高宗才由海上移跸浙东越州,以其地为行在,次年改年号为绍

---

① (清)毕沅:《续资治通鉴》卷一〇四,中华书局1957年版,第2747页。
② (宋)李心传:《建炎以来系年要录》卷二一,上海古籍出版社1989年版,第450页。
③ (宋)徐梦莘:《三朝北盟会编》卷一三七,上海古籍出版社1987年版,第999页。
④ (宋)周必大:《文忠集》卷六九《梁公汝嘉神道碑》,《景印文渊阁四库全书》第1149册,台湾商务印书馆1986年版。
⑤ (宋)岳飞:《建康捷报申省状》,(宋)岳珂编《鄂国金陀粹编》卷一九,中华书局1989年版,第967页。
⑥ 邵缉:《荐岳飞书》,《百氏昭宗录》卷一二,(宋)岳珂编《鄂国金陀续编》卷二八,第1604页。
⑦ 《经进鄂王行实编年》卷二,(宋)岳珂编《鄂国金陀粹编》卷五,第116、117页。

兴，以示"绍继中兴"，并将越州改为绍兴。绍兴二年（1132），高宗返回临安府。为继续做出姿态，他还多次北上至平江、建康。绍兴六年，张浚等各路将领商议北伐，高宗也在群臣的促助下，进驻建康，以示一种有为的态度。但不久，本年秋伪齐政权入侵被打退，金国内部因连年用兵、师老无功引发内乱，次年废黜了伪齐政权，开始对南宋展开"以和议佐战"的策略，宋金东起淮水、西迄秦岭的边境开始稳定，双方形成对峙局面。高宗认为其地位已经稳固，不顾臣僚反对，于绍兴八年正式宣布临安为行在所，定都于此。绍兴十一年，宋金绍兴和议成立，标志着宋金之间达到了一种力量的平衡。此后虽有完颜亮南侵、隆兴北伐、开禧北伐和金宣宗南侵，但是除了完颜亮南侵一度引起惊恐和扰攘之外，基本上兵火未及江南，江南得以获得了百余年的和平时期。

宋金这场战争给江南带来了空前的破坏，"自建炎被兵之后，伏尸流血者十五年"。①金军攻城略地时，一路烧杀掳掠，所谓"浙西敌骑大入，吴人死者十九"。②孙觌曾言："浙西七州，盗残者五，惟苏湖尚存。"但是他又说："而苏介乎常、润、杭、秀之间，群盗相传号金扑满，三年于兹矣。某窃料，此邦人不能脱于虎狼垂涎之口矣。"③结果他的预料变为现实，金军回撤时，沿秀州、平江一路烧杀掳掠，在苏州"掠金帛子女既尽，乃纵火燔城，烟焰见百余里，火五日乃灭"。④此后常州攻破造成的破坏也与此相差不远。而且大兵之后必有瘟疫，绍兴元年，整个江南大疫蔓延，"平江府以北，流尸无算"。⑤

给江南地区造成更大损失的还不是金兵，而是溃变的武装集团。靖康之变后，因金人入侵与南宋朝廷立足未稳，宋朝原先编制内的庞大军队，除少数禁军尚在御卫高宗的数员大将控制之下外，绝大部分都因权力失控而成为溃变流窜的武装集团，这些武装集团流动不定，造成的破坏甚至超过了金人。⑥所谓"敌骑入苏、常不满二十日，而戚方、郭吉、刘远、张威武之流，皆防江大兵，涂炭一路，积七八月而后定"。⑦如建炎元年八月，杭州陈通发动兵变，与苏州、秀州士兵会合，攻掠秀州，夜袭松江，又转攻苏州、无锡，虽然不克而返，却有"子女金帛之获"。⑧九月，溃

---

① （宋）孙觌：《鸿庆居士集》卷二二《静治堂记》，《景印文渊阁四库全书》第1135册，台湾商务印书馆1986年版。
② （宋）孙觌：《鸿庆居士集》卷一一《与谢任伯参政书》。
③ （宋）孙觌：《鸿庆居士集》卷一一《与郑至刚枢密书》。
④ （宋）李心传：《建炎以来系年要录》卷三一，第615页。
⑤ 《宋史》卷六二《五行志》，第1370页。
⑥ 虞云国：《从海上之盟到绍兴和议期间的兵变》，《宋史研究论文集》，上海古籍出版社1982年版。
⑦ （宋）孙觌：《鸿庆居士集》卷一一《与范丞相书》。
⑧ （宋）李心传：《建炎以来系年要录》卷一〇，第245页。

军高托天、赵万转攻常州,守臣"厚以金帛犒之",入城"大掠三日"。① 绍兴元年夏,水军统制邵青率船队经镇江、江阴,进入常熟,"所至劫掠"。② 夏天,张琪先后劫掠宜兴、湖州。这些溃兵"兵将为盗,于外寇不犯之境而贪利,又攘取于盗贼不入之家,白昼攫金,无所惮畏。囚拘棰挞,人不聊生,咨嗟怨谮,而无所诉,愤懑不平,而无所发"。③ 而其中对常州影响最大的便是郭吉和戚方。戚方原为盗贼,宋金父战后,率众赴建康,归建康留守杜充,杜充封其为江淮宣抚司准备将。建康失守,杜充降金,诸军皆散,戚方成为溃军,率其下属数千奔金坛。当时镇江知府兼浙西安抚使常州人胡唐老欲对其进行安抚,不料被其所杀。戚方便南下攻打常州。常州知府周杞向刘晏求救,刘晏字平甫,杭州建德人,金军攻汴梁时,他领辽东军,号称"赤心队"。建炎后,归刘正彦。刘正彦与苗傅发动政变时,他拒绝从逆,率众归韩世忠,韩世忠驻守江阴时,他率赤心军驻扎常州青龙镇。此时他应周杞请求,以精锐七千人出奇破之,进直龙图阁。④ 郭吉原为江淮宣抚使水军统制,建康失守后驻宜兴。建炎三年秋,金军南下,知州周杞率僚吏聚粮退保山中,郭吉与张顺等携船数百艘,乘时为盗,在太湖上四处抢掠。巡检邓士宗率士兵与之大战于太湖马迹山,刘晏率赤心队在陆上响应,斩首数千级,生擒张顺、柳善。此后"群偷震迭,无敢过境者"。⑤ 后来常州人为感谢、纪念刘晏的功绩,在常州城和马迹山为他立了"刘龙图祠"。⑥

另一种破坏则来自宋朝地方官员对当地的扰攘刻剥。由于高宗数次进出与驻跸江南,给这里带来了不可避免的供给和骚扰,而因勤王、抗金、平盗等需要,这里又成为宋朝官军进出的必经之地与驻扎的理想防地,因此给这里带来了极大的破坏。所谓"外调防江之夫,内严防城之具,尽录公私财木,以为战舰,毁撤庐舍以广壕堑,斩伐邱墓以创楼橹,掘地陷马,编木为大筏,率米为粮,敛钱犒军,掊取缯帛为袍袄之属,凡战守之备,修举无遗,而民力亦尽"。而一旦敌军到来,"将吏望风委之而去",这些军事准备顿付乌有,所以只是"上应诏旨",而实际上是"下误邦人"。⑦ 而地方官员虽然"无司存可居,无狱讼可听,无职事可为",抗金实在无能,害民却是有方。常州知州周杞的暴虐在当时便是臭名昭著。孙觌曾经详细描述了这些地方官在常州的暴行:

皆挟吏卒,持械操棰梃,追迹盗贼所不至之处,发人之廪,录人之橐,

---

① (宋)李心传:《建炎以来系年要录》卷九,第223页。
② (宋)李心传:《建炎以来系年要录》卷四六,第824页。
③ (宋)孙觌:《鸿庆居士集》卷一一《与谢任伯参政书》。
④ 《宋史》卷四五三《刘晏传》,第13335页。
⑤ (宋)孙觌:《鸿庆居士集》卷一一《与谢任伯参政书》。
⑥ (宋)史能之:《咸淳毗陵志》卷一四《祠庙》。
⑦ (宋)孙觌:《鸿庆居士集》卷一一《与范丞相书》。

鞭笞百姓，执缚妇女，所过骚然，与盗贼无异。如横林周恭先迪功与其弟开先家四十口皆没于盗，而恭先被炮燔而死，独余开先。高氏归宗之子，年未满十五，县吏催钱，缚置空舍，击之几死。周滂奉议三十口与恭先家同时遇祸，止一子得脱，乱后病伤寒，不知人，县吏至无应门者，直入卧内，曳其足而下之，两日遂死。又有朱宇秦者，武进邹墟大族也。子女、奴婢、庐舍、牛畜焚戮无遗，止存父子三人。而宇秦不胜县吏迫促之苦，遂赴水而死。又有小井沈国章者，若妻、若子、若妇、若女、若婿皆戮死，所余一幼子遂以双丁入役。

总之，南宋初年的宋金战争对包括常州在内的江南地区社会经济的破坏是难以估量的，所谓"大盗入境，小盗因之，城邑保聚，焚荡一空，生者罹炮烙刀锯之祸，死者蒙研丧暴骨之辱，刳剔孕妇，割截两乳，以杀为嬉，流血千里。夏秋之交，饥疫相熏，流尸不藏，暴骨如积，良田沃壤化为蒿莱，高门甲舍聚为瓦砾"，①城乡萧条，人烟断绝，长期聚积的社会财富化为灰烬。

但是另一方面，由于临安成为南宋政府的所在地，政府的经费开支、战争所需物资与军费、安置移民、救济灾民的需求，加上全国政治中心迁入所带来的一些机遇，江南地区在政治地位上明显提高，社会经济在宋金之间政治秩序相对稳定的基础上也得到了迅速的发展。

第四节 常州保卫战与元朝时期的常州

自宋宁宗开始，南宋衰弊便日甚一日，韩侂胄，史弥远、史嵩之叔侄及贾似道等权臣先后为相，把持朝政，党争日益激烈，国势每况愈下，所谓"在廷无谋国之臣，在边无折冲之帅"。②在穷奢极欲下，财政也日益空虚，为了扩大税源，加大搜刮百姓的力度，名目繁多的各种苛捐杂税接踵而来，所谓经总制钱、月桩钱等，还于正税外巧立名目，比如诉讼时不胜者要罚钱，胜者要交纳欢喜钱，民众苦不堪言。到贾似道当政时，"专恣日甚，畏人议己，务以权术驾驭……由是言路断绝，威福肆行"，③更是民怨沸腾。理宗景定年间（1260—1265），贾似道又在浙西率先强行实施公田法，由此导致"浙中大扰，民之破家失业者甚众"，此时的江南地区"时异事殊，巨家上室，

---

① （宋）孙觌：《鸿庆居士集》卷一一《与张全真参政书》。
② 《宋史》卷四二二《陈仲微传》，第12619页。
③ 《宋史》卷四七四《贾似道传》，第13784页。

公私交困，率多替徙，市井萧条"，①南宋政权已经处于崩溃的边缘。

与此同时在北方，蒙古民族逐渐强大起来，首领成吉思汗征服草原诸部，建立大蒙古国。蒙古骑兵有着北方民族的剽悍，又借助着中原地区的先进技术，在欧亚大陆左奔右突，使世界政治格局都因之发生翻天覆地的变化。宋理宗端平元年（1234），蒙古灭金，不自量力的南宋朝臣又重蹈当年北宋的覆辙，不仅帮助蒙古夹攻金军于蔡州，还妄图收复河洛，结果给蒙古人南下兴兵留下借口，次年六月，蒙古军就大举南下，曾经一度攻至武进所辖的长江外沙，②只不过因内部汗位之争，加上分兵西征而暂缓了南下的步伐。中统元年（1260，南宋景定元年），忽必烈即蒙古汗位。至元八年（1271，南宋咸淳七年），忽必烈定国号为元，次年将燕京（今北京）由中都升为大都。至元十年襄阳、樊城失守后，南宋门户洞开。次年，忽必烈发布平宋诏书，命中书左丞相伯颜为征宋主帅，督诸军兵分两路大举南进。此时的南宋政权"主弱臣悖"，政治、军事衰败至极，根本无力抵抗元军的进攻。元军由汉水入长江，然后顺江南下，所向披靡。至元十二年（1275，南宋德祐元年）二月，芜湖丁家洲一役，元军一举击溃贾似道所率宋军主力，宋军精锐尽失。面对顺江而下的元军，从建康开始，各城南宋守城将官纷纷望风而降，常州知州赵汝鉴弃城而逃，通判钱彬率众投降，只有无锡知县阮应得迎战，一军皆没。

宋廷命张世杰总领都督府诸军，进军平江和常州。其时，参知政事姚希得之子姚訔在宜兴家居，闻变后，与服丧家居的常州人两淮制置司主管机宜文字陈炤商议，表示"乡邦沦没，何可坐视"，③相约起兵，聚众2万人，准备收复常州。朝廷得知后，任命姚訔为常州知州，陈炤为通判，又调扬州兵7000人归其统辖。五月，枢密院都统制刘师勇率军收复平江，六月在姚訔的协助下相继收复常州和江阴。宋廷令刘师勇及副统制王安节以督府分兵守常，加刘师勇安抚使，殿前都统制。刘师勇又派部将张彦攻下吕城，宋廷封张彦为观察使，刘师勇为防御使，又命统制张全将淮兵2000人来援。七月，元军于焦山大败张世杰所部，宋军主力正面抵抗至此基本结束，而常州也随即成为两军对峙的最前线。时任平江知府的文天祥闻知常州告急，遣将尹玉、麻士龙等率3000人驰援，遭元军阻击，麻士龙战死，尹玉率残军死战至五牧，不屈战死，"余兵犹夜战，杀人马蔽田间，无一降者"。④此后元兵将道路断绝，援兵无法前往，常州成为一座孤城。十一月，元军主帅伯颜分兵三路，约期次年正月

---

① （宋）谢公应修，边实纂：《咸淳玉峰续志》，《风俗》，《续修四库全书》第696册，上海古籍出版社1995年版。
② （宋）史能之：《咸淳毗陵志》卷二〇季晞颜《重修武进县尉厅记》。
③ 《宋史》卷四五〇《陈炤传》，第13252页。
④ 《宋史》卷四五〇《尹玉传》，第13253页。

会师临安,伯颜亲自率领水陆主力直扑常州,常州历史上最著名、最惨烈的守城战一触即发。

常州城墙早就残破,"外濠如市河",仅持一排栅栏作为守护。元军以为攻城颇为轻易,但是常州守军"阻濠水为阵,矢尽亦不降",① 坚守五十余日。刘师勇在城上长啸:"吾城即破,金山长矣。"② 伯颜不知其意,忙乱中甚至向金山寺僧人打听,僧人只能用传说中的"常州城状如龟,击其尾则四足披露"③ 来应付。元军在城南筑高台,把回回炮放在台上向城内猛轰,"寺观楼阁尽为之碎",④ 城内一片火海。伯颜命元军架云梯、绳桥攻城。时南门守将张超正好去拜神求保佑,没有主将的军士战斗不力,遂被元军攻破。刘师勇率部突围,至平江时仅剩四五骑。姚訔、陈炤、王安节等率将士浴血奋战,终因寡不敌众,慷慨赴死,万安、莫谦之等长老与天庆

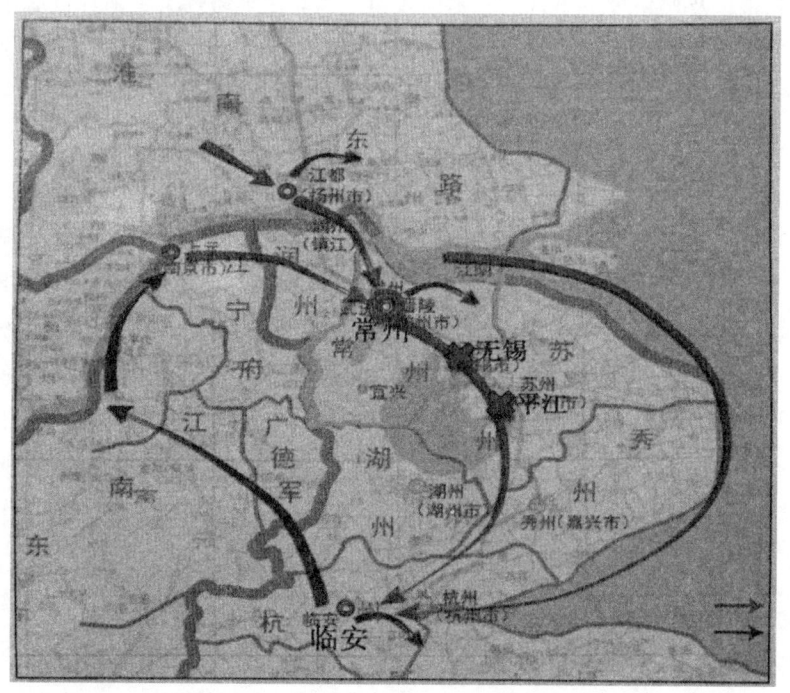

图 4-1　元灭宋常州之战图

---

① 《宋史》卷四五〇《陈炤传》,第 13252 页。
② (元)王逢:《梧溪集》卷一《毗陵秋怀》,《景印文渊阁四库全书》第 1218 册,台湾商务印书馆 1986 年版。
③ (清)金武祥:《粟香四笔》卷二,《续修四库全书》第 1184 册,上海古籍出版社 1995 年版。
④ (明)高启:《胡应炎传》,(清)顾有孝辑《明文英华》卷二,《四库禁毁书丛刊》集部第 34 册,北京出版社 1998 年版。

观道士徐道明率僧道赴援，500名僧兵全部战死。伯颜破城后恼羞成怒，将剩余常州军民悉数屠杀，"城内外积骸万数，至不可计，井池沟堑无不充满，仅余婴儿四百而已"。① "累万计"的尸骨直至至元十八年才由时任常州路总管郑云翼收拾掩埋于东门外。② 常州之战是宋元战争最悲壮的一役，其重要性也不下于襄阳保卫战，在当时影响极大。文天祥日后被俘，重过常州，亲见常州战后萧杀情景，曾吟诗感慨："山河千古在，烟火一家无。壮甚睢阳战，冤哉马邑屠。苍天如可问，赤子果何辜。唇齿捉对旧，抚膺三叹吁。"③ 将常州之战与唐朝睢阳之战相提并论。至元末，文人对常州之战的歌咏仍然不断，如王逢《毗陵秋怀》："老兵为说刘都统，起坐舟中思满襟。玄武城危寒日短，紫驼尘暗朔风临。江山不尽新亭泪，天地长悬即墨心。宋祚未移中道死，至今剑井蛰龙吟。"④ 而伯颜经常州一役之后，也一度对宋军的抵抗力重视起来，及轻松攻下平江后，不由叹道："常州纸城铁人，平江铁城纸人。"⑤ 常州一失，元军便势如破竹，长驱直入，按照原定计划，于至元十三年正月兵临临安城下，接受了宋廷降表。此后虽然南宋的抵抗直至至元十六年陆秀夫抱幼帝跳海才最终结束，但是已经影响不了大局了。

元军统一江南之后，迅速建立了一整套管理制度。至元十三年三月，元廷便令搜括江南已附州郡军器。次年，又命三品以上江南归附官送质子一人入朝。至元十五年，又下诏汰除江南冗官，追毁南宋故官所受诰身，加上严密的军事控制，使得元朝在江南地区的统治逐渐得到了巩固。但由于元朝是由少数民族建立的大一统王朝，其政治体制上带有明显的草原文化色彩，使得其管理上存在着众多弊端。而其中民族歧视政策的推行，便引发了很多的矛盾。元朝统治者依归附先后，将全国居民分为蒙古、色目、汉人、南人四等，是为四等人，"四等人制"虽没有明文规定，但实质上在权利、义务、法律、政令方面均有明显的不平等。各地的地方官均由蒙古和色目人担任，"其长蒙古人为之，而汉人、南人贰焉"⑥ "而委付蒙古人者若无呵，于有根脚色目人内选用"，⑦ 是当时任官的基本原则，而江南人在政治上则明显受到歧视，"唯南人见扼于铨选，省台枢宥风纪之职悉置而不用，仕者何寥寥焉"。⑧

---

① （元）危素：《危学士全集》卷二《昭先小录序》，《四库全书存目丛书》集部第24册，齐鲁书社1997年版。
② （元）龚璛：《义冢记》，佚名编《永乐常州府志》卷一七，广陵古籍刻印社2007年版。
③ （元）危素：《危学士全集》卷二《昭先小录序》。
④ （元）王逢：《梧溪集》卷一《毗陵秋怀》。
⑤ （清）赵翼：《陔馀丛考》卷三五《常州忠义祠》。
⑥ 《元史》卷八五《百官志一》，中华书局1976年版，第2120页。
⑦ 《元典章》卷九《吏部三》，中华书局2011年版，第294页。
⑧ （明）陶安：《陶学士集》卷一二《送易生序》，《景印文渊阁四库全书》第1125册，台湾商务印书馆1986年版。

与此同时，科举制度长期废而不举，元仁宗延祐二年（1315）虽然恢复了科举取士，但规模甚小，江南士人的出仕之路十分狭窄。而且对于江南地区，元朝统治者一贯不太信任，还专门制定了特殊的法律进行限制。诸如规定江南地区"一更三点钟声绝禁人行，五更三点钟动听人行，违者笞二十七下"，①不准民间集场买卖、划龙舟，不准私藏兵器铠甲，连带刀的生产用具也一律禁止等，这些都激化了民族矛盾。

进入14世纪之后，元朝的国家机器已经显示出运转不灵的迹象，从中央到地方都散发着糜烂的气息。当时的江浙行省左丞相识帖睦儿"任用非人，肆通贿赂，卖官鬻爵，一视货之轻重以为高下"。②至顺元年（1330）开始的钞法变更导致了严重通货膨胀，使得整个元代的统治危机一触即发。元惠帝至元三年（1337）夏，民间谣传朝廷要将童男女给蒙古人做奴婢，从中原到江南，"但有男女年十二三以上，便为婚嫁"，江南甚至有十二岁便为人父母者，民间一片骚然。而地方秩序也开始崩溃，"浙西谚云：年年防火起，夜夜防贼来。盖地势低下，滨湖多盗，常有此患"，③已经山雨欲来风满楼，"时花山贼毕四等仅三十六人，内一妇女尤勇捷，聚集茅山一道宫，纵横出没，略无忌惮，始终三月余，三省拨兵，不能收捕，杀伤官军无数"。④至正十一年（1351）五月间，颍州（今安徽阜阳）爆发红巾军起义，元朝的统治开始迎来末日。此时常州元军已"所在不守"；⑤次年，宜兴、溧阳、金坛也被义军攻克。至正十五年，无锡又有"赤子无知，迫于有司"弄兵起义。⑥

至正十四年，泰州人张士诚在高邮称诚王，国号周，年号天祐。张士诚注目于"江南土地之广，钱粮之多，子女玉帛之富"，⑦决意向太湖流域发展。至正十六年正月，他命弟张士德率军由通州渡江，攻陷常熟，挺进江南。不久相继占据平江、常州、湖州、松江等地。与此同时，濠州人朱元璋也于至正十五年攻下金陵，与张士诚短兵相接，兵戎相见。至正十六年七月，朱元璋属下大将徐达大败张士诚军于龙潭，攻克镇江，随后乘胜拿下常州，并俘获镇守常州的张士德。此后，张、朱两军在镇江、常州之间进行了相当长时间的拉锯战，常州又一次遭受战乱，"虽官府图籍亦皆荡然无遗矣"。⑧直至至正二十七年，朱元璋攻破平江，杖毙张士诚，最终统一了江南，而常州地区也进入了新的历史发展阶段。

---

① 《元典章》卷五七《刑部十八》，第1903页。《元史》卷一〇五《刑法志四》，第2682页。
② （元）陶宗仪：《南村辍耕录》卷二三《讥省台》，中华书局1959年版，第283页。
③ （元）孔齐：《至正直记》卷二《浙西谚》，上海古籍出版社1987年版，第46页。
④ （元）陶宗仪：《南村辍耕录》卷二八《花山贼》，第351页。
⑤ 《元史》卷一四二《庆童传》，第3398页。
⑥ 《元史》卷一四二《庆童传》，第3399页。
⑦ （元）陶宗仪：《南村辍耕录》卷二九《纪隆平》，第356页。
⑧ 佚名：《永乐常州府志》卷一《地理叙略》。

第二章 隋唐宋元时期常州的政区沿革与城市发展

隋文帝开皇九年（589），晋陵郡改称为常州，常州由此得名。由于这一阶段相对于北方而言，常州所在的江南地区基本安定，人口得以迅速增长，常州的城市格局也在此阶段基本确立，城市人口达到了传统社会的第一次高峰。

第一节 政区沿革与军事设置

一、政区沿革

《隋书·地理志》记载："开皇三年废诸郡，九年，析置州县。""平陈，废晋陵郡置常州。"此"常州"为常熟。《元和郡县志》称："开皇九年，于常熟县置常州，因县得名，后割常熟县属苏州，移常州于晋陵。"此为常州得名之始，下统晋陵、无锡、义兴、江阴四县。大业三年，又将州改为郡，常州改为毗陵郡。

唐太宗贞观元年（627），分天下为十道，常州属江南道，贞观八年并武进县于晋陵。武后垂拱二年（686），复析晋陵置武进县，并为常州附郭。析置新县，两县同治州城的原因无疑是本地经济快速发展，人口激增，需要增强地方管理。玄宗开元二十一年（733），又分全国为十五道，分江南道为江南东、西两道，常州属江南东道。天宝元年（742），改常州为晋陵郡。肃宗至德二年复诸州名，又改晋陵郡为常州。安史之乱后，唐朝原有的行政体系被打破，原本只设置在边境上的藩镇制度被推广到全国各地，"至德之后，中原用兵，刺史皆治军戎，遂有防御、团练、制置之名，要冲大郡，皆有节度之额"，至元和时，全国"总计天下方镇四十八"，常州也被纳入到藩镇体制之中。至德元年（756），在润州、常州、苏州置江东节度使，乾元元年（758）更名为浙江西道节度使，建中二载（781）又更名为镇海军节度使，后屡有升降，定名为浙江西道观察使，简称浙西观察使。初置时治昇州，最终定治润州。

唐代州县又根据其辖境大小、人口多寡、政治经济的重要性，被划分为不同等级。开元中，定全国州府有四辅、六雄、十望、十紧，及上、中、下等级别，县分赤、畿、望、上、中、下七个等级，满4000户为望县，当时全国共有望县68个，常州为上州，江南诸地无一进入雄、望、紧行列。安史之乱后，江南财赋成为中央财政重要支柱，其地位也很快得到提升。至《元和郡县图志》时，常州已经升为紧州，下属晋陵、武进、无锡为望县。武宗会昌四年（844），升常州为望，为全国州府十望之一，所辖5个县，其中4个是望县（晋陵、武进、无锡、江阴）。

北宋统一全国后，雍熙四年（987），常州属江南道，至道三年（997），分天下为十五路，常州属两浙路。天禧间（1017—1021）又分为十八路，元丰间（1078—1085）再析为二十三路，至宣和间（1119—1125）为二十六路。两浙路曾于神宗熙宁七年（1074）分为东西路，常州属两浙西路，熙宁十年，复合两浙为一路。南宋高宗建炎元年，又分两浙为东、西两路，常州属两浙西路。常州为望州，统晋陵、武进、无锡、宜兴（开宝九年避太宗赵光义讳改），均为望县。另江阴，因军事需要有时为江阴军，有时属常州，隶属关系时有更动。

元平南宋之初，以宣慰司充当地方最高军事管制机构，以接管原南宋路级官府，常州隶属于浙西宣慰司。此后，元代开始在全国设置行省，创建了中央与地方权力结构的新模式，行省"掌国庶务，统郡县，镇边鄙，凡钱粮、兵甲、屯种、漕运、军国重事，无不领之"，①对明清及近现代影响深远。至元十三年（1276），设行中书省于临安，至元十五年与扬州行省合并，是为江淮行省。至元二十八年，元廷将长江以北诸地划归河南行省，遂改江淮行省为江浙行省，常州便隶属于江浙行省。同时"升江南军州为路，壮邑为州"，对江南许多地区升州为路，各路置总管府和录事司，同时为增加税收，将户口繁多的县升为州。常州于至元十四年升为路，下设录事司一，主管常州城内事务，县四：晋陵、武进、宜兴、无锡。宜兴元初或立府或立县，几经反复，在元贞元年（1295）升州，无锡也于同年升为州。此外还于辖区内边远地区设巡检司，常州路设巡检司多达20余个。

二、军事设置

隋唐时期，最初采取的是府兵制，即一种亦农亦兵、兵农一体的军事制度，全国的成年民丁，战时为兵，休时为农，但至盛唐以后，这种基于土地依附和人头税体系的府兵制便形同崩溃，逐渐被募兵制所取代。安史之乱后，本地的军队多由藩镇统辖，有牙兵、牙外兵、外镇兵及州兵等区别。唐末已经形成军阀割据态势。宋代统一后，有鉴于唐代藩镇割据的教训，有意"萃精锐于京师"，重新调整了地方军事设置，加强了中央对军队的直接管理，其兵制大体可分为三类，一是禁军，即"天下之卫兵，以守京师，备征戍"；一是厢军，即"诸州之镇兵，以分给役使"；还有乡兵，即"选于户籍或应募，使之团结训练，以为在所防守"，②此外还有蕃兵，

---
① 《元史》卷九一《百官志七》，第2305页。
② 《宋史》卷一八七《兵志一》，第4569页。

大体类同于乡兵。

据《咸淳毗陵志》云："国初以禁军卫京师，上命征讨则遣戍于外。康定后，议者以禁兵不耐劳苦、不习水土，遂募就粮军，始于陕西、河北，行于诸道，乃有在外禁兵。"仁宗康定中（1040—1041），因对西夏用兵，扩大禁军规模，在各路"各募宣毅，大州二营，小州一营"，常州也设一营，后废。仁宗嘉祐四年（1059），又设立威果军，"各营于本州，又益遣禁军驻泊，长吏兼本路兵马钤辖，选武臣为都监，专主训练，于是东南稍稍有备"，至南宋，常州仍有威果六十六指挥一营，在州桥南街西，兵额为400人。此外有雄节军，本熙宁间的教阅厢军，至元丰时升为禁军，南宋时常州有雄节十二指挥一营，在通判厅东街北，兵额500人。

宋太祖建隆初年（960）"选州兵强壮者部送京师，以补禁卫，余留本城"，"仅给役使"，称之为"厢兵"。① 此后皇祐中，富弼安抚京东，募流民为厢兵，训练武艺，各地也为之仿行。有时京师缺少役兵，也从地方征调，"岁取于诸路，而江淮兵每饥冻，道毙相属"。② 熙宁二年（1069），改两浙厢军名为崇节，常州共有十九、二十一、二十二、三十六指挥四营，分设在州仓南街西、金斗门内街西、行春门内街北及威果营内。厢兵素质差，主要为官府服各类杂役，至咸淳中，常州厢兵还是因事而募，"如工作、邮传、埭堰等，及牢城、剩员"等，分壮城、作院、递铺、牢城诸营，此外在奔牛镇设有看守水闸的闸兵，也属厢军编制。

乡兵又称土兵，大都是本地民军，常州各县设有弓兵，建隆三年（962）的诏书规定，"以户口数定弓兵额多寡，满万户者五十人"，根据这一比例，晋陵为100人，武进为90人，无锡120人，宜兴110人。此外在要冲地方又设诸寨土兵，归属巡检司管辖。常州在西水门南岸设管界寨，此外晋陵毗邻太湖处有马迹寨、武进滨江处有小河寨，宜兴有香兰寨、分界寨。此后在南宋末，为针对蒙古入侵，常州知州何处信在晋陵、武进两县沿江地区设置民兵，共分十寨。其中晋陵六寨，烈塘86名、省庄151名、沙子71名、于塘51名、五斗48名、大河124名；武进四寨，郑港178名、孟渎205名、可漏165名、黄芦142名。

除了上述的军事设置外，南宋时作为抗金前线，常州又有其他军事设置。其中淳祐间（1241—1252），浙西观察使以魏村津隘无备，又请于朝，在江边创忠节水军，兵额500人。宝祐间（1253—1258），根据朝廷旨意，常州又招募游击军和忠卫军，游击军兵额357人，在江边置寨，忠卫军235人，驻扎本城，粮饷逐季向朝廷申报下拨。③

---

① （宋）史能之：《咸淳毗陵志》卷一二《武备》。
② 《宋史》卷一八九《兵三》，第4644页。
③ （宋）史能之：《咸淳毗陵志》卷一二《武备》。

军务是元朝的最高事务,汉人往往不能与闻。元代的军制大致分宿卫军和镇戍军两大部分,地方上由镇戍军镇守,其基本分布格局是"宗王将兵镇边徼襟喉之地,而河洛、山东据天下腹心,则以蒙古、探马赤军列大府以屯之,淮、江以南,地尽南海,则名藩列郡又各以汉军及新附等军戍焉"。① 至元二十二年(1285),元政府将江淮、江西招讨使的汉军、新附军及少数蒙古军队分成共37个万户府,分为上、中、下三等,上万户府统兵7000人,中万户府5000人,下万户府3000人,常州为下万户府。

第二节 人 口

一、常州人口的增减

隋唐宋元时期常州的人口变迁大抵可以分为三个阶段:一是从隋代常州建制到五代时,人口开始逐步集中,进入人口发展的第一个高峰。二是从五代至宋代,进入人口高速增长期。三是元代经过战乱之后的人口恢复增长期。

常州首见户口,根据《咸淳毗陵志》引《晋太康地志》所载:"毗陵统县七,户一万二千。"这正好与毗陵建郡时间符合。《隋书·地理志》记载隋代常州统四县,17599户。从西晋到隋代,虽然常州的总户数增加不多,400年间仅增加了46%。但是在战乱频仍的当时,能够始终保持人口数量的稳定,也从侧面反映了这个地区人口相对发展的趋势。

唐代是常州人口的第一个高峰期。据《咸淳毗陵志》引唐《郡国十道志》:"常州旧领县四,户二万一千一百八十二,口十一万一千六百有六。天宝中领县五,户十万二千六百三十一,口六十九万四千七百六十七。"② 这是常州户数首次突破10万户,也是宋以前的最高峰。这里所谓的"旧",当指唐代初年。可见仅仅150年不到,人口就增加了4倍。此后,由于战争等因素,虽然安史之乱之后有北方人口的大量南移,但是人口仍相应减少。元和中(806—820)54767户,③ 较天宝间减少了近一半,而五代时周显德中(954—961)更下降到了37789户。

宋代以后,常州人口从增减的不稳定转向稳定增长,户数迅速增加。根据《太平寰宇记》,常州太平兴国时期(977—984)为55512户。《咸淳毗陵志》记载宋

---

① 《元史》卷九九《兵二》,第2538页。
② 其所引唐《郡国十道志》中的人口史料与《旧唐书》卷四〇《地理志》所载基本相同。唯天宝中《旧唐书》作"六十九万六百七十三",参见《旧唐书》第1585页。
③ 元和人口史料出自李吉甫《元和郡县图志》卷二五《江南道一·常州》,中华书局1983年版,第598页。

景德中（1004—1007）户数为64769户。① 祥符中（1008—1016）主户90369户，客户55444户，总户数为145813户，较之前增加了一倍多。另《元丰九域志》记载熙宁中（1068—1077）主户90853户，客户45508户，② 总户数为136361户。而《宋史·地理志》记载崇宁元年（1102）为165116户。在靖康之乱以后，金兵和北方流民武装进入江南，常州蒙受惨重的战争破坏，人口数量锐减。建炎四年（1130），金军退回长江以北，北方流民武装也相继平定，江南地区逐渐稳定，同时这里又是南下的北方移民最重要的迁入区，宁、镇、常、苏、杭成为宋高宗等宗族及百姓逃亡的基本线路。建炎三年高宗曾"令杭州守臣具舟往常州迎济衣冠、军民家属"，③不少移民遂定居于此，"平江、常、润、湖、杭、明、越，号为士大夫渊薮，天下贤俊多避地于此"，④人口开始逐渐增多。绍兴十三年，仓部员外郎王循友"两浙号为膏腴沃衍，粒米充羡，初无不耕之土"，⑤表明下降的人口数量得到恢复。在南宋中期，常州人口达到了又一次高峰。《永乐常州府志》中所引《大德毗陵志》保留了淳熙中（1174—1189）的数字，主户168761户，客户109478户，总户数达到27万户多，⑥较之太平兴国年间，百年间增加了5倍。

宋元之际的常州保卫战使得常州的人口急剧减少，常州本地曾经传说全城战后仅剩18人，《泰定毗陵志》也称"本郡兵火后，至元十二年冬，招到在城居人户仅数十家"。但此后人口开始迅速恢复，"四方之人陆续来居者众"。至元二十六年（1289）二月，元世祖下诏"籍江南户口，凡北方诸色人寓居者亦就籍之"，十月，再次下令"籍江南及四川户口"。但是由于古代对人口的具体数字的记载充满了讹误，因此关于至元二十七年的人口统计也有各种版本。最官方的《元史·地理志》记载，常州路为209732户，1020011人。⑦而约15年之后，修于大德九年（1305）的《毗陵志》却云："大元至正二十七年，钦奉圣旨抄数江南户口，本路所辖州县总计二十二万五百户，诸色户计二十一万九千九百十三户，僧道寺观庵庙七百八十七处，录事司诸色户计六千五十七户。"元代的户口统计按照不同的民族和从事的不同的职业进行编定，称为"诸色户计"，"色"意为种类。两组数字孰对孰错已无从考证，

---

① 吴松弟认为按该数据与其前后年度的数据相差过大，据此数得出的太平兴国五年至景德年间的年平均增长率为3‰，而景德至大中祥符四年的年平均增长率为225‰，显误。《中国人口史》第三卷，复旦大学出版社2000年，第467页。
② 《元丰九域志》卷五《两浙路·常州》之"户"条："主九万八千五十三；客四万五千五百八。"与本书异一字。
③ （宋）李心传：《建炎以来系年要录》卷二〇，第401页。
④ （宋）李心传：《建炎以来系年要录》卷二〇，第405页。
⑤ （宋）李心传：《建炎以来系年要录》卷一四九，第2396页。
⑥ 佚名：《永乐常州府志》卷四《户口》。
⑦ 《元史》卷六二《地理五》，第1494页。

但是《大德毗陵志》的数字更加详细。此外，也是从元代之后，常州开始有各属县的具体户口数字，《大德毗陵志》的记载是"诸色户晋陵三万五千五百七户，武进二万三千户"。

一般以为，至元二十六至二十七年的户口统计是元代最后一次整理户籍，各地的地方志所统计的户口均为此年的统计数字。总体而言，元朝的户籍情况相对较为混乱，胡祗遹曾称："我朝之于军民，一籍之后，近则五七年，远者三四十年，略不再籍。孰富强，孰贫弱，孰丁口增加，孰丁口消亡，皆不能知。"①因此至元之后的户口统计情况已经无法探知，但是在20年之后的泰定二年（1325）所修的《泰定毗陵志》中又记载了另一组户口数字："本路抄数籍定诸色户计，总计二十一万一千六百五十二户，一百九万九千一百六十三口。南人诸色户二十万七千六百九十户，一百八万四千二百二十五；录事司一，四千二百二十三户，二万一千八百口。北人户三千九百六十二，一万四千九百三十八；北人录事司一千六百三十四户，五千二百四十口。""南人晋陵三万五千一百一十户，计二十五万六千六百五十九口；武进二万一千六百九十九户，计一十万九千二百三十二口。北人晋陵四十户，三百五十九口；武进二十九户，二百七十九口。"②这组数字应该是来自元朝的另一次的统计，但是具体时间与进程已无从知晓。这组数字与《元史》及《大德毗陵志》的记载相差无几，但有了北人和南人的分类统计。元代人口统计分"南人"土著和"北人"侨寓，从这一组数字中可以发现，常州的北人有一半以上人口集中于录事司，即常州城中，可见"北人"很大的组成部分是各级官员。

二、宋元时期常州的城市人口

吴松弟先生在讨论宋代城市人口的时候，曾经以梁庚尧先生的说法为基础，认为宋代城市可以分成三等，即一级城市，人口50000户以上，如东京、临安、金中都、元大都、绍兴府、苏州、江宁府、洪州、福州、泉州、鄂州、成都府等。次级城市，人口20000—50000户，如辽南京、赣州、汀州、漳州、兴元府、大名府等。三级城市，5000—20000户，如镇江府、温州、台州、常州、真州、潮州、广州等。根据吴先生的分类，常州城市规模应该在5000—20000户。③

至元二十七年，常州录事司诸色户计6057户。据《元史》载："录事司，秩正八品。凡路、府所治，置一司，以掌城中民户之事。中统二年，诏验民户，定为员数。二千户以上，设录事、司候、判官各一员；二千户以下，省判官不置……若城市民少，

---

① （元）胡祗遹：《紫山大全集》卷二二《军政·贫难消乏之弊状》，《景印文渊阁四库全书》第1196册，台湾商务印书馆1986年版。
② 佚名：《永乐常州府志》卷四《户口》。
③ 吴松弟：《中国人口史》第三卷，复旦大学出版社2000年版，第600页。

则不置司，归之倚郭县。"① 元代都城以外的路、府以及相当于府的直隶州的治所，只要有一定的人口数量，均设立录事司，以管理城市中的居民，人口较少的城市则不置录事司，而归所在县管理。因此，凡设录事司的城市，均是元代的建制城市。因此 6000 户应该就是元代常州城市人口数字，吴松弟便以此作为宋代常州城市的人口数字，但其实并不能以元代常州城市人口数字来推算宋代常州城市人口数字。

  吴松弟在同书中认为，由于宋元之间战事结束较早，江南大多数府州没有受到影响。且宋元之际发生的战争、人民外迁和瘟疫是否导致人口大减，尚值得考证。② 宋元之战的确可能没有影响江南的大部分府州，但是常州却是例外。如前所述，常州城曾被屠城，经此一战后，人口损失众多，虽然后来"四方之人陆续来居者众"，但是毕竟与战前规模不可同日而语。前述常州至元二十七年的人口数字较南宋淳熙时（1174—1189）减少 5 万户左右，而这些减少的数字，应该大多来自常州城及其附郭县武进和晋陵。如无锡淳祐间（1241—1253）人口 37916 户，宋元之间也因战事饥荒使人口受损，"元兵南下残掳之余十失其四，又歼于疫，存者仅十分而五"，但是"厥后平治既久，生聚日繁，至正二十七年天下郡县上板籍，无锡得户七万二百四十二"。③ 可见无锡人口恢复速度甚快，至正时期已经是南宋的近两倍，由此估计武进和晋陵的人口在战争中至少也要减少 5 万—10 万户，即原应在 10 万—15 万户。

  武进、晋陵县的分县人口数字在宋代很少有记载，唯一所存数字便是胡宿《常州晋陵县开渠港记》④中记载庆历四年晋陵县为 2 万户。因此对武进和晋陵两县人口数字只能进行推测。《咸淳毗陵志》为我们提供了一个线索，了解北宋早期的各县人口数字。"建隆三年，诏诸县以户口数定弓兵数多寡，满万户者五十人，余以次降杀，今四尉司之。额率加羡，盖后尝增募也。"⑤ 其中晋陵旧额为 100 人，武进为 90 人，无锡为 120 人，宜兴为 110 人。按照满万户 50 人的比例的话，当时晋陵应为 2 万户、武进为 1.8 万户、无锡为 2.4 万户、宜兴为 2.2 万户，总户数为 8.4 万户。则在宋代初年，常州城人口就在 5000—6000 户。现存常州人口数字在宋代最高是淳熙间 27 万多。据《无锡县志》记载："绍兴初无锡之户口，始以县计，可考实 23314 户，105621 口。南渡后复加以三分之一，为户 34310，合口 135827。淳祐间，诏计天下

---

① 《元史》卷九一《百官志》，第 2317 页。
② 吴松弟：《中国人口史》第三卷，第 484 页。
③ 佚名：《无锡县志》卷一，《景印文渊阁四库全书》第 492 册，台湾商务印书馆 1986 年版。
④ （宋）胡宿：《文恭集》卷三五《常州晋陵县开渠港记》，《景印文渊阁四库全书》第 1088 册，台湾商务印书馆 1986 年版。
⑤ （宋）史能之：《咸淳毗陵志》卷一二《武备》。

民数，无锡得37916户，230568口。"就此可以推测，无锡在淳熙间的人口数字为35000—37000户。而宜兴县只有《永乐常州府志》引单锡《宜兴风土记》的记载："宋景祐中领主客户39940，口46059，今①户37474，口62386。"②在淳熙时，宜兴的人口可能在5万—7万户。则武进和晋陵的人口总数应在16万户左右，这也和前述的推断接近。

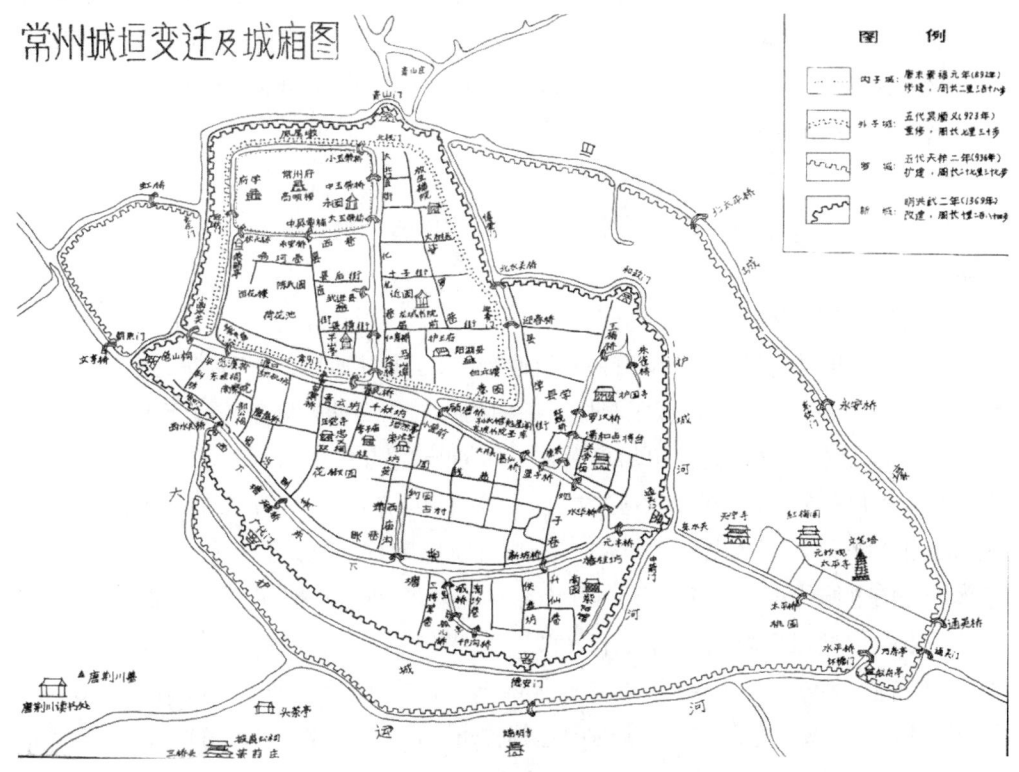

图4-2 常州城垣变迁及城厢图

那么宋代常州城市人口的数字究竟是多少呢？斯波义信认为，州治所在的县大体上有20%左右的人口集中在城市。而吴松弟也经过统计，得出宋代各府州治所城市占所在附郭县的比重，最高是真州城，为46%；最低是庆元府，为12.8%。而常州录事司人口占附郭县的比重为9.4%，为元代路级治所城市最高。吴松弟认为元代录事司的统计范围应该小于城市范围，因此得到统计的城市人口普遍小于南宋。③从

---

① 单锡，嘉祐二年进士，文中"今"当为北宋神宗年间左右。
② 佚名：《永乐常州府志》卷四《户口》。
③ 吴松弟：《中国人口史》第三卷，第617、619页。

这一点来看，斯波义信的推论是正确的。而从元代的常州情况已经可以看出，常州城市的人口占武进、晋陵两个附郭县的比例应该是较高的。姑且以 20% 为最高比例，根据武进、晋陵县的 16 万人的人口规模来推算常州城市人口规模，应该是在 3 万户左右。即使根据宋代最低的比例 12.8%，也应该在 2 万户左右。可以说 2 万—3 万户，或者说 10 万—15 万人应该很可能便是常州在南宋时的城市人口的数字，即属于吴松弟所称的次级城市类型。武进和晋陵在宋代初年的人口相比宜兴和无锡略低，但是由于是郡城附郭，随着城市化进程的不断提高，到了南宋后期，其人口已经明显多于宜兴和无锡两县，这比较符合宋代州府城市普遍扩大的趋势，也从另一个侧面反映了当时常州城市发展的状况。

第三节 城市发展

一、城垣的变化

晋太康年间建内子城后，至唐初几经修废。大运河开通后，逐渐繁华，建筑物渐增。唐代，织造业多傍河而设，城区开始不断向南、向东延伸。唐景福元年（892），淮南节度使杨行密遣唐彦随权领州事重建。城周长 2 里 318 步，城高 2 丈 1 尺。五代十国时，常州在吴王杨溥的统治区内，吴顺义元年（921），刺史张伯宗增筑外子城，城周 7 里 30 步，城高 2 丈 8 尺，厚 2 丈，内外筑以砖石，"方直雄固"，号称金斗城，其范围是内子城的 4 倍。当年余干有诗云："毗陵城如金斗方。"东南西北分设迎春、金斗、迎秋、北极四城门，后于宋绍兴二年（1132），时任郡守俞俟重修。吴天祚元年（935），刺史徐景迈筑罗城，这是常州历史上规模最大的城垣。城周 27 里 37 步，城高 2 丈。有通吴（即东门，南宋时因建都杭州，故曾改名朝天门（东门）、怀德（次东门）、德安（南门）、广化（次南门）、南水（西南门）、朝京（西门）、青山（北门），据称从北青山门桥上可远眺江阴、海门之山，故北门名青山门）、和政（次北门）、东钦（东北门）9 个城门。罗城外有城壕，上有御敌楼，后绍兴二年俞俟重修。① 宋常州罗城的规模是相当大的，在斯波义信所列的宋代城廓规模资料一览表中②，常州府城规模仅次于两宋都城东京、杭州以及苏州。

加藤繁在《宋代都市的发展》一文中认为："自古以来，中国的都市大多围着城墙，在宋代也是一样。城墙是用砖甓或者土石砌成的，一重、两重，或者三重地围绕着。有两重的时候，内部的一重，通例叫做子城，也叫做牙城、小城，外部的

---

① （宋）史能之：《咸淳毗陵志》卷三《城廓》。
② （日）斯波义信：《宋代江南经济史》，江苏人民出版社 2001 年版，第 293、306 页。

一重，叫做罗城（有时候叫做大城），有两重或三重的时候，都市的最重要的建筑物，如皇居、州署、县署之类，都设在最里面的城墙里，也就是子城的里面，子城的外部，第二或第三重城墙里，建设民房、寺院，或者子城内收容不了的官署等。又子城差不多没有位于城中央的，大多偏北偏南，或者也有僻在一隅的。"①从常州城垣平面图也可知这样的特点。宋时常州城呈不规则的纺锤形，城垣曲折，城中部宽阔，南北间距近5华里，城东西狭长，间距不足一里。运河由朝京门经天禧、新坊、元丰、太平诸桥至通吴门，呈弧形横亘城中，运河北岸的城区面积更大，这是由于北岸开发较早的缘故。北岸偏西有一个被河流封闭的近似方形的城区，城内街道十字相交。这是按坊市制度规划修建的子城，集中了由官府控制的代表中国传统社会城市军事、行政功能的建筑，例如州衙、州学、军资库、常平仓等各仓库及城隍庙等，主要的官绅住宅也在其内，建筑方位遵循中原传统的正南正北的定式，组成常州城的官绅行政区。吴、南唐和宋代新兴起的商业街在旧城南墙外，沿江南运河两岸发展，并以运河为轴，不断向两端延伸，成为城市新的核心。天禧桥至新坊桥之间的运河北岸，集中了由各级衙署主管专卖的合同场（天禧桥西）、都税务（元丰桥东）、比较务（新坊桥北）等，接待四方行旅的荆溪馆（天禧桥东）、西行衙（荆溪馆西）、使星亭（天禧桥东）、弭节亭（天禧桥东）等也依次排列在岸侧。整个城市形态能清楚地区分为：一个传统意义上的四方形旧城，一个在旧城外成长出来的新城，规整的旧城区与自然发展未受规划的新市街对比强烈。以寺庙、贡院为标志的宗教文化职能组织，也没有趋近官绅区所在的旧城，而是沿运河分布在城市边缘，反映出它们服务的对象是以运河区行旅为主，图交通之便。这种特点在两宋似乎十分普遍。南宋的行在——杭州的宫城便偏处城之一隅，在地形和城市空间划分上不符中国传统的城市规划思想，这当然与其临时的国都性质有关。而江南其他的城市，如明州、苏州、湖州，也有这种城市形态不规则，随着交通干线或地形条件，因地制宜而建的现实主义风格。

以上可知常州城市的形成，是在地理形态制约下，经济和运输网络发展的结果，并随着当地经济的发展和运输网络的变动而拓展和转移，而决定区域发展的不是朝代的沿革，而是区域周期的变动，经济因素在这里起了十分重要的作用。

二、从坊到厢：城市坊厢结构和区划格局

在唐以前，中国古代从都城到地方，为了确保内部的安全，加强控制，基本上都是采用了封闭式的结构。从先秦到秦汉，采用的是里制。东汉以后，坊制开始实行。唐代长安是当时世界上一流的大城市，城中有110个封闭的坊，坊呈方形，规定临街坊墙不准开门，只有三品以上的官吏才可在临街的坊墙上凿门。唐代规定，无论

---

① （日）加藤繁：《中国经济史考证》，商务印书馆1959年版，第264页。

都鄙,坊门早晚都要定时开启,夜间不准行人出入,否则便是犯禁,或者叫做"犯夜"。只有持有县的文牒的婚嫁者,持有坊的文牒的有病人、有丧事以及求医药者,才不算犯夜。唐长安只有东西两市可以贸易,各市也只占两坊之地,其他临街处一律不准开店,东西两市也与其他各坊一样,大门定时开闭。唐代还多次以皇帝诏书的形式明令禁止"破墙开店"。里坊制严格限制着人们的行为和社会中商品交换关系的发展,也严重阻碍了私人工商业的发展。唐后期的城市居民便逐渐不顾朝廷的禁令,纷纷自行凿坊墙开店。

中唐以后扬州率先改变了传统的"里坊制",出现了"侨寄衣冠及工商等,多侵衢造宅"的局面。后周世宗时,东京开封府因人口增加,城市狭隘,故在四面立标识,建筑罗城,"今后凡营葬及与窑灶并草市,并须去标识七里外,其标识内候官中劈画,定军营、街巷、仓场、诸司公廨院务了。即任百姓营造。"① 可见,当时只分划好街巷,"即任百姓营造"。"街巷"的布局开始正式出现于城市制度中。到了北宋,临街设邸店的事情时有发生,政府禁不胜禁。仁宗景祐三年(1036)下诏:"天下士庶之家,凡屋宇非邸店楼阁临街市之处,毋得为四铺作、闹斗八;非官品,毋得起门屋;非宫室寺观,毋得彩绘栋宇及间朱黑漆梁柱窗牖,雕镂柱础。"② 变相允许临街开设邸舍,而且临街邸店没有结构和装饰上的限制。此后封闭的坊市制度彻底崩溃,开放型的城市格局逐渐形成,居民住宅可以直接临街开门,商店也不受市的制约,城市成为扩大化的市,主要的大街上到处都设有各式商店,同时夜市开始出现。乾德三年(965),宋太祖诏令"京城夜市至三鼓以来,不得禁止"。③ 南宋时期,开放型的新格局已在全国范围内确立,标志着中国城市格局从封闭性古典型向开放性近代型转化。

大街小巷的畅通结构取代了旧有的封闭式坊里结构的同时,也为城市管理提出了新的课题,一个首当其冲的问题就是如何适应变化了的形势,维持好城市治安。对此,宋政府采取了一系列新的措施,其中厢坊制的实行即为最重要的举措。在坊市制度下,城市治安虽总于县尉,但却要借助于坊吏和市政官员来维持。《宋会要辑稿·职官》曾有记载:宋初"州县郭内,旧置坊正,主科税","有典以主文案,所由以役使,皆无定数"。④ 江浙一带则将坊正称为坊长。⑤ 坊市制崩溃后,坊吏失其职,诸多事务皆达于州县,官员胥吏不堪其负。此外由于人口增多,经济发展,

---

① (宋)王溥:《五代会要》卷二六《城郭》引周显德二年四月诏,上海古籍出版社2012年版,第417页。
② 《宋会要辑稿》舆服四之六,第1796页,中华书局1957年版。
③ 《宋会要辑稿》食货六七之一,第6253页。
④ 《宋会要辑稿》职官四八之二五,第3468页。
⑤ (宋)黄震:《黄氏日抄》卷七九《晓谕道弃榜》,《景印文渊阁四库全书》第708册,台湾商务印书馆1986年版。

城市建成区突破城廓限制，不断地向城外延伸，如何加强对城外居民的管理，也成为城市管理者必须解决的问题。

"厢"原为唐以来划分驻军防地的军制，宋借鉴作为城市行政机构。早在宋初至道元年（995），太宗即命参知政事张洎改撰京城内外坊名80多个，同时"禁镇将、厢校妄理词诉"，①傅宗文先生认为此时极可能按新颁坊名首次建立厢坊制度。②真宗大中祥符元年，将汴京城外居民区划为八厢，并"以都门之外，居民颇多，旧例惟赤县尉主其事，至是特置厢吏，命京府统之"。③至英宗治平年间（1065—1067），由于汴京人口愈益臃肿，"文移簿籍，十倍于初"，开封府及两赤县实难应付，遂续置受事判官于诸厢，"领使院事，民间谓之南司"。④至此，厢官终于得以接管诸厢公事，从而获得行政上的独立权。汴京城三重城墙内外民户划分为19个厢、136个坊管理。厢官吏是包括都所由、厢典、书手、所由、街子和行官，其职责

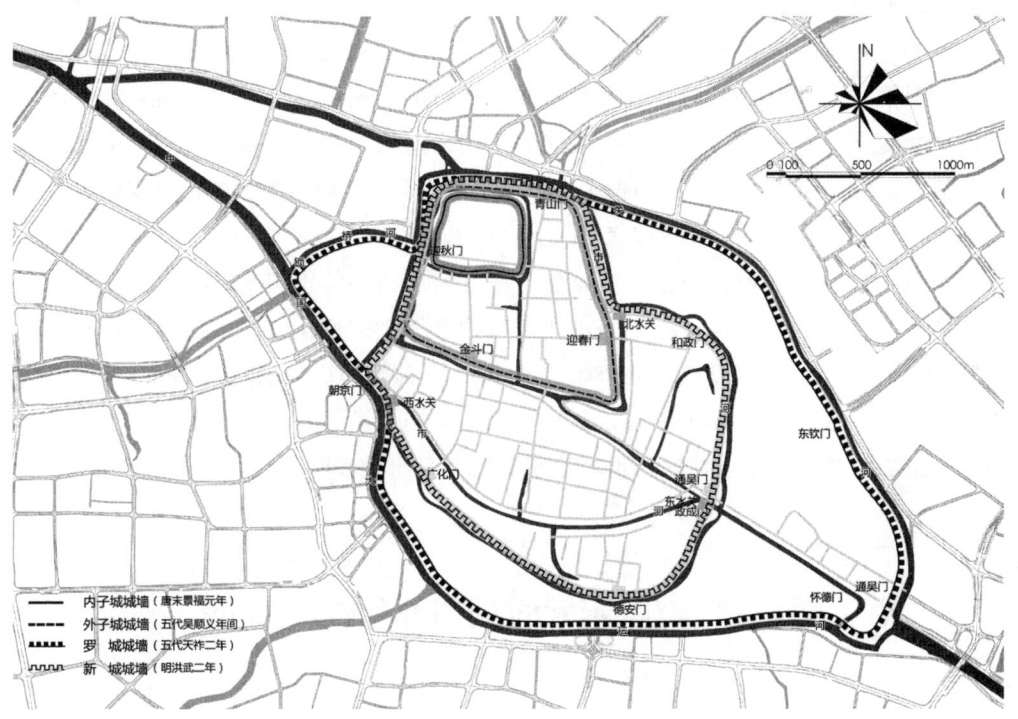

图4-3 常州历史城区城垣形制及部分城门图

---

① 《宋会要辑稿》兵三之二，第6802页。
② 参见傅宗文：《宋代的草市镇及扩城建郊》，《社会科学战线》1988年第4期。
③ 《宋会要辑稿》兵三之一，第6802页。
④ （宋）刘攽：《彭城集》卷三二《开封府南司判官名记》，《景印文渊阁四库全书》第1096册，台湾商务印书馆1986年版。

主要有划分坊廓户，处理民事纠纷，防止火灾，救火抢险，督察盗贼，维持治安等。①由于厢官"不类捕盗之官"，宋政府因而又有厢巡检的设置，以专其捕盗之责，并补厢官之不足。

宋代一些较繁华的城市也大都设厢。而根据《咸淳毗陵志》及明《成化续修毗陵志》中记载，厢制应该也在宋代常州城实施。《成化续修毗陵志》卷二中云："武进旧管三十六乡，宋并为十六，双桂坊与焉。元因之，后以双桂坊在城，析隶录事司。国朝并晋陵县，以武进既管三十五乡，革录事司，置在城六厢，为子城厢（注：分为二）、中右厢、东右厢、西右厢、河南厢、左厢。"但值得注意的是，在《咸淳毗陵志》卷九《郡官》中云："兵马都监四员（子城、河南厢厢差庶姓，左右厢差宗姓），国朝诸州军监置都监，以阁门祗候以上充三班，使臣则为监押，掌郡屯驻兵及训练之政（丘裔天圣六年以右侍，刁绮景祐四年以东头供奉官并为监押，仍兼在城巡检，见天庆观石刻）。"可见在南宋，厢名应该已经存在，而且"在城巡检"，应该便是厢巡检一职。另外该书又云："厢官、监酒税厅，无定所。"可见，厢官和厢制在常州确实是存在的。子城、河南、左右诸厢名也一直延续到民国。其实常州运河两岸的坊巷早已突破了坊制的封闭格局。常州运河曲折蜿蜒，如"大市"所在地东西二排湾，便是由于街沿运河曲折于市之东西而得名。②当时街道往往临水而设，以沿河走向的长街和伸向运河的短巷为主。建筑也不是依传统的建筑定式，而是随河、巷走势随便安置，体现出淡化象征意念、追求实用功能的价值观。坊市制度的逐渐崩溃和厢坊制的建立，标志着中国古代城市管理体制的变化。城市虽仍以政权象征的官城、衙署为中心或重点，但布局越来越突出经济、文化功能，城市中不仅形成了若干商业街区和文化娱乐中心，而且商店、作坊、酒楼、店铺等也遍及全城，城市实际上成为扩大的市场，比较正规意义上的工商业城市形成。

第三章 隋唐宋元时期常州经济的发展

隋唐宋元时期是中国古代经济走向繁荣的时期，也是常州历史上经济迅速、全面发展的时期。由于大自然恩赐的优越地理环境，也由于农业生产技术的提高，使得农业生产有了很大的发展，再加上北方连年的战乱，常州逐渐成为中国重要的农

---

① 马继云、于云瀚：《宋代厢坊制论略》，《史学月刊》1998 第 1 期。
② （宋）史能之：《咸淳毗陵志》卷三《地理三》。

业区和粮食生产基地,"苏常熟,天下足"的谚语便证明了常州的繁荣和富庶。大运河的开凿又为常州提供了最为便捷的交通路线,常州成为重要的粮食转运中心,漕运成为常州经济中最为重要的命脉。南宋以后,中央政府迁入两浙,更使得常州所在的江南地区成为全国的经济重心。

第一节 大运河的开凿与漕运经济的形成

随着隋朝的统一大业,北方的经济格局发生了重要的变化,如何高效地转运各地粮食物资供给都城大兴(即长安),成为重要的课题。开皇四年(584),隋文帝命宇文恺率水工开凿广通渠,由都城附近起,在渭水之南傍南山而东,直到潼关衔接黄河,以通漕运。广通渠的开凿揭开了隋朝建设规模宏大的运河系统的序幕。开皇七年,为准备灭陈战争,隋文帝又在扬州开凿山阳渎。隋炀帝即位后,为转变国都长安"关河重阻,无由自达"的问题,即刻制定了营建东都洛阳的规划,同时在历代修凿南北运河的基础上,对运河水道开始了大规模的整治,经过数年的努力,终于完成了贯通江南、江淮、黄淮和华北平原的南北大运河。

在古代,水运相较陆运而言有着运输量大、运输成本低廉等优点,但是中国的天然河流多呈东西走向,故而开凿南北走向的人工运河,便成为古代运输史的一件大事。隋代以前,已经有开凿人工运河的记载。据《越绝书》记载,吴王夫差便从其国都(今苏州)向西北方向的长江沿岸开凿运河,出苏州城北之平门,经今无锡东南五里的泰伯渎,过常州,到奔牛接天然河道荆溪,在今江阴利城港入江,过江连接邗城,称为"吴古故水道","此渠皆可行舟,有余则用溉浸"。[①]秦始皇三十七年(前210),又在镇江附近开凿运河,"遣赭衣三千凿破长陇,故名丹徒",[②]将运河的入江口西延到丹徒镇东北的丹徒口。至公元1世纪前后,江南运河已基本贯通,北起镇江,南迄杭州,纵贯长江三角洲地区。六朝时期,这条运河亦常疏浚,成为连接建康和太湖平原的重要水道之一。隋大业六年(610),炀帝下诏修江南河,对原有的江南运河加以开阔与整治疏浚,从而使通航能力和排涝、灌溉能力大大加强,新修的江南运河北起京口,东南经曲阿、晋陵,绕太湖之东,过无锡、吴县,至今浙江嘉兴折向西南,经上塘河直达余杭,入钱塘江,全长800余里,河宽10余丈。江南运河修竣之后,与之前开通的通济渠、永济渠、邗沟贯通,至此南北大运河全线完工,南起余杭,北至涿郡,全长约2000多公里,成为世界上最长的人工运河。

---

① 《史记》卷二九《河渠书》,中华书局1959年版,第1407页。
② (唐)李吉甫:《元和郡县图志》卷二五,第591页。

大运河的开凿长久以来均被视为隋炀帝个人追求享乐的结果,但实际上隋炀帝开凿大运河,并不只是搜刮江南财富和巡游享乐,加强对江南的控制、解决长安的后勤供应才是他的真正动机。而且,不管隋炀帝动机如何,大运河的开凿的长远效果随着时间的推移日益明显,所以李吉甫才说:"炀帝巡幸,乘龙舟而往江都。自扬、益、湘南至交、广、闽中等州,公家运漕,私行商旅,舳舻相继。隋氏作之虽劳,后代实受其利焉。"① 大运河的意义并不止于此,作为中国南北交通的大动脉,它使得江南地区与广大的中原地区经济、政治联系日益加强,南北经济文化交流更加密切,促进了中国政治的统一,民族的融合和经济、文化的发展。同时大运河也推动了中国经济重心的南移,改变了江南的基本面貌,推动了江南的发展。也自此起,常州历史的发展兴衰开始与大运河紧紧相联,互为因果,直到20世纪80年代,虽有发达的铁路和公路,而运河仍肩负运输的重任,"论运输量,在常州它数第一"。②

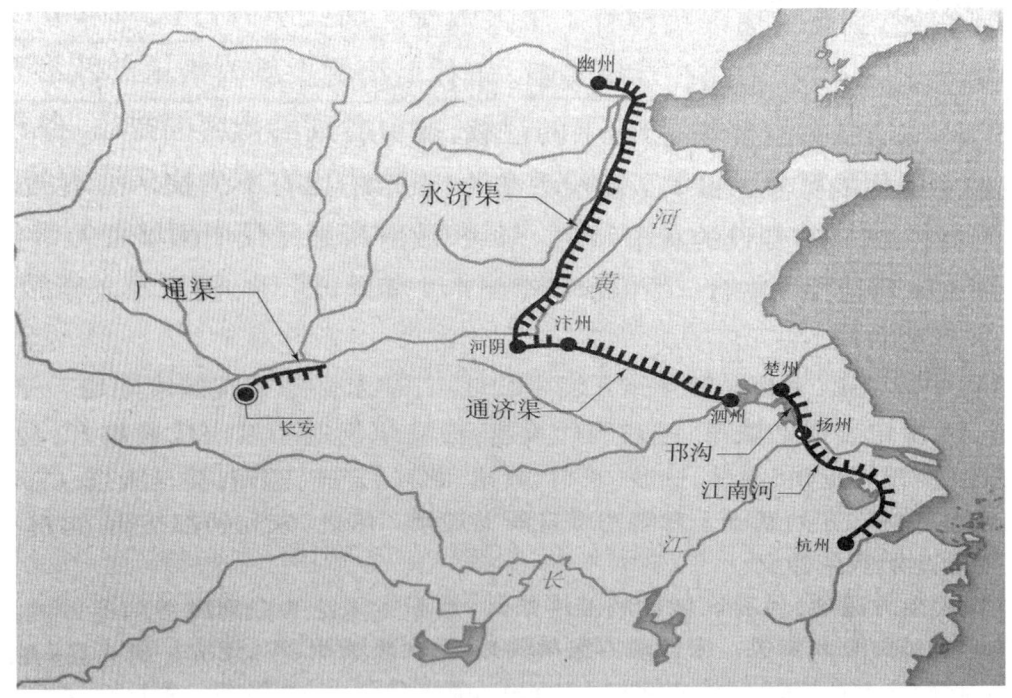

图 4-4 大运河开凿图

唐以前,黄河流域一直是汉文化的中心,在永嘉之乱与晋室南迁之后有了初步变化,初步形成南北抗衡格局,不过北方仍占文化优势。隋炀帝开通大运河,虽有

---

① (唐)李吉甫:《元和郡县图志》卷五,第137页。
② 《话说运河》,中国青年出版社1987年版。

将江南财赋运往关中的目的，但当时整个江南财赋在中央财政的地位尚不明显。唐初虽然"关中号称沃野，然其土地狭，所出不足以给京师，备水旱，故常转漕东南之粟"，但"高祖、太宗之时，用物有节而易赡，水陆漕运，岁不过二十万石，故漕事简"。①至开元天宝间，一方面"秦中地狭，收粟不多，倘遇水旱，便即匮乏"，另一方面政府开支日益庞大，"今国用渐广，漕运数倍于前，支犹不给"，②因此对江南的财赋日益依赖。但此时江南的漕粮需要直接运至洛阳，弊端颇多，"江南户口多，而无征防之役。然送租、庸、调物，以岁二月至扬州入斗门，四月以后，始渡淮入汴，常苦水浅，六七月乃至河口，而河水方涨，须八九月水落始得上河入洛，而漕路多梗，船樯阻隘。江南之人，不习河事，转雇河师水手，重为劳费"，③同时"江南租船，候水始进，吴人不便漕挽，由是所在停留，日月既淹，遂生窃盗"。为了解决这一问题，开元二十一年，唐玄宗让裴耀卿全权负责漕运事务，进行漕运改革。裴耀卿的方案一是实行分段运输的"转般法"，一是完善仓储制度。他于河阴（今河南郑州西北）置河阴仓，河清（河南孟津西）置柏崖仓，三门（河南陕县东北）东西置集津仓和盐仓，江淮漕粮至河阴仓为止，"河口置一仓，纳江东租米，便放船归。从河口即分入河、洛，官自雇船载运。三门之东，置一仓。三门既水险，即于河岸开山，车运十数里。三门之西，又置一仓，即般下贮纳。水通即运，水细便止"。④裴耀卿的改革之后，开元二十二年至二十四年，"凡三年，运七百万石，省陆运之佣四十万贯"，⑤至天宝中，"每岁水陆运米二百五十万石入关"，⑥而其中每年来自江淮的漕米达一半以上，所以安史之乱爆发的次年，至德元载（756），第五琦才对唐玄宗言："方今之急在兵，兵之强弱在赋，赋之所出，江淮居多"。⑦裴耀卿改革漕运及唐代设立江南、淮南转运使是中国经济史上重要的一个分水岭，这是江淮税米每岁上供成为定式的标志，也是中国经济重心由北向南转化的重要分界线，此后包括常州在内的江南地区，漕运经济成为最重要的经济形式，常州的历史发展从此也与漕运密切相关。

安史之乱使黄河中下游残破不堪，"夫以东周之地，久陷贼中，宫室焚烧，十不存一。百曹荒废，曾无尺椽，中间畿内，不满千户。井邑榛棘，豺狼所嗥，既乏军储，又鲜人力。东至郑、汴，达于徐方，北自覃怀，经于相土，人烟断绝，千里萧条"。⑧

---

① 《新唐书》卷五三《食货志》，第1371页。
② 《旧唐书》卷九八《裴耀卿传》，第3081页。
③ 《新唐书》卷五三《食货志》，第1366页。
④ 《旧唐书》卷四九《食货志》，第2115页。
⑤ 《旧唐书》卷四九《食货志》，第2116页。
⑥ （唐）杜佑：《通典》卷一〇《食货》，中华书局1988年版，第228页。
⑦ 《旧唐书》卷一二三《第五琦传》，第3517页。
⑧ 《旧唐书》卷一二〇《郭子仪传》，第3457页。

继之以藩镇割据,"户版不籍于天府,税赋不入于朝廷",① 江南赋税成为唐在安史之乱后得以维持的关键,所谓"军国费用悉取江淮"。② 代宗宝应元年(762)以通州刺史刘晏为户部侍郎,由此开始了又一次漕运改革。刘晏一方面疏浚整个东南漕河体系,一方面改进分段运输法,"江船不入汴,汴船不入河,河船不入渭;江南之运积扬州,汴河之运积河阴,河船之运积渭口,渭船之运入太仓",③ 形成了一整套完整的漕运制度,维护和支撑了唐王朝的统治。德宗时,浙江东西道每岁运米75万石,贞元初,又以岁饥,更令两税折纳成米100万石,诏浙江东西节度使韩滉运送至东西渭桥仓库。④ 所以当时人便称"辇越而衣,漕吴而食",⑤ 而杜牧更直接称"今天下以江淮为国命",⑥ 而罗让在分析全国各地赋税情形之后,也下结论:"今国家内王畿,外诸夏,水陆绵地,四面而远,而输期概之大贵,根本实在于江淮","在最急者,江淮之表里天下耳"。⑦ 中唐以后,江淮已经成为全国的经济中心,并和唐政权形成一种相生相依的关系,随着晚唐漕运断绝,唐王朝也宣告覆灭,所以陈寅恪先生方言:"夫黄巢既破坏东南诸道财赋之区,时溥复断绝南北运输之汴路,借东南经济力量及科举文化以维持之李唐皇室遂不得不倾覆矣。"⑧

北宋继承了唐朝对江南的依赖,所谓"祖宗以来军国之费,多出于东南"。⑨ 据近人全汉升统计,北宋诸路上供钱物中,北方诸路除黄金一项占到61%,较南方诸路略多外,其余均不及南方。上贡白银,南方地区占总数的99.6%。钱物则占总数的85%。⑩ 这些物资构成了北宋中央政权赖以存在的经济基础,所谓"二浙财赋为天下之最"。⑪ 这些钱物大多都通过漕运运往京城,而北宋选择定都开封,便有考虑漕政的因素,"当四通五达之道,非若雍洛有山足恃,特倚重兵以立国耳,兵恃食,食恃漕运"。⑫ 可见漕运对北宋有着特别重要的意义。当时漕运以都城汴京为中心,分为四路,"宋都大梁,有四河以通漕运:曰汴河、曰黄河、曰惠民河,曰广济河"。⑬

---

① 《旧唐书》卷一四一《田承嗣传》,第3838页。
② 《唐宪宗元和十四年七月上尊号赦书》,(宋)李昉等《文苑英华》卷四二二,中华书局1966年版,第2139页。
③ 《新唐书》卷五三《食货志》,第1368页。
④ 《新唐书》卷五三《食货志》,第1369页。
⑤ (唐)吕温:《京兆韦府君神道碑》,《全唐文》卷六三〇,第6357页。
⑥ (唐)杜牧:《樊川文集》卷一六《上宰相求杭州启》,上海古籍出版社1978年版,第249页。
⑦ (唐)罗让:《对才识兼茂明于体用策》,《全唐文》卷五二五,第5335页。
⑧ 陈寅恪:《唐代政治史述论稿》,三联书店1956年版,第159页。
⑨ (宋)李焘:《续资治通鉴长编》卷四六六,第11141页。
⑩ 全汉昇:《唐宋帝国与运河》,商务印书馆1946年版,第110页。
⑪ (宋)范仲淹:《范文正公文集》卷一五《工部郎中段君墓表》,第376页。
⑫ 《宋史》卷三一八《张方平传》,第10356页。
⑬ 《宋史》卷一七五《食货志上三》,第4250页。

其中运输东南货物的汴河运道尤为关键。"岁漕江、淮、湖、浙米数百万,及至东南之产,百物众宝,不可胜计。又下西山之薪炭,以输京师之粟,以振河北之急。内外仰给焉。故于诸水,莫此为重"。①熙宁时,张方平对汴河的重要性作出了如下的说明:"汴河之于京城,乃建国之本。非可与区区沟洫水利同言也。"②景德中,北宋确立全国漕粮年额为 800 万石,其中通过汴河运输的东南漕粮即为 600 万石,③此后甚至出现过东南上供漕粮即达 800 万石的记录。④

南宋偏安 150 年之久,统治却相对稳定,也是由于发达的南方经济充当了其物资后盾。这时不存在南粮北运的问题,漕运主要是在长江中下游与太湖流域进行,《梦粱录》便称:"本州所赖,苏、湖、常、秀、淮、广等处客米"⑤,"杭城乃辇毂之地,有上供米斛,皆办于浙右诸郡县,隶司农寺所辖。本寺所委官吏,专率督催米斛,解发朝廷,以应上供支用。搬运自有纲船装载,纲头管领所载之船,不下运千余石或六七百石。官司亦支耗券雇稍船米与之。到岸则有农寺排岸司掌拘卸、检察、搜空。"⑥因此运河仍然是最重要的水道,对各地财赋的转漕,依旧是发挥效能的关键。为了督察漕运的速度和日程,绍兴十二年(1142),户部规定了江南各州府抵达临安的地里和日限,其中秀州为 198 里,计四日二时,平江府为 360 里,为 8 日,湖州为 378 里,计八日二时,常州为 528 里,计十一日四时,江阴军为七百三十八里,计十六日,如有违限,严加按劾。⑦运河不仅保证了南宋政权对各类财赋的供求,而且也是其布达政令、遣发军旅、流通物资的重要通道。因此可以说,运河是南宋政权得以偏安的一个重要因素。宋人也称"纲运粮饷,仰给诸道,所系不轻。水运之程,自大江而下至镇江则入闸,经行运河,如履平地,川广巨舰,直抵都城,盖甚便也"。⑧

元代延续了对江南税粮的依赖,其定都大都,"去江南极远,而百司庶府之繁,卫士编民之众,无不仰给于江南"。⑨郭守敬引汶泗之水以通江淮运河,"而燕吴漕运毕通"。⑩但终因北方淤浅河段太多,耗费虽多而效果不佳。遂于至元十九年(1282)开始试行海运,各地粮食经运河运往太仓刘家港和常熟白茆港,再经海船出海,所

---

① 《宋史》卷九三《河渠志三》,第 2316、2317 页。
② (宋)张方平:《乐全集》卷二七《论汴河利害事》,《景印文渊阁四库全书》第 1104 册,台湾商务印书馆 1986 年版。
③ 《宋会要辑稿》食货四六之四,第 5605 页。
④ 《欧阳修全集》卷二六《简肃薛公墓志铭》,中华书局 2001 年版,第 402 页。
⑤ (宋)吴自牧:《梦粱录》卷一二《米铺》,中国商业出版社 1982 年版,第 138 页。
⑥ (宋)吴自牧:《梦粱录》卷一六《河舟》,第 103 页。
⑦ 《宋会要辑稿》食货四八之一,第 5623 页。
⑧ 《宋史》卷九七《河渠志七》,第 2406 页。
⑨ 《元史》卷九三《食货一》,第 2364 页。
⑩ (元)苏天爵:《元朝名臣事略》卷九《太史郭公》,中华书局 1996 年版,第 193 页。

谓"一日粮船到直沽，吴罂越布满街衢"。^①到元末，各地割据势力蜂起，江浙均为其所占，海运难以为继，元朝距分崩离析已然不远。

运河这一人工航道的形成，是常州城市发展的最根本的决定因素，而自唐代以后，漕运经济也成为常州最重要的经济形式。常州由于地处运河沿岸，其作为中心城市的联结性、开放性和综合服务性作用日益明显，按《咸淳毗陵志》统计，常州府城内有受纳常赋的籴纳仓 11 廒，其余大型仓库 21 处以上。自唐代起，常州的经济地位便十分重要。时人便称②："常州为江左大郡，兵食之所资，财赋之所出，公家之所给，岁以万计。"③白居易提及唐后期常、润、杭诸州经济状况时也言："海内时无事，江南岁有秋。生民皆乐业，地主尽贤侯。郊静销戈马，城高逼斗牛。平河七百里，沃壤二三州。"④宋代以后，尤其是南宋定都临安之后，常州地位日益巩固。陆游在其《常州奔牛闸记》中便云："自天子驻跸临安，牧贡戎贽，四方之赋输，与邮置往来，军旅征戍，商贾贸迁者，途出于此，居天下十七，其所系岂不愈重哉？"同时，"苏常熟，天下足"，⑤常州从宋代开始便是主要的粮食生产区。龙登高便认为宋代常州便和太湖平原的其他地区如苏、湖、秀等成为全国主要的商品粮基地，在转运中，由于品种串换的需要和漕运制度变动的缘故，经常会出现籴粮交钱或以钱籴粮的现象，常州这个粮食转运中心便同时也成为了粮米的交易中心。在北方一线，除官运每年 100 多万石上供米外，商品粮也通过官方和籴、私商贩运等流通渠道源源自河北上。而南方一线，或由运河水运至杭，集中于城郊湖州市等米市，或转海般运至越、明、台滨海诸州，或沿钱塘江而上至桐庐、再分衢、睦、婺等州。⑥北宋时，杭州城内居民用粮即已"全仰苏、湖、常、秀等州搬运斛斗接济"，而到南宋更是"本州所赖，苏、湖、常、秀、淮、广等处客米"。⑦

而毗陵驿也从一个侧面说明了运河对常州的重要性。驿是古代传递公文、贡物的差役和往来官员途经歇宿换马的住所。南唐散骑常侍徐铉曾有诗《题毗陵驿》："曾持使节驻毗陵，长与州人有旧情。为报驿桥风月道，舍人髭鬓白千茎。"⑧宋时横贯常州的运河从西水关，经天禧桥、新坊桥、元丰桥出东水门，而毗陵驿在运河必经

---

① （元）张翥：《蜕庵诗集》卷五《读瀛海喜其绝句清运因口号数诗示九成皆实意也》，《景印文渊阁四库全书》第 1215 册，台湾商务印书馆 1986 年版。
② （宋）史能之：《咸淳毗陵志》卷六《官寺二》。
③ （唐）梁肃：《全唐文》卷五二二《独孤公行状》，第 5303 页。
④ （唐）白居易：《白居易集》卷二七《想东游五十韵》，中华书局 1979 年版，第 607 页。
⑤ （宋）陆游：《渭南文集》卷二七。
⑥ 龙登高：《宋代东南市场研究》，云南大学出版社 1994 年版，第 204 页。
⑦ （宋）吴自牧：《梦粱录》卷一六《米铺》，第 138 页。
⑧ （宋）史能之：《咸淳毗陵志》卷二二《词翰》。

之地城中天禧桥东,故方志载曰"枕漕渠"。南宋淳熙间,江南运河之支渠荆溪疏治而成,经滆湖至常州之南入江南运河,漕运可通宜兴、溧阳,由此毗陵驿更名为"荆溪馆"。①唐宋两代,阳羡茶为贡品,而常州为贡茶必经驿道,且另一贡品湖州长兴茶也以此道最为便捷。因而毗陵驿便以茶叶的转运、输贡、买卖而闻名,其改名荆溪馆也是由于荆溪是连通宜兴的主要水道。各志书文籍屡屡提及常州"茶山""茶山道"等,其实便为当时贡茶的储运、集散之地和茶运的交通孔道。茶叶贸易和毗陵驿使沿河一段日益繁荣。除了粮食、茶叶等大宗商品的运输之外,居民的日常往来,也通过运河进行,如临安"士庶欲往苏、湖、常、秀、江、淮等州,多雇舸船、舫船、航船、飞篷船"出行。②

同时运河也推进了当地农业、加工业和原料生产的发展,促进了商流和市街建设,形成适应流通的生活服务网。新中国成立后曾在新坊桥附近发现了宋代作坊遗址,据而推测当时手工业作坊区不会远离运河。宋将专门主管户籍、钱谷、赋役之责的通判衙署——通判西厅由旧城的州治东也移往天禧桥东,也是基于运河发展而产生的变化。因水而兴运,缘运而聚商,倚商而成市,随市而显貌,貌以时迁,随时而变。常州便随着运河以及漕运经济的发展而逐渐兴盛起来。

第二节 水利建设

太湖平原是一碟状平原,中间低洼,四周高仰,常州正好处于太湖平原西部,使得本地东南部地势低洼、湖泊众多、河网密布,西北部则承宁镇丘陵余脉,处于碟缘外高地,地势相对高亢。这一特殊的地形地貌造成了其地有高田和低田,高田易旱,低田易涝,为了保证高、低田皆能水旱相宜,符合农时,水利建设便十分重要。同时,常州在整个江南地区的水利建设中的地位也至为关键。因此自古代以来,本地便对水利十分重视。《道光武进阳湖合志》曾言:常州"江南古泽国也,厥田下下,而自唐以来财赋甲于天下,则以人事善为补救也,是以水利也冠于他州"。

李兆洛曾说过常州水道是"以运河为经,左右诸水为纬"。③因此运河的疏浚工作非常重要。在江南,运河虽然流经都是水网地带,水源丰富,但由于长江江岸的变迁和江潮的涨落,也常会影响运河的通航。就常州段运河而言,其河段不畅的原因主要有以下几个方面:一是江岸束狭,河口淤塞。自唐宋始,从镇江开始的江面

---

① (宋)史能之:《咸淳毗陵志》卷六《官寺一》。
② (宋)吴自牧:《梦粱录》卷一二《河舟》,第103页。
③ (清)黄冕修、李兆洛纂:《道光武进阳湖合志》卷三《水利》,光绪十二年刻本。

便从最阔时的四十余里缩减到二十余里，江潮势头随之减弱，影响到了运河的水源。二是运河水源主要取决于江潮，而江潮来速去缓，泥沙易于停滞，导致运河中泥沙沉积，河身日高。再加上常州呈西高东低的地势，使得河道势陡，《明史·河渠志》便言："常州以西，地渐高仰，水浅易泄，盈涸不恒，时浚时壅。"① 自唐朝便在运河设堰闸，以节水济运，维持运道的水深。常州地区主要是武进的奔牛闸和无锡的望亭闸。除此之外，还采取了其他措施来保持运河的畅通。代宗永泰间，常州刺史李栖筠"浚河渠，引大江，漕有余之波，溉不足之川。沟延申浦，至于城下，废二埭之隘，促数州之程，海夷浮舶，弦发望至"。② 这是通过疏浚和延伸江阴申浦，运长江水补充水源，沟通了长江和运河的航运。元和八年（813），常州刺史孟简在武进县西四十里因故渠开凿孟渎，"引江水南泾通漕"，③ 开出一段长41里的新道。自此之后，如果运河水浅，常州的船只可以不经丹阳段运河，而直接经孟渎出江。这虽然在当时只是常、润段运河的一条间道，但久而久之至明清以后却成为一条重要的运道。孟渎的开凿不仅为运河提供了一条新的水道，而且成为一项重要的农田水利设施，"得沃壤田四千余顷"，④ 成为一个大规模的灌区。此后，孟简还在无锡开泰伯渎87里，同样利用了原有的旧水道，溉田达千顷。⑤

李兆洛曾称：三吴水利"盛于宋，极于明，迨至国朝，则规制详矣，议论备矣"。⑥可见，宋代是常州水利建设的兴盛期。庆历三年（1043），宋仁宗给两浙等路下诏："辖下州军圩田并河渠、堤堰、陂塘之类合行开修去处，选官计工料，每岁于二月间未农作时兴役，半月即罢，仍具逐处开修并所获利济大小事状保明闻奏，当议等第酬奖。"⑦ 将兴修水利纳入每年春作前的安排之中。熙宁二年（1069）王安石变法不久，制置三司条例司即将农田水利法颁付诸路，鼓励议修水利，专门规定凡有疏导水患而开决农田时，"即以官田计其顷亩，拨还田户，如无田可拨，即计田给直"。并专门设置农田水利使，"以专其事，所以浚河渠，固防岸，通畎浍"。⑧ 时任相度两浙水利事的沈括令本路统计合修水利钱粮，募缺食饥民兴筑水利设施。⑨ 绍圣二年（1095），令武进、丹阳、丹徒县界沿河堤岸"并委令佐检察修护，劝诱食利人户修葺，

---

① 《明史》卷八六《河渠志》，中华书局1974年版，第2104页。
② （唐）李华：《常州刺史厅壁记》，史能之《咸淳毗陵志》卷二二《词翰》。
③ 《新唐书》卷四一《地理志一》，第1058页。
④ （宋）王溥：《唐会要》卷八九，第1621页。
⑤ （明）朱昱：《成化重修毗陵志》卷一九，《四库全书存目丛书》史部第179册，齐鲁书社1997年版。
⑥ （清）黄畟等修，李兆洛纂：《道光武进阳湖合志》卷三《水利》。
⑦ 《宋会要辑稿》食货七之一一，第4911页。
⑧ （宋）朱长文：《吴郡图经续记》卷下《治水》，江苏古籍出版社1999年版，第54页。
⑨ 《宋会要辑稿》食货七之二三、二四，第4917页。

任满稽其勤惰而赏罚之"。① 政和六年（1116），专门颁布管干圩岸围岸官法，规定"在官三年，无毁损堙塞者赏之"。② 宣和元年（1119），根据提举水利农田所建议，命官吏对历来承担蓄水灌溉与通航舟楫的陂湖、沟港、泾浜、湖泊进行勘测打量，"按其地名、丈尺、四至，并镌之石"。③ 元代成立以后，对水利事业依然重视。其颁布的农桑之制便称："凡河渠之利，委本处正官一员，以时浚治。或民力不足者，提举河渠官相其轻重，官为导之。"④ 至正元年（1341），又于平江路立都水庸田使司，辖江东、浙西、江西道，州县农事正官结衔知渠堰事。⑤

对运河的疏浚和管理仍然是宋元时期常州水利建设的重点内容。《宋史》在论述苏、常、润段水利形势时称："平江阊门至常州，有枫桥、许墅、乌角溪、新安溪、将军堰，亦各通太湖。如遇西风，湖水由港而入，皆不必浚。唯无锡五泻闸损坏累年，常是开堰，彻底放舟。更江阴军河港势低，水易走泄。若从旧修筑，不独潴水可以通舟，而无锡、晋陵间所有阳湖，亦当积水，而四傍田亩，皆无旱暵之患。独自常州至丹阳县，地势高仰，虽有奔牛、吕城二闸，别无湖港潴水。自丹阳至镇江，地形尤高，虽有练湖，缘湖水日浅，不能济远，雨晴未几，便觉干涸。运河浅狭，莫此为甚，所当先浚。"⑥ 由此可见，疏浚运河河道，不仅可以保证运河航运的畅达，也可以推动整个长江三角洲水系的良性循环。所以南宋时人詹体仁便说："浙右之有漕渠，非止通馈运，资国信往来而已，苏、秀、常、润田之高昂者实赖之。"⑦ 宋元时，运河疏浚也便成为常州水利建设的重点。

较早开浚常州运河的是淳化三年（993）知州王诜开珥渎。珥渎起于丹阳东南七里桥，东达奔牛，又称七里河。王诜开珥渎是为了重开一条由白鹤溪至京口的运道，但是由于种种原因，"卒无成"。⑧ 庆历三年（1043），知州李余庆开后河，邹补之在《重开后河记》中称："毗陵郡城，大抵西仰东顷，漕渠贯其中，故水悉东下，独南水门受荆溪之水流注之惠明河，道舜宜桥并卧龙街，抵迎秋门，洒为二股。一自月斜桥，以达于金斗桥；一自迎秋水门入，经状元桥，略仓州后，接于县桥，与金斗水汇，地格势禁，不可前往。庆历中李公余庆以国子博士守州，始穿顾塘河，益引惠明河

---

① 《宋史》卷九六《河渠六》，第 2383 页。
② 《宋史》卷一七三《食货上一》，第 4168、4169 页。
③ 《宋史》卷九六《河渠六》，第 2388 页。
④ 《元史》卷九三《食货一》，第 2355 页。
⑤ （清）黄冕等修，李兆洛纂：《道光武进阳湖合志》卷三《水利》。
⑥ 《宋史》卷九七《河渠七》，第 2406 页。
⑦ （宋）真德秀：《西山文集》卷四七《司农卿湖广总领詹公行状》，《景印文渊阁四库全书》第 1174 册，台湾商务印书馆 1986 年版。
⑧ （清）黄冕等修，李兆洛纂：《道光武进阳湖合志》卷三《水利》。

水东注之漕渠。"① 同年，武进知县杨玙疏浚孟渎。嘉祐三年（1058），常州知州王安石开浚运河。嘉祐六年，常州知州陈襄疏浚常州段运河，在望亭导太湖水入运河，改变了运河横遏太湖积水入江的局面。治平四年（1067），又在常州至润州之间"开淘运河"，治理夹冈河道。崇宁元年（1102），知州朱彦再次深浚常州段运河。② 次年，诏常、润二州督浚运河。大观二年（1108），诏常、润"岁旱河浅，留滞运船，监司督责浚治"。③ 宣和五年（1123），因江南运河"河身淤淀，稍愆雨泽，便有浅涩，致妨漕运"，④ 遂命自镇江吕城闸至杭州一带河道，"各合用水手，打将河底，一例开深五尺"。⑤

南宋对运河的疏浚更为重视。建炎元年，武进知县梁汝嘉浚城濠。绍兴三十一年（1161），高宗调拨军费积余69000缗、常平米13000斛开浚江南运河、浙东运河和江淮运河。隆兴二年（1164），常州疏通联接长江与运河的申港、利港入江口淤塞的泥沙，以保持运河与长江间水流循环畅通。淳熙二年（1175），平江知府陈岘督同武进县丞韩隆胄、县尉秦膺刚浚治常州运河30里。淳熙五年，常州自无锡县以西横林、小井及奔牛、吕城一带地高水浅之处开浚以通漕舟。淳熙七年，命令江南运河所经诸州府凡"浅涩去处，令逐州宋臣措置随宜开撩，务要舟楫通行"。⑥ 淳熙七年，诏运河有浅狭处，令守臣以渐开浚，遂开杭州至镇江长641里运河。淳熙九年，因常州知州章冲建议，开浚州西南白鹤溪浅狭处70余里，引金坛洮湖水；浚治州南西蠡河20余里，由宜兴县引太湖水使常州段运河"无干涸之患"，"免浚治之扰"。⑦ 淳熙十四年，常州知州林祖洽再次深浚后河。淳熙十六年，提举浙江常平詹体仁督平江、常州、镇江浚漕渠，置斗门。嘉泰元年（1201），常州守臣奏报常州段运河180里"岁久浅淤，自河岸至底，其深不满四五尺""而支沟别港皆已淹塞，故虽有江湖之浸，不见其利"，遂命会同转运使、提举常平"相视漕渠，并彻江湖之处，如法浚治，还昔人遗迹"。咸淳元年（1265），常州知州史能之浚后河。⑧ 元代大德五年（1301），常州路通判袁德麟开浚关河，"自东而南，自南而西，延袤凡十里"，又在河上建怀德、德安、广德三桥，使"数百年之绝潢断港一旦为通津，

---

① （清）卢文弨：《常郡八邑艺文志》卷二，《续修四库全书》第917册，上海古籍出版社1995年版。
② （清）黄冕等修，李兆洛纂：《道光武进阳湖合志》卷三《水利》。
③ 《宋史》卷九六《河渠六》，第2385页。
④ 《宋会要辑稿》食货八之三五，第4952页。
⑤ 《宋会要辑稿》方域一七之一五，第7604页。
⑥ （宋）留正：《皇宋中兴两朝圣政》卷一一，《续修四库全书》第348册，上海古籍出版社1995年版。
⑦ 《宋史》卷九七《河渠七》，第2409、2410页。
⑧ （清）黄冕等修，李兆洛纂：《道光武进阳湖合志》卷三《水利》。

为活源，舟车得以通济，田畴资以灌溉"。① 至正元年（1341），都水营田使左答纳失里修治各府州路河塘，自镇江在城程公坝至常州武进县吕城坝河长131里。

置闸设堰，是经营管理运河的另一重要内容。常州运河自吕城张店铺入境，至无锡望亭堰风波桥出境，"上苦水之不足，故置堰于吕城、奔牛，所以蓄其源；下惧水之过泄，入于望亭置堰，所以节其去"。② 据《道光武进阳湖合志》考证，此数闸在齐梁前已有之。南宋常州知州章冲以为，设此闸堰有三利，其一是"阳羡诸渎之水奔趋而下，有以节之，则当潦岁，平江三邑必无下流淫溢之患"，其二是"自常州至望亭一百三十五里，运河一有所节，则沿河之田旱岁资以灌溉"，其三

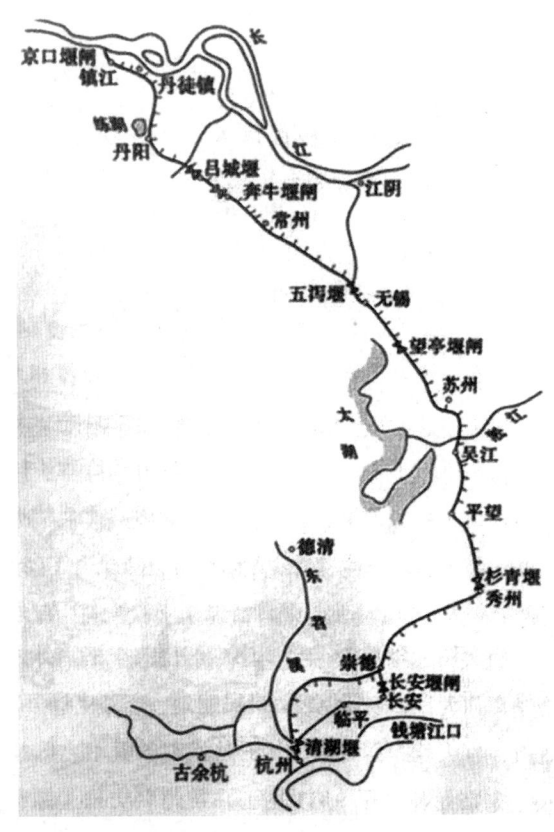

图 4-5 江南运河堰闸图

是"每岁冬春之交，重纲及使命往来，多苦浅涸，今启闭以时，足通舟楫，复免车亩灌注之劳"。③ 宋初堰闸的废毁较为严重，淳化元年宋廷便下令废去京口、吕城、奔牛、望亭四堰。嘉祐时又为开运河沟通梁溪，通入太湖，废去了无锡的梁溪堰，这就给漕运和太湖水利的利用带来了不利的后果。于是神宗熙宁元年，开始恢复亭堰，诏望亭等堰监护使臣并系管干河塘，同所属令佐巡视修固，以时启闭。④ 次年，即置望亭堰闸。元祐四年，诏复吕城堰，置上下二闸以时启闭。元符二年（1099），润州京口闸、常州奔牛闸修筑完成，至此，江南运河澳闸系统完成改造，并一直延续至近代。崇宁元年（1102），增置提举淮浙澳闸司官一人，专掌杭州至扬州的澳闸，常、润、秀的新旧水闸皆归其管理。南宋乾道六年（1170），常州新造五㳇上、下二闸，以通运河，又于江阴郭渎港舜郎庙侧聚水处筑坝，以防泄水，命无锡知县主掌闸钥，"水

---

① （元）文天锡：《重浚后河记》，佚名编《永乐常州府志》卷一七《文章》。
② （清）黄冕等修，李兆洛纂：《道光武进阳湖合志》卷三《水利》。
③ 《宋史》卷九七《河渠七》，第2410页。
④ 《宋史》卷九六《河渠六》，第2380页。

深六尺，方许开闸，通放客舟"。淳熙九年，常州知州章冲又提请治理本地所有闸堰。①嘉泰三年，常州知州赵善防、武进知县邱寿隽修奔牛闸，以石易木，"又为屋以覆闸，皆宏杰牢坚"，②这也是宋代奔牛闸最重要的一次整修。

除了运河之外，本地其他水系也依次得到了疏浚。庆历二年（1042），晋陵知县许恢疏浚申港、灶子港和戚墅堰港，其中申港"凡三十八里，引潮水抵城之西北隅"，灶子港"去申港三十里，自江口浚之，凡四十里，斜趣县之东北，不与申港合"；戚墅港"东南去县二十里，自湖口浚之，凡九十里"，又让居民引水分注运渎、东函等十九小港，以广其利，可溉田万顷。③大观二年（1108），江阴县丞于溥兴水利，于黄田、蔡泾等处置上下闸，提淤去壅，又导申港、利港注灌武进。宣和二年，两浙提举赵霖修治江港浦渎，修平江、常州一江二浦五十八渎。乾道元年，浚申、利二港。乾道六年，筑五泻堰闸，绍熙元年（1190），常州知州李嘉言浚烈塘河，置闸。庆元元年（1195），知武进县丁大声浚后溪。元至大时（1308—1311），浙江行省左丞相欢察台督治常州田园陂塘、围岸沟渠。泰定元年（1324），命行左丞朵儿只班知水利，前都少监任仁发督治浙西水利，常州浚各通江河港。④

宋元时期虽然对水利颇为重视，但是仍然灾害频发，这与本地区盲目围垦所形成的水旱灾害频繁的恶性后果密切相关。长江三角洲以太湖为中心的水系本身就构成了一个相当完整的生态平衡系统，因此其水系的循环畅通是人民安居、生产发展的首要条件，"浙西诸郡水利平夷，民田最广，平时无甚水甚旱之忧者，太湖之利也"。⑤一旦破坏，自然会受到大自然的报复。早在南北朝时，常州便有围湖成田的记载，仅以芙蓉湖为例，早在东晋时期，晋陵内吏张闿便采取先泻芙蓉湖水再筑岸围田增加圩区的方式，试图渐进式围湖造田。此后芙蓉湖因年久淤积，分化出阳湖、菱饶、临津诸湖。南朝刘宋元嘉间（424—453），再次进行了围湖造田，于芙蓉湖区修阳湖堰，得良田数百顷，由此又分出宋建湖。宋元祐六年（1091），当地居民又"因旧堤岸，堰水塞湖为田"。芙蓉湖这样的水系本是重要的泄洪区，大规模的围湖造田，造成泄洪区面积变小，反而造成水灾日趋严重，"是以三春霖雨，则苏、松、嘉、湖、常、秀，皆忧弥漫"。同时也造成了旱灾的加剧。曾任提举常平的徐谊便指出："苏、湖、常、秀，旧为泽国。比年雨或后至，种且不入，盖围田众而疏道多也。小人见利，不畏其害，围于浅水。既为高田，围于菱荡，既为稻田，二俱不已，复有下脚始之。

---

① （清）黄冕等修，李兆洛纂：《道光武进阳湖合志》卷三《水利》。
② （宋）陆游：《渭南文集》卷二〇《重修奔牛闸记》。
③ （宋）胡宿：《文恭集》卷三五《常州晋陵县开渠记》。
④ （清）黄冕等修，李兆洛纂：《道光武进阳湖合志》卷三《水利》。
⑤ 《宋会要辑稿》食货七之四九，第4930页。

重陂太半为平始之良田，背水自晒，十日不雨，农废作业。"① 同时，江南的豪族及军队又凭借着特权占断水利，进一步造成了水资源的破坏。毗陵"地势于浙西为最高，所仰者太湖水利，往往为势家侵夺，填塞为田"。② 所以宋元时期，江南地区灾害频仍，郏亶便称：江南地区"高田常欲水，而不流不蓄，故常患旱"，自景祐至嘉祐间仅大熟一次；"水田常患水，而水常不泄"，康定至至和间也仅大熟一次。元祐五、六年间，苏、湖、常连续两年水灾，"农民栖于丘墓，舟木栰行于市井"，"乡村阙食者众，至以糟糠杂芹莼食之；又为积水占压，薪刍难得，食糟饮冷，多至胀死"。③ 南宋时苏、湖、常、秀也"自绍兴十三年以来，屡被水害"。④ 绍熙、庆元之交，先旱后水，"湖、常州死无虚室，县梁河堤积尸千数"。⑤ 所以顾炎武才总结道："宋政和后围湖占田，而东南之水利亦塞，于是十年之中荒恒六七，而较其所得，反不及于前人。"⑥

正是因为宋元时期太湖流域水利环境的重要性，才涌现出了一批优秀的水利专家，其中尤以郏氏父子和单锷为最著名。太仓人郏亶于熙宁六年上书言江南水利，经王安石保举，任司农寺丞，提举两浙水利。郏亶提出了"蓄泄兼论，整体治理"，建议根据地势之高下及水道之故实确定治水方案。此后，其子郏侨又上书建议在江宁、润州、常州分别治理湖堰港浦，使位于此处的太湖水西北支脉直接引导入北海，又使位于杭州地区的太湖水东南支脉直接"决于浙江"，实现湖水系"旁分其支脉之流，不为腹内畎亩之患"。⑦ 单锷，宜兴人，留心苏、常、三湖三州水利凡三十年，元祐间上所著《吴中水利书》，全面概述了长江三角洲以运河为经的诸水系的疏浚治理的思路，主张通盘治理，从全局出发，采用疏导的方法，对后世影响极大，奠定了后世治理江南水系的基础。王铭西《常州武阳水利书》把单锷《吴中水利书》的问世，看作是三吴水利大兴的标志，⑧ 邵长蘅《毗陵水利议》也认为"吴中水利……数祖皆郏氏、单锷诸书"。⑨ 魏源《东南七郡水利略叙》说："杭、嘉、湖、苏、松、常、太七州之水……利害尤为切肤，所以有单锷、郏亶著书，海瑞、夏元吉兴役。"⑩

---

① （明）王鏊：《正德姑苏志》卷四二，《景印文渊阁四库全书》第493册，台湾商务印书馆1986年版。
② （宋）黄幹：《勉斋集》卷三三《王公行状》，《景印文渊阁四库全书》第1168册，台湾商务印书馆1986年版。
③ （宋）李焘：《续资治通鉴长编》卷四五六，第10925页。
④ 《宋会要辑稿》食货八之一三，第4911页。
⑤ （宋）叶适：《叶适集》卷一七《胡崇礼墓志铭》，中华书局1961版，第338页。
⑥ （清）顾炎武：《日知录》卷一〇，安徽大学出版社2007年版，第569页。
⑦ （宋）范成大：《吴郡志》卷一九《水利》，江苏古籍出版社1999年版，第267、283页。
⑧ （清）王铭西：《常州武阳水利书》，清同治十三年刻本。
⑨ （清）卢文弨：《常郡八邑艺文志》卷一。
⑩ （清）魏源：《魏源集》，中华书局1976年版，第395页。

第三节 农业、手工业和商业

自隋唐以来,常州所在江南地区众多的荒地得到了开垦,农业得到了迅速的发展。《新唐书·地理志》便记录了常州的粮食土贡有人小香粳,说明此时常州已经是重要的产稻区之一。安史之乱以后,江南地区一心发展经济,再加上雨水丰沛,农业获得了进一步的发展。不过当时江南地区仍属于开发中的地域,胡宿在庆历年间所作《常州晋陵县开渠港记》便称由于水利工程滞后,"农不能引以灌溉其地",便"天时稍或亢缩,人心乘以焦窘",① 这也从反面表明江南地区经济尚处于开拓阶段,核心地带的土地利用仍相当粗放。北宋后期,随着大规模水利工程的兴起,江南农业得到了深入的开发,稻米平均亩产量显著提高。南宋时期,江南水利格局大体形成,稻田耕作技术有较大改进,两浙西路成为宋代垦田最盛的地区,当时从常州城多稼亭上远眺,可见城外农田风景"衡从其亩,通为沟塍,上腴甲膏,町疃一概,清秧白水,眉睫映带,不可以顷计,而可以谷量。长圩浅围,弥眺而是,间以炊茨睡牧,远树如荠,鼋垤蚓阜,岑不崇尺,如合层城"。② 随着北方人大量南迁,小麦大规模种植,张安国的《喜晴呈叶常州衡》诗便言:"浙西更着五日雨,麦根烂尽种不土。"③ 此外,常州种植的粮食作物还有粟、麻、豆等,其中豆"大者紫、黄、青、黑四色,小者赤、绿二色,又有虎爪、羊角、刀鞘。及黑、白扁豆,可药可食,还有蚕豆,四月间有之"。由此,常州粮食生产得到迅猛的发展,"膏腴沃衍,无不耕之地",④ 成为宋代最大的粮食产地,所谓"苏、常、湖、秀,膏腴千里,国之仓庾也",⑤ "苏、湖、常、秀所产为两浙之最"。⑥ 卫泾也称:"臣尝考,国家承平之时,京师漕粟多出东南,而江浙居其大半。中兴以来,浙西遂为畿甸,尤所仰给,几岁丰穰,沾及旁路。盖平畴沃壤,绵亘阡陌。"⑦ 常州已成为重要的粮食产地和集散地之一,"苏常熟,天下足"⑧ 的俗谚便是证明。

除了粮食生产的发展外,经济作物种植的扩大也是这一时期常州农业长足进步

---

① (宋)胡宿:《文恭集》卷三五《常州晋陵县开渠记》。
② (元)冯子振:《重建多稼亭记》,佚名编《永乐常州府志》卷一六《文章》。
③ 佚名:《永乐常州府志》卷一三。
④ (元)马端临:《文献通考》卷五《田赋考五·历代田赋之制》,中华书局1986年版,第63页。
⑤ (宋)范仲淹:《范文正公文集》卷一〇《上吕相公并呈中丞咨目》,第266页。
⑥ 《宋会要辑稿》食货八之一三,第4911页。
⑦ (宋)卫泾:《后乐集》卷一三《论围田札子》,《景印文渊阁四库全书》第1169册,台湾商务印书馆1986年版。
⑧ (宋)陆游:《渭南文集》卷二〇《重修奔牛闸记》。

的表现。唐代饮茶风气盛行，很多江南农民开始转向茶叶生产，促进了农业生产结构的转变。武宗时盐铁司便奏称："江南百姓营生，多以种茶为业。"①而苏南地区最著名的茶叶产地便是常州的义兴（今宜兴）丘陵地带，所产的紫笋茶全国知名。"风俗贵茶，茶之名品益众……常州有义兴紫笋。"②《新唐书·地理志》便将常州紫笋茶列入贡品。根据陆羽《茶经》，常州茶主要产于"义兴县君山悬脚岭北峰下"和"圈岭善权寺、石亭山"。君山又称贡山，即今宜兴市西南二十里的铜官山。《咸淳毗陵志》便载："唐贡山，在县东南三十五里，临罨画溪，以唐朝贡茶，故名。"义兴贡茶始于代宗时，唐代《义兴县重修茶舍记》载："故御史大夫李栖筠实典是邦，山僧有献佳茗者，会客尝之。野人陆羽以为芬香甘辣，冠于他境，可荐于上。栖筠从之，始进万两，此其滥觞也。厥后因之，征献浸广，遂为任土之贡，与常赋之邦侔。每岁选匠征夫至二千余人云。"③陆羽曾言：茶"以湖州上，常州次之"。④湖州所产茶在其辖长城县与义兴交界的顾渚山上，也称"紫笋"。因此每到初春采制季节，二州刺史便亲自入山督造，并在悬脚岭上的境会亭相会互通制茶情况，时任苏州刺史的白居易便有"紫笋齐尝各斗新"句。⑤而李郢的《茶山贡焙歌》则生动地描述了二州贡茶的生产场面："茶成拜表贡天子，万人争啖春山摧。驿骑鞭声春流电，半夜驱夫谁复见。十日王程路四千，到时须及清明宴。"⑥义兴除了贡茶之外，还有其他大众化的茶，唐人杨华《膳夫经手录》中所称"常州义兴茶，多而不精"便是指此。⑦另外武进也产茶，陆龟蒙曾在武进茶巢岭种茶，白居易也有"渴饮毗陵远到茶"句。⑧宋代宜兴茶受欢迎程度虽不如唐代，但依然十分兴盛，据南宋绍兴三十二年（1162）统计，宜兴所产茶为6122斤。⑨元代专门在宜兴设立茶园提领所二所⑩，此时流行散茶和末茶，元时"岁贡金字末茶一千斤，芽菜四百一十斤"。⑪

常州地区蚕桑生产历史悠久，《隋书·地理志》称毗陵、吴郡、余杭等"一年蚕五熟"。唐李白称常州义兴县李铭为政得民心，有"农人弄蓑笠，蚕女堕缨簪"

---

① （宋）王钦若：《册府元龟》卷四九四，中华书局1960年版，第5906页。
② （唐）李肇：《唐国史补》卷下，上海古籍出版社1957年版，第60页。
③ （宋）赵明诚：《金石录》卷二九，上海书画出版社1985年版，第526页。
④ （唐）陆羽：《茶经》卷下。
⑤ （唐）白居易：《白居易集》卷二四《夜闻贾常州、崔湖州茶山境会》，第542页。
⑥ 《全唐诗》卷五九〇，中华书局1960年版，第6847页。
⑦ （唐）杨晔：《膳夫经手录》，《续修四库全书》第1115册，上海古籍出版社1995年版。
⑧ （唐）白居易：《白居易集》卷三一《晚春闲居，杨工部寄诗，杨常州寄同到，因以长句答之》，第712页。
⑨ 《宋会要辑稿》食货二九之一七，第5316页。
⑩ 佚名：《永乐常州府志》卷七《税务》。
⑪ 佚名：《永乐常州府志》卷四《财赋》。

句①,可见当地养蚕之盛。宋代常州蚕桑业进一步发展,"女撷柔桑男趋耕,嬉嬉和风满春城"成为常州农村的重要风景。此外,据《咸淳毗陵志》的记载,常州的水果、花木、蔬菜、养殖业的规模和品种也日益丰富。②《大德毗陵志》便称:"毗陵虽号泽国,而岗阜相属,林麓郁然。水族之珍,陆产之富,乃得兼而有之。"③北宋胡宿也言晋陵"帛宜丝枲,谷宜粳稻。美川泽,饶鱼鳖"。④

伴随着农业的发展,手工业生产也日益发达。唐代常州以织造为主的手工业便非常繁荣,有"朝浣纱,夕成布"和"毗陵灯火"之说。天宝二载(743),韦坚集江南船舶载各地特产于长安广运潭中,广陵郡(即扬州)船之后,接着就是丹阳郡和晋陵郡。晋陵郡船上载的是折造官端绫绣,⑤可见其绫绣有名。据《唐六典》记载,当时织物分九等,常州的苎列第二。《唐六典》卷三开元贡上载常州贡紫纶巾、白苎布,《元和郡县图志》开元贡中载常州贡红紫二色棉布、苎布,《唐六典》卷二十太府寺式中载常州贡苎布,《通典》载常州贡细青苎布,《新唐书》长庆贡载常州贡绸、绢、红紧绵巾、紧纱,《元和郡县图志》元和贡载常州贡布、苎、兔褐、皂布等,《太平寰宇记》载常州贡白苎布。常州布在当时非常有名,日本学者池田温先生根据大谷文书所录《唐天宝二年交河郡市估案录文》中提到,交河郡西州布行常州布一端上品直钱500文,次品490文,下480文;而其他各州运来的布,统称"杂州布",一端上品直钱450文,次品400文,下品380文。⑥可见常州布在西北地区销售受欢迎的程度。常州的丝织品"透额罗"更为闻名,元稹便有"新妆巧样画双娥,漫裹常州透额罗。正面偷匀光滑笏,缓行轻踏破纹波"⑦的诗句。此外,常州的造纸业也是全国十五大纸产地之一,每年要贡纸六十张给朝廷。20世纪70年代,苏州瑞光塔发现一部唐代七卷本碧纸泥金写本《妙法莲华经》第一卷,末尾题有"常州建元寺长讲"等字样,是常州出产纸品的代表。同时,席子编织也是当时重要的手工业,常州的龙凤席也作为贡品进呈中央。造船业也十分发达,贞观二十一年(647)八月,"敕宋州刺史王波利等发江南十二州工人造大船数百艘,欲征高丽",⑧常州便是其中之一。

---

① (唐)李白:《李白集》卷一〇《赠从孙义兴宰铭》,上海古籍出版社1980年版,第687页。
② (宋)史能之:《咸淳毗陵志》卷一三《土产》。
③ 佚名:《永乐常州府志》卷四《财赋》。
④ (宋)胡宿:《文恭集》卷三五《常州晋陵县开渠记》。
⑤ 《旧唐书》卷一〇五《韦坚传》,第3222页。
⑥ (日)池田温:《中国古代物价初探》,刘俊文主编《日本学者研究中国史论著选译》第四卷,中华书局1992年版。
⑦ (唐)元稹:《元稹集》外集卷七《赠刘采春》,中华书局1982年版,第695页。
⑧ 《资治通鉴》卷一九八,第6249页。

宋元时期常州手工业继续蓬勃发展，北宋在润州、常州设织罗务，此外还有织染局、杂造局、造船局等官方手工业机构，称之为"官匠户"。元代常州织染局本路织染局岁办"缎疋九百段，胸背一百八十段，斜纹七百二十段，鸦青二百二十三段，橡子竹褐九十段，驼褐九十段，明绿六十九段，秆草褐三段，枯竹褐四百一十五段"。[①] 而私人手工作坊纺织也遍布各处，并开始雇用工人，称为机户。《咸淳毗陵志》便记载"有机户善织，号晋陵绢"。[②]《成化重修毗陵志》载元代张孝子在"染工家马氏"佣力以养母，[③] 可见常州私人纺织作坊的发达。当时常州除晋陵绢外，还以云纹罗驰名天下。此外还出产绫、绸、纱、绢、苎等。其他手工业也各具特色。如常州剪刀在宋代便极为有名，常州许氏制笔也驰名于时。宋元时，常州出现有织机坊、铁市巷、打索巷等地名，均与手工业的聚集有关。而宜兴紫砂陶器也在此时兴盛，1976 年丁蜀镇曾发现一座宋代的紫砂窑址，其上限不早于北宋中期而盛于南宋。苏轼客居丁蜀镇时便好以提梁紫砂壶来品茗消遣，后人即名之为"东坡提梁壶"。

常州酒之出名，源于李白著名的一首诗《客中行》："兰陵美酒郁金香，玉碗盛来琥珀光。但使主人能醉客，不知何处是他乡。"[④] 虽然李白并不没有指明诗中"兰陵"即为常州，关于兰陵美酒的产地有很多争论，但在唐代，常州的酒确实较为知名。如白居易便在《戏和贾常州醉中二绝》中提到："闻道毗陵诗酒兴，近来积渐学姑苏。"[⑤]《光绪武进阳湖县志·古迹》载："如云楼在阳湖东右厢大市，旧名和旨，一名最高，即官酒坊，唐时赐酺处。杜审言《大酺》诗云：'毗陵震泽九州通，士女欢娱万国同。伐鼓撞钟惊海上，新妆袨服照江东。梅花落处疑残雪，柳叶开时任好风。大德不官逢道泰，天长地久属年丰。'"宋代在常州设立都酒务，管理酒的酿造和销售，显贵也私设酒坊，如南宋绍兴间武将杨存中、赵密等在两浙开设私酒坊 70 余处，其中便有无锡潘葑、洛社。[⑥]

随着经济的发展，至宋元时，江南地区基本形成了城乡区域市场网络体系，而常州作为地区性商业中心的地位也初步确立。常州在唐代便已成为所谓"三吴襟带之邦，百越舟车之会"的商品集散地。武则天长安间被称为"毗陵大藩"。[⑦] 其地位日益增强，"当全吴之中，据名城沃土，兵兴之后，中华翦覆，吴中州府，此焉称

---

① 佚名：《永乐常州府志》卷四《财赋》。
② （宋）史能之：《咸淳毗陵志》卷一三《风土》。
③ （明）朱昱：《成化重修毗陵志》卷二一。
④ （唐）李白：《李白集》卷二二《客中作》，第 1269 页。
⑤ （唐）白居易：《白居易集》卷二四《戏和贾常州醉中二绝句》，第 539 页。
⑥ 《宋会要辑稿》食货二〇之二二，第 5143 页。
⑦ （唐）姚崇：《兖州都督于知微碑》，《全唐文》卷二〇六，第 2087 页。

大"，①"江东之州，常州为大"，②商业十分繁荣。时人曾称："常州为江左大郡，兵食之所资，财赋之所出，公家之所给，岁以万计。"③宋代，尤其是到南宋以后，常州的地位更加重要，"处浙水之右，据吴会之雄，自临安至于京口，千里而远，舟车之轻从，邮递路绎，漕运之转输，军期之传送，未有不由此途者"。据《宋会要辑稿》所载熙宁十年（1077）商税统计记载，当时常州在城务商税为26266贯，江阴县10422贯，无锡县10029贯，宜兴8152贯，湖伏2814贯，利城2421贯，张渚2216贯，岑村1529贯，奔牛683贯，青阳197贯，万岁161贯，总计64953贯。④随着城市的发展，各种相应的管理机构先后在城市内设立，常州在熙宁中设立市易务，以"出纳贸迁"为职，后在大观中重修市易务，"凡为屋十五间，堂三楹，极高，为库六，其题曰'懋迁有无化居'"。⑤此外还有合同场、都酒务、比较务、瞻军务、楼店务、平准务、窑务等，及官方酒楼庆丰园、如春楼、花月楼等。⑥1978年在武进村前发现一座南宋墓，里面出现了大量的随葬品，包括著名的温州漆器，各色彩帛绫罗、金器、银器、铜镜、腰带、文具、梳篦以及明器，可以一窥南宋常州城市商业铺席之繁华及手工业的发展。⑦元代常州城市虽经战乱，但不久便复兴，马可·波罗曾言："常州城，这是一个美丽的大城市，盛产生丝，并且用它织成花色品种不同的绸缎，这里的生活必需品很充足。"⑧

除了城市的发展外，市镇也如雨后春笋般崛起。常州最早有市镇记录的是《咸淳毗陵志》，包括属于晋陵的横林和属于武进的奔牛、万岁、青城，⑨这4个镇一直延续到现代。这4个镇还属于宋代务一级的收税机构。其中奔牛镇是常州规模最大的市镇，由于所处位置在运河要道奔牛闸，因此发展十分迅猛，"奔牛中切邦甸，外通徭场，行李还往，空道攸出，大农之供，岁五百万，大宾储待，则又称是"。⑩其他市镇也发展迅速，如元代横林和无锡的洛社是"烟冷鱼商市，霜晴乌雀墟"⑪的热闹风景，而至正七年（1347）朱泽民游江阴，舟"自无锡之北门数里大石桥入"，"舟

---

① （唐）崔佑甫：《故常州刺史独孤公神道碑铭》，《全唐文》卷四〇九，第4196页。
② （唐）独孤及：《毗陵集》卷五《谢常州刺史表》。
③ （唐）梁肃：《全唐文》卷五二二《独孤公行状》，中华书局1983年版，第5303页。
④ 《宋会要辑稿》食货一六之六，第5076页。
⑤ （宋）程俱：《北山小集》卷一九《常州重修市易务壁记》，《景印文渊阁四库全书》第1130册，台湾商务印书馆1986年版。
⑥ （宋）史能之：《咸淳毗陵志》卷六《官寺二》。
⑦ 陈晶、陈丽华：《武进村前南宋墓清理纪要》，《考古》1986年第3期。
⑧ （意）马可·波罗：《马可波罗行记》，福建科学技术出版社1981年版，第197页。
⑨ （宋）史能之：《咸淳毗陵志》卷六《官寺二》。
⑩ （宋）杨万里：《杨万里诗文集》卷一二八《萧岳英墓志铭》，江西人民出版社2006年版，第2116页。
⑪ （元）朱泽民：《存复斋文集》卷三《游江阴三山记》，《四部丛刊续编》第71册，上海书店1985年影印本。

行六十余里至（江阴）青阳镇，始见酒帘村市，客舟骈集"，①可见其繁茂。同时《咸淳毗陵志》还有村坊的记录，如常州晋陵和武进各有44个村坊。②这些村坊有可能是乡间有执照可以合法买卖酒类的酒坊，另一可能是乡间征收税务的分支机构，宋代官方税收机构中就有坊场或者买扑坊场等。无论是何种性质，都肯定有一定规模人口与市场，有为商人提供服务的种种设施和服务人员，商业自然会得到发展，因此这总共88个坊应该类似于集市的性质。将这些坊名和清代光绪间的市镇名称进行比对，虽然时隔近千年，但是其中仍有横山、史墅、于塘、后圩、魏桥、洛阳、周桥、运村、董墅、王墅、新安、殷薛、夏墅、前黄、虞桥、郑陆、薛堰、板桥、后余、皇里、卜弋21个村坊在清代发展成为市镇，占了总数的四分之一。由此可推知，常州的乡村市镇和集市在很早就得到了发展。

第四章 隋唐宋元时期的常州地方治理

自隋朝开始，中央对地方行政制度进行重大改革，州县两级制度基本确立。随着常州在经济、政治和交通方面的影响逐渐加强，常州的政治地位日益重要，同时也成为国家重要的赋税来源所在地，事剧繁难成为常州地方行政的主要特点，常州地方官的地位也逐渐受到朝廷的重视。而地方精英在这一阶段的崛起也为常州地方社会提供了重要的保障。

第一节 地方政府与吏治

一、隋唐时期的地方行政

据《隋书·百官志》，隋文帝时期为州县制，州分置刺史，长史，司马，录事，功曹，户、兵等曹参军事，法、士曹等行参军，行参军，典签，州都光迎主簿，郡正，主簿，西曹书佐，祭酒从事，部郡从事，仓督，市令，丞等员，并佐史。县置令，丞，尉，中正，光迎功曹，光迎主簿，功曹，主簿，西曹，金、户、兵、租等曹佐，及市令等员。其中州"典签"、县"尉"以上官员由朝廷任命，州"都"、县"中正"以下由刺史、县令自辟，大都由本州、本县人充任，故也称"乡官"，但不让其管

---

① （元）王逢：《梧溪集》卷二《送靳利安之常州同知经横林洛社》。
② （宋）史能之：《咸淳毗陵志》卷六《官寺二》。

理政务。隋初实行九等州县制,至开皇十四年,"改九等州县为上、中、中下、下,凡四等",根据等级,各县属员的人数依次递减。至开皇十五年(595),又"罢州、县乡官",①限制了地方豪强的权力。

开皇九年,准苏威奏议,县以下,制百家为里,设里长一人;500家为乡,设乡正一人,"使治民,简辞讼"。开皇十年,虞庆等则奏称"乡正专理辞讼,党与爱憎,公行货贿,不便于民",隋文帝遂"令废之",②取消了其"辞讼"的职能。

隋炀帝即位后不久,又"罢州置郡",每郡设太守,"上郡从三品,中郡正四品,下郡从四品"。罢长史,司马,置赞务一人以贰之。次置东西曹掾,主簿,司功、仓、户、兵、法、士曹等书佐。改行参军为行书佐。又设都尉、副都尉领兵,"与郡不相知"。其后诸郡又各置通守一人,位次太守。又改郡赞务为丞,位在通守下。县尉改为县正,后又改为户曹、法曹,"分司以承郡之六司"。③

有唐一代基本的地方行政制度为州县制。常州初为上州,后为望州,上州设刺史一人(从三品)。刺史的下属僚佐有别驾(从四品下)或长史(从五品上)、司马(从五品下)、录事参军事各一人(从七品上),录事(从九品下)二人,司户参军事、司法参军事二人,司功参军事、司仓参军事、司兵参军事、司士参军事(皆从七品下)各一人,参军事(从八品下)四人,市令(从九品上)、丞(从九品下)、文学(从八品下)、医学博士(从九品下)各一人。县的职官主要有县令(从六品上)、县丞(从八品下)、主簿(正九品下)、县尉(从九品上)等,此外还有不同数量的录事、司户、司法、仓督、典狱、问事、白直、市令、博士、助教等属吏。

唐以后,由于江南在帝国经济、财政、军事方面益加关键,因而在整个官僚体制的升迁方面,其地位也日益重要,一些优秀的官员相继出任常州刺史一职,对常州本地做出了重要的贡献。在唐代前期,如姚崇、李玄道、齐澣、卢奂等,均有"风绩清简""政尚清简""以清白闻"之类的好评。中唐以后,来此莅任的名臣日益增多,其中尤以李栖筠、独孤及、萧复、孟简等人为最有名。李栖筠字贞一,出自著名的赞皇李氏。其为人刚直,以科举入仕,颇有政绩,肃宗时拜工部侍郎,魁然有宰相望,为宰相元载所忌,出为常州刺史。在常州刺史任上,采取一系列的措施,安定社会局势,发展地方经济,"自守毗陵,尤精蕃职,初翦横江之盗,犹多击柝之虞。言抚伤残,克施惠训,清静少欲,以临其人,礼让之风,行于东国,考其绩用,实最万州"。④不久进封银青光禄大夫,封赞皇县子,升任浙西观察使,其子李吉甫、孙李德裕均

---

① 《隋书》卷二八《百官志下》,第793页。
② 《资治通鉴》卷一七七,第5513、5527页。
③ 《隋书》卷二八《百官志下》,第797页。
④ (唐)常衮:《授李栖筠浙西观察使制》,《文苑英华》卷四〇八,中华书局1966年版,第2068页。

为唐中后期的名相。独孤及字至之，洛阳人，著名古文家。代宗时迁左拾遗，出任常州，"治尚平易，削烦苛，均众寡，事物有制，刑罚罕用，三年吏不忍欺，路不举遗，年谷屡熟，甘露降于庭树"，最后卒于常州，"行路恸哭，罢市相吊者累月"。萧复，字履初，名相萧瑀之后，以清操著。与宰相不和，出为常州刺史。大历中有司察天下刺史治最，萧复与润州刺史萧定、濠州刺史张镒俱列第一。陆贽奏议云："复刺常州，阅其治行，虽云戚属，修励清贞。"孟简，字几道，平昌人。元和中拜谏议大夫，以论事出为常州刺史。"简易勤俭，以养其人。政不至严，心未尝怠。曾未再稔，绩立风行，岁课郡政，毗陵为最"。而其疏浚孟渎，溉田千顷，更是闻名千古。此外如韦夏卿、李巽、卢元辅、穆赞、薛戎、马植等，也均为一代名宦。①

二、宋代的地方行政

宋代地方行政管理设置的基本核心思想是以避免唐末五代武将擅专地方政权之种种弊端。各路设转运司（漕司）、提点刑狱公事司（宪司）、提举常平司（仓司）三司，总称"监司"，为皇帝"耳目之寄"，可以视为中央政府的派出机构。监司对地方有监督之职，各监司之间还建立了相互纠举的机制。崇宁五年（1106）二月便规定"州县不遵奉者，监司按劾，监司推行不尽者，诸司互察之"。②宋代州长官称知州事，简称知州，一般以文人担任，且经常调换。同时又在各州设通判官，通判由朝廷直接派遣，至元丰改制后明确成为知州副职，但其有权与知州一起处理州事，有事可以随时上报朝廷，寓有监督之意，故又称监州。各州州事行文需知州与通判联署，使得二者互相牵制，无法专权。

根据《咸淳毗陵志》的记录，宋代常州州官除知州、通判外，还有以下诸官员：节制司准备差遣一员，军事判官、军事推官各一员；此外还有录事参军一员，掌州院及纠诸曹稽违；司理参军一员，掌狱讼勘鞫；司法参军一员，掌议法断刑；司户参军一员，掌户籍赋税、仓库受纳，以及监籴纳仓、监在城都税务、监户部赡军库、监比较务、监都酒务、监烈塘闸、监奔牛闸、排岸、监激犒赏酒库等。州级军事官员则有权发遣兵马钤辖、添差浙西路分都监本州驻札、兵马都监、添差驻泊兵马都监、正将、将领、副将、巡检、指使等。

县长官为知县事（简称知县），副职为县丞，掌管一县境内户口、赋役、钱谷、赈济、狱讼等事务。其中晋陵县、武进县均设县丞一员、主簿一员、县尉一员、主学一员。此外还在居民繁密及经济发达之处设镇，"民聚不成县，而有税课者，则为镇，或以官监。"在奔牛镇便设监奔牛镇兼烟火公事一员，此外晋陵横林镇、武进青城镇、

---

① （宋）史能之：《咸淳毗陵志》卷七《秩官一》。
② 《宋史》卷二〇《徽宗本纪》，第 376 页。

万岁镇均设监酒务一员。①

　　北宋前期,常州偏于东南,距政治、经济中心汴京较远,整个地区仍处于开发阶段,在整个朝廷的政治格局中并不算非常重要,王安石曾有"州部已远朝廷,田畴多荒,守将数易,教条之约束人无适从,簿书之因缘吏有以肆"②的议论,而且所谓"地迫苏润,望轻,为守未尝得举职,俚俗谓此监司出气处也"。③不过宋廷一向对江南地方官的任用比较重视,柳开、陈襄、王安石、李余庆等名臣出任地方官后,对常州的发展贡献颇著。北宋中后期之后,常州人文鹊起,科举成功者不断涌现,世家大族开始兴起,至徽宗时已有"武进剧邑,多世家巨室,又当舟车之冲,号为难理"之说。高宗南渡后定都临安,常州作为左近州军,一跃而成为京畿大镇,"毗陵距行殿一水,实江淮冠盖走集之路,视他州为剧,致道外交人事,朝出暮返",④所谓"晋陵繁夥视三辅",⑤其地位明显上升,杨万里、宋慈等一批名臣均曾出任知州,当然也有以残暴闻名的周杞等劣官。

　　柳开,字仲涂,著名古文家。柳开任常州知州时,常州受群盗困扰。柳开诏诱群盗,以俸金全给之。贼酋自首,柳开亲解衣衣之,并置之左右。有人置疑其举动,柳开云:"彼失所则盗,不尔则吾民也。始惧死,故假恩锋刃之下。今推以赤心,夫岂不怀?"不过半年境内辑宁。李余庆为政严猛,嫉恶如仇,吏民畏如神。开浚后河,影响深远。卒于官,葬于横山。送葬时州人填道瞻送,为之出涕。死后人为画像,置于祠庙,岁时祭祀。陈襄,字述古,著名学者。仁爱,好教化,重修州学,其规模气象,遂为诸郡庠序之冠,由是毗陵学者盛于二浙。又兴修水利,水患遂已。王安石"益以道谊,训迪多士,使知所造诣"。吴遵路"尝预市米吴中备岁歉",已而大饥,民赖以济,流民入境亦多全活。俞俟于绍兴中出任常州知州,在兵燹后复外子城,明年辟四馆以舍学者,官寺仓库庾廪次第讫工。叶颙任知州之初,"无旬日储,未一年,余缗钱二十万"。叶衡任知州时"郡县大水,遽开仓出谷赈之。会疫疠,单骑命医自随,案行庐室,视其饮食居处,亲问疾苦,一郡得全"。杨万里"学行为群贤所推,治常州以文学政理著称"。林祖洽"兴利除害,礼高年,兴学校,重浚后河"。王闻礼"明义厚俗,力省争讼,旱疏请赈荒,禁米出境,民赖以济"。史能之初任武进尉,"廉恪不扰,以江警给官舟,活者数千人",知常州后"节省浮费,浚后河,修郡志,

---

① (宋)史能之:《咸淳毗陵志》卷一〇《秩官四》。
② (宋)王安石:《知常州上中书启》,卢文弨《常郡八邑艺文志》卷一。
③ (宋)叶适:《叶适集》卷二五《朝请大夫提举江州太平兴国宫陈公墓志铭》,第504页。
④ (宋)孙觌:《鸿庆居士集》卷三二《书莫守思斋记后》。
⑤ (宋)彭龟年:《止堂集》卷一七《送曾无瑕改常州》,《景印文渊阁四库全书》第1155册,台湾商务印书馆1986年版。

世称之"。此外如李载、朱彦、陈谦、赵必愿等也均为一代名宦。①

三、元代的地方行政

元代诸路的行政机构是路总管府，其职责包括临民理政、征发赋役、理讼断狱、抑豪捕盗、推行教化等，路的行政长官为总管，县的行政长官为县尹，此外各州、县均设置达鲁花赤，由蒙古、色目人担任，号称监临官，拥有比行政长官更大的权力。

元代对江浙地区的官员选任十分重视，"所统列郡民物殷盛，国家经费之所从出，而又外控岛夷，最为巨镇，非朝廷重臣莫克任蕃屏之居"。②但另一方面元代的用人体制上存在着严重的弊端，所谓"取士用人，惟论根脚"，③但是作为"根脚人"的勋贵子弟素质大都低下，又贪得无厌，"怙尊贵之势，肆然于上，贪而无艺，欲而无厌，国计民瘼，了不为念"④。再加上元朝科举制度基本停止，官员大都由吏员出任，"进身之初，不辨贤愚，不问齿德"，⑤由这两类人组成的元代职官队伍导致的吏治腐败成为元代地方行政的突出问题，尤其是元朝初年表现尤为突出，"当江南内附之初，户口繁衍，时科目又废，所除官多贪污杂进之流，狱讼既不克理，而哗訐之风日兴"。⑥至元十五年，江淮行省宰臣中竟"无一人通文墨者"，⑦省级官员素质如此，地方官员如何可想而知。此后随着元朝统治的稳定，尽管腐败情况仍广泛存在，但地方基层吏治状况有一定的好转，尤其是由汉人出任的路总管一职，出现了多位廉能之士，如曹晋"政清净不扰"，又如吕师圣、史壎、贾禧等相继"兴教劝学"，⑧修建学宫，对本地的教育事业贡献颇大。

第二节 土地赋税制度

隋唐时期的田制为均田制，赋税制度原为租庸调制，唐代中期以后改为两税法，古代的赋税制度出现了重大变革。随着经济重心的南移，常州逐渐成为赋税重地，赋税负担也日益沉重。

---

① （清）黄冕等修，李兆洛纂：《道光武进阳湖合志》卷一六《名宦传》。
② （元）黄溍：《金华黄先生文集》卷一〇《安庆武襄王神道碑》，《续修四库全书》第1323册，上海古籍出版社1995年版。
③ （元）权衡：《庚申外史笺证》，中州古籍出版社1991年版，第194页。
④ （元）荣肇：《荣祭酒遗文》，《惩吏》，《丛书集成新编》第75册，台北新文丰出版社公司1985年版。
⑤ （明）杨士奇等：《历代名臣奏议》卷六七《治道》，《景印文渊阁四库全书》第434册，台湾商务印书馆1986年版。
⑥ （元）苏天爵：《滋溪文稿》卷七《靳公神道碑铭》，中华书局1997年版，第98页。
⑦ 《元史》卷一七三《崔斌传》，第4038页。
⑧ （清）黄冕等修，李兆洛纂：《道光武进阳湖合志》卷一六《名宦》。

一、唐代两税法改革与土地赋役制度的改变

隋朝至唐中期以前,政府实行的土地赋役制度是均田制和租庸调制,这既是因为连年战乱、百姓逃亡、土地荒芜,也是因为政府急需将农民固著在土地上,以便征取赋役,保证朝廷所需。均田制是否在全国得到全面实施,学术界仍有争议。不过大宝八载(749),唐玄宗在修造茅山紫阳观的敕文中曾有"使众先受地顷亩并足"[①]等语,可见江浙一带应在实行均田制的范围之内。但是均田制规定"添丁必授田,减丁必还田",这在不具备先进信息技术的当时,根本不可能做到,而且不允许农民轻易卖田,将农民固定在土地上的想法也非常不现实,民间自发形成的非法买卖耕地的行为屡禁不止。安史之乱的爆发,则加速了均田制和租庸调制的崩溃,一方面,中央控制的户口数锐减,农民大量流亡,使以身丁为对象的租庸调制已无法维持,另一方面,各藩镇割据,擅自截留赋税,王赋所入无几,整个国家财政陷入崩溃的边缘,迫切需要对土地制度和赋税制度进行改革。因此,在唐德宗建中元年(780),在宰相杨炎的建议和推动下,唐政府对国家税收体制进行了重大的调整,首先课税主体为"户无土客,以现居为簿",主客户一律改现居州县编入户籍,并于现居州县纳税,流动行商,于所在州县纳三十分之一税。课税标准,"唯以资产为宗,不以人丁为本",改行统一按每户的实有田亩和资产数额征税,每年分夏、秋两次交纳,这就是著名的两税法改革。[②] 两税法并不仅仅是一次普通的税制改革,而是中国古代社会赋役制度转换的分水岭。自此以后,传统中国"不立田制",土地田产私有制开始占据主导地位。同时,以资产为宗,使得国家对农民的人身控制日益松弛,佃农身份合法化,租佃制开始真正普遍化。此外,正如李伯重所称:两税法是主要依据江南农业生产实际制定出来的,江南农业的发展及其所导致的江南经济地位的上升是两税法实施的主要原因之一,[③] 因此两税法的实施也是中国经济重心南移的重要标志之一。

二、宋元时期的土地制度

"不立田制,不抑兼并"是宋代土地制度的典型特点。只要土地主人按地纳税,即可听任其广占田土,"许民辟土,州县毋得检括,止以见佃为额"。[④] 官方甚至鼓励土地兼并,"(本朝)不抑兼并,富者连我阡陌,为国守财尔。缓急盗贼窃发,边境扰动,兼并之财乐于输纳"。[⑤] 这一制度也一直延续到元代,如朱元璋曾在敕旨

---

① (唐)李隆基:《修造紫阳观敕牒》,《全唐文》卷三四五,第1551页。
② 《旧唐书》卷一一八《杨炎传》,第3421页。
③ 李伯重:《唐代江南农业的发展》,农业出版社1990年版,第292、293页。
④ 《宋史》卷一七四《食货志上二》,第4203页。
⑤ (宋)王明清:《挥塵录余话》卷一,中华书局1964年版,第283页。

中提及："昔在有元，官不理事，废弃农业，有力者兼并，狡诈者隐匿。"①在当时的统计中，私有土地称民田，国有土地称公田或官田，神宗熙宁时，两浙路共有民田 36247756 亩，官田 96442 亩，当时官田只占两浙全部田地的 0.2654%，但是随着南宋时屯田的推动和公田法的实施，官田的比例此后也有明显的增加。②常州宋代田亩数量并没有具体统计数字，根据《泰定毗陵志》统计，元代常州路官民田土总计60264 顷，其中官田土 17661 顷，民田土 42604 顷，官田占比例达到 28.4%；按类型分，包括田 45992 顷，地 4965 顷，山 8356 顷，荡 781 顷，杂产 167 顷。另晋陵县田土10690 顷，其中官田土 2575 顷，民田土 8111 顷，官田占 24%；武进县自实田土 8782 顷，其中官田土 2749 顷，民田土 6032 顷，官田占 31%。③

江南地区土地肥沃丰饶，历来是人们垂涎的对象，所谓"时人尽说吴中好，劝我苏常买薄田"。④建炎南渡以后，这里又成为群聚临安的达官贵人的后花园，更成为他们求田问舍的首选之地。绍兴六年（1136），张浚指出：平江府、湖、秀、常州、江阴军"最系豪右大姓数多去处"，⑤如刘敞便曾"有负郭田在常州"。⑥其中武将占地尤多，一方面朝廷大量赐田，另一方面他们又利用军队抢占土地。张俊每年收租达60万石，在江南地区田亩有12处之多，其中在常州就有晋陵县庄、武进县石桥庄、宣黄庄、无锡县新安庄、宜兴县善计庄。⑦其他官僚也大肆占田，如绍兴末，同知枢密院事周之麟借葬父常州的机会，"强占坟旁地二十余里"，被占之家"兄弟不从，即以势力致以狱，勒使供退"。⑧至南宋末年，这种土地兼并已达极致，"豪强兼并之患，至今日而极……今百姓膏腴皆归贵势之家，租米有及百万石者"。⑨这种情况至元代依然如故，元世祖时，常州路达鲁花赤马恕强便曾经强夺民田。⑩这些权贵不但强占私有土地，也强占国有土地。如宗室赵汝梓、赵汝樆兄弟让周梦庚包占常州沙田 10040 余亩，事发后，"令周梦庚出名陈词，后却使李天佑等交业管干，带领兵众以张其势，持执枪杖以示其威，孀妇为之衔冤，平民为之掩泣，官吏虽知枉状，

---

① （清）吴定璋辑：《七十二峰足征集》卷六八，《四库全书存目丛书补编》第 44 册，齐鲁书社 2001 年版。
② （元）马端临：《文献通考》卷四《田赋考》。
③ 佚名：《永乐常州府志》卷四《财赋》。
④ （宋）周紫芝：《太仓稊米集》卷三四《吴中身行口号》，《景印文渊阁四库全书》第 1141 册，台湾商务印书馆 1986 年版。
⑤ （宋）李心传：《建炎以来系年要录》卷一百，第 1643 页。
⑥ （宋）刘敞：《公是集》卷一四《吴中大水有负郭田在常州，云已漂溃，作一首示公仪》，《景印文渊阁四库全书》第 1095 册，台湾商务印书馆 1986 年版。
⑦ （宋）徐梦莘：《三朝北盟会编》卷二三七，第 1702 页。
⑧ （宋）李心传：《建炎以来系年要录》卷一九一，第 3199 页。
⑨ 《宋史》卷一七三《食货上一》，第 4179、4180 页。
⑩ 《元史》卷一七〇《高源传》，第 4002 页。

亦复饮气奉承"。① 这些权贵占有了大量的土地，又利用职权千方百计拖欠、抵赖国家赋税，"晋陵多大族，率以势力颐指州县，州县吏皆唯阿受制不敢争。有官至正郎者，号为多田。岁大熟，一粟不输。后里胥以讼至邑庭，事连其家，乃嗾其冒占黠徒，使为证"。② 常州由于本地豪族权贵甚多，往往岁输殿诸邑，曾有一次逋朝廷缗钱40余万元，太守坐免，继者以忧死。此外赋税负担大量转嫁给了普通自耕农和中小地主，增加了他们负担。甚至有贫户卖地之后，赋税仍由自己负担，所谓"产去税存"，生活更加困苦。

为了解决漏税问题，宋廷也开始试图从版籍簿册上清理私有土地的实际占有状况，这就是所谓的"经界"。绍兴十二年十一月，尚书左司员外郎李椿年首先上疏，提出行"仁政"当自正经界开始，宋高宗便依照其建议，任命他为两浙路转运副使，并从平江府开始试行。绍兴十三年又将其任命为户部侍郎，将经界法在全国推广，从绍兴十七年初正式在全国实行经界法起，至绍兴二十八年止，南宋全境大多陆续推行了经界法。当时号称"民无隐田，田无诡户"，但李椿年自己都承认："窃虑大姓形势之家，不惧罪赏，尚有欺隐"。而且其本人在绍兴十九年便被罢官，各地经界也"往往中辍"。常州当时经界更出现了问题："旧传绍兴行经界，履亩定税，是邦偶差一等，入亩赢其一，赋以是重"。孝宗朝后经界版籍图账破坏更加严重。南宋后期，赋税不均的情形愈加严重，于是又有区域性的经界进行。理宗淳祐十一年（1251），命信、常、饶州、嘉兴府举行经界。③ 常州的这次经界概行于宝祐间，"宝祐年间，前政知郡赵屯田重行修明经界"，故称之为"宝祐经界"，这次经界从《咸淳毗陵志》所记来看应较成功，不仅减免了公田的田赋，而且"版籍了然可稽"。④

宋末景定、咸淳间，在贾似道的推进下，又开始进行经界推排法。所谓推排，原指州县每隔三年依民户家产的增减而升降其户等，而此次推排法是简单的经界法，即依据原有图籍，核对土地面积、所有者与赋税，加以厘正，原图籍散失者方再重新丈量。推排法始行于平江、绍兴及湖南路，继命诸路皆施行。但是此时南宋地方行政已经败坏，奉行官吏不是操之过急就是息弛不行，不仅收不到效果，反而加剧了社会动荡。元代仁宗延祐间，也曾进行过一次颇具规模的清理田亩，史称"延祐经理"，"其法先期揭榜示民，限四十日，以其家所有田自实于官"，但实际上"富民黠吏，并缘为奸，以无为有，虚具于籍者，往往有之"，次年仁宗便下诏取消。⑤

---

① （明）杨士奇等：《历代名臣奏议》卷一八五《昌裔又论赵汝榟兄弟疏》。
② （宋）周紫芝：《太仓稊米集》卷七〇《桐汭太守方君墓志铭》。
③ 《宋史》卷一七三《食货上一》，第5180页。
④ （宋）史能之：《咸淳毗陵志》卷二四《财赋》。
⑤ 《元史》卷九三《食货一》，第2353页。

公田的来源主要包括前代的国有土地、民间户绝田、抛荒田、政府籍没的田产以及江海水滨形成的滩涂田等，其形式主要有屯田、营田、职田、学田等。如绍兴三年，宋高宗根据韩世忠的建议，将浙西未归业逃田作为营田，乾道六年（1170），除秀州嘉兴县未报外，浙西营田总数计为158万余亩。① 此外还有屯田，《永乐常州府志》引《江阴军志》称："盖自南渡军兴以来，因地为田，因田驻屯，是谓之曰屯田。兵寝而后募民请佃，因田起租，是谓之屯苗"。② 仅江阴一地便有"屯省田亩五万八千三十七亩有零，内管屯苗一万四千七十八石四斗七升"。整个南宋时期，官田私有化都是大趋势，而到景定四年（1263）贾似道"买公田"，这一进程方告终止。

所谓"买公田"，美其名曰是为了抑制土地兼并，增加政府收入。其内容是要按官职品位规定限田数额，超过限额的数目，由国家买回三分之一。其实质则是将业已私有化、有产权的土地通过国家力量以掠夺的方式再度收归国有，妄图以其租赋来解决国家财政问题。公田法在浙西六郡（平江、嘉兴、常州、镇江、安吉、江阴军）开始推行，并设买公田总所，平江、安吉、嘉兴三郡各立一分司，镇江、常州、江阴合立一分司，共四分司。为推行公田法，贾似道派亲信赴六郡任督催等长官，督催常州的廖邦杰"害民特甚，民至有本无田而以归并抑买自经者"，③ 各州守臣以"主管公田"系衔，均需全力负责公田，宜兴知县叶哲佐还因"买公田"不力被撤职。④ "买公田"弊端重重。首先，原先买公田针对的是官员，"此犹有抑强嫉富之意"，"既而转为派买之说，除二亩以下免行派买外，余悉各买三分之一"，而最后"虽百亩之家亦不免焉"。其次每亩官价初定200贯，而实际上不论土地良劣，一律只给40贯，而且还是银绢各半，甚至用度牒、告身来取代。"浙西田亩有值千缗者，似道均以四十缗买之，数稍多，予银绢；又多，予度牒告身。"⑤ 回买官田5000亩以上，只兑付田价总额5%的银子，余额为50%的官告，20%的度牒，25%的会子，而回买300—500亩的全给不值钱的会子。⑥ 高官们又仗着权势，拒不投买，所以负担便转嫁给了没有靠山的小地主和普通农户。而收来的田集中于各乡官庄，由佃户为其耕种，收租时本规定每收1石，明减2斗，但其实远不止此。而且当年买公田时，官员为完成任务将田亩数弄虚作假，亏空的田租也要由佃户补足，害得许多人破产。"有司争相迎合，务以买田多为功，皆缪以七八斗为石，其后田少与硗瘠、亏租与佃人

---

① 《宋会要辑稿》食货六一之二九，第5888页。
② 《知军赵孟奎减放屯苗米申省状》，佚名编《永乐常州府志》卷十。
③ 《宋史》卷一七三《食货上一》，第4195页。
④ 《宋史》卷四五《理宗纪五》，第884页。
⑤ 《宋史》卷四七四《贾似道传》，第13782页。
⑥ 《宋史》卷一七三《食货上一》，第4194、4195页。

负租而逃者，率取偿田主，六郡之民，破家者多"。①"镇江、江阴及常州之晋陵、武进皆是沿江一带，高冈硗土，所种多系荞麦、豆粟，当时被差之官，不能仰体朝廷美意，据实申明，又不与之斟酌地里土产，据数收买，方且欺罔揞合，虚张多数，以高地而为良田，以豆麦而为租米，以所产三斗、五斗而为八斗、一石。去岁旱干，三郡为甚，恐妨公租，又复掩覆，甚至焚其诉旱之状五百纸，而设长枷六具，大榜州门以胁之"。又如"常州多种豆麦，或红尖小米，其俗以白米为难得。而非白米不可以纳官，故州县人吏置买之时，勒令该说白米。白米者，白色之米，非舂白之米也。自古及今，通天之下何尝以舂白米散军，亦何尝有以舂白米纳租耶？为之官者，乃复以白色为舂白。抑令每石增纳，折糙一斗八升"。②公田法的推行让南宋的社会经济更加混乱，推动了南宋走向灭亡，当时便有人认为"识者谓异日浙西有乱，必自公田始"。③

元代的官田主要是承自公田，其饷军、南粮北运以及大量赐田都以此为来源，甚至地方官员都允许成为官田包佃者，如大德中便有公文称"江南各处见任官吏，于所任所佃种官田，不纳官租"，④而买公田留下的祸根一直到明代都未能得到妥善解决。

三、宋元时期的赋税制度

宋初关于赋税制度有所谓"五赋"之说，即包括公田之赋、民田之赋、城郭之赋、杂变之赋和丁口之赋。按田亩分夏秋两次征收的两税是宋代赋税的正宗，而其中民田之赋是两税的主体，其余城郭、杂变、丁口之赋均与两税有或多或少的关系。两税夏秋两季征收，重点各不相同，以常州为例，夏税以布帛丝绸、金银钱币为主，秋税以谷物为主。宋代江南自太宗时王方赞整顿税制后，基本上以亩税一斗为税制，南宋绍兴经界后，"视地肥瘠为赋重轻，于是立为五等之则，上等十分，每亩起苗三斗有余，次上九分，中等八分，下等六分，次下四分，随等折土。次下等者每亩止输一斗以上，二亩有半才准上等一亩"。⑤纳税时间大致以夏税六月一日起征，秋税十月一日起征，分别至八月底和十二月底结束。

不过实际上宋代税户所缴纳的税费要远远高出规定的税额，比如说在缴纳过程有所谓的折变，即通过压低应纳物的价格或者抬高所折物的价格来提高实际税收收

---

① 《宋史》卷四七四《贾似道传》，第13782页。
② （宋）黄幹：《勉斋集》卷三七《辞省札发下官田所铸铜印及人吏状》。
③ （元）高斯得：《耻堂存稿》卷一《慧星应诏封事》，《景印文渊阁四库全书》第1182册，台湾商务印书馆1986年版。
④ 《通制条格》卷一六《田令》，浙江古籍出版社1986年版，第198页。
⑤ 佚名：《永乐常州府志》卷四《诸乡田地等则》。

入。仁宗时发运司曾命两浙地区税户小麦按每斗九十四文折为现钱缴纳，其所定麦价比市价高出两倍，此外还有杂变之赋，即各种杂税，随夏税缴纳；丁口之赋即身丁钱，本是唐末五代时新增苛捐杂税中按身丁征收的部分。大中祥符间（1011），宋朝曾蠲免两浙等诸路的身丁钱，但事实上身丁钱仍然一直留存下来。《咸淳毗陵志》曾载有"乾道免身丁钱绢指挥"，因两浙东西路水灾而免临安府、绍兴府、湖、常州一年，温、台、明、处州、镇江府一半身丁钱。① 最后至开禧间，两浙地区的身丁钱方全部除放。南宋时又有许多新的名目，比如说月桩钱、经总制钱等等。月桩钱又有"每月桩发大军钱"等名目，本身是战时的一种临时税收，地方政府按月按定额解送中央政府，以作军队开支，但绍兴和议后一直继续征收。南宋初李光便称"诸路月桩最为民间重害"，② 可见其负担沉重。经总制钱是经制钱和总制钱的合称，经制钱由北宋宣和间东南发运使陈遘所创，北宋末宣布废止，南宋初又重新征收。总制钱创于绍兴五年（1135），其名目极其琐细，然"敛之于细，而积之甚众"，③ 在绍兴十年，经总制钱一度占到整个中央政府税收的四分之一以上，达1700多万贯，此后虽有裁减，但有七八百万贯，比重仍相当大。叶适曾言："若经总制不住，州县破坏，生民之困未有已也。"④ 除此之外，还有各种临时摊派，既不定时，也无定额，更令民众苦不堪言。以下是《咸淳毗陵志》所载常州南宋末年的税收情况表，此表是根据汪圣铎所制表⑤ 稍稍修正，由此可以看出宋代常州税收的大致情况。

南宋末年常州支出财赋表

项目	敷额	备注
夏租上供绢	旧额：14541 匹	
宝祐经界后额：12733 匹		
回买公田后额：9234 匹		表内将贯石匹两以下畸零数略去。回买公田后，公田有租无税，故减额
淮衣绢	616 匹	各县分额不录，下同
上供绵	旧额：103093 两	
宝祐经界后额：100068 两		

① （宋）史能之：《咸淳毗陵志》卷四《诏敕》。
② （宋）李心传：《建炎以来系年要录》卷一二四，第2017页。
③ 《宋史》卷一七九《食货（下一）》，第4367页。
④ （元）马端临：《文献通考》卷一九《征榷考六》，第190页。
⑤ 汪圣铎：《宋代地方财政研究》，《文史》第27辑，中华书局1986年版。

续　表

项目	数额	备注
回买公田后额：76552 两		
淮衣绵	4170 两	
上供折帛钱	旧额：404692 贯	
宝祐经界后额：376668 两		
回买公田后额：305898 两		
淮衣钱	9169 贯	
秋租 上供苗米	旧额：228592 石	
宝祐经界后额：187184 石		
回买公田后额：154695 石		
马料	旧额：99604 石	
宝祐经界后额：54936 石		
小麦	旧额：11995 石	
宝祐经界后额：9992 石		
纲目钱	租额：47027 贯（钱会）	
上供钱	旧额：25000 贯	内本州 12000 贯，余为无锡、宜兴分担
圣节进奉银绢	银：500 两。绢：1150 匹	
大礼年分添发银绢	银：700 两。绢：500 匹	
凑额四分籴本钱	旧额：100000 贯	
今额：40419 贯		以榷酒、商税、楼店务、坊场、牙契系省钱拨充，后税务省、牙契归朝省，多出凿空
德寿宫糯米	800 石	元系漕司拨移用钱作籴本
漕司耗剩米	每额，每苗一石带征五升	
官兵俸给	旧额：60000 石米，64800 贯钱	
今额：27972 石米，37008 贯钱		
诸军春衣	旧额：钱 23317 贯	
今额：钱 40288 贯内		
禁军钱 29993 贯		
五寨土军钱 8189 贯		
厢军钱 224 贯		
递铺兵钱 1236 贯		厢军钱、递铺兵钱原以漕司拨到物帛凑支，时已不发下此钱

续　表

项目	敷额	备注
诸军冬衣	旧额：钱 33642 贯	
今额：钱 60583 贯内		
禁军钱 44027 贯		
五寨土军钱 13614 贯		
厢军钱 310 贯		
递铺兵钱 1639 贯		
德寿宫百司厅、总所、漕司兵级钱 993 贯		
总（领）所月桩钱	118110 贯（每月 9842 贯）	原为第十八界会，后改征关子
通判厅输总所经总制钱	216000 贯（每旬 6000 贯）	

南宋末年常州榷酒收入分隶情况表

榷酒日收入 分隶课名	卖生酒共额入：510 贯 925 文（100%）	卖煮酒共额入：526 贯 573 文（100%）
增收籴本钱	40 贯（7.8%）	40 贯（7.6%）
经总制钱	73 贯 790 文（14.4%）	49 贯 513 文（9.4%）
本州	229 贯 340 文（44.8%）	240 贯 229 文（45.6%）
大军钱	124 贯 860 文（24.4%）	150 贯 547 文（28.6%）
四分籴本钱	24 贯 501 文（4.8%）	23 贯 51 文（4.3%）
漕司降本及移用钱	18 贯 801 文（3.6%）	23 贯 233 文（4.4%）

资料来源：《咸淳毗陵志》。

元代南方与北方的赋税制度不同，"元之取民，大率以唐为法。其取于内郡者，曰丁税，曰地税，此仿唐之租庸调也。取于江南者，曰秋税，曰夏税，此仿唐之两税也。"[①] 因此江南地区仍和宋代一样，实行两税制。《元史》称："成宗元贞二年，始定征江南夏税之制。于是秋税止命输租，夏税则输以木绵、布、绢、丝绵等物。其所输之数，视粮以为差。粮一石或输钞三贯、二贯、一贯，或一贯五百文，一贯七百文。"[②]《元典章》载：江南"田地有高低，纳粮底则例有三二十等，不均匀一般"。[③] 一般而言，官田税额要远高于民田，以常州为例，根据《泰定毗陵志》载，常州有民田 42603 顷，官田 17661 顷，民田秋粮为 74560 石，合每顷 1.75 石；而官田秋粮为 421927 石，合

---

① 《元史》卷九三《食货一》，第 2357 页。
② 《元史》卷九三《食货一》，第 2359 页。
③ 《元典章》卷二四《户部十》，第 944 页。

每顷23.89石,是民田税额的13.65倍。① 当时人称"公田视民所输且二十倍",② 应该是有道理的。

元代有所谓诸色课程,"征税之物曰课,额定其限曰程",③ 课程也就是税收的意思,包括盐税、茶税、酒醋税、商税等课。元代常州本路税办课程为中统钞13073锭,其中正课12791锭,包括酒课6852锭,醋课184锭,税课5754锭,额外课程283锭,其中山场课钞264锭,窑冶17锭。④ 其中税课即商税,商税实际上是一种交易税,历来有过税和住税之分,即商人贩运货物沿途所征之税和货物交易时所征之税,但元代"征商之制,有住税而无过税",⑤ 至元七年(1270),定国内商税为三十税一。全国各处的税务机构大约有200多处,常州城中有在城务,晋陵有横林务、马迹务、薛堰务,武进有奔牛务;无锡、宜兴均有在城务,无锡有甘露务,宜兴有张渚务、湖父务。⑥

除了这些正税外,元代还有科差,其中一项便是包银。延祐七年(1320)四月,仁宗下令征收包银,规定江南地区"依腹里百姓在前科着包银例,每一户额纳包银二两,折至元钞一十贯"。⑦ 此后由于包银引起不满,当年十一月便宣布停征两广、海南等地包银,其余各处"减免五分"。泰定二年(1325)正月下诏:"江淮以南创科包银,病民为甚,今后并行革拨。"⑧ 但是回回人包银没有废除,一直征收。根据《泰定毗陵志》的记录,常州路岁办包银钱505户,该钞505锭,当即是回回人包银。此外根据《泰定毗陵志》,还有岁办皮货1939张半,大小历日36329本等各类科差。⑨

第三节 "士大夫渊薮":新型士绅的兴起

东汉时期社会上已经形成了重视门第的风气,江南也出现了一些控制地方政治的大族、著姓,并在东汉末年的战乱中趁机崛起,孙权便是"外仗子布廷争之忠,又有诸葛、顾、步、张、朱、陆、全之族,故能鞭笞百越,称制南州"。⑩ 由此吴中

---

① 佚名:《永乐常州府志》卷四《财赋》。
② (元)邓文原:《巴西文集》卷下《刑部尚书高公行状》,《景印文渊阁四库全书》第1195册,台湾商务印书馆1986年版。
③ (元)徐元瑞:《吏学指南》,《续修四库全书》第973册,上海古籍出版社1995年版。
④ 佚名:《永乐常州府志》卷四《财赋》。
⑤ (元)黄溍:《金华黄先生文集》卷三《王公墓志铭》。
⑥ 佚名:《永乐常州府志》卷四《财赋》。
⑦ 《元典章》新集《户部》,第2111页。
⑧ (元)俞希鲁:《至顺镇江志》卷六《赋税》,江苏古籍出版社1999年版,第260页。
⑨ 佚名:《永乐常州府志》卷四《财赋》。
⑩ 《晋书》卷一百《陈敏传》,中华书局1974年版,第2616页。

的顾、陆、朱、张，阳羡的周、蒋等江东世家大族开始登上历史舞台。进入东晋后，这些世家大族的经济利益和政治权威得到了法律上的保障，取得了进一步的发展。晋室南渡后，北方世族纷纷南渡，如唐宰相刘祎之原为东汉广陵思王刘荆之后，世居临淮，"及五马南渡，七姓从王，家于晋陵，重为名族"，其曾祖刘保仕陈为陈始兴王谘议参军，祖刘兴宗为鄱阳王谘议参军，父刘子翼为唐昭文馆学士。①南渡世族与本地世族联合，实现了世族与皇权共天下的局面。到了南朝，虽然门阀世族依然在政治、社会上有很大势力，但已开始由盛转衰，一些寒门势力逐步抬头，开始成为重要的政治力量。如著名的萧氏其祖先是淮阴令萧整，只是普通地方官员，齐高帝萧道成更自称素族。萧氏从兰陵（今山东枣庄）南迁，侨居于今武进西北的东城里，此后产生了齐、梁两代十五个帝王，常州成为君王故里，"齐梁丰沛"。萧氏在常州当地的影响力一直延续到了唐代。至梁代的侯景之乱，南方士族受到了毁灭性打击，一些新兴的家族开始崛起。唐代前期，刘祎之家族和同时代的高智周、孟利贞、郭正一，形成新的常州望族——"刘高孟郭"。

  安史之乱后，继之以藩镇割据，再加上唐末战乱，政局动荡，居民大量南迁，经济重心南移，常州也是"移民的主要迁入地之一"。②宋代常州的望族大都在此时迁入。王禹偁曾言唐五代时"宦游之士率以东南为善地，每刺一郡，典一邦，必留其宗属子孙占籍于治所，盖以江山泉石之秀异也。至今吴越人士多唐之旧族耳"。③如胡氏原居豫章，胡琼为常州刺史，其子胡持在五代时便移居常州安上乡。胡氏家族从第四代胡宿开始，在整个宋代共出产了24名进士，且不乏有多名胡氏家族成员同科及第的，如胡宿和胡宗愈叔侄两代继为宰执，胡宿、胡宗愈、胡交修、胡世将四代相继掌修内外制。"或以文章显名，或以治行著于吏迹，登侍从、践台省、典一州、领使一路率尝数十人。朝廷推其贤，士大夫论其世，天下慕传其家法。建炎南渡，大家巨室焚剽之余，转徙于山区海聚之间，殆无几矣。而公（指胡交修）与从子世将者，又相扳而起，更掌内外制，同侍讲读，俱为端明殿学士，父子同升，簪组蝉联，缙绅歆艳，为江左衣冠之冠"，④故当时胡氏有"天下甲族"⑤之称。另有丁德裕宋初随赵氏征江南，领常、润等州经略巡检使，随即与其兄德宏卜居常州城内，丁德裕孙丁宝臣、丁宗臣于景祐中同登进士，知县名其所居为双桂坊。丁宝

---

① 毛阳光：《洛阳新出土刘祎之墓志及其史料价值》，《史学史研究》2012年第3期。
② 吴松弟：《中国移民史》第三册，福建人民出版社1997年版，第270页。
③ （宋）王禹偁：《小畜集》卷三〇《柳府君墓碣铭》，《景印文渊阁四库全书》第1086册，台湾商务印书馆1986年版。
④ （宋）孙觌：《鸿庆居士集》卷四二《胡公行状》。
⑤ （宋）蔡勘：《定斋集》卷一五《胡公墓志铭》，《景印文渊阁四库全书》第1157册，台湾商务印书馆1986年版。

臣与欧阳修、王安石关系密切,历任都御史,擢集贤校理,同知太常礼院。其子丁骘为嘉祐二年进士,丁骘孙丁娄明则为绍兴八年(1138)进士。张训本合肥人,"仕吴为太傅,与杨行密俱起淮南,号三十六英雄""有赐田在常,子孙多徙家焉,故今为晋陵人"。其后张昷之与其从子张铸,并以光禄卿致仕。并"筑两第相望屹然,里中人号东西卿是也"。张昷之的堂兄张辅之为崇宁二年(1103)进士,累赠太傅,其子七人联登崇宁、大观进士,"岁时伏腊,翁媪坐堂上,诸子环侍,袍笏盈前,进卮酒为寿,州刺史荣之。取冯瀛王所赋常山窦氏'丹桂五枝,灵椿一树'之句表其间,曰椿桂坊"。其子张寀权吏部侍郎,张宰官左奉议郎,张宇四入尚书,张守官参知政事,后四人相继致仕回乡,张守建四老堂,并撰文记之,成为常州名胜,从此张氏"以辞艺崛起诸生,或践台省,或登侍从,或持国柄为丞辅,焉奕蝉联,尊宠一时,而七兄弟之子著仕籍者又十数人,而张氏益大",称为"江左衣冠之冠"。① 此外如孙氏、李氏、钱氏及宜兴蒋氏、江阴葛氏、无锡尤氏也均是科举成功的新望族。

靖康之难,北方人口再次大规模南迁,宁、镇、常、苏、杭成为宋高宗等宗室及百姓逃亡的基本线路。建炎三年高宗曾"令杭州守臣具舟往常州迎济衣冠、军民家属"②,不少移民遂定居于此,新的家族也逐步开始涌现。"平江、常、润、湖、杭、明、越,号为士大夫渊薮,天下贤俊多避地于此"。③ 以宋代常州进士名录为例,其中如赵、恽、瞿、董、包、法、余、钟等多个姓氏均是南宋以后才第一次出现,这些姓氏大部分都是南渡的新兴家族。如谢广原籍河南开封,南宋建炎初扈宋高宗南渡,官武进尉,遂入籍常州,是为罗墅湾谢氏始迁祖,元代谢应芳便出自此族。

宋末元初常州遭遇战乱,元军屠城,人口大减,宋代诸望族大多离散,《永乐常州府志》便引《泰定毗陵志》称:"本郡兵火后,至元十二年冬招到在城居人户仅数十余家。"④ 可见,常州经此一战后,人口损失众多,此后"四方之人陆续来居者众",又有大批移民迁居常州。其中最为重要的便是日后的毗陵庄氏(即清经学家庄存与、状元庄培因家族)。据《毗陵庄氏族谱》卷首《世系》,庄氏始祖庄邦一于北宋元祐间自镇江徙居金坛第八都观庄村,八世祖庄秀九于元代自金坛迁武进居余宅桥北横堰村,是为毗陵庄氏始迁祖。

唐宋时期是中国传统社会士大夫转型的重要阶段,这一时期门阀士族制度彻底瓦解,所谓"自五季以来取士不问家世,婚姻不问阀阅",⑤ 与此同时,一些科举出

---

① (宋)孙觌:《鸿庆居士文集》卷三七《宋故朝请大夫直秘阁致仕张公墓志铭》。
② (宋)李心传:《建炎以来系年要录》卷二〇,第405页。
③ (宋)李心传:《建炎以来系年要录》卷二〇,第401页。
④ 佚名:《永乐常州府志》卷四《人口》。
⑤ (宋)郑樵:《通志·二十略·氏族略第一》,中华书局1995年版,第1页。

身的新兴士大夫阶层逐步占据了政治中心舞台。美国学者郝若贝及其学生韩明诗曾提出著名的郝若贝－韩明诗假说（Hartwell–Hymes Hypothesis 或 local hypothesis），认为宋代以后，各地均出现了一批对科举垄断的精英的家族，这些家族培养出一代又一代得到功名的子孙。这些地方社会精英从关心朝廷的权力转而注重巩固家乡的基础，在家乡缔结婚姻关系网。[①] 前述常州在宋代兴起的新兴家族也基本上具备这一特点。首先，根据学术界的研究成果，宋代南方成功的家族并非如通常认为的是随着人口的大迁移从北方迁居而来，而是来自周边地区，或是在当地为官后定居于此的。来自外地的家族很少能渗透到本地家族控制的权力网络中，而通过后两种方式移民的家族，相对而言更少阻力，更能成功。从常州的案例可知，宋代乃至以后的常州望族基本上都延续了这一迁居模式。其次，宋代常州的望族产生是和北宋常州在科举上的成功相辅相成的，正是在北宋中期常州科举考试成功，涌现出一大批精英之后，常州的望族也产生了全国性的影响，也正是在这一时期，时人开始有所谓"晋陵于浙右为士大夫最盛处"的评价。

科举是这些新兴家族崛起的重要途径，宋代常州各家族对举业都极为重视。如孙昇和早逝，其夫人邵氏（亦为常州大族之女）独自带大三个儿子，"顾见里巷群儿征逐游戏，无一人读书受学者，亟提诸幼还宜兴依外氏，斥卖簪珥求师教子，夜治丝枲，坐其旁勉之。既任戴冠，遣诣庠校，从先生长者游"。[②] 而无锡王氏则可以称之为成功典范。"王氏……以财杰一州，为大姓。父轼，通奉公，魁伟有智略，有赀财，筑室舍旁，储书数百千卷，千里迎师，教其子，种德艺善，所为过绝人，号里长者。未几公以进士起，仕三朝，为世闻人，天子疏恩，大赍四海，以及朝士大夫之亲，凡累十二封，至通奉大夫，而无锡王氏遂称于天下"。[③] 郝若贝和韩明诗认为宋代地方士绅是通过对科举制度的垄断，以及和地方上精英家族的联姻维持自己的社会经济地位的。一个家族要建立社会资望、确立社会地位，除了内部发展条件之外，尚需要借着良好的人际关系，甚至通过婚姻的安排，凝聚成更为密切的群体。人际网络的经营与婚姻关系的缔结，是观察家族稳固与发展的重要基点。宋代常州各大家族有着非常密切的联系，通过婚姻和人际交往，他们建立起一个紧密又复杂的人际网络，形成一个盘根错节的利益关系。如常州胡氏时为显族，婚姻自然也是大事，所谓"诸豪贵儿争请婚"[④]。杨氏"以财雄一州，为闻姓"，在为女儿选择婚

---

① [Robert Hymes, Statesmen and Gentlemen: The Elite of Fu-chow, Chiang-his, in Northern and Southern Sung, pp8–11, NY: Cambridge University Press, 1986。
② （宋）孙觌：《鸿庆居士集》卷三五《宋故左朝议大夫致仕孙公墓志铭》。
③ （宋）孙觌：《鸿庆居士集》卷三四《宋故左朝散大夫直秘阁致仕王公墓志铭》。
④ （宋）孙觌：《鸿庆居士集》卷四二《赠左中大夫胡公行状》。

姻对象的时候，"翁媪择对，必得知名士"。① 欧阳修在《胡公墓志铭》中称胡宿"女四人皆适士族"。② 虽未指明对象，但也可知基本的婚姻取向。胡宿的母亲便出身前述的晋陵李氏。而其外祖母是强氏，"晋陵强氏族大而富，介居漕河之两间，连甍接闬，相望屹然，州人号南北强以别之"，宋代共产生进士8名。③ 胡宗愈的弟弟胡宗回也娶了强氏之女。而胡宗愈则娶了同城丁宝臣的女儿④。胡交修则娶了钱公辅的孙女⑤。邹浩的祖母则来自孙氏，母亲张氏是张铸的孙女。⑥

除了常州本地的士族之外，常州家族的婚姻网络还延伸到同时期的外地朝臣，苏轼便和胡氏有着密切的婚姻关系。胡宗愈的侄子胡仁修是苏辙的女婿。⑦ 有《与胡郎仁修》三简，苏轼在其中一简写道："小二娘知持服不易，且得无恙……今已到太平州，相次须一到润州金山寺，但无由至常州看小二娘。有所干所缺，一一早道来，馀万万自爱。"⑧ 胡宿的孙女胡淑修，则嫁给了苏轼门人李之仪。胡淑修字文柔，当时有文名，被称为"胡氏有学能文之女"，⑨ 苏轼对其才学也非常赞赏。此外，宋代著名的仙游蔡氏也与胡氏为"世姻"⑩。

宋代常州望族间交往的基本模式，是由共同的学习与仕宦的经验，建立情谊，继而缔结更深一层的婚姻关系，使彼此的关系更加紧密。常州从北宋中后期开始，借助科举的成功，出现了不少在政坛、学术上具有影响力的人物，他们借着乡谊、同事乃至婚姻，建立了深厚的情谊。以胡宗愈为例，少年时从学于安定胡瑗，其间他与前述丁宗臣之子丁骘及常州地区另外两个重要家族的成员——晋陵张氏的张巨和宜兴蒋氏的蒋之奇号为"四友"⑪。四人既是同学，又是同事和同年，彼此又是亲戚，便组成了一个利益共同体。而且这四人还与苏轼（同年又是姻亲，丁骘女嫁苏轼侄）、欧阳修（有师承关系）等当时全国士大夫领袖均有非常密切的关系。

同时，常州家族不仅不断地巩固自己在政坛的优势地位，而且也利用这些资源从事地方性的公益活动，成为地方上的领袖。这与学术界普遍认为的宋代士绅精英与之前的朝代相比更注重维护家族和邻里的利益的特点是相吻合的。以胡氏为例，

---

① （宋）孙觌：《鸿庆居士集》卷四一《恭人杨氏墓志铭》。
② 《欧阳修全集》卷三五《赠太子太傅胡公墓志》，第519页。
③ （宋）孙觌：《鸿庆居士集》卷四〇《孙夫人强氏墓志铭》。
④ 《欧阳修全集》卷二五《集贤校理墓表》，第392页。
⑤ （宋）孙觌：《鸿庆居士集》卷四二《赠左中大夫胡公行状》。
⑥ 《张太君墓志铭》，（清）黄冕等修，李兆洛纂《道光武进阳湖合志》卷三四《金石志》。
⑦ 参见曾枣庄编：《苏辙年谱》，陕西人民出版社1986年版。
⑧ （宋）苏轼：《苏轼文集》卷六〇《与胡郎仁修三首》，中华书局1986年版，第1843页。
⑨ （清）黄冕等修，李兆洛纂：《道光武进阳湖合志》卷三一《贤淑》，清光绪十二年活字本。
⑩ （宋）蔡勘：《定斋集》卷一五《胡公墓志铭》。
⑪ （宋）史能之：《咸淳毗陵志》卷一七《人物二》。

在常州的主要公益活动有以下几方面：一是加强地方的社会控制，维护社会秩序。据《兴化寺记》所记胡氏先祖"纠合乡义，捍固生聚，他盗引去，兹境赖安"[①]可知，在五代普遍混乱的大环境下胡氏已致力于维护乡里的秩序，确保一方平安，并俨然已成为地方上的领袖。而一旦地方官员作出有损地方利益的事情，他们也会动用自己的资源进行干预。南宋初，周杞守常州，因残虐免。时值常州大旱，高宗问胡交修致旱之由，胡交修便称是因为周杞在常州的残暴行为未得到应有惩罚，胡交修后还因此事贬官，这足以说明当时士人对家乡的关心程度。二是致力于慈善事业。胡氏依靠"勤俭累赀"，积累了相当的财富之后，便投入到慈善事业中造福乡里。如胡交修便对"外亲之贫苦病者，悉力振起，使不乏绝。如广义庄，发储积施，及宗族生养死葬，赖公以济者不可胜纪"。[②]三是参与公共事业的建设，在兴修寺庙方面出力尤多。宋代佛教在江南颇盛，胡氏与常州当地的许多寺院都有密切的联系。胡宿的叔叔在胡桥当地重建南闲寺，"不忘宿善，信敬居先，增妙刹以润祇园，禀正直而严家法"。[③]兴化寺也是由胡氏在南唐保大时修复，北宋时又由族人"率吁诸宗，议建大殿，袤合众施，凡得钱若干万"[④]重修。而与胡氏关系最有渊源的是报恩寺。报恩寺原名显庆寺，唐高宗显庆年间建。治平元年（1064）胡宿请额建为报恩感慈禅院。元祐三年（1088）胡宗愈请为坟寺。淳祐八年（1248）郡守李迪在寺内建祠祀胡宿。元末寺祠尽毁。明景泰年间，胡宿后裔礼部尚书胡濙因胡宿曾任端明殿学士，奏请改额为端明寺，复将胡宿祠置寺内。[⑤]从以上的事例之中，我们可以看到宋代地方士绅为维持社会稳定，确保乡人福祉方面所作出的努力，而这种努力也使得胡氏在地方上的威信得到加强，家族势力得到巩固。

地方精英的兴起，是宋代历史的一个重要变化。常州望族在这一时期的兴起和繁盛便是其中的一个典型范例，也是当时士人家族的地方关系与社会角色的一个缩影。这些精英家族，虽然名望、官位有高低之别，然而通过同学、同年、同事及婚姻关系，彼此建立了紧密的联系网络，形成在朝政上乃至地方事务上相互支持、呼应的力量，也使得常州在两宋之交成为经济、文化教育上的重镇。当然另一方面，望族的强势也为地方治理带来负面的作用，所谓"晋陵多大族，率以势力颐指州县，

---

① （宋）胡宿：《文恭集》卷三五《兴化寺记》。
② （宋）孙觌：《鸿庆居士集》卷四二《赠左中大夫胡公行状》。
③ （宋）延喜：《南闲寺记》，（清）黄冕等修，李兆洛纂《道光武进阳湖合志》卷三四《金石志》。
④ （宋）胡宿：《文恭集》卷三五《兴化寺记》。
⑤ 参见《咸淳毗陵志》、《成化毗陵志》及《道光武进阳湖合志》的相关记录。报恩寺今名清凉寺，内有胡宗愈墓碑。

州县吏皆唯阿受制，不敢争"，① （武进）"县为士夫渊薮，豪民倚势纵横"，② 这种情况至明代之后愈演愈烈。

第五章 隋唐宋元时期常州文化的发展

隋唐宋元时期是常州文化发展的重要阶段。大运河的开通，不仅联系了生产的南方与消费的北方，而且还刺激了南北文化的交流。伴随着城市的繁荣，常州吸引了更多的文化人南迁，城市文化在吸收外来养分后迅速成长，人文日盛。

第一节 教育兴盛与科举成就

隋唐时期科举选士制度的确立，推动了常州地方教育的发展。唐肃宗至德年间，任常州刺史的李栖筠创办了常州历史上最早的州学；到宋代，常州地方教育无论是规模还是教育水准都跃居全国前列，常州历史上第一次在科举上取得成功。

一、唐朝常州教育的初兴

唐朝十分重视地方官学教育，唐高祖即位之初即对郡县学的生员数额做了规定，③高祖武德七年（624）又下诏"州县及乡并令置学"，④玄宗开元二十六年诏令"天下州县里别置学"，⑤但是唐前期常州地区学校情况尚不见记载。

唐大历（766—769）初年，李栖筠"兴起学校，堂上画孝友，传示诸生"，⑥常州州学由此初兴。李栖筠调任苏州后，独孤及接任常州刺史，也大力兴学崇教：

> 晋陵守河南独孤公以德行文学，为政一年，儒术大行，与洙泗同风。公以为使民悦以从，教莫先乎讲习。括五经英华，使夫子微言不绝，莫备乎《论语》。于是俾儒者陈生以《鲁论》二十篇于郡学之中，率先讲授。乃季冬月朔，公既视政，与二三宾客躬往观焉。已而，公遂言曰："昔文翁用儒变蜀，蜀至于鲁。当大历初元，新被兵馑之苦，今御史大夫赞皇李公为是

---

① （宋）周紫芝：《太仓稊米集》卷七〇《桐汭太守方公墓志铭》。
② （宋）楼钥：《攻媿集》卷一百二《知婺州赵公墓志铭》，《景印文渊阁四库全书》第1152册，台湾商务印书馆1986年版。
③ 《旧唐书》卷一八九《儒学传上》，第4940页。
④ 《旧唐书》卷二四《礼仪志》，第916页。
⑤ 《资治通鉴》卷二一四，第6832页。
⑥ （宋）史能之：《咸淳毗陵志》卷七《秩官一》。

邦，愍学道圮阙，开此庠序。自后孝秀并兴，与计偕者岁数十人。子衿之诗，起而复废，乡饮酒之礼，废而复兴，至于今风俗遂敦，美矣哉……"士有获在左右，睹公之施教，退谓人曰："夫四时继气而成物，仁贤继功而成化，是学校也，非赞皇不启，非我公不大。"①

可见李栖筠、独孤及都是对安史之乱进行反思，惩唐初教育弊端，欲通过兴学来教化士子，移风易俗。此后常州的多任知州也对常州本地的教育事业贡献良多，如韦夏卿"深于儒术，所至招礼通经之士"，②为常州日后的文化昌盛、人才荟萃起到了积极的作用。

隋开皇十八年（598）诏，"京官五品以上，总管、刺史，以志行修谨、清平干济二科举人"，③至大业五年（609），隋炀帝又提出四科举人，这便是中国科举制度的滥觞。唐朝继承隋朝的科举制度，并逐步加以完善。唐朝考试科目有秀才、明经、进士、明法、明字、明算六科，但只有明经、进士两科常设，明经强调经书注疏，而进士科则注重诗赋，开元后进士科为时人所重，成为"士林华选"，诗赋优劣成为重要的取士标准，所谓"开元以后，四海晏清，士无贤不肖，耻不以文章达"。④唐朝科举人数有限，武宗会昌五年（845）将地方各道分四等，浙西属二等，"所送进士不得过十五人，明经不得过二十人"。⑤由于名额有限，再加资料欠缺，有记载的唐代常州进士的数量为九名，但在江南也仅次于苏、润，其中萧颖士在开元二十二年（734）获对策第一，此外如高智周、施肩吾等也均有名一时。

二、宋代常州教育的繁盛

宋代以"重文右儒"著称，立国之初统治者便对各地学校表示积极支持，真宗咸平四年（1001）六月，便曾诏"州县学校及聚徒讲诵之所，并赐九经"，⑥此后仁宗朝又多次赐学田。仁宗景祐、明道间又多次下诏，令州郡立学。至庆历四年（1044），"诏令州县皆立学"，从此州县学成为一种官方制度，全国各地地方官学开始进入兴盛期，此所谓"庆历兴学"，此后经"熙（宁）（元）丰兴学""崇宁兴学"，宋代地方官学空前繁荣，全国学生人数一度多达20余万人。

唐代常州州学毁于五代战争之中。太平兴国四年（979），时任常州知州石雄在州治之西南兴修先圣庙。景祐三年（1036），朝廷下诏立学，便在先圣庙址重建州学，次年朝廷又赐田五顷作为学田，但当时州学"卑陋甚"。嘉祐六年（1061），陈襄

---

① （宋）陈襄：《请顾临秘主学书》，（宋）史能之《咸淳毗陵志》卷二〇《词翰》。
② （宋）史能之：《咸淳毗陵志》卷七《秩官一》。
③ 《隋书》卷二《高祖下》，第42页。
④ （唐）杜佑：《通典》卷一五《选举》，第357页。
⑤ （元）马端临：《文献通考》卷二九《选举二》，第275—276页。
⑥ （清）毕沅：《续资治通鉴》卷二二，第513页。

任常州知州，对州学"斥而新之""祠有殿，讲有堂，斋庐庖湢列以其序，而又为藏书之阁，讲道之堂"，"于东南为绝伟之观"。①之前宝元（1038）中，理学先驱胡瑗应滕宗谅之邀，在湖州主持学政，倡导"明体达用"之学，进行教育改革，其影响遍及东南。陈襄在常州的兴学举动明显受到了胡瑗的影响，这从他有意将石曼卿为湖州州学所书"敕建州学"摹写刻于常州州学大门之外便可见一斑，旁人也将其与胡瑗相提并论，"常州之学，闳大可肩于湖，人材辈出，世以其功比安定先生胡公焉"。实际上陈襄本人亦为理学先驱，其理念本身便与胡瑗一致，他曾言，"常患近世之士溺于章句之学而不知先王礼义之大。上自王公下逮士人，其取人也，莫不以善辞章者为能，守经行者为迂阔，而士之荣辱亦从而应之，以是天下之士习非舍是固已涂溃其耳目而莫之能正矣"，②因此他并非只是停留在兴修州学上，更亲自聘请秘书校理顾临为州学教授，并且"时躬诣学，令校官诸生辨难经义，参决政事"。陈襄兴学奠定了此后近千年常州教育繁荣的基础，从此常州一地"儒风蔚然"。

建炎四年（1130），常州州学毁于战乱，只留下大成殿岿然屹立。绍兴四年（1134），知州俞俟"辟四馆以舍学者"。绍兴七年，知州虞汸重建州学，"建中外门各五楹、殿之后堂五楹、东西庑各七楹"。淳熙十一年（1184），知州张孝贲建约礼堂，淳熙十四年（1187），知州林祖洽建"御书阁"三楹，藏宋高宗所赐《六经墨本》《孝经石刻》。绍熙间（1190—1194），教授盛廙修两庑，作灵星门，嘉熙间（1237—1240），教授张震发重造灵星门，修葺各堂，筑射圃，立采芹亭。至南宋末，常州州学职事位有五：正录、直学、学谕、教谕、司计；斋有六：致道、成德、兴贤、登俊、维城、辅文；又有养正斋以训小学。此外，武进、晋陵县学原附于州学之内，咸淳元年（1265），知州家铉翁以两邑学子有请，由原法济寺旧址创设。③

宋初因学校兴建各地情况不一，故学官设置选拔并不规范，往往由州县官决定，庆历四年（1044）规定："本道使者选部属为教授，员不足，取于乡里宿学有道业者。"④可见仍未固定选拔程序，直至元祐元年（1086），方诏常州与庐、宿等州各置教授一员。⑤因此陈襄方才邀请顾临为教授，也正因为如此，州县官的重视程度便对学校的质量好坏起到了关键的作用。继陈襄为知州的王说邀请王安石弟王安国为州学教授。"常州士喜学，公为延致名儒临川王安国平甫教授。平甫时虽布衣，义甚高，非贤有礼

---

① （宋）刘彝：《陈先生祠堂记》，陈襄《古灵集》附，《景印文渊阁四库全书》第1093册，台湾商务印书馆1986年版。
② （宋）陈襄：《请顾临秘主学书》，（宋）史能之《咸淳毗陵志》卷二〇《词翰》。
③ （宋）史能之：《咸淳毗陵志》卷一一《文事》。
④ 《宋史》卷一五七《选举志三》，中华书局1977年版，第3658页。
⑤ （宋）史能之：《咸淳毗陵志》卷九《秩官三》。

弗就"。王安国出任州学教授，对宋代常州教育有着非凡的意义。首先，"士人慕向，自远而至"，①其学生很多日后均极为知名，如"霍汉英、李公弼者，豪英不特为东南之秀也，且以头角诸生数百人"。②另一方面，王安国讲授的其实就是日后王安石所倡导的"新学"，不久之后熙丰兴学基本秉承王安石教育改革的理念，其主编的《三经新义》更成为学校教育及科举考试的主要内容，"是时，方尊王氏《三经》《字说》之学，学者数百人，手钞口诵，连榻累笥，非王氏之书不读也。"③而得风气之先的常州无疑成为这次教育改革的最大得益者："未几，朝廷改科，专用经术，常之士试开封礼部及策于廷皆第一，已而相属为从官、郎吏、二千石者甚众，世益以为美谈"。④"熙宁以来，朝廷作新人材，尊用经术，炳然与三代同风，吾乡之士继踵兴起，以显赫乎当世者，视天下为最盛。"⑤崇宁初，州县推行三舍法，而常州州学也达到极盛，"诸生之有籍于学者千余人"。⑥宋代最有名望的常州士人，如张守、邹浩、孙觌等也均是在此时涌现。常州知州及州学教授在朝廷政令的推动下，对教育益加重视，如陈询"当诸路贡士之初，能体朝廷德意，推行学政，郡人说服，虽白首老儒，鼓箧就业，自以为晚"，⑦正是由于这一系列的因素，使得常州在科举中取得辉煌的成功。"熙宁六年（1073），神宗廷策士，擢余中为天下第一，与开封礼部第一人皆著籍常州。是岁州举进士中第者四十余人，号称东南儒学之盛"。⑧而大观二年（1108）一科140名上舍中等生中，常州便得32名，占了四分之一。宋徽宗赐诏"进贤"，太守、校官进秩一等。郡守徐申立坊状元桥南，名"进贤"，在旁建造了荣赐亭，亭中立常州州学奖谕敕碑，其碑文云：

  皇帝临御之七年，实大观元年。诏班学令于天下，教养之数，劝沮之方，有目有凡，毕协理义。简大如江汉，明信如四时，灏灏恢恢，咸出天翰。于是郡县百吏奔走厥职，宣达圣志，小大丕应，荒陬绝徼，一变邹鲁。二年辟雍会试，郡国贡士无虑数千人，其升诸司马，命于天子者百四十人，

---

① （宋）邹浩：《道乡集》卷三五《中大夫直龙图阁知青州军州事王公墓志铭》，《景印文渊阁四库全书》第1121册，台湾商务印书馆1986年版。
② （宋）晁说之：《嵩山文集》卷一七《汝南主客文集序》，《景印文渊阁四库全书》第1139册，台湾商务印书馆1986年版。
③ （宋）孙觌：《鸿庆居士集》卷三五《宋故左朝请大夫李公靖之墓志铭》。
④ （宋）邹浩：《道乡集》卷三五《中大夫直龙图阁知青州军州事王公墓志铭》。
⑤ （宋）邹浩：《道乡集》卷三四《华元吉墓志铭》。
⑥ （宋）孙觌：《鸿庆居士集》卷三九《宋故教授卢公墓志铭》。
⑦ （宋）慕容彦逢：《摛文堂集》卷九《除兵部侍郎自代奏状》，《景印文渊阁四库全书》第1123册，台湾商务印书馆1986年版。
⑧ （宋）葛胜仲：《丹阳集》卷一二《朝议大夫施公墓志铭》，《景印文渊阁四库全书》第1127册，台湾商务印书馆1986年版。

而常州得士多为天下最。皇帝嘉之，召三省亟论功加赏焉。十月制下，知州事若蒙进官朝请大夫，州学教授虚以宣德郎充职如故。于是诸生侈上之赐，相与言曰："进贤之诏，载在令甲，播之天下，岂惟一邦宠休？凡士与荣焉。若具石表刻明诏，列词其下，祗颂上德之万一，与夫劝学报功之意，惟明有孚。郡国诸侯，奕承不怠，师儒之官，训举有叙。惟允惟公，迨有成绩，以饬稚昧于无穷，岂不益显？"①

南宋之后常州州学一度有所衰落，但是由于历任知州重视，加上教授的努力，情况有所好转，"常故多士，而校官失职，善士以入学为耻。公（钟将之）取之以文，厉之以行，而惩其不率者，未几士习一变"。②虽不复北宋末的辉煌，但仍然保持了科举上的一贯成功。整个宋代，常州一共产生了1079名进士，在整个长三角地区名列第一，在全国也名列前茅。也正是因为常州科举的成功，所以本地流传着很多关于科举的传说，其中最著名的便是知州李余庆开浚后河称"自此文风浸盛，士人相继高科，三十年当有魁天下者，尔之子孙咸有望焉"，③此后余中、霍端友两位状元相继应验，从此后河与科举的传说日益丰富，明清两代更有"后河利于科第，玉带河利于迁擢"④的说法。常州城内很多坊名也与科举有关，如翰林坊，"以胡文恭家世掌丝纶，故名"；椿桂坊，"以张太傅彦直四子联第，取窦燕山'灵椿丹桂'故名"；状元坊，"以蒋侍郎重珍魁天下，故名"；双桂坊，"以丁都官宗臣、校理宝臣联第，故名"；来贤坊，"以邑人宋维、宋绛皆第进士，故名"；⑤早科坊，"宋宝祐间，郡守以霍超龙魁省试而居巷内，因以为名"。⑥

除了官学之外，常州私人讲学也随之兴起，如孙时"文学行义，为一州之望，里父兄遣子弟受业者率尝数十百人"。⑦常州的书院与理学的广泛传播密切相关，在宋代主要是由杨时创建的龟山书院和张栻创建的城南书院。北宋末，周恭先在常州城东创建书堂以居从游者，游日益众，复创建城西书院，其兄周孚先主教于东，恭先主教于西。后杨时在常州讲学，周氏兄弟遂将书堂让于杨时讲学。⑧杨时离开后，周孚先于绍兴十六年（1146）陈乞兴建书院，官方特赐"龟山书院"敕额，建大成殿、讲堂，设四斋。

---

① （宋）史能之：《咸淳毗陵志》卷一一《文事》。
② （宋）刘宰：《漫塘文集》卷三〇《故通判滁州朝散钟大夫墓志铭》，《景印文渊阁四库全书》第1170册，台湾商务印书馆1986年版。
③ （宋）邹浩：《开后河遗事》，（宋）史能之《咸淳毗陵志》卷二〇《词翰》。
④ （清）黄冕等修，李兆洛纂：《道光武进阳湖合志》卷三《舆地志·水利》。
⑤ （宋）史能之：《咸淳毗陵志》卷三《地理三》。
⑥ 佚名：《永乐常州府志》卷三《城郭》。
⑦ （宋）孙觌：《鸿庆居士集》卷三九《宋故乐安先生墓表》。
⑧ （清）黄冕等修，李兆洛纂：《道光武进阳湖合志》卷二六《人物志五》。

至咸淳六年（1270），太守赵兴重新修建，拨田丁祭。① 乾道间（1165—1173），张栻在常州城南殷薛讲学，淳熙间知州杨万里因私淑其教，即在其地创建城南书院，为"士人讲诵之所"。这些书院尤其是龟山书院对日后常州书院的发展产生了重要的影响。②

三、元代常州教育的发展

元代无论是官学还是书院都取得了一定的发展。元世祖即位之初就下诏："管内凡有书院，亦不得令诸人骚扰使臣安下。"③ 至元十八年（1281），又下诏："令江南诸路学及各县学内，设立小学，选老成之士教之，或自愿招师，或自受家学于父兄者，亦从其便。其它先儒过化之地，名贤经行之所，与好事之家出钱粟赡学者，并立为书院。"至元二十三年，诏令将江南学田"复给本学，以便教养"。④ 宋代常州州学毁于宋末战火，只有大成殿、约礼堂及宣和匾额留存。入元后，常州安抚马恕在本地访求有经验的儒生，得唐骏发、章岩充任本学教授、学正，"兴弊起废于瓦砾之中，招集儒士，经理田粮"。唐骏发等人历时十年，"先泛扫以新庙貌，次营构以居生徒，修讲堂，修经阁，建直舍，建两庑，为六斋六楹，暨内外夹屋垣墉，四周咸一新之"，到至元二十二年方才完工。同时，原学田为戍守军将夺占，也"请于官复其旧"。⑤ 此后总管吕师圣在元贞二年重修常州路儒学，修大成殿，"一改旧观，庙与学始各得所"，又使"先贤有祠，听事有堂，储粮有廪"，又"辟两庑而宏之，凡创屋为间者四十有三"。同时原有学田26顷，隶宜兴从善乡，岁入米2000石，然"久为僧舍、豪家所夺，求直有司，十年不能决"，至此也经努力得到解决。⑥ 延祐三年（1316），常州路总管史埙历时一年，建成尊经阁、先贤祠、礼重堂及诸斋舍，增置大小学4所，设六斋，各设训导，每斋生员40名。⑦ 至正九年（1349），教授文志仁以庙学弊陋，征得常州路总管贾禧同意，"撤两庑而新之。高广逾旧制，外门斋居皆加修饬""其宏高壮丽为浙右之冠"。⑧ 根据《泰定毗陵志》的记录，元代常州路儒学有"棂星门三座，戟门九间，仪门五间，东外廊五间，文昌祠居中，西外廊五间，灵祠居中。大成殿三间，东西从祀两廊各九间。乐器库在西廊，祭器库在东廊。约礼堂五间，为旦望讲习之所。后东廊八间，礼重堂三间，公厨五间。后西廊八间，先贤祠五间。尊经阁五间，贮经籍于上，东西接廊四间。斋舍六处，

---

① 佚名：《永乐常州府志》卷七《学校》。
② （清）黄冕等修，李兆洛纂：《道光武进阳湖合志》卷一二《学校志》。
③ 《元典章》卷三一《礼部四》。
④ 《元史》卷八一《选举志一》，第2032页。
⑤ 佚名：《永乐常州府志》卷七《学校》。
⑥ （元）方逢辰：《常州路重修儒学记》，佚名编《永乐常州府志》卷一六《文章》。
⑦ （元）张伯淳：《重修常州路儒学记》，佚名编《永乐常州府志》卷一六《文章》。
⑧ （元）蒋岩：《常州路儒学兴造记》，佚名编《永乐常州府志》卷一六《文章》。

登俊、致道、达善、养正、兴贤、成德。坐厅三间，仓庾六间，教授廨舍一十三间"，学田有"田地山荡二百七十二顷二十二亩二分"。

元代除儒学外，还在各地设蒙古学、阴阳学和医学。另武进县学在宋末战争中被毁，元初设教谕一员，附于常州路儒学内。天历间（1328—1329），本路总管移刺迪于子城东创县学，未成而离任，此后总管府知事翟思忠、县尹陈瑛踵成之。①

元代书院的特点是官学化的倾向日益明显。至元年间，元廷就将书院与地方官学等同视之，"命于礼部及行省及宣慰司者，曰学正、山长、学录、教谕，路州县及书院置之。路设教授、学正、学录各一员，散府、上中州设教授一员，下州设学正一员，县设教谕一员，书院设山长一员"。②同时，又下令"自京学及州县学及书院，凡生徒之肄业于是者，守令举荐之，台宪考核之，或用为教官，或取为吏属，往往人材辈出矣"。③常州元代时除宋代已有的龟山书院和城南书院外，又在至大间（1308—1311）在顾塘桥北东坡终老处建有东坡书院，至正十年常州路总管也速台曾经重修。龟山书院在战争中仅余燕居堂，至元二十九年，山长潘粹夫、王元庆造祭器及西庑三间，此后吴文瑞又造东庑三间。龟山书院也是唯一一个官方任命山长的书院，设"山长一名，月俸米三石，钞一十五两；直学一名，月俸米一石，钞五两；司吏一名，每名月俸米八斗"。④元代是理学成为统治思想的关键时期，书院的官学化也有利于统治者加强思想控制，而书院也由此渐渐失去了原有的学术研究和自由交流的特征。

元代科举制度兴废不常，而且由于民族歧视政策的推行，对南方士人进入官场有严格的限制，即使是在延祐间（1314—1319）恢复开科之后，也将录取分为左右榜，蒙古、色目人为右榜，汉人、南人为左榜，其录取规模、考试难度均不可同日而语，整个元代科举进士人数本就十分稀少的背景下，江南地区进士的数量显得尤为可怜。程端礼曾言："我国家设科以来，声教洽于海宇，江浙一省应诏而起者不下三千人，得贡于礼部者四十三人而已"，⑤而南人的名额只有28名。在整个元代，常州有记录的进士只有5名，然而却产生了一位状元，即至正二年（1342）的一甲第一陈祖仁，这也从一个侧面反映了常州科举的出色程度。

---

① 佚名：《永乐常州府志》卷七《学校》。
② 《元史》卷八一《选举志一》，第2032页。
③ 《元史》卷八一《选举志一》，第2033页。
④ 佚名：《永乐常州府志》卷七《学校》。
⑤ （元）程端礼：《畏斋集》卷三《江浙进士乡会录小序》，《景印文渊阁四库全书》第1199册，台湾商务印书馆1986年版。

第二节 苏轼与杨时:"二贤"与常州学术文化

宋代的常州虽然科举兴盛,但是如果没有苏轼和杨时,常州的文化也许会是另外一个走向,他们两个人从不同的道路出发,奠定了常州学术文化相辅相成的两极。

苏东坡一生 14 次来到常州,曾乞常州居住,最后也终老于此。他还在常州写下了大量的诗词和散文作品,据粗略统计,苏东坡所写的与常州有关的诗约 66 首,词约 10 首,散文约 103 篇①。嘉祐二年(1057),苏东坡中进士,在琼林宴中结识同年丁骘及宜兴人(时为常州属县)蒋之奇、单锡。27 年后,苏东坡写道:"琼林花草闻前语,罨画溪山指后期(蒋诗记及第时琼林苑宴坐中所言,且约同卜居阳羡)。岂敢便为鸡黍约,玉堂金殿要论思。"②可见,在当年琼林宴的酒酣耳热中,他第一次有卜居宜兴的想法。熙宁四年(1071),苏东坡离京贬任杭州通判,乘船赴杭,这是他第一次经过常州。熙宁六年年底,苏东坡至常、润诸处救灾赈饥,至常州城东郊正值除夕之夜,舣舟于通吴门外,留下了名篇《除夜野宿常州城外二首》。③次年三月,苏东坡办完公事后在单锡处一住两个多月,游遍当地名胜,这也是他第一次在常州长时间的居住,遂促使他下决心卜居宜兴,退隐田园。他委托蒋之奇在黄土村购买了一份田产,当年卜居阳羡之约得以初步履行。元丰七年(1084),因"乌台诗案"被贬黄州 5 年后,苏东坡获赦量移汝州,中途绕道又到宜兴,在处理黄土村田产纠纷后,又因"未足伏腊",与蒋之奇同往宜兴闸口再次买了一份田产,为移居常州作充分准备,由此可见其在历经磨难后留居常州的迫切心情。这一年十月十二日,苏东坡写了著名的《楚颂帖》:"吾来阳羡,船入荆溪,意思豁然,如惬平生之欲,逝将归老,殆是前缘。"④随后,苏东坡于十月十九日及次年,两次上表乞居常州,表云:"臣有薄田在常州宜兴县,粗给饘粥,欲望圣慈许于常州居住。"⑤不久便接到朝廷批准的诏命。他在常州居住了几天,并曾作《菩萨蛮》词云:"买田阳羡吾将老,从来只为溪山好。"然而时间不长,元丰八年六月,受诰命复朝奉郎,知登州军州事。此后他又在官场几经沉浮,晚年更是垂老投荒,远贬惠州、海南数年。苏东坡将全家安顿在宜兴,只有妾王朝云和三子苏过同赴贬所,常州仍然是他赖以维系家庭的基础。

苏东坡被贬惠州时,常州有多人因苏案株连披枷挂牌示众,胡淑修曾主动站出

---

① 陈弼、苏慎编:《苏东坡与常州》,中国社会出版社 2001 年版。
② (宋)苏轼:《苏轼诗集》卷二四《次韵蒋颖叔》,中华书局 1982 年版,第 1265 页。
③ (宋)苏轼:《苏轼诗集》卷一一,第 533 页。
④ (宋)苏轼:《苏轼文集》,《苏轼佚文汇编》卷六,第 2578 页。
⑤ (宋)苏轼:《苏轼文集》,《苏轼佚文汇编》卷一,第 2423 页。

来自愿加入示众的行列。他在惠州时，宜兴人卓契顺曾捎钱公辅子钱世雄书和守钦长老诗，从苏州万里跋涉来探望。元符二年（1099），江阴人葛延之更是不避嫌疑，不远万里赴江南求教，并献赠龟冠。① 建中靖国元年（1101），经过数年凄苦的海南贬谪后，苏东坡幸获大赦，五月，苏东坡初抵金陵，收到钱世雄信，报知已借到顾塘桥畔的孙氏馆。常州友人于危难中所表现出的深情，促使他放弃去颍昌与弟弟相聚的想法，下决心定居常州。

六月十五日，苏东坡舟过常州，病暑的他"著小冠，披半臂，坐船中"，运河岸边"千万人随观之"，东坡说："莫看煞轼否？"② 苏东坡并将在海南所著《易传》诸书交付钱世雄，后遂以《毗陵易传》之名行世。苏东坡初到孙氏馆，精神尚佳，曾手植紫藤、香海棠，辟设洗砚池，挥毫书赠友人。至七月中旬后，病情趋重，遂于二十八日病逝于孙氏馆。消息传出，"吴越之民相与哭于市，其君子相吊于家，讣闻四方，无贤愚皆咨嗟出涕。太学之士数百人，相率饭僧慧林佛舍"，"满城上下，

图 4-6 孙氏馆旧址

---

① （宋）葛立方：《韵语阳秋》，《景印文渊阁四库全书》第1130册，台湾商务印书馆1986年版。
② （宋）邵伯温：《邵氏闻见后录》，中华书局1983年版，第160页。

图 4-7 藤花旧馆旧址

咨叹之涕。"①无锡人费衮便称苏东坡"盖出处穷达,三十年间,未尝一日忘吾州者"。②

周启隽曾称:"先生盖天下士也,蜀乌得而独有之?其雄才大节,浩然不可御之气,无往而不之也。"③苏东坡的潇洒风骨、审美心性、学术观点连同他留下的紫藤、海棠、洗砚池对后世的常州士人产生了潜移默化的感召作用,对明清时期常州人文的兴盛产生了深远的影响。正如陈肃在《藤花一城吹古香》中所言,常州文气是与苏东坡当年栽下的一根紫藤共久长,同荣枯的。清人周情诗便称"其间名世谁相及,异地犹能式后贤"。④后世众多常州文人,如赵翼、洪亮吉、黄仲则、张惠言、恽敬以及其所代表的常州词派、阳湖文派、常州诗派等多多少少都受到了苏东坡的影响。

杨时,福建将乐人,熙宁九年(1076)进士及第,但是授官不去赴任,执师礼见程颢于颍昌,又拜程颐为师,杜门不出十余年,深究诗书,推广师说。政和间,退居常州,聚徒讲学,阐述理学,成为儒学南传的枢纽人物。"龟山载道东南,士之游先生之门者甚众""而朱熹、张栻之学得程氏之正,其源委脉胳皆出于时"。⑤据《咸淳毗陵志》云:"政和元年(1111),待次越州萧山知县,自京过毗陵,寓

---

① (宋)苏辙:《苏辙集》,《栾城后集》卷二二《亡兄子瞻端明墓志铭》,中华书局2004年版,第1128页。
② (宋)费衮:《梁溪漫志》,《景印文渊阁四库全书》第718册,台湾商务印书馆1986年版。
③ (清)周启隽:《重修东坡书院记》,卢文弨编《常郡八邑艺文志》卷四。
④ 《毗陵周氏五世诗集》,民国二十五年活字本。
⑤ (清)陈玉璂:《学文堂文集》卷九《与骆太守论学书》,《丛书集成续编》第126册,上海书店1994年版。

早科巷。时道乡邹公（浩）已病，公首即卧内就见。是冬邹公卒，公为文祭之。明年赴萧山任。及满，奉祠，遂徙居毗陵，讲道城东书堂。既罢祠官，贫甚，不果赴部。郭慎求在朝，以书问所欲。公年已七十矣，答以'欲求一筦库为贫耳'。慎求为授常州市易务，公闻之曰：'非见阙，于吾事无济。况市易事，吾素不以为然，纵得禄，其可就乎？'卒不赴。五年以秘书郎召，赴阙。靖康初除右谏议大夫，木儿，力弓归。建炎初除工部侍郎，明年夏，以直学士奉祠，是冬始还将乐。公居毗陵者十有八年，如《养浩堂》《踵息庵》诸记，《中庸解义》《伊川易传》《泰山春秋传》诸序，皆当时所著也。邦人今即其地祠之。"①

杨时在常州十余年，聚徒讲学，与晋陵邹浩、无锡李纲相交游。邑人周伯忱、周伯温与唐彦思等都同事伊川，所谓"龟山所以联属于南北之学，实于吾常首被之"。杨时是常州接触理学之始，他当时退居常州，"以为泰伯延陵之墟也，而邹忠公及周伯忱、伯温兄弟又与公故"，②即一方面是慕泰伯和季札的高义，一方面是因为常州人邹浩以及周恭先、周孚先兄弟同是程门高足，与之有故。杨时于政和元年第一次至常州，便是因为"待次萧山知县，自京过毗陵，寓早科坊，时邹浩已病，即卧内就见"。③政和五年起，杨时寓居常州，在周氏兄弟的城东书院讲学，游酢寄二周帖便云："毗陵士人前欲买田以赡志完（邹浩），今闻买宅以延中立（杨时），高谊至此，可振颓风激衰俗，非好贤乐善，未易能尔。"④

"敝郡理学之兴，实始龟山"，"龟山所以联属于南北之学，实于吾常首被之"。⑤杨时在常州的十余年，既推动了理学的传授，也推动了常州书院教育振兴。他的龟山书院不仅是后来东林书院的前身，更重要的是他的思想也一直延续贯穿到了东林时代。岳宏誉曾言："夫毗陵亦声名文物之邦也。自龟山杨夫子讲学以来，学者知所宗向。嗣后薛（敷教）、唐（顺之）诸公正谊明道，代有传人。"⑥而高尔功亦言："龟山杨文靖北学程门，归而讲道东南，留毗陵十有八载，一时名士咸左右之。历元及明，绝续不一，维东林号称最盛。"⑦而清代常州文人陈玉璂对杨时在常州学术谱系的地位有比较详细的讨论："吾常之有志于学者，不可不知所本也。尝见毛古庵先生《毗陵正学编》，首列龟山，次邹道乡，又次周伯耽、伯温，唐彦思，又次邹德久，喻

---

① （宋）史能之：《咸淳毗陵志》卷一八《人物》。
② （清）陈玉璂：《学文堂文集》卷九《与骆太守论学书》。
③ （宋）史能之：《咸淳毗陵志》卷一八《人物》。
④ （宋）史能之：《咸淳毗陵志》卷一四《祠庙》。
⑤ （清）陈玉璂：《学文堂文集》卷九《与骆太守论学书》。
⑥ （清）吴怀清：《二曲先生年谱》，《北京图书馆藏珍本年谱丛刊》第89册，北京图书馆出版社1997年版。
⑦ （清）高尔功《序》，李颙《二曲集》卷首，《四库存目丛书》集部第207册，齐鲁书社1997年版。

子才、尤延之、李元德、蒋良贵,而以谢子兰终,盖以道乡、周、唐四公与龟山同游程门而有得,若邹、喻为龟山高第弟子,喻授尤,尤授李、蒋,渊源皆可溯,谢则闻风兴起,有卫正辟邪之功,故为吾常有明理学之冠。"① 章大士也曾言:"自龟山先生卒业于二程夫子之门,得中原文献之传,虽系北人,其后倡道东南,筑室锡山,号为东林,从游者日益进,自圣学续于濂洛,而常郡文献断以龟山先生为称首。"②

南宋时,常州开始在杨时生前活动过的地方建立祠庙。杨时在城东的居所初毁于建炎时的宋金战争,"地归他族"。绍熙二年(1191)知州陈谦用"公帑"将其赎回。绍熙四年,时任知州的理学家黄灏开始在此立杨文靖公专祠,并"以二周侑",当时仍保留有游酢的《寄二周帖》及胡珵的挽联。宝庆元年(1225),知州赵彦诚又将其修复。绍定三年(1230),知州郑必万增创堂宇,并题匾曰"师友渊源",中绘濂洛诸先生十四人塑像以合祭。又葺旧堂,名曰"尊德乐道",中置杨时及二周塑像。淳祐间(1241—1252),知州王圭以荐福寺僧正宗所置私庵田归于祠堂,作为祠堂的维修费用和旁边书院的"养士"经费。此外,在常州州学讲堂西偏,又建有先贤祠,祀陈襄、杨时、邹浩、陈瓘等。

而苏东坡祠的建造则费了一番周折。早在苏东坡去世之后,常州本地人因"无祠宇奠谒之所",而"以为阙文"。乾道八年(1172),常州知府晁子健在州学之西始建东坡先生祠,塑东坡像于其中,并寻访士大夫家绘本,"或朝服或野服凡十,摹置壁间",而苏辙、黄庭坚、张耒、晁补之、秦观、陈师道六君子像则竖立于两旁,并将苏东坡与晁补之往来书帖刻其中,由晁公武撰碑记,一置东坡祠堂,一置宜兴洞灵观。其时距苏东坡去世仅69年,由于北宋党争对南宋政局的后续影响,当时对苏东坡的评价尚存争议,晁氏与苏东坡为世交,晁子健修东坡祠和晁公武撰记,均有为其辩护,确立其地位之目的,而在对苏东坡有着深厚感情的常州立祠,显然可以减少争议,增强其正当性和合法性。不久,晁公武碑记悉毁不存。嘉定十六年(1223),常州府教授余伸访得洞灵观碑记墨本,重新刻石,并撰碑阴记,有"直哉晁也,碑之仆有以夫?"之语,可见晁公武"欲传不朽"的碑当是逃不过南宋的党争而毁的。③

至明代,杨时祠已经岁久湮废,正统十年(1445),常州知府叶蓁在西瀛里建二贤祠,将苏东坡与杨时合祀。嘉靖四年(1525),知府陈宝在朝京门外复建道南书院,供奉杨时,后任知府王教以为杨时有专祠,遂将二贤祠仍改为东坡祠,并由无锡人邵宝作祭文。不久因道南书院改为兵备道衙门,杨时祠仍迁至东坡祠,二贤祠恢复。

---

① (清)陈玉璂:《学文堂文集》卷九《与骆太守论学书》。
② (清)章大士《常郡文献考说》,卢文弨编《常郡八邑艺文志》卷一。
③ (宋)史能之:《咸淳毗陵志》卷一四《祠庙》。

万历二年（1574），知府施观民将二贤祠又分开，在东面专辟为东坡祠，而将原来的二贤祠改为龟山先生祠，祀杨时。①

正如董元恺所言："苏坡、龟山两先生之祠合祠之可也，即不合祠之亦可也。"② 苏东坡和杨时祭祀的分合其实并不重要。在常州学术谱系的构建中，苏东坡和杨时具有划时代的意义，成为常州学术嗣后最重要的根基。清代庄楷曾言："毗陵，文学之薮，有吴季札、言游氏、龟山杨氏、眉山苏氏之流风余韵，家诗书而户礼乐，党庠术序之间，盖彬彬称盛焉。"③ 因此，在苏、杨合祀的问题上，虽然有个人因素和官方的意识形态主导其中，但本地精英对常州学术文化谱系历史延续和发展脉络的体认仍然是其中起作用的最主要因素。苏轼和杨时的文化精神奠定了常州学风相辅相成的两极。常州的学风既强调追求词藻的华美，追求发展个人的才华，也同样注重文章的品格和风骨，更重视做人立身，学以致用。诗才与德行，两者密不可分，在家家重诗书，户户重教育的基础上，使得常州的学术在不久的将来迎来了鼎盛。

第三节 学术与文艺的初兴

隋唐宋元时期，常州被称为"东南文明之地"，涌现了一大批的学者和艺术家，虽然不及明清时期的繁荣和辉煌，但是仍然在学术和文艺上取得了斐然的成就，更重要的是为日后常州学术文化的极盛奠定了坚实的基础。

一、经学与文学

1.常州与唐宋古文运动。中国文坛自齐梁以降，为骈文所笼罩，延至唐时，文章过于重视形式华美，过于讲求辞藻对偶，致使文章深奥难懂。唐初陈子昂反对"彩丽竞繁"的齐梁文风，标举"汉魏风骨"，④风气稍有变化。而到天宝年间，随着萧颖士、独孤及等人的努力，成为直接影响韩愈、柳宗元的先驱地位，为古文运动做出了承上启下的重要贡献。

萧颖士（717—768），字茂挺，南兰陵人，生于颍州（今安徽阜阳），开元二十三年（735）举进士对策第一，天宝初年补秘书正字，为当朝名士所器重，名扬天下，尤以推引后进为己任，世称"萧夫子"。因不肯屈事李林甫，多次免官，一度隐于太室山。安史乱中，曾为山南节度使源洧掌书记。晚年弃官，客死汝南。萧颖士反

---

① （清）黄冕等修，李兆洛纂：《道光武进阳湖合志》卷一三《坛庙志一》。
② （清）董元恺：《苏杨合祠记》，卢文弨编《常郡八邑艺文志》卷四。
③ （清）庄楷：《王孙巷记》，（清）黄冕等修、李兆洛纂《道光武进阳湖合志》卷一二《学校志》。
④ （唐）陈子昂：《与东方左史修竹篇》，《全唐诗》卷八三，中华书局2008年版，第895页。

对"尚形似、牵比类"①的骈俪文风，自称"平生属文，格不近俗，凡所拟议，必希古人。魏晋以来，未尝留意"。②其文章虽未完全摆脱骈文旧格，但开创之功不容忽视。而且萧颖士强调通过通经致用，主张文学作品"激扬雅训，彰宣事实"，为日后韩、柳"文以载道"口号的提出起了奠基作用。同时，萧颖士主张以德行为本，以为"道末者其文杂，才浅者其意烦"，③这些都对后世产生了深刻的影响。

独孤及（725—777），字至之，河南洛阳人，天宝十三载（754），举洞晓玄经科，授华阴尉。安史之乱起，避难江南。唐代宗召为左拾遗，后出为濠、舒两州刺史，终于常州刺史任，故人称"独孤毗陵"，有《毗陵集》。独孤及继承了萧颖士等人开创的文风，李舟曾言："先大夫曾因讲文，谓小子曰：'吾友兰陵萧茂挺、赵郡李遐叔、长乐贾幼几，洎所知河南独孤至之，皆宪章六艺，能探古人述作之旨。'"④而其弟子梁肃曾总结其思想为"操道德为根本，总礼乐为冠带，以《易》之精义，《诗》之雅兴，《春秋》之褒贬，属之为辞"。同时，独孤及与萧颖士"经术之外，略不婴心"不同，有学者认为他"由重道轻文逐渐发展到重道不轻文，由一味强调明道逐渐发展到也重视反映现实，由一味强调宗经逐渐发展到也重视师汉"，所以成为古文运动发展中的重要一环。而且正如清代常州人赵怀玉所言："昌黎固出安定（梁肃）之门，安定实受洛阳（独孤及）之业。"⑤独孤及在常州时，不仅大力兴学，而且由于其学术声望，使得梁肃、朱巨川、权德舆等一批知名人士游于其门下，而从独孤及、梁肃到韩愈有着明显的师承关系，因此独孤及在古文运动中的地位便尤显重要。后世也均把萧颖士和独孤及列入古文运动的发展谱系之中。梁肃曾叙述唐代文学的发展，"唐有天下几二百载，而文章三变：初则广汉陈子昂以风雅革浮侈；次则燕国张公说以宏茂广波澜；天宝以还，则李员外、萧功曹、贾常侍、独孤常州比肩而出，故其道日炽"。⑥陈寅恪先生也说："古文运动之初起，由于萧颖士、李华、独孤及之倡导与梁肃之发扬。"⑦可见萧颖士、独孤及在唐代古文运动中的地位。

晚唐以后，追求雕词琢句、堆砌典故的偶俪文风再度泛滥文坛，北宋统一后，一批有识之士开始强调恢复古文和古道，柳开成为宋初第一个以韩、柳古文与五代

---

① （唐）萧颖士：《萧茂挺文集》，《送刘太真序》，《景印文渊阁四库全书》第1072册，台湾商务印书馆1986年版。
② （唐）萧颖士：《赠韦司业书》，《全唐文》卷三二三，第3276页。
③ （唐）萧颖士：《为陈正卿进·续尚书·表》，《全唐文》卷三二二，第3268页。
④ （唐）李舟：《独孤常州集序》，《全唐文》卷四四三，第4520页。
⑤ （清）赵怀玉：《亦有生斋集文》卷二《校刻独孤常州毗陵集序》，《续修四库全书》第1469册，上海古籍出版社1995年版。
⑥ （唐）梁肃：《补阙李君前集序》，《全唐文》卷五一八，第5261页。
⑦ 陈寅恪：《元白诗笺证稿》，文学古籍刊行社1955年版，第135页。

文弊相对抗之人。柳开（947—1000）为柳宗元五世孙，河北大名人，因其自称"师孔子而友孟轲，齐扬雄而肩韩愈"，故名肩愈（韩愈），字绍元（柳宗元），后因不满韩、柳，改名开，字仲涂。宋开宝六年（973）进士，初为司寇参军，太平兴国四年（979），擢赞善大夫，出知常州。后拜监察御史、殿中侍御史，又因与监军忿争，贬知县，旋复职。后自请从军，任崇仪使，出任边疆知州，卒丁任。①《邵氏闻见录》曾提及柳开在宋代古文中的地位："本朝古文，柳开仲途、穆修伯长首为之倡，尹洙师鲁兄弟继其后。欧阳文忠公早工偶俪之文……既擢甲科，官河南，始得师鲁，乃出韩退之文学之。"②其体近艰涩，又过于重道轻文，以至矫枉过正，而后世对其颇多褒贬。然曾任常州龙城书院山长的卢文弨对其评价可谓公允："宋兴，承五季经学废绝，文章骩骳弊极之后，有能卓然特立，不为风气所囿，奋力直追古之作者，以求所以立言之旨，而一本之于经术，示天下以正路之当遵，而使后来之闻见而兴起者，盖张皇而扬厉之……因有狭小前人之见，以为气郁转不宣通，辞艰涩不流畅，几使不得与之于立言之数。噫！此岂可谓善于知人论世哉！吾于宋初柳仲途之文而叹其能近于道也。"③

值得注意的是，独孤及的《毗陵集》历史上两次刊刻均与常州人有关，明代吴宽于弘治间将之从内务府抄出，其文字全貌才又重现天日，清代赵怀玉于乾隆五十六年（1791）将其全集刊刻，独孤及才愈来愈多地进入清代批评家的视野之中。赵怀玉在《重刻独孤宪公毗陵集》序中曾高度评价独孤及的文章："公则悬然天得，蔚为文宗。"④赵怀玉本其实是清代常州古文承上启下的重要人物，由这一点来看，从萧颖士、独孤及至柳开所倡导的古文运动其实也为明清之际常州古文的发展埋下了深深的伏笔。

2. 宋元常州学者群体。宋元时期尤其是在北宋中后期，常州涌现出一系列优秀的学者和文人群体。

胡宿（995—1067）字武平，晋陵人，仁宗天圣二年（1024）进士，历任两浙转运使、知制诰、翰林学士、枢密副使，治平三年（1066）以尚书吏部侍郎、观文殿学士知杭州，四年，除太子少师致仕，不久病逝，谥文恭。以阴阳五行学说出名，且兼涉儒、佛。胡宿在当时颇有诗名，《四库全书总目》说其文章"典重赡丽，追踪六朝"，律诗"波

---

① 《宋史》卷四四〇《柳开传》，第 13023、13028 页。
② （宋）邵伯温：《邵氏闻见录》卷一五，中华书局 1983 年版，第 166 页。
③ （清）卢文弨：《抱经堂文集》卷六《新雕柳仲途河东集序》，《续修四库全书》第 1432 册，上海古籍出版社 1995 年版。
④ （清）赵怀玉：《亦有生斋集文》卷二《校刻独孤常州毗陵集序》。

澜壮阔,声律铿訇,亦可仿佛盛唐遗响"。①卢文弨称其"诗丰缛而不失气骨,置唐中盛间,诚无所多让。间有近晚唐者"。②其诗与杨亿、钱惟演的西昆体一脉相承,早年杨亿得其诗,题于秘阁,叹道:"吾恨未识此人。"③但同时他又提倡平淡与"天质自然美",可谓欧阳修、苏轼之后在诗歌革新中对平淡、清畅风格追求的先声。

胡宗愈(1029—1094)字完夫,胡宿侄,嘉祐四年(1059)进士,为光禄丞。宋神宗时,任集贤校理兼史馆检讨,遂同知谏院。胡宗愈与张巨、丁骘与欧阳修有师承关系,《宋元学案》中均被列入《庐陵学案》。④政见则接近于胡宿,因与王安石不和,出为真州通判。元祐初为御史中丞,哲宗问朋党之弊事,他答曰:"君子指小人为奸,则小人指君子为党。君子,盖义之与比者。陛下能择中立之士而用之,则党祸熄矣。"且书《君子无党论》进上。拜尚书右丞。后罢为资政殿学士、知陈州,徙成都府,"蜀人安其政"。后召为礼部尚书,迁吏部尚书,卒后与子胡端修同列元祐党人籍。

邹浩(1060—1111)字志完,自号道乡居士,晋陵人,元丰五年(1082)进士,调扬州、颖昌府教授。元祐中为太常博士,出为襄州教授。徽宗时累官至吏部、兵部侍郎。崇宁元年(1102)以宝文阁待制出知江宁府,大观间直龙图阁。卒谥忠。邹浩是宋代常州籍最重要的学者,无论其生平出处,还是思想文字均为时人所推崇,也为常州后学所景仰。李兆洛曾述邹浩在常州学术谱系中地位云:"自子游子北学于孔子,以圣人之教启南方之学者,其后二千余年而有道乡邹先生,揭《中庸》于记《礼》之篇,阐慎独之旨,直接洙泗之心源,与河南两程子遥相证明。先生之子遂从龟山先生游,以绍伊洛之绪。至有明,而方山薛先生、启新钱先生实与无锡泾阳顾先生、景逸高先生大振起于微坠之中,天下学者视为正鹄焉。是故南方之学,开于子游,导于道乡,而昌于泾阳,非吾常一郡之私言也。"⑤《四库全书总目》称:"浩之大节可谓不愧师门矣。语言文字小小异同,未足为累。盖所学在此不在彼也,以是吹求,是亦不揣其本矣。"⑥其一生著述甚丰,著有《道乡集》,主张诗歌清新雅正、追怀古风。王士慎《居易录》称其"古诗似白居易,律诗似刘梦得"。

许叔微(1080—1154)字知可,一作可举,毗陵人。早岁父母因时疫而亡,故立志习医,刻意方书,钻研医理,终成一代名医。后于绍兴二年(1132)进士,历

---

① 《四库全书总目》卷一五二,中华书局1963年版,第1310页。
② (清)卢文弨:《抱经堂文集》卷一三《胡方平文恭集书后》。
③ 《欧阳修全集》卷三五《赠太子太傅胡公墓志》,第518页。
④ (清)全祖望:《宋元学案》卷四《庐陵学案》,第220页。
⑤ (清)李兆洛:《养一斋文集》卷四《邹道乡先生集序》,《四部备要》。
⑥ 《四库全书总目》卷一五五,第1337页。

任徽州、杭州教官，翰林学士。许叔微为宋代名医，尤为治《伤寒论》大家，撰述甚多。著有《伤寒发微论》《伤寒百证歌》《伤寒九十论》等。

孙觌（1081—1169）字仲益，自号鸿庆居士，晋陵人。大观三年（1109）进士，政和四年（1114）中词科。历任国子司业、侍御史、翰林学士。汴京沦陷时，力主议和，并执笔为宋钦宗起草投降文书。高宗即位后因此被贬，又因擅文词，起复为中书舍人。建炎二年（1128）知平江府，后历给事中、吏部侍郎，绍兴元年知临安府，后因赃罪除名，绍兴四年放还后，遂隐居故里太湖边二十余年。孙觌在操守上屡遭时人非议，《四库全书总目》中便称其"怙恶不悛，当时已人人鄙之矣"。① 但其文章颇有名，周必大《鸿庆居士集序》称："其章疏、制诏、表奏，往往如陆敬舆，明辨骏发，每一篇出，世争传诵。"② 《四库全书总目》也称其"尤长于四六，与汪藻、洪迈、周必大声价相埒"，时称"四大家"。③ 其诗不乏淡雅悠妙之作，书学苏东坡，颇有名。

张守（1084—1145）字全真，一字子固，晋陵人。崇宁元年（1102）进士，再中词科，宣和末年为监察御史，以忧去。建炎初复除监察御史，历任殿中侍御史、中书舍人、御史中丞、翰林学士，至参知政事。绍兴元年罢，后历知绍兴、平江诸府。绍兴六年（1136）再拜参知政事兼枢密院事。因反对建都临安，言辞激切，于绍兴八年出知婺州，徙知绍兴府。后得罪秦桧，复奉祠归。绍兴十四年出任建康知府，卒于任，谥文靖。张守著有《毗陵集》，文章论事剀切，行文晓畅，不务为艰深之语，亦不为空洞之言。周必大以为其"深得《尚书》谟训之体"。④《四库全书总目》称其"为文具有体干，而论列国家大事，是非利害如指诸掌，卓有经世之才，尤非儒生泥古者所可及"。⑤ 卢文弨论其诗"风格苍老，源于少陵，使事亦复精切"。⑥ 又工书，周麟之称其"笔法妙绝一世"。⑦

周孚先，字伯忱，周恭先，字伯温，晋陵人。建中靖国初，兄弟二人偕手从程颐学，在门十七年，程颐尝谓兄弟二人"气质纯明，可以入道"。后丁父忧归，在常州创城东、城西学堂。并随杨时在常州讲学。周恭先由乡荐入太学，调四明盐场，改建德尉，不就，后为临安教授，周孚先授坑冶官，两人辑有《伊川语录》。⑧

---

① 《四库全书总目》卷一五七，第1356页。
② （宋）周必大：《文忠集》卷五三《孙尚书鸿庆集序》。
③ 《四库全书总目》卷一五七，第1356页。
④ （宋）周必大：《文忠集》卷五四《张文靖公文集序》。
⑤ 《四库全书总目》卷一五六，第1347页。
⑥ （清）卢文弨：《抱经堂文集》卷一二《书毗陵集后》。
⑦ （宋）周麟之：《海陵集》卷二二《跋张参政墨迹》，《景印文渊阁四库全书》第1142册，台湾商务印书馆1986年版。
⑧ （清）全祖望：《宋元学案》卷三〇《刘李诸儒学案》，第1074页。

蒋捷（1245？—1305）字胜欲，号竹山，阳羡（今江苏宜兴）人，居于常州。咸淳十年（1274）进士，南宋灭亡后退隐于太湖竹山，恪守气节，人称"竹山先生"。蒋捷"以词鸣一时"，与周密、王沂孙、张炎并称宋末四大家。其词作多以抒发亡国之痛，风格郁勃悲慨，清峻流爽，《四库全书总目》称其词"炼字精深，调音谐畅，为倚声家之榘矱"，① 尤为日后阳羡派所推崇。

吴克恭（？—1352）字寅夫，元代常州人。性好读书，以举子业无益于学，遂致力于诗古文，不求仕进。吴克恭是倪瓒的唱和之友，经常出入于苏州顾瑛的草堂及倪瓒的云林隐居。顾瑛以为其诗"体格古淡，为时所称"。他虽是布衣之士，但与翰苑名流多有交往，与泰不华、柯九思、虞集等多有唱酬。至正十二年（1352），红巾军攻陷常州，吴克恭留于城中，未几元军克复，以"从逆"罪名被杀。有《寅夫集》三卷收于《元诗选》中。②

谢应芳（1296—1392）字子兰，自号龟巢老人，元末明初武进人。"自幼潜心宋儒之学，守其绳墨，斤斤不失尺寸"，③ 元至正年间隐居白鹤溪，构小室"龟巢"，讲学授徒，后"避居吴中，吴人争延致为弟子师"，"达官缙绅过境者，必访于其庐"。④ 洪武初，天下粗定，归隐常州芳茂山，读书乐道，老而不倦，"德望重于东南"。⑤ 谢应芳一生"事事维持伦纪，言言扶植纲常"，⑥ 捍卫理学，斥释道为诬民邪说，故选古来反对鬼神文字，辑为《辨惑编》。并著有《龟巢稿》，"所述皆以正人心、息邪说为主"，⑦ 沈德潜评价其"所著诗文雅正醇茂，荟萃经史之腴。凡夫崇论闳议，长歌短谣，多有裨世教"。⑧

二、艺术：常州草虫画的产生与发展

常州最早的有影响的画家是唐代晋陵丁谦，初工于画竹，后又工画果实园蔬，"傅粉浅深，率有生意"，虫蠹残蚀的形状也能仿模，曾画有一株葱，为李后主所激赏，于画上题"丁谦"两字，"盖欲别其非常画也"。⑨ 从丁谦绘画的特点已经可以看出日后常州绘画特色之一斑。北宋常州最著名的画家是董羽，善画龙水海鱼，随南唐后主归宋，为翰林图画院艺学。曹仁希也以画水著名，凡为惊涛骇浪、轻波细溜，

---

① 《四库全书总目》卷一九九，第1822页。
② （清）顾嗣立编：《元诗选三集》卷一一，《景印文渊阁四库全书》第1471册，台湾商务印书馆1986年版。
③ （明）段民：《龟巢先生传》，谢应芳《龟巢稿》卷首，《四部丛刊》三编，上海书店1985年版。
④ 《明史》，中华书局1975年版，第7724页。
⑤ （清）潘世恩等：《嘉庆重修一统志》卷八八，《续修四库全书》第614册，上海古籍出版社1995年版。
⑥ （清）谢兰生：《龟巢先生从祀录》，《中华历史人物别传》第19册，线装书局2003年版。
⑦ （明）毛宪：《毗陵人品记》，《四库全书存目丛书》第110册，齐鲁书社1997年版。
⑧ （清）谢兰生：《龟巢先生从祀录》。
⑨ 《宣和画谱》卷二〇，上海人民美术出版社1963年版，第257页。

一笔自分深浅之势。另有徐友,在常州画"清济贯河","一笔起西北隅,萦绕数十丈,却立谛视,疑若飞涛之腾涌",杨万里曾为之题"太平寺水"诗,①此外戚文秀也以水涛为题材,这几个人的画风相似,可能是出自常州同一画派,而宋元常州最为有名的便是草虫画。

常州宋代最著名的草虫画家是僧人居宁,据《宣和画谱》称,"僧居宁,毗陵人,善饮酒,酒酣则好为戏墨作草虫,笔力劲竣,不专于形似,每自题云:'居宁醉笔。'梅尧臣一见赏咏其超绝,因赠以诗,其略云:'草根有纤意,醉墨得已熟。'于是居宁之名籍甚,好事者得之,遂为珍玩耳。"②梅尧臣诗全文可见于《咸淳毗陵志》,其中有句:"毗陵多画工,图写空盈幅。宁公实神授,坐使群辈伏。"③可见,当时草虫画已经在常州颇为流行,而居宁的成就在于别创一格,如有神授,故而脱颖而出。除此诗之外,梅尧臣尚有《叔治遗草虫枕屏》一诗,称"世传毗陵画,妙绝僧居宁"。另司马光有《谢兴宗惠草虫扇》④、刘敞有《画草虫扇子》⑤等,艺术史家认为,均是对居宁画的题诗,可见居宁当时绘画的影响力。居宁之后,常州草虫画基本上奉其为正宗,所谓"相传笔法,代不乏人","其师弟秦友谅得居宁手法,传子祖述,祖述传之于僧正堂,其笔法尤妙。兵燹后,毗陵攻此艺者虽不少,然求其造妙者俱不及僧正堂"。⑥南宋中另有许迪,"专工草虫,师居宁,作黄花、紫菜、青草、红叶、精妙入神"。⑦台北"故宫博物院"藏有传为其作的《野蔬草虫图》。⑧

常州草虫的另一个代表人物是南宋於清言。"於清言,青州人,宋建炎间来居常州,工写花木。家在大莲池,一日花盛开,清言昼寝池亭,梦与神遇,授以写花承染之法,自是下笔颖悟。宁宗朝进呈所写花障,称旨,授承节郎、浙西安抚司计议官"。另有"於务道,为清言孙,得家传之妙,归附后江东道钱宣慰亦曾进呈所写荷障,见存御府"。於务道二子於子明、於子济绍其业,"南北士大夫题赠者众"。⑨於子明所画《莲池水禽图》双幅,今仍存,现藏于日本知恩院。原以为是五代徐熙所作,日本美术史家岛田修二郎因发现其中一幅钤有"毗陵於氏"及"子明"两印,故而判断为於子明所作。由于《泰定毗陵志》大部分人未曾寓目,以为於子明没有任何文献记载,因此

---

① (宋)史能之:《咸淳毗陵志》卷二三《词翰》。
② 《宣和画谱》卷二〇,第258页。
③ (宋)史能之:《咸淳毗陵志》卷二三《词翰》。
④ 《司马光集》,四川大学出版社2010年版,第40页。
⑤ (宋)刘敞:《公是集》卷一六。
⑥ 佚名:《永乐常州府志》卷一二《游艺》。
⑦ (明)朱谋垔:《画史会要》卷三,中州古籍出版社2009年版,第435页。
⑧ 参见 Saehayng P Chung, An Introduction to the Changzhou School, Oriental Art, 1985: 2, pp149—150。
⑨ 佚名:《永乐常州府志》卷一二《游艺》。

之前艺术史家只能推测他与於清言有关,并判断是南宋末期之作,实则当是元初作品,这也是常州草虫画目前留存实物最早的一幅。值得注意的是,就这一幅《莲池水禽图》而言,已经可以发现"水底的游鱼与水藻采用完全不用线描的'没骨法'来表现"。①

此外,南宋光宗绍熙年间(1190—1194)有常州籍的画院待诏吴炳,厉鹗说他"工花鸟写生折枝,可夺造化,彩绘精致富丽"。②传世的宋画名作《出水芙蓉图》就是吴炳的杰作之一。这幅画以细笔勾花,却以没骨填色画叶,既工整细润,又高逸出尘。恽寿平曾经专门临摹过此画。此外,杨万里任常州知州时,曾有《题萧岳英常州草虫轴》二首,称草虫轴是出自常州画师女朱氏手笔,诗中有"常州草虫天下奇,女郎新样不缘师"③之说。此外陈造有《题草虫画》两首,有"却因毗陵画手,忆我田间杖藜"句。④

入元之后,常州草虫画依然有名,艾性夫《书马使君所藏草虫》中称:"晋陵草虫妙天下,一幅千金不当价。"⑤元代常州草虫画目前存世者尚有多幅,其中最著名的是谢楚芳《乾坤生意图》卷,此画现藏于英国,卷末有"至治元年(1321),楚芳为达善画"题款,⑥谢楚芳为谢应芳堂弟,后者曾有《答楚芳》诗一首,称"无声诗与有声画,彼此赢得虚名传"。⑦此外有日本细见良氏藏江济川《草虫图》双幅及日本私人收藏谢百里《草虫图》,江济川本中有"毗陵方印",⑧而谢百里本中虽无"毗陵"印,但有"毗陵草虫形似不俗,春夏秋冬尽入吾图"题字⑨。江济川、谢百里生平不详,但艺术史界均推测其为元初人。

毗陵草虫图在画史上似乎并无重要地位,但其实是常州绘画艺术发展史上关键的一环,正如日本学者铃木敬所言:"以华丽的色彩在一画面上画上花草昆虫,充分显示其为一种地方样式之画派,即常州花鸟画,自南宋开始,经元至明,成为一个永续画风,而对清初恽寿平写生花鸟画之成立有极大的影响。"⑩而且毗陵草虫画作为一种装饰画,大量出口日本,被日本鉴赏家称之为"红白川",对日本本土绘画艺术也产生了重要的影响。

---

① (日)岛田修二郎:《莲池水禽图》,《中国绘画史研究》,东京中央公论社1993年版,第292—293页。
② (清)厉鹗:《南宋院画录》卷五,上海人民美术出版社1963年版,第95页。
③ (宋)史能之:《咸淳毗陵志》卷二三《词翰》。
④ (宋)陈造:《江湖长翁集》卷一七,《景印文渊阁四库全书》第1166册,台湾商务印书馆1986年版。
⑤ (元)艾性夫:《剩语》卷上,《景印文渊阁四库全书》第1194册,台湾商务印书馆1986年版。
⑥ Roderick Whitfield, Fascination of Nature: Insects and Plants in Chinese Painting and Ceramics of Yuan Dynasty (1279—1368), Seoul: Yekyong, 1993.
⑦ (明)谢应芳:《龟巢稿》卷四。
⑧ (日)岛田修二郎:《莲池水禽图》,《中国绘画史研究》,第323页。
⑨ (日)户田祯佑:《谢百里笔草虫图》,《国华》1983年第1063期。
⑩ (日)铃木敬、松原三郎:《东洋美术史要说》下册,东京吉川弘文馆1957年版,第107页。

在绘画艺术领域，最重要的人物是倪瓒。

倪瓒，号云林，常州无锡人，父亲倪昭奎为道教上层人物，曾授常州路通录。倪瓒受其影响，常年沉浸于诗画，终生不仕，足迹遍布常州、湖州、嘉兴、松江、吴江等地。倪瓒擅山水、竹石、松木等，是元代南宗山水画的代表人物。其山水师法董源、荆浩、关仝、李成等，画法疏简，格调大真幽淡，画史将其与黄公望、吴镇、王蒙并称"元四家"。明清董其昌、石涛等巨匠均引其为鼻祖，存世作品有《渔庄秋霁图》《六君子图》《水竹居图》《秋亭嘉树图》《客膝斋图》等，著有《清閟阁集》。

三、地方志的编纂

方志的名称最早见于《周礼》，"外史掌书外令，掌四方之志"，孙诒让注："方志，即外史所掌四方之志，所以识记久远掌故。"此后便以"方志"专指某一特定区域内古今人事物的书籍。方志渊源于《周官》《禹贡》《山海经》等，至秦汉时始发其端，《越绝书》《华阳国志》等已现雏形，隋唐时期初具规模。此时方志名称多样，其中地记主要载地理、风俗、神话等，始于西汉王褒《云阳记》，盛于南北朝时期，郑樵《通志》卷六六《艺文略》中载有"《毗陵记》一卷"，当属地记范畴。所谓"图经"，图即舆地图，经为文字说明，李宗谔《祥符州县图经序》便称："图则作绘之名，经则载言之别。"① 现知最早以图经为名者，是东汉的《巴郡图经》。图经兴于隋，盛于唐、北宋，王谟曾言"大业三年，罢州为郡，四年大簿，凡郡国一百八十三，而图经于是乎作"。② 此后唐德宗建中元年（780）规定各州郡每三年编修图经一次上报，图经日益繁盛。北宋开宝八年（969），（宋准）受诏"修定诸道图经"。③ 宋尤袤《遂初堂书目》著录有《常州图经》，《太平寰宇记》《太平御览》及《咸淳毗陵志》均曾征引，故成书当于宋以前。《遂初堂书目》又著录有潘洞《常州图经》，又《咸淳毗陵志》曾引《祥符经》，又引"《潘令经》"，考宋《祥符图经》下诏修于景德四年，成于祥符三年，即潘洞《图经》即《祥符图经》。此书在明《成化毗陵志》中仍有引用，故散佚时间应在明末或更晚。又《舆地纪胜》及《咸淳毗陵志》又引用有常州"旧图经"，其内容已从地理沿革扩大到财赋、职官、古迹等。

地方志书发展到南宋，出现了一个重大转折，即图经由盛到衰，而方志则起而代之，发展成为当时地方志书的主流，从而基本完成了图经到方志的过渡，方志名称基本确立。《直斋书录解题》卷八、《文献通考》卷三二、焦竑《经籍志》卷三

---

① （宋）王应麟：《玉海》卷一四，江苏古籍出版社、上海书店出版社1987年版，第274页。
② （清）王谟：《汉唐地理书抄》，《郎蔚之隋州郡图经》，中华书局1961年版，第207页。
③ 《宋史》卷四四〇《宋准传》，第13023页。

均著录有邹补之纂修《毗陵志》，邹补之于淳熙十二年至十五年间（1185—1188）任常州教授，此志乃常州最早以"志"命名的地方志。其内容部分可见于《舆地纪胜》及《咸淳毗陵志》及《嘉定镇江志》中，包括沿革、风俗形胜、景物、财赋、山水、碑记、军事、祠庙等内容。南宋不仅是方志的发展和定型时期，也是方志的繁荣期，这一时间涌现出了一系列著名的方志，而常州的《咸淳毗陵志》便是其中之一，这也是目前为止常州现存最早的地方志。《咸淳毗陵志》由南宋知州史能之纂修于咸淳四年（1268），其宋刻本现保留于日本静嘉堂图书馆，此后尚有元延祐、明初、清嘉庆等诸多刻本及抄本。

《咸淳毗陵志》全书分19门，共辖59目，目下又细分小目，向有"体例赅备，可称良志"的评论。著名史学家王鸣盛在其名作《十七史商榷》中曾称其"第一卷《郡县表》详明确实，最为当家，盖建置之纠纷，晋陵、武进为甚，考之令人目眩，今得此可以无恨，乃知作者苦心良不易也"。地理学家、方志学家李兆洛在其所撰《咸淳毗陵志跋》中认为"是书之作，法度厘然，盖《吴郡》《会稽》之亚，足以凡为志乘者式"。《续修四库全书提要》也称："其书繁简得中，榘矱井井。以较石湖之《吴郡志》，逊其博大，而清通简要，转若过之，宜为名流所推服也。"其在编纂上有很多可取之处。如体例采用纲目体，以纲统目，类属清晰，便于检阅。编纂方法以图、表和文字记述并用，便于简约形象的表述志书内容。志书中对引用前人资料皆注明出处，为阅读者核查、考证提供了依据。后来编修的常州地方志，如《成化毗陵志》《康熙常州府志》等基本上沿用了《咸淳毗陵志》的体例和方法，可以说《咸淳毗陵志》是我国方志成熟时期的代表。

进入元代之后，常州又曾两修府志，一是《大德毗陵志》，由时任常州路儒学教授刘蒙纂修，于大德十年（1306）修成。该书已佚，《永乐大典》征引《大德毗陵志》五湖、洿湖、织染局凡三条，另《永乐常州府志》中收入有序文、地理、建置沿革、至到、坊乡、户口、文章等近2万字，且资料非常翔实丰富。一是《泰定毗陵志》十卷，由时任常州路儒学教授文志仁于泰定二年（1325）修成。《永乐大典》中引征《泰定毗陵志》一条，另《永乐常州府志》中保存本书建置沿革、桥梁、户口、田赋、寺庙、学校、官署、各官题名、人物、诗、文、碑刻等，总字数近4万字。特别是诗文一项，保存了多篇早已散佚的元代文章，非常具有史料价值。

第六章 隋唐宋元时期常州的社会生活

随着经济的繁荣，社会的相对安定，加上北方人口大量南迁，这一时期常州的社会风尚发生了很大的改变，传统的礼仪日益世俗化，宗教得到了迅速的发展，进入了兴盛时期。

第一节 风 俗

自东汉应劭著《风俗通义》以来，史籍及方志中记载习俗的篇目往往用"风俗"为书名或篇名，如民国周振鹤曾撰《苏州风俗》，常州自南宋《咸淳毗陵志》起，历代地方志中均有"风俗"一门，相沿至今，已成惯例。古人曾有"百里不同风，千里不同俗"的说法，可见，一个地域甚至一个小地区，也会有自己独特的风俗习尚。就常州而言，其风俗既是江南风俗的一部分，又有其自身的鲜明特色。

常州地区的风俗与江南地区社会风气的变化大致相同，以东晋后期为界，在此以前以"轻悍""好勇"为特征。《汉书·地理志》称：吴地"其民至今好用剑，轻死易发"，沈约也云："故吴之风俗相驱以急，言论弹射"，以刻薄相尚，居三年之丧者，往往有致毁以死"。从东晋以后，随着朝代迭兴，战乱不已，北方人口大量南迁，江南的风俗发生了相当大的变化，江南一带人性轻扬，尚鬼好祀的习气虽未完全改变，但其风俗已经变为《隋书·地理志》中所云："川泽沃衍，有海陆之饶，珍异所聚，故商贾并凑，其人君子尚礼，庸庶敦庞，故风俗澄清，而道教隆洽。"杜佑《通典》也称："永嘉之后，帝室东迁，衣冠避难，多所萃止，艺文儒术，斯之为盛，今虽闾阎贱品，处力役之际，吟咏不辍，盖因颜、谢、庾、徐之风煽焉。"

唐代特别是中唐以后，由于江南社会相对安定，经济繁荣，风俗又发生了新的变化，所谓"毗陵震泽九州通，士女欢娱万国同。伐鼓撞钟惊海上，新妆炫服照江东"，[1]城市消费文化开始推动社会风尚向新的方向发展。白居易的诗中曾多次提及常州柘枝妓："莫惜新衣舞柘枝，也从尘污汗沾垂。"[2]柘枝舞是一种西域传进的少

---

[1] （唐）杜审言：《晋陵大酺》，卢文弨编《常郡八邑艺文志》卷一二。
[2] （唐）白居易：《白居易集》卷二三《看常州柘枝赠贾使君》，第525页，同卷另有《柘枝妓》《醉戏诸妓》等，当是同时的作品。

数民族舞蹈,舞女跳时流波轻送,舞至曲终,"例须半袒其衣",类似于脱衣舞,①常州柘枝舞的兴盛可见此地的娱乐活动的繁荣。至宋代,随着商业的进一步的发展,社会经济的高度繁荣,江南的风俗已经发展成为"人性柔慧,尚浮屠之教,俗奢靡而无积聚,厚于滋味,善进取,急图利,而奇技之巧出焉"。②元代称无锡"平原旷野尽为良田,川泽足以资灌溉之利,鱼米足以益富羡之饶,男耕女织,生业是勤,岁产之盛,实登侯封,是以衣食足而礼义备,民生敏于习文,疏于用武",常州的风俗当也类似。

但是常州的风俗又有其自身的特色,正如左思所言:"有吴之开国也,进自泰伯,室于延陵,高节所兴,由克逊以立风俗。"而《太平寰宇记》亦言:"承泰伯之高踪,由季子之遗烈,盖英贤之旧壤,杂吴夏之语音。人性吉直,黎庶淳逊。"③《大德毗陵志》亦称:"毗陵为季子采邑,为浙右名藩,尚礼之遗风余韵甲于他壤。"④元代称江浙可居者,以金陵为上,京口、毗陵次之,也是因为吴兴"浮",姑苏"浇",常州属于"风俗小淳",⑤《无锡县志》也称:"自三代以来,承太伯之高踪,踵季子之遐躅,其后才贤辈出,孝义迭见,犹足有可观采。"⑥可见风俗淳朴、重视礼义当是常州的特点。

第二节 宗 教

隋唐宋元时期,道教作为中国本土宗教得到了统治阶级的尊崇,唐朝一度将其推崇为国教,宋真宗和宋徽宗提倡道教也是尽人皆知。另一方面,作为外来宗教的佛教,至此已经完成中国化的进程,也得到了统治阶级的扶持。

魏晋南北朝时期,尤其是在南朝,江南地区朝野崇佛成风,所谓"南朝四百八十寺,多少楼台烟雨中"。常州作为齐梁故里,更是直接受到萧氏皇族崇佛的影响。如武进县万岁镇的智宝禅院原为萧衍的旧第,天监七年(508),已经成为梁武帝的萧衍便将其舍为僧寺。另宝林寺是周闵帝宇文觉舍宅建的,太平兴国禅寺则是齐高祖建的。此外如永福禅寺、龙兴寺、妙胜禅寺、能仁禅寺等均在这一时期兴建。⑦

隋文帝杨坚长于佛寺,自幼崇信佛法,建立隋朝后,自以为是由于受到了佛法

---

① 向达:《唐代长安与西域文明》,三联书店1987年版,第65、67页。
② 《宋史》卷八八《地理志》,第2177页。
③ (宋)史能之:《咸淳毗陵志》卷一三《风土》。
④ 佚名:《永乐常州府志》卷四《风俗》。
⑤ (元)孔齐:《至正直记》卷二《江浙可居》,第44页。
⑥ 佚名:《无锡县志》卷一。
⑦ (宋)史能之:《咸淳毗陵志》卷二五《仙释》。

的保护,因此普诏天下,允许百姓出家,并曾下达过"州县各立僧、尼二寺"的诏令。①唐朝诸帝虽然倡导道教,但也对佛教玄妙兴趣颇浓。高宗乾封元年(666)封禅泰山告成以后,"发明诏班示黎元,天下诸州各营一寺,咸度七僧"。②唐中宗神龙元年(705),诏令"诸州置寺、观一所,以'中兴'为名"。神龙三年,以"中兴"之号对母皇(武则天)有不敬之嫌,改为"龙兴"。③《咸淳毗陵志》便称:(龙兴寺)"陈至德中建,旧名中兴,唐神龙中改今额"。④

会昌五年(845),唐武宗开始了大规模的灭佛运动,规定西京留四寺,东京二寺,天下节度观察等三十四处留一寺,僧人数量严格控制,而各刺史州不得有寺,并派御史巡行天下,"御史乘驿未出关,天下寺至于屋基耕而刊之",全国拆除寺庙计有4600余所。⑤仅据《咸淳毗陵志》的记载,常州便有修善寺、宝云寺、开法寺于会昌中被拆毁。然而唐宣宗即位后,一反会昌之政,继续扶持佛教,各地开始重建佛寺,如之前拆毁的宝云寺、修善寺便在大中间(847—859)重建,而永福禅寺则由刺史马植在大中间应郡人潘建宗请重建,这期间新建的则有开福禅院、南闲寺(即后世兴教禅院)、乾明禅寺等,此后在唐懿宗咸通中(860—873)重建和新建的还有资圣禅院、永宁禅寺、景德禅院、慈福禅院等。五代时期,吴、吴越、南唐继续大兴寺庙、建造佛塔,常州天宁寺塔便在南唐保大(943—957)中建成,而荐福禅院是杨行密建成,并请高僧歙州清协禅师住持。

隋末动乱时,社会上便曾广泛流传着"杨氏将灭,李氏将兴"的谶语,茅山上清派道士王知远在李渊起兵时还曾前往拜见,言李渊当受天命。李唐建立后,自称是老子李聃的后裔,因而在全国各地大兴道教宫观,并开始汇集道教经典总集《道藏》,道教的发展因此达到了鼎盛时期。常州天庆观的前身龙兴观便是唐景龙间(707—709)根据官方要求更名的,而如冲虚观、含辉观、大和观、升仙观也大都在唐朝时或重建或新建。⑥

宋太祖开宝四年(971)二月诏"前代祠宇各与崇修",⑦大部分的寺观都由此相继重建。两宋最高统治者名义上提倡释道二教并重,实际上偏重道教。真宗"天书"四降,崇奉圣祖,大搞神道设教,宫观制度逐步完善。徽宗兴立"神霄大教",

---

① 《建安公等造尼寺碑》,(清)严可均编《全上古三代秦汉三国六朝文》之《全隋文》卷三〇,中华书局1958年版,第4200页。
② (唐)释道世:《法苑珠林》卷一〇〇《传记篇》,上海古籍出版社1991年版,第698页。
③ 《旧唐书》卷七《中宗纪》,第137、143页。
④ (宋)史能之:《咸淳毗陵志》卷二五《仙释》。
⑤ (唐)杜牧:《杭州新造南亭子记》,《全唐文》卷七五三,第7810页。
⑥ (宋)史能之:《咸淳毗陵志》卷二五《仙释》。
⑦ 《宋会要辑稿》礼二〇之一,第765页。

自任教主，遍建宫观于全国，道官制度得到全面地发展。

由于政府的推动，宋代道教在教义、制度、组织等方面得到了巨大的发展和变革，而常州以本地和金坛茅山为中心，分别在金丹派南宗和上清派方面涌现出大量的道教宗师。宋代道教丹学空前兴旺，出现了以炼内丹为宗旨的道派，尤以金丹派南宗为流行。南宗师法以张伯端《悟真篇》为宗承，主张大隐混俗，不提倡出家。张伯端、石泰、薛道光、陈楠五代被后世尊为"南宗五祖"。"南宗五祖"前三祖均与常州有关。张伯端，天台人，少好学，后传混元之道而未备。北宋熙宁初年，入成都，遇真人，受金液还丹火候诀，乃名用成，字平叔，号紫阳。他曾经至常州，在红梅阁阐发真诠，为律诗81首，名曰《悟真篇》，成为金丹派奉行不悖的经典，传说红梅阁便因其手植红梅而得名。张伯端的弟子是石泰，常州人，字得之，号杏林，一号翠玄子。他以缝纫为业，自称"素慕真宗，遍游胜境，参传正法，愿以济世为心"，常以医药济人，不受其谢，惟愿植一杏树，久遂成林，人称之为"石杏林"。杏子熟，任人取贩，取者自付所值于树下，石泰收其值市米、布以济贫。他师从张伯端学习金丹术，并著《还元篇》五绝81首行世，以咏内丹修炼之术。传说他于绍兴二十八年（1158）仙逝，寿达137岁。薛道光，一名式，一名道源，陕西人，常州荐福寺僧人。徽宗崇宁五年（1106）遇石泰，薛道光偶举张伯端诗，石泰称"此吾师也"，薛道光乃稽首师从之，尽得金丹之秘，号紫贤弟子，称为"毗陵祖师"，传说卒于光宗绍熙二年（1191），寿114岁。①

上清派以茅山宗为据点，在北宋道教教派中最为兴盛，从二十代宗师成延昭起，相继受到朝廷尊祀。其中第二十一代宗师蒋元吉（？—998），字吉甫，常州义兴人，赐号洞灵先生。第二十二代宗师万保冲，字用玄，常州武进人。初至常州腾仙观出家，后至茅山，得蒋元吉传上道，专习采炼日霞之法，景德间，真宗赐号"冲素先生"。第二十五代宗师刘混康（1037—1108），字志通，晋陵人。刘混康是宋元上清派最著名的宗师，他13岁入常州泰和观，从汤含象学道，嘉祐五年（1069）经试录为道士。后随茅山第二十四代宗师毛奉柔学道，得授大洞经箓。刘混康在神宗间已名著于世，《墨庄漫录》等曾称其为王安石、宋哲宗皇后等治病，哲宗赐号洞元通妙法师。绍圣四年（1097），又赐茅山潜通庵为元符庵，并于次年将年号改为"元符"。徽宗即位后，混康教其"广嗣之法"，使得子，从此宠信愈专，崇宁五年（1106）加号为葆真观妙冲和先生，"三茅崇奉之严，未有盛于斯时也"。②第三十四代宗师薛汝积（？—1214），字德夫，晋陵人，世称冲玄明一先生，嘉定六年（1213），

---

① （清）黄冕等修，李兆洛纂：《道光武进阳湖合志》三〇《人物志九》。
② 《道藏》第五册，上海书店出版社1988年版，第669页。

度宗杨皇后使人赍香币，为其受大洞毕法，礼其为度师。第三十八代宗师蒋宗瑛（？—1281），字大玉，毗陵人，世称冲妙先生。蒋宗瑛是上清派南宋时最有影响的宗师，也是唯一一位能在教义发挥上有所贡献的。他幼习儒业，后尝居吴越金庭山多年，于石壁间得《登真隐诀》，遂挟书至茅山修行。他对上清经法戒研习尤深，著有《大洞玉经注》十卷，并校勘《上清人洞真经》八卷。

由于官方的大力提倡，宋代宗教的一个重要特征便是官方色彩的日益浓重，尤其表现在敕额上。自魏晋六朝时，便由皇帝敕赐寺院名额，这本来是一种恩宠，也是标志着寺院的身份。自后周起，拥有皇帝赐额逐渐成为合法性的标志。后周世宗显德二年（955）颁布命令："敕天下寺院非敕额者，悉废之。"① 这其实是周世宗对佛教进行打击的政策。有无赐额是判断寺院重要与否的依据。太平兴国三年（978）三月，太宗便赐天下无名寺额曰太平兴国，曰乾明，② 而常州的太平兴国禅寺却不仅不是无名寺，而且是全城仅次于天宁寺的名刹，可见太宗赐额的重要性。

真宗搞"神道设教"，大中祥符元年（1008）天书下降后，十二月诏"率滨之内，邃古以来，惟神道之聪明，暨人伦之贤哲，期臻福佑，用馨钦崇。应天下宫观陵庙有名在地志、功及生民者并加崇饰"。③ 依此，州县以年号创祥符观。大中祥符二年（1009）十月真宗又诏："朕钦崇至德，诞锡元符。率土溥天，期福祥之咸被；灵坛仙观，俾兴作以攸宜。庶敦清净之风，永洽淳熙之化"，令天下州县公私建天庆观，④ 诏建天庆观使得天庆观成为两宋数量最多的道观，也由此推进了宋代道教的流传，"先是，道教之行，时罕习尚，惟江西、剑南人素崇重。及时，天下始遍有道像矣"。⑤ 此后元代又继承了宋代的做法，元贞元年（1295）七月，元成宗下令改为"玄妙观"。⑥ 常州天庆观原在行春门城濠，晋永嘉初（307—312）毛中尉舍宅建，梁大同中（535—545）名"宝庄严"，唐景龙改为龙兴观。五代吴顺义（921—926）间因筑外子城而迁徙，宋真宗大中祥符元年（1008）改名为天庆观。五年诏即观建殿，"奉安圣祖神御，长吏朝谒如式"。宋仁宗天圣五年（1027）重修，此后"层檐杰栋为吴中道宫之冠"。⑦

另外还有两次更大规模的以"祈福追荐"为名义的赐额。宋徽宗崇宁二年（1103）九月，据蔡京奏："陛下遹追先烈，分别邪正，明信赏罚，上当天心。今天宁届伏请天下州军各赐寺额，以崇宁为名，上祝睿算。"诏依所奏，颁行州郡。三年二月，

---

① 《资治通鉴》卷二九二，第9527页。
② 《佛祖统纪》卷四四，第1021页。
③ （宋）李焘：《续资治通鉴长编》卷七〇，1581页。
④ 《宋会要辑稿》礼五之一八，第474页。
⑤ （宋）李焘：《续资治通鉴长编》卷七二，1637页。
⑥ 《元史》卷一八《成宗纪》，第396页。
⑦ （宋）史能之：《咸淳毗陵志》卷二五《仙释》。

诏"崇宁观上添入'万寿'两字"。① 政和元年（1111）八月又改崇宁两字为"天宁"。绍兴五年（1135）四月，徽宗死于五国城，七年九月，死讯传至江南。② 高宗为掩人耳目，追荐其父，下诏"诸路天宁万寿观并以报恩广孝为额，专充崇奉"。③ 绍兴九年（1139）八月，重申"报恩（光广）孝观系专一追崇徽宗皇帝去处，与其它寺院不同"。④ 十二年八月，梓宫被送回临安，高宗"永言孝思，追念罔极"，又诏报恩广孝观奉安徽宗神御。此后又因广孝犯太宗讳（一说太祖），更名为"光孝"。常州没有建立报恩光孝观，而是将原来郡中最重要的寺庙改成报恩光孝寺，这就是今天常州最为著名的天宁寺，这在当时颇为盛行，主要是因为"州郡惮费，多以巨刹易其额"。⑤ 据《咸淳毗陵志》记载：报恩光孝禅寺，在州东南四里，旧名广福。唐天复间，齐云长老维亢施舍利、卜寺址，淮南杨行密因名齐云。南唐保大中建浮屠七级，龛僧伽所留国祥寺衲衣，号"普照王塔"。崇宁二年诏天下建崇宁寺，州以此应，加"万寿"两字。四年八月赐塔名曰"慈云"。政和元年（1111）改崇宁为"天宁"，即上诞节名。绍兴七年更曰"报恩广孝"，有司寻以"广孝"犯太宗讳，改今额。十二年诏为崇奉徽庙道场。

显慈永庆禅寺的命运更体现了当时皇权对宗教的影响力。显慈永庆禅寺传说是陈果仁的园林，后陈果仁舍宅为寺，唐长兴初年（821—824）名为正勤寺。宋真宗咸平六年（1003），以"承天节名天下寺观"，遂改名为"承天寺"，不久之后更名为"能仁寺"。⑥ 据《中吴纪闻》载："宣和中，户部干当公事李宽奏：凡以圣为名者，并行禁止……前后共禁八字，遂易承天为能仁，其它观寺及士庶名字，犯而不改，则重加之罪。"⑦ 所以常州承天寺也改为能仁。不久，宋徽宗开始了大规模的神霄玉清宫建设，"神霄宫事起，土木之工尤盛"。⑧ 当年二月十三日，"诏改作神霄玉清万寿宫，小州、军、监无道观者以僧寺充，于殿上设长生大帝君、青华帝君圣像"，⑨ "已而凡县皆改一僧寺为神霄下院"。⑩ 能仁寺也便因此改名为神霄玉清宫，从寺庙变成了道观，"屏除佛像，斥遣僧徒"，住持其中的高僧"亦不容其中，

---

① 《宋会要辑稿》礼五之一五至一六，第 472、473 页。
② 《宋史》卷二二《徽宗纪》，第 417 页。
③ （宋）马光祖、周应合：《景定建康志》卷四五《宫观》，南京出版社 2011 年版，第 1104 页。
④ 《庆元条法事类》卷五一《道释门·杂敕》，中国书店 1990 年版，第 384 页。
⑤ 《佛祖统纪校注》卷四七，上海古籍出版社 2012 年版，第 1007 页。
⑥ （宋）史能之：《咸淳毗陵志》卷二五《仙释》。
⑦ （宋）龚明之：《中吴纪闻》卷五《易承天为能仁》，第 123 页。
⑧ （宋）陆游：《老学庵笔记》卷二，中华书局 1979 年版，第 27 页。
⑨ 《续资治通鉴长编纪事本末》卷一二七《神霄宫》。
⑩ （宋）陆游：《老学庵笔记》卷九，第 115 页。

徙寓他所"。① 为了监督各地神霄玉清宫的建设，宋徽宗还采取各种措施进行督促，重和元年（1118）正月，下令"天下州军置神霄宫处，监司候了日分诣检察以闻"。② 北宋灭亡后，人们对宋徽宗大兴道教进行反思，而兴建神霄宫也成为了罪过，所以宋高宗登极诏书中便有"天下神霄宫并罢，舍屋什物、钱粮田产州县拘收，具数申尚书省"，③ 而常州的神霄宫也因此"宫废，复旧"。④

隋唐宋元时期对宗教的热衷并不仅限于皇帝，士大夫修习、谈论宗教已成为当时一大风气，《渑水燕谈录》便称"近年，士大夫多修佛学"。⑤ 而江南地区对宗教的信仰更是有着广泛的群众基础，宋元文献在提到江南风俗时，往往会提及两浙"尚浮屠之教"。⑥ 唐代"江淮之民，皆群党渡淮"，前往剃度，李德裕派人守在蒜山渡口，一天内发现去泗州剃度者一百余人，仅十四人是还俗僧人，其余全是苏、常百姓。⑦ 常州本地关于这方面的记载也所在多有，"元丰、元祐间释氏禅家盛东南，士女纷造席下，往往空闺门"。⑧ 宣和间，有清智大师执掌资圣禅院，"自将相侯王，贤士大夫及农富工豪贾之家，瞻依作礼，金钱粟帛之施无虚日"。⑨ 常州一些大家族中的女性都以礼佛为生活习惯，如邵氏"诵佛书日不辍，夜讽秘咒，施饿鬼，食风雨，疾病不渝也"。⑩ 宋代常州最著名的学者如胡宿、胡宗愈、胡交修、邹浩、张守、孙觌等都与佛教有着密切的关系。

常州大家族信奉佛教的一个重要标志便是"喜建立丛林"，⑪ 其表现在一是参与建造寺庙，如前章所述，南闲寺和报恩感慈禅院便是胡氏家族兴建或"请额建院"，又如修善禅院是由丁氏请额名之。二是坟寺的兴盛。坟寺原本是建造在家庭茔地附近，并为其照料坟墓的寺庙，所谓"欲先世流泽常在子孙，使坟墓永有荫托"，⑫ 到了宋代，出现大规模的指射民间寺庙为坟寺的现象。如常州感慈显庆禅院，"元祐三年胡右丞宗愈请为坟刹，赐今额"；显慈永庆禅院，"建炎四年张参政守请为坟刹，赐今额"。前述修善禅院实际上也是丁氏（即丁宗臣、丁宝臣家族）的坟刹。寺院与权贵的结

---

① （宋）孙觌：《鸿庆居士集》卷二二《常州永庆禅院兴造记》。
② 《续资治通鉴长编纪事本末》卷一二七《神霄宫》。
③ （宋）徐梦莘：《三朝北盟会编》卷一〇七，第742页。
④ （宋）史能之：《咸淳毗陵志》卷二五《仙释》。
⑤ （宋）王闢之：《渑水燕谈录》卷三，中华书局1981年版，第31页。
⑥ 《宋史》卷八八《地理志四》，第2177页。
⑦ 《旧唐书》卷一七四《李德裕传》，第4516页。
⑧ （宋）邹浩：《道乡集》卷三七《寿昌县太君严氏墓志铭》。
⑨ （宋）孙觌：《鸿庆居士集》卷二二《常州资圣禅院兴造记》。
⑩ （宋）张守：《毗陵集》卷一三《宋故孺人邵氏墓志铭》，《景印文渊阁四库全书》第1127册，台湾商务印书馆1986年版。
⑪ （宋）李之仪：《姑溪居士集》卷一九《胡公行状》。
⑫ （宋）叶适：《叶适集》卷一一《郭氏种德庵记》，第83页。

合其实还并不仅限于此，咸淳元年（1265），常州法济禅院主管僧将寺田江阴庄"私献贵戚"，无非是以寺田为投靠的贽礼。①

有元一代，统治者对各种宗教采取了"一视同仁，不分彼此"的政策，这种兼容并蓄的宗教政策使得元朝的宗教发展出现了前所未有的高潮，常州在战争中被损毁的寺庙宫观大都得到了恢复和整修，此外又新建了大量的寺庙。至至元二十七年的统计，常州僧道寺观庵庙已达787处。②此外，随着横跨欧亚的蒙古大帝国的建立，被称为也里可温教的基督教和伊斯兰教也传入常州。元代常州建有清真寺。而据马可·波罗称，协助元军攻打占领常州城的就有基督教徒。17世纪耶稣会修士柏应理（Couplet）在江苏常州一个外教人家获得了一本据说是元代传下来的拉丁文《圣经》，现在保存在意大利佛罗伦萨洛伦佐图书馆。③

第三节 民间信仰

与制度化宗教或经文宗教（textual religion 即儒释道）相对而言的，便是所谓民间信仰（Popular Religion）。一般认为，民间信仰主要指为普通民众所信奉的宗教，非官方、较少文本传承性、口头相传是其主要特点。

据宋《咸淳毗陵志》及元《泰定毗陵志》和《大德毗陵志》的记载，除去儒家先贤祠之外，在常州郡城尚有奉祀的祠庙13座，这就是列入官方祀典的正祀。有学者认为正祀的神祇信仰属于狭义的民间信仰，或称之为祠神信仰。《礼记·祭法》便已明白规范了立祀对象的条件："法施于民则祀之，以死勤事则祀之，以劳定国则祀之，能御大灾则祀之，能捍大患则祀之……及夫日月星辰，民所瞻仰也；山林川谷丘陵，民所取材用也。非此族也，不在祀典。"《咸淳毗陵志》亦云："社稷，生民之本也，故郡国首重严事。外是则表厉风俗，捍御灾患，其得庙食兹土也亦宜。昔狄梁公使江南，撤淫祠千七百所，而存者四：太伯、季子、伍员与焉，可谓知所权度矣。今自社稷而下，德如季子，功如忠佑，首书之，余亦附见焉。"因此可以说方志中的祠庙便是属于正祀。而民间淫祀并没有得到官方认可，甚至是需要严厉禁止的，当然不可能列入官方的地方志的记载中。

宋元时期常州城列入正祀的13座祠庙分别是延陵季子庙、天王庙、嘉应城隍庙、东岳行宫、忠佑庙、广惠行庙、五显王庙、五圣庙、嘉应侯庙、梓潼帝君祠、天齐

---

① （宋）史能之：《咸淳毗陵志》卷二五《仙释》。
② 佚名：《永乐常州府志》卷四《户口》。
③ 王治心：《中国基督教史纲》，上海古籍出版社2004年版，第46页。

仁圣帝庙、真武庙、永明王庙。①在这13座祠庙中延陵季子庙和忠佑庙属于本地神祇，而延陵季子庙其实也可以归类于儒家先贤祠的性质。东岳行宫、天齐仁圣庙、真武庙、天王庙等是属于道教等其他宗教神祇，城隍庙则属于一般神祇，而五显王庙等其余祠庙都属于外来神祇，其中像梓潼、五显、张王等更是韩森所称的全国性神祇。这种神祇体系也反映出了目前学术界的两个判断，一是动物神崇拜的减少，这些祠庙中没有一个祭祀动物神。二是区域性神祇的扩展。除了天妃庙之外（这可能是因为常州不近海），当时重要的全国性神祇在常州郡城都有存在。而在地理的分布中，有官方性质的祀庙，如东岳行宫等大都位于子城内，即郡城的政治中心，而五通等庙则大都位于运河沿线，即郡城的商业中心，这也从侧面证明了商人在推动神祇区域性扩展中的作用。

除了正祀之外，就是淫祀，所谓淫祀，一是未列入祀典。唐赵璘便称："若妖神淫祠，无名而设……虽岳海镇渎，名山大川，帝王先贤，不当所立之处，不在典籍，则淫祠也。昔之为人，生无功德可称，死无节行可奖，则淫祠也。"②二是越分祭之。谢应芳在《辨惑编》中有很清楚的说明："应芳生长吴楚间，每见邑里之人，岁时烝尝皆菲，然食饮而已。至于山川鬼神，妄意徼福，动辄致大牲，以祀享之。问之，则曰名山大川，礼所当祭。其亦不思之甚矣。夫礼莫大于分。今以一夫之微，而欲僭王侯公卿之祭，其越分逾礼为何如哉？若是者不获戾于鬼神，幸也，况求福乎？"

《辨惑编》是谢应芳因"深怪世人惑于淫祀"，为"开导愚迷"③而作，书中描绘了当时常州及其附近地区淫祀盛行的情形。谢应芳在书中分析淫祀产生的原因时，便认为"唐衰礼废，继以五季之乱，妄意徼福，谄非其鬼，泛然以大号加封，紊杂祀典，祠庙滋多。里巷间土地有祠，盖启于此。吾尝以民情推之，其始也必以农谷之功，本乎地土，岁时祀享，亦近乎报本之意。迨夫庙貌之设，无可为像，遂以乡之有齿爵者当之。既久而世代变革，承讹踵谬，至有可笑可怪而不可晓者。姑以目前言之……又城（常州城）之北东有称十姨者，必拾遗之讹；称雨淋者，必羽林也。夫以十姨为一妇人，以雨淋而不室处，是则可笑而已。"④

常州位于江浙区域，历来是淫祀比较盛行的地方。"近来淫祠稍行，江浙之间，此风尤炽。一有疾病，唯妖巫之言是听。亲族邻里不相问劳，且曰此神所不喜，不求治于医药，而屠宰牲畜以祷邪魅，至于罄竭家资，略无效验而终不悔"。⑤在《辨

---

① （宋）史能之：《咸淳毗陵志》卷一四《祠庙》。佚名：《永乐常州府志》卷六。
② （唐）赵璘：《因话录》卷五，上海古籍出版社1957年版，第108、109页。
③ 《四库全书总目》卷九三，第789页。
④ （明）谢应芳：《辨惑编》附录《辨讹》，《景印文渊阁四库全书》第709册，台湾商务印书馆1986年版。
⑤ 《宋会要辑稿》刑法二之一五二，第6571页。

惑编》中我们也可以看到很多当时常州"淫祀""巫者"的记载。在正统意识的眼中，淫祀的盛行一方面有损风化，而且更有可能威胁到国家对民间的有效控制，因此，历代统治者都对淫祀采取了严厉抵制的态度。唐代狄仁杰在被任命为江南巡抚使后，痛感"吴楚之俗多淫词"，果断"奏毁一千七百所，唯留夏禹、吴太伯、季札、伍员四祠"。① 而到了宋代，禁毁淫祀，打击巫觋的力度更加加大。常州宋代一次著名的禁巫行动便是张子智毁庙。

> 张子智（贵谟）知常州，庆元乙卯春夏间，疫气大作，民病者十室而九。张多治善药，分诸坊曲散给，而求者绝少，颇以为疑。询于郡士，皆云：此邦东岳行宫后有一殿，士人奉祀瘟神，四巫执其柄。凡有疾者，必使来致祷，戒令不得服药，故虽府中给施而不敢请。张心殊不平。他日，至岳祠奠谒，户庭悄悄，香火寥落。问瘟庙所在，从吏谓必加瞻敬，命炷香设褥。张悉撤去。时老弱妇女，祈赛阗咽，见使君来，争从绕环视。张指其中像衮冕者，问为何神，巫对曰："太岁灵君也。"又指左右数躯，或挈足，或怒目，或戟手，曰："此何物？"曰："瘟司神也。"张曰："人神一也，贵贱高卑，当有礼度。今既以太岁为尊，冠冕正坐，而侍其侧者，顾失礼如此，于义安在？"即拘四巫还府，而选二十健卒，饮以酒，使往击碎诸像，以供器分诸刹。时荐福寺被焚之后，未有佛殿，乃拆屋付僧，使营之。扫空其处，杖巫而出诸境。蚩蚩之民，意张且贻奇谴，然民病益瘳，习俗稍革。②

但是官方的禁毁政策并未真正取得奏效，反而是屡禁不止，有愈演愈烈的趋势。且这种信仰不仅仅是在普通民众中盛行，同样也流行在士大夫之间。宋代科举竞争激烈，士人们压力颇大，只能求助于神灵。《夷坚志》在乙卷第十四《常州解元》和支景卷第九《丁逢及第》中便描述了两个常州士子在科举时托梦显灵的故事。所以谢应芳会感叹"愚俗惑之，未足为怪，至学士大夫亦从而惑之，斯可怪矣"，③认为"苟欲正风俗，息妖妄，摈巫者不用，其在士大夫家始耳"。④

其实即便是政府也是一方面取缔淫祠，一方面又给予灵验的祠庙赐额褒崇。往往是一个淫祠会一夜之间变成正祀。如五通、五显都是如此。只不过朝廷关注点一般是落到了如何保障政府对民间信仰的控制力方面，即所谓"示朝廷祭祀驭神之意"。⑤也就是灵验与否，必须由政府决定，而方式即是赐额礼命。在常州列入正祀的诸庙中，

---

① 《旧唐书》卷八九《狄仁杰传》，第2887页。
② （唐）赵璘：《因话录》卷五，上海古籍出版社1957年版，第108、109页。
③ （明）谢应芳：《辨惑编》卷一《淫祀》。
④ （明）谢应芳：《辨惑编》卷二《巫觋》。
⑤ 《宋会要辑稿》礼二〇之一三，第771页。

不是朝廷命令各地统一兴建的，便是由地方官兴建的。如天王庙是因唐"天宝初又诏诸郡于城北隅置祠"而建的，如五显王庙是"唐天祐三年刺史张崇以郡多火灾建"等。①

常州地方民间信仰中最重要的神祇是陈果仁。陈果仁如本编第一章所述，原为隋太仆丞元佑部将，后在隋末趁炀帝被杀之际，与沈法兴合谋，擒住元佑，起兵自立，被沈法兴封为司徒。然而根据唐僧德宣所撰《陈司徒八绝碑》，陈果仁的司徒官职不是沈法兴而是隋朝所封，他也没有参与沈法兴的叛乱，反而为沈法兴所害。他不再是乱臣贼子，而是忠臣良将。虽然陈果仁"失节于生前，而独能反正于身后"的真正原因已不得而知，不过据推测，可能是当时国家刚刚统一，唐王朝急需建立自身政权的合法性，沈法兴作为当时江南的重要割据势力，如果其死亡真的如传说中所言，在中国传统中便是"恶有恶报"的典型。宣扬陈果仁的传奇故事，对他的事迹进行表彰，自然会进一步确立沈法兴"乱臣贼子"的形象，也同时就为唐朝征讨这些割据势力提供一个正当的理由，以巩固其在江南的统治。其次沈法兴"专事威戮，下有细过即诛之"。可见其在常州的统治颇为残暴，必然引起众怒。而陈果仁的为人可能在当时颇得人心，沈法兴诛杀陈果仁，可能会激起民众对他的同情与怀念，这也许是关于陈果仁的传说从此层出不穷的重要原因之一，同时也是"耆老"会极力塑造陈果仁"八绝"形象，甚至不惜篡改事实的主要原因。对于唐王朝而言，认可地方对陈果仁的神化，并通过列入官方祀典而使之合法化，可以在一定程度上塑造一幅帝国统一的象征图景。而对民间而言，对陈果仁的神化是对神灵为当地作贡献的报答，也是张扬地方利益的重要手段。

自从唐代陈果仁立祠，被正式列入官方祀典之后，各朝政府对陈果仁的封赠不断升级，而陈果仁也屡屡在关键时刻显灵。而从历代对陈果仁的赐额、赐号的变迁过程中，也可以看到政府立祠政策的变迁及其背后的意图。据《世威公传》，武后垂拱元年（685）始建陈果仁庙的大殿。肃宗乾元间（758—760）大建庙宇。不过在唐前期，由于中央政府的政策变迁，陈果仁庙也经历了多次兴废。如前引狄仁杰毁淫祠，陈果仁也当在被毁之列。长庆间"廉使以属郡祠宇祀典者，咸命撤之，遂废。大和七年秋旱，邑令高荣祈雨，辄应，乃复建庙"。②僖宗乾符二年王郢作乱，传说陈果仁显灵平叛有功，于是乾符四年陈果仁被封为忠烈公，这是他第一次得到尊号。中和四年（881）又以"威灵阴制孙瑞之衅"，于封号前加"感应"。③

而在随后的五代十国时期，陈果仁成为各个割据政权争夺的对象，尤其是南唐

---

① （宋）史能之：《咸淳毗陵志》卷一四《祠庙》。
② 佚名：《永乐常州府志》卷六《庙》。
③ 《隋司徒世威公传》，陈仲立等修《毗陵鸣珂巷陈氏宗谱》卷三，1949年映山堂铅印本。

和吴越两个互为对手的国家,均称陈果仁显灵助阵,并争相上表请封,陈果仁在当时的影响力可见一斑。梁开平三年(909)吴越王钱镠率将士拜祷祈谋,陈果仁屡著神异,阴助剿除。钱镠奏请旌封,四年进封福顺王。大和六年(934)淮南杨渥封其武烈王。南唐保大十三年(955),吴越王钱俶夹击常州,陈果仁驱黑牛数百,助南唐大将柴克宏大败之。柴克宏奏闻,明年册增为武烈帝,封夫人轸氏为武烈后,沈氏为沈明后,张氏赞幽夫人。从宋代开始,朝廷通过对全国的诸神祠授与庙额、封号,进一步加强了对民间信仰的管理。《宋会要辑稿》载熙宁七年十一月二十五日诏称:"天下祠庙,祈祷灵验未有爵号者,并以名闻,当议特加礼命。内虽有爵号而褒崇未称者,亦具以闻。"① 因此宋代全国受封赠的庙宇数量日增。陈果仁屡次显灵,据称宋宣和间(1119—1126)方腊军、建炎元年(1127)陕右兵、建炎二年江贼均因此未能犯境,陈果仁也屡次被赐额,且字数不断增加,淳熙四年(1174)赐庙额忠佑,咸淳六年(1270)封福顺武烈显灵昭德王,元延祐五年(1318)封福顺武烈显灵昭德仁惠孚祐真君,加至最高的 12 个字,连父母子女也屡被赐封。②

历代政府对陈果仁赐额赐号的目的即在于把民间信仰纳入国家信仰即正祀的系统。从唐代开始,其具体政策虽有变化,但是背后目标却始终如一,即以国家力量控制民间信仰,加强社会控制,且这种控制随着朝代的变化有进一步加强的趋势。吴越和南唐之所以争相对陈果仁进行封赐,在很大程度上是欲借陈果仁在江南已被神化的声望,突现自身政权的正当性和合法性。这应是陈果仁信仰会在南唐、吴越统治地区即江南地区日益散播的最重要原因。但从百姓角度而言,神仙是否灵验,是其立祠崇奉,乃至香火鼎盛的关键。陈果仁庙"设灵签三百六十,以诏趋避,尤著奇验",才是百姓最看重的东西。而"方时艰棘,恃神以无患屡矣",③ 则道出了陈果仁庙之所以香火鼎盛逾千年的更进一步的深层原因。在命运无法完全掌握在自己手中的时代,人们有时候只能祈求神灵的保佑。正是基于对"地方保护神"这一象征意义的认同,陈果仁崇拜在国家失序,动乱迭起的特定的历史情境中,如五代及南北宋之交才得以广泛传播。而每当这个时候,陈果仁"地方保护神"的象征性都会强化,他在民间受到的重视也会增强。也正是在这个时候,官方对陈果仁的封赐也不断升级,这其实是官方对民间对陈果仁象征意义解释的一种变相认同。民间信仰的另一个特点便是它往往会通过庙会或娱神活动演变成一种集体仪式或者一种狂欢,成为地方民俗的重要一部分。早在宋代的常州,陈果仁的祭祀便已经成为一

---

① 《宋会要辑稿》礼二〇之二,第 765 页。
② 《隋司徒世咸公传》。
③ (清)黄冕等修,李兆洛纂:《道光武进阳湖合志》卷一三《祠庙志》。

种盛大的场景,"隋司徒陈大帝尝以佐阴兵且破黄巢,庙食一方,至于今不废。岁时合数百千人设大祭会祠下。社中马逸,阖城惊呼,以为寇至,有狂走溺死者,州将汹惧不知所为"。①而随着时间的推移,这种仪式规模越来越大,到明清时便成为常州城的一个重要景观了。

---

① (宋)孙觌:《鸿庆居士集》卷三四《宋故左中大夫直秘阁知蕲州军州事郜公墓志铭》。

明代

第五编

第一章 明代常州的行政建置

至正十七年（1357），朱元璋率军攻占常州。明王朝成立之后，常州属于中央辖区，故称"直隶"。洪武九年（1376），明廷改天下行省为"承宣布政使司"，简称"布政司"。永乐十九年（1421）迁都北京后，直隶改称"南直隶"，其辖区相当于今江苏、安徽、上海两省一市，常州府隶属于南直隶，实行府、县两级管理。

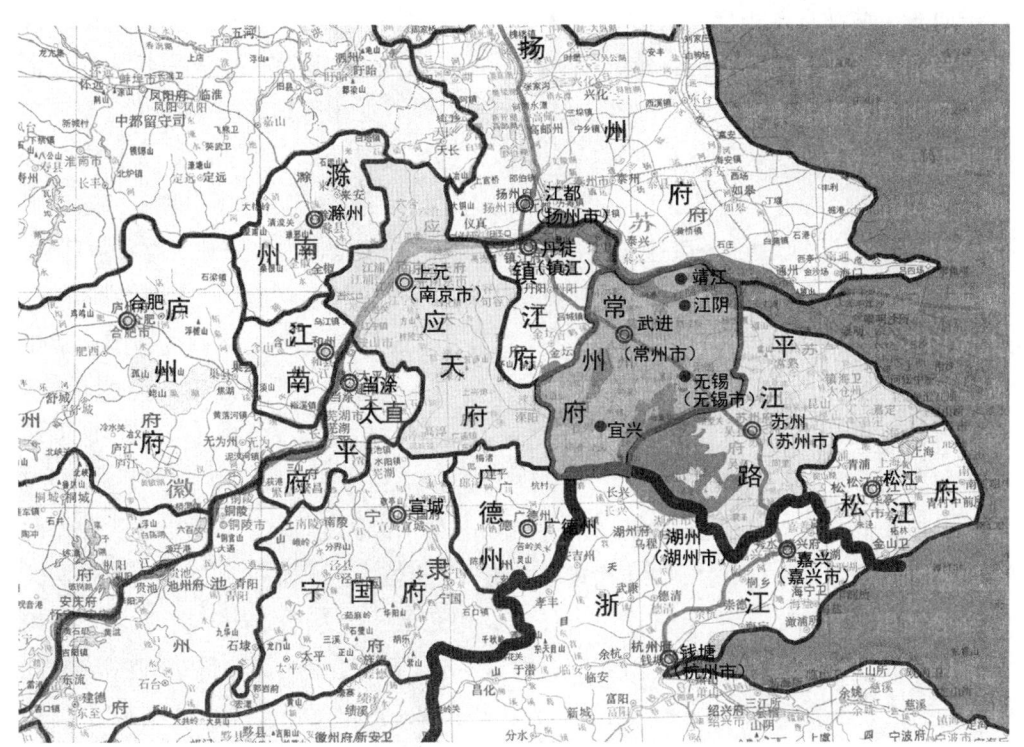

图 5-1 常州明朝建制图

第一节 元末战争对常州地区的影响

常州从晋代起，一直是州、郡、府治所在地，江南北部地区的政治、经济中心。由于常州北控长江，南接太湖，为京口肘腋，吴地咽喉，故又是有"三吴喉襟""东南要冲"之称的军事要地。因此，发生在江南地区的古代战争多以占领常州为主攻目标。特别是元末朱元璋脱颖而出，席卷江淮，下集庆路，占据金陵，并以金陵为根据地，继续发展和壮大势力。与此同时，张士诚在高邮大破元兵，阻断漕运，纵横吴地，占据平江，并以此为依托进行扩张。常州的地理位置正处于金陵与平江之间，必然成为朱元璋和张士诚两大势力角逐的战场。

朱元璋攻下集庆路，占据金陵后，自封吴国公，并设置江南行省，封官建制。然而朱元璋虽占领了六朝古都金陵，但其形势并不乐观，镇江依然为元将定定占领，宁国、徽州、处州、婺州等地依旧为元军控制，而徐寿辉部已扩张至池州，张士诚也已扩张到常州。为避免出现四面受敌的不利局面，朱元璋袭取集庆路后，写信给张士诚，并派谋士杨宪出使平江，提出相互合作、通好，各自保境安民的要求，还许诺向张士诚纳贡。张士诚此时占据姑苏富庶之地，又挟高邮大破元军之余威，自恃兵强马壮，对于朱元璋的请求并未理睬，不仅扣留了使臣杨宪，又发兵西进，企图夺取镇江，打开金陵门户。是时，镇江由元军镇守，朱元璋、张士诚两军为争夺镇江发生交战，徐达大破张士诚军队于龙潭，继而破元兵，占领镇江。朱元璋此时清晰地意识到，张士诚不愿通好，又占据江南富庶之地，兵强马壮，若不铲除之，必成心腹大患。朱元璋命令徐达击退张士诚的军队后，乘胜追击，汤和所部占领吕城、奔牛。徐达与张士诚军大战于牛塘，因孤军深入被张士诚军队包围，常遇春率军驰援，打破张士诚的包围，俘其主将，击溃张士诚主力，并迅速完成对常州的包围。常州城防坚固，城外水系构成天然的护城河，徐达因此久攻不克。其间张士诚调兵遣将支援常州守军，徐达认为张士诚所部既狡猾又训练有素，并不容易战胜，遂采取围城打援的战术，派遣王均所部为奇兵，并在城外埋伏重兵。自己亲自率军迎战，诱敌深入，大破张士诚援军，张士诚军队在败退途中又中了徐达的埋伏，损失惨重，援军两位将领均被徐达擒获。徐达乘胜再次进攻常州，常州城内张士诚守军依然凭优势固守，徐达、汤和依然久攻不下。直到至正十七年，朱元璋令徐达再次调集精兵强将，组织常州战役。是役，耿秉文攻克浙江长兴，扫清外围，拉开会战序幕。徐达率领常遇春、汤和、丁德兴、廖永忠、廖永安、吴祯、吴良、杨璟、张龙、吴复、张赫、华高等名将，集中优势兵力，才攻下常州这座孤城。乘常州战役全胜的余威，六月，赵继祖攻克江阴。七月徐达克宜兴、常熟。常州战役的胜利，对于朱元璋极具战略意义，阻断了张士诚攻击金陵的企图，使张士诚从水路和陆路都无法再对朱元璋进行威胁，拱卫了金陵的安全。另外，经过常州战役，张士诚精锐尽失，被张士诚倚为重要支柱的张士诚之弟张士德被俘虏。至此，张士诚已成强弩之末，再无力与朱元璋抗衡，只能困守平江。朱元璋不仅解除了心腹大患，而且可以重新组织军力，专心对付元军和陈友谅等割据势力，继续经略浙江、湖广，不断发展和壮大实力。

朱元璋占领常州后，命令心腹将领汤和镇守常州、吴祯镇守江阴。汤和不仅是朱元璋的同乡、幼时的好友，更是朱元璋濠州起兵的骨干。让汤和镇守常州，足见朱元璋对常州战略重要性的高度重视。汤和在镇守常州期间，张士诚并不甘心失败，虽一度向主动向朱元璋求和，但朱元璋提出释放被扣押的杨宪等人质的要求时，却遭到张士诚的拒绝。此后，张士诚多次派人侦察常州的防务，均因汤和防御严密而无果。其间，张士诚多次出兵袭扰常州，均被汤和击退，特别是锡山之战，张士诚军惨败。部将莫天祐虽侥幸逃脱，但其妻、子均被俘获。黄杨山水战时，汤和大破张士诚水军，攻破张士诚太湖水寨，为最终全歼张士诚的平江之战奠定了基础。由于常州府"为南都肘腋，吴越喉襟地"①，具有重要的战略地位，故汤和针对常州府城的地形，在原有罗城的基础上，主持修建常州府城，并疏浚护城河。新建常州府城墙"周十里有奇"②。常州府城重建后，正德初的常州知府李嵩针对府城城垣破损

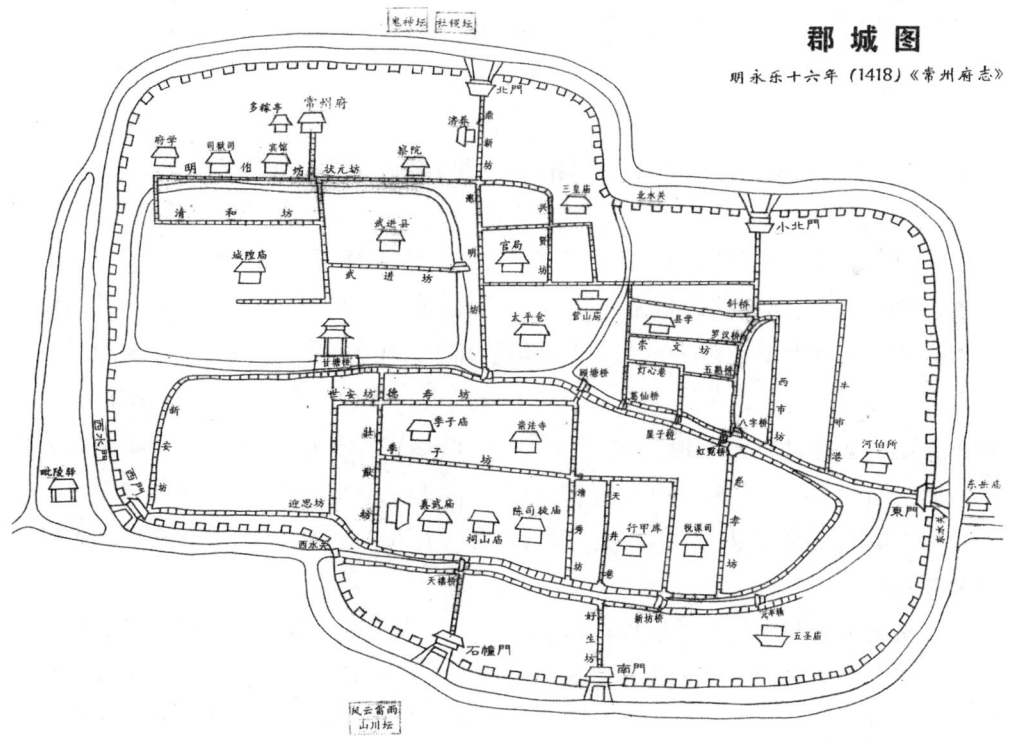

图 5-2 明代常州郡城图

---

① （明）李东阳：《常州府修城碑》，（明）张恺修《正德常州府志续集》卷六《词翰一》，《天一阁藏明代方志选刊续编》第 21 册，上海书店出版社 1990 年版。
② （明）邵宝：《常州府修城碑》，（明）张恺修《正德常州府志续集》卷六《词翰一》。

的现状,"白于巡抚都御史王君缜、巡按御史原君轩、清戎御史何君沽、巡捕御史杨君凤",得到同意后,"第产赋金,量力授役,刻日定籍,丈度尺计,分工而作",在原有城墙的基础上大规模重建。李嵩也亲临一线督促工程,三个月城墙重修竣工。新城"垣壤坚厚,廉角峻整,楼橹扉闑,宏深壮丽,而又涤隍浚池,架梁成途,凡为城之事,罔不备具"。①此城重修不久,即成功抵御了北方刘八、刘七起义军余部的进攻。此后,明清历代均在此基础上不断修缮、加固,一直保留到20世纪中期。

汤和在镇守常州期间,其姑父席某依仗汤和之势,吞占常州土地,拒不纳税,被朱元璋拘捕拟判死刑,常遇春多次向朱元璋求情未果,汤和亲自赴金陵向朱元璋求情,但仍未获得朱元璋的允许。汤和对此事非常气愤,酒醉后声称自己镇守常州"如坐屋脊,左顾则左,右顾则右"。②这件事引起朱元璋极大反感,故朱元璋建国后大封功臣时,汤和虽有开基创业的汗马之功,又有创业元勋和帝王同乡、故友的身份,却仅获得侯爵,而战功和资历并不如他的几位将领却均被封公爵。即使后来汤和因平定四川之功,晋升为信国公,但朱元璋仍将常州事件刻在赐予汤和的铁券之上,以示警诫。

第二节 明代常州的行政建制及职官设置

常州,元代时称常州路,隶属于江浙行省。朱元璋于元至正十七年(1357)三月占领常州后,将常州路改名为长春府,直至永乐七年(1409)重新更名为常州府。万历后期,为避太子(即明光宗)朱常洛的讳,一度改名为尝州府,不久即恢复常州本名。常州府在明代为南直隶大府,下辖武进、无锡、宜兴、江阴、靖江五县。根据《明史》统计,常州府洪武二十六年(1393)编户152164户,人口为775513人;弘治四年(1491)编户锐减为50131户,人口为228363人。关于人口锐减的原因,将在后面的章节中进行讨论。万历六年(1578),编户为254460户,人口为1002779人。

武进县为常州附郭县(即府治所在县),元代时,在常州府城内,武进与晋陵二县并存,西为武进县、东为晋陵县。至正十七年朱元璋占领常州后,将武进县更名为永定县,晋陵县更名为京临县。但很快撤销京临县建制,将其合并入永定县,元至正二十二年八月,撤销永定县,重新恢复武进县。武进县作为常州府附郭县,不仅是常州政治、经济、文化中心,且辖区较大,其东南临马迹山、濒临太湖,北

---

① (明)李东阳:《常州府修城碑》,(明)张恺修《正德常州府志续集》卷六《词翰一》。
② 《明史》卷一二六《汤和传》,中华书局1974年版第3754页。

面为长江,西有注入长江的孟渎河、得胜新河,南面有江南运河,西南有滆湖,东面有阳湖,位置重要,故明廷加强了对武进地区的管控,在魏村闸设有守御千户所,在奔牛设奔牛巡检司,在孟河设小河巡检司、在县北于塘设澡江巡检司。

明代常州府职官设置分为主官一人,佐贰官及属官、教职、杂职等各若干人。其主官(正五品)和佐贰官(正六品、七品)均由朝廷任命;属官(首领官)、教职多数未入流,只有少数入流,不能一概而论。

常州地方主官的权力主要包括地方行政和司法处置权,如发布地方政令、规章制度、选拔推荐胥吏、签发各种文书、管理本地行政事务、一定的司法处罚决策权、调动本府地方武装、主持或修建本地基础设施与农田水利建设、旌表地方贤达烈女、赈济灾荒、征收赋税等等。地方主官的行政能力和个人品行操守,直接影响到其主政地的社会发展和民生水平。

终明之世,常州府主官(知府)共74人,[1] 常州知府平均任期约3.8年,由佐贰官升任知府者3人;由京官转任常州知府24人,占总人数的32.4%。由常州知府升职者23人,即整个明代近三分之一的常州知府获得升迁,其中位列九卿者6人,占总人数的8%。常州知府任内被降职者仅2人。自天顺六年卓天锡接任知府至明亡,共54位知府,除崇祯十六年,知府傅天锡因病离职,同知闵自寅以举人功名升任知府(其任职不足一年,即由郭佳接任)外,其余知府均具备进士功名。

从上述统计数字可见,明代常州府主官流动较快,均为外籍官员,符合明代禁止本地官员任职本地的制度。常州府主官自天顺后,基本具备进士功名,近三分之一为京官调任,且又有近三分之一官员在常州知府任内得到升迁,其中又有6位官员最终仕途位列九卿,只有两人任内被免职。可见,明代常州地方政府主官文化素质较高,且中央司法系统转任者较多,行政、司法经验比较丰富,任内有建树者多;明中期伊始,较多具备进士功名的京官主政常州,且任内多升迁者,足以说明政府对常州这个南畿重镇的关注度。明代中期后,中央政府对常州着力建设,促进了明代常州地区经济、文化的快速发展。

---

[1] 根据(清)于琨修,陈玉璂纂:《康熙常州府志》卷一三《职官》整理,《中国地方志集成·江苏府县志辑》第36册,江苏古籍出版社1990年版。

第二章 "江南政策"与明初常州

明代江南地区,尤其是苏州、松江、常州三府,赋役负担最重,"大抵苏最重,松、嘉、湖次之,常、杭又次之"。"官粮岁额与浙江通省埒,其重犹如此"。①实际上重赋仅是朱元璋江南政策之一,其余涉及其打压江南的政策还有"南北榜"事件和洪武大移民强迁江南富民填京师、凤阳等。

第一节 赋役和土地问题

赋役是历代政权存在、政府机构运行的重要经济基础,明初税制继承了唐代的两税法。无论是赋税还是徭役,均以人丁为基础,因此必须加强对人口的控制。"太祖为吴王,赋税十取一,役法计田出夫。县上、中、下三等,以赋十万、六万、三万石下为差。府三等,以赋二十万上下、十万石下为差"。洪武元年,明政权初建,朱元璋主持制定"田一顷出丁夫一人,不及顷者以他田足之,名曰均工夫"法,主要在江南地区推行,征发徭役不是以丁为主,而是以田亩多少作为金派的依据。明初赋役,"洪武时,夏税曰米麦,曰钱钞,曰绢。秋粮曰米,曰钱钞,曰绢"。②为了保障赋役制度顺利进行,明政府于洪武三年推行户帖制,并采取严刑峻法以保障该制度顺利实施。洪武十四年(1381),明政府在户帖制的基础上,建立了更为严格的黄册制度和里甲、粮长制度。所谓黄册,即以户为单位,详细登记每户人员数量、籍贯、姓名、年龄、土地、房屋、资产,并将自由民划分为军民匠灶四大类。民户的范围最广,主要是农民、商人。军户,主要是世代服兵役的人员。匠户,指的是登记在册,并要承担相应的与职业相关劳役的手工业者。灶户,即沿海从事盐业加工的普通民众。黄册是政府向民众征发赋役的依据,故无论是编制还是核查、执行都非常严格。"其法各给户帖,备开籍贯丁产,有司岁加稽查,十年一造,造必审图,皆据户帖现额添减开除"。③里甲制度也是洪武十四年产生,明政府规定,

---

① 《明史》卷七八《食货志二》,第 1896 页。
② 《明史》卷七八《食货志二》,第 1894 页。
③ (明)晏文辉修,唐鹤徵撰:《万历武进县志》卷三《钱谷》,南京图书馆藏抄本。

110 户为一里，设一富裕户为里长。每里分 10 甲，每甲设甲长一人。明政府要求每里必须编黄册，册首总为一图。即使是鳏寡孤独，不服徭役之人，也要附在黄册之后，成为畸零户。里甲中的百姓必须相互了解，相互担保。里甲与黄册互为依托，里甲是黄册的制度保障，黄册是里甲的编制基础。里甲也是明代的社会基层组织，担负着征发赋役、祭祀、调解民间纠纷、督促农业生产等责任。明代与土地紧密相连，征派赋役的另一重要凭证是鱼鳞图册，所谓鱼鳞图册就是政府编制的土地登记簿册，因其所谓田亩如鱼鳞状，故称鱼鳞图册。鱼鳞图册起源于南宋，至洪武时期成为定制，明政府通过鱼鳞册记录土地等不动产，进行税源控制。洪武四年时，朱元璋令民间田土多者为粮长，负责督促赋税。粮长的职责主要是催征田赋、解运差粮等，除此之外，还要参加黄册和鱼鳞册的编制。

无论是黄册、鱼鳞图册，还是里甲、粮长制度，最先执行和贯彻最彻底的地区就是江南地区。常州府明代时属江南重赋地区，赋役负担虽不及苏、松，但远远超过南京应天府和浙江的杭州府。以洪武二十六年的官方统计数字看，是时，常州府所辖五县，耕地面积 79731 顷，编户 152164 户，人口 775513 人。需要承担的夏税麦 119320 石，绢 1394 匹；秋粮米 533515 石。洪武时期，常州府的赋役负担从元代的 49.6 万石，猛增至 65.2 万石，单纯从数字反映，可能并不直观，那么换算一下人均耕地面积和赋役负担，可能对常州府的赋役负担有更直观的认识。按官修《明史·食货志》的记载，明代"五尺为步，步二百四十为亩，亩百为顷"，常州府耕地面积应为 7973100 亩，人均耕地约 10.28 亩。夏税人均需要交纳麦 0.15 石、绢 0.0018 匹。人均秋粮交纳米 0.69 石。明代一石，约等于 120 斤，一匹约折合 33.33 米[①]。夏税人均交纳 18 斤麦，绢 0.06 米，秋粮人均交纳 82.8 斤米。即人均夏税秋粮共需交纳米麦 100 余斤。当时全国平均每亩负担 3.46 升，常州府平均每亩负担为 8.9 升，是全国平均负担的 2.3 倍。这些税粮也仅是正税，并不包括层出不穷的徭役和多如牛毛的苛捐杂税。而且常州地区，虽地处江南，但在明代时，水旱灾频繁，并非真正意义的鱼米之乡，如遇荒年，税粮基本是照旧交纳，鲜有蠲免。"太祖尝下诏免江南诸郡秋税，复税之。"常州籍官员周衡就此事建言朱元璋不应出尔反尔，结果被朱元璋寻隙弃市。[②] 此后，再无人敢向朱元璋建言蠲免江南赋税，百姓负担沉重。

江南地区之所以为重赋地区，前文所言，官修《明史》承袭了传统说法，即朱元璋"怒其为张士诚守"，以重赋困之。然而这种说法，多年来一直备受学术界质疑。

[①] 张传玺：《中国古代史教学参考手册》附（二）《中国历代度量衡变迁表》，北京大学出版社 1995 年版，第 482、498 页。

[②] （明）徐祯卿：《翦胜野闻》，《丛书集成新编》第 85 册，台北新文丰出版有限公司 1985 年版。

周良霄早在20世纪50年代就指出,所谓"江南重赋"一事并不存在,后人之所以产生这种错误认识,其根源在于明初该地区存在大量官田,其赋税远高于其他地区,但实际负担并不多。而士绅对重赋着力渲染的目的是试图变官田为民田,以便于其土地兼并。①夏维中在《明初江南农村基层组织确立的基础》一文中提出了自己的见解,他认为明初朱元璋的江南政策,并非是朱元璋的独创,由于江南地区特殊的经济地位,事实上宋元时期即以国家权力对江南地区进行干预,南宋和元代江南地区即已成为重赋地区,朱元璋的江南政策,只是对宋元及张士诚经济政策的继承,而重赋也只针对官田而非民田。②日本著名明清史学家森正夫在其《明代江南土地制度研究》中,提出了与夏维中类似的观点。③故明初江南赋税畸重,是当时特定历史时期的产物,既有宋元以来的历史传承,又有明初特殊的政治原因。

第二节 南北榜事件

洪武三十年(1397)丁丑科,二月会试,以翰林学士刘三吾、王府纪善白信蹈为考试官,取录宋琮等五十一名,经廷试后,以陈䢿为第一名、尹昌隆为第二名、刘仕谔为第三名,是为春榜。因所录51名全系南方人,故又称南榜。这个结果在一定程度上反映了当时南方经济、文化比北方发达的实际情况,但是北方人一名未取,却甚为罕见。会试落第的北方举人因此联名上疏,告考官刘三吾、白信蹈偏私南方人。朱元璋命侍读张信等与已经廷试取录的陈䢿、尹昌隆、刘仕谔等于落第试卷中每人再各阅十卷,增录北方人入仕。但经复阅后上呈的试卷,文理不佳,并有犯禁忌之语。有人上告说刘三吾、白信蹈暗嘱张信等人故意以陋卷进呈。朱元璋大怒,五月,追定考官刘三吾为蓝玉党,以老戍边;白信蹈、张信等被凌迟处死;陈䢿、刘仕谔、宋琮等人也遭遣戍,仅戴彝、尹昌隆免罪。六月,朱元璋亲自策问,取录任伯安等61名,廷试以黄观为第一名、韩克忠为第二名、王恕为第三名,是为夏榜。因所录61人全系北方人,故又称北榜。南北榜案在一定程度上体现了当时南北经济发展的巨大差异,也体现了朱元璋的江南政策,打击和限制江南。此事件开明朝分南北取士之先例,至洪熙以后遂成定制。

明初常州地区经元末战争的破坏及朱元璋江南政策的刻意压制,经济、文化虽然在一定程度上得以恢复,但速度相对缓慢,而且由于政策的原因也鲜有登科者。

---

① 周良霄:《明代苏松地区的官田与重赋问题》,《历史研究》1957年第10期。
② 参见夏维中:《明初江南农村基层组织确立的基础》,范金民《江南社会经济研究·明清卷》,中国农业出版社2006年版。
③ (日)森正夫:《明代江南土地制度研究》,江苏人民出版社2014年版。

故所谓"科第蝉联"的盛况都是中叶以后的事。

第三节 人口问题

前述常州府在明初出现人口锐减的情况,这同样也和朱元璋的江南政策密切相关。明初,江南富户田连阡陌,富甲天下。朱元璋出身贫寒,少年时代流浪江淮,对基层胥吏、土豪的劣迹耳濡目染,他认为"富民多豪强,故元时代此辈欺凌小民,武断乡曲,人受其害",①故其登基后,对江南地区富户采取抑制政策,不允许地方土豪势力膨胀。朱元璋效仿汉高祖刘邦徙富民填关中的做法,即位伊始,强迁江南富民14万户填凤阳;洪武二十四年强迁江南富户5000余户填京师;洪武三十年再迁江南富户14000余户填京师。朱元璋迁徙富民填凤阳、京师,可谓一举多得,既使这些富民失去了土地资源和原籍的不动产,使之财势俱失;又使国家在江南地区获取大量的官田和房屋,这些田产可以赐予皇族、功臣,培育和安抚新兴的统治集团中坚力量,稳固统治,还可通过官田,获取大量的税源。同时,也有助于开发落后的凤阳地区和新兴的京师。在众多记载朱元璋强迁富民的文献中,富民的来源一般都是含糊地记载浙西、江南,最多是苏、松等府,鲜见关于常州地区迁民的专题记载,但这些并不说明常州地区明初未有强迁富民的情况,可以通过清代常州籍学者赵翼的记述管窥一二。赵翼在其著作《陔馀丛考》中记述,直至清乾隆时期,江苏各地每年冬季,必有成群结队的凤阳乞讨者在各地村落乞讨,春季才回去。在乞讨时作歌"家住庐州并凤阳,凤阳是个好地方。自从出了朱皇帝,十年倒有九年荒"。这些凤阳乞讨群体并非荒年出来乞讨,即使是丰年,也依旧乞讨如故。赵翼认同《蚓庵琐语》的观点,认为产生凤阳乞丐群体的原因是朱元璋强迁富民填凤阳后,"逃归者有禁,是以托丐潜回,省墓探亲,遂成俗,至今不改,理或然也"。②

除了强迁富民,明代军事移民也是重要的原因,按照明代的军制,兵源一般由军户承担,军户则来源于卫所驻地。徐达等占领常州后,由汤和镇守常州,其间,汤和多次与张士诚军作战,后又率部参与平定浙江和四川等战役。汤和所部将领,基本是由朱元璋起兵时的江淮籍人担任,但麾下的士兵,必然从驻地征调,而当地居民入籍后,随主将南征北战,若不幸阵亡,按照明代的"勾军"制度,则由其户或亲族中征收成年男子从军。而常州籍士兵从征四川后,部分可能留驻四川拱卫地方,其余返回原住地。至"永乐十八年,北京建,在南诸卫皆北调"③,地处南直隶的各

---

① 《明太祖实录》卷四九洪武三年二月庚午,台北"中研院"历史语言研究所1962年校印本。
② (清)赵翼:《陔馀丛考》卷四一《凤阳丐者》,商务印书馆1959年版,第920页。
③ 《明史》卷九〇《兵志二》,第2195页。

卫奉令北上,常州籍士兵北迁,拱卫新京师,致使常州地区军户人口减少。为补充兵源,明政府采取强制措施勾军,变民户为军户。宣德时期,曾出现"先是,苏、常军户绝者,株累族党,动以千计,知府况钟言于朝,又常州民诉受抑为军者七百有奇"的情况,故巡抚周忱进行"清军",核查军户人口。①

此外,人口减少的另一个原因,依旧与朱元璋的江南政策有着密切的关联。在沉重的赋役负担下,江南农民一般都采取"投献"的方式,逃避赋役负担。编遣差役虽然原则上按土地多寡进行差派,但"两榜乡绅,无论官阶及田之多寡,决无签役之事",②由于对一些官绅的优免,沉重的徭役负担自然转嫁到农民身上,加之吏员在科派中中饱私囊,导致徭役严重不均,农民负担沉重。江南农民为求自保,多"投倚于豪门",③投献之风,日甚一日。这种投献很多是以暴力强制形式进行的,或欠租、欠债,或设计诬陷,逼写身、田契,使农民频频陷入佃农兼奴婢的境地。而明代的优免制度,为投献提供了制度上的保障。不仅"见任及以礼致仕官员,照例优免杂泛差徭",④而且对生员也有相应的优免政策,普通百姓通过科举获得了生员身份,"则免于编氓之役,不受侵于里胥,得于礼见官长,而无笞捶之辱",⑤"贫生无力完粮,奏销豁免",⑥这些政策使官僚、生员具备了免役的特权。缙绅层在大量接受平民的投献后,迅速发展为田连阡陌、家藏万贯的富豪。缙绅大量兼并土地,也是造成明代土地高度集中的原因之一。这些失地农民少数从事工商业,多数则成为缙绅的佃农,甚至是奴仆,沦为"无籍之徒"。这种所谓的"无籍之徒"群体,在明代江南各地大量存在,故江南巡抚周忱认为江南户口锐减的原因是"投倚于豪门,或冒匠窜两京,或冒引贾四方,举家舟居,莫可踪迹也"。⑦

第三章 明代常州的经济发展

至明中前期,常州与其他江南区域一样,经济迅速发展,包括常州在内的江南区域经济在全国领先。这里人民勤勉、物产丰富,是帝国赋役的最重承担者之一,

---

① 《明史》卷九二《兵志四》,第2256页。
② (清)叶梦珠:《阅世编》卷六《徭役》,中华书局2007年版,第166页。
③ 《明史》卷七七《食货志一》,第1881页。
④ (明)申时行:万历《明会典》卷二十《户部七·赋役》,广陵古籍刻印社2007年影印本。
⑤ (清)顾炎武:《顾亭林诗文集》,中华书局1983年版,第21页。
⑥ (清)顾公燮:《丹午笔记》五二《明季生员》,江苏古籍出版社1999年版,第69页。
⑦ 《明史》卷七七《食货志一》,第1881页。

商业繁荣又带来频繁的人口流动，保障着地方社会的良性循环和持续创新。

第一节 常州地区的水利

江南"地方不过数百里，岁计财赋所入，乃略当天下三分之一"，而"水利兴废乃吴民利病之源也"①。常州之所以成为区域政治中心、军事要地，关键一点在于常州是江南运河枢纽的转输要地，具有上缴和转运财富的功能，因此明政府对这里的水利建设非常重视。根据邹逸麟的研究，②江南运河主要问题有三：一是江岸束狭，河口淤塞。自唐宋始，从镇江开始的江面便从最阔时的40余里缩减到现在的二三里，江潮势头随之减弱，影响到运河的水源。二是从常州往西，呈西高东低的地势，河道势陡，导致"水势不能停蓄，常患枯竭"，所以《明史》便说："常州以西，地渐高仰，水浅易泄，盈涸不恒，时浚时壅。"③三是运河水源主要取给于江潮，而江潮来速去缓，泥沙易于停滞，导致运河中泥沙沉垫，河身日高，再加上本身地势较高，使得外河之水不能引进城中，所以久而久之，河床越抬越高，而水量却越来越少。

针对这些问题，明代统治者想尽办法，采取对策。洪武二十六年（1393），朱元璋曾命令崇山侯李新开凿溧阳胭脂河，用来疏通浙江漕运，既能避免因丹阳水浅耗费纤夫人力，又可减少因长江风浪带来的危险。由于吴地的粮米无论是输入京师，还是北上输边疆，常州是必经之路，所以洪武三十一年又下令疏浚奔牛、吕城河道。永乐时期，为加固练湖堤坝，明成祖命令通政使张琎征发十万民丁，疏浚常州孟渎河、兰陵沟，又向南挑浚至奔牛水路，最后又疏通镇江境内各港，这样漕运船只在水量充足时，可以从奔牛直接进入京口，水量不充足时，则可从孟渎河向西进入瓜洲，此后成为漕河运输的定式。洪熙元年定制，孟渎河三年疏浚一次。宣德六年（1431），根据武进百姓的要求，明政府疏通德胜新河四十里，至八年工程结束，漕船可以从德胜河直接北上入江，直达泰兴的北新河，从泰州坝转入扬子湾再进入江北运河主航道，更加快捷便利。这样江南运河、孟渎河、德胜河三条水道皆打通，运输能力和便捷程度大为提升。

正统元年（1436），朝臣建议："自新港至奔牛，漕河百五十里，旧有水车卷

---

① （明）吕光洵：《修水利以保财赋重地疏》，（明）陈子龙编《明经世文编》卷二一一《吕龚二公奏疏》，中华书局1962年版，第2206页。
② 邹逸麟：《江南运河镇江、常州段历史地理问题之研究》，《椿庐史地论稿》，天津古籍出版社2005年版。
③ 《明史》卷八六《河渠志四》，第2105页。

江潮灌注，通舟溉田。请支官钱置车。"① 但江南运河、孟渎河、德胜河进入长江属于从低处向高处逆流而上，而河道蓄水量也时常增减。虽田地在一定程度上得到灌溉，但运河运力却出现下降。同年，常州府重建江阴黄田闸落成，"引江潮贯城中而出于南门，凡二十里"，使运河水系得到补充，周边田地得到灌溉。② 正统八年，武进百姓再次请求疏浚德胜河和北新河，浙江都指挥使萧华也请求疏通孟渎河。时任巡抚的周忱决定疏浚德胜河和孟渎河，不在北新河上筑坝。白塔河在泰州境内，其水直接注入长江，与常州孟渎河隔江相望，是常州境内漕船过江北上的必经之路。白塔河上的大桥闸按需开启或关闭，常州、镇江境内的运河也得以疏浚。

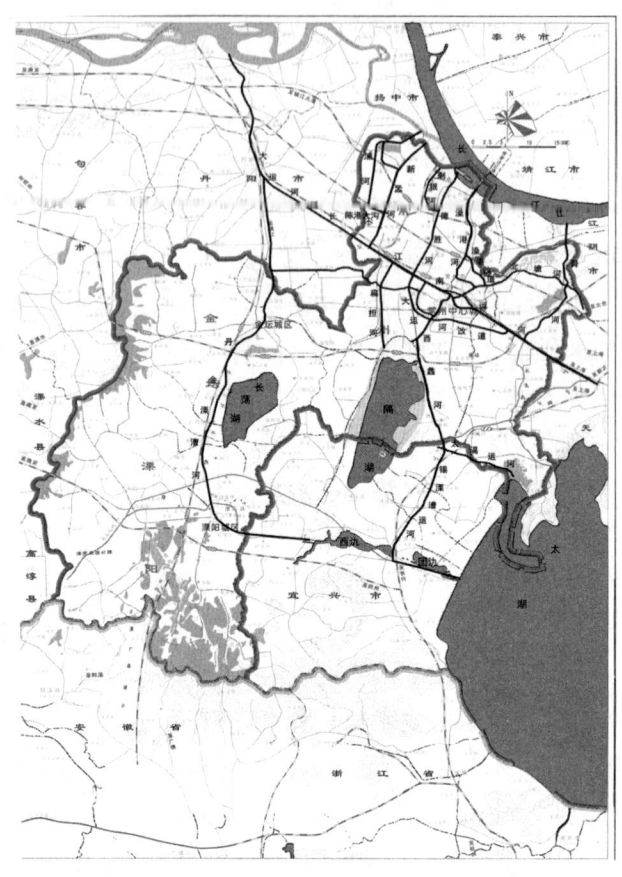

图 5-3 常州市区主要河湖水系现状分布图

　　景泰初，漕河再次淤塞，漕船只有孟渎河一条过江水路可行。景泰三年（1452），御史练纲认为漕船从夏港和孟渎河过江，逆水行船 300 里才能到达瓜洲。德胜河与北新河是直线，白塔河与孟渎河隔江，而堤岸相距并不远，应该疏通孟渎河的淤塞，这样会更加便利。明代宗按照他的建议，命令尚书石璞落实此事。恰巧又有人提议开凿镇江七里港，引金山之水来通丹阳水路，可以躲避孟渎河淤塞之险。但镇江知府林鹗认为这样做，不仅绕路，而且这一地区多石，同时，引金山水还会毁坏大量民田和坟墓，应该疏通京口闸和甘露闸，这样不仅距离短，而且还相对省力。浙江参政胡清也建议废除新港和奔牛等处堤坝，设置石闸来蓄水。林鹗和胡清的建议都

① 《明史》卷八六《河渠志四》，第 2105 页。
② （明）王直：《常州府重建黄田闸记》，（明）陈子龙编《明经世文编》卷二六《王抑庵集》，第 195 页。

得到了落实，但疏浚德胜河的建议被搁置。虽然石闸建成，但蓄水能力依然不足，蓄水量难以满足漕船通行，故漕船仍然由孟渎河过江。

天顺元年（1457），尚宝少卿凌信建议漕船从镇江里河通过，明英宗认同他的意见，命令粮储河道都御史李秉疏通七里港，引长江水注入水道，同时又疏浚了奔牛、新港河道。巡抚崔恭又请求增建五处水闸，常州知府卓天锡，武进县丞宋瑛发官帑征集民夫，利用农闲时，在已废弃的奔牛闸旧址重建新闸，①各项工程至成化四年（1468）工程竣工，漕船可以从里河通过，但依然是蓄水量低，运粮漕船持水量不足，只能走返回的空漕船和其他小船。于是明政府规定，孟渎河河口和瓜洲、仪征各港每三年疏浚一次。由于孟渎河水面宽阔且深，不算太淤塞，而里河若蓄水量不足，则不久即干涸，往来漕船只能走孟渎河一线。弘治十七年（1504），朝臣再次建议疏浚京口，引入练湖之水补充水量。正德二年（1507），再次开通白塔河及江口、大桥、潘家、通江四处水闸。正德十四年，根据提督漕运都御史臧凤的建议，疏浚常州境内里河，至此，常州及镇江境内各水道尽皆疏通，此后五十余年漕运畅通。

万历元年（1573），常州、镇江境内运河逐渐淤塞至干涸，姜宝认为"江南水利，当以漕河为先。漕河当以镇江之丹徒、丹阳为先。丹徒、丹阳其地形比常州之武进数尺而高，武进比无锡、苏州又数尺而高。地形高则水易流泻而涸。其涸也，于冬春间为尤甚。当修复吕城、奔牛闸坝为先"。② 万恭则认为应"自常州白家桥抵京口三百余里，引戚墅堰以南之水，注使北流，则不惟京口永无浅滞，而太湖上流亦可分杀十分之三，苏松水患可并纡乎？""常州以北之运河，原有二闸，常州三十里外有奔牛闸，又二十里有吕城闸，官与夫故在，而苏常等府老人与夫编银故在，直取诸宫中而用之耳，不必添设"。③ 其后政府再次疏通。岁贡生许如愚上书，认为由于居民多年来围湖造田，导致焦子湖、杜墅湖已经干涸，仅存的练湖，由于周边居民继续围湖造田，已濒临干涸，要求政府迅速采取措施进行疏浚，但河道总督傅希挚认为，练湖已经疏通，焦子湖和杜墅湖已经没有水源，疏浚已无意义。就这样，这件事被搁置下来。然而没过多久，练湖水接近枯竭。

万历五年，御史郭思极、陈世宝先后请求修复练湖，疏浚孟渎河。而给事中汤聘尹则请求在京口闸边再建新闸，引入长江水，根据长江潮汐开闭水闸，以调节运河水量。御史尹良任认为"孟渎渡江入黄家港，水面虽阔，江流甚平，由此抵泰兴以达湾头、高邮仅二百余里，可免瓜、仪不测之患。至如京口北渡金山而下，中流

---

① （明）王屿：《常州府重建奔牛闸记》，《明代经济文录三种（四）》，全国图书馆文献缩微中心2003年版。
② （明）姜宝：《漕河议》，（明）陈子龙编《明经世文编》卷三八三《姜阿凤集》，第4155页。
③ （明）万恭：《漕河奏议》，（明）陈子龙编《明经世文编》卷三五一《万司马奏议一》，第3781页。

遇风有漂溺患，宜挑甘露港夹岸洲田十余里，以便回泊"。而御史林应训则提出"自万缘桥抵孟渎，两厓陡峻，雨潦易圮，且江潮涌沙，淤塞难免。宜於万缘桥、黄连树各建闸以资蓄泄"。对练湖则"当尽革侵占，复浚为湖。上湖四际夹阜，下湖东北临河，原埂完固，惟应补中间缺口，且增筑西南，与东北相应。至三闸，惟临湖上闸如故，宜增建中、卜二闸，更设减水闸二座，界中、卜二闸间。共革田五千亩有奇，塞沿堤私设涵洞，止存其旧十三处，以宣泄湖水。冬春即闭塞，毋得私启"。各位官员的建议虽然非常有道理，又符合实际，但此事廷议后，最终不了了之。

万历十三年，镇江知府吴㧑谦建议，练湖中的堤坝应由中央政府责成有关部门在春天即开始动工修缮，同时，必须对当地缙绅进行制度上的规范，避免这些缙绅为兼并土地而进行围湖造田。这个建议为明神宗所接受。万历十七年，再次疏浚武进横林的漕河。崇祯元年（1628），重新疏浚京口漕河。崇祯五年，太常少卿姜志礼上《漕河议》，他认为疏浚运河没有意义，关键在于蓄水、修闸、筑堤坝。他说："漕河闸座非仅京口、吕城、新闸、奔牛数处而已，陵口、尹公桥、黄泥坝、新丰、大辛山节节有闸，皆废去，并宜修建。而运道支流如武进洞子河、连江桥河、扁担河，丹阳简桥河、陈家桥河、七里桥河、丁议河、越渎河，胜村溪之大坝头，丹阳甘露港南之小闸口，皆应急修整。至奔牛、吕城之北，各设减水闸。岁十月实以土，商民船尽令盘坝。此皆旧章所当率由。近有欲开九曲河，使运船竟从泡港闸出江，直达扬子桥，以免瓜洲启闸稽迟者，试而后行可也。回空粮艘及官舫，宜由江行，而於河庄设闸启闭。数役并行，漕事乃大善矣。"[1]但这个建议又被搁置，直至明亡，江南运河再未疏浚。

明代由于常州新城较之罗城缩小了五分之三，虽然三城三河城水相抱的形制没变，但城内河道体系仍随着城市形状的变化发生了一些调整。首先是常州护城河的变化。在明代新城建立以前，护城河可以分成两个部分，一是城河，即前述外子城的护城河，也就是后来的子城河，经白云渡北至北水关而出。一是进罗城的护城河，即现在的关河。明代新城建立之后，关河便在城外了。《道光武进阳湖合志》对此河道的描述如下："其自水门桥历永安桥（俗名小东门桥）、太平桥至罗武坝为旧城之东北壕。其自卧龙桥北行，经河路湾（旧罗城西壕也，竹木交翠，溪水潆回，有天然之致）东流合锁桥河，至虹桥折而东北，入新城西北壕，则旧城西北隅，通子城壕者。"当时的旧城西北隅大概一直到今天的卢墅附近。而取代关河成为护城河的便是建设新城时期新开凿的新城东北壕、新城西北壕、新城东南壕，它们构成了一个环状的河道，大约总长6公里，即今天的市河。其次，是运河主河道的变化。

---

[1]《明史》卷八六《河渠志四》，第2106、2107页。

随着城市内部人口繁衍和经济发展,大运河河道不断南移,是常州运河变迁一个非常显著的特点。正德十六年(1521)改道城南渠;嘉靖末改从罗城南壕。万历九年(1581),当时有风水家认为常州运河入城直泻,有碍文风,应当横流,以阻止文气外泻。时任知府穆炜另凿新河,改道飞虹桥东流,使之西与南运河接通,东出水门桥,径直通往无锡水道。浚河所掘土运至东西两端筑堤坝,以障南来之水入城。万历二十九年,知府周一梧和武进知县晏文辉再组织民工运土夯实筑固其坝身,东头的坝取名文成坝,西头的坝就是石龙嘴。[①] 当时有无锡人称常州建文成坝损害了无锡的文气,上书知府要求拆除,唐鹤徵为此专门致书知府以作反驳。[②] 石龙嘴横衔南运河,分水西入江东泄湖,明末清初已成为"江湖汇秀"的著名活水码头。石龙嘴两岸的西仓街、米市河、米市湾,排门洞开,商铺林立。

明代常州河道的另一个变化便是万历时知府施观民对玉带河的开凿以及对内外子城水系的重新疏通和整理。内外子城水系从西门小水关进入开始,便分为两段。

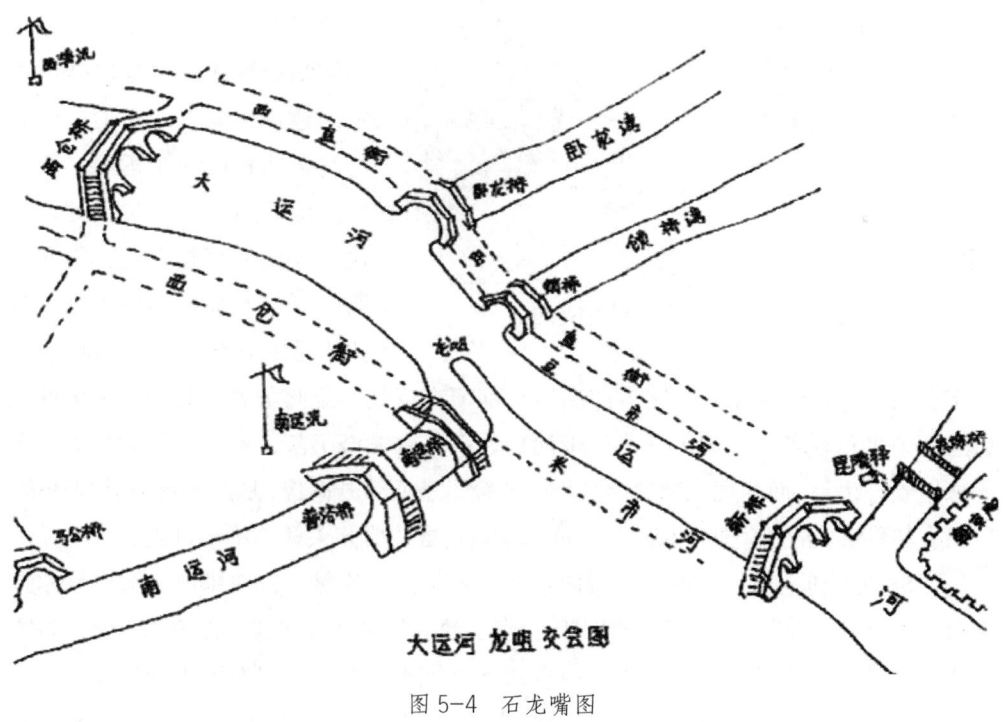

图 5-4 石龙嘴图

---

① (清)黄冕等修,李兆洛等纂:《道光武进阳湖合志》卷三《舆地志·水利》。
② (明)唐鹤徵:《议文成坝上当事书》,(清)陈廷柱、汪邦宠修,虞鸣球、董潮纂《乾隆阳湖县志》卷二《桥闸》,清乾隆三十年刻本。

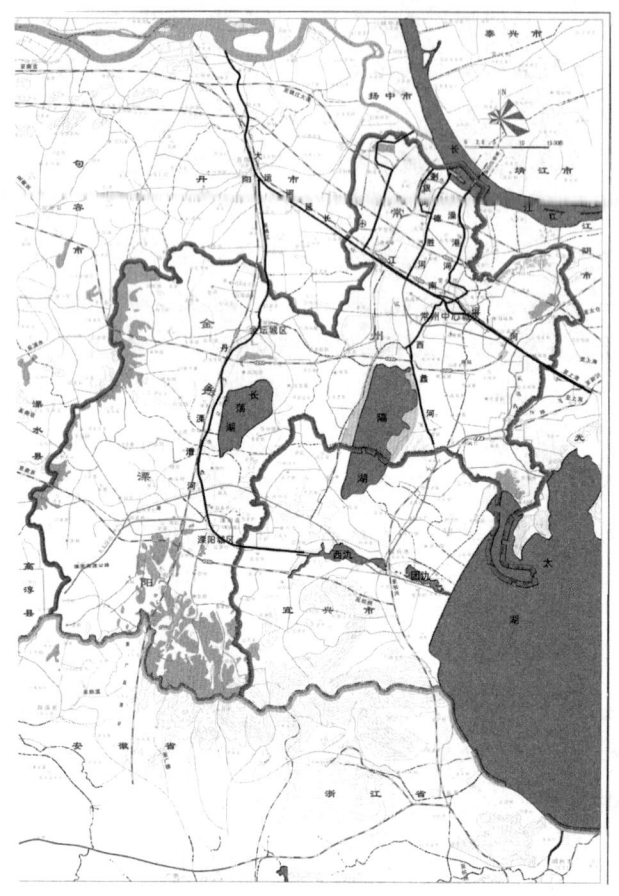

图 5-5 明代常州水系变迁分析图

一往东行，即原来的惠民河。一往北行，经过府学西边惠通桥，折而往东，绕过府学，即为惠通河。万历时期知府施观民接通此河，凿而向东，再折往南，过小玉带桥，至玉带桥，与惠明河相连，由于河道回环如带，故称玉带河。从惠通河经状元桥引而东行，过府学桥、永安桥，至玉带桥者为惠明横河。其自玉带桥引而南行，经仁育桥，出小浮桥，最后与子城壕相合的便称为惠明直河。而后河在明代也有变化。万历八年知府穆炜同样是根据风水家的建议，凿去八字尖，使后河河道曲拘以合于运河。所谓尖，即两河汇流呈尖形处，传说三尖倒地都是文笔，与文笔塔一样是本地科第的象征。常州水道中原有三"尖"，即白云、八字、乌沙。乌沙早废，八字尖即后河与前河交汇处，至此凿去，此后白云尖便成为三尖硕果仅存者。施观民开凿玉带河后，又复建龙城书院，不久书院学生无锡孙继皋便成为状元，而施观民和穆炜又均因政绩卓著而荣升高位，从此玉带河有利迁擢，后河有利科举①的传说便不胫而走，这两条河也成为常州人认为绝不可废的"神河"。

《吴中水利全书》曾称常州城内水系"各河天成滢结，江左郡邑，城中流水迎秀聚气无出其右者"。② 从宋代到明代，经过数百年时间许多代人的努力，常州基本形成了"外有文成坝障水于下流，内有八字桥锁水于东隅，又有玉带河环通府治，再有漕河贯穿其间"③ 的城河网，纵横交错，连接四乡，这样的四通八达的水道，对

---

① （清）黄冕等修，李兆洛等纂：《道光武进阳湖合志》卷三《舆地志·水利》。
② （明）张国维：《吴中水利全书》卷一《常州府城内水道图说》，《景印文渊阁四库全书》第 578 册，台湾商务印书馆 1986 年版。
③ （清）杨兆鲁：《遂初堂文集》卷一《疏浚城河议》，康熙十三年刻本。

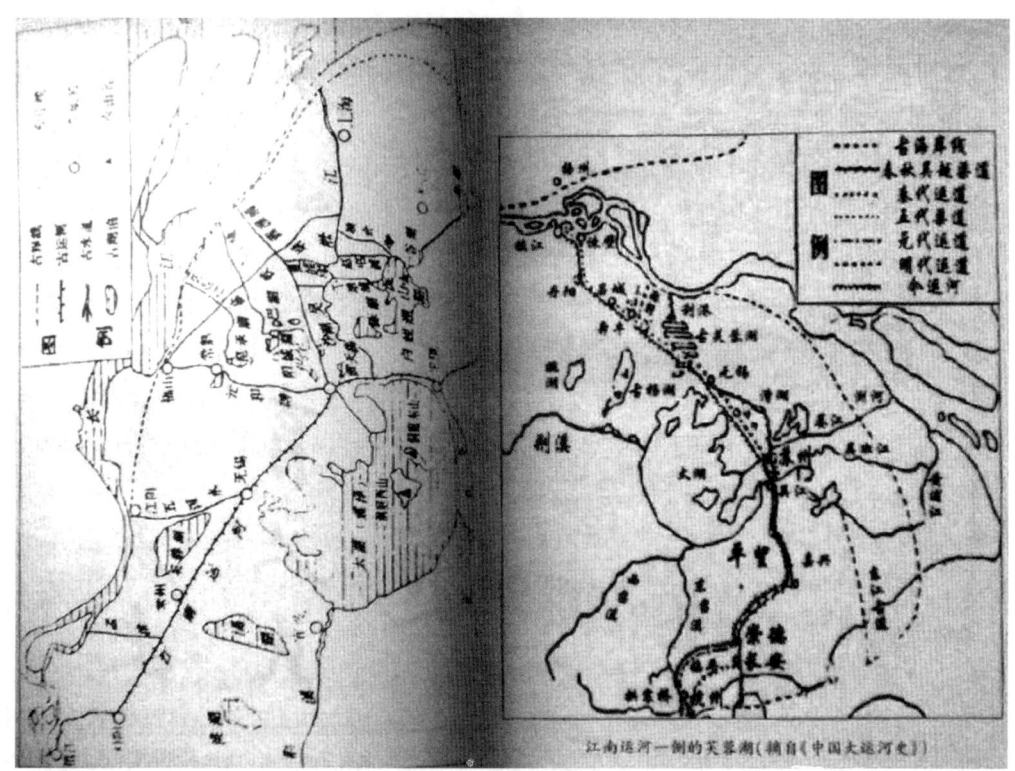

图 5-6 芙蓉湖图

常州城市诸方面发展都起到了非常巨大的作用。

  明清两代常州运河容易淤塞还与周边生态环境发生变化有关系,其中围湖造田便有着非常重要的影响。芙蓉湖,原是长江三角洲上仅次于太湖的第二大湖,水域面积超过1000平方公里。唐宋以来,江南人口剧增,与水争地、与江湖河海争田的矛盾也愈加突出。常州上游介于溧阳、宜兴低山丘陵与高亢、水网平原间的大片蓄洪区被开发侵占。随着时间的推移,人口增长,经济发展,地与水的争夺在芙蓉湖愈演愈烈,早在东晋时期,晋陵内吏张闿采取先泻芙蓉湖水再筑岸围田增加圩区的方式,试图渐进式围湖造田。此后各朝均围湖造田,导致芙蓉湖流域洪涝灾害增多,低洼圩区积水长期不退,常州地区常遭水患困扰。芙蓉湖一直是"时湖时田",若遇水患,田地则被淹没,圩区灾荒连年,炊烟几绝。明初江南大水,芙蓉湖水患无穷,泛滥成灾,农田颗粒无收,老百姓深

图 5-7 周忱像

受灾祸，人人都怨声载道。从官府到民间，大兴围湖造田，堵江水以防涝。宣德六年（1431），明政府派周忱巡抚苏、松、常等江南地区。周忱目睹芙蓉湖的水患所带来的深重灾难，决心治理芙蓉湖。周忱发动湖民，"以官钱籴米羡余，上筑溧阳东坝，下疏江阴黄田港，湖水遂涸，分筑大圩，召民开垦，湖遂为田"①，既筑坝阻断流入水源，又在四周开渠道，排泄湖水，使芙蓉湖水流入长江。湖水泻出后原来的湖面不断缩小，四周露出大片泥地，围筑大堤六十三里，成圩田十万余亩，故时有"十万八千芙蓉圩"之称。并于圩内开河设闸，使之田塍罗列，港汊纷错，桥坝尽排，村落显现。②为了防止堤内积水，又修造了提水工具——戽水机，积水随时排出，为了不让湖河之水倒灌，修建多处水闸，暂时解除了水患。从宣德时期周忱治水到弘治时期，芙蓉湖的水域尚存"东西亦五十里矣"，仍"延至北塘"，由于"壤性朽腐，注水若漏卮"，"湖堤一决，如遭混沌，全圩洗灭殆尽"，③故万历三十年，常州知府欧阳东凤又发动圩民把原堤增高加宽，又在圩内就地势高低而围筑子岸（小堤），使之各成小圩区百余个，并疏浚圩内河道数十条，修建桥梁石洞涵闸无数，到清朝时芙蓉湖已缩成了不到20平方公里的小湖圩。④芙蓉湖的消失虽然为武进、无锡、江阴三县增加了10万余亩良田，但却彻底改变了常州的水系环境，负面作用非常明显。芙蓉湖的消失，使得以湖水为主的常州变成了以江水为主，运河除了江水外失去了其他水系的支持，水源不丰，水系失调成为常州运河面临的最重要问题，常州始终无法根本摆脱"旱季水涸、汛期水灾"的怪圈。

由于生态环境的改变已经无法扭转，因此疏浚运河成为唯一的选择。而常州境内的水系，即使是作为南粮北运"大动脉"的运河，其疏浚除了由中央政府派员主持，其余疏浚河道事宜，如疏浚舜河"四次广开，非由太守即由乡宦题请。洪武二十六年（1393），知府李德善浚。弘治七年（1494），乡宦序班具奏，知府李嵩委通判温应璧，集大宁等六乡、江阴四乡人夫浚开。嘉靖六年（1527），居民谢全具奏请，钦饬佥宪，委苏州卫指挥朱起集武、江十乡人夫开浚。万历五年，居民顾辩、曹填、顾汤卿呈请水利，御史林应训行本府穆守、武令黄承赞、江令胡士鳌、水利县丞翟言、郭之藩给银，起二县十乡人夫应浚，二年浚"。

由此可见，以常州为中心的水网构成了常州及镇江所辖诸县息息相关的命运，水利设施建成为周边诸府县的共同任务。然而，由于周边各府、县的相对封闭与保守，

---

① （清）陈镐：《芙蓉湖修堤录》卷一《颂德碑记》，清光绪三十四年木活字本。
② （清）王其淦、吴寿康修，汤成烈纂：《光绪武进阳湖县志》卷三《舆地》，《中国地方志集成·江苏府县志辑》第37册，江苏古籍出版社1991年版。
③ （清）陈镐：《芙蓉湖修堤录》卷一《破围筑围记》。
④ 参见鞠明库：《灾害与明代政治》，中国社会科学出版社2011年版。

尤其是地方豪强、缙绅疯狂兼并土地，导致常、镇两府之间，甚至常州府内各县之间，在对运河重要作用的认识程度和疏通河道费用、征集民夫、征占土地等问题上均难以达成共识。万历二十四年，"武进县徐图深开（申港河）本县半截，江阴被土豪占筑基圃，上官受欺，弗果浚"。① 运河的疏浚与维护参差不齐，导致漕运能力时好好坏。

第二节 常州地区的户口、赋役

清初顾炎武在《日知录》中言："韩愈谓赋出天下而江南居十九。以今观之，浙东、西又居江南十九，而苏、松、常、嘉、湖五府又居两浙十九也。"② 明代常州一直是全国的重赋地区，常州府境内虽以平原为主，但又有山地、沙田、高低田、圩田、滩涂等。明政府将田地都进行了分类，并科以税收。赋役征收主要依据土地和人丁。征收赋役主要依据黄册、鱼鳞图册和里甲制度、粮长制度。

一、土地、户口与税粮

明清经济史学者梁方仲，综合各类文献，对全国各府县土地、户口、赋役情况进行了统计。③ 常州府如下：

洪武十年，143096户，623202口；洪武二十六年，有田7973188亩，152164户，775513口；征麦119320石，米533515石，绢1394匹。永乐时期，常州府官民田地、山、荡、塘、圩、堩、淹52824顷，夏税小麦153305石，丝1207.8斤，绵514.62两，麻布1848.92匹秋粮米62902石，豆22877石，钱55417文。武进县实征田土9305顷41亩，秋粮112423石，夏税麦30717石，桑15370株，丝768两，红花22斤，白麻329斤，木棉花256斤，蓝靛97斤，皆有畸。④ 天顺时期，常州府粮额为764000石。成化八年，漕运正粮175000石。成化十八年，234355户，992376口。弘治四年，6177776亩，50121户，228363口。弘治十五年，征麦154387石，米606954石，绢24匹，钱钞24锭。官田904156亩，民田5273620亩，官民田合计6177776亩，官田占14.64%，民田占85.36%。万历六年，田6425595亩，254460户，1002779口，征麦154393石，米606953石。绢24匹，钱钞24锭。万历四十一年，260324户，1030034口。万历四十八年，加派地亩银57830.36两。崇祯六年，粮额数为761340石。

---

① （清）王铭西：《常州武阳水利书》，清同治十三年刻本。
② （清）顾炎武著，黄汝成集释：《日知录》卷十《苏松二府田赋之重》，上海古籍出版社2006年版，第592页。
③ 非特别注明，关于常州地区的税粮、土地、户口等数字，均引自梁方仲所撰《中国历代户口、田地、田赋统计》，上海人民出版社1980年版。
④ 佚名：《永乐常州府志》卷四《风俗》。

在名目繁多的赋税中，其中漕粮一项，从明至清，只增不减，成为常州地区百姓沉重的负担。明洪武二十六年（1393）常州府粮米实征 533515 石，占全国实征总数的 2.16%，接近广西、云南两省征粮数的总和。

二、明代的赋税改革

明代江南的土地主要分为官田和民田两大类。所谓官田，按照官修《明史·食货志》的解释，包括宋、元时期的官田，被没收入官的土地，皇庄、诸王、公主、勋臣、寺院的赐田，军民商屯田等，还包括明政权建立后收归国有的元末战乱时期的无主田地，其余为民田。在江南诸府县中，苏、松二府官田比重最大。

所谓江南重赋，最重的赋税出自官田。从梁方仲的统计数字可以看出，常州府的官田数量较少，甚至低于镇江。常州府"邑之田有官田。田所入，以供官府盈诎之需，但不缺国赋而不服杂徭者也"。[①] 常州地区的农民不仅要服里甲正役，同时还要负担公侯禄米、南京各军卫的军马草料等。相对江南的苏松地区而言，常州赋役稍轻，但也远远高于全国绝大多数地区。

中国古代社会的赋税，一直都有"明税轻，暗税重，横征杂派无底洞"之说，例如六安茶贡不足，"则于常州等处茶芽择以供给"，汪应轸认为"茶取于细，其味略同，何必拘执，以致繁难"，但问题始终无法得到解决。[②] 故江南地区百姓已不堪重负，逃亡者甚众，这也就是洪武时期到弘治时期常州地区人口锐减的原因之一。因江南地区人口逃亡，赋税拖欠严重，至宣德时，为解决江南各府巨额赋税，宣宗专门派周幹巡视苏、常等府县。周幹回朝后，将自己调研情况如实汇报，并提出自己的见解，请求"将没官之田及公侯还官田租，俱照彼处官田起科，亩税六斗，则田地无抛荒之患，而小民得以安生"。[③] 这个建议被明政府所接受，宣德五年（1430），下诏"旧额官田租亩一斗至四斗者，各减十之二，四斗一升至一石以上者，减十之三"，"自宣德七年为始，但系官田塘地税粮，不分古额近额，悉依宣德五年二月二十二日敕谕恩例减免"，[④] 重赋问题得以稍稍缓解。

周忱抚吴时，继续针对江南赋役问题进行改革，以保障税源，舒缓民困。他创制"平米法"，将税粮作为正米，加派作为耗米，无论大小户，均需交纳，又将耗米与正米按照一定比例共同征收。又于宣德七年，下令苏、松、常各府县设立济农仓，在交付完正米和耗米后，将剩余的米储存在济农仓，作为荒年赈济粮或弥补因自然

---

① （清）顾炎武：《天下郡国利病书》原编第七册《常镇》，《四部丛刊》本。
② （明）汪应轸：《分豁额外荐新茶芽疏》，（明）陈子龙编《明经世文编》卷一九一《汪青湖集》，第 1975 页。
③ （清）顾炎武著，黄汝成集释：《日知录》卷十《苏松二府田赋之重》，第 596 页。
④ 《明宣宗实录》卷八八宣德七年三月庚申。

灾害和人为灾害造成的漕粮损失。如遇青黄不接或农民有急事，也可以从济农仓借贷，补一时之需。明代税粮分为本色和折色，所谓本色即夏税秋粮中的米麦，折色是将米麦折合成钱、绢等。周忱改革折征之法，对于科则较重的土地，采取折色征收，将税粮改为折银征收，名为"金花银"。金花银制度开明代纳钱折赋的先河，金花银在江南地区成功实施，为后来实行以银代役的班匠银和一条鞭法奠定了基础。

正德以后，江南地区"田粮无论官民，合为一等"的呼声越来越高，昆山状元顾鼎臣在乡时耳闻目睹，且亲身体验到江南赋役制度的种种弊端，多次上疏要求清理江南田赋。是时，常州地区赋役负担沉重，仅其附郭县武进，"僦运米五万四千五百八十一石三斗四合。此其入于国之正额也。本色正耗水脚平米七万九千六百八十三石七斗三合八勺四抄，折色银九千一百五十一两四钱六分五厘五毫二丝，此其费于民之羡数也"。①

嘉靖十六年（1537），已任礼部尚书的顾鼎臣再次上疏，他认为"苏、松、常、镇、嘉、湖、杭七府财赋甲天下，而里书豪强欺隐洒派之弊，在今日尤多，以致小民税存产去，大户有田无粮，害及生民，大亏国计"②，要求清理江南田赋。是时，明世宗已经取得了嘉靖大礼议的全胜，改革派张璁、桂萼等人也在朝中担任要职，因此顾鼎臣的建议获得采纳，应天巡抚欧阳铎奉令落实顾鼎臣的建议，同时改革江南赋役。欧阳铎清理税源，确定田赋征收原则，改革地方财政，在江南推行征一法，通过计亩均输本色米、折色银，达到均平田税科则的目的，实现了官田与民科的均衡，官民田一同起科。征一法在苏州府得到了有效的执行。虽然遭到江南豪强的反对，但在中央政府由于获得顾鼎臣的大力支持，该政策得以在江南地区贯彻。

常州知府应槚在欧阳铎的支持下在常州府进行田赋改革。常州府最初上缴的钱粮名目繁多。本府钱粮，有白细粳糯米，次等白粳米，有糙粳米，有金花，有白银，有官布。田地斗则有七斗、六斗以下，有五斗、四斗以下，有三斗、二斗、一斗以下"，由此导致"轻可挪重，重可挪轻，奸弊百出"。周忱抚吴时，在苏松常地区实行平米法、金花银等制度，将征收税粮按田亩分摊到不同的纳粮户，即"七斗自四斗，则纳金花，官布轻赍折色；二斗、一斗则纳白银、糙米重等本色"。但是"法久弊生，官司以情奉金花，奸富以利买金花，书算以官田作民田，轻则改重则"，只有贫寒小民，"吞声认重则纳本色"。针对周忱改革的不足，应槚采取的改革赋税措施是将各县官田总额均摊于一县官田，民田均摊于一县民田。各自均派，实际上是官民各一则，再

---

① （明）唐顺之：《与李龙冈论改折书》，（明）陈子龙编《明经世文编》卷二六一《唐荆川家藏集三》，第 2759、2760 页。
② 《明世宗实录》卷二〇四嘉靖十六年九月戊戌。

将各县折色银均派，规定每石本色米折银数量。针对府辖各县的实际情况，将税粮分为两大部分，基本农田以外，另行规定征收额；基本农田，实行官、民田统一，"官府易征，小民易晓"，不仅可以革除"里书增减挪诡之弊"，而且"重则之田亦乐买，贫无不售之产，积荒之田亦乐种，野无不耕之土"，"计亩均输，税各归田"，使"里甲无包赔之苦，官民两便"，"均则无独累之苦，简则小民无欺蔽之私"。①

在欧阳铎和应槚的严格督促下，常州府所辖各县也结合本县实际进行田赋改革，嘉靖三十二年，无锡知县王其勤清丈土地，"并官民田地"，按照土质和地势"均为三则"。②嘉靖四十一年，靖江知县冯文澜实行"通融减科"，均平每亩起征标准。嘉靖四十二年宜兴实行改革。直至隆庆二年（1568），附郭武进才实行官民一则起科，均平起科标准为每亩二斗一升五合，"自是官田之则遂废"。③虽然从中央的顾鼎臣，到应天巡抚欧阳铎，再到常州知府应槚均对"官民一则"之法的推广严格督促，但直至此时，常州府才完成了官民一则的改革。

应槚税制改革的优点在于"惟官田民田，不容紊易，各为一则"，"正耗、本折，以时会计，虽在轻额者，不苦于顿增"。由此"赋有定额，会有定时"，"吏胥不得低昂，贪暴不得横征"，故吾常之民，无问知愚，至今颂烈焉"。④官民一则，不仅统一了税粮征收标准，又从制度上最大限度地避免了基层胥吏在征收税粮时上下其手，欺压百姓。然而百姓对应槚的评价虽然甚高，但并非没有争议，如万历时期的常州知府谭桂便这样评价他的前任官："则以官民田并言之，无复差别，而止以平坦、极低、极高，分则派征，盖又法之变而加密者也"。认为应槚的改革，实际是使赋税征收更加严密。而作为缙绅乡宦的代表性人物，《万历武进县志》的编纂者唐鹤徵则对应槚的改革表现出了强烈的不满，他认为"近为平、沙、高低，或三则，或六则，不苦其为奸，二则反苦之乎？""将朝廷入官之田，无价而白与顽民，将原额之租，无辜而害平民，非理非法，殊为可悝"！"官民一则之说殊为可恨"，因为官田为朝廷所有，耕种官田的只是佃户，而非业主，他们耗费的成本是佃种所需要的，而不会考虑田价问题，他们付出的只是官租，而非田赋。而应槚"不揣其本而齐其末，以租为赋而病其过重，俾民田均而任之"，只会导致"上夺朝廷之田以惠奸究，下又苦纯良之民。代任其租也"。

唐鹤徵之所对应槚的改革表现出强烈的不满，重要的原因是国家的土地官田，

---

① （明）晏文辉修，唐鹤徵纂：《万历武进县志》卷三《钱谷一·额赋》。
② （明）刘广生修，唐鹤徵纂：《万历重修常州府志》卷四《额赋》，《南京图书馆藏稀见方志丛刊》第57册，国家图书馆出版社2012年版。
③ （清）顾炎武：《天下郡国利病书》原编第七册《常镇》。
④ （明）晏文辉修，唐鹤徵纂：《万历武进县志》卷三《钱谷一·额赋》。

与私人的土地民田是两种不同性质的土地,正是在均平起科标准的政策下,实行官民田一体化,才导致民田税额激增。毗陵唐氏是常州"世代簪缨"的望族,他们与其他缙绅一样,都是江南的大土地所有者。官田民田一则起科,虽使官田赋税额降低,但在应上缴税额总数不变的情况下,降低官田税额,必然导致民田税额增加,大幅增加了缙绅地主的土地纳税负担。唐鹤徵的观点,后来为顾炎武所继承,并在《苏松田赋之重》中发挥得淋漓尽致。

除此之外,对于常州府折色一事,归有光也颇有微词,他认为"古之善为政者,必任其土之所宜以为贡。文襄之意,盖如此。即今常州府有布四万匹,彼无从得布也,必市之安亭,辗转折阅,公私交弊"。这样就导致了"有布之地不征其布,必责其银,无布之地,不征其银,必责其布"。因此应该调整为责常州以代输三区之银,则常州得其便,责三区以代输常州之布,则三区得其便"。①

三、一条鞭法改革

明初黄册和里甲制度确立后,徭役的编派根据户等,上户派重差,下户派轻差。各类杂徭中最重者,莫过于解运。明政府除了征收税粮外,还要征收土特产,即所谓土贡,无论是运输实物还是折银,都需要将这些钱物押送进京。江南距离北京千里之遥,解运钱粮土产进京,距离远、花费大,一路又受到相关官吏的盘剥,即使因为遭遇诸如风雨、翻船等不可抗因素,或物品被盗抢,也均需解运者包赔,这些即是江南粮长从美差变成人人逃避的苦役的原因之一。但徭役对于官僚层和士阶层有优免政策,编遣差役虽然原则上按土地多寡进行差派,但"两榜乡绅,无论官阶及田之多寡,决无佥役之事",②不仅"见任及以礼致仕官员,照例优免杂泛差徭",③而且普通百姓通过科举获得了生员身份,"则免于编氓之役,不受侵于里胥,得于礼见官长,而无笞捶之辱"④,"绅衿贫户有奏销之例"⑤,"贫生无力完粮,奏销豁免"⑥。此外,各里甲贫富不一,徭役负担却相等,使得以里甲为单位的徭役征派更加沉重,不仅两税由里甲催征,而且里甲人户逃亡,税粮依然照征,由里甲赔偿。甚至天子玉食及军国所需的供办物料等,均由里甲负责。尤其江南地区里甲科派更为严重,由于对一些官绅的优免,放富差贫严重,加之里长在科派中中饱私囊,导致徭役严重不均,农民负担沉重。故将田赋、杂税和徭役实行合并的并税制改革也

---

① (明)归有光:《论三区赋役水利书》,(明)陈子龙编《明经世文编》卷二九四《归太仆文集一》,第3104页。
② (清)叶梦珠:《阅世编》卷六《徭役》,第166页。
③ (明)申时行:《明会典》卷二十《户部七·赋役》。
④ (清)顾炎武:《顾亭林诗文集》,第21页。
⑤ (清)顾公燮:《丹午笔记》四八《苏松粮重之由》,第67页。
⑥ (清)顾公燮:《丹午笔记》五二《明季生员》,第69页。

势在必行。

在推行一条鞭法以前,江南地区已出现将按户承担的里甲正役等部分摊入田亩的改革,如前述周忱"平米法"便已开先河。其后,出现应天府的"里甲银"、浙江的"均平银"、福建的"纲银",成化时的"均徭"等赋役改革。"时又有纲银、一串铃诸法。纲银者,举民间应役岁费,丁四粮六总征之,易知而不繁,犹网之有纲也。一串铃,则夥收分解法也。自是民间输纳,止收本色及折色银矣"。① 此后,南直隶、浙江、江西、福建等东南地区,又出现将均徭由里甲轮流承担改为将一县丁粮,重新均分为十段,十年一次轮流承担的"十段锦"等。而这些东南地区的初步赋役改革,都为"一条鞭法"的改革奠定了基础。日本学者栗林宣夫认为东南地区丁银共派、通县均派、输银贮官的方式,都是将里甲等各种负担统一起来。这种合群目为一纲的方式,已经带有一条鞭的意味。②

唐文基认为在相应的税制改革的基础上,江南地区最先实行一条鞭法,由"内阁大学士桂萼倡于嘉靖九年"。③ 所谓一条鞭法,官修《明史》如是记载:"一条鞭法者,总括一州县之赋役,量地计丁,丁粮毕输于官。一岁之役,官为佥募。力差,则计其工食之费,量为增减;银差,则计其交纳之费,加以增耗。凡额办、派办、京库岁需与存留、供亿诸费,以及土贡方物,悉并为一条,皆计亩征银,折办于官,故谓之一条鞭。立法颇为简便。"④ 概括说,一条鞭法是赋额按田亩计征,其核心内容为"量地计丁"和"一体出银"。赋役合并,折为银两,分摊田亩中征收。取消力役,将户丁征派改为丁粮征派,赋役一律征银,取代了征收实物和力役的做法,由地方官吏直接办理征税解运,差役由政府用银雇佣。万历初,蔡国熙在常州推行一条鞭法。"其法先总概州县每年银差若干,其力差应出雇役银若干,其繁苦而应加增者,明为加增,共该银若干。次总一州县实在丁田若干,除优免外,将一岁合用之数,均派丁田,并入秋粮征办。应解者官自发解,应雇者官自给值。并里甲每田一亩,大约共输银一分五厘有奇,百姓不知徭里之差矣"。⑤ 此后逐渐由南直隶、江西、浙江等东南地区向北直隶、山东、河南推行,至万历九年(1581)正式推行全国。

江南地区从周忱到桂萼等人实行的一系列赋役改革,有一个共同点,就是实现了田赋徭役货币化,这与白银货币的广泛流通"一条鞭法全面折银,导致白银货币

---

① 《明史》卷七八《食货志二》,第1901页。
② (日)栗林宣夫:《关于一条鞭法的形成》,"清水博士追悼纪念"明代史论丛编纂委员会《清水博士追悼纪念·明代史论丛》,东京大安出版社1962年版。
③ 唐文基:《明代赋役制度史》,中国社会科学出版社1991年版,第290页。
④ 《明史》卷七八《食货志二》,第1902页。
⑤ (清)顾炎武:《天下郡国利病书》原编第七册《常镇》。

化最终完成"。① 江南地区土地肥沃，物产丰富，且有乡村副业补助收入，加之商业化程度和货币经济的发展，促使白银货币的广泛流通，使赋役货币化成为必然。

从货币流通角度看，明初曾以铜钱、宝钞作为流通货币，虽然明初政府以严刑峻法试图保障宝钞流通，但这种违背经济规律的货币政策，最终以失败告终。此后"自明初至成、弘年间，民间社会存在一种自下而上的白银货币化趋势"，② 正是在这种白银货币化的趋势下，白银作为本位货币，迅速流通。江南地区作为明代经济最发达地区，白银货币化也开始于此，这是因为江南地区自中古时期经济重心南移后，一直是全国经济中心，具备雄厚的经济基础，加之明代江南地区由于重赋和人口密度大等因素，相当一部分农民从土地中分离出来，从事手工业和商业活动。进行商业活动，就必须有足够的流动资金作为依托，由此构成了对白银货币的大量需求。另一方面，以江南为核心的广大东南地区，由于地缘优势，海外贸易频繁，虽然明代曾一度实行海禁，但海外贸易依然强劲，白银作为硬通货，是海外贸易必备的支付工具，明代中国在海外贸易中，始终处于优势地位，吸收了大量海外白银货币，特别是同时期日本发现银矿，在海上贸易中，大量日本产的白银流入中国，流入江南地区数量应该更大，这些都促使白银货币化迅速发展，使大量白银作为货币在江南地区流通。所以万明认为："到晚明嘉靖、万历年间，伴随各地区一系列的赋役改革，一条鞭法在全国展开，遍及大半个中国，白银在田赋收入中占据主导地位，田赋的货币化可以说至此已基本完成。"③

一条鞭法的实施，简化了征收项目，废除了里甲排年应役制度，将原来户、丁负担的里甲、均徭改为由田、田丁负担，具备了摊丁入地的因素，为清代最终实现摊丁入地，取消人头税奠定了基础。同时，力役折银征收，符合江南经济发展的实际，增加了从事农业生产的劳力，削弱了农民对官府的人身依附。以田承担徭役负担，不仅使少地或无地的农民负担减轻，又使商人负担减轻，促进了社会分工，一部分无地或少地的农民从农业中分离出来，从事工商业，促进了江南经济的繁荣。同时，一条鞭法在江南地区的推行，使晚明政府的财政状况得到改善，直至明亡，虽然加派不断，战火连绵，但江南社会依然保持相对稳定。

---

① 万明：《白银货币化视角下的明代赋役改革（上）》，《学术月刊》2007年第5期，第129页。
② 万明主编：《晚明社会变迁问题与研究》，商务印书馆2005年版，第147页。
③ 万明主编：《晚明社会变迁问题与研究》，第149页。

第三节 常州地区的手工业和区域经济

徐光启曾言:"苏、杭、常、镇之币帛枲纻,嘉、湖之丝纩,皆恃此女红末业,以上供赋税,下给俯仰。若求诸田亩之收,则必不可办。"[①]商品化农业和手工业的发展是明代江南经济繁荣的重要因素,常州虽不及苏、松、嘉、湖,但仍有其自身的特点。

常州地区并非丝织品的原材料产地,其丝织品加工一直依赖于外埠。太湖流域桑蚕养殖一直是当地农村家庭的主要副业,按清初唐甄的说法,桑树种植"北不逾淞、南不逾浙、西不逾湖、东不至海,不过方千里"。[②]但桑树种植主要是低山丘陵,常州府附郭武进县的辖区主要是平原地区,明代水网密布,河汊纵横,并不适宜桑树种植。常州府城内的丝织品加工,是典型的来料加工。其原料主要来自本府的无锡、宜兴,以及周边的苏州、湖州等府。而常州(武进)之所以成为丝织品加工地,得益于江南运河枢纽的优势。明代丝织品加工,主要分为官营和民间家庭加工两种形式。明代实行的徭役制度中,属于手工业者的"匠籍"百姓,必须轮流到官营作坊进行丝织品的加工,而独立进行加工的时间有限,直至明代中后期"班匠银"的实行,手工业者以银代役,才使从事独立加工的时间稍微宽裕。明代的官营丝织业"两京织染,内外皆置局。内局以应上供,外局以备公用。南京又有神帛堂,供应机坊"。南京织染局在本身难以完成织造任务时,以市买的形式,向民间收购丝织品。又通过包买商利用民间为官局加工丝绸。其他江南城市明代也设有织染局,常州府亦设官局"贮丝二百匹,闰加一十七匹"。[③]

常州出产的罗筛绢又名常贡绢,是用丝和纻交替编织的"丝纻布",这种织物光洁细密,名噪一时。后来随着养蚕业发展,养殖蚕茧农户逐渐增多,用蚕丝作为原料,织造的品种多了起来。"罗筛绢"用苏州、杭州所产蚕丝,价格最贵,用生丝编织,一般被官绅及工商界经济条件富裕家庭选作夏衣之料,穿在身上光泽明亮,凉爽舒适。用常州绢制成的夏衣,深受上层人士喜爱,风靡一时。1997年,在武进横山桥发现了明代王洛墓,墓中出土的丝织品衣饰织造工艺十分丰富,且有珍贵品种,除了纱、绉纱、绢、缣、绮、花绫、素缎、花缎、织金的捻金线、片金线补子和金襕外,其中黄棕色勾编网纹叠花贴绣素缎衫的出土,尤其具有重要意义。

一般认为色勾编叠花贴绣工艺是西方在19世纪末传入中国,至1912年才在中

[①](明)徐光启:《农政全书》卷三五《蚕桑广类·木棉》,中华书局1956年版,第707页。
[②](清)唐甄:《潜书》下篇下《教蚕》,岳麓书社2011年版,第209页。
[③](明)申时行:万历《明会典》卷二〇一《织造》。

国有较大发展，而此次出土的实物则说明早在明代中期我国就有了这种工艺。另外墓中还出土了几件片金织衣饰，织造难度极高，价值比黄金还要昂贵，为研究明代中期的片金织造工艺提供了珍贵的实物资料，丝织衣饰上的花纹图案也丰富多彩，这些都反映了常州地区明代纺织业发达的盛况。①

中国古代时期，男耕女织即是农业社会的传统。在传统农耕社会，常州妇女一般利用农闲时从事织布，作为副业补充收入来源。织布业作为江南地区传统手工业，明清时期进入鼎盛时期，常州在朝廷下令广植棉花以后，城乡土纺土布业应运而生。常州横林镇附近的诸家塘，有一个远在明代以前建造的棉花庄遗址，这说明常州有着悠久的棉布生产历史，②陈忠平也将常州列入了基本棉布生产区。③明代常州土布的生产已有记载。④如《三台万用正宗》便称："常州各行，阔者莫如溧水厚实，小者硬似无锡各行。"同书又称："常州与（江阴）沙头布，号为江阴野路，所去者止邠州及淮北淮西。"可见常州土布的生产最早与江阴有关。远在元末明初，邻县江阴乡间，如后塍、青阳、华墅、杨舍等地，土壤宜于植棉，自纺自织狭幅小土布，运至本市北门外销售。常州北乡土壤亦可植棉，是以农民效仿江阴，自种自纺小土布，以后土布生产转向东南各乡。⑤所以有"常民男勤于耕，野无不辟之土，女勤于织，室无悬杼之机"的记载。⑥然而常州地区既不是如苏杭地区盛产桑树的丝织品生产区域，更非棉花种植地区，棉花产量有限，所谓的"常阴棉"实际是清代以后的事，明代并无"常阴棉""常阴纱"之称谓。日本著名史学家森时彦认为常州"可谓典型的非产棉区型农村织布地带"。⑦常州府辖各县中，无锡县棉纺织业发展最好，境内织布遍及村落，成为最主要的家庭副业。明代无锡县"兴宁乡之寺头，有某氏者，以弹棉花起家，久遂殷富"，⑧是明代典型的从土地分离出来，从事手工业而致富的江南农民。

常州地区文化事业亦发展迅速，特别是印刷业，明代文人认为"吴会、金陵擅名文献，刻本至多，巨帙类书鲜会萃焉"，"所见当今刻本，苏、常为上，金陵次之，

---

① 《新刻天下四民便览三台万用正宗》卷二一《商旅门·棉夏布》，明刻本，东京大学东洋文化研究所藏。
② 徐新吾：《江南土布史》，上海社会科学院出版社1991年版，第543页。
③ 陈忠平：《明清江南农村区域性专业化生产考察》，叶显恩主编《清代区域社会经济研究》，中华书局1992年版，第265页。
④ 武进博物馆：《武进明代王洛家族墓》，《东南文化》1999年第2期。
⑤ 吴永铭：《武进织布工业调查》上，《国民建设月刊》1937年第2卷第4期。
⑥ （清）武俊修，陈玉璂纂：《康熙武进县志》卷一三《风俗》。
⑦ （日）森时彦：《中国近代棉纺织业史研究》，社会科学文献出版社2010年版。
⑧ （清）徐永言修，严绳荪、秦松龄等纂：《康熙无锡县志》卷二五《杂识》，《无锡文库》第一辑，凤凰出版社2011年版。

杭又次之"。① 由此可见常州地区明代时的印书业与苏州并驾齐驱,共为魁首。常州府辖的无锡县在当时活版印刷最为著名,华燧所创建的会通馆主要从事铜活版印刷,兼营刻板印刷,"所制活板甚精密,每得秘书,不数日而印本出",② 华氏共印书约十五种,在印书史上尤为珍贵。安国创建桂坡馆,"尝以活字铜版印《吴中水利通志》",先后以活铜版为主要方法印刷《初学记》《东光县志》《古今合璧事类备要》等文献。

江南地区酿酒业发达,农家自酿自用,余皆售卖。晚明文士饮酒之风盛行,文人辈出的常州地区酒类消费市场巨大,酒业加工经营兴旺。常州地区主要酒类有常州老酒、无锡清酒、江阴酒等。无锡酒号称米白、曲白、泉水白,被誉为惠山三白,畅销常州及周边府县,甚至"奔走天下,每岁数十万斛不止"。常州除附郭武进为平原地带,其他属县大多处于低山丘陵地带。宜兴县濒临太湖,境内青山环绕,适宜茶树种植,"每当初夏,商贾骈集,官给茶引,方敢出境"。③ 茶叶销售兴旺,成为宜兴主要的收入来源。

明代常州地区另一项重要的手工业是宜兴紫砂壶制作。从考古发现可知,宜兴早在新石器时代即有制陶工艺,汉代时已经能够大量生产陶器。宜兴紫砂制品也属陶器的一种,由于宜兴特产的陶土含铁量较高,可塑性强,通过陶泥的调制,可以制成诸如朱砂、古铜、淡墨等多种天然色泽的茶具。紫砂制品无异味,能保持茶的香气,且江南地区文士众多,茶文化盛行,故紫砂壶制作一问世即备受欢迎。"壶之精者又莫过于阳羡","自明季始盛,上者至与金玉等价",④ "至名手所作,一壶重不数两,价重每一二十金,能使土与黄金争价"。⑤ 自嘉靖至明末是紫砂壶发展的高峰期,出现了董翰、赵梁、元畅、时朋、时大彬、李仲芳、徐大友等制壶名家,在这些工艺大师和文人墨客的推动下,紫砂壶形成了集手工艺、诗词、书画、篆刻于一体的独特文化,成为中华茶文化的重要组成部分,至今依旧名扬四海。

明代江南地区城镇贸易兴盛,市镇发展迅速。常州地处江南运河枢纽,是南北大运河上的港埠,十分繁荣。对于区域经济发展,社会生活引领起到了重要作用。常州出现了和江南其他地区一样的商业繁盛、市镇兴起等相类似的变化过程。

常州是南北大运河上的港埠,交通便利,大批漕粮经此运至北方,常州遂成为转运赋粮中心。明正统五年(1440)为解决常州漕米储存,在武进怀南乡运河南建造皇粮国库西仓,有仓廒200多间。后又在东直厢运河南建东仓,用来储武进县起

---

① (明)胡应麟:《少室山房笔丛》卷四《甲部·经籍会通四》,上海书店出版社2009年版,第44页。
② (清)于琨修,陈玉璂纂:《康熙常州府志》卷二五《人物》。
③ (清)于琨修,陈玉璂纂:《康熙常州府志》卷十《物产》。
④ (清)吴骞:《桃溪客语》卷三,《续修四库全书》第1139册,上海古籍出版社2006年版。
⑤ (明)周高起:《阳羡茗壶系》,金城出版社2012年版,第2页。

运或转运的漕米。为方便来往，满足仓储业务的需要。正统十二年，巡抚周忱始建木桥，俗名"仓桥"。成化年间改建成三孔石拱桥，习称"西仓桥"。武进东西仓自建库以来就筑有大码头督运漕粮。明代运粮车船汇集于此，粮商乘机开店设摊，从西仓桥到怀德桥沿河两岸，粮食市场绵延数里。唐鹤

图 5-8 西仓桥

徵曾言："武进之西陲有米市，适当孔道，岁暮水涸，而米舟凑集，颇梗行者，米侩诸奸借为口实，买田二十亩，凿以为河，拟括米舟中，石税银四厘，岁计三千金。"① 这也从侧面反映了当时常州米市的繁荣。由于常州本地商业繁荣，宣德四年作为"京省商贾凑集地"，②与顺天、应天、苏、松、镇江、淮安、扬州、仪真、杭州、嘉兴、湖州、福州、建宁、武昌、荆州、南昌、吉安、临江、清江、广州、开封、济南、济宁、临清、德州、桂林、太原、平阳、蒲州、成都、重庆、泸州共三十三府州县"市镇店肆门摊税课增旧凡五倍"，③可见当时常州已经是全国主要的商业城市之一。

这一时期常州的市镇也有了一定的发展。根据相关方志的记载，明代常州府所辖五县市镇数量为，武进县：成化时期三市；嘉靖时期三镇、二市；无锡县：成化时期九市；弘治时期十市；嘉靖时期七镇、二市；宜兴县：成化时期四市；嘉靖时期四镇、二市；万历时期十八市。江阴县：成化时期六市，嘉靖时期十二镇、二十二市；靖江县：嘉靖时期五市。④据《万历常州府志》载，明代常州府主要市镇的税收情况为横林务祖额每年合解20600贯文，青城务抱息税钱每年合解4759贯文，万岁镇务抱息税钱每年合解6840贯文，宜兴张渚务抱息税钱每年合解1440文，湖洑务抱息税钱每年合解10800贯文，望亭务祖额每年合解3240贯文。⑤

陈国灿根据樊树志《明清江南市镇探微》⑥研究成果和其他方志记载，认为明代中后期常州府市镇合计75处，仅次于南京应天府和苏州府，超过松江、杭州二府，

---

① （明）唐鹤徵：《税课说》，（清）武俊修、陈玉璂纂《康熙武进县志》卷三九《艺文》。
② 《明史》卷八一《食货志五》，第1976页。
③ （明）徐溥撰，李东阳重修：《明会典》卷三一，《景印文渊阁四库全书》第617册，台湾商务印书馆1986年版。
④ 潘群、周志斌主编：《江苏通史·明清卷》，凤凰出版社2012年版。
⑤ （明）刘广生修，唐鹤徵纂：《万历常州府志》卷七《钱谷》。
⑥ 樊树志：《明清江南市镇探微》，复旦大学出版社1990年版。

每平方公里市镇密度逊于应天，而高于苏、松。按照陈国灿的研究结论，明代常州地区市镇数量可能远远多于上述的统计数字，① 诸如根据当时方志的记载，武进县便至少有奔牛、横林、石堰、魏村、青城、万岁六个镇。② 然而由于种种原因，关于明代常州地区市镇的具体数量及经济发展状况的研究成果不多，只能存疑。

第四章 明代常州的教育与文化

明代常州地区随着经济的发展，教育发达、文魁闪耀、科第蝉联、人才辈出，尤其是明中叶以后，各种思想在这里风云激荡，成为全国的思想文化中心，其余绪至清代不绝。

第一节 明代常州的教育

明朝建立初始，恢复了从中央到地方的官学教育系统，常州地区府学、县学得到了重建和扩建，同时，民间义学、社学、私塾也得到了相当的发展，成为官学有益的补充。到明代后期，常州地区书院得到了迅猛的发展，东林书院、龙城书院等成为全国思想文化的中心，在中国书院史上写下了辉煌的一页，对明代政治走向乃至明清思想变迁产生了深远的影响。

一、府州县学

早在洪武二年（1369），明太祖便通令全国，要求地方官府着手恢复和兴建各级官学，"朕惟治国以教化为先，教化以学校为本。京师虽有太学，而天下学校未兴，宜令郡县皆立学校，延师儒，授生徒，讲论圣道，使人日渐月化，以复先王之旧"。③ 明代官学教育体系在中央有国子监，在地方则由府州学和县学构成，在城市坊厢和乡村还设有社学。各级儒学，府学置教授1名，县学置教谕1名；并置有训导，府学4名，县学2名。明代常州府有府学一，所辖各县均设有县学。常州府学坐落在常州知府衙门西侧约二三百米处，其格局如凤凰展翅形。故当地人认为学宫风水甚佳，布局合理，"故科第蝉联，甲于他郡"。④

---

① 陈国灿：《中国古代江南城市化研究》，人民出版社2010年版，第237页。
② 参见《万历常州府志》、《万历武进县志》相关记载。
③ 《明史》卷六九《选举一》，第1686页。
④ （清）于琨修，陈玉璂纂：《康熙常州府志》卷一五《学校》。

明朝建立，由于朱元璋的"江南政策"，常州府学未能及时恢复，府学师生并入武进县学。洪武五年，时任常州知府的孙用重建府学大成殿，府学重新开始建成。其后，自永乐、宣德时期开始，多任地方官员不断对府学进行了大规模修缮和扩建。特别是成化二年（1466），知府卓天锡重建明伦堂，并大规模扩建校舍。其后，成化五年，常州府同知谢廷桂复建四斋，刻朱熹所作同安县学四斋铭于四壁。然而，当年六月，学宫受灾，乐器、祭器、书籍皆毁，知府经请示，获准重建学宫。又请赐《大诰》等书，并增建尊经阁。弘治十四年（1501），知府连盛于棂星门外增建素王宫坊。正德七年（1512），知府李嵩增建号舍，立泮宫坊。嘉靖初期，增建启圣祠、敬一亭，并更换圣像。嘉靖二十七年（1548），知府郭廷冕重修学宫。万历四十五年（1617），知府刘广生再行扩建。崇祯十六年（1641），汪曾海在此基础上，又重修学宫，改建天下文明坊、春风桃李坊、宫墙璧水坊。

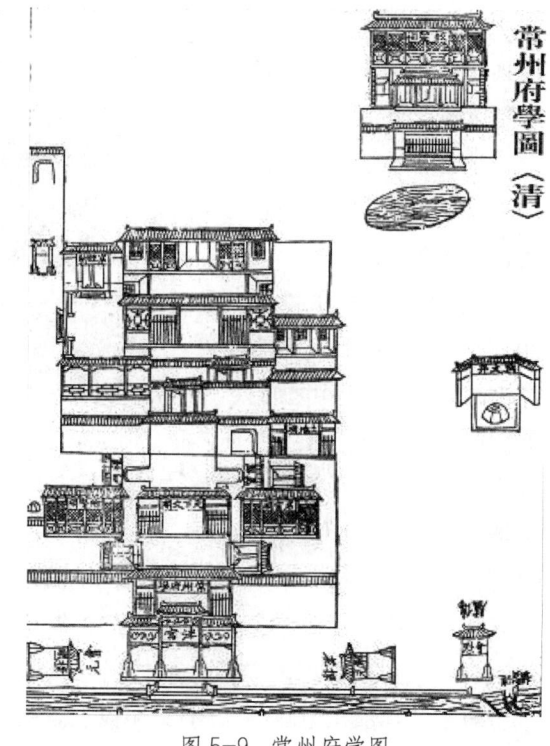

图 5-9 常州府学图

武进县学规制近似府学，洪武五年，武进知县董尚展拓旧基，建礼殿3间及讲堂东西二斋，又改筑棂星门南向，设射圃于学宫之东。宣德二年（1427），知县蔡贵购买土地，又加扩展。正统元年（1436），知县朱恕重修大殿。成化十年（1474），知县熊翀拆除原有号房，改建东西楼22间，又建尊经阁。同时又购买土地，移射圃、馔堂于尊经阁之左。成化十五年，知县魏璋增崇礼殿，重建门庑。弘治初年，知县胡瀛更建殿庑堂斋，另外又购买民地，置号房80余间。正德十六年，因讲堂后为民居，知县徐官便将民居购下，扩充面积。同时又在棂星门外开辟道路，将县学与民居彻底隔开。嘉靖十一年，知县马汝璋建启圣祠、敬一亭、名宦祠。万历初年，知府施观民、知县茹宗舜改建大殿，殿后建明伦堂，堂后筑台，建文昌祠。万历五年，知府穆炜又开池于泮池之外。万历三十年，知县晏文辉复建享堂三间，改释菜为奠殿。此后正殿一度倾颓，至天启六年（1626），由知县罗华衮重修。其他各县学的规制也基本相同。①

地方官学学生，通称生员，俗称秀才。生员数量均有名额限制，洪武间规定，各省府学生员名额为40人，州学30人，县学20人。生员除了享受官府按月提供的膳食外，还可获免2人的差徭，此生员称为廪膳生员，简称廪生。又允许科举发达地区增加生员名额，称为增广生员，简称增生，宣德间规定增广生学额与廪生基本相同。正统间又加取附学生员，简称附生。据《万历常州府志》，至万历四十三年时，常州府学学额为80名，武进县为68名，无锡为69名，宜兴为60名，江阴为50名，靖江为18名。②据朱国桢《涌幢小品》言，当时各府、州、县其大者，生员总数多者达一二千人，③常州府地区作为明代科举最为发达的地区，生员数量各县都在1000人以上，无锡、武进基本上都在2000人以上。

图 5-10 大成门

明代历来以学规严厉苛刻著称，各级官学的明伦堂上，均立有一块卧碑，上面镌刻着洪武十五年（1382）颁布的十五条禁例，如：府、州、县生员，凡事非于己者，不得轻易到官府陈诉；生员不得代人诉状；一切军民利病等军国政事，生员不得越位妄言；生员听师讲说，毋恃己长，妄行辩难，或置之不问等等。明代教官主要任务不是授课，而是组织童生和生员参加各种名目的考试，为日后的科举考试作准备，因此衡量各地府县学成就的也是科举考试的成绩及日后为官品级的高下。常州地区便有如下传说，常州府学靠近河边，建筑多建在前端，后半部分则旷地甚多。武进县学距河稍远，离街道很近，所以建筑格局为后半部分稍窄，而前半部分多旷地。曾经相传，府学水逆流，在此就读的士子容易科举高中，而官级不甚高。县学前临后河，左肩河湮塞，右边仓湾一派水暗拱，因此在此就读的士子容易做高官，但科名较之府学略有不如。④

二、社学、义学与私塾

社学是地方官奉朝廷诏令在乡村设立的"教童蒙始学"的学校，相当于官办的

---

① （清）于琨修，陈玉璂纂：《康熙常州府志》卷一五《学校》。
② （明）刘广生修，唐鹤徵纂：《万历常州府志》卷一一《选举》。
③ （明）朱国桢：《涌幢小品》卷一一《雍政》，中华书局1959年版，第230页。
④ （明）刘广生修，唐鹤徵纂：《万历常州府志》卷二《地理志二》。

地方初等。社学乃是承袭元制，明初，诏令地方政府督办社学，"凡三十五家皆置一学，愿读书者尽得预焉"①，"今京师及郡县皆有学，而乡社之民未睹教化，宜令有司更置社学，延师儒以教民间子弟，庶可导民善俗也"。②洪武十六年再次下诏，民间设立社学，官府不得干预。正统时，又特许社学学生优秀者可递补为生员。弘治间，又下令各地建社学，"选择明师，民间幼童十五以下者，送入读书，讲习冠、婚、丧、祭之礼"。明代社学分为官办和民办，官办经费由政府支出，民办则由当地社仓、社田或地方缙绅商贾捐助。由于各地经济条件不一，社学举办情况也各不相同，《明史》曾言"其法久废，浸不举行"，不过常州地区的社学发展却相对较为繁荣。如常州城内社学在双桂坊内，弘治八年（1495）巡按御史樊祉、知府曾望宏购地创立，正德元年（1506）巡按御史饶唐、知府杨二和又拓妙胜寺基地，增置二所。各县社学也非常发达，如江阴县明代社学自"城市以达乡都，无里无之"，大都在正德十年由知县万玘创设，其中县城社学尤为发达。如县社学养正书馆在县学东，原为市民侵占，知县黄傅恢复，"拓地增庐，立师设约，萃童蒙之，有颖质者并肄业其中"。黄傅本人"亲为训迪，一时乐育者左右趋之，视诸社学为特盛"。社学周长六十丈五尺，"前为门，中为厅，厅后四周为书房，又后为院，院有轩"。③社学除了传授基础知识外，其社会教化功能更不应小觑，常州地区文风蔚然，社会相对安定，与遍布城乡的社学关系密切。

虽然常州地区官学繁荣，但一般民众的启蒙教育，仍然是依靠民间举办的私学。私学又称私塾，大抵可以分为两类，一是家塾，由教师在自己家里设馆招收学生授课。二是义学，又称义塾，由官僚士绅富商或宗族出资兴建，用祠堂庙宇做校舍，延请教师教授本社区或本宗族地方清寒子弟。此外一般家境富裕者会聘请老师到自己家中，教授子女。私塾教育在常州历史悠久，明代常州私塾遍布城乡，根据受教育者的文化程度，分为蒙、经二馆。蒙馆主要是启蒙教育，经馆主要以四书五经训练为主，为科举应试做准备。

江南地区兴办义学的风气，自唐宋以来一向比较兴盛，明代更为发达，如万历四十四年，唐鹤徵便曾捐田300亩、捐金600建立唐氏义田和义学，④族中还规定："生童四季会课文定二书，一等给笔墨银三钱，首名加二钱，二等给银二钱，三等给银一钱，管年人同族中老成人监试""举贡生监岁给膏火银二两，武举武生员给银一

---

① （清）全祖望：《鲒埼亭集外编》卷二二《记七明初学校贡举事宜记》，《续修四库全书》第1429册，上海古籍出版社1995年版。
② 《明太祖实录》卷九六，洪武八年正月丁亥。
③ （明）赵锦修，张衮纂：《嘉靖江阴县志》卷七《学校记》。
④ （明）孙慎行：《唐氏义田序》，《毗陵唐氏家谱》，民国三十七年铅印本。

两,生监休告者,岁给银一两,不与祭者减半"。此外,"童生入学者给襕衫银二两,祠生给襕衫银壹两,乡试给路费银二两,今加壹两,登科者贺银陆两,会试给长夫银拾二两,登甲者贺银十两,乡贡者贺银三两,廷试路费银陆两","武途入学者给襕衫银一两,科举有名者给路费银一两,乡试中式者贺银三两,会试路费银陆两,登甲者贺银伍两"。① 除此之外,根据地方志的记载,如武进的白昂、吴亮,无锡的张以德、宜兴的吴宗良、江阴的黄渊都立义学,或者是教族人子弟,或教乡里弟子。②

此外,明代在基层控制采取老人制和申明亭制,即在乡里聘请德高望重的长者调节一般的民事纠纷,宣讲律法和《大诰》,在一定程度上既能使一般矛盾在基层中化解,同时又可以通过"老人"对法律的宣讲起到一定的普法和弘扬伦理道德的作用。虽不是一般意义上的学校教育,却具备了现代社区教育领域相当多的职能。

三、书院与东林派的形成

明初,朱元璋虽大力发展社学,但对于以民办为主体的书院,则采取限制和禁止的政策,对于其重点管控的江南地区,更是采取厉禁的政策,自正统朝开始,书院弛禁,方得以再次复兴。学者盛郎西曾叙述:"宋元之间,书院最盛,至明而寖衰。盖国家网络人才,士之散处书院者,皆聚之于两雍,虽有书院,其风不盛。其后国学之制渐隳,科举之弊孔炽,士大夫复倡讲学之法,而书院又因以兴。"③ 在明代书院复兴过程中,王守仁起到了十分重要的作用,"成弘以上,学术醇而士习正,其时讲学未盛也。正嘉之际,王守仁聚徒于军旅之中,徐阶讲学于端揆之日,流风所被,倾动朝野。于是缙绅之士,遗佚之老,联讲会,立书院,相望于远近"。④ 常州的书院虽然论学宗旨与阳明学不尽相同,但其形式和活动则与阳明学书院几无差异。

正德十四年(1519),常州知府陈实在毗陵驿原址创建道南书院,由毛宪在其中主讲,并祀杨时、邹浩等人。但为时不久,嘉靖间因倭乱而改为兵备道。明代常州书院的大规模发展始于龙城书院。龙城书院在武进县局前街,洪武时知府张度移杂造局于此,为五县每年造缎匹箭枝之所,故名。隆庆六年(1572)五月,知府施观民改建为龙城书院,至万历元年(1573)告成,施观民同时又在书院西北凿玉带河,谓"此后人文当盛",预示着常州学术高峰的到来。龙城书院成立初始,只是为常州府属士子科举应试做准备,但一些优秀的士人已经开始被吸引至此。施观民曾在龙城书院亲自授课,"郡守施龙岗先生建龙城书院,拔士之优异者,亲课之,公(顾

---

① 《唐氏宗规》,《毗陵唐氏家谱》。
② 参见(明)刘广生修,唐鹤徵纂:《万历常州府志》卷一四、一五;(清)于琨修,陈玉璂纂:《康熙常州府志》卷二三、二四、二五。
③ 盛郎西:《中国书院制度》,《民国丛书》本,上海书店出版社1991年版,第77页。
④ 《明史》卷二三一"赞语",第6053页。

宪成）与柏潭孙公继皋迭居第一"，①这是顾宪成与龙城书院结缘之始。此后施观民还邀请未第的顾宪成至龙城书院讲课，"王永图，字惟怀，无锡顾端文入郡守龙岗施公龙城社，见永图，年才十四，端文称之曰：'此凝道之器也。'许妻以女，携归教迪"。②

在龙城书院建成之始，薛应旂便有所担心，因为之前在嘉靖十六年，御史游居敬曾论劾王守仁、湛若水私创伪学，罢各处私创书院。③于是他致信给施观民，提出自己的担心及解决方法："书院事例在嘉靖间有行，吏、礼二部已著为令，近时抚按诸公偶亦未之思耳。翰谕山东临清诸处近日有建书院者，若处

图 5-11　龙城书院

之不甚周悉，傥后有其人，安知不为前日之九华、新泉诸书院耶？鄙意管见，惟欲公仍祀道南书院诸贤，则今之建立，名义俱正，自庙堂以至于闾井皆无异议，而法典礼制俱无违越。"④薛应旂已经敏锐地意识到书院讲学未必容于当权，所以提出以祭祀先贤为名，行讲学之实的折中办法。但是他的建议并未得到施观民的认可，而未来的结果却不幸被他言中。万历七年（1579），张居正发动了禁毁天下书院的运动，而龙城书院首当其冲，"先是原任常州知府施观民以科敛民财，私创书院，坐罪褫职。而是时士大夫竞讲学，张居正特恶之，尽改各省书院为公廨，凡先后毁应天等府书院六十四处"。⑤

万历十年张居正死后不久，应邹元标所请，恢复天下书院。常州地方官从老百姓手中重新购买回龙城书院的原址。至万历三十一年，知府欧阳东凤重建龙城书院，为避免重蹈施观民的覆辙，欧阳东凤也许是接受了当年薛应旂的建议，并没有使用龙城书院的名字，用的是建先贤祠的名义，然后在先贤祠左右创经正堂和传是堂，

---

① （清）顾枢等：《顾文端公年谱》，《北京图书馆珍本年谱丛刊》第53册，北京图书馆出版社1999年版。
② （清）李先荣原本，阮升基增修，宁楷增纂：《嘉庆增修宜兴县旧志》卷八《理学》，《中国地方志集成·江苏府县志辑》第39册，江苏古籍出版社1990年版。
③ （清）夏燮：《明通鉴》卷五七，中华书局1959年版，第2140页。
④ （明）薛应旂：《方山薛先生全集》卷二三《再答施太守》，《续修四库全书》第1343册，上海古籍出版社1995年版。
⑤ （清）夏燮：《明通鉴》卷六七，第2613—2614页。

聘请钱一本、薛敷教等学者在其中讲学。①

龙城书院的复建促进了东林书院的重建，也从此拉开了明代书院发展的大潮。东林书院位于无锡城东，本为宋儒杨时（龟山先生）的讲学处。至元代时已荒废为僧舍。明成化时，邵宝试图在原址重建未果，于是于城南又建书院，由王守仁做记，也名东林书院。万历二十二年，被削籍的吏部验封司员外郎顾宪成返乡，与高攀龙、顾允成等聚众讲学。万历二十六年，顾宪成、高攀龙与管志道在无锡二泉论辩"无善无恶"，"观听者踵相接，至无所容"，顾宪成便提议："百工居肆，以成其事，吾辈可无讲习之所乎？"②在高攀龙的建议下，他们便准备重建杨时的东林书院。而这时龙城书院的重建便成为重要的契机，在欧阳东凤和无锡知县林宰等的支持之下，顾宪成等在万历三十二年修缮杨龟山祠，并募款筹资，在原址重建院舍，讲学其中。在顾宪成、高攀龙的主持下，东林书院"每年一大会，或春或秋；每月一小会，除正月、六月、七月、十二月祁寒盛暑不举外，二月、八月以仲丁之日为始，余月以十四日为始，会各三日"③"集友士为会，至者尝千人，东林讲学之盛遂甲天下"。④

在龙城和东林的影响之下，常州府各县都开始兴建书院，其中以宜兴的明道书院为最著名。万历三十八年，顾宪成的学生宜兴学者史孟麟捐出故业，在知县喻养微的支持下建立了明道书院，"一时名贤学士云集，与东林相辉映"。⑤此后，东林书院、龙城书院经正堂、明道书院之间的联系也日益密切。顾宪成于万历三十六年一月赴经正堂讲会，作《经正堂商语》，并和钱一本、薛应旂相约每岁举行。钱一本等人又至东林开讲。也就在同年，史孟麟与金坛于孔兼（景素）、宜兴吴达可等人定《丽泽约》："每岁常润轮举，春以为期，而经正、明道、志矩次第焉"。⑥此后，以常州府三大书院为中心，加上金坛的志矩堂、常熟的虞山学院构成了一个讲学网络。如万历四十一年，无锡吴觐华迎其师钱一本至东林讲《易》，"嗣后，东林有会，则迎启新（一本）先生于上座，经正堂有会则偕一二同志往，寒暑晦明无辍"，⑦而宜兴明道书院也由顾宪成、唐鹤徵、高攀龙、钱一本暇则携及门讲诵，同时邹元标、刘宗周等不远千里赢粮而至，⑧代表着东林书院网络突破了苏南的地域限制，形成了

---

① （明）刘广生修，唐鹤徵纂：《万历常州府志》卷二《疆域》、卷七《名宦》。
② （明）叶茂才：《高景逸先生行状》，（清）许献、高廷珍等修《东林书院志》卷七，《中国历代书院志》第7册，江苏教育出版社1995年版。
③ （清）许献、高廷珍等修：《东林书院志》卷二《会约仪式》。
④ （清）宋荦：《重修东林书院碑记》，（清）许献、高廷珍等修《东林书院志》一五。
⑤ （清）李先荣原本，阮升基增修，宁楷增纂：《嘉庆增修宜兴县旧志》卷九《名胜》。
⑥ （清）顾枢：《顾文端公年谱》。
⑦ （明）邹期桢：《吴觐华先生墓志铭》，（清）许献、高廷珍等修《东林书院志》卷九。
⑧ （清）施惠、钱志澄修：《光绪宜兴荆溪县新志》卷四，《中国地方志集成·江苏府县志辑》第40册，江苏古籍出版社1990年版。

更广泛的学术圈。

东林最初讲学仍然限于纯粹的学术范围，其内容基本上是由主讲者先说四书一章，有问题就进行讨论研究，采取答辩方式，除提问《大学》《论语》《中庸》《孟子》中有关章节内容外，还兼有以往一些先哲、贤儒、君主、名臣等人的事迹、语录、学术见解等方面的问题，大多围绕所关心的学术理论进行释疑辩难。但随着东林的声誉日隆，以顾宪成为首的东林学者也名望愈重。陈继儒便曾言："先生忘世，而世不忘先生。凡远近执经问道，士大夫东西行礼于其庐者，舟车相属，郡县监司以不识先生为可耻；台省诸曹郎不首推先生名，则启事皆指为故常而不足重；激扬圣贤，不得先生印可则不敢自信。而私以其学术行于世，世之归心先生，直如川之赴海，山之崇岳。"① 再加上东林诸人本来就都曾在朝中为官，根本无法摆脱政治，所以后来吴桂森便言："维昔先贤间出清议，维持世道，盖时或使然，万非得已。"② 柳诒徵也言：东林"纯乎讲学，于时政无与也。第宪成等志在人心世道，讲学之余，往往讽议朝政，忌之者指目东林，东林之友朋弟子亦毅然以东林自负。故书院甫立八年，即有徐兆魁之弹劾"。③ 而随着此后东林诸人在复杂的朝政时局中牵涉得越来越深，加以"浮慕泾上者不能无鱼龙混杂之疑"，④ 终于"锋镝四起"，直接导致了天启间对东林的毁禁。

《明史》卷二二《熹宗本纪》载：天启五年（1625）"八月壬午，毁天下东林讲学书院"。"天下东林讲学书院"这一含混的指称既说明当权者的刚愎自用及思维混乱，"不知有各处书院也，而统谓之东林，又不知东林所自始也，而但借此二字以为排陷君子之具"，⑤ 以为天下讲学者都是东林党人，都是自己的敌人；另一方面同时也说明这时的"东林"已经和东林书院、东林学派毫无关系，所谓的东林党其实是一个含混的称呼，黄宗羲便感觉到"乃言国本者谓之东林，争科场者谓之东林，攻逆奄者谓之东林，以至言夺情、奸相、讨贼，凡一议之正，一人之不随流俗者，无不谓之东林，若似乎东林标榜遍于城中，延于数世"，所以他才感叹："东林何不幸而有是也？东林何幸而有是也？然则，东林岂真有名目哉？亦小人者加之名目

---

① （明）陈继儒：《白石樵真稿》卷七《寿泾阳先生六十序》，《四库禁毁书辑刊》集部第66册，北京出版社1998年版。
② （清）严毅：《东林书院志序》，严毅修《东林书院志》卷首，《中国历代书院志》第7册，江苏教育出版社1995年版。
③ 柳诒徵：《江苏书院志初稿》，《中国历代书院志》第1册，江苏教育出版社1995年版。
④ （明）缪昌期：《从野堂存稿》卷六《与高景逸》，《续修四库全书》第1373册，上海古籍出版社1995年版。
⑤ （清）孙承泽：《书院考跋》，李卫等修：《雍正畿辅通志》卷一一二，《景印文渊阁四库全书》第506册，台湾商务印书馆1987年版。

而已矣！"①

东林书院兴起于常州，最后形成了一场轰轰烈烈的运动，影响波及至全国，对中国历史也产生了深远的影响。从书院的角度，东林书院、龙城书院、明道书院共同推动了常州地区在晚明期间的学术发展，成为中国书院发展史的里程碑。在学术方面，东林学派上承阳明后学，下启明清实学，对明末清初学风的变化起到了积极的推动作用，对常州一地的清代学术繁荣也有着重要的影响。在政治方面，东林党虽然过于强调道德，并且"专以东林厚薄为轻重"，②堕于传统的党争习气，但也涌现出众多不畏权势、刚正不阿的人物，与专擅朝政的阉宦势力进行了不屈不挠的斗争，其精神更成为后世的表率。

四、科第蝉联

明代正式设科取士始于洪武三年（1370），洪武朝前期科举政策一度不甚稳定，但随着洪武十七年始定科举之式，命礼部颁行各省之外后③，科举制度日益完善，明代常州地区取得了辉煌的科举成果，"科第蝉联，数代不绝"，④有明一代共计开科89次，常州地区进士数636人，占全国总数的16.46%。常州府明代考中进士数仅次于苏州，位列全国第二位。武进县则为全国各县考中进士数的第二位。无论常州府还是其附郭县，武进均稳居前三。

明代常州府一共产生无锡孙继皋、宜兴周延儒、陈于泰、武进杨廷鉴等4名状元，另外有多名榜眼、探花和传胪，仅武进县便涌现出了多名鼎甲，如王傲，景泰二年探花；徐鏊，景泰五年探花；陆简，成化二年探花；白坦，成化八年传胪；唐顺之，嘉靖八年传胪；孙慎行，万历二十三年探花；吴亮，万历二十六年传胪；吴宗达，万历三十二年探花；董承诏，万历三十五年传胪；管绍宁，崇祯元年探花；庄应会，崇祯元年传胪；杨廷鉴，崇祯十六年状元等。⑤其中如按当今常州行政区划，崇祯十六年武进杨廷鉴、溧阳宋之绳、陈名夏包揽三鼎甲。如此辉煌的科举史成就，为全国之翘楚，与另一江南科举之乡苏州，伯仲之间，并称双桂。

唐鹤徵曾言："吾常以文学名海内久矣，然数科以前棘闱不过三五人，礼闱不过二三人。"当时有风水家认为常州运河入城直泻，有碍文风，应当横流，以阻止文气外泻。万历九年(1581)，知府穆炜另凿新河，改道飞虹桥东流，使之西与南运河接通，东出水门桥，径直通往无锡水道。浚河所掘土运至东西两端筑堤坝，以障南

---

① （清）黄宗羲：《明儒学案》卷五八《东林学案一》，第1375页。
② 《明史》卷二五六"赞语"，第6616页。
③ 《明史》卷七〇《选举志二》，第1696页。
④ （清）于琨修，陈玉璂纂：《康熙常州府志》卷九《风俗》。
⑤ 朱保炯、谢沛霖编：《明清进士题名碑录索引》，上海古籍出版社1979年版。

来之水入城,"自兹以后,甲第之盛冠于海内"。①万历二十九年,知府周一梧和武进知县晏文辉再组织民工运土夯实筑固其坝身,东头的坝取名文成坝,西头的坝就是石龙嘴。当时有无锡人称常州建文成坝损害了无锡的文气,上书知府要求拆除,唐鹤徵为此专门致书知府以作反驳。②河水改道和建文成坝是否对常州科举产生影响,见仁见智,但唐鹤徵自己也指出:"乃今士子通经之力勤,结撰之心苦,尽发先辈矱获而仿模之善,十倍于昔时而未己。"③以为这才是常州科举发达的真正原因。不管怎么样,明代常州科举成功恰恰与常州学术的繁荣同步,这应该不是偶然。

第二节 明代常州的学术与文化

明代是常州文化发展历程中的一个重要阶段,唐顺之的出现代表了常州学术走向成熟,而东林学派的出现则使明代常州学术迈上了高峰,明代常州文化在思想、文学、戏曲、艺术、建筑、地理等方面都取得了卓越的成就,对中国学术和文化思潮的历史风气之转移,都产生了导向性的重大作用。

一、明代前期的常州学术

明代前期,由于思想统治相对较为严酷,加上常州本地学术发展尚处于准备期,故而此时的学术思想基本处于较为平淡和冷落的时期,但依然涌现了一些出色的学者。成化以后,随着整个明代学术的逐渐繁兴,常州地区的学术也开始了新的发展。

陈济(1364—1424),字伯载,号思斋,洪武十八年(1385)从谢应芳学,博学强记,六经子史无不研究,时称"两脚书橱"。永乐三年(1405),以布衣应召纂修《永乐大典》,为都总裁,与姚广孝等数人,"发凡起例,区分钩考,秩然有法,执笔者有所疑,辄就济质问,应口辨析无滞"。④《永乐大典》篇幅浩大,搜罗广泛,总字数约3.7亿。宋、元以前之佚文释典,多赖其传世,有效地保存了明代以前的大量的历史、地理、思想、语言、文学、艺术、宗教、科学技术等多方面的丰富而宝贵的史料,而陈济身为一介布衣,却和当时著名的解缙等一起为之作出了同样的贡献,居功至伟。

毛宪(1469—1535),字式之,号古庵,正德六年(1511)进士,官至礼科给事中,以朝政污渎辞官归里。他讲求性理之学,"学者翕然尊师,其徒之贫也,多为之馆

---

① (明)刘广生修,唐鹤徵纂:《万历常州府志》卷一一《选举》。
② (明)唐鹤徵:《议文成坝上当事书》,(清)陈廷柱、汪邦宪修,虞鸣球、董潮纂《乾隆阳湖县志》卷二《桥闸》,乾隆三十年刻本。
③ (明)刘广生修,唐鹤徵纂:《万历常州府志》卷一一《选举》。
④ 《明史》卷一五二《陈济传》,第4193页。

谷",常州知府建道南学院,邀毛宪讲学,开常州讲学之风,一时"士子云集",①他与王守仁、湛若水、唐顺之多有交往。讲学以不欺为主,以恕为用,以克己为工夫,务笃实、矜名节、敦行谊,学者多尊师之。著有《毗陵正学编》《古庵文集》等。

徐问(1480—1550),字用中,弘治十五年(1502)进士,官至南京工部尚书,引疾去,退隐乡间,隆庆初谥庄裕,学者称养斋先生。徐问为人处事淡然,虽居高位,而貌冲然,又爱提携后进,唐顺之自少年时便对其仰慕不已。②他是明前期常州最重要的学者,但黄宗羲以为其为"旧论缠绕,故于存养省察,居敬穷理,直内方外,知行,无不析之为二,所谓支离之学,又从而为之辞也"。③他工诗,有诗文集《山堂萃稿》,《四库全书总目》则称其"平正通达而伤于浅易"。④

二、唐顺之、薛应旂与常州学术的成熟

常州学术文化走向成熟的标志是明代学者唐顺之的出现。唐宋派的王慎中曾言,吴地文化史上"英华之所磅礴",自季札、言游后,"继之者荆川也"。⑤唐顺之是常州文化史上第一个具有全国影响力的、真正有着原创性的学者,他将常州文化精神固有的特点发扬光大,使得常州学术精神趋于成熟。"有清一代常州之学术文艺弁冕南服,即气节事功亦荦荦可指数。然余以谓明代常州之人文殆尤跨越清世,姚余姚而开东林,轩天震地,为国脉人纪道统之枢纽者,方山、荆川并峙。嘉隆中,荆川之学尤博,事功尤伟,当时学者莫之并。亦越数百年,伟人长德世固不乏语其轨辙,与荆川俪敌者,犹

图 5-12 唐顺之墓

---

① (明)吕柟:《礼科右给事中毛公宪墓表》,(明)毛宪《古庵毛先生文集》卷首,《四库全书存目丛书》集部第 67 册,齐鲁书社 1997 年版。
② (明)唐顺之:《山堂萃稿序》,(明)徐问《山堂萃稿》卷首,《四库全书存目丛书》集部第 54 册,齐鲁书社 1997 年版。
③ (清)黄宗羲:《明儒学案》卷五二《诸儒学案》,第 1241 页。
④ 《四库全书总目》,第 1568 页。
⑤ (明)王慎中:《荆川集序》,(明)唐顺之《荆川先生文集》卷首,《四部丛刊》本。

难其选。呜呼盛矣！"① 这是近人柳诒徵对唐顺之在常州文化思想史上地位的评价。

唐顺之（1507—1560），字应德，又字义修，人称荆川先生，嘉靖八年（1529）会试第一，廷试二甲传胪，授编修。因不依附议礼新贵张璁被罢职，重新启用后，因上疏请见太子而触怒世宗，被削籍还乡，蛰居十年，一力为学。他是唐宋派的代表人物，反对复古派，提出学习唐、宋古文，并从此逐步确立了"唐宋八大家"的历史地位。而这本身就与以独孤及、萧颖士为代表的常州历史中固有的古文传统密不可分。更重要的是他将常州学风固有的特点发扬光大，使得常州学风趋于成熟。由其开始一脉相传的"重意不重法"的传统，是讲究"言内意外"的常州经学和常州词学的基本精神。他又是常州经世之学的先导，李兆洛便称"吾乡自荆川唐先生以来，世有通经致用之士"，② 其子唐鹤徵所撰《歉庵墓志铭》便云："荆川府君素抱忧世之志，自钱谷虚实、山川险隘、兵甲骁钝、人才真伪，以至弓矢戈戟、阴阳星历、韬钤禽遁诸业，凡持其技至者罔弗礼，持其书至者罔弗售。"③ 唐顺之本人也对"分技艺与德为两事"非常不满，亦力申"德非虚器""技艺与德"不可两分，认为那些腐儒"务高之论，莫不以为绝去艺事而别求之道德性命"，其结果是"艺无精义而道无实用"。④ 他称"诸子百家之异说，农圃工贾、医卜堪舆、占气星历，方技之小道，与夫六艺之节脉碎细，皆儒者之所宜究其说而折中之"，这和清代常州学者融通杂糅，多通"子史兵农、刑法数术之学"⑤ 和医经本草、舆地算术等其实是一脉相承的。更重要的是，他强调的"真精神与千古不可磨灭之见"⑥，恰恰就是常州学术真正追求的目标。

如果说唐顺之是日后常州学术的精神源泉，那么与唐顺之同时并称"二贤"的薛应旂则直接导致了东林学派的产生。薛应旂（1500-1572），字仲常，号方山，少年时随无锡学者邵宝学：在南京国子监求学时先后从师著名学者欧阳德、吕柟，对其一生影响深远。嘉靖十四年（1535）进士，授慈溪知县。不久改授江西九江府儒学教授，一度掌白鹿书院。嘉靖十八年，升授南京吏部考功司主事，擢郎中。嘉靖二十四年，负责南京京察时，因未顺从时任首辅严嵩私意，而使其怀恨在心，被黜为江西建昌通判。又因罢黜学者王畿事，被王学门人"不许其名王氏学者"，甚至一度与挚友唐顺之反目。此后多次受到贬谪，几起几落，嘉靖三十五年罢归，从此不再出仕。

---

① 柳诒徵：《明唐荆川先生年谱序》，唐鼎元编《明唐荆川先生年谱》，《毗陵唐氏家谱》。
② （清）李兆洛：《养一斋文集》卷一三《董方立传》，《四部丛刊》本。
③ 唐鼎元编：《明唐荆川先生年谱》卷二。
④ （明）唐顺之：《荆川先生文集》卷五《与俞教谕书》。
⑤ （明）唐顺之：《荆川稗编》卷首《自序》，《景印文渊阁四库全书》第953册，台湾商务印书馆1986年版。
⑥ （明）唐顺之：《荆川先生文集》卷五《答茅鹿门书》。

薛应旂著作等身，著有《四书人物考》《宋元通鉴》《宪章录》《方山薛先生全集》。他的三位师长，邵宝、吕柟均笃信程朱之学，欧阳德虽然是王阳明亲传弟子，但他"学务实践，不尚空虚"，①与王畿等相左，这就使得薛应旂能够出入朱陆之间，逐渐形成了反对空谈，强调实际的实学思想，他强调合汇汉宋，由博返约，又强调"不事标榜，务从实践"，"知空言之无益，实行之当务"②，"践履上不一息放过，不然荒唐无实"，③时人以为其学术"佐佑六经，删定诸史，品裁九流百氏，而方舆郡邑志乘，靡不各有论撰。匪以炫博务奇而矜于文学之门，实其禀赋特异，夙以圣贤事业自期待，故其体用之学经纬上下，贯彻古今，随在辄发，皆切于人心时事、民生物理，而不为无益之空言也"。④这一切都对他的弟子顾宪成、顾允成等人产生了深远的影响，从而直接导致了东林学术的产生，所以黄宗羲便称"东林之学，顾导源于此，岂可没哉"。⑤

三、东林派与明代常州学术的高峰

东林时期，常州地区学术到达了有明一代的鼎盛时期，著名的学者和文人不断涌现，尤以顾宪成、高攀龙、薛敷教、钱一本、唐鹤徵、孙慎行等为代表，他们无论在事功还是学问方面都取得了令人瞩目的成就，在整个中国学术史上也占据重要的地位，使得这一时期成为常州学术史上的真正意义上的第一个高峰期。同时，正如美国学者艾尔曼所指出的，唐顺之与其同时的薛应旂，经其子唐鹤徵和薛应旂之孙薛敷教，与晚明最有影响的文人社团东林党形成学术联系，此后则又借助家族血缘关系所构成的社会网络，形成地方知识传统，绵延而至清代的常州学派，成为明清经世致用实学思潮发轫之渊薮。⑥

唐鹤徵（1538—1619），字玄卿，号凝庵，唐顺之子，少年时"爽迈负气，不屑卑论侪俗"。唐顺之卒后，乃折节理学，淹贯宋儒语类，尽洗宿习。隆庆五年（1571）进士，授礼部主事，官至太常寺卿。奉使云中，罢归。家居时，与龚道立、顾宪成等讲《大学》格物义于东林、龙城。万历三十二年（1604），"发毗陵，由越达楚，抵庐陵而还，往返凡数千里"，探求圣人之道。万历三十四年，重补南京太常寺少卿。因"疏劾珰殴属丞，得旨严治，人转忌之，遂病免"。⑦万历四十七年，闻听辽东兵败，

---

① 《明史》卷二八三《欧阳德传》，第7277页。
② （明）薛应旂：《方山文录》卷六《杂著答赵生》，《四库全书存目丛书》集部第102册，齐鲁书社1997年版。
③ （明）薛应旂：《方山文录》卷五《与唐荆川》。
④ （明）向程：《方山先生摘论题辞》，《方山薛先生全集》首二。
⑤ （清）黄宗羲：《明儒学案》卷二五，第593页。
⑥ （美）艾尔曼：《经学、政治与宗族：中华帝国晚期常州今文学派研究》，江苏人民出版社1998年版。
⑦ 唐鼎元编：《唐荆川公弟子考》，《毗陵唐氏家谱》。

惊起于病榻之上，坐对孙慎行扼腕叹息，含泪属纩。① 唐鹤徵是晚明重要的思想家之一，黄宗羲称其"道术自九流百氏、天文地理、稗官野史，无不究极"。他著作颇多，其思想主要体现在《桃溪札记》《周易象义》中，而《皇明辅世编》《宪世编》则是其代表性的明史著作，此外他负责纂修《万历常州府志》《万历武进县志》，其经世致用的许多思想都在这两部方志中得以体现。唐鹤徵承袭其父思想，本属于南中王门，但在当时"痛言王门之弊"的潮流中，思想开始发生转变。他没有遵循程朱的"理生气"的思路，也没有陷于陆王心学的"心外无物"的模式，其心性说更被黄宗羲认为"从来言心者所不及"。② 他在强调"心上工夫"的同时，更重视格物之功和学问之功，具有鲜明的务实精神，实现了对心学的突破，提出了一系列的济世匡时的改革主张，与唐顺之、孙慎行等一起为清代常州经世之用之学开了先河。

钱一本（1546—1617），字国瑞，号启新，万历十一年进士，授庐陵知县，入为福建道御史，首疏纠劾前按臣祝大舟贪黩不法，得旨远戍，举朝肃然。钱一本又奏请奉祀大儒罗伦、罗洪先、陈真晟、曹端于学宫。出为广西巡按。时廷臣相继争国本，钱一本建言最为戆直，被神宗斥为民。归乡后在经正堂讲学，并与顾宪成一起主讲东林书院，日后主讲东林之无锡吴桂森即为其弟子。暇时潜心濂洛诸书，尤精于《易》。其著作《周易像象管见》九卷，可谓是明代易学研究中的经典，也最能代表其易学思想和成就。钱一本的易学研究强调象数与义理统一，并将忧患意识及力行用世之思想贯穿于对《易》象的解释上。《四库全书总目》称其"深辟言象遗理，言理遗象，仿佛其象而仍不知所以为象之弊，虽间有支蔓而笃实近理者为多，自称用力凡二十年，亦可谓笃志矣"。③

顾宪成（1550—1612），无锡人，字叔时，号泾阳，世称泾阳先生、东林先生。万历八年进士，初授户部主事，万历二十一年，任吏部文选司郎中，次年因廷推王家屏，削籍归。在乡建东林书院，成为东林领袖。万历三十六年，起为南京光禄少卿，力辞不就。万历四十年，病卒。顾宪成少年时师事薛应旂弟子张淇，后又问学于薛应旂，基本上奠定了其学术思想。高攀龙曾言："先生之学，性学也。远宗孔圣，不参二氏，近契元公，确遵洛闽。尝曰：语本体，只性善二字；语工夫，只小心二字。又曰：不逾矩，孔之小心也；不违仁，颜之小心也，此其学之大旨矣。"④ 他在本体论上力辟王门的"无善无恶"之说，强调性善说，在认识论上则强调"小心"工夫，重实践，

---

① （明）唐鹤徵：《太常遗著》卷一，唐鼎元编《武进唐氏所著书》，民国铅印本。
② （清）黄宗羲：《明儒学案》卷二六，第604页。
③ 《四库全书总目》卷五，第31页。
④ （明）高攀龙：《高子遗书》卷一一《南京光禄寺少卿泾阳先生行状》，《景印文渊阁四库全书》第1292册，台湾商务印书馆1986年版。

对晚明思想的由虚返实起到了直接的推动作用，后经刘宗周、黄宗羲等人的发明，开启了明清之际的实学思潮，对后世影响深远。

高攀龙（1562—1626），字云从，后字存之，别号景逸，无锡人。25 岁时从顾宪成讲学，从此"始志于学"。万历十七年进士，授行人司行人。四川按察司佥事张世则上疏批判程朱学术，进献自撰之《大学初义》，要求颁行天下，高攀龙上《崇正学辟异说疏》，以为"程朱正学，崇尚已久，岂可清议"，[①] 张书遂不行。万历二十一年京察，上疏指斥户部郎中杨应宿阿谀阁臣，远谪广东揭阳县。出朝后，"益以道学为己任"，不久便辞职归乡，此后不再出仕，家居三十年。顾宪成重修东林书院，高攀龙实左右之。万历四十八年，蒙邹元标推荐，起用为光禄寺丞，天启元年（1621）进光禄寺少卿，不久升任太仆卿，擢刑部右侍郎。天启四年，上疏弹劾阉党崔呈秀，被诬免职，不久削除官籍，天启六年（1626），阉党兴"七君子狱"，被迫投湖自沉。高攀龙生平著述有二十余种，门人陈龙正辑为《高子遗书》。他主"修""悟"并重的道德修养论，专心执著于"至善"的道德追求，反对所谓的玄虚、空无之士风。力倡读书穷理，并主张"静坐"和"读书"结合，强调"穷理必由读书而入，静坐读书必由朋友讲习而入"。[②]

孙慎行（1565—1636），字闻斯，号淇澳，唐顺之外孙，万历二十三年探花，授翰林院编修，累迁至礼部侍郎。万历四十一年，署部事。因福王之国事，集九卿，具疏待命阙下者二旬，声泪俱进，并称"此事不了，某与公皆当拼一死"，终令福王赴藩，并索郑贵妃所藏神宗许立福王之书焚于神前。万历四十二年京察被诬回籍，讲学于东林书院。天启初，召为礼部尚书，因红丸案，追论从哲罪，熹宗不问，谢病归。魏忠贤发起东林之狱，指孙慎行为红丸案罪魁，方戍宁夏，值思宗立，魏忠贤败而得免。崇祯八年（1635），与刘宗周等廷推为阁臣，至京而卒，赠太子太保，谥文介。著有《玄晏斋文抄》《诗选》《困思抄》《止躬斋慎独义》等。孙慎行是东林学术的代表人物，也是明清常州学术发展的关键人物之一。幼时他随唐顺之学古文辞，其学问则得之天宁寺名僧静峰和尚，然虽从宗门入手，但不以是为得。[③]"慎独"是孙慎行重要的思想，其学坚守孟子性善一脉，并由此对宋儒在理气和心性方面以及阳明后学空谈心性进行了批判。他是东林学术的重要传承者，同时在整个明清学术转向中也占据着重要意义。刘宗周便言："东林之学，泾阳导其源，景逸始入细，至先生而集其成矣。"[④] 日本学者冈田武彦则进一步阐释："盖东林之学，由泾阳导其源，景逸入

---

① （明）高攀龙：《高子遗书》卷七。
② （明）高攀龙：《高子遗书》卷三《示学者》。
③ （清）黄宗羲：《明儒学案》卷五九《东林学案二》，第 1447 页。
④ （清）黄宗羲：《明儒学案》卷五九《东林学案二》，第 1449 页。

于精，至孙淇澳而另辟一见解矣。淇澳之学与顾、高稍有异趣，他对宋儒之说批判不遗余力。"①孙慎行的慎独思想对刘宗周便颇多影响，同时他倡导实学，反对王学后人空谈心性，提出要于实处见性，并对宋儒在心性问题上大加批判，都对日后清代的学术，如颜李、戴震乃至常州学派产生了重要的影响。

同时期有代表性的常州籍学者还有：薛敷教（1554—1612）、钱春（1566—1639）、吴钟峦（1577—1651）、郑鄤（1594—1639）等。其中郑鄤是明代常州诗歌成就最高的学者之一，因与文震孟忤权臣温体仁被株连，被人罗织罪名，诬以杖母不孝等罪名下狱，崇祯十二年（1639）被凌迟处死，轰动一时，"从来缙绅受祸之惨，未有如公者"。②

四、明代常州学术的其他成就

1. 徐霞客与历史地理。徐霞客（1587—1641），名弘祖，字振之，常州府江阴人，好友陈继儒因其酷爱旅行，常风餐露宿，故取别号"霞客"。徐霞客自幼"特好奇书，侈博览古今史籍及舆地志、山海图经以及一切冲举高蹈之迹，每私覆经书下潜，神栩栩动"。尝言："丈夫当朝碧海而暮苍梧，乃以一隅以自限耶？"③一次乡试未中后，便不再应试，自22岁开始出游，此后三十余年间，游历数万里，东渡普陀，北游幽燕，南达闽粤，西北至太华之巅，西南涉云贵边陲，足迹遍及大半个中国，可谓"踯躅三十年，足踏天下半"。55岁时，身染重病，"两足俱废"，方才被人送回家乡，于半年后去世。成为我国古代唯一一个真正把旅行考察作为终生事业的知识分子。

徐霞客旅行时，几乎每天都记录经过路线及沿途所见所闻所感，去世后，其手稿先由王忠纫校正编次，继由外甥季梦良"遍搜遗帙，补忠纫之所未补，因地分集，录成一遍"，④名《徐霞客西游记》，但当时已有残缺。此后历经修订，至民国初，地理学家丁文江重新印行《徐霞客游记》，并编绘了旅行地图，徐霞客及其游记始进入了现代地理学家的视野。

《徐霞客游记》生动详实地记录了中国丰富的地理、地质、水文、气候、植被等自然资源和地理景观，包含了大量风土人情、社会人文等方面的内容，为今日的地理学研究提供了许多重要资料。比如说他最早记录了有关岩溶地貌的情况，比西方同类记载早100多年；又比如他对长江源头等问题进行了认真的探索，纠正了前人的不足。因此，今天的许多专家和读者均盛赞其为千古奇人，《徐霞客游记》是

---

① （日）冈田武彦著，吴光等译：《王阳明与明末儒学》，上海古籍出版社2000年版，第358、359页。
② （清）黄宗羲：《郑峚阳先生墓表》，《黄宗羲全集》第10册《南雷诗文集》，浙江古籍出版社2012年版，第279页。
③ （明）陈函辉：《霞客徐先生墓志铭》，（明）徐弘祖著，褚绍唐，吴应寿整理《徐霞客游记》，上海古籍出版社2007年版，第1188页。
④ （清）季梦良：《徐霞客游记序》，（明）徐弘祖著，褚绍唐，吴应寿整理《徐霞客游记》，第1页。

千古奇书,英国科技史专家李约瑟在其《中国科学技术史》一书中认为其"读来并不像是 17 世纪的学者所写的东西,倒像是一位 20 世纪的野外勘测家所写的考察记录"。①

2. 常州画派的渐兴。明代常州人文荟萃,作为明代士人文化生活中重要组成部分的绘画艺术,在明代有了长足的发展,为中国绘画艺术史的重要流派——常州画派的形成奠定了坚实的基础。

明代常州最著名的画家首推王绂和孙隆。王绂(1362—1416),字孟端,号友石生、九龙山人。他的画师法元人,又能博采众长,尤以墨竹闻名于世。他的传世佳构《竹石图》,用笔粗放厚重,以淋漓的墨色挥写磊落不平的郁结之气。王绂的画作备受恽寿平激赏,称他是"高旷宕逸之士"。孙隆(约 1390—1450),字廷振,号都痴道人。他能诗善画,尤以花鸟见长。他的花鸟画继承了徐崇嗣的设色没骨法,又参入了梁楷的水墨写意法,墨色交融,独擅胜场。

明后期受到董其昌等文人画的影响,常州画坛也得到了较大促进,尤以邹之麟、恽本初为代表。邹之麟(1574—1655),字臣虎,号衣白,万历三十四年(1606)解元,三十八年进士,官至南京左金都御史。山水仿黄公望,但落墨不多,寥寥数笔,不求工好,曲折细润,六法俱备。用笔圆劲古秀,一种解衣磅礴之概,卓然大雅不群,其勾勒点拂,纵横恣肆。其细密之作落落大方,非寻常画家所能望其项背。恽本初(1586—1655),字道生,明亡后改名向,号香山,复社成员,学杂于佛、老,工画,学董源,骨力圆劲,用墨浓湿,纵横淋漓,自成一派。恽本初是清代著名画家恽格的伯父,也是其绘画老师,对恽格的绘画艺术和思想有着直接的影响。此后,唐宇昭、恽格等明末清初的常州画家在常州先贤艺术风格的影响下,推陈出新,强调写生,发展创新出没骨画法,影响深远,追随者甚众,形成了在中国艺术史上具有重大影响的艺术流派——常州画派。

3. 建筑与园林。明代常州在建筑领域成就卓著,不仅涌现出如蔡信这样的著名建筑家,也营建了许多著名的园林,在中国建筑史和中国园林史上占有一席之地。蔡信(?—1438),"有巧思,少习工艺,授营缮所正,升工部主事"。②洪武年间,蔡信应召赴南京承担工役。永乐四年(1406),明成祖迁都营建北京时,提督调度营建工程,并负责整个紫禁城工程,成为日后著名的故宫的最主要的创造者。此后他又参与指挥营建景陵等皇家工程建筑。由于贡献卓著,他从一个普通的工匠被破格擢升为官,最终官至工部右侍郎。

---

① (英)李约瑟:《中国科学技术史》第 5 卷地学第 1 分册,科学出版社 1976 年版,第 62 页。
② (清)王其淦、吴寿康修,汤成烈纂:《光绪武进阳湖合志》卷二六《人物》。

在人们的习惯认知中,提到园林,特别是江南园林,往往首先想到的就是苏州园林。苏州园林设计和建筑清新雅致,是明清江南建筑文化的缩影,并保存至今,成为江南建筑艺术的瑰宝。而明代时,常州地区物华天宝,人杰地灵,经济繁荣,文化昌盛,居乡缙绅斥巨资修建了多个精美的园林,在中国园林史上占据了重要的地位,产生了深远的影响,其中尤以吴氏诸园为最著名。

洗马桥吴氏为常州明清两代的望族,在明末时尤盛,涌现了如吴中行、吴宗达等显官,而其中吴中行诸子在常州城先后建园,诸园在中国园林史中均富盛名,堪称佳构。吴中行曾建有嘉树园,他的八个儿子,其中吴亮建止园,吴奕建罗浮园,吴玄建东第园,吴兖建兼葭庄,吴襄建青山庄,各园均富盛名,其中止园和东第园在中国园林史上更有重要地位。

吴亮(1562—1624),字采于,万历二十九年(1601)进士,官至大理寺少卿。吴亮回乡之后,于万历三十八年在常州城北青山门外建止园。所谓"止园"之义,据其自题《止园诗》云:"大道无停辙,宣尼岂不仕。当其适去时,可以止而止。陶公淡荡人,亦觉止为美。偶然弃官去,投迹在田里。定省愿无违,逍遥情未已。更有会心处,翳然契林水。但得止中趣,荣名如敝履。"可见为"当止则止",早日归隐之意。吴亮去世后,其子请吴中画家张宏于天启七年(1627)绘成《止园图册》,现存二十开,其中柏林东方美术馆八幅、洛杉矶艺术博物馆六幅、景元斋六幅。当代著名园林大师陈从周所著《园综》卷首所附十四页园林图即来自此图册。但是之前《止园图册》并不为中国园林史或者中国美术史研究者所关注,甚至止园在哪儿也无人知晓。1996年5月16日至

图5-13 止园图

7月21日,洛杉矶艺术博物馆举办了一次长达两个多月的展览——"张宏《止园图

册》展：再现一座17世纪的中国园林"。推动这次展览的是美国著名中国书画史研究专家高居翰，他很早对《止园图册》感兴趣，他认为张宏没有遵循册页的常规做法，非局部地塑造，不按景物的主次，而是各册页连续地表现整个的园林，整个图册有剪裁和取舍，有对细节的表现，有明暗和光影的暗示，可以感觉到西洋画的影响。他创造出了一套表现自然形象的新法则，为那个时代的一座重要园林提供了无与伦比的、最好的视觉证据，因此止园和《止园图册》在中国园林史和中国绘画史上具有举足轻重的地位。2012年，高居翰和清华大学建筑系硕士研究生黄晓、刘珊珊联合完成了《不朽的林泉》，对止园和《止园图册》进行了详细和深入的研究，让止园重新引起了人们的关注。①

吴玄（1565—1628），字又予，万历二十六年进士，官至江西布政使。天启三年（1623），吴玄在常州城东狮子巷得元代集庆军节度使温国罕达的旧园，共15亩，以其中十亩为宅，另五亩请造园大师计成仿司马光独乐园形制建园。计成（1582—1642），字无否，苏州吴江同里人，少年时以绘画知名，

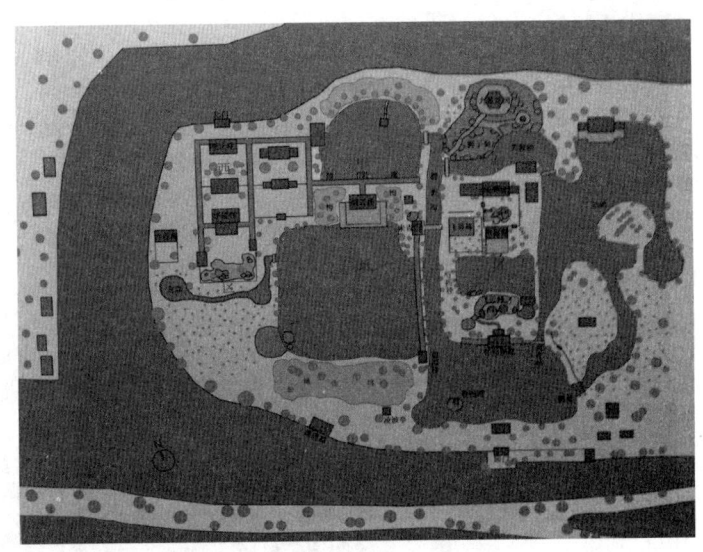

图 5-14　止园北门图

中年曾漫游北方及两湖，后定居镇江，开始精研造园技艺，崇祯四年（1631），他完成《园冶》一书，是中国也是世界上第一本园林艺术理论的专著。东第园是他从事造园叠山以后的第一处完整的园林作品，也使他一举成名，为世人所瞩目，其重要性不言而喻。计成在《园冶》中将东第园的构造经过描绘得非常详细，他在书中言道："予观其基形最高，而穷其源最深，乔木参天，虬枝拂地。予曰：'此制不第宜掇石而高，且宜搜土而下，令乔木参差山腰，蟠根嵌石，宛若画意；依水而上，构亭台错落地面，篆壑飞廊，想出意外。'"②他将绘画艺术和造园技巧完美地结合，写下了中国园林史上重要的一页。

---

① （美）高居翰等：《不朽的林泉：中国古代园林绘画》，三联书店2012年版。
② （明）计成：《园冶自序》，陈植注释《园冶注释》，中国建筑工业出版社1988年版，第42页。

4.戏曲。明代是中国戏曲繁荣的重要阶段，常州在戏曲发展过程中起到了重要的作用，这里家班兴盛、剧作繁荣，而且在昆曲、传奇兴盛过程中扮演了至关重要的角色。明初从北方来定居的杂剧作家贾仲明，在常州先后创作了《山神庙裴度还带》《荆楚臣重对玉梳记》等剧，永乐二年（1404），他又首先采用南曲和北曲联套的方法，创作了《升仙梦》。嘉靖初年，常州涌现出了著名的戏曲家蒋孝。蒋孝，字维忠，嘉靖二十三年（1544）进士，官户部主事。他选南戏曲词与散曲，仿北曲九宫分调，仿陈、白二氏《十三调南曲音节谱》编成《南九宫谱》，这是中国现存最古老的完整南曲格律谱，并对后世产生了深远的影响，成为制谱引曲方面的典范。蒋孝与唐顺之交游，而唐顺之也是重要的戏曲批评家，他将文学思想中的复古主义引入戏曲中，强调戏曲走雅化之路，当代学者认为，唐顺之"在有明演剧精神谱系中，实占据着标志性的意义，弘正以来戏曲的复兴与发展，正是以此为理论前提的"。[①]

嘉靖中，昆山魏良辅集南曲与北曲之长，创立出一种新的声腔——水磨腔，并研究出一套完整的表演体系，从而形成了一个在中国戏曲史上划时代的剧种——昆剧。常州不仅是昆曲最早的流行区域之一，而且为昆曲的发展作出了卓越的贡献。魏良辅本人长于歌而劣于弹，常州人谢林泉工箫管，以管从曲，与良辅游，帮助他订正音律。后谢林泉返乡，昆曲遂进入常州。嘉靖二十六年，常州人吴崟又帮助魏良辅校正其昆曲著作《曲律》，补充了声腔、流派等内容，经吴崟增补后，改名为《南词引正》，扩大了昆曲的影响。至万历间，昆曲在常州已经非常流行，褚养心便是著名昆曲唱家，并传授给昆曲历史上最早的女传人之一李纫之，李纫之名噪一时，"每奏曲，一座悄然倾听，辄诫箫管勿和，其清润婉转之致，始得悉陈"。

明代后期，随着经济的发展，江南地区社会文化格局的世俗化进程也随之加剧，常州地区戏曲日益繁荣。各望族中如唐氏、刘氏、白氏、庄氏等都有自己的家班，如唐献可"读书任侠，蓄声伎，鉴别古书画器物，家蓄女伎，极园亭歌舞之胜，风流好事，甲于江南"，[②]而"花明云艳，冠绝当时"的歌伎陈圆圆的出现，更证明了常州戏曲的繁荣。在此基础上，常州的戏剧创作达到了巅峰。如复社成员张龙文创作的杂剧《旗亭宴》、女作家杨柔胜创作的传奇《绿绮记》和《玉环记》、曹大章《雁书记》、张景严《金钗记》、薛寀《雨蝶痕》、唐宇昭《桃花笑》等均极为著名，尤以薛近兖根据唐人白行简小说《李娃传》创作的《绣襦记》影响最大。戏曲理论也得到了重要的发展。崇祯六年（1633），郑鄤以评点《北西厢》《北西游》等剧曲的方法，编成《曲选》刊行，不仅成为研究北曲宝贵的资料，同时也充分阐明了

[①] 李舜华：《礼乐与明前中期演剧》，上海古籍出版社2006年版，第235、236页。
[②] （清）钱谦益：《列朝诗集小传》丁集上，古典文学出版社1957年版，第472页。

其曲学理论,他注重传奇的虚构性特征,以为"传奇不重记实,未足为疵",直接影响了后世李渔的戏曲理论。①

在这一时期,常州地区还涌现了一部收入有大量戏曲小说文献史料的巨著——蒋一葵的《尧山堂外纪》。蒋一葵,字仲舒,一字二和,别号石原,武进人,万历二十二年举人,官至京师西城指挥使。他曾著有反映明代北京风俗掌故的《长安客话》,而《尧山堂外纪》是其积年读书所作抄录连缀整理而成。蒋一葵生性喜欢有别于"举子之业"的杂书野史,所以此书"载有正集不录,录散见于稗官野史不经人见也",搜集的全是民间传说故事、诗词歌谣,为一般士大夫所不屑注意者。全书一百卷,保留了大量珍贵的戏曲曲文以及民间作者和演唱者的稀见资料。《尧山堂外纪》早年并不为人所注意,近代以来,经郑振铎、谢国桢等学者重新发掘,已经成为研究中国文学史和戏曲史的重要文献。

5. 医学。明代武进县先后出了王彦昭、蒋宗武、吴杰等多位御医,其中吴杰《明史》有传。王彦昭,字文仲,明成祖未登位时,即奇其才,命从"金华戴元礼学医,得其禁方脉书,以精慎称",凡御医制药,均参与其事。藩府内臣有疾,必遣诊视。姚广孝得头风,其他医生束手无策,王彦昭药到病除。蒋宗武,字季文,曾祖蒋达善有医名,曾著有《医镜》三十卷。宗武益精其技,天顺间入太医院,升院判、院使,进左通政,官至礼部左侍郎。蒋宗武所治,能取捷效。明宪宗问养身之道,答曰"保身莫如寡欲,养气莫若省心"。他谨厚寡言,虽官位崇高,但绝无矜色,出入禁宫数十年,人问宫中事,闭而不答。告老还乡后,行医乡里,虽穷苦人亦无不尽心。②吴杰,字士奇,在弘治中以善医征至京师,试礼部高等。因多次为武宗治病,累官至太医院使。武宗每行幸,必以其扈行。正德末欲南巡,吴杰言:"圣躬未安,不宜远涉。"武宗怒,叱左右掖出。及还,于清江浦落水染病,行至临清,急召吴杰诊治。吴杰诊断武宗已病入膏肓,无力回天。他力劝左右让武宗回京,为日后江彬伏诛立下大功,未几致仕。③

王肯堂则是明代活跃在常镇地区的最重要的医家。王肯堂(1549—1613),字宇泰,自号念西居士,金坛人,自幼好医学。嘉靖四十五年(1566),母亲病危,"常润名医延致殆遍,言人人殊,罕得要领,心甚陋之,于是锐志学医","既起亡妹于垂死,渐为人知,延诊求方,户屦恒满"。④曾任福建参政,晚年辞职回乡,在常

---

① (明)郑鄤:《峚阳草堂文集》卷九《题琵琶记》,《四库禁毁书辑刊》集部第126册,北京出版社1998年版。
② (明)刘广生修,唐鹤徵纂:《万历常州府志》卷一五《人物》。
③ 《明史》卷二九九《方伎传》,第7650页。
④ (明)王肯堂:《证治准绳》卷首《自叙》,中国中医药出版社1997年版,第3页。

镇一带行医。治病之余，广泛收集历代医学文献，结合临床经验，用十年编成集大成的医学名著《证治准绳》，有医家圭臬之称，可使不知医不能脉者，因证检书而得治法。

《证治准绳》共分六科，内容涉及内、外、妇、儿、五官等临床各科的证论方治，其中收载了眼科病证 193 种，凡现代用肉眼检查能见疾病，几乎都罗列无遗，具有划时代的意义；《伤寒准绳》对张仲景的《伤寒杂病论》进行了发挥，是一部详尽的伤寒论专著；《疡医证治准绳》中对人体骨骼形状和数目进行了描述，对炭疽病的传染途径、全身症状和局部症状、体征、预后等都作了相当科学的论述。他不仅治愈了在武进地区流行的传染性性病"龙阳毒"，还在著作中对麻风病、梅毒等性病、传染病的治疗进行了论述。他还是我国首先记述男性乳腺癌的医学家。

清代以后，常州医学继续发展，本地子弟习儒之外，学医的风尚尤为浓厚。从启蒙教育开始，很多学童就一边学习儒家经典，一边学习医学知识。医生与有着"学医"传统的常州文人在互动中，逐步从药铺、医馆走出，相互学习、相互借鉴，最终于晚清形成了一个虽然带有强烈的地域色彩，却能影响全国的重要的医学流派——"孟河医派"。

第五章 明代常州的社会生活

明代中叶以后，随着商品经济的发展，以及朝廷对社会控制力的弱化，江南地区的社会生活开始发生了明显的变化，价值观念发生剧变，违礼越制，竞趋奢靡成为时代风尚，社会上宗教风行，鬼神迷信炽烈。与此同时，具有个性解放、自治管理因子的人文思想也开始在一些优秀的知识分子心中潜滋暗长，东林人士倡导的同善会对常州地区乃至整个江南的社会发展起到了重要的影响。

第一节 明代常州的风俗

明初，"太祖以吴俗奢僭，欲重绳以法"，[①]后来史家曾一致称道此时"风尚最为醇厚"，但其实只要制约一旦有所松弛，旧俗便如春风吹又生一般迅速复兴。明中叶以后，随着社会经济的发展，江南地区商品经济日趋繁荣，社会财富逐渐殷实

---

① 《明史》卷一四二《姚善传》，第 4042 页。

丰厚，富人的消费欲望不断受到刺激，再加上朝政腐败，社会控制力弱化，景泰间推出的名为"捐监"实为卖官鬻爵的政策更使得金钱逐渐成为衡量一个人才能和价值高低的主要标尺，这些社会心态的变化投射到人们的生活方式上，使得明初以来淳厚俭朴之风荡然无存，尊崇富侈，讲求享受，违礼越制，得成为风尚。如张瀚便言："于民间风俗，大都江南侈于江北，而江南之侈尤莫过于三吴"①"自金陵而下控故吴之墟，东引松、常，中为姑苏，其民利鱼稻之饶，极人工之巧，服饰、器具，足以炫人心目，而志于富侈者多趋效之"。②王士性也言"浙西俗繁华，人性纤巧，雅文物，喜饰鞶帨，多巨室大豪，若家僮千百者，鲜衣怒马，非市井小民之利"。③

相对而言，常州的风俗较之苏、松仍有区别，所谓"毗陵与吴接壤，大抵吴之俗文，毗陵之俗较朴"。④薛应旂也言："曩时四方称乐土者则曰江南，称江南习俗之近厚者，则曰常、镇。"⑤从小居住于常州，此后又长居姑苏的王稚登在比较常州与苏州登临之风时也曾言："毗陵人故不好游，仆少居毗陵，不闻月下登临者。郡中无山水，城楼雉堞，仅可踟蹰。不则濠上乘舟，往来如鱼游盆中，回环当千里矣……毗陵虽无名山川，顾其人务本力稼，而相起家。不善狭邪邀荡，以颊颊为冰锷，中人次骨。乃仕于朝者，又或谓毗陵俗好倾。则仆去毗陵久，其风渐变不可知，抑非吾土兮。金阊信美，不易毗陵矣。若夫中秋之闰而月，月而游，游而无虚夕，苏之人，自夫差以来未之有改焉，而不可与毗陵道也！"⑥但是常州毕竟处于江南，明中叶以后风俗日益奢靡也在所难免，"国初时民居尚俭朴，三间五架，制甚狭小，服布素，老者穿紫花布长衫，戴平头巾，少者出游于市，见一华衣，市人怪而哗之。燕会八簋，四人合坐为一席，折简不盈幅。成化以后，富者之居，僭侔公室，丽裾丰膳，日以过求，既其衰也，维家之索，非前日比矣"。⑦较为纯朴之江阴尚且如此，武进、无锡等商业发达之区也可想而知。

这种风俗的变化在出土文物中也得到了体现。1997年5月常州武进横山桥镇发掘出土了两座明代王洛家族墓，出土大量的随葬品，使得后人得以一窥明代常州的习俗风尚。据墓志载，王洛（1464—1521），本无功名，为常州本地富豪，因灾年

---

① （明）张瀚：《松窗梦语》卷四《百工纪》，中华书局1985年版，第79页。
② （明）张瀚：《松窗梦语》卷四《商贾纪》，第83页。
③ （明）王士性：《广志绎》卷四《江南诸省》。
④ （明）赵锦修，张衮纂：《嘉靖江阴县志》卷四《风俗记》。
⑤ （明）薛应旂：《方山薛先生全集》卷一六《贺陈兵宪序》，《续修四库全书》第1343册，上海古籍出版社1995年版。
⑥ （明）王稚登：《闰中秋毗陵看月记》，《王百穀集十九种》，《四库禁毁书丛刊》集部第175册，北京出版社1998年版。
⑦ （明）赵锦修，张衮纂：《嘉靖江阴县志》卷四《风俗记》。

输粟 2400 斛便授镇江卫指挥使、昭勇将军，秩正三品，迅速提升了自己的社会地位。即便如此，王洛墓出土的文物较之三品品阶也仍然可称越制。《明史》载："洪武二十四年定，公、侯、驸马、伯用绣麒麟、白泽，文官一品仙鹤，二品锦鸡，三品孔雀，四品云雁，五品白鹇，六品鹭鸶，七品鸂鶒……武官一品、二品狮子，三品、四品虎豹……九品海马。"[①] 王洛仅是三品武官，补子图案应为虎豹，其子王昶为七品，补子图案为鸂鶒，然而出土的却分别是二品的狮子及三品的孔雀，可见此时僭礼越制已成常态。另外出土的大量精美的纺织品、服饰及漆纱珠翠云冠也尽显奢华，其中纺织品基本上都用缎面料，并织有各种吉祥纹样，能够看到当时的人们对缎面料的喜爱，绵袄的面料为浅黄色素绫，领的面料为银灰色素缎，衫的面料是用素缎做的领子，门襟用也是棕黄色片金织杂宝折枝花缎面料并缀有两副素绸扣绊，绵裤的面料为米黄色素缎，折裥单裙的面料为深豆绿色和黄绿色四合云杂宝花缎，织金折裥单裙的面料为黄绿色花缎、折裥绵裙的面料为米黄色素缎、补服的面料为米黄色四合云花缎和棕黄色捻金织花缎、寝单面料有棕色宝相钩莲花缎也有棕色四合如意云花缎、枕头的面料为黄绿色杂宝折枝花缎，香袋的面料为豆绿色杂宝折枝花缎，额帕的面料为豆黄色素缎，靴的面料为深黄色素缎，袜的面料为米黄色杂宝折枝花缎，充分反映了当时的常州富人的风尚。[②]

第二节 同善会：民间慈善活动的创新

慈善活动自古已有，有组织的慈善活动在中国也有着悠久的历史。《周礼·地官司徒》中提及"大司徒"职责中便已经提到"以保息六养万民，一曰慈幼，二曰养老，三曰振穷，四曰恤贫，五曰宽疾，六曰安富"。除了"安富"之外，其他五点基本涉及了中国传统社会中慈善组织的功能。约在东汉时期，随着佛教从域外传入，中国传统社会中开始出现具有民间色彩的慈善救济事业，而官方专门的慈善机构如"疠人坊"[③] 最早也是在魏晋南北朝时期委托佛教寺院代行管理，大约在隋唐时期，全国各地官办的慈善机构已经开始出现，至宋代如养济院等已经非常健全。宋朝范仲淹在家乡创办义庄，这是中国民间慈善事业脱离佛教影响之始。这也是唐宋以降，社会精英分子致力于地方事业的标志之一。如果说范仲淹的义庄救济对象仍是本族族人的话，明清时期则进入了中国传统民间慈善事业的成熟期，具有成熟的操

---

① 《明史》卷六七《舆服三》，第 1638 页。
② 武进博物馆：《武进明代王洛家族墓》，《东南文化》1999 年第 2 期。
③ 参见范家伟：《汉唐间佛教与医疗救济：以癞病为中心》，《香港历史上的慈善活动与社会动力学术研讨会论文》，1999 年 12 月。

作规范,以一定地域所有民众为救济对象的善会善堂涌现便是其典型标志。

据日本学者夫马进的研究,这类善会善堂最早是万历十八年(1590)由杨东明创建的河南虞城县同善会。不过夫马进指出,杨东明的同善会具有两方面的性质,它既是地方名流借之联络感情的亲睦会,又是施行救济的社会祝福祉团体。而最早纯粹的慈善救济性质的同善会则是由武进张师绎倡议成立,并由同县钱一本最早付诸实施的武进同善会。陈龙正曾言:"因张梦泽有同善会,心最乐之,仿而行之于毗陵,忠宪高子又仿而行之于无锡,彼皆默识先天之人,敦崇实事如此。"①张梦泽即张师绎(?—1632),字克隽,号梦泽,武进人,万历二十五年举人,次年及进士第,官至江西按察使,著有《月鹿堂集》。高攀龙则曾为常州同善会作序,言:"钱启新先生倡同善会于毗陵,其会岁以季举,会者人有所捐聚而储之,见有隐于中者施之,于是无告之人,寒者得衣,饥者得食,病者得药,死者得椟,同会者人人得为善。"②除了同善会之外,钱一本还办有专门助老的同寿会,所谓"故谓敬老可以兴孝,则同寿有会;埋胔可以兴仁,则同善有会,皆与二三同志为之,每岁数举无倦"。③金武祥《粟香五笔》引赵彪诏《毗陵见闻随笔》的记载,对常州同善会有着更加详细的记载,当时同善会每年举行4次,每人赀助自一分至九钱止,到者先讲圣谕及为善、孝顺事实,所入银助老、助贫、给棺,孝与节加助。《同善会录》所载共七会,每一会都有详细的账目记载,其中第六会筹集最多,共44份,银十九两五钱三分,助贫者每人钱一百文至十文不等,其中每钱一千一百十文合银一两,给棺每具银三钱,此外每会备茶点银二钱。④

张师绎和钱一本组织的同善会产生了深远的影响,其流风不久便播及无锡,同善会开始时,另一位东林领袖无锡刘元珍便参与其中,"又与钱一本为同善会,表章节义,优恤鳏寡,有言非林下人所宜者,元珍曰:'痌瘝一体,如救头目,恶问其宜不宜也。'"⑤不久,刘幼学便开始在无锡试行,"吾邑陈子志行闻之,欣然曰:'夫学岂托之空言,将见之行事,此其为行事之实乎?'"⑥至万历四十二年,东林领袖高攀龙正式在无锡实施同善会。⑦高攀龙和钱一本创办同善会的目的是"专一劝人为

---

① (明)陈龙正:《几亭外书》卷二《随处学问》,《续修四库全书》第1133册,上海古籍出版社1995年版。
② (明)高攀龙:《高子遗书》卷九《同善会序》。
③ (清)许献、高廷珍等修:《东林书院志》卷二二《钱一本传》。
④ (清)金武祥:《粟香五笔》卷七《同善会》,《续修四库全书》1184册,上海古籍出版社1995年版。
⑤ (清)陈鼎:《东林列传》卷二一《刘元珍传》,广陵书社2007年版,第453页。
⑥ (明)高攀龙:《高子遗书》卷九《同善会序》。
⑦ (明)华允诚:《高忠宪公年谱》,《北京图书馆藏珍本年谱丛刊》第54册,北京图书馆出版社1997年版。

善",即寓含着教化乡民,建树良好的社会风气,并以此挽救日益衰颓的时势的目的,所以高攀龙每当同善会聚会之际,都进行公开演讲,用通俗易懂的语言劝人为善,并宣讲明太祖的六条圣谕。① 这和他们的政治理念完全一致,同时也显示了中国的民间慈善组织从一开始便在根本目标上与官方一致,和官方的关系可谓相辅相成。

在常州和无锡的同善会的影响下,江南其他地区的同善会也相继创建,陈龙正在崇祯四年(1631)创立了嘉善同善会,陆士仪等创立了太仓同善会等,其模式和规程基本上与金武祥所言的武进同善会一致。正如学者梁其姿所言,在常州同善会影响下创建的明末江南同善会具有崭新的社会性格,南北朝至唐代佛教慈善组织以传教为主,而明末善会的理念主要在于处理世俗社会问题,它们也不似宋代的救济组织,处处由中央政府或地方官领导,而以地方上无官职而有名望的人为领袖,同时被救济的人的资格并不受官方机构所订的注籍所限制;再者,这些善会也不同于以救济家族成员为主的义庄,所以明末江南善会是一个前所未有的中国社会新现象。②

据金武祥《粟香五笔》称:此后钱一本之子钱春曾继续实施同善会,而到了清代,"顺治丁亥(顺治四年,1647年)复有陆君自岩重续之",此后虽然同善会因与士人结社相关而受到朝廷的严令禁止,但不久江南的民间慈善组织又重新复兴,钱一本的后裔钱人麟也曾在其知县任内推广同善会组织。③ 此后江南民间慈善组织迅速发展起来,至清中后期以后,已经蔚为壮观,而同善会正是日后清代江南的慈善组织之滥觞。

除了同善会之外,另一个特殊的慈善组织——惜字会也是在常州率先实施。所谓惜字,便是敬惜字纸。梁其姿曾详细解释了惜字的具体过程,即看到被丢弃的字纸,应谨慎地捡拾起来,如果是在污秽的地方捡来的,则要用清水洗净,用干净的布袋收起来,累积到一定数量,就在炉中焚化,然后将纸灰用罐子装好,带到水边,倒入水中。④ 惜字会是种特殊的组织,不能归于善堂一类,但又和善堂有着千丝万缕的联系。惜字会不只进行惜字活动,慈善活动也是其重要的组织部分。根据梁其姿的研究,惜字是和文昌信仰相联系,始于明代,惜字组织则至清初方有。但是根据《道光武进阳湖合志》的记载,城一图惜字院为"前明给谏毛古庵建",⑤ 毛古庵,即毛宪(1469—1535),若此记录属实,则城一图惜字院应该是目前所知中国历史上最早的惜字院。

---
① (明)高攀龙:《高子遗书》卷一二《同善会讲语三条》。
② 梁其姿:《施善与教化:明清的慈善组织》,河北教育出版社2001年版,第52页。
③ 金武祥:《粟香五笔》卷七《同善会》。
④ 梁其姿:《施善与教化:明清的慈善组织》,第172、173页。
⑤ (清)黄冕等修,李兆洛等纂:《道光武进阳湖合志》卷五《营建志·城乡捐置公所》。

第三节 明代常州的宗教与民间信仰

常州历史悠久,春秋时为吴地,和江南其他地区一样,都有吴泰伯信仰。战国时属楚地,秉承了"楚人尚鬼""楚人尚巫觋"的历史传统。由于常州是萧氏故里,在这里曾走出齐梁两代开国皇帝,特别是梁武帝萧衍,对佛教的信奉达到了痴迷的程度。南朝江南梵音袅袅,寺院星罗棋布,皇帝的故乡常州自然不会例外。常州府毗邻道教名山茅山,使得道教这一中国本土宗教在这片江南土地得以广泛传播。所以,常州地区的宗教信仰复杂,新生的民间宗教此起彼伏,错杂传播,至今余韵尚存。到了晚明,随着江南经济发展,社会思想呈现多元化趋势,呈多神信仰状态,特别是社会风气发生重大转变,功利化趋势明显。

一、佛教

明太祖本身是佛教徒出身,而且为了阻止元朝崇拜藏传佛教的流弊,非常支持汉地佛教诸宗的发展。洪武元年,他便在南京天界寺设立善世院,命临济宗僧人慧昙觉原统领全国佛教之事,掌管全国名山大刹住持的任免。在新王朝佛教政策的支持下,很多在战乱中被毁的佛教寺院都在洪武年间一一重建,仅地方志记载,常州武进境内在洪武年间复建和扩建的便有永庆寺、文明寺、正觉教寺、护国教寺、崇法教寺、景德教寺、开福教寺、圆明教寺、观音教寺、修善教寺、能仁禅寺、宝相寺、智宝寺、祥符寺、保宁寺、宝云寺、显庆寺、兴教寺、荐福禅院、大圣院等多所。洪武三年(1370),明太祖召集各地长者议定,将全国佛寺分为禅、讲、教三种,禅寺即禅宗寺院,讲寺包括天台宗、华严宗、法相唯识宗的寺院,教寺则是普通僧尼居住的寺院,懂得简单的经忏佛事仪轨,满足社会上的基本需要,是数量最多的佛教寺院。常州武进境内禅寺有天宁万寿禅寺、崇胜禅寺、能仁禅寺,讲寺则是太平讲寺,教寺则有正觉、护国、崇法、景德、开福、圆明、观音、修善等多座。洪武十五年,又仿宋制成立僧禄司,代替善世院"掌天下僧教事",各府州县也设有僧官分掌其事。常州府设都纲一员,从九品,副都纲一员,未入流,各县则设有僧会等。同时对于僧人普给度牒,废除过去计僧卖牒的免丁钱,并命各地沙门讲习《心经》《金刚》《楞伽》三经,又配合度牒制度,通过登记、核对僧籍,建立僧籍制度,以防冒滥。规定每三年度管理牒一次,以考试的方式实行淘汰制。洪武二十四年(1391),又命各府县只许保留大寺观一所,僧众集中居住,限各府不得超过40人,州30人,县20人,规定出家者的年龄,男子必在40岁以上,女子必在50岁以上。[①]

---

① 《明史》卷七四《职官三》,第1818页。

但是这些政策基本上没有得到严格的实施,此后朝廷多次买卖度牒,僧人越来越多,佛寺也四处遍布。

明代常州府境内佛教寺院林立,佛教信仰非常普遍,所谓"庸庶之家,率尚浮屠"。① 而且权贵之家也对佛教非常虔诚,宋代胡氏家族便建有自己的坟寺,并请建了报恩感慈禅院等寺观,而明代胡氏后人礼部尚书胡濙便以胡宿曾任端明殿学士为由,重建报恩感慈禅院,向明成祖请改额为端明寺,在寺内建胡宿祠,成祖还专门赐佛经一部安奉。② 又如2013年在常州天宁区花园底村发现的明代常州望族白氏家族墓中便出土了3座精美的鎏金银质佛像,包括两座坐佛像和一座观音立像,造像线条流畅,造型灵动,③ 可见在常州地区最上层的权贵家族中,佛教信仰之流行。

二、道教

明初,设玄教院管理全国道教事务,朱元璋命道士编成斋醮仪范,设定为玄门统一格式。洪武十五年(1382),又设置道录司作为道教管理机关,道教正一、全真两大派系分设左右正二人、左右演法二人等。各地也设立管理机构。常州府设有道纪司,都纪一员,从九品,副都纪一员,未入流。

在明代建立初年,对道教是利用而不使之泛滥,并保持了一定警惕。如正一教主原为"天师",而皇帝为"天子",政权似乎落于教权之下,故明太祖建立之初便命去"天师"之称,改称"真人"。但是随着时间的推移,由于道教比佛教更近方术,符合皇帝升仙求道的愿望,再加上经常参与朝廷祭祀,导致了明代统治者对道教的迷恋程度愈来愈深,道士在国家政治中占据了越来越重要的地位,宪宗、孝宗都有好道教的倾向,到了明世宗时期,这种情况愈深愈烈,他在嘉靖二十年(1541)因险遭宫女谋杀,移居西内,日求长生,不见群臣,宠信陶仲文等羽流,升黜大臣以所撰"青词玄文"是否合于己意为依据,俨然自己也已经成为了一个道士,在其影响下,众多朝廷官员出入道观,道教的影响日益扩大。在常州地区的多个明墓中,都曾经出土过道教相关的文物,如九老仙都君的布符,使主人在阴间免受鬼怪侵扰,④ 又常有云托"日""月"纹样,用以象征太阳、太阴,希望赦免死者生前所犯罪孽,早登仙录,⑤ 可见当时道教在百姓生活中影响之深。

三、天主教的传播与早期的中西交流

明前期中国内地无有组织的基督教活动,正德间,葡萄牙人在中国南部沿海谋

---

① (明)赵锦修,张衮纂:《嘉靖江阴县志》卷四《风俗记》。
② (清)于琨修,陈玉璂纂:《康熙常州府志》卷一八《坛壝》。
③ 常州市考古研究所:《江苏常州花园底明代白氏家族墓发掘简报》,《东南文化》2014年第6期。
④ 常州博物馆:《江苏常州怀德南路明墓发掘简报》,《文物》2013年第1期。
⑤ 常州市考古研究所:《江苏常州花园底明代白氏家族墓发掘简报》。

求建立势力范围，要求与明朝建立贸易关系，并居住于澳门。但此时他们仍被阻于大陆以外，没有进行大规模的宗教传播。万历九年（1581），利玛窦到达广东香山，开始了中国天主教传播新的时代。由于他奉行与中国文化融合的态度，使得一些中国士人逐渐开始接触天主教，西方的宗教、科学和文化第一次大规模地传入中国，很多优秀的江南知识分子如徐光启、李之藻、杨廷筠等敏锐地感悟到欧洲文明鲜活的生命力，以超越时代的胆识和海纳百川的胸襟，冲破了世俗的各种非议和阻挠，积极学习西方知识，拉开了近代以来中华文明与欧洲文明接触、碰撞和交流的序幕。在这一交流大潮中，常州士人也同样扮演了重要的角色。

龚道立，字应身，武进人，万历十四年进士，由兵部郎出知建宁府，历江西岭北道，广东参政，擢湖广按察使，乞休归。早年在河南任职时，曾讲学于濂洛诸贤故址，此后在江西时又与邹元标在白鹭洲书院究性命之学。万历三十二年与高攀龙、钱一本、唐鹤徵等会于东林。龚道立性嗜藏书，对道教、佛教均有所了解，均有相关著作。万历三十三年前后，龚道立在北京时与利玛窦展开了重要的对话，相关记录收入于利玛窦所编《畸人十篇》中的第八篇《善恶之报在身之后》，这也是《畸人十篇》中文字最多的一篇，涉及天主教教义中的核心问题（如来世果报等），成为常州中外交流史上重要的文献。龚道立询问利玛窦对佛教所谓轮回六道、天堂地狱之说的看法，利玛窦回答："今生既非天堂，亦非地狱，直至身后方见分晓。"他劝诫人们在今世逆来顺受，"不以仇为仇，且用仇以资己德也"，并对佛教的来世理论进行了驳斥。

龚道立以为利氏的说法是"中国未闻奇范也"，他深信中国经书与西方经典可以互相发明，道理一致。他说："窃听精论，即心思吾中国经书与贵邦经典相应相证，信真圣人者，自西自东，自南自北，其致一耳。但贵邦经典全存，故天堂地狱之说，致为详备。吾儒书曾遇秦火焉，子知之乎？故此烬余大多残缺，而后世之报应，具不明不谙焉。因而伎儒者疑信半，混之有无之间也。然有能据今经典推明其说，亦足以与大教相发也。"但是他又认为利玛窦所言善恶报应和天堂地狱之论并不可信，他以为"吾方寸中具有心君，觉是觉非切报之，则报仍在己在今，不俟身后也"，"仁人有天堂，即本心，是心真为安土为乐地，自然快足，自然欣赏矣"，所以重要的是在现世多积善德，一生务求完德。他还引经据典，根据《诗经》《尚书》《中庸》等典籍，以讨论中国天堂地狱学说与西方之异同，并认为将二者学说相结合，"民不治而治矣！"①

---

① （意）利玛窦：《畸人十编》卷下《第八篇》，《天学初函》一，台北学生书局1965年影印本，第224、226页。

龚道立是否皈依天主教,并无更多资料证实,但其与利玛窦对话中表现出的学识和胸襟,足以证明当时优秀的常州学者在中西文化传播和交流过程中所呈现出的高度。

四、民间信仰

常州地区先贤崇拜主要集中于泰伯和季札。传说泰伯和仲雍是吴国的创建者,对泰伯的祭祀和崇拜,在"尚鬼"和巫觋之风盛行的江南地区源远流长。泰伯信仰主要集中于苏州府和常州府。值得一提的是,常州府只有无锡县泰伯崇拜氛围浓郁,而其他县,尤其武进与江阴二县则主要表现在对仲雍后代季札的崇拜。在唐传奇中,泰伯已经由开吴之人演变为神,至北宋,泰伯庙被赐额"至德",从民间走向了官方祭祀行列,获得了官方的认同。而泰伯的形象也进一步被江南人士神化,其形象构建也愈发丰满,成为护佑吴地的善神。明初,周忱抚吴,为了平息江南地区日甚一日的诉讼之风,周忱用泰伯谦让的故事,突出泰伯谦让之德,借以劝诫江南百姓,而周忱对泰伯"德"的推崇和宣传,既符合孔子对泰伯的评价,又符合儒家"温良恭俭让"的道德规范。泰伯及季札开始了从地方神祇向儒家圣人的过渡。晚明时,东林党魁高攀龙将泰伯推崇为文明之祖。高攀龙是晚明名士,影响力极大,他对泰伯的高度评价,加速了泰伯儒家圣人化的进程。而作为传说中的常州创城始祖,与泰伯同出一源,且同样具备"让"之美德的季札崇拜,也随泰伯信仰的发展、泰伯形象的构建完成而变得更加丰满,其事迹及信仰在常州府多地广泛流传。

明代官方民间信仰政策发生了一个重大的变化。洪武三年(1370),朱元璋颁定新制,取消岳、镇、海、渎及城隍的封号,使其不再具有传统的人格神性质,同时宣布"历代忠臣烈士亦依当时初封,以为实号,后世溢美之辞,皆宜革去",[①] 而偶像则以木主取代,并废止封爵。此事被日本学者滨岛敦俊称为"三年改制"。[②]

陈果仁信仰是常州地区最为重要的地方民间信仰,从唐代开始,各朝各代都加封号,至此陈果仁庙也开始实行改革,"洪武初诏去封号,题木主曰隋司徒陈公之神,有司岁以春秋用豕一致祭"。时人王㒜曾为此做辩护:"隋司徒陈公之神则我朝太祖高皇帝所定制。盖生全节义于时,没昭灵贶于人,即其当时位号以祠而祀之,一洗累代不经之弊,而永为万世不刊之典也。至命有司,以岁五月十五日用豕一祭,载之祀典。邦侯郡士有欲则祈,有感则应。视之前代虽其隆其虚名,而略其秩节,其得失又奚待较哉。"[③] 但是这种只是利用国家权力强制将民间信仰塑造成一套新的

---

① 《明太祖实录》洪武三年六月癸亥。
② (日)滨岛敦俊:《朱元璋政权城隍改制考》,《史学集刊》1995年第4期。
③ (清)黄冕等修,李兆洛等纂:《道光武进阳湖合志》卷一三《坛庙志一·祠庙上》。

祭祀体系,并不具有社会的现实基础,根本没有得到民间的支持,所谓"人习昔时尊号,仍称烈帝"。更有意思的是,这种政策的变化,反而会给陈果仁的传说加进新的神秘色彩。在常州湖塘桥地区便曾经流传过一个民间故事:传说明太祖朱元璋攻打常州时,陈果仁显灵帮助张士诚,他打了陈果仁两个耳光,并说且念你过去尚有功于民,今暂毁封号,令你离城十里安家。于是从此烈帝庙就在湖塘桥安了家。① 伍受真在《武进民间故事》中也记录了类似的故事,只不过主角不是朱元璋,而是常遇春,烈帝也不是贬到了湖塘桥,而是降职为青云坊土地。②

去封号是全国统一性的政令,并非只针对烈帝神,而常州城中的忠佑庙整个明代一直存在,并多次得到官员的资助维修,湖塘桥的烈帝庙只是一个分庙而已。但是普通老百姓并不知道官方为什么会在政策上发生变化,自然就产生了疑惑和误解,然后形成自己的解读。而这种解读,其实包含着耐人寻味的信息。常州当时是张士诚的控制范围,包括常州在内的苏南人一直对张士诚抱有怀念,"人习昔时尊号,仍称烈帝",其实也就代表对张士诚的怀念及对现政权的不满。

明代中期以后,在常州民间出现越来越多的本与祭祀神祇无关的节令活动,呈现出浓厚的迎神趋势,这种以迎神为特征的赛会,带有明显的宗教特征,具有越来越强的世俗性和娱乐性。在江南地区,明初开始,几乎各个府县均有城隍庙,并建立起一套规范的城隍祭祀制度,明中期以后,地方城隍祭祀活动愈演愈烈,地方城隍的人格化趋势越来越明显,发展演变为城隍出巡的民间赛会仪式,出巡时间定在每年上元、中元、十月初一。城隍也从传说中的凶神恶煞变为护佑一方的善神。这些祭祀活动,以赛会的形式所表现,最引人注目者,莫过于"异神",而"异神"中最吸引观众者,非"抬阁"莫属。"异神",顾名思义,即是抬着神祇的塑像或牌位,后演变为将化装成神仙佛圣或戏曲、传说、故事中人物的儿童或优伶分几层固定在木制台架的杆上,配以图案背景装饰,由数人抬扛,在街道、广场巡游表演。

第六章 明代中后期常州地区的社会矛盾与冲突

明代中后期,政治腐败,皇帝昏庸,荒怠政事,大臣结党营私,派系倾轧,权力斗争十分激烈,宦官专权,社会矛盾日益尖锐,最终导致了明王朝的覆灭。

---
① 湖塘乡编史修志领导小组:《湖塘乡志》,内部出版物1984年,第274页。
② 伍受真:《烈帝降为土地神》,《武进民间故事》,台湾商务印书馆1971年版,第105页。

弘治十八年（1505），明武宗朱厚照即位后，立即重用他在东宫时的内侍刘瑾等8人，人称"八虎"，其中刘瑾最得宠，也最为骄横跋扈，明武宗整日游乐，大权旁落刘瑾等人手中，结朋树党，狼狈为奸，无恶不作。明世宗即位之初，曾经进行过一些改革，但不久便因迷信道教，不理朝政，以致首辅严嵩擅权17年之久，政治日益腐败，民怨沸腾，国力大衰。

明神宗即位前十年，大权操控于首辅张居正，张居正一力改革，政局略有扭转，但张居正死后，明神宗亲政，将所有改革措施全部废止，他自己却因"定国本"等政事与大臣发生冲突，于是长期怠政，以生病为由不肯上朝，史载至万历四十六年六月（1618），"不视朝已三十载，朝政积弛，庶官尽旷"。[①]另一方面，神宗又爱财如命，直接派出大批宦官到全国各地充当矿监税使，到处进行敲诈勒索。明熹宗继位时只是一个顽童，"性好走马，又好作水戏，种种机械，出人意表。又好盖房屋，凡斧斤之类，皆躬自操之，虽巧匠不能过也"。宦官魏忠贤独揽大权，此后明朝政治更加腐朽，矛盾日益激烈。

第一节 倭寇对常州的影响

明朝建立以后，实行严厉的海禁政策，禁止民间的私人海上贸易活动，只允许保留有限制的官方朝贡贸易。负责管理海外贸易的机构是市舶司，职责是维持明朝与外国的官方朝贡关系。在这种关系之下的外国船舶必须持有明朝颁发的称为"勘合"的凭证，方可前来贸易，因而称为"勘合贸易"。日本与中国进行所谓"朝贡"贸易的同时，明政府默许日本使节的随行人员（僧侣、商人）所挟带的货物同中国商人进行私下交易，这种交易使日本方面获利颇多，因而很有吸引力。嘉靖二年（1523）日本大内氏与细川氏因到来先后和上岸贸易时间等问题，发生械斗，烧毁了市舶司的嘉宾堂，袭击了武器库，在宁波周边烧杀抢掠，殃及了沿途民众，明官军因疏于防范，加之久不操练，战斗力极弱，不堪一击，损失惨重。消息传到京师，时任兵科给事中的夏言（后任内阁首辅）在未加细察始末、没有权衡利弊得失的情况下，上疏强调"祸起市舶"，请罢市舶司。夏言的建议获得了批准，明政府禁止海上贸易，实行更为严格的海禁政策。

东南沿海民众，由于滨海土地贫瘠，单纯从事农业生产，很难维持家计，从事副业生产，在当时的交通条件下，缺乏有效的原料输入和商品输出途径，唯一的选择即是渔业和海上贸易相结合。故东南沿海民众一直有海上贸易的传统，并以此作

---

① 《明史》卷二四〇《何宗彦传》，第6252页。

为谋生的重要手段。实行严厉的海禁政策，严禁沿海民众出海贸易，无异于断绝沿海民众的生计，激化了矛盾，也诱导了违禁的海上走私贸易蜂起。日本的正常勘合贸易断绝之后，他们所需要的大量中国商品只能通过海上走私贸易渠道获得，日本商人大多以现银（日本所产白银）支付，中国商人常获利达十倍之多。日本白银的大量流入，使白银成为晚明中国的流通货币，客观上促进了以银代役制度的实施。中国的走私贸易商人鉴于获利丰厚，多愿意与日商勾结进行走私贸易，甚至远航至日本沿海岛屿进行交易。实行严厉的海禁政策后，沿海商人为了攫取高额利润，不惜铤而走险，开展武装走私活动。

倭寇，并非真正意义的日本入侵，而是东南沿海武装海盗集团、武装走私集团勾结日本武士进行的破坏性活动。众所周知，中日两国人种相近，单纯从外貌上，很难分清是哪国之人。倭寇素以凶残好斗而著称，特别是争贡之役，几十名日本人，大闹宁波，周边明军出动镇压，却被倭寇击败，损兵折将，此事可能在明军心里造成极大阴影，以讹传讹，越传越奇，以致明军谈倭色变。沿海武装海盗、走私集团正是利用这点，化装成日本人，又招募了大批日本武士为雇佣军，形成了中国海盗为主体，日本浪人为辅助的倭寇群体。明正统后，随着政治的日益腐败，海防的削弱，倭寇侵扰频繁。至嘉靖时期，海防设施年久失修，加之军队管理和士兵军事素质日益下降，倭寇气焰日炽。"迨承平久，船敝伍虚。及遇警，乃募渔船以资哨守。兵非素练，船非专业，见寇舶至，辄望风逃匿，而上又无统率御之，以故贼帆所指，无不残破"。① 从今江苏沿海至闽粤沿海，倭寇四处侵扰，"堕名城，杀长吏，虏士女，焚宫室，而吴越淮扬瓯闽之间大困矣"。② 以江苏而言，长江沿线的太仓、常熟、昆山、江阴、靖江、宜兴、金坛、溧阳、溧水等地均遭到倭寇侵袭，甚至陪都南京也遭到过围攻，而其中常州地区所受到的侵扰主要有以下几次。

嘉靖三十三年，倭寇攻江阴，乡民奔入城者万计，兵备道王从古不纳，知县钱称："民死不救，守空城奚为？"遂开门纵之入，而身自搏战于斜桥，三战却之。

嘉靖三十四年四月，一股倭寇分众劫掠常熟、江阴村镇，兵备任环和知县王铁率军民围剿倭寇，斩敌首50余级，烧倭船27只。五月，倭寇千余人率舟30艘登陆，突犯苏州胥门，攻城不克，遂分众劫掠，一路由胥门、木渎而南，常熟、无锡、江阴等地均受袭扰。六月，倭寇进驻江阴蔡泾闸，分众犯唐头，知县钱錞提兵战于九里山，薄暮，雷雨大作，伏兵四起，倭寇奔散，但钱錞与民兵八人战死，战后，诏

---

① 《明史》卷三二二《外国传三·日本》，第8352页。
② （明）宗臣：《宗子相集》卷一三《赠督台王公平倭序》，《景印文渊阁四库全书》第1287册，台湾商务印书馆1986年版。

赠钱铮光禄寺卿。① 七月，一股不到百人的倭寇由浙江上虞登陆后，一路烧杀至留都南京城下。"自杭州北新关西剽淳安，突徽州歙县，至绩溪、旌德，过泾县，趋南陵，遂达芜湖。烧南岸，奔太平府，犯江宁镇，径侵南京。倭红衣黄盖，率众犯大安德门，及夹冈，乃趋秣陵关而去，由溧水流劫溧阳、宜兴。闻官兵自太湖出，遂越武进，抵无锡，驻惠山"，②后虽被官军追剿，倭寇依旧能突围逃往浒墅关。③其间，大股倭寇乘战船数十艘，窜犯靖江，登陆后一路烧杀劫掠，直扑县城。时知县应昂不在城中，县丞孙京不知所措，只下令紧闭城门。秀才席上珍请求率众抗击，孙京却言："日辰不利，宜少需。"席上珍大怒："寇逼门庭，何需为？"不顾阻挠，率乡勇和壮士百余人从东门出，斩杀倭寇数十人，追至秦家桥，因后援不足，寡不敌众而牺牲。④

倭乱对常州地区的社会、经济、民生产生了极大的破坏，唐鹤徵在回忆倭乱时，便称"嘉靖壬子，海氛顿起，焚掠郊保，锦绣名邦，几成墟烬。始议召募县至三千人，费四五十金。士既乌合，将不知兵，见敌辄奔，不敢回顾，稍后则背负创死矣，流血成川，哭声成野"。⑤由于倭寇经常骚扰常州周边，无锡孤城难守，在无锡知县王其勤的号召下，全县士民动员，修城备倭，此城周围十八里，仅用七十天即完工。而作为江防要塞的江阴县，更是倭寇侵袭的目标，嘉靖二十八年知县毛鹏、三十一年知县钱铮修瓮城，义士黄銮输银六千造城三百余丈，三十三年知县金柱重修并加固城墙。嘉靖三十五年，倭寇袭江阴，围城四十余日不克而退。

嘉靖大倭寇时期，面对倭寇的袭扰，江南军民积极投入到抗倭斗争中，涌现出众多的抗倭英雄，常州地区如前述钱铮、席上珍等事迹均可歌可泣，而最著名的抗倭英雄则非唐顺之莫属。嘉靖三十七年，唐顺之主动请缨，"往南畿浙江与总督胡宗宪协谋讨贼"，并誓言："一月贼不平，请拿将官；三月贼不平，请拿郎中（即本人）。"十一月二十三日途经常州，留宿一夜，次日即起程奔赴浙江前线。在抗倭前线，为了研究剿寇之策，他泛海数百里，视察险要，了解倭寇出没之地。他主张御敌铮于海上，"御贼上策，当御之于海，纵使登陆，则内地咸受祸"。他多次亲率水师出海迎敌，斩获颇众。时倭寇常伪装成渔民，官军不能分辨，便一刀切地下令严禁渔民出海。唐顺之不以为然，认为"兵荒之后，民鲜生理，处置是宜，何患之有"！并且采取了保护渔民和防范倭寇伪装的相应措施，时人以为此策"既保

---

① 《明史》卷二九〇《钱铮传》，第7438页。
② 《明史》卷三二二《外国传三·日本》，第8353页。
③ （明）佚名：《嘉靖东南平倭通录》，中国历史研究社编《倭变事略》，上海书店1982年版，第24页。
④ （清）于琨修，陈玉璂纂：《康熙常州府志》卷二五《行义》。
⑤ （明）刘广生修，唐鹤徵纂：《万历常州府志》卷一二《武备》。

渔民，并以击贼，收其渔税，益我军饷，渔唱弥高，寇烽转熄，荆川韬略，允称妙绝"。

嘉靖三十八年四月九日，明军在李遂与唐顺之指挥下取得三片沙大捷，"犁翻贼船三只，打破贼船四只，生擒真倭一名，共斩真倭一百一十三颗，缴获倭器倭衣三百四十六件，倭寇溺水死者不计其数。"① 在此之前，明军只在陆路阻击敌军，此役是首次采用了唐顺之"击贼于海"的战略，便初告功成。李遂与唐顺之继续水路并进，唐顺之亲临前线指挥作战，在庙湾一役斩首46级，击沉倭船13艘。

嘉靖三十八年十一月，唐顺之因抗倭功擢为右佥都御史、代理凤阳巡抚。此时他已因长年奔波，积劳成疾，但依然勉强赴任，抱病到沿海布防筹饷，嘉靖三十九年从太仓出发，巡视沿江布防，四月病逝于南通州。② 临终前，仍不忘赈济灾民，"岁荒民饥，有司宜加意作糜分赈，弗以本院物故，遂草率了事也"。③

第二节 东林党与晚明政治

天启间，魏忠贤独揽朝政，权倾朝野，而齐、楚、浙诸党则争相依附阉党势力，各地官吏更是极力讨好魏忠贤，媚之者称其为"九千岁"，并争相为其修建生祠，"曲意献媚，务穷工作之巧"，每祠之费，"多者数十万，少者数万，剥民财，侵公帑，伐树木无算"，当时全国"总计建祠共四十所"。④

常州地区为东林根据地，因此也是江南较少拒绝给魏忠贤建生祠的地方，同时，东林一系开始与阉党展开斗争，天启四年（1624）六月，杨涟率先上疏参劾魏忠贤二十四条罪状，九月，高攀龙上奏弹劾阉党骨干崔呈秀巡按淮扬间贪赃枉法，一时群僚响应，"交章论魏忠贤不法"。次年，魏忠贤开始利用手中大权反扑，令厂卫特务大肆搜捕、迫害东林党人。"当是时，东厂番役横行，所缉访无论虚实辄靡烂"，"民间偶语，或触忠贤，辄被擒僇，甚至剥皮刲舌，所杀不可胜数"，⑤ 他们罗织罪名，先将杨涟、左光斗、魏大中、袁化中、周朝瑞、顾大章等逮捕入狱，诸人先后惨死于狱中，人称"六君子"。天启六年，魏忠贤再兴大狱，逮捕东林党人高攀龙、周顺昌、周起元、缪昌期、李应昇、周宗建、黄尊素等七人，高攀龙投水而死，其余六人皆死于狱中，史称"后七君子"。

---

① （明）唐顺之：《三沙报捷疏》，（明）陈子龙《明经世文编》卷二五九《唐荆川家藏集一》，第2743页。
② 《明史》卷二〇五《唐铮顺之传》，第5424页。
③ （明）丁元荐：《西山日记》上，齐鲁书社1995年版，第686页。
④ （明）文秉：《先拨志始》卷中，中国历史研究社编《中国历史研究资料丛书》，上海书店出版社1982年版，第207页。
⑤ 《明史》卷三〇五《魏忠贤传》，第7820页。

锦衣卫缇骑在苏州逮捕周顺昌时，受到苏州市民的声援，毙者三人，余皆四下逃窜。魏忠贤令毛一鹭严惩为首者，市民颜佩韦、马杰、沈扬、杨念如、周文元五人"挺身自投"，慷慨就义，魏忠贤倒台后，苏州士民将其合葬于虎丘旁，苏州文人领袖张溥写下了著名的《五人墓碑记》。①

　　同样，在天启六年三月，锦衣卫在江阴逮捕李应昇，江阴家乡父老数千人云集河岸，挥泪大骂"魏奸贼"，不少年轻人高呼："入京城，杀魏忠贤。"李应昇被押至常州察院（今西瀛里）开读时，常州有数百士民聚集在察院门口。突然有披发垂肩的数十人，持短棍冲入院中，大呼"杀魏忠贤校尉"，一呼而百应，数万民众一齐围攻察院，缇骑们踉跄翻墙而逃。有一个卖甘蔗的小孩子，大概十多岁，大叫道："我恨极，杀我江南无数好人。"随后拉起一个魏忠贤手下的校尉，手起刀落，就用锋利的蔗刀割去他身上的数片肉，扔到街上喂了狗。时常州知府曾樱连忙让蔡士顺带着李应昇至察院，给家乡父老下跪，才让东厂把自己带走。曾樱又想方设法让此事瞒过锦衣卫官员，也使得常州士人免于类似苏州之难。然而尽管多方人士大力营救，李应昇仍于当年闰六月二日以穿红绣鞋（即烧红的铁靴）的酷刑被残害至死，年仅34岁。日后清人董大伦曾写下著名的《卖蔗童子歌》来纪念此事：

　　　　天启丙寅岁三月，魏阉毒炽歼江南。姑苏缇骑奋击毙，五人胆勇谁骖驔。是日江阴李守御，逮常宣读将开函。黄头红韎瞋目立，万人疾视徒眈眈。谁何少年约十辈，魋肩髽发垂鬈鬖。夥移大众共扑之，排闼汹汹腾飞魈。訇天冲突屋瓦震，再见楚汉鏖章邯。最后一童舞蔗出，嚼龈大叫声许覃。胜肛肥尉戴头窜，霍若鹰爪捕雀鹌。蔗刀一脔甜徇口，狗如噬矢犹婪酣。十步之内血溅地，官吏惊仆成僵虫。满城士民齐拍手，啧啧此子诚奇男。惜哉尉不格一死，其事灭没随烟岚。颜佩蚕等真伯仲，并举姓氏无人谙。我生同乡志汲古，摩挲铜狄心胡堪。试拈生纸当碑碣，更借硬笔为刀錾。哦成庶几得崖略，传与好事谈喃喃。②

　　魏忠贤党羽还编撰了《东林点将录》《东林天鉴录》《东林籍贯录》等书，提供东林党人名单，按名捕杀、斥逐。魏忠贤又命人编纂《三朝要典》，借"红丸、梃击、移宫"三案，东林书院、龙城书院相继被毁，孙慎行、郑鄤等常州籍东林党成员也被四处追捕，朝中东林人士基本上被驱逐殆尽。直至明思宗继位后，魏忠贤畏罪自缢，对东林人士的残酷镇压方告停止。

---

① （明）张溥：《七录斋文集》卷六《五人墓碑记》，《四库禁毁书丛刊》集部第182册，北京出版社1998年版。
② （清）董大伦：《卖蔗童子歌》，赵震编《毗陵诗录》卷一，民国铅印本；（明）李逊之：《三朝野记》卷三，《续修四库全书》第438册，上海古籍出版社1995年版。

东林人士被镇压后,江南人士没有停止反抗,复社等文人社团继续发展壮大,其中复社便有"小东林"之称,很多东林人士的后人便参与这一社团。明末的文人社团本是准备科举,讨论八股的文人社集,但随着朝政日败,国势日衰,在操持科举选政的同时,开始纷纷聚议时政,参与政治。

崇祯二年(1629),在吴江知县熊开元的支持下,太仓张溥汇集各地名士,在尹山召开大会,将全国十六个文社合并,取《易》"剥穷而复"之义,形成了"合诸社为一"的复社,复社逐渐从一个地方性的文人社团发展成为一个全国性的文人团体。崇祯六年春,复社在虎丘召开大会,盛况空前,"数月前,传单四出,期会约结。至日,山左、江右、晋、楚、闽、浙以舟车至者数千余人,大雄宝殿不能容,生公台、千人石鳞次布席皆满,典庖司酝,辇载泽量,往来丝织,游人聚观,无不诧叹,以为三百年未尝有也"。①

复社是一个复杂的团体,它既有政治目的,同时又与科举考试密切相关,张溥等人操持选政,又与当时的首辅宜兴周延儒关系密切,很多人以为投入复社门下必然高中,使其成员鱼龙混杂。据常州籍著名学者蒋逸雪的统计,复社总人数当在数千人以上,其中常州籍的如无锡顾杲、宜兴陈贞慧、江阴黄毓祺、武进恽本初等人是复社的中坚力量。②

崇祯十一年,"阉党逆案"中人阮大铖在南京活动,企图东山再起,复社名士吴应箕与顾宪成之孙无锡顾杲谈及此事,顾杲称不惜身死也要为民除此大害,吴应箕便在宜兴陈贞慧家中起草了声讨阮大铖的檄文,顾杲、陈贞慧和吴应箕还征求各地复社成员的签名支持。次年乡试时,复社在冒辟疆的淮清桥桃叶渡寓所召开大会,正式发表《留都防乱公揭》,签名者讦142人,一时反响强烈,阮大铖被迫隐匿于南京南郊牛首山,直至弘光朝时才借马士英之手重新出山。明亡后,复社成员各奔东西,一些人入仕清朝,另一些人则投入抗清斗争。

第三节 晚明常州地区的社会冲突

所谓民变,"是指下层民众用直接诉诸行动的方式以表达自己对现存社会的不满和反抗,是中国社会内在矛盾激化的产物"。③明中期以后,江南士大夫家族凭借权势,横行乡里,家仆豪奴为非作歹,激化矛盾,引发民变,造成社会的动荡,其

---

① 陆世仪:《复社纪略》卷一,《续修四库全书》第438册,上海古籍出版社1995年版。
② 参见蒋逸雪:《复社姓氏考订》,引自蒋逸雪著《张溥年谱》,齐鲁书社1982年版。
③ 陈旭麓:《近代中国的新陈代谢》,上海人民出版社1992年版,第296页。

中崇祯中宜兴发生的民变便是其中之典型。

宜兴在明代为南直隶常州府属县,该邑历来"多豪家",①且山水相依,可耕土地相对较少,赋役负担相对更重,因此宜兴农民如前文所述,同江南其他地区农民一样,一般采取"投献"的方式,逃避赋役负担。具备免役特权的官僚、生员可以毫无顾忌地大量接受平民的投献,然后迅速发展为田连阡陌、家藏万贯的富豪。这些缙绅地主们依靠雄厚的财富,并凭借自己的仕途资历、同僚关系,科举中的同年、门生、座主等关系,为自己及家族提供强大的政治保障,使得晚明江南地区"以绅士为主体的新型地方精英成为乡村社会的主要支配阶层"。②

明代后期,江南缙绅之家蓄奴之风盛行,"人奴之多,吴中为甚",③这些奴仆大多为投献土地的农民,这些奴仆成为引发民变的导火索。宫崎市定认为引发民变的奴仆"即是庶民主动出来承担士大夫的仆役,充当其爪牙,而在庶民之间逞威风的一种人","是自庶民阶层析出的畸形儿,其出现是以困苦的庶民生活、特别是社会上的失业问题为背景的"。④赵翼认为"前明一代风气,不特地方有司私派横征,民不堪命。缙绅居乡者,亦多倚势恃强,视细民为弱肉,上下相护,民无所控也"。⑤

宜兴陈氏家族是典型的江南豪绅家族,他们倚势敛财,鱼肉乡里,《明史》称"修撰陈于泰、编修陈于鼎兄弟尤横",⑥其家奴狗仗人势,"豪仆肆毒",⑦"收租勒耗、翻债取盈,甚至锁拷而逼写田地,计陷而吞占子女",⑧以致民怨沸腾。陈氏不仅在宜兴横行乡里,巧取豪夺,陈于泰甚至指使家奴公然殴打凌辱武进县令岳凌霄,而作为常州府附郭县地方主官的岳知县,慑于陈家的权势,只能忍气吞声。⑨

崇祯六年(1633)初,由于不堪忍受陈氏家奴和另一乡宦徐廷锡家奴的欺压,南

---

① (清)佚名编:《明季烈臣传(四)·蒋英传》,《国家图书馆藏稀见明史史籍辑存》,线装书局2006年版。
② 万明主编:《晚明社会变迁问题与研究》,商务印书馆2005年版,第301页。
③ (清)顾炎武著,黄汝成集释:《日知录集释》卷一三《奴仆》,第800页。
④ (日)宫崎市定:《明代苏松地方的士大夫和民众》,刘文俊主编,栾成显、南炳文译《日本学者研究中国史论著选译》第六卷《明清》,中华书局1993年版,第259页。
⑤ (清)赵翼著,王树民校证:《廿二史札记校证》卷三十四《明乡官虐民之害》,中华书局1984年版,第785页。
⑥ 《明史》卷二四五《蒋英传》,第6360页。
⑦ (明)祁熊佳:《祁彪佳集》卷十《行实》,中华书局1960年版,第237页。
⑧ (明)祁彪佳:《宜焚全稿》卷一《初报宜情》,《续修四库全书》第492册,上海古籍出版社1995年版。
⑨ (明)祁彪佳:《宜焚全稿》卷二《周文爃招》。按,关于陈于泰指使家奴在宾馆殴打武进县令岳凌霄一事,常州府理刑推官吴兆莹和镇江知府王秉鉴在会审陈奴时,陈奴在供词中多次提及此事,祁彪佳在奏疏中也多次强调陈于泰纵奴行凶,殴打凌辱武进知县的罪行,但因受害人岳凌霄早已去职回籍,会审期间未能取证,故会审官员并未深究此事。

刘村、杨山村民众自发组织起来，对抗陈、徐家奴。又因陈奴周文爌等在收租过程中手持官府捕人的"拘票"，导致矛盾迅速激化，使这一本来只针对豪奴的反抗活动，演变为一场大规模的烧抢，"群执兵鼓噪，势汹汹"，①"白昼攻剽，官不能禁"。②由于乡民追杀陈氏豪奴不获，遂将陈奴家及所在的马家庄付之一炬，继而陈氏张渚、河桥、亳村、塘头、川埠、蜀山、涧北等庄皆被焚毁殆尽，陈一教仓皇逃入太湖舟中避难，愤怒的乡民又刨掘了陈氏祖坟。地方无赖趁机哄抢并焚烧了与陈、徐二家并无关联的富户张襄、周启玄、欧明家。无赖陈钟、陈有禄等趁火打劫，烧抢水泊吴连庄房。参与民变的民众"白昼攻剽，官不能禁"，乡民"声言次第欲更焚某庄、更掘某坟，又恐吓劫狱，致该县城门昼闭"。③不仅宜兴境内因烧抢肆虐，导致人心惶惶，而且宜兴邻县武进、溧阳、金坛，亦有效尤之势，均出现了因地方无赖借机寻衅滋事，而引发的大规模烧抢事件。此次民变自崇祯六年正月初八开始，至二月中旬，宜兴烧抢恶首赵礼、周满三等闹事无赖被捉拿归案，武进尚宜乡的闹事者华宾之、华复之等被抓获，溧阳等周边地区的事态也被平息，大规模的民变才基本结束。

但是风波还未彻底平息，在这次事件的影响下，当年三四月间，宜兴西乡、五洞桥、凤凰窠等处，再次发生罡棍以借米为名而引发的多起聚众哄抢事件④；次年即崇祯七年四月七日，宜兴千塘头地区再次发生焚庄事件，致仕首辅周延儒位于其地的庄房十五间被焚毁；⑤二十七日，溧阳戴埠发生了大规模烧抢事件，民众将乡绅陈伯庸的三间店房烧毁，次日又将陈宧在此地的新旧房屋尽行烧毁，并四处寻觅陈宧祖坟，欲行掘坟。⑥

在民变爆发伊始，县令童兆登感觉到了事态的严重性，想亲自到民变现场进行调解，试图迅速平息，但为时已晚，"不知烈焰之余，不能扑燎原之势"，虽然派兵将民变领导人陈轼、杨元珊及趁火打劫的罡棍陈谋等抓获，但依然无济于事。事件不仅没有平息，反而愈演愈烈。宜兴县内人心惶惶。面对突如其来的民变大潮，时任常镇道按察副使的徐世荫认为参与民变的民众是"乱民，非寇也，为开陈祸福，

---

① 《光绪重修嘉善县志》卷一九《官业》，《中国地方志集成·浙江府县志辑》第19册，凤凰出版社2004年版。
② （清）李卫修：《雍正浙江通志》卷一六一《人物一》，《景印文渊阁四库全书》第281册，台湾商务印书馆1986年版。
③ （明）祁彪佳：《宜焚全稿》卷一《初报宜情》。
④ 《光绪黄梅县志》卷二四《宦绩》，《中国地方志集成·湖北府县志辑》第24册，江苏古籍出版社2001年版。
⑤ （明）祁彪佳：《宜焚全稿》卷八《再报宜变》。
⑥ （明）张国维：《抚吴疏草》，《报溧阳烧抢疏》，《四库禁毁书丛刊》史部第39册，北京出版社1998年版。

间取不职者，创惩之事遂宁息"。①巡抚应天金都御史庄祖诲起用了被刚刚解职的分巡苏松按察副使蒋英，蒋英曾任宜兴县令，较得民心。同时常州知府洪周禄、推官吴兆莹也紧急赶赴宜兴。随着洪周禄、蒋英的到来，局面得以改观，事态得以基本缓解。

此案爆发后，诸言官交章上疏议论，在中枢引发强大政治压力和舆论压力。言官的奏疏引起明思宗的重视，思宗对诸言官所上题本均一一进行批复，同时多次严令南直隶抚按官、理刑官、常州府县两级地方官严肃处理宜兴事件。②六月四日，巡按苏松御史祁彪佳到任，开始对此案进行审查。结果上报后，引起明思宗的震怒，除陈一教因年老多病，且受民变冲击、惊吓，民变不久即去世于太湖舟中，未受处理。倚势横行乡里的豪奴或被斩、或被流放。陈一教长子翰林院修撰陈于泰、次子翰林院编修陈于鼎皆被削籍。

虽然这次司法审判相对顺利、公正。但南直隶镇江府、常州府、常府所辖宜兴县诸多涉及宜兴事件官员，却多数受到影响，甚至连未曾参与平息第一次大规模民变的祁彪佳，亦被考核下等而罚俸。究其原因是陈于鼎等人均为东林党，当时部分东林党人对此事处理结果不满，而此时"钦定逆案"刚结束不久，朝中门户对立，党同伐异，如此严厉处置党魁族叔家，自然遭致党人的不满和报复。

晚明相当一部分江南缙绅已经出现无赖化倾向，他们豢养大量奴仆，而这些奴仆的构成，很多又是流氓无产者，他们倚仗主人之势横行不法，成为扰乱地方秩序的重要因素。宜兴陈一教等乡绅，利用自己的财富、权势及深厚的政治背景，官绅勾结，为害地方，激起民变，造成了江南社会的动荡。宜兴民变是典型官绅勾结的结果，它的爆发及最终处理过程，都是晚明社会动荡，朝政混乱的缩影。

---

① （清）李卫修：《雍正浙江通志》卷一六一《人物一》。
② （明）祁彪佳：《宜焚全稿》卷一《初报宜情》。

清前期

第六编

第一章 清前期常州的行政建置与人口

明崇祯十七年（1644），即清顺治元年，李自成率领的农民武装推翻了明王朝，一直在中国东北地区扩张的满族政权趁机进入山海关，攻占北京，进而征服全国，建立了中国历史上最后一个统一的王朝——清朝。清朝在地方行政体制、土地赋役制度等方面基本沿袭明制，但又有所变革。同时，作为异族统治者，清廷选择了镇压、征服与改造作为自己统治的基本手段，他们对汉人实行怀柔与暴力两手政策，强化专制主义，实行思想钳制。

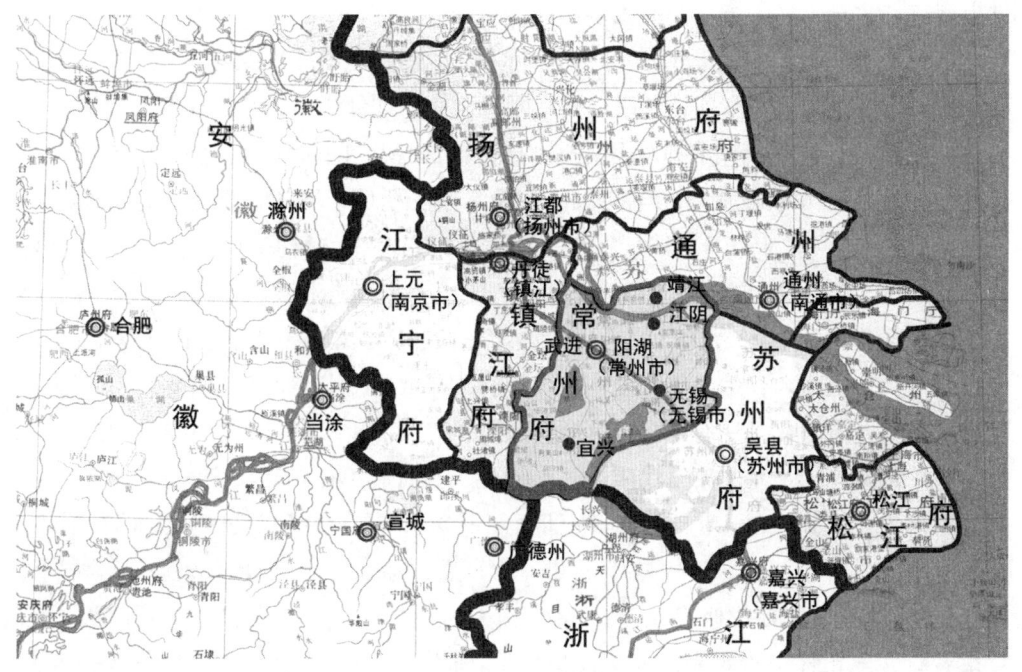

图6-1 清代建制图

第一节 清前期常州的政治演变

一、清军攻克江南及常州地区的抗清活动

崇祯十七年三月十九日，李自成攻破北京城，明思宗自缢于煤山，统治中国276

年的明王朝正式终结。四月二十二日,明朝山海关守将吴三桂引清兵入关,五月初二日,多尔衮率清兵攻入北京。然而,崇祯皇帝的死并不代表朱明皇朝的命脉就此彻底断绝,江淮以南的半壁江山仍然处在明朝委任官员的统治之下,他们仍奉大明为正朔。五月初三日,明南京兵部尚书史可法、凤阳总督马士英等在南京拥立福王朱由崧为监国。十五日,南明诸臣拥立朱由崧即帝位,以明年为弘光元年。弘光帝即位后,依靠马士英、阮大铖偏安江南,声色犬马。十月一日,清世祖福临在北京紫禁城再次举行登极大典,正式将都城由盛京迁至北京。次年,即顺治二年(1645)二月,清政权在基本稳定北方的局势的情况下,以豫亲王多铎为定国大将军,统率清军征讨南明。四月,清军入扬州,阁部督师史可法殉国,清军屠城10天,全城死亡人数逾80万人,史称"扬州十日"。五月九日黎明,清军趁大雾渡江,攻占镇江,南明政权的南京外围防线全面崩溃。初十日,弘光帝闻清兵渡江,与太监四五十人逃出南京。次日,马士英挟弘光太后出奔。

五月十五日,清兵克南京,南明忻城伯赵之龙、礼部尚书钱谦益等迎降,南明政权覆亡。清军占领南京后,利用一些南明降清高官如钱谦益、赵之龙等广发檄文,盛称清军功德,要求江南各地官民迅速归顺大清王朝,同时任命多位本地降官为安抚使,如常州人大理寺丞刘光斗便被任命为常镇安抚使,安抚常镇士民,讨州县户口粮役册。[1]五月二十九日,清廷宣布平定江南捷音。[2]六月初一日,清兵兵不血刃,占领常州。之前,听闻清军进逼,常州城内居民大多奔走避兵,当时河中船只不论大小,都索银至于一两,方才允许下舟。而清军入城后,又有一些平民百姓自杀殉国。如有石生及卖扇商人欧姓者投西庙沟池中死,又有一乡民担柴入城,遇清兵,知亡国,跳文成坝南龙游河死,还有诸生董元哲痛哭自杀。[3]常州人张龙文原隐居申江季子墓旁,清兵过其地,张龙文率乡民阻击,被斫死,犹直立不仆。[4]

常州攻克后不久,即六月初五日,清廷便下令江南各处军民尽皆剃发,倘有不从,军法从事。六月十三日,清军攻下苏州,两日后,即六月十五日,清廷正式颁布剃发令:"向来剃发之制姑听自便者,欲俟天下大定也。……自今布告之后,京城内外,直隶各省,限旬日尽行剃完。若规避惜发,巧词争辩,决不轻贷。该地方官若有为此事渎进表章,欲将朕已定地方仍存明制,不随本朝制度者,杀无赦。"[5]

---

[1] (清)计六奇:《明季南略》卷四,中华书局1984年版,第221页。
[2] 《清世祖实录》卷一六顺治二年五月庚戌。
[3] (清)计六奇:《明季南略》卷四,第235页。
[4] (清)王其淦、吴寿康修,汤成烈纂:《光绪武进阳湖县志》卷二四《人物·忠节》,《中国地方志集成·江苏府县志辑》第38册,上海书店1990年版。
[5] 《清世祖实录》卷一七顺治二年六月丙寅。

"留头不留发,留发不留头"的剃发令带有强烈的民族征服性质,极大地伤害了汉族人民的感情和尊严,激起了广大汉族百姓的强烈反抗。闰六月初一日,原任常州守备,同知黄之弼闭城削发,常州四乡揭竿入城,百姓蜂拥抵府署前,被杀十余人。①四乡揭竿者曾致书常州城内各士绅,信封署"上常郡绅管诸位爷",以家居的前明探花、礼部右侍郎管绍宁位尊而为首,太常寺少卿杨兆升为次。常州知府宗灏欲以此敲诈管绍宁、杨兆升等,不果,便指其为叛逆。管、杨两人均于二十九日被问斩。诸人先或缚浸沟中,或晒高竿上,遂俱被斩作两截。管绍宁与从弟绍恒,子管铉、管键、管均遇难,从兄管镂绍徇与仆崔三冲入刑场捧管绍宁诸人首级大哭,亦遇害,管氏宅第为清兵所占。孙管滋琪时仅10岁,匿于外家杨氏,得免。②

而更大规模的反抗则发生在江阴,初一日,江阴诸生许用德等人在孔庙明伦堂悬明太祖御容,率众拜且哭,言"头可断,发决不可剃",一时四乡数万群众"鸣锣执械"云集县城,以示支持。知县方亨欲派人密告常州府,请求派兵"多杀树威",密信被截。次日,愤怒的群众拘押方亨,公推典史陈明遇为首,以"大明中兴"为旗号,自称"江阴义民",正式举起反清大旗。此后,多铎派降将刘良佐率数万人将江阴县城包围,然屡攻屡败。七月初九日,陈明遇又举荐奉母乡居的江阴旧典史阎应元部署城防事宜,阎应元率领江阴士民,在两个多月的时间内抵御了20余万名清军的围攻,至八月二十一日,清军用大炮轰击城墙崩塌,江阴城方告失守。城破后,江阴士民进行了殊死的巷战。江阴围城战"凡攻守八十一日,清兵围城者二十四万,死者六万七千,巷战死者又七千,凡损卒七万五千有奇。城中死者,井中处处填满,孙郎中池及泮池叠尸数层,然竟无一人降者"。③江阴守城战死67000余人,清军破城后,又屠城三日,城内外殉难者数十万人。

除此之外,常州人士参与抗清的斗争依然不断。除了如吴钟峦、恽日初等人依随鲁王、唐王与清军作战之外,常州本地也经常与清军进行各种形式的斗争。1645年夏,吴江人吴易在太湖起兵反清,吴钟峦之子吴福之与其友任源邃、徐安远及总兵李某合军以应之,至秋天兵败,李某败死,吴福之自沉于湖。④顺治三年(1646)十一月十一日,无锡生员王谋率乡兵万人夜袭常州城,王谋被擒,后众越狱,王谋独不去,被杀。⑤约在同时,江阴贡生黄毓祺率王春、徐趋等14人偷袭江阴城,徐

---

① (清)薛寀:《薛谐孟笔记》,民国二十八年铅印本。
② 参见潘震浦《宗伯诚斋先生父子兄弟殉难传》、蒋金式《管宗伯传》,管绍宁《赐诚堂文集》卷首,《四库未收书辑刊》6辑26册,北京出版社1998年版。
③ (清)许重熙:《江阴守城后记》,《中国野史集成》第33册,巴蜀书社1993年版。
④ (清)任源祥:《鸣鹤堂文集》卷七《吴福之传》,《清代诗文集汇编》第62册,上海古籍出版社2010年版。
⑤ (清)徐鼒:《小腆纪年》卷一三,中华书局1959年版,第509页。

趋等被俘遇害,黄毓祺逃脱后继续从事抗清斗争,于次年被俘,顺治五年(1648)被杀。①顺治八年,有一人自江淮至常州,举止辞气甚伟,言为永王朱慈炤,邹延玠将其馆于家,时恽厥初在城北有别圃,延玠将其匿于此有两月有余,后在魏庄被清军侦破,邹延玠、恽厥初因藏匿明皇子案牵连被捕,遂解往南京,这便是常州著名的"西园之变"。常州望族唐氏、恽氏成员被清军大肆搜捕,不得不逃亡,恽厥初于次年在狱中自尽。此后庄保生、恽日初、邹延玠、钱海岳、杨珂、杨雪臣等留恋前朝,议论大事,慷慨激昂,顺治十年六月,时有客自滇中来,以蜡丸招诸义士,诸人遂相结定盟,后事泄,均被擒,庄保生、钱海岳等被杀。邹延玠被释后,又卷入汪硕德谋反事,于十一月被斩首。顺治十三年,朝廷准备将邹延玠家籍没,其妻吴氏自尽,死前一日,苦热,吴氏祝曰:"安所得甘雨乎?"死后遂雨竟日,人称"节妇雨"。②

二、清政府统治的巩固和衰败

清朝统治者为加强统治,除了继续加强对反抗斗争的镇压之外,也采取了一些怀柔政策。顺治二年七月初七日,便准浙江总督张存仁奏,因"近有借口剃发,反顺为逆",命南方归顺各省开科取士,行蠲免,薄税敛,使"读书者有出仕之望,而从逆之念自息";"力农者少钱粮之苦,而随逆之心自消"。③此后,清政府通过一系列的政策,对江南文人实行怀柔与暴力两手政策,强化文化专制主义,实行思想钳制。

1. 文字狱、科场案和奏销案。清代统治者主要的打击对象便是江南的文人,常州作为文化发达之区,受到打击的文人自然屡见不鲜,尤以文字狱、科场案和奏销案为最。

顺治四年,毛重倬、史树骏等人结诗社,时有新进士欲入诗社,主社者不纳,遂进谗于当朝,称诗社中有文体怪异,不奉年号者,毛重倬和史树骏等六人被祸。④

顺治五年,江阴黄毓祺在通州法宝寺被捕,并被搜出南明鲁王监国颁予的总督铜印一枚及诗集一本,其诗集中有"纵使逆天成底事,倒行日暮不知还"等反清复明的"悖逆"之词。次年三月,黄毓祺被解至江宁监狱,不久病死狱中,按律被戮尸,子女依律放旗下人为奴。钱谦益因曾留宿黄毓祺而被牵连逮讯,因"以内院大臣归老山林,子侄三人新列科目,荣幸已极,必不丧心负恩",于是得释归。⑤

顺治十二年,孙自式为国史院检讨,条奏巡方、科场二事,语极恺切,并慨叹

---

① (清)徐鼒:《小腆纪年》卷一三,第518、519页。
② (清)恽日初:《明贡士邹介子传》,《不远堂文稿》,武林叶氏民国二十八年抄本。
③ 《清世祖实录》卷一九顺治二年七月丙辰。
④ (清)毛志楷:《先府君年谱》,《北京图书馆藏珍本年谱丛刊》第73册,北京图书馆出版社1997年版。
⑤ 《清史列传》卷七九《贰臣传乙·钱谦益传》,中华书局1987年版,第6577页。

吏治日坏，自请为本县县令。不久，世祖驾幸秘书院，孙自式面奏，再次自请为回武进任本县县令。世祖称孙自式狂疾，给牛黄丸，勒令退职养病，人遂呼为"狂翰林"。此后杜门却扫，不与外事。①

顺治十四年秋，顺天和江南科场案发，常州人蔡元禧时任国子监博士，虽然"有分无过"，但仍然与案，着立斩，家产籍没，父母兄弟妻子俱流徙尚阳堡，后被清圣祖下诏免戍。②常州此次乡试中式十四人，次年三月，清世祖亲自复试江南举人，仅中武进吴珂鸣等六人，其他八人覆试被黜。其中吴珂鸣三次试卷，文理独优，是唯一允许一体殿试的士子。③

康熙五十年十月十二日，以"清廉"著称的常州籍官员赵申乔上疏劾桐城名士戴名世狂妄不谨，著名的《南山集》案发，戴名世入狱。④康熙五十二年二月初七日，《南山集》案最终定谳，戴名世处斩。⑤然而仅过两年，赵申乔子赵凤诏便被人告发贪污，康熙五十七年，赵凤诏因贪赃174600两，被斩立决。⑥

雍正三年（1724）十二月，年羹尧被赐死，钱名世因赠诗谀颂年羹尧被查办。三月，清世祖下旨，称其"谄媚性成，作写诗词，颂扬奸恶，措词悖谬，自取罪戾"，"伊既以文词谄谀奸恶，为名教所不容，朕即以文词为国法，示人臣之炯戒。著将钱名世革去职衔，发回原籍。朕书'名教罪人'四字，令该地方官制造匾额，张挂钱名世所居之宅。且钱名世系读书之人，不知大义，廉耻荡然。凡文学正士必深恶痛绝，共为切齿。可令在京现任官员，由举人进士出身者，仿诗人刺恶之意，各为诗文，纪其劣迹，以儆顽邪，并使天下读书人知所儆厉。其所为诗文，一并汇齐，缮写进呈。俟览过，给付钱名世。"结果共有385人奉诏作诗，而其中"作诗妄谬"的翰林院侍读吴孝登发宁古塔，给披甲人为奴，侍读学士陈邦彦、陈邦直皆落职。五月，清世祖"又谕旨一道及诸臣所赋刺恶之诗一并交钱名世刊刻进呈。凡直省学校所在，各颁一部，以示鉴式"。还命常州知府、武进知县每月初一、十五日去查看匾额悬挂情况。⑦

顺治十八年六月初三日，江南奏销案起。清军入关后，在江南各地实行了比明代更为严厉的催科，但江南缙绅拖欠钱粮的现象仍十分严重，同时，政治立场上，

---

① 孟森：《心史里语·孙衣月检讨》，《武进月刊》第一卷第二、三期，1917年。
② （清）黄与坚：《愿学斋文集》卷二〇《毗陵轶事记》，《清代诗文集汇编》第74册，上海古籍出版社2010年版。
③ （清）赵鸿熙等辑：《毗陵科第考》，清同治十二年刻本。
④ 桐城无名氏：《记桐城方戴两家书案》，戴廷杰《戴名世年谱》，中华书局2004年版。
⑤ 《清圣祖实录》卷二五三康熙五十二年二月甲寅。
⑥ 《清圣祖实录》卷二七七康熙五十七年二月壬寅。
⑦ （清）萧奭：《永宪录》卷四，中华书局1997年版，第273、274页。

江南士绅仍暗地支持抗清活动，清廷为抑制士绅特权并从政治上制服他们，便以"抗粮"为借口发动了奏销案，将上年尚未完纳钱粮的江南苏、松、常、镇四府并溧阳一县的官绅士子全部黜革。当时江宁巡抚朱国治疏报："苏松常镇四府属及溧阳县未完钱粮之文武绅衿共一万三千五百一十七名，应照例议处。"① 疏上，朝廷准其奏。经部察议："现仕官降二级调用，衿士襕单，徇役照赃治罪。若干褫革者又发本处枷责。"② 于是鞭扑纷纷，衣冠扫地。其中不少士绅被械送刑部议处，苏州探花叶方霭甚至因欠银一厘而被黜，所以有"探花不值一文钱"之说，③ 一时"仕籍、学校为之一空"。常州邹祗谟、邵长蘅、黄永、董以宁、刘维祯、庄同生、毛重倬等皆入此案，邹祗谟、黄永、刘维祯、毛重倬等均以逋粮案黜职，刘昞、龚百药、邵长蘅、钱养浩、邹登峒等则被黜学籍。邵长蘅为之尽卖先人所遗田产。罹祸之江南士子原须解送京城，幸得杨廷鉴从中周旋，免得解京。邵长蘅曾作《布谷谣》云："村墟五月布谷鸣，家家驱牛向田塍。谁令我家充里正，荒田地白不得耕。昨日县卒至，驱迫入城市。官府怒我输税迟，系狱一日再论答。肉腐虫出，垢面蓬首，亲友来相探，牵衣泣下不能止。附书与亲交，归告我妻卖儿子。"陈玉璂在《癸丑元旦述怀》也称："时方遇奏销，缙绅厄于吏。半粟士鞭笞，一钱官委弃。"不过与江南其他诸府相比，此案常州士人罹祸数量要明显少很多，时人以为常州府教授郭士璟之功。张云章《郭士璟墓志》称：当时常州有士人数百，入于奏销名单中。郭士璟求见知府，请按下三日不发，次日凌晨榜示通衢，允许在三日内补输，方使得多人免遭牢狱之灾。④

2. 康熙乾隆南巡过常州。江南财赋甲于天下，是清廷经济命脉所系，维持江南稳定和繁荣对清王朝至关重要，同时，江南又是清初反清复明的大本营，清廷一方面采取强压政策，另一方面，也采用各种形式笼络人心，以缓和矛盾。康熙和乾隆两朝十二次南巡便是其安抚江南人心，巩固统治的主要手段。圣祖分别于康熙二十三年（1684）、二十八年、三十八年、四十二年、四十四年、四十六年六次南巡，高宗则分别于乾隆十六年（1751）、二十二年、二十七年、四十五年、四十九年六次南巡，这十二次南巡均曾经过常州，并在常州逗留。南巡到达常州时，常州城张灯结彩，五色陆离，闪耀如画。⑤ 督抚、将军以下均率所部迎銮，时在籍候补、候选诸臣及举、贡、监生、生员、耆老跪迎于驿之下岸。而到了乾隆时期，更为铺张，为了迎接高宗圣驾，常州当地的士绅和地方官重建苏东坡当年泊舟常州的遗址——

---

① 《清圣祖实录》卷三顺治十八年六月庚辰。
② 《清史稿》卷四八八《朱国治传》，中华书局1977年版，第13473页。
③ （清）陈康祺：《郎潜纪闻》卷四，中华书局1984年版，第68页。
④ 孟森：《心史丛刊·奏销案》，中华书局2006年版，第34、81页。
⑤ （清）刘汉卿：《依思公年谱》，《北京图书馆藏珍本年谱丛刊》第73册，北京图书馆出版社1997年版。

舣舟亭。为了便于停泊船队，将亭址南移，又在附近建行宫为万寿亭，随后还将原在城中白云溪的孙氏藤花旧馆中的洗砚池也移置此地。清高宗极尊崇苏轼，只要附近有其活动的遗迹，他在巡幸时都要去凭吊并题诗。地方官和士绅正是抓住了他这种心理，为讨其欢心，将舣舟亭改建为他巡幸时的临时行宫。

圣祖和高宗南巡时，都表示了对民生的关注。康熙二十三年

图 6-2　舣舟亭

（1684），世祖在首次南巡时便下谕旨："江南、浙江、江西、湖广省分自用兵以来，供应繁苦，立加恩恤。康熙二十四年所运漕粮著免三分之一，自康熙十三年起至二十四年拖欠漕项钱粮，自康熙二十三年起每年带征一年，以免小民一时并征之累。"此后，每次南巡都有蠲免百姓钱粮的举动。高宗南巡过常州，曾经先后有《御制过常州府城诗》和《过常州府城八韵诗》，前者诗云："毗陵驿口驻飞舻，城郭周巡六辔纡。老幼欢欣称就日，江山风物已勾吴。勖哉尔牧无胥怠，弱矣斯民未尽愚。户口实繁盖藏少，隐忧水旱岂能无。"后者诗云："舟车引百越，襟带控三吴。泰伯高风在，贺公嘉政腴。人文日寖盛，食服众滋腴。故是升平象，宁无水旱虞。即今虽小补，忆昔未全苏。咨尔牧民者，引恬莫怠图。"① 都是表达他对百姓民生的关注之情。同时，南巡途中，两位皇帝凡遇著名忠臣、学者的祠庙享堂，均题字、赐匾，或派大臣上香致祭，予以表彰。并以江南为人文荟萃之地，酌量增加江南士子入学名额，并多次在南巡中召试士子，钦赐举人衔。常州学者赵怀玉、吕光复、盛崇惇、刘召扬、庄复旦等均参与应试，获举人衔。②

圣祖、高宗南巡，虽然起到了笼络人心，巩固统治的作用，但也耗费了大量的钱财，特别是高宗，南巡日趋奢华铺张，好大喜功，浪费了大量民脂民膏，也为日后清朝国势渐衰埋下了伏笔。

3.乾隆后期以降的统治衰败。乾隆后期，各种社会弊病开始日益加剧。吏治腐败，贪污丛生，阶级矛盾激化，边患急剧加重，内忧外患，危机四伏。常州籍大员

---

① （清）黄冕等修，李兆洛纂：《道光武进阳湖合志》卷首《巡幸恭纪》，清光绪十二年刻本。
② （清）高晋等：《钦定南巡盛典》，《景印文渊阁四库全书》第 658 册，台湾商务印书馆 1986 年版。

云南布政使钱度、安徽按察使吕尔昌便先后卷入贪腐案中，于乾隆三十七年（1772）、乾隆四十七年被拿获，分别被处死和发放伊犁。① 常州学者汤成烈对当时的时事曾有如下的论述，可谓鞭辟入里：

> 上焉者立政经国，知任法而不知德化，禁网严密，以制其下。下焉者奉令承教，知迎合而不知匡救，阿谀便僻，以愚其上，于是朝廷之上君骄臣谄，不闻吁咈之言，遂成唯诺之习。疆臣化之章疏，以将顺为容悦，大都虚辞欺误，不识地方之利弊，不顾民生之疾苦，张其气焰，下压州县，恫以考成处分，相为钳制。牧令亲民之官，虽有化导斯民之责，不肖者至坏法乱纪，取快一时，尚何有弦歌之声，鸣琴之治哉！繇是青衿佻达于城阙，胥吏舞文于堂阶，蚩蚩之民易惑难晓，视听濡染，习与性渝。其由于中者日习以浇，其饰于外者日习以侈，浇则孝友睦姻任恤之风衰，侈则昏丧宴会食服游戏之费靡。至于父子异财，兄弟阋墙，夫妇弃卖，朋友仇雠，奴仆放纵，诈伪相轧，讼狱滋繁，此浇之弊也。故忠信薄而伦纪毁，若其力所能为，为峻宇雕墙，度拟王居，一裘千金，一膳万钱，婚丧僭逾，富者夸耀，贫者慕效，饥寒既迫，择肥嚼齿，愚顽无知，惟盗惟窃，此侈之弊也。故礼义亡而廉耻丧，夫至伦纪毁，廉耻丧，人之异于禽兽者几希。②

面对这种时势，常州的有识之士深感不满，如梁启超所言"在乾嘉间考证学的基础之上，建设顺康间经世致用之学"，③显示出特立独行的风尚。同时又并非只是空泛地议论时政，更体现在对国家和民族命运的深切关怀，以及坚持个人良知和道德气骨方面。其中尤以洪亮吉为最。他于嘉庆四年（1799）八月二十四日作《乞假将归留别成亲王极言时政启》，分别上书成亲王、朱珪、刘权之，痛斥时弊，每举一目，必指名道姓引以为实例，被其所指摘者达四十余人之多，对仁宗亲政以来的举动同样也直言不讳地提出批评。④仁宗为了显示其宽厚和仁慈，免洪亮吉一死，让他充军万里之遥的新疆伊犁，以作警示。⑤次年闰四月，因京师不雨，仁宗下罪己诏，并颁谕，令洪亮吉获赦免回原籍。⑥洪亮吉上书事件，成为整个清代社会的重大转折点，标志着清代统治的盛极而衰，开始走向穷途。

---

① 《清高宗实录》卷九一三乾隆三十七年七月戊午，《清高宗实录》卷一一五六乾隆四十七年五月丁酉。
② （清）汤成烈：《风俗篇》，（清）盛康编《皇朝经世文续编》卷七四，《近代中国史料丛刊》正编第831册，文海出版社1975年版。
③ 梁启超：《清代学术概论》，《梁启超论清学史两种》，复旦大学出版社1985年版，第119页。
④ 吕培：《洪北江先生年谱》，《北京图书馆藏珍本年谱丛刊》第116册，北京图书馆出版社1997年版。
⑤ 《清仁宗实录》卷五〇嘉庆四年八月癸丑。
⑥ 《清仁宗实录》卷六五嘉庆五年闰四月乙卯。

第二节 行政建制的演变

清代地方政府行政系统基本上沿袭明制，主要由省—府—县三级行政体系构成。由于江南一向赋重事繁，雍正二年（1724）清廷进行政区改革，苏、松、常三府分县，常州由五县分为八县，常州从此号称为"八邑名都"。

一、清代常州的地方行政系统

清军占领南京后，于顺治二年（1645）闰六月二十五日，下谕旨："南京著改为江南省。设官事宜照各省例行。"① 此后，江南省正式成立，其辖区包括今江苏、安徽和上海市，以江宁（即南京）为省城。同时又建立江南承宣布政使司和提刑按察使司，布政使主管一省民政、财政和人事大权，提刑按察使司主管一省司法和监察事务。

江南省甫一建立，便具有重要地位，所谓"国家鼎建，两京之外分省一十有四，而江南最为重地"。② 为保证作为清廷主要财源的江南省稳定和安全，清廷决定将江南省分而治之，既便于加强管理，又可以防止其他势力利用富庶的江南省对抗清廷。顺治十八年，江南省承宣布政使司左、右布政使分治，其中右布政使驻苏州，领江宁、苏州、松江、常州、镇江五府。康熙三年（1664），又以"江省刑名务繁"，设安徽按察使于安庆，另设江宁按察使，领江宁、苏州、松江、常州、镇江、淮安、扬州七府及徐州。康熙六年，江南省停左、右布政使之名，江南左布政使改称安徽布政使，右布政使改称江苏布政使，"江苏"取自江宁和苏州两府首字，江苏建省始于此。乾隆二十五年（1760），因"江苏钱谷殷繁，布政使一员，专司总汇，文案委积，日给不遑，即在敏干之材，尚虞顾此失彼，历年尘牍相因，不能依限厘剔，未必不由于此"，故将安徽藩司回驻安庆，在江苏增设藩司一员，驻江宁，而苏、松、常、镇、太五府州分隶苏州藩司管辖，③ 至此江南分省进程基本完成。

省之下则设道，是省级的调节渠道，道的长官称"道员"，或尊称为"观察"。乾隆十八年，清廷裁去藩臬二司给道所设的参政、参议、副使、佥事等加衔，均定为正四品官，自此，道员不再是临时性的差官。清代江苏道员设置多有变化，嘉庆二十五年（1820），设有分巡道6个，其中常州隶属常镇通海道，辖一府一直隶州二直隶厅，即常州府、镇江府、通州、海门厅，治镇江府。

---

① 《清世祖实录》卷一八顺治二年闰六月乙巳。
② （清）余国柱：《康熙江南通志》卷首《序》，《中国地方志集成·省志辑·江南》第1册，凤凰出版社2011年版。
③ 《清高宗实录》卷六一五乾隆二十五年八月己亥。

二、雍正分县

清代府级设知府,上隶于省,下督所辖县。清初,常州府承袭明制,下辖武进、无锡、宜兴、江阴、靖江五县。苏、松、常三府地区一向是赋重事繁,给地方官带来了非常大的压力。宋荦便曾言:"江南系财赋重地,苏、松、常、镇尤为繁剧,州县岁征解银米自数万以至二三十万不等,每至奏销年限,非不加意严催,而经征经督各官降调接踵。"①"苏、松、常、镇四属赋税繁重,历来不能按额取盈。见任官处此繁剧之区,见年钱粮业已拮据不遑,又因前官遗欠,到任两年即罹降革,正署递更,公事废弛,旧欠难清,新粮更逋。"②因此自康熙起,相关官员便不断提出诸如选拔贤能或将重赋区官员分开考核的应对措施,但均于事无补。后蓝鼎元首先提出了分县的办法,他指出:"江南沿海州县太大者十有三,粮多政烦,官民受困极矣。若苏之长洲、昆山、吴江、嘉定、常熟五县,太仓一州,松之华亭、娄、上海、青浦四县,常之武进、无锡、宜兴三县,岁征银米共三百五十万有奇。大抵一邑钱粮可作边方数省,邑令精神才力既有不周不继之虞,而其民俗又多以输纳先完为耻,竟有数十年积逋不纳一钱者。幸遇恩赦得豁,赦后从新再逋,诛之不可胜诛,官亦无如之何也!官无如何,罔不因此诖误,诖误牵绊,终无清楚之期。于是有数十旧令羁留一邑,摩肩触额流离于道,至其既死之后,犹不能以骸骨还故乡,悲夫!即有才能出众之员,舍命催科,尚不能完十分之七八,而日夜废寝忘食,心血焦枯,精神耗敝,岂暇复及抚字教化之方?……今惟有分治之一法,可以救积年莫解之病……地分则大可使小,粮分则逋可使完。"③

到了雍正二年六月十九日,两江总督臣查弼纳正式上奏提出析县升州的建议,他请求将苏州府属的长洲、吴江、常熟、昆山、嘉定五县,太仓一州,松江府属的华亭、娄县、青浦、上海四县,常州府属的武进、无锡、宜兴三县等十三州县,各分为两。为了不致因大量增设官员增建城池衙署而加重财政负担,查氏提出,原来三府共有同知6名、通判6名,可以减少各3名,原来有7个县各有2名县丞,可各减1名,新设之县,只需各设1名知县,1名典史,如以裁省之同知、通判、县丞以充新设县份之官缺,其数足敷任用。至于官员驻扎之地,常州府武进县析出之县,其衙署可参照苏、松二府附郭二县之制,既毋庸筑城,又以原通判署为署所,毋庸另建新署。

---

① (清)宋荦:《西陂类稿》卷三六《酌议催科处分疏》,《景印文渊阁四库全书》第1323册,台湾商务印书馆1986年版。
② (清)宋荦:《西陂类稿》卷三七《酌议经征接征处分疏》。
③ (清)蓝鼎元:《鹿洲初集》卷三《论江南应分州县书》,《景印文渊阁四库全书》第1327册,台湾商务印书馆1986年版。

新析出之7县，尚无城池，要否新筑，可视需要而定。① 雍正三年六月十八日，张楷题请，苏、松、常三府属太仓、长洲等十三州县，恭请皇帝钦定嘉名，颁给印信，铨选人员，部议覆奏。八月初一日，大学士马齐等拟定新分县名，呈送御览，皇帝圈定。其中苏州府，从长洲析出者名元和，吴江析出者名震泽，常熟析出者名昭文，昆山析出者名新阳，嘉定析出者名宝山；太仓升为直隶州后，析出之县名镇洋；松江府，从华亭析出者名奉贤，娄县析出者名金山，青浦析出者名福泉，上海析出者名南汇；常州府，从武进析出者名阳湖，无锡析出者名金匮，宜兴析出者名荆溪。② 至此常州府下共有武进、阳湖、无锡、金匮、宜兴、荆溪、江阴、靖江八县，而武进、阳湖为常州的附郭县。

第三节 人口变迁与城市格局

随着经济的发展，人口快速增长，城市人口也达到高峰，城市功能分区日益明显，城市向周边地区迅速扩张，城外坊厢发展迅速。

一、人口增长

清代自康熙朝开始，常州的人口开始迅速增长，根据曹树基的计算，在1776年常州府的人口在311.5万人，嘉庆二十五年（1820）一统志的统计是全府389.6万人，而1851年大概在440.9万人，大概在250年间增长了4倍多，达到了历史上的最高峰③。人口密度的变化也可以反映这一阶段常州府人口的变迁势态。明洪武二十六年，常州府的人口密度为120人/平方公里，远远落后于嘉兴（506.1人/平方公里）、松江（291.5人/平方公里）、苏州（278.8人/平方公里），在江南10府中名列最后④。而到咸丰元年，常州府的人口密度已达到了601.7人/平方公里，在江南十府一州中升到了第六位⑤。

吴建华曾经用常州庄氏家谱记载的"通族丁数"讨论庄氏人丁的变化⑥。庄氏在万历八年（1580）的时候为32人，在雍正元年（1723）的时候为1723人，嘉庆十

---

① （清）许治修，沈德潜纂：《乾隆元和县志》卷一《建置》，《中国地方志集成·江苏府州县志辑》第14册，上海书店1990年版；（清）李光祚修，顾诒禄纂：《乾隆长洲县志》卷一《建置》，《中国地方志集成·江苏府州县志辑》第13册，上海书店出版社1990年版。
② （清）许治修，沈德潜纂：《乾隆元和县志》卷一《建置》；《宫中档雍正朝奏折》第四辑雍正三年六月十八日张楷奏折，台北"国立故宫博物院"1978年版。
③ 曹树基：《中国人口史·清代卷》，复旦大学出版社2005年版，第87页。
④ 曹树基：《中国人口史·明代卷》，复旦大学出版社2005年版，第240、241页。
⑤ 曹树基：《中国人口史·清代卷》，第708、709页。
⑥ 吴建华：《明清江南人口社会史研究》，群言出版社2005年版，第71页。

年（1805）的时候为1500人，咸丰六年（1856）为1400人。虽然有着其家族的特殊性，但是这个人丁的变化依然与上文所讨论的常州府人口变化相吻合，基本上都反映了同一变化曲线，即万历以后到雍正乾隆初期的高增长，乾嘉道三期人丁绝对数量增加，增长速度放缓。

清代基本没有武进阳湖两县人口的准确统计，宣统三年（1911）武进、阳湖两县人口为771788人，根据曹树基的《中国人口史》，他推断咸丰元年常州府人口为440.9万人，而清宣统三年常州府为231.8万人，① 则宣统三年常州府人口为咸丰元年的52%，按此比例推算，则咸丰元年的武进、阳湖两县人口为148万人。

二、城市人口与城市格局

常州城市人口没有准确的数字，曹树基推断常州城市人口只有5万人、1万户左右。清初杨兆鲁在《疏浚城河议》中有"毗陵城内外不下数万余户"，② 由于杨兆鲁谈论的是城河，因此这个数万余户应该是城内和城市近郊户口的总和。杨兆鲁的文章作于康熙初年，并未达到人口的高峰期，后世还有一定的增长空间。而清中后期文集中提到常州城市人口的数字有两处，道光时吴颉鸿《元丰桥踏月》有"兰陵十万户"③之说，而咸丰初陆懋恩的《兵拆屋》④诗中也称"郡城十万家，闾阎若云委"。虽然"数万"可以在"2—9"之间的任意数字，但对后两个数字仍有必要表示怀疑。后两者一个是赋，一个是诗，夸张肯定无法避免，且10万户、50万城市人口，已可以和苏州相媲美，并不可靠。

除此之外，关于清代常州城市人口，尚有两则非常重要的资料。首先是赵烈文的《能静居士日记》，他在咸丰十一年十二月二十二日的日记中称："常州先查保甲时，合城内外有户一万三千，计户不计灶。分析言之，一户中一、二户，三、四、五、六户不等，实在四万户。每户牵算五口，即二十余万口。"⑤ 这里他所言的城内外，应该和上述杨兆鲁所言一样，均是城内和城市近郊户口的总和。另外，1907年出版的一本介绍中国传教士情况的书中，记录1867年左右长老会传教士关于江南城市的情况介绍时，把常州城市的人口也同样定位于20万人、而淮安为18万人、嘉兴为10万人。⑥ 由此推断，常州的城市人口规模应该在3万—4万户，既比较符合"数万余户"的说法，也近似于前面推算的中位人口数字，和曹树基所讨论的天津、临清、

---

① 曹树基：《中国人口史·清代卷》，第459、461页。
② （清）杨兆鲁：《逐初堂文集》卷一《疏浚城河议》，康熙十三年刻本。
③ （清）吴颉鸿：《荃石居类抄》卷一《元丰桥踏月记》，光绪十六年刻本。
④ （清）陆懋恩：《读秋水斋诗》卷一六，同治七年刻本。
⑤ 赵烈文：《能静居士日记》。
⑥ D.MacGillivary (ed), A Century of Protestant Missions in China, p396, The American Presbyterian Mission Press, Shanghai, 1907.

济宁、清江浦、淮安、仪征和镇江同处于一个层级之上。

清代承明制,常州城市格局政区未有变动。根据方志的记载:清初城内共分七厢,所辖区域分别为:子城厢一,又名头图,西北俱抵城,东至天王堂巷,南至金斗坊;子城厢二,又名第二图,东抵迎春桥,西至府南直街,南至子城南濠,北至城;左厢,北抵和政门,东抵城,南抵后河,西至白云尖;中右厢,西抵府南直街,北抵后河,东至白马司徒庙,南至学巷;东右厢,北至学巷,西至雪洞巷,东至八字尖,南至前河;西右厢,北至学巷,东至雪洞巷,南至前河,西至府南直街;河南厢,北至前河,南抵城,东、西均至城。城外三厢为东直厢、西直厢、北直厢。

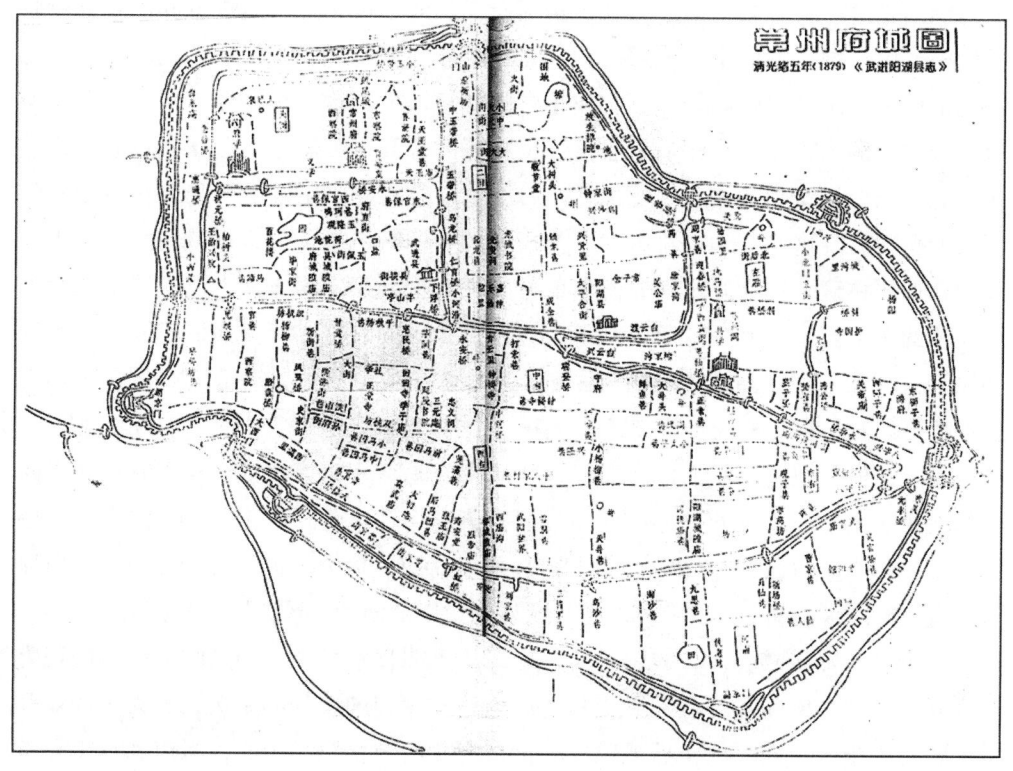

图 6-3 常州府城图

清代城内七坊厢基本上都是以河流为界,外子城便是子城厢,城一图和城二图以玉带河和惠明直河为界。城一图又分两部分,内子城是府衙所在地,与南面部分以内子城墙和惠明横河为界。外子城以外,后河以北的一部分则是左厢。左厢和子城厢的构成城市的北半部分。河南厢既包括所有前河以南到城墙和新城东南濠的部分,又包括府南直街以西,朝京门以东的一部分,形成一个狭长的地段。西右厢、中右厢和东右厢则处于后河以南,前河以北的大部分地区。

雍正四年(1726),分武进置阳湖,城内子城厢一图、子城厢二图、西右厢、河南厢,城外西直厢(怀南厢、怀北厢附)、北直厢(北半图附)属武进县;城内左厢、东右厢、中右厢,城外东直厢(东半图、东二图附)属阳湖县。清代中后期,随着手工业和贸易的发达,常州城继续向城外扩展,将近郊的怀南乡等地划入城中。城内外分为十八厢。其中武进县辖城一厢、城二厢。西右厢、河南厢、北直厢、北半厢、西直厢、西仓厢、大怀南厢、小怀南厢;阳湖县辖西左厢、东左厢、东右厢、中右厢、东直厢、夹城厢、东二厢、东半厢。因此常州城便有十八坊厢之称。

内子城从晋代开始就一直是地方行政职能中心,也是常州城市最早起源的地段。清代仍然是府一级行政衙门所在地,包括府衙、府学设于此。武进县和阳湖县行政机构则分设在城一图的南部和城二图,府城隍庙在城一图,龙城书院在城二图。可以说子城厢内的城一图和城二图构成了常州的行政中心区。子城厢以东的左厢和东右厢及城外的东直厢是常州的风景区、文化区和宗教区。除了有县学的设立外,左厢沿后河从白云渡到顾塘桥、葛仙桥一带,以及东右厢临前河的青果巷一带是常州文人的聚居区。这两个地方都临河,交通方便,同时风景优美,环境清幽,成为士绅的首选居住区。清代几乎所有著名的常州文人都购屋定居于此,许多城市园林如杨廷鉴的东皋园、庄同生的乾元地等都设在此处。同时这一区域布满了庙宇、寺院和风景区。如阳湖城隍庙、营田庙、东岳庙、天宁寺、玄妙观、万寿亭等,再加上迎神赛会和龙舟竞渡的众多节庆娱乐,有"勾人最是城东地",[1]"惟城东为最胜焉"[2]的美称。子城厢以南,东右厢、左厢以西历来便是商业繁盛之区。这里有很多以匠户行业命名的坊巷,如筻箕巷、织机坊、打索巷、铁市巷、鲜鱼巷等。河南厢和中右厢交界的大街以及河南厢的西瀛里则是全市商铺最集中,最为繁华的地方。所以吕光宸《晋陵竹枝词》中有"常城分十八坊厢,以河南厢为最盛"[3]之说。

随着城市经济的发展,城郊各坊厢也经历了明显的发展。如紧临河南厢的城外西直厢,包括怀南厢和怀北厢也受到了城内坊厢规划的布局的影响,成为了商业和手工业的集中区,到了清中后期则成为全市主要的粮食贸易中心,米市和豆市异常繁盛。城北的青山门外的北直厢,因有水道东北通江阴入长江,慢慢地也形成市廛,到了清代中后期逐渐成为全国有影响的木材市场。

---

[1] (清)赵怀玉:《亦有生斋集诗》卷一二《九月红梅阁登高并游城东诸寺观作》,《续修四库全书》第1470册,上海古籍出版社1995年版。
[2] (清)汤成彦:《听云仙馆骈俪文集》卷二《游城东记》,同治八年刻本。
[3] (清)吕光宸,《留我相庵诗草》卷一,1913年刻本。《中华竹枝词》第1234页称其为元代人,误,吕光宸为晚清人。

第二章 清前期常州的经济发展

依靠有利的自然条件和环境,清代常州努力发展农业和手工业,经济繁荣,物产丰富,交通便利,"毗陵尤南国之通津,绂冕云兴,接闬列宅,帆樯川骛,芥聚绳縻","为衣冠之都会"。①

第一节 农作物与手工业生产

商品化农业和手工业的发展是清代江南经济繁荣的重要因素,常州虽然不及苏、松、嘉、湖,但也有其自身的特点。

一、清代常州农业的发展

明清时期的江南地区是全国最重要的财赋供给地,常州人毛羽宸曾言:"天下赋,江南居十九,浙东西居江南十九,而苏、松、常、嘉、湖又居浙东西十九,实当江以南府州县之半。"②江南的赋重,固然可以归结为政府的横征暴敛,但这个地区农业生产水平高于其他地区也是事实,江南地区的全国经济重心的地位日益巩固。常州虽然地势"西北高而东南下,瘠薄者多,膏腴者少,雨旸稍不时若,辄鳃鳃可虑",③土地肥沃程度不如苏、松、嘉、湖,但其农业发展仍有其自身的特点。

根据陈忠平的研究,明清时期的江南地区,由于经济作物生产的推广扩大与粮食作物生产的相对收缩集中,大致形成了棉花、蚕桑、水稻、茶竹(木)四个种植区及相应的成品加工生产区。而蚕桑与棉花的种植,以及由此而兴的丝织业和棉纺织业,成为江南地区经济的两大支柱。就武进、阳湖两县而言,陈忠平认为此地主要是水稻种植区,同时也是基本棉织业生产区④。但是陈忠平的划分还有需要补充的地方。首先,武进、阳湖两县以种植水稻为主,兼种黄豆,东北部圩田和沿江圩田尤为粮食高产区。除了水稻之外,明代巡抚周忱在江南围湖造田,使得以黄豆为主

---

① (清)郑虎文:《吞松阁集》卷二八《徽州司马王君敬亭母太安人七十寿序》,《四库未收书辑刊》10辑第14册,北京出版社1997年版。
② (清)毛羽宸:《田赋说》,(清)武俊修、陈玉璂纂《康熙武进县志》卷三九《艺文》,康熙二十三年刻本。
③ (清)陈玉璂:《武进县志序》,武俊修、陈玉璂纂《康熙武进县志》卷首。
④ 陈忠平:《明清江南农村区域性专业化生产考察》,叶显恩主编《清代区域社会经济研究》,中华书局1992年版,第265页。

的耐旱作物被广泛种植。稻米和黄豆成为常州最重要的粮食作物,稻米和黄豆也是常州最重要的输入输出品,这也使得常州在日后会一度形成米市和豆市。"苏常熟,天下足"的谚语证明,常州从宋代开始便是全国重要的粮食生产区,到了明清时期,常州的稻米依然大量运往全国,例如浙江便是常州粮食的主要输出地,"杭郡上仰食于绍金新灿,下俯给于嘉湖晚粳,而苏常以及湖广实为四时不匮之源"。①

其次,在武进和阳湖两地仍有部分植棉区。王铭西在《常州武阳水利书》中有对各地种植和灌溉情况的基本描述,孝东、孝西、安东、安西、升西、升东、政城、定西、定东、安尚诸乡都是粮棉杂种的区域。②只不过由于地力的限制,再加上重视程度的关系,这些地方的棉花产量都并不高。最主要的种棉区则是西北部的通江乡孟河高沙平田区。这一地区的大规模种棉的原因,是受到江阴的影响,江阴的西部是清代常州府最重要的种植区,陈忠平也将江阴列为了江南的局部植棉区。同时通江乡的土质和江南主要的植棉区一样都处于濒江沿海的沙土层,比较适合棉花的生产。所以《道光武进阳湖合志》有"棉花出通江乡"的说法。

此外,蚕桑种植在常州早就存在。但是在晚清以前,蚕桑种植始终不是常州的主要副业,直至同光以后,阳湖一带才成为蚕桑的重要种植区。常居常州城内的江阴人金武祥也称"蚕桑之利,旧推浙之嘉湖,近数十年苏常亦盛",所以他有"蚕桑吴越利争夸"③的感叹。但是值得注意的是,由于地利的关系,无论的棉花还是蚕桑,常州所产的质量都不及其他地方。《武进工业调查录》便称"蚕丝,以苏杭所产为佳,本邑所产较次"。④同时不可否认,和苏松嘉湖相比,常州的商品农业的发展是相对落后的,除了水稻之外,棉花和蚕桑无论是产量和质量都与江南其他主产区有着较大的差距。

二、梳篦与土布:清代常州手工业的发展

民国时期常州的工业家查秉初曾说:"在科举时代,除文人外,只有土布和梳篦两个轻手工业。"⑤确实,梳篦和土布是常州工业化之前最主要的专业商品,清《常州赋》中便有"染苎织巾,皇华馆前居奇待价;削竹成篦,朝京门内比户皆为"⑥的称颂。

1.梳篦业。梳篦是常州最有名的手工艺品,"梳篦为吾常工艺品之大宗,声誉久著,

---

① (明)蔡茂德:《通积备荒议》,俞森《荒政丛书》卷十下《社仓考》,《景印文渊阁四库全书》第663册,台湾商务印书馆1986年版。
② (清)王铭西:《筹复水利议》,《常州武阳水利书》,清同治十三年刻本。
③ (清)金武祥:《续忆补咏》,《粟香室丛书》本。
④ 于定一:《武进工业调查录》,1929年铅印本,第61页。
⑤ 查秉初:《略述常州土布业转变为染织厂之经过》,《常州纺织史料》第2辑,第38页。
⑥ (清)褚邦庆:《常州赋》,清道光刻本。

行销甚广，赖此工作为生者亦甚众"。①《道光武进阳湖合志》中便称常州"梳篦制造，精细适用，胜于他所"，《常州赋》也称"土产竹篦，朝京门内外家家为之"。根据《武进工业调查录》，梳篦很可能早已在本地民间生产，"自清康雍间，漕运盛行，而梳篦之销流渐驰声于南北。"常州梳篦有"宫梳名篦"之称，在清代是贡品。在西直厢，与毗陵驿相邻的地方。在怀德桥和文亨桥之间沿运河岸原有一条花市街，巷内店铺主要销售梳篦、宫花，清代每年进贡朝廷的梳篦、宫花均在此采办，后来随着篦箕生产的发达，便改名为篦箕巷，篦箕业的主要工场如卜恒顺等都坐落在此。著名的常州城西八景中的"篦梁灯火""文亨穿月"便出于此。木梳生产集中在西南郊，木匠街向南便为木梳街，沿一条小河一字展开家家户户都做木梳，从业人员在千人以上。

常州成为梳篦重要生产基地，与邻近原材料产地有关，木梳的主要原料黄杨、石楠、枣木、梨木来自苏南、浙江、福建，篦箕的主要原料是毛竹，宜兴的"金张渚、银罗埠"，正是苏南、浙西毛竹的集散地。而朝京门附近，恰恰是宜兴和湖州来常的水道交汇处，这也是该地成为常州主要梳篦产地的重要原因。常州梳篦闻名天下的另一原因是工艺的先进，常州梳篦用生漆胶合，能下水不脱，并能换破齿，用起来可不刺痛头皮，外地生产的梳篦在这一方面有明显差距。梳篦业的生产特点比较适合分散加工和专业制造相结合的工艺流程，因此可以带动周边乡镇家庭手工业的发展，如湖塘、牛塘、马杭等乡镇的许多家庭都参与了篦箕的生产，清末时全城篦箕业主50余户，从业人员百余人，知名商号有卜恒顺、王大昌、汪以大等，而参与这项工作的家庭则不计其数，《光绪武进阳湖县志》便云："城西南妇多业此者。"如湖塘镇附近的张家坝张家村在著名的有木梳全大之称的张全大带领下，成为著名的木梳生产专业村，被誉为木梳张家村。

2. 土布业。常州纺织业早在明代已经得到了发展，清代本地土布已经大量出口海外，方苞称："松江、苏州、常州三郡出洋之棉布流转内地可多被数百千万穷民矣。"② 在地方志书中，对于常州地区土布的生产也多有记载。《康熙常州府志》载："布则武进之名东门阔者，阔而甚细，异于他织。"③ 乾隆初年的《江南通志》也云："东门阔布，出武进。"④《道光武进阳湖合志》所记录的品种明显增加："阔布，阔一

---

① 《梳篦同业公会修订业规》，《常州手工业1954年行业普查资料》，转引自《常州市轻工史料》第1辑，第124页。
② （清）方苞：《望溪集外文》卷一《请定经制札子》，《续修四库全书》第1421册，上海古籍出版社1995年版。
③ （清）于琨修，陈玉璂纂：《康熙常州府志》卷十《物产》。
④ （清）赵宏恩等修：《乾隆江南通志》卷八六《食货志》，《景印文渊阁四库全书》第509册，台湾商务印书馆1986年版。

尺八九寸，出武进。庄布，阔一尺三寸，长三丈六尺，其佳者名东庄布，出阳湖诸乡。门庄布，阔九寸，长二丈二尺，出武进北乡，阳湖东乡者为最。缁布，阔九寸，长一丈八尺，坚白轻圆，望之如縠。"①光绪间土布品种除前几个外，还增加了"沙绿布"，"大小布皆染，南乡出绿柴，以其皮叶作颜色"。②

以洋纱进入本地为界，常州土布基本可以分为两个发展阶段，即洋纱进口之前的自纺自织阶段及之后的洋纱土织阶段。最早的布号从外地采购棉花，运回供应织户。用棉花向农户兑换已织成之布匹。布庄兑收后，售与外埠。由于布业发达，早在乾隆时期，布业同仁便集资修建金龙四大王庙作为同业公所。但是到了19世纪末，随着洋纱的引进，各乡各镇的布庄便从以花兑布改成了以纱兑布，棉花兑换布匹的业务宣告结束。

第二节 漕运中心的继续发展

一个地区市场网络的形成和发展往往是由交通运输决定的，常州的市场体系则与运河密切相关，"吾邑商市，向恃河道为命脉"。运河的最主要功能便是航运，正是这一根本功能，促进了其沿岸地带的经济发展、商业繁盛、城市兴起、思想交流和文化发达。运河决定了常州城市的基本格局，也成为常州城市兴起和发展的最根本的决定因素。自有漕运以来，常州便是漕米转运中心，所以清人曾称常州地处"自姑苏水行而北道者"，由于交通方便，故"百货不滞"。③依靠运河及本地区作为转运中心的地位，常州的商业日益繁盛，市场体系日益完备。"毗陵尤南国之通津，绂冕云兴，接闬列宅，帆樯川骛，芥聚绳縻"，"为衣冠之都会"，④"江湖汇秀"成为对常州这一漕运中心的最好评价。

由于常州城市特殊的转运功能，城市中最主要的商品市场便是与漕运密切相关的粮食市场。在清代，由于商品经济进一步发展，常州不仅成为粮食的输出区，也成为了粮食的输入地，大量粮食进入市场。根据《武进粮食志》的记载，清代本地输入的粮食，主要是安徽长江沿岸的安庆、大通、芜湖、当涂、全椒等地的稻谷，淮河流域阜阳、蚌埠等地的豆、杂粮及小麦等，东北的大豆由牛庄、营口海道而来，

---

① （清）黄冕等修，李兆洛等纂：《道光武进阳湖合志》卷一一《食货志》。
② （清）王其淦、吴寿康修，汤成烈纂：《光绪武进阳湖县志》卷二《赋役》。
③ （清）朱徵典：《林屋文稿》卷一三《江南风俗志》，《四库全书存目丛书》集部第215册，齐鲁书社1997年版。
④ （清）郑虎文：《吞松阁集》卷二八《徽州司马王君敬亭母太安人七十寿序》，《四库未收书辑刊》10辑第14册，北京出版社1998年版。

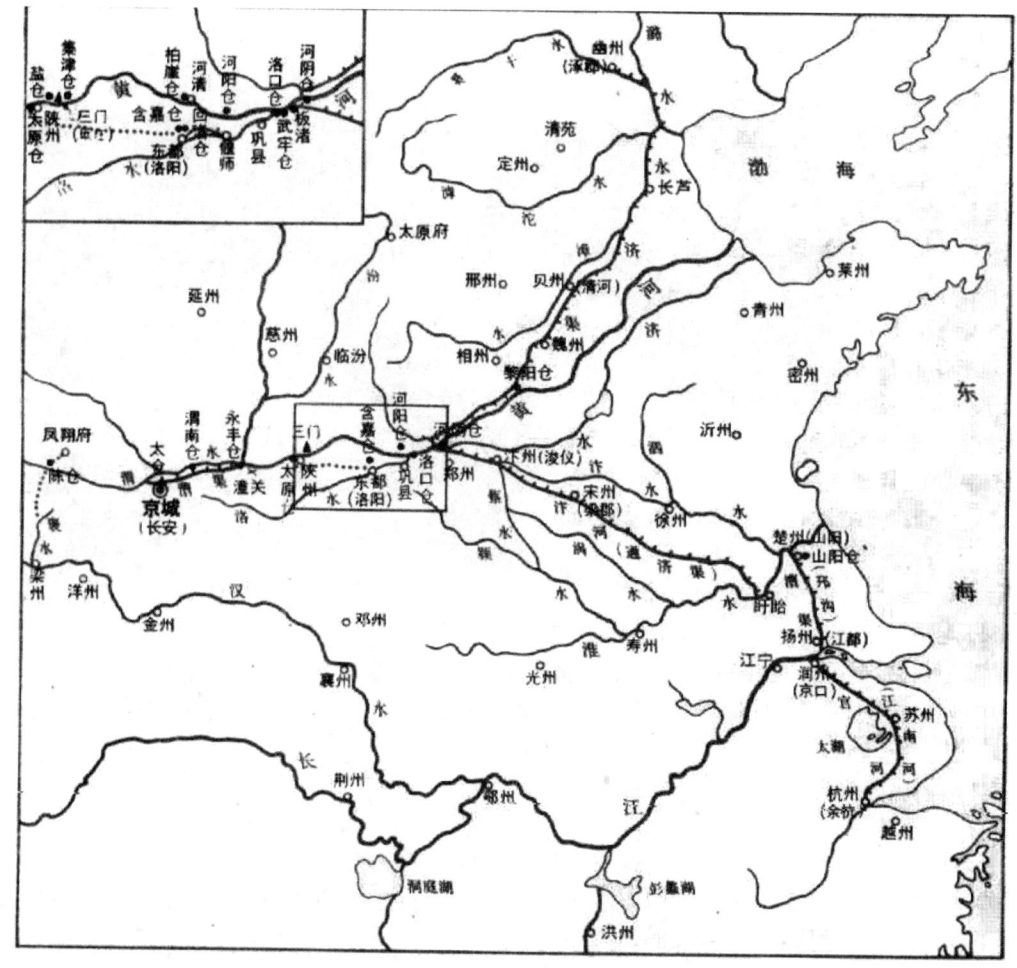

图 6-4 漕运图

附近各县的稻麦及苏北高邮、兴化、宝庆、六合的稻谷,南通等地的蚕豆等。输出的方向,大豆主要是上海、无锡,小麦主要是上海、苏州、无锡。豆油主要是上海、苏南、苏北沿江及杭嘉湖。面粉主要是苏南、苏北沿江及杭嘉湖。豆饼主要是苏南及杭嘉湖,部分远销福建。估计流入、流出量 2000 万斤左右,流入 1000 多万斤,流出 700 万—800 万斤。① 随着粮食贸易的发展,常州城内逐渐形成米市和豆市两大粮食市场,粮行和米店主要集中在小市河,后便改称为米市河。豆市则集中在了西市河,故又称为豆市河。豆市河和米市河两岸店铺云集,成为常州粮食贸易的中心。

　　清代主要经营粮食的是粮行和粮店,所有的中介转运都通过粮行进行,粮行属于牙行,必须领取牙帖。据《乾隆武进县志》《乾隆阳湖县志》及《道光武进阳湖合志》

---

① 武进县粮食局编史小组:《武进粮食志》,内部出版物,1985 年,第 117、118 页。

图 6-5 米市河

的记载,乾隆二年(1737),全境有牙行 467 户,乾隆二十七年(1762)有 477 户,至道光时全境共有牙行 592 户。但是日本学者山本进据道光十八年(1838)《重修杂税全书》统计,常州牙行总数远不止此。以下便是山本进的统计数字。①

乾隆间常州牙行数、牙税额

牙行数(户)	乾隆二年	乾隆四十年	增加率%	乾隆六十年	增加率%	牙税额(两)	乾隆二年	乾隆四十年	增加率%	乾隆六十年	增加率%
武进	588	608	3.4	598	1.7		120.0	137.6	14.7	127.6	6.3
阳湖	467	485	3.9	478	2.4		131.9	144.3	9.4	137.3	4.1

据统计,1870 年左右,常州城内的粮行大概有数十家,大部分都集中在毗陵驿周边。道光十五年(1835),粮行捐资一千二百千钱建了善堂敦仁堂,成为粮行聚会之地,日后这里就成为豆业公所。久而久之,常州逐渐形成米市和豆市两大粮食市场,粮行和米店主要集中在朝京门运河的南岸的石皮场(米市河)、普济街等。石皮场原为晒谷物之所,后因广开米行,便改称为米市河。豆市则集中在北面的西市河,故又称为豆市河。豆市河和米市河两岸店铺云集,成为常州粮食贸易的中心。

---

① (日)山本进:《清代江南的牙行》,《东洋学报》第七十四卷。

另一方面，"漕政莫重于苏常"，①常州经济兴于漕运，也受制于漕运。漕运虽造就了常州在清前期粮食转运中心的地位，但也制约了本地手工业和商品经济的发展。根据《道光武进阳湖合志》记载，武进分县前，境内有漕白粮船共余只，"白帮船停泊谈家场渡船后，其漕船三帮自永丰里上丰河起至西大王庙向西一带停泊"，西大王庙随即成为粮帮聚集之所。分县以后，武进漕白粮船仍旧停泊在原址，而阳湖白粮船则确定停泊在东郊垂虹桥外支河，漕粮船则停泊在延政桥，在白家桥以东一线的河道上。早期两地"居民行户尚少，粮艘间段停泊，水手亦不滋事，是以相安百余年"。但是随着漕运的发展，推动了本地粮食业的发展，粮行开始聚集在这两个地段，其他的商铺也相继出现，"生齿日繁，市廛日广"，导致了两处河道非常拥挤，"不特本地货物装载俱艰，价值因以昂贵，有碍民间生计，即经过客商起剥守候，亦无不增添耗费"。每到开仓收漕之时，拥挤万分，屡生争端，不仅有碍安全，而且"舵、水人等尤不免借凭索扰"，于是两县绅士左辅等于道光四年向知府提出改地停泊。知府不可能阻止和减少漕船的停泊，因为两处河道停泊的不止常州本地的漕粮，"续后苏松太等属及浙江通省军船连樯南下"，均要聚集于此，一旦有所行动，势必影响整个漕运。而要更定地界，牵涉颇广，更不方便。因此他所唯一能做的便是对本地商业做出限制，"传谕东西附近居民嗣后永丰里下栅以西、东埠对峙以东永远不得添设行栈，致碍军船停泊受兑"，②这样就阻碍了常州粮食市场的发展。

常州的运河水质非常适合木排停放，但河道既狭又浅，为确保官舫漕运的畅通，经常禁止木排停泊，这样就影响了本地木材市场的发展。苏州碑刻史料中便称："皇木、架木、桩木等项，向来凡奉文采办，首责省滩承值，而镇江次之，其余苏常各属，不过零星小贩，且四季粮船拥塞，木少运艰。"③"一交冬春二令，须让空重粮船行走，木排只能挂江守候，俟空重过竣后，方准照常经行。"④木排每年只有夏秋二季方可正常通行，这样就影响了本地木材市场的发展。清前期，南京和镇江的木业市场都胜过苏常，其余的木客也主要到苏州去，常州的木业虽然兴盛，但与周边各城市相比仍有较大差距。

道光十四年两江总督陶澍疏浚孟河、德胜、澡港三河，孟河、德胜、澡港三河疏挖开通后，木排多了一条进口河道，即小河荫沙。小河口成为近代常州的主要进

---

① （清）余缙：《大观堂文集》卷三《特纠溺职疏》，《四库未收书辑刊》第9辑第16册，北京出版社1998年版。
② （清）黄冕等修，李兆洛等纂：《道光武进阳湖合志》卷十《赋役志》。
③ 康熙二十二年《苏州府采植木植定例碑》，《明清苏州工商业碑刻集》，江苏人民出版社1981年版，第113、114页。
④ 《道光二十九年常州知府洪玉衍木商筹捐挑河经费示》，（清）庄毓铉等编《光绪武阳志余》卷六之三《德政碑示》，《中国地方志集成·江苏省府县志辑》第38册，上海书店出版社1990年版。

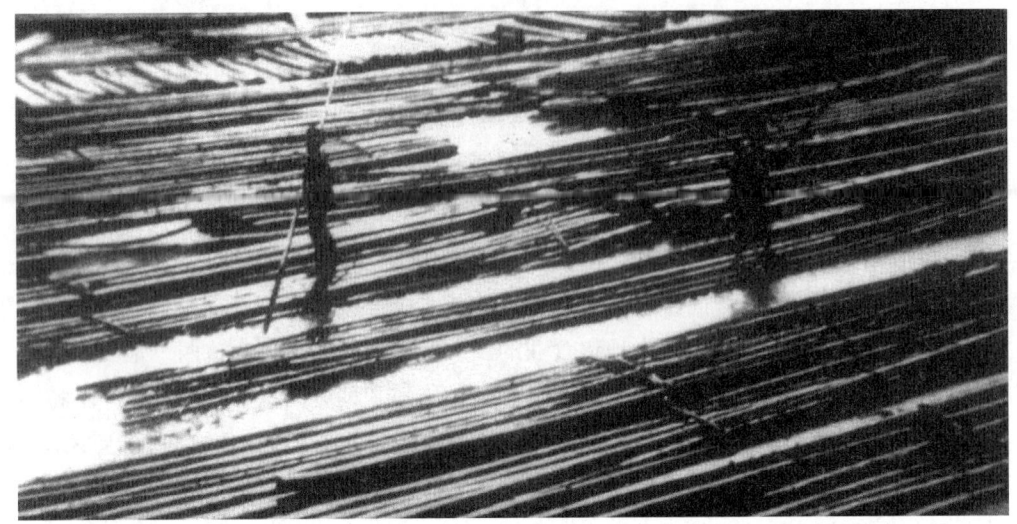

图 6-6 常州运河段放排

口港,也是木材来源的重要孔道之一。"迨至道光十四年三河挑通之后,每交冬令,木牌即由小河进口,较之从前只能于夏秋二季在横越进口者似觉便捷"。但是由于"木牌进口最易夹带沙泥,一经淤塞,即须挑挖",木商要筹集挑河经费以作补偿。当时徽州和江西木商经过此地,要"每甲捐钱一千四十文,缴三河总董,以作岁修经费",而本郡木商则是"每甲捐钱三千文,将一千五百文贴给徽商修闸,作洋一元之数,余钱一千五百文作挑河经费"。① 如此常州木业方才得到一定发展,而真正的大规模兴盛则要等到晚清以降。

同样也是由于漕运的因素,位于交通要道的奔牛等率先得到发展,这些市镇强调的是其转运功能,而非影响周边农村的产业集聚。常州城内的商业繁荣也主要依赖于物资转运。传统社会中常州的城市经济以转运经济为主,典当、钱庄异常繁荣,赊销和高利贷成为重要特色,固然促进了资金周转,但也增加了浓厚的投机色彩。

第三节 商业繁荣与市镇发展

依靠运河及本地区作为转运中心的功能,常州的商业日益繁盛,各个行业均自成一体,大宗商品交易市场日益发达,以市镇为中介的城乡市场体系基本形成。

一、城市商业的发展

常州城市商业的分布,主要集中在河南厢、西右厢等地,所以有金河南、银西

---

① 《光绪六年署两江总督部堂吴元炳、署江苏巡抚谭均培永禁西塘开设木厂停泊木排示》,(清)庄毓鋐等编《光绪武阳志馀》卷六之三《德政碑示》。

直之称。其中尤以西瀛里、大街、千秋坊为闹市区,并有不少老店、名店。洪亮吉便称"吾乡西瀛里中为百货丛集之所"。如布庄、糖栈、纸栈、药行等批发行业及钱庄集中于西瀛里,绸缎、棉布、华洋百货、梳篦、衣庄等零售商店及银楼多集中于府直街(今北大街),纸烛店、鸡鸭店、肉店、菜馆、炒货店、水果店、药店、灯笼店、鞭炮店遍布千秋坊(东大街),织机坊(西大街)以嫁妆店、木器店居多,双桂坊饮食行业居多,有饭菜馆、汤团店、点心店、茶食店、茶店,鲜鱼巷、千秋坊、青果巷、表场等处集市贸易也相当兴旺。同时书肆、花市、酒店、茶馆也遍布全城。如金武祥便曾回忆甘棠桥"为郡城适中之地,卖花船多泊于小浮桥",而千秋坊巷"多书肆,剞劂氏亦集焉"。①

常州的餐饮业也非常发达,所谓"茶楼酒馆,耗费金钱,消磨岁月之处难以枚举"。②陆继辂便曾称嘉庆间美食有"段鸡陆鸭汤羊肉,蒋腐程蹄盛夹茄",而神仙馆则是全城最为有名的饭馆,"馆中布数十席,到稍迟,辄无坐处,往往待至日晡。成果亭抚部过,听吾乡神仙馆烹饪之佳,持节浙中时不及一餐而去,深以为怅"。③白云溪边的黄公垆则是洪亮吉、黄景仁、陆继辂等人少年时经常光顾的酒楼。此外,还有众多丰富的小吃,"云溪倪婆制糕、葛仙桥汪三制饼皆旧有名,近厨人龚玉魁制粉丸亦精"。④"吾乡水面饼最有名,馅皆菜肉,其形圆如月,与中秋时干月饼迥异,另有乌米粉、荞麦粉可制各种糍团"。⑤

"凡商务繁盛之区,商旅辐凑之地,会馆公所莫不林立"⑥,城市商业的繁荣使得外地商帮聚集,也推动了会馆公所的发展。常州的公所发展主要在晚清,以下便简述一下清代常州会馆的具体情况。

常州清前期会馆一览表⑦

名称	地址	创立时间	地域	资料来源
新安会馆(又称慈渡庵、紫阳书院)	怀南厢	明代,乾隆十七年重建	徽州	清代金云槐作《慈渡庵记》,《宝奎堂集》卷一二

---

① (清)金武祥:《续忆补咏》。
② 张澹庵编:《武进指南》,武进建设协会1948年,第69页。
③ (清)陆继辂:《崇百药斋文集》卷一二《平梁岁晚寄怀乡里之作》,《续修四库全书》第1496册,上海古籍出版社1995年版。
④ (清)洪亮吉:《卷施阁诗集》卷十《里中十二月词》,中华书局2001年版,第679页。
⑤ (清)金武祥:《陶庐七忆》,《粟香室丛书》本。
⑥ 碑刻《旅常洪都木商创建公所碑记》,常州博物馆藏拓本。
⑦ 带★者为范金民在《明清江南商业的发展》已有著录的会馆。

续 表

名称	地址	创立时间	地域	资料来源
全闽会馆（又称福建会馆、天后堂）	西门外三堡街	乾隆五十五年，同治八年重建	福建	碑刻《常郡全闽会馆碑记》
大兴会馆	北直厢会馆场	嘉庆十九年	徽州	《常州木材志》
五省会馆	北直厢会馆场	太平天国之前	广西、江西、安徽、湖北、湖南	《常州木业散记》，《常州文史资料》第十辑
浙绍会馆★	东门外直街	嘉庆，同治八年重建	绍兴	《道光武进阳湖合志》

常州清前期公所一览表

业别	名称	创立时间	所在地址	资料来源
豆	敦仁堂		西门外直街	于定一《延爽集》
纸	敦谊		西下塘	于定一《延爽集》
绸缎	天章		西庙沟怀德里	《常州手工业1954年行业普查资料》
米	营田庙		局前街	于定一《延爽集》
梳篦			西门外新桥下塘	于定一《延爽集》
茶叶			西门外太平巷	于定一《延爽集》
印染业	素绚		浦前镇	于定一《延爽集》

"公所之设，所以礼神明，联乡谊也"。会馆公所主要是用于外来客商集会议事、祀神宴会以及储货歇宿的场所，随着商人的持续捐款以及在建筑物内举办各类联谊、祀神、善举等集体活动，逐渐发展成一种商人团体。创设会馆最显而易见的动机便是联乡谊，"敦桑梓之谊，而乐叙故旧之情"①。同时，联乡谊与礼神明是联系在一起的，各地商帮和各个行业往往都崇奉固定的神祇，以常州为例，福建会馆也称天后宫，江西会馆也称许真君祠，药业公所设在了药王庙，米业设在祭祀五谷之神的营田庙，云章公所祭拜的是轩辕关圣，每一个行业都"建立神座，以昭诚敬"②。这些神灵都对在传统社会处于弱势的商人进行保护，让商人获得精神上的慰藉。"闽居海帮，凡仕商行旅于外者，莫不向若神惊望窃叹……凡扬帆鼓挂者，不无颠危之惧，乃当呼吸存亡之时，虔祷天后，则有灵光焜耀，异香氤氲，遂使怒涛飞沫变为安澜，

---

① 碑刻《常郡全闽会馆碑记》，常州博物馆藏拓本。
② 《煤业公所碑记》，常州博物馆藏拓本。

狂飓恶飙化为甘雨。"①祭祀、演戏等一系列的崇拜活动既让商人们获得娱乐,同时也增加了商人之间的团结协作,联络了和周边社区的感情,强化了商人本身的认同意识。市场交易越频繁,衍生的交易成本问题就越复杂,价格机制的顺利运作也面临更多困难,连带降低了对资源、人力和技术的运用效率。

会馆公所的最主要职能就是为商人提供服务、减少商人的交易成本、提高商业效率。"夫百货流通,广备群生日用;万商云集,允宜交易公平"。这种职能一面是对外,一面是对内。对外是通过团体的力量与外部压榨者抗衡,对内则规范经营方式,限制同业竞争,划一价格,协调内部利益,避免零和游戏。如敦仁堂碑记中载明:"奉宪设置牙行量斛,买卖客商每石出钱二文,严禁牙行藉端勒捐,以杜客索。"即统一行业标准,设置官颁度量衡具,保护商人免受勒索。而煤炭业公所的设置则是为了"市价统归划一涨落,以朔望两期,早日公议定价,填单分送各铺,庶昭公道,费致欺蒙"②。

举办义举和提供后勤服务也是会馆的重要职能,对遭遇困难的同行提供帮助,是会馆团结同行、增强凝聚力的重要手段。如浙绍会馆桑敬堂便是专门"停放旅殡之所",③慈渡庵则是徽商"以贮客死者之榇,资其返葬,而瘗其不能归者",④云章公所也有"照应同业孤儿寡妇"⑤的义务。同时会馆公所的慈善职能甚至超出了本业的范围,服务于整个地方社会,同时也让商人获得地方的尊敬,维护了本业或者本乡的利益。如豆业公所敦仁堂,本身便是善堂,浙绍会馆则创办了自己的惜字院。⑥同时各业还积极捐助外界的慈善事业,常州城内24个善堂中经费来源中明文包括各工商业捐款的有10个,占了近50%。各业中包括南北货捐、布捐、铺捐、丝绸业捐、粮捐、豆米饼捐、棉花行捐、栈租、船捐、木局捐等,涉及近10个行业。

二、交通网络的基本形成

常州位于江南水乡,水乡交通非船不行,船成为沟通城市和市镇,市镇与乡村来往的重要渠道⑦。常州现代编纂的有关志书称班船最早起源于光绪三十年左右,⑧

---

① 《常郡全闽会馆碑记》,常州博物馆藏拓本。
② 《煤业公所碑记》,常州博物馆藏拓本。
③ (清)庄毓鋐等编纂:《光绪武阳志余》卷三之二《善堂公所》。
④ (清)陆锡熊:《宝奎堂集》卷一二《慈渡庵记》,《续修四库全书》第1451册,上海古籍出版社1995年版。
⑤ 《云章公所碑记》,常州博物馆藏拓本。
⑥ (清)黄冕等修,李兆洛纂:《道光武进阳湖合志》卷五《营建志·城乡捐置公所》。
⑦ 关于船只对沟通城乡市场体系的作用,可参见松浦章《清代内河的水运》,《清史研究》2001年第1期,吴滔《流动的空间:清代江南的市镇与农村关系研究》,复旦大学历史地理研究所博士学位论文,2003年。
⑧ 参见常州市交通局编志办公室编《常州交通志》(初稿),内部出版物,1982年;武进县交通局编《武进交通志》,内部出版物,1992年。

其实不然,常州班船很早便在河道中航行,估计不会晚于明末,到清乾嘉时已经是非常普遍。金武祥曾有这样一首诗:"凌杂米盐星货铺,往还壶榼夜航船。村童鲁钝时逃塾,野老辛勤自力田。"其下有注:"资暇集市肆筐筥等,鳞次其物以鬻者,曰星货铺,言罗列繁密如星,今呼星火铺,非。按吾乡谓之杂货铺,大小市肆均有之。吾乡城镇均有班船,或曰班,或夜班,或谓之信船,粤人谓之渡船,皆往来有定期,以寄书信及货物,并以载客商,余尝于苏州班船托戚友购肴点,又适园主人自制河鲀亦由江阴班船寄送,即古所谓夜航船也。"①无论是星火铺还是夜航船,都是对常州江阴一带城乡之间交通情况的生动描述。在光绪间的《浚河录》中参与捐款疏浚河道的船行除了本地行船外,还有苏州信船城内5只,城外5只,及镇江船。清代常州本地往来于各个水道之间的班船有个非常特殊的名字,叫蒲鞋头②。金武祥的另一首诗便称:"花开陌上畅襟怀,缓缓言归处处佳。何事争先无锡快,平头艇子有蒲鞋。"③其下小注云:"吾乡船有蒲鞋之名,以其形似也,若无锡船则船首少窄,驶行较捷,名无锡快。"蒲鞋头是当时常州主要的船型,金武祥还有一首茅山进香诗,"马背分明乡梦稳,扁舟邋遢坐蒲鞋。起脚回头结伴忙,筠篮买遍棟花糖。布帆十幅蒲鞋稳,都说茅山去进香。"其小注有云:"三月十八为(句容茅山)茅君生日,凡进香有自数百里外来者,吾乡男妇尤夥,常雇蒲鞋船,有起脚香、回头香名目。"④外地人来常也主要是雇蒲鞋头出行。齐学裘来到常州,就"觅得常州大蒲鞋头船"⑤准备出城。蒲鞋头的航行范围并不局限于在本地,其航行方式既有定期的航班,也可以随时雇用。赵怀玉便曾在南京下关找到"吾乡二小舟所谓蒲鞋头者","遂以青钱七千五百并买之,初七日舟抵毗陵驿"。⑥

常州东西水网分布并不均衡,并非每条水道都有通航的效益,因此,水路交通需要陆路交通作为补充。常州陆路的主要有塘路构成。所谓塘路即修浚河道时,挖河积土,筑成纤道,供船夫背纤行走,纤道加宽渐成塘路,塘路和驿路、官路基本一致,故有官塘之称。"一逢雨水,塘路残缺,恐误邮传,即出修整。"塘路的修筑,基本由官府组织。"乾隆二十三年(1758)动须修筑塘工,案内奉前升府潘刊发规条,

---

① (清)金武祥:《陶庐五忆》,《粟香室丛书》本。
② 所谓蒲鞋是在江浙非常盛行的鞋子,制法是采摘夏季开的芦花,待晒干后,搓成花绳,再嵌于鞋底,衬有棉花,厚实大方,防寒保暖,尤为舒服。
③ (清)金武祥:《陶庐五忆》。
④ (清)金武祥:《续忆补咏》,《粟香室丛书》本。
⑤ (清)齐学裘:《见闻续笔》卷二四《吴门出难记》,《续修四库全书》第1181册,上海古籍出版社1995年版。
⑥ (清)赵怀玉:《收庵居士自叙年谱略》卷下,《北京图书馆藏珍本年谱丛刊》第117册,北京图书馆出版社1990年版。

内开一修理塘路，需用人夫，向于沿塘村庄就近雇募。"常州主要干河如孟河等集中在境内西北，而塘路在干河疏浚的同时也加以整修，"嗣后开挑孟河，遵照详定田亩分段均派，随时修筑塘路，按图承办，以利邮传"。①所以境内主要的塘路都集中在西北境内，清代常州四塘中只有东塘属于阳湖，西、南、北三塘均属于武进，与主要干河平行。其他地方陆上交通基本无塘路可用，即使有路，也是直穿田野，道路条件有限。陆路交通对于西北部的市镇更为重要。如孟河城因孟河潮汐涨落，班船货舱不能进港，常停于石桥镇，孟城集市贸易所收购的杂粮，常用小车送到石桥下船，故当地箩行业六七十人，各有小车一辆。推小车成了孟城搬运业的特色。而奔牛至小河的通江路，小车客运也曾是主要运输工具。另外湖塘镇由于邻近城市，道路宽阔，陆路交通比水路交通更为便捷，镇上的布号也雇用小车在城乡之间运送纱布，最盛时有 100 多辆。②

三、市镇的发展

市镇是农村地区一般商业聚落的通称，常州农村的市镇从整体上看，不及苏、松、杭、嘉、湖，但同样在清代也有迅速的发展。《康熙常州府志》载有镇6个，其中后来属于阳湖的有2个，《道光武进阳湖合志》所载市镇是22个，其中武进12个，阳湖10个③，到了《光绪武进阳湖县志》中常州有市镇93个，其中武进36个，阳湖57个④。

江南其他市镇一样，常州基本上所有市镇都临近水网河道。"吾邑东南新塘乡滨太湖，其市镇曰雪堰，贸居贾舶集焉。"⑤"寨桥跨南运之上，北距郡城五十里而遥，南距宜兴界十里而近，蔚然为市集。"⑥河流往往决定了市镇的形状。常州集镇大多滨临河道，街面房屋横向而筑，奔牛街一字形，号称三里长街，横林两岸有街，隔河相望，有上塘、下塘之称。东安街随河而弯，似游蛇形。小河以万善、宝善两桥沟通南北，成井字形，焦垫、魏村、雪堰、卜弋、夏溪、湟里等街，呈丁字形。郑陆沿北塘河、鸣凰依兴隆河，沿河商店，多建水阁，阁下流水，阁上住人。阳湖漕桥与宜兴县南漕仅一河之隔，有桥相连，实为一镇。最重要的是河道的分布密度决定了市镇分布的密度。常州属于宁镇丘陵与太湖平原的过渡地带，王铭西在《常州武阳水利书》便云："苏淞地平，与江水齐低，低于常州五六丈，而常州又低于

---

① 《武进县知县何详定派浚章程及循例优免碑文》，《武阳官书录》，清光绪七年刻本。
② 武进交通局编：《武进交通志》，第 204 页。
③ 刘石吉统计为 19 个，其中阳湖 7 个，误。
④ 刘石吉统计为总数 87 个，其中武进 33 个，阳湖 54 个，误。
⑤ （清）陆鼎翰：《洋移庙记》，（清）庄毓鋐等编《光绪武阳志余》卷四之一《祠庙下》。
⑥ （清）蒋彤：《丹稜文钞》卷三《新建豸桥碑亭记》，《丛书集成续编》集部第 141 册，上海书店出版社 1994 年版。

镇江丹徒二三丈。"① 城市西北 10 里的新闸镇即 5 米等高线的上下结合部，愈向西北地势愈高，而新闸恰恰临近武进和阳湖的分界线。武进地势较高，水网密集程度远不及阳湖，但却又滨近大江，境内最重要的河流主要都流经武进，其中流入长江的孟河、澡港、得胜三河不仅是漕粮要道，也是商家来往必经之路。因此武进和阳湖的市镇分布格局也就受到了各自地理环境的制约。阳湖县由于支港众多，塘浦纵横，其市镇便呈兴起晚、密度高、规模小的特征。阳湖号称"烟火万家，诚巨镇云"②的焦垫镇也是因为位于常州与江阴交界之处，地理位置优越而得到了发展。武进县由于河网密集程度不及阳湖，同时又地处交通要道，所以其市镇分布呈规模大、密度小的状态。在常州手工业得到充分发展之前，常州规模最大的市镇如奔牛、阜通、湟里、孟河等都集中在武进，主要分布在运河一线与沿江一带的交通要道。这些市镇大部分都依靠漕运和交通得到了发展，因此清中叶以前，有"武进田颇腴，民多富，阳湖地稍瘠"③的说法。随着时间的推移，阳湖地区以蚕桑和纺织为中心的商品经济迅速发展，以湖塘桥、马杭、戚墅堰等市镇为中心依托手工业开始崛起，带动了整个阳湖的经济繁荣，使得阳湖的富裕程度超过了武进。

常州在清前期以手工业为主的市镇尚不多见，首要功能就是满足市镇和附近居民购售商品的要求，即调节居民日常生活，保证供需。农民将多余的产品拿到市镇上去出售，又要从集镇上买回自己所需要的日常生活与生产用品。当地农民到市镇上进行交易，附近村落的剩余产品在那里聚集起来，供应外地市场。外地的一些商品也通过商人转运到市镇，以满足本地居民中不同层次的需要，调剂农副产品的余缺。因此，市镇每日集市的开市时间也与镇民和周边农民的作息习惯相协调。如郑陆桥镇一日二市，早市从黎明前至上午 8 时左右，为茶店、酒店、蔬菜之市，入市以富户、乡绅、商贩掮客、四乡农民为主，市场上蔬菜买卖、商品交易相当热闹。士绅则调解民间纠纷，商议街镇大事。晚市自午后 2 时起至黄昏，大都以赌场、烟馆、茶店、酒店为场所，以邻街近村的闲汉赌客、地痞街氓为多。④ 除了每日定期的集市外，还有常州江阴一带特有用于交易牲畜的集市，称"陆"或者"落"。主要有猪、牛、羊陆。陆市还伴随着农具和农副产品的交易，成为乡村市场的又一种补充。正如范金民所言，这种并没有随着日市的兴盛而消失的定期集市，"不是地方基层市场发育不健全的表现，而恰恰是乡村基层市场网络细密化、完善化的表现。"⑤

---

① （清）王铭西：《筹复水利书》，《常州武阳水利书》。
② （清）薛寀：《惠济禅院记》，《道光武进阳湖合志》卷一四《坛庙志二》。
③ （清）黄冕等修，李兆洛等纂：《道光武进阳湖合志》卷三《舆地志》。
④ 郑陆乡编史修志领导小组：《郑陆乡志》，内部出版物，1984 年，第 13、14 页。
⑤ 范金民：《明清江南商业的发展》，南京大学出版社 1998 年版，第 147 页。

农村市镇不仅是生活资料市场，满足镇民和周边农民衣食方面的各种需要，同时也担负着保证小农经济生产与再生产正常运转的职能。农民所生产的农产品、手工业品的出售，其生产资料、手工业原料乃至口粮的购买，所有的交换价值的实现，都离不开市镇。同时随着地区分工和农村商品生产的发展，重要的农副产品往往形成不同规模的集中产地，市镇便成为农副产品的集散中心。如厚余地区是水稻区，出产粮食，水路交通又很方便，东入滆湖，连接运河，通向长江，所以粮行比较兴旺，为常州、苏州、无锡等地粮商代收粮食，提取佣钱，获得盈利①。小河镇是本地著名土特产——竹、树、家具、苗猪、鱼和粮、油、麻、黄豆、杂谷及苏北盐等集散地，泰兴、泰州、南通和江阴、沙洲等地之商贾，扬帆而来者众多。邻县扬中、丹阳四乡赶集者也云集。②

第三章 清前期常州的地方治理

随着经济的发展，人口的增长，赋税的沉重，清代常州的地方管理压力日增，清廷虽然对地方官员的任用十分重视，但维护社会秩序、保障社会稳定的任务依然繁重，官方的控制力和影响力日渐减小。另一方面，以士绅、宗族为主导力量的民间组织和民间活动日益完善，地方的自我管理能力不断增强。

第一节 地方行政与军事

常州府属冲繁疲难之阙，知府为正四品，乾隆十八年改为从四品，俸银一百四两九钱，养廉银二千五百两，掌"宣理风化，平其赋役，听其狱讼，以教养百姓，属吏皆总领而稽核之"。下设有海防同知，驻江阴，分掌江防诸务，总捕通判一名，正六品，俸银59两9钱，养廉银400两；督粮通判一名，正六品，俸银60两。知事一员，正九品，俸银33两；照磨一员，从九品，俸银31两，掌文移卷宗。儒学教授一员，正七品，俸银44两；训导一员，从八品，俸银40两，又设阴阳学正术一员、医学正科一员；另外有僧纲司都纲、副都纲、道纪司都纪、副都纪掌管僧道寺观。武进县为首县，冲繁疲难，阳湖县为繁难，设知县一员，正七品，俸银44两，

---

① 厚余乡编史修志领导小组：《厚余乡志》，内部出版物，1985年，第144页。
② 小河乡编史修志领导小组：《小河乡志》，内部出版物，1985年，第199页。

养廉银1600两；武进县设县丞一员，正八品，俸银39两，养廉银60两；阳湖县则设主簿一员，正九品，俸银31两，分掌粮马征税、户籍巡捕之事；此外又设典史一员，掌察狱囚，未入流，俸银31两。学官武进为儒学教谕一员，正八品，俸银39两，阳湖为儒学训导一员，从八品，俸银40两。两县又有奔牛、小河、马迹巡检司巡检，掌缉捕盗贼，从九品，俸银31两。此外又曾设有检校、经历、司狱等官，均先后裁撤。①

清代建立后，顺治十二年（1655）就谕令"各布政使严饬该道府，责令州县，查照旧册，著落里甲，逐一清厘"。②康熙二十三年（1684），两江总督于成龙推行保甲制度，颁布"弭盗条约三十八款，十家编牌，司侦察之事"。③清代实施的保甲制度，用张琦的话来说就是"分县为乡，分乡为里，分里为甲，分甲为牌，登其户口、职业、地亩之数"，"十家为联，有不善者，众共检察"。④常州的清代方志中也一直都有城乡地保活动的记录，比如军流徒犯，就一般由"城厢地保收管"。⑤但是这个"至易至便"的保甲制度到后来却只是有地保之名，而无保甲之实，所有的治安、征税等的重任都落在了地保一个人的身上。这其实与保甲制度的众多弊病有关。张琦曾在《与陆邵文论保甲书》中认为"保甲之利不胜其害"。他总结保甲制度有二难、四不便、三无益，并认为保甲制度只能"重困吾民，而为胥吏开其利孔也"。针对这些弊病，张琦提出了将保甲制度从官办改为民办，同时将保甲制度与民间团练制度相结合的措施，"以保固乡里为辞，晓譬绅士，使之悦奋，详具条例，委之自办而不以胥役厕其间，劝课富室以率捐输，贮之公所，主者掌之，编查册报，一切之费皆以此给。乡长牌头名达于官而不为官役，官以时稽其勤惰，以为赏罚。此则书吏无从需索，差为得矣"。⑥

事实上保甲制度的最大缺陷，就是让未经训练的平民依靠自觉行动来维护社会治安，最多只能监督良善，并不能阻止犯罪。正如张琦所言，要使保甲制度取得效果，就必须将保甲制度与团练制度相结合。嘉道之后时局发生变化，江南各地的治安不断面临新的威胁，首先就是外来人口大量增加，"城厢内外，向多江北客户结棚而居"⑦，这些外来人口给城市治安带来了不小的影响，"其类多悍横，复鲜室家，相率垦占，

---

① （清）黄冕等修，李兆洛纂：《道光武进阳湖合志》卷一五《官师志》。
② 《清世祖实录》卷八八顺治十二年正月壬子。
③ 《康熙二十三年总督于成龙禁革里排》，（清）谭钧培修、冯桂芬纂《同治苏州府志》卷一三《田赋二》，《中国地方志集成》第8册，《中国地方志集成·江苏府州县志辑》，上海书店出版社1990年版。
④ （清）张琦：《与陆邵文论保甲书》，赵震编《毗陵文录》卷二，民国铅印本。
⑤ 《光绪三年武进阳湖知县王其淦吴康书乡镇免派罪犯碑文》，（清）庄毓鋐等编《光绪武阳志余》卷六之三《德政碑示》。
⑥ （清）张琦：《与陆邵文论保甲书》。
⑦ （清）李超琼：《石船居公牍剩稿》，《阳湖办理保甲情形》。

每岁日增，虽普天莫非王土，未可驱逐，然为奸宄之薮，不可不防也"①。其次战争的危险日益接近。先前鸦片战争虽然未在常州城内燃起战火，但已经令许多人心惊不已。随后太平天国战事逐渐向江南转移，威胁日益紧迫，所以重新整顿和完善保甲制度才开始提到了议事日程上来。

清代地方上驻军大都是绿营兵，是清兵入关后由投降的明军和新招的汉人编制而成，以绿旗为标志，故称绿营兵或绿旗兵。绿营兵基本上是职业兵，其兵员补充一般均从营兵子弟十六岁以上的余丁中拔取，没有余丁时，才从民丁中招募。清初全国共设六十六个镇，各营又分领各个汛地（在沿海、沿江、沿河、沿边、大路通衢等要地设立墩堡，驻扎营兵，划地分守，称为汛地），执行缉私、察奸、防盗、捕贼等任务。

常州在顺治二年（1645）设参将、守备、千总各1员，把总4员，马步兵共1000名，在府城镇守，并辖下属5县及江阴杨舍、武进孟城各7营。康熙十六年（1677），因"海寇告警"，常州参将带领千总1员、把总2员、马步兵300名移驻江阴。康熙十一年（1672），增设游击1员，辖武进、无锡、宜兴，原常州守备改为中军守备，辖官兵279名，无锡为左军守备，宜兴为右军守备，总辖于常州营。雍正间增设外委把总3员。其中武进设西埠、新闸、连江桥、奔牛、九里铺、尉司桥、普济桥、北埠八汛，阳湖设东埠、丁堰、戚墅堰、横林、三河口、丫河、坊前、五洞桥8汛。乾隆四十七年（1782），各员添设养廉银。主要官员情况为提标游击1员，驻常州城东门内左厢，岁支俸银231两，养廉银400两；中军守备1员，驻常州城中右厢，分防附郭二县，岁支俸银90两，养廉银200两；千总1员，驻扎无定所，分防城内各坊厢，岁支俸银48两，养廉银120两；左司把总1员，分管阳湖东南一带，右司把总1员，分管武进西北一带，岁支俸银36两，养廉银90两。外委千总1员，外委把总2员，负责协防各汛，岁支养廉银18两。下有马兵30名，岁支银24两，米3石6斗；步兵48名，岁支银18两，米3石6斗，守兵194名，岁支银12两，米3石6斗。

此外有孟河营主管江防，驻扎孟河城，下设石桥湾、夏墅、青城、安家舍、罗墅湾、万岁、固村、新庄8汛，官兵157名，设都司1员，岁支俸银141两，养廉银260两；把总1员，外委把总1员，马兵8名，步兵26名，守兵121名。太湖营主管湖防，驻扎马迹山，设右营千总一员，下设桃花、耿湾、古竹、雁门、东钮、西村、下埠7汛。

雍正、乾隆朝后，地方上还出现地方自募自练的武装，即所谓勇营和团练，也

---

① （清）钱维乔：《竹初文钞》卷三《致巡抚费公》，《续修四库全书》第1460册，上海古籍出版社1995年版。

叫乡兵，常州便设有民壮武进 39 名、阳湖 34 名。①巡司弓兵小河、奔牛、马迹山各 24 名。但是实际上无论是正规的营兵，还是团练乡兵只是徒具空文而已。嘉庆时期钱维乔便认为营兵不足一用，"江左人情恇怯，各营兵力更单，何况有所畏阻，不能踊跃"；团练则有名无实，"明初设立民壮一千八百名，以时训习，分班战守，后虽裁减，仍以倭寇复增，最少时总有数百名，今仅存四十名之额，且亦有名无实。上年府县皆曾添增民壮操演，惜行之未久"。他当时就向时任两江总督的费淳建议"先事捍卫之策宜筹备也"，②可惜并未能得到采纳。后期绿营兵日益腐败无能，团练的作用便日益明显，到了太平天国战争爆发之后，尤显重要。

第二节 土地与田赋制度

清代土地私有化倾向日益明显，赋税制度方面逐渐推行"摊丁入亩"改革，人头税基本废除，税收程序逐渐简化，但常州所在江南地区重赋的情况没有得到根本改善。常州地区根据区域特点，开始推行议图制，不但保证了税粮的收缴率，也减轻了百姓的负担。

一、土地制度

清代土地因袭明制，主要分官田、民田两大类，官田包括有籍田、学田、桑枣田、义冢地、里社基、衙署庙祠寺观基地、街巷漕沟井场等。籍田供县官亲耕之用，学田是供府县学、书院开支及生员廪食之资，桑枣田由各乡图公管，用于矜恤孤寡。清朝在平定江南后，规定"以万历时赋额为准，无复有官田、民田之分"。到清后期，官田在耕地总面积中所占比例越来越低。籍田武进、阳湖均为 4.9 分，先农坛坛基武进 4 分，阳湖 1.5 分。武进府学田 363 亩，县学田 183 亩，阳湖府学田 404 亩，县学田 313 亩，龙城书院田 1700 余亩，延陵书院亦有千余亩。里社基、桑枣田、义冢地原定每图为三亩三分，然久为里胥侵匿，失额甚多，总计里社基为 898 亩，桑枣田为 1293 亩，义冢地为 1821 亩，另有无主地 1680 亩。此外衙署、庙祠、寺观基地，共 662 亩，街巷、漕沟、井场共 248 亩。

官田之外皆属民田，民田为"民间恒产，听其买卖"。清制，田地以 5 尺为 1 步，240 步为 1 亩。民田根据地的不同情况大致分为三类，一是五则田，二是滩田，三是芦洲。五则田是根据田地质量分则定科，作为征税的标准，一般大致分为平田、沙田、高低田、极高极低田及山滩荡等五则。滩田是滨湖近水低洼处的田地，分上、中、下、

---

① （清）黄冕等修，李兆洛纂：《道光武进阳湖合志》卷六《兵防志》。
② （清）钱维乔：《竹初文钞》卷三《致巡抚费公》。

四各等，按实丈起科，有银无漕。芦洲是指沿江泥沙淤积，渐成陆地，待水退沙涨，芦苇丛生，稍加耕耘，亦可栽稻植棉，但经常有坍塌之虞，故三年一查，五年一丈，坍没者除赋，成田者起科，大致可分为洲田、埂田、芦滩、草滩、泥滩、水影滩等。顺治六年（1649），整个武进县有五则不等田1701966亩，雍正三年分县前，为1717314亩。雍正四年分县，武进有839567亩，阳湖为877747亩。至道光十五年（1835），武进为845520亩，阳湖为878707亩。顺治初，武进滩田为15692亩，雍正四年分县，武进为13180亩，阳湖为2505亩，此后历年均有增加，且为额甚巨。雍正分县时，武进滨江芦洲为16368亩，阳湖为9675亩，道光中，武进为42293亩，阳湖为13566亩。①

乾隆朝以后，随着土地兼并趋势的加剧，土地买卖之风更盛，无锡人钱泳曾言：江南"俗语云'百年田地转三家'，言百年之内，兴废无常，必有转售其田至于三家也。今（嘉庆时）则不然……十年之间，已易数主"。②土地价格也不断提高："本朝顺治初，良田不过二三两。康熙年间，长（涨）至四五两不等……至乾隆初年，田价渐长。然余五六岁时，亦不过七八两，上者十余两。今阅五十年，竟亦长至五十余两矣。"③

二、田赋制度

清代的赋役制度基本上沿袭明代，以"田赋"与"丁役"为主，再加上漕粮、盐课、茶课、关税及牙税、渔课、羡耗等各种工商税。"田赋"即土地税，"丁役"即徭役。清代赋役除部分征收粮食外，大部分以折合成银钱收缴为主。顺治年间，以明万历《赋役全书》为基础编成顺治《赋役全书》，同时编制了鱼鳞册（即丈量册）和黄册（即户口册）。康熙间，又重修《赋役全书》，此本《赋役全书》是今天常州唯一保留的《赋役全书》。清立国不久，江南一带差役严重不均的情况便已经日趋严重，"有田已卖尽，贫无立锥，而仍报重役者""有田连阡陌，坐享膏腴，而全不应差者"，④所以普遍出现"田归不役之家，役累无田之户"的现象。于是从康熙朝开始，逐渐改革赋役制度，方向是以粮起丁，逐步取消人头税。雍正时，正式实行"摊丁入亩"，地丁合一，赋役合并，把丁税平均摊入田赋中，统一征收地丁银，从此丁粮随粮赋起征，地丁银便成为清朝的赋役制度。雍正五年十二月二十日，应两江总督范时绎奏请，从雍正六年（1628）起，苏、皖两省"摊丁入地"，每亩摊丁银一厘一毫至六分二

---

① （清）黄冕等修，李兆洛纂：《道光武进阳湖合志》卷八《赋役志二》、卷九《赋役志三》。
② （清）钱泳：《履园丛话》卷四，中华书局1979年版，第110页。
③ （清）钱泳：《履园丛话》卷一，第27页。
④ （清）柯耸：《编审厘弊疏》，（清）贺长龄编《清经世文编》卷三〇《户政五》，《近代中国史料丛刊正编》第731册，文海出版社1975年版。

厘九毫不等，"丁随田办"，①屯丁亦同时摊入屯卫田，名曰"地丁"。②

漕粮是清政府向江苏、安徽、浙江、湖南等省征收的米豆等粮食，因需通过漕运至京师作为中央官吏及京师军队食用的俸饷，故称"漕粮"。漕运至京师仓库者为正兑，以备八旗营兵食用；储于通州仓廪者为改兑。普通漕粮外，江苏苏州、松江、常州、太仓四府州及浙江嘉兴、湖州二府另征"白粮"（糯米），共计22万石，随漕解运京师，供内府奉祭、藩属廪饩及王公百官食用。在漕粮征收、运输中，还有许多附加税，称"漕耗银米"，如运军的津贴费、领运的官盘费、州县兑漕杂费等等。

羡余是地方官吏以征收钱粮造成的损耗为名，于正赋以外所征收的附加税、手续费、杂费等，总称为羡余或耗羡。耗羡因是正额之外加派，各级官吏常从中加以侵蚀。雍正二年，清廷将耗羡归公，解决各省文职人员养廉经费。雍正十三年，清高宗即位不久，便发现耗羡征收的各种弊端，指出耗羡"可减而决不可增……江南赋重之区，如苏、松、常、镇四府额赋较之他省，几及数倍。雍正六年以前，每两加耗仅五分，雍正六年以后，增至加一（钱），且有司又复巧取苛索，民何以堪，其令江南督抚详加酌定，量减分数征收，不得仍前重耗困民。倘敢阳奉阴违，朕必于该督抚是问"。③道光九年（1829），随地丁银收耗羡银，苏州、松江、太仓所属每征银一两随征耗羡银五分，常州、镇江所属州县征耗羡银七分。

此外有盐课，即政府向食盐生产和运销者所征之税，向盐户征收为"场课"，向运销商人征收为"引课"。牙税，又称牙厘，是官府向市场上介绍买卖以收取佣金的中间人（即牙行或牙侩）征收的牌照税。典税，是官府向典当铺所征之税。渔课，向渔户征的税。

据《道光武进阳湖合志》，道光时武进总共征米52314石，钱粮78843两，耗银5519两，杂办包括四段滩粮712两，门摊课钞（大街市口摆摊所完纳税银）166两，渔课23两，城租（近城居民种植芦苇及屋基、石塘、驳岸完纳税银）96两，总计为997两，另加耗银69两。杂税包括牙税122两，耗银8两，城乡典税160两，耗银11两，代步税6两，耗银4钱，芦课1674两，耗银117两。阳湖总共征米52049石，钱粮83257两，耗银5828两，杂办包括四段滩粮159两，门摊课钞（大街市口摆摊所完纳税银）157两，渔课23两，城租（近城居民种植芦苇及屋基、石塘、驳岸完纳税银）32两，总计为372两，另加耗银26两。杂税包括牙税135两，耗银9两，城乡典税145两，耗银10两，代步税2两，耗银1钱，芦课210两，耗银14两。此外还有田

---

① 《清文献通考》卷一九，《景印文渊阁四库全书》第632册，台湾商务印书馆1986年版。
② （清）黄六鸿：《杂征余论》，（清）贺长龄编《皇清经世文编》卷二九《户政四》。
③ 《清高宗实录》卷七，雍正十三年十一月癸亥。

房契税，每价1两输银三分，给发契纸，尽收尽解。

自明代以来，江南便是有名的重赋区，清初毛羽宸曾言："天下赋，江南占十九，浙东西居江南十九，而苏松常嘉湖又居浙东西十九。"① 这也使得这里的税粮历来有大量的拖欠，清前期地方官往往疲于奔命，也无法完成任务，因此往往因此降职处分，"苏松常镇四属赋税繁重，历来不能按额取盈。见任官处此繁剧之区，见年钱粮业已拮据不遑，又因前官遗欠，到任两年即罹降革，正署递更，公事废弛，旧欠难清，新粮更逋"。②

三、议图制

议图制是清代常州田赋制度中最重要的特色，其影响一直延续到了民国。民国学者万国鼎在其《武进南通田赋调查》中便曾称："武进征收田赋，向行议图制。以图为单位，合图公议条规，分庄输收钱漕，依限赴柜扫数，故民免需索而税收常足，为国中所称道。"民国时，江苏省仍然尽力推行此制，甚至安徽、江西亦欲行之。③

所谓议图制，大致是民自协议共守，故称议图，亦称协图，或义图。源于明代里甲制度。自明代起，里甲制度便是中国最重要的基层组织，《明史》中记载："以一百一十户为一里，推丁粮多者十户为长，余百户为甲首，甲凡十人。岁役里长一人，甲首一人，董一里一甲之事。先后以丁粮多寡为序。凡十年一周，曰排年。"④ 里甲的职责是"催办钱粮，勾摄公务"，⑤ 以应官府课征税粮，摊派差役。正如万国鼎所言，里甲制度是人民对国家之义务，官既签派，不得不从。定制之初，未尝不求公平易行，但行之稍久，法制渐堕，弊乃丛生。⑥ 所以一般学术界认为，自一条鞭法推行之后，里甲制度实际上已经名存实亡。而武进县在崇祯十一年（1638），知县罗嘉植以粮长收兑漕粮，为累实甚，改立图收图兑之法，每图十甲，令一甲收五甲之粮，循环轮收，则明末图制已经逐渐取代了里制，大概也在同时，又改甲为庄。而到康熙二十三年（1684），有鉴于里甲之弊，两江总督于成龙更是宣布禁革里排，称里役之设，为明季陋规。⑦ 此时常州已经基本上废除了里甲制，而全面开始实施议图制。

议图制大致是每个图（基本上一个自然村）划分为若干个庄，由地多之户做庄首，庄首再按年轮流做全图的"现保"。开征时，先由庄首将所辖各户的税款交给现保，现保再将全图税款上交县衙门。议图制和里甲制的区别在于，里甲为官方强制签派，

---

① （清）毛羽宸：《田赋说》，（清）武俊修、陈玉璂纂《康熙武进县志》卷三九《艺文》。
② （清）宋荦：《西陂类稿》卷三六《酌议催科处分疏》。
③ 万国鼎等：《武进南通田赋调查》，《民国传记史料丛刊》第14册，台北传记文学出版社1971年版。
④ 《明史》卷七七《食货一》，中华书局1974年版，第1878页。
⑤ （明）晏文辉修，唐鹤徵纂：《万历武进县志》卷三《里徭》，清抄本。
⑥ 万国鼎等：《武进南通田赋调查》。
⑦ （清）黄冕等修，李兆洛纂：《道光武进阳湖合志》卷十《赋役志四》。

而议图是一种村民合作纳税形式，既能保护自己不受外来税收人员的侵扰盘剥，又保证了官府的田赋收入。官方在此扮演的角色不是主动强制推进，而是通过政府权威进行支持。每一议图都有协议条规，称之图规，须呈县立案，使之成为正式文件，可以得到了官方的认可与保护。而一旦图规破坏，或渐生弊端，必须重新讨论议定。

根据万国鼎的研究，议图制有如下优点，一是便利粮户完纳，二是减少催征骚扰，三是剔除征收弊窦，四是易于查挤隐匿，五是节省征收费用，六是国课无虑短绌，七是训练人民自治，所以在议图制实施以后，常州的税粮收缴率可以达到百分之九十七八，这在当时堪称成功。但是如下节所言，议图制在常州地区的成功实施是和常州本地的社会状况密切相关的，尤其是宗族组织的完善和发达推动了议图制的顺利实施，而一旦宗族组织出现问题，加上官府控制力薄弱，议图制自然会被破坏。①

第三节 宗族与士绅

常州是清代江南宗族较为发达的地区，一方面名门望族在常州传统社会中不断涌现，部分望族甚至具有全国性影响力，对清代常州社会产生了重要的作用。同时，常州地区宗族组织的发展又具有独特的路径，并和清代常州城市社会经济的发展息息相关。

一、清代常州宗族组织的特点

常州地区是整个苏南地区宗族组织最完善、最发达的地区。同治初年，时任江苏布政使的丁日昌在江南地区推行议图制，他分析江苏各地推行议图制的情况，称"江苏各属，独武、阳两邑办理顺庄最为尽善"，因此"奉札饬各县仿照武、阳办法，举行义图"，但是结果却不尽如人意，"然各邑地方情形有不同者，绅士有愿与不愿者，亦不能相提并论"。②当时青浦人熊其英便对武、阳两邑办理顺庄成功的原因作出解释："查武进、阳湖地方，中人之家皆有宗祠，一姓之粮统归宗子家长自领总完，非同包揽故事可通行。"而他所在的青浦"情形与彼不同"。③孟森也持同样的观点，他曾称：常州一地"富庶未必甲于诸县，而输将之良法常为江南冠"，这其实和常州本地的宗族制度之发达有莫大之关系。④由此可知，常州府的宗族问题在整个江南

---

① 万国鼎等：《武进南通田赋调查》。
② （清）丁日昌：《通饬核议版图顺庄能否并行由》，《丁日昌集》之《藩吴公牍二》，上海古籍出版社2010年版。
③ （清）熊其英：《议图自领之弊》，《光绪松江府续志》卷一四《田赋志》，《中国地方志集成·上海府县志辑》第3册，上海古籍出版社1990年版。
④ 孟森：《江丽峰家传》，《萧江氏族谱》卷二，民国三十七年萧江氏思源堂木活字本。

具有其代表性。

由于宗族所具有的血缘性和乡土性，人们一般认为宗族主要在乡村而非城市。但是，清代常州地区，城市化是常州宗族的一个重要特征。在清代，有人在提及常州明清两代著名的望族华渡里管氏时曾称："管氏世家毗陵之华渡，自其大父（即管绍宁，明代探花，官至礼部侍郎）贵显，徙居郡城，而支族犹居华渡，故仍号华渡管氏。"① "贵显之后徙居郡城，支族犹居乡间"正是常州乡间地主城居化的一种主要模式。如著名望族庄氏第一个进士庄柽在中进士之后便开始移居郡城，虽然其子重新迁回祖居，但二分后世再次中进士之后仍又移居城中，之后便定居于此。没有产生进士的其他房支一个也没有移居郡城，恰恰也只有移居郡城的房支会继续产生进士，没有移居郡城的一个进士也没有产生。庄氏其余三分中，大分偶有青衿，但极少仕宦，三分无一青衿，而四分则断绝于第十一世。同一地域的同一宗族的各分支由于迁居模式的不同，发展产生极大的差别。

清代常州大部分的望族基本上都形成了类似的迁居模式，即贵显后迁居郡城，而迁居郡城之后又继续贵显。除了上述的毗陵庄氏、华渡里管氏外，如前黄杨氏（杨廷鉴家族）、观庄赵氏（赵申乔、赵烈文家族）、西盖赵氏（赵翼家族）、安阳杨氏（杨兆鲁、杨伦家族）、段庄钱氏（钱一本、钱维城家族）、龙溪盛氏（盛康、盛宣怀家族）、新河徐氏（徐元琪、徐书受家族）等世家都是如此。

城居化虽然导致宗族内部出现分化，但是宗族尽量会进行有效的调整，将内部分化对宗族本身的危害减少到最低程度。首先，当时江南流行的一田二主制使得地主不需要居住在乡村就可以分享自己土地的利益。其次，迁城分支会通过建设宗祠、兴修家谱、置办族产等活动和乡居的大分及其他各分支保持联系。中国人常说"君子之泽，五世而斩"，而"五世"恰恰就是一个小宗世系的范围。可见传统中国社会早已从经验上得出结论，仅有小宗世系是不能维持财富和名望的代际传承的。因此强化同一祖先的认同感，并不仅仅是为了提高宗族的凝聚力，更在于最大限度地维系宗族的稳定，为本房支的发展提供一个坚实的基础。可见，宗族的利益与本支的利益并不一定会产生冲突，强势分支也需要旁系的拱卫。

宗族解决这种分化的手段便是依靠在精神上对同一个祖先的认同和在物质上对宗族公产的维系。前者是通过祭祖和修谱，后者是通过宗族公产的创置和维护。因此，宗祠、祠产成为维系宗族城市分支与乡村宗族之间的重要纽带之一。

宗祠的城市化倾向在清代常州各宗族中非常普遍，这些祖居乡村，分支迁城的

---

① （清）邵长蘅：《邵子湘文集》卷一二《管奇玉墓志铭》，《四库全书存目丛书》集部第248册，齐鲁书社1997年版。

家族或者大宗祠、小宗祠都在城中，或者大宗祠在乡、小宗祠在城。当然也并不是没有例外，如前黄杨氏的大宗祠和小宗祠都在其祖居地前黄。同时，和传统在乡宗族不同，由于宗族中的强势分支向城市迁居，使得城市的经济生活开始对宗族产生影响，购买城市的房产逐渐成为和在乡村购买田产同样重要的投资方式，房租和田租成为宗祠同样重要的经济来源。同时由于市镇经济的日益兴盛，城居宗族的房地产投资已经不再局限于城市，甚至开始涉足乡镇。即使有些家族的大宗祠仍建在乡间，但由于有分支迁往城内，大宗祠的祠产中也出现了城市的房产，如西盖赵氏（赵翼家族）的大宗祠在祖居地西盖村，但有城内中右厢青云坊街南朝北的一间房产，"按月采租，为祠中公费"。①

除房产外，祠产另一个重要的新来源便是存典生息。汤氏就规定，有"所捐银两即交贮生息"。② 清代常州商业的繁荣，加速了金融的流通，以典当和钱庄为主的金融业异常兴盛。由于典当业的高利润，再加上可以免却对财产监管的烦恼，宗族和其他官方、民间的机构一样将经费存放在典当行中生息也是很自然的事情。同样，这也是城市商业发达与宗族城市化之间互动的结果。

二、名门望族与士绅群体

1947年潘光旦与费孝通发表了《科举与社会流动》③一文，分析了同治光绪年间900余名进士的社会背景，其中758人有乡里籍贯资料可查，其中52.5%来自治所所在的城市，6.3%来自市镇，41.2%来自农村聚落，其中来自长江下游江苏和浙江两省的进士，出身城市的占75%和47%。

由于资料有限，现在仍无法对常州所有的进士或者举人的家族出身作一统计，仅能根据常州主要家族的家谱，对其家族成员的功名获得者作一简单的记录，表中括号内的数字为清以前获得功名的次数。

常州家族科举成就一览表

族名	居住地	进士（人）	举人（人）	起迄年代	跨度（年）
庄氏★④	在城	36（7）⑤	82（6）	1496—1894	398
西营刘氏★	在城	21（4）	27（2）	1609—1897	288
罗墅湾谢氏	在城在乡	19（8）	37（3）	1109—1903	794
恽氏	在城在乡	18（5）	42（6）	1226—1893	667

---

① 《大宗祠祠产》，《西盖赵氏族谱》卷八，光绪十二年永思堂木活字本。
② 《重议捐银条约》，《汤氏家乘》卷七《祠祭录》，同治十三年木活字本。
③ 《社会科学》1947年第4卷第1期。
④ 其中加★者为产生鼎甲之家族。
⑤ 庄氏族谱中包括8名宋代进士，但由于没有确切资料记明出自该支，故省去。

续 表

族名	居住地	进士（人）	举人（人）	起迄年代	跨度（年）
前街董氏	在城	16（3）	11（3）	1513—1902	389
前黄杨氏★	在城	12（3）	25（3）	1483—1873	390
孙氏★	在城	12（3）	4	1516—1786	270
观庄赵氏★	在城	10（1）	3	1636—1877	241
段庄钱氏★	在城在乡	10（2）	7（1）	1583—1810	227
吕氏★	在城	9	17（1）	1573—1882	309
西盖赵氏★	在城在乡	9（5）	21（11）	1315—1885	570
安阳杨氏①	在城	8	10	1646—1897	251
毗陵盛氏②	在城	5	6	1783—1902	119
汤氏★	在城	4	8	1735—1852	117
新河徐氏	在城	4	6	1655—1826	171
合计		193（41）	306（36）		

资料来源：1933 年《毗陵庄氏族谱》、1929 年《西营刘氏家谱》、清光绪三年《毗陵谢氏宗谱》、1949 年《恽氏家乘》、1927 年《宜武董氏合修家乘》、清光绪二十一年《前黄杨氏家谱》、清乾隆四十八年《毗陵孙氏家乘》、1928 年《观庄赵氏支谱》、1927 年《段庄钱氏宗谱》、清光绪四年《毗陵吕氏族谱》、光绪十二年《西盖赵氏族谱》、1915 年《安阳杨氏族谱》、1915 年《毗陵盛氏族谱》、清同治十三年《汤氏家乘》、咸丰二年《新河徐氏宗谱》。

根据《毗陵科第考》统计，清代常州所辖武进、阳湖两县一共出现了 400 多名进士，而以上 15 个家族便出了所有进士中的 45%。除了上述 15 个家族之外，还有由于资料关系未能列入上表的如管氏、蒋氏、吴氏、陆氏等也在科举上取得成功，可以初步推断，常州的前二十位的名门望族，将垄断一半以上的进士名额。而上表 15 个家族只有 4 个家族出产的进士有在乡村居住的记录，这 4 个家族中的段庄钱氏和西盖赵氏，自钱维城和赵翼开始，其分支也迁入城市。严格说来，只有恽氏和罗墅湾谢氏是居乡家族，没有整个分支迁城的记录，但是其主要成员一旦获得功名学衔，也同样在城中购地置房。而那些仍然留在乡村的分支，其实很少甚至根本不会产生文化精英。正如仓桥圭子所研究的，恽氏 70% 的功名都属于久居城内的上店大分在城支，这就是其所言的"偏在现象"。③

虽然进士处于官僚士大夫的顶层，但是并非所有的进士都自然就是文化精英，文化精英来自城市的比例可能会更高。以科举成功者而言，明清两代常州的所有科举鼎甲如状元杨廷鉴、吕宫、赵熊诏、钱维城，榜眼杨述曾、庄存与、孙星衍、洪亮吉、

---

① 仅包括杨兆鲁迁至城之后的世系，原无锡支的不在内。
② 此盛氏并非盛宣怀家族所在的龙溪盛氏。
③ 仓桥圭子：《科举世家的再生产：以明清时期常州科举世家为例》，《中国社会历史评论》第九卷。

龚宝莲、袁绩懋，探花孙慎行、吴宗达、管绍宁、钱名世、汤大绅、赵翼、刘跃云都来自城市或后来迁居至城市，其中杨廷鉴、吕宫、管绍宁、钱维城、赵翼还是本族中迁城的始迁祖。而文人学者中的最精英分子也同样如此。如著名的毗陵七子黄景仁、洪亮吉、孙星衍、赵怀玉、吕星垣、徐书受、杨伦全部来自城市，而嘉道时期的另一个著名文人团体，爱日草堂诸子①即常州学派、常州词派、阳湖文派的主要成员除李兆洛和恽敬之外，刘逢禄、庄述祖、张惠言、张琦、左辅、丁履恒、陆继辂、陆耀遹、周仪旸全部来自城市，而李兆洛和恽敬也是出生在市镇。以上所有人没有一个是来自农村聚落的。由此可以推断，城居是常州文人精英的普遍居住模式。常州所谓的文化望族，基本上是指城市宗族和乡间宗族中在城市居住的强势分支。

一般而言，城市相对乡村更加流动和开放，其中的文人精英能够有获得更多更好的文化资源的机会，而且城市的信息传播渠道更加丰富，文人精英的"名声"也相应地容易获得传播。乡村的交往空间有限，人际关系简单，更加封闭，因此会产生资本的回报欠缺。乡村离城市太远，不容易获得信息。此外乡村在语言上也存在劣势，刘纶便称："乡里之子，欲过城市者，自苦其詀謺喁晰，不得与通也，必求学为城市语焉。"②所以乡村的学习环境和学习条件都不及城市。以书院为例，光绪间武进知县金吴澜便承认："在城龙城、延陵两书院，足为多士藏修之地。而乡曲儒生每虑往返之不易"，有些地方"其乡僻寂居，未免观摩无自"。③

但这只是事情的一个方面。任何一个家族都无法保证其每一代的成员都会产生进士或者举人，即便是可以称得上清代最成功的科举家族之一的庄氏也无法做到这一点。所以对家族而言，其文化策略便是在保证人丁兴旺和财产资源的前提下，不断维系家族的文化命脉，以保持甚至增强本家族获得成功的概率和可能。从这个角度来看，家族中的迁城分支的精英文化策略如果没有强大在乡家族的支持，是不可能持久的。这就是为什么常州的文化望族看似只是乡间宗族的迁城分支，但其实整个乡间宗族的作用绝不能忽略不计的原因。

三、士绅与地方社会

常州的士绅不仅在文化领域占据领导地位，同时也积极参与慈善事业、灾害救济、水利建设等活动。士绅们可以通过自己的地位，取得即便地方官员也没有能力取得的援助。比如嘉庆间常州受灾，米价上涨，赵翼便曾经致信给他的门生，时任两江总督的费淳，要求他向皇上建议让四川、湖南、湖北、江西四省督抚发藩库银，

---

① 爱日草堂诸子的研究，可参见陆宝千，《爱日草堂诸子：常州学派的萌坼》，《"中研院"近史所集刊》第16期，1987年。
② （清）刘纶：《绳庵外集》卷一《茶山文集序》，清乾隆三十九年刻本。
③ （清）金吴澜：《道乡书院记》，（清）庄毓鋐等编《光绪武阳志余》卷三之二《学校》。

每省各买一百万石转运来江，其贾价及水脚由各省督抚核明，移咨江省出示官粜。赵翼的信中有一段话非常有意思："昔人有云：'佛出世救不得，只有帝王救得'"，但是"督抚大不肯直陈，九重之上无由洞悉"。① 让督抚直陈，让皇帝救得，就只有赵翼这样地位的士绅才能办得到，这就是他们的优势。

如常州运河的很多次的疏浚工作都是由士绅所提议的。这既有在政府官员咨询时，被动地提出意见，比如觉罗永会浚城河时，便是"访于二三耆艾"时，"咸以郡城诸渠不可不浚告"。② 也有主动提议，四处宣传，最终被政府官员采纳意见的，康熙间杨兆鲁便曾写信给时任知府的纪尧典和水利通判熊嘉曾，强烈建议整治河道。其次，在清代中后期，士绅更成为浚河的主要发起者，基本上大部分工作都由武阳两邑绅士主导，无论是"开浚城河，择日兴工"，还是因为梅雨而"城河停工"，③ 都是由绅士决定，经费筹措也是由绅士完成。

而慈善事业更是以士绅为主导。根据相关资料统计，清代常州城内共有24个慈善组织，由地方发起创建的共21个，占80%以上。发起人均是有地方影响的士绅。其次，经费来源中，除了官员倡廉拨款外，士绅捐款和商人同业捐款占了主要部分。而且，清代常州的慈善组织有着很明显的两个发展趋势，既有功能的综合化，也有功能的细化。一方面是善堂的综合化和体系化。这种趋势一是体现在功能的扩展，如保婴保节局、普济堂等有着向综合性善堂发展的趋势。二是体现在大善堂可以兼管小善堂。育婴堂也一度兼管北直存仁堂，庇寒所则由敦仁堂负责。三是体现在善堂的网络化。一方面就是小社区善堂的出现，即善堂只是为了维护本社区内部的利益而创办的。这个社区有的只限于一图，如中右厢的协善堂，为资助图中极贫棺葬，收埋路毙穷民而设；也有几个图合办的，如扶厝局便是子城一图、二图、西右、河南四图公举。另一方面则是一些大善堂有着庞大的下伸网络。

嘉庆十六年（1811）本城士绅赵翼、刘印全、刘弼全等提出处理水陆路毙浮尸的办法，即水陆路毙浮尸，无亲属认领者，无论有无伤，由善堂报验殓埋，不传地主地邻。武邑归北直存仁堂，阳邑归东直同仁堂，由两县发给盖印联单，交堂董填单报验，通详院司立案，臬宪每年发给堂董护照，载明有伤报验，无伤由堂董验明殓埋，存仁给堂董刘弼全，同仁给堂董张利贞、董敏善。从此常州的善堂组织不再局限于慈善事务，而是进一步参与协助地方政府处理社会事务，甚至具有了某种司法功能。此后"各乡闻风集费，陆续赴县呈明附入堂内填单报验"。④ 由此嘉庆道光

---

① （清）赵翼：《致费中堂书》，《西盖赵氏族谱》卷一二，清光绪十二年永思堂木活字本。
② （清）庄存与：《浚河记》，（清）庄毓鋐等编《光绪武阳志余》卷一之三《水利》。
③ 《光绪十九年四月武阳两邑绅士呈稿》，《浚河录》。
④ （清）黄冕等修，李兆洛等纂：《道光武进阳湖合志》卷五《营建志》。

之间，常州乡间善堂如雨后春笋般涌现。根据《道光武进阳湖合志》的记录，当时建成专门为收埋路毙浮尸，依附于二堂的乡村社区小善堂便有 34 个，未及建置公所，但已经呈请的有 25 个，总数接近 60 个。根据王卫平的统计，人口和经济胜过常州的苏州的三个附郭县下属乡镇善堂总数也只有 31 个。[①] 由此可见，常州社区小善堂在当时的发展程度。

正是由于清代中后期地方政府的权威逐渐薄弱，士绅方才参与了更多的事务，拥有了更多的权力基础。也正是随着经济的发展，居民间交往的增加，社会关系日益复杂，才使得他们参与地方社会管理的方式日益多样化，逐步可以跨越血缘、地缘和业缘，体制更加完备，功能更加发达。士绅和官员的合作互补，以及以士绅为主导力量的水利、灾荒、慈善、治安等民间组织和民间活动的日益完善，是保证常州这样的江南城市保持内在协调和有效控制的重要原因。随着城市的发展和诸如近代以后如太平天国战争、地方新政等的外界环境的变化，地方社会的自我管理和控制能力不断增强，这既是官方的控制力和影响日益减小的结果，也是地方社会自我发展的结果。

第四章 清前期常州学术与文化

在清代乾嘉之际，常州文化在思想和文学上独辟蹊径，相继出现了多种学术流派，由此掀开了常州文化最为辉煌的一页，诚如《光绪武进阳湖县志》中所言："武进、阳湖经学、文章各有源派，英才教育蔚为通儒。滥觞于国初，极盛于乾嘉之际，揆厥所由，盖右文之世，学校如林，师承有自，儒者遂远绍微言大义，勿拘拘于谨曲空谈也。"[②] 因此便有"文学之盛，郁萃中吴；科第之繁，著称江左"[③] 的美誉，同时更成为近代中国文化改革的先声。

第一节 教育与科举

清代常州教育发达、文魁闪耀，科第蝉联、人才辈出。清代常州官学、书院、社学、

---

① 王卫平、黄鸿山：《中国古代传统社会保障与慈善事业》，群言出版社 2005 年版，第 271 页。
② （清）王其淦、吴寿康修，汤成烈纂：《光绪武进阳湖县志》卷五《学校》。
③ （清）王其淦、吴寿康修，汤成烈纂：《光绪武进阳湖县志》卷一九《选举》。

义学、私塾教育并行，名师宿儒辈出，为本地科举成功和文化发展提供了有力的条件、氛围和师资保障。

一、官学

官学教育体系由府学和县学构成，清代常州府有府学一，所辖各县均设有县学。顺治十四年（1657），在明末状元常州人杨廷鉴的倡议、募捐下，重修学宫，康熙元年（1662），常州府学教授郭士璟重建尊经阁。康熙十六年，常州府学复设训导，徽州洪珣为第一任训导，捐资修建训导署，计中堂3间，后堂3间，两廊房屋4间，墙门1座，照墙1座，共捐用银120余两。康熙二十六年，知府祖进朝修府学。首为大成殿，殿后为明伦堂，堂后为尊经阁，左偏为训导署。尊经阁东北20余步为崇圣祠，祠前有方池，祠之右为射圃，旧有观德亭，后均废。圃南为号舍，号舍旁为兴文井。东为土地祠，并戟门，西为文昌祠，并灵星门，再东为府学署。头门内门左为名宦祠，右为乡贤祠，乡贤祠后为教授署。灵星阁前为文庙坊，坊前西为状元坊，坊前有桥曰状元桥，往东为会元坊，会元坊西为榜眼坊，东为解元坊，又西为探花坊，解元坊前为传胪坊，传胪坊南为会魁坊，前有桥曰会元桥。康熙二十九年，教谕崔学古修常州府学署成。乾隆五十二年（1787），常州重修府学庙，正在乡居的庄存与负责办理，专门撰文记之。嘉庆十五年（1810），重修府学文昌宫，由知府蒋荣昌捐钱50万，武进令周炜、阳湖令马绍援各20万。道光八年（1828），常州知府程钟龄倡议重修府学，郡人苏品三、刘弼全、赵廷俊、余怀清、丁煦、余保纯、刘遵义董其事，自大成殿及乡贤、名宦诸祠，悉营缮之，计用银11000余两。太平天国战争中，宏伟的常州府学被付之一炬，焚毁殆尽。光绪二年（1876），知府谭钧培督郡绅恽光业、盛康、刘翊宸、陈荣邦等重建府学。重新修缮后的常州府学有大成殿五间，在重簷殿前建有石砌露台，并以石栏环绕。东西庑各九间，外有长廊连接，后面左右厢房各2间，厨房、洗浴室各1间；祭祀用品储放室3间；大成殿前大成门5间，东西官厅各3间，大成门前挖泮池，池上建桥，周边建状元坊、榜眼坊、会元坊、解元坊、探花坊、传胪坊等，并设崇圣祠、文昌宫、土地祠、名宦祠、乡贤祠、教授署、训导署。重修费用共计56420余缗，府学所用祭乐器均由本地士绅捐献。

清代常州府学廪膳生员40名、增广生员40名、附学生员无定额。顺治三年二月，取进新生97名，十月取进新生110名。顺治十八年（1661），减额录取新生20名。康熙十六年，清政府开捐纳事例，录取捐纳生员5人，直至康熙二十二年，停止捐纳录取生员。康熙二十八年，经两江总督与江苏巡抚奏请，清政府定制，常州府学录取生员为25人。乾隆十六年，清高宗南巡，临时增加江南各级官学学额，府学增加5人，此后南巡均援引此例。官学在学生员每月有月课、季考、岁考、科考，根据学业优劣按照"六等黜陟法"升降。常州府学经费主要依靠学田租粮和地方缙绅资助，学田是固定收入渠道，主要通过拨置、捐置、买置等方式获得。

武进县学在左厢崇文坊内，右庙左学，原附于府学，顺治间，教谕张如璿、训导范帜与邑人杨廷鉴、陆自严兴修县学。康熙二年，武进教谕郝德重建武进县学振德堂。康熙八年，武进教谕王琰重修县学，杨廷鉴倡捐重建明伦堂。康熙二十三年，常州知府祖进朝倡捐修建武进县学门庑、堂斋。康熙二十八年，知县王元烜整修武进县学，加丹垩，改立神牌，增置祭器。康熙五十五年，时武进县学旁左义路久为百姓侵占，是年知府王嗣衍、知县孙谠重修，杨椿等于巷中瓮官道，南北设门，颜曰"王孙巷"，以记其功。雍正二年（1724），常州分县，分武进，置阳湖县，阳湖县学附于武进县学内。乾隆十五年，教谕左世容倡捐修葺武阳县学大成殿及两庑。乾隆二十九年，潘恂与武进知县王祖肃、阳湖知县陈廷柱倡捐兴修武阳县学，绅士钱人麟、吴龙见、蒋和宁等董其成。撤明伦堂，重建门庑、门坊，并修葺重甓、方池。又建乡贤、名宦两祠各3楹于尊经阁左右。道光十八年，重修武阳县学成。大成殿梁柱全部更换，宫墙增高，别凿门于墙之左方。于崇圣祠增造东西两庑，明伦堂、振德堂、尊经阁、文昌阁、乡贤祠、名宦祠及斋廊全部修整。士绅吕荣、刘弼全、董敏善等主持，武进教谕泾县吴世宣，阳湖训导建平龚舫监工。太平天国战争中，武进县学被毁。同治五年（1866）武阳县学重修。由常州知府扎克丹、知武进县桂迓衡、知阳湖县温世京倡导，综其事者为郡绅刘翊宸、吴容光、史致准、庄毓铉。先是武进学岁科试取弟子员12名，阳湖学13名，选拔之年二邑合贡1人，至是加武进学额10名，阳湖9名，选拔二邑各贡1人。①

二、书院

书院教育是中国古代教育制度的一种，是唐宋至明清出现的一种独立的教育机构，是民间人或官府所设的聚徒讲授、研究学问的场所，是有别于官学的另一种教育系统。书院教育是常州地区的重要教育形式之一，为该地区教育文化的发展作出了重要的历史贡献。

明末清初，长期战乱导致的社会动荡，使江南地区书院破坏严重，书院或毁于兵燹或为土豪所占，包括常州在内，江南地区书院呈现凋敝状态。清军南下占领南京后，为了稳固统治，笼络江南士人，从顺治二年（1645）起，清政府连年开科取士，书院活动也随之恢复和创建。

龙城书院是常州城内最为知名的书院，康熙间骆钟麟曾议修之，因建延陵书院

---

① （清）黄冕修，李兆洛等纂：《道光武进阳湖合志》卷一二《学校志》。

而未果。乾隆十九年（1754），知府宋楚望捐俸倡率重建。左为龙城书院，右为先贤祠，并祀施观民、欧阳东凤两人于传是堂，以其祠门为大门，次为大堂，次为讲堂，次为寝室，左右翼各为斋舍20楹，又以象墩庵僧田970余亩入书院为养士费。乾隆三十一年，常州知府潘恂延同年、著名骈文家邵齐焘主龙城书院，选多士之优者入学，丰其廪给，黄景仁、孙星衍、洪亮吉等先后入院就学，龙城书院声名随之鹊起。此后如南京秦大士、苏州褚寅亮、杭州卢文弨、桐城姚鼐等著名学者相继为龙城书院山长，再加上本地学者瞿溶、赵振祚、刘遵夔、朱仪训、刘怿等相继主持，龙城书院培养出了大量的优秀人才。太平天国战争中，龙城书院被毁。同治四年修复，先是权作贡院，不久后重新恢复为书院。

延陵书院在双桂坊季子祠西，祠堂旁原有官基4亩多，被民居所兼并。应季子后裔吴统的要求，万历年间，常州知府与武进县令将占书院土地的民居迁出。明朝末年，土地又被居民侵占。康熙九年（1670），知府骆钟麟邀请学者李颙来常州讲学，常州学者受到李颙的影响，重新兴起讲学之风。当时常州书院未复，"讨论无从肄业"，陆卿鹄便变卖家产，与同人倡建延陵书院。^①在陆卿鹄的支持下，吴统曾孙吴发祥请于骆钟麟及江苏布政司、江苏学政，始建延陵书院。下任知府纪尧典主持修成，巡抚张伯行书匾额，魏禧作记。延陵书院建成后，恽日初便在其中主讲，此后赵起、卜文焕、瞿溶、汪士进等本地学者相继主持。道光十八年（1838），黄冕出任常州知府，即谒季子庙，立志修复延陵书院。随即便与武、阳两县令孙琬、王德茂规划重建，邀集绅士吕荣、汪和鼎、刘彌全、余怀清等董理，至次年仲春工竣，三月开课，即移龙城书院肄业生童并课之，优给奖赏，由八邑递主其事。从此之后，龙城书院和延陵书院有了明确的分工，龙城书院主要针对常州府城及武进、阳湖两县的士子，而延陵书院则面向常州府属八邑的士子，两书院均由常州知府负责，"每月官师两课分校而甲乙之"，而知府、知县则于"公退之暇，间与诸生讲论文体，及制行立身诸大端"。^②

除了龙城书院和延陵书院以外，武进、阳湖两县乡间尚有众多的小型书院，仅就《武阳志余》的记载，便有武进大有乡的溪南书院、安西乡的金台书院、循理乡的道乡书院、阳湖大宁乡的高山书院、惠化乡的棠阴书院、昇西乡的三近书院、丰南乡的岘阳书院、安尚乡的临津书院、新塘乡雪堰桥的道南书院等。

龙城书院和延陵书院由官府资助建造，地方缙绅资助，规模宏大，田产丰富，

---

① （清）吴怀清：《二曲先生年谱》附《请建延陵书院公呈》，《北京图书馆藏珍本年谱丛刊》第89册，北京图书馆出版社1997年版；（清）王其淦、吴寿康修，汤成烈纂：《光绪武进阳湖县志》卷五。
② （清）谭钧培：《毗陵课艺》卷首《序》，清光绪二年刻本。

财力雄厚,生徒众多,甚至超过府学规模,生徒廪膳丰厚。书院教育主要是传习理学、讲授时文和汉学。清代书院和明代不同,往往不重讲学而重"应试"。但常州书院由于东林以来的传统,切磋学术,培育道德仍然是其惯有的宗旨,明代龙城书院经正堂时代便以"反躬实践,言必由衷,行不失足"为训,此后也以"出则以身行道为名臣,处则以身明道为名儒"要求士子。① 杨传荣出任延陵书院山长之后,便宣称:"学校坏而书院作,非徒以资口说、习章句云尔。将以求天地民物之大,修齐治平之要,行藏用舍,经权常变,一以贯之。一旦受大任,临大节,从容中道,而无所为艰难苟且之见。晚近实去名存,凡廪之在官者颇似宋时宫观,郡中士大夫目击败坏,更设延陵,则所以矫虚名,收实效者,必自山长始。"② 在这一传统的砥励之下,清代常州地区的书院起到的人才培养和文学舞台的作用绝对不可小觑。而像邵齐焘、卢文弨、褚寅亮等著名学者担任山长之后,不仅带来了当时新的学术成果,而且以身作则,通过书院内师生之间同游共处,有助于催生群体风格的形成,诱发了区域人才形成的氛围,从而促成常州学术流派的建立。③

三、义学与社学

义学在清代是一种比书院更普遍的另一种教育形式。常州府各县及城乡均设有义学。数量众多,学田数额也很大,充分保障了教学经费及义学的正常运转。清代在常州兴办的最早的义学是康熙年间的"中右厢义学",因馆设青云坊,故又名"青云坊义学"。陈玉璂曾称,兴办义学为"导民善俗",故学生入学后,应"学洒扫应时进退之节,礼乐射御书数之文","择里居士大夫有道德学问任师,俾小子有造而渐以抵于成焉"。这些对我们研究当时义学的培养目标和教学内容,有一定参考价值。

康熙二十二年(1683)将子城厢一图府西察院改建为"府署前义学"。其后,雍正二年(1765)北直厢的"青山义学"、嘉庆十四年(1809)西半图直街同仁堂的"同仁堂义学",后改名"西郊义学"等陆续举办。④

常州还有大量的家族为本族成员创办的族学,其中尤以名门望族的族学为著名,其主要目标则是专门培养本家族优秀人才,其水准甚高,有些甚至在学术界享有盛誉。如洪亮吉幼年便曾在其外家蒋氏的团瓢书屋中学习,庄氏家塾则是名噪一时,洪亮吉、赵翼、刘逢禄都是庄氏家塾的学生。这些名门望族的族学经常举行文会、诗会,加

---

① (清)钱人麟:《改建龙城书院记》,(清)黄冕等修、李兆洛等纂《道光武进阳湖合志》卷一二《学校志》。
② (清)徐廷华:《一规八棱斋文钞》之《杨君墓志》,清光绪九年刻本。
③ 曹虹:《清代常州书院与骈文流衍》,《南京大学学报(社科版)》2009年第5期。
④ (清)黄冕等修、李兆洛等纂:《道光武进阳湖合志》卷一二《学校志》。

强家族内部成员的学业交流,以提高其文化素质。如著名的前黄杨氏腾光馆便是如此,洪亮吉便回忆道,杨氏"子弟会文之所曰腾光馆,饶有泉石之胜,凡外人预斯会,得隽者又数十人"。① 龙溪盛氏也规定:"凡大小试年分院内每年举会文课,先期邀订,辰集酉散,掌庄出题,备中饭四簋,早晚点各一次,穷日之力课以一文一诗,不准给烛,次日将课卷送耆宿评定甲乙,优者酌与花红"。②

清代社学分为官办和民办,官办经费由政府支出,民办则由当地社仓、社田或地方缙绅商贾捐助。康熙九年,清政府诏令各府县于各乡设立社学。前述常州乡间的一些书院名为书院,其实就是社学。常州地区社学与义学相似,一般由地方缙绅聘请明经饱学且品行端正之士担任教师。社学除了传授基础知识外,其社会教化功能更不应小觑;常州地区文风蔚然,社会相对安定,与遍布城乡的社学关系密切。

四、科举成就

清代常州发达的教育,促进了该地区文化的兴盛。顺治四年(1647),清军入关后的第二次科考,武进士子吕宫殿试夺魁,高中状元,此科全国共录取进士298人,武进一县即考中27人,为全国各县之冠,占全国近十分之一。从此拉开了清代常州士人巍科折桂的历史大幕。根据《明清进士题名碑录》,整个清代,常州府共中进士675人,仅次于杭州,列全国第二,其中武进208人,位列江南五府各县第一,若加上阳湖,则总计进士为276人,在今天县域范围内,为全国第三。③ 无论常州府还是其附郭县武进,明清时期稳居三鼎甲。这是根据《明清进士题名碑录》的统计,但是由于寄籍等原因,明清两代常州的进士远不止于此,根据《毗陵科第考》的统计,仅武进、阳湖两县,清代进士便有424名,在整个清代26849名进士中占1.5%。清代巍科人物即一甲三人,二甲第一和会元总计531名,常州则达24名,占4.5%。仅清前期而言,常州有吕宫中顺治四年状元,钱名世为康熙四十二年探花,赵熊诏为康熙四十八年状元,卜俊民为康熙五十一年传胪,杨述曾为乾隆七年榜眼,汤大绅为同科探花,钱维城为乾隆十年状元,庄存与为同科榜眼,刘星炜为乾隆十三年探花,庄培因为乾隆十九年状元,赵翼为乾隆二十六年探花,刘跃云为乾隆三十一年探花,孙星衍为乾隆五十二年榜眼,洪亮吉为乾隆五十五年榜眼,恽光辰为道光十八年传胪,龚宝莲为道光二十一年探花,袁绩懋为道光二十七年探花。总计常州清前期共中状元4名、榜眼4名、探花6名、传胪2名,此外卜俊民为康熙五十一年会元,刘嗣绾为嘉庆十三年会元,瞿溶为嘉庆十九年会元,费庚吉为嘉庆二十四年会元,刘纶

---

① (清)洪亮吉:《北江诗话》卷五,第2302页。
② 《拙园义庄增定规条》,《龙溪盛氏族谱》卷二三,1943年敦睦堂木活字本。
③ 为便于区域比较,本书仅使用《明清进士题名碑录》的数字。

为乾隆元年博学鸿词科第一，①如此辉煌的科举史成就，在全国领先，与另一江南科举之乡苏州也在伯仲之间。

第二节 学术发展

清代是常州学术的繁荣时代，书院林立，进士数量继续高居全国前茅。当时，常州名人辈出，个个天才横逸、惊世绝伦，如恽格、庄存与、黄仲则、洪亮吉、孙星衍、张惠言、恽敬、刘逢禄、李兆洛等人均能自成一家，开一代之风气；常州学派、常州诗派、常州词派、常州画派、阳湖文派等竞相涌现。其中，常州学派、阳湖文派、常州词派影响尤大。常州这些学派的创始人在世时，并未有意识地开宗立派。他们生则同里，长而同乡，有着或近或远的亲从血缘关系。由血缘、地缘、学缘的关系组成精英活动圈，通过各种方式凝聚在一起，形成了一种强烈的自豪感和认同感，并通过卓有成效的探索实践，对后世的中国思想、文化产生了深远影响。这种强烈的地域观念和群体意识表现在学术文化上，便显示出了鲜明的个性色彩。

一、经学

"常州学派"，意指由清代常州学者庄存与、庄述祖、刘逢禄等开创的一套学术体系，并为后人接受、传承，而形成的重要学术流派。

庄存与（1719—1788），字方耕，号养恬，乾隆十年（1745）殿试第二及第，授翰林院编修，累迁至礼部右侍郎。据《清代毗陵名人小传稿》记载"其为文，辩而精、醇而肆，旨远而义近，举大而不遗小，能言诸儒所不能言"，"为乾隆间经学之巨汇也"。②庄存与所著《春秋正辞》《春秋举例》《春秋要旨》等，都是发挥两汉今文经学思想，强调尊崇董仲舒、何休之说，力图从董、何中寻求今文经

图6-7 庄存与像

学之正途。他以董仲舒、何休公羊学注疏的形式，于"大一统""通三统""张三世"等公羊学三大核心命题详加阐发。庄存与用董仲舒的"大一统"说，而不用何休天命说，提倡以意识形态、思想的统一来实现君王的"大一统"。庄存与的"通三统"，则持一姓之君不能永存，道衰而他姓亦可代之的险论。其对当时为政者有着很强的心理暗示和合法性压力。于"张三世"，则说"拨乱启治，渐于升平，十二有象，

---

① （清）赵鸿熙等辑：《毗陵科第考》，《常州科举史料三种》，凤凰出版社2016年版。
② 张惟骧：《清代毗陵名人小传稿》卷四，《清代传记丛刊》第197册，台北明文书局1985年版。

太平已成",虽简略,但确为公羊学开启了新的方向。其从剧乱世到升平世,再到太平世的"三世"进步观,则对于当时人心有着很大的策动作用。从庄存与首启《春秋》微言大义的揭示,今文经学再次受到清代学术界重视。

嘉庆、道光年间,庄存与的外孙刘逢禄、庄述祖的外甥宋翔凤经由庄述祖进一步研治和阐发公羊学之大义,严立经学今古文门户,逐步形成一个专治《春秋公羊传》的学者集团。在经学义理研究上逐步突破乾嘉考据学派仅限文字考据之学的治学范围,或更注重义理,或在重理的同时依旧保持扎实的考据传统,逐步形成了一个旗帜鲜明的学术研究流派,成为今文经学在清代复兴的主要标志。

庄述祖(1750—1816),字葆琛。其父庄培因为庄存与之弟,少年即以文章著名,后中状元,任翰林院侍讲学士。庄述祖在中进士后,仅在地方上做过几年小官,与其父、其伯父的经历反差巨大,但其却也因此有大量时间从事学术研究。其一生留下著述颇为丰富,共计有《尚书今古文考证》等37种100多卷。其治学"小学精到","以汉学为根株","说经宗西汉",[①] 其重视今古文经学之别,推崇公羊学家法,将公羊学为中心的今文经学推到了经学研究的前台。这些都对他对两个外甥刘逢禄、宋翔凤产生了巨大的影响。

刘逢禄(1776—1829),字申受,以母教及舅父庄述祖而传承外祖父庄存与的公羊学,嘉庆十九年(1814)进士。刘逢禄是清代首位专治何休公羊学的学者,他于"大一统""通三统""张三世"有较庄存与更深入、更全面的阐述,并以礼刑相辅贯通所论。[②] 刘逢禄于"大一统"的论述,集中在如何实现的考论上。刘逢禄理解的大一统,不仅是思想上的大一统,而是在异族统治下,各民族的共同进步,整体的文化提升,在此提升中的大一统。刘逢禄的通三统从通变损益角度着力,认为"天下无久而不敝之道,穷则必变,变则必反其本,然后圣王之道与天地相终始"。[③] 刘逢禄用《易传》通变的观念解释天命归宿的问题,认为"因革损益之道,三王五帝不相袭",即可所谓"新王"之意。此论对后世龚自珍、魏源的影响巨大。张三世之说,刘逢禄特别以史事充实其理论,彰显张三世的历史发展的实际例据,强化理想追求的决心。刘逢禄的开拓、深化与创新,对公羊学来说使得其义理蔚为壮观,整体理论更为全面。刘逢禄对龚自珍、魏源等人才的提携和培养,也扩大了今文经学研究的力量和范围。

当时与刘逢禄相呼应的是同为庄述祖外甥的宋翔凤(1776—1860)。宋翔凤,

---

① 黄开国:《清代今文经学的兴起》,巴蜀书社2008年版,第188页。
② 邓国光:《经学义理》,上海古籍出版社2011版,第556页。
③ (清)刘逢禄:《刘礼部集》卷四《释三科例中》,《续修四库全书》第1501册,上海古籍出版社1995年版。

字虞延,一字于庭,曾号廋客,长洲(今苏州市)人。宋翔凤代表作为《论语说义》。宋翔凤治学以西汉阴阳五行之学治今文经学,从一个较平和、中立甚至看似保守的角度有机结合了乾嘉考据与今文经学。因其在刘逢禄去世后还活了三十多年,经历较刘更丰富,所以其治经路径有着刘所没有的新内容,其影响也超越了刘逢禄、龚自珍、魏源线性传承,开启了民国经学研究新的路径。

庄存与、庄述祖、刘逢禄、宋翔凤治学同源于常州,治学传递拓展,其所共同缔造、维护和发展的治经团体成为常州学派成型的标志,形成了以公羊学研究为核心,深研经学而有志于以探经学之微言大义而致用于世道的传统与家法。清代今文经学派也因常州学派的成就而为后世今文经学的多元发展奠定了基础;更为文人学士在不同的政治环境中,以经学应对变革、影响政治提供了榜样和途径。今文经学变成了清代学界面对社会危机的应变之学和变革之学,为清末变化维新的政治改制提供了最初的理论依据。

二、散文

清代散文名家辈出,常州学者张惠言、恽敬、陆继辂、李兆洛等也以经世为目标,强调融通,注重多思,讲究文采,开创阳湖派,成为当初掌文坛牛耳的桐城派古文的劲敌。①

阳湖文派在清代散文发展中,是深受桐城派影响且有着自己独特创作风格的一个文学流派。它是中国散文发展在清代时期顺势而为的一种扬弃,既是对桐城派散文的继承与发展,又是对桐城派散文的纠偏与超越。阳湖文派的形成可以说是在一个合力的作用下成长壮大起来的,成员大约有60人,他们大多都有文集传世,此外还有一些有文名但未有文集的相关者,以及与他们的观点相同的前贤和后续者,这个文派的总人数应不少于百人,规模也是非常大的,而且这些成员在成年后大都离开阳湖到全国各地为官授徒,影响波及全国的许多地方。阳湖诸子以气味相投相互结交,却没有党同伐异的观念,以谦谦君子之态,争做"天下一流"。其中张惠言在宗旨上确立了阳湖派古文的经世走向,而恽敬则在艺术性方面及时总结了阳湖派古文的创作特色并作了理论阐发,二者的相互结合,造就了阳湖文派"瑰辞朴学"的总体风貌。

从风格上,首先,阳湖文派既不同于经学家的以学代文,也不同于桐城派的以文涵学,而是从理论到实践强调以学济文,以文续道,所以一方面突出强调"文"与"学"的统一性,打破过去过分强调儒家经典之文,而贬抑为学经世之文的传统观念,另一方面,也注重辨析"文"与"学"的独立性,各有其独特的存在特性,甚至还注

---

① 曹虹:《阳湖文派研究》,中华书局1996年版。

意二者间的相斥性。其次，从文气而言，力图突破桐城派的谨严守成，而走出一条奇峻雄厉的路子来。第三，在理论上提倡从骈散结合的角度提升了骈文的价值评判，同时也对以桐城派为代表的呆板主张有所矫正与突破，其各自丰厚的创作实绩也彰显了骈散结合的散文发展趋势，为清代散文的全面发展踏出了一条多元化的道路。

三、词

清代，常州盛产词人，据缪荃孙《国朝常州词录》统计，截至光绪二十二年(1896)，常州已得词人498家。按学者统计数字，当时的清代全国共有词人1万名以上。那么，常州一郡词人数量已经达到了全国的二十分之一，数量之大相当惊人。难怪缪荃孙会说："国朝词家，推吾州为极盛。"[①] 清初以陈维崧为首，以宜兴为基地开创了阳羡词派，陈维崧等提出了"存经存史""亦经亦史"的词学理论主张。而受到阳羡词派影响最大的便是常州府地域内的词家和词风。当初与陈维崧同为小词的便是武进的邹祗谟、董以宁、黄永等人，陈维崧词风革新之后，常州词人依然受到了他的影响。如无锡人丁绍声《听秋声馆词话》卷六便道："我朝竹垞太史尝言，小令当法五代，故所作尚不拘一格。逮樊榭老人专以南宋为宗，一时靡然从之，奉为正鹄。独吾乡诸老，不随俗转。余家有《柳外词》一卷，为阳湖沈鹿坪大令所作……杂诸《乐章集》几不能辨。又《竹轩词》二卷，为李玉陛司马作……司马名荃，乾隆戊寅举人，官广平同知，家居宜兴，词亦不失《乌丝》风格。""不随俗转"道出了常州一地的学术传统。

到乾嘉以后，张惠言大声疾呼词与《风》《骚》同科，应该强调比兴寄托，反琐屑钉铛之习，攻无病呻吟之作，"开山采铜，创常州一派"。他和张琦、董士锡等力倡词学的"意内言外"之说，正本清源，推尊词体，既开途径，又标宗旨，奠定了常州词派的理论基础。常州词派不仅是诗词创作上的革新和成就，而且是在词作创作、词学理论、词籍校勘汇编刻印、词社结社活动、词风转变、词人培养等全方位的革新和拓展，是继浙西词派、阳羡词派之后，清中叶以后词学又一个高潮与高峰。常州词派，虽以常州地方命名，但其所涉及的文人学士、词作词风、理论校勘之范围和方向，却是全国性、革新性的。之后，随着周济等人的推广完善，常州词派成为中国词学批评史上传世最晚但同时也是影响最大的流派，流风余韵至今未消。常州词派与时代变迁相呼应，在持续创新中不断影响词坛发展，影响及于民国乃至当代。真所谓"户诵家弦，由常而歙，由江南而北被燕都，更由京朝士大夫之闻风景从，南传岭表，波靡两浙，前后百年，海内倚声家，莫不沾溉余馥，以飞扬

[①] （清）缪荃孙：《国朝常州词录序》，《国朝常州词录》上卷，南京大学出版社2011年版，第1页。

于当世,其不为常州派所笼罩者盖鲜矣"。①

四、诗

常州诗派是一个由众多常州诗人群体组成的,地域性较强,是创作实践与理论前后较连贯的清代诗歌流派。清代常州诗人辈出,仅赵震《毗陵诗录》,就收录清代常州府武进、阳湖两县诗人290位之多;羊牧之《续毗陵诗录》又录清代及近代诗人350位,诗歌2000多首;另据施淑仪《清代闺阁诗人征略》所录,仅武进、阳湖两县女诗人中知名者就有40多位;可见清代常州诗坛之兴盛。"毗陵七子"之一的赵怀玉在《竹初诗钞序》中有言"吾乡风雅盛于康熙间,邹进士、董文学倡国依社,后君家湘灵,继开毗陵诗派,学者翕然从之。于后复有醉吟、浣花、峨眉,一时旗鼓竞雄,故查悔余尝称吾常为诗国"②。清代常州,文化繁盛,清初"毗陵四家""毗陵六逸",承上启下,开启了诗歌和诗学传统。清中叶乾嘉时的黄景仁、洪亮吉、孙星衍、赵怀玉、吕星垣、杨伦、徐书受"毗陵七子"及钱维乔、钱孟钿、杨芳灿、顾敏恒、赵翼、左辅等诗人,从诗歌创作、理论乃至诗学研究等方面发展壮大了"常州诗派",使其形成了相当声势,产生了全国性、持续性影响。"诗国"常州的文化生态和文人传统也得以形成、传递。

"常州诗派"各个时期几十位主要诗人的诗歌创作颇为丰富,诗歌内容有的直接反映社会现实,有的多样表现个人情趣,有的咏史、咏物,有的描写自然山水,更有的反映个体在封闭错乱中不得安生的凄凉与切肤所触所感所思,范围颇广泛。常州诗派诗人的诗作大部分既能反映作者真性情,又能尊崇儒家传统礼教及"温柔敦厚"诗教观,他们既重学识、学问,又不以学问掩盖性情。总体而言,这些诗作具有较高的思想和艺术价值。其中,不少诗作虽为文人间往来酬唱,但大多体现倾述遭遇、寄托思念、感怀时事的本色,都为真情流露之作。这些诗歌,虽看似平淡却能在正史之外见到清代政治的个体切肤的真相。

常州诗派诗歌理论主要体现在洪亮吉《北江诗话》和赵翼《瓯北诗话》这两部诗话中,构成了常州诗论的丰富内涵。常州诗派在"入理"的基础上求创新,在复古模拟成风的时代中堪称独到。这是既对"文必秦汉,诗必盛唐"的明七子以及以拟古为特征的神韵派、格调派的反对,又是对以尖新生僻为尚的浙派的批评。常州诗派论诗,在力主创新的基础上,又重性情、品格与学识。诗写性情的诗论,亦是对当时影响诗坛的格调派、肌理派的纠正。另外,常州诗派提倡的性情又具有较高品格,这在一定程度上纠正了性灵派末流一味追求男女私艳的艳风。既重学识,又

---

① 龙榆生:《论常州词派》,《同声月刊》1941年第1卷第10号。
② (清)赵怀玉:《竹初诗钞序》,钱维乔《竹初诗钞》卷首。

要求不以学问掩盖性情，既纠正肌理派以学问为诗，又避免空疏浅薄的诗风。常州诗派诗论，持论周全，无矫枉过正之弊，符合诗歌自身规律，对清代诗歌发展有着积极的促进和推动作用，在诗学理论史上也有着较重要的地位。

五、绘画

清代常州以没骨画法为特色，以诗文书画互通为至境，以恽格为灵魂人物开创的"常州画派"，以其持续、广泛、深刻的影响，诠释了清代常州独特的书画之境。恽格出身于常州望族，幼年随伯父恽向学画，此后又与著名画家和收藏家唐宇昭交好，中年后，结交著名画家王翚，改画花鸟，创造出一种新画法，首先注重写生，追求逸格。其次，创作题材以花鸟画为主，创作手法则力倡"没骨法"，即不用勾勒，通过墨色来晕染出物象，以恽格为代表的常州画派画家的用色，既不是传统的写意平涂，也不是单纯使用颜色。而是对色与水、色与粉、色与色、色与意之间的辩证关系进行研究，将成熟的山水画技法、写意花鸟画技法运用到没骨花卉写生上来，以达到他们所追求的"曲尽造物之

图6-8 恽南田像

妙"的效果。再次，意象选择有很强的吉祥性和趣味性，特别注重画家诗文书画融通的修养。恽格的没骨花卉画在中国绘画史上影响深远，在当时和他身后都有很多师法他的画家。恽格及其追随者，以其画论、画技和画作，蔚然而成为中国画史上花鸟画中影响最大的一个流派——常州画派。

六、清代常州学术的特点

清代常州学术取得的成绩并不局限于上述诸方面，在其他领域，常州学者也取得了相当大的成就。在史学界，赵翼与钱大昕、王鸣盛齐名。在方志学界，常州是清代出产方志作者最多的地区，堪称一代方志之乡，洪亮吉、孙星衍、董祐诚、李兆洛均为一代方志名家。此外，如臧庸的考据学、胡文英的方言学、蒋骥的楚辞学、陆耀遹及丁嘉葆的金石学等在整个清代文化史中占据了一席之地。正是这些璀璨的群星，才组成了灿烂的学术天空。

正如清代常州学者并不仅仅只是埋头学问一样，清代常州在学术上取得的成就

也绝不仅仅局限于对中国学术史的影响。蒋彤曾对清代常州文化精神有一个非常准确的论述:"本朝经术若古文辞为五百年来所未有,而吾常诸先辈尤为绝特……各有一种绝人之学问,不可磨灭之性情,二百年中著书刊集不啻汗牛,而得其大造乎深足以剖析圣真,孤行宇宙,必让吾常诸公。"①这种绝人之学问,不可磨灭之性情,正是常州学风特征的体现。常州地处江南,经济发达,但与同在吴地的苏州相比,常州的学风更踏实。赵怀玉就曾认为苏州学人"不如吾乡之犹务实学耳"。与在皖省的桐城和徽州相比,常州的学风又更重性情,才气横溢。这正是清代常州一地学术与同样繁盛的扬州、苏州、徽州、桐城诸地学术的区别所在。

　　清代常州的文化因子追根溯源,当可远及东林。清代常州学者如庄氏、孙氏、钱氏、吴氏,均是东林后人,他们自然会多多少少受到东林精神的薰陶,但是清初文网高张,这种声音只是在小范围中,甚至是宗族、亲友中传播;所以艾尔曼才会说:"我们可以看到,一种以垂直的血缘关系为纽带的士绅利益集合得到强化,以横向的非血缘性党社基础上关注政治主导权的利益群体则受到弱化。"②到了乾嘉时期,随着清代统治的逐渐稳固,朝廷对上书言事已经开始日益宽容,同时社会弊端又隐隐可见,危机意识逐渐萌芽,常州士人的东林学统再次崛起。而此时整个清代文化界却正处在"数十年间,天下争为汉学,而异说往往自倡,学者以小辨相高,不务守大义,或求之章句文字之末,人人自以为许、郑,不可胜数也"③的阶段。常州人便试图另寻新路,以"真理学"和"真气节"的东林传统来弥补乾嘉学术的缺陷,而其中所谓"真理学"便是讲求义理,"真气节"便是经世致用。从这个角度而言,再回头看清代常州文化,便可知乾嘉常州诸子是以东林精神为基础,力图真正融通南北、道德、文章、经世、学术,为中国传统文化找一条出路来。因此,无论是经学要重新认识西汉公羊,词学要重新认识花间,还是古文要重新认识骈体,其本质的意义是一致的。这并不是真的要回到过去,真的要重复过去,而是一方面在过去寻找到今天的合法性,另一方面实现对过去真正的超越。虽然这种超越是否实现,还有待探讨,但重要的是,依靠这些怀抱济世情怀,互相砥砺志节的优秀学者的不懈努力,乾嘉时的常州文化充满了自奋求变和改革创新的精神,这种精神所蕴含的力量在所谓西方冲击之前其实已经在探索中国文化的一条新道路上做出了自己的努力,发出了近代的先声。梁启超称阳湖文派是要"从桐城派转手加以解放",④而常州经学其实也可以说是从汉学转手加以解放,常州词派也是从传统词学转手加以

---

① (清)蒋彤:《丹棱文钞》卷四《答邹润庵书》。
② (美)艾尔曼:《经学、政治和宗族:中华帝国晚期常州今文经学研究》,第23页。
③ (清)张惠言:《安甫遗学序》,《茗柯文三编》。
④ 梁启超:《清代学术概论》,《梁启超论清学史两种》,第119页。

解放，所以梁启超才说清代常州文化是"一代学术转捩之枢"。①即便是到了民国，常州学术的传统也仍然产生着各种各样的影响，诸如由胡适和顾颉刚等人倡导的疑古思潮，便可追溯到常州学派和刘逢禄。

清代常州文化并不仅仅是一代学术转捩之枢，更是中国命运转折之关键所在。清代常州经学的开创者庄存与由于其在仕宦方面的成功，所以他阐发《春秋》大义的目的，仍在于维护皇权和国家"大一统"的思想。但是艾尔曼称其转向公羊学研究的起因是与和珅不和，不论艾尔曼这一观点是否可信，却毕竟从中可以体现出庄存与学术思想中通经致用因子的存在。而随着时势的变迁和学术内在理路的扩展，他之后的常州学者自然会把《春秋》学作为士人表达政治见解、政治理想的途径。所以陆宝千才会说"若自学术一面论，则后日常州学派震撼一时，近世倡变法、走革命者，鲜不受熏"。②今天回过头来看康有为等人的今文经学，其究竟在学术方面有多大进展，其实未必，而常州今文经学也一直被众多学者所指责缺乏学术价值。但是重要的是，重视变革、重视实用的常州学术文化恰恰可以说使中国在未来面对近代化转型的阵痛之时有了一个坚实的基础，而日后中国变革的因子便脱胎于此。可以说从庄存与开始，清代常州文化的发展历程恰恰是中国最优秀的精英分子不断尝试寻找正确道路，改变中国命运的历程。

但是传统文化也有其两面性，清代的常州文化也存在其局限性。首先，城市文人精英的交往圈也仍是以本地为中心，甚至是以家族为中心的，其学术研究的焦点也始终不会超越中国传统文化的局限。常州由于文人众多，文人相轻的积习也在所难免。恽逸群便认为："武进县文化发达，知识分子多，做官的多，因此绅士也多，从清朝中叶起，武进、阳湖两县的县官就是最难做的，稍有差错就会被绅士攻倒。"③而到了常州步入近代化的时候，部分文人保守落后的一面也有所体现，延缓了整个地区工商业的发展。常州历来是仕宦之乡，普通士人一般都热衷于功名利禄。《清稗类钞》曾称，晚清捐纳为官者除了浙江绍兴外，便以常州为多，"武、阳人以官为市，甚于他省，呼朋引类"。光绪末年，为赶在停止捐官之前获得一官半职，"武、阳人士输出之金殆五十万两"。④大量的闲散资金只是获得一官半职的工具，而没有进入实业，成为工商资本。即便官吏退职回乡，也大多数安于守护私产，过着"购书画古玩自娱"的传统文人生活，对工商业则有所轻视。即使有所投资，也往往将资本从事于钱庄典当等行业，而不愿冒险投入工业。这使得常州在很长时间只是一

---

① 梁启超：《近代学风的地理分布》，《清华学报》1924年第1卷第2期。
② 陆宝千：《爱日草堂诸子：常州学派之萌坼》，《"中研院"近史所集刊》第16期。
③ 恽逸群：《1927年前后党在武进地区活动的情况》，《江苏革命史料选辑》第7期，1983年。
④ 徐珂：《清稗类钞》，中华书局1986年版，第1360页。

个以旧式商业为主的传统城市,这些都影响和延缓了常州近代化进程的步伐。这些局限也正是可以解释为什么常州清代诸学如公羊经学和阳湖文派看似有敢为天下先的气势,但终究最多只是为未来的某个特定时机提供一个变革的契机,而无独立开启变革的可能的原因所在。

第三节 科学技术与工艺

随着常州学术文化的发展,经世致用的特点日益显现,再加上这一时期西学东渐的影响,常州的科技和工艺也得到了一定的发展。但是由于受传统的束缚太深,此时整个中国科技水平已经明显落后于西方,因此常州的科技与工艺也只是在某些个别领域取得一些成就而已。

一、天文历算与地理人口

自唐顺之以来,常州的学术传统便强调经世致用,雍正时易学家潘思榘便称:"学必求有用,凡象纬、方舆、历算、钟吕、水利、农政,何事不当留心?"在这种学术传统的影响下,常州明清时期第一流的学者如唐顺之、庄存与、赵翼、孙星衍、洪亮吉、张惠言、李兆洛等大多都对天文、历算、地理等科学技术非常关心,并有所成就。同时,自晚明以降,通过西方耶稣会士的传播,一些西方的科学技术知识引入中国,常州地处江南,又得风气之先,这些西方先进思想和技术的引入也拓宽了当地有识之士的眼界。如赵翼在《初用眼镜》中描述了双片眼镜的形状与效果,便曾总结道:"始识创物智,不尽出华夏。"① 而到嘉道时期,常州学术兴盛,科学技术也成为人们热衷讨论的话题,故龚自珍《常州高材篇》便有"近今算学乃大盛,泰西客到攻如雠"之句,可见当时常州算学的发达程度。

清前期常州最著名的科学家以天文学家杨文言为代表,杨文言幼随其父学习天文历算,据其自身回忆,"先君子常慨小学残废,六艺失传,咿喔空文,人鲜实用,因授六书、九数,俾令考索。赋质鲁钝,而性癖耽奇,辄以余暇,旁涉天官、乐律,凡人所不乐为者,则伏读深思,至忘寝食,博访宿学名师,久而有得。"② 他又与同邑龚士燕、蔡所性、马负图等人交好,这几人都善天文律历之学,故而相互切磋讨论,成就颇著。龚士燕曾于康熙六年(1667)入钦天监,后授历科博士,"明习授时旧术,而又综贯乎大统、回回诸法,凡所推演,得合天行"。③ 此后,杨文言因卷入李光地

---

① (清)赵翼:《瓯北集》卷十,上海古籍出版社1997年版,第186页。
② (清)杨文言:《历象图说》小引,《古今图书集成》卷三,中华书局1986年版。
③ (清)诸可宝:《畴人传》三编卷三,广陵书社2009年版,第658页。

与陈梦雷公案，而不得志于时。后又因"颇通才学，兼通天文"，随陈梦雷被康熙皇三子诚亲王胤祉邀入蒙养斋，负责编纂《古今图书集成》的《历象图说》部分，并负责主编《历象考成》，①李光地《历象本要》便取其书订正而成。②杨文言的天文学思想基本上基于耶稣会士所传第谷体系，但传承了中国古代天文学的理念，可以说是清前期天文学思想的代表人物。

常州乾嘉学派代表庄存与、孙星衍、洪亮吉等均精于地理、天文，其中尤以洪亮吉成就最高。洪亮吉是清代著名的历史地理学家，钱大昕曾评论他"九州之广，足迹几遍，胸罗全史，加以目验，故能博且精"。③其中《乾隆府厅州县图志》是其独力编纂的全国性总地志，共五十卷，他自称"于两汉故城、历朝旧县、河渠之兴废，水道之迁徙，颇加详焉"，④这也是他在沿革地理学中的最大成就。此外，他还著有《补三国疆域志》与《十六国疆域志》，均是历史地理学的名著，而《贵州水道考》则是水利地理学的代表作。洪亮吉最大的成就在于人口学方面。在《治平篇》中他提及认为人口增殖快于生产增长，将引起社会问题，而在《生计篇》中则谈到物价上升速度远超收入上涨速度，认为终将形成"生齿日繁而饥寒颠踣至死者日多"的恶果。对于解决人口过剩的问题，洪亮吉提出天地调剂法和君相调剂法，前者是指大自然通过水旱灾害和疾病等方式减少人口，后者则是政府通过发展生产、移民垦荒、减轻赋税等手段来减缓人口过快增长。⑤这是中国最早提及人口问题的论著，要早于英国经济学家马尔萨斯，而在"乾隆盛世"期间独以生齿日增、隙地未辟为虑，可谓颇具远见卓识。

洪亮吉和孙星衍在天文学方面也颇有造诣。孙星衍著有《史记天官书考证》，洪亮吉著有《毛诗天文考》，均是以考据方法，参考西方天文学思想进行古天文研究。洪亮吉在案语中屡引"西士"之说以补其义，求新而不立异，求实而不墨守，颇能显示出其朴实学风。相对而言，孙星衍的思想较为保守，他在致钱大昕、凌廷堪的信中均指出西人推步不可信，并提出"主中黜西"的原则。⑥

嘉道时期是常州清代科学最鼎盛的阶段，其中李兆洛、刘逢禄、张惠言、张成孙、汤洽名、董祐诚均有科学著作存世，其中尤以李兆洛、董祐诚的地理学、董祐诚的数学、

---

① （清）陈梦雷：《松鹤山房文集》卷十《数学举要序》，《续修四库全书》第 1416 册，上海古籍出版社 1995 年版。
② 颜玉科：《历象本要名义考》，《齐鲁学刊》2003 年第 2 期。
③ （清）钱大昕：《序》，洪亮吉《东晋疆域志》，《丛书集成》本，中华书局 1985 年版。
④ （清）洪亮吉：《序》，《乾隆府厅州县图志》卷首，《续修四库全书》第 625 册，上海古籍出版社 1995 年版。
⑤ （清）洪亮吉：《卷施阁文甲集》卷一《治平篇》，第 14 页。
⑥ （清）凌廷堪：《校礼堂文集》卷二四《复孙渊如观察书》。

李兆洛的天文学为代表。

　　董祐诚是阳湖文派和常州词派的代表人物,同时精晓地理学。乡试中举后,屡试不第,遂把精力转向数学研究中。其数学成就主要在两个方面,一是对割圆连比例术的研究,独立地给出了分弧与倍弧的正弦和矢的四个公式,证明了清初教士杜德美传进的圆径求周的幂级数,即所谓"杜氏九术"。二是对垛积术的研究,探讨了方锥堆和纵方堆的结构,并把它应用于割圆连比例研究中。他把中国传统数学的垛积术发展到了新的高度,尤其是割圆连比例研究堪称第一人,是清中期中国数学发展的重要成果。①《畴人传》称其"沉默精敏,所著书洵足以超迈古人"。②董祐诚又编有《皇清一统舆地图》,该图以省为单位分绘,另总图一幅,全图绘成之后尚未刊刻,便已下世,后由胡林翼主持重绘,而刻印传世。

　　李兆洛是嘉道时期常州学术的代表人物,也是常州学派的殿军人物,其学"自六经四史,古今异同之说无不博览,旁及星文历算地理及他百伎杂艺之流,无不搜采"。③他与弟子六承如绘制有《皇朝一统舆图》与《历代地理沿革图》,其中历代地理沿革图是当时比较准确的历史地图集。此外他又编有具有历史地名辞典性质的《历代地理韵编》和《皇朝地理韵编》,成为史地学者不可或缺的工具书。同时李兆洛又精通天文学。他曾制作铜制天球仪等天文仪器,"皆施机布轮,动应法象,制器之巧,莫与京也",④时人誉为精心之作。李兆洛还和弟子六承如、六严、徐思错、钱维樾依清官修《仪象考成》的"岁差加减表",将原有坐标数据,依道光十四年(1834)冬至为历元,归算出恒星经纬度,刻成《恒星赤道经纬度图》一套 29 幅图,其中详列 3083 颗正星和增界,界划分明清晰,易于量度,便于用诸观测,技术可与同时代西方星图媲美,是清代最详尽清晰的星图。⑤

　　嘉庆二十五年(1820),阳湖知县张作楠运用有关天文历算原理,按常州所处的纬度,在常州天宁寺亲自设计和制作了两具石制日晷,其形制有立式和卧式两具,在我国堪称绝无仅有。立式日晷称之为"面东西日晷",卧式则称"平面日晷",根据太阳光线照射到晷面上的扇形线条图,就可读出时间和节气,具有较高的科学和实用价值。⑥

---

① 李迪:《中国数学通史·明清卷》,江苏教育出版社 2004 年版,第 371、381 页。
② (清)诸可宝:《畴人传》续编卷五一,广陵书社 2009 年版,第 631 页。
③ (清)赵振祚:《养一斋集》序。
④ (清)诸可宝:《畴人传》三编卷三,广陵书社 2009 年版,第 697 页。
⑤ 潘鼐:《中国古天文图录》,上海科技教育出版社 2009 年版,第 126、127 页。
⑥ 陈美东等:《中国计时仪器通史》,安徽教育出版社 2011 年版,第 380、381 页。

二、医学

常州自宋代许知微以来便有医学传统，历代名医辈出，至清而极盛。正如近代武进名医恽铁樵所言："吾乡有特殊之风尚，凡子弟毕五经者，辄令读医书。故吾幼时曾读《医学三字经》及《素问》与《温病条辨》。"① 武进子弟习儒之外，学医的风尚尤为浓厚。很多知名的学者都兼习医，如孙星衍曾校刊过《神农本草经》，张琦不仅著有医学经典《素问释义》，且本人善治，"贯串《素问》《金匮》，旁罗诸家，皆洞悉其得失之本，以治久涸宿疾，无不随手起治"。② 其子张曜孙是妇科大家，撰有《产孕集》二卷，列述辨孕、养孕、孕宜、孕忌、孕疾、辨产、产戒、用药、调摄、拯危等项。清代中期常州医学的代表人物是邹澍（1790—

图 6-9　费伯雄像

1844），字润安，亦作闰庵，家贫绩学，隐于医，少年时与陆黼恩、洪齮孙、汤用中等相唱和，诗古文亦卓然成家。著有《本经疏证》十二卷、《本经续疏》六卷及《本经序疏要》八卷，所注悉本《伤寒》《金匮》，疏通证明，深究张仲景制方精意，成一家之言，享誉一时。另一位代表人物庄一夔（1743—1827），出自常州望族庄氏，字在田，号让斋，曾在江汉为官多年，凡见对口发背及痈疽，辄予之方，莫不应手愈，楚人誉为"神外科"。尤精儿科，撰有《福幼编》《遂生编》《达生编》诸书，详论小儿慢惊证的病机、辨证及治法。

自清代前期始，常州孟河已经以名医辈出而闻名于世。孟河镇坐落于嘉山和小黄山之间，山林间野生植物、药材资源丰富，出产药材上百种。同时孟河位于入江口，是漕粮必经之路，交通便利，"廛集成市"。此时又是军事重地，明代"因御倭筑城"，从镇变成了城。镇的四周筑有城墙，规模不亚于一些地方的小县城。由于交通便利，各地药材源源不断运来孟河，成为名扬南北的药材集散地。这些药店均有固定或流动的坐堂医生，不少人技艺精湛、颇有声望，吸引着络绎不绝的求医者。此处又宗族鼎盛，大族恽氏北支及罗墅谢氏均聚集于此，此外尚有法氏、费氏、马氏、丁氏、巢氏等，这些家族世代儒医兼习，逐渐涌现出众多名医。

清中前期为孟河医派形成的发轫期，不少医家在孟河奠定了医学事业的基础。其中，法氏世代行医，清初以法征麟、法公麟两兄弟最知名。法征麟(1661—1716)，

---

① 张玉萍：《民国江南医家著作选粹》，福建科学技术出版社 2008 年版，第 85 页。
② （清）李兆洛：《养一斋文集》卷一四《张君翰风传》，《四部备要》本。

字仁源,"学有本原,洞见症结""四方扶携就诊者堂皇皆满,而左右敦请往视者狎至,所役舆怡番直休替,犹喘汗不能给""治人不计贫富,朔望施丸散,不取直。撰有《医学要览》一卷,有乾隆间桥南老人抄本"。① 法公麟(1667—1735),字丹书,"上自轩岐,下至宋元名家,靡不熟读精研,与兄征麟并辔扬镳,几欲驾而上之。有《桂月生传》"②。沙氏沙晓峰、沙达周父子则以外科得名。乾嘉时期孟河医派最重要的代表人物便是恽熊。恽熊(1748—1824)出自恽氏北支,近代著名新闻家、中共宣传家恽逸群便是其裔孙。恽熊字亨时,号西园。诸生,屡试不售,改习医,乾隆五十一年(1786)大疫,所投无不效,著有《痘疹汇钞》。

另外,名医王九峰,非孟河本地人,但对孟河医派也产生了较大的影响。王九峰为常州邻郡镇江丹徒县人,乾隆、嘉庆两朝两次应征入京为皇帝诊治失音喉科,均手到病除。他精通内外科,学识渊博,名噪大江南北,世称"王征君"。晚年辞归故里,往来行医于孟河、镇江之间。王九峰曾在孟河治愈龙阳毒、面部黑斑病等奇疾绝症,令地方士绅乡惊叹不已。孟河医家也曾请其指点迷津,各集其方,奉为圭臬。许多孟河医家均受王九峰医学思想影响,所著医方多脱胎王九峰。③ 乾隆时期,孟河医派的代表性医家费氏、马氏开始崭露头角,费岳瞻成为载入地方志上的首位费氏名医,称其"精医";马氏医家马省三"善针灸,以疡医名",也成为载入地方志上的名医。④ 嘉庆、道光年间,孟河医派渐成规模,费文纪、马荷庵、马坦庵等医家在地方上声望卓著,而到了同治、光绪间,费伯雄、马培之成为孟河医派集大成者,带动孟河医派的影响走向全国,孟河医派的发展进入鼎盛时期。

三、园林

清代常州虽然没有如明代东第园、止园那样在中国园林史上有代表性的园林,但是如青山庄、近园、约园等均在清代园林史和文化史上有着相当的地位,同时这里又涌现出了戈裕良这样的造园大家,使得清代常州园林艺术颇值得一书。

戈裕良(1764—1830),字立山,少随父兄种树累石,善叠石,人称"花园子"。戈裕良为中国造园史上的关键人物,尤其擅长堆建假山,是中国古典园林叠山艺术之集大成者。他曾建苏州环秀山庄、扬州小盘谷、苏州虎丘一榭园等,其中环秀山庄被陈从周推为"吴中园林最杰出者",清人钱泳曾对戈裕良的造园水平有详细的记载称:

堆假山者,国初以张南垣为最,康熙中则有石涛和尚,其后则仇好石、

---

① (清)刘纶:《绳庵外集》卷六《法仁源传》。
② (清)刘毅裕:《丹书公传》,《法氏宗谱》卷二,清光绪二十六年锦晖堂木活字本。
③ 李夏亭:《孟河医派三百年》,学苑出版社2010年版,第23页。
④ (清)庄毓鋐等编纂:《光绪武阳志余》卷十《艺术》。

董道士、王天于、张国泰皆为妙手。近时有戈裕良者，常州人，其堆法尤胜于诸家。如仪征之朴园、如皋之文园、江宁之五松园、虎丘之一榭园，又孙古云家书厅前山子一座，皆其手笔。尝论狮子林石洞皆界以条石，不算名手。余诘之曰："不用条石，易于倾颓，奈何？"戈曰："只将大小石钩带联络，如造环桥法，可以千年不坏，要如真山洞壑一般，然后方称能事。"余始服其言。至造亭台池馆，一切位置装修，亦其所长。①

戈裕良与当时常州文人如孙星衍、洪亮吉均交往密切，孙星衍解职还居金陵，戈裕良便帮其营建五松园。而他为洪亮吉营建的西圃则是他在常州留存的造园代表作。洪亮吉曾撰《西圃记》记之："筑楼三楹。楼之后架平台，以眺东北隅巽宫楼、玉梅桥及杨园、陆园诸胜。名台曰曙华，名楼曰卷施阁，名楼以下曰红豆山房。楼前皆叠石为小山，石径曲折，莳古梅及红豆、金粟、青桐、紫微共十数株，春秋二时，可慰岑寂。左有廊，通西堂，发曙即千鹊噪其上，遂名千鹊廊。迤西南得平屋二层，因其旧而新之，名其北曰更生斋。斋有后楹，列架藏所著地理书木刻于内，名曰墨云轩。墨云轩之右，复道以通于南，亦二楹，名收帆港。盖于惊涛骇浪中得归藏息于此，是以名也。"②题诗赠之，其一云："奇石胸中百万堆，时时出手见心裁。错疑未判鸿蒙日，五岳经君位置来。"其二云："知道衰迟欲掩关，为营泉石养清闲。一峰出水离奇甚，此是仙人劫外山。"其三云："三百年来两轶群，山灵都复畏施斤。张南垣与戈东廓，移尽天空片片云。"③

清代常州最著名的园林是青山庄。青山庄为吴襄所建，与蒹葭、来鹤、止园、东第园等并属北渠吴氏，后归徐氏，康熙五十年（1711）丹徒张逸少徙居常州，购得青山庄，扩建之，并以此自号。张逸少子张适，官至直隶布政使，号乐是，雍正初归田后又扩建之，占地至140亩，为清代常州第一名园。金武祥《粟香二笔》卷七载："青山庄在郡城北郭外数里许，与蒹葭、琴鹤诸胜为前明吴氏所筑，后属徐氏，复归京江张愚亭方伯。适有三山在望、松荫堂、水镜轩、归云岫、涵碧池、新月廊、西堂、藤花径、飞翠堂、留春亭、麦浪轩、水香庵、碧溪闲钓、静香亭、修竹吾庐、云梁、小山坳、卧雪楼、天放居、餐霞阁、饮虹桥、烟雨横塘诸处，为其一百四十余亩，皆层岚叠翠，水木明瑟，凉房燠馆，曲折回环。"④乾隆十二年（1747），张适因贪赃被捕，青山庄就此充公，遂废，此后逐渐荒芜，遂成怀古之地，袁枚、赵翼、

---

① （清）钱泳：《履园丛话》卷一二，第330、331页。
② （清）洪亮吉：《更生斋文甲集》卷三《西圃记》，第1015页。
③ （清）洪亮吉：《更生斋诗》卷七《同里戈裕良世居东郭，以种树累石为业，近为余营西圃泉石，饶有奇趣，暇日出素笺索书，因题三绝句赠之》，第1378页。
④ （清）金武祥《粟香二笔》卷七。

洪亮吉等均有《青山庄怀古》诗留存。

近园在今常州宾馆内,由杨兆鲁于康熙七年始葺,以近似乎园,故题曰"近园"。康熙十一年笪重光应邀来常州,下榻于近园之安乐窝,常熟杨晋不久亦至,他们与王翚、恽格、杨兆鲁盘桓两月,联床夜话,论今说古四十余日,成为一代佳话。王翚专门为杨兆鲁作《近园图》,杨兆鲁又作《近园记》,恽格书石,笪重光作跋,可称"四绝"。现题记与跋残石仍留园中。①

图 6-10 近园

约园,在今常州市第二人民医院内,原由乾隆间江西巡抚谢旻所建,名谢园,为城中园林之最,后归赵氏,即约园。道光二十六年(1846),赵起为祝老母八十寿,修筑约园。约园成后,有十二峰,二十四景,赵起均作词咏之。② 咸丰十年(1860),太平军攻克常州后,赵起率全家投于约园池塘而死。

图 6-11 约园

第五章 清前期常州的社会生活

这一时期,常州人的社会生活、风尚习俗和民间信仰等在沿袭传统的基础上,

---

① (清)杨兆鲁:《自叙年谱》,《遂初堂文集》卷四。
② (清)赵起:《约园词稿》卷一,清光绪二十六年刻本。

发生了新的变化。穿戴日益讲究，饮食习惯和消费行为日益奢侈，民间娱乐丰富多彩，丧葬习俗渐趋奢靡，地方戏曲逐渐发展。

第一节 岁时节令与风俗

常州民俗既是江南民俗的一部分，但同时由于它的自然地理环境及其本身所特有的文化传统，使其当地民俗也有属于自身的鲜明特色。和当时整个江南一样，常州地区在明清时期也出现了人口增长、农业结构变化、商品农业发展、乡村手工业出现与农业分离的趋向，工商业市镇的兴起等发展变化，城市化和商业化进程日益加快，城市人口急剧增加，城市的生活消费需要空前增长，社会民众生活日益追求享乐、时尚，民俗生活形态丰富多样。

就常州本地而言，虽然与其相邻的苏州、扬州、杭州等地相比，风俗淳厚一直是相关风俗文献中随处可见的形容词。所谓"吾延陵遗教，士读书好礼让，小民畏罪重法，其流也矜少而俭啬多。况邑居平衍，当南北之冲，商贾不宿，与铜铁鱼盐异矣"。①曾有常州人将同在太湖沿岸的常州马迹山和苏州洞庭山作出对比："洞庭峙其南，夫椒镇其北，洞庭其土厚而沃，多富商大贾，不若夫椒地瘠而秀，多学士文人。虽田父樵夫，能谈诗书，吟风月。"②所以赵怀玉在讨论常州文化的特点时，便称常州文化朴素，而苏州文化"俗浮多好名，不如吾乡之犹务实学耳"。③但常州又地处商业发达的江南，交通方便，市场繁荣，难免会受到商业的影响。于是便从"末流乃负贩"变成了"群习懋迁理"④，"昔之为农者或进而为士矣，为贾者或反而为农矣；今则由士而商者十七，由农而贾者十七"⑤。即便是所谓多"学士文人"的马迹山，也有"旧俗商为业，谁辞南北游。鱼盐吴地货，琴剑楚江舟"⑥的说法。这在时人讨论常州风俗时便已有提到，《一统志》中便称"服食奢靡，礼仪丰盛，愿而循礼，秀而多文"。而当时常州人自己也感受到了这一点："吾幼时见常郡风俗淳厚，后渐转移，不克如前者多矣。"此外，好讼等风气也日益盛行，"昔称常俗尚义厚庞，今则浇而健讼，睢眦之忿，辄构鼠牙，人心不古，可胜慨息"。

---

① （清）武俊修，陈玉璪纂：《康熙武进县志》卷一三《风俗》。
② （清）陆黻恩：《冯君石溪传》，赵震辑《毗陵文录》卷七。
③ （清）赵怀玉：《竹初诗钞序》，钱维乔《竹初诗钞》卷首。
④ （清）钱维乔：《竹初诗钞》卷十《鸡鸣起》。
⑤ （清）洪亮吉：《卷施阁文甲集》补遗《服食论》，第240页。
⑥ （清）蔡昇：《咏马迹山十首》，《马迹山志》卷二，光绪六年木活字本。

一、云溪竞渡

清代常州岁时习俗的一个重要变化便是岁时节俗充满了世俗的情趣，娱乐性日益增加，传统的祭祀仪式与巫术行为在形式上更为通俗，被赋予了新的意义。其中最突出的表现便是龙舟竞渡。

云溪竞渡是清代常州人所引以为豪的岁时景观，所谓"常州龙船天下无"，[①]在今天仍然被列入市级非物质文化遗产。每年端午节在常州城内风景最好、文人聚集最为密集的白云溪进行。龙舟竞渡一般于五月一日开始，基本都要持续一个月的时间。选择这一时间段，固然是临近端午，同时也是因为时近梅雨

图 6-12　云溪竞渡

时节，白云溪水开始上涨，便于龙舟行驶。如时值干旱，溪水太浅，竞渡便必须取消或者移地，所以有"云溪水浅舟难行，今年竞渡不进城"[②]之说。四月三十日晚上，所有龙舟都要汇集于晏公庙，进行拜谒。晏公祠是祭祀水神之所，龙船竞渡之前，要举行拜祭仪式，确保整个活动的安全。按照惯例，前一年龙舟竞渡结束之后，"篙工取大石沉舟身于河底，而以龙头藏庙中，至用时乃迎取焉"，[③]所以还包括迎取龙舟的仪式。根据记载，龙舟一般为 6 条左右，"以余所忆，城内有五色兰，东门有大小青龙，西门有金龙、白龙，北门有乌龙，共六龙"，[④]以符合"六龙"的传说。

实际上，龙舟随着环境的变化，会有增减。最盛时，曾经到了七龙，洪亮吉便称"六龙城古龙舟七"，[⑤]包括有大小青龙、大小白龙及乌龙、金龙、五色龙，此外还有秋千船等小龙舟不包括在内。龙舟竞渡一度得到政府支持，每只龙舟可以支取浒墅关税 10 余两，所以洪亮吉有"税额仍分浒墅关"[⑥]之说。但一只龙舟耗费远不止 10 两，

[①]（清）赵翼：《瓯北集》卷四六《午节后二日，方慕云明府招刘檀桥中允、庄迂甫赞善、洪稚存编修、蒋立庵、杨星园两太守，龚稼堂州牧、蒋莹溪别驾、陈春山大令泛舟看竞渡即事》，第1184页。江南竞渡，何地为佳，当时并无定论，如陶仲昺《陶山诗录》卷七《丹阳水嬉》诗便称"瞀江邗江称第一，常州润州乃其次"。
[②]（清）洪亮吉：《附鲒轩诗》卷六《云溪竞渡词》，第2025页。
[③]（清）洪亮吉：《卷施阁诗集》卷十《里中十二月词》，第678页。
[④]（清）洪亮吉：《外家纪闻》，《常州民俗文献汇编》，第265页。
[⑤]（清）洪亮吉：《卷施阁诗集》卷十《里中十二月词》，第678页。
[⑥]（清）洪亮吉：《更生斋诗续集》卷五《云溪竞渡词八首》，第1647页。

所谓"一舟费已倍千金"。① 据《道光武进阳湖合志》的记载,龙舟"广一寻,长三寻,刻首尾以象龙腹,结彩为楼三重,列旗帜高五寻,下以习水者十六操楫,往来倏忽,金鼓喧震"。《道光武进阳湖合志》的记载与之类似:"舟广不逾步,长约二丈许,彩楼三屋,高至五六丈,飞行水上,倏忽往来,雪浪摇空,彩旗飐目,金鼓间作。"同时牌楼上还有插着旗幡、旗伞,"淡黄设色画龙形,钲鼓频敲手未停。万寿无疆金粉字,高悬榜署绿绸亭"。龙舟上的牌楼,每天都要高出一截,到五月二十八日竞渡最后一天,龙舟上的彩旗和彩伞会有五层楼高。根据传说,为了防止龙舟翻倒,龙舟下面悬着块石头,随着牌楼的加高,而加重石块,船舷也一天天接近水面,到了五月末,龙舟的牌楼早已高出岸边楼阁了。所以洪亮吉在诗中称"高处灯光碍月轮,轩窗无地着飞尘。生生视昔加三倍,树上禽巢树下人"。② 岸上同时还有云车戏,与龙舟遥相呼应,热闹非凡。"龙舟才过又云车,楼阁唐湾笑语哗"。③ 夜间还有夜龙船,或称灯船。《康熙武进县志》便称:"近日又有夜龙舟之戏,龙舟四向各垂小灯,竞渡如白日,好事者以箫鼓歌声相之,致足乐也。"《道光武进阳湖合志》云:"夜则燃灯数百盏,如巨鳌戴山,火龙出海,好事者坐楼船,佐以箫鼓,清歌一声,广场俱寂。白云渡口往往至子夜,望青槐绿柳间,犹见灯影荧荧,笛声未歇。"

龙舟竞渡与其说是比赛,"互相角胜,斗捷夸长",不如说是一种表演的仪式,龙舟竞渡的五月更是常州全城的狂欢节,"一宵檐漏放晴光,竞渡初来举国狂",每到这一时节,全城的人都涌向白云溪观看龙舟,沿岸居民,还把远方亲友迎来一起观看,岸堤上早无插足之地,两岸楼阁的窗户内也挤得满满的,有人还雇船跟着龙舟观看,由此便形成了"画舫塞河人塞岸,更无隙地着禽鱼"④的热闹场面。常州的文人和豪富大都聚居于白云溪,而龙舟每到这些豪富人家的窗前,也要特别表演一番。最著名的莫过于淌水面,即水手们将身背仰到水面去,贴水却不沾水,桨衔在嘴里划着,龙舟在水面滴溜溜旋转起来,岸上鞭炮齐鸣,欢声雷动,糕团赏钱也随之抛向船去,这称之为"打采"。恽毓巽的诗句"见说蓝旗将拢岸,隔窗抛下镂金钱"⑤,便是用来形容从楼阁上向下抛赏钱的盛况。河中的画舫也会将食物和金钱抛进龙船或者河中,以作奖赏。

随着城市的商业繁荣,大众开始逐渐改变原有的生活方式,越来越强调个人感官欲望的追求,消费文化随之开始兴起,传统节日的庄重主题开始娱乐休闲化,这

---

① (清)赵怀玉:《亦有生斋集诗》卷二六《竞渡词十首》。
② (清)洪亮吉:《云溪竞渡词十二首》,第1270页。
③ (清)陆继辂:《崇百药斋诗集三集》卷八《午日观劭文画扇思归谭往,倚醉口占》。
④ (清)洪亮吉:《更生斋诗续集》卷五《续竞渡词十首》,第1647页。
⑤ (清)恽毓巽:《毗陵歈》,羊牧之辑《续毗陵诗录》,《常州古今》1983年,第36页。

正是常州竞渡兴盛的背景。

二、丧葬习俗的世俗化

清代常州丧葬礼俗大体上延续宋元以前习俗惯制，但也有很多新的变化，其中最重要的一点便是僧道的参与已经成为普遍风气，另外则是治丧崇尚奢华，所以相关地方志也有"比来俗弥不古，设宴礼客，妆演故事，杀生麋物，无益死者，徒败淳风"的记载。道光十年（1830），时任阳湖知县廖鸿苞还专门发文，要求禁止各种吊丧陋习，包括吊丧不留饮食，助丧不必做七，无服不宜发孝，婿家荐奠毋请酒面等。① 但是所谓令行不一定能禁止。因为这些现象背后其实是当时丧葬礼仪与丧葬观念的世俗化，悼亡已经成为民间聚会的机会，成为人际关系缔结的仪式，丧葬日已经演变成了特定社会群体的社会活动日。

清代常州丧葬仪式乃至整个人生礼仪的另一个变化，便是产业化的逐渐形成，即"老仆头"这一行业的出现，这一特点也是和清代常州城市日益繁荣，商业化进程日益加快的背景密切相关的。金武祥在《陶庐五忆》中便曾写道："往还庆吊重乡邻，红白都将故事循。傧价委蛇资老仆，衣冠了鸟恤寒人。"他解释道："吾乡遇有婚丧，谓之红白大事，其奔走执役中必有二三人，为之领袖，谙习节文，凡款宾相礼，多资赞护，名曰老仆头，俗又称之萝卜头，以萝卜具有红白二色也。"老仆头其实便是今日婚丧礼仪公司之类机构的先声。当时常州城内有专门出租、出售红、白喜事用品的商店，著名者有容华堂、九里堂、五福堂等。堂里有台帏、椅披、桌椅和金字之类的易损品出售、出租。老仆头便与这些"堂"挂钩，承接业务。堂里介绍生意时，往往向用户介绍某帮老仆头去操持业务，而老仆头在接着业务后，也往往介绍主家到某堂去租、买用品。老仆头与堂口关系密切，相互照顾。根据主家需要，堂里还可以派出账房，代主家主持工作，账房负责收受礼品，给送礼者付车费、喜钱和回条，一切进出账目都归账房，此外还有三四个助手。助手中除个别主家的人外，余下的便是老仆头。派到账房工作的叫值账房，一切具体工作均由老仆头干，值账房人数多寡，按事务多少而定。职责还有租购各种物品，发请帖（讣告），布置喜堂（丧堂），主持仪式，当司仪，开席摆桌椅、敬酒、端菜，专门说好话等。旧时常州有五帮人专营此业，东门孙家，南门青果巷刘家，鸣珂巷丁家，北门外张家村张家，还有西门一家，以东门孙家和北门张家影响最广。据说近代盛宣怀在上海出丧，雇用的老仆头就是北门张家，他们一次分得的佣金就造了转楼一幢。除了老仆头之外，常州城内还有一批所谓的"寒人"，多是"士商沦落子弟，不甘呼蹴者"，他们和乞丐不同，但只要在别人举行红白喜事的时候，便会麋聚于人家门口，

---

① （清）庄毓鋐等编纂：《光绪武阳志余》卷六之三《德政碑示》。

要主人给以钱文乃去。无论是僧道，或者是老仆头和寒人的出现，都是常州当时诸多礼仪习俗日益世俗化的体现。

第二节 民间信仰

常州所地处的江南一带，历来是淫祀比较盛行的地方。虽然有人称常州程度较轻，"隋史称江南俗信鬼神，好淫祠。毗陵尚不大甚"，① 但事实上并非如此，"吴俗信鬼多淫祀，武邑亦然"② "迩来风俗信鬼尚巫，每遇病剧，则决于之巫觋，曰祀某某则瘥，人奉若著，龟磔蒭醴而祭之，甚而再之，病愈则曰神之力，不愈则曰祀之不诚，虽倾赀不惜，死亦无憾"。③ 所以有"吾俗小人好巫"④ 之说。整体而言，常州地区的民间信仰复杂颇为杂芜，呈多神信仰状态，功利化趋势明显。

一、正祀与淫礼

据清《道光武进阳湖合志》《光绪武进阳湖县志》及《光绪武阳志余》的记载，除去先贤祠、忠义祠、节烈祠和宗祠之外，在常州郡城尚有奉祀的祠庙34座，这就是列入官方祀典的正祀。根据方志《赋役志》的记载，城隍庙、土地、关帝庙、刘猛将军庙、营田庙、文昌阁、忠佑庙、火神庙等共13个庙是由府县政府每年拨祭祀银负责春秋祭祀，⑤ 所谓"祭事悉遵大清通礼及支用官项致祭者"，⑥ 这就是所谓"群祀"。而剩下的21个庙宇，"不在祀典而著称灵应"，因为"闾阎报功崇德之诚，不可泯也"，所以也列入志书之中，但是和前面13个祠庙不在同一等级，《武进阳湖县志》称之为"里祀"。

对照宋元方志，其中24家祠庙都是明清两代增加的。列入祀典的祠庙为什么会发生增减？首先是官方政策的影响。以城隍庙为例，在宋代常州就有嘉应城隍庙，但当时城隍信仰还没有形成一个体系，随着洪武二年和三年的城隍改制，⑦ 城隍信仰随之制度化，城隍神被赋予了和现世府、县相对应的冥界行政官的特性。以至于州县之外的行政机构也有了相对应的城隍，所以城隍庙已经纳入了整个地方行政体系

---

① （清）黄冕等修，李兆洛等纂：《道光武进阳湖合志》卷三《舆地志·风俗》。
② 《古今图书集成·方舆汇编职方典》卷七一五《常州府部·常州府风俗考》。
③ （清）武俊修，陈玉璂纂：《康熙武进县志》卷一三《风俗》。
④ （清）黄冕等修，李兆洛等纂：《道光武进阳湖合志》卷一三《坛庙志一》。
⑤ （清）黄冕等修，李兆洛等纂：《道光武进阳湖合志》卷八—九《赋役志》。
⑥ （清）王其淦、吴寿康修，汤成烈纂：《光绪武进阳湖县志》卷四《禋祀》。
⑦ 关于这两次改制以及明清城隍的研究，详见（日）滨岛敦俊《明初城隍考》，《榎博士颂寿纪念·东洋史论丛》，汲古书院1988年版；《明清江南城隍考》，唐代史研究会编《中国都市的历史研究》，刀水书房1988年版；《朱元璋政权城隍改制考》，《史学集刊》1995年第4期；巫仁恕《节庆、信仰与抗争：明清城隍信仰与城市群众的集体抗议行为》，《"中研院"近史所集所》第34期等。

之内，并有着与官方相同的行政序列。正是这样的规定，使常州的城隍庙从宋元时代的一个增加到了三个。而武进和阳湖分县之后，阳湖县建立一个属于本县的城隍庙自然也是必须的，因此会以"阳邑民以分县宜有特庙祀城隍神"①为由请求建立新庙。而清代将关帝、刘猛将军等纳入国家祭祀体系也是这些庙宇建立的主要原因。正是官方推行神道设教的这种政策，使得这些祠庙在本地得到了发展。

其次是商业贸易推动神祇传播。在常州诸祠庙中，如文昌、张王、五显、天后等都是有全国性影响的区域性神祇。这些神祇往往是随着交通和贸易的发展而逐步传播的。如正是随着常州漕运和商业贸易的发展，明清以后主管水运的天后庙开始进入祠庙的行列中，同时，另外一些负责水运安全的神祇，如晏公庙、金龙四大王庙也随之出现，而且区域性神祇的祠庙大都靠近在交通要道。此外，外来商人是这些祠庙的主要修建者，如许真君庙是江西会馆创办，而金龙四大王庙是由布商、木商和运输业分别投资创建的，最终演变成了同业公所。

第三是地方神祇的出现。城内祠庙的创立和修建，本地人是主要的参与者，神祇的灵验与否，往往也由本地人来体验。同时一个地方神祇和其他纳入祀典的神祇相比，将更具有平民性。这种乡土情绪和平民性决定了在任何一地的民间信仰中，本地的地方神祇都占据着非常重要的位置。刘云山便是清代开始出现的一个重要地方神祇。刘云山是何许人也，最初并无人知悉。后据记录，乾隆三十六年（1771）三月城隍庙火灾，只有刘云山像未被毁掉，在重修城隍庙，整修刘云山祠的过程中，工匠在塑像中得到一张小纸片，上称刘云山名朝宇，字济宇，号云山，湖北江陵人。传说他在明代于各处行医，但"工医而名未显"，②郁郁而终。刘云山祠如何建成，有两种说法。一种是《清稗类钞》和《客窗偶笔》所言，生时笃信鬼神，"募地以广祠宇""自塑立像，舍身庙中"。③而另一种说法，是"见梦于吾县之某氏，笃疾以瘳，某氏感其德，为塑像于城隍祠左侧"。以前一种稍为可信。此后，他便在病人梦中行医，并"有祷辄应，灵异大著"。④一般人有病，"署'刘先生请进'五字于门堂中，焚香设茗，以待先生，或至，或不至，至则梦授针药，病立愈。于是病者之家人人意中若有刘先生者"。⑤直到晚清依然是"郡人祈祷无虚日"。

刘云山不是官员，是个平民，而且他不是本地人，他是一个在异乡城市谋生的

---

① （清）黄冕等修，李兆洛等纂：《道光武进阳湖合志》卷一四《坛庙志二》。
② （清）赵怀玉：《刘云山祠碑记》，（清）黄冕修、李兆洛纂《道光武进阳湖合志》卷一四《坛庙志二》。
③ （清）金捧阊：《客窗偶笔》卷二《刘仙师》。
④ （清）陆继辂：《崇百药斋文集》卷一五《刘云山画象记》。
⑤ （清）赵怀玉：《刘云山祠碑记》。

外来者，一个有抱负却无法施展，郁郁而终，长眠他乡的普通人。他的灵异故事能够在异乡得到传播，最终成为一个城市中所有居民，不论是土著还是客籍，不论是精英还是平民共同的信仰，这既是城市越来越平民化和世俗化的象征，也是城市外来谋生者越来越多的反映，说明城市开始具有越来越大的包容性。同时刘云山信仰的形成过程中并没有政府参与，政府所做的只不过是在最后对这个神祇进行了认可。这说明民间信仰可以有自己的构建和流播的渠道与方式，不必借助政府的力量便可以登上所谓"正祀"的大雅之堂，被精英文人接受，为官方所认可。随着交通和商业的发展，在当时的城市社会中，已经有一张相当繁复和精密的信息传播网，深入到了包括精英文人在内的民众的现实生活之中。正是这种信息的传播网络使得个别的事件可能成为公众事件，使得一个普通的灵异故事迅速得到传播，最终构建成为一个地方神祇。另外据记载，刘云山早期的灵异故事发生在杭州，则意味着这个信息传播网络已经不局限于一个单独的城市，而是已经跨越了城市与城市之间，在整个长江三角洲地区甚至更广泛的范围内传播。最后，不论当初修建刘云山神像是因为他募捐修建司徒庙的报答，还是有人梦见刘云山显灵治病而捐资修建的，我们可以发现在民间信仰的构建过程中世俗化的作用已经越来越明显。即便在一个纳入正祀的祠庙，也有可能由于完全个人或经济上的因素塑造一个新的神祇。

官方对这些正统的信仰认可甚至推动，但是对于非正统的信仰则加以严厉打击，这就是所谓"淫祀"。《武阳志余》便称"非此（即群祀、里祀）则为渎为滥，比于淫祀，法所宜禁"，有着非常严格和自觉的分类。在正统意识的眼中，淫祀的盛行一方面有损风化，而且更有可能威胁到国家对民间的有效控制，因此，历代统治者都对淫祀采取了严厉抵制的态度。清代最著名的则是康熙二十四年（1685）汤斌大规模禁毁五通神。① 但是在现代国家机器得到完善之前，传统国家的力量毕竟有限。事实上汤斌的禁毁政策并未真正奏效，直到嘉庆时"常郡犹被其扰，郡民黄姓被蛊，绅士列状请毁其祠"，时任常州知府卞斌"乃檄八属撤之"，② 再次禁毁。民间应对的另一个办法是转换崇拜的方式："吴下五通祠自经汤文正毁禁后，不复为祟。愚民私盖小屋，名曰圣堂，俗习相沿，不能革也。"③

二、庙会

常州的民间信仰另一个特点是和岁时节令结合在一起，其集中体现便是每年不

---

① 具体情况参看蒋竹山：《汤斌禁毁五通神：清初政治菁英打击通俗文化的个案》，《新史学》1995 年 6 卷第 2 期。
② （清）朱方增：《求闻过斋诗集》卷四《过卞雅堂同年毗陵官舍即赠四首》，《续修四库全书》第 1501 册，上海古籍出版社 1995 年版。
③ （清）汤用中：《翼駉稗编》卷二，道光二十九年刻本。

同时期的庙会。这种以迎神为特征的赛会，虽然有着明显的宗教特征，却具有越来越强的世俗性和娱乐性。

庙会萌芽于西周春秋时代的社祭和蜡祭，是一种以庙宇为依托，举行祭祀神佛、交易货物、娱乐身心的集会。清代江南庙会盛行，常州也不例外，"祭赛祷祀之无已时"，[①]"每出会时奔走杂遝，举国若狂"。[②]其中常州城内主要的出会有以下几个：[③]

四月二十五日，吴季子生日，乡人作会，四方商贾俱集。

五月十三日，关壮缪生日，邑人皆罗拜其庙设祭。

五月十五日，陈烈帝生日，云车毕集其庙。

五月二十五日，东岳生日，云车集于东门之庙中，老少罗拜。

五月二十八日，相传郡城隍神生日。

七月初三日，县城隍生日。

十一月初三日，白云渡以水神晏公生日作会。

除了这些，城内如灵官庙、金龙四大王庙等也各有迎神赛会的活动。而乡镇也有相应的庙会活动，详见下表。

常州各乡镇赛会表

乡别	镇名	日期	神祇名称	乡别	镇名	日期	神祇名称
怀南	小茅山	三月十八日	通乙观	德泽	大坝头	八月二十日	
	邹圩	三月初八日	灵山庙		太阳庙	三月二十日	太阳神
	西横林	三月初三日			龙虎塘	七月十三日	猛将
怀北	连江桥	三月廿五日	田螺	依东	圩塘	二月廿八日	城隍
	前萧庙	三月十五日	烈帝		圩塘	四月初一日	城隍
安东	汤庄			依西	魏村	三月廿八日	东岳
					同上	七月三十日	地藏
	吕墅桥	清明	城隍	通江	小河	九月廿四日	猛将
	同上	四月初八日	待云寺		孟河	九月十五日	天地菩萨
	同上	三月初八日			万绥	三月廿八日	东岳
安西	奔牛	三月廿八日	东岳	丰北	陈墩山	三月廿八日	东岳
	同上	七月十五日	城隍		石堰	七月十五日	张济阳
鸣凤	卜弋桥	三月十五日		丰南	横山桥	八月初二日	白龙庙
	邹墟	三月初八日		丰东	郑陆	三月十九日	太阳生日
钦风	厚余	三月廿八日	东岳	政成	戚墅堰	二月初二日	土地

[①] （清）王元烜：《商子祠记》，（清）庄毓鋐等编《光绪武阳志余》卷四之一《祠庙补遗》。

[②] （清）汤修业：《赖古斋文集》卷一《都城隍辨》，道光九年刻本。

[③] （清）武俊修，陈玉璂纂：《康熙武进县志》卷一三《风俗》。

续 表

乡别	镇名	日期	神祇名称	乡别	镇名	日期	神祇名称
孝东	安家舍	七月十五日	城隍	安尚	东横林	二月初二日	土地
		七月三十日	地藏	升东	坂上	三月初五日	三茅
孝西	西夏墅	二月初二日	土地	定西	湖塘桥	五月十三日	关帝
		三月十五日	烈帝		清凉寺	六月十九日	观音生日
		十月十五日	昊天大帝	惠化	鸣凰	二月初八日	
	罗墅湾	三月初三日	土地		同上	七月廿二日	财神生日
大有	夏溪	三月廿四日	东岳	从政	运村	二月十二日	百花戏
尚宜	东安	四月初一日		太平	漕桥	三月二十六日	漕桥
旌孝	湟里	三月廿六日	城隍	新塘	雪堰桥	二月廿八日	杨时
	同上	正月十五日	蜡烛庙	迎春	古竹	二三月间	
德泽	塘桥	三月十一日					

资料来源：《武进年鉴》1927年武进建设局。

一般迎神赛会的内容是把城隍和土地神从庙里抬到府、县厉坛，由地方官主持祭祀。洪亮吉曾记道："里中赛神以清明、中元、下元三节，届期城隍神皆诣北坛行礼，出入仪从甚盛，兼设云车、台阁故事，倾城士女咸设幕观焉。"① 除了神的塑像之外，"出入仪从"中还有云车、台阁。所谓台阁，是"赛神会中每用七八人扛一椁，上扮金元院本诸故事，名曰'台阁'"。② 此外，还有丰富多彩的其他内容。比如说调三十六行、走高跷、调马灯、荡湖船等，"并有愚民装作罪犯及踩高跷、烧手臂香等"，③ 也就是所谓烧肉香、犯人香之类，而云车戏更是常州独有的岁时习俗景观。

云车传说是前述常州地方神陈果仁的兵器，恽毓鼎在《澄斋日记》中认为原称是"轮叉""声近于轻，因讹为车"。④ 洪亮吉则称："吾乡云车，相传为隋司徒陈果仁守城时所制，不知即古云梯遗制也。墨子公输班为云梯。《淮南子·兵略训》：攻不待冲隆云梯而城拔。高诱注：云梯，可依云而立，所以瞰贼之城中。今吾乡云梯，高亦与雉堞齐。惟古法以数十人推挽而前，今则以有力者一人肩之，为不同耳。"⑤ 金武祥在他的日记中引用民间传说，称云车的来源是由于某年流寇入侵常州城，陈果仁"令每丁肩二草人游四城，助以锣鼓，贼终惧，城遂获全"。他认为云车既可以用来指"云车风马，为神仙之称"，也可以用来指"云车云梯，为战胜之具"，

---

① （清）洪亮吉：《卷施阁诗集》卷十《里中十二月词》，第680页。
② （清）洪亮吉：《卷施阁诗集》卷九《南楼忆旧诗四十首》，第665页。
③ 《武进指南》，第73页。
④ （清）恽毓鼎：《澄斋日记》，浙江古籍出版社2004年版，第38页。
⑤ （清）洪亮吉：《卷施阁诗集》卷九《南楼忆旧诗四十首》，第665页。

因为均可附会。① 根据现在一些乡镇志的记载及老年人的回忆,所谓云车,是用铁条和竹子制成一个大兜,四周装饰得五颜六色,鲜艳夺目,一般附有珠龙、绢花、镜片等,兜里坐着两个化装的儿童,打扮成一折戏里的男女主角,挏云车的人要臂力过人,手脚灵活,才能胜任。他身穿铁背褡,背着一个连着铁花环的四五米的铁杆,把装着两个小孩的兜牢固地绑在铁杆上,耍着各种花式,一般有右腿跪式、左臂独立、拱手作揖、三步一坐马势等,重量二百余斤,前后左右有多人护卫。

根据清人龚百药的《云车记》,儿童所扮演的故事,曾经发生三个阶段的演变,先是"为勇士将军装束,操戈予剑戟刀楯弓矢,旗麾纷纭,若战斗状";然后"不数年见为佛道鬼神,驾龙作凤,瑰诡不经",最后"为妇女冶容靓服,张纨绮锦绣,缀金银珠宝玩好之物"。他为此感叹"变而益侈,渐失其旨"。仔细研究这三阶段,可以发现第一阶段其实是陈果仁故事的实景重现,第二个阶段也是民间信仰宗教化的一种体现,而最后一个阶段,却是民间信仰从神性向人性,向娱乐性的最终转化完成。甚至到了最后,也许是为了安全,也许是为了更好的娱乐,云车戏在许多地方甚至变成了云车灯。

城乡的庙会虽然形式和内容大致一样,但也存在差异性。首先是时间上的不同。根据上表,可以发现乡间的庙会主要集中三月份,三月的庙会占了所有庙会总数的一半多,常州乡间曾有一个谚语可以证明三月在庙会时间安排上的重要性,即"正月拜年,二月赌钱,三月庙会,四月种田"。城中五月份举行的庙会占了一半,而乡间五月份的庙会只有一个。城乡在时间安排中的不同,是因为各自的生活节奏不同。农村把庙会安排在三月,主要是从农历四月开始,农村开始进入春耕大忙季节,农民可以在农忙之前,祈神赐福,求菩萨保佑今年风调雨顺,同时也可以在紧张的农忙到来之前轻松一下。而城市安排在五月,因为时值夏季,城市开始进入它的休闲节奏,各个行业都是淡季,商人有机会可以休闲一下,也更要趁此创造一个新的消费机会。这种时间的安排,归根结底,说明了休闲和娱乐已经成为了庙会的主题,而这种娱乐是囊括所有人的,无论是乡村还是城市,无论是平民还是绅士。洪亮吉便称:"观邦国之蜡,曳杖而必偕,赛里社之神,联裾而早集,其高致又一也。"②

由于当时的城市和乡村之间已经有着比较发达的交通网络,因此会互相参与对方的庙会。比如说庙桥的庙会便曾一度吸引宜兴、金坛、武进、无锡等城市的人来此观看,局戏之甚,穷尽达晓,摩肩接踵,殆逾十万。赵翼也有《三月十八日檀桥

---

① (清)金武祥:《金湜生日记》同治十一年五月十五条,稿本。
② (清)洪亮吉:《卷施阁乙集》卷五《南华九老会倡和诗序》,第323、324页。

门首同看小茅山香会经过》诗,其中有"竿木逢场好冶游,小茅山会此停骖。门前往来人千万,偷眼争看两白头"①之句。而农村进城看庙会更是频繁,乡间便有"二月二,上城看土地"的谚语。而且随着江南城市内部交通和贸易的发达,本地的人也经常参加外地的庙会。比如常州人经常参加著名的西湖香市,《杭俗怡情碎锦》便有"苏常各路来香客络绎而至"②的记录。而赵翼诗句"赛神父老争欢喜,不向西湖乞梦遥",③也证明了常州人参加西湖香市的频繁程度。

同时城市或者乡村的庙会越来越受到商业化的影响。城中灵官庙"郡中每至九月,各商诣灵观庙报赛演剧,无虚日",④而雪堰镇的洋移庙也是"取诸镇商月输而岁会之用"。⑤其实庙会本来既是休闲空间,又是一种交易场所。比如城中吴季子出会,便是"四方商贾俱集"。⑥乡间更是以交易农具为迎神赛会的主要目的。金武祥便曾回忆他的家乡江阴姬山"每岁于清明日交易农具各物,谓之作节场,并醵钱演剧,亲朋往来尽一日之乐",其诗云:"耕织家家集众材,日中为市广场开。"⑦常州乡村的作节场都是如此。

然而虽然迎神赛会有着休闲和贸易的双重功能,但是官方和文人往往会立足于精英文化的立场,对民众文化不断地加以引导、清理,对迎神赛会中有碍社会稳定或者有伤风化的部分加以限制,直至最后禁止。问题是百姓对迎神赛会有着自己的考虑。首先迎神赛会和所有的宗教一样能够让百姓们获得精神寄托。《清稗类钞》便称:"道德法律皆不足以救世,犹幸有宗教以维系人心于万一耳,迷信果尽除,小人亦何所惮而不为耶?"⑧其次迎神赛会可以为百姓提供一种难得的休闲娱乐方式。乔启明便曾说过:"我国农民多无正当娱乐。迎神赛会,可说稍含娱乐性质。"⑨其实不光是农民,和士人相比,中国传统社会的大部分普通人都没有什么正当的娱乐,除了这种所谓"迷信"的娱乐,他们根本找不到其他的替代渠道。第三,迎神赛会也是百姓用来凝聚社区感情的方式。通过组织本社区的庙会游神活动,在庙会中各司其责,社区成员可以在迎神赛会中频繁接触,社区的凝聚力便随之增强。常州的乡村庙会都有属于自己的庙境,这个庙境基本上和农村基层组织——图重合,庙境

---

① (清)赵翼:《瓯北集》卷五二,第1334页。
② 《杭俗怡情碎锦》,《中国方志丛书·华中》第526种,台北成文出版社1983年版。
③ (清)赵翼:《瓯北集》卷二一《郡城好事者于陈司徒忠佑庙旁隙地构都城隍行庙一区,甚壮丽,相传神即于忠肃公也,诗以落成》,第444页。
④ (清)汤用中:《翼駉稗编》卷一《曹大》。
⑤ (清)陆鼎翰:《洋移庙记》,(清)庄毓铉等编《光绪武阳志余》卷四之一《祠庙下》。
⑥ (清)武俊修,陈玉璂纂:《康熙武进县志》卷一三《风俗》。
⑦ (清)金武祥:《陶庐杂忆》,《粟香室丛书》本。
⑧ 徐珂:《清稗类钞》第四册《宗教类》,第1938页。
⑨ 乔启明:《中国农民生活程度之研究》,《社会学刊》1930年第1卷第3期。

中的所有乡民都应该参加庙会的筹备工作，而出会的路程也主要在境内进行，通过庙会，整个境或者图的居民便自然而然地凝聚成了一个整体。这个过程既是社区内部的向心力逐渐形成和强化的过程，同时也是本社区和其他社区之间竞争的过程。如常州每次迎神赛会必出的云车戏便是由各坊厢出钱建造，"云车，吾邑旧有十八坊厢，每一坊出云车一乘"，有"十八坊厢车十八，谁家儿女得钱多"①的说法，各坊厢自己出钱建造云车，竞相造得绚丽多彩，在迎神赛会中进行展示和评比，以争得本坊厢的荣誉。又如常州城四周有南、北、西三个金龙四大王庙，分别代表木商、布业和船帮，每年四月和九月的十六日、十七日为出会的日子，三个金龙四大王庙竞相演戏酬神，以展示本行业的力量。

第三节 地方文艺与戏曲

随着城乡商品经济的发展，各种演戏活动非常盛行，无论是文人戏曲还是民间演戏娱乐都发展迅速。

一、文人戏曲

清代，尤其是乾嘉之后，常州的戏曲创作达到了极盛，龚自珍便称"人人妙擅小乐府，《尔雅》哀怨声能遒"。常州当地家班兴盛，武进唐氏、刘氏、董氏、邹氏等世族也都拥有家班。清人董埰曾回忆："方当隆盛时，一科捷四辈……女优列作屏，珍宝充笥盖。"②其中杨氏戏楼保存至今，是目前常州地区唯一保留下来的家族戏楼。同时涌现了一大批优秀的戏曲家和戏曲作品，如清初邹金生与周祥钰编纂的《九宫大成南北词宫谱》，收集各类南北曲4466个曲调，是研究南曲和北曲音乐的集大成著作。就杂剧而言，清代有程景傅所作《还妇篇》，吴楷《人天浩》、庄逵吉《江上缘》《秣陵秋》、孙蠡秋《清溪三笑》。其中嘉庆二十三年（1818），毗陵七子之一吕星垣为庆祝嘉庆六十寿辰，奉命作《康衢新乐府》杂剧十种，则是其中的代表作。南戏传奇在清初便有薛寀的《雨蝶痕》、吕师《非翻案》、董元恺的《铜虎媒》，乾隆间，钱维乔作《碧落缘》《鹦鹉媒》《虎阜缘》，合称"竹初乐府"；刘可培作《绣图缘》《耆英记》《餐英记》《绣旗记》《槎合记》《精卫石》，合称"筠心阁传奇"，吴阶作《人天浩》《皖江云》《护花幡》。邹金生则奉乾隆之命改编《三国演义》，作《鼎峙春秋》二百四十出，又据《水浒》作《忠义璇图》二百四十出。嘉道间，陆继辂作《洞庭缘》《碧桃记》，张琦作《鸳鸯剑》《玉尺记》、

---

① （清）周葆贻：《常州竹枝词》十首，《企言诗存》，1935年铅印本。
② （清）董埰：《丹峰遗稿》之《自叙年谱五古一首》，道光五年刻本。

董达章作《琵琶侠》《花月屏》、蒋学沂作《紫兰宫》和《麒麟阁》，汤贻汾作《剑人缘》《双补恨》《逍遥巾》，合称《梯仙阁三种曲》，陈森作《梅花梦》。

至清代，昆曲已成为常州地区演唱的主要戏曲剧种之一，每有笙歌宴乐、喜庆堂会、祭祀娱神，多延请昆曲戏班演唱。顺治十七年（1660），查继佐曾一度侨居常州，专门带了昆曲女班。文人士绅中，欣赏爱好昆曲，能粉墨登场或操琴击鼓者不可胜数。钱泳在《履园丛话》中曾言："近士大夫皆能唱昆曲，即三弦、笙、笛、鼓板亦娴熟异常。"① 黄景仁便擅唱昆曲，"时或竟于氍毹上现种种说法。粉墨淋漓，登场歌器，谑浪笑傲，旁若无人。"② 同时，常州也涌现出了众多的昆山琴师和艺人，洪亮吉曾称："十番嘈杂，喧于里门，方响则吕黑，匀钲则罗云，按笛则陆三，调弦则庄昆。"罗凌云、庄象昆、陆开三、吕威如都是当时闻名一时的昆曲艺人，皆先后入都获盛名。而陆继辂、汤贻汾、钱维乔的作品也均改编成昆曲进行演出。

洪亮吉在描述常州乾嘉时昆曲兴盛一时的情况曾言："始春置酒，天中启筵，鱼灯之光烛地，龙鹳之竿拂天，万钱买吴娘之舟，百尺择临流之阁，圆钲乍起，羯鼓闲作，响彻霄汉，声溢郊郭，或神迷于绝伎，复破产以酬酢。"③ 常州每到庙会或者竞渡等民间节令时刻，均有昆曲戏班为之助兴，如竞渡时便"呼姑苏清音，及里中十番子弟陆开三、谢赐书、庄象昆、罗凌云为胜会"。④ 此外如"喜庆之家招友人之工于南北曲者，高唱曼声，恍如演剧。唱曲诸人又鼙调狮之戏，八音繁会，曼衍鱼龙，竟日夜乃罢"。⑤

清代常州最流行的昆曲班称之为"六苏"，所谓六苏，即由六人左右组成的苏州昆曲小戏班。乾隆时刘纶诗便有"曲部携来号六苏（歌师集苏人六为一部，因名），卞师（字丕承）老去赏音孤。游人但改十番样，铃唤星星钹唤铺（铃曰星，钹曰铺，盖乡音之伪也）。"⑥ 而一直到近代京剧繁荣之前，民间都有祭祖、节庆请六苏班的记载，可见昆曲在常州地区的流行程度。

二、民间戏曲：唱春、宣卷与滩簧

唱春是从山歌和小调逐步发展而成的民间曲艺，形成于明代，至清代风行常州城乡，在整个江南地区都相当流行。晚清金武祥曾作诗："岁首先传俚唱新，喜闻吉语趁良辰。轻锣小鼓歌声缓，送遍家家龙凤春。"诗下有小注："入春常有两人沿门唱歌，随时编曲，皆新春吉语，名曰唱春。唱时轻锣小鼓，击之以板，板绘五彩龙凤，中书

---

① （清）钱泳：《履园丛话》卷一二，第331页。
② （清）杨懋建：《京尘杂录》卷五，上海同文书局光绪二十年铅印本。
③ （清）洪亮吉：《卷施阁文乙集》卷二《七招》，第283页。
④ （清）洪亮吉：《外家纪闻》，第262页。
⑤ （清）金武祥：《续忆补咏》。
⑥ （清）刘纶：《绳庵外集》卷五《重五唐湾竹枝词》。

四字,曰龙凤官春,俗传沿明正德御赐云。"①

唱春大致在每年春节前后及农村集市中最为盛行。艺人多为贫苦农民,忙时务农,闲时唱春糊口,大致有双档或单档两种,金武祥所言便为双档,即两人用本地方言敲打春锣沿门游唱。唱春艺人用的春锣,铜制,重2斤,象征二京(即明代两京),敲打春锣的硬木敲板,长13寸,象征明代十三省。敲板上书有"龙凤官春"四字,此外也有正面书"龙凤",反面书"朝皇"的,称"朝皇板"。唱曲称《春调》,为四个乐句组成的基本曲调反复结构,常以"新年新岁送春来"之类的吉祥词开唱。按习俗,唱春艺人上门,主人例须赏钱或者食物,如果不付报酬,可唱进屋中,直至内室,一直到获得赏钱为止。

宣卷是一种照宝卷念唱,一领众和的民间说唱艺术。明清两代,常州慈善事业发达,常有善堂刊刻宝卷用于劝善,目前保存的宝卷也以常州一地为最多,现存最早的宝卷刻本大致为乾嘉时期,此外还有大量的手钞宝卷。宝卷有着强烈的宗教性,内容原为佛教教义,之后扩展到神佛功德、民间传说、戏曲故事等类,以因果报应、孝悌劝善为主旨,故又有"劝世文"之称。宣卷有寺庙活动和民间活动两种,均称之为"坐夜"。寺庙活动主要在重大佛教节日举行,如观音诞等。民间活动一般在六月下旬或七月,一般由佛头或地方热心人士发起,经过一系列请佛、礼佛、诵经等仪式后,开始宣卷。由知书识字的人,照手抄本宝卷,用歌吟的声调来吟诵,间以说白。脚本每句七字,前六个字每二字为一拍,第七个字为一拍,全句为四拍,吟诵时每一拍有人敲一下木鱼,第一句开头声音较高,第二句由高到低,以后每两句的声调都和第一第二两句声调相同,每两句最后一个字是押韵,但两句并不讲究格律或对仗,每读完两句,下面众声齐颂"南无阿弥陀佛",周而复始。

滩簧源于民间山歌,常州自南北朝起,便已有吴歌流行,而清代更以德安桥山歌为著名。六月十九日传说是观音得道日,前一天晚上,善男信女便会携着香烛,聚在小南门外清凉寺作金钱布施。更有"缙绅大老、游侠少年,纨扇轻裾,炙脍割鲜,就锡山香船作竟日游"。清凉寺北的德安桥是河衢要道,桥高数仞,白石如砥。平时在夏夜便有很多人聚集,野老纳凉,说地谈天,不经人道。是日桥左右乡人赛山歌,前让后争,不欢而散。②此后,山歌直到发展为人物与故事的组合,进而衍变为一种新的艺术形式,即所谓滩簧。

常州府滩簧分常州滩和无锡滩,常州滩便起源于德安桥。随着滩簧的发展,又逐渐融合唱春、宝卷、花鼓戏等艺术形式,早期演唱者又经常身兼多职,演唱内容

---

① (清)金武祥:《续忆补咏》。
② (清)庄宝澍:《庄宝澍日记》,《晚清常州名贤日记四种》,凤凰出版社2013年版,第463页。

则大多反映农村日常生活及风土人情,形式十分简便。佼佼者渐渐变成半职业,每逢乡邻街坊红白喜事,滩簧便登门演唱。此后迅速向专业化发展,家中田少人多者和缺乏资本从事小商者,互相结合,四方流动演唱,不再受农事忙闲的制约,职业艺人开始出现。至乾嘉时期,滩簧开始在常州、无锡一代盛行。乾隆三十七年(1772),赵翼发现有"里中戏剧",写诗记述:"焰段流传本不经,村伶演作绕梁音。老夫胸有书千卷,翻让僮奴博古今。"①而这"里中戏剧"便是滩簧。此后,嘉庆十六年(1811),赵翼游小茅山庙会,记述他在庙会看滩簧春台(农民春作时用条凳木板搭成,可供演出)小戏时情景:"熙熙人共乐春台,二老相随笑口开。不比帷车避新妇,听他看煞子瞻来。"②滩簧还和当时流行的其他戏曲形式互相融合,如洪亮吉便称:"传来新调唱滩黄,分半吴姬束急装。八角鼓完三弄笛,十番弦索一齐忙。"③无锡人钱泳更描述了当时滩簧受欢迎程度:近来"视《金钗》《琵琶》诸本为老戏,以乱弹、滩簧小调为新腔,多搭小旦,杂以插科,多置行头,再添面具,方称新奇,则观众益众,如老戏一上场,人人星散矣。"④

随着滩簧的流行,传统文人以为其有伤风化,便开始建议地方政府查禁,道光三十年(1850),汪筠、余保纯、徐燮钧、赵忠弼等呈文常州府及阳湖县,称"淫戏败坏风化,滩簧为最,揣摩儿女私情,演唱闺房秘戏,男女杂坐,长夜聚观,妇女为之失节,子弟为之荡心",此后府、县下文永禁滩簧,"再有不法之徒演唱滩簧淫戏,务即扭解禀究"。⑤此后,政府又多次下令禁止,直至晚清以后,滩簧才又一次得到了发展。

---

① (清)赵翼:《瓯北集》卷五二《里中戏剧余多不知,问之僮仆,转有熟悉者,书以一笑》,第1346页。
② (清)赵翼:《瓯北集》卷五二《三月十八日檀桥门首同看小茅山香会经过》,第1334页。
③ (清)洪亮吉:《云溪竞渡词十二首》,第1270页。
④ (清)钱泳:《履园丛话》卷一二,第332页。
⑤ 转引自夏庐庆编:《毗陵曲坛掇录》,中国戏剧出版社1995年版,第95页。

常州史稿

近代卷

常州市地方志办公室 编撰

凤凰出版社

图书在版编目（CIP）数据

常州史稿 / 常州市地方志办公室编撰. -- 南京：凤凰出版社，2018.12
ISBN 978-7-5506-2883-0

Ⅰ.①常… Ⅱ.①常… Ⅲ.①常州—地方史 Ⅳ.①K295.33

中国版本图书馆CIP数据核字（2018）第233701号

书　　　名	常州史稿
编　　　撰	常州市地方志办公室
策　　　划	常州华双文化艺术有限公司
责 任 编 辑	汪允普
出 版 发 行	凤凰出版社（原江苏古籍出版社）
	发行部电话 025-83223462
出版社地址	南京市中央路165号，邮编：210009
出版社网址	http://www.fhcbs.com
印　　　刷	常州市武进第三印刷有限公司
	常州市武进区湟里镇村前街99号，邮编：213154
开　　　本	718×1005毫米　1/16
印　　　张	75
字　　　数	1385千字
版　　　次	2018年12月第1版　2018年12月第1次印刷
标 准 书 号	ISBN 978-7-5506-2883-0
定　　　价	580.00元（全三册）

（本书凡印装错误可向承印厂调换，电话：0519-83761576）

《常州史稿》编纂委员会

名誉主任 汪 泉 丁 纯
主　　任 徐光辉
副 主 任 方国强

主　　编 李亚雄
编　　委 （按姓名笔画排列）
　　　　　　丁　一　王　援　叶　舟　叶英姿　孙春伟　李亚雄
　　　　　　陈满林　邵　建　虞建安　臧秀娟　樊百成　鞠　烨

学术主编 熊月之
副 主 编 叶　舟　臧秀娟　邵　建

撰 稿 人 熊月之（导论） 黄建康、于成龙（第一编） 池桢（第二编）
周才方（第三编） 叶舟（第四、六编，历代地方官员）
吕扬（第五编） 葛涛（第七编第一、二章）
徐涛（第七编第三、四章） 高俊（第七编第五、六章）
赵婧（第八编第一章） 张生（第八编第二、三章）
何方昱（第八编第四、五章） 王援（第九编）
虞建安、华岩（第十编） 盛祖祥（第十一编）
王粉龙（第十二编） 吉英平、孙兵（第十三编）
朱海山、苑全驰（第十四编） 臧秀娟（大事记、书记市长表）

终审专家组（按姓名笔画排列）
　　　　王卫平　叶英姿　陈满林　邵　建　胡发贵

近园

未园

广济桥

飞虹桥

瞿秋白故居——城西瞿氏宗祠

张太雷旧居

唐荆川宅——八桂堂

费伯雄故居

吕思勉故居

清 唐宇昭 荷鹭图轴
（常州博物馆藏）

清 恽冰 玉堂富贵图轴
（常州博物馆藏）

contents 目 录

第七编 清后期

第一章 庚申之变：太平军与常州 ……………………………………… 003
 第一节 太平军占领南京与常州团练的兴起 …………………………… 003
 第二节 太平军攻占常州 ………………………………………………… 005
 第三节 太平军占领下的常州 …………………………………………… 012
 第四节 常州的收复与重建 ……………………………………………… 015

第二章 战后地方社会的重建 …………………………………………… 022
 第一节 保甲团练与基层建设 …………………………………………… 022
 第二节 水利建设与灾害救济 …………………………………………… 025
 第三节 义庄与善堂：社会保障网络的逐步完善 ……………………… 029

第三章 从洋务运动到清末新政 ………………………………………… 034
 第一节 盛宣怀与洋务运动 ……………………………………………… 034
 第二节 公车上书与常州举人 …………………………………………… 043
 第三节 立宪运动的勃兴 ………………………………………………… 045
 第四节 常州绅商与地方自治 …………………………………………… 052

第四章 辛亥革命与常州光复 …………………………………………… 057
 第一节 革命的先声：常州人与"苏报案" …………………………… 057
 第二节 反清革命运动的进一步发展 …………………………………… 061
 第三节 常州光复 ………………………………………………………… 068
 第四节 赵凤昌与中华民国初创 ………………………………………… 071

第五章 晚清常州经济 …………………………………………………… 077
 第一节 豆木钱典四大业 ………………………………………………… 077

第二节 土布业的繁荣与近代工业的初兴 …… 082
第三节 城市商业的复兴 …… 085

第六章 晚清常州文化 …… 088
第一节 传统学术的再次繁荣 …… 089
第二节 新技术与新事物的引进 …… 097
第三节 新知识分子的出现与新思想的传播 …… 100
第四节 新式教育的发展 …… 106

第八编 民国时期

第一章 民国时期的常州政治 …… 119
第一节 北洋政府统治时期的常州地方政治 …… 119
第二节 国民党与武进县政 …… 126
第三节 共产党与常州 …… 132
第四节 抗日战争在常州 …… 139

第二章 民国时期的常州地方建设 …… 157
第一节 自治时期的发展 …… 157
第二节 国民党统治时期的建设与发展 …… 167
第三节 民国时期常州的乡村建设 …… 184

第三章 民国时期的常州经济 …… 193
第一节 农村与农业经济 …… 193
第二节 民国初期工业的兴起（1911—1927） …… 201
第三节 大成奇迹与常州道路（1927—1937） …… 212
第四节 常州商贸金融业的发展 …… 219
第五节 战后常州经济的恢复与衰落 …… 228

第四章 民国时期的常州社会 …… 233
第一节 慈善机构的转型 …… 234
第二节 社会结构的变化与新兴阶层的出现 …… 242
第三节 近代常州的发展与上海 …… 249
第四节 民国常州社会生活 …… 255

第五章 民国时期的常州文化 …… 269
第一节 文化重镇 …… 269

第二节 教育发展 …………………………………………………… 291
第三节 文化事业 …………………………………………………… 310

清后期

第七编

第一章 庚申之变：太平军与常州

道光二十二年（1842）六月，英军攻陷镇江，常州震恐，郡城戒严，很多人躲到乡间避难。但总体而言，这场战争离常州人还比较遥远。所有人都没有想到，20年不到，一场更大的灾难降临到了常州城。咸丰十年（1860），太平军攻陷常州城，史称"庚申之变"，此后为期四年的战争，使得常州众多文献和古迹毁于战火，大量人口逃离家园。至同治三年（1864）被清军收复时，常州城内已是残破不堪，疮痍满目，然而在衰败之中也蕴含着日后重生的契机。

第一节 太平军占领南京与常州团练的兴起

清咸丰元年一月，以洪秀全为首的"拜上帝会"在广西金田起事，拉开了太平天国的大幕。此时清朝政府本已危机四伏，故矛盾一触即发，太平天国运动以摧枯拉朽之势席卷半个中国。咸丰三年二月十日，太平军攻克南京，旋即改名天京，定都于此，建立了与清朝对立的政权。

南京是两江总督驻地，江南政治、经济、文化中心。太平天国在此定都，引发了江南人心震荡，由此造成社会震动。占领南京之后，太平军又在短时期内相继攻克镇江、扬州，从上述地区败退的清军陆续撤往常州。清军为了堵截、围困太平军，在天京外围设立江南、江北大营，双方展开了持续数年的拉锯战。常州一夜之间成为前线，城内人心浮动，一片哗然。"时讹言繁兴，暴民群起为寇盗，常州之士未见贼而已成土崩势矣。"[①] 赵烈文在日记中称："连日贼警迭至，朝不谋夕，入室则相对涕泣，出外则惟闻太息……衣服器皿，典质恐后，向之所珍，今且弃掷，乱离未至，已觉憔悴难堪。"[②] 当时他雇一小舟如叶，装载城区眷属、行李，令送至新桥，竟索价30元。[③]

咸丰四年，为了减缓日益加重的治安压力，根据朝廷谕旨，常州地方官和士绅

---

① （清）庄毓鋐、薛绍元修：《武阳团练书》卷一，《中国地方志集成·江苏府县志辑》第38册，江苏古籍出版社1990年版。
② （清）赵烈文：《落花春雨巢日记》，《太平天国史料丛编简辑》第3册，中华书局1962年版，第26页。
③ （清）赵烈文：《落花春雨巢日记》，第34页。

们重新实施保甲制度，制定了《常郡实行保甲启》：认为"咸丰二年，因贼氛逼近，钦遵谕旨，城乡一例举行。而日久懈生，仍复虚应故事，甚且疑为无益。殊不知良莠不分，则良必为莠累。本年屡奉钦差大臣向及抚部院吉来札，称贼易服改装，四出勾结，愚民受其煽惑，往往陷入党中"，而如果"行保甲之法，则平日行为踪迹，著于薄籍，众所同知，遇有冤抑诬讦之人，牌甲长即可持门牌户籍，具其平日行止，据实申明，免提免究。而外来奸宄，及素行不端之徒，亦断不能匿迹闾阎，致遭扰害"。

具体办法一是确立保甲，"每十家为一牌，牌设一长，百家为一甲，甲设一长"，"如十家之中，有犯后条聚赌等事者，左右邻告知牌长，牌长转告甲长，甲长查访确切，轻者会商图董训惩，其抗违难化者，转白总局，送官究办。倘知情徇隐不告，左右邻及牌长甲长俱议重罚。至窝藏奸细，本人以通贼论，房屋入官，十家连坐"。二是填注户口。"挨户填注男妇姓氏、年岁、执业及仆婢姓名，并填左右邻姓氏，再由牌甲长详查无讹，填于十家牌，交董照填总册，送局呈县盖印，仍由董事赴局领回，分散甲长，悬挂各户门首。十家牌悬于牌长之门，户口册存县备查"。三是随时稽查。"绅户、大户稽查中户小户，大户绅户则互相稽察。牌长每日稽查，甲长则五日抽查"。另外"客寓寺观，最易藏奸。客寓则设循环簿，着令房主逐日登记，责成甲长不时查察。寺观须另择一人，专司查察之事，亦须每日稽查，其孤庙无人管理者，概行封锁"。四是防范盗贼。"遇有黑夜劫掠强徒，一经风闻，即鸣乱锣为号，各甲皆出救护。如获盗一名，解案公局，赏钱五十千。或当时不能擒获，乘其退而追尾其后，因而追还财物者，赏钱三十千。或能阴尾贼后得其踪迹，即能破案者，赏钱十千"。①

除了保甲之外，最重要的是兴办团练。所谓团练，是由地方士绅自发组织的民间武装，目的在于辅助官军护卫乡里。清朝统治者自清初起就禁止民间养马、制造并囤积兵器，当然更不允许民间成立地方武装。但在太平天国的打击下，清政府无计可施，遂一改旧制，三令五申要求地方组织团练，对抗太平军。在这种情况下，常州士绅积极兴办团练，以图自救。早在咸丰三年正月，原广州知府余保纯便率众于常州育婴堂设保卫局，"集诸绅为守御计"，"制旗帜，书'齐心杀贼'，分给厢乡"，这是常州兴办团练之始。同年四月，南京、镇江陷落后，在城绅士前任浙江布政使汪本铨、赞善赵振祚和拣选知县董贻清等根据朝廷的命令，以保卫局为基础，开始举办团练局，总局设在龙城书院，城内外各坊厢共建团练分局十四处。在资金方面，"请下藩库钱万九千修浚城濠，富民钱若干千支局用"。② 团练局的主要负责

---

① （清）余治：《得一录》卷一四之二，《近代中国史料丛刊》三编第911册，台北文海出版社2003年版。
② （清）王铭西：《寇变纪略》，《光绪武阳志余》卷五之四《兵事下》，《中国地方志集成·江苏府县志辑》第38册，江苏古籍出版社1990年版。

人都是有影响力的士绅，"择绅耆有威望者主之，在乡各举其董事廉干者为长始捐资行团练"，如赵达保、管晏、吕耀斗、杨金鉴、承越、吴容光、胡文澜等均为团练负责人。

民团主要由洲勇、亲兵、练勇、帮勇构成。所谓洲勇，是武进与丹阳、丹徒三地交界太平洲民，是常州民众中最为勇悍好斗者。亲兵则是从洲勇中挑选出来的精英。帮勇是河运水手漕帮的成员，练勇是常州本地近乡的农民。① 当时练勇每厢大约1000人，加上乡间团练，各勇总数应该在四五万人以上。各个坊厢的分局都设在"各城门水关并各要隘处"，②"每街每巷皆设栅局，周巡中夜，有急非符验不达"，③"每当更阑人静，各坊团练出队巡查，汪本铨、赵振祚及各绅士等或佩刀骑马，或荷戈步行，往往身先督率"。所以这个团练"虽未能敌贼，而以诘奸盗颇有余"，并多次因为抓住"贼党"而受到表彰。④

常州团练还试图与太平军直接交锋，争城夺地。咸丰四年二月，河北人黄济舟向汪本铨出谋划策，建议他率兵出击。汪本铨得到了时任浙江巡抚黄宗汉20000两白银的资助，江阴和无锡、金匮三县资助5000两，再加上汪本铨自己出资10000两，共35000两，由黄济舟招募淮徐河南人3000余人，开始筹划收复镇江。三月初三日，团练黄学川率先登上北固山，准备强攻镇江。太平军守城部队发现异常情况后，先是鸣放枪炮示警，继而向团练发动攻击，黄学川无力应战，只得率部撤离北固山，奔袭镇江之举就此失败，汪本铨因此郁郁而终。⑤ 他招募的3000余人便冠之以武勇的名号，划归团练局，由赵振祚负责指挥。赵振祚和举人赵起开始全面负责团练事宜。

虽然常州地方士绅、地方官府、两江总督衙门及江南大营均期待团练能够在阻遏太平军的攻势之中助清军一臂之力，但是随着太平军再次打破江南大营，江南形势为之一变。

第二节 太平军攻占常州

自太平军与清军围绕常州展开攻防，直至咸丰十年常州被太平军攻占，其间形势的发展经历了几个阶段。太平天国定都天京之后，清军随即建立江南、江北大营

---

① （清）庄毓鋐、薛绍元修：《武阳团练书》卷一。
② （清）怡良：《常州知府办理团练保卫出力官绅先请后优奖励一折》，《两江总督怡良奏稿》，《四库未收书辑刊》第2辑第25册，北京出版社1997年版。
③ （清）庄毓鋐、薛绍元修：《武阳团练书》卷一。
④ （清）怡良：《常州知府办理团练保卫出力官绅先请后优奖励一折》，《两江总督怡良奏稿》。
⑤ （清）庄毓鋐、薛绍元修：《武阳团练书》卷一。

对之进行围困。在这种情况下,常州府城内外经历了短暂的慌乱之后,渐趋稳定。团练的编成,更使地方士绅对掌控局势增加了信心。然而相对平稳的局势仅维持了约三年,咸丰六年四月太平军首次打破江南大营,使常州的局势再次骤然紧张。随着两江总督衙门移驻常州,常州遂成为清朝与太平天国进行军事、政治斗争的第一线地区。

两江总督衙门移驻初期,人心惶惶,人们大量出逃,社会秩序极其混乱,清朝在常州的统治大有朝不保夕之势。但是年八月,太平天国最高领导层之间的矛盾激化,演变成血腥的"天京事变",大量太平军自相残杀,一时无力发动新的攻势,从而使清军赢得了喘息的机会。在此期间,清廷任命何桂清接替怡良出任两江总督,同时在丹阳重建江南大营。这些措施对于暂时稳定常州局势发挥了作用。

何桂清到任后,征调重兵布防常州西北、西南,积极协助重建江南大营,使常州与丹阳形成掎角之势,互为奥援。此外,他进一步增强地方团练的实力。为了加强对团练的控制,还委派亲信、前按察使查文经参与指挥。江南大营与江北大营再次围困天京,并多次发动攻击。民户外逃的现象得到遏制,部分已外出避难的士绅、乡民陆续返乡,社会秩序有所恢复,民生也渐趋安稳。

咸丰七年,张国梁收复镇江,太平军在南京坚守不出,人们以为战事会越来越向清廷有利的方向发展,紧绷的神经开始松弛下来,常州城内又是一片升平景象,何桂清"征歌筵宴",甚至强夺民人妻子为妾。① 当时在常州僧寺读书的李鹤章曾回忆城中"管弦歌舞之盛,若不知祸乱之将至者"。② 同时,常州团练内部也发生矛盾,何桂清的门生赵曾向因与赵振祚不合,借助何桂清的势力另设团练局,以前按察使查文经为首,知府平翰等均赴新局办事。团练分裂,为日后城破埋下了祸根,赵烈文听知此事后便十分愤慨,以为"此危在目睫,司局者进无尺寸之柄,退则家族不保,訾议丛生,积毁销骨,无益桑梓,而大害切身。是从井救人之类,仁者所不为"。③

这种短暂的和平并未维持很长时间,太平天国逐渐从"天京事变"中恢复过来,制订了新的军事部署。陈玉成、李秀成等脱颖而出,担负起指挥军事行动的重任。咸丰七年,洪秀全授李秀成、陈玉成等执掌军队之权。咸丰八年,李秀成召集军事会议,谋划反击清军进攻,纾解天京之围。八月,他与陈玉成合力击破江北大营;十月,又合力全歼湘军李续宾部。次年,洪秀全封李秀成为忠王。李秀成取得的一系列军事胜利,使两江总督衙门陷入不安,常州的气氛也紧张起来。同年,团练头

---

① (清)王铭西:《寇变纪略》。
② (清)李鹤章:《白鹤庵记》,(清)庄毓鋐、陆鼎翰等修《光绪武阳志余》卷四之一《祠庙上》。
③ (清)赵烈文著,廖承良标点:《能静居士日记》,岳麓书社2013年版,第135页。

领查文经命令练勇将城墙附廓一带的民房尽行拆毁，重新修补城墙，准备抵御李秀成部的进攻。

针对太平军的新动向，清军先发制人。咸丰十年初，江南大营调动兵力赶赴天京外围，企图强化包围态势。李秀成决心攻下江南大营，彻底解决天京受围的问题。他率军离开天京，接连攻克安徽广德，浙江安吉、长兴，并亲率少数精锐部队突袭杭州。江南大营闻讯后分兵驰援，李秀成与诸将利用这个机会向大营发起攻击。闰三月初三日太平军攻克句容。十五日再次打破江南大营，天京转危为安。李秀成与太平军领导层决定，乘胜全歼江南大营清军，夺取苏南、浙江，建立新的根据地。李秀成率军向丹阳进发，二十九日即告攻克。在战斗中，清军高级将领——帮办军务、江南提督张国梁与湖北提督王浚等丧生。三十日，江南大营主帅和春等十余人由武进逃至常州，全城震动。

早在二月十八日，李秀成率军从杭州向皖南进发时，和春便传檄广西提督张玉良急速驰援，但张玉良一向听从何桂清之命，并不服从和春的调遣，直到闰三月初四日方率部抵达常州。此时，李秀成部已开始攻打江南大营的外围据点。何桂清明知江南大营对于援军望穿秋水，却截留张玉良于常州，不让其继续进发。与此同时，他还以加强常州防务为由，从江南大营周围向常州调兵。何桂清的举措造成了严重的后果：一方面，使江南大营军心动摇，形势更为危急；同时使常州驻军人满为患，兵虽多却畏战，一味扰民。

当时，常州近郊已零星出现太平军的身影，警报迭起。府城大门紧闭，团练千余人荷枪实弹，登上城墙防守。入夜，练勇不断鸣枪示警，城内人心惶惶。此时，江苏布政使王有龄率威武振军千余人来常，何桂清遂奏请王有龄留常帮办军务。王有龄命威武振军登城守御，协同团练会防。太平军攻克丹阳后，张玉良率领败军从奔牛返回常州后，据城死守。他以安营为名，下令将城外五里内的民房全数毁弃。一时间，城内外火焰四起，流民塞途。和春率十余人逃回常州后，何桂清惊慌失措，斗志皆失。他无心守城，萌生去意。有人向他建议以筹集粮饷为由，出走苏州，此议正中何桂清之意。何桂清上奏朝廷声称：军务归和春督办，自己赴苏州筹饷。闰三月三十日，他秘密约集亲信将领，准备率亲兵离开常州。何桂清要离开常州的消息一经传出，立即引起极大恐慌。士绅、乡民数千人集结于元丰桥下，执香挽留。何桂清等不得脱身，恼羞成怒，遂命亲兵强行开道。当日，何桂清未能脱身。次日，他一面布告全城，宣示恪尽守城之责；一面却换上便服，骑马向政成桥而去。抵政成桥后，他登上早已预备好的小船，逃往苏州。李秀成大军压境、人心汹涌之际，两江总督率先弃职出逃。受此影响，常州知府、武进及阳湖知县等也纷纷弃官潜逃，另有一些官员出城向太平军投诚。而曾在城外放火焚毁民房、搭建营帐，放言死守常州的张玉良所部，竟然也迅速撤离了。

　　清朝官僚、清军将佐相继逃离危城，只能诘奸盗而不能破贼的团练成了守卫常州城的唯一武装力量。士绅、乡民共推尚在城内的通判岳昌暂时署理常州府政务，典史孙琪暂署武进县事，通判樛欢布为团练主帅。常州府城门紧密，团练开始紧急募集兵员、调集物资，准备顽抗。四月初一日，团练首领赵曾向命令城内商铺每店三人中出两人、民户每户三丁出一丁，以充实团练。新募集的练丁，以能开弓射箭者为正兵，食双饷，承担作战任务；不能者为副兵，食单饷，从事军事辅助工作，如守更、搬运器械、运送饭食等。共募得正兵5000余人，副兵3万余人。城外涌入城内避难的数千百姓也被征入团练，以壮声势。除了临时强募练丁，团练首领还强制搜集各类物资，以备守城之需。民户、商铺，乃至主官逃离的衙署，均成为团练搜集物资的对象。

　　虽然团练首领决心抵挡太平军，然而实际上困难颇多。仓促间所募集的数万练丁，绝大多数是没有接受过任何军事训练的平民。依靠这些人来抵挡历经战阵的太平军，并无胜算。正当城内混乱之时，太平军于四月初二日抵达常州城下。攻向常州的太平军以忠王李秀成为首，辅王杨辅清、侍王李世贤亦统兵分路挺进。城外清军稍事抵抗，即在张玉良率领下撤往无锡。赵振祚见大势已去，出城至石堰，企图纠合乡间民团再行反攻。但他被乡民围困，投水自尽未果，终为乡民所杀。太平军抵达城下当日，曾试图诱开小北门，但数十骑突入后，即遭团练包围，悉数被杀。而城内也有企图策应太平军入城者，亦为团练觉察而遭杀害。初三日，太平军完成了对府城的包围态势，先将劝降书射入城中，表示若城内献出20万银，则全军越城前往无锡；若不愿献银，城内人马可由东门退出，太平军保证不乘势追杀。守城团练对此不予理会，并诛杀试图向太平军投诚者。太平军开始攻城，团练从城墙上施放火炮，并砸下滚木礌石，持续至夜晚，太平军未能破城。

　　四月初四日，太平军加强攻势，许多士兵使用了新式洋枪。城内团练也开炮还击，多次击退对方。正当双方鏖战时，突然大雨如注，攻守两方火器、衣衫尽湿，苦不堪言，遂相率罢兵。次日，雨停，太平军恢复攻城。团练释放数百名囚犯，编入守城队伍。四月初六日，太平军发起猛攻，数万将士攀云梯攻城，城上则砸下滚木、石灰等。正午时分，小南门首先被攻破，不久其他各门也相继失守，大队太平军冲入常州城内，团练与之展开巷战，但旋即溃散。午未间，太平军攻陷常州，赵起与全家33人在城破后跳约园内池塘自尽。初八日，李秀成在亲随护卫下来到常州。当时常州"留储海运京仓米三万石，局备守城米亦万余，粮台府库储银无虑七八十万两，火药数十万斤，攻战器械具备"，尽为太平军所缴获。①

自四月初一日太平军围城起，近郊的团练即不断向其发动进攻，以期支援城内团练，解常州之围。直至初七日，丰东乡团练不知城破，仍在监生陆森保率领下攻打太平军，且一度得手，但终究为太平军所败。随着常州被太平军攻破，经营数年的城乡团练组织遭到了毁灭性打击。太平军入城之际，除团练成员大量死于战斗，普通居民亦伤亡惨重。其中，一些人为战火所伤，另有一些人则选择了自尽，而举家自尽的现象亦非个别。据战后统计，此次守城及巷战死者近2万人，其老弱男妇自焚自溺自缢者亦不下2万人，而常州全城死于此役者在6万人以上，其中有名有姓者44877人。②

闻听常州城破后，周腾虎即代江苏巡抚徐有壬上起草弹劾何桂清札。③不久便得上谕："何桂清自丹阳失守，即已胆落，立思逃避，经常州绅士涕泣慰留，乃何桂清突开东门而出，其绅民耆老跪留者竟被兵丁击伤多名。追避至常熟之十里亭，所带亲军在彼放火劫掠。种种情节，实出情理之外。何桂清自丹阳失守以后，既不能固守常州，阻遏凶锋，以总督重臣，辄思逃避，且于士民涕泣挽留，尚忍心害理，击伤多人，以冀脱逃，纵容亲军放火劫掠，震动地方。现在常州绅民尚能登陴固守，而该督节节退守，置地方民生于不问，实属殃民误国。何桂清著即拿问，交徐有壬派员押解来京，听候审讯。"④

何桂清不战不守，临难而逃，导致常州失守，使整个战略格局迅速扭转，苏州等地立即不保，清廷更失去了赖以生存的财赋来源，其罪责可谓重大。可是徐有壬死后，何桂清亲信薛焕继任江苏巡抚，侨设官署于上海，何桂清得到薛焕的庇护，虽有革职拿问的命令，但仍一再奏请准许何桂清留营效力。同治元年四月，李鸿章就任江苏巡抚后，立即逮捕何桂清，解送北京。何桂清却先已"潜令心腹，以重赀入都，遍馈要津，凡有言责者，鲜不受其沾润。自谓布置停妥，放胆而行，于同治元年春到京"。⑤是年五月，入刑部监狱，"承办秋审处刑部直隶司郎中余光倬，常州人也，实司谳，引封疆大吏失守城池斩监候、秋后处决律，谓何桂清击杀执香跪留父老十九人，忍心害理，罪当加重，斩立决。爰书既定，诏大学士六部九卿翰詹科道会议，皆如刑部谳。谕旨复以何桂清曾任一品大员，用刑宜慎，如有疑义，不

---

① （清）王铭西：《寇变纪略》。
② （清）庄毓鋐、薛绍元修：《武阳团练书》。
③ （清）沈守之：《借巢笔记》，江苏省立苏州图书馆《吴中文献》小丛书，民国二十九年铅印本，第23页。
④ 《清文宗实录》卷三一七咸丰十年四月乙酉，中华书局1987年影印本。
⑤ （清）沈守之：《借巢笔记》，第29页。

妨各陈所见"。"大学士衔吏部尚书祁文端公隽藻为之首，疏引仁宗睿皇帝谕旨，刑部议狱不得有加重字样为辞"。"又有工部尚书万青藜，通政使王拯，顺天府尹石赞清，府丞林寿图，九卿彭祖贤、倪杰，给事中唐壬森，御史高延祜、陈廷经、许其光、李培祜等，或一人自为一疏，或数人合具一疏"。① 在这种情况下，清廷命令曾国藩查复。这些人维护何桂清有相当程度上是为了遏制曾国藩湘系势力扩张，曾国藩自然不会放过这个机会，他在奏折中直言："疆吏以城守为大节，不宜以僚属之一言为进止；大臣以心迹定罪状，不必以公禀之有无为权衡。"② 十二月十七日，何桂清被弃市。何桂清被杀后，反对诛杀何桂清的朝官，虽对曾国藩无可奈何，但对余光倬进行了报复，"旋摭他案劾之，撤销记名御史暨京察一等，竟废不复用"。

太平军进攻常州时，在常的官吏、清兵几乎逃走一空，顽强抵抗太平军的是常州士绅和团练，这一点特别被曾国藩所看重。第二年（1861 年），曾国藩特别给清廷上了一篇"举贤疏"：

去年常州之陷，守土官吏皆去，该郡士民尚能婴城固守，与贼鏖战。城破后，各村镇团练拒贼，如无锡荡口等镇，至今尚与贼相持不懈，其中必有二三贤智，为之倡率。臣闻该郡素尚节义，其士子好读书稽古，研究事理。臣所知者，有候选主事周腾虎，疏通知远，识趣闳深；候选同知刘翰清、监生赵烈文，博览群书，留心时事；监生方骏谟不求闻达，行谊卓然；蓝翎六品衔监生华蘅芳、议叙从九徐寿，研精器数，博涉多通。此数人者，若令阅历戎行，廓其闻见，必可有裨军谋，蔚为时望。自常熟沦陷之后，诸人多已远辟，周腾虎在浙江，刘翰清在山东，方骏谟在河南，其余尚在本籍。应请饬下各省抚臣访求，咨遣前来。俟到臣营数月之后，臣悉心查看，再行出具考语，奏请皇上量材录用。③

他推荐常州人周腾虎、赵烈文、刘翰清、方骏谟、华蘅芳、徐寿等到其军营历练，增长才干，以便清廷日后使用，很快得到清廷批准，这些人日后大都成为其下属的重要力量。薛福成在《叙曾文正公幕府宾僚》便称，仅武进阳湖人在曾氏幕府者中便有所谓"从以治军书，涉危难，遇事赞画者"22 人中"渊雅"之方骏谟元征，"以他事从公，邂逅入幕，或骤致大用，或甫入旋出，散之四方者"22 人中隽辨之周腾

---

① （清）薛福成：《书两江总督何桂清之狱》，《庸庵全集·海外文编》卷四，《续修四库全书》第 1562 册，上海古籍出版社 1995 年版。
② （清）曾国藩：《查复何桂清退守折（同治元年八月二十九日）》，《曾国藩全集》奏稿三，岳麓书社 1987 年版，第 2595 页。
③ （清）曾国藩：《保奏周腾虎等片（咸丰十一年十一月二十五日）》，《曾国藩全集》奏稿三，第 1768 页。

虎韬甫及"以宿学客戎幕，从容讽议，往来不常，或招致书局，并不责以公事者"21人中阅览之刘翰清开生、赵烈文惠甫等人。① 此外还有如盛康、庄赓良、恽祖翼等，他们及其后人对战后的常州乃至整个近代中国产生了深远的影响，其中尤以赵烈文和周腾虎在当时最为著名。

周腾虎（1816—1862），原名瑛，字韬甫，周仪昀子。他天赋聪明人，但因厌薄科举，屡试不第。后改习实用经世之学，通晓古今史事。道光二十八年（1848）上书《两淮盐说》，建议盐税改革，被两江总督采纳，令其集商倡行，获重利。他上书言事"洞悉利弊，多有创见"，曾被曾国藩等赏识。侍御宗稷辰有"海内贤才，以腾虎和左宗棠齐称"之赞誉。咸丰初期，朝廷下令举荐人才，他与左宗棠同被曾国藩举保征召入京。不料行前母卒未成，左宗棠后来飞黄腾达。咸丰四年，他居雷以諴幕，雷以諴时以刑部右侍郎在扬州帮办军务，因练勇需饷，周腾虎为其建策，居货及一金者取其厘一，被采纳，厘金制度即始于此。咸丰十年，他在苏州协助巡抚徐有壬举办团练。苏州城破，巡抚自刎身亡，他侥幸逃到上海。次年再被曾国藩举于朝廷，在曾幕襄助军事机要，来往皖沪之间。因其极得曾国藩信任，再加上本人恃才傲物，故颇受旁人嫉恨。同治元年（1862），有人上奏，诬告周腾虎"长于持论，而心术不端"，"在沪颇近招摇"，并"与通贼之藩司林福祥交好"，② 上谕令其回籍。曾国藩无奈，让其避于沪上。周腾虎郁忿交加，不久便在上海突发痢疾病逝，年仅47岁。③

赵烈文（1832—1893），字惠甫，号能静居士。少时即有学名，声誉渐甚，三应省试不第后，便与同邑赵振祚、周腾虎、刘翰清、方骏谟等探研经世之学。咸丰五年，赵烈文与龚橙应周腾虎之邀，从常州赴江西，始入曾国藩幕。咸丰六年二月，初次见面的曾国藩让赵烈文参观樟树镇大营，赵烈文直接称陆军营制甚懈，军气已老，恐不足持，令曾国藩不悦。正当此时，赵烈文得信，知母疾，随即辞行。三日后，樟树大营果溃败。曾国藩找到赵烈文追问原由，赵烈文仅以不幸而中为由谢辞。咸丰十一年七月，赵烈文重入曾国藩大营。八月初九日，他连夜作著名的《上曾涤生大帅书》，纵论天下大事及与太平军作战战略。称太平军"足以病我而不足以倾我也"，捻军"足以乱我而不足以病我也"，惟"西夷志在不小"，"国家之患，无有甚于是者"。又称"外交事宜，应遣使如汉宋故事，庶得其要领"，分驻各国使节，实创议于此。④ 曾国藩阅后叹服。同治元年后，赵烈文长留曾国藩幕府。他治学无所不窥，尤长"夷务"，在曾诸多幕僚中最受器重，常参与重大机要活动。多次亲临战场，为攻占安庆、天

---

① （清）薛福成：《庸庵文编》卷四，《续修四库全书》第1562册，上海古籍出版社1995年版。
② 《清穆宗实录》卷二八同治元年五月乙未。
③ （清）金安清：《周征君传》，周腾虎《餐勺华馆遗文》卷首，光绪三十一年刻本。
④ （清）赵烈文：《能静居士日记》，《太平天国史料丛编简辑》第3册，第190—199页。

京出谋划策。一切重要文书、函札往来大都出于其手。清同治三年太平军败,他曾在南京夜审李秀成。战后,他甘居平淡,只是短暂出任知州一职,不久便辞官移居常熟,筑屋颐养晚年。同治六年六月二十日,他曾和曾国藩有过著名的夜谈,宣称:"天下治安,一统久矣,势必驯至分剖,然主威素重,风气未开,若非抽心一烂,则土崩瓦解之局不成。以烈度之,异日之祸,必先根本颠仆,而后方州无主,人目为政,殆不出五十年矣。"①日后中国政局果然不出他所料。他撰有《落花春雨巢日记》《庚申避乱日记》及《能静居士日记》等,这些日记对研究近代历史有着十分重要的价值。

第三节 太平军占领下的常州

太平军攻占常州前后,江南的苏锡常地区相继归属。咸丰十年(1860)三月,李秀成所部攻下苏州之后,以其为省会,建立了苏福省。太平天国对清朝的地方政权建置进行了改动,由道、府、县三级改为郡、县两级。苏福省共设四郡二十六县,其中常州郡郡治为武进、阳湖,辖八县:武进、阳湖、抚锡(即无锡)、金匮、宜兴、荆溪、江阴、靖江,其中靖江一直为清军所占据。②由于苏福省一带是太平军与清军展开激烈拉锯战的地区,因此李秀成对苏福省采取了军事管制的行政措施。常州郡与其他三郡相同,由太平军实行军事占领。郡城的驻军最高将领称为佐将,也是最高行政长官,同时设总制以为辅佐,另外还设监军,由本县人担任。常州郡的第一任佐将为"谒天义"陈志书,"伪谒天义踞城中,建总制、监军等伪官,出伪示拨使催贡"。③此后,李秀成的亲信部将、常驻苏州负责苏福省民政事务的陈坤书率军到常州为佐将,旋即被天王封为护王。④护王府设在今常州局前街毛家弄,系利用原阳湖县衙门改造扩建而成。此外志王陈志书王府在今南大街青云坊口,烈王费天将王府在局前街,福王洪仁达王府在北直街张家弄老宅,圣库则在县学街赵宅(即赵熊诏宅)。

在郡、县两级建立政权后,太平军向乡村派遣乡官,乡设军帅、旅帅、司马、百长,立卡抽厘,招书吏造册征钱漕",⑤试图按照军事组织的形式管制乡民,目的在于摧毁清政府在基层的力量,代之以天国对乡村的控制。乡官担负着协调秩序、维持地方安宁的责任。他们编查户口,颁发门牌,还处理民间词讼。太平军从乡民中选任

---

① (清)赵烈文:《能静居士日记》,第411页。
② 华强:《太平天国地理志》,广西人民出版社1991年版,第111—112页。
③ (清)王铭西:《寇变纪略》。
④《幼主诏旨》,金毓黻等编《太平天国史料》,开明书店1950年版,第107—108页。
⑤ (清)王铭西:《寇变纪略》。

的乡官，不一定在地方上具有威信，因此引发了诸多矛盾，如无锡、金匮的乡官"既得贼势，衣锦食肉，横于乡曲，昔日之饥寒苦况，均不知矣"，①常州"伪乡官类多无赖，里魁惟黄肇昆、张仲远尝为民请命，民多德之，肇昆后仍举为乡董，仲远以弹压道过之贼，夺所虏乡民，为贼所戕"。②

太平天国又采取了一些恢复秩序的措施：一是规定蓄发。施建烈在《纪无锡县城失守克复本末》中便称："吾境诸乡皆蓄发。"③二是"男女分行"。每占领一个城市，对居民实行"分别男女设馆，不许同室"，并严立"奸淫之禁"，违令者"鸣锣示众"，枭首游行。这种废除家庭生活的做法在任何文明社会中都是行不通的，所以"有今日立馆明日便散者，有早晨设馆午后旋逐者"，④最终女馆只得撤销。三是严禁鸦片。天国治下，一律严厉禁烟，非惟鸦片，黄烟亦在取缔之列。一时间，常州城乡烟馆绝迹，风气大为改良。四是开科取士。咸丰十一年正月，护王在郡城"开科取士"，为天国延揽人才。郡考取者称为莠士，赴天京再考而中者称为约士，武进、阳湖两县共产生约士4人，"徐、包、杨、汪其姓也，徐本孝廉"。⑤

太平天国定都天京时曾颁布《天朝田亩制度》，企图用平均主义的办法解决农村土地问题，但实际上根本没有实施，沿用的仍是原来的交粮纳税政策。苏福省刚刚成立之时，曾于咸丰十年九月二十四日颁发《天王诏旨》，称："朕诏苏福省及所属郡县四民知之……朕览秀胞本奏，历述苏省所属郡县新附四民，前经胡妖抽捐抽税，竭尽尔等脂膏，厚敛重征，同天打斗。……朕又念前时天兵征剿，尔等四民畏惧天威，抛弃家产，今虽欣然就抚，各安农业，际此新天新地之期，未有余一余三之积。朕格外体恤民艰，于尔民应征钱漕正款，令该地佐将酌减若干。庶尔民得薄一分赋税，即宽出无限生机。"⑥但常州地区一直是清政府重要的赋税来源地。政权易手后，太平天国当局自然也非常重视从此地征调钱粮、征收赋税，再加上天国的军事、行政，以及天王、诸王的日常开支浩大，而财源却极为有限，因此一旦掌握苏福省之后，只有设法强化税赋、钱漕的征收。早在咸丰十年五月，苏福省成立不久，无锡金匮便"着军帅、旅帅……遍造烟户人丁册，刊发门牌……令农民不分业、

---

① （清）佚名：《平贼纪略》，《太平天国史料丛编简辑》第1册，中华书局1961年版，第324页。
② （清）王铭西：《寇变纪略》。
③ （清）施建烈：《纪（无锡）县城失守克复本末》，中国史学会编《中国近代史资料丛刊：太平天国》第5册，第253页。
④ （清）潘钟瑞：《苏台麋鹿记》，中国史学会编《中国近代史资料丛刊：太平天国》第5册，第284页。
⑤ （清）庄毓鋐、陆鼎翰等修：《光绪武阳志余》卷五《兵事》。
⑥ 《天王诏旨》，中国科学院历史研究所第三所近代史资料编辑组编《太平天国资料》，科学出版社1959年版，第3页。

佃，随田纳款"。① 此时还是不分主佃，由实际耕种人负责缴纳钱漕。但到了次年五月，太平天国在无锡正式设局征收钱粮，"黄和锦升伪济天义，责乡官设局征钱粮，伪董贪缘。无锡由伪监军小面华二局设堰桥，金匮由伪监军黄顺元局设东亭，凡刑名钱谷事皆理之"。② 南京市文物管理委员会保存着一件《锡金在城赋租总局经董薛布告》称："照得本局董事前奉济大义委办锡金局董，总埋在城银漕租务。现蒙老大人暨左一文经政司吕大人面谕：以锡金住城各业户完赋无力，本阁业经示谕佃农照常输租，抵办钱粮在案。兹值年岁丰稔，新谷现在登场。除已另行晓谕各佃赶早还租外，惟钱粮如此紧急，因何至今尚未完纳？速即查明各业完粮花户银数，定限五日内汇造菁册开呈，准其陆续完纳，切勿稍有遗漏，等谕。"可以看出，至此已经又回到原来由地主收租完粮的方式。这个政策的变化导致了四乡佃农的不满，而且赋租总局还要求按十成足额取租，更引起轩然大波，"于是城业议设总仓厅于四门外，以便各佃户就近还租，公举薛某总董其事。出传单招各业主，将租册送仓厅者，代完粮收租。因照足额，以至各佃户聚众拆毁而废。后归各业自行到乡收租，大抵半租而已"。咸丰十一年十二月，无锡东乡安镇四图庄有顾姓农民聚众抗租，黄和锦派兵弹压，伤顾某，"贼烧村落，邻村无害，旋为伪乡官调停，一律还租"。③

在商业方面，太平天国最初征取商税，"商民市肆分大小，每日纳款百钱至千钱，任其苛派，五日一缴，入监军局"。④ 不久，太平天国让所辖各地仿照天京的模式，没收城内的店铺作坊，换上"天字号"的招牌，全部成为太平军的官营商业。曾有一首诗记述当时常州的情况："不是长毛不入城，城中开店不相争。假留一点存仁处，不嗜杀人各幸生。"其下小注云："近日常州有信，长毛并不杀人，非长毛不得入城。城中绅富或移居乡间，或移居他处，其房屋皆伪居，并未烧毁。城中各色店皆开，甚觉热闹。"⑤ 所谓"不是长毛不入城"，即非太平军不得入城。"城中各色店皆开"，是指太平军开设的商店。"城中商店不相争"，是指商贾不得进城开店竞争。⑥ 从现存护王陈坤书护殿花名册中也可以发现当时太平军护殿人员有些是经商的，如"护殿前一队右营……汪馆"的朱大考名字上就写明"开店"，又"护殿前一队理天义"的武正军政司汪某就经理"豆腐店馆"，这个馆中的金长发是"书士"，他"管文务并店内账目"，而同馆的霍大金、霍大保则注明是"豆腐匠"，"文军政司黄子渠"

---

① （清）佚名：《平贼纪略》，第267页。
② （清）施建烈：《纪（无锡）县城失守克复本末》，第254页。
③ （清）佚名：《平贼纪略》，第281页。
④ （清）佚名：《平贼纪略》，第277页。
⑤ （清）归庆枏：《让斋诗稿》之《七月杂咏》，南京图书馆藏稿本。
⑥ 郭毅生：《太平天国经济史》，广西人民出版社1991年版，第389页。

姓名则注明"现在北门生理并管账目",还有一些注明是"店使"或"生意",均说明这些护殿人员同时也负责太平军公营的商业。公营商业容易让各地佐将和属僚从中取利,陈坤书日常起居豪奢与此有关,传说其行贿获得王位,也恐非虚言。而对于城外的私营商业,太平军则是采取鼓励态度,并发给商凭。如金匮县《黄兴和头绳花布店商凭》便载有:"颁给商凭以裕国课而利民生事……仰黄兴和收执此照后,一切货物务须公平交易,既不得奇货可居,亦不得高抬市价,如敢垄断渔利而有害民生者,准尔铺户指明禀究。凡是置办货物,尚下客商,尤须询明来踪去迹,不准容留匪类,自贻后悔。"① 随着这些措施的实施,商业得到了一定复苏,如张绍良从常州赶赴新安镇,记述途中情形称:"抵焦垫镇,市中极形热闹……饮茗后即赴新安,至镇,其热闹十倍于前。"②

此外,常州作为工商业发达之地,也是太平天国征收各类捐税的重点地区,当局征收的捐税主要包括厘金、门牌费、烟灶费、红粉捐、局费、海塘捐、柴火捐、田捐等。上述捐税主要用于各项军政支出,除厘金、门牌费之外,均随田亩摊派。③ 太平军各级将官中不乏通过横截捐税而发财致富、耽溺于享乐者,客观上为其最后的失败埋下了隐患。

第四节 常州的收复与重建

咸丰十年(1860),清政府与英、法、俄订立了《北京条约》,标志着第二次鸦片战争结束。列强开始从军事上扶植清政府,共同对付太平天国。同治元年二月,李秀成率军攻打上海,引发恐慌。在上海的江浙士绅与外商联合成立了"中外会防公所",向英法驻上海领事馆提出军事干涉的请求,同时请求曾国藩派兵前来上海,击退李秀成所部。上述请求均得到了积极回应,英、法外交机构允诺向清军提供近代化武器装备,曾国藩则派遣李鸿章率淮军奔赴上海,解救危局。与此同时,一支由美国人华尔指挥的武装——洋枪队也建立起来了。洋枪队的成员大多为华人,使用洋枪洋炮,各级指挥官大多由外国人充任,最高指挥官为华尔。洋枪队装备新式武器,采用西式训练,接受外国人指挥,人数多达6000人,战斗力很强。而淮军也在短时间内更换了装备,基本使用洋枪洋炮,作战能力今非昔比。在这两支队伍的夹击下,李秀成只得撤出上海周边。

---

① 转引自罗尔纲《太平天国文物图释》,《罗尔纲全集》第4册,社会科学文献出版社2011年版,第152页。
② 张绍良:《蒙难琐言》,中央民族学院藏抄本。引自郭毅生《太平天国经济史》,第398页。
③ 董蔡时:《太平军在常州》,《常州古今》第2辑,内部出版物,1981年,第187页。

同治二年（1863）十月二十四日，苏州被淮军攻取后，常州成为太平天国在苏南的最后一片疆土。东线由李鸿章督率的淮军与戈登的"常胜军"乘胜进军常州，西线镇江已为清军所据，天京岌岌可危，根本没有外援。而护王陈坤书所指挥的将士不足10万人。李鸿章率淮军攻下苏州后，没几天就攻陷了无锡县。随后，兵分两路：以李鹤章、刘铭传部为西路，直逼常州；以程学启、李朝斌部为南路，进攻吴江、嘉兴、湖州，以保后方安全。

　　十一月初八日，淮军提督周盛波、道员张树声两军夺占常州城东戚墅堰和白家桥。另一支提督刘铭传军队由郑陆桥、羊头桥间分兵深入西施桥、孙家村，扎营河西，距城仅一河之隔。十一月十五日，东门外两座石营和天宁寺被张树声部攻破，其部后又与刘铭传军会攻小北门外的大石营。护王陈坤书协助驻守石营的太平军反击清军，击伤刘铭传，清军死伤累累。护王陈坤书又率大队出南门绕攻周盛波军，但没有得胜，南门外石营被攻破。十七日，张树声、刘铭传两军再次会合攻打小北门，土城被攻破。二十八日，南门外德安桥仅存的土营、石卡又被清军攻破。这时清军已逼至常州东、南、北三门。

　　另一路战斗在城西、奔牛至孟河一线进行。清军的目的是阻止太平军从丹阳增援常州，因此战斗十分激烈。十一月初九日，当清军进攻常州时，驻奔牛、罗墅湾、石桥湾的太平军邵志伦、夏登山、张邦振等率众2000余人投降清军，并会同清军攻陷孟城。李鸿章派都司唐殿魁、副将黄桂兰各率一营清军进驻奔牛。二十九日，忠王李秀成的次子然王李容发、章王林绍璋等率军自句容、丹阳等地来奔牛，攻破罗墅湾、石桥、孟河等叛军营垒，斩杀叛首张邦振，然后在奔牛四周筑营十余座，把奔牛团团围住，再从溧阳调来太平号炮船施放32磅炸炮轰击敌营。常州攻城清军遣2000人往援，被太平军拦截击退。十二月初九日以后，太平军集中兵力进攻奔牛。李鸿章急调在无锡的黄中元、滕嗣武部洋枪队数千名往救，击破了太平军在奔牛东南和西南的营垒，"太平"号炮船也被击毁，斯密斯受伤阵亡。十四日，太平军被迫向丹阳、句容方向撤退。①

　　这期间，溧阳、金坛、丹阳各遣一部太平军进入常州城内，协助护王陈坤书守城。太平军的配合作战有效地抵挡了清军的攻势，使李鸿章速战速取常州城的计划不能奏效。李鸿章遂决定以一部分主力先行攻取常州外围诸县，以断绝太平军对常州的援救；以另一部继续攻城，牵制陈坤书。

　　太平军针锋相对，采取反制措施。李秀成派忠王叔陈承琦、章王林绍璋等军数

---

① （清）李鸿章：《常州近日军情片（同治二年十二月十一日）》，《李鸿章全集》第1册《奏议一》，《国家清史编纂委员会文献丛刊》，安徽教育出版社2008年版，第421页。

万由常州西绕至城北与清军"鏖战不休"。同治三年二月初五日，太平军将领英王叔、忠二殿下、利王朱兴隆、列王林彩新等率军出敌不意东趋江阴南闸，翌日攻占杨厍。初十日，太平军进攻常熟县城，次日，占领福山。太平军突然挺进敌后，江阴、常熟、无锡三城同时告急。李鸿章被迫急调郭松林部和戈登的"常胜军"星速增援，调李鹤章率一部回守无锡，以另一部穿插到焦垫、青阳一线，以截断太平军归路。太平军进行了顽强的战斗，在江阴华墅就歼灭"常胜军"数百名，① 但终因寡不敌众，十七日，英王叔等解围而退，但归路已被淮军切断。太平军竭力拼杀20多天，未能突围。三月初七日，太平军退至阳湖县三河口争渡浮桥，5座浮桥断了4座，落水而死者众多，"人马落水中，堆积数丈，河为不流"，已渡者也"横尸遍野，涧水皆赤"，② 最后几乎全军覆没。

太平军"围魏救赵"的战略意图未能实现，到三月中下旬，常州周边县城几乎全部陷落。李鸿章把戈登的"常胜军"及淮军7万人调集常州准备攻城。三月十七日，李鸿章亲自到常指挥战斗。此时城西太平军尚连营20余里，夹运河环列。淮军刘铭传部首先攻破太平军西北各寨，郭松林部又在陈渡桥击破太平军八座营垒，张树声、周盛波等部又击破河旁太平军各营垒，于是太平军近城营垒尽失，太平军全部退入常州城内，常州被淮军彻底合围。

三月二十八日，李鸿章率军开始攻城。戈登的"常胜军"炮攻大南门，刘士奇、刘铭传军分别袭击小南门和北门，日夜不息。二十九日，各门城垣均被轰塌数十丈，守军伤亡重大。联军向缺口处冲锋，但太平军不屈不挠地涌向缺口，前面的人倒下，后面的人马上冲上来顶替，他们坚韧不拔，奋力作战。"军旗（指联军军旗）越过了城壕……攻守双方都犹豫不动，互相僵持了一会儿工夫。戈登军的中国兵士对于可怕的白刃肉搏战感到了畏惧，军官们企图打破这种僵局，强迫部下前进，但无论怎样催逼，甚至用剑打他们，也都徒然无效。反之，为活命而战的太平军却马上振作起精神，全体兵士都把投掷武器向攻城军的头上抛去。……（清军）不敢进至守军炮火不易达到的比较安全的低地"。③ 联军数次扑过城壕抢登，护王"拥众死守，取旧棺败船堵城"，率领着全部没有负伤的兵士奋战，"勇敢的守军执着长矛毫不气馁地冲向武器精良的敌人，执着火器的守军在城墙上猛烈放枪，其他守军则用事先放在城上的一堆堆砖石不停地向敌人抛去，这是守军的主要武器"。"每次突击，双方伤亡均极惨重"。太平军屡次打退清军的进攻，但伤亡极大，清军冲锋队登上

---

① （清）李鸿章：《沿江腹地肃清折（同治三年三月九日）》，《李鸿章全集》第1册《奏议一》，第470页。
② （清）李鸿章：《沿江腹地肃清折（同治三年三月九日）》，第471页。
③ （英）呤唎著，王维周、王元化译：《太平天国革命亲历记》，上海人民出版社1997年版，第634页。

城墙"目力所及，只见死亡枕藉，血肉模糊"。①志王陈志书也在激战中阵亡。但英清联军也付出沉重的代价，当天联军伤亡军官27名、英军分遣队士兵400名和清军1500名左右。此时，奔牛及孟河、圩塘、魏村一带太平军营垒也均已失守。天又阴雨不停，战事便暂停了数天。太平军抓住时机"冒雨偷用土袋、石灰包、破船、敝絮堵筑坍处"。②清军于大、小南门城壕外筑长墙100余丈，墙下开一深沟，暗通城河，夜间派士兵由沟内密搭浮桥。连续三四夜，搭成浮桥六座。

四月初五日，雨稍止，英清联军又开始进攻。戈登炮击小南门，淮军刘士奇、王永胜部攻东南隅。郭松林、杨鼎勋军从戈登轰开的缺口登城，"常胜军"随后跟上。刘士奇部又在东南隅轰开缺口遣死士冒死攀登，张树声军随后接应。刘铭传部独攻北城。"炮声震天地，屋瓦皆飞"。但太平军依然打退了清军的进攻。初六日，联军再次发起猛攻，火炮齐发，刚被抢修的城墙又被轰塌。炮炸处，只见手足、旗帜、砖石齐飞。太平军"旋死旋集，终不稍退"，③以火药桶、大石块击敌。清军也接刃猛进，携藤牌、喷筒登城，双方在城头展开肉搏战，清军十堕六七。但在小南门和北门还是被清军相继扑上城头。太平军虽然被迫退下城墙，但依然在街巷与清军作殊死战斗，寸土必争，双方积尸填道。到傍晚，太平军退入护王府扎立石卡，与清军猛烈对击。护王周围只有三四十个士兵，在战斗中相继倒下，最后只剩护王一人，依然手持大刀坚持拼搏，但终被击倒，被清军龚生阳俘获。同时守城的太平军列王费天将被清军周盛波部俘获。数百名太平军将士在城破后缒城而逃时被清军截杀。战事停息后清军搜城数日，把剩余潜伏的太平军尽数搜出杀尽。

这次战斗，太平军被俘数万，被杀逾万，百姓也一同遭殃。据亲身参加李秀成军队的英国人呤唎所著《太平天国革命亲历记》载："得胜的清朝官吏究竟用了多少天去屠杀不幸的居民，此事并未透露……一万二千人乃其家属全部遭到了残杀，而守军尚不在内。"④当年《上海纪事报》载常州"后来得到赦免的仅有数百人"。⑤李鸿章奏称：上次攻城致"各军伤亡一千余人，戈登及臣部将士无不愤怒切齿"，此次攻城巷战又"伤亡将卒逾千人"。⑥当日，陈坤书被李鸿章凌迟处死，悬首东门，但首级当夜即失。同日，列王费天将、佐王黄和锦等亦被斩。

太平军攻克常州是咸丰十年农历四月初六日，失守常州是同治三年农历四月初

---

① （英）呤唎著，王维周、王元化译：《太平天国革命亲历记》，第635页。
② （清）李鸿章：《克复常州折》，《李鸿章全集》第1册《奏议一》，第488页。
③ （清）王铭西：《寇变纪略》。
④ （英）呤唎著，王维周、王元化译：《太平天国革命亲历记》，第611页。
⑤ （英）呤唎著，王维周、王元化译：《太平天国革命亲历记》，第637页。
⑥ 李鸿章：《克复常州折（同治三年四月初七日）》，第489页。

六日,太平军在常州统治刚好整四年。这四年间,常州经受了空前的浩劫,尤其是最后半年多时间,简直成了人间地狱。同治二年夏,时清军大举进逼,苏、常乡民纷纷徙避,以长江为唯一逃亡路线。但清军水师沿途搜刮勒索,民众不堪忍受。江阴知县沈方煦专程前往江边捐资赈民,并通禀各大宪,希望让难民通行。因忘记禀明都兴阿,都兴阿遂挟私报复,扬言称难民中混杂奸细,诬陷沈方煦涉及通敌,令革除顶戴,同时下令长江封江。当时赵烈文曾上书李鸿章,要求弛禁:

> 自今春已来,城逆及各路过往贼徒,四面掠胁良民,为之助力。而各民先因该逆止占城池,乡下尚不十分蹂躏,贫苦之人,贪恋本乡微产,恐一离故土,即成饿莩,是以未能早为移徙。及至势逼,不得不逃,十分之中已被害及半。起先蒙江阴县沈公奉各大宪之仁意,来施拯济,民人得以全免者,犹尚有之。乃于夏间忽尔封江,不许一身北渡,闻系恐有奸细夹杂之故,设为厉禁。自此以后,直如釜鱼阱兽,供其涂毒,各乡死者不下数十万,周围数县,尽成焦土,伤心惨目,不可名言。伏念常郡之民,前此未能远徙之故,实属真情。而此次都帅奏请禁江,亦为慎重江防起见。但逆贼如果大股过江,既有水师可以防范,其形象亦与难民迥别,至于一二奸细混杂,又何责之各团局切实盘诘。且难民所恃,只此一线生路,余俱前敌交战之所,别无他途可从。且下大军止有数万,南控吴、震,北剿江、无,绵及二三百里,不得不慎重行师。深恐该逆尚得苟延旦夕,而难民必至净尽而后已。烈虽幸免浩劫,然闻此苦逼之情,不啻痛如身受……烈为桑梓之事,呼号所向,非公更将谁属?因此不揣冒昧,沥陈血悃。倘荷垂鉴痛迫之忱,大赐回天之力。于便中陈奏,凡逃生难民,仍许其北渡,使垂死之人,复登生籍。①

但是此事最终未果,常州乡民因此坐以待毙,甚至发生人吃人的惨剧,令人不忍目睹。金武祥便曾言道:"庚申之乱,乡民迭被搜刮,二三年后犹不可支。幸渡江可以躲避,并可载物南渡接济。及去冬今春,官军攻常,与贼相持日久,兵与贼四出蹂躏。而江北当事防贼北窜,有船只不准北渡之令,于是江南之民坐以待毙,无何偷生,人竞相食。初掠小孩及过客食之,继则父子兄弟夫妇亦相食。及城覆,而民实毙十之八九矣。以大岸言之,村民陶、高、孙、王四姓,其桀悍者竟先死,其后弱肉强食,天理灭而人亦随之灭亡。余东邻旧寓孙姓,亦士族也,乱后无孑遗。呜呼,可胜慨哉!"而在相持数月的战争中,清军和太平军对常州地方都造成了严重的破坏,"官军攻常州,相持日久,兵与贼各四出拆毁房屋,大者售卖,小者为薪。

---

① 赵烈文:《能静居士日记》,第291页。

自北门至大岸,由近而远,计十余里竟无一椽之覆",①这让百姓生活无以为继。清军占领常州城后,也一样大肆掠夺。同治四年七月,丁绍基访问赵烈文,为其叙述了当时常州恢复后,淮军烧杀掠夺之惨状:

> 城中情形,惨不可闻,尸骸遍地。渠到时为五月底,距城破已五十余日,尚未检拾,臭气四塞。房屋俱被兵占住或毁坏,莫敢发言。守城系张树声所带某字营,分四门,不准乡民入内,每日尚四出往乡村有人处抄扰。乡人或强者缚兵勇来城声冤,辄以土棍之罪罪之,民益无聊。城民归复旧业者,兵勇居其室不与,乃议纳赎,比金至,则割偏舍一二楹与之。所设善后局仅供金夫支应之,余俱不能问。知府李仲良下车无他善政,于门外榜施痧药,两县尤喋不敢出声。李中丞复城时,祷于关侯,故善后各员日日奔走武庙而已。乡间弥望无烟,耕者万分无一。虽有三年之复,而民实不能耕,虚被恩旨。李少泉闻人言兵勇不戢,辄大怒。锡人杨艺芳,其年侄,素所信任,一言及之,遽曰:"不必言,吾皖人皆当诛。"杨战栗而出。自常以东及松郡道路,剽掠无虚日,杀人夺财,视为应然。②

1865年1月13日《上海之友》刊登外商白齐文从苏州到南京的沿途见闻:

> 从常州府到丹阳遍地布满了白骨,不幸的太平军,更可能是无辜的村民,一定遭到了极其可怕的屠戮。常州无锡间有一倾颓的宝塔,相传为四千年的古迹。我曾前往观赏。当我见到塔里塞满了死尸,尸身上的肉全都被一片片割下来作为食料的时候,我是感到了怎样的震惊啊!……我从丹阳前进四十五里,前进得越远,地方上的情况就越坏,一言以蔽之,整个情况是一团糟。③

又如,1864年4月28日《中国之友报》上刊登的另一封来函:

> ……华墅占领之后,叛军遭到了可怕的屠杀。在俘虏的九千多人之中,据估计,主要被清军杀死或溺毙的即达六千人。毫无疑问,清军倘有机会,还会屠杀十倍的人数……常州的情况也一样。虽然没有饥民因乞还一点被抢去的粮食而挨到竹板的事,可是为什么把他们弃在城外而饿毙呢?……清军占领了很多地方,饥民被他们抢劫一空……一个曾经亲眼见到常州城墙的《先驱报》记者说,当地饥荒严重,饥民竟食人肉,可是那些造成这种灾难的恶鬼竟毫不加以援手!④

---

① 金武祥:《金洭生日记》同治三年十月初二条,上海图书馆藏稿本。
② 赵烈文:《能静居士日记》,第383页。
③ (英)呤唎著,王维舟、王元化译:《太平天国革命亲历记》,第566—568页。
④ (英)呤唎著,王维舟、王元化译:《太平天国革命亲历记》,第568—569页。

对于常州的凋敝，在李鸿章的往来信函中多有表述，如"常镇各属，流亡殆尽，遍地污莱"①，"常镇数百里久无人烟"②等，常州府仅人口在太平天国战争中便损失了近70%，而文化方面的损失更是无法估量。

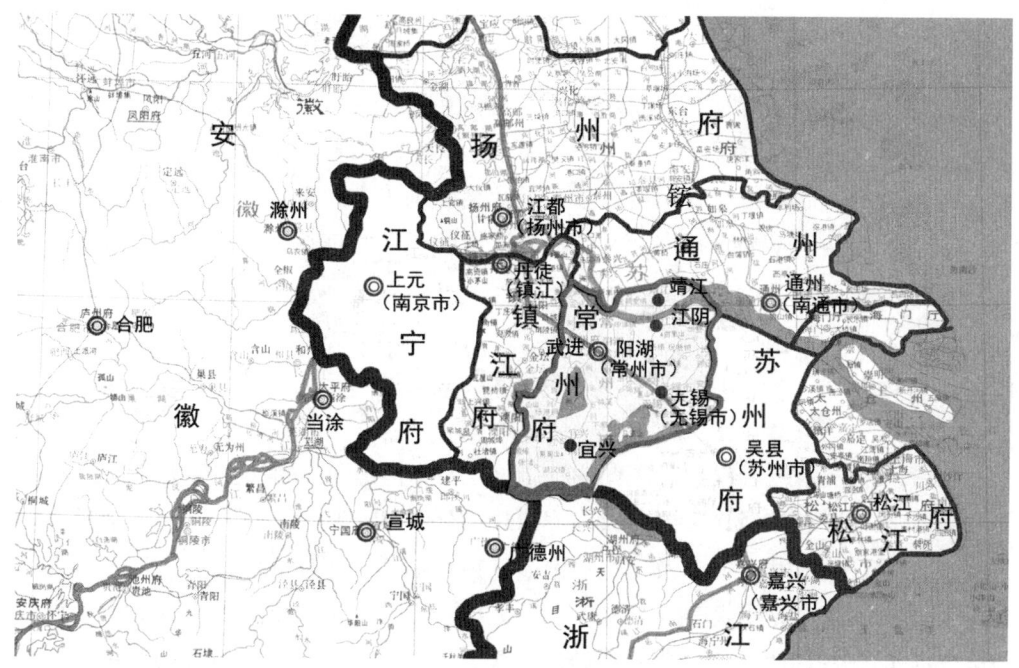

图7-1 常州府行政图

太平军占领常州的数年中，一些绅士如常州的赵振纪、承越、杨植瀛、吴容光，宜兴周家楣，江阴夏炜如等聚集在未被占领的靖江，重新筹办七邑团练总局，担负救济各地蜂拥而来的灾民之职，同治三年清军收复常州之后，一应善后事宜，从救济难民，掩埋尸体，修葺城墙，劝农清粮等，也均以当初的团练局和后来的七邑团练总局幸存的一些骨干如承越、杨植瀛、吴容光、庄毓铉、杨金鉴等负责筹办。其中杨植瀛和庄毓铉是前后两任善后总局的总董。③也正是这些人，以此为契机，通过积极参与慈善事业、灾害救济、水利建设等活动，开始部分地主导了城市的管理事务，使得绅权在太平天国之后逐步得到了加强和巩固。

---

① （清）李鸿章：《复吴仲仙漕帅（同治三年九月初二日）》，《李鸿章全集》第29册《信函一》，第337页。
② （清）李鸿章：《复郭筠仙中丞（同治四年正月十六日）》，第360页。
③ （清）王铭西：《寇变纪略》。

第二章 战后地方社会的重建

战后的常州面临着社会秩序重建的难题，在社会秩序重建的过程中，官方的力量有所减弱，民间力量则取得了长足的发展。这种转变，在社会治安、水利建设与救灾、社会保障方面，体现得尤为明显，彰显了社会的进步。而正是以士绅为主导力量的民间组织和民间活动的日益完善，是常州这样的江南城市在惨重的灾难之后仍能保持内在协调和有效控制的重要原因。

第一节 保甲团练与基层建设

太平天国战争之后，虽然战争的威胁已经远去，但是面临的社会问题却越来越多。首先是外来棚民越聚越多。左宗棠在奏疏中曾经提到，战争之后，常州土地抛荒严重，大量楚民来此耕种，"及至楚民渐多，声势渐横，每届收租，类多抗欠，甚有收获后饱载远飏，遂使业户赔累钱漕，以致土客相争"。[1] 光绪二十年（1894）出任阳湖知县的李超琼也认为，常州"地属冲衢，五方杂处"，要维持社会秩序，就必须对棚民进行彻底清查，"使奸宄不能混迹，则土客相信，伏莽无虞"。[2] 其次是赌博和吸毒之风越演越烈。蒋彤就曾指出"比年鸦片流毒几于比户渐染"，[3] 常州许多家族的家规中都有禁食鸦片的规定。由此可见毒品的泛滥。至于赌博，则危害更大。李超琼曾经说："常城赌风历久愈炽，由包庇者众，无知之辈，遂皆习为固然，毫无忌惮，实则公正绅士无不深恶痛绝，置之不齿，而若辈犹敢依草附木，恃符藐法，诱陷愚民。"[4] 面对这些问题，基层社会秩序的重建便显得日益重要。

一、保甲与城市治安

当时，常州除了额定的捕快等正规编制的治安人员之外，负责整个城市治安的还有以下三个组织：一是有额定编制的民壮；二是在城内募集的巡缉勇丁，负责日

---

[1]（清）左宗棠：《左恪靖侯奏稿》三编卷四《查明土客垦种情形折》，《续修四库全书》第503册，上海古籍出版社1995年版。
[2]（清）李超琼：《阳湖办理保甲情形》，《石船居公牍剩稿》，光绪二十二年木活字本。
[3]（清）蒋彤：《丹稜文钞》卷三《新建夯桥碑亭记》，《丛书集成续编》第141册，上海书店出版社1994年版。
[4]（清）李超琼：《会禁赌博示》，《石船居公牍剩稿》。

常的城市治安；三是在城内及西门外所设的巡防局，负责常年巡防任务。据李超琼的统计，这些人数加起来大概有40多名，远远不能应对日益紧迫的治安问题。在这种情况下，整顿和完善保甲团练制度便成为保障社会治安的当务之急。

李超琼重建保甲的第一步便是会同武进县知县吴柄在禀告知府后，委任常州府总捕通判李彦钟负责在营田庙中建立长年保甲总局。其次是清理和编制保甲门牌，这一点主要是针对棚民，由武进、阳湖两县典史挨棚稽查，编造客籍户口清册，仍十家设一牌长，迁徙往来，随时呈报更注，以便按旬抽查。对本地居民的保甲门牌则进行清理和更换。第三是会同绅董办理团练。由府县月捐钱120千文，以为之倡，城中绅户暨各铺商亦凑捐钱120余千文，即以为办团募勇之用。招募勇丁40名，加上原有的40多名民壮和勇丁，总共80余人，统归总捕李彦钟管辖。仍以营田庙为团防总局，在北真武庙、广敷义塾、青果巷三处各设团练分局一所，"日则会集操练，夜则分段梭巡，经卑职等于省城军机总局合领洋枪八十杆回县，并延有精晓武艺之人随时教练"。①

但是保甲制度实施数年之后，一方面消耗日益增加，"除民间捐费外，再由府宪台提布捐，两县捐廉以济，每年县费至三千余串，合计两县共用钱七千余串之多"。诸种弊端又如沉渣泛起，"乃官不过问而属之绅董，绅董又委之司事，有名无实，百弊丛生，甚至棚夫为贼捐赃，地保得规包庇，巡勇借端栽诈，更夫通同舞弊，窃案频仍，户难安枕，卫民而转以扰民"。结果发生了一系列大案，到光绪二十六年（1900）更发生了"枭匪明目张胆白昼劫人，横行衙署之前"的红帮案，引起了上下的震动，最后总督、巡抚动用江胜营和苏防营驻扎常州，进行弹压，方才平定。面对压力，武进知县窦镇山上任伊始，随即和阳湖知县翁延年开始再次对保甲团练制度进行整顿。

窦镇山认为原有的保甲制度只是"粉饰具文"，要真正维持城市的社会秩序，及时应对突发事件，就必须加大改革力度。绅办的保甲由于不具有正规性和权威性，容易导致因循，所以窦镇山保甲改革的第一步就是将绅办重新改为官办，将"庸劣司事饬退，原办绅董分别去留，权自官操，旁无手假，酌裁团丁，而以练勇归并局中，按段分布"。督粮通判杨培驻局全面负责，城汛千总陶春圃专司巡防，各绅董只是负责帮理收捐账目。其次是取消原有的冬防和夏防。原先保甲除了长年保甲之外，还分冬防和夏防。以冬防为例，每年自十月初一日起，至来年二月底止，共5个月，"由府宪台移委督粮总捕两通判札饬发审两委员，为四总巡，又委员十二人，又查客栈委员一人，每员月给夫马费及薪水钱各九千文，又队目一名，月到钱六千。巡勇二十名，每名月支口粮钱四千二百文。统计每月需钱二百四十三千，其他油烛粥

---

① （清）李超琼：《阳湖办理保甲情形》，《石船居公牍剩稿》。

菜琐费尚不在内"。窦镇山认为冬夏二防并没有实际效果，只会徒增糜费。因此他将冬防和夏防取消，裁革所有的冬防和夏防人员，将通丁归并到长年保甲总局之中，委员则分段驻巡。同时为了保证每年岁末户口的清查工作，"每段添委编查委员一人，帮同照料，以两个月为期，每月各给薪水钱九千文"。第三，是对城内各关重新进行了布置："西关街道太长，店铺林立，则以武阳水师哨弁与汛弁分司其事；北关添委一员驻局巡查；东关责成汛弁；大小南关居民零落，由乡图董自设民更。"① 窦镇山的保甲团练改革是否取得实效，并没有太多的证据。事实上当时清廷已经危机四伏，单凭保甲制度并不能解决实际问题。

二、乡董与乡村建设

太平天国战争之前，武进县于道光四年（1824）设立乡董，处理田粮纠纷。咸丰三年（1853），太平军攻占南京，常州戒严，分乡办团练守御，团练负责人成为乡村的领袖，很多乡团董事还在太平天国战争中战死或守节而死，而幸存的乡绅则借助团练壮大自身在地方的威望，战后，这些乡、图之内实际权力的掌握者成为乡董。也有一些太平军时期地方事务的掌管者，因为在地方上威望甚高，在太平天国以后仍被举为乡董："伪乡官类多无赖，里魁惟黄肇昆、张仲远尝为民请命，民多德之。肇昆后仍举为乡董，仲远以弹压道过之贼，夺所房乡民，为贼所戕。"② 这些乡董在太平天国之后重修议定本县事务以及处理地方纠纷的过程中成为各乡利益的代言人，正是在他们的努力之下，常州地区的乡村秩序得到了恢复。

战争使地方势力重新洗牌，同时出现许多新的地方纠纷，乡董成为地方争端名正言顺的处理者。在太平天国之后地方社会的重建过程中，乡董成为本乡利益的代表。如武进十七、十八乡乡董吴之彦、刘开业为了免除地保陋规，与当时武进县衙达成了陋规额度的协议，"毋得违议增加"。③ 又如当时各乡遇有命案，按规定应由官捐派验费。然而书差仵作等刁滑胥吏则可以此为机会鱼肉百姓，以各种名目向地保需索。因此乡图一遇命案，地保常常倾家荡产。而由于当时社会治安不靖，出现无属毙尸的情况也因此增加，使问题更加严重。因此各乡乡董潘葆昌、陈应琪等联名禀请，各图如遇命案，书差仵作津贴一律根据存仁堂《报验录毙章程》中拟定的额度发放，如有违背，各图公堂可以禀县将其究办。④ 由此可见，乡图董事在此时已经可以通过相互联合，向县衙争取本乡权益。此外乡与乡之间遇有冲突，亦由乡董出面协商调解。如光绪年间在怀南乡与延政乡交界处的郑墅荡水利纠纷中，便是

---

① （清）窦镇山：《会阳湖县翁大令延年禀整顿保甲情形》，《宦吴禀牍》，光绪三十年刻本。
② （清）王铭西：《寇变纪略》。
③ 《武阳各乡议单公呈》，（清）温凤楼修、陆黼恩编《武阳德政录》，同治六年刻本。
④ 《武邑禀定相验路费碑文》，（清）温凤楼修、陆黼恩编《武阳德政录》。

由两乡乡董各自代表本乡图利益，成为这次纠纷的主要处理者。① 乡董在乡与乡的争执中代表本乡进行斡旋调节，已然成为一种乡职，而乡区因而有了行政划分的意味，并在日后晚清地方自治的过程中，升级为正式的县以下行政区划。

第二节 水利建设与灾害救济

晚清官府疏于社会公共事业，是一种较为普遍的情况。这主要是由于社会巨变引起的城乡公共功能变换，使地方官府穷于应对，既缺乏相应的人员、技术手段，也没有充足的财源。但是一些对于社会稳定发挥巨大作用的公共事业，仍必须维持下去。在官方缺位的情况下，绅士的介入，对于维持民生安稳、社会稳定具有重要的意义。

一、水利建设

以宗族作为支撑者，由乡绅主导，是晚清常州水利建设最为显著的特色。在当时常州农村处于小农经营、以人畜作为基本劳力的情况下，这一特色对于抵御经常性、小规模的水旱灾害，作用显著。当然，官府仍组织一些规模较大的水利工程，如同治五年（1866），常州府、武进县、阳湖县共同疏浚护城河；同治七年，常州府、武进县共同疏浚孟渎；同治九年，常州府疏浚玉带河、滕公桥河，阳湖县疏浚舜河；同治十年，武进县、阳湖县协同疏浚护城河；同治十一年，阳湖县疏浚申浦河；同治十三年，江苏省疏浚大运河，武进县、阳湖县协同疏浚芦埠港河，阳湖县疏浚龙游河、上平桥河、梧桐桥河、三塘河、双泾河、兴龙桥河、舜河。又如光绪元年（1875），阳湖县疏浚池家浜河，武进县疏浚郭

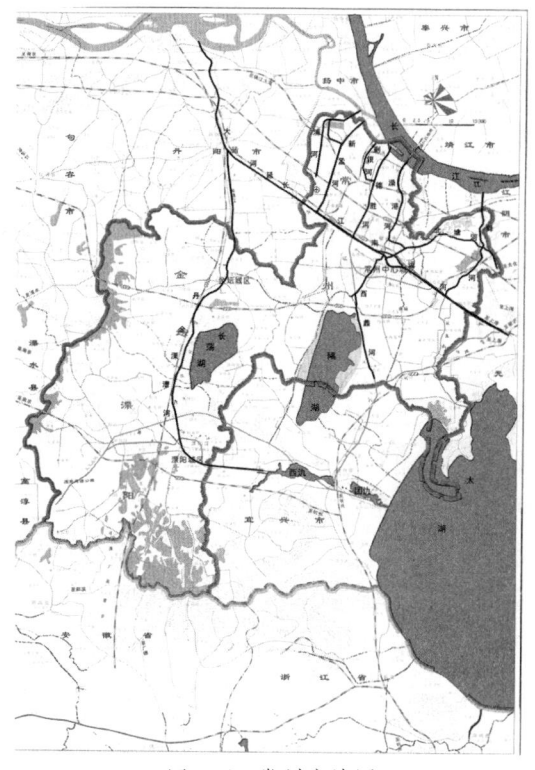

图7-2 常州市域图

---

① 《武进怀南乡郑墅西荡水利案卷》，民国十年刻本。

沟河、碌磕坝河；光绪二年，武进县疏浚孟渎、南沟河；光绪三年，武进县疏浚司马河，阳湖县疏浚永安河、仁和浜等。

这些规模较大的水利工程，也大都由士绅们掌握整个工程的主导权，政府官员则已从具体指挥者演变为幕后支持者。记录光绪十二年至十七年城河修浚工程的《浚河录》所列的几份武阳两邑绅士呈稿，便可看出其中的端倪。首先，浚河的起因是"商民均称不便，因有今冬复浚并疏通下游之议"。① 商民或者说是绅商是浚河的主要发起者。其次，所有的工作都由武阳两邑绅士主导。无论是"开浚城河，择日兴工"，还是因为梅雨而"城河停工"，② 都由绅士决定。再次，经费筹措也是由绅士完成。虽然称"前武邑尊吴暨贵县各慨捐廉一千千文，以为之倡"，但所有的劝捐行动都是由绅士来完成，"不敷钱四百千四百六十文"也是由"绅等暂挪公款垫用"。③ 同时增加经费的办法，即援留茶馆捐也是由绅士们提出的，即便是筹措茶馆捐之后的相应变通方法，也只是"俟详请奉准后再行筹商，拨借垫办"。④

政府所扮演的角色一是起号召作用，即所谓的"捐廉为倡"，二是让绅士们无法完成的工作，利用政府的威权制定法规来实施。比如说虽然征收茶馆捐，但是一时之间难成巨款，"本二县临堂会议，再四筹商，佥称惟有各店房捐一项，堪以集成巨款，以济急需"，随后武进、阳湖二县便贴出告示："照会堂绅协同图董先将图内市房按照每月房租，房东房客各捐一月租钱。"并且规定，"如有抗不照捐，以及隐匿作弊，一经访闻，或被指

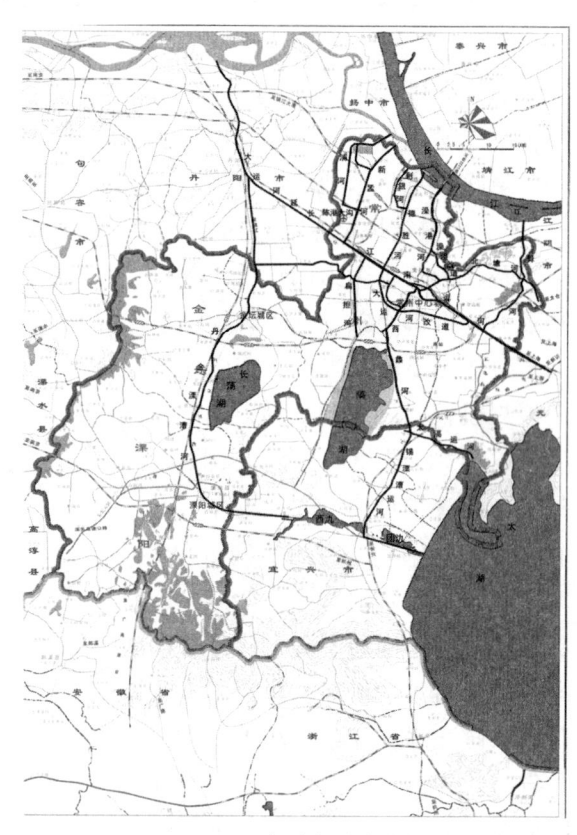

图 7-3 常州水系变迁图

---

① 《光绪十七年十一月武阳两邑绅士呈稿》，《浚河录》，光绪木活字本。
② 《光绪十九年四月武阳两邑绅士呈稿》，《浚河录》。
③ 《光绪十九年四月武阳两邑绅士呈稿》，《浚河录》。
④ 《光绪十一年十一月武阳两县呈稿》，《浚河录》。

出,定即立提到县,照章究罚。"①三是监督作用。士绅们完成浚河工程之后,"除将全河收支账目赶紧刊印,另呈电核,并分送各捐户以诏征信外,相应开具四柱清折,呈祈鉴核备案"。②而负责鉴核备案的,便是武阳两县政府。可以说官督绅办,是清代后期常州大规模水利工程的主要方式。

在所有的经费中,商捐、铺捐、房捐和茶捐占据了相当大的比例,而其中一些社会团体的捐款有着举足轻重的作用。其中商捐是由41个行业捐献,这些行业即便没有公所这样的固定机构,有一定的组织和经费来源是毫无疑问的。城市中的慈善机构也在其中扮演了非常重要的角色。育婴堂的捐款或者借款都占了一定比例。同时善堂还在征收房捐中起到了主要的作用,弥补了政府部门的缺位。"照会堂绅协同图董先将图内市房按照每月房租,房东房客各捐一月租钱。""各董于五日内将图内市房数目一律查清,登打印簿,送交善堂,由堂汇集齐送县,派人复查监收。"③此外还应注意的是,两次都出现了以某某堂宗祠名义的家族捐款,第二次更达到了15家,可见在清代大家族在地方水利事业中发挥的重要作用。

二、赈灾救灾

晚清时期常州人民面对的一个严重威胁,是发生频仍的自然灾害。据不完全统计,自鸦片战争结束后的百余年内,常州共发生各类自然灾害百余次,包括旱涝、雨雪、冰雹、虫害等。每一次灾害都对农业、手工业、商业造成严重破坏,使人民的生命、财产遭受极大损失,社会秩序陷于不稳之中。灾害过后,百物腾贵,粮价尤其;加之往往出现疫病流行的局面,因此市面萧索,百姓苦不堪言。对于传统农业社会而言,自然灾害可谓是相随相伴的常态事物。在长期的生产、生活实践中,常州也积累了一套救灾善后的办法。晚清时期,常州组织救灾善后工作的主体是官府与民间团体,通过拨付公帑及劝募善款的方式,筹得钱、米、医药,救济灾民,拯其于水火之中。乡绅依然在其中发挥了重要的作用。

以光绪二十七年辛丑风潮为例,台风造成沿江乡村田亩房屋受淹,"夏六月,飓风挟怒潮为患,灾及江南北两岸,武邑地处下游,江心六洲并东界江阴,西毗丹阳四十里而遥,岸圩数百所均陷昏垫"。面对灾害,时任武进知县的窦镇山"遂商诸郡绅,集城乡诸绅董急谋救拯之法,会同委员亲诣各灾区,稽户口,别重轻,生者拯之,死者瘗之,室汜者棚覆之,圩破者畚助之,或啖之以饼,或饮之以糜,既先所急,继以长振,壮者人给米斗,少者半之"。④

---

① 《武进阳湖县为出示晓谕事》,《浚河录》。
② 《光绪十九年四月武阳两邑绅士呈稿》,《浚河录》。
③ 《武进阳湖县为出示晓谕事》,《浚河录》。
④ (清)窦镇山:《辛丑武进灾振征信录序》,《藕香馆文集》,光绪三十年刻本。

窦镇山调动了城乡的共同力量，及时有效地制定了具体的应对方案，这也是此次救灾可以称得上成功的原因。首先设立总分局，即明确城乡各自的职责，防止"城乡呼应不灵，势难周转"。城内设一总局，城市在救灾中扮演的职责是"邀集公正绅士分任其役，多筹巨款，购粮存储"。小河设一分局，则明确了乡村扮演的角色，是"由城领粮存储，分设五处发米公所分领，附近受灾之区简选贤能，各司其事"，总的目的是"为了纲举目张，有条不紊"。①

乡村的优势在于本乡本土，熟悉情况。最早的灾情便是乡村的乡董来报告的，常州文人潘振华就曾致信当局汇报灾情："敝乡东瞻秦岭，北枕吴江，南路自潞城、丁堰、东青、新河，低洼田亩，尽遭淹没。极低之处村落，亦浸其中。迤逦而北，为四六两图，武城圩属焉，被灾尤甚。旧防渐蚀，尽作渔村；比户无涸，几成鲛室。鸡犬从而暴死，难乎为人；牛羊任其漂流，遑云数畜。囷仓绝粒，苦温饱之无因；甑釜生尘，恐流亡之不免。伏祈诸大善长慨输菽粟，补助桑梓，存博施济众之心，广一视同仁之义。"②

在当局还没作出具体反应的时候，一些绅董已经"连日散放急赈，往来积潦于泥中，极力抚恤，全活实已不少"。③虽然他们能力有限，但可以做一些初步的救济工作，确保灾民暂时能够果腹，以等待政府更进一步的施赈。具体的赈务也必须由熟悉情况的当地人来进行。所以说"各圩民南北杂居，其中贤愚不等，良莠不辨，各洲董又住居远隔，稽察难周，以后应办善后各事宜，在在需熟悉地方情形之人照料一切，各圩应选举公正老成之圩长二人，以便引导稽查及帮同照料发赈，并一切善后事宜，以资领袖而专责成"。归根结底，就是要充分发挥乡村社区的自主性，确保整个赈务落到实处。

城中的士绅通过与其他在外做官的同乡取得联系，筹得赈款，如"松耘中丞复电告盛杏荪宫保、瞿赓甫方伯诸公之在籍与仕于他省者，倡捐巨款"。同时城绅们还负责监督赈灾过程。在编查户口的过程中，便是由各洲董事负责绘图造具户口清册，呈送城内赈局，城内赈局则"再分遣司事按册挨户复查，分出极贫次贫两层，再分出丁壮老弱两层，标明等第，不使混朦"。

辛丑风潮的救灾工作，应该是一个成功的案例，"自秋徂春，九越月而止，计用洋圆数万翼有奇，散米麦数万石，而万八千灾民幸无一流离失所"。同时还帮助了邻县的救灾，"邻邑丹泰接壤之沙既分及之，且协振靖江"。最后赈款还有剩余，"以

---

① （清）窦镇山：《禀武进沙洲被灾查勘办理情形》，《宦吴禀牍》。
② （清）潘振华：《瓯舫诗文钞》卷九《辛亥九月水灾请发振上当事书》，《近代中国史料丛刊》正编第645册，台北文海出版社1971版。
③ （清）窦镇山：《禀武进沙洲被灾查勘办理情形》。

有余归所动用积谷项下息借商款银万两,并备谷价洋三千圆发典生息,秋后购补入仓,且谋善后"。①

第三节 义庄与善堂:社会保障网络的逐步完善

太平天国之后,民间自发设立的义庄、善堂开始在社会保障中逐渐占据主导地位,在慈善这一公共领域,也呈现出官民互动的状态。

一、义庄

义庄、义田和义塾主要的功能是赡族济贫。所谓"祠堂者,敬宗者也。义田者,收族者也"。②义庄这种形式最早始于北宋范仲淹,范氏义庄作为历史上兴起最早、持续时间最长的赡族设施,对后世产生了重大的影响,后世的义庄和义田等都基本上以范氏义庄为楷模和标准。"自范文正置义庄,当时以为美谈,至今慕而仿之者,几遍天下"。③"吴中范氏祠规为东南荐绅宗仰数百年。"④由于范氏义庄所在的苏州毗邻常州,而宣扬范氏义田的名篇《义田记》的作者钱公辅又是常州人,因此常州义庄建设也深受范氏的影响,成为与苏、松并列的义庄兴盛地区,许多家族都以创建义庄、义田为目标,汤氏便称:"将来积贮饶裕,当仿范氏义田例,优老励学,恤寡助贫诸善举次第举行。"⑤盛氏义庄创办者盛隆见范氏义田条规,另为一册,心羡慕之,⑥刘氏先人也每谕子孙"仿范氏义田,以承捐田济族遗意,以策久远"。⑦

由于各个宗族的实力不同,因此效仿的方式也不尽相同。一般的宗族限于财力,只有祠田,在祠产有多余的情况下,会用祠产进行赡族。吕氏便称,如果"公费日见充裕,并敬老恤贫抚孤养寡之典,亦可次第举行"。⑧所以祠规中的赡族内容往往都会置于补充或者修正的部分中。而有财力的家族则会专门拨出一部分田产和房产用于赡族,这就是义田和义庄。常州本地的义田很早就有,明代吴氏义田是常州规模最大的,面积达1800亩,在当时影响很大,"吾郡吴氏祠田最多,法亦最善",⑨"吾常北渠

---

① (清)窦镇山:《辛丑武进炎振征信录序》,《藕香馆文集》。
② 《重建祠堂碑记》,《龙溪盛氏族谱》卷一六《祠堂记》,民国三十二年敦睦堂木活字本。
③ (清)李兆洛:《养一斋文集》卷一二《祠堂记》。
④ (清)刘纶:《绳庵外集》卷七《何氏宗祠记》,乾隆三十九年刻本。
⑤ 《宗祠条约》,《汤氏家乘》卷七,同治十三年木活字本。
⑥ 《筹置产》,《龙溪盛氏宗谱》卷二三《义庄录》。
⑦ 《呈阳湖县知县王文》,《西营刘氏族谱》卷七,民国十八年铅印本。
⑧ 《宗约六条》,《毗陵吕氏族谱》卷一,光绪四年木活字本。
⑨ (清)赵怀玉:《亦有生斋集文》卷一四《节孝刘孺人家传》,《续修四库全书》第1469册,上海古籍出版社1995年版。

吴氏义庄亦啧啧人口"。①此外，根据《道光武进阳湖合志》，段氏也有数十亩义田。而当时另外一个具备一定规模的义田便是唐氏义庄。唐氏义庄是明代常州义庄中保留资料较为详尽的一个，于万历四十五年（1617）由著名大儒唐顺之子唐鹤徵捐田300亩，捐银600两兴建，唐鹤徵去世前又命子唐献可再增加100亩，总计田面积约400余亩。②

常州规模最大，影响最广的则是晚清组建的几个大义庄，如盛氏义庄、刘氏义庄和恽氏义庄。以下便是常州主要义庄的情况。

晚清常州主要义庄一览表

宗族	创建时间	义庄地点	规模	创建人
唐氏	万历四十五年	青果巷	400余亩，600两	唐鹤徵
盛氏	同治九年	河南厢磨盘桥	1022亩，最后至4000多亩	盛康
恽氏	光绪二十八年	河南厢东下塘灵观庙东首	1339亩	恽毓荣
杨氏	光绪二十九年	东右厢	不详	杨文照
刘氏	光绪三十二年	河南厢东下塘	1025亩	刘度

资料来源：1929年《西营刘氏家谱》、1948年《毗陵唐氏家谱》、1943年《龙溪盛氏宗谱》、光绪十一年《琅琊费氏武进支谱》、《恽氏义庄规条》、《常州同善续录》。

义庄的筹建是一件耗时耗力的工程，盛隆在筹办义庄时将筹办过程分成了三步，即已行事宜、现行事宜、应行未行事宜，已行事宜包括筹置产、筹经管、筹支给，即指义庄的制度建设和经济基础；现行事宜包括设义学、设义冢，即以现有财力可以完成的工作，而未行事宜，包括赡族、资贫、助学以及扩大义学等"俟经费充裕后举行"的工作。正如盛隆所言："义庄之兴废，全系经营之贤否。"③和祠田及一般意义上的义田不同，判断义庄的标准主要在于有无义庄组织及设施。④义田和祠田都直接从属于宗族组织。没有在宗族组织之外另建一个单独的赡族组织机构，即所谓"立祠堂以合族属，置公田以赡同宗"。⑤而义庄最早在范仲淹首创时便是收、贮、放义田租的所在，所谓"会给之堂、藏粟之廪"，所以又称之为义仓。义庄是一个

---

① 《筹置产》，《龙溪盛氏宗谱》卷二三《义庄录》。
② （明）孙慎行：《唐氏义田序》，《毗陵唐氏家谱》，1948年铅印本。
③ 《筹经管》，《龙溪盛氏宗谱》卷二三《义庄录》。
④ 张研：《清代族田与基层社会结构》，中国人民大学出版社1991年版，第26页。
⑤ （清）张履祥：《训子语下》，《杨园先生全集》，《四库全书存目丛书》子部第165册，齐鲁书社1997年版。

从属于宗族，但又独立管理的组织，所谓"向来义庄俱有一定规条，惟听掌庄子弟依规处置，以专责任。族人虽是尊长，不得干预侵扰"。① 其下有一系列的产业和机构，如义庄田、墓祭地、义冢地、宗祠、庄屋、义塾等等。根据盛隆的设想，义庄的管理机构为："一曰司仓，专管收租出粜春白，一曰司庄，专管给发钱米供祭办粮，及修理祠墓庄仓等事，皆所谓经管也。择族中有身家能干办者主之，或分任，或兼任。如族中无其人，外姓亦可，如世所称经账是，每月薪俸例给之。"而最重要的是要设一名总管，"以司督催稽察之事，上以奉族尊，下以率经管，收租则考其完欠，出粜则考其价值，凶荒则考其分数，完粮则考其迟速多寡，供祭则考其敬肆，杂用则考其虚实，警经管之玩忽，发经管之侵欺，扬经管之奉公，佐经管之不逮"。② 恽氏的设置基本与盛氏一致，也包括总管、司仓和司账。司账即基本等同于盛氏义庄的司仓。此外还有一些临时的帮手。而义庄的管理中除了和祠产一样对财产的管理外，此外是对人口的管理。由于义庄要确定救济和资助的对象和人数，因此必须要有一个准确的族内户口登记制度。恽氏便规定："每支下公举一人，名曰支总，造具丁口册二本，将各支各房男女丁口开载生年岁数，一存庄内，一存各支总处。遇有生卒嫁娶，各房到庄告知，即时于册内眼同注明，必须核实，不得疏漏。如收养外姓子女及亲生子女出继外姓者，均不得滥于册中。"③ 义庄的功能则据盛氏所言有"三要"，即"设义学以教子姓，给义粮以恤茕寡，置义冢以救凶丧"。④ 这"三要"基本上涵盖了义庄的主要职能。而生活救济和教育资助则是义庄的具体工作。

雍正《圣谕广训》称："立家庙以荐烝尝，设家塾以课子弟，置义田以赡贫乏，修族谱以联疏远。"朝廷对宗族设置义庄基本上都采取了支持和保护的态度。设置义庄往往会得到朝廷的鼓励，会赐"乐善好施"匾额，建立牌坊旌表。恽氏义庄便"奖建乐善好施坊一座"。⑤ 同时朝廷还极力保护祠产的所有权，不允许族人侵犯公产。设立义庄，要向政府申请备案，由州县学、州县官、布政司、巡抚层层上报，经礼部审核，最后由皇帝亲自批准，给予立案执帖后，义庄即在政府保护范围之内。执帖写明，凡有他族人侵占义庄田产，或本族不肖子孙自行盗卖，义庄管理人持执帖报到官府，政府依照特定的条例惩罚侵犯者。而什么样的义庄可以得到保护，则是由朝廷规定的。根据资料，当时标准可能有二，一是捐银千两，或者义庄田产值千两，可以建坊旌表，"定例，凡是民人等，或奏恤孤贫，捐田赡族，实于地方有裨益者，

---

① （清）恽毓荣：《恽氏义庄规条》，光绪二十八年木活字本。
② 《筹经管》，《龙溪盛氏宗谱》卷二三《义庄录》。
③ （清）恽毓荣：《恽氏义庄规条》。
④ 《重建祠堂碑记》，《龙溪盛氏族谱》卷一六《祠堂记》。
⑤ （清）恽毓荣：《恽氏义庄缘起》，《恽氏义庄规条》卷首。

直省，由该督抚具题造具清册，送部。其捐银至千两以上，或田粟准值解千两以上者，均请旨建坊，给与'乐善好施'字样，由地方官给银三十两，听本家自行建坊等语"①。一是义庄田产在千亩以上，可以设专案，"与千亩以上专案题请旌表之例相符合，仰恳大人特予题旌"。②这种一千亩的规定随即逐渐演变成义庄的基本标准，"义庄之法，千亩为全庄，五百亩为半庄"。③

学者公认太平天国战争之后是江南义庄兴盛的高峰期，④与政府对义庄的支持让士绅体会到私产的不可靠，而公产较有保障有关，即所谓"近世士大夫遭时之乱，慨然念封殖之不可久，而思以赡族，而生其义理者所在多有"。⑤宗族内的互助救济是凝聚族众，维持宗族稳定的重要手段，而且从客观效果看，对宗族成员之间的财富差异作一些调节，也对稳定地方秩序与缓和社会性的贫富矛盾，有一定的积极作用。

二、善堂

晚清时期常州仅在城中便有20多个主要善堂：其中包括子城厢一图的养济院、育婴堂、医局、扶厝局、一善堂、清济堂，子城厢二图的敬节堂、集义会、放生会，西右厢的敬节外堂、寿安堂，中右厢的协善会，左厢的保婴保局、长年医局，西直厢敦仁堂、庇寒所、恤孤局，西半图的同仁堂、东直图的普济堂、同仁堂，东二图的协济堂，怀南厢的怀仁堂，北直厢的存仁堂，夹城图的恤孤局等。此外常州各乡都设有善堂，各处还有水龙局、惜字会、义井等。

常州善堂体系化一方面是向下延伸，形成城乡善堂网络；另一方面则是上归一统，这就是"公善堂"的出现。1918年《武进基本公产公款报告册》中收入的《武进公款公产处为咨请主持事》，有如下一段话："查敝处向名公善堂，办理全县慈善事业，事务烦冗，恐滋弊端，于是分设四堂，曰东同仁，曰南怀仁，曰西同仁，曰北存仁，分区办理，凡属掩埋恤孤岁给等事皆属之，遇有特别事项，仍由公善堂遥制，意至良，法至美也。"也就是说在晚清，有北直存仁堂、东直同仁堂、西半图同仁堂、怀南厢怀仁堂分区办理包括掩埋路毙浮尸等各项慈善事务，公善堂则对四堂进行管理和节制。

由于战前常州的地方公共铉事业全毁于战火，仅有官办性质的育婴堂尚存。同治五年（1864），士绅刘翊宸和庄毓受时任两江总督曾国藩之命，办理常州地方清粮

---

① 碑刻《署理江苏巡抚臣林谨题为捐田赡族循例详题事》，原拓本藏上海历史博物馆。
② 碑刻《上海县知县温呈为慕义捐田等事》，上海历史博物馆藏拓本。
③ 《虞山沈氏义庄碑记》，《虞山沈氏宗谱》卷一一《义庄记》，宣统三年木活字本。
④ 参见范金民：《明清江南宗族义田的发展》，《江南社会经济研究明清卷》，中国农业出版社2006年版；李文治、江太新：《中国宗法宗族制和族田义庄》，社会科学文献出版社2000年版；张研：《清代族田与基层社会结构》，中国人民大学出版社1991年版。
⑤ （清）黄宗起：《知止庵文集》卷二《安亭朱氏重修族谱序》，转引自冯尔康《18世纪以来中国家族的现代转向》，上海人民出版社2005年版，第133页。

事务，将常州原有的公共事业田产经费进行清理，并在育婴堂设立公善堂，主管全城民办的各项公共事业，兼管各项经费，"俟各堂复旧，即按款拨还"。①育婴堂之前在道光年间便曾经节制过北直存仁堂，之后又有东直同仁堂、西半图同仁堂和怀南厢怀仁堂三堂分区办理掩埋路毙浮尸等各项慈善事务，②因此在育婴堂设立公善堂，主管全城慈善事业是合理且可行的。之后，虽然相关慈善事业陆续恢复，但是公善堂并没有撤销，公善堂堂董金武祥便称公善堂"为武、阳善举总汇之处，兼管延陵书院、城乡积谷、寿安堂、养济院、各项善举学堂"。③公善堂之所以长期存在，一方面是因为地方需要一个专门管理全城慈善组织的机构，来保证城市公共管理网络的顺利运行，另一方面是因为传统社会中的公共事业全由士绅捐资兴办，其稳定性并不能得到充分保障，一旦运作出现问题，需要有一个专门的机构进行代管，而公善堂恰恰能够扮演这样一种角色。到了民国时，除了东西南北四堂之外，被公产公款处接管的公善堂所辖各慈善事业还有原属育婴堂系统的敦义堂、寿安堂和医局，以及堂董身故后缺人管理的普济堂，以及晚清便一直划归育婴堂管理的万寿亭，即舣舟亭。④

太平天国之后地方社会出现了官方力量逐渐衰弱，士绅权力逐渐增强的趋势，士绅参与了更多的事务，拥有了更多的权力基础，使得原有过去自发性的个人慈善行为渐渐转变为由官府和地方力量共同介入的有组织的一种模式，而在这种模式中士绅所代表的地方力量越来越占据了主导地位。公善堂的出现便是其中的典型反映，可以说公善堂推动了常州地方公共事业的发展。这说明当时常州确实有一个专门管理全城慈善组织的机构，一个较健全的遍及城乡的慈善网络，而一个较完善的类似于日本学者夫马进所称的"善举共同体"的常州慈善体系便由此形成，并逐渐规范化。而正是由这些善堂连结而成的社会保障网络，为处于最底层的弱势群体提供了最低限度的生活保障。

---

① （清）徐寿基等：《万寿亭重建纪事本末》，宣统二年刻本。
② （清）张琇修，汤成烈等纂：《光绪武进阳湖县志》卷三《营建·善堂》。
③ （清）金武祥：《粟香行年录》，民国抄本。
④ 瞿俋：《武进基本公款公产报告书》，1919年铅印本。

第三章 从洋务运动到清末新政

1894年的中日甲午战争是继鸦片战争之后中国近代史上又一重要的分水岭,这次失败使得一些精英人士开始认识到必须进行更为彻底和深层次的改革,在此背景下,洋务运动维新保国、新政立宪等革新浪潮不断涌动,常州也不乏有识之士奋起响应,努力革新,带来诸多新气象。

第一节 盛宣怀与洋务运动

图 7-4 盛宣怀

盛宣怀(1844—1916),字杏荪,又号补楼,别号愚斋,晚年自署止叟。盛宣怀父亲盛康曾任湖北督粮道,在太平天国战争中与曾国藩、李鸿章相识。盛宣怀早年参加乡试,屡试不第。当时李鸿章就任湖广总督,在镇压捻军起义之际,就深感幕府中人手不足,经同为常州府人的杨宗濂引荐,盛宣怀于同治九年(1870)进入李鸿章幕府。① 由于父亲盛康和李鸿章的关系深厚,盛宣怀迅速获得李鸿章的信任。他凭借其自身能力和才干,很快脱颖而出,不久即正式奏调会办陕甘后路粮台,从此步入官场,地位不断水涨船高,之后在洋务运动乃至整个中国近代史上扮演了重要角色。

一、创办实业

洋务运动期间,盛宣怀最大成绩在办理"轮、电、布三局",即轮船招商局、电报局、上海机器织布局(后改为华盛纺织总厂)。

中国最初并没有现代轮船运输业,各大口岸城市的轮船生意都是被洋商占据。盛宣怀对于制造商船、筹建轮船公司极感兴趣,于同治十一年建议李鸿章用建造商

---

① 易惠莉:《盛宣怀评传》,江苏人民出版社2013年版,第29页。

船来提供建造兵舰的费用,"由官设局","试办招商"①,被李鸿章采纳。李鸿章遂令盛宣怀会同浙江海运委员、候补知府朱其昂等筹划轮船招商局事宜,拟订了招商章程。次年,轮船招商局正式营业,李鸿章正式委派盛宣怀为轮船招商局会办,具体负责招集商股、运输漕米等事宜。盛宣怀从此开始正式成为清末洋务运动的核心人物之一,在他的经营下,"招商局船只林立,怡和、太古企图独霸江上航运的气势被压下去"。②未过多久,美商旗昌轮船公司因为同业竞争激烈,营业利润下降,有意将该公司产业转让他人。福建巡抚丁日昌首倡由轮船招商局兼并旗昌轮船公司之议,盛宣怀等极力赞同。但他们向李鸿章请示时,李鸿章因担心"巨款难筹"而未置可否。盛宣怀又到南京谒见两江总督沈葆桢,反复陈说其中的利弊关系。沈葆桢欣然表示同意,"毅然以筹款自任",并奏报朝廷批准。光绪二年(1876)冬,招商局与旗昌洋行签订正式合同,以222万两白银买下旗昌轮船公司的全部产业。但正如易惠莉所言,盛宣怀"是促成并购案中的最大冒险者,各种与个人相关的利益欲求,令宣怀对招商局之股份制体制的重要性有所忽视,而对并购案后政府将加大对招商局局务之干预权,持过于乐观的预期"。③招商局并购旗昌洋行后,因长期占用官款银190余万两不能归还,而不断引发政治风波。光绪六年春,即"有人奏招商局办理毫无实济,请饬认真整顿经理一折",但因李鸿章驳斥"局外猜疑之言,殊难凭信",④而暂时平息。是年下半年,在时任两江总督刘坤一的支持下,为争夺招商局的控制权,国子监祭酒王先谦上《招商局关系紧要议加整顿折》,指责盛宣怀"于揽载、借款无不躬亲,而又滥竽仕途,于招商局或隐或跃,若有若无,工于钻营,巧于趋僻",要求将盛宣怀革职,不准干预招商局务。⑤李鸿章出于维护其权威地位需求,上《查复招商局参案折》,称"招商局为收回中国利权,关系大局甚巨",盛宣怀"会议收买旗昌,乃去一大劲敌,属借宾定主之谋"。⑥最终经总理衙门认定,王先谦弹劾查无实据,只是盛宣怀"不准再行干预局务",⑦并令李鸿章严加考查,成为这场权力争斗的牺牲品。光绪九年,因会办徐润受上海金融危机影响破产,连累招商局缺乏运作资金而陷入危局,盛宣怀重回招商局接管局务。中法战争中,马

---

① (清)盛同颐等:《显考杏孙府君行述》,盛宣怀《愚斋存稿》附录,《续修四库全书》第1575册,上海古籍出版社1995年版。
② 陈先元:《盛宣怀与上海交通大学》,山西教育出版社1996年版,第158页。
③ 易惠莉:《盛宣怀评传》,第94页。
④ (清)李鸿章:《复陈招商局务片》,《李鸿章全集》第9册《奏议九》,第48页。
⑤ (清)王先谦:《王先谦自定年谱》,王先谦《葵园四种》,岳麓书社1986年版,第708页。
⑥ (清)李鸿章:《招商局局务陈请片》,《李鸿章全集》第9册《奏议九》,第315页。
⑦ 《总理各国事务奕訢等奏》,中国史学会主编《洋务运动》(六),上海人民出版社2009年版,第69页。

建忠在征得李鸿章同意下,为保护招商局轮船在战争状况下免遭法军炮击和掳掠,将招商局轮船暂时明卖暗托于美商旗昌洋行。战争结束后,由于马建忠之前未签订招商局必须收回之"明卖暗托"的契约,使得收回招商局轮船的交涉工作困难重重。盛宣怀临危受命,终于光绪十一年收回全部局产,还升任该局督办,全面控制了招商局,并成为招商局最大的股东。由于当时招商局经营困难,当时盛宣怀以局产作抵押,向汇丰银行借款30万英镑来维持营业。同时又拟出《轮船招商局理财十条》《用人章程十条大旨》对招商局进行整顿,确保招商局运营回到正轨。①

李鸿章欲引进西方的先进科学技术以富国强兵,盛宣怀提出必须兴办铁路与电报,而铁路耗资过多,工程太大,只好从缓;电报则投资有限,收效较快,且有利于商务、防务,应该尽快兴办。李鸿章深以为然,于光绪六年奏称:"由各国以至上海,莫不设立电报,瞬息之间,可以互相问答。独中国文书尚恃驿道,虽日行六百里加紧,亦已迟速悬殊"。要求朝廷准许架设津沪电线,"先于军饷内酌筹垫办,俟办成后,仿照轮船招商章程,择公正商董招股集赀,俾令分年缴还本银。嗣后即由官督商办,自取信资以充经费"。同时设立电报学堂,"雇用洋人教习中国学生自行经理,庶几权自我操,持久不敝"。②清政府下令李鸿章统筹办理电报事宜。

图 7-5 汉冶萍公司总事务处

李鸿章于是年九月在天津设立电报总局,并任命盛宣怀为总办,负责架设津沪电线。光绪九年,盛宣怀又经过艰难的谈判,采用了灵活机动的策略,多面出击,抵御了英国大东和丹麦大北公司对中国电报事业的插足,尽管作出了一部分妥协,但最终赎回了大北经营长达十年的吴淞旱线,阻止了大东海线在沪上岸和向东南各口岸扩张的阴谋。此后津沪电报总局成为中国电报总局,并控制了苏浙闽粤和长江电报的架设,中国重要的电报线路基本上都掌握在盛宣怀手中,在以后重要的政治外交活动和中外战争中,商办的中国电报总局也几乎成为官方的电报机关,电报事业在中国的地位日益重要,而由此也成为日后盛宣怀树大招风,引人嫉恨的重大原因。

---

① 朱宗震:《盛宣怀》,李新主编《中华民国史人物传》第5卷,中华书局2011年版,第3061、3067页。
② (清)李鸿章:《请设南北电报片》,《李鸿章全集》第9册《奏议九》,第159页。

光绪四年，李鸿章开始筹建上海机器织布局，厂址设上海杨树浦，占地约300亩，光绪十四年开始建厂，光绪十六年开始生产，是我国最早使用机器和机械动力的纺织厂，也是洋务派创办民用工业最早的官督商办机器纺织厂。上海机器织布局投产不久，便立即出现运营资金短缺的问题。盛宣怀不仅指挥由招商局向织布局提供借款10万两，甚至从沪上盛氏钱庄中借给织布局银10万两。光绪十八年，盛宣怀又上书李鸿章，建议"由布局禀请新商另行招股，另设纺纱分局，本利各自分家"，企图以织布局为统率，在全国口岸城市设立独立纺纱厂10家，以此抵制洋纱。① 光绪十九年，盛宣怀又筹划并拟订具体12条办理章程，并织布局寻找新的股本来源和购置机械设备。然而不曾想，光绪十九年十月，李鸿章筹办十年而开张才两年多的上海机器织布局遭火焚毁，李鸿章急派盛宣怀赴沪处理善后。次年二月，盛宣怀电告李鸿章："规复织局，筹本百万，已有就绪"，但该厂股东担心"他日办好，恐为官夺，拟改为总厂"，"一律商办"。李鸿章当即表示同意，并建议"总厂应名曰华盛"。② 盛宣怀于是重新集股建厂，改名为华盛纺织总厂，并向总理各国事务衙门立案，请求"无论官办商办，即以现办纱机40万锭子，布机5000张为额。十年之内，不准续添，俾免壅滞"，③ 并严禁洋商购运轧花、纺纱、织布及棉籽榨油等机器来华设厂制造。华盛纺织总厂得到重生。《马关条约》签订后，李鸿章声誉权势一落千丈，盛宣怀也受到了影响，曾以宿疾频作、未老先衰为由，屡次请求辞职，未得清廷批准。李鸿章曾勉励盛宣怀："电、轮、布三局，弟无论进退，犹当力任。"④

光绪二十二年（1896）初，盛宣怀曾向张之洞提出成立铁路公司，承办芦汉等铁路，以确保汉阳铁厂所产钢轨等产品的销路。十月，盛宣怀奉旨进京陛见，向光绪帝力陈修筑铁路可以与练兵、理财、育才相互为用，实为自强要策，并请求同时开办银行。光绪皇帝批准了盛宣怀提出的设立铁路总公司的计划，并令其以四品京堂候补，负责督办铁路总公司，旋即任命他为太常寺少卿。次年初，盛宣怀在上海设立铁路总公司。五月，中国通商银行在上海成立，盛宣怀任督办，是为中国自办的第一家银行。此后，盛宣怀与比利时商人签订芦汉铁路借款合同，借款额450万英镑；与美国合兴公司签订粤汉铁路借款合同，借款400万英镑，后又将借款额增为4000万美元；还与英国商人签订了沪宁、苏杭甬、浦信等铁路借款合同以及合办广九、泽道铁路的合同，从而掌握了中国的铁路大权。盛宣怀以铁路总公司为枢纽，遥控汉冶萍铁

---

① （清）盛宣怀：《盛宣怀上李鸿章禀》，陈旭麓等编《上海机器织布局：盛宣怀档案选辑之六》，上海人民出版社2001年版，第162页。
② （清）李鸿章：《寄苏州交盛道》附《盛道来电》，《李鸿章全集》第23册《电稿三》，第441页。
③ （清）李鸿章：《推广机器织局折》，《李鸿章全集》第15册《奏议十五》，第327页。
④ （清）李鸿章：《复津海关盛道》，《李鸿章全集》第26册《电稿六》，第221页。

煤厂矿,把持轮船、电报、纺织及银行业务,声势十分显赫。张之洞、王文韶在保举盛的奏折中曾称赞盛通晓"官法""商业"和"洋务",一身而兼"三长"①。

二、兴办教育

盛宣怀对中国近代教育的转型,尤其是近代工、科师范大学的创办亦贡献巨大。他的多项教育设计创造了中国第一,所创北洋大学堂、南洋公学等堪与世界名校同步,并且培养了一大批优秀人才。

早在光绪十三年(1887),盛宣怀便开始应上海格致书院主事王韬的邀请,为书院的课艺出题,并作评点,此后一直延续到光绪十八年他赴北洋上任。如光绪十三年夏季课艺的题目是"轮船电报二事应如何剔弊方能持久论",评点后来成为著名翻译家钟天纬的作文时,他写道:"轮船八弊,电报四弊,独能言其大者,此二局为洋务中之商务人情,难于图始,易于图成。近年来议其非者渐少,而衡量利弊俱属皮毛。作者何啻置身局中,口讲指画,动中窍要,见其文字,益我已多,若能惠然肯来面谈数日,谁谓坐而言尽,人不能起而行耶,跂予望之。"求贤若渴的神情呼之欲出。此后他每年出的题目包括"问中国工商生计,多为洋人所夺,欲收回利权,应如何进口货少,出口货多,以期利不外散,权自我操,诸生留心时事,其各条举以对""问中国邮政应如何办法,其各以实义条对""问铁利为自强要务。汉阳厂基炉座规模具举。大冶矿苗厚旺,开采如何合法?钢铁以畅销为先,如何推广销路,利不外夺?若使官督商办,能为经久之计否?织纺相辅而行,今欲推广纱利,兼顾布局,如何妥筹。尽善洋纱,不用土花,如何收种洋棉,并使华棉有用,盍胪举所知以对"等等。②

图 7-6 南洋公学

盛宣怀前往北洋之后,便开始着手根据自己的教育理念创办学校。光绪二十一年,盛宣怀通过直隶总督王文韶,禀奏光绪设立新式学

---

① (清)张之洞:《芦汉铁路商办难成另筹办法折》,《张文襄公奏议》卷四四,《续修四库全书》第511册,上海古籍出版社1995年版。
② (清)王韬编:《格致课艺全编》,上海图书集成公司光绪二十八年铅印本。

堂。①经朝廷批准，成立了天津北洋西学学堂，后更名为北洋大学。此为中国近代史上第一所官办大学，也是今天天津大学的前身。北洋大学堂创建后，由盛宣怀亲自任督办，聘请美国教育家丁家立出任总教习。北洋大学堂以近代美国哈佛大学、耶鲁大学的教育模式为蓝本，进行专业设置；课程安排和学制规划，以培养高级人才为办学目标。创建之初，北洋大学堂设立头等学堂和二等学堂。头等学堂为大学本科，二等学堂为预科。这是中国近代教育分级设学的开始。头等学堂即大学本科，学制四年，分基础课和专业课。基础课有20余门课程，专业课分5个专业：工程学、电学、矿务学、机器学、律例学，共30余门课程。二等学堂是"中国最早的新式公立中学堂"。该学堂招收13至15岁学生入学，修业年限为4年，主要课程有：英文、数学、朗读、各国史鉴、地舆学、格物书、平面量地法等20余门课程。②学生生源从天津、上海、香港等地招收，任课教师多为中外硕学鸿儒，尤以美、日、英、法、德、俄学者任主课，教材也多采用外文原版。此外，北洋大学堂还建立了一套较完善的教育教学管理制度，保障实现培养高层科学人才的目的。由于治学严谨，校风朴实，当时北洋大学与哈佛、耶鲁相伯仲，毕业生可免试进入美国一流大学攻读研究生，因而被誉为"东方的康奈尔"。北洋大学堂从1895年至1911年共有毕业或肄业生518人，其中资送出国者52人（不包括自费留学生）。该校为中国近现代科教事业培养了一大批优秀人才，他们所做的开创性贡献，享誉中外。

光绪二十二年，盛宣怀向清政府正式上奏《条陈自强大计折》，附奏《请设学堂片》，禀明两江总督刘坤一，拟在上海捐地开办南洋公学，经费由轮电两局捐输，③聘请其同乡好友何嗣焜出任总理，年底得朝廷准允，至此，标志着南洋公学正式创立。因学堂地处南洋（当时称江、浙、闽、广等地为南洋），参考西方学堂经费"半由商民所捐，半由官助者为公学"，故定名为南洋公学。南洋公学是上海交通大学、西安交通大学、台湾交通大学的前身；盛宣怀亲自担任公学督办，设总理（校长）1人，聘请何嗣焜担任；设监院（西文总教习，相当于教务长）1人，聘请美国传教士、前南京汇文书院院长福开森担任；还任用了前梅溪书院负责人张焕纶为总教习（中文教务长）。盛宣怀首立四院，分层设学。④盛宣怀十分重视基础教育，把师范和小学放在学堂的首要地位，于次年首先招收师范生，设立师范院，这是中国近代最早的新型师范学校，也是第一所正规高等师范学堂，标志着中国师范教育的开始。盛宣

---

① （清）盛宣怀：《禀直督王文韶（设天津中西学堂）》，转引自夏东原《盛宣怀年谱长编》，上海交通大学出版社2004年版，第490页。
② 夏东原：《盛宣怀年谱长编》，上海交通大学出版社2004年版，第492—497页。
③ （清）盛宣怀：《愚斋存稿》卷一《请增设学堂片》。
④ （清）盛宣怀：《愚斋存稿》卷二《南洋公学章程》。

怀后又仿照日本师范学校有附属小学校的做法，挑选了 120 名 10—18 岁的聪明青少年建立了外院。外院就是小学堂，由师范生分班教学。南洋公学外院是中国最早的公立新式小学。接着于光绪二十四年（1898）开办二等学堂中院，意图是等待条件成熟再开设头等学堂大学。南洋公学是我国最早兼有师范、小学、中学、大学的完整教育体制的学校，它加速瓦解了延续 1300 多年的科举制度对传统教育的统治，同时也为清廷两次颁布学制提供了成功实例。宣统元年（1909）在南洋公学首开航政科，后发展为独立的吴淞商船学院，成为大连海事大学、上海海事大学的前身，又开培养海洋海事高级人才之先河。

盛宣怀躬行践履地创办多所新型大学，不仅是对中国近代教育转型的重大贡献，更重要的是改变了一千多年来的中国传统教育观念和教育体系，开启了中国近现代教育的历程。

三、慈善赈灾

盛宣怀是晚清重要的慈善家，他年轻时就曾协助其父盛康在家乡常州设义庄、办义塾，主持了常州主要的慈善事业如栖流所、女普济堂等，在常州发生自然灾害时盛宣怀也曾慷慨捐助。但是，由于他个人的号召力，其慈善活动范围早已不局限于常州一地，更对近代中国慈善事业的发展作出了重要贡献。《清史稿》中称道盛宣怀："有智略，尤善治赈。自咸丰季叶畿辅被水灾，嗣是而晋边，而淮、徐、海，而浙，而鄂，而江、皖，皆起募款，筹赈抚。"[①]

盛宣怀第一次亲身参与赈灾活动是在同治十年"畿辅大水"，盛康倡捐棉衣振米，命盛宣怀"诣淮南北，劝募集资购粮，由沪赴津发放"，这是他"办理赈务之始"。[②] 次年春末，盛宣怀又捐给河北赈米二千石，得到李鸿章的赞赏，并上奏朝廷请予嘉奖，同治十三年清政府赏给盛宣怀布政使衔。据上海图书馆藏《盛宣怀档案》中的灾赈文献统计，自同治十三年（1874）至民国五年（1916）盛宣怀参与的赈灾活动达 60 次之多。[③]

在从事数十年赈灾救荒过程中，盛宣怀积累了丰富的荒政经验，对如何做好筹济宣传、训练组织救灾人员、布置灾后急救、安抚灾民心理、恢复灾后劳动生产力等赈济事宜，提出了许多开创性、建设性的想法建议，上奏朝廷，经奏准后应用到实际赈灾工作中去。例如，光绪十二年山东济阳、惠民、滨州、利津等处爆发黄河水灾，据报"百姓荡析离居，情况极苦"，时任登莱青道台兼烟台海关监督的盛宣

---

① 赵尔巽等：《清史稿》卷四七一《盛宣怀传》，中华书局 1977 年版，第 12812 页。
② （清）盛同颐等：《显考杏孙府君行述》。
③ 冯金牛、高洪兴：《"盛宣怀档案"中的中国近代灾赈史料》，《清史研究》2000 年第 3 期。

怀，以督办的轮船招商局的名义与各洋行轮船公司商议，采取增加轮船搭客水脚的办法筹集赈款，以救山东灾民。盛宣怀还"因讨测受灾之故，益究心水利"，倡议"以工代赈"，发动群众疏浚小清河，参加河工建设，用部分赈款以工资形式发给灾民，保证了灾民在灾后基本生活。① 光绪三十二年，盛宣怀手订义赈办法十八条，主张官赈与义赈合办，惩弊端，使灾民受实惠。② 第二年春，在应对江北水灾期间，盛宣怀对赈务拟定治标四策："一曰借给麦种，使补春耕；二曰多粜杂粮，以轻市价；三曰就近办公，俾壮丁得食；四曰设借钱局，以田作押，轻息宽期，俾可后续。"③ 由于盛宣怀在江北赈灾期间用心办事，又提出实用性的治理意见，此次赈务结束后，清政府赏他"惠流桑梓"匾额，以表功劳。而他提出的一系列预赈应赈的赈灾思想和措施，至今对中国的救灾事业仍然具有启迪和借鉴作用。

盛宣怀积极从事赈灾主要表现在以下几个方面：一是主动捐钱、捐粮，帮助灾民尽快摆脱灾害影响；二是深入灾区、查看灾情；三是倡导义赈，多方募集赈款，设立赈公所，开办义赈会，将赈灾活动制度化；四是为民解忧，提出帮助灾民恢复生产、进行灾后重建的利民措施；五是为减少水患，疏浚河道、兴修水利；六是建立相关公益机构，如设广仁堂收养孤寡、医治病人，建戒烟局帮助烟民戒烟，补充劳动力加快进行灾后重建。陈三立在《盛宣怀墓志铭》里这样评述盛宣怀的赈灾义举："生平既尽瘁国事矣，于振灾愈引为己责。层累募金，出私财赴之如不及，遂成故事，为万方饥黎所托命。至今无复尸大力号召继轨如公者，世乃益慕思公矣。"④

盛宣怀慈善事业方面另一个重要的贡献便是创办了中国红十字会。早在光绪三十年（1904）二月，上海慈善家沈敦和、任锡汾、施则敬等联合英、法、德、美各中立国代表发起成立了一个"上海万国红十字会"，该组织创办的目的是援救日俄战争中陷于战区的难民，"备药饵银米前往救赈，并济渡被陷之人"。清政府对这一民间慈善组织的成立表示支持，并令盛宣怀在上海帮助绅商筹办万国红十字会。此后，清政府又委派商约大臣吕海寰、盛宣怀和电政大臣吴重憙三人与上海万国红十字会联系，并拨10万两内帑银作为救济经费。盛宣怀在上海万国红十字会的创办过程中，代表中央政府起了督率和协调作用。上海万国红十字会又"募集中西捐款百余万，综计被救者十三万一千一百七十七人，被赈者二十二万五千一百二十八人"，⑤

---

① 赵尔巽等：《清史稿》卷四七一《盛宣怀传》，第12812页。
② 夏东原：《盛宣怀年谱长编》，第854页。
③ 夏东原：《盛宣怀年谱长编》，第860页。
④ （清）陈三立：《盛公墓志铭》，盛宣怀《愚斋存稿》卷首。
⑤ 吴馨、江家楣修，姚文枬纂：民国《上海县续志》卷二《建置上·中国红十字会》，《中国地方志集成·上海府县志辑》第4册，上海古籍出版社1990年版。

成为日俄战争期间民间援助难民组织的重要组成部分。

日俄战争结束后,临时性的上海万国红十字会准备解散。虽然国际红十字会于1904年8月承认了清政府加入日内瓦公约一事并向各国宣告,但并不承认中、英、法、德、美五国合办的"上海万国红十字会"就是中国独立的红十字会组织,要求清政府按照公约"设立红十字会"。①

宣统元年十一月,吕海寰与盛宣怀联名呈递《酌拟中国红十字会试办章程请旨立案折》,请求立案设立中国红十字会。②宣统二年正月十九日(1910年2月28日),吕海寰收到了清政府任命红十字会会长的上谕,立即致函盛宣怀:"去腊奉书,并移还奏稿一本,均经诵悉,当即遵照来电,将'先造医船数只'句内'数只'二字删去,又将章程第二条'铸造中国红十字会关防'改为'铸造大清帝国红十字会关防',以符体制,业于本月十八日具奏。奉旨:'吕海寰等奏酌拟中国红十字会试办章程请立案一折,著派盛宣怀充红十字会会长,余依议。该衙门知道。钦此。'理合录请查照办理。窃念兹事造端宏大,头绪纷繁,得公总持,实副群望。惟筹款艰难,亦意中事,则又不能不重烦擘画也。此次奏稿,应即转行原办总董遵照,务祈就近抄发是荷。"③

宣统二年(1910)五月,中国红十字会以盛宣怀的名义给各国驻华使领馆发了一份照会,通告盛宣怀被任命为中国红十字会会长。这件照会的底稿现存上海图书馆藏《盛宣怀档案》中:"数年以来,本大臣等复与原办各董商订章程,以期可大可久,即经会衔奏请立案,于宣统二年正月十八日,钦奉谕旨:'著派盛宣怀充红十字会会长,余依议。该衙门知道。钦此。'并经礼部钦遵铸造铜质关防一颗,文曰'大清帝国红十字会关防',现已颁赍到沪,于四月二十八日敬谨启用。除咨请各国出使大臣知照各国政府,暨瑞士贵国公会、荷兰贵国保和会接洽,并咨明各国驻京大臣、驻沪领事查照外,相应照会贵大臣、总领事、领事,请烦查照。须至照会者。"署名"钦命红十字会会长、太子少保、尚书衔正任邮传部右堂盛"。④这是一份有关中国红十字会的正式档,也是第一次在官方档中出现了红十字会会长的衔名。从此以后,中国红十字会开始了与世界各国红十字会组织的国际间交往。

盛宣怀初任红十字会会长时的首要任务,就是完成中国红十字会章程的制订,得到国际红十字会的正式承认。盛宣怀要求自己的幕僚抓紧起草中国红十字会章程,

---

① 《日内瓦红十字会会长为中国入会事复函》,《历史档案》1984年第2期。
② (清)盛宣怀:《愚斋存稿》卷一五《酌拟中国红十字会试办章程请旨立案折》。
③ 《吕海寰致盛宣怀函》宣统二年正月十九日,上海图书馆藏盛宣怀档案,档号044973、2。
④ 《盛宣怀致各国驻华公使、驻沪领事照会》宣统二年五月初一日,上海图书馆藏盛宣怀档案,档号043297。

在就任会长的一年多时间内，他想方设法搜集国际红十字会文件、各国红十字会章程和有关文献，以之作为起草中国红十字会章程的参照。

此后作为引发保路风潮的替罪羊，盛宣怀被清政府革职，其中也包括解除中国红十字会会长一职，他和中国红十字会的关系也就此结束。辛亥革命后，盛宣怀虽然已避难东瀛，但他在中国红十字会的创办以及办成之初筹划制定章程的努力依然为中国红十字会的同仁所牢记。1914年，回国后的盛宣怀在斜桥公馆收到了一张中国红十字会总会寄给他的贺年柬，说明人们并没有忘记这位中国红十字会的创办者。

盛宣怀去世前，在遗嘱中设立"愚斋义庄慈善基金董事会"，拿出十分之四的遗产用于赈灾济贫等慈善事业，他生前创建的广仁堂、愚斋义庄等慈善救济机构一直活动至抗战前夕。陈夔龙为盛宣怀撰的《神道碑》文中曾记到："天性仁厚、勇于为善，前后所筹大小赈务，至不可胜纪，捐私帑无虑百数十万。最后被朝旨为红十字会长，红十字会者，袭泰西之名，专以慈善事为职志。"① 这是对盛宣怀一生积极参与慈善事业的公允评价，他的功绩将永远记录在中国慈善史上，同时也为源远流长的常州慈善史写下了浓墨重彩的一页。

第二节 公车上书与常州举人

光绪二十一年（1895）春，中日之间有关《马关条约》的谈判进入了最后阶段，消息传来，举国震动，朝廷中封疆大吏电奏反对者已过其半数，在京城，翰林院、总理衙门、国子监、内阁、吏部官员皆有大规模的联名上书。② 三月二十三日，《马关条约》签字，中国承认朝鲜独立，割让辽东半岛、台湾及澎湖列岛，赔款两万万两，开沙市、重庆、苏州、杭州为通商口岸，日本人得在各通商口岸从事各项工艺制造。③

《马关条约》正式签字的消息公布于众，引起了一些知识分子精英群体的强烈不满。中日和谈与是年春天京师举行的进士会试恰好同期进行。全国各地的举人在向京师云集，参加科举考试。三月二十一日，康有为因偶然的原因在这批举人中最先获知《马关条约》将要签订的消息，他当即嘱咐他的弟子梁启超去发动各省举人联名上书清廷，要求清政府拒绝日本的议和条件。梁启超首先联合广东举人麦孟华、张寿波、赖际熙等近百人；湖南举人任锡纯、文俊铎、谭绍棠等数十人得知梁启超的活动后，也积极参与，联名上书，力言台湾万不可割让。三月二十八日，他们将

---

① （清）陈夔龙：《盛公神道碑》，盛宣怀《愚斋存稿》卷首。
② 茅海建：《"公车上书"考证补》（一），《近代史研究》2005年第3期。
③ 马勇：《中国近代通史》第4卷《从戊戌维新到义和团（1895—1900）》，江苏人民出版社2006年版，第76页。

上书送交都察院，请求都察院代奏光绪皇帝。都察院并没有将梁启超等人的上书立即代奏光绪帝。但一石激起千层浪，梁启超等人上书虽然没有被转呈皇帝，却在民间引起了极大的反响。在梁启超等人上书之后，福建、四川、江西、贵州、江苏、湖北、陕甘、广西、直隶、山东、山西、河南、云南等省的举人莫不发愤，纷纷效法。举人们的单独上书也达到了 31 次，加入的人数达到了 1555 人次；举人们参加官员领衔的上书为 7 次，加入人数为 135 人次。①

四月初六日，十八省举人集会松筠庵，大家讨论决定拟上一公呈，请清政府拒和、迁都、练兵、变法，"盖以非迁都不能拒和，非变法无以立国"，② 通过将要起草的上书的主要原则，并委托康有为执笔起草，然后再讨论修改，征集签名。根据这一安排，康有为在此后的一昼两夜间奋笔疾书，草成长达 18000 言的请愿书。按照已经得知的消息，中日《马关条约》的换约仪式将定于四月十四日在烟台举行。为了争取更多的各省举人签名，在康有为撰写请愿书的同时，请梁启超、麦孟华等连日缮写 1000 余份，并连续三天在松筠庵由各省举人自由传观，征集签字，定于四月初八日都察院"堂期"时前往投递，请都察院代转清廷，以便赶在清廷决定换约之前影响清廷的决策。由于这份上书的签字者均为各省举子，所以史称"公车上书"。公车上书的各省举人与相通气的朝官"士气愤涌"，③ 一时间松筠庵内外车水马龙，各省举人来来往往，摩肩接踵，人流不断，群情激昂，纷纷在这份上书上签名。公车上书根本不可能阻止中日之间《马关条约》的最终签署。四月初九日，光绪帝决定批准盖印，主和派官员迅速将此消息广为传播，各省举人"闻大局已定，不可复救"，于是群议渐趋涣散，纷纷"取回知单"，尚剩下 603 人的名单，其中江苏参加联名上书的共计 46 人，其中常州府举人人数最多，达到 17 人。④

公车上书提名常州府举人名录

姓名	字号	籍贯	中试年份
吴脁	稚威	常州府阳湖县人	辛卯
张男寅	少虎	常州府江阴县人	癸巳
高翔	集安	常州府无锡县人	癸巳
杜嗣程	孟兼	常州府无锡县人	癸巳

---

① 茅海建：《"公车上书"考证补》（一），《近代史研究》2005 年第 3 期。
② （清）徐勤：《杂记》，（清）康有为编《南海先生四上书记》，上海时务报馆光绪二十一年刻本。
③ （清）康有为：《康南海自编年谱》，《近代中国史料丛刊》第 11 辑，台北文海出版社 1969 年版。
④ 汤志钧编：《戊戌变法人物传稿》（下编），中华书局 1961 年版，第 295—334 页。

续表

姓名	字号	籍贯	中试年份
唐洁镇	养吾	常州府无锡县人	癸巳
叶承谟	秉晖	常州府金匮县人	癸巳
吴曾溎	耿斋	常州府江阴县人	甲午
缪抡俊	曼臣	常州府江阴县人	甲午
姜汝谟	鸣皋	常州府阳湖县人	甲午
范矗	素行	常州府无锡县人	甲午
俞复	仲远	常州府金匮县人	甲午
许士熊	侣樵	常州府金匮县人	甲午
朱柏	维新	常州府金匮县人	甲午
孔揆均	叔方	常州府金匮县人	甲午
廉泉	惠卿	常州府金匮县人	甲午
程祖蔚		常州府武进县人	甲午
左运奎		常州府阳湖县人	甲午

轰轰烈烈的"公车上书"终于曲终人散，却成为近代中国历史上的一段重要插曲。"公车上书"是维新变法兴起的重要标志。"参加上书的人物回到各省无疑成了各省宣传变法维新活动的主要力量"。[①]常州举人在"公车上书"中的表现在江苏省中最为突出，也预示着常州社会在19世纪末20世纪初将经历一场不可避免的革新运动。

第三节 立宪运动的勃兴

光绪二十四年（1898），在康有为、梁启超等人的鼓动下，光绪皇帝曾向全国推行了一场短暂的政治改革运动，但此次"戊戌变法"仅经历了103日就以失败告终。但是受此影响，国内有关立宪运动的报刊、书籍日益增多，常州的一些知识精英也接受了近代民主宪政思想，并在立宪运动中扮演了重要的角色。

一、促进东南互保

光绪二十六年，中国北方爆发的义和团运动，引发了八国联军侵华战争，慈禧和光绪不得不慌忙逃亡西安。在盛宣怀和赵凤昌的主导下，包括江苏在内的中国广

[①] 江苏社会科学院《江苏史纲》课题组：《江苏史纲》（近代卷），江苏古籍出版社1993年版，第169页。

大南方地区进行"东南互保",客观上保证了中国南方地区免遭战火之苦,保持了秩序和安全。

在义和团运动刚刚兴起,清政府内部"主剿""主抚"两派争论未定时,盛宣怀便忧心忡忡地担心北方局势失去控制将不可收拾。他给李鸿章致电:"匪势散漫,难定此事。帅若回北洋,似可速了。"① 但此时李鸿章已经年近八十,出任两广总督,远离权力中枢,内心也是徘徊犹豫。稍后,李鸿章接到英籍海关总税务司赫德的电报称:"京城局势危险已极,各使馆甚虞被击,均以为中国政府若非仇视外人,即系无力保护,倘稍有不测,或局面无速转机,各国必定并力大举,中国危亡,即在旦夕",感到"事关紧急",才将赫德的原电奏报朝廷。② 可他仍向盛宣怀表示:"国事太乱,政出多门,鄙人何能为力?"③

同在此时,赵凤昌与何嗣焜商议:"事已如此,若为身家计,亦无地可避。吾辈不能不为较明白之人,岂可一筹莫展,亦坐听糜烂。其时各省无一建言者,予意欲与西摩商,各国兵舰勿入长江内地,在各省各埠之侨商教士,由各省督抚联合立约,负责保护。上海租界保护,外人任之;华界保护,华官任之。总以租界内无一华兵,租界外无一外兵,力杜冲突。虽各担责任,而仍互相保护。东南各省一律合订中外互保之约。"何嗣焜极许可。赵凤昌遂与盛宣怀商议,称"可由各省督抚派候补道员来沪,随沪道经与各国驻沪领事订约签字",盛宣怀"不过暂为枢纽,非负责之人,身已凌空,后来自免关系"。④ 五月二十四日,盛宣怀致刘坤一电,酝酿东南互保,称"自吴淞以迄长江内地,公应饬沪道告知各国领事,自认保护,勿任干涉"。⑤ 二十八日、二十九日,盛宣怀又联络李鸿章及刘坤一、张之洞,提议"从权"在上海与各国领事订约互保。⑥ 三十日,盛宣怀"帮同"上海道孝感余联沅与各国领事会议《东南互保约章》,对原拟底稿稍作修订,即定议为九条。开始,赵凤昌担心余联沅拙于应对,即定为中外会议座次,洋人以领袖领事在前,以次各领事;中国则以余联沅在前,盛以太常寺卿为绅士居次,与余坐近,再次各省派来道员。先与余联沅约,倘有难于置答者,即自与盛商后再答之,庶有转圜之地。盛宣怀于当日晚即将约章九条电告李鸿章、刘坤一、张之洞等各督抚。⑦ 六月初二日,盛宣怀以刘坤

---

① 萧一山:《清代通史》第4册,中华书局1981年版,第2232页。
② (清)李鸿章:《速寄译署》,《李鸿章全集》第27册《电报七》,第48页。
③ (清)李鸿章:《寄上海盛京堂》,《李鸿章全集》第27册《电报七》,第48页。
④ (清)赵凤昌:《庚子拳祸东南互保之纪实》,《人文月刊》1931年第2卷第7期。
⑤ (清)盛宣怀:《愚斋存稿》卷三五《致刘坤一电》。
⑥ (清)盛宣怀:《愚斋存稿》卷三六《寄李中堂刘岘帅张香帅》。
⑦ (清)赵凤昌:《庚子拳祸东南互保之纪实》。

一、张之洞的名义上专折，将东南互保之事电奏清廷，由袁世凯急递。①初六日，同为常州人的浙江布政使恽祖翼致电盛宣怀，称"浙江必须在互相保护之内，无论中丞有电与否，明日务请一同画押。杭字必须写作浙字，至祷至叩"。时浙江巡抚刘树棠方卧病，故恽祖翼径电代表浙抚附约。②初七日，湖广总督张之洞遵照朝廷五月二十九日、三十日谕旨，下发力保地方安定告示，盛宣怀遂将其转发东南、中原各督抚，称"本部堂、院奉到五月二十九、三十日等寄谕，有'现在京城仍极力保护各国使馆，及各省督抚务须相机审势，保守疆土'等语，自当钦遵此次谕旨，设法办理。已会同两江督部堂刘详加筹划，将东南各省均行一力保全"诸语，以申明东南互保不是抗旨而是遵旨。③

六月二十一日，八国联军侵入京师。慈禧及光绪出逃。赵凤昌担心地方秩序会混乱，便拟电致张之洞，称："洋电两宫西幸，有旨饬各督抚力保疆土，援庚申例令庆邸留京与各国会议云。"张之洞复电，问电从何来，即确复。赵凤昌因电本自拟，殊难置答，便告诉盛宣怀，请其照发同样之电与各督抚，以示确有此电。盛宣怀以捏造旨意为难，赵凤昌回答："捏旨亡国则不可，捏旨救国有何碍？且既称洋电，即西人之电，吾辈得闻，即为传达而已。各督抚凭此电以安各省人心，为益匪细，否则两宫消息杳然，督抚即无地位，何以对人民？"盛宣怀始允照发通电。④七月二十四日，盛宣怀寄江、鄂、苏、浙、皖、川各督抚帅电，称："闻庆邸留守，有照庚申恭邸成案与李相会筹议约，并令各督抚保守疆土之说。查庚申北狩，曾文正诸公在东南激励将士，外示镇定，内筹措置。今诸帅度越前贤，凡土匪窃发，不难弹压平靖。但能将领兵律严肃，勿致与匪串合，终无大碍。洋兵虎视，辄谓我兵难恃。若一闻匪警，舟师立至，东南又难收拾。乞格外留意。"⑤

由于"东南互保"格局的形成，各督抚勉力保持辖境内秩序稳定，没有形成如北方那样漫无边际的"反洋"大动乱，社会稳定，地方工商各业正常发展，同时阻止了列强借口进兵、进一步扩大侵略的可能，收效显著。在这一过程中，盛宣怀、赵凤昌、何嗣焜等常州人从"互保"设想的提出，到中间无数次奔走串连，作出了积极的贡献。

二、推进立宪

随着辛丑条约的签订，立宪思潮逐步在高层蔓延起来。光绪二十八年（1902年），

---

① （清）盛宣怀：《愚斋存稿》卷三六《寄东抚袁中丞专递京》。
② （清）盛宣怀：《愚斋存稿》卷三六《浙藩恽菘耘方伯来电》。
③ （清）盛宣怀：《盛宣怀上各督抚电》，转引自夏东原《盛宣怀年谱长编》，第686—687页。
④ （清）赵凤昌：《庚子拳祸东南互保之纪实》。
⑤ （清）盛宣怀：《愚斋存稿》卷三九《寄江鄂苏皖川各督抚帅》。

盛宣怀奏请取法、日、德国体。① 赵凤昌刻印的《日本宪法》《日本宪法义解》《议会史》等书，曾广送清廷官吏，慈禧太后颇为心动。光绪三十一年六月，清政府派五大臣出国考察政治。次年，五大臣奏陈立宪事宜。七月十三日，清政府颁发"预备立宪"谕旨。② 清末新政中的立宪活动实质是上下互动、达成共识的结果：一方面是清政府主持的自上而下的预备立宪过程；一方面是各个地方的立宪派士绅积极自下而上的推动立宪运动。江苏的立宪运动主要是在清末状元、南通人张謇的领导下进行的，而常州士绅在江苏立宪运动中起到了领袖张謇左膀右臂的关键作用。

1. 预备立宪公会。光绪三十二年十月二十四日，张謇与赵凤昌等在上海发起成立宪政研究会，其宗旨为"合群策群力，共谋所以利国便民"，任务是"考察政俗，研究得失，俟实行立宪后代表国民，赞助政府"。但这个组织不久因马相伯成立政闻社，策划倒袁活动，受到牵连而告式微。

同年十一月初一日，第一个全国性的立宪团体——预备立宪公会在上海成立。预备立宪诏书颁布后，两广总督岑春煊派遣亲信常州人陆尔奎到上海会见张謇、郑孝胥等，传达其"欲立法政研会，愿助开办费一万元，另筹常费岁一千"的意见，经过多次开会讨论，确定会名为预备立宪公会。③ 参加立宪公会的有来自江苏、浙江、福建、广东等地人士共计270多人，大多为江浙闽的实业界人士，其中江苏籍人数最多，达到102人，占预备立宪公会会员总数的43.4%。预备立宪公会具有近代政党的雏形，他们发起一系列要求立宪的活动，推动了全国立宪运动的发展，标志着江浙立宪派的正式诞生。常州人中沈同芳、陆尔奎、刘垣、孟昭常为会董，孟昭常兼驻办员，汤一鄂、孟森为编译员，入会的尚有刘树森、庄篆、翁振铭、费毓桂、刘树屏、冯嘉锡、史藩、王纯、庄承绶、庄蕴宽、赵鼎年、赵椿年、赵凤昌、盛春颐、刘度来等。④ 其中孟森、孟昭常兄弟在推进立宪方面助力尤著。

孟森（1868—1937），字莼生（又作莼孙），号心史。光绪二十九年八月，孟森受聘于广西边防事务督办郑孝胥为记室，被待以上宾之礼。光绪三十一年他和弟弟孟

图7-7 孟森

---

① （清）盛宣怀：《愚斋存稿》卷六《南洋公学推广翻辑政书折》。
② 《清德宗实录》卷五六八，光绪三十二年七月戊申。
③ 侯宜杰：《二十世纪初中国政治改革风潮：清末立宪运动史》，人民出版社1993年版，第118—120页。
④ 《预备立宪公会题名表》，浙江省辛亥革命史研究会、浙江省图书馆编《辛亥革命浙江史料选辑》，浙江人民出版社1981年版，第210—222页。

昭常受郑孝胥资助，赴日本入法政大学速成科学习。留学期间，他进一步接受了西方近代学术文化和社会政治经济思想的影响，发起成立法政学交通社。光绪三十三年，孟森毕业回国，加入预备立宪公会。光绪三十四年初，该会创办半月刊《预备立宪公会报》，他为编辑之一。八月，孟森受聘出任上海商务印书馆创办的《东方杂志》主编。该杂志可谓"杂志的杂志"，在全国知识界影响巨大。他特辟"宪政篇"专栏，专门刊登有关宪政的大事和评论，大力鼓吹。年底，孟森当选为预备立宪公会董事。① 他所编著的《咨议局章程讲义》《地方自治纲要》《地方行政制度》《日本宪法详解》和《城镇乡地方自治事宜详解》等通俗读物都畅销一时，"文字所及，几遍于各省，往往有一通告辄发数百州县商会、教育会、劝学所者"。②

孟昭常（1872—1919），字庸生，孟森胞弟，幼孤，由孟森教授学业，光绪十七年中举，光绪三十一年与孟森一同赴日本法政大学速成科学习。留学期间，与孟森等人一起发起成立法政学交通社，同时加入沈其昌所组织的法政学报社。毕业回国以后，孟昭常加入了预备立宪公会，受到重用，被推举为驻会办事员。实际上，会中"一切都由他在中间导演"。③光绪三十三年十一月，预备立宪公会召开第二次年会，孟昭常当选为董事。宣统元年当选为副会长。宣统二年，会董议决在北京设立事务所，称京事务所，其日常工作由孟昭常主持。他也是《预备立宪公会报》的编辑之一，所编写的通俗宣讲书，成为当时首屈一指的畅销书。④如《公民必读初编》，再版至27次，河南一次就订购10万部；而《公民必读二编》，再版至16版，仅广西一省就订购了10万部。⑤

2. 江苏咨议局与常州籍议员。光绪三十三年九月，清政府宣布《著各省设咨议局谕》，决定各省设立咨议局，作为"采取舆论之所，俾其指陈通省利弊，筹计地方治安，并为资政院储材之阶"。⑥光绪三十四年六月，清政府颁布《咨议局章程》和《议员选举章程》，七月，公布《钦定宪法大纲》和《逐年筹备事宜清单》，谕令各省咨议局于一年内成立。是年八月下旬，宁、苏两属200余人在南京江苏教育总会召开江苏全省民众代表大会，正式成立江宁、苏州两个咨议局筹办处。

江苏咨议局的筹备期分调查和选举两期。

调查，即为调查具有选举资格的人。根据《咨议局章程》，要成为一个选举人，

---

① 侯宜杰：《逝去的风流：清末立宪精英传稿》，北京师范大学出版社2013年版，第65—70页。
② 《预备立宪公会年会纪事》，《时报》1909年11月16日。
③ 黄炎培：《我所身亲之中国最初期及最近期的宪政运动》，《宪政月刊》创刊号。
④ 侯宜杰：《逝去的风流：清末立宪精英传稿》，第71—77页。
⑤ 唐振常主编：《上海史》，上海人民出版社1989年版，第424页；陈峰：《中国宪政史研究纲要》，贵州人民出版社2003年版，第68页。
⑥ 故宫博物院明清档案部编：《清末筹备立宪档案史料》下册，中华书局1979年版，第667页。

必须为本省籍贯 25 岁以上的男子且具备下列条件之一：1. 在本省地方办学务及其他公益事务满 3 年以上著有成绩者；2. 曾在本国或外国中学堂及与中学同等或中学以上之学堂毕业得有文凭者；3. 有举贡生员以上之出身者；4. 曾任实缺文七品、武五品以上未被参革者；5. 在本省地方有 5000 元以上之营业资本或不动产者（非本省籍贯，寄居满 10 年以上，如有 1 万元以上的营业资本或不动产者，亦得有选举权）。

作为一名候选议员者必须具有上列资格之一，且为年满 30 岁之男子。凡有下列情事之一者，不得有选举和被选举权：1. 品性悖谬、营私武断；2. 曾处监禁以上之刑者；3. 营业不正者；4. 失财产上之信用被人指控，实尚未清结者；5. 吸食鸦片者；6. 有心疾者；7. 身家不清白者；8. 不识文义者。凡有下列人等停止其选举权及被选举权：1. 本省官吏或幕友；2. 常备军人及征调期间之续备、后备军人；3. 巡替官吏；4. 僧道及其他宗教师；5. 各学堂肄业生；6. 现充小学教员者。①

常州府武进、阳湖两县士民主动协助官方筹办咨议局。八月二十二日，常州士绅在全省率先成立筹办咨议局事务所，拟定简章，举定各区调查员。钱以振、于定一等人赶赴上海，表示"他日如以武、阳而延误全省，武、阳甘受全省之唾叱"。②在士民的推动下，武进、阳湖两县最早举行调查。其着手次序分为宣讲、注册、审查三节。调查分区进行，城市以坊厢为界，乡以图为界。调查员，以本区董事为主，本区士商一二人为辅。调查员在调查时须携带调查须知、调查手续、选举人原簿等。调查须知对各项选举资格及限制作了详细诠释：办理学务及公益事务两项可并足 3 年；品行悖谬，指革命党而言；营私武断，指讼棍等而言（以上二者均以被控有案为断）；不识文义，以不能自书选举票为断，等等。调查手续则列举调查中应注意事项：如调查区交界处应彼此接洽，以免重复遗漏；调查以六日完毕，六日内茶点零用可开支公款；调查员必挨户调查，不可忽东忽西，以免遗漏，等等。

调查是选举的前提。咨议局议员的选举采取的复选法，即先由选举人选出初选当选人，再由初选当选人选出议员。按选举章程规定，初选举以厅、州、县为选举区，复选举以府直隶厅、州为选举区，各以本地长官为选举监督，管理选举一切事宜并选派管理员、监督员，协助办理选举事务。江苏省议员定额为 121 名，加上 4 名驻防专员，共计 125 名，仅次于直隶，位居全国第二。其中常州府最早当选的议员共计 22 人，分别为胡丽荣、蒋士松、刘庭炙、黄应中、王楚书、谢保衡、吴鸿基、孟森、瞿树榕、孟昭常、苏高鼎、秦瑞介、顾鸣冈、孙靖圻、储南强、于定一、赵衡、俞复、

---

① 《法令》，《东方杂志》，第五年第 10 期。
② 《宪政篇》，《东方杂志》，第五年第 7 期。

朱溥恩、钱以振、蒋镛、屠宽。①

宣统元年（1909）十月初一日，江苏咨议局正式成立。②立宪人士皆以为，"咨议开局为人民预闻政治之始，将来组织议院之基"，"兴大利，革大弊，保国权，维民气，咸于议长议员是赖"。③

3. 国会请愿运动。江苏咨议局甫一成立，便希望有所作为，然而庙堂之上并无真正贯彻宪政之心，地方上两江总督张人骏系顽固旧官僚之代表，两者时有冲突。宣统元年八月起，张謇便与江苏巡抚瑞澂及议员孟昭常、雷奋、杨廷栋等商议启动国会请愿运动办法。孟昭常等人至全国各地联络，各省代表55人应张謇之邀相继齐集上海，下榻江苏教育会会所，以跑马厅预备立宪公会事务所为会场，举行"请愿代表团谈话会"，共同商讨促请政府速开国会。十一月初一日，国会请愿同志会成立，同时创刊《国民公报》，是为请愿国会之始。武阳籍咨议局议员于定一、资政院议员孟昭常与会，孟昭常并与林长民一起被选为书记。十二月初六日，第一次请愿国会运动发动，全部赴京代表33人，于定一作为江苏的3名代表之一与会。二十日，清廷以"国民知识程度尚未划一，如一时遽开议院，恐反致纷扰不安，适足为宪政前程之累""俟将来九年预备业已完全，国民教育普及"，再召集议院，④坚持9年预备立宪期限不变，对即开国会的请求予以拒绝。

国会请愿代表对此早有思想准备，是月二十七日，在京请愿国会代表议决再次请愿即开国会，并组织"请愿即开国会同志会"及各省咨议局联合会。此后，"请愿即开国会同志会"成为国会请愿的领导机构，在全国掀起了一场规模更加浩大的政治运动。经过广泛发动，全国各省热烈响应。宣统二年（1910）三月底，第二次国会请愿代表团成立，孟昭常等负责请愿书的起草和修改工作。五月初十日，第二次请愿国会运动发动，于定一作为咨议局议员代表赴京上陈。然而在是月二十一日，清廷仍以"勿骛虚名而隳实效"为由拒绝请愿。同年八月初五日，第三次国会请愿代表至摄政王府呈递请愿书，并于七日至资政院递交请愿书。二十日，资政院通过"请速开国会议案"。九月初一日，第一届资政院开院，至十二月止，孟昭常作为民选议员、赵椿年作为钦选议员与会。初五日，第三次国会请愿代表至摄政王府呈递请愿书，并于七日至资政院递交请愿书。二十日，资政院两次通过"请速开国会议案"。二十三日，18位总督、将军、巡抚、都统联衔电奏请速设责任内阁，速开国会。十

---

① 《江苏咨议局议员题名录》，民国铅印本；《申报》1909年11月18—19日；《东方杂志》第六年第10、11期。
② 《江苏谘议局行开幕礼纪事》，《申报》1909年10月16日。
③ 《报界致江浙等省咨议局贺电》，《申报》1909年10月14日。
④ 故宫博物院明清档案部编：《清末筹备立宪档案史料》下册，第641—642页。

月初二日，清廷作出让步，缩减预备年限为6年，预定宣统五年召集国会，然"此后倘有无知愚氓，借词煽惑，或希图破坏，或逾越范围，均足扰害治安，必即按法惩办"。初四日，谕派溥伦、载泽为纂拟宪法大臣，先纂拟宪法，以备颁布遵行。同日，请愿国会代表团集议，解散请愿代表团，保留国会请愿同志会，拟组织政党。此时各省纷纷致电国会请愿同志会，要求代表不要出京，继续坚持请愿要求即开国会。北方各省甚至开始罢课停学，游行示威，风潮之盛有再次弥漫全国之势。面对这一情景，清廷决定采取严厉的镇压措施。面对压力，国会请愿同志会被迫宣告解散。[①]而各地的立宪人士逐渐认清了清政府"假立宪其名而专制其实"的真面目，并进一步加大了他们和清政府的离心力。"政府之专己自遂，违拂民心，摧抑士气，其事乃屡见而不一见。于是人们希望之路绝"[②]"咨议局议员绝望之日，即清廷基础动摇之日"。[③]

第四节 常州绅商与地方自治

清末新政期间于政治参与方面，常州最为突出的表现为立宪运动，于地方建设则为地方自治。地方自治，首在建立地方基层组织，次则推行地方公益事业。传统中国虽然是帝制，但地方亦有相当悠久的自治传统。"至清末筹备立宪，分年推行地方自治，不仅加强与扩大地方自治之组织，将州县亦列为自治单位，又将地方行政及公益事业，纳入自治组织之中，自治组织与地方行政及公益事业结成一体。"[④]

"绅商"是近代中国城市涌现出的一个很特别的群体，"绅"传统本指"士绅"，而"商"则指"商人"。传统中国社会四民为：士农工商，一头一尾，商尤其为士所贱视。而在晚清中国城市，士的地位下降，且常常投身实业；商人地位则大幅提升，超越农工，故而士和商被人并提混称为"绅商"，相当于今人所说的知识分子与工商界人士。常州地方历来绅权甚重，地方政事均由权绅把持。恽逸群就曾经回忆："武进县文化较发达，知识分子多，做官的多，因此绅士也多，从清朝中叶起，武进、阳湖两县的县官就是最难做的，稍有差错就会被绅士攻倒。"[⑤]顾峤若则称："清末常州之绅权甚重，尤以城厢为最，地方政事均由权绅把持，此起彼继，甚至互为敌对，

[①] 侯宜杰：《二十世纪初中国政治改革风潮：清末立宪运动史》，第33页。
[②] 张謇：《致铁良函》，《张謇存稿》，上海人民出版社1987年版，第18页。
[③] 刘厚生：《张謇传记》，龙门联合书局1958年版，第184页。
[④] 王树槐：《中国现代化的区域研究：江苏省（1860—1916）》，台北"中研院"近代史研究所1984年版，第198页。
[⑤] 恽逸群：《1927年前后党在武进地区的活动》，《江苏革命史料选辑》第7辑，第173页。

成对立之势。"① 这些权绅就是清末地方自治运动的最主要参与者和支持者。

清末新政以及由此推进的地方自治,为日趋扩展的士绅权力提供了合法性和制度性基础。"新政举行以来,教育之机关则绅士握之,实业之大权则绅士揽之,将来自治咨议局成立以后,董事议员等等,其大多数又将以士绅充之……一言以蔽之,新政发生以后,乃绅士恢复权力之一好机会也,何也?中国既因上下之隔阂而致弊政丛生矣,则当此预备立宪之时,自以沟通上下为要义,然官吏挟其积威不肯稍事俯就,人民又限于地位不敢贸然上攀,上下之间依然隔绝,而彼绅士者出无乞丐之拥护,入无皂隶之喧喝,其在社会之上,究与人民为切近,民间之疾苦,政治之利弊必能周知而尽悉,故有一新政之举行,必有一绅士之位置"。②

一、"总绅"恽祖祁

江苏地方自治的萌动是从商会活动开始的,商会势力的壮大是地方自治团体组织设立的前提条件。江苏地区自治团体组织的设立多半是由商会参与的;或是在其影响之下,由绅商共同设立的;或是有少数地方官员督导推行的。常州商会成立于光绪三十二年(1906),名义上虽然是苏州总商会的一个分支机构,其实保持相对的独立性,在民国初年常州政治事务中拥有相当的政治影响。而常州商会总理一直为恽祖祁所把持。

恽祖祁(1843—1919),原名祖源,字心耘,一字筱芗,号菜叟。恽祖祁属于恽氏的南宗上店支,即所谓"南恽分"。恽氏上店支这一支不仅科举成就突出,出现了恽光宸、恽彦彬和恽毓嘉三位传胪,而且恽彦琦、恽祖翼先后出任湖北汉黄德道和湖北按察使,恽祖翼和恽光宸又先后出任浙江、江西巡抚。恽氏是常州当地历史最悠久,规模最大的家族,其在地方上的持续影响力远超盛氏。这些都给恽祖祁在晚清常州地方呼风唤雨打下了坚实的基础。

图 7-8 恽祖祁

恽祖祁科举成绩远不如他诸位兄长,他通过筹饷案捐官,升湖南零陵知县,后又以军功历保湖南补用道,经时任湖南巡抚陈宝箴保荐,被光绪召见,简放福建兴泉永道,又调署延建邵道。在延建邵道任上,因福建虎头山基地主权一事与日人抗争,而被罢职。③ 八国联军战争时,他奉旨督办九省转运事宜,战后被任命为江苏江防营会办。由于有江防营会

---

① 顾峤若:《常州地方城乡派别概略》,转引自万灵《常州的近代化道路:江南非条约口岸城市近代化的个案研究》,安徽教育出版社2002年版,第75页。
② 《论绅权》,《申报》1908年2月22日。
③ 此事详见恽祖祁:《厦门日租界交涉案公牍》,《近代史资料》第3期,中华书局1962年版。

图 7-9 恽祖祁全家照

办这一实差,平添了诸多资本,开始涉及地方事务,"兼任商会总理、育婴堂总董及管理款产积谷等"。江苏教育总会第一次选举,他仅次于张謇,压倒诸多江南名绅,担任第一副会长,仅此一点,便可知其在当时的影响力。根据刘翊宸的叙述,他曾自称为常州"总绅",因此可谓晚清常州第一权绅。恽祖祁在地方上的地位是和恽氏家族的影响力密切相关的,顾峤若曾如此分析:"其胞兄(指恽祖翼)任司道,其族兄又多,因之凡一府县官到任之前,必先拜访,地方一切政治设施,必就商并遵其意旨而行。其时有八大人及'武阳道'之称,谓其权在一府两县之上也。"①

恽祖祁此人历史评价极为复杂,卢正衡在为他写的传记中曾言及恽祖祁的成绩:

言学务,如筹设常州府中学堂,自建筑以至开办,集合款产,聘定校长,皆先生所主持。设立学务公所、劝学所及师范传习所、法政讲席所,就龙城、延陵等书院改办武阳公学,创建图书馆。其间如城区冠英、育志,乡区如道南、溪南、道乡、高山诸学校之改设,靡不有先生规画或助力在焉。以言实业,则创建武阳商会,劝导各业派人出洋,学习工艺,创办石印罐头造纸等工厂,筹备常州府物产会,筹设商品陈列所,创办和慎商业储蓄公司。以言水利,开浚运河,东自丁堰以上,西至奔牛以下,数十里间二十年来交通便利,并浚孟、德、澡三河,至今农商咸受其福。以言善举,如清理城乡积谷,

---

① 顾峤若:《常州地方城乡派别概略》,转引自万灵《常州的近代化道路:江南非条约口岸城市近代化的个案研究》,第75页。
② 卢正衡:《恽心耘先生事略》,《武进月刊》第2卷第10期,1919年。

救济武、丹沙洲水灾，筹办丁未、戊申、庚戌三次平粜，散放芙蓉圩等振款，
先生皆主其事。公善堂之清理整顿，尤嫌怨不辞。至宪政，则咨议局选举
及县市自治筹备，皆先生开其先。警政则建立保卫局，筹设警察教练所，
以及巡警之成立、防务之擘画，先生皆身任其劳。②

以上文字，有一般传记中固有的夸大成分，但不可否认恽祖祁与清末常州地方自治中所取得的成就极有关系。然而当时舆论对他的普遍评价则是"目不知书，性贪狠，多权诈，以捐纳攀援得官，平日与郡县官联络，平民咸受其害"。①尤其是以他为代表的所谓常州"城派"和以屠寄为代表的所谓"乡派"在辛亥革命前后的权力争斗，使其历史评价更是跌入历史低谷。

二、地方自治在常州的推行

按筹办地方自治的推进次序，先是设立自治局或自治期成会等筹划组织，并设立自治研究所，次则为户口调查，然后设立城厢自治公所、乡镇地方自治公所、府州县厅自治公所。②

光绪三十四年（1908），常州府武进、阳湖设立地方自治期成会，并设自治研究所；常州府宜兴、荆溪并设自治研究会。

宣统元年（1909）六月一日，武进、武阳两县城厢成立武阳镇乡筹备自治公所，所长恽祖祁，副所长恽用康、庄殿华。自治范围东起政成桥，西至西圈门，南起木梳街，北至仁寿栅。这是常州最早的地方自治机构。宣统二年六月二十日设城厢议事会，七月三十日设城厢董事会，前者为议事机关，后者为执行机关。两会会址同设双桂坊忠义祠，分别以武阳城厢地方自治区公所为会议场所和办事机构。民国后，武阳城厢议事会、董事会改称武进市城厢议事会、董事会。③

常州自治并非一帆风顺，而是风波迭起，其中尤其以城乡区域之争为影响最大。如常州城厢筹备公所未通知各乡，即私割近城的怀北、怀南、德泽、孝仁四乡街市至三四里七八里不等，划入城厢区。四乡绅董愤恨城绅违背奏定章程，面对府县衙门和城自治公所的压力态度强硬，坚执要求以其自身"固有之区域"开展自治，反对将附城各图划入城区，并签呈志图，请督、抚暨自治筹备处遵章办理。此事争执半年余，未能解决。宣统元年正月初九日，城、乡代表会议，确定城、乡界限。各遵志载固有区域办理，争议遂息。然城公所一些职员在恽祖祁等人的指使下又推翻此议案，再度引起四乡士绅公愤。④这场区域之争最终以自治公所职员辞职，四乡保

---

① 不平子：《钱烈妇惨死记》，光绪三十二年木活字本。
② 王树槐：《中国现代化的区域研究：江苏省（1860—1916）》，第198页。
③ 于定一：《知非集》卷一《武进市第一届董事会报告书总说》，华北印书馆1925年铅印本。
④ 《武阳城乡区域始末纪》，宣统木活字本。

有固有区域收场。①至宣统二年，武进县全境区域划分完毕，仍按十七乡传统划分乡区（此时武进、阳湖县尚未合并，武进17个乡，阳湖19个乡，共36个乡）。②怀南、怀北因与城公所争地，开展自治进程较快，此时已经选出正副议长。

宣统二年循理、怀北、德泽、怀南四乡乡职表

乡名	正议长	副议长	议员	乡董	乡佐
循理乡	蒋同善	万选	陈桂生等11人	奚臻	陈耀
怀北乡	赵烜	沈启道	杨郁文等10人	马俞本	邵瀚
德泽乡	朱润恩	周树森	何全福等10人	曹炳	张其焕
怀南乡	曹炳	施泽久	陈彦等13人	金一揆	张芝吉

资料来源：《江苏自治公报类纂·图表类》，第168页。

此外，由于部分绅士借新政敛财集权，再加新政在百姓中宣传普及不够，在地方上也引起了一片反对之声，甚至爆发了一些骚乱，直接影响到了辛亥革命前夕常州乡村的稳定。

清末推行的地方自治运动中，重点有一项为"调查户口"，为协助政府收税，举办地方公益事业，如兴办学校、设立巡警等，推行相关政令的任务，而这引发了农民的普遍担忧和反对，造成了地方局势的不安定。常州地区农民抗争的原因，在改书院为学堂即已开始，③只是此类重大事件尚在少数。在宣统二年调查户口及每户收取纸币费一二十文或三五十文为主后，常州农村的骚乱较之以往更为激烈，次数也大大增加。反对调查户口而引发的抗争，最为浩大的为"钦风乡"一案。1910年底至1911年初，在丹阳人王道来的领导下，阳湖县钦风乡的民众聚集起来，抗阻阳湖县自治所的户口调查，形成团练队伍，索回名册，予以撕毁，并将"起义"所用的"尖角小旗"蔓延至大有、栖鸾等乡。④乡民的抗拒风潮，往往借迷信之事以为号召。常州寺庙众多，民众迷信思想较重，造成寺观内和尚道士的势力坐大，以致辗转相煽动的情形。此类争夺庙产的案例，以"丰西乡"一案为最大。几乎与"钦风乡"一案同时，丰西乡一案"系夹城庵与土地庙界画未清，乡民进香又见庙中什物确有

---

① 《批武阳二县禀城乡自治互争区域一案无可理劝拟定办法请赐示遵由》，《江苏自治公报类纂（宣统三年）》卷八《文牍类》。
② 《批武进阳县申送武邑十七乡区域绘图请汇转由》，《江苏自治公报类纂（宣统三年）》卷八《文牍类》。
③ 《中国大事记》，《东方杂志》第7卷第4期。
④ 《宣统三月三月二十一日批丹阳县禀乡民因调查户口造谣聚众现已解散办理情形》，常州政协文史委编《常州文史资料》第1辑，内部出版物，1981年，第14—15页。

短少,因疑生谤,职此之由。迨相率赴诉之时,尚不及为区处,是非不明,乱阶即缘之而起"。①丰西乡民众销毁民册,捣毁学堂,殴打绅董及调查人员。后来因为丰西乡自治风潮处理欠公允,阳湖县自治公所纷纷请辞,武进、阳湖全境35个乡乡董合电江苏巡抚程德全,谓自治无法推行。②

新政推行所带来的大量利益,让公共事业成为士绅争权夺利的渊薮,接触不到资源者又心有不甘,由此引发了种种的问题,新政期间常州发生的很多争议均来源于此。

第四章 辛亥革命与常州光复

随着时局的发展,越来越多的有识之士倾向于凭借一朝流血,换得中国之民主、富强。1911年10月10日,武昌起义爆发。革命火种迅速传遍大半个中国。常州不落人后,几乎不废一枪一弹,随即宣告光复。1912年1月1日,孙中山在江苏南京宣告成立中华民国临时政府,自任首位临时大总统,是为亚洲第一个共和国。但从常州光复的历史进程中,不仅可见清王朝堕落之深,亦可知近代中国的真正变革并未到来。

第一节 革命的先声:常州人与"苏报案"

晚晴时期,常州地方精英参与近代中国的变革和建设绝不仅仅在常州一地进行,因缘际会间,他们遍及祖国大江南北,影响深远。爆发在上海的"苏报案"在辛亥革命史、晚清史乃至整个中国近代史上,都是一个具有标志性意义的事件,而"苏报案"随处可见常州人的身影。

一、陈范与《苏报》

《苏报》创刊于光绪二十二年(1896)五月十六日。始为胡璋经营,并以其妻生驹悦(日籍)的名义在上海日本驻沪领事馆注册,后来由陈范经手。陈范(1860—1913),原名彝范,字淑柔,号梦坡,祖籍湖南衡山。其父陈钟英娶了赵烈文的姐姐,

图7-10 陈范

---

① 《宣统三年三月十二日批武阳二县三十五乡乡董赵晋祺等公呈为自治风潮迭起后患堪虞环恳俯赐维持事由》,常州政协文史委编《常州文史资料》第1辑,内部出版物,1981年,第13—14页。
② 《民立报》,1911年3月23日。

遂于同治间举家迁居常州。陈范共有 13 个兄弟姐妹，他排行第三，光绪十五年中举人，以后未再应试，光绪十七年就任江西铅山知县，二十一年被弹劾落职。① 其时正值戊戌维新前后，上海报业已相当发达，不少文人到上海谋生。光绪二十四年二月，陈范来到上海，此时恰好苏报馆因经营不善欲出售，陈范遂将其买下，迁址汉口路 27 号，聘请妹夫汪文溥为主笔，从此陈范成为苏报馆主。次年，陈范女儿陈撷芬在《苏报》的基础上创办了中国较早的妇女刊物《女报》，限于当时的条件，《女报》不久就宣告停办。光绪二十八年正月，陈撷芬重办《女报》，并随《苏报》一块发行，陈撷芬以主笔兼记者的身份，经常撰写有很强的感染力的文章，使得《女报》很受各界欢迎，影响很大。

此时，大批新式知识分子也纷纷汇集上海，新旧冲突便渐次以"学界风潮"的形式滋生踵接。是年三月，蔡元培和章太炎、吴稚晖等人就在上海成立了"以教育中国男女青年，开发其智识，而推进其国家观念，以为他日恢复国权之基础为目的"的中国教育会，蔡元培选为社长。② 陈范的兄长陈鼎为蔡元培乡试房师，正在考虑兴办女学的蔡元培便邀请陈撷芬和陈范到自己登贤里的寓所开会，筹办女学，同时邀请他们参与到中国教育会工作中去。③

是年四月，吴稚晖率领胡汉民、朱执信、蔡锷等男女学生数十人赴日本留学，其中钮瑗等 9 人拟入成城学校。成城学校是日本陆军士官学校的预备学校，接受中国赴日学习军事的留学生。按照惯例，自费生学陆军，须由清政府驻日公使保送。时中国驻日公使蔡钧不愿轻送汉人受军事教育，吴稚晖屡请屡拒。吴遂于六月二十四日率领诸生闯入驻日公使馆。蔡钧招日本警役入馆，拘留吴稚晖，遣散学生。七月初二日，日本警署徇蔡钧之请，将吴稚晖等驱逐出境。次日午前六时，日警拘引启程，过桥时，吴稚晖愤而投水，日警急下水捞救，得不死，挟送至神户，押上法国邮船三等舱。蔡元培立即由东京赶赴神户，伴送吴、孙两人回国。④ 初十日，蔡元培、吴稚晖等抵上海，中国教育会即在上海张园海天深处举行欢迎大会，稚晖登坛，备述颠末，声震屋宇。⑤

此时恰逢南洋公学发生中国近代史上的第一次学潮"墨水瓶事件"，学生领袖之一沈步洲是陈范的外甥。这些退学学生在陈范和中国教育会的支持下重新组建学

---

① （清）汪文溥：《蜕盦事略》，《陈蜕盦先生文集·附录》，民国三年刻本。
② 蒋维乔：《中国教育会之回忆》，《东方杂志》1936 年第 1 期。
③ 高平叔：《蔡元培年谱长编》，人民教育出版社 1993 年版，第 236 页。
④ 陈凌海：《吴稚晖先生年谱简编》，中国国民党中央委员会党史料编纂委员会编《吴稚晖先生全集》第 18 集，1969 年，第 23 页。
⑤ 蒋维乔：《竹翁自订年谱》，上海图书馆藏稿本。

校，便以爱国学社来命名。①陈范不仅出资资助爱国学社，而且还让爱国学社的成员在《苏报》上撰写稿件，编译文章，《苏报》则每月资助爱国学社100元。著名人士章士钊、吴稚晖、张继经常为该报写稿。不久《苏报》便成为中国教育会和爱国学社的机关报。次年，蒋维乔便带着何士准、何山渔诸人来到上海加入了爱国学社，担任教员，分别在海军学堂和陆军学堂求学的何士准和何山渔兄弟则担任体育教员，顺便向学生传授一些军事知识。②

二、"苏报"案

光绪二十九年四月初五日，陈范正式聘任爱国学社的章士钊担任主笔。③四月十七日，《苏报》便发表《敬告守旧诸君》以鼓吹革命："居今日而欲救吾同胞，舍革命外无他术，非革命不足以破坏，非破坏不足以建设，故革命实救中国之不二法门也。革命乎！革命乎！"④章士钊任主笔后，更于五月初一日起进行大改良，不断发表激烈反清革命文章。

此时的中国，各种风潮、学潮不断，反清革命思潮在酝酿，在这种爱国激情的驱使下，爱国学社的邹容写完了《革命军》一书，而其结拜兄弟章太炎在为《革命军》撰序时说："夫中国吞噬于逆胡二百六十年矣。宰割之酷，诈暴之工，人人所身受，当无不昌言革命。"⑤就在此时，康有为发表了《与同学诸子梁启超等论印度亡国由于各省自立书》和《答南北美洲诸华商论中国只可行立宪不可行革命书》，反对"革命者开口攻满洲"，以为"立宪"可以避免"革命之惨"，鼓吹光绪帝复辟。章太炎看到后，公开批驳，赞美革命："公理之未明，即以革命明之；旧俗之俱在，即以革命去之。革命非天雄、大黄之猛剂，而实补泻兼备之良药矣。"⑥章太炎的《革命军序》和《驳康有为论革命书》（其中主要部分）先后在《苏报》上发表，其中《驳康有为论革命书》中直呼光绪的名字："载湉小儿，不辨菽麦。"这八个字，成了清廷取缔爱国学社，查封《苏报》，企图把包括章太炎在内的"一干人犯"凌迟处死的罪证，也成为了震动全国的"苏报案"的直接导火索。清政府电令两江总督魏光焘、江苏巡抚恩寿查禁爱国学社的活动及《苏报》，饬令"严密查拿，随时惩办"。

然而，《苏报》设在上海公共租界，依据1845年中英双方谈判达成的《上海土地章程》（Land Regulation），上海的外国租界虽然没有国家主权，却并不受清政府

---

① 高平叔：《蔡元培年谱长编》，第245—247页。
② 蒋维乔：《中国教育会之回忆》。
③ 方晓红：《中国新闻史》，北京师范大学出版社2013年版，第68页。
④ 章士钊：《敬告守旧诸君》，《苏报》1903年5月13日。
⑤ 章太炎：《革命军序》，《章太炎政论选集》，中华书局1977年版，第192页。
⑥ 章太炎：《革命军序》，《章太炎政论选集》，第204页。

的管辖。"苏报案"发生时,上海公共租界已经成为一个机构完备的相对独立的自治区域,有立法机构纳税人会议,有纳税人会议选举出来的执行机构工部局,工部局下设巡捕房,负责维持租界治安。租界的这种特殊地位对"苏报案"的发展产生了直接影响。

魏光焘、恩寿两人奉旨,即派候补道俞明震到上海,会同上海道袁树勋向各国驻上海领事团交涉。上海领事团为了维护租界的特权,答应由租界捕房拘人,交会审公廨审理,如应判刑,也在租界内执行。闰五月初四日,俞明震找到吴稚晖,通知其缉拿公文已下,建议他出国留学。初五日、初六日,《苏报》馆账房程吉甫和章太炎以及陈范的儿子陈仲彝、办事员钱宝仁等由公共租界捕员逮捕。报馆主人陈范被通缉,逃往日本。① 初七日,邹容接到章太炎来信后自愿投案,以与章共患难。初十日,《苏报》馆被封,此后黄宗仰、吴稚晖等纷纷避匿,后皆出国远走。

是时,清政府主张上海外国租界当局应允将章、邹两人引渡到华界,按清律处以极刑,然而各国公使皆表示了对"苏报案"的高度关注,坚持该案适应于治外法权,并没有同意清政府的要求,而是坚持由上海公共租界会审公廨主持判决。不得已,清政府雇请的两名外国律师和章、邹所雇请的律师,在会审公廨当堂对簿。经过三轮漫长的审讯,"苏报案"迁延近一年,至光绪三十年四月初七日,上海宣布判决结果:

> 本县奉南洋大臣委派,会同英副领事审讯苏报馆一案。今审得钱宝仁、陈吉甫一为馆友,一为司账,已管押四月,应行开释。陈仲彝系馆主陈范之子,姑准交保,寻父到案。龙积之系鄂督访拿之人,惟案无证据,且与苏报馆事无干,亦应省释。至邹容作《革命军》一书,章炳麟作《訄书》,并作《革命军序》,又有驳康有为一书,言语纰缪,形同悖逆。彼二人者同恶相继,罪不容恕,议定邹容监禁二年,章炳麟监禁三年,罚作苦工,以示炯戒。限满释放,驱逐出境。此判。②

章太炎入狱三年,潜心佛学,而革命之志毫不动摇。出狱后,章太炎赴日本参加同盟会,继任《民报》主笔,主持《民报》与《新民丛报》的论战,撰有《中华民国解》,为"中华民国"国号的创始者之一。最为不幸的是,邹容在距离出狱只有两个多月时在狱中被折磨致病,最终不治身亡,年仅20岁。噩耗传出,中国教育会立即为他开追悼会。遗骸由革命志士刘三(季平)冒险运出,安葬于上海华泾乡。他虽然身死,而其所撰《革命军》风行国内和海外华侨中,销售达110万册,对鼓

---

① 陈凌海编:《吴稚晖先生年谱简编》,第26—27页。
② 转引自王敏:《苏报案研究》,上海人民出版社2010年版,第90页。

动清末革命高潮产生了难以估量的作用。

三、"苏报案"之后的革命斗争

"苏报案"的发生，以及章太炎、邹容的狱中斗争，扩大了革命思想的影响，清政权的野蛮和颠顸暴露无遗。全国各地越来越多的地方精英纷纷从改良主义的思想影响下解放出来。从此，改良派的思想阵地日益缩小，革命派的思想阵地日益扩大。

陈范在"苏报案"后逃亡日本，与孙中山等革命党人交往，并继续从事革命活动。光绪三十一年潜回中国，被清廷逮捕，第二年被保释出狱。辛亥革命后，陈范任《太平洋报》编辑，后赴北京任《民主报》主笔，1913年在上海去世。[①]何士准则赴日本留学，他于光绪三十年在日本参加了军国民教育会，军国民教育会组织了一个暗杀团，以慈禧太后为第一暗杀对象，懂得军事知识的何士准成为其中的首领。他们先在横滨学习制造炸药，即回北京潜伏，窥伺了5个月，因戒备森严，再加上川资用罄，不得不离京南下。是年夏秋间，他潜入上海，邀请蔡元培、钟观光、章士钊、刘师培、陈独秀等相继加入暗杀团。[②]光绪三十一年七月二十日，同盟会在东京成立，何士准成为常州最早的同盟会员，并于是年九月介绍蔡元培加入同盟会。[③]此后何士准回到常州，与一些志同道合的同志开始了革命的准备工作。

第二节 反清革命运动的进一步发展

在清末民族危机日益严重的形势下，江苏各界民众积极参加拒俄运动、抵制美货运动和收回路权运动，与此同时，反清革命思潮在常州逐渐发展，一些有识之士开始革命宣传和秘密策划起义。

一、反对列强的斗争

面对日益严重的民族危机，常州一些先进的知识分子开始领导民众积极参加反对列强的斗争运动。

1. 拒俄运动。光绪二十六年（1900），沙俄乘庚子之乱侵占东三省，《辛丑条约》签订后，仍不撤兵。光绪二十八年三月初一，中俄签订《交收东三省条约》，订定于十八月内撤退，然而沙俄于光绪二十九年三月十一日提出7项新要求，作为撤兵条件，意在久占不还。消息传来，激起中国民众的强烈愤慨，各方于四月初一日在张园安垲第召开拒俄大会，决议联电清政府抗争。常州人周维翰和蒋智由、黄宗仰、

[①]（清）汪文溥：《蜕盦事略》。
[②] 高平叔：《蔡元培年谱长编》，第289页。
[③] 高平叔：《蔡元培年谱长编》，第303页。

吴趼人等诸人当场发表演说，《中外日报》称"诸君均极激昂感慨，听者耸然拍手称是，其沉痛处能令闻者兴起"。①周维翰的演说全文也发表在《北京新闻汇报》上，称密约"能否挽回尚不可知"，故"演说之宗旨务求我国民立志，能立志方能合群"，如此则"今日之议实为争国民之起点"。初三日，在日本的中国留学生在东京开会，决议成立拒俄义勇队。初四日，上海各界在张园安垲第举行拒俄大会，当时的爱国学社成员如常州人沈步洲等均主张响应东京留学生，在学生中成立拒俄义勇队。爱国学社成员纷纷报名。②初十日，抗俄义勇队改名军国民教育会，吴稚晖、蒋维乔等均为会员，一律学习兵操，早晚两操。③

是年秋，沙俄政府将7项侵略要求合并为5项，重新向清政府提出。九月初一日，沙俄军队再次闯入奉天，强占奉天，全国拒俄运动再次升级。十月二十七日，蔡元培组织"对俄同志会"，创《俄事警闻》日报，蒋维乔也参与发起。他指出蔡元培建立"对俄同志会者，即义勇队之变相，所谓名为拒俄，实则革命者也"。二十八日，蔡元培、蒋维乔等商议，建议钱业阖市不用俄国道胜银行银票，由庄俞持传单发布，然事不果行。④正月十一日，上海对俄同志会改组为争存会，为扩大篇幅，《俄事警闻》改名为《警钟日报》，是日创刊，时蒋维乔在常州，未列名，后仍为发起人之一。⑤蒋维乔闻讯后，在常州集资购置《警钟日报》，分别送至玉壶春、步瀛楼、迎凤楼、鸿运楼四茶座供人阅览。⑥但是清政府最终不仅无理拒绝了各界的爱国要求，而且还对拒俄运动进行严厉镇压。

2. 抵制美货运动。光绪二十年，美国政府诱使清政府签订了《限制来美华工保护寓美华人条约》，使限制华工的规定合法化。光绪三十年，条约期满，美国政府不顾海外华侨和中国民众的强烈反对，坚持在新订条约中继续保留这些歧视条款，引起了中国人民的愤怒。光绪三十一年四月七日，上海商务总会召集各帮商董举行会议，提出如果美国不允许将苛例删除，将会发起誓不运销美货运动。是年六月十九日，常州学界商界在集益社开会，成立常州抵制美约会，到会百余人，全体赞成签名入会。六月二十四日，常州商会开会演说，学界商界至者300人，"闻美国虐待华人情形，无不切齿"。⑦在全国人民的强烈抗议下，美国政府不再强迫清政府签订新禁约，只是单方面通过了修改的华工禁约，到年底，全国抵制美货运动逐渐沉寂下来。

---

① 《纪第二次绅商集议拒俄约事》，《中外日报》1901年3月25日。
② 高平叔：《蔡元培年谱长编》，第263页。
③ 蒋维乔：《退庵日记》。
④ 高平叔：《蔡元培年谱长编》，第274页。
⑤ 高平叔：《蔡元培年谱长编》，第279页。
⑥ 蒋维乔：《退庵日记》。
⑦ 苏绍柄辑：《山钟集》，上海鸿文书局光绪三十二年铅印本。

3. 反对本地洋商经营。虽然随着《马关条约》和《辛丑条约》签订，洋商在中国攫取一系列的通商贸易特权，但是洋商仍然不能在租界以外的"内地"直接开设行栈。常州不属于开放口岸，洋商不得在此设立行栈直接经营，但是屡次有洋商逾约开设，本地绅商出于维护自身利益的目的，要求商会和清政府出面交涉并予以取缔，由此引发了多次风潮。

光绪三十三年，浙江人何福臣在常州开设何福记油栈，号称为美孚洋行分行，日本商人青木雄和江苏人常幹臣则开设回春大药房和英商缝衣机器公司，常州绅商学界禀请地方官禁阻。苏抚批示，洋商不准在内地开设行栈，何福成与常幹臣所开行店应由地方官勒令撤去美孚经理及英商字样，违者押闭。日商在内地开设药铺更属违章，亦应由地方官勒令关闭，限令该商返回通商口岸。常州府立即遵办。日商药号闭歇，日人离开常州，常幹臣亦将"英商胜家"字样撤去，换成华商天成牌号，并请免于封闭，仍由知县等会同商会随时查察。然而是年五月，美国副领事白保罗及美孚公司代表赶赴常州，就何福记一案致函常州商会，声称光绪二十九年中美《续议通商行船条约》第十款载明："合例货物美国人民行铺公司均可经营"，此章上文有"内港开为特行注册"等语，因此不但可以在内地经理美孚石油，而且可以挂分行牌。但常州商会上书抚宪，认为来函所云全系误解，并称通商条约系中美两国公同订定，彼此均应恪守，白保罗既为美国领事，更不应误解约章，因而请地方官照会美国领事，转饬该副领事遵守条约。此后上海道与美国领事展开交涉，暂定将何福记"经理"二字暂改"自运"字样，但仍须何福记呈明地方官办理，与美孚洋行无关，美方不必干预。

常州绅商对何福记影射洋商的行为愤恨不已，因而再次联名上禀，要求地方官迫令何福记从所租借的汪姓房屋中迁出，另租他屋开设何福记号，自运煤油，不许有洋商参股及外人干预居留等事，呈具安分经营切结。倘敢抗违，立提究办。另外，汪姓明知何福记影射，却将房屋租赁，任其张贴"经理美孚"牌号，亦应予惩罚。何福臣在压力下，只得在指定期限内将店迁移，更换牌号，常州知府并将原来租赁汪姓房屋封闭。然而何福臣再次唆使美国领事干预，谎称自己已经答应改经理为自运，常州知府却将美孚油栈发封，将两名栈伙拘押。美国领事遂照会上海道。常州知府立即致电各宪，称与事实不符。何福记系自认华商，自愿迁屋另开行栈，且地方官已答应予以保护，断无反将其油栈发封之理。而原来租赁的房屋是华民汪姓产业，中国官员完全有主权发封，与美国领事毫无相涉。且何福记已签具切结，表示以后如果再勾引外人，甘愿认罪。至此美方无可辩驳。①

---

① 《常州府办理何福记油栈文牍》，光绪三十三年木活字本。

4. 护路风潮。甲午战后,列强在中国强占租借地和划分势力范围的同时,将投资的重点集中到修筑铁路和开采矿山方面来,并以此作为其巩固"势力范围"的手段。光绪二十四年,盛宣怀与英国银公司(即中英公司)委托的怡和洋行议定沪宁路草约,规定借款 300 万英镑,以本路及已筑成的淞沪铁路作抵押。光绪二十八年,盛宣怀与英方续议止约。次年,双方签订沪宁铁路正合同。据盛宣怀与署理南洋大臣张之洞、江苏巡抚恩寿会奏,该路议借英款 325 万英镑,另加路基借款 25 万英镑,其余如草约初议。光绪三十一年,英国按合同规定接收淞沪路,并开始修筑沪宁路,合同被正式公开。江苏绅民闻而大骇,纷纷反对。① 当时留学日本的常州学生代表唐演等联合一部分苏籍小京官,呈请商部代奏:"查考沪宁铁路以五百七十里之路工,借三千五百万元之外债,每中里合四万两上下,比常价每里需银万两者浮逾四倍。又查合同内载明,五十年之内本利不还,半年之内利钱不还,即以全路交英国银公司。职等处此危险之地,明知落成以后,六个月之内利钱不还,盛宣怀可随时任意以江苏地方让交银公司",② 要求少借贷款 100 万英镑。张謇则推举苏州王清穆和常州恽祖祁为沪宁路监督。清政府迫于舆论,责令盛宣怀重新与英方谈判,盛宣怀借口"有英公司承办该路,目前并无违背合同之处,与粤汉铁路之暗易借主者不同,无辞可借,碍难悔约",③ 最后只是勉强少借 100 万英镑。

光绪二十四年秋,盛宣怀与英国银公司委托的怡和洋行签订苏甬杭铁路草约,但此后英国银公司一直未按照规定期限勘测线路。光绪三十一年,鉴于沪宁路的失败,江苏、浙江两省决心趁英国银公司尚未着手修建之际,集股自筑苏甬杭铁路。是年八月十四日,常州绅士在致两江总督、江苏巡抚的函件中说:"列强竞争其势力范围,率视航轨两线为所向之鹄。故各省路权,外人眈眈环视,辄思为捷足之先登,以便其染指之秘计。"④ 这表明了常州士绅已经准备参与这场收回路权的运动之中。光绪三十二年闰四月,江苏绅商成立商办江苏铁路公司,公举商部右丞王清穆为总理,商部头等顾问张謇为协理。自此展开募款筑路之事宜。⑤

迫于民间舆论压力巨大,清廷不得不与英国再次谈判,于光绪三十三年九月十四日双方签订新约《沪杭甬铁路五厘利息借款合同》,规定中方向英方借款 150 万英镑,用于建造该路,江、浙绅商购买路股或参加管理铁路要经由英方同意。

清政府最终决定还是借款筑路,引起了江浙民众的极大愤慨,舆论哗然。江苏

---

① 祁龙威:《论清末的铁路风潮》,《辛亥革命论文选》,三联书店 1981 年版,第 569 页。
② 《江苏京官呈请商部代奏沪宁铁路事》,《申报》1905 年 10 月 10 日。
③ 《沪宁铁路盛宣怀不肯废约》,《申报》1905 年 11 月 6 日。
④ 《武进阳湖绅士上江督周玉帅苏抚陆春帅书代论》,《申报》1905 年 10 月 1 日。
⑤ 《商部奏江苏绅士等筹筑本省铁路折代论》,《申报》1906 年 6 月 17 日。

铁路公司致电江苏巡抚表示："苏路奉旨自办，无须借款"，"闻外部竟奏请以外交重大，速订合同，背旨弃路权，失民信，其何以图！"全省绅商"因苏杭甬路借款事，惶急走告，人人以为东南大局，将尽入英人范围，不胜愤激"，要求"收回成命"。① 九月二十三日，江苏士绅在商务总会开会，筹议抵制之策。九月二十六日，江苏士绅借预备立宪公会集会，经曾朴提议，成立江苏铁路协会。② 为了用实际行动驳斥清政府关于江浙两省铁路公司股款不敷的托词，江苏各界纷纷集会，鼓动人民积极认股，加紧筹集股款。十月初二日，常州保路会在先贤祠召开特别大会，绅商学界同人共到1231人，动员各界积极认股。次日，绅商学界各自开会提议招股方法。为了动员各界人员积极认股，常州商务分会还大量印刷白话文所写的劝股浅说，四处散发，希望广招各界入股。③ 十月二十一日，常州同乡会在锡金旅学开会，决议发起常州府集款会，以无锡人周廷弼所开信成银行为会所，后武阳同乡确认武进、阳湖两县认股为5万股。④ 常州绅士赵铨年发出通电指出为国家"主权而斗"，否则中国将"为印度，为波兰，为安南，为朝鲜灭亡可耳"！⑤ 十一月初四日，苏浙铁路公司股董共推代表赴京请愿，孟森与张元济、王同愈、杨廷栋等当选代表。⑥

清政府最初十分恐慌，严令两江总督及苏、浙巡抚进行镇压。继而慑于民气太盛，也不敢轻举妄动。光绪三十四年初，清廷与英国商定，将借款由商借商还改为部借部还，即英国银公司借款150万英镑存在邮传部，再用邮传部名义转借给江浙铁路公司，以京奉铁路为抵押，同时声明江浙铁路仍归商办，但在借款期间内须聘用英人为总工程师，使此次运动告一段落。⑦

江苏的保路运动虽然让清政府含混过关，而日渐觉醒的江苏绅商、民众与清廷之间的矛盾却越来越大。武昌起义，一声炮响，应者云从。受民主共和精神的感召，大部分江苏绅商决定支持革命，清廷遭众人背弃。

保路运动最终也导致了盛宣怀的覆灭。就在苏杭甬铁路风潮愈烈的时候，"上终以宣怀谙路政，复召见问筹策"，盛宣怀提出："既订约借款，不应再令商造；既废商造，不应又许借款，朝令暮改，失信中外；今后行立宪，正欲借民权以巩国力，倘逆用而不顺用，恐激成事变"，⑧ 得到朝廷嘉许。次年春，盛宣怀被任命为邮传部右侍郎，但未到任即被袁世凯排挤出北京。宣统三年（1911）四月初十日，皇族内

---

① 《苏省绅士致外务部电》，《申报》1907年10月27日。
② （清）墨悲：《两省开会纪事》，《江浙铁路风潮》第1册，光绪三十三年十一月十五日。
③ （清）墨悲：《两省集股情形》，《江浙铁路风潮》第1册，光绪三十三年十一月十五日。
④ 蒋维乔：《竹翁自订年谱》。
⑤ 《常州股东赵铨年致外务部函》，《申报》1907年11月6日。
⑥ 蒋维乔：《竹翁自订年谱》。
⑦ 《江浙两公司与邮传部拟订存款章程》，《申报》1908年3月16日。
⑧ （清）盛同颐等：《显考杏孙府君行述》，盛宣怀《愚斋存稿》附录。

阁成立，盛宣怀改任邮传部大臣。次日奉上谕，所有宣统三年以前各省分设公司集股商办之干路延误已久，应即由国家赶紧收回兴筑，除枝路仍准商民量力酌行外，从前批准干路各案一律取消，即所谓"铁路国有"。① 消息传开，盛宣怀成了万人唾骂的对象，直接导致了保路运动的兴起，最终促成了武昌起义的爆发。在舆论压力下，清政府不得不将盛宣怀革职，永不叙用，盛宣怀逃亡日本，他的政治生涯从此宣告结束。②

二、革命党人在常州的组织与活动

随着革命思潮的传播和革命形势的发展，常州的革命党人及一些倾向革命的士绅、知识精英积极开展革命宣传活动，秘密筹划起义，其秘密活动机关有两个：一为武进县农会，一为常州府中学堂。这两个秘密革命机关的设立，与屠寄、屠宽父子及朱溥恩等人有直接的关联。

屠宽（1880—1918）字元博，屠寄长子。幼承家学，1902年赴日本入千叶专门医科学校学习。在日本加入中国同盟会。1905年底回国，任天津师范学堂教务长。光绪三十二年，常州府中学堂创设，应邀为监督。屠宽任常州府中学堂监督期间，一切规章制度、编排课程、考选学生、分设班级、学额定编、聘请教师等均由他具体负责。在推行新式教学的同时，他和同为同盟会员的老师段鸿谟、何士准等以府中学堂为中心，物色激进教师秘密结社，传播革命思想。屠元博和庶务长朱溥恩（稚竹）分任正副总干事，另有兵操教员刘百能负责训练农团，国文教员伍达、吴山秀、吕景枏负责文案，段鸿谟、何士准、戴笠耕负责对外宣传，傅越侪、奚臻、卜惠临、周季平、刘培因、章子安负责交际、接待。辛亥革命时，常州府中学堂的教师和学生成为了重要的革命力量。③ 光绪三十年，他以学生练习兵操为由，向两江总督署领到金陵制造局制造的120枝5响后膛快利枪，令学生轮番操练，掌握枪法。④

是时，常州地方自治的推进过程中，各种势力对地方权力的争夺日益深化。以恽祖祁为代表的所谓"城派"和以屠寄为代表的所谓"乡派"开始了愈发激烈的斗争。"城派"与"乡派"并非如名字所言，是简单的城乡之争，而是由于恽祖祁一派的活动中心是商会，而屠寄一派的活动中心是农会。早在前述武阳自治时城乡区域之争时，双方的矛盾便已经激化，当时奚臻（九如）是循理乡的乡董，而朱溥恩的弟弟朱润恩日后当选为德泽乡的议长，他们两个正是代表四乡与恽祖祁争斗的领导人物。

宣统元年（1909），屠元博与朱溥恩同时当选为江苏省谘议局议员。逾年，两

---

① 《宣统政纪》卷五二四月戊寅，中华书局1986年影印本。
② 夏东原：《盛宣怀年谱长编》，第939页。
③ 顾峤若：《常州光复始末记实》，《常州文史资料》第1辑，内部出版物，1981年，第5—6页。
④ 常州市地方志编纂委员会编：《常州市志》第3册，中国社会科学出版社1995年版，第929页。

人又被选为咨议局常驻议员。利用当选江苏咨议局议员的身份，屠元博、朱溥恩依据咨议局当时之决议案，各县得设农会，即回到常州发起组织武阳县农会，次年七月，武阳农会成立。常州的"城乡"之争，在武阳农会的成立过程中不可避免又一次爆发：

  当农会开成立大会之际，阳湖县伊立勋受城派权绅恽祖祁等之指使，当场反对，声称我先质问稚竹，有何根据，发起县农会，此案我已照会筹备县自治公所办理矣。稚竹随即答以咨议局议决案，说明议员回籍，人人有发起之责，此我之根据也。试问汝之照会，何所根据，筹备县自治，干予范围以外之事，即为违法。县筹备县自治公所，我忝为议员，并不知有此事。同时屠元博亦咨议局常驻议员，即登台发言，痛责官厅不加提倡，反蓄意破坏，是何居心。各乡营亦群起责难，伊令报颜谢过，退。①

武阳农会成立后，屠寄当选首任会长，而奚臻为坐办，朱溥恩为调查宣讲员，陈坤培为会计庶务员，章少若为文牍员。武阳农会虽以屠寄为会长，而贡献最多的当属朱溥恩。朱溥恩（1874—1959），字稚竹，出身农家的他，对农业劳作十分熟稔。②他在担任武阳农会调查宣讲员期间，经常巡视各乡，注重水旱灾荒虫害农团等事，"每次调查所及，均有详细报告，而宣传农团尤力，尝谓戚南塘选兵不用城市而用乡农，用意最精，因主张师其遗意，组织农团，以团为单位，每团招殷实壮丁七人，全县可得四千余人。平时照常耕作，冬令则联合巡防，各备大刀、木棍、旗锣等器，并约于农隙时抽调来城受训，教以枪杆，为寓兵于农之基础，从此革命有根据地矣。当时各乡农团虽未准此一一见诸实行，而德泽、循理、依东、安东、怀北、孝仁、丰西、安尚等诸乡，确已有农团之组织，略具规模"。③

武阳农会在乡，常州府中学堂在城，为了加强革命力量的联络，屠元博和朱溥恩发起成立了一个由吴山秀、吕叔元、傅越侪、段孟陶、何士准、奚臻、伍达、卜惠临、刘百能、戴笠耕、刘培因、章子安、周季平、夏善曾为会员的16人革命秘密团体。秘密联系和密议的地点，规定设在十子街敬节堂县农会，或在玉梅桥府中学堂。④这些常州的革命党人以文人诗酒聚会为掩护，积极从事革命活动。当时城内有清廷的一府二县及游击署，监视甚严，他们不得不严加防范，常加警惕。

---

① 顾峤若：《常州光复始末纪实》，第4页。
② 朱兆京：《护法国会议员朱溥恩》，《常州文史资料》第7辑，内部出版物，1987年，第78页。
③ 顾峤若：《常州光复始末纪实》，第5页。
④ 朱兆京：《护法国会议员朱溥恩》，第79—80页。

第三节 常州光复

以孙中山为首的革命党人在武昌起义之前,为推翻清王朝,先后在华南、长江流域发动了十余次武装起义,均遭失败。然而革命党人并没有气馁。宣统三年八月十九日(1911年10月10日)晚,武昌起义爆发,革命党人领导新军获得胜利,次日武昌全部光复,宣布成立中华民国军政府鄂军都督府(即"湖北军政府"),宣布改国号为中华民国,废除清朝宣统年号,改用黄帝纪元。

一、顺利光复

武昌起义爆发时,适值江苏省咨议局常驻议员会期,屠宽、朱溥恩作为常驻议员均到南京开会,闻讯后即赶回常州,秘密召开团体会议,议决由屠宽赴沪,朱溥恩赴苏联络,探听消息,其余分赴各乡整理农团待命。府中学堂亦停课。月底,屠宽、朱溥恩回常。

九月十三日,上海革命党人发动武装起义,取得成功,宣布上海光复。次日,上海革命党人50余人奉陈其美之命,乘车赶赴苏州,约见江苏巡抚程德全,取得程的支持,宣告明晨起义,实行江苏独立。十五日九时许,程德全宣布江苏独立,就都督职,革命党人呈上由张友石事先以砚刻成的江苏都督府大印,接着鸣炮9响。新军各营亦同时放枪一排,与鞭炮声响成一片。程德全还令人用竹竿将大堂上的檐瓦挑去几片,以示革命、破坏、除旧布新。[1]

苏州独立的消息当即传知常州府尹长明。尹长明为旗人,得讯后随即将府署印信交给武进县令,携眷逃离。此时,屠宽、朱溥恩已经约定近城德泽、循理、依东、安东、怀北、孝仁、丰西、安尚等八乡农团在十六日、十七日集合于城内外,以300人至400人为度,设法散处,免相惊扰。此后,有200人于十七日集至府中学堂,住大会堂楼上。同时常州一府两县三大社团——商会(恽祖祁为总董)、教育会(庄蕴宽为会长)、农会(屠寄为会长)——在局前街先贤祠县教育会召开大会,议决成立军政府,司令呈请都督程德全委任;并投票公举中华民国常州地区行政长官,结果选举屠敬山为民政长,朱溥恩为总务课长,瞿倬为生计课长,伍达为学务课长,刘桐为警务课长。[2]

江苏都督程德全于十六日委任同盟会会员何健担任常州军政府司令,并颁发委任状。何健,字维棠,武进卜弋桥人,清末南京宪兵学堂毕业,历任新军排、连长之职。

---

[1] 徐梁伯、蒋顺兴主编:《江苏通史·晚清卷》,凤凰出版社2012年版,第494—495页。
[2] 顾峤若:《常州光复始末纪实》,第1—2页。

宣统元年加入同盟会，为上海中部总会会员，由陈其美派赴常州策动独立。何健是时在苏州，委任状发布后拟在次日回常赴任。①十七日晚，何健车抵达常州，屠宽等革命党人率农团代表赴车站欢迎，并邀请其至府中学堂晚餐后，随即开会，准备翌晨通知各团体商民一律悬挂白旗，由农团集队护送何司令至大观楼常州府署就军政府职。

二、忽生波折

恽祖祁之前与屠寄等革命党人组织尖锐对立，辛亥革命发生后，他不想丧失对常州地方的实际控制权，转而表面积极支持革命，希望以常州都督自代。

武昌起义不久，恽祖祁就曾经向屠宽提出常州先举义旗的主张，由于恽之前的所作所为，一直与屠寄、屠宽等人为敌，因此屠宽已经参透恽祖祁有抢先攘权的意思，置之不理，且出言嘲讽，令恽祖祁极为恼火。

十月十六日，教育会、农会、商会三大社团开会选举中华民国常州地方行政长官，结果屠寄为民政长，民政长及下属4位课长中有三人是屠寄一派，而恽祖祁一系只有生计课长瞿倬一人。最为致命的是，前江苏巡抚、现江苏都督程德全最终任命的常州军政府司令乃是何健，而非恽祖祁本人。这等于直接宣告了恽祖祁在未来常州中没有任何地位。

恽祖祁不甘心就此放弃权力，在积极联络取得程德全本人支持的同时，决定铤而走险。在何健抵达常州当晚，趁革命党人聚集一堂欢迎何健之机，恽祖祁计划将其一举围歼于常州府中学堂：

>是夕，兵围府中学堂，已预早设法私藏药包，在校门内左隅隐蔽无人处，准备在炸药燃发后，于轰然声发之际，即以此为号，四周派兵，一俟校内还击，或有人冲出，即击杀之，意在攘光复功耳。是夕被围在内同志，除农团外，不下数十人，何司令（时当未正式任职）饬团丁下楼散伏，意气自若，众志渐定。校东墙外故废墟，道梗难行，围兵环伏西北两面，连续发枪攻校墙。故离校他去者，率由东垣出。奚九如匿荒冢芦苇中，天将晓，有兵巡查，驱之出，长袍绒褂被剥去，意欲出城，城门深闭，回福禄庵侧，遇二三兵士，拉之行，问何之，曰送汝八大人处（恽绅）。未几，至市公所（双桂坊），用绳反缚于柱，以枪柄抵其足，既而卢锦堂由商会来，解缚抚慰，劝力顾大局，不必追究，雇舆送至县农会（大庙弄县城隍庙内）。屠敬山由校中越墙而登东城，跳下越墙，两足不能行矣。适有天宁寺收租船在护城河畔，屠即招收租僧人以舟渡，扶送至天宁寺方丈室，老住持冶开，即代易僧服，

---

① 徐梁伯、蒋顺兴主编：《江苏通史·晚清卷》，第498—499页。

雇小舟借川资，送至东横林登火车，赴苏而入医院。街市上不复见白旗。

然而，府中学堂中的革命党人与恽祖祁的江防营一夜对峙。恽祖祁由于没有得到程德全的答复，不知如何处置，于次日晨自行解围，自己也离开常州前往上海。① 有学者曾认为，恽祖祁兵围府中学堂是由于同盟会和程德全步调不一致，其实这只是事情的一方面。程德全当时最信任的幕僚是孟森，著名的《誓师檄文》便出自孟森之手，因此恽祖祁的电文是不可能得到回复的。程德全当时的解释是"常事向由朱溥恩接洽，何来江防营，知必有变，复恐多事也"。② 这句话如无意外，应是出自孟森之口。和恽祖祁历来有矛盾的常州革命人士在最关键的时刻给了恽祖祁致命一击，他在常州长达十余年的威势最终宣告终结。

此后，恽祖祁一直以此为耻，随即便致力于复辟活动，成为宗社党重要的赞助者和领导者。但毕竟时代已经改变，其复辟的努力终无所成。年迈的恽祖祁后又重回常州，并在1919年于常州家中去世。当年10月12日，常州商会为其举办了隆重的追悼会，但是这种死后哀荣只是徒具形式而已。③

三、再悬白旗

十月十七日，苏州民军援军抵达常州，由营长朱熙率领驻扎府中学堂，全城再次悬挂白旗，前清府县官吏几乎全部逃走，常州气象为之一新。常州农团300余人，借府中学堂120支5响后膛快利枪，拥护何司令至旧府署（三牌楼）就军政府司令职，同时聘任屠宽为参谋长，朱溥恩、段孟陶、奚臻为顾问，常州军政府正式成立。

民政署亦告成立，民政长屠寄因足伤不能到任，暂由朱溥恩代理，召集各科长就任办事，一面赴苏请示用人行政方针，一面出示安民，人心大定。

至此常州反清独立之事遂告完成，属下各县除无锡、金匮已完成外，其余如宜兴、荆溪、江阴、靖江等亦传令反正。常州府下辖的各县之中，尤以宜兴的独立反正更具戏剧性：

> 清末宜兴设荆溪、宜兴两县，县署均设于同城东珠巷内，相距不过数百步之遥。武昌起义全国震动，而此地静如止水。本邑青年朱了洲在苏州读师范时参加同盟会。上海、苏州独立，朱受派回宜兴策动反清独立，无奈孤身一人，没有同道，无从着手。他忽然灵机一动，十九日（11月9日）上午，先至南门法藏寺，将十八尊罗汉打倒在地，继而至东庙巷对火神菩萨轰击一枪，将泥身打坏。一时轰动全城，观者云集。朱了洲乘机登台演说，

---

① 顾峤若：《常州光复始末纪实》，第2—3页。
② 吕山秀、吕叔元：《武进光复之回忆》，扬州师范学院历史系编《辛亥革命江苏地区史料》，第154页。
③ 《恽心耘先生追悼会志盛》。

说明这一行动的宗旨和全国形势，号召大家一起参加推翻旧政权，成立新政权。当即得到许多青年的拥护，众人随朱来到东珠巷，要求当年刚刚上任的两位县令交出大印。县令消息闭塞，茫然无知，不肯交出，双方僵持不下。直至当地的保安会派代表至两县署，说明当时形势，晓以利害，并保证其身家性命，两县令方肯交出印信，同意全城挂白旗反正。

保安会本由两县城乡绅士阶层组成，其成员有徐焕其、曹栖享、周祖园、储南强、徐子瞻等骨干，成立于晚清新政时期，其宗旨是安国救民，属于地方自治组织。在当地极有影响。当时立即开会筹备成立新政府，选储南强为民政长，周祖园为军政长，徐子瞻为审判厅厅长，储时敏为推事。为保卫地方安全，并倡议成立保安团，号召青年参加，约150余人，并购买步枪120支，聘苏州陆军学堂速成班毕业的吴菊诗为教练。而策动宜兴独立的第一人朱了洲却未见任何安排。①

第四节 赵凤昌与中华民国初创

武昌首义之后，各省纷纷独立易帜，清王朝已是众叛亲离、内外交困，到达一触即溃的边缘。全国各地种种势力或倾向孙中山、黄兴之革命党人，或看好拥兵自重的北洋首领袁世凯，明争暗夺，都希望成为下一个政权的真正主角。在此历史关键时刻，上海南洋路上的一幢名曰"惜阴堂"的两层西式别墅成为了全国各派势力头面人物，如孙中山、黄兴、唐绍仪、张謇等人常常走动来往之地。在惜阴堂中，众人议及中华民国创建的种种关键问题，又与湖北军政府及袁世凯、冯国璋的北洋势力交相往还，并同外国使团反复沟通，竭力预防列强干涉，促成清帝退位，从而对辛亥首义以后的中国政局走势发生了实质性的影响。而这所惜阴堂的主人便是常州名士赵凤昌。

赵凤昌（1856—1938），字竹君，号惜阴，出生于常州的一个小商人家庭，其父赵焕在太平天国战争期间，曾于靖江四墩子开设"钱货各肆"，为族人谋生计，后因所用非人，财产"折阅殆尽"，"家四壁立，

图7-11 赵凤昌

---

① 徐梁伯、蒋顺兴主编：《江苏通史·晚清卷》，第499—500页。

至衣食不充"。①赵凤昌早年曾随常州著名塾师余伊臣读书，后入钱庄习贾。光绪元年（1875），他一度幕游湖北。光绪六年（1881），捐官县丞，分省广东候补。到广州之后，先在广东藩司姚觐元手下任记室。光绪十年（1884），张之洞调职两广总督，赵凤昌进入张之洞的幕府，参与机要。由于赵凤昌通达政事文章，精于幕道，甚得张之洞的器重和信任。光绪十五年（1889），赵凤昌随张之洞移督湖广，升总文案，总揽督府事务，当时武昌坊间有"湖广总督张之洞，一品夫人赵凤昌"的笑谈。光绪十九年（1893），朝中爆发轰动一时的"张之洞大参案"，大理寺卿徐致祥受翰林院周锡恩之托，上书弹劾张之洞"辜恩负职"，牵连赵凤昌。上谕将赵凤昌革职，勒令回籍。

赵凤昌在被革职后，严格说并未按上谕所要求的"勒令回籍"，而是被张之洞派往上海，"办理通讯运输诸务"。②赵凤昌利用他在湖广总督衙门所积累的财富，在沪定居兴业。赵凤昌选择上海，既是因为上海是商业中心，便于其投资生利，更是因为上海乃东西文化频繁接触之地，这里中外移民，五方杂处，三教九流，南腔北调并聚于此，成为各路信息汇集之所。在此，赵凤昌足不出户，便可广泛结交各方人士，将所得消息及时传递给远在武昌的张之洞，成为张的耳目。除了张之洞之外，赵凤昌在上海另一个联系密切的对象便是盛宣怀。赵凤昌赴沪时，张之洞便曾电致盛宣怀，言赵凤昌才长心细，熟悉情形，应就近委派。盛宣怀回电，称赵凤昌历练已深，必当设法位置。③盛宣怀和赵凤昌是常州同乡，又有张之洞这一层关系，迅速走到一起。此后，依靠张之洞与盛宣怀的关系，赵凤昌在晚清的的中国政坛开始呼风唤雨。

甲午战争爆发后，赵凤昌与张謇、屠寄、经元善等人过从甚密，维新运动期间，因经元善介绍，赵凤昌结识了南下办报的康有为、梁启超，"时与讨论"。④义和团运动期间，赵凤昌与张之洞、张謇、盛宣怀等人游说刘坤一，陈述"保护东南"之策，最终形成"东南互保"之局。《辛丑条约》签订之后，赵凤昌与张謇、汤寿潜等人配合更加密切，不仅积极参加其经济活动，而且十分热衷于立宪运动。⑤

赵凤昌确定了自己的清朝体制外身份，又在华洋杂处的上海不断汲纳新知，其政治倾向日趋进步。至辛亥首义前后，他的反清立场已基本形成。他与其密友庄蕴宽等常州人士，在辛亥首义前后运筹帷幄，折冲樽俎，同革命党人、立宪派、清朝

---

① 屠寄：《赵君墓志铭》，《武进青山门赵氏支谱》卷五，1927年崇礼堂刻本。
② 刘厚生：《张謇传记》，第94页。
③ 盛宣怀：《寄张香帅》，《愚斋存稿》卷九九《总补遗》。
④ 黄濬：《花随人圣庵摭忆》，上海古籍出版社1983年版，第307页。
⑤ 《赵凤昌》，李新主编《中华民国史人物传》第8卷，中华书局2011年版，第5262—5266页。

汉官均有深度联系，并与英、法、日、俄的驻华使团相沟通。① 这一切都为新旧交替的复杂时局中，众人皆看重赵凤昌的出谋划策，奠定了基础。

一、确立共和政体

武昌首义爆发，上海随即光复，然而辛亥年末的中国还在危急之秋，既有着缔造共和的历史机遇，也面临着分崩离析、列强干涉瓜分的危险。赵宅"惜阴堂"一时间成了各派要人聚会之所，赵凤昌与官僚、士绅、同盟会、光复会各方人士皆有往来，他思路开阔，智谋超群，对南北形势，判断精确，常出奇策，以匡时局。赵凤昌之子赵尊岳在《"惜阴堂"辛亥革命记》中描述赵凤昌在惜阴堂广交国士的情况：

> 而贤士大夫之过谈者，所聚益众。若南通，以殿撰弃官，治农工于乡里，时来上海，辄饮于寒家。又山阴汤寿潜、香山唐绍仪、顺德梁敦彦、长沙胡元倓、凤凰袁希龄、闽县郑孝胥、乡人庄蕴宽、崇明王清穆诸君，凡过沪必就谈大计。又湖北年遣武备学生赴日习陆军，往来沪上亦必照料行旅，并饯之，勉以立身许国。如蒋作宾、何成浚、李书城等，先后学成返国，多来起居，述彼邦治道，咸结纳之。②

革命之后，新生政权的政体问题，倏忽提上议事日程。一直从事国会请愿运动的立宪派首先关注这一问题。当时有的人以中国国民程度不齐，国土辽阔、民族多为由，主张实行君主立宪。赵凤昌以自己的丰富学识和阅历，综观形势，力主共和。

赵氏当时拟定的政见五条：一是保全全国旧有疆土，以巩固国家之地位。二是消融一切种族界限，以弭永久之竞争。三是发挥人道主义，以图国民之幸福。四是缩减战争时地，以速平和之恢复。五是联络全国军民，以促共和之实行。③ 这五条政见，超越南北党见，诚然老成谋国之论。

不仅如此，他还草拟了"组织全国会议团通告书稿"：

> 自武汉起事，各省响应，共和政治，已为全国舆论所公认。然事必有所取，则功乃易于观成。美利坚合众之制度，当为吾国他日之模范。美之建国，其初各部颇起争端，外揭合众之帜，内伏涣散之机。其所以苦战八年，辛收最后之成功者，赖十三州会议总机关有统一进行、维持秩序之力也。考其第一、二次会议，均仅以襄助各州议会为宗旨，至第三次会议，始能确定国会长治久安，是以历史必经之阶级。吾国上海一埠，为中外耳目所寄，又为交通便利、不受兵祸之地，急宜仿照第一次会议方法，于上海设立临

---

① 冯天瑜、张笃勤：《辛亥首义史》，湖北人民出版社2011年版，第564页。
② 赵尊岳：《惜阴堂辛亥革命记》，《常州文史资料》第1辑，内部出版物，1981年，第60页。
③ 赵凤昌：《拟定政见五条》，《辛亥革命史资料新编》第二卷，湖北人民出版社2006年版，第58页。

时会议机关，磋商对内对外妥善之方法，以期保疆土之统一，复人道之和平，务请各省举派代表，迅速莅沪集议。盼切盼切。集议方法及提议大纲如下：甲、集议之方法：一、通告各省旧时咨议局举代表一人常驻上海；二、通告各省现时都督派代表一人常驻上海；三、有两省以上代表到沪，即先行开议，续到者随到随议。乙、会议之要件：一、公认外交代表；二、对于军事进行之联络方法；三、对于清皇室之处置。①

此稿即为九月二十一日（1911年11月11日）苏督程德全、浙督汤寿潜、沪督陈其美通电各省公推代表赴上海组织临时政府电文的蓝本，此后定名的"各省都督府代表联合会"及辗转汉口、南京的"各省代表会议"已成南方独立各省公认的立法机构，其后南方民军制定法案、组织政府、选举总统，皆端赖于此。

二、促成南北和谈

辛亥武昌起义后，南方革命党人和支持起义独立的原立宪派人物同北方清廷袁世凯进行和谈。赵凤昌凭借其独特的人脉和地位，成为南北和谈的中心人物。

首先，赵凤昌与北方要人时通音讯。赵凤昌的妻弟洪述祖是袁世凯亲信赵秉钧的幕僚，他常向赵凤昌密报北京政情。十月初一日，洪述祖致赵凤昌密函，通报了袁世凯进京组阁至唐绍仪南下之前这段时间袁、唐游说庆亲王劻的情况：

> 竹哥鉴：上月初在少川处，读吾哥密电。次日弟草一诏稿，托人转说前途，迄未有效。直至项城入京，方以此稿抄两份分途达之。（少川之力）项城甚为赞成，而难于启齿，不得已开少川之缺（非开缺不肯行）。于廿七日入都商定办法。弟廿八日入都，于廿八日少川自往晤老庆，反复言之。老庆亦谈之声泪并下，然亦不能独断，允于次早决定。不料一夜之后（想必与载沣等密商矣），廿九早，全局又翻，说恐怕国民专要共和云云。菊人、项城均力争不得，项城退直，焦急万分；少川谋，即以此宗旨由项城奏请施行（约五日即可见）。倘不允，即日辞职，以去就争之。事机千载一时，南中切勿松动。（惟到沪议政员，殊难其人，以少川来，南中人愿否？乞密示。②）

当时袁世凯正打算派唐绍仪南下议和，想先通过洪述祖与赵凤昌的特殊关系，了解南方对唐绍仪出任议和全权代表的态度。

除洪述祖外，赵凤昌与北方要人梁敦彦、唐绍仪、熊希龄等人也保持有密切来往。以南北和谈北方代表唐绍仪为例，十月二十七日，北方代表团抵达上海，次日唐绍仪首先访问赵凤昌，请赵密约张謇在惜阴堂见面。因为唐绍仪甲午以后有一段时间，

---

① 赵凤昌：《组织全国会议团通告书稿》，《辛亥革命史资料新编》第二卷，第60页。
② 《洪述祖致赵凤昌密函》，《辛亥革命史资料新编》第二卷，第50页。

在上海作寓公，曾与赵凤昌相识，两人极为投契，又知赵与张謇私交亦密，故求其代为约见。

其次，赵凤昌与南方闻人时相往还。庄蕴宽当年曾在广西练兵，日后桂系首领如李宗仁等均是其学生，在广西时他又曾与黄兴等人联络，经他的介绍，赵凤昌与革命党领袖孙中山、黄兴也多有过从，赵氏大力推助孙、黄组建民国政府。

孙中山十月初六日回国，见黄兴等同志之后，次日下午即赴惜阴堂会见赵凤昌，征询他对当前时局的看法。赵凤昌向孙中山分析了南北形势，提出了"三虑""三策"：

和议不决，南北相持，久则经济恐慌，民生困苦，外交必生绝大之危险。赔款到期不付，各国责之北京，北京不应；责之南方，各省又散而不能统一。万一列强借为口实，以占据领土为质，岂非陷于瓜分之危险。此可虑者一也。

北京情状，本已朝不保夕，自袁入都后，人心渐定，而于外交上、军政上，袁尤占有优胜之势力。盖各国公使不信清之政府，而信袁之个人，已与皇帝无异矣。东三省既以外交之牵制，不能宣告独立，而山东、河南、直隶，又属袁之根据旧地，将来大势必趋于袁之势力范围，万一袁将北京经营就绪，外债、外交均已得手，基础稍固，渐及于山东、河南、直隶三省，举兵南向，以与我革军相持，则彼此胜负未可决也。即使南方可以抵拒，亦将成南北分离之局，全国领土，势将缩小，南方人满，将何以为移植之区域？此可虑者二也。

南方各省，虽皆宣告独立，然察其内容，事权不一，意见不齐，有未能趋于统一之势。各处革军，又多新募之卒、未练之兵，恐难言战。南方各省军政府内部，已有争权夺利之事，彼此内讧，不久必溃，而团结一致，实非易事。倘因此不能统一，功败垂成，袁将成拿破仑之事业。此可虑者三也。

今为南方计，欲与北方相持，有极重要者三策。

一、业经宣告独立各省，宜商议组织临时政府，筹划全局。凡各省军政、财政互相联络，务使将长江一带布置完密，可守可战，为进规北方之计。

二、北军所恃者京汉铁路，转输军饷，甚为便利。必须有一奇兵，直捣开封，足助豫人独立，而绝北京之后援，革军既克河南，截断京汉铁路，汉口北军不战而降矣。

三、北京财政危机，已达极点。而南军尽得江南富庶省份，若鼓励商业，经营税饷，既有长江河流交通之便，又占苏、浙、闽、粤港口外贸之利，财政、武器，均易筹措，可为持久之计，北军虽多，无能为也。①

---

① 赵凤昌：《为革命军筹划三策》，《辛亥革命史资料新编》第二卷，第52页。

赵凤昌谋略过人在此再次得以验证，孙中山得闻，深以为然。其后，孙中山又多次登门拜访，与赵凤昌商讨统一建国、网罗英才及国家财政诸要端。赵凤昌提出许多建议，勉励孙中山"建府奠基，既须兼纳众流，更当克副民望"。① 南京临时政府成立，孙中山即亲笔致函赵凤昌，恳邀其为枢密顾问。赵凤昌婉辞，坚守其布衣身份，以更有利于周旋党争之间。

经过激烈的讨价还价，南北双方在惜阴堂订下了清帝退位后拥戴袁世凯为大总统的密约。随后，双方又在第一节内阁总理和陆军部长的人选问题上发生了争执。孙中山为代表的革命党人坚持内阁总理必须由同盟会员担任，总理通过之后，再由总理提出阁员全体名单，请参议员投票。袁世凯拒不接受这样的安排。双方互不让步，僵持多日。赵凤昌提出这种折中的方案，他建议唐绍仪加入同盟会，然后出任内阁总理，此举得到了双方的赞同。另外陆军部长一职也是双方看作掌握实权的关键所在，南方推举黄兴为候选人，北方支持段祺瑞担任，最终是赵凤昌函电黄兴、汪精卫等人，劝其以大局为重，就任参谋总长为调和之计。②

十二月初十日，隆裕太后清楚大势已去，被迫同意"逊位全终"，并下令拟订退位诏书。此时，赵凤昌与张謇早就做好准备，由张謇代为拟定清帝退位诏书，双方代表最后商定《关于清皇逊位后优待之条件》8条，《关于清皇族待遇之条件》4条，《关于满蒙回藏各族待遇之条件》7条，另外《赵凤昌藏札》中尚有《清隆裕太后诏谕》《内阁传达隆裕太后诏谕电》两稿，都是为逼迫隆裕太后同意清帝逊位而事先拟就，届时准备对外宣布的重要文稿。十二月二十六日（1912年2月13日），有关清帝退位诏书正式对外公布，在中国统治268年的清王朝终于寿终正寝，延续2000余年的帝制亦告终结，这是中国社会转型过程中第一大政治成就。逊清覆灭、民国新生，当然是全国大局演变、各方力量对比所致。但赵凤昌等常州人士在辛亥首义、民国创立这一历史关头，运筹帷幄，大处着眼，实处着手，且与历史前进的大方向相切合，诚罕见之布衣谋略大师。人称赵凤昌为"民国产婆""山中宰相"，并非戏言。

然而，赵凤昌等人精心搭建的平衡，很快即被欲望打翻。1913年3月20日，袁世凯派人刺杀宋教仁，赵凤昌的妻弟洪述祖被指为罪魁祸首，"二次革命"爆发在即。赵凤昌虽然多方联络，主张"法律解决"，可此时已经无法阻挡暴力的发生，洪述祖后来也于1919年被绞死。1915年12月，护国战争爆发，赵凤昌投入到反袁队伍之中。1917年7月，北京发生"张勋复辟"，赵凤昌再度投入到反复辟斗争。此后，中国由表面的统一转入公开的分裂，各派军阀争权夺利，战乱不已，外辱内患，日

---

① 赵尊岳：《惜阴堂辛亥革命记》，第65页。
② 《赵凤昌》，李新主编《中华民国史人物传》第8卷，第5268—5269页。

甚一日。赵凤昌也感到前途渺茫，心灰意冷，他在政治上日渐消沉，实业上一蹶不振。1919年第二次南北议和时，双方虽然再度将他推为"调人领袖"，但是终于毫无建树。赵凤昌从此息影沪滨，埋头于辞章考据、参禅拜佛。1938年逝于上海，终年82岁。①

第五章 晚清常州经济

晚清以降，常州迭经战乱侵扰，特别是被太平军攻陷，致使常州社会经济遭到毁灭性的打击。加之北运河淤塞，漕运被迫改道，常州逐渐失去了转运中心和商业中心的地位，经济被原来只是辖县的无锡逐渐超过。但尽管面临种种困难挑战，常州依然克服了一系列的不利因素，在发展本地传统手工业、商业的基础上，接纳并主动引进先进的经济元素，一步步走出传统的束缚，为日后转型成为工商业城市奠定了基础，推动了近代常州社会的新陈代谢。

第一节 豆木钱典四大业

一、豆业

常州盛产黄豆，豆是仅次于水稻的第二大粮食作物，同时，由于运河贯穿全城，邻近的泰州、丹阳，稍远一些的苏北，甚至远至淮河流域皖北各地的大豆大量流进常州。

太平天国时期，受战乱侵扰，许多江南大户逃离常州，致使豆业市场受到一定影响。战后，一些商行逐步复业，由于开设粮行并不需太多资本，在运河南北两岸开设粮行者甚多，豆业行业竞争日趋激烈，不少规模较小的粮行渐遭淘汰。至同治年间，豆市河上塘的沈姓、刘姓、潘姓等9家较为殷实的豆行逐步垄断了常州市场上的大豆贸易。光绪九年（1883），清政府决定将南路漕粮集中在无锡购运，无锡米市交易随之兴隆。由于无锡市场无暇顾及豆类交易，买卖双方遂聚集于传统的豆业集散地常州，常州豆业更趋兴旺。原豆市河的9家豆行，迅速增至15家。根据《武进工业调查录》的统计，清代后期本城产豆10万石，而外来之豆自苏北皖北至者，年约四五十万石，到了光绪间已经突破100万石②。清末民初，随着铁路的通车，再加上常州西门开辟了怀德路，兴建了怀德桥，货运交通日益便捷，进一步促进了豆

---

① 《赵凤昌》，李新主编《中华民国史人物传》第8卷，第5271页。
② 于定一：《武进工业调查录》，1929年铅印本，第6—8页。

市繁荣。此后,东北、华北、华中、华东沿海各省的大豆经由铁路南下,加之此前传统的长江、运河水路,常州市面上每天到货的大豆达万石以上。大豆贸易量猛增至600余万石,成为当时全国著名的大豆集散中心[①]。

常州大豆贸易市场兴盛的主要原因有:一是常州豆业首创了明盘交易。常州粮行属于牙行经纪性质,买卖双方都需要通过牙行进行交易,而牙行则对价格有决定权。牙行对市价的议定,叫做开盘,开盘有暗盘与明盘之分,前者行家可以自由浮动,后者则是公平交易。即行家(商业术语中对牙行的称谓)站在买卖双方中间,不偏不倚,参酌市况,当面评定某货应开某价。这在牙行业务中为创举,对外地客商有着极大的吸引力,同时也确定了常州豆业对大豆价格的决定权。据说当时即使是已经成为全国四大米市之一的无锡,其豆杂粮也必待常州开盘后方才成交。[②]二是常州本地榨油业的推动。传统社会各地都有油坊,主要业务就是榨油和做油饼,油用于食用,而油饼则用于肥料。油坊用石磨石碾榨油,一般以牛为动力,大概平均每天可磨或碾豆3石,得油漕秤三十三四斤,约成饼180片,每片重30两。榨油当时全年需用原料计黄豆十五六万石。一般黄豆按用途可以分成三等,甲是菜

图7—12 豆市河

豆,用来发芽成菜,即豆芽菜;乙为腐豆,即用来制作豆腐;丙为油豆,即油坊所用的榨油原料。其中前两种质优价高,用来榨油成本太高。但是常州本地所产大豆,甲乙两种占据了80%以上,必须购买大量的外地大豆来满足榨油需要,由此推动了本地大豆贸易的兴盛,而大豆贸易的兴盛反过来又推动了榨油业的繁荣。[③]

晚清光绪宣统之际,是常州榨油业最为兴盛的时期,全县共有油坊八九十家。仅豆市河附近便有沈乾泰、刘乾丰、恒丰、豫泰丰、潘同昌、元丰、许恒泰、宝源长、瑞生源、鼎泰丰、慎丰、汇丰、晋泰、同丰、震泰、萃昌等17家豆行。[④]由于货源的充沛,常州较大的榨油作坊,如宝兴泰、协丰、溥利等开始改变传统的牛磨生产方式,

---

① 武进粮食局编史小组:《武进粮食志》,内部出版物,1985年,第146页。
② 巢福偕,《漫话常州豆业》,《常州文史资料》第10辑,内部出版物,1992年,第165—166页。
③ 于定一:《武进工业调查录》,第6—8页。
④ 巢福偕:《漫话常州豆业》,第162—163页。

引进了专门的榨油机械设备，协丰、溥利改制海饼，①上市之后，供不应求，远销至广东、福建及东南亚等地，获利甚丰。其中油饼除销售本地以外，还远销东面的无锡、苏州、昆山直至杭嘉湖一带，西南则销售到宜兴、溧阳，其中尤以吴兴县菱湖镇为最，当地主要的鱼饲料大部分都使用常州产的油饼。

二、木业

太平天国战争期间，长江中下游商业运输阻绝，木材来源中断，徽帮山客绝迹，木业受到了严重冲击。战后常州木业屠氏家族抓住了恢复重建急需大量木材的契机，联合西帮木商，开始重新振兴木业："此时运河既无粮艘，即导停泊运河为主发售。时大乱初平，百废待兴，举凡事先须木植，西商来者货到即空，异常便利。渐有南赣两帮大批巨商接踵而至，无不利市三倍。自西仓桥直至奔牛镇，皆停泊客簰。吾常木业斯为盛与。"②光绪末叶，木业相继捐垫巨资，拓宽浚深了小河口和西运河，官府解除了西运河停泊木排的禁令，木排运输畅通，促进了常州木业的飞跃发展。

除了运输条件的改善以外，常州木业的兴旺，还有以下几个方面的因素：

一是地理条件得天独厚。木材主要是扎成排水运，因此水质对木材质量的保持有着决定性的作用。常州运河水源来自长江，黄水滔滔，流至洛社附近，才融于太湖水而变清，这种含沙混黄的江水，最适合木材的停泊。木材浸泡其中，能保持皮色黄亮，有利于养护木材。而苏锡两地乃太湖清水，木材浸泡其中，皮色黯黑，日久还会产生青苔，随着常州运输条件的改善，至清代末叶，各地木商大都舍弃苏州而荟集常州。二是金融业的支持。鉴于木材贩运利润丰厚，金融业不仅给予信贷之便，且直接投资木业。北门同大盛木行的四大股东之一，便是同德钱庄。有了金融业的支持，可以大胆购进木材，转销给各地行家，叫做背包。与代客买卖不同，既能赚到内外佣金，又可获得出码及市价浮动的利润，进而通过信贷资本，投向江西及汉口、洪江、茅坪去采购木材，作行商长途贩运，在正常情况下，获利在五成以上。其中单是出码一项，就占二三成。有些大木行资金雄厚，对外实行赊销，佣金之外，还可获取差额利息。有的为行客代垫货款，便利客商，更使行客纷至沓来，生意兴隆。清末，鑫诚奎木行和钱业巨头卢锦堂合作，投资洪都帮聚昌泰木号，三年后结算，利润达十余倍。钟复兴木行主钟广韶，依靠卢锦堂、谢钟豪等钱庄财力而发迹。③

三、钱业

光绪初年，常州城郊就有大生、义大、恒泰、德生等 12 家钱庄，光绪后期钱庄

---

① "海饼"是清末常州豆行市场上最常见的三种规格的豆饼之一，每片 50 市斤。其余两种一是"关饼"，每片 70 两，一是"中饼"，又称"九斤王"，每片 10 市斤。
② 《胞叔洪修、洪亮两公开拓祖业事略》，《屠氏毗陵支谱》卷四，民国二十年敬齐堂木活字本。
③ 常州市木材公司编志办公室：《常州木材志》，内部出版物，1986 年，第 2—3 页。

增至20家，取代了原来的米业，成为四大业之首。清末文献《浚河录》中可以确定的钱庄有8家，即河南厢的恒昌、义大、德生和义泰，中右厢的乾益、震泰，西直的恒泰和西右厢的大生，全部聚集于常州的商业中心区。光绪十四年（1888），大生等12家钱庄成立了钱业公所准直堂①。清代早期常州的钱庄大部分规模较小，不放信用贷款，主要是负责兑换和验币，清中期之后几全还兼售烟土，故常州人称之为钱土店。随着时间的推移，地方富绅巨贾开始参与钱庄业务，除了存款和兑换货币外，主要办理向商人放款和经营地区之间的商业汇兑。由于资本实力不同，有汇划庄（又称大同行）和非汇划庄（小同行）的区别。所谓汇划，是一种对外清算同业间账务的方法。成立公所后，则每日同业间及对外各行铺商号都以汇划钱洋银票进行款项收付结算。

按照实业家查秉初的说法，常州对钱庄有着其他地方无法比拟的需求，即是所谓的"放账码头"。按常州的商业惯例，门市店之日常售货交易，大都是半现半欠。"所谓半欠者，即是本地稍有资产的居民，要穿绸缎衣、皮袍，可向南北大街之绸缎葛裘系织业门市店，去选剪欠账的，要穿布衣，可到全市之棉布店，色布号之门市店，并华洋杂货店去剪欠账的。尚有医病院，吃药者，可到各处药店去欠账的，一年中可分端午、中秋、年底三期结账归还。如恒源隆、泰记恒酱油店供应居民酱油，亦是欠账，分三期收款的。惟贫困居民，即不能欠账，必须以现金零购"。②常州的诸牙行，如前述的布行大部分都没有门市零售，除了收取中介费用之外，主要业务就是向城内各布号放账。豆行、米行和木行都属于这种类型。所以常州的牙行往往需要比其他地方的同业们拥有更多的资本，为了确保资金充足，就必须找钱庄放款。以布业为例，布行先用自有资金，购纱运回，放账欠于各布庄，给以周转，再向常州各钱庄，借入巨数贷款，放账向各布庄，作为借款。这正是常州钱庄业发达的重要原因。但是常州钱庄业本身资金并不雄厚，不足之数，也要仰赖苏州钱庄贷入，称之为"苏款"。③

光绪三十三年，常州第一家，也是国内创办较早的、商业股份有限公司形式的商业银行——和慎商业储蓄有限公司成立。当时恽祖祁看到无锡周廷弼成立信成贮蓄银行，认为"常州现有之钱肆，仅能存储大宗款项，出入兑划亦仅能行于本地，行旅客商又苦携带现款，诸多窒碍"，"为小户积聚资财，流通资本起见"，便向

---

① 常州市金融志编写办公室：《常州市金融志》，内部出版物，1986年，第19页。
② 查秉初：《略述常州土布业转变为染织厂之经过》，《常州纺织史料》第2辑，内部出版物，1983年，第43页。
③ 查秉初：《我所知道的常州钱庄》，常州政协文史委编《常州文史资料》第3辑，内部出版物，1983年，第49—56页。

商部禀报在常州城内集资 30 万元，设立和慎商业汇业储蓄有限公司，"凡一元以上皆可存储，凭资填给存票，凭存票以取付，并行使一元至五元划票，流通市面，十元至百之汇票通行各埠"。①

四、典当业

清末《浚河录》记录了光绪十二年城内 6 家典当行，即北直厢的久大典、河南厢的济丰典、城二图的信成典、中右厢的济恒典、新盛典、德源典。宣统末年《保婴保节局收支清册》中还记载有济和典、济源典、祥泰典、永太泰、亦济典 5 家。其中济和典老板、清末进士汪赞纶于 1914 年当选为江苏全省典业公会会长。以上有记载的典行基本都集中到常州主要的商业区如河南厢、西右厢、中右厢、北直厢等地。同时乡镇的典当业也非常发达，以下表为例，12 家典业中有 9 家在市镇，1926 年《武进年鉴》记载的 16 家典业中有 10 家位于市镇。市镇中的典当行规模不亚于城内，甚至胜过城内，如下表所述，最大规模的两家典行都设在市镇。

清末武进典业一览表

名称	地址	创办时间	资金（万元）
济恒	中厢千秋坊	同治六年十月	6
德源	中右厢大井头	同治十一年十一月	3
信城	城二图北直街	光绪三年四月	4
济和	焦垫镇	同治九年三月	3
亦济	前黄镇	同治九年十月	4
久丰	魏村镇	同治九年十二月	5
恒丰	湟里镇	同治十三年二月	6
永大	河庄镇，后迁孟城	光绪七年十一月	6.6
亦济分典	鸣凰镇	光绪十五年	3.5
恒源	奔牛镇	光绪十六年	7
永济	卜弋镇	光绪二十五年四月	3
慎恒	夏溪镇	光绪二十六年	4

资料来源：《武进报》1930 年 12 月 29 日，本表仅包括建立于清代，且一直延续到当时的典业。

典当铺进行的是专门化的动产抵押放款，和其他的借贷方式相比，具有手续简

---

① 《补录商会部理为创办诸储蓄公司事禀农工商部文》，《申报》1907 年 8 月 16 日。

便、赎当不问姓名、不问押物原因、无须中介证人、可如期赎回原物可能等诸多优点①。而且与一般的高利贷相比，利息要低得多，对于贷款数量少，光顾频繁的小生产者来讲，向典铺借款最为方便。同时"值十当五"的定例保证了收取质押物的价值往往高过放出钱款的一倍以上，不管是赎当还是没当，典当商都是旱涝保收的。这也使得典当业有了存款生息的功能。当时几乎常州所有官方或者民间的机构都将经费存放在典当行中生息，"窃照常城育婴经费向赖田房各租及典捐、典息、税契等捐为常年收入"。②这样一方面免去了机构对金钱的监管烦恼，同时也保证了日常的收入。根据方志统计，常州善堂经费记载有存典生息的占总数的一半以上，存典生息也是各个机构赖以维系的重要经济来源，以保节局为例，每年存典生息获得的利息占全年总收入的70%以上。③而一切公共工程如浚河、救灾等所筹款项，也一律存典生息。

第二节 土布业的繁荣与近代工业的初兴

晚清时常州的土布生产以城南湖塘桥、城东马杭桥一带最为盛行，由于当地人口稠密，耕地有限，民众习惯以养蚕、织布作为主要副业。

常州土布业的发展基本可以分为两个阶段，即洋纱进入常州之前的自纺自织阶段及之后的洋纱土织阶段。所谓自纺自织，或称为土纺土织，即采用中国传统的纺车布机技术。1890年代之初，洋纱开始流入常州等地。据1892年10月5日《益闻报》记载，中国最早的纱厂上海机器织布局全面开车，其产品价廉物美色白，苏州、常州一带的农民开始用其作为土布原纱。④甲午之后，日本纺织设备开始大规模输入中国，致使市面上洋纱盛行，常州民众逐渐接受并采用洋纱来纺织布匹，即所谓洋纱土织。纺织土布的设备最早为"投梭机"，以双手手工投梭，劳动繁重且生产率低下，所织布匹布幅狭窄，质量又差，民众称之为"小布"。以后改用"手拉机"，这是一种来自江阴的改良织布机。手拉机只需用一手拉绳，就可以使梭子往复，减轻了劳动强度，提高了织布效率，也大大改进了土布的质量。此前投梭机所织布匹既狭又短，宽幅仅有8寸至1尺2寸，每匹布长也只有1丈8尺至2丈1尺，由于布幅狭窄，如果用来缝制被单，就得将五六幅拼凑方可。而手拉机推广后，土布的花式品种也增加了许多，所织布匹宽幅达2尺以上，且有斜纹布、峭岐格、葡萄呢、皱纹呢、

---

① 范金民、夏维中：《明清徽州典商述略》，《徽学》2000年卷，安徽大学出版社2001年版。
② 《宽筹育婴经费加给乳粮案》，《武进基本公产公款报告册》，1919年铅印本。
③ 《保婴保节局收支清册》，宣统三年木活字本。
④ 徐新吾主编：《江南土布史》，上海社会科学院出版社1992年版，第470页。

丝光线呢等各种花式。于定一在《武进工业调查录》中对常州地区出产的土布的品种、规格等列出了下表。

常州土布品种、规格、价格、产量比重表

布名	得名缘起	本邑产地	产量（%）	长	阔	每匹价格
北庄	以其产于县境北乡故名，今已绝迹20余年			2丈	9寸8分	5角8分
扣布	汉口产，红扪扣布，昔以染成青色销于吾邑，后仿织之	丰北乡新安镇，大宁乡三河口	30	1丈8尺	9寸	4角8分
套布	仿松江标布而长度加倍	安尚乡洛阳镇	25	2丈4尺	1尺	7角
芝布	本邑凤产，以鲁省贩芝麻客购用而得名，后以鲁省自产布较良，因不再购	丰北乡芙蓉圩	5	昔丈8尺，今丈5尺	昔9寸，今8寸	3角4分
石门	仿浙江石门县产	孝仁乡政成桥，安尚乡东横林，定西乡周家巷	20	2丈1尺	1尺1寸半	7角6分
宜布	以盛销于宜兴县之张渚等镇得名	升西乡鸣凰镇、定西乡周家巷、延政乡卢家巷、丫河、安尚乡东横林	15	2丈6尺	1尺5寸	九角九分
稀布	仿上海县浦东产	定西乡周家巷	5	2丈	1尺1寸	7角6分

资源来源：于定一《武进工业调查录》，第43—44页。

到了19世纪末，随着洋纱的引进，各乡各镇的布庄便从以花兑布改成了以纱兑布，原有本地的棉花号皆先后报歇，结束以棉花兑换布匹的业务。但是除了花号被棉纱号取代之外，土布的生产销售流程和主要的参与者和原来基本不变。根据于定一的记载，常州土布分白色、染色两项，"白色之上者为被之里及春冬所衣之里衫与裤，其次者为鞋之里与丧赠白之用。染色之上者为男子外衣及女子衣裙与鞋表等用，其次者用以为衣与帽之里，但其销售之地则在风尚质朴之区，如本省江北及皖南皖北各县，其销售于本邑者十不及一焉"。常州布年产约七八百万匹，其中"乡间妇女以织成之布售于布庄，布庄以之委托布行转售者占十之三"，而直接售外地的占70%。[①]

---

① 于定一：《武进工业调查录》，第42页。

常州本地除了极少地区之外并不宜植棉，但是在长期的土布生产营销过程，常州府城成为苏南重要的土布集散中心之一，营销范围也超过常州府属的范围，扩展到金坛、溧阳和皖北、苏北，甚至远至河南一带。除了常州邻近运河，有着得天独厚的运输网络之外，还有一些重要的原因。首先是本地城市金融业非常发达，在此基础上资金雄厚的白布行便可以实行放账，吸引来自各地的布庄来此代售，使常州不仅成为布业生产中心，更成为苏南土布汇集的营销中心。其次是常州为苏南重要的印染中心。常州浦前镇是著名的染砂绿的原料绿柴种植区，又邻近土布的重要的生产基地湖塘、马杭，使得当地成为土法印染中心，常州 200 多家漂染坊大都设于此，印染同业公所——素绚公所也设于此。其三是洋纱的大批引入，导致了其他棉花产区的纱号被淘汰，但常州不产棉，受此冲击较小，并趁此机会发展洋纱号，推动了本地土布产业的发展。以上诸因素使得常州成为重要的土布集散中心，既推动了地方经济的发展，也为日后常州纺织工业原料、资本、技术的积累打下了坚实的基础。

　　土布生产技术的改进也为工业化生产创造了条件。光绪后期，常州开始出现较具规模的手工业布厂。光绪三十二年（1906），常州的第一家织布厂——晋裕布厂，在东下塘原江西会馆旧址成立，创办人是吴有儒，资本 5000 银元，投资者是徽商胡瑞麟、胡朗甫（后中途退出）。该厂创设之初拥有手拉机百余台，厂房除借用会馆房屋外，还新建了车间、办公室 20 多间。生产一种叫做"条布"的产品，这种条布不同于一般色布，它是先染后织，这就是后来的布厂都成为染织厂的来由。土布规格也有了一定改进，条布阔 2.2 尺、长 5 丈，这是织布工艺上的一个进步，所以产品也大受市场欢迎。晋裕布厂在开办时因为没有一点基础，所以除了普通工人外，主要靠一批江阴籍技工，还聘用了一位苏州工专毕业的技术人员，他们不仅在生产上起了作用，还带出了一批本地熟练工人。吴有儒去世后，布厂由其弟吴寄儒继续经营，规模也有所扩大。宣统三年（1911），原在马杭桥经营土布交易的布商蒋盘发，有感于晋裕布厂的成功，与本地人赵锦清、蒋鉴霖合作，每人出资 500 银元于梅龙坝创办了裕纶布厂，这是常州的第二家手工业布厂。裕纶开办之初，由于缺乏生产经验，经常向晋裕学习，后来进步很快，产品由普通条布拓宽至条格、丝光、什锦等多个品种，业务遂得以迅速提高，产品不只在本省销售，还远销至汉口、天津等地，纺织设备扩充近约 10 倍，经营成就相当可观。①

---

① 常州市民建联、常州市工商联：《常州纺织工业史话》，常州市政协文史委编《常州文史资料》第 3 辑，第 5—6 页。

第三节 城市商业的复兴

随着经济的复苏,晚清常州城市商业也开始重新兴旺起来。此时,城内已经形成了一个完整的商业体系,各个行业均自成一体,根据光绪间的《浚河录》的商捐记录,城市中交行业捐有盐公栈、典业、钱业、南货业、洋药业、纸货业、药材业、绸缎业、旱水烟业、茶漆业、京广货业、领帽鞋业、粮食业、烛业、锡铁业、桐豆油麻业、棉花业、兜袜业、衣庄业、染坊业、糟坊酱园小榨业、变蛋业、红坊头绳业、鞭炮业、沙笋栈业、颜料业、席业、铜锡业、首饰业、芝布业、葛裘业、丝行业、布线洋货业、嫁妆业、窑货业等30多个主要行业,而如笔墨业、装裱业、豆腐业等及街头小贩还不包括在内。

除了传统的行业之外,自上海十里洋场吹来的欧风美雨也影响着常州商业变迁,年轻人对西餐、洋装、皮鞋等开始有了兴趣。其中,常州本地产的皮鞋、皮箱等皮具在当时颇有些名气。1900年初,周隆兴皮鞋店在小马园巷口开业,该店制作的各种流行款式的男女皮鞋、凉鞋、马靴等很受欢迎。1910年,南大街孙府弄口又出现专营皮箱包的老九昶皮箱号,该店起初只生产一款漆皮板箱,后又生产"本帮皮包",做工精良,远销京沪等地,后又在南大街增设老九昶北号,以"金鸡"为商标,并增加皮鞋、皮带、皮夹等产品。此外,光绪宣统之际,常州还出现了采用新制作技术和工艺的各种五金百货店,如1900年于西瀛里成立的源兴盛颜料栈,1902年在千秋坊开业的公成泰五金号等。

随着各行业的发展,会馆公所也日益繁荣,所谓"凡商务繁盛之区,商旅辐凑之地,会馆公所莫不林立"。①范金民曾研究指出,同治以后各地公所得到迅速发展。②常州地区的会馆公所数量有显著的增加,特别是公所数量从无到有,迅速增长。

同治后常州会馆一览表

名称	地址	创立时间	地域	资料来源
泾旌太会馆	在察院弄	同治五年	安徽宁国	《光绪武进阳湖县志》
许真君祠（江西会馆）	旧在阳邑左厢西偏,后改建于东下塘	同治六年重建	江西	《光绪武进阳湖县志》

---

① 碑刻《旅常洪都木商创建公所碑记》,常州博物馆藏拓本。
② 范金民:《明清江南商业的发展》,南京大学出版社1998年版,第254—255页。

续 表

名称	地址	创立时间	地域	资料来源
宁波会馆	武进怀南乡之南河沿	同治九年	宁波	《旅常宁波会馆记》，于定一《延爽集》
赣龙信会馆	二堡街	光绪中叶	江西赣州、龙南、信丰	《常州木材志》
临清木业公所	北门外中街	光绪二十六年	江西临江府清江县	《常州木材志》，至今犹存
洪都木商公所	西仓桥	宣统元年	南昌、丰城	碑刻《旅常洪都木商创建公所碑记》
安徽会馆	小南门外王兴桥	不详	安徽	《武进县城内外各工商业公所会馆一览表》，于定一《延爽集》

常州公所一览表①

业别	名称	创立时间	所在地址	资料来源
钱	准直堂	光绪十四年	磨盘桥	《常州金融志》
典		光绪	荚蒲巷	《武进商业供销志》
豆	敦仁堂		西门外直街	
油麻			咸宁巷	
木		光绪二十年	青山门	《常州木材志》
纸	敦谊		西下塘	
绸缎	天章	咸丰七年	西庙沟怀德里	《常州手工业 1954 年行业普查资料》
葛裘			青果巷	
衣	广福堂（云章公所）	光绪十三年	同上	《云章公所石碑》，《光绪武阳志余》
丝绵	敬节外堂		西庙沟	
京广	朔南	光绪十三年	西庙沟	《武进商业供销志》
药材	药王庙		局前街	
米	营田庙		局前街	
煤铁		光绪二十年	西直街仁寿里	《煤业公所碑记》
烛	莲炬		罗汉桥	
南货颜料	怡和		荚蒲巷	

① 本表根据于定一《延爽集》卷二《武进县城内外各工商业会所公馆一览表》制成，略作补充。

续　表

业别	名称	创立时间	所在地址	资料来源
布	幅利堂	光绪中叶	杨柳巷	查秉初《略述常州土布业转变为染织厂之经过》
茧			铁市巷	
变蛋			东下塘	
金银	乾莲		北直街	
酒酱		光绪	新西门外马路	《武进商业供销志》
旅栈			北后街	
羽革			西门外卧龙桥湾	
梳篦			西门外新桥下塘	
茶叶			西门外太平巷	
印染业	素绚		浦前镇	
扇骨业		光绪	湖塘桥	

　　房地产业的发展是衡量一个城市商业的繁荣程度的重要标志。太平天国战争之后，由于人口大量减少，城市中出现了众多的无主市房，政府便将无主市房拨付给正在重建的善堂、义学、水龙局等，以作经费。如西水龙局在同治十年（1871）重建，便是由杨金鉴向清粮局申请，拨付无主市房三所为水龙经费。①冠英义塾，也是拨入本图无主市房产收租。②根据当时的方志和家谱，大部分的善堂善会、会馆公所以及宗祠都有自己的房产出租，即所谓的市房，这些市房都属于店面房，它们将其出租获利，作为日常的活动经费，由此也推动了整个城市房地产业的发展。

　　光绪十二年（1886）重新疏浚城河时，决定收取房捐。本次募集房捐有以下规定："图内市房按照每月房租，房东房客各捐一月租钱，字号较大者一总并收。其租价每月止一二千文，房东靠此为生者，由房客立折交堂，分作十月摊收，以示体恤。"属于自有房产的"亦由图董将左右对门市房租价比较，秉公估数照捐"。③在《浚河录》中，如果是属于出租房屋，往往会在收款账中列"主客户共捐钱 XX 文"，属于自有房屋的则只列"捐房捐钱 XX 文"。据此可列出下表，表中立票的就是直接交付银票，立折的就是立折后分期交付。根据此次收取房租的情况，可以对当时常州房屋租赁的实态作一分析。

---

① （清）庄毓鋐、陆鼎翰纂：《光绪武阳志余》卷三之二《善堂公所》。
② （清）庄毓鋐、陆鼎翰纂：《光绪武阳志余》卷三之一《学校》。
③ 《武阳两县呈稿》，《浚河录》。

《浚河录》常州各坊厢市房租赁状况表　　　　　　　　单位：文

坊名	立票					立折				
	总数	自有房产	比例（%）	租赁房产	比例（%）	总数	自有房产	比例（%）	租赁房产	比例（%）
河南厢	197	55	27.92	142	72.08	123	123	100	0	0
西右厢	176	47	26.70	129	73.30	48	48	58.33	20	41.67
城一图	88	20	22.73	68	77.27	47	45	95.74	2	4.26
城二图	59	16	27.12	43	72.88	66	66	100	0	0
中右厢	81	16	19.75	65	80.25	44	44	100	0	0
左厢	29	4	13.79	25	86.21	71	71	100	0	0
东右厢	0	0	0	0	0	20	15	75	5	25
总数	630	158	25.08	472	74.92	432	419	93.56	27	6.44

从上表中可以发现，首先租房经营的商铺占了总数的近一半，这说明了城市房产交易十分频繁。其次所谓"立折"的小本经营者，绝大多数属于自有房产，占总数的93%以上，"立票"的大商号往往都是租赁房屋经营，占总数的75%左右。即使立票中的自有房主所交房捐也十分有限，大部分在1000文以下。一般房屋产权所有人很少将房屋租给小本经营的小店铺，房捐在千文以下的租房商号非常少。由此可以判断，房屋租赁主要发生在大商号与房主之间，这可能有几个原因，一是大商号规模大，所需店铺多；二是房主只有租给大商号才可能获利，而租给小商号可能会得不偿失。当然这也和部分大商号由外地商帮经营有关。

第六章　晚清常州文化

近代以来，随着外来思想的渗透，社会格局的变化，常州的社会文化也开始逐步体现与传统不尽相同的风貌。科举是常州人的当行本色，但道咸以降，随着科场腐败愈演愈烈，再加上人口压力越来越大，常州科第一度由盛转衰，许多人转而由官为幕。常州学术方盛之时，许多人空有一身才华，却无法施展抱负，所谓"经世"其实并不能"致用"。但是这种经世致用的精神却使得这些幕僚们在晚清乱世中有了施展才华的机会。同时，由于常州诸人又有声应气求、互相扶持的传统，因此又织成了复杂绵密的关系网络,在日后或是办实业,或是从政,都可以呼风唤雨。而面对西方的冲击,知识分子中的精英人物积极学习新思潮,吸收新观念。屠寄、张鹤龄、孟森、孟昭常、董康、蒋维乔等人都成为传播新思想,倡导立宪、革命的先驱,李宝嘉则成为中国第一代自由职业文人,近代畅销作家的先声。常州人逐渐融入现代都市生活,成为新兴都市文化的创造者,他们一方面见证了近代中国文化的变迁,另一方面又影响了常州本地的文化氛围。

第一节 传统学术的再次繁荣

太平天国战争对常州的文化造成了摧残,但不久常州便在历史人文积淀的基础之上,传统学术再度繁荣,不断融合新机,别开生面,形成新的地域文化坐标。近代可谓是常州文化的复兴重振期。

一、清代常州学术的总结

太平天国战争对江南人文摧残极大,常州是损失最为惨重的区域之一。《常州先哲遗书》序中曾言"郡志艺文自经兵燹,遗编散佚,一二孤集,大抵有目无书"。随着二十多年的恢复重建,常州文化在晚清渐复元气,收集散佚的地方文献便也提到日程上来。汪洵在与缪荃孙的信中便称:"吾乡诸先生遗集,有罕觏者,能为陆续校刊,表彰绝学,诚莫大功德。"[①]屠寄刊刻完成《国朝骈体文钞》后曾作诗一首:"吾郡文章盛,高才共发舒。乱离耆旧尽,收拾劫灰余。派别何须论,沉思总不如。裁量定无当,此事后来疏。"可以说"吾郡文章盛"的自豪和"收拾劫灰余"的责任是晚清常州文人编选一系列地方文献最重要的出发点。因此从晚清到民国,一系列地方文献的汇编如《国朝常州骈体文钞》《国朝常州词录》《毗陵文录》《毗陵诗录》《常州先哲遗书》等相继编辑刊行。这些文献大都成为一时的经典之选,同时也成为对清代常州文化和学术的总结。

光绪十六年,屠寄收集有清一代常州府骈体名家著作,成《国朝常州骈体文钞》。该书共收作者43家,录文569首。《国朝常州骈体文钞》不仅是清代唯一刊行的地域性骈文选本,同时也可以说是整个清代常州骈体文的总结。屠寄在《叙录》中曾言:"乾隆嘉庆之际,吾郡盛为文章。稚存、伯渊齐金羁于前,彦闻、方立驰玉轪于后。皋文特善词赋,申耆尤长碑铭。诸附丽之者,亦各抽心呈貌,流芬散条,亹亹乎文有其质焉。于时海内属翰之士,敦说其义,至乃指目阳湖,以为宗派。自时厥后,清风盛藻,尝稍替矣。然犹腾骞步躐,遒轨振逸,响荡余波。"所谓"指目阳湖以

[①] (清)缪荃孙:《艺风堂友朋书札》上册,上海古籍出版社1980年版,第505页。

为宗派",①便可见其学术总结的目的。

光绪二十二年,江阴缪荃孙又编刻了《国朝常州词录》,收录常州词家498位,词3110阕。缪荃孙总结清代常州词学发展历程云:"国朝词家推吾州为极盛。在昔先路之导,邹董并称,以及玉虬、舜民、青门、椒峰,狎主敦盘,同音笙磬,顾矜语性灵,颇流率易,溺情闺闼,亦落猥琐,沿明季之余习,犹大雅所弗尚。其年郁青霞之奇气,谱《乌孙》之新制,实大声宏,激昂善变;梁汾抱范张之友谊,蹈秦柳之茂矩,兴往情来,庶几并骛。他若纬云、半雪,皆迦陵之连枝;藕渔、汉石,亦弹指之同调。蕘彬风雅,辉映一时。红友词律,取法唐宋,考调名之新旧,证传写之舛伪,辨元人词曲之分,斥明人自度腔之谬,词析句读,不立三等之名;谱填平仄,谨辨四声之异,句敲字炼,宫鸣商应,倚声之士,奉为圭臬。雍乾以降,词学少衰,拾阳羡之余瀋,储史同盟;续梁溪之逸响,邹华竞秀。当浙派横流之时,而有振衣独立之概。皋文晚出,探源李唐,止庵和之,遂臻正轨。极意内言外之旨,推文微事著之原。比傅景物,张皇幽渺。约千篇为一简,蠥万里于径寸。上之则小雅之怨悱,离骚之俶诡;次之亦触类修罨,感物流连。予怀信芳,结想斯远。真乐府之揭橥,词林之津逮也。子居、季重同学,识其苦心;晋卿、申受及门,演其坠绪。读江都之续选,具有典型;聆山阳之异议,何损毫末。海内正宗,于斯为盛。渊源授受,师承可表。刘子芙初,微自矜异,清词丽句,雅近竹屋、蒹塘、兰崖,别有宗尚。锡山诸子,生面独开。寇氛洊棘,《水云》特起,旨深而词婉,神清而色艳。词人之词,成、项鼎足,《箧中》伟论,讵同蓺言。《芬陀》《秋雅》,工力相称,享年不永。搥骨未坚,但论意味,一时瑜亮。"②

清末常州最为浩大的一个学术工程则是《常州先哲遗书》。《常州先哲遗书》范围并不仅限于清代,而是历代常州学术的一次全面总结。《常州先哲遗书》由盛宣怀出资,缪荃孙负责编辑校勘,汪洵、吕景端等从旁协助,从光绪二十一年(1895)开始刊刻,至民国初方才告成,收入各朝书籍共二辑近百种,此外尚有数十种纳入目录的书籍未能付诸出版。《常州先哲遗书》保存了许多非常有价值的著作,其刊刻质量前人也有公论。《续修四库总目提要》便称赞其"在郡邑丛书中可称最完善者矣"。《书林清话》也称:"惟常州(先哲遗书)出自缪艺风老人手定,抉择严谨,刻手亦工,后有作者,当取以为师资矣。"③

---

① (清)屠寄:《国朝常州骈体文钞》卷首,《续修四库全书》第1693册,上海古籍出版社1995年版。
② (清)缪荃孙:《国朝常州词录》卷首,云自在龛光绪二十二年刻本。
③ (清)叶德辉:《书林清话》,岳麓书社1999年版,第210页。

二、传统学术的最后辉煌

晚清是常州传统文体最后辉煌的时期,其中刘可毅、屠寄、张鹤龄、沈同芳等常州后起之秀比肩鹊起,声誉远播。当年曾任翰林院检讨的刘树屏和叶昌炽谈论常州人才,便称"其兄葆珍(可毅)及屠竟山(寄)为最,沈幼卿(同芳)、张小浦次之"。① 屠寄又和恽毓嘉、张鹤龄、刘可毅、汪洵同为光绪十八年进士,为一代佳话,时称"五凤齐飞"。这几个人可以说是晚清常州学术最典型的代表人物。

汪洵(1846—1917)字子渊,又字渊若,汪本铨子,光绪十八年(1892)进士,官翰林院编修,直隶补用道。汪洵是著名书法家,曾与吴昌硕、张祖翼、高邕之并称海上四大书家。他还是晚清中国书画研究会总董,后中国书画研究会改名为海上题襟馆金石书画会,汪洵仍为首任会长。黄山寿、盛宣怀、冯超然等均为会员。②

刘可毅(1855—1900),原名毓麟,字葆真,光绪十八年会元,官翰林院编修,京师大学堂教习,后于八国联军攻占北京期间失踪。刘可毅著有《刘葆真集》,工文章,其所撰《书毗陵驿马》当时轰动一时,同时继承了常州学术博通和经史的传统,于经史大义、中外近情循流讨源,无不熟悉,尤熟悉中外军事。③

屠寄(1856—1921),初名庚,字师虞,号敬山,又号归甫、静山、枚君、无闷居士、结一宧主人。光绪十四年(1888),入张之洞府做幕僚。光绪十八年中进士,后任工部主事。戊戌变法前,力主译西书、兴教育以开民智。后出任北京大学堂正教习,奉天大学堂正教习。1911年辛亥革命后,曾任北京大学国史馆总纂。屠寄骈文"丽密宏深,足为洪、孙传钵,上窥孝穆",④ 被认为是"常州骈体文派之殿后者"。⑤ 他同时是晚清著名的文学家和历史地理学家,其《蒙兀儿史记》160卷是元史学的权威著作,被认为是"重修元史诸书中最好的一部"。据邓之诚回忆:"予与先生同在史馆时,见其著书,秉烛达旦,勤劬不休,时虑《蒙兀史》不成为憾。其精力为少年人所不能及,惜性刚好使气,故未享大年而逝。

图7-13 屠寄

---

① (清)叶昌炽:《缘督庐日记抄》己亥年三月初二日,《续修四库全书》第576册,上海古籍出版社1995年版。
② 张惟骧:《清代毗陵名人小传稿》卷九,《清代传记丛刊》第197册,台北明文书局1986年版。
③ 唐文治:《茹经堂文集二编》卷六《刘君葆真传》。
④ (清)谭献:《复堂日记》续录,河北教育出版社2001年版,第369页。
⑤ 刘禺生:《世载堂杂忆》,中华书局1960年版,第301页。

海内能续先生之书者，恐无其人矣。"①此外还著有《京师大学堂中国史讲义》《结一宦骈体文》《结一宦诗略》等。

张鹤龄（1867—1908），字涌莱，又字长孺，号小圃，又号筱圃，光绪十八年进士。张鹤龄是著名的教育家，曾经担任京师大学堂总教习，并实掌校务，使复办的京师大学堂面貌一新。其间为推广新学，他拟订了《学务纲要》等20个系统规则，统称为"奏定学堂章程"，是为晚清学制改革的纲领。此后他又先后担任南洋公学总理、奉天提学使等，在奉天提学使任内为东北新式教育的发展作出了重要的贡献。同时他又是著名的改革家，他精通英文，博览译籍，深窥新理，光绪二十六年（1898）作《变法经纬例论》，宣扬改革变法，轰动一时，人称"名言精理，博大闳深，开拓万古，心胸推倒一世豪杰"。桐城吴汝纶则称其"兼通中西学术，究切当世利病"。②

沈同芳（1872—1919），字初草，一字友卿，号越若，光绪二十年进士，官翰林院编修，沈同芳是骈文大家，著有《万物炊累室类稿》。同时他积极参与立宪事业，曾先后在预备立宪公会和江苏教育会担任要职，民国后曾任江苏都督府秘书长，其所撰《中国渔业历史》为中国第一部渔业史，也是中国经济史研究之先驱。③

这一时期，常州学者在科学方面也取得了一定成就，其代表人物便是方楷。方楷（1839—1891），原名恺，字子可，又字引康，常州人，父方骏谟为曾国藩幕僚。幼时因奶妈不慎，将其摔伤脊背造成终身偻疾。从小随父客居在外，读书刻苦用功，对地理、历史、军政、兵术、历法、算学等书，无所不读，且都学有所成。同治元年（1862），曾国藩偶见其文，非常赏识，遂加褒奖，使其文名盛传。光绪五年，被两广总督张树声聘至广州，执教数学先后达十年之久，为广东培养了一大批数学实用人才。他擅长"西洋形数测量之学"，凡译书中遇有译错之处，经他过目，立可明辨纠错。当时"以天算地舆专家盛名于世"，其中《三统历衍式》《代数阐蕴》《代数通艺录》都是当时的算学名著。④

缪荃孙为刘可毅文集所作序言曾言："荃孙以为旧学宜保存，新学宜增入，当由旧学窥新学，不宜舍旧而图新，亦不能弃新而守旧，与葆真议论相合。"⑤屠寄在致缪荃孙书信中亦言："我心维新，我学守旧。"⑥新旧并存，可以说是这些晚清常州学者的共同特点，他们继承了常州学术的传统，又不断地在探索新路，成为晚清

---

① 邓之诚：《骨董琐记全编》上册，中华书局2008年版，第93页。
② 谭延闿：《奉天提学使阳湖张公墓志铭》，《毗陵张氏族谱》卷一，宣统木活字本。
③ 张惟骧：《清代毗陵名人小传稿》卷九。
④ 高红成：《方楷生平要略》，《汉字文化圈数学传统与数学教育：第五届汉字文化圈及近邻地区数学史与数学教育国际学术研讨会论文集》，科学出版社2004年版。
⑤ （清）缪荃孙：《序》，《刘葆真太史文集》卷首，清宣统二年刊本。
⑥ （清）缪荃孙：《艺风堂友朋书札》，第498页。

常州学术特征的典型代表。

三、小说与戏曲：传统与新变之间

小说和戏曲是中国文化史上的重头戏。晚清常州文人士子在这方面也自成一派，而且有意识地参与到了小说与戏曲的革新中。

鲁迅在《中国小说史略》中梳理清代小说流派时，将常州人陈森誉为近代"狎邪小说"的开山者，描写文人与妓女或优伶交游的作品，自唐以来，扬州、吴门、珠江、上海等地诸艳迹，皆有录载……然大率杂事琐闻，并无条贯，不过偶弄笔墨，聊遣绮怀而已。若以狭邪中人物事故为全书主干，且组织成长篇至数十回者，盖始见于《品花宝鉴》。"①陈森（1796—1870），字少逸，号采玉山人，又号石函氏，常州人。陈森早年科举不得意，道光间寓居北京，以乾隆、嘉庆之际优伶生活为题材，写出《品花宝鉴》前30回。道光二十九年（1849）又续写了后30回，始成全书。约在咸丰二年（1852），该书的刻版已在社会上流传。②陈森开创的这一小说流派，既是明清才子佳人小说的延续，又融合了近代转型期社会中的若干时代特点，为了解末世文人生活和社会流动提供了生动的素材。

继陈森之后，常州籍作家张春帆是晚清狭邪小说的另一位重要人物，其作品《九尾龟》影响深远。张春帆（1879—1935），原名炎，字春帆，后以字行，别署漱六山房。《九尾龟》由点石斋于光绪三十二年（1906）至宣统二年（1910）陆续出版，以章秋谷的行踪串联故事，反映晚清上海青楼生活。袁寒云为《九尾龟》作序时，称"人争为小说，日进丛繁，而巨作之中，能无枝无蔓者鲜矣。前以李伯元、吴趼人称野史之雄，后则李涵秋、张春帆负谲谏之望"。③而且《九尾龟》在当时十分风行。阿英在《晚清小说史》中曾说："当时这一类的小说很流行，有用吴语的，也有不用吴语的，以繁梦痴仙《海上繁花梦》一百回、漱六山房《九尾龟》一百九十二回，最为有名。"④此后，许指严、恽铁樵、吴缘、李定夷等人也先后创作出多种小说，成为近代小说界的重要力量，而恽铁樵长时间担任《小说月报》主编，为中国近代小说事业作出了重要贡献。

晚清常州最重要也最有影响的小说家则是李宝嘉。李宝嘉不仅是清末谴责小说的代表人物，更是近代新型知识分子的先声。李宝嘉（1867—1906），字伯元，别署南亭亭长。乡试落第后，放弃科举，于光绪二十二年前往上海，在《指南报》从事编辑工作，次年便开始自己办报的生涯，先后接办或创办《指南报》《游戏报》《海

---

① 鲁迅：《中国小说史略》，人民文学出版社2007年版，第262页。
② 严敦易：《陈森的〈梅花梦〉》，《元明清戏曲论集》下编，中州书画社1982年版。
③ 魏绍昌辑：《鸳鸯蝴蝶派研究资料》上，上海文艺出版社1984年版，第562页。
④ 阿英：《晚清小说史》，人民文学出版社1980年版，第172页。

上繁华报》,并应商务印书馆聘,主编《绣像小说》,成为近代小报的奠基人。李宝嘉先后创作有《官场现形记》《文明小史》《活地狱》及弹词、剧本、笔记等多种,尤以《官场现形记》为最著名。①《官场现形记》为晚清谴责小说的开山之作,也是最有影响的一部,于光绪二十九年(1903)至光绪三十一年在《世界繁华报》上连载,其对现实"揭发伏藏,显其弊恶,而于时政,严加纠弹,或更扩充,并及风俗",在艺术上则创造了"头绪既繁,脚色复夥,其记事遂率与一人俱起,亦即与其人俱讫,若断若续,与《儒林外史》略同"的独特叙事结构,在当时"骤享大名,而袭用'现形'名目,描写他事,如商界、学界、女界者亦接踵也"。②

晚清常州传统戏曲的创作依然兴盛,尤以陈烺为代表。陈烺(1822—1903),字叔明,号潜翁,别署云石山人、玉狮老人,诸生。他自光绪七年起,历时八年,先后创作了《仙缘记》《蜀锦袍》《燕子楼》等十种传奇剧,合称《玉狮堂传奇十种曲》,是明清传奇后期影响较大的巨著之一。③程蕙英则是著名的女性弹词作家,大约活跃在同治和光绪间,字荿俦,常州人,出身在一个书香门第,后家境日衰,她从此常年靠做女塾师维持生活,终生未嫁。她用20余年时间,三易其稿,写成一部百余万字《凤双飞》弹词。此书主要描写郭凌云、张逸少等同性恋故事,与其他书不同的地方在于站在女性地位,用"贞操"衡量男子,从而反抗那种女性应该受制于男子摆布的陈腐观念。著名文学史家谭正璧著的《中国女性文学史话》称她"狂放倜傥,无普通女子畏缩柔懦之气"。她的性情"有类于诗人李冶,曲家吴藻,不过阅历较深,学问渊博,非李吴二人所见"。④

还有一些常州戏剧家则投入到戏剧的改良和创新中,其中尤以谈珵熙为代表。谈珵熙为李宝嘉表兄,工戏曲,光绪二十三年,他便发表单折短剧《风月空》,以上海的都市风情为题材,从形式与内容上皆体现创新意识。光绪三十二年,他在上海创办《小说七日报》,不久便在其中就发表了据时事改编的新剧《烈士蹈海》,敷演当时影响巨大的留日学生潘伯英自杀殉国一事。同年九月,该剧被名伶孙菊仙搬演场上,收获了巨大影响,成为近代京戏改良的先声,在"海派"京剧形成史上有着举足轻重的地位。同年,他还校刊并出版了晚清著名戏曲家黄燮清流传颇广的《帝女花》传奇。光绪三十四年,他又参与发起以"戏曲改良"为宗旨之一的《国华报》,将"戏曲改良"思想实践于日常的戏曲活动中。在该报"戏曲改良简约"中,他进

---

① 参见王学钧《李伯元年谱》,《李伯元全集》第5册,江苏古籍出版社1997年版。
② 鲁迅:《中国小说史略》,第290—291页。
③ 参见谢伯阳《晚清戏剧家陈烺系年考略》,《学林漫录》第10辑,中华书局1985年版。
④ 谭正璧:《谭正璧学术著作集》第2册《中国女性文学史女性词话》,上海古籍出版社2012年版,第379页。

一步对规范戏曲创作的题材、主旨,鼓励梨园改编戏曲作品,规范作者、演员与报社三方的收益等实际问题,分别制定了确实可依的条款。①

四、中医学:孟河医派的鼎盛

近代常州中医达到极盛,其中最著名者便是孟河医派。嘉庆、道光年间,孟河医派渐成规模,费文纪、费伯雄、费士源、费兰泉、马荷庵、马坦庵、马培之等医家在地方上声望卓著,费伯雄、马培之成为孟河医派集大成者。两人都曾应征入京为皇帝、太后及官宦公卿治疾,疗效显著,获治者交相称誉,带动孟河医派的影响走向全国。四方求医者纷至沓来。同治年间,赵宾旸记录孟河中医的繁盛情况,说:"孟河故多良医,有声振寰曲,为名公钜卿所倒屣者,一时煊赫,舳舻衔接数十里。"②孟河医派的发展进入鼎盛时期。

作为医学史上的重要流派,孟河医派的得名源于开创者在学术上的突破创新。清代学者陆膺一提出:"叶天士之后,江浙间医家多以治温病名,独武进孟河名医辈出,并不专治温症。由是医家有孟河派、叶派之分。"清代前期瘟疫流行,苏州名医叶天士对温病的病因、传染途径、致病部位及辨证论治方法等方面,均提出独到见解,对江浙医家产生了较大的影响。宗其学术思想者被称为叶派,是近代中医史上重要的医学流派。孟河医派的创新成就在于,区别于叶派,孟河医派的医家不专治温病,也不墨守温病学派的理论。他们能够博采众长,创立兼容汇通的辨治体系。孟河医家精专博通:费伯雄长于内科,其医案中外科、眼科、喉科、皮肤科、妇儿科无不涉及,且造诣不凡;马培之以外科见长而以内科成名;巢崇山、巢渭芳擅用刀圭之术,现存医案中,记载内科病案诸多,尤以伤寒治疗颇具特色,每多奇效;丁甘仁擅内科、精喉科,以善治喉痧闻名沪上,同时擅长外科手术。③这些著名医家既精于专科,又通晓全科,在杂病、外症方面尤有突破。总结孟河医派的整体学术特色,专家们认为最主要的是以下几点:第一,孟河医派各家在诊疗技术上各有特点,不论是内、外、喉、瘟病,都以和缓为宗是其重要的学术思想;④第二,揽中医之大成,不论内难伤寒温病,金元诸家,内外各科,悉数容纳,且不泥于门派之争,将各派学术熔冶于一炉;第三,辨症细腻准确,用药轻灵平正,即遇危难重症,遣方仍然不离平淡,于平淡中见神奇;治法灵活多样,不分内服外用,以获效灵捷为先机,故孟河医家治疗外

---

① 王学钧:《李伯元与白云词人谈小莲》,《明清小说研究》2003年第2期;胡瑜:《谈小莲事迹考》,《文教资料》2009年第18期。
② 李夏亭:《孟河医派三百年》,学苑出版社2006年版,第9页。
③ 张琪、曹震、周奇峰:《孟河医派传承特色探析》,《江苏中医药》2010年第12期。
④ 李夏亭、丁一谔:《孟河医派的主要学术思想和特色探析》,《中国中医药现代远程教育》2007年第9期。

症及咽喉疾病卓有成效，且流传不少有效秘方。①

孟河医派的壮大离不开后学者的继承与发展，医学教育在其中起着重要的作用。孟河医派的早期教育以世袭祖传为主，父子嬗递、族裔沿袭、世承祖业。世称"医不三世，不服其药"，费氏、马氏家族都是名医辈出的医学世家，费氏自清初费尚有起全清末费绳甫共历九世，马氏传全清末马泽人也历九世，巢氏、丁氏也都为世医，时至今日，各家仍有从医者，继承祖业，世代延绵。世医之家有助于将家传的学术思想完整地传承下去，数代相传，家族中不断涌现名医，有利于家族知名度的扩大。另外，孟河医派各家之间不持门户之见，相互协作，相互渗透。各家通过通婚、合作和师徒等关系建立了广泛的联系：马培之师从费伯雄，娶费伯雄妹妹为妻；费伯雄之子娶马培之妹妹为妻；费氏门人余景和后人与丁甘仁后人结亲；巢氏后代不仅继承了家学，并师从费氏、马氏等医家。孟河诸家联系紧密，促进了相互之间的交流与协作，推动了孟河医派整体医学水平的提高。孟河医派后期的代表人物丁甘仁继承了马氏、费氏、巢氏等孟河前辈的经验，并集孟河医派之大成，成为中医界一代宗师。他接受近代教育思想，建立了完善的中医学校教育，培养了大批医学人才，为近代中医教育事业做出了瞩目的成就。孟河医学教育不拘一格，广撷众长，促进了学术思想的有效交流和学术水平的日臻完善，为孟河医派的发展壮大起到了重要的推动作用。

此后，许多孟河名医迁往无锡、苏州、上海等城市，带动孟河医派由发源地向外深度扩展。巢氏巢崇山、巢传九、巢克成、巢松亭由孟河迁上海行医；费氏费绳甫、门人薛逸山也悬壶沪上；费绳甫之弟费哲甫迁至苏州业医；费伯雄门人谭良赴美国行医；费兰泉弟子余景和迁常熟行医；马氏马培之晚年迁苏州、无锡等地行医；马氏门人沈祖复、邓星伯、贺季衡、王洵初、周懋堂等于无锡、常熟、上海、苏州、丹阳等地行医；丁氏丁甘仁光绪十年东迁苏州悬壶，光绪十六年，前往上海行医，在沪成名后开办医院、创办学校，培养了不少中华医药学界精英。丁氏子弟、门人的行医足迹遍及各地，有的远至美国、法国、英国、东南亚等地。孟河医家及其门人、弟子的迁移与扩散使得孟河医派的影响力和辐射范围进一步扩大。

晚清时期，常州还有很多中医开始涉及西医，并提倡中西医汇通，其中周维翰是清末中医界的代表人物，周维翰（1870—1910），字雪樵，他坚持"中西汇通"思想，采取中西医结合，"仆之治病，凡治病器具如寒暑表、听病筒等概用西法，至开方有药则用中法，有急病及中药之力所不及者则以西药济之"。他还在光绪三十年创

---

① 左言富：《传承弘扬孟河医派特色，升华拓展孟河医家优势》，《中国中医药现代远程教育》2006年第7期。

办中国近代第一份中医期刊《医学报》，出面组织第一个全国性医学团体——"中国医药会"。①

第二节 新技术与新事物的引进

当时常州本地人获得新知识与新思想的途径仍然相当有限，直至1890—1891年间，姚祖晋的族伯姚岳望从英国回乡，赴家塾见姚祖晋之父，力劝其子弟"于诵读之暇，不可不购阅新闻纸以通知时事"，并和他们谈及《申报》上所登载的郭嵩焘画像之事。②直至这个时候，已经在本地小有名气的姚祖晋、姚祖泰、姚祖颐兄弟才第一次接触到《申报》。蒋维乔第一次看到江南制造局翻译的西学书籍，已经是1893年，此次本地旧儒听说他们在研究西学，尚目为怪物，痛诋不已。由此可见，近代早期江南新思想传播的缓慢和艰难。这种传播过程的艰难固然和传统思想根深蒂固有关，但与交通工具也有密切的关系。对此深有体会的蒋维乔便认为常州与上海交通需用帆船，极为不便，是导致当地风气闭塞，接收新知识新思想困难的重要原因。③在传统时代，船是江南最重要的交通工具，根据当时的记录，乘坐常州特有的名叫"蒲鞋头"木帆船到无锡要一天时间，到苏州要两天时间，昆山则是三天，青浦四天，而到上海已经是第五天了。④缓慢的船速加上部分航道"纡回曲滞"，以上海和常州之间如此邻近的距离，船上的行程也要如此漫长。

光绪二十一年（1895），《马关条约》签订，准许外国船只"从上海驶进吴淞口及运河以至苏州府、杭州府"。而光绪二十三年颁布的《内港行船章程》又将范围扩大到各通商省份的内河水道。⑤此后，以上海为中心，专营内河航线的轮船公司相继设立。光绪二十二年，便有往来无锡、常州、湖州的小轮3艘。光绪二十六年，戴生昌轮船局添加了苏州、无锡、常州线，并于次年延长至镇江。光绪二十七年，日商大东开设了苏州至常州、无锡、镇江的航线，逐渐成为江南航线上的霸主。⑥同年，原上海内河招商总局常州分局更名为常州内河招商局，地址位于西门表场，有江新、骏龙、骏通、骏丰、追风、新飞马、翔凫、利达等轮船，员工60多人，辟有常州至溧阳、上海、镇江、江阴、乌溪、埠头、扬中以及天星桥至八字桥等多处航线。宣

---

① 姚艳丽：《清末医家周雪樵医事活动及其中西医汇通探索》，《中医文献杂志》2011年第2期。
② 姚公鹤：《上海闲话》，上海古籍出版社1989年版，第131页，第29页。
③ 蒋维乔：《竹翁自订年谱》。
④ （清）金武祥：《金洀生日记》。
⑤ 王铁崖：《中外旧约章汇编》第1册，三联书店1982年版，第616、786页。
⑥ 樊百川：《中国轮船航运业的兴起》，中国社会科学出版社2007年版，第278—279页。

统年间，常州还出现了人货混载的班船，其中一部分专为行商包用，定点定线，后演化成货帮，还有一部分由于客货运输量的增加，不仅定码头、定航线，而且定开航时间，逐渐成为班船。班船起初为夜间运行，以后日夜兼航，成为沟通常州城乡的重要交通工具。

轮船通行后，常州交通得到了明显的改善。光绪二十九年，蒋维乔从上海回常州过年，他于午后在上海登舟，次日早晨的"七下钟"到达苏州，随后至阊门到日商经营的大东局买票乘大东公司的小轮船回家，"午后一点钟开轮，六下钟到无锡"，"十二下钟"他就到家了。①

光绪三十三年，常州火车站建成，开通常州至无锡之间的车次，通车当天，苏州巡抚亲自到常州参加庆典。此年四月初四日，沪宁火车常州至上海段正式通车。十一日，金武祥便在常州登上火车到上海参加张园举行的赈灾赛珍会，顺便尝试一下这个新鲜事物。他仍然在日记中仔细地记录了沿途的行程："午后两点钟时出小北门，过吊桥，下小桥，约二里至车栈，乘宁沪铁路火车赴沪。""开行经戚墅堰、横林，三点二刻至无锡，又经周泾巷、望亭、浒墅关"，此时"遇沪上来车"，之后"四点三刻抵苏州，过外跨塘、唯亭，抵昆山县，又过罗家浜、安亭、黄渡、南翔、真如、袋角，傍晚抵上海，遂下车"。其间只花了5个小时。他还记录了车价，"二等车房每客洋三元一角，三等车房每客一元四角"。等几天后回常州，细心的他还发现"车价二等二元四角，三等一元五分，较自常至沪为减也"。②此后，沪宁线上还开通了

图 7-14 常州火车站

---

① 蒋维乔：《因是子日记》。
② （清）金武祥：《金溎生日记》。

特别快车，蒋维乔回常奔母丧，便乘特别快车，只花了3个小时的时间。①

清末之际，电报、电话也陆续传入常州。光绪八年，清政府架设上海至苏州、常州、镇江、扬州、江宁等处电报线路，常州始有电报通信。光绪二十七年，常州开始设置邮政支局，局址位于大水关桥，属镇江邮政总局管辖。光绪二十九年（1903），常州开设电报"子店"，由苏州电报分局管辖。宣统三年（1911），武进县公署架设一部5门交换机，经营南、北警区、市公所，商会及本部电话业务。②

正是由于常州与上海这样的大都市之间时空距离的不断缩短，推动了信息传播渠道多元化和传播速度的加快，新事物、新知识、新思想开始在当地迅速普及，诸如从上海引进的报刊、印刷、电影、照相等传播工具也开始在常州兴起，潜移默化地改变着常州民众的传统生活模式。

光绪十一年冬，《申报》在常州开设了申昌书画室，专门出售《申报》及相关出版品。《申报》分设常州申昌书画室告白云："毗陵为人文渊薮，媚学之士，好购藏异书、名画、法帖、舆图以供观览，兹故于常州城内大街青云坊南首分设申昌书画室，将点石斋、申报馆两处所印之书籍、碑帖、地图出售，俾购者近取，即是无须托人代买邮递，以省周章。至欲看《申报》，亦可向之订定，自当按日送阅，风雨无阻，统祈赐顾为盼。"③宣统年间，常州出现的第一份新闻报纸是《民苏报》，此报出版不久，因"销路不广，资本不敷"面临停刊，后城厢地方自治公所总董钱以振等认为，报纸是启迪民智的新兴事业，公所应该加以扶持，遂每月给予经费补助。④辛亥革命前夕，革命党人曾以《新民日报》为舆论阵地，革命军光复常州后，该报随即被常州军政分府接管，成为政府机关报，报社社址就设在县署内。

清代，常州家谱印制兴盛，因此成为江南木活字印刷的中心。多贺秋五郎曾将武进与浙江杭州和安徽桐城并列为中国各地家谱木活字印刷最为兴盛的地方。⑤张秀民先生也指出，"清代活字家谱以江浙两省占压倒多数，而两省中尤以旧浙江绍兴府、江苏常州府为最多"，其中"常州的排印工在清代最负盛名"。⑥光绪三十四年，有刘庆源、新明社、苑委山庄、杨日升、日新书店、钱顺兴、新群、陈正兴、日进、唐源泰、龙城等11家印刷所。印刷工艺开始从刨木印刷、木单字活盘水印印刷逐步过渡为铅印、石印的油墨印刷。是年，常州千秋坊的杨日升首先应用机械印刷，成

---
① 蒋维乔：《因是子日记》宣统二年十月初八条。
② 常州市地方志编纂委员会编：《常州市志》第2册，中国社会科学出版社1995年版，第705页。
③ 《申报》1885年11月7日。
④ 武进公益事务所：《第一届武进市董事会报告书》，1917年铅印本。
⑤ 多贺秋五郎：《宗谱的研究》第一部《解说》，东京学术振兴会1981年版，第30页。
⑥ 张秀民：《张秀民印刷史论文集》，印刷工业出版社1988年版，第225—226页。

为常州机械铅字印刷之始。① 宣统元年前后，位于县直街的日进印刷所采用铅字印刷新工艺，有圆盘机2台，技术工人10多名，印刷产品有书籍、簿本、柬帖等。铅字最初自外地购买，后常州本地开始浇铸，用木壳钢盒，下装铜模，将铝合金熔解后，用小铁勺浇铸，每次一个字，每日可浇铸1.4万字左右。②

照相技术自1839年在法国问世，鸦片战争后，1844年，法国传教士南格禄将之带入上海，以后在中国逐步传播开来。1852年，上海隆泰洋行开设照相馆，为近代上海最早之照相馆。1860年代，上海已有多家照相馆，20世纪初，上海已有数十家照相馆。③ 照相大大地丰富了民众的精神生活，受到各行业人士的欢迎。光绪二十六年，常州有了第一家照相馆叫梁梅春，是由一广东人开设，地址在今和平电影院隔壁的弄堂里。不久，仁育桥的"天真"，城隍庙的"留真"等陆续开张。光绪宣统之际，常州已有多家照相馆，比较有名的有天真、留真、卢园、卢山、景中天、卜真美、法兴、耀华、石华、新昌、亚新等11家。④

1911年，常州城区第一座电影院——幻仙影戏社落成。在开业之前，经府、县衙规定，男女不得同场观看，故以每周二、五为女观众放映专场。所放影片，均须经检查核准。在开业的一个半月中，被查禁的影片多达15种。农历六月初四日（6月29日），被县衙以"有伤风化"为由，勒令停业。但不久看电影便成了常州人一个日常的娱乐方式。1904年，成立阅书讲报所，1906年正式成立武进商会图书馆，藏书最多时约10余万册。⑤

第三节 新知识分子的出现与新思想的传播

随着新事物、新思想的日益传播，身处其中，耳濡目染，人们的眼界日益开阔，社会观念和行为方式也发生了前所未有的变化，对新事物逐渐由消极被动接受转化为积极主动认识、接受和推崇。过去苏南小城那种目障身塞、孤陋寡闻的狭小空间被一种开放的广阔的精神空间所代替，这种过程的不断深化也成为推动当地社会变

---

① 常州市地方志编纂委员会编：《常州市志》第1册，中国社会科学出版社1995年版，第1013—1014页。
② 莫梓：《常州之最150例》，常州政协文史委编《常州文史资料》第10辑，内部出版物，1992年，第236页。
③ 商务印书馆编译所编：《上海指南》，载熊月之主编《稀见上海史志资料丛书》第4辑，上海书店出版社2012年版，第299—302页。
④ 潘裕康：《照相业小史》，常州市政协文史委编《常州文史资料》第10辑，内部出版物，1992年，第226页。
⑤ 武进公益事务所：《第一届武进市董事会报告书》。

迁的重要动力。

首先，学习西方成为常州人寻求知识的新途径。常州士子很早便开始与西方人打交道，早在同治间，谢鹏飞便曾受海关总税务司赫德之邀，为其办理文书，"赫氏计谋皆其所赞画"。①此后余思诒等人作为外交官先后出使欧美，赵宏等又入江南制造局从事翻译工作，更有很多常州青年入广方言馆等机构学习英语。其中杨勋便是最早研究洋泾浜英语的中国人。杨勋（1846—？），字少坪，太平天国攻占常州后，随父亲避居上海，遂入上海广方言馆，随美国传教士林乐知学习英语，是中国最早的一批由正规外语学校培养出来的学生。此后回常州闭户读书，颜其室为"求志草堂"，并教学生英语，数年之内，不下三四百人。同治十一年，他辑成《中英万言集》，作为英语教科书。②同治十二年（1873）二月初五、初七、十五及十九日《申报》连载了杨勋署名为"洗耳狂生"的《别琴竹枝词》百首，这是目前所知关于洋泾浜英语的最早著录，他并辑《拼法举隅》，选择英文单字1963个，列出英语浅说、要诀八则，校正音义，这也是洋泾浜英语的最早研究成果。他在竹枝词中就举出了洋泾浜英语的一些例子，然后从用词与语法方面分析了洋泾浜英语的错误，以便人们学习正规的英语。比如《别琴竹枝词》第一首便是："生意原来别有琴，洋场通事尽知音。不须另学英人字，的是（three）温（one）多（two）值万金。"后来杨勋同乡李伯元在《南亭四话》中又摘录了百首词的七首。③杨勋并不满足指出洋泾浜英语的错误，更致力于让中国人正确地学习英语。四年之后，也就是光绪三年，他应盛宣怀邀，赴湖北办矿，在闲暇时编撰英语课本，"得一千一百三十字，分为拼法七部，辨气音，别声韵，列浅说十二则、诸诀十则，以江浙两省通用字音逐字详注，另列音气注释分注之，并附书法三昧为第一第二卷，又以日用所需字若干言，分类罗列为分类字学两集及贸易须知、通商要语各一集，为第三第四卷，共四卷"。④到光绪五年，杨勋编成《英字指南》由美华书馆刊印，这也是中国最早的英语读本。《英字指南》不仅最早，而且在晚清一系列的英文读本中影响也最大，直至1901年，商务印书馆还出了增订本，命名为《增广英字指南》，其实所加内容并不多，基本保持了原貌。《英字指南》的重要性也并不仅仅局限于英语教科书方面，很多后来汉语常用的外来语都可以在本书中找到渊源，因此成为汉语外来语研究的重要范本，比如说philosophy便是在本书中最早翻译为"哲学"。

甲午战争之后，常州人大批东渡日本学习西方文化，在常州的知识分子也开始

---

① （清）郭嵩焘：《郭嵩焘日记》第3册，湖南人民出版社1981年版，第6页。
② （清）杨勋：《英字指南序》，《晚清民国双语词典文献录》，山东画报出版社2012年版，第189页。
③ 周振鹤：《别琴竹枝词百首笺释》，《上海文化》1995年第3期。
④ （清）杨勋：《英字指南序》，《晚清民国双语词典文献录》，第189页。

学习日语,光绪二十四年,刘树屏在京城与蔡元培等人举办了东语学习班,此后蒋维乔又在光绪二十八年在常州邀请了日本人金井秋苹举办修学社日文研习班,次年,蒋维乔又与汤中、庄俞等人在上海创办人演社,专门翻译日本著作。蒋维乔译自日文的《佛国革命史》成为中国最早翻译的研究法兰西大革命的著作。

还有许多常州人不满足在国内学习新思想,开始远赴重洋,学习西方的现代文化和技术。同治十一年起分四批派往美国的120名留美学童中,便有两名常州人,即阳湖朱宝奎和武进吴焕荣,其中朱宝奎是常州近代留学第一人。① 屠宽、庄先识、伍达、吴稚晖、孟森等都曾留学日本。其中吴稚晖夫人袁云庆于光绪二十八年随其赴日本留学,成为常州第一位女留学生。赵元任则在1910年以赴美留学考试第一名入康奈尔大学学习。留洋海外的常州学子受资本主义的熏陶,较快地接受了西方的学说,形成了新的知识分子群体。有的投身革命,有的则回乡创办教育事业,以思想和行动,冲击了传统社会的上层建筑,也开始影响常州人的日常文化生活。

光绪三十二年冬,陆镜若、吴我尊、唐肯、谢抗白、陆露沙等常州籍的留日学生与著名学者李叔同在日本东京创立春柳社,这是中国留日学生所组之综合性文艺研究团体,也是中国近代最早的戏剧团体。次年春天,春柳社演艺部在日本演出《茶花女》中亚猛的父亲访问茶花女和茶花女临终两幕,李叔同饰茶花女,唐肯饰亚猛,这次演出舞台布景精良,演员对白、动作、表情都与京剧明显不同,成为中国近代戏剧的先声。四月,春柳社在东京本乡园举行"丁未演艺大会",公演《黑奴吁天录》,谢抗白、吴我尊在剧中演出角色。该剧剧本由陆镜若等根据取自林纾、魏易所译《黑奴吁天录》(美国斯托夫人原著《汤姆叔叔的小屋》)改编,也是我国首个话剧剧本。不久李叔同宣布脱离剧社,陆镜若、吴我尊遂主持春柳社,社中成员除欧阳予倩外,大多为常州人。春柳社先后在日本和上海自编自导公演了《鸣不平》《热血》《生相怜》《血蓑衣》《画家及其妹》等新剧,陆镜若随之成为中国第一个集编、导、演一体的话剧家。这一年《北新杂志》第三十卷刊登有《春柳社演艺部专章》,阐明春柳社建社宗旨为在"改良戏曲"的方针下,明确"以研究新派为主,以旧派为附属科""无论演新戏旧戏,皆宗旨正大,以开通智识,鼓舞精神为主"。②

另一名留日学生庄先识则积极投身于常州本地的教育。庄先识(1882—1965),字士器,又字通百或通伯,武进人。早年中秀才,戊戌之际受到康梁等人维新学说的影响,放弃旧学,改学新学。光绪三十年赴日本留学,入东京弘文学院

---

① 陈学恂、田正平编:《中国近代教育史资料汇编·留学教育》,上海教育出版社1991年版,第104—109页。
② 赵山林等:《近代上海戏曲编年》,上海教育出版社2003年版,第207、209、210、213页。

就读师范科，两年后毕业归国。光绪三十二年初，他在庄蕴宽等地方士绅的赞助下，在市南的青果巷赁屋创办私立粹化女学，这是常州第一所近代女子学校。1908 年，庄先识与妻陈警在麻巷创办涤氛蒙养院。陈警原为常州名门之后，曾入上海宗孟女校学习，后奉父亲之命回到常州，嫁给留学归来的庄先识。陈警因受到新思想影响，不愿当家庭妇女，在丈夫的支持下，到杭州的浙江女子师范学堂学习保姆专业。回到常州后，以女儿的名字"涤氛"命名，创办了这所常州历史上最早的幼儿园。光绪三十四年，涤氛蒙养院在麻巷白马三司徒院址正式成立，这是常州历史上最早的学前教育机构，由陈警担任院长。该院招收 3 至 7 岁儿童，开有游戏、唱歌、手技、剪纸、故事、识字教学等等课程。民国初年，由于经费困难，于 1916 年停办，前后共 8 年时间，开常州幼儿教育之先河。①

其次是上海及所代表的海派文化的影响。上海的西式生活和高度发达的商业社会，影响和改变着整个江南地区，也影响了常州的文化。上海既是常州人的一个重要聚集地，也是常州走向近代的一个助推器。早在同治十三年，上海创办的第一份华人报纸《汇报》便由常州人管乐任主笔。晚清时期几个著名的西学传播媒体如《格致汇编》《万国公报》等都有常州人投稿讨论，一些重要的西学传播机构如江南制造局、广方言馆等也有常州人的身影，除了著名的《苏报》《游戏报》等之外，常州人在上海还曾经创办过多份报刊。如在光绪二十三年，恽积勋等人已经在上海中泥城桥西首新马路昌寿里（在今黄河路、凤阳路）发起创办译书公会，并发行《译书公会报》，总理由恽积勋担任，陶湘、董康及新阳赵元益任协理，董存嘉任总理翻译，另聘请章太炎等为主笔。在常州多处设有销售点。在上海的生活改变了他们的生活，更改变了他们的思想。光绪二十九年是蒋维乔第一次长时间居住在上海的年份，在这一年岁尾的日记中，他便写道："今岁处沪上，所得阅历上之知识及教育学生心得，什佰于他岁。"②

常州最早传播新思想始于屠寄与张鹤龄，光绪二十二年，张鹤龄与周维翰在屠寄的支持下设经世学社，购上海江南制造局、格致书院、广学会等机构出版的翻译书籍，谢荫昌和唐演首先加入经世学社，阅遍社中图书，并对《时务报》尤热衷。③1898 年，庄俞在庄鼎彝的支持下也在常州举办阅报社，准备了《申报》等上海的报刊供人阅读。光绪二十八年，何志霄以原来的云溪义塾改建为育志小学堂，由许指严担任总教。这座建立在常州文人聚集的中心区域白云溪边上的小学成为日后常州文人转型的重要阵地。这年的八月初六日，刚刚从上海被父亲骗回常州的蒋维乔便和何

---

① 庄先识：《继室陈二觉孺行略》，《毗陵庄氏族谱》卷一二下，民国二十四年铅印本。
② 蒋维乔：《竹翁自订年谱》。
③ 谢荫昌：《演苍年史》，《北京图书馆藏珍本年谱丛刊》第 198 册，北京图书馆出版社 1997 年版。

士准、何志霄、庄俞、杨择等人在育志小学成立藏书阅报所,"以期开通风气"。蒋维乔等人或捐报费,或捐书报,公举屠寄为总理。随后又因"书报只能激发识字之人,演说兼能启发不识之人",于是每星期在藏书阅报所中讲演,以"变法兴学"为宗旨。①藏书阅报社成为常州最有影响的传播新思潮的机构,对当时的本地年轻人影响极大。据吕思勉回忆,屠寄曾在藏书阅报社讲元史,吕思勉往听,受到了很大启发,此后好谈民族问题,导源于此。②

与此同时,蒋维乔、庄俞、许指严、汤中等还举办修学社和改良私塾会。据谢荫昌回忆,修学社的主旨是译辑学术著作,以应实施"新教育"之需。社中蒋维乔主哲学,许指严主文学,谢荫昌主史学,汤中主法学,孙叔久主数学,此外尚有魏声龢、何长懋、瞿葆刚等人。③蒋维乔此后至常熟,参观南菁书院同学丁祖荫所主持的常昭蒙养学堂,结交日本人金井秋苹,遂与许指严一起邀请金井至常州为修学社教授日文,这年的十月十六日,修学社日文学习班便在周线巷盛宣怀宅开课。④据谢荫昌回忆,当时"常州学社风起云涌,学子言论风生,几复三百年前东林、复社之旧"。此后参与各学社的诸人受到由上海带来的新思潮的吸引后,都进入上海。如蒋维乔入爱国学社,随后入商务印书馆,庄俞、汤中等则组织人演社,谢荫昌则经汪康年结交蒋智由,在蒋智由创办的《选报》中任编辑。⑤

正是由于聚集在上海,常州人开始成为中国传统文人向现代知识分子转型的先驱。李宝嘉便是中国第一代自由职业文人,他办报纸娱乐大众,《官场现形记》曾被外国学者称之为"资产阶级的小说"。而陈范则是《苏报》的主办者,赵凤昌曾是《申报》大股东。蒋维乔、臧励龢、许指严、庄俞等组成的所谓"常州帮",成为商务印书馆的得力干将,中国近代出版业的中坚力量。张春帆等众多的常州籍鸳鸯蝴蝶派小说作家,则完全以娱乐消遣为目的,成为近代畅销作家的先声。

这些人进入上海后,继续将上海学习到的新知识、新思想传播回家乡。蒋维乔自光绪二十八年底起,每年假期回常州时,都要和同仁们发起一些活动,其内容都是他在上海学习的成果。何士准和何志霄曾在爱国女校教授体育课,他们和蒋维乔以及在湖北自强学堂学习的庄启等便将体育课引入常州。光绪二十九年春节前后,他们发起成立常州体育会和体育传习所,假武阳公立小学堂场地训练。⑥

---

① 蒋维乔:《竹翁自订年谱》。
② 吕思勉:《我学习历史的经过》,《中美日报》堡垒副刊1941年第161期。
③ 谢荫昌:《演苍年史》。
④ 蒋维乔:《竹翁自订年谱》。
⑤ 谢荫昌:《演苍年史》。
⑥ 蒋维乔:《竹翁自订年谱》。

1904年春天，沈心工在务本女塾创设乐歌讲习会，蒋维乔、谢仁冰、严保诚等人都加入乐歌讲习所，学习音乐。如前所述，蒋维乔加入乐歌讲习会并不只是简单的兴趣，更重要的目的是为了学习音乐教育，以便在常州学校中推广音乐课程，以提高民众素质。"吾乡虽有小学校，而乐歌一事付诸缺如焉。此科在小学校至重要，吾辈独不可稍缓一分子之义务。乘暑假之假归"，他代育志学堂购买风琴，并"草拟简章，一遵沪上乐歌讲习会宗旨，邮寄许志毅君，使先宣布"。暑假中，蒋维乔、严保诚、谢仁冰便在育志学堂办音乐研究会。开始的时候，参加研究会的太少，蒋维乔以为是"知之者鲜"缘故，又开特别演说会。各人分写传单，"揭广告通衢"。开讲之日，入座听讲者百数十人，"座满不能容，则有立而听者""吾常学堂之有风琴，自今日始。而吾乡人之邃闻风琴声，亦自此始"。① 这年下半年，蒋维乔又和严保诚随钟观光在科学仪器馆学习理化课程，达到了中学程度。课程结束后，他又帮忙为育志学堂购买了理化试验器具，在回乡过年时举办了理化讲习会。开讲时，由许指严弹琴唱歌，次由蒋维乔演说理科之关系与分类，严保诚展示氢气试验，最后由屠寄演说。初定先讲无机化学一月，来年暑假讲有机化学与物理学，自次日起，每天上午九时开讲。②

当然，常州城市的市民意识并不是马上就形成的，这其中有太多的艰难曲折。蒋维乔他们在武阳公学举办体育会等事业，便受到恽祖祁等人的阻挠，恽祖祁曾致书武阳公学堂董，要求阻止：

> 顷有人来说，近日书院大形罗唣。武阳公学原系龙城书院……而有人说如此做痴样，说痴话（原报编辑按：做痴样指体操，说痴话指演说），我之子弟虽已报名，亦不愿入堂读书。今日又有人言某某几家已赴书院报名，忽就赴浔溪公学去矣。且闻演说诸人，有诽笑宽大衣服者，有谓不必敬神者，果尔则显悖孔教。风声所播，大有碍于我武阳公学之学务。书院甫改为学堂，而罗唣如尔似此，欲收成效难矣。吾兄身为堂董，而一任喧宾夺主，弟不能不责贤者之漫不经心也……再者，此后如有人来堂演说，必先将底稿呈堂董、总教察核，宗旨果合，方可允诺，否则将底稿扣除。小学堂宗旨在使学员为良善之人，在使子弟知国与民一体之理，演说宗旨亦然。③

杨择遂作书武阳公学总教华世芳，予以反驳。其书略云：

> 某公书已识，竟大抵采风影之说，深不慊乎演说、体育二会之所为，

---

① 蒋维乔：《因是子日记》本年六月初十日《甲辰暑假纪事》。
② 蒋维乔：《竹翁自订年谱》。
③ 《记常州演说会事》，《苏报》光绪二十九年二月二十五日。

且言有害于武阳公学也者,一则曰罗唣,再则曰喧宾夺主。此事影响于学界甚巨,某愚敢直贡数言以质之。某公可知乎,学堂之有体育、智育、德育并重,体操者体育中之一部分也。体操之益,东西教育大家备言之,即某公亦知之……何攘臂切齿,瞋目结舌,诟之曰做痴样乎?欲开民智,莫如演说。演说会同人之焦唇敝舌,而不以为苦者,诚欲纳人人于良善之途,且欲使人人知国与民有密切之关系,而酿成爱国之思想也。何诟之曰此举为痴话耳?常州佞佛之风最盛,糜费有用之金钱而乞灵于无知之土木,若学堂、若图书馆、若演说会,凡开通民智之事皆惜资不为。演说诸君深痛乎者,因议不必敬神……以武阳之人,得武阳之风气,运动于武阳公学,孰宾孰主,识者自能辨之……某公平日亦颇以开通自任。今因何摧沮吾常之士气,摇唇弄舌,颠倒是非……贤者皆言某公守旧、顽固,大声痛抵之为文明学界之公盗,其诚不顾贤者横被者名也。①

庄先识创办粹化女学之后,恽祖祁也上告江苏学务处,一是称庄先识已为武阳小学教习,却不尽义务,擅自以学务公所的名义创办粹化女学,应属非法。二是指控庄先识"在外招集十三岁以上之女子,擅办女学,有男教员教授,居心不良,应严密访拿查禁"。他还在常州地方官面前造谣,称江宁女学有男装女扮的教习混入校中,污辱女生,还称上海务本女学这种情形也是常有的,并笑着对武进知县言:"我已年老多须,汝髭尚少,盍往作女校教习,可以纵观。"② 凡此种种,都是当时常州社会新旧思想冲突的一个缩影,也反映了新思想传播的艰难。

第四节 新式教育的发展

早在科举制度取消之前,常州传统书院的教学方式已经发生了某些改变。光绪二十二年(1896),时值中日甲午战争刚刚结束,"时马关约成,朝野动色,东南士大夫深维中外强弱之原,非兴学以培长,无自振衰而雪耻",经恽彦彬、刘树屏和李正光等人建议,对常州历史上最有名的龙城书院进行改革,"改设经古精舍,导源于经史词章;别设致用精舍,博习乎舆地算学",③并延请著名数学家华蘅芳之弟华世芳任山长。不久,经华世芳提议,邀请著名学者缪荃孙出任山长,并主持经古精舍,华世芳自己则主持致用精舍。

---

① 《记常州演说会事》,《苏报》光绪二十九年二月二十六日。
② 粹化女学:《记常州粹化女学开办始末及劣绅仇阻情形》,光绪三十年石印本。
③ (清)有泰:《序》,(清)缪荃孙编《龙城书院课艺》卷首,《中国历代书院志》第12册,江苏教育出版社1995年版。

是年二月初九日，常州知府举行龙城书院致用、经古精舍第一次甄别试。致用精舍天算、舆地各取 70 名，经古精舍经史词章合取 140 名。未经录取者，三月准再投考一次，天算舆地以 10 名为限，经史词章以 20 名为限，嗣后不准再行投考。根据《龙城书院致用经古精舍章程》，可以了解当时龙城书院的教学情况。其中致用精舍分课天算、舆地两门，每年每门各 10 课，二、五、八月由府县轮课，其余由山长负责。每门超等 10 名，第一名膏火钱 7000 文，第二名 6000 文，第三名 5000 文，第四名、第五名各 4000 文，第六名、第七名各 3000 文，第八名至第十名各 2000 文。特等 20 名，第一名至第十名各 1500 文，第十一名至第二十名各 1000 文，一等 40 名，第一名至第十名各 600 文，第十一名至第二十名各 400 文，第二十一名至第三十五名各 200 文，其余不给膏火。经古精舍专课经史词章，每年十课，二、七月府课，四九月武进县课，五十月阳湖县课，三、六、八、十一月则山长负责。超等 20 名，第一名膏火钱 8000 文，第二名 7000 文，第三名 6000 文，第四名、第五名各 5000 文，第六名、第七名各 4000 文，第八名至第十名各 3000 文。第十一名至第十五名各 2000 文，第十六名至第二十名各 1600 文。特等 30 名，第一名至第十名各 1200 文，第十一名至第二十名各 1000 文，第二十一至第三十名各 800 文，一等 90 名，第一名至第二十名各 600 文，第二十一名至第三十名各 400 文，第四十一名至第八十名各 200 文，其余不给膏火。致用精舍对天算学尤为重视，要求住院肄业，定额 20 名，给火食 10 名，必须要名列前茅，并且是寒士的才准予津贴，火食钱每月 4000 文，每年以 10 个月为度，其余 10 名自备火食，仍依甄别名次挨补。住院各生于每月正课外，另加朔、望二课，朔课以当日作业成绩评第，望课则由院长出题面试。①

　　从此之后，龙城书院成为常州一府士子聚集之所。仅在《龙城书院课艺》中列名的，便有日后著名的学者蒋维乔、沈颐、孟森、姚祖泰、姚祖颐、许指严、严保诚、臧励龢、谢观、谢钟英等多人。龙城书院的几年读书岁月成为这些人最早接触新式学问的经历。如光绪二十二年入选课艺的有刘念诒《为之者疾解》、蒋维乔《问项羽兵强为古今之冠，所用江东子弟八千人乃吴人也，其说安在》、孟森《测地绘图条议》、姚祖泰《三吴辨》、姚祖颐《首阳山辨》、沈保枢《三角形大腰一百七十尺》、吕景栩《国朝常州经师叙赞》、谢观《汪梅村水经注图书后》等；光绪二十六年则有蒋维乔《上海推广新租界论》、沈保善《抛物线面》、沈保厘《取象限弧》、程宗洛《公羊三科九旨解》、许指严《明初设立粮长论》、臧励龢《宋齐梁南兰陵兰陵、北兰陵兰陵沿革考》、谢观《日本地理兵要书后》等。其中臧励龢的课艺全都以地理为内容，这为他日后成为出色的地理学家打下了良好的基础，而严保诚在《课艺》中列名于算学，这和他日后在

---

① 《龙城书院分设致用经古精舍公牍》，光绪刻本。

商务印书馆长期负责理化教科书的编辑，担任学校理化教员，经常发表理化方面的文章有莫大的关系。

龙城书院最大的特色在于数学方面，华世芳和其兄华蘅芳一样都是出色的数学家，他在龙城书院任山长期间，在数学教育方面的成就处于当时的领先水平。从目前保存的课艺来看，已经基本摒弃了使用中国传统数学作为解题方法，已经有了微积分和级数的应用，这在同时代的其他学校中是相当少见的，这些均对学校中的学生产生了深远的影响。①

随着近代中国教育改革的深入，龙城书院的命运也不断发生改变，光绪二十七年，龙城书院改为武阳公立小学堂（即武阳公学），又附龙城书院校士馆，华世芳仍为总教。当时拟定的《武阳公立小学堂拟章》包括全学纲领、功课教法、各种规则、建置四部分。根据章程，武阳公立小学堂为武、阳两邑官绅合办之模范学堂，学堂遵守《京师大学堂奏定章程》，旨在向学生教授道德、知识及一切有益身体之事。学堂分高等、寻常二级，高等二班，以10岁至13岁为合格，每班40名；寻常二班，以6岁至9岁为合格，每班30名。武进、阳湖两县知县为总办，轮年值管稽查全学一切事宜。设总董三员，总教习兼总理一员，堂董兼账房一员，教习七员，监起居两员。课程包括修身、读经、读古文、作文、习字、外国文、算学、史学、舆地、理课、图画、体操等。《章程》还言："中国圣经垂训，以伦常道德为先，外国学堂于智育、体育之外尤重德育，中外立教本有相同之理，学堂于修身一门，视他学科更宜注意，为培植人才之始基。""欧美日本所以立国，国各不同，中国政教风俗亦自有异，所有学堂自总理、教习、学生有显倡异说，干犯国宪，及与名教纲常相违背者，查有实据，轻则斥退，重则究办。"②次年，武阳公立小学堂又添设师范班。光绪三十三年，又添设补习课班，并增设营田庙、东横街等6处分校。该校较早接受进步思想，部分师生秘密从事革命活动，成为常州地区重要的革命发源地之一，今为百年名校常州市局前街小学。

延陵书院自太平天国战争中被毁后一直未曾修复，光绪三十一年，常州府下属八邑提议将延陵书院旧址改建为常州府中学堂，因书院旧基偏狭，改在东门内玉梅桥南护国寺基建设。光绪三十三年二月，常州府中学堂工程初步竣工，其建筑包括大门、号房、操场、正厅、大礼堂及前后楼房、卧室及学生自修室、膳室、课堂、理化室、教习学生会客处、文案室、会计室、盥洗室、养息所、阴雨操场、练身房

---

① 《龙城书院课艺》，关于华世芳在龙城书院数学教学的成果，参见夏军剑《清末数学家华世芳及其〈龙城书院课艺〉研究》，天津师范大学硕士学位论文，2006年。
② 《武阳公立小学堂拟章》，清光绪二十八年木活字本。

器械室、茶房、浴室等等，占地面积29亩多，总耗资64000余两。①学者屠寄之子、留日归国的著名教育家屠宽被推举为学堂监督。九月二十五日，组织常州府中学首次招生考试，至二十八日，共录取180名，另有师范生60人。常州府中学堂从一开始便成为常州府属最为重要的学校，吸引了常州府

图7-15 常州府中学堂

各县最优秀的学生前来报考，如著名史学家钱穆、著名语言学家刘半农、著名会计学家潘序伦等均为首届学生。十月初十日，常州府中学堂正式开学。屠宽将日本学到的先进教育理念引进到了常州府中学的教育中。除传统教育之外，常州府中学堂还开设外语、算术、生物、体育等，一改传统教学方法，他还大胆创新，在常州府中学堂设立游艺部，包括图画、雅歌、军乐、柔术四部，并成立第一支管弦乐队，后来成为著名音乐家的学生刘天华由于才华出众，被指定充当音乐老师。此外，常州府中学堂还曾设昆曲组，由监督童斐教授昆曲，曾演出《长生殿》折子戏。此后，瞿秋白、张太雷、洪深等优秀人才先后毕业于常州府中学堂，使得常州府中学堂成为常州近代人才之渊薮。②不仅如此，常州府中学堂还是常州地方社会风气转变的枢纽及近代革命活动的中心。

江阴南菁书院是另外一个常州文化精英聚集的场所。南菁书院由江苏学政黄体芳在两江总督左宗棠大力支持下，于光绪八年在江阴创办，其本意是为了"专课通省经、古"。③黄体芳之后，王先谦继任江苏学政，他在南菁书院刊刻《续经解》，并刊刻《南菁书院丛书》。这两位学政和张文虎、黄以周、缪荃孙等历任山长将南菁书院建设成为东南学术重镇，书院也因此吸引了大批东南的优秀人才。常州学子如蒋维乔、谢钟英、孟森、陆尔奎、许指严、吴稚晖、庄蕴宽等多人都在此就学。④光绪二十七年，时任江苏学政的李殿林上呈《南菁书院遵改学堂并拟章程》，将南菁书院改为江苏省南菁高等学堂，在其奏章中，附有学堂所设的课件，除了传统的

---

① 《常州府中学堂工程清册》，光绪活字本。
② 童斐：《常州府中创办十年大事述略》，《常州文史资料》第7辑，内部出版物，1987年，第1—21页。
③ （清）左宗棠：《南菁书院讲堂识语》，《南菁辛乙级毕业纪念号》。
④ 赵椿年：《覃研斋师友小记》，《中和月刊》1942年第3期。

史学、史学外，还有政学（农学、商学、工学、矿学附）、艺学（体操附）。其中艺学包括算学、测绘学、格致学、译学等。此后丁立钧出任南菁学堂第一任总教习，开始推进西学。蒋维乔曾经回忆当时的情况：

> 当时朝野人士均抱中学为体，西学为用之见解，以为院中肄业各生，非举人，即秀才，皆成材之士，其学问如经史、诸子、舆地、政治、掌故，分别研究，早具专门资格，只须补习普通学已足，故所定课程，为理化、测绘、英文、日文、体操五门，以今观之，实幼稚可哂，然当时已觉太新。学生之笃旧者，犹反对主张，一致不上堂听讲，先生（蒋自称）则锐意革新，主张上堂听讲无形中分成新旧两派，先生被推为新派领袖，襄助丁山长进行五门课程。同学或习一二门多至三门，先生则贪多务得，五门同时学习。①

蒋维乔文中所言旧派便是孟森，他当时"仍以顽固自负，阴结年长学生多人，反对上课，丁叔衡山长为之不悦，意欲去之。森闻之，先辞职而出"。②孟森要到几年之后留日方才改变他对新学的看法，但蒋维乔当时已经钟情于新学。"迩时理化教习钟观光先生，讲解彻底，实验正确，最得同学信仰，且于授课之余，灌输国家思想，先生始恍然于民族革命意识，心醉其说，对于科举更加鄙视，立志不再应试。"③

光绪二十七年八月初二，清廷颁布谕旨：除京已设大学堂外，着各省所有书院，于省城改设大学堂，各府及直隶州均改设中学堂，各州县改设小学堂，此即所谓癸卯学制改革。从此之后，常州陆续创立了众多近代新式小学堂。常州有很多新式学堂都是由原来的族学改革而成，这可以说是名门望族对教育重视在新时代的延续。冠英和正则是当时规模最大、影响力最广的学校，在当时曾有西党（冠英设在城西）和东党（正则设在城东）之称，可见其并驾齐驱的地位。冠英、正则分别由庄鼎彝和盛宣怀、刘树屏创办，而庄俞、沈颐分任总教。

正则小学堂是光绪三十年（1904）年底由盛宣怀和刘树屏、刘树森兄弟合资创办的，并于次年春节后开学。学校分正则东校和正则西校，各有高等小学堂和初级小学堂一所。正则东校设于盛宣怀周线巷（鲜鱼巷）宅，而西校则设于西关刘氏祖宅西下塘，而每次月考、季考则均在周线巷东校会集，盛氏家族的贻范堂和刘氏家族的积庆堂各承担学堂的开办费和常年经费的一半，而刘树屏则担任学堂的总理，所有聘请总教、分教及学堂一切规则并银钱出入均由他一人主持。

根据正则小学堂的章程，学校完全按照《奏定高等小学堂章程》设置，以培养

---

① 蒋维乔：《因是先生自传》，《大众》1945年第27期。
② 张惟骧：《清代毗陵名人小传稿》卷十。
③ 蒋维乔：《因是先生自传》。

国民之善性，扩充国民之智识，强壮国民之气体为宗旨，以童年皆知作人之理，皆有谋生之术为目标。其中初等小学堂的课程有修身、讲字、理字、写字、作句、浅算、历史，每天课时7小时，冬底春初为6小时。高等小学堂的课程有修身、读讲经、国文、算术、历史、地理、理科、图画、唱歌、体操，课时与初等小学堂相同。高等小学堂（正科）学期4年，初等小学堂（预科）学期3年，初等小学堂毕业后由学堂考验合格，升入高等小学堂，高等小学堂毕业后，由学堂具报地方官考验合格，给予文凭，照章送入中学堂肄业。初等小学堂学生每月学费大洋5角，每年6元，高等小学堂学生每月学费大洋8角，每年9.6元。8岁以上、15岁以下的均可报考。有"家计平常或子弟二三人不能全任者"，可由保人证明，收取半费。而盛、刘两家子弟则完全免费。另外学校还收取书本费和体操服装费，如果在学校就餐者尚需交膳费1元。学校第一期的经费总共筹集了大洋1400元，学额160名，实际招收了高等小学堂全费学生17名，半费学生8名，免费生4名，初等小学堂全费生40名，半费生17名，免费生15名，总计101名。①

如果说盛氏的族学是传统族学中规模较大者的话，庄氏的族学则是传统族学中历史最悠久，影响最大的一个。光绪三十一年春节刚过，庄鼎臣、庄鼎彝、庄济泰、庄洵等庄氏族人将冠英义塾进行整肃扩建，创办冠英小学堂。开设3个班，学生70余人。②庄鼎彝虽然出身在中国最成功的科举家族，本人也是举人，但他早就对科举不满。早在光绪二十二年已告诉其子庄俞："世乱无已，科举不足致用，宜尽弃旧业，研究有用之学。"光绪二十八年时，他又说："科举当废，即不废，亦不必再应试。"③他在冠英小学堂的简章中也称："自学校废，科目兴，中国积弱至今已臻极点，人心风俗更流荡而不知返,此世变之所以日亟也。"④他以为日本"以蕞尔国获优秀之美，登争剧之场"，其原因便是"自明治维新以来，深得普通教育之效"，所以"近瞻东海，远法西欧"，要急起直追，必须以废科举，兴普通教育。而原先的义塾只不过是"平日收六七蒙童，课《千文》《百姓》""徒抛岁月"而已，而且"重课读，不重讲解"，导致"有年将及冠，提笔不能作家书者"。改造为学堂，则一方面改读新编初等教科书，有图有说，易于领悟；另一方面，课读与讲解并重，使毕业生"未有不通浅近文字者"。⑤

为了创办冠英小学堂，庄鼎彝辞去了汉口轮船招商局的职务，庄俞也一度辞去了商务印书馆的职务，从上海返乡，两人都将全部身心投入到办学中，从改筑校舍

---

① 《正则高等小学堂章程》，上海图书馆藏盛宣怀档案。
② 武进县教育志编纂领导小组：《武进县教育志》，内部出版物，1986年，第31页。
③ （清）庄鼎彝等：《常州公立冠英小学简章》，上海图书馆藏盛宣怀档案。
④ 庄俞：《庄百俞先生年谱》，民国二十九年铅印本。
⑤ （清）庄鼎彝等：《常州公立冠英小学简章》。

到整顿学科，均亲力亲为，出钱出力。未及半年，因校舍狭小，乃从织机坊迁校于庄氏宗族三贤祠。一年后，学生益众，校舍仍不敷使用，复募集经费，于祠后扩建校舍，建北舍、西舍各九大间，改造者若干间。同年，庄鼎彝用自己住宅创设幼幼女学，办学经费，悉由己出。光绪三十二年，幼幼女学开学，庄鼎彝聘请教员，详订课程，历尽艰辛。至宣统元年，冠英两等小学堂和幼幼女学学生多至200人。[①]

无论是冠英还是正则，其师资力量以今天的标准而言也称得上出众。正则的主持人刘树屏曾在安徽主持安徽大学堂，并在上海主持过澄衷学堂，此后又任南洋公学总理，而总教则由日后中华书局创始人之一的沈颐担任，副总教习徐镜澄也是著名的教育家。[②]徐镜澄后来曾在清华任教，是梁实秋的国文老师，对其有深远的影响。[③]冠英的总教庄俞、徐隽都是商务印书馆新编小学教科书的编辑，分别长于国文和算术。在他们的领导下，正则小学和冠英小学的教育质量必然会有所保证。民国成立后，冠英小学被改为武阳市立第二高等小学，当时已被称为模范学校，解放后改为觅渡桥小学，至今仍是常州地区质量最好的小学之一。瞿秋白是这个学校百年历史中最著名的学生，除此之外，学校还培养了大量优秀的人才，其中蒋亦元、顾冠群、庄逢甘、庄逢辰、庄逢源5位毕业生是中科院院士。

20世纪初，常州地区就已经出现了女子学校，除了前述庄先识于光绪三十二年创办的私立粹化女学外，其他各类女学相继应运而生，教育形式也日渐多样。如钱以振在常州创建的半园女学，杨新诚创办的汉采职业女子学堂等，此后还有私立争存女学。宣统元年，争存女学与粹化女学合并为粹存女校（简称女西校），而半园女学则简称女东校，二校成为常州规模最大的女子学校，学校学生均达百人以上。

光绪三十三年（1907），常州制定《常州武阳初等小学堂暂定章程》，由盛春颐、恽用康、钱以振为经理绅士，庄鼎彝为稽查绅士，负责全城私塾改建为初等小学工作。常州城内、城外的私塾从此开始退出历史舞台，大量的新式小学涌现，常州教育开始进入了新的历程。

近代常州还涌现了诸多的教育家，为近代教育在全中国的传播作出了重要的贡献。除了创办中国多所大学的盛宣怀之外，最有影响的便是何嗣焜、刘树屏和伍达。

何嗣焜（1843—1901），原名尔钧，字眉孙，一作梅生，早年在张树声幕中任文案，历保知县、盐运使、知府衔。光绪二十二年盛宣怀创办南洋公学，何嗣焜被聘任南洋公学第一任总理。他一向提倡"国家积弱，救国之道在于教育"的主张。上任后，

---

① 庄蕴宽：《庄公苕甫墓志铭》，庄鼎彝《一匮草堂诗钞》卷首，民国二十三年铅印本。
② 《正则高等小学堂合同》，上海图书馆藏盛宣怀档案。
③ 梁实秋：《清华七十》，《雅舍杂文》，文化艺术出版社1998年版，第41页。

他即在徐家汇购置地皮，借用民房，主持开学工作。同时筹建中院、上院等校舍，按计划聘请了中外教师。招生后，开设师范院、外院、中院、译书院和东（日）文学堂。他费尽心血为南洋公学的初办作了许多开创性工作。他在南洋公学亲手制订了《南洋公学章程》和各项规章制度。在教学上提倡"中学为体，西学为用"。他专门拟订颁布《扣奖加并中文佳者之谕》，强调"视中课、算学、英文三项积分而定，一项不及格者皆不奖"，改变过去只奖励西学优秀者。在何嗣焜主持公学的 6 年中，招收的师范生、外院生、东文学堂学生近 300 名，并输送 10 余名拔尖学生出国留学，邵力子、黄炎培、蔡锷等当时均为其中的佼佼者。盛宣怀称赞他"数年以来，公学之规模考查，钩稽权衡，靡不中于事理。而公学之营造法式、教育章程，尤为该员心力之所专"。光绪二十七年，他在撰拟奏章时卒于桌上。南洋公学专门为他立碑纪念。①

刘树屏（1857—1917），原名景琦，字葆良。光绪十一年被江苏提学使黄体芳赏识，拔为贡生，三年后考中举人，光绪十六年中进士，选翰林院庶吉士，授检讨。甲午战争后回到常州，由其主导将龙城书院改为致用精舍，使之成为常州城乡最早推行新式教学的学校。光绪二十七年正月，上海富商叶澄衷之子遵其父遗命设立澄衷蒙学堂，邀请刘树屏担任总办。澄衷学堂是第一所由中国人自己创办的班级授课制小学校。刘树屏接任总办之后，主持编纂了著名的《澄衷蒙学堂字课图说》。《字课图说》共四卷八册，收有 3000 多字，有黑白插图 762 幅。虽然是蒙学教材，但并不拘泥旧中国固有传统，突破了我国儿童启蒙只读《三字经》《百家姓》之类蒙学经典的传统，引领孩子们进入宇宙、自然和社会的广阔天地，连当时刚在中国出现不久的锌、锰、铂、钾等元素名称也入选其中。而且教材选字不囿于名词、动词，由西方传入的代词、状词（形容词）、介词、助词、叹词也都一一纳入。同时，还注意结合儿童的心理特点，"故词尚浅近，一切深文奥义不及焉"。②故此书面世后，即被多次翻刻，仅出版当年便六次印刷，可见当时受欢迎程度。著名作家茅盾幼年在家乡启蒙时，母亲选用的就是这套教材。③《字课图说》为日后中国的教科书编写工作打下了坚实的基础。光绪二十八年，盛宣怀在上海创办的南洋公学发生"墨水瓶事件"，很多学生退学，盛宣怀请刘树屏任总理。他根据自己办学的经验，对学校纪律严加整顿，制订公布《整顿学堂条陈十则》公告，同时对学校中层管理机构进行改组。经过数月整顿，学校逐步恢复正常。1903 年，刘树屏在安徽任兵备道兼

---

① 刘垣：《外舅何公眉孙家传》，上海图书馆藏抄本。
② 《澄衷蒙学堂字课图说》卷一《凡例》，1901 年版。
③ 茅盾：《我的小传》，《文学月报》第 1 卷第 1 期，1932 年。

芜湖关监督，在任内依然热心教育，将芜湖的中江书院改建为皖南中学，并附设小学堂，使之成为安徽省的第一所中学。①

伍达（1880—1913），字博纯，一字仲良。立宪运动兴起后，伍达开始强调通过改良教育来发展宪政，从此投身于新式教育普及工作中。他曾在《预备立宪公会报》上发表《论筹备先政必以改良教育为起点》，主张通过学校与社会教育达到普及教育的目的。清政府在地方州县推行劝学所制度后，他于光绪三十四年出任武阳劝学所总董，任内增设小学颇多，为常州初等教育奠定了良好的基础。他一面抓学校教育，一面着手创建社会教育场所，在常州地区设置了14处演讲所，每晚演讲社会道德，改良社会风俗，崇尚节俭，破除迷信，向民众灌输一般文化常识，并制订实行普及教育分期办法，上呈全省推广施行。是年底，伍达赴日本考察，进一步认识到中国若要富强，首先须从教育入手。尤其别留意日本社会教育的实施和推广办法，从日本归来后，便开始积极宣传社会教育，主张国家的建设事业不能寄希望于少数有知识能力者，要想在较短的时间内提高多数人的文化水平，只有致力于社会教育。辛亥革命后，应蔡元培邀请，赴南京司职社会教育事务。他认为革命成功以后，要想在短时间内造就多数人民的知识能力，致力社会教育外无其他途径，在1912年发起成立"中华通俗教育研究会"，后改名"中华通俗教育会"，订定各种实施方案，每月刊印的《研究录》，风行一时。各地分、支会设立各种补习学校，举办通俗演讲，巡回文库及图书馆，发行白话报，改良戏曲唱本等，搞得有声有色。1913年，伍达北上参加教育会议，并为通俗教育研究会募集资金，心力交瘁，积劳成疾，病逝于北京。②

除了创办学校、宣传教育之外，常州人更大量进入以商务印书馆为代表的出版机构，为近代中国教科书事业作出了卓越的贡献。光绪二十三年，商务印书馆创办于上海，两年后，张元济开始主持商务印书馆的出版工作，光绪二十八年，商务印书馆分设编译所。次年，蒋维乔经蔡元培介绍赴沪，往见张元济，正式应聘为编译所常任编译员。当时编译员不过六七人，蒋维乔的常州同乡杨瑜统（赤玉）已经在此，负责修改译稿的工作。蒋维乔和杨瑜统便成为商务印书馆工作的最早的常州人，不久蒋维乔又应张元济之请，推荐庄俞入商务印书馆编纂地理教科书、徐寯编纂算术教科书。③以蒋维乔、庄俞进商务印书馆为标志，商务印书馆"常州帮"正式开始形成。时人谢菊曾回忆道："国文部过半数是阳湖、武进人，称得上'常州同乡会'。"据不完全统计，商务印书馆

---

① 张惟骧：《清代毗陵名人小传稿》卷十。
② 伍受真：《博纯先生传记》，《民众教育》1931年第7期。
③ 蒋维乔：《竹翁自订年谱》。

编译所国文部大多数是常州籍人，先后进出国文部的常州人估计近百人，其中的代表人物有蒋维乔、庄俞、陆尔奎、沈颐、方毅、谢观、谢仁冰、孟森、胡君复、严保诚、谭廉、恽铁樵、吕思勉等多人，这就是商务印务馆的常州帮，也被称为"阳湖耆宿"[1]。

　　从本年开始，蒋维乔、庄俞与张元济、高凤谦等人开始准备"最新教科书"的编纂工作。当时很多有志之士积极举办学校，但是教材极其缺乏，当时小学课本除了《澄衷蒙学堂字课图说》等少量教科书之外，大都不符合需要，市面上流行的或是教会所编，主要用于传教的，不合中国国情；或是书坊所售，脱胎于旧时学塾读物，不合时代要求。张元济、蒋维乔他们认为需要有高水平的、从事教育的人来编高质量的课本，才能辅助教育事业的发展，所以他们将中西文化知识结合起来，字斟句酌，苦心编纂，光绪三十二年和三十四年，历经艰辛，《初小国文教科书》10册和《高小国文教科书》8册分别出齐。此后又编辑了算术、格致、地理、历史、修身等中小学教科书及《讲授法》《详解》等教学参考书。这套"最新教科书"在新式学校初兴之际，白话课本问世之前，盛行达十余年之久，销售达数百万册，影响极为深远，而其中常州学者贡献尤为显著。所以后人评价这些"阳湖耆宿"顺应近代中国第一次思想解放的潮流，在当时知识界'救亡图存、复兴民族'的总目标之下，凭借满腔的爱国热忱，克服重重困难，致力于编辑出版工作，不仅对商务印书馆的创业有筚路蓝缕之功，而且也为新学的传播、新教育制度的建立、新知识阶层的形成，都作出了卓越的贡献"[2]。

---

[1] 谢菊曾：《涵芬楼往事》，《十里洋场的侧影》，花城出版社1983年版，第29页。
[2] 黄健民：《"阳湖耆宿"与商务印书馆》，《商务印书馆一百年》，商务印书馆1998年版，第61页。

民国时期

第八编

第一章 民国时期的常州政治

1911年11月19日，常州军政分府成立，常州进入了一个全新的历史时期。1927年之前，常州地方政治上纷乱争斗，军事上混战不已。1927年3月，北伐军进驻常州之后，国民党确立了一党独裁的专制体制，在形式上则尝试构建了现代政府的运作模式。"四一二"政变后，虽然受到国民党政府的残酷镇压，中国共产党地下组织依然领导人民群众积极开展争取民主、自由和生存的斗争，而以瞿秋白、张太雷、恽代英等为代表的常州先进分子，更为中国共产党的创建和壮大作出了巨大而特殊的贡献。1937年7月，抗日战争全面爆发；9月，国共合作的抗日民族统一战线最终形成，中国进入了全面抗战阶段。1937年11月27日，常州沦陷。日本军国主义分子在常州统治时期，实施奴化教育，掠夺经济资源，摧残民族工业，镇压民众抗日，常州的各项基本建设受到了重大的破坏，经济发展受到重创。面对日本的侵略，国共两党及其领导的军队在常州地区进行了艰苦卓绝的抗日斗争。抗战胜利后，国民党坚持一党独裁，拒不接受共产党和民主党派提出的民主要求，发动内战，最终导致了自己的垮台。

第一节 北洋政府统治时期的常州地方政治

辛亥革命后，各方势力纷纷登上常州的政治舞台。常州军政分府与武进民政署仅存在很短一段时间，此后的武进县知事公署频繁更换县知事，县议事会也基本形同虚设。常州地方各社会团体之争与党派分野纠葛在一起，军阀混战又加剧了民国前十年的政局不稳。

一、民国初年的常州政局与派系之争

1911年11月9日，常州光复。19日，常州军政分府宣告成立，但实际政务主要由后来成立的民政署主持。1912年1月中华民国成立，武进县设民政长署，与军政分府实行民军分治，民政长为全县最高行政长官。屠寄被公推为民政长，但因足伤暂未到任，由总务课长朱溥恩召集被选各课长先行就职办事。[①] 民政署成立时下设

---

① 吴山秀、吕叔元：《武进光复之回忆》，扬州师范学院历史系编《辛亥革命江苏地区史料》，第154页。

总务、警务、学务、主计、实业5课。1913年3月，民政署改为知事公署，县民政长改称"县知事"，知事公署下设一、二、三、四科，分别主管民政、财政、教育和实业。①

辛亥革命虽然成功，但常州地方政局依然混乱如故，城乡派系之间的斗争，各派系内部的斗争此起彼伏，延续了几十年。常州军政分府只存在不到一年的时间。11月19日成立后由何健担任军政分府司令，聘屠宽为参谋长，朱溥恩、段鸿谟、奚臻为顾问。何健因为筹措军饷和商会谈判未洽，以兵力相威胁，商会不甘示弱，召集商团与军政分府对峙，后经各方调停，才避免了武装冲突。何健不久便以"不洽舆情"被调离，只当了半年的司令就下台了。②何健去职后，常州军政分府内的重要职务均为常州府中学堂的教员担任：原体操兼技击教员赵乐群任常州军政分府司令，聘国文教员童斐任书记，庶务何凯臣任军需，学监陈士辛任军械官。1912年3月19日，赵乐群因任用私人，主观武断，听信谗言，在常州府中学堂用餐时与陈士辛发生口角，突然翻脸，说陈士辛赴上海购枪赚钱，侵吞军饷，要给予捕杀。虽然屠元博、童斐及屠寄等再三劝说，但赵乐群仍背地里冤杀了陈士辛。而后，屠元博赴苏州都督府报告赵之罪行。黄兴用计诱赵乐群至南京加以拘捕。赵乐群被拘留期间，军政分府由汤心存暂充司令一个月，5月，军政分府只存在不到一年即告解散。经法庭审理，赵乐群确系枉杀陈士辛。黄兴上报陆军部批准，7月将赵乐群正法。③

由于国民党与共和党两分部在竞选中造成积怨，直接导致了不久之后的民政长换人风波。1912年9月，常州县议事会重新成立，当选议员45名，议长傅遴，后辞职，由副议长段鸿谟接任。参事会设参事员9名。县议员、县参事员有如张远之、刘培因、刘桐、奚臻等。根据光复后江苏暂行地方制规定，置议事机关于执行机关之前，以监督行政。凡有关县财政预决算及县政府施政纲要，均由县议事会讨论后，交参事会和政府执行，议事机关可以对实施情况进行监督，提出质询。

1912年11月，武进临时县议事会议员郭钧辅等斥屠寄蔑视立法机关，罔利违法，县公民瞿世玮亦控告屠寄结党营私，贻害地方。控斥原由为朱溥恩、奚臻等挪用屠寄民政长之权，并极力运动各乡选举民政长以期屠寄当选。于是，省都督程德全训令屠寄先行免职候查，并委任孙靖圻接任。针对这一现象，《申报》曾以常州五奇为题评论：

---

① 武进县县志编纂委员会：《武进县志》，上海人民出版社1988年版，第589页。
② 薛蘊：《辛亥革命时的常州军政分府司令何健》，《武进文史资料》第9辑，内部出版物，1987年，第5—8页。
③ 《常州分府取消矣》，《申报》1912年5月28日，第6版；臧秀娟：《辛亥那一年，常州那些事》，《常州日报》2011年10月18日。

>以地方悦服之民政长，而迭被呈控派委调查款款皆实，一奇。以地方所深恶之人理宜盼其他去，乃偏有警告他县穷其所往之文，岂欲留之地方为恶乎，二奇。市乡制十三条，凡二乡以上有彼此相关之事设联合会办理之，今竟据此而有全县乡董联合会，未知要县议会县参事会何用，三奇。滥支公款，但有县议会参事会负责民政长即可绝对执行，四奇。要求民选何以不争执于前日取消选举之时，而重提于屠民政长被撤之日，五奇。①

孙靖圻到常后，屠寄拒交印，并以违反民政长选任法令为由致电程德全，要求撤回孙，同时逼迫孙离常返宁。而后程德全电复斥责，称屠寄亦不符合"选任其出缺"、不适用"补缺选举"之条，勒令屠速速交卸。屠寄最终于11月21日交卸。②郭钧辅后于1928年至1934年间担任武进商会主席，实为商会（城派）代表者，故此次风波除因民初政制未明外，其背后在很大程度上乃是地方派系之争。

此外其他矛盾也屡见不鲜：

>四乡公所刘莘芸等所开办之自治学社，被自治协进支会之李宗秘呈控于苏常道尹，该道尹以李宗秘等遵照部颁地方自治协进会章程，在县组织自治协进支会，自无庸另行设立自治学社，转致分歧，已令行武进县知事责令即日取消，该社社董朱溥恩（众院议员）、杨择（参院议员）、奚九如、胡绍瑗、周仁永（省议员）、吴康（县农会会长）、龚承祖（水利会主任）等，昨日根据本年一月间大总统命令，谓地方自治团体虽由官厅监督，而自治团体之组成，应由人民自动云云，致函苏常道尹，谓取消自治学社，认为与大总统令违反，未敢凛遵，并将原令退还县署矣。③

事实上，屠寄、奚臻等人作为地方社会的重要领导者，在民国初年常州政务与社会事业的发展等方面颇有作为。辛亥革命后，常州百废待举，学校停课，商号未全部复业，金融停滞，城乡烟赌盛行，游兵散勇勾结地方上游手好闲的地痞流氓，为非作歹，乡区盗贼猖獗。屠寄德高望重，到任后励精图治，"一切县政，择要施行，本革命精神努力刷新"。其主要举措有：

一是筹设教练所，改良警政，由杨碧尘任所长。从上海购得膛枪120杆，通知各乡农团登记购买，此后盗案渐靖。军政分府招募士兵，建立武装部队，收编清江防营及其他杂色军队为一营，下设前、后、左、右四队。但是部队虽建立，但银根"吃紧"，一时军饷难筹。二是创办习艺所，由赵咏怀任所长，根绝游民。三是注重发

---

① 《常州之五奇（五）》，《申报》1912年11月20日。
② 《武进民政长免职之纷扰》，《申报》1912年11月21日；《改委武进民政长之指令》，《申报》1912年12月2日。
③ 《常州》，《申报》1922年7月28日。

展教育，限期令全县小学开学。因添设城乡学校，缺乏师资，又筹设县立初级师范学校，由屠心榘任校长，地点在东岳庙，俗称"东门师范"。当时社会急需师资，该校先招3班讲习科，培养小学教员，并商定将市立第十初等小学及天宁小学为实习学校。1915年，讲习科毕业生开始服务于社会。随后，师范学校正式改为四年制。同年，屠心榘出席全国师范学校校长会议，贯彻全国师范统一办学方针，为武进师范奠定了良好声誉。四是提倡戽水机，先从芙蓉圩入手，但因风气未开，财政困难，未能施行。1913年秋，奚臻利用旧发动机和水风箱在农村灌溉，戽水效率较旧式木槽水车高数倍。后从上海买回一些旧车床及8英尺龙门刨床，并聘请上海求新机器厂的技工杜桂生来常州主持技术工作，称"厚生机器制造厂"，这是常州最早的机械制造业。此外，请拨东仓官地，开办农事试验田。五是拟修两条干路，南通太湖，北达长江，并在圩塘江口开辟商埠，建筑码头，供上下水江轮停泊，可使商业繁盛；当时南北路线已查看明确，并制定预算，后因屠寄辞职，遂停止。六是扫除书差陋习，严禁城乡烟赌。①

朱溥恩、屠宽、杨铎当选国会第一届众议院议员后，到北京任职，参与制订宪法。"二次革命"失败后，袁世凯强行解散有国民党身份的议员，屠宽隐居天津，朱溥恩则弃职回原籍常州。1916年，第一次国会恢复，屠宽、朱溥恩复任议员。"府院之争"后，屠宽隐居天津，1918年病故于此。1917年，段祺瑞掌权，孙中山高举护法旗帜，南下广州成立非常国会，朱溥恩千里投奔，支持孙中山的护法斗争，参与选举孙中山为非常大总统。1920年直皖战争爆发，段祺瑞战败，朱回京复职。不久，辞官回常州。此后，朱溥恩虽淡出政界，但仍热心地方公益，投资万盛铁厂、新商轮船局、武进电气公司，支持工商业发展，并致力于农村改良。②

1914年2月，袁世凯下令停办全国自治，武进各级自治机构于3月底宣告结束。1921年再度恢复县、乡议事会，选出议员30余名，段鸿谟为议长，蔡剑修为副议长，但因连年军阀混战，地方自治基本无所作为。1927年3月，县议事会被国民党县党部接收而停止活动。③

二、军阀统治时期的常州战乱

常州地区地处沪宁铁路中段，北枕长江，南濒太湖，为上海之后方，杭州之侧翼，南京之门户，可进可退，军运方便。因此，近代以来各方军事力量均视常州为兵家要地，

---

① 吴山秀、吕叔元：《武进光复之回忆》，扬州师范学院历史系编《辛亥革命江苏地区史料》，第155页；赵争：《常州光复后最早的地方报》，常州政协文史委编《常州文史资料》第1辑，内部出版物，1981年，第85—87页。
② 朱兆京：《护法国会议员朱溥恩》，第78—88页。
③ 常州市地方志编纂委员会编：《常州市志》第2册，第1263—1264页。

或过境,或驻军,或开战。民国前十年的军阀混战与北伐战争给常州地区及其人民带来深重灾难。

1. 军阀混战在常州。1913年,袁世凯大权独揽,侵吞了辛亥革命的胜利果实。国民党发动了"二次革命",但迅即被袁世凯的北洋军队扑灭。11月,驻守在石塘湾的袁世凯北洋军在焦垫(今常州市焦溪)四处纵火,冲进店铺和民宅,大肆搜劫,强行勒索。焦垫等地横遭劫掠的消息传出后,武进县城区也引起了震动。武进知事公署立即邀集地方驻军、警察所、商会等代表开会研究对策,要求军警部门加强戒备,以防不测。商会也通知城内外商团组织,不分昼夜,均需整装待命,一闻警讯,立即赴县商会听候调遣。各机关团体立即联名具文呈请县知事公署陈述案情,要求火速处置善后事宜。但县知事公署、县长、省长、都督均万般推诿。后来,武进出版的《新兰陵报》对该事件连续发表消息和评论文章,言辞犀利。在社会舆论的压力下,省长、都督也感到此事影响甚大,遂派人调查,就连袁世凯本人也感到此事"关系甚巨",决心要"按法惩办",最终处决了犯事军官,对受灾店铺和居民给予了一定赔偿。①

1916年4月15日,中华革命党人在江阴发动反袁起义,并于次日策动驻江阴要塞官兵宣布江阴独立,成立了江苏护国军,反对袁世凯复辟称帝,并拟南进。18日,革命党人联络浙军攻占吴江县而独立。苏州、无锡、镇江、常熟、扬州、南通等各地在革命党人的策动下,也纷纷准备独立。时任江苏督军的冯国璋为了阻止江苏独立和镇压民众的独立活动,一面派步兵十九师七十四团等部队与江阴起义军七十五混成旅参谋长萧光礼率领的1000多人作战,一面急调沪军卢永祥师到无锡参战,起义军不支北撤,时称"锡澄之战"。自江阴独立后,"常人处风声鹤唳中,其一种惊惶状态,笔亦不忍描述","各城门及紧要地方均派兵防卫,县公署关防亦异常严密"。此次锡澄之战中,武进焦溪、三河口、青旸一带"受祸最烈",直至5月初水路才恢复通行。②

1924年9月和1925年1月,在苏浙交界和镇、常、锡等地区发生两次江浙战争,又称"齐卢战争"(即齐燮元、卢永祥)。1924年9月,直系、皖系军阀在英美、日等国分别支持下,为了争夺上海,发起了江浙战争。9月3日,江浙两军正式开战。直系孙传芳出兵援助江苏督军齐燮元,夹击已投靠段祺瑞的浙江督军、皖系卢永祥,占据浙江。卢永祥退守上海,10月又失松江,被迫通电下野,逃往日本。第二次"直

---

① 徐惠卿:《北洋军纵火洗劫焦垫始末》,武进政协文史委编《武进文史资料》第3辑,内部出版物,1985年,第114—120页。
② 《澄警声中之常州防务》,《申报》1916年4月27日,第3版;《澄事平后之常州琐讯》,《申报》1916年5月4日,第6版。

奉战争"后，奉系军阀为进一步在江苏扩张，支持卢永祥卷土重来。齐燮元虽被段祺瑞政府免职，但在孙传芳支持下积极活动于上海租界。与此同时，齐、卢双方加速军事备战。1925年1月17日，卢军开始发起进攻，一路于即日攻占镇江，于18日攻占丹阳、常州，齐军节节败退至无锡。齐燮元逃往上海，于28日宣布下野，后又逃往日本。齐卢战争全此结束。这两次战祸给苏南地区带来了严重灾难。

齐卢战争的战幕刚落，直系与奉系军阀争夺江苏的奉浙战端又开。孙传芳深知齐燮元被逐后，奉系将进一步图谋浙江，为了自保并发展其在江苏的势力，积极备战。1925年10月，孙传芳联合直系在江苏及长江流域各省的军阀，自任五省联军总司令（浙、闽、苏、皖、赣），率浙军分五路向奉军进攻。10月17日晚，卢香亭（第四路司令）部占领常州。经过一个多月的混战，孙传芳率领的联军大胜，孙最终被任命为江苏督办，从此控制了江苏。①

常州地区连续遭到军阀混战和败兵的掳掠与骚扰，给当地人民带来无穷灾难。1925年，常州同乡会曾致电卢永祥恳请撤兵，电文称："城中寺宇祠庙，甚至居户住宅，均被军队占住，民之畏兵，甚于畏虎，流离迁徙，相忘于道，恐慌情形，不言而喻。"②大宁乡的三河口、依西乡魏村镇、奔牛镇、横林镇、东郊、戚墅堰镇等地都有被劫掠的记载。城乡人民为躲避战祸，纷纷外出逃难。据不完全统计，两次齐、卢战争，武进县共损失8822376元，如按当时人口分摊，每人约摊到10元银元；被枪弹毙命者6人，伤1人，失踪1人。③

在这期间，以常州商团为代表的常州地方组织在战乱中一定程度上保护了地方安全，维护了地方利益。常州商团始创于宣统元年（1909），原名商业体育会，由钱以振任会长。民国后改名商团，招收、训练青年，逐年配备枪械，负责常州地方治安，最多时团员达百余人。1924年江浙战争中，败军乘火车自无锡退常州，强行入城，钱以振率商团严加防御，使常州免遭劫难。

2. 北伐战争在常州。1926年7月，国民革命军出师北伐。经过半年多时间，势力已扩展到长江下游浙、苏、皖一带。常州地区在军事上的重要位置使之成为北洋军阀的主要兵站和抵抗北伐军的重要据点。

1926年11月，孙传芳主力在江西被北伐军击溃，孙逃回苏浙，乞援奉系，拼凑"安国军"，在北京成立总司令部，奉系张作霖任司令，孙传芳、直鲁军阀张宗昌任副总司令。1926年底至1927年初，张宗昌的直鲁联军南下，集结沪宁线，企图阻止

---

① 江苏社会科学院《江苏史纲》课题组：《江苏史纲》（近代卷），第319—331页。
② 《常州同乡会致卢永祥电》，《申报》1925年2月23日，第13版。
③ 丁中秋：《北伐战争在武进》，武进政协文史委编《武进文史资料》第7辑，内部出版物，1986年，第26—28页。

北伐军向长江下游发展。1927年1月，北伐军根据形势的发展，制定了攻占南京、肃清长江下游的作战方略，分兵三路。其中东路军以何应钦为总指挥，白崇禧为前敌总指挥，由闽、赣分道入浙，进窥淞沪。2月下旬，北伐军占领杭州，向沪宁线挺进。为防止敌军利用沪宁铁路两端的上海、南京相互策应，便于北伐军东向进攻上海，西向袭取南京，何应钦自率"第四、五、六各纵队及第二军经宜兴、溧阳，向常州、丹阳前进，占领常州、丹阳后，以一部右旋向无锡、苏州，协同前敌部队歼灭上海附近之敌；以主力左旋向南京前进，与江右军协同略取南京"。①

2月，张宗昌由徐州到南京主持军务，孙传芳残部退出江南，撤往江北淮、扬、徐一带。3月2日，战争重心在太湖左右翼。北伐军分两路进军：一路占宜兴，取武进，攻常州；另一路自平望取苏州。于是，常州成为北伐军首先攻取的主要目标。3月16日起，军事重心已在南京、常州一线。3月17日、18日，何应钦部占领宜兴，白崇禧部占领吴江。原驻宜兴一带的直鲁联军白宝山、冯绍闵、郑俊彦各师败退常州。直鲁联军各部都在后撤，由常州退到南京，再由南京退到蚌埠。面对上述军事形势，"安国军"总部的决策是"撤出江南，解决河南，保守徐州及山东"。故北伐军在进入常州时，除有小规模战斗如怀南桥追击战、陈渡桥阻击战、奔牛遭遇战等战斗外，并未打过大仗。

尽管如此，北伐军入常、军阀溃退对常州地区的破坏仍极为严重。1927年初，北伐军挥师向苏浙皖挺进，孙传芳试图在苏浙交界处的宜兴、溧阳一带组织顽抗，派杨广瀚到常州组织军事运输司令部，负责军运。从这时起，常州地区所有的内河航运轮船都被扣留，以待军用。内河运输商和个体船户运输业均受到极大影响。此外，自1926年底至1927年北伐军攻克武进，最多时常州及其附近溃军达3万余人，对人民的骚扰亦极严重。

3月20日，北伐军攻克武进。县城各机关代表、各校学生、各厂工人数千人，由恽逸群率领，出老西门迎接北伐军入城。21日晨3时许，国民革命军第十七军第一师一部由军长曹万顺率领整队进入武进城，设司令部于常州旅馆，第十四军军长赖世璜亦至，设司令部于华商旅馆。广大群众"望党军之来，犹如大旱之望云霓"，男女老少皆"倾巷而出，欢呼以迎"。一时，"打倒军阀！打倒帝国主义！铲除土豪劣绅！"的口号声和"打倒列强，除军阀，国民革命成功……"的革命歌声交织在一起，响彻云霄。3月21日，召开"欢迎北伐军入城，庆祝常州光复"的市民大会，参加者2万余人。②

---

① 陈训正：《国民革命军战史初稿》第1辑第1卷，1929年铅印本，第337页。
② 丁中秋：《北伐战争在武进》，第25—26、32—34页；《革军占领常州》，《兴华》第24卷第11—12期，1927年。

第二节 国民党与武进县政

1927年3月,北伐军进驻武进县,武进从此进入国民党全面控制时期。国民党在常州建立了各级党部,并推行"以党治国"的"训政",确立了国民党以党监政、一党独裁的专制体制,另一方面,国民党在常州尝试构建现代政府的运作模式,武进县政府由此获得了相对平稳的政治环境与建设契机。

一、国民党常州地方组织

1912年8月,公民同志会改名国民党武进分部。1913年11月,袁世凯下令解散国民党,国民党武进分部遂停止活动。1926年1月,上海大学学生陈学海从江苏省党部举办的党务训练班学习结束后,以省党部特派员的身份到常州,会同国民党员恽逸群(后加入共产党)、吴中一等,在龙城初中、省立五中(今省常中)、南郊等处发展国民党员23名,建立3个国民党区分部。3月,国民党武进县第一区党部在第一公园(今人民公园)内召开成立大会,有党员23人出席。5月2日,在放生寺(今第三中学)召开国民党武进县第一次代表大会,成立国民党武进县党部,地点在迎春桥下,后迁东下塘,进行秘密活动。内设宣传、组织、农民、工人、商人、妇女等6部,后又增设青年部。恽逸群任执行委员、宣传部长、常委兼工人部长等职。

其时,国共两党合作,掀起第一次国内革命战争的高潮。1927年3月20日,北伐军进驻常州后,县党部公开活动。四一二政变后,县党部开始"清党",成立"清党委员会"。部分中共党员、国民党左派人士遭到通缉。7月,省党部特派员朱仰庵到武进,县党部改为特别委员会。12月,改为临时执监委员会。[①]1928年"清党"结束,7月,改为党务指导委员会。1929年1月,又改为执监委员会(即执行委员会与监察委员会)。根据1929年6月刊印的《武进党务》,执行委员会下设秘书处、组织部、宣传部、训练部和民众训练委员会等部门。[②]

1929年12月,武进发生"彭营兵变"。7日下午,驻常独立第四旅十二团第一营营长彭建章突然兵变,抢夺枪械,包围县府,抓获财政局局长刘鸿照,索要10万元,深夜收款后向宜兴、溧阳一带逃窜,后又将丁堰与奔牛等地的路轨毁坏,车站电话电报线完全割断,导致京沪路交通完全中断。武进城内外各商家得知后,一律闭市,

---

[①] 武进县党部秘书处:《武进县党部略史》,武进县建设局《武进年鉴》第二回,1928年铅印本。
[②] 江苏省档案精品选编纂委员会:《江苏省明清以来档案精品选·常州卷》,江苏人民出版社2013年版,第262页。

无锡亦宣布戒严。后国民党军队与省公安队分三路抄击溃军。① 彭营兵变后，国民党武进县执监委员会负责人王振先、黄公望、潘觉民等被捕，执监委员会于1930年1月解散，另行成立党务整理委员会。1931年7月，仍称"武进执行委员会"。至常州沦陷前，国民党党员数发展至435名。

1937年7月，全面抗战爆发11月，常州城乡沦陷，国共两党再度合作，共同抗日。国民党县党部撤出城区，先后活动于圩塘、泰兴七圩港和村前、东安、坊前等地乡村。1945年8月抗战胜利后，国民党重新进入城区，称"国民党武进县党部"，此时党员数1025名。1947年7月，县党部分设执行委员会和监察委员会。常州城区在国民党的统治下，恢复和新建了一批社团。至1949年4月常州解放，县党部方告终结。

常州地区国民党区党部、区分部、党员数统计表

时间	区党部数（个）	区分部数（个）	党员数（个）
1926年底	5	15	70
1927年	17（7月）		1047（年底）
1928年7月	8	30	483
1930年	9（4月）	40余	705
1937年11月		11	435
1945年8月		74	1025
1948年	33	48	约1万

资料来源：《常州市志》第2册，第1201—1204页。

值得一提的是，三民主义青年团常州分团部一度也是常州的重要政治势力。日本侵略军占领常州后，常州籍青年吴志振、万怀清、高传、张宗良、尹祖烈等流亡到武汉，进入国民党中央训练团青年干部训练班受训，在结业时加入了三民主义青年团组织。1939年，吴、万等人随三青团上海支团到苏南沦陷区组建常州地区三青团组织，先后秘密进入常州城乡活动，以辅华中学（今常州第三中学）和西直街小学为活动据点，负责对常州及江阴西部一带的组织发展和情报收集工作。后有部分领导人被日军抓获或向日军投降。抗战胜利时，团员达百余人，并开始公开活动。势力较大时团员达3000人左右。其间，三青团常州分团办电台，出报纸，在参议会和"国大"代表选举中同国民党县党部分庭抗礼。1947年10月并入国民党后，还成

---

① 《常州驻军异动之经过》，《申报》1929年12月9日；《常州兵变窜宜后》，《申报》1929年12月12日，第7版。

立了武进青年社。①

二、武进县政府

自 1913 年 3 月武进县民政署改为知事公署、县民政长改称"县知事"后，由于袁世凯复辟以及军阀连年混战，武进县知事更迭频繁，地方自治始终无法推进。1927 年 3 月 20 日，国民革命军第十七军进驻武进。3 月 22 日，改县知事公署为县政府，县行政长官始称"县长"。当时以共产党员和国民党左派为骨干的国民党武进县党部推选老同盟会员段孟陶为武进县县长，但北伐军十七军军长曹万顺委派其司令部参谋本地人巢镜深为县长。县政府下分设总务、财政科（后改财政局）、实业科（后改建设局）等科以及教育委员会（后为教育局）。1931 年，县政府一度迁入西横街旧府署，不久迁回。1935 年，增设土地局。

1937 年 11 月 29 日，日本侵略军占领武进，县政府解体。1938 年，省政府委王超一为县长，在泰兴七圩港筹组武进县政府。1938 年 7 月在圩塘成立武进县政府，置区政督导员与各区联络。后迁移至湟里、横山桥、焦溪、坊前、雪堰桥等地。1941 年底，日伪"清乡"时一度撤至宜兴张渚、安徽屯溪等地，故时称"背包县政府"。县政府下设民政、财政两科，后增设教育室、情报室，另有县抗敌自卫、县财务、县难民救济等 3 个委员会。

1945 年 8 月日本投降后，武进县督导公署成立，汪伪县长汤卓然受命任政务督导员，率其伪县政府班底维持局面，等待接收。9 月 12 日，武进县复员委员会进驻常州大庙弄中山纪念堂，与汤办理交接。10 月 10 日，县政府重新成立，复员委员会撤销。日伪时期被逮捕的县长李渺世出任新的武进县县长。县府设秘书室、民政科、财政科、教育科、建设科、社会科、军事科、地政局、警察局。②

民国时期，武进县政府具体情况如下：在市政建设方面，1927 年至 1949 年初，武进县设立专职建设机构。1927 年 10 月，武进县建设局成立，庄启就职，其下有各种固定或临时

图 8-1　1930 年代的迎春桥和和政门

---

① 常州市地方志编纂委员会编：《常州市志》第 2 册，第 1201—1205、1219 页。
② 武进县县志编纂委员会编：《武进县志》，第 589 页。

建设机构。1933年3月，武进县建设局被裁撤，在县政府内设技术员室。1934年2月又改设建设科。1945年10月县政府设建设科，1946年2月改为建设局，1947年10月改设第四科，掌管工商业及建设事宜。资金主要来自省建设厅拨款、税捐收入以及独资捐助与劝募。①

在公安、司法方面，辛亥革命后，县民政署设警务课，后改名"警察事务所"、"警察所"。其间，司法权仍由县行政长官执掌，一度成立县地方审判厅、地方监察厅和初级审判厅、初级监察厅，后合并成立审检厅，1914年撤销。1927年，警察所改称"公安局"。1929年1月，江苏民政厅长缪斌巡视常州，要求整顿警务，整治地方治安，"目的在使人民能得到夜不闭户、路不拾遗的境地"。警察责任第一在于防匪，第二要能够防止人民犯罪，第三要做种种建设事业，比如卫生、道路等。1930年，司法和行政分立，成立武进县法院及检察处。1935年县法院改为地方法院，同时设地方法院检察处。抗战胜利后，国民政府恢复武进县警察局、武进地方法院及地方法院检察处。②

民国武进县知事、县长更迭表

职务（时期）	姓名	任职时间	备注
民政长 （辛亥革命前后）	屠寄（敬山）	1911	
	孙靖圻	1912.11	由省委任，因不合法，为地方所拒，到职仅数十日
	程学恀	1912.12	代任
	杨栋（辟尘、碧尘）	1913.3	代任；后改称县知事。后在马迹山祥符寺任方丈，被日军烧死
县知事 （北洋政府时期）	钟兴（小楼）	1913.10	
	赵邦彦	1914.3	地方自治停办，由其接收
	王垚（晋民）	1914.6	试署
	苏耀忠（梦斌）	1915.5	后辞职
	叶树维	1915.6	代
	翁有成	1915.8	
	陶文焕	1917.3	殁于任所
	沈陈槩	1918.4	
	姚浚（绍枝）	1918.9	
	朱元树（敏人）	1920.8	同年9月22日改为代署

---

① 常州市地方志编纂委员会：《常州市志》第1册，第601—602、610—611页。
② 常州市地方志编纂委员编：《常州市志》第3册，第1页；《苏民厅长缪斌巡视常州》，《申报》1929年1月14日。

续 表

职务（时期）	姓名	任职时间	备注
县知事 （北洋政府时期）	姚浚（绍枝）	1921.3 复任	
	翁有成	1925.9 复任	
	岑郊麟	1926.4	
	金宝钧（寄载）	1927.3	先代后署，仅 10 天左右
县长 （南京国民政 府时期，1927— 1937）	巢镜深	1927.3	由国民革命军十七军政治部委任，任临时县长 10 多天，即改正式
	顾树森（荫亭）	1927.6	后辞职
	郑里铎	1927.11	
	朱竑（仲超）	1928.5	
	章烈	1929.2	先代后署
	朱葆儒	1929.10	
	吴德耀	1930.4	9 月改为代署
	张鹏翥	1931.1	
	蔡培（子平）	1933.4	二区督察专员兼任。抗战胜利后，以汉奸罪被处死刑
	侯厚宗（仲樵）	1934.8	常州沦陷前夕，弃职逃回原籍
县长 （沦陷时期地下 县政府）	王超一	1938.7	
	张迁	1940.10	
	李渺世（启贤）	1942	曾被伪县政府捕获，关押至胜利后出狱
县长 （抗战胜利后）	徐宝光	1945.8	二区督查专员兼任；先为武进县复员委员会主任；后任县长时，日常事务由主任秘书王超一代行
	李渺世（启贤）	1945.10	
	孙丹忱（金铭）	1946.2	
	翁桎（圣木）	1947.8	因贪污被判刑收监，后逃跑
	骆东藩（仲彝）	1948.5	
	吴子霖	1949.1	后辞职
	陈大拨	1949.4	代任。到职仅 21—22 日两天

资料来源：《常州市志》第 2 册，中国社会科学出版社 1995 年版，第 1256—1257 页。

三、武进议政机构

武进县议事会于宣统三年（1911）八月正式成立，县参事会同时建立。时值辛亥革命爆发，议、参两会无甚动作。辛亥革命后，省临时议会颁布《江苏省暂行县制》，置议事机关于执行机关之前，与县行政长官处于相对等之地位，以示监督行政。如前所述，1912年，武进县议事会按新章程改选后，于9月成立，议长傅遴，副议长段鸿谟。新的县议、参两会，对晚清时期所提倡的地方自治事务，在内容上有所刷新。1913年下半年，县乡两级议员部分改选，并于同年12月召开第一次会议，讨论县知事交会审议的议案49宗。1914年2月，袁世凯下令停办地方自治，武进县各级议事机关随即结束。直至1921年，又进行议员改选。恢复后的议事会因政局动荡、地方派系之争等于地方事务难有作为。南京国民政府时期长期实行"训政"，代议制停止。

抗战胜利之初，武进县临时参议会成立，参议员由国民党县党部和县政府内部协商，按30个名额加倍提名，报省增补后产生。议长孙有光（未到职）、副议长是旭人。临时参议会存在15个月，其间举行过两次会议，议案主要集中于战后经济社会稳定诸方面。第一次会议于1946年3月举行，会议就设立中学、师范，提高小学教师待遇，稳定教育经费，充实乡区自卫队力量和筹措自卫经费，要求公开处理敌产，平抑物价，提高军粮收购价，纠正农民银行高利贷剥削和确定县政府年度财政收支概算标准等做出议决案44件。第二次会议于1946年6月举行，与会议员就敌产处理、惩办汉奸等方面的疑问提出质询；对加强乡镇"自卫"机构及组织联防、提倡新生活运动、暂缓废区和扩并乡镇、撤查乡保长中的汉奸、提高警察待遇、解决囚粮滥支、放宽县财政收入办法、加强对行政人员的考核以及建设事项等做出议决案59件。①

1947年6月11日，武进县第一届参议会在中山纪念堂举行成立大会，选举议长、副议长。出席参议员计136人。最终，曾任武进县县长的李渺世、时任武进县党部执行委员的童家驹分别被选举为议长、副议长。②自成立至武进县解放，存在22个月，举行过1次临时会议，4次正式会议。第一次会议于1947年8月举行，县政府、警察局、地籍整理处、税捐稽征处、田粮处和教育局分别报告工作，与会议员提出21条质询意见。会议对334件提案讨论并做出议决案。会议发表宣言，以"剿共"为第一要务；把扩区并乡、严密保甲组织、整理田赋税列为重要工作。同年12月，第二次会议举行，江苏省主席王懋功到会讲话，以蒋介石在六省"剿共"会议上的讲话为中心议题。会议讨论提案150件，并通过大会宣言，一是加强"戡乱"工作，二是稳定地方预算，三是催发积欠教费。1948年3月，第三次会议听取政府工作报告、分区"剿共"军事工作报告。对大会收到的148件提案进行审议，做出79项议决案。同年7月，第四次会议举行。时值物价飞涨，反共内战失利，县长称病离职。会议基调是紧密合作，共度时艰，对政府工作的质询甚少。会议做出85项决议案。同年10月，第五次会议召开，议长李渺世致开幕词，"须要江苏迅速做到军事、政治、经济三位一体的

---

① 武进县县志编纂委员会：《武进县志》，第603页。
② 《武进县参议会李渺世当选议长，童家驹当选副议长》，《大公报》1947年6月24日。

总体战，政治配合军事，经济配合政治"。会议做出决议 99 案。①

第三节 共产党与常州

中国共产党自 1920 年代中期开始在常州发展自己的组织，随着国民党发动反革命政变，共产党组织转入地下，在残酷的斗争环境下进行艰苦卓绝的斗争，并逐步发展壮大。

一、共产党组织在常州的发展

1926 年，中共党员包焕赓在横山桥建立了常州地区最早的中共支部。同年 8 月，中共西夏墅支部成立，并建立了农民协会；徐水亭、程寄如、乔心泉三人于常州城区药皇庙内成立中共常州临时混合支部，推徐水亭为书记。10 月，成立中共常州支部，书记徐水亭，隶属中共江浙区委领导。中共常州支部建立后，在申新六厂发展党员，建立支部。中共江浙区委还介绍工人党员王根根、王寿生、施庆厚到常，分别进入常州机务段、震华电厂、振生电灯公司，从事革命活动，组成产业工人联合支部，同时将在国民党武进县党部工作的党员单独组成知识分子支部。1927 年 1 月，在城乡已有 5 个支部、30 余名党员的基础上，成立中共常州独立支部，书记徐水亭，干事恽逸群、王寿生，分别负责国民党工作、工人运动，隶属中共江浙区委领导，后属无锡地委领导。

时值国共合作时期，中共常州独立支部努力推进国共合作，通过考察培养，在国民党武进县党部中发展了一批中共党员，使其第二届 8 名执委中有 7 名是中共党员。国共两党的有效合作，推动了革命形势的发展。2 月底，于局前街仁育桥交通旅社秘密成立武进县总工会和工人纠察队，王寿生为负责人。3 月 20 日，北伐军攻克武进，中共常州独立支部团结国民党左派人士，组织和领导群众，迅速掀起工农革命高潮。同时，国民党武进县党部转入公开活动：武进县总工会和工人纠察队挂牌办公，王寿生任总指挥；召开"欢迎北伐军"万民大会，会上恽逸群提出"解除商团武装"、"铲除土豪劣绅""废除苛捐杂税""武装工人纠察队""实行 8 小时工作制"等市民 10 项要求；组成了由共青团员等参加的文艺宣传队，分赴工厂、农村开展宣传活动；创办《武进民报》（后改称《武进民国日报》）；培训国民党区党部负责人（大多数是中共党员）以及工运、农运骨干数十人。②

四一二政变后，4 月 14 日，常州发生"四一四"事件。县长巢镜深召集一批流

---

① 《武进县参议第一届第一次大会》，1947 年铅印本。
② 常州市地方志编纂委员会编：《常州市志》第 2 册，第 1157—1158 页。

氓打手，冲砸了国民党武进县党部和县总工会，缴了公安局和工人纠察队的武器，诱捕了王寿生。当晚，中共常州独立支部召开紧急会议，被迫撤出常州城区，转入地下活动。20多天后，重又进入，继续进行隐蔽合法斗争。恽逸群以"国民党元老"身份留在武进县党部特别委员会内任商会部长兼青年部长，并负责指导第十区党务工作。同时，改变斗争策略，将城区工运的重点放在基础较好的电气业。①

7月，组建中共武进县临时委员会，顾修为书记；至9月，在城区新建4个党支部，在乡村新建2个党支部，连同原有的，城乡共有12个党支部，党员发展到70余人，于是正式成立中共武进县委，选出首届县委员会8人，上属中共江苏省委领导，下辖东南、西北2个区委。县委建立后，为建立隐蔽立足点，培养革命青年，恽逸群把家中数十亩田地抵押借款得银1000元在城区药皇庙内创办逸仙中学；同时，果断把工作重点从城市转向农村，先后领导了天宁寺佃户抗租斗争、湟里农民暴动及铁路以北地区红军游击队的斗争。

自四一二政变后，国民党加强了对苏南地区的统治。1927年底至1928年初，中共武进县委遭受破坏，后虽重新恢复，在秘密状态下继续领导城区和部分乡村的工农革命运动，但处境十分困难。1931年春，中共武进县委书记王伯奇叛变，县委委员岳锡山被捕。8月，接任县委书记的王益之又被捕，县委机关再次遭到破坏，城区共产党员被迫转移。1932年10月，中共常州临时支部成立，由陈立平负责。1933年6月，陈立平被捕，党组织被破坏殆尽。此后至全面抗战爆发，党委未能恢复，但在城区和农村仍有秘密支部存在。城区党员一部分就地坚持隐蔽斗争，一部分转移外地。②

1939年12月，中共苏皖区委员会成立，促进了常州党组织的重建。从1940年1月至1941年1月，在乡区先后建立武进（北）、金丹武、澄武锡（后改称"澄西"）、武南4个县级党组织，并相应建立4块既相连又相对独立的抗日游击根据地。1943年起，中共在常州城区部分工厂、学校及近郊、铁路沿线发展数十名党员，建立一些支部和小组，这些都有力配合和支持了农村抗日游击根据地的斗争，为争取常州城乡抗战的最后胜利作出了重要贡献。

抗战胜利后，1945年10月，遵照国共两党签订的《双十协定》，新四军主力先后撤出苏南等8个解放区。常州城乡中共组织奉命北撤，同时组织地方党政干部和武装2000余人分批撤到苏北黄桥、高邮、兴化等地；在乡区留下少量党员和干部，

---

① 江苏社会科学院《江苏史纲》课题组：《江苏史纲》，第360页。
② 《涤尽狼烟迎黎明：武进人民革命斗争史略》，江苏省委宣传部编《江苏人民革命斗争史略》上册，江苏人民出版社2003年版，第307页。

组成精干的武工队留守坚持，对外称"新四军留守处"，党内设特派员。其中，武南、金坛归中共太滆工委（后金坛归属茅山工委），武进、澄西归中共丹北中心县委领导。同时，为适应留守坚持斗争的需要，各县在特派员领导下，建立了由单线领导的秘密党组织。①

1946年7月，国民党武进城防指挥部成立，统一指挥全县的反动武装，在常州地区实施了频繁的"清剿"。遵照中共上级党委"坚持斗争、积蓄力量、等待时机、争取胜利"的留守坚持方针，各县留守处在特派员领导下，建立可靠的隐秘点和秘密交通线，进行包括夜袭寺桥露天剧场、万塔镇据点在内的60余次反"清剿"战斗，在群众条件较好的地区组织农民开展"三抗"（抗丁、抗租、抗捐）斗争。为了避敌锋芒，武工队昼伏夜出，与敌周旋，坚持斗争。他们选择政治上倾向革命、有食宿条件的群众作隐蔽住户。同时，逐步恢复和建立了中共地下组织，并进行整顿；利用各种关系，采取多种方法，不断收集敌军情报，开展对常州的国民党、社团、特务与官僚资本的调查；编辑杂志和油印小报，开展文艺演出活动，在青年中秘密传阅进步书籍，为迎接解放做舆论准备。②

常州城区的中共党组织撤离后，城区人民针对国民党顽固派坚持独裁、内战的方针，也开展了多种形式的斗争。据不完全统计，从1945年底至1949年4月常州解放，城区人民进行的罢工、怠工、请愿、示威共达60余次。③至常州解放前夕，城区共有地下党员187名，建立10余个党的支部和小组。1949年2月，成立在常州城区活动的中共地下党组织——中共武进城市工作委员会，书记秦和鸣，隶属中共茅山工委领导。④

1949年4月22日晚，在长江常州段北岸，由副旅长朱传保、十八团政委丁力率领的第三野战军第十兵团二十三军华东警备第六旅十八团的一个先头营首先渡江，向常州挺近。23日凌晨2时，十八团先头营在朱传保的率领下进入常州，同中共武进城市工作委员会胜利会师，常州宣告解放。⑤

二、常州人与共产党的创建发展

中共早期领导人中有多位常州人，为中国共产党的创建和发展作出了重要的贡献，其中尤以常州三杰，即无产阶级革命家、理论家和宣传家、中国革命文学事业

---

① 常州市地方志编纂委员会编：《常州市志》第2册，第1160—1161页。
② 《涤尽狼烟迎黎明：武进人民革命斗争史略》，第315—316页。
③ 《中吴要辅换人间：常州人民革命斗争史略》，江苏省委宣传部编《江苏人民革命斗争史略》上册，江苏人民出版社2003年版，第300页。
④ 常州市地方志编纂委员会编：《常州市志》第2册，第1161—1162页。
⑤ 江苏省档案精品选编纂委员会：《江苏省明清以来档案精品选·常州卷》，第76页。

重要奠基人之一的瞿秋白，中国共产主义青年团创始人之一、青年运动领导人张太雷，政治活动家、理论家和革命青年的领袖恽代英最有代表性；此外，还有政治活动家董亦湘，中共新闻战线领导人恽逸群等均是有影响的常州籍共产党员。

瞿秋白（1899—1935），谱名懋森，名双，字秋白，后以字行。他出生于一个破落的书香家庭，先后入塾馆、冠英两等小学堂、常州府中学堂读书。1917年，考进北京俄文专修馆学习；1920年，参加了李大钊组织的马克思学说研究会。其间翻译发表多篇俄国文学作品及介绍马克思主义学说的文章。1920年10月，以北京《晨报》馆特约记者身份前往莫斯科工作，1922年2月，经张太雷介绍加入中国共产党，12月回国。其间曾出席共

图8-2 1923年的瞿秋白

产国际第三、四次代表大会，远东各国共产党和民族革命团体第一次代表大会，会见过列宁，并在莫斯科东方劳动大学中国班任教。此时他还开始了文学写作，完成了《饿乡纪程》《赤都心史》两本散文集。

1923年6月，瞿秋白开始主编《新青年》季刊，在第一期发表他配合曲谱新译的《国际歌》词。同月参加中共三大，主持起草党纲草案，参加起草三大宣言。1924年1月，出席国民党一大，参与修改联俄、联共、扶助农工的大会宣言，并当选为国民党候补中央执行委员，后被选为国民党中央政治局委员会委员。1925年1月，参加中共四大，当选为中央委员和由5人组成的中共中央局，领导全党工作。五卅惨案后，任《热血日报》主编，这是中共创办的第一张日报。1926年参加了上海工人第三次武装起义的领导工作。1927年元旦过后，他系统梳理了自己的思想，反思中共在中国革命中的成绩和错误，动手自编《瞿秋白论文集》，这实际就是他稍后写的《中国革命中之争论问题》的准备。

1927年4月，瞿秋白当选为中央委员和政治局常委。同年8月7日，在汉口主持召开八七会议，批判和纠正陈独秀右倾投降主义，确定武装反抗国民党和实行土地革命的总方针。会议选出了以瞿秋白为首的中央临时政治局。这次会议完成了中共党史上第一次伟大转折，但由于共产国际及其驻中国代表"左"倾理论的指导，由于党内急躁情绪的滋长，瞿秋白和临时中央政治局也犯了盲动错误。

1928年6月，瞿秋白在中共六大上作政治报告，批评陈独秀的右倾机会主义错误，

也作自我批评。会后作为中共驻共产国际代表团团长,留在莫斯科工作。1930年7月,共产国际决定派瞿秋白和周恩来回国纠正李立三的"左"倾冒险错误。这是瞿秋白主持八七会议之后又一次担负起扭转党内危局的重任。1930年9月,他和周恩来主持中共六届三中全会。但两个月后,共产国际突然来信指责三中全会犯有调和主义错误。1931年1月,中共六届四中全会召开,他遭到共产国际新任驻中国代表米夫的打压,被撤销中共政治局委员职务。此后,他重返文学园地,在上海和鲁迅共同领导左翼文艺运动。

1933年底,瞿秋白奉命去中央苏区。1934年10月,中央红军开始长征,他被留下坚持斗争,因肺病严重,中央分局决定送他经香港去上海就医。1935年2月24日,途经福建长汀县时不幸被俘。在狱中写就《多余的话》。6月18日,瞿秋白英勇就义。[①]

张太雷(1898—1927),原名曾让,字泰来,学名张复,自号长铗,后又名椿年,春木,并改名太雷。早岁先后入西郊小学、常州府中学堂读书,与瞿秋白为同窗好友。后考入天津北洋大学法政科,是天津地区五四运动重要骨干之一。1920年8月,与俞秀松发起组织上海社会主义青年团,10月加入北京共产主义小组。1921年3月,赴苏俄伊尔库茨克,任共产国际远东局书记处中国科书记,是第一个被派到共产国际工作的中共使者。同年6月,参加共产国际三大,与瞿秋白合写在会上的报告,并在会上发言。后又作为中国社会主义青年团的代表,和俞秀松一起出席青年共产国际二大,并作报告。

图8-3 张太雷

中共一大后,中央决定整顿和恢复社会主义青年团,于是委派张太雷负责。1922年5月,中国社会主义青年团第一次全国代表大会在广州开幕,他主持会议并致开幕词,被选为团中央执行委员。会后,与恽代英等人创办团中央机关刊物《中国青年》。此后,先后出席或参加了中共二大、共产国际四大、青年共产国际三大、中共三大、共产国际五大、青年共产国际四大等会议。

1924年8月回国,张太雷担任共产国际代表鲍罗廷的助手,并兼任中共广东区委常委、宣传部长。1927年4月在中共五大上,与瞿秋白等人一起批判陈独秀右倾投降主义错误,当选为中央委员,调任湖北省委书记。在八七会议上,任中央临时政治局候补委员,并任广东省委书记。中共中央决定在广州组织武装起义,张太雷

[①] 姚守中等编:《瞿秋白年谱长编》,江苏人民出版社1993年版。

积极准备，12月11日广州起义爆发，广州苏维埃政府成立，他被选为代理主席兼人民海陆军委员。但第二天不幸在与敌军战斗中身亡。①

恽代英（1895—1931），谱名遽轩，字子毅，笔名代英、英、天逸、但一、但毅、子怡、稚宜、FM等），生于湖北武昌。1913年考入中华大学，1918年毕业担任中华大学中学部主任。五四运动时与林育南等一起领导武汉地区的斗争运动。1921年加入中国共产党。1920—1923年间先后在安徽宣城、四川泸州、成都等地任教。

图 8-4　恽代英

1923年，恽代英出席中国社会主义青年团二大，被选为团中央执行委员，负责宣传工作，一面在上海大学执教，一面主编团中央机关刊物《中国青年》。1924年，与毛泽东、向警予、邓中夏等参加中国国民党上海执行部工作。1926年1月，在国民党二大上被选为国民党中央执行委员。5月，担任黄埔军校政治总教官兼任中共党团书记，在军校学生中享有崇高威望。1927年1月，主持中央军校武汉分校的日常工作。

在1927年4月举行的中共五大上，恽代英和瞿秋白、毛泽东、蔡和森等一起批评陈独秀的右倾投降主义错误，当选为中央委员。同年参加八一南昌起义，任党的前敌委员会委员。12月参加广州起义，任广州苏维埃政府秘书长。起义失败后，在香港做中共秘密工作。1928年中共六大后，被调回上海，先后担任中央组织部、宣传部秘书长，在中共六届二中全会上补选为中央委员。后在党刊《红旗》上连续撰文，支持毛泽东农村包围城市、最后夺取城市的观点，并最早批评李立三的"左"倾错误，为此受到打击，被撤销中央宣传部秘书长职务，调任沪东区行动委员会书记，在逆境中坚持开展工人运动。1930年5月不幸被捕，化名王作霖。后被顾顺章出卖，身份暴露，于1931年4月英勇就义。②

董亦湘（1896—1939），原名椿寿，生于武进县潘家乡董家宅的一个农民家庭。19岁时在当地任塾师。1918年入上海商务印书馆编译新字典部当助理编辑，业余自学英语、俄语，阅读马列著作，研究社会主义学说，并与陈独秀、邓中夏、俞秀松、沈雁冰等人往来。1922年初，由沈雁冰介绍加入中国共产党，先后担任中共上海商

---

① 《张太雷生平大事年表》，中国革命历史博物馆、张太雷研究会编《张太雷》，文物出版物1994年版。
② 李良明、钟德涛编：《恽代英年谱》，华中师范大学出版社2006年版。

务印书馆第一任党支部书记、中共上海地方兼区执委会国民运动委员会委员等职。1924年在无锡创建中共无锡第一个支部,先后在上海、无锡等地发展杨贤江、恽雨棠、陈云、张闻天、孙冶方等入党。

第一次国共合作时期,董亦湘以个人名义加入中国国民党,先后在国民党上海执行部任国民运动委员会委员、国民党江苏省党部执行委员等职。频繁往来于上海、无锡、苏州、丹阳、镇江等地,做演讲,写文章,传播进步思想,宣传革命道理,广泛开展国民运动。他参与领导了五卅运动和商务印书馆第一次罢工。1925年10月,被派往苏联学习,先后在莫斯科中山大学、列宁学院学习和任教,任远东苏联内务部政治保卫局军事全权代表。1931年中共六届四中全会后,董亦湘因抵制王明等人的机会主义路线而遭到诬陷打击。1937年夏,苏联当局将董亦湘逮捕入狱。1938年,康生在《解放》上诬陷董亦湘为"托洛斯基匪徒"。1939年5月19日,董亦湘被迫害含冤而死。1959年1月,苏共当局对董亦湘案复查,做出"无罪结案、恢复声誉"结论。1984年5月,中共中央组织部决定为董亦湘平反昭雪,恢复名誉。①

恽逸群(1905—1978),字长安,1905年出生于塾师家庭,毕业于上海大同大学。五卅惨案发生后,他前往上海寻找救国救民之路,随即加入中国国民党,回到武进组织成立第一区党部。1926年经乔心泉介绍加入中国共产党。曾负责中共常州临时混合支部工作。1927年春,率领各机关团体、学生3000余人迎接北伐军迎接入城。

1927年四一二反革命政变后,先后担任中共武进县委常委、县委书记,坚持组织工人斗争、农民斗争,并创办逸仙中学作为党的地下据点,积极发展党、团员,培植革命力量。1928年调任中共宜兴县委书记。1929年转往浙江萧山湘湖师范学校任教,并先后担任中共萧山县委书记和浙北特委秘书长,建立党支部与发展党员。后由于浙北党组织遭到严重破坏,他一度和党组织失去联系。1932年9月,投身上海新闻界,历任新声通讯社记者、《立报》编辑、主笔。1934年,恢复党的组织关系。

1936年西安事变发生后,恽逸群面对错综复杂的局势,以及对国外政局特有的洞察力,连续几天撰写评论,预见西安事变有和平解决的可能。不久得到证实。从此,《立报》评论被认为是舆论界的权威而受到外国报刊重视。他赢得了舆论界"慧星"的声誉。

1937年上海沦为"孤岛"后,在日伪压迫下,进步报刊纷纷关闭。恽逸群奉命留在敌后,进入挂美商招牌出版的《大美报》,任编辑。同时,中共在上海用英商招牌出版《导报》《译报》,他分别担任主笔、总编辑等职务,还为《大美报》《华美晨报》《循环报》组织撰写社论。1938年10月,武汉失守,汪精卫公然发表诬蔑

---

① 武进政协文史委、武进炎黄文化研究会编:《中共早期革命活动家:董亦湘》,内部出版物,2006年。

抗战、鼓吹投降妥协的汉奸言论。恽逸群立即在《导报》上发表《异哉汪精卫之言》予以痛斥。这是全国报刊上第一篇声讨汪精卫的檄文。日伪特务将他列入黑名单，准备暗杀。1939年中共通知他转移到香港，主持国际新闻社香港分社工作，并兼任《二十世纪》杂志编辑。太平洋战争爆发后，他重返上海，在潘汉年领导下，进入《新中国报》和日军特务机关岩井公馆，为中共收集、提供了大量重要情报。1944年10月，被日军宪兵队逮捕，备受酷刑，但敌人抓不住任何证据，日军投降前夕他终获释放。

抗战胜利后，恽逸群奉命进入苏北解放区，此后曾在苏北、山东等地先后担任新华社华中分社、《新华日报》（华中版）、《大众日报》《新民主报》等新闻机构的领导工作，并任华中局政治秘书、代理宣传部长等职。中华人民共和国成立后，他重返上海，任《解放日报》社总编辑、社长和华东新闻出版局局长，并筹建华东新闻学院、恢复复旦大学新闻系。

第四节 抗日战争在常州

1937年10月13日，6架日军飞机低飞投弹，轰炸常州火车站。这是全面抗战爆发后武进第一次遭受轰炸。此后数日，常州车站附近新丰街，东门外大成二、三厂，城西商业繁荣区亦遭轰炸。武进地区最严重的轰炸发生在11月23日至25日这三天，敌机投弹3000余枚，城内南北大街均遭烧夷弹焚烧四昼夜。县直街、千秋坊、局前街、东小河沿、东西横街、化龙巷、青云坊、县政府、武进医院、地方监狱、武阳公学、民丰纱厂、大成一厂、天宁寺、放生寺以及较偏僻的高大民房等处，尽成瓦砾。"昔日热闹之街市，今则已成一片焦土矣"。与此同时，城内居民大量外迁避难，"稍有财力者则迁入他省，无力出省者在荒僻之乡区逗留"。①

11月29日，日军占领了整个常州。此后八年间，国共两党及其领导的军队在常州地区进行了艰苦卓绝的抗日斗争，常州人民纷纷自发组织抗日武装，奋起抗击日本侵略军。1945年8月15日，日本投降，常州城乡一片欢腾，各地召开欢庆抗战胜利大会。据不完全统计，八年战争造成常州地区的人口伤亡（包括间接伤亡）达34.9万人，财政损失27.3亿多元。②

一、抗日救亡运动与常州

1931年9月18日，日本军队突然向东北军驻地沈阳北大营发动袭击,炮轰沈阳城，发了震惊中外的九一八事变，由此掀开了蓄谋已久的侵华战争的序幕。在中华民族

---

① 《武进城沦陷目击记》，《战地通信》第10期，1938年，第10页。
② 虞建安：《人民的丰碑》，《龙城春秋》2015年第3期，第4页。

图 8-5　日本侵略军侵华前的文笔塔

图 8-6　日本侵略军侵华后的文笔塔

被推向危亡边缘的关键时刻，富有光荣革命传统的常州民众，积极行动起来，纷纷举行罢工、罢课，自发成立各种抗日救亡社团组织，投入到全民族抗日救亡的滚滚洪流中去。

1. 常州的抗日救亡运动。九一八事变爆发仅三天，私立常州中学学生自治会就开始行动起来，联合组织学生抗日救国会，臂缠黑纱，举行隆重的悼念活动。24日，由职工代表参加的武进反日救国执行委员会成立。同日，民丰纱厂、大成纱厂、福大纱厂、厚生机器厂、万盛铁工厂等工厂工人与常州各校师生和各界人士数千人齐集公共体育场，召开抗日救国民众大会，声讨日军暴行，表示爱国抗日决心，决定抵制日货，对日经济绝交。全城商业全部停业，以示声援。25日，武进反日救国宣传委员会成立，同日武进县学生自治会"反日救国宣传委员会"、各中学学校教职员工抗日救国会也相继成立。在此期间，城区工、农、商、学、文各界代表数千人，在市公共体育场召开"武进县抗日救国民众大会"，声讨日军暴行，坚决抵制日货，实行对日经济绝交，并且成立了"武进县反日救国执行委员会"（简称"武进反日会"），发表《告民众书》，《中山日报》刊出"反日特刊"。10月9日，厚生机器厂180余名职工召开抗日救国大会，发起组织抗日救国团。10月24日，常州抗日学生联合会召开紧急会议，决定组织代表团赴宁请愿。学生代表300余人赴南京，参加联合行动。11月2日，木业职工发起组织武进木业同志抗日救国会。12月22日，常州城区中等学校教职员通过章程和宣言，正式成立抗日救国会，并召开代表大会，部署各校寒假期间抗日宣传工作。①

1932年1月28日夜11时许，日本侵略军悍然向驻上海闸北的中国军队第十九

---

① 中共常州市委党史工作委员会编著：《常州抗日战争史》，第11页。

路军发动攻击,蔡廷锴、蒋光鼐率部队奋起还击,淞沪战事爆发。常州各界团体纷纷致电慰问并募款慰劳在上海抗击日军的十九路军,先后成立江南民众抗日自救团、各界抗日后备军、飞机救国基金会、铁血锄奸团、誓死灭奸团常州分团等抗日救国民众组织,开展抗日救国活动。县立初级中学教职员成立"六六"剧团,演出了《上帝的杰作》等剧目进行爱国宣传。1月30日,各界民众举行集会,声讨日军暴行,会后向上海发了慰问电,并捐款3000元。2月1日,民丰纱厂职工自动捐款1000元。商业界捐助慰劳款1950元。厚生机器厂、万盛铁工厂工人捐款购买馒头1600斤,派专人送往上海,慰问十九路军。十九路军总指挥蒋光鼐、军长蔡廷锴两次来电对常州各界劳军表示感谢。[1]

1935年12月9日,北京爱国学生为反对国民党政府成立冀察政务委员会出卖华北主权,纵容日军侵略,发动了轰轰烈烈的抗日救亡运动示威大游行,斗争风暴迅速波及全国。消息传到常州,省立常州中学学生自治会率先行动,成立抗日救国会,学生代表刘元甲、蒋焕文、何寿良等向校长彭维基、训育主任孙云鸿进行交涉,要求校方支持学生爱国行动。12月30日,省立常州中学学生在学生自治会和救国会组织下举行游行示威,游行队伍不断壮大,至上午10时许,有省常中、私常中、县中、县女师、潜化、芳晖、正衡、武中、尚美等中学共约1700余人,齐集公共体育场,每校各推代表5人,召开会议,决定向中央请愿,提出六点意见:一、明令保障爱国运动;二、担保释放华北被捕学生;三、请中央明白宣布最后牺牲限度;四、反对华北分割行动;五、查办擅改华北小学教科书之卖国汉奸;六、保障扬州中学同学安全与自由。决议之后,学生游行示威队伍向武进县政府出发。同一天,常州中等学校学生以"常州中学救国会"的名义,发表了《常州中学告同胞书》,据当时担任省常中学生会负责人的蒋焕文先生回忆,常州中学救国会事前曾为起草宣言多次协商过,主要起草人是省常中学生救国会的何寿良同学。[2]

2. 七君子事件中的常州人。1936年,日本侵略军霸占全中国的野心昭然若揭,全国民众的抗日救亡呼声日益高涨。中国共产党以国家和民族利益的大局出发,于5月5日发表《停战议和一致抗日通电》,公开宣布党的政策由"抗日反蒋"转变为"逼蒋抗日",积极倡导建立包括国民党在内的抗日民族统一战线,在停止内战旗帜下实行一致抗日。然而,自九一八事变后就执行"攘外必先安内"反动国策的蒋介石当局,此时不但没有联共抗日的诚意,反而继续镇压人民的抗日救亡活动,制造了

---

[1] 中共常州市委党史工作委员会编著:《常州抗日战争史》,第20页。
[2] 萧吾:《抗日救亡运动在武进》,武进县党史资料征集和编史修志领导小组办公室编纂《史志资料》,1984年第3期。

一个又一个爱国冤案，尤以七君子事件影响最大。

1936年11月23日凌晨，上海市公安局、上海公共租界及法租界捕房以"勾结共产党徒、组织非法团体、煽动罢工罢课，扰乱地方秩序，图谋颠覆政府"为名，分别逮捕了居住在公共租界内的沈钧儒、李公朴、王造时、沙千里和住在法租界的邹韬奋、章乃器、史良，制造了震惊中外的七君子事件。其中，李公朴和史良同为常州人。

李公朴（1902—1946），初名永祥，号朴如。祖居武进湖塘，生于淮安。13岁到镇江京广洋货店做学徒，五四运动爆发后，因发动店员和一些青年组织爱国团，

图8-7 李公朴

抵制贩卖日货，被店主解雇。后就读于镇江润州中学。毕业后考入武昌文华大学附中，因反对校医虐待学生酿成学潮被开除。随后他考入上海沪江大学附中。1930年11月，李公朴结束留学生涯回到上海。当时日本军国主义步步进逼，国事岌岌可危，他满腔热血，积极投入各种救亡活动，与邹韬奋等筹办《生活日报》，在史量才支持下创办《申报》流通图书馆、《申报》业余补习学校和妇女补习学校。1934年他和艾思奇一起创办《读书生活》，发表了大量反对日本侵略、抨击国民党反动派统治的文章，宣传抗日民族统一战线的思想，进行哲学、社会科学和自然科学通俗化的尝试，传播马列主义的一些基本知识，对青年的思想启蒙起了巨大的作用，引导许多青年走上了革命的道路。1936年创办读书生活出版社，出版了许多进步的通俗读物，包括马克思的经典著作《资本论》。同年全国各界救国联合会成立，李公朴被推为救国会负责人之一，积极与东北抗日人士联系，支持抗日斗争。

图8-8 史良

史良（1900—1985）是七君子当中唯一的女性。她生于常州的官宦世家，13岁起入武进县立女子师范学校求学（自附小四年级读起）。1919年五四运动时期，江苏省立第五中学（今省常中）、武进县立师范、武进县立女子师范成立了"三校联合会"，史良当选为联合会副会长，很快就成为常武地区学生运动的重要领导人。1923年在武进女师毕业后，考入上海法科大学，于1927年毕业。因该校无权颁发律师证书，无奈去南京国民革命军总政治部政治工作人员养成所工作。后上海法科大学改名上海法学院，并经教育部批准立案，史良获律师资格证书。1931年，先在上海加入他人开办的律师事务所。

次年，在法租界开办了自己的律师事务所。在她16年的律师生涯中，始终坚持正义，为受冤民众和共产党人（如邓中夏、任白戈和熊氏兄弟等）等辩护、救助。1935年华北事变后，史良在上海发起成立了第一个救国组织——妇女救国会。1936年1月28日，上海各界救国联合会正式成立。5月31日，全国各界救国联合会成立，并通过了宣言与政治纲领。史良被大会选举为执行委员之一。救国会成立不到两个月，国民党于7月召开二中全会，史良与沈钧儒等作为全国救国联合会代表，到南京向国民党中央全会请愿。史良等向大会提出四点要求："第一，要求大会准许我们代表团向大会代表直接表达我们的意见，只要五分钟就可以了；第二，要求大会作出决议，立即抗日；第三，要求大会议决开放民众救国运动，保障言论、出版、集会、结社自由，并释放政治犯；第四，要求停止内战。"

七君子遭逮捕后，国民党上海市公安局提出将他们立即押送至苏州的江苏高等法院审讯，遭到七君子辩护律师的驳斥，法官被迫将七君子交由其律师保释。当晚10点，沈钧儒等六人再次被捕。12月4日，国民党上海市公安局将沈钧儒等六人由上海押解至苏州吴县横街江苏省高等法院看守所。史良一度从法院巧妙地逃走，国民党到处画影涂形，悬赏5万元通缉她。一个月以后，她将救国会组织工作料理完后，便自动到苏州高等法院投案。她要在法庭上与沈钧儒等一起，为伸张抗日救亡的大义而并肩战斗。

李公朴和史良等七君子在狱中进行了不屈的斗争，李公朴提笔写下了"拼七人的自由，争取四万万五千万人的自由""入狱入狱，是谁所欲？爱国有罪，入狱何辱"！以此明志。史良则在记录本上写下誓文："除非把我幽禁到无人的荒岛，我才没办法宣传和抵抗侵略者的残暴。但是我还要设法训练着不害人的野兽，准备有一天与侵略者作最后的决斗，因为侵略者的残暴确实超过野兽百倍。""退却是自取灭亡的原因，抵抗乃求生唯一的道路。"在法庭上，李公朴慷慨陈词："以被告等爱国之行为，而诬为害国；以救亡之呼吁，而指为宣传违反三民主义之主义，实属颠倒是非，混淆黑白，摧残法律之尊严，妄断历史之功罪。"其言辞确凿、据理力争，让主审法官狼狈不堪，旁听的民众也被深深折服。社会各界都发起了营救声援活动，此时适逢西安事变之时，爱国将领张学良和杨虎城把释放"七君子"作为提出的八项主张之一。著名爱国人士宋庆龄、何香凝等人也发起了"救国入狱"运动，这一系列的救援运动加上卢沟桥事变，当局在7月31日不得不在苏州监狱将其释放。李公朴在同仁为他举办的出狱欢迎宴席上说："在狱中没有说过一句没有良心的话，没有做过一件有损人格的事，没有写过什么悔过书。为救国入狱，决不变更原来宗旨，全国一致抗日救国。"他在日记中用唐代诗人李商隐的名句表达了继续奋斗的决心：

"春蚕到死丝方尽，蜡炬成灰泪始干。——我们追求真理服务人民，抗战到底，争取民族解放，均应取此态度。"①

此后，李公朴、史良继续为了全民族的解放事业继续奔走抗争，他们也成为抗日斗争中常州人的杰出代表。抗战结束后，李公朴不顾恐吓和威胁，继续积极投入民主运动。1946年7月11日晚10时许，李公朴在昆明学院小坡路回北门街住处时，被特务用无声手枪杀害。

除了七君子之外，有众多常州籍的知识分子也积极投入到抗战之中。如章汉夫在国统区参与创办《群众》周刊和《新华日报》。他严格执行中共中央关于抗战路线和抗日民族统一战线方针，报道前方将士浴血奋战抗击日军消息，亲自撰写了呼吁抗战、推动抗日群众运动的文章。洪深则把"舞台当炮台，把剧场当战场"，投身救亡戏剧，宣传抗日，服务抗战。卢沟桥事变后，他导演了《保卫卢沟桥》话剧。后任中国救亡演剧队第二队队长，从上海出发，经苏州、无锡、常州、镇江、南京、徐州、开封、郑州、武汉等地，一路演出街头剧、广场剧。武汉成为全国政治、军事、文化中心后，他建议成立中华全国戏剧界抗敌协会，与郭沫若、田汉等一起，将汇集于武汉的各救亡演剧队和进步戏剧团体改编为10个抗敌演剧队和5个救亡宣传队，奔赴各战区宣传抗日。吴祖光创作了全国第一部正面反映抗战的剧本《凤凰城》。而薛伯青则在日军大举入侵华北后，组织三人敢死摄影队，冒着极大生命危险，于1936年12月远赴绥远抗战前线，拍摄了中国第一部抗日战地纪录片《百灵庙战役》。②

二、日伪在常州的统治

由于常州交通网四通八达，因此成为军事运输的枢纽，也成为日军占领的目标之一。11月5日，日本侵略军由金山卫等地登陆后，于11月19日陷常熟，11月25日又陷无锡。11月27日，前哨部队抵达戚墅堰，占领了戚机厂和戚墅堰发电厂，同时指挥日本飞机轰炸的目标继续向西延伸。常州城区顿时落下大批炸弹，民众纷纷逃离城区。日军进城前，常州几乎成了一座空城。11月28日，日军从政成桥（白家桥）方向炮击城区。29日上午，几乎在没有遇到任何抵抗的情况下，日军第十六师团，分别从戚墅堰和武宜公路（今常漕公路）进入城区，占领了整个常州城。日军占领常州后，疯狂进行烧杀抢掠，9000余间房屋被毁，4000多名民众遇难。为维持其长期殖民统治，实现"以华制华"之目的，日军迅速扶植伪政权，日伪之间自此相互勾结，狼狈为奸，开始了对常州人民近八年的罪恶统治。③

---

① 周天度：《七君子传》，中国社会科学出版社1989年版。
② 宗清元：《抗战中的常州人》，《龙城春秋》2015年第3期，第9—12页。
③ 中共常州市委党史工作委员会编著：《常州抗日战争史》，第45页。

1.日伪政权。常州沦陷初，日军组织成立了20余人的驻常"宣抚班"，班长经须山卓。"宣抚班"直接受华中方面军（后改为华中特遣军）特务部指挥，由日军驻常部队管辖，是日军派遣在常州的最高行政办事机构。1937年12月25日，在经须山卓策划下，在西横街成立伪常州维持会，邱育全任会长。1938年1月6日，改名为"常州自治委员会"（又称"武进县自治委员会"），由9名委员组成，

图8-9　日本侵略军侵略常州

设委员及秘书、司法、会计、庶务等组。1938年3月，在日本华中派遣军的直接操纵下，伪维新政府在南京宣告成立。1938年7月1日，自治委员会撤销，成立伪武进县知事公署，先后由赖倜、孙士超任县知事；下设司法、民政、财政、教育、建设科及警察所，特设外事室负责所谓"中日亲善"事宜，并由伪知事纠集地方头面人物拼凑"县政咨询会"。县以下设市、乡，废保、甲，恢复都图。1940年9月1日，伪县知事公署改称"县政府"，伪县知事改称"县长"，孙士超、汤卓然先后担任伪县长，机构设置未变。县以下设区、乡，废都图，恢复保甲。伪政权成立后，为进一步强化控制，日伪的军、警、宪、特等组织亦陆续建立。与此同时，日军加紧对常州的金融、粮食、工商、交通等行业进行掠夺，以确保战时需要，实现"以战养战"之目的。1945年8月日本宣布投降，伪武进县政府随之解体。①

1938年初，日军青野部队调防离常，换以星太郎为队长的日军警备队两千余人进驻常州。日军在城区设置有九个工事，各城楼和火车站四周均架设铁丝网，并配置炮垒、瞭望台、交通壕或地下室。全城8个城门口均设有岗哨，检查过往行人，抄身、抄物品，要行人向他们鞠躬行礼。据吕思勉回忆："倭寇入犯，遁迹沪滨，不归乡里者几五年，室庐什物，任人取携，所失者盖不可以数计。所以然者，初以敌兵守门，入门者必乡之折腰，予不肯为，故遂不归……三十一年八月，乃从吾妻之言，归故乡。时入城门者，虽不必折腰，然敌兵有门焉者，必脱帽。街衢之中，敌兵有更位者（更俗作岗），遇之亦然。予不肯为，而无如何？故自归乡，遂不帽，誓言吾必光复乃戴帽。"②

日军还借口搜捕"共党分子"和游击队，经常十天半月关闭城门，致使城内居

---

① 常州市地方志编纂委员会编：《常州市志》第2册，第1082、1261—1262页。
② 李永圻、张耕华编：《吕思勉先生年谱长编》，上海古籍出版社2012年版，第785页。

民生活陷入绝境。城区周围碉堡林立，戒备森严。在范围不大的戚墅堰四周，就建有碉堡20多个。碉堡里还有狼狗守卫，日军常以狼狗乱咬行人取乐。1938年春，日军设立常州宪兵分遣队，后改名为常州宪兵分队，在宜兴、溧阳设立宪兵分遣队，专门负责财政经济、封锁及物资调运、金融管理、公产登记、军饷给养、枪枝弹药、地方治安、控制城市灯火、戒严、警卫、看守人犯，宪兵队特高课从事情报特务活动，实施邮政检查、逮捕人犯、刑讯逼供，受其摧残至死者不计其数。①

1938年10月，伪武进县公署以所谓"增进人民自卫能力，编查保甲，辅助军警，维持乡区治安"为宗旨，组织成立自卫团。1941年4月，成立县自卫总团。1942年1月，又于中山纪念堂成立"人民自警团"。自警团章程规定："凡本县城区十八镇内之男丁，年在二十岁以上至四十五岁以下者，均需服役于自警团"，并规定团员的任务，是"协助警察搜捕非法分子""供给警察机关有关治安信息""在巡逻及执勤时注意形迹可疑之人"等，凡一经成为自警团员，就要按照《须知》规定"执行任务，不得有所推诿"。"自卫团"及"自警团"的成立为日伪推行所谓的"清乡"为虎作伥、助纣为虐。②

1939年9月，汪伪成立了以丁默邨、李士群为首的特工总部。1940年3月，日伪网罗一批汉奸，于雪洞巷(后设于兴隆巷6号，对外称马公馆)成立"常州特工分站"，李均任分站长。1942年2月，又将分站改组成立为江苏实验区常州特工站。特工站内部设总务、侦行、组训、情报等股。专门配合日本宪兵队搜集共产党新四军抗日情报、搜捕残杀抗日军民。为此，其内部又分设四五个行动组。同时，还在县内城区、西门、火车站、戚墅堰、横山桥、漕桥、鸣凰等地专设特工组，严密监视过往行人。军、警、宪、特等相关组织的建立，强化了日伪的暴力统治，常州人民更加生活在水深火热之中。③

在日伪统治时期，为了肃清日伪占领区的抗战势力，日伪当局自1942年1月开始在常州地区通过武进县清乡特别公署、武进县联合协议会、武进县防务委员会等伪组织机构实施"清乡"。"清乡"共有两期：第一期，在武进境内澄西游击区（包括常州城区）。此期"清乡"始于1942年1月，延至1944年秋。第二期，在武进境内武南、武北和金丹武游击区。此期始于1943年3月，同年秋（武北为同年冬）即以失败告终。日伪将"清乡"分为"肃清"和"建设"两个阶段。"肃清"阶段，主要是进行大小规模不等、频繁不断的军事"兜剿"，实施严密的封锁、分割，大搞特务恐怖活动，以"初步求净化地方"。"建设"阶段，即在"初步求净化地方"

---

① 中共常州市委党史工作委员会编著：《常州抗日战争史》，第46页。
② 中共常州市委党史工作委员会编著：《常州抗日战争史》，第47页。
③ 中共常州市委党史工作委员会编著：《常州抗日战争史》，第47—48页。

之后,"进而从事建设,使完成模范和平区域,作为大东亚战争的健全后方"。

"清乡"具有"总体战"的特点,渗透到军事、政治、经济、思想等各个领域,但以军事为其主要目标。军事清乡,主要目的是"以强大兵力寻我主力决战,兜剿包抄,使我军无法转移,被迫作战,对反抗进军之村庄,实行大烧大杀,警一以戒百"。日伪在武常地区清乡时,除了采用梳篦、拉网式的战术外,还充分利用了地方游杂武装频繁、反复地进行侦察搜索和突袭围歼。这是一个显著的特点。跟随军事清乡而来的,是严密的封锁、分割措施。军事清乡之后,政治清乡便开始了,主要是采用各种手段,强化以保甲制度为中心的反动行政统治。经济清乡主要以抢劫、搜刮、敲诈勒索、经济封锁、增收赋税等为主要手段和内容,从而导致生产下降,货物匮乏,物价飞涨。① 面对日伪的"清乡",常州地区广大抗日军民在中共领导下,开展了艰苦卓绝的反"清乡"斗争,为抗战的最后胜利贡献了力量。

2. 经济掠夺。常州沦陷后,日军加紧对金融、粮食、工商、交通等行业进行掠夺,以确保战时需要,实现"以战养战"之目的。汪伪政府成立后,为控制金融,于1941年1月成立伪"中央储备银行",强制发行"中储券"。1942年5月,"中储行常州办事处"成立后,采用行庄领用暗记券的办法,鼓励行庄领用,来扩大"中储券"的发行。"中储券"在市场上基本立足后,则停止使用法币,并强制以2:1的比例将法币兑换为"中储券",兑换时间截至6月21日止,逾期不兑。常州以此共收兑法币1447.5万元。中储券的发行导致物价飞涨,民不聊生。以大米为例,1940年1月,大米每石21.5元,年底涨至80元。1941年,"中储券"开始发行后,米价随即涨至每石130元。1942年7月底,大米每石1000元,1944年底,大米涨至每石1.3万元。1945年2月10日,发行1000元面额的中储券后,大米每石涨至9.85万元;6月19日又发行5000元面额的中储券,物价一日数涨。日本投降前夕,万元券、10万元券又陆续投放市场,大米每石已达68万元,白细布每尺5000元。②

日军为解决部队给养,经常以野蛮手段进行掠夺,抢劫老百姓的财物、粮食及家禽家畜等物资。1942年4月,城内81家粮行均被"封存"。实行计口授粮,规定5岁以下、50岁以上的人不得吃大米,青壮年每日供给米半升(375克),并限制民众酿酒。日军掠夺大量粮食充作军用,造成粮食严重恐慌,民众生活更加饥寒交迫。③

日伪为加强掠夺,还肆意征收田赋捐税。1941年,武进所征的田赋,除正税外,还带征建设费、自治费、户籍费、蚕桑改良费等附加。在小河镇所征的杂税,有保卫捐、

---

① 包树森:《常州、武进地区反"清乡"斗争概述》,《常州革命史资料选编》第4辑,内部出版物,1984年,第116—151页。
② 中共常州市委党史工作委员会编著:《常州抗日战争史》,第49页。
③ 中共常州市委党史工作委员会编:《常州抗战史料》,中共党史出版社2010年版,第22页。

竹篦笆捐、袜捐等数十种之多。市镇工商业的税捐,以漕桥镇为例,有屠宰税、印花税、烟酒税等项。街上有"和平军"(汪伪部队)收税,街外有"忠救军"(国民党部队)设卡收捐。东至横河桥,西至聚龙桥,北至殷墅,见船就拦,见货就扣,名曰"纳税",实为敲诈。此外,日伪还到处设立关卡,征收货物通过税。伪武进县署"利用一般不良分子,中途设卡向小本商人强征捐税""自奔牛至县城仅30华里,而所设卡局竟多达六重之多,苛捐病商,可想而知"。①

日军占领下的常州,民族工商业受到严重摧残。原本繁荣的西瀛里、南大街一带于抗战之初夷为平地,主要街道,店面房屋全部被毁,"城内居民大部分迁避乡间,商店歇业,市面已是萧条极矣"。乡区的奔牛、湟里、漕桥、焦溪等较大集镇,也因日军搜查严密,随意抄没财物,致使商人不敢进城批货,城乡商品流通渐趋中断。在日军扶植下,日商岩田、丸永、松冈等洋行、商店却得到迅速发展,几乎遍布城区每个角落。②

日军为统制常州物资之流通,专门设立各种物资贩卖协会。如华中肥皂贩卖协议会常州支部,设在荣泰洋行,主持人为中西利八;华中棉纱布贩卖协议会常州支部,设在大丸洋行,主持人为宫田定雄。这种贩卖协议会的贩卖目的则在于防止上海物资经常州而流入大后方,同时也为独占常州消费市场,排斥华商洋行。日商还开设所谓的中国合作社,实行对市民日用品诸如粮食、棉布、食糖、肥皂、火柴等的配售,一方面限制市民的消费以充军用,同时通过配售,了解和控制户口动向,使户口管理完全控制在日商手中。③

1944年3月,日军于西瀛里澄庐二楼成立常州中日工商联合会,由日本领事馆直接派人主持会务。专代日本军阀收买物资,进行投机操纵,并对工商各业进行缜密的调查研究,尤其是工业方面,从资本、机器设备、产品种类、规格成本,以至职工人数,逐步发展到对棉纱、棉布、稻谷、粮食、面粉、油料、杂粮等,无不列表调查。之后,为加强对各种物资的严加控制,又陆续建立起"米统会""粉统会""油统会"等统制机构,以图全面掌控常州经济命脉。④

日伪的经济掠夺与物资统制,对常州金融、工商、农业、交通等领域造成了极大破坏,经济秩序无法正常运行,人民生活愈加悲苦。

3. 文化奴役。日军占领常州期间,大肆宣扬所谓"大东亚新秩序",鼓吹"中日亲善""建设大东亚共荣圈""中日同种""日满支亲善合作"等论调,并通过

---

① 中共常州市委党史工作委员会编著:《常州抗日战争史》,第48—49页。
② 中共常州市委党史工作委员会编著:《常州抗日战争史》,第50页。
③ 中共常州市委党史工作委员会编:《常州抗战史料》,第50页。
④ 中共常州市委党史工作委员会编:《常州抗战史料》,第17页。

奴化教育、控制新闻舆论、培植民众团体、推行汉奸文艺等各种手段对常州人民进行文化奴役。

1939年8月，伪省教育厅公布《中学暂行规程》，规定日语为中学13门必修课程之一。从初一到初二上学期，日语与第二外国语（英语）并列开设。初二下学期起，只设日语。历史、地理以东亚史、东亚地理为主要内容，初二以上各年级开设青少年课（变相的童子军课），读经课则以伦理道德禁锢学生思想，培养日寇的忠臣顺民。①

为普及日语，日伪当局还专门开办日语学校。1940年9月，伪武进县教育局开办民众日语学校。1941年1月，披着佛教家外衣的日本人外崎寿荣来常，以"沟通中日文化"为名，在庙河沿创设日语学校，分初、高级两科。高级科讲授日语文法及日用会话，初级科讲授日语基础。每科各招收学生40名，月缴讲义费军票三角。②

1942年，日伪为加强奴化教育，强迫各校成立青少年队，并在全县成立"中国青少年团江苏省武进县团部"，以加强对各校的"领导"。1943年8月起，为强化对青少年的组训工作，各校青少年队改为青少年团。省常中、县中、乐善小学等8校青少年团由县青少年团部直接领导。1944年，县青少年团部奉令开展"大东亚青少年实践总奋起运动"，开设学生骨干训练班，为期4周。又规定城区各校青少年团部于每星期六下午四时，由教练率领1个中队到体育场集中，实施战时训练，男生以军事操练为主，女生重在战地救护。

除进行奴化教育外，日伪专门成立新闻、通信、出版等宣传舆论机构，控制舆论，操纵新闻出版机关，实施对新闻、出版事业的严格控制和检查。1941年，伪宣传部设置"中央报业经理处"统辖其直属的各报社，此外还颁布新闻检查法规，统制宣传与出版业，惩治不听命的报社。《武进日报》就曾因报道内容等不符日伪利益而遭数次抄查，并将报社领导层撤换。之后，《武进日报》只能按照日军指导部和伪宣传部的指示，大肆进行奴化、反共及"大东亚战争"的宣传。

1941年12月，太平洋战争爆发后，为了适应日本侵略者的对华"新政策"，汪伪政府掀起了所谓的"新国民运动"，意图在沦陷区造就其所需要的"新国民"。1943年6月下旬，新国民运动促进委员会常州支会成立，依据《新国民运动纲要》所提出的要"把爱中国爱东亚的心，打成一片"的宗旨，大肆宣扬"大亚洲主义"。同时，伪教育局还规定，以完全歪曲孙中山三民主义，宣扬投降主义的许锡庆所编三民主义为教材，引诱青少年投身于"新国民运动"，走"复兴建国"的道路。1944年12月，日伪又于常州支会下设新国民训练所，集中训练人民团体理监事或负责人，企图通过

---

① 中共常州市委党史工作委员会编：《常州抗战史料》，第51页。
② 中共常州市委党史工作委员会编：《常州抗战史料》，第51—52页。

训为确保奴化教育的推行,日伪当局又下令取缔所谓不合法的教育团体,并颁布《取缔不良读物暂行实施细则》,严令取缔"连环图书及不良小说、杂志",阻止人民阅读进步、有益的书刊。同年3月,又颁发《清乡地区中小学教师信条》,要教师深信"教养卫合一的清乡区教育是确定治安,改善民生,复兴中国的新途径"。

1945年,日伪预感末日来临,在推行奴化教育的同时,加强对教师的控制。该年3月,伪武进县教育局转发伪省教育厅制订的《江苏省公私立中学教职员服务考核暂行办法》。《暂行办法》称,凡涉及下列各款者,应予惩戒:(1)思想歪曲行为不检者;(2)缺席过多服务不周者;(3)不遵校规,任意在外招摇或在校内煽动学生者。但此举已无法阻止日伪奴化统治的日薄西山。①

三、国民党在常州的抗战

国民政府十分重视常州的战略地位。认识到控制常州,就可以给在南京的日军中国派遣军司令部和汪伪中央政权造成直接威胁,就可以打通皖南大后方与浙西的通道,使苏、浙、皖敌后抗日战场连成一片,就可以将苏南抗日战场与在苏北的江苏省政府管辖的八十三师和地方各派抗日力量成为一个整体。据《常州市军事志》记载,国民政府军多个师团进驻过常州地区。国民政府军第七十六师,国民政府第二十四集团军,国民政府军第四十师,国民政府挺二纵队四、五、六团,国民政府军第五十军新七师,国民政府军第二十八军一九二师,挺进军二纵队,忠义救国军一纵,国民政府军第五十军新七师等驻溧阳各地;第二十五师师长郑乔部,国民政府江南挺进纵队第五团,国民党第三战区第二游击区第四十师所属部队,国民政府军第三师师长率七、八、九团进驻金坛;忠义救国军教导团进入金丹武地区;国民政府军保九旅4个团进驻长滆地区。在八年抗战中,还有第三战区江南挺进军独立支队蔡润祺部、攻击兵团六十七师、五十二师以及江南行政区保安二团岳泰部等短期驻防、游击。

1938年3月,日本华中派遣军和台湾部队出动4000余人,分别由溧阳、长兴、宜兴、宣城等处,对苏皖边区进攻,以保京杭公路之安全。国民党军六十师在宜兴、溧阳、张渚一带诱其深入,予以重创。3月下旬,日军从金坛下新河据点出发下乡"扫荡",国民党三战区游击部队闻讯赶来,与日军在陈家桥村一带激战。战斗断断续续打了七天七夜,日军伤亡百余人,国民党游击队司令谢升标不幸牺牲,军队撤退南下。《申报》报道了这次战斗,称为"血战陈家桥"。为配合武汉会战,1938年7月至9月,第三战区第七十九军各部队对盘踞在宜兴、溧阳、武进、金坛、丹阳、句容、镇江

---

① 中共常州市委党史工作委员会编:《常州抗战史料》,第141页。

等地的日军不断发起攻击，夺取铁路沿线据点，切断铁路交通。①

为了牵制日军，策应、支援全国抗日战场，国民党军还于 1939 年 5 月发动湖东、湖西等战役，在常州地区给日军以沉重打击。1939 年春，第三战区组织了以第十集团军副总司令王敬久为首的攻击军，计辖第六十七师、五十二师、冷欣的挺进第二纵队、三十三旅、江苏省保安团等部，挺进江南。左翼主力在金坛以西、句容、溧水一带攻击南京来犯之敌。右翼主力六十七师等约万余人，右翼军指挥官由六十七师师长莫与硕担任，副师长温鸣剑兼前敌总指挥。师部设在宜兴张渚百亩园，前敌指挥所设在武进湟里南七里的东鲁墅村。6 月，第三战区制定了《第三战区建立游击根据地计划》，提到要建立第一、第二游击区等根据地。12 月，正式成立第二游击区。常州地区属于第二游击区，溧阳是第二游击区范围内的三个核心根据地之一。

此外，忠义救国军也是国民党在常州地区抗击日军的重要力量之一。忠义救国军的前身是苏浙行动委员会。1938 年 4 月，戴笠将分散在各地的别动队调集到皖南屯溪和浙江遂安改编成"苏浙行动委员会忠义救国军"，是"中央直属编练之挺进军"，任务是在沦陷区开展抗日游击战争。1939 年春，总指挥部移驻溧阳金山里、山丫桥。1939 年夏秋，管容德（即徐禧）成立了京沪"南京行动总队"，忠义救国军进入京沪铁路沿线，在金坛、句容一带开展活动。1941 年底，"忠救军"的建制已经由最初的一个师批准为一个军，但其已经扩充远远超过一个军的建制。常州的自卫团周德纯、无锡的高杏宝等伪军都成了忠义救国军的外围部队。1942 年元旦后，戴笠领导的军统局又成立了一个"别动军"司令部，忠义救国军的全称也改成"军事委员会别动军忠义救国军"。此外，忠义救国军还主动与国民党基层政权联系，有了忠救军的保护，国民党基层政权能够一定程度上开展工作，国民政府的政令能够得到推进。忠义救国军在常州地区多次遭受日、伪军"扫荡"，也多次在第三战区统一指挥下或主动出击，与日、伪军战斗。②

四、共产党在常州的抗战

中国共产党领导的地下党组织和新四军在恶劣的斗争环境下，积极展开反扫荡、反"清乡"斗争，积极开展敌后游击战争，为抗日战争最终胜利作出了积极的贡献。吕思勉先生曾回忆："自日寇入犯，武进县城沦陷，国军不久撤退，本地义民起与之抗者，后亦他徙，武进乡间乃为新四军之游击区。""国军初亦尝与日寇力抗，然皆斗实力，大军既撤，实力终非日寇敌，遂败退"，"新四军初入境，不过数十人，后亦不过数百，枪械皆窳，力极薄，然与当地人民有联络，人民多右助掩覆之，

---

① 中共常州市委党史工作委员会编著：《常州抗日战争史》，第 144 页。
② 中共常州市委党史工作委员会编著：《常州抗日战争史》，第 147—149 页。

故敌卒不能消灭之，众且渐增，时能小创敌也。"①

1937年11月日军侵占常州后，失去组织关系的党员主要以游击战争的方式开展抗日活动。1937年冬，承寿根在龙虎塘、百丈、石庄一带组建起一支数百人枪的抗日自卫团；王寿生组织起"江苏省民众义勇军"，活跃在武进南部地区开展抗日活动。②1938年1月，薛斌与艾焕章、蒋铁如等在金坛东北地区成立"金坛抗日自卫团"，薛斌任团长，在白塔、里庄、枳荡、中塘一带开展抗日保家斗争；4月中旬，薛斌请地方士绅进行斡旋，争取金丹武地区另一支地方实力派武装首领——东南区游击队司令员姜书荣、姜小龙共同抗日，自此，"金坛抗日自卫团"活动范围扩大到金坛东南的长漏地区。③

中共领导的新四军是常州地区抗日的主要军事力量。1938年六七月间，新四军在皖南改编后，第一、二支队在陈毅、张鼎丞率领下，挺进苏南敌后，创建以茅山为中心的苏南抗日根据地。7月，陈毅将在武进北乡和丹阳地区活动的抗日自卫总团改番号为"丹阳游击纵队"，管文蔚为司令，后又改称为"江南抗日义勇军"。10月，何克希率领所属的江南抗日游击大队、青训班和苏浙人民抗日自卫军到达茅山接受整编，被陈毅授予"江南抗日义勇军第三路"番号（简称"江抗"三路）。根据陈毅的命令，1939年5月初，叶飞率领新四军第六团东进抵达武进戴溪桥、洛阳一带，与"江抗"三路会合，成立"江抗"总指挥部。5月5日，"江抗"总指挥部率领二路、三路共千余人从武南戴溪桥、洛阳一带出发，进入苏南东路地区，7月，进抵上海近郊。这就是著名的"江抗"东进，为开辟东路地区的敌后抗战做出了重大贡献。④

新四军第一、二支队进入苏南后，有步骤地进行扩军，壮大人民的队伍，逐步实现了新四军地方化、江南化。1939年11月，为加强对一、二支队的统一指挥和领导，新四军军部在溧阳水西村增设江南指挥部，陈毅任指挥，粟裕任副指挥，罗忠毅任参谋长，统一指挥江南敌后抗日武装。⑤1939年9月8日，新四军二团三营及特务连在王必成率领下，采用围点打援战术，成功打击西夏墅的日军，成为新四军战史上的著名战例之一。1940年2月，新四军打退了偷袭溧阳的日伪军，保卫了水西村江南指挥部。1941年11月，新四军六师参谋长兼十六旅旅长罗忠毅、十六旅政委廖海涛在溧阳塘马指挥四十八团、四十七团、四十六团各一部及地方武装1000余人，

① 李永圻、张耕华：《吕思勉先生年谱长编》，第849页。
② 《中吴要辅换人间：常州人民革命斗争史略》，第296页。
③ 中共常州市委党史工作委员会编著：《常州抗日战争史》，第66页。
④ 《涤尽狼烟迎黎明：武进人民革命斗争史略》，第309页。
⑤ 《运筹帷幄水西村：溧阳人民革命斗争史略》，江苏省委宣传部编《江苏人民革命斗争史略》上册，江苏人民出版社2003年版，第337页。

抗击日、伪军 3800 余人的进攻，毙伤敌 300 余人，震惊大江南北。1943 年 11 月，新四军五十一团两个连在政治处主任姜如芝率领下，在溧阳清水塘反击日、伪军 500 余人的突然围攻，毙伤敌数十人，溧阳县抗日民主政府机关安全转移。①

新四军还在常州地区积极扶助、发展地方抗日武装力量。1939 年 1 月，将长滆、金丹武地区的小型地方游击武装合编为独立营。1940 年初，将诸葛慎为团长的长滆七乡联防抗日自卫团组建成"长滆人民抗日自卫团"；还帮助周之祯等在万绥、小河、西夏墅、汤庄、薛家等地组建"青年抗日团"，储顺尧在长滆地区建立"人民抗日义勇军"，巢柯等在安家舍一带组建"武装冬防队"，芮博威在灵台组织"湖滨抗日自卫队"。1940 年夏，中共澄锡武工委对郑路桥、三河口、新安一带的大刀会开展工作，使之成为中共领导下的抗日自卫武装。②

从 1940 年 1 月至 1941 年 1 月，中共先后建立武进（北）、金丹武、澄锡（后改称澄西）、武南等 4 个县级党组织，并相应建立 4 块抗日游击根据地。在县委领导下，建立"三三制"的县级和部分区级抗日民主政权，壮大抗日民族统一战线，包括 1941 年 1 月的武进县抗日民主政府、1941 年 2 月的澄西县抗日民主政府（原江阴县抗日民主政府）、1941 年 6 月的武南县抗日民主政府和溧阳县抗日民主政府、1942 年 3 月的金坛县抗日民主政府（原长滆县抗日民主政府与金丹武行政办事处合并）、1942 年 5 月的茅东县抗日民主政府（原镇江县抗日民主政府）等。同时，中共发展地方抗日武装，实行"二五"减租，开展财税工作，发展文教卫生事业，为坚持敌后抗战、夺取抗战的胜利，提供可靠的基地和保证。常州境内形成了以新四军为主体包括各地方武装在内的人民抗日武装力量，并在坚持敌后游击战争中不断发展壮大。③

与此同时，中共党组织根据常州地区被日伪严密控制的特点，开展以秘密合法为主的特殊形式的斗争，如建立地下交通站、秘密立足点，通过多种方式坚持开展抗日宣传，组建青抗团、兄弟会等秘密抗日团体，发展中共党员、建立党小组，营救被捕人员，收集大量日伪情报，支持抗日根据地的军工生产；同时，在加强对交通要道、铁路沿线的控制等方面，也进行了许多卓有成效的工作。1939 年冬，新四军江南指挥部在常州萃昌豆行设交通联络站，站长张建林。1940 年初，陈毅指示中共溧阳县委的陆平东，在溧阳城开办客栈或酒店，以此掩护设立联络站。1941 年 5 月，中共路西南特委派 3 人到常州城区开设同昌杂货店，建立地下交通联络站。1942 年

---

① 虞建安：《人民的丰碑》，《龙城春秋》2015 年第 3 期，第 4—5 页。
② 《涤尽狼烟迎黎明：武进人民革命斗争史略》，第 309—310 页。
③ 中共常州市委党史工作委员会编著：《常州抗日战争史》，第 182—193 页。

4月，中共武南县委书记储少白派中共鸣凰山桥支部负责人周和生到戚墅堰，以瑞泰南货店店员身份作掩护。1942年春，金坛县、山南县派人打入常州伪特工、情报部门，从事地下交通联络、收集情报和建党工作。①

面对日伪的"清乡"，常州地区广大抗日军民在中共领导下，开展了艰苦卓绝的反"清乡"斗争。在日伪对常州地区开展大规模"清乡"之前，中共就通过群众性的"四大运动"（宣传运动、游击运动、锄奸运动、破坏公路交通运动）、建立党的秘密单线组织以及精简机构等做了较为充分的准备部署工作，为反"清乡"斗争取得成功打下了基础。②太平洋战争爆发后，日军在苏南的兵力减少，从而缩小了"清乡"范围。中共抓住这一时机，加强对日伪基层组织的控制，及时地巩固游击根据地。1942年4月，新四军第十六旅五十一团一连和地方抗日武装在罗家桥成功阻击了数倍于中共军队的日、伪军，掩护党政领导机关安全转移，粉碎了敌人对丹北地区的"扫荡"。1943年春，武南、武进（北）、金丹武地区军民利用外线出击与内线进持，机动灵活地打击敌人，同时积极开展反"伪化"斗争，粉碎了日、伪军的"清乡"。日伪"清乡"到当年夏末秋初已成强弩之末。至年末，日军的分割封锁线已失去作用，"清乡"期间新增的据点、碉堡部分被摧毁，其余的也陆续被迫收缩撤退。武南、金丹武、武进（北）地区的反"清乡"斗争先后取得胜利。③

在对抗日、伪军的同时，中共还要面对来自国民党顽固派的进攻。抗战初期，在抗日民族统一战线的旗帜下，苏南地区的国共两党总体上保持了良好的合作关系，陈毅和粟裕曾数次去溧阳山丫桥国民党第三战区第二游击区总指挥冷欣指挥部参加会议，还曾和冷欣一起阅兵。随着新四军在苏南的发展壮大，国共之间的摩擦加剧，国民党开始对新四军采取限制政策，这就使新四军在苏南敌后常常陷于日军、伪军和国民党顽固派军队的三面夹攻的险境之中。1941年至1943年，在日、伪军的不断进攻下，新四军在常州地区的抗战处在最困难时期。在党中央和华中局的领导下，新四军致力于根据地的建设，在人民的大力支援下，反击日伪的"扫荡"和"蚕食"，到1943年底，新四军已度过最艰难的时期，整个形势开始好转。④

在常州地区的八年抗战中，新四军和地方抗日武装与日、伪军作战数百次，毙伤日、伪军8820余人，俘日、伪军8260余人，毁敌军车9辆、敌舰船4艘，缴获大炮4门、机枪253挺、枪支8070余支和其他大批军用物资，给日、伪军以沉重打击。

---

① 《中吴要辅换人间：常州人民革命斗争史略》，第296—298页。
② 包树森：《常州、武进地区反"清乡"斗争概述》，第116—151页。
③ 《涤尽狼烟迎黎明：武进人民革命斗争史略》，第311—312页。
④ 中共常州市委党史工作委员会编著：《常州抗日战争史》，第119—133页。

据不完全统计，共有 1300 余位将士血洒常州抗日战场。[①]

五、常州抗日英雄

整个抗战期间，成千上万的常州人投身到艰苦卓绝的斗争之中，奋战在中国各地，涌现出冯仲云等一批抗日志士，为反法西斯战争胜利贡献了自己的一份力量。

冯仲云（1907—1968），1926 年考入清华大学，1927 年加入中国共产党。九一八事变后，冯仲云即开始到东北从事抗日斗争，曾创建松花江下游地区第一支抗日武装组织——汤原游击队，这支队伍后来被扩编为东北抗日联军第 6 军。后历任抗联第三军政治部主任、第三路军政委等职。1937 年全面抗战爆发后，他立即与汤原县委负责人制订行动计划，组织军民烧毁桥梁，破坏公路，剪断电话线，在多个地方组织暴动，并顽强与日、伪军的"三江大扫荡"作斗争。1943 年后，根据中共中央保存东北联军实力的决定，他带领部队转移到苏联境内的伯力等地进行隐蔽整训。1945 年 8 月 8 日，苏联对日宣战，出兵东北，他率领部队配合，回到沈阳任苏军警备司令部副司令员。[②]

陈立平（1909—1982），1940 年，陈立平被派到太滆，先后任中共太滆工作委员会书记、中共太滆中心县委书记和中共太滆地委书记兼武南县长。他积极组织民众反抗日军侵略，先后成立太滆抗日行动委员会、锡宜武抗日义勇军，后发展整编为新四军独立第 2 团，成为一支重要的抗日武装力量。他先后参与指挥大小战斗五六十次。1943 年 10 月日伪"清乡"时，他趁茅山至太湖沿线防守空虚，与长滆、茅山地区一起联动，组织上万军民将敌人修筑的 500 里篱笆封锁线全部烧毁。至抗战胜利前夕，他领导的地方武装共摧毁日伪建立的保甲乡数十个，将中共控制的太滆地区政权范围扩大了一倍以上。[③]

金明（1913—1998），原籍武进，生于山东益都，抗战时期在山东参加八路军，参与筹建八路军山东纵队陇海南进支队，开辟皖东北抗日根据地。1939 年 6 月，中共山东分局根据中央关于巩固"鲁南，向苏北发展"方针指示，令他配合八路军第 5 纵队司令员兼政委黄克诚挺进苏北，开辟抗日根据地。他带领中共苏皖区党委进驻沭阳，创建淮海区党委，任书记。当时，淮海区形势极为复杂，金明克服重重困难，建立了淮海区各地的抗日民主政权。1942 年至 1943 年，金明指挥淮海武装力量与敌

---

① 虞建安：《人民的丰碑》《龙城春秋》2015 年第 3 期，第 4—5 页。
② 赵亮、纪松：《冯仲云传》，黑龙江人民出版社 1994 年版。
③ 田树凡：《陈立平同志传略》，宜兴政协文史委编《宜兴文史资料》第 4 辑，内部出版物，1983 年，第 45—49 页。

人进行游击战、交通破击战,开展了反"扫荡"的斗争。①

陶希晋(1908—1992)、朱琏(1910—1978)、陶鲁笳(1917—2011),江苏溧阳人。陶希晋、朱琏是革命伴侣。在抗日战争前,陶希晋任中共石门(今石家庄)市委书记,朱琏则就职于正太铁路医院,并开设诊所,掩护革命活动。卢沟桥事变后,日机开始对石门市狂轰滥炸,他们夫妇俩发动群众抗日,组织妇女、青年到军队演唱抗日救亡歌曲、演出抗日戏剧。石门市沦陷前夕,陶希晋组织正太铁路工人游击队,西上太行山打游击。1937年11月,这支游击队被编入八路军第129师。陶鲁笳是陶希晋的弟弟,抗战前夕,任中华民族解放先锋队石门市总队队长和中共石门市委宣传部部长,在石门市组织成立青年抗日救国会。1940年1月,任中共昔东中心县委书记兼游击大队政委,领导昔东、平东以及和顺三县抗日斗争,成立支前游击队等机构,健全昔东工人救国会、农民救国会等组织,组织建立破路队、运输队、担架队、向导队等,配合彭德怀指挥的百团大战,瘫痪日军运输线。②

朱亚民(1917—2012),曾化名诸亚民,在上海浦东地区有着"江南李向阳"之称。1942年8月,敌人在浦东大规模"清乡",朱亚民奉命组织一支短小精悍的11人便衣武装进入浦东。至抗战胜利时,队伍发展为1500余人的淞沪支队。他带领队伍灵活机动,先后指挥打了大小数十次战斗,歼灭日军200多人,伪军和国民党顽军1500多人,缴获包括重机枪、轻机枪在内的枪支2500多支,其中影响最大的是南汇朱家店战斗。③

朱绍良(1891—1963),毕业于日本陆军士官学校炮科专业,是常州籍人中在抗日战争中前线指挥的最高将领。八一三淞沪抗战中,他接替张治中任中央作战区总司令兼第9集团军总司令,负责黄浦江以西、蕰藻浜以南地区的防守。这里是敌人主攻战场,鏖战一月有余,战斗打得非常惨烈,日军曾三换统帅。上海失守后,朱绍良被调兰州,主持西北军事。这时华北日军进犯绥远,占领包头,华北告急,国民党在兰州成立第八战区司令长官司令部,朱绍良任副司令兼甘肃省政府主席,为负责甘肃、宁夏、青海三省西路抗日的最高长官。1939年任司令长官,防区扩大到绥远省。1940年1月,率领部队反击日、伪军,收复了临河、五原,维护了河套黄河以南地区的安全,取得了绥西大捷。④

---

① 郭家宁:《金明与苏北抗日根据地》,江苏省党史工委、淮安市新四军历史研究会编《苏北抗日根据地史论选》,中央党史出版社2011年版,第257—264页。
② 董必武法学思想研究会编:《陶希晋》,中央文献出版社2008年版。
③ 陈友新:《朱亚民在浦东》,南汇县政协文史委编《南汇县文史资料选辑》第6辑,内部出版物,1989年,第1—7页。
④ 周开庆:《朱绍良先生年谱》,台北商务印书馆1973年版。

路景荣（1902—1937），黄埔军校第四期毕业生，八一三淞沪抗战打响前，任国民党第18军98师583团上校团长。1937年8月10日傍晚接到开赴前线的命令。后在上海南翔、宝山、月浦等地作战，因战功卓著，被晋升为98师少将参谋长。9月10日不幸牺牲。①

邱行湘（1907—1996），江苏溧阳人，毕业于黄埔军校第五期步兵科。抗战爆发时，任第18军67师201旅副旅长兼402团团长，奉命保卫宝山县罗店镇。在罗店争夺战中，邱行湘部在日机狂轰滥炸和重炮轰击、坦克疯狂进攻下，坚守半月。后又参加了南京保卫战和武汉会战。1943年3月任中国远征军司令长官部副官处长，5月任第94军5师副师长兼政治部主任，参加鄂西和湘西等会战。②

第二章 民国时期的常州地方建设

民国初年，常州百废待举。常州历任政府都在社会治安、乡村建设以及教育等方面作出了一些努力。此时的地方建设在某种程度上延续了乡绅治理的传统，加之派系之争、军阀战乱，政府层面的市政建设难以持续施展。南京国民政府成立后，国民党为巩固政权，开始推行全面掌控城市与乡村社会生活的种种举措。武进县政府推行了模范乡、农村改进试验区以及示范乡等乡村建设运动；同时，积极发挥现代政府的行政职能，联合或依靠各种社会组织，介入到浚河、筑路等市政建设以及卫生、教育等各项现代化事业中。

第一节 自治时期的发展

市政建设是城市经济发展之后所提出的一种必然的要求，但最初常州城市的原有空间布局并不能适应这一进程。工业的布局虽然已经打破了原有城市格局，"如振生电灯厂、常州纱厂，均设于小南门外，恒丰面粉厂设于小北门外，广新纱厂设于东门外，大纶纱厂设于大南门外，而大北门外亦有创设纱厂之议"，但城墙的阻隔造成了很多麻烦。"遇有货价涨落之发电，工人伤痛之就医，以及赶赴夜车之需要，种种延误，

---

① 金鑫：《抗战烈士路景荣》，武进政协文史委编《武进文史资料》第3辑，内部出版物，1984年，第62—63页。
② 刘晓宁：《悍将虎将邱行湘》，《名人传记》2000年第3期。

润于地方交通实业发达大有不利"。① 城市建设方面，街道狭窄，市政设施落后，"试观尿缸、粪窖之遍设，排门槛枨之横陈，无一街道无之"，更重要的是市民意识和管理都远未跟上，"居民既不知道路与室家有公私界限之分，警察亦昧于纠正而熟视无睹"，② 近代常州的城市建设就是在这样的背景下拉开帷幕的。

常州近代城市管理体制是伴随着晚清的地方自治开始形成的。1909 年 7 月 17 日成立武阳镇乡筹备自治公所（次年成立武阳城厢议事会、董事会），下设武阳城厢地方自治区公所，为非官办机构，负责管理和筹划城市建设。1912 年，武阳城厢议事会、董事会改称武进市城厢议事会、董事会，武阳城厢地方自治区公所改称武进市自治公所（简称市公所）。1915 年成立武进市公益事务所（沿称市公所），仍为民办公益性质的机构，经费在地方税捐内支付，主持城区街道、桥梁整修等公益事务。③ 另一个当时在城市建设中起到举足轻重地位的机构便是商会。常州商会成立于 1906 年，在民初常州城的政治事务中拥有相当的政治影响。1918 年 1 月 1 日，商会和市公所成立路工事务所（局），附设于商会内，职员由商会、市公所酌派，负责筑路事宜。根据武进市董事会和武进市公益事务所编写的《第一届武进市董事会报告书》及常州商会负责人于定一在 1921—1924 年相继完成的《武进自治今昔观》及《敬告各市乡》等相关材料看，我们可以发现，商会和董事会所经办的主要是学务、卫生、工程、农工商务、善举、公共营业等城市建设和管理方面的事项，这便是常州近代城市管理的第一阶段。

1911—1927 年间常州建设机构及负责人表

机构			姓名	任期	
武阳城厢地方自治公所、武阳地方自治区公所、武进市自治区公所（1910.5—1914.3）	市议事会	议长	孟森	1910.6—1910.10	
			史薄	1910.10—1914.3	
		副议长	史薄	1910.6—1910.10	
			庄俞	1910.10—1914.3	
			冯学斡	1910.10—1911.8	
			沈秉厚	1912.8—1914.3	
	市董事会	总董	史成	1910.9—1911.2	
			于定一	1911.3—1912.9	
			钱以振	1912.10—1914	
		董事	庄洵	1910.9—1914.3	
武进市公益事务所					1927 年武进市公益事务所设行政局

道路是城市的命脉，市政的近代化首先是路政的近代化，而近代常州的市政建

---

① 于定一：《知非集》卷二《武进商会市公所呈军民两署请拆月城文》，华北印书馆 1925 年铅印本。
② 于定一：《知非集》卷一《清道论要》，华北印书馆 1925 年铅印本。
③ 武进市公益事务所：《第一届武进市董事会报告书》。

设也是从道路开始的。宣统三年（1911）自治公所开始定案丈量街道，1912年公布了《城区街道改良办法》，这是常州城市规划的开端。内容一是预备修理，一是放宽丈尺。1915年，武进市公益事务所发布《修理街道启》，开始整修城市街道，计划将局前街、铁市巷、新街巷、磨盘桥、织机坊、杨柳巷、化龙巷、周线巷、早科坊、庙沿河、西市河、双桂坊、篦箕巷等街道进行修理，以中心铺砌石1尺3寸横阔之石条，两旁仍将乱砖翻砌，使小车可以推行于中心，待日后经费充裕再改铺全石。修理街道总长度为803丈，总投资为4550元，商会筹备20%，各街道自行筹集其余款项。①1918年，商会又备款5000元，会同公益事务所发起筑成中山路、博爱路西段及西门外新马路，使新筑路与市区连通；东、西横街原土路加铺金山石片。到了1924年，改良街道初现成效，不及十年，共铺筑石路40公里，当时全市200余处，计14000丈之街道，已修筑十之八九。②同时，还积极实施小北门外新筑路（即新丰街）、西郊马路（关河西路）和怀德桥的修建，并以此为基础，在1922年修建即关河西路和怀德北路与新马路相连，"自原有马路以达常州纱厂，经过大纶、广新两厂，转至恒丰面粉厂，而与车站循环衔接"，③以实现环城马路的贯通。同时原有的城墙格局也在此时发生了变化。为修建关河西路，特辟了新西门以利交通。1922年又拆除了城门前的七座月城小门，方便了城郊各工厂与市区的联系。

商会还对水利事业投入了大量经费。1913年，鉴于武进城河日久淤塞，武进市议事会任命沈保宜为市区浚河主任，着手疏浚城河，疏浚工程始于1913年12月，至1914年4月完工，前河自西门大水关外塘河口起，至东门外文城坝出塘河口止；后河自西门小水关外塘河口起，至北水关外出护城河止，南支河自顾塘桥西口起，至黄鳝浜口止，玉带河自西门小水关内南口起，至小浮桥南口止，总计长2348丈，用银12216元。④为防止或减少船舶和木排拥塞河道，1917年工商界自筹设置理河局，招募巡丁，专司清理西门外河道。但是当时所谓的疏理不过是哪里水浅，船筏拥塞了，稍稍清一下淤，哪里船筏争道，就指挥船筏进止，河道问题根本无法解决，巡丁还会乘机捞钱。⑤1917年3月，大宁乡等六乡董函呈北塘河年久失浚，江潮为河口淤沙所阻，不能灌输，河浅舟胶，农商交困，便由豆业发起疏浚北塘河。由屠寄出任北塘河工局总董，筹资开河。呈省请拨江南水利款2万元，省内以经济困难，不能批准，屠寄一再顶驳，河工经费始有着落。屠寄将全河分五段，各设分局管理，沿河侵占

---

① 于定一：《知非集》卷二《武进市公益事务所修理街道启》。
② 于定一：《知非集》卷一《敬告各市乡》。
③ 于定一：《知非集》卷一《节消费以兴公益论》。
④ 沈保宜：《武进浚河录》，民国三年铅印本。
⑤ 杨树慧：《武进县商会大事记》，常州政协文史委编《常州文史资料》第10辑，内部出版物，1992年，第290页。

河身之民房，一律限其让出。为节省开支，他每天都亲自在河堤上工作。1921年，北塘河工程竣工，次年屠寄便因病逝世。①1921年武进县设水利研究会，由县政府有关部门负责人推定人员及地方士绅等组成，带有半官方性质，负责审议水利项目、施工标准和其他水利工程事务。1923—1924年，又开始对后河进行疏浚，约计280丈。1924年，水利会和常州工商界集资2万元对市河、南河及西河用挖泥船切滩挖浅，情况较前稍好转。1923年，筹集经费2万元，用切滩挖浅办法疏浚市河及南河。②

更重要的是近代城市管理理念和管理制度的初步确立。在参观学习西方及上海租界先进的市政管理理念后，常州城市管理者对"吾邑道路之臭秽污浊为不可耐"越发难以忍受，认为是阻止常州商业发展和城市建设的重要的障碍。于是自清末自治以来，便制定了一系列的管理城市环境的制度。一方面是重申当时民国政府的《违警罚法》的相关内容，一方面也制定了本地的相关条例。如1917年武进市公益事务所规定，市区居民户因修理房屋于路旁堆积瓦砾者，由区董责成该居户自行出资雇人运到城外，不听者给予处罚。③1918年，时任商会会长的于定一更提出了整治市容的一系列计划，1932年他还提出要管理城市的小商摊贩，将他们或移设于巷弄，或就空地组设场所，酌收摊贩之租金。④

这一阶段公共事业也得到了发展。1905年，武进商会创办煤油路灯，在主要街巷立杆悬挂油灯照明。1913年，全城有煤油路灯110盏，新筑路、化龙巷、局前街、大园地、东大街等处均挂有煤油路灯。⑤1913年，振生电灯公司创办，为鼓励用户装电灯，遂采取优惠政策，灯料免费。自1914年5月正式发电后，初期为用户所用者不过千余盏。1917年普通灯已达6500多盏。当年5月统计每日的发电量仅能达需电量的三分之二，以致不得不限制添装。1919年新增发电机后，才继续扩展装户。1923年振生电灯公司改称武进电气公司，兼营电力。1924年，震华电厂向常州送电。

清代常州城中已有民间消防组织水龙会，"武阳城内外各坊厢向有水龙，凡遇十八坊厢中有火患，各龙均集而灌救"，⑥此外还有公井等设施。城内育婴堂为了避免"设遇火警，更致措手不及"，就曾发起过开浚公井的活动，"请由河工局拨款千五百元，并经募五百元及诸大善士捐助，竟获成功，开至六十余口之多"。⑦民国以后开始购置现代消防水龙，当地人称洋龙。1918年常州城内外有洋龙3处，一是

---

① 《北塘河工开浚史》，武进县建设局《武进年鉴》第二回。
② 于定一：《知非集》卷一《武进塘市经常浚河商榷书》。
③ 常州城市建设志编纂委员会：《常州城市建设志》，中国建筑工业出版社1993年版，第283页。
④ 于定一：《延爽集》卷一《取缔惠民桥平易坊摆设摊贩感言》，振群印刷局1931年版。
⑤ 常州供电局编志办：《简述常州路灯的起源和发展》，《常州地方史料选编》第8辑，第116—123页。
⑥ 《武阳城乡区域始末记》。
⑦ 《育婴堂管业公地开浚公井案》，瞿倬编《武进基本公款公产报告书》。

私人办的公益社洋龙，这是本地第一家洋龙，二是商会的商业洋龙，三是东门外景养社洋龙，另有传统水龙17处。1920年6月，鼓楼北发生火灾，延烧商铺24家，地方上商讨设立救火会，1922年1月，武进救火联合会成立，城内设6个区救火会，城郊分设4个，每区额定60人，均先后配备了洋龙。1935年，上海大众公司又在常州试验了自然灭火弹，看起来似乎比铺设水龙成本更加低廉一些。[①]

常州城市自来水始于1921年，武进市公益事务所出资1600银元请上海天渊凿井公司在其门前开凿自来泉井1口。1926年，为救火联合会而设的自来水装置使常州城内第一次用上了自来水，以原钟楼为中心，东至大井头，南至青果巷、西瀛里，西至杨柳巷，北至北直街、天皇弄一带，管线纵横。人口密集，对消防事业也有进一步之要求，常州没有自来水厂，救火联合会自筹经费，办"自来泉"，铺设水管，安装消火栓。1927年，救火联合会集资4万银元兴办常州救火联合会自来泉厂。12月1日，坐落在化龙巷中四区的自来泉一厂建成供水，此后在马园巷、大庙弄相继设立二厂、总厂。[②] 当时《武进商报》报道：

> 本会因水源缺乏，遇有火警，灌救为难，特创办自来泉。城内分区开凿自来泉5处，城外分东西南北4处，每处设办事处于本区救火会。自来泉凿深30丈以外，用4寸口径铁管通至地底，并用抽水、送水及发电各种机器，每泉每日出水至少须6000担，水亭（塔）须出水500担以外，高至4丈以上，其架用钢质水门汀。沿街通水用2寸至6寸铁管，每距离50丈左右设太平龙头一具。偏僻街巷如须通管，其经费由居户自筹。[③]

到1949年，城区有自备水的工厂8个，日产水6.5万吨，市区给水管道总长11.45公里。不过到1949年城区用户仅为541户，供水普及率只有12.54%。[④]

此外还有菜场、公园等便民设施也相继建成。1913年，市董事会拟办菜场，但未实行。后经地方人士敦促市政当局兴办，称"设菜场，利交通，便商贩，苏锡宁镇早已成立，吾常虽称首邑文化之区，独瞠乎其后"。1919年，市政当局招商承办，准备建5处小菜场，并决议建成后主要街道概不准停歇摊担，沿街营业必须进场出卖，缴纳场租。当年第一小菜场建成，但受到了相关利益者的阻挠，"浮桥一带之商店、各钱庄、南货等铺均以与营业有密切关系，极端反对，一致请愿将街沿让出给菜摊

---

① 《武进商报》1935年10月10日。
② 江苏省消防总队常州支队编：《常州消防五十年》，未刊本。
③ 转引自李采芹主编：《中国消防通史》（下卷），群众出版社2002年版，第1394页。
④ 常州市地方志编纂委员会编：《常州市志》第1册，第533—534页。

摆列",官厅派出警察对菜场周围摊贩强行驱逐,导致矛盾丛生。①直至1930年代之后,才相继建成第二小菜场(即乾元市场)及南区、西区、北区等小菜场。

光绪三十四年(1908),商会以建商会会所之余款在商会会所之后辟后花园,造落星亭,旁置落星石,种花植草,略具公园雏形。1913年10月10日起对公众开放。同年11月,武进市董事会与县知事订立租据,租赁忠义祠全基4亩1分2厘9毫1丝5忽,筹款建筑公园,因市公所缺乏建筑经费,12月即将该地出租于商会承办,由商会支付初次建筑费银2148元。翌年初,公园初步建成开放,门券每人铜元2枚。这是常州第一个公园,时人称公花园。1916年,商会于公园内落星亭之东建商品陈列所3间,新开公园大门,园内装电灯数盏,并增加观赏内容。夏季延长开放至晚上10点左右。1918年5月,定名为第一公园。园内各种娱乐服务设施逐步增加,在图书馆南草坪辟露天影剧场,池西建水西馆茶室,池西南叠石堆山。绿杨饭店、大英餐室、留真照相馆等纷纷挤进公园开设分部。②1918年春,又鉴于第一公园地处闹市,范围过小,四周民房栉比,已无扩展余地,而新开城门(新西门,今文在桥处)之白龙庵一带有天然风景,既沿新马路(博爱路至怀德桥段马路),且出城连西门市场,在此建筑公园极为相宜。4月底,征得县署同意,由商会将白龙庵及市公益事务所原有荒地及府学余基计10余亩开辟为第二公园。6月,开工建筑。1919年由县公款公产处集资数百元重修。是年底,县商会在公园内植树种花。园内筑有土山、四方亭、水池、小桥和毛竹结构的长棚。翌年2月25日竣工开放,入园游客一律免收门票,白龙庵旋即租予青年社为社址。1922年夏,园内增设餐馆,改建公园大门,10月初在文昌宫后建筑剧场,经常上演电影,游客尚多,逢中秋佳节还燃放烟火。后为军阀张宗昌部第一军军法处占据,此后又被商团团部占用,最终废弃。③

在加强市政建设的同时,对市容市貌的管理也提上了议事日程。光绪三十一年(1905),西瀛里、南北大街至县巷口、千秋坊至顾塘桥的干路,以及与干路相连接的30多条街巷,由武进县商会雇役8名逐日打扫一次,这是常州首次出现的雇用制清道夫。④常州还逐渐出现了其它市政卫生设施。也就是这一年,常州部分主要街巷口出现垃圾窝,这是第一批简易垃圾箱。到1919年,全城有垃圾窝40处,同时垃圾场也开始出现。1919年常州籍沪商刘柏森捐洋1000元,在公园路、双桂坊等

---

① 田述先:《常州第一家菜场筹办前后》,常州市地方志办公室、常州市档案局编《常州地方史料选编》第8辑,内部出版物,1983年,第124—130页。
② 常州市地方志编纂委员会编:《常州市志》第1册,第577页。
③ 常州市地方志编纂委员会编:《常州市志》第1册,第583—584页。
④ 于定一:《知非集》卷一《清道论要》。

45 处设置白铁皮尿斗，是常州第一批公共尿池设施。①

市政建设的重要内容之一即为城市环境卫生与民众健康，政府有责任在公共卫生方面给予计划与指导。1923 年夏，常州卫生会成立，这是常州有组织地进行现代城市卫生建设之始。常州卫生会与王完白密切相关，王完白，浙江绍兴人，少年时与父亲一起信仰基督教。1909 年毕业于苏州伊利萨伯医学校，1913 年在日本千叶医学专门学校研究细菌学，1914—1932 年任常州医学校校长及常州福音医院院长，直至"一·二八"事变爆发赴沪避难，在常州前后近 20 年。②

王完白一向对公共卫生十分关注，他曾言："欲观一国政治之优劣，人民之强弱，可由其境内市政之良窳卜之。而市政之主要部分，乃谋地方之清洁，居民之健康，即所谓公众卫生也。"1923 年夏，经王完白和县知事姚绍枝发起，由警察局、教育局、商会、农会、市公所、四乡公所、红十字分会、基督教联合 8 个团体联合成立常州卫生会，办理公众卫生事业，由姚绍枝任会长，王完白任副会长。下设宣传、执行、纠察三部。分别经办收毁蝇蛆、灭除蚊种、掩埋死畜、击毙疯犬、取缔坑厕、改良运粪、挑除垃圾、清洁河流、禁售不洁冰水、检查摊售食物及腐烂鱼肉、义务纠察、卫生宣传等 12 项公共卫生事业。

卫生会首先致力于扑灭蚊虫，药杀蝇蛆，"会中每年雇夫役，携带无害于植物之灭蛆药水，往洒于坑厕，以杀虫蛆，并劝告居户，常以沸水杀蛆，均为灭蝇之根本方法"。其次，收毁老蝇。自每年春季，初见老蝇时，卫生会托各警区"备款收买苍蝇，集有成数，当众焚毁而掩埋之，计第一年收蝇七十余万头，第二年约一百十万头。第三年增至二百三十万头"，两年之后，卫生会改变灭蝇方法，定制大批蝇拍，减价兜售，提倡拍蝇，事半功倍。为改变市容市貌，卫生会每年出资掩埋死畜，否则河面街边之猫犬死畜危害甚剧。对于常州荒僻之处，遇有暴露之尸棺，卫生会"亦为加土盖护，以免臭腐之气外溢。其在义冢上者，则知照善堂，安为处置"。③

在整顿市容市貌方面，常州卫生会采取了取缔坑厕、改良运粪、挑除垃圾、清洁河流等多项措施。对于常州街面上有碍观瞻之尿缸及大街巷口之厕所，卫生会商同警察所与市公所一律撤除，粪坑必须加门，热闹地点之大窖，则勒令填塞。对于运粪方式，粪桶必须加盖，违者由卫生警察拘禁，责令购盖。挑粪以早晨为限，余时须将粪船移泊至指定之僻静地点，不得随地装卸。对于倒垃圾的方式，卫生会也加以严格规定，随时清除各街巷之垃圾堆。最初由卫生会雇清道夫，挑除积秽，后市公所更积极整顿，以垃圾车摇铃收取，道路清洁耳目一新。卫生会规定，城区河道，

---

① 常州市地方志编纂委员会编：《常州市志》第 1 册，第 565 页。
② 王森：《王完白与孤岛时期上海重整道德运动》，《抗日战争史研究》2013 年第 4 期。
③ 王完白：《常州卫生会纪要》，《中华医学杂志》第 13 卷第 4 期，1927 年。

禁止抛弃杂物、泄放染坊浴堂等秽水。同时雇役租船,由卫生警察督率,逐日往城区河道捞取秽物,运弃城外,以清水源。

为了保证常州市民的健康,卫生会也采取相应措施。首先禁止冰水。每逢夏季,零售不洁之冰荷兰水等饮料遍布街头巷尾,实为传染疫病之祸水,经卫生会议决禁止。此外,对于市中摊售的瓜藕糕饼等物,必须加盖纱罩,以免蝇类接触。鸡鸭鱼肉之色味腐败者,由卫生警察送会检查,酌量惩罚。为使卫生会各项工作推广至乡村,除广送图说外,更派员鼓励各乡设立卫生分会,以期人人具有卫生常识,养成清洁习惯,造就健全之国民。

常州卫生会特别注重向公众进行宣传。定期邀请各校教员与教堂牧师,至繁华街头地点进行演讲,向普通民众灌输卫生常识。另外还邀请卫生专家开会演讲。卫生会还特意购买了由上海卫生教育会出版的五彩大挂图,装以木框,悬挂街头巷尾,吸引民众观看,以收教育之功效。对于每季常见之传染病,则由宣传部将与之相关的预防方法,按时编印图说,或张贴城厢,或分布四乡,仅1926年一年即印送达4万余份。为扩大宣传效果,卫生会还选择多种卫生活动影片,在公园三一社等处免费播映,将片中关于生理动作、疾病预防等说明,详为译述。卫生会还与三一社合作,开展卫生展览会,并在元宵节等节日制作纸灯,由卫生会与三一社职员,同各校童子军、商团、警察等列队游行,"旗灯掩映,军乐洋洋,最能唤起城乡人民之卫生观念"。此外卫生会还自行编印年刊,除照片、表册、纪事、报告等外,还有名人之卫生论文多篇,"故远近函购者纷至沓来,来信地址,几遍国内各行省,甚至自甘肃等处,有捐资入会者。又内地城镇,因而仿办卫生会者,亦有多处"。

常州卫生会的所作所为,在很大程度上提升了常州公共卫生的水平,不仅改善了常州的市容市貌,改变了常州民众的卫生状况,减少了疫病的传染,公共卫生水准大有提升。1926年,长江三角洲地区爆发了大规模的霍乱,"去夏沿沪宁、沪杭二路,各埠时疫盛赞,死亡之众,为多年未有",常州地区的疫情远不及"他埠之盛"。究其原因,有"某西商时适旅行各埠,至常州后语人云:所至之地,见染疫而死者,触目皆是,景象甚惨。乃一达常州,情形绝不相同。初颇惊异,继察全市街巷无堆积之垃圾,河道无浮漂之秽物,知此间颇能注重公众卫生,无怪有此成效云"。[①]1930年代已在上海的王完白对于自己的这段经历有如下追忆:"鄙人前在常州,首创医院,主持院务历二十年,对城市卫生,深觉负有天然之使命,责无旁贷,曾发起组织常州卫生会,连办数年,成绩尚佳。当时印行卫生年刊,各地同志,远道函索。查其

---

① 王完白:《常州卫生会纪要》。

发信地点,竟达二十一省区之广。后闻在内地各县作同样之组织者,亦复不少。"①由此可见,常州卫生会实为全国各地兴办卫生会之楷模与滥觞之地。

总体而言,商会和董事会所经办的主要是学务、卫生、工程、农工商务、善举、公共营业等城市建设和管理方面的事项,其成就亦有可观之处,于定一在《武进自治今昔观》总结道:

> 吾邑三十六乡,户口较多,事业较繁,经营较早,当以城厢市为最。考其成绩,有足资参证者。一为市区测绘地图,印行于民国二年。一为市董事会报告书,印行于民国五年。求其他市乡,并此尚付阙如,故得此一图一书,当视为麟角凤毛之可珍矣。自治事宜,不外暂行市乡制第五条一至八项,如学务、卫生、工程、农工商务、善举、公共营业及因办理本条各款筹集款项等事。其他因地方习惯,向归绅董办理之各事。今就市区全图观,此数年中有无积极变迁之要点否?就报告书各项论,有无增进扩张之成绩否?以言学务,昔无而今有者,市立职业学校、青年社及所办义务学校、常州纺织公司补习学校、劝学所设立之通俗教育馆,昔有而今无者,市立宣讲所、私立涤氛蒙养院、市立法政讲习所。他如各校之精神程度,其为进退优劣,则非吾所敢断言也。以言卫生,则昔无而今有者,第二公园、武进医院,及原有之清道,其为进退优劣,则又非吾所敢断言也。以言工程,原有道路,五载以来修筑至四千余丈,扩充新筑马路六百余丈,添辟新西门,以利交通。此皆为差强人意之举,足令市区地图生色者。然而改良街道,各户之让进,屡受打击,且阖市工商所视为交通命脉之运河,日就淤塞,而疏浚无期也。以言农工商务,昔无而今有者,银行则有常州商业、富华储蓄,工厂则有常州大纶、广新等纺织公司,恒丰面粉公司。近且有小北门外增设丝厂之议,实业前途不可谓无希望。然一较南通无锡,相去犹难道里计。且商品陈列所,又为昔有而今无也。凡所论列举其大者,挂漏知所不免,当否更难自信,冀吾邑人之自省与共勉焉。②

在自治时期,无论是市公所、商会还是公益事务所都尽了自己最大的努力,以推动常州城市向着近代化管理体制迈进。所有的当政者都已经把振兴常州经济放在重要的地位,同时也都认识到,城市建设与经济发展息息相关,"欲求发展商业,必先利用交通",③也很清楚城市商业的繁荣和街道的宽敞整洁有着不可分割的关系。

---

① 王宪白:《常州城市卫生事业之回忆》,《卫生月刊》第1—6期,1934年。
② 于定一:《知非集》卷一《武进自治今昔观》。
③ 于定一:《知非集》卷一《论武进交通与商业之关系》。

正是发展经济和实力的需求推动了城市的近代化建设，而城市的建设又相应促进了经济的发展。但这一进程的起步其实是相当艰难。究其原因，由于民主制度的欠缺，使得城市自治只不过是传统社会中乡绅管理的延续和变形而已。城市建设具有公共产品的属性，由于没有合法性的基础，乡绅们对公共事务的参与，往往有个体性、民间性的特点。市公所这样的机构，无论是在权威性还是在执行力方面，并不能与真正的政府相提并论。于定一等抱怨警察机构没有对城市进行管理，甚至对破坏城市环境的行为视而不见，正反映出其本身并没有管理城市的相应权力。更重要的是财政问题。城市建设需要有大量的经费支持。集捐与劝募仍是城市建设资金来源的主要渠道，大约占了80%。于定一认为自治"成绩最著者"的街道整治，也是由公益事务所筹备补助费十分之二，其余的由各街道居民自行筹集。① 经费的欠缺为城市大规模的近代化建设和管理造成了极大的阻碍。清宣统三年（1911）至1914年3月，武进市三年自治期间各类支出共62645.42元，用于工程事业经费仅4829.93元，用于环卫方面经费为1787.40元，由此可见城市建设投资之微。②

再加上本地派别林立，当地人士虽曾呼吁：为"谋吾邑之进步"，"必须各市乡优秀分子，联合一气，共策进行，目光中当视一'县'字为范围，千万勿以一市一乡为范围"，③ 但常州始终缺乏一个统一的、有力的、能够协调各方力量的决策集团，由此限制了地方经济的发展。当时在常州开浚澡港河时，张謇曾提议，乘此开辟苏南北交通，从泰兴七圩港由澡港进口直到城北航线，即将澡港河开阔加深，以泥堆于河堤筑一马路。七圩港到澡港口40里，澡港口到常州35里，可以贯通南北交通，比走孟河经奔牛转常州要近30余里，从此还可以改变西运河船只拥挤的状态，但当时常州地方当权者无论是奚臻还是钱以振等其他人都无此毅力，最终导致计划流产。④

即使是王完白引以为傲的公共卫生方面，常州也远远做得不够，正如于定一所言，城市居民对"公私界限之分"仍然处于模糊状态，乱堆放，随处大小便，倒药渣这些即便到今天还没有完全绝迹的生活陋习在当时又怎么可能完全消除呢。1929年，江南地区又发生了霍乱，王完白率人进行了统计，各西医院收治的病人共有84例，考虑到其中大部分是进入西医院治疗的富人，则当年常州霍乱感染者远不止于此。这些患者居住"多沿城内之河，如青果巷、西瀛里、东西下塘等处，染疫之数最多，其地亦即沿河之两岸也"，上述地点多为常州富人及文人集中居住的区域，其环境

---

① 于定一：《知非集》卷一《敬告各市乡》。
② 武进市公益事务所：《第一届武进市董事会报告书》。
③ 《民国八年之武进》，《武进报》第2卷第1号，1919年。
④ 钱晓升：《轮业初期筹划情况》，《常州地方史料选编》第1辑。

应该是全城最好的，但他们患病的原因仍然是"除借由飞蝇为媒介外，多由于不洁之水，似城河之污水，其危险更甚于浅浊之井水，如洗涤之秽质，及抛弃之废物，河中必多于井水也"。① 至1949年，常州人的平均寿命仅有35.5岁。②

1920年代，南大街、双桂坊口开着一爿"三万昌"茶馆，当时便流行这样一句俗谚："吃茶三万昌，撒尿双桂坊，捏着鼻子走，眼睛要大张。"1935年，曾有人在常州游览后，写下这样的句子："常州也是这般荒凉的城市，矮小的平屋，坎坷的泥途，小河的水是浅可见底了，而有的是淘米的姑娘，捣衣的少妇，我望着那发绿的脏水，不觉有些想呕吐。"③1936年，著名诗人艾青来到常州女子师范任教，他曾经以《常州》为题写过一首著名的诗："这里是一片，低矮的住房，朝向天，晃着灰白的反光，人走在街上，耳边永远，是一串包车的铃声混合着，那店铺里收音机的，低级的歌唱，围困住你！避路的时候，常要和人相碰，雨天，须当心踏进了水潦，在僻静的小巷里，有太多的小便处，阿木尼亚的气味。"④这些诗歌、文章和谚语都向我们表明，城市的近代化和市民意识的提高是多么艰难的进程。

第二节 国民党统治时期的建设与发展

1927年3月20日北伐军攻克武进，3月22日组建新的县政府，这标志着常州发展进入到了一个全新的时期。6月27日，著名学者顾树森接替巢镜深出任武进县县长，尝试"好人政治"，将他在欧洲学到的经验用于地方施政上。就在他就职前数日，本地著名学者徐震出任公安局长；9月，建设专家庄启出任实业科长，这几位都堪称是一时之选，此时武进县政似乎前途见到光明。

一、顾树森的短暂革新

顾树森（1886—1967），字荫亭，上海嘉定人，著名教育家。早年任职中华书局，发起成立中华职业教育社，并任中华职业教育学校首任校长，因与黄炎培等在经费筹措方面有矛盾，1922年辞去了校长职务，以国际联合会中国代表团秘书的身份奉命赴欧洲各国考察职业教育及合作社事业。1925年，顾树森回国后开始极力推广丹麦农业合作制度，他结合自己在丹麦的实地考察以及丹麦农业使用及合作制度的各种书籍，编纂了《丹麦之农业及其合作》以及《丹麦农业生产合作》。同时考虑从一小块地方进行试验，以在取得成功后在全国范围内推广开来。自1927年6月

---
① 王完白：《武进霍乱流行之统计》，《中华医学杂志》第16卷第2、3期，1936年。
② 常州市地方志编纂委员会编：《常州市志》第3册，第571页。
③ 君一：《常州小聚》，《新中华杂志》1935年第3卷第4期。
④ 艾青：《常州》，《艾青选集》第1卷，第99页，四川文艺出版社1986年版。

至1928年10月,他便先后担任江苏武进、浙江鄞县县长,并试图进行小范围试验,以将自己在欧洲所习得之理论付诸实施。他日后在回忆中提道:

> 在欧洲的时候,常常发生一种感想,以为我们中国如果政治不上轨道,没有切实办法,其他一切地方事业、教育事业,都没有办法的。所以中国现在的问题,全是政治问题,政治问题一解决,其他一切问题都可迎刃而解的。后来经过各国之后,到处享受他们的文明幸福,享受得愈多,心里愈觉得难受,并且更觉得中国政治问题的重要。后又到丹麦,看见他们农业的发达,农村的改良,做到世界上最富有的一农业国,真是美慕的了不得。不过有人说他们是一个很小的国家,所以容易治得好,中国地方如此的大,人口如此的多,当然不能比小国容易治。因之又联想到中国有最好的单位是一个县,县是中国地方自治最好的基础。如果把中国的一县,当做一国来治,各种应有的事业,都照文明各国,次第建设起来,这岂不是很容易治么?假使先以一县来试办,作为模范,期以五年,这五年之中,尽力举办地方应办的建设事业,务使与文明各国不相上下,然后以一县推之全省,以一省推之于全国,这岂不是也可也欧洲文明各国做到一样的地步吗?因之有"五年治县,五年治省,十年治国,二十年之后足以与欧美文明国并驾齐驱"的计划。
>
> 我的所谓五年计划,就是要把丹麦和欧洲其他各国,所见的长处,先来在一县中试办。第一要先改良农业。提倡农民信用合作社,真正辅助农民经济;试办各种农业生产合作社,以增加农民的生产;举办农事试验场,做改良农业的参考。因为中国确是以农立国的国家,国民中百分之八十以上是农民。如果农业发达,就是大多数的人民生活问题已经解决了,其余一部分的人,比较容易些。其次为改良农民的生活和习惯,因为中国最苦的是农民,他们终岁勤劳,所得几何?他们所住的,所吃的,所穿的,以及其他享受的一切生活习惯,还是如同几百年以前的时代,所以必须设法改善他们的生活。如改良他们的居所,必使合于卫生;提倡正当的娱乐,使他们享受些文明幸福;普及他们的知识,以增高其程度。其次为修筑道路,至少的限度,务使此乡与彼乡间,此村与彼村间,必须有一定阔的限度的道路,用人力车可以通行。然后此县与彼县间,再设法筑相当的县道,务使全县境内,用人力车在一天内可以往来无阻。此事与农业的发展,文化的输入,有密切的关系。其次为普及民众和义务的教育,第一先要使各乡村的小学校,都做成农村文化的中心,凡是足以开通民智,传播文化的机关,

都要集中，附设于乡村小学，使乡村的小学校长、教员都做成乡村文化的领袖，如是则一般农民智识，自然容易增高起来。然后再设法调查各乡学龄儿童的数目，定出分期推广学校的办法，以期于若干年内，达到普及教育。其次整理财政，改良司法警察，凡是兴利除弊，一切建设的事业，都可以从一县中试办，当做一小国来经营。若照此办法，能够真心诚意，切实去做，在五年之内，没有做不好的道理；这是吾理想中五年治县计划的大概。①

顾树森回国以后，本来打算在故乡嘉定县试办农民信用合作社，但最终因缺乏经济基础而告终。到了1927年3月、4月间，北伐革命节节胜利，顾树森希望各县地方事业得以有建设机会，便向江苏省政府当局提出要用故乡嘉定一县来做试验。但省政府当局考虑到回避制度，便任命其为武进县长。顾树森任武进知县一共只有164天，时间固然短暂，却做了大量的开创性的工作。当初胡适曾向他预言，"可惜中国时局，常常变动，大家做事，都不免五日京兆，恐怕不能使你的试验有结果罢"。最终他的尝试也如预言般只能草草收场，但是这一尝试不仅在常州近代发展史上有其重要意义，更在中国近代行政管理制度改革方面有着一定的参考价值。

江苏省民政厅的任命公开以后，顾树森首先关心的是用人的问题。按照政府规定，武进县政府下设除秘书科之外，还有另外4个科，第一科管民政，第二科管财政，第三、四科分管教育和实业，此外尚有会计、庶务、簿记、收发各员。他对县政府班子人选有四个标准，一是注意相当的学识和才能；二是注意相当的经验；三是注意能否负责；四是注意能否廉洁。然而当时的武进县政府和明清县衙没有什么不同，一是往往由县长任命亲信担任相关要职，所以顾树森遇到了许多亲朋好友说情请托；二是顾树森对下属官员要求办事负责任，又要十分廉洁，那么其薪水必须维持过去，方才可以使人安心办事，所以他估算科长的薪水，每月至少百元，科员视职务的繁简权重，而定为四十、五十、六十元不等。但是当时的省政府财政厅，对于各县的行政经费还是依照从前包办性质的办法，每月规定只有若干，至于各县开支如何，一切都不问。武进一县是甲等县，每月经费1440元，上至县长、科长、书记，下至特务队、仆役，共计50余人的薪水和其他一切办公费（如纸张、笔墨、邮电）杂用，无一不包括在内，这样每月的赤字便有八九百元之数。

他还遇到了各种困难，比如常州士绅文化比他处发达，绅士派别林立，意见也不一，向来是影响常州发展的重要阻碍，顾树森之前在中华书局等处任职，与常州人士交往密切，此时来常州，也有当年的好友唐驼陪他到各处拜访，又因为漏了一

---

① 顾树森：《一百四十六天的县长生活》，原文连载于《生活周刊》1928年第3卷第12期至第32期，共17期，未完而终，后收入于《生活文选》第一集，三联书店2012年版。

两处重要人物没有拜访，导致后来在他进行劝募二五国库券等工作时受到重重杯葛。另外前任县长巢镜深也为他设置了各种障碍，不仅没有交待经手的款项，甚至连上交印信时，印色油也不愿意一同移交。

顾树森在就职仪式上，首先发表了施政大纲十二条，一是绝对财政公开，建设廉洁政府。二是提倡农民合作，辅助农民经济，注意农民教育，改进农民生活。三是厉行党化教育。四是分期推广学校，实行普及教育。五是推广职业教育，增加生产能力。六是实行平民识字运动，提高民众程度。七是推广平民工业，宽筹平民生计。八是改良工商组织，提倡劳资合作。九是指导妇女运动，推广女子职业。十是修筑道路，振兴水利，开辟地方富源。十一是限期调查全县人口，协助人民筹备自治。十二是分年测量全县土地，整理全邑公私产业。他在谈到担任县长的用意时，声明自己来此并非做官，是专为地方人民服务，是来武进试验一种新的政策。同时，他也强调要把衙门内种种恶习和各项弊窦扫除清楚，方可以谈到建设。

顾树森在整顿政府作风方面，主要进行了以下几个方面的尝试，一是提倡同室办公，就是其本人，也同在一室办公，统一要遵守时间，一到办公时间，就要打铃，和学校上课一样的办法，并且备一签到名簿，各职员都要依时签名，迟到者要就记录在案。二是规定办公时间与会客时间。上午8时起办公，至12时止；下午1:30分至5时止，同时规定上午7时至8时为会客时间。三是，利用公余时间组织同人俱乐部，专门辟了一间房屋，组织俱乐部，包括音乐、台球、象棋等，以联络同仁感情。四是取缔承发吏和法警。承发吏本来是做通知传达，法警用以拘捕罪犯，但是他们仍有传统社会胥吏的恶习，遇到公事便要狐假虎威，一到乡间就要滥用权威，肆意敲诈，无所不至。五是息讼。武进人向来由于文化发达，地方派别复杂，导致好讼风气自古便十分盛行。顾树森便想出用对质的办法，除民刑事由承办员审理，随时注意外，对于行政诉讼，必须召集原被告两造人对质。这一方法实施不到一个月，诉讼量便减少三分之二以上。六是压制土豪作恶。有一次，某乡有十余名农民控告某土豪侵夺农民所垦熟的荒地有数十亩之多，县政府传讯双方，在会客室中对质，一方竟拿出土豪的威风样子，在上面坐起来；一方农民短衣赤足，跑进会客室尚不敢坐。待到开审以后，方才知道那一位穿西装的就是县长。问讯以后，先是他们各方陈述理由，各执一辞，而被告方面十分狡猾，始终不肯承认。后来，经再三讯问他，方才流露出一句"当初是曾用地方公产名义向公家去领的，并非占夺农民的"，而农民方面则说在最初先由农民垦熟后，某土豪即运动代替农民向公家去领的，岂知领到之后，即收为己有，变为自己的产业了。因此双方一对，此案的真相遂明，土豪方面竟无词以对，遂判令你既然以公产的名义去向公家去领，这数十亩地当然一律归为地方上公产，不能占为私有。①

在 8 月 16 日，在建设方面，顾树森根据国民党所谓"训政时期"的规划，制定了为期四年的《武进县训政时期设施计划大纲》，提及了整理财政、建设农村、改良警察、丈量土地、调查户口、改良司法、规划交通等方面的设想，并制定了 4 年的分期规划。这既是他在就职仪式上提出的施政纲要的细化，更是常州历史上第一部现代化的长期发展规划。同时，他根据这一设施计划大纲，并结合自己的旨趣，开始了一系列的工作。② 根据《武进年鉴》的大事记记录，包括以下的内容：8 月 19 日，拟定武进试办村制计划；8 月 20 日，拟定县政府行政统计规程；8 月 21 日，拟定县政府收支款项改用新式簿记；8 月 23 日，拟定农民合作社章程；8 月 27 日，拟定农民信用合作社章程等等。9 月 25 日，庄启被任命为建设局长之后，顾树森与其通力合作，举办建设讨论会，着手对武进县的建设发展进行讨论。③ 根据《申报》和《武进年鉴》的记载，10 月 31 日的建设讨论会由顾树森和庄启主持，由商会、农民协会和总工会等各团体参与，讨论内容包括：（1）市乡画界问题案，议决武进市与附近乡区以环城河道为界，照武进新市计划图下墨线分之，线内为市线，外为乡，乡界插花飞地及分段大体依照实业局提议，详细办法由各关系乡筹划之。（2）交通问题案。议决水利问题暂时保留中山门外关河与护城河，中间尖城沟，由建设局测量，制造预算，设法开通，各乡首镇于十一月一日市乡行政筹备员联合会议议决之。县道章程及武进长途汽车公司招股章程当于行政筹备员会议时议决后，油印分发武进汽车公司。宜兴线适用最短线计 95 里 20 丈，扬子线改名泰兴线，照实业局原定计划行之。无锡线由经过各乡筹捐兴筑，由建设局规画指导。（3）育蚕制种所问题，议决由县政府建设局继续请省政府拨用本年茧捐余款开办育蚕制种所。（4）农村信用合作社案，议决先从宣传及指导入手。（5）本年冬漕加征 2 元，应留在本地，充地方本案经费案，议决先由各公团联名电请上峰照准。（6）建设讨论会章程，议决由建设局起稿，下次开会提出讨论。④

但是下次会议已经没有顾树森的身影，仅仅几天后，江苏省政府会议便决议由崇明县长郑里铎接替顾树森，出任武进县长。这个决定引起了舆论大哗，《申报》便报道："武邑县长顾树森自莅任以来，能廉洁奉公，迭经民厅传令嘉奖，不意昨日沪报所载，苏省政府会议议决调郑里铎为武进县县长，当经县党部致电省政府请其收回成命，又电致省党部，请其转咨省政府，准予收回成命，各团体总工会、商会、

---

① 顾树森：《一百四十六天的县长生活》。
② 顾树森：《武进训政时期设施计划大纲》，1927 年铅印本。
③ 《武进大事记》，武进县建设局《武进年鉴》第二回。
④ 《建设讨论会》，《申报》1927 年 11 月 3 日。

市政维持会等亦一致电省挽留。"① 其实顾树森是得罪了常州地方势力,受到了排挤,因此这次挽留活动并没有得到江苏省府的任何回应。11 月 20 日,郑里铎正式到任,顾树森的 164 天的县长实验就此结束。从今天的角度看,顾树森的很多想法和做法有脱离他所处的时代,过于理想化之嫌,但是不可否认,他的努力可以让后人了解当年知识分子参与中国地方行政改革努力的尝试,对今天中国的地方行政管理也有一定的启示。

二、庄启与武进建设局

1926 年 4 月武进县府设实业科,8 月 1 日成立实业局,掌管各类建设事务,这是政府第一次开始尝试参与到城市建设中。1927 年 5 月江苏省建设厅成立,6 月 27 日省府第 13 次政务会议明确各县设置建设局。1927 年 9 月 25 日,庄启就任为武进县建设局长。10 月 24 日武进县建设局成立,庄启就职,同时撤销实业局及水利研究会。此时,地方自治机构也有所变化。北伐战争后,原市公所名存实亡,一度成立武进行政维持会代行原市公所职能。1927 年秋,江苏省政府明令废除民初以来的市乡董事会和议事会,相应地设立了市乡行政局,局设局长一人,由县长挑选委任。行政局主管城区的市政改良、街道划分和建筑管理等,1930 年,行政局撤销,县建设局全面管理常州的城市建设。② 此后建设局虽随着时局的变化屡有兴废,但常州城市建设进入一个全新的政府主导时期已经不可逆转。

庄启(1882—1960),字中希,别号天放闲人,晚号谌叟,庄鼎彝子,庄俞弟。早年随父庄鼎彝游学湖北。光绪二十三年(1897)从武昌自强学堂肄业后,在河南公立大学堂、湖北译书局任教员、翻译。光绪三十年,就读上海震旦学院,旋被公费派往比利时列日大学孟德菲电学院留学,获工程师学位。宣统二年(1910),入万国电机厂任工程师,辛亥革命前夕回国。1912 年,在双桂坊创办武进电话公司,任经理,开常州电话事业之先河。后任江苏省立工业专科学校教务长。第一次世界大战结束后,北京政府鉴于他熟悉欧洲情况,派遣其出席巴黎和会,任日内瓦国际联盟中国部秘书。1921 年回国后,先后在南京电话局、武进电气厂等机构任工程师。③

北京政府时期,由于军阀割据、战争频仍,政府的财政经济状况混乱不堪。国民政府成立之初,虽然设立了财政厅,但各级政府和部门大多处于自收自支状况。直到 1934 年,省政府决定整顿全省财政,统一财政收支,并建立了预决算制度和设立金库制度。从现有的资料看,至 1934 年度起,建设费成为江苏省最大的支出

---

① 《各公团挽留顾县长》,《申报》1927 年 11 月 5 日。
② 常州市地方志编纂委员会编:《常州市志》第 1 册,第 601 页。
③ 刘文彬:《本邑建设先驱:庄启》,《常州地方志通讯》1987 年第 3 期。

项目，并保持增长的态势，其中 1934 年建设费为 8452431 元，占全省总支出金额的 31.15%；至 1935 年度建设费增长至 10312676 元，占全省总支出金额的比例达到了 37.59%。① 随着整个江苏省财政情况的好转及建设经费的增长，武进县的城市建设在经费方面有了明显的改善。1930 年 7 月，行政经费列入地方预算开支，1934 年省建设厅规定各县建设局每月行政经费为 600—1000 元。此外还有建设特捐、筑路亩捐、水利特捐等。随着国民党政权经济的加强，建设经费基本上得以保持一定的增长。由于资金渠道增多，投资规模相应扩大，万元以上的工程逐渐增多，尤其修筑公路，每项工程均需投资一二十万元。疏浚河道每次也需数万元，修建一座桥也需耗资数千至万余元。在城区街道拓建方面，1932 年修筑博爱路（含博爱桥、博爱门）工程费为 1.3 万元。1933 年建造的椿庭桥工程费 1.2 万元。②

有了相应的经费保证后，庄启便开始制定城市建设的长远规划。1928 年庄启在《武进年鉴》中专门撰写了《计划中的新武进》一文，该文骄傲的宣称：

武进一县的地位，可夸口一声，是江南北工商业之重心。北达长江。最近处距武进市，陆行不及三十里，水道为孟河、德胜河、澡港河三流。南面临着太湖，距戚墅堰、横林，仅四十余里。马迹山林木之秀美，及其居民之古朴，实江南之桃源，渡江则靖江、泰兴各县，江北鱼盐之利可收。渡湖则杭州、湖州各埠，吴越本属一家。西北之金坛，西南之溧阳，东北之江阴，向以武进为门户。沪宁铁路，自东向西，武进适居其中，故曰武进者，江南北商业之重心，为武进人者，应思如何当此重心。之后庄启在土地经界、武进交通、市乡建筑、农村组织、经济发展及自身机关建设等六方面做出展望和设想，择其要者录于下：

一、土地经界，诚为庶政之要。如今民有地产，户名均过去祖先。从前亦举行清丈，大部分假手吏胥，清而不清。今应改用科学方法，由测量入手。惟测量需时，若待测量完竣，则情变势迁，成功不易，应随往随测。第一步先从登记入手。前清旧单既不适用于民国，且沙田滩田逐年增变，统计毫无，多年旧户，人去名存，更难稽考。将来田亩税采用累进之制，若沿旧习，断无办法。应先办登记，在短时期内，将业主姓名，先须真实，死亡随换，与户籍相附而行。其所需经费，每队队长一人，队员二人，夫役九人。每月测量五亩，武进县田一百七十六万亩，若以一队测量，几无成功希望，第一年先成五队，若政府以为然，民众认为需要，则行之似尚非艰也。

二、武进交通。除铁路外，几无可言。水道之淤塞，陆路之窄狭，入

---

① 陈果夫编：《江苏省政述要》之《财政编》，台湾文海出版社有限公司 1983 年版，第 4 页。
② 常州市地方志编纂委员会编：《常州市志》第 1 册，第 614 页。

冬而后，乡居者足不得至城市，即货至车站，分送亦苦无力。若不亟图，吾邑将终于闭塞。武进既为江南北工商业之重心，改善武进之交通，不仅武进一县，获其利益。以武进言，应先定交通之总纲，使县境以内交通便利。现于每乡定一首镇，以武进市为总汇，先行规划各首镇与市之交通，镇与镇、镇与村之交通，为第二步规划。

三、建筑分别为工程建筑，如桥梁堤闸是也；曰美术建筑，如楼馆场厂是也。旧时虽科学未精，然建筑物常有留传至数千年者，一则材料较轻，再则负荷较轻，三则需要或异。今则一桥之广，动及数丈，一屋之内，容及数千人，则布置及负荷自然不同，不宜有所苟且。即材料言，昔仅泥淤砖石，今则钢骨水泥已成普通材料，用者日多。然不知其性质及混合之法，或望之而疑，谓其固不如石，但或用之失宜，则时现破裂。故建筑者宜慎出之。至美术方面，一国有一国之史，一艺有一艺之宗，不加深究，动辄洋式，其陋极矣。若妥与指导，于工业、文化均有益处。

四、五、农村之组织，农田水利之计划及工程，可并合言之。村与农村实二而一，村制既定，农村制可附之以行。应先成立各种合作社，为经济合作、运输合作、防灾合作、器具合作、交易合作，附以农事试验、农品陈列。以少数组织始，以普及终。始时尤赖有学识经验及财力者提倡之，其利所在，实无穷尽。农田水利与交通水道亦二而一。水源既宽，庠注有法。近年机器庠水，尚称发达，惟第一为选择问题，第二为施用问题。选择问题，当然极为复杂，一般迷信洋货者，常注意外国货，然购者并非人人有识别能力。

六、农工商矿各业之发展问题。农业为我国立国之本，江南尤甚，农村组织完善，已有发展希望，全县田一百七十六万亩，平田仅一百二十万亩其余滩、泽、沙田、冢地占之。如应地选种，亦自可观。即以副业言，如蚕桑，如渔畜，在可以发展武进蚕业，每年所出干茧约三万至四万担，若蚕种改良，植桑得法，所增之利，为数至巨。

七、县立建设机关，现受管理者，仅一农事试验场，然顾名思义，实不足当"试验"二字，其工作殆几十亩较有秩序之农田。惟农人则自耕自食，此则雇夫而耕，受一年六百元之津贴而食。欲其当试验之责，必筹试验之费，然后就武进之范围，配适宜之种子，附以相当之指导，庶有成绩之可言。①

庄启主持建设局，主要开展四项工作：一是城市建设和规划。庄启莅任伊始，

---

① 庄启：《计划中的新武进》，武进县建设局《武进年鉴》第二回。

便组织建设讨论会，以期集思广益，推进武进的建设。除前述第一次会议外，第二、三、四次会议均由庄启主持，其中第二次会议举行于 1927 年 12 月 5 日，讨论成立县道委员会，通过了建设讨论会章程，并决议通过了驿道直达丹阳拟改筑丹阳路案、开辟新闸新村案、开浚德胜河案、无锡路建筑预算案、开浚白荡湖至小南门外运河止并轮船客票加征二成案等几个议案。第三次会议举行于 1928 年 1 月 8 日，除了继续讨论建设讨论会章程，并决议通过了业饭佃力筑路办法及金坛路改为溧阳路等议案。第四次会议举行于 1928 年 4 月 6 日，通过了各路权利支配案、推广县道路线案、开浚白荡湖至小南门运河案、开浚关河于城河间之夹城沟筹措经费案等。①此外经庄启提议，江苏省各县建设局长联合会也于 1927 年 11 月 24 日召开。

1934 年初，武进县政府第 153 次县政会议通过《东北、西南新市区规划》。这也是常州最早具有分区性质的规划。所谓东北新市区，指东外直街以北至北门关河路附近。该处为火车站入城要道，自开辟博爱门、敷设博爱路后，建筑物日益增多。西南新市区，指怀德桥南，自东包括南门木匠街至南新运河两岸。该规划规定了街道位置及宽度、公用水井、公厕、消防以至公园等地点。②

二是街道拓展。自治时期的街道拓展也继续进行。1928 年，市建设局据原定章程，参酌现时情形，订出《改良市区街道办法》共 14 条，除原有将全市街道分为三等的规定之外，还新增了凡修理沿街房屋者，必须报告市政局会同警区丈勘，向公安局请领工程执照等规定。③1931 年提出《市街宽度章程应否改革案》，将市街阔度章程照建设局原定计划加阔一米。1936 年 10 月，县府拟具《拓宽街道办法》，规定大街、府直街、北后街、局前街、县横街、车行道 8 米，人行道每边 2 米；路面铺弹石片，人行道铺黄砖或水泥。④抗战期间，由于遭受敌机轰炸，道路和桥梁多受毁坏。1945 年后，武进县政府制

图 8-10 道路施工

① 《建设讨论会议》，武进县建设局《武进年鉴》第二回。
② 常州市地方志编纂委员会编：《常州市志》第 1 册，第 478 页。
③ 《改良市区街道办法》，武进县建设局《武进年鉴》第二回。
④ 《常州闹市决拓宽街道》，《申报》1936 年 10 月 31 日。

订《整理市区街道暂行规则》，规定街道、里巷、住宅区、绝巷的道路宽度。① 1949年4月，市区道路总长 58.2 公里，面积 26.4 万平方米。②

三是公路建设。在《计划中的新武进》和《设施计划大纲》中，庄启和顾树森都提及了以发展交通为重点的城市建设计划。虽然铁路很早就通车到了常州，但由于因为无锡邻近上海，地理优势得到了突显，再加上常州的经济中心区域在城西和城南，车站在小北门外地处相对偏僻，道路不畅，铁路与经济中心区域无法得到衔接，其推动经济发展的加速效应便无法得到体现。庄启认为，当时的武进交通，除了铁路之外乏善可陈，水道淤塞，陆路窄狭，入冬而后，乡居者足不得至城市，货至车站分送亦苦无力。③ 发挥铁路的优势，发展城市经济，重要的一条便是发展交通。针对这一情况，建设局和县政府提出了相应的交通规划。首先，在城内先筑内外环两条马路，均沿河筑路，并设置相应的停车场等设施。至 1936 年 12 月，在 1935 年清凉寺附近已建一段环城马路的基础上，县长侯厚宗令第一区继续兴建起自德安桥、东接武青路、衔接武宜路的环城马路。④ 至此，常州城区初步形成路网，并发展对外公路。南北向干道有西郊怀德路，城中心南北大街和广化街，城东新丰街和今和平路，东西向干道有关河路和东西横街、博爱路以及今西大街、东大街至政成桥一线，并与对外公路相通。其次，武进 36 个市乡，以武进市为总汇，其余 35 乡，每乡各定一首镇，规划首镇与城市环路之间的交通，分四年完成 9 条干河和 11 条干道的建设，以建成以市区为中心，通达各乡及无锡、丹阳、宜兴、溧阳、金坛等周边地区的交通网络。至 1937 年，城区初步形成路网，而常武地区已建成通车的公路也有六条，即武丹路（常州—丹阳）、武宜路（常州—漕桥）、武青路（常州—青阳）、镇澄路（常州—孟河）、溧武路（常州—卜弋桥）、锡宜线（雪堰—漕桥）。同时，武宜、武丹、镇澄、武溧、武青等对外公路先后开通。至抗战前，常州已成为京沪铁路中心点，东毗无锡，西邻丹阳，南通宜兴，北滨江阴。境内有京沪铁路、运河，纵横东西，有镇澄公路，通镇江、江阴，溧武路通金坛、溧水，还有商办之武青段通青阳，武宜路通漕桥，衔接江南汽车公路而直达宜兴。常州也因此奠定了其在军事运输上的枢纽地位。

四是水利建设。1926 年，常州县议员黄星海提出开浚运河一案，大致曰："本邑水道以运河为干线，清季开浚至戚墅堰为止。现在戚墅堰至五马河身 10 余里，两岸堆积泥土，中建仅存一槽，不特农田水利大有妨碍，即各镇商业亦胥受影响，非

---

① 常州市地方志编纂委员会编：《常州市志》第 1 册，第 477 页。
② 常州市地方志编纂委员会编：《常州市志》第 1 册，第 511 页。
③ 庄启：《计划中的新武进》，武进县建设局《武进年鉴》第二回。
④ 《常州兴筑环城马路》，《申报》1936 年 12 月 25 日。

急开浚，难资补救。"①为开浚运河，由武进县建设局担保，武进县财政局向永孚银号、同德庄、武进电气厂、振康源庄借款 7.5 万元。②1926 年秋冬之季，为开浚德胜河，发起筹备规划，借款 4 万元。后因北伐战争，工程暂告停止。

1927 年 10 月 24 日武进县建设局成立后，水利研究会撤销，然水利研究会以保管数万水利经费为由，拒不裁撤，延宕一年有余，方于 1928 年底移交建设局接管。1928 年 3 月，武进县长呈请省建设厅拨款以重启工程。③1928 年 2 月开始疏浚德胜河，于 6 月 1 日竣工。④1929 年至 1931 年，武进县建设局又开浚久患淤塞的孟河，由奔牛至荫沙口，长 25 公里，工程费约 18 万元，⑤

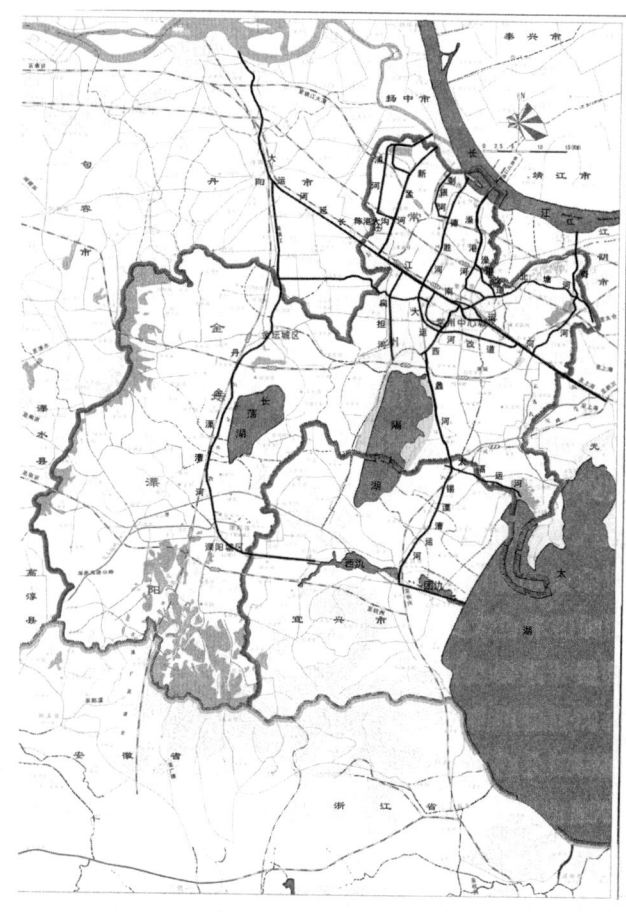

图 8-11 常州市域底图——运河（近代）

同时成立河工委员会，聘任冯嘉锡、王振先、吴季光为正副主任。⑥1928 年 2 月，经江苏省建设厅批准募集商捐，全长 1029 丈的关河疏浚工程也开始举行，首期于 4 月 30 日开工疏浚。⑦1930 年春，又开始疏浚关河罗武桥至新丰桥段，于翌年 1 月开坝通航。1931 年 1 月，开始疏浚京杭运河武进段，至 7 月，除常州城东西两段外均告完成。1934 年再度疏浚后河，并在觅渡桥筑坝。1936 年 6 月，武进县府鉴于长江上

---

① 《常州县议员提议开浚运河》，《河海周报》第 14 卷第 6 期，1926 年。
② 《武进借款浚运进行情形》，《江苏省政府公报》第 657 期，1931 年。
③ 《武进县请拨开浚德胜河费》，《江苏省政府公报》第 24 期，1928 年。
④ 庄启：《开浚德胜河工程局成立会演说》，武进县建设局《武进年鉴》第二回；庄启：《开浚德胜河始末记》，武进县建设局《武进年鉴》第二回。
⑤ 《孟河开浚计划书》，武进县建设局《武进年鉴》第二回。
⑥ 《聘任武进浚孟河正副主任》，《江苏省政府公报》第 703 期，1931 年。
⑦ 《开浚关河第一期工程报告》，武进县建设局《武进年鉴》第二回。

游水势涌涨,且淮水亦有涨发的可能,令县属沿江第四区将堤岸培修稳固,并派技术员前往督办。①1937年抗日战争爆发后,常州的水利事业陷入停顿,直至1946年才开始重新进行疏浚护城河工程,1947年由武进善后救济会主持的孟河续浚工程也开始动工,历时一个月完工。

如后人评价所言,庄启所主持的建设局,人杂事繁,百端待举。为谋财政公开,定事权统一,对于每项较大的建设工程,均成立该工程的委员会,从而保证各项建设的顺利完成。为筹集建设资金,想法鼓励私人捐资,其首先带头,一时为建设捐资者颇众。凡独资建桥者以其名命桥,独资筑路者,上报省府给予嘉奖,遂有"椿庭""琢初""润之""世丰""广成"等桥行世。对于大规模的建设工程,实行"业饭佃力"法,即业主出饭食,佃户出劳力,并在修筑武丹路中推行。庄启为统筹全局,着眼未来,曾冲破省厅阻力,倡导十四县建设局长联席会议,促进了江苏公路网的形成。庄启作风踏实,经常徒步视察建设工地,如视察丹阳路怀北段,赴德胜河工地视察时,黎明即起,步行全程。庄启因性格刚直,不善逢迎,曾遭国民党县党部的攻讦,后省建设厅查无实据,令与溧水县建设局长对调,不就,声称"志在做事,不在做官",具文请辞。遂于1931年8月办完移交,详情公之于报,各类项目一清二楚,时人莫不赞其廉洁奉公,并指责捏词控告之徒。②

随着市政建设的发展,常州的城市面貌开始发生变化,城市中开始出现大片的工业区、仓库区和商业区、居住区,社区的自然划分开始明显起来,原来作为府县邑的单一的功能格局已经开始改变。一些街道向城墙外扩展,旧有的城墙格局已经基本打破。城市布局在清代的基础上也发生了一定的变化。城西地区由于水陆交通便利,早在清代就形成了批发转口市场,米市、豆市集中于此,而新马路和怀德桥的建成,西瀛门的新开,使得此处的批发业更加繁荣,船帮也集中于此。而城内的河南厢西瀛里由于与城西市场邻近,明清时期的繁荣得到了延续和发展。南大街更成为全城最为整洁宽阔、最为热闹的商业街区。于定一曾称:常州城内诸街以千秋坊口至青云坊口之大街为最盛,房屋之租赁价格亦以此处为最贵。③除了怀德路一带机器厂较为集中外,大部分工业区集中到了城外,其中80%的工厂设在运河沿岸。城西原来便是手工业中心,近代以来更成为机器、碾米、油饼业的集中区域。北门火车站附近由于交通便利也成为部分工厂集中的地方,如恒丰面粉厂便设于此。纺织工业则集中到东南东下塘一带。

---

① 《常州督修沿江堤岸》,《申报》1936年6月14日。
② 刘文彬:《本邑建设先驱:庄启》,《常州地方志通讯》1987年第3期。
③ 于定一:《延爽集》卷一《取缔惠民桥平易坊摆设摊贩感言》。

现代民族国家是个全能政府,其触角延伸到民众生活的各个角落,提供基础设施建设和公共产品更是不可或缺的基本职能。1927年起,常州城市建设由自治阶段转向政府主导,便是中国现代国家政权形成与强化的结果,这也成为常州现代城市管理体制建设的开端。有着政府的权威作保障,再加上相对稳定的财力支持,城市建设也随之开始进入规范、有序的新阶段。但是从另一方面看,20世纪二三十年代的政府并没有把精力集中在城市建设方面,1927年庄启曾邀请江阴、宜兴、无锡、泰兴、靖江六县的建设局长在武进开会,规划了涉及三省19个县的苏浙皖公路建设计划,但省建设厅的答复只是先各就本县范围以内策励进行,并没有任何支持政策。又如由于经费有限,常州本地整修干道和干河都是采用路权招商投资和业饭佃力筑路法,即路线两旁田主出钱,佃户出力,只吃饭不给钱的义务劳动法。这除了有国家权力推进之外,和自治时期的经费筹措办法没有什么两样。即便这样,经费还经常被上面挪用。又比如1931年省建设厅便征用了武进县筑路亩捐的一半,使得通江路、镇澄路、溧武线、武焦路等计划中的干道或是缓建或是废筑。同时,地方政府的权威仍相对有限,比如说政府一再要求对沿街坑厕"务必取缔尽净",①但1936年6月10日《武进商报》仍载:"本县市政,日见繁盛,公共厕所,尚无设备。"这也说明政府的权威尚嫌欠缺。更重要的是时局的变化也打乱了原先的计划。以交通为例,1937年,武进基本已经建成了与邻县之间的公路交通运输网络,初步打破了本地区城乡之间的封闭状态,但这个网络系统还没有充分发挥其应有的作用时,抗日战争已经爆发。1928年,庄启在《计划中的新武进》中曾梦想用十年时间完成一个现代版的《武进赋》,来讴歌武进城市建设的伟大变化,这个时候,他又怎么能想到十年之后代替《武进赋》的却是隆隆的炮声呢。

图8-12 武进医院

三、公用事业的发展

除了城市建设和规划之外,以医疗、电灯、自来水、公共交通、电话通信等为主要标识的近代城市生活基础设施的建立,在国民政府时期也已初步形成规模经营的格局,为常州城市居民生活质量的根本改善奠定了基础。

---

① 常州市地方志编纂委员会编:《常州市志》第1册,第560页。

1. 卫生医疗。1924年7月，武进县政府指令警察所增设卫生巡长，区分所、分驻所增设卫生巡士，监督和管理公众卫生。这是政府力量第一次开始真正管理城市公共卫生。1930年7月，县公安局通告，沿街私设坑厕，一律遵章登记，并公布一系列的规章制度。1931年10月，公安局长在县政会议上提议强制取缔露天私厕，建造四处公共厕所。1932年12月第一区公所、建设局、公安局等联合发出通告，对城区沿街坑厕"务必取缔尽净"，要求在1933年初改造旧有坑厕尿池。1935年，建立县卫生事务所，主管全县的卫生工作，一些卫生措施随之开始纳入议事日程。1917年

图8-13 武进医院（抗战后修复）

双桂坊、东下塘、西庙沟首次开挖下水道，至1949年，全市的下水道总长18.2公里。①

常州的医疗事业得到了稳步发展。1912年，闵仰骞在东下塘开设广慈医院，为常州第一所私立医院。1918年4月，美国监理会派遣医学博士芮真儒、教士施密德及留美东吴大学毕业生段彦琛来常州筹建武进医院，芮真儒任院长，段彦琛任副院长兼药剂师。院址在马山埠原阳湖县衙内，这是常州最早的一座新式医院。1925年，芮真儒病故后，由美国医学士、外科医生贝德接任院长，1933年主持兴建病房大楼，1934年有病床100张、医护人员78人。"武进医院之设计，采用意大利南佛老廷式（South Florentine Italian Style），为四层钢骨建筑。内部异常宽大，设有传染病疫床二十八架，外科部，设成人病床二十架，小孩病床二十架，手术室设男床二十架，女床二十架。肺科设病床凡十架，其中设备，应有尽有，至美至善。"②1937年抗日战争爆发，贝德等美籍人员回国。日军侵占常州期间医院遭破坏。1945年抗战胜利，贝德回任，医院修复。1947年，贝德回国，由翟培庆任院长。③

1934年，江苏省立医院为发展各县医务及妇婴卫生工作，曾计划筹设各县分诊所。3月10日，常州分诊所及武进县立平民医院举行了开业典礼。该所共有新建两层楼房两幢，前为分诊所，后为产院。内有门诊，药房，检验室及一、二等病房。

---

① 常州市地方志编纂委员会编：《常州市志》第1册，第511页。
② 《常州武进医院》，《中国建筑》第1卷第5期，1933年11月，第28页。
③ 常州市地方志编纂委员会编：《常州市志》第3册，第869页。

床位约40至50个。普通诊疗及产院之设备,均颇完善。建筑费用在2万元左右,由当地士绅及农业银行协助。内部一切设备费约计2000元,多数为一般热心妇婴卫生之人士所捐助。经常费系由地方供给,每月200元。医师4人,由同济大学负担。助产士4人,由江苏省立助产学校负担。至监视指导事宜,概由省立医院负责。①

自武进医院创设之后,常州的医局、医社、施诊所等医疗机构逐渐增设。1919年,设看护学校,为医院培育护理人员。至1949年常州解放前夕,城区先后创办公私立医院40所,医务人员394名。私人开业诊所40余家,分设内、外、儿、妇等科,病床234张。②

图8-14 民国时期北大街人力车

2. 公共交通。近代常州的道路经历从土路、碎砖路到碎石路的变迁。与这个变迁历程相适应,交通工具也经历了从轿子、人力车再到汽车,从"蒲鞋头"到轮船的急剧新陈代谢。

传统社会用的最多的交通工具是轿子,随着时代的发展,特别是人力车的出现,藤轿逐渐衰落。1916年9月9日《武进报》载:"藤轿渐旧,生意衰落,因之租价亦锐减,每由二角跌至一角。"③1913年7月10日《新兰陵》报载:"常州东洋车前已兴办,惟不能发达。"由于小车容易损坏街面,市议会开始讨论开办胶皮人力车,通行各街道。1914年常州出现第一辆人力车,木质车轮,车座形如轿子,车主是清凉寺静波和尚。是年底,又出现另外2辆人力车,由轿子改装,木质车轮外包橡皮,车主是医生钱同高和街董柳某。④1918年7月1日吴金章开办合兴人力车赁贷事务所,这是常州第一家人力车企业,有车48辆。至1927年5月底,市区人力车已发展到400辆。⑤1928年9月21日,武进县呈报《武进县人力车管理及取缔章程》,

---

① 《江苏省立医院常州分诊所及武进县立平民产院开幕》,《中华医学杂志》1934年第20卷第5期,第753—754页。
② 常州市地方志编纂委员会编:《常州市志》第2册,第571页。
③ 常州市地方志编纂委员会编:《常州市志》第2册,第672页。
④ 江苏省地方志编纂委员会编:《江苏省志·城乡建设志》,江苏人民出版社2008年版,第577页。
⑤ 常州市地方志编纂委员会编:《常州市志》第2册,第673页。

称各市乡公路宽度 2 公尺半以上者得驶行人力车，人力车由建设局会同公安局管理，车辆数量增减由建设局及相关部分确定。营业车每部缴纳保证金 22 元，营业或自用车呈请注册给照时，缴纳注册费大洋 1 元。营业车分甲乙两等，甲等每月捐洋 2 元，乙等 1 元。自用车每月 4 角，不得暗中营业。①据 1932 年 1 月武进县统计，全县（含常州及乡镇）有甲等人力车 30 辆，乙等人力车 570 辆，自备人力车 185 辆，总数达 785 辆。②1935 年 6 月，常州人力车夫罢工要求减租，后经商议决定车租不分等级，一律减为 920 文。当时全县有人力车夫 1400—1500 人，人力车 700 余辆。③据 1947 年 3 月 24 日《武进报》载："本城人力车……现在增到 1200 辆，车商 20 余家，车夫自置车约有六七百辆，人力车夫（包括季节工）大约 3000 人左右。"④

1932 年秋，上海同济大学毕业生姚志勋等创办青光工业社，除从事改进工业外，并分设汽车营业部，此为常州城乡汽车运输业的先导。之后，随着公路建设的发展，大陆汽车公司等相继成立。至 1937 年抗日战争爆发前夕，常州城乡各公路长途汽车已通车的有镇澄路武澄段、武孟段、武宜路、武青路。此外，尚有溧武路的武卜段，锡宜公路途经东南境之雪堰桥、潘家桥诸镇。1946 年，武进县政府批准武进城区公共汽车股份有限公司成立，开辟自火车站经博爱路、东西横街至怀德桥的公共汽车线路。但因人力车工人生计受到威胁，10 月 25 日通车当天，汽车在北大街府桥头遭到广大人力车工人阻拦，发生大规模冲突，押车警察向人力车工人开枪，造成 4 人死亡、多人受伤的"府桥惨案"。公共汽车被迫停驶，常州公交车的最早尝试宣告失败。⑤

1912 年，新商河轮股份有限公司成立，开创了常州兴办民营轮船运输之先河。此后不久，又有源兴、新华、利民、永安、志新、佩记、永余等数家民营轮业创立。当时常州的轮船运输业以城区为中心，经城河、运河、新孟河、德胜河等河道 30 余条计 304 公里，沟通沿河 30 个集镇以及其他码头。航线覆盖整个常州地区。至 1949 年，常州有国营轮运企业 1 家，私商轮局 27 家，开客运航线 14 条，专放货班航线 9 条。⑥

3. 邮政通信。民国后，常州邮政得到了发展，1912 年定为二等邮局，并在奔牛、横林、漕桥、孟河、戚墅堰设有邮寄代办所，1918 年，繁华的西瀛里设了常州城内的第一个邮政分局，并在全城街道及公共处所设信箱 17 处，而县境内奔牛、横林、

---

① 《武进县人力车管理及取缔章程》，《江苏省政府建设厅公报》1928 年第 15 期。
② 常州市地方志纂委员会编：《常州市志》第 2 册，第 673 页。
③ 《国内劳动界大事记》，《劳动季报》1935 年第 6 期。
④ 常州市地方志编纂委员会编：《常州市志》第 2 册，第 673 页。
⑤ 邵留成：《建国前的常州汽车运输》，常州市政协文史委《常州文史资料》第 10 辑，内部出版物，1992 年，第 188—201 页。
⑥ 常州市交通局编志办：《建国前常州之轮船运输》，常州市政协文史委《常州文史资料》第 8 辑，内部出版物，1987 年，第 1—88 页。

孟河、戚墅堰先后改设三等邮局，乡镇设信柜42处。1930年，在惠商码头设邮政支局。1935年，横山桥、漕桥、雪堰桥改设三等邮局。1946年在怀德路开设邮政支局；戚墅堰开设电信营业处。1948年5月，增设青果巷邮政支局。同年，奔牛、龙虎塘、湖塘桥、横林、前黄设立电信代办所。①

清宣统二年（1910）八月下旬，常州去报36份，来报59份，而到了1918年常州电报量增加了3倍，随后电报数量飞速增长，1948年9月已有去报2546份，来报3318份，转报514份。②

图8-15 武进电话公司

1912年，在庄启的倡议下，武进市自治公所创办武进电话局。1913年，武进电话公司开办时，市内电话用户只有20余户，1918年发展到208户。1924年增至466户。1922年8月，武进电话公司与无锡电话公司商定，各自架线至武进县与无锡县交界处（五牧）联接。1923年2月9日正式通话，此为常州长途电话之始。1928年，江苏省建设厅开办省有长途电话，当年5月，常州设立国有沪宁长途电话分局，1929年7月，沪宁长途通达常州，常州与上海及长江三角洲的其他城市联系更加便利。到1949年底，市话用户为1223户。③

一个地区的城市化其实是该地区社会组织程度和管理水平的重要标志。市政系统、公共交通到邮电通信，每一个环节，或者说每一次变革，都导源于常州城市化进程的内在需要。每一次变革的完成又都在一定程度上推进了常州的城市化，包括工商业的发展与繁荣，城市公共产品的深度开发，乃至现代城市生活方式的形成。但是从当初城中士绅阻止人力车的入城，到人力车阻止公交车的府桥惨案发生都反映出常州城市化前进步伐的艰难。也正是迈着这蹒跚的步伐，常州开始逐渐显露出

---

① 常州市地方志编纂委员会编：《常州市志》第2册，第707页。
② 常州市地方志编纂委员会编：《常州市志》第2册，第725页。
③ 常州市地方志编纂委员会编：《常州市志》第2册，第728页。

一个近代城市的风采。

第三节 民国时期常州的乡村建设

清末民初以后，农村破产的境况引起人们的注意，于是，乡村自治被当成一个解决农村难题的妙方不断被人提起。蒋介石于1929年提出新的地方自治法案，着手加强对农村的控制。其主要内容之一是乡村政治治理，重新划分县以下的行政区，整顿乡镇地方武装。常州地处自治传统较为浓厚的江南地区，乡绅治理地方社会的传统与现代国家行政在某种程度上互相借用。此外，武进县政府始终努力推行模范乡、示范乡的建设运动，以救济农村经济，实现乡村自治。尽管乡村自治与保甲制在很大程度上与国民党"剿匪"、遏制中共发展的企图有关，但在客观上对常州地区的乡村规划、建设与发展也具有一定的推动作用。

一、民国时期常州乡村制度的演变

清朝规定县下辖区为乡、都、图三级，但江南各县以下组织的名称却是五花八门，常州一般可以分乡、都、区、扇、圩五级。[1] 晚清时颁布《城镇乡地方自治章程》以后，县以下基层组织开始由混乱走向一体化。1911年10月，江苏省临时议会通过《江苏暂行市乡制》，规定：在县治所在的地方和村庄屯集5万人的地方设市，村庄屯集不满5万人的地方设乡。在市一级，行政机关为市董事会，设总董事长1人，董事1—3人，立法机关则为市议事会，总董和董事任期两年，乡设乡董1名，负责本乡行政事务。另外每个市乡又分为上下角，角设角佐。1912年，江苏省开始设立市乡公所，县以下的市乡取代了清代的图制，当时武进县36个市乡共选出议事482名，董事82名。[2] 此后袁世凯一度下令停办各级自治，袁世凯死后，北京政府又被迫于1919年9月公布了县自治法。[3] 1921年6月，大总统徐世昌颁布了市乡自治制。江苏省重新整理市乡组织，将城镇和乡都称为乡，乡设乡长和乡董，乡自治会为议事机关。[4]

国民政府成立后，先是仿效山西村制，颁行《各县村制大纲》，根据大纲规定，以原有村界为准，百户的村庄或联合百户以上的为一村，设村公所，置村长和副村长各1人，超过100户的要根据人数多少增设副村长，最多不能超过4人，村以下设闾邻组织，5户为邻，5邻为闾，设闾长、邻人各1人，村长和副村长任期一年，并可连任。实际上，这一村制并没有在常州地区完全实施。但是时任武进县长顾树

---

[1] 冯贤亮：《明清江南地区的环境变动与社会控制》，上海人民出版社2002年版，第114页。
[2] 江苏省地方志编纂委员会：《江苏省志·民政志》，方志出版社2002年版，第176—177页。
[3] 邵镜人：《中国历代自治鸟瞰》，《江苏月报》第4卷第3期，1935年。
[4] 江苏省地方志编纂委员会：《江苏省志·民政志》，第179—180页。

森于这年 10 月颁布的《武进训政时期设施计划大纲》中有第 2 项为"厘订乡村下级制度",其中分甲乙两项,乙项"订定小乡村下级组织制度",内容如下:

> 各县市乡制度,虽已颁布,而对于最下级之农村组织,尚未有规定,兹拟订定农村组织。仿《周官》办法,以五家为单位,推举一长,主持一切,以收出入相友、守望相助之效。合数十家而成一村,合数十村而成一乡,县政府随时负督促指导之责,如是则纲举目张,上级行政官吏可直接及于最下级农民,而调查户口各问题,均可迎刃而解。①

1927 年秋,江苏省政府又明令废除市乡董事会和议事会,相应地设立市乡行政局,行政局设助理、书记若干人,行政局下改为村间邻组织,村长、副村长受市乡局长的保举,呈请县长挑选委任,而间邻长则由居民保举,由市乡局长任命,报县备案。

在 1928 年的《武进年鉴》中,收录了《县政府试办村制计划》,其中《总纲》第二条称:凡一村区域,各本村原有之境界为准,遇有此村与彼村境界不明时,应协议划分之。第二章《编制》第四条则称:各市乡均适用村,凡市乡村民五户为邻,设邻长一人,五邻为里,设里长一人,四里以上为村,设村长一人,村副一人,其居民尤多者,得酌增村副,但至多不得过四人。前项村民因居住团结或习惯上之便利,在二十五户以上五十户以下,或不满一十五户者,亦得设里长一人。而第二章《编制》第五条:村民不足一百户(即四里),得察度情形联合乡村共设一村长,并配置村副。第三章《村长副资格及任用》第八条:村民年在三十岁以上确无嗜好具备左列资格者得任为村长副长:一、常居本村朴实公正有相当知识能力者;二、有正当职业热心地方公益者。第三章《村长副资格及任用》第九条:村长副由市乡局长于前条合格村民内按照定额加倍遴保,呈请县长捡委,汇报民政厅备案,里长邻长由副长呈请市乡政局长遴委,汇报县政府备案。第四章《村长副职务及惩罚》第十一条:村长职务如左:一、承行政官之委托,办理宣传及执行事项。二、办理本村自治事项。三、负责保户村民及提倡改良村事业。四、本村民之公意陈述利弊事项。五、报告职务内办理情形及特别发生事项。②

由此计划内容可以看到,1928 年的村制尚处于最初的阶段——划定村落,以其划定标准和村长任用办法来看,村制的实施希图以自然村落为对象开展。《武进年鉴》中收录了《各市乡街村长姓名表》,故而在此时,村的划分已然完成。不过,村制的开展在此时也就停留于划分各村,《县政府试办村制计划》一文与《计划中之新武进》等文章在《武进年鉴》中同列于《言论》之下,也可见村制在 1928 年还是一

---

① 《武进训政时期设施计划大纲》,1927 年铅印本。
② 《县政府试办村制计划》,武进县建设局《武进年鉴》第二回。

个计划。尽管如此，开展村制划定村落，在行政区划的近代转变中也具有革命性的意义。村制推行，"合数十家而成一乡"，乡管村的层级关系建立起来，县以下治理的方式由借助各乡变为可以直接控制每一个村庄，"治民职官"设到村长，这与民国初期显著不同，成为传统与"现代"的分水岭。此后，国民政府推行闾阎保甲制以及乡村建设，都是在村制的基础上开展的。

1928年9月，国民政府《县组织法》颁布以后，江苏省又撤销了市乡行政局和村制，作为替代，县以下根据户口和地形分为4—10个区，每区下辖至少20个村、里，区设区公所，设区长、助理员和区丁，区公所设有区务会议，由区长、助理员和所属村长、里长组织。百户以上的乡村称村，村设村公所；百户以上的市镇称里。村、里分别设村长（里长）一人，副村长（副里长）一人。村、里事务由村长、里长指定闾长襄助办理，村里制下的闾邻组织则保持不变。①1929年6月，国民政府将《县组织法》稍加修改，将村里名称改为乡镇，规定自治区域区、乡镇、闾人、邻各级，乡镇自治组织仍设有立法、执行、监察和调解机关，乡民对乡镇长及其副镇长有选举和罢免之权。同时要求"各县按户口及地方情形分划为若干区，除因地方习惯或地势限制及有其他特殊情形者外，每区应以十乡镇至五十乡镇组成之"。②依据1929年《县组织法》及《各县划区办法》第四条，"规定每县至少以四区为限，至多以十区为限"③，这样一来，武进县不得不打破原有36个市乡界线，将其重新划分为10个区，"武邑旧有三十六市乡，自民国十八年起，划为十区"。④1929年的区域划分，宣告了自宋以来35个乡区划的终结。1929年10个区的划分依据主要以河流为界，所谓"全县改划试行自治，全以河流为界"⑤"就天然河流，重划区制"，⑥10个区的区域划分全然没有考虑35个乡原有的地域范围，是一套全新的地理区划，自宋形成，延续至此的35个乡彻底从区划意义上消失。

在《县组织法》推行的同时，武进县又设立了"督征员"的制度，与原36个市乡对接："十八年，新区制度实行之后，每区所辖之地面较广，于公文单由之承转，多有未便，故刘前财政局长，于十八年八月，呈请财政厅厅成立督征员之制。"⑦督

---

① 江苏省地方志编纂委员会：《江苏省志·民政志》，第181—182页。
② 《县组织法》，《中国近代乡村自治法规选编》，中华书局2004年版，第90页。
③ 陈敦仁：《武进县实习报告之财政与地方自治》，《二十世纪三十年代国情调查报告》第105册，凤凰出版社2012年版，第350页。
④ 杨兆允：《武进县政府组织及公安财政建设教育详情》，南京图书馆编《二十世纪三十年代国情调查报告》第104册，凤凰出版社2012年版，第96页。
⑤ 陈敦仁：《武进县实习报告之财政与地方自治》，第272页。
⑥ 陈敦仁：《武进县实习报告之财政与地方自治》，第266页。
⑦ 李耀西、石光钜、萧屏如：《武进财政之财政机关田赋实习报告》第2编《田赋上》，《二十世纪三十年代国情调查报告》第102册，凤凰出版社2012年版，第269页。

征员仍由旧市乡之行政局长充任，[①]则36个市乡在赋役征派上的作用，实际上通过督征员的形式保留下来，督征员的职责如下：（一）监督各图现保，办理田赋征收事宜。（但不许经手征解）遇有顽户或现保庄首等破坏图规，及私收挪用等情事，即呈局提办。（二）兼管官契纸发行及催办税契事宜，并监同田册管理员办理遇户承粮等事。（三）维持或恢复义图制。（四）其他委办之特种财务行政事宜——如公文之呈转，易知由单之发行，征收书之给领，灾荒之查报。

  对于督征员的存废问题，武进县政府内存有两种不同的声音。双方观点如下：

  主张撤销者，以为武进现分十区，而督征员乃存三十六市乡之遗迹，实紊乱行政系统，此其一。督征忙漕，原系地保责任，地保之制废，已移交各乡镇公所办理，故督征员之主要任务已失，形同虚设，此其二。至发行官契纸及保存义图之任务，本应由区乡镇公所办理，不应特设督征员办理，此其三。而现在督征员之私加捐税，动收盖印用费，抬高契纸价格等等舞弊中饱之事，更不一而足，此其四。至于反对撤销者，则以为税务行政之区域，当依税务、行政之方便而划定，武进划为三十六田赋区，正即此意，并不紊乱十区之行政系统，此其一。督征忙漕，发行官契纸等财务行政事宜，不宜由自治机关兼办，始能责权统一，此其二。省县各税捐，皆以都图，而非以区为征款标准，故事实上督征事项非区乡镇公所所能兼办，非设督征员不可，此其三。至现在督征员之舞弊情事，皆可预防，此其四。两方各有理由，而主张撤销者，以理想的意见为重；而反对撤销者，以事实的需要为辞。县内一般人士固皆欲其撤销，以财厅未予批准，故仍保留。以余观之，此问题非应不应之问题，而为能不能之问题；解决之道，应从如何使其撤销而于财务行政上不感困难之研究着手设计耳。[②]

  督征员之设，反映出赋税催征的传统对地方区划的深远影响，1929年武进县虽然重新规划了区域，但仍需要按照旧的35个乡体系征收赋税，如上段引文所述，"主张撤销者，以理想的意见为重；而反对撤销者，以事实的需要为辞"。在此后数十年中，武进的县以下区划一直在"理想"与"现实"之间徘徊反复。如在1934年重新调整区划时，将全县划分为17个区，就是将原有36个市乡合并组合而成。

二、顾树森的农村合作改革

  顾树森在欧洲时曾经考察过丹麦的农村合作事业，视其为丹麦的"和平革命"，他认为对于当时的落后的农业生产状况而言，丹麦的成功经验最值得借鉴，并且有

---

① 李耀西、石光钜、萧屏如：《武进财政之财政机关田赋实习报告》第2编《田赋上》，第271页。
② 杨兆允：《武进县政府组织及公安财政建设教育详情》，第494—495页。

在中国推广的可能性。① 他来任武进县长的主要目的便是试验农村合作制度。上任不久，1927年8月9日，他拟定了《武进县农村合作社总会章程》，章程称，合作总会的宗旨是提倡并督促本会区域以内组织新社以资普及，监察并指导各社社务，策励进行，兼正谬误；联络各社感情，交换各社意见。具体事务包括核准并指导组织农村合作社必须之手续与条件；代各地方拟定农村合作社章程；代各乡各村计划各种合作事业；讲演农村合作社之办法及组织时必须之智识；审核各种合作社借贷款项之事情；随时视察各合作社之事业并审查其账目；处理各合作社内部之争执事项。同时，他又拟定了《武进县各乡农民信用合作社章程》，宗旨是以社员共同责任，向外借款，以轻利放于农民社员，养成社员信用榜样互助合作之精神。其中放债限于四种用途，包括为一购买种子、肥料、耕种成本及饲畜食料等而借之款，此项借款应于收获后或牲畜售出后即时还清；二为购买农具牲畜及修理房屋等而借之款，此项借款应由执行委员会调查后斟酌情形分一年或二年平均分还；三为灌溉排水、驱除害虫及开河筑堤等而借之款，此项借款应由执行委员会调查后斟酌情形分二年或至多三年平均分还；四为天灾等特别事项而借之款，项借款应由执行委员会调查后斟酌情形分二年或三年平均分还。利息应以本地最低利率为标准，至高不得超过月息之十五，即一分半。荒歉年份要比平时更低。信用合作社盈余除去开支、股息外，要提五分之二为公益费及发展地方他种合作社经费，以五分之二为公积金，以五分之一为办公费，公积金必须用于补偿不能收还之债权及其他特别债务，或者向社外借款时以作抵押品。②

1927年8月19日，他又拟定了《武进县模范乡规程》，"以期各乡自治，俱臻完善，早达训政时期模范县之目的"。其中具体规定了模范乡应具备的条件：（1）实行财政公开、预算决算及收支账目按期公布者；（2）整理及保管地方款产极有成绩者；（3）依照村制所订办法实行最早、办理最完美者；（4）整理并推广本乡学校，筹划经费，定有计划，成绩卓越者；（5）本乡学龄儿童多数入学，全乡乡民具有识字之机会者；（6）本乡社会教育，或由独立机构推行，或附设于乡村小学，已有数处实行者；（7）成立各种农民合作社数处者；（8）已有农民试验场及蚕桑改良所各一处以上者；（9）全市乡道路次第修筑，河渠次第疏浚，或拟有具体办法，分年进行者；（10）经营本市乡之公用事业，著有成效者；（11）调查户口，测量土地，次第举办，并有正确之统计者；（12）本市乡已办保卫团，及有消防事业之组织者；（13）本市乡厉行公共卫生，并设有地方医院者；（14）注意人民生计，

---

① 顾树森：《丹麦之农业及其合作》，中华书局1934年版。
② 武进县建设局：《武进年鉴》第二回。

设有工艺厂，收容乞丐游民入厂工作者；（15）有公园、公共娱乐场各一处以上者；（16）本乡之民刑案件，比较其他市乡最占少数者；（17）能随时有建设计划，及就行政经过造具统计报告于本县政府者；（18）实心实力，革除弊政，为人民所称道者。①

顾树森认为丹麦农村合作的成功最得力于举办一种农村高等补习学校（或称国民大学），凡小学毕业的农家子弟，在乡间种田三四年后，再入这种补习学校，补习国民常识和改良农业知识，所以他们要举办各种新的合作制度组织，不易失败，亦因一般农民知识程度高的缘故。因此，他觉得要达到理想中改造的乡村，像试办村治，改进农村组织，改良农业，和举办其他种种新的建设事业，非先使一般农民有相当的知识和相当的程度不可。要使农民有相当的知识程度，非先使现在的乡村小学，改做成为一个农村文化的中心机关不可。鉴于中国和丹麦的国情不同，乡村条件不一，因此除了对于乡村小学加以改革外，还要改造乡村小学，使之成为一个乡村上文化的中心，以增长一般成年农民的知识。所以在1927年的夏天，顾树森利用机会，会同县教育局办了一个改良农村教育的暑期讲习会，先向各方聘请对于乡村教育有经验的讲师担任讲演，促进乡村小学的改良。②

随着顾树森短暂任期的结束，模范乡计划、农村合作及乡村小学的改良基本上成为一纸空文，但这也代表着武进县在乡村建设方面的早期努力。

三、朱溥恩的长沟村农村改良会

早在顾树森在常州尝试农村改良之前的1917年，朱溥恩便开始在其家乡长沟村创建农村改良会，进行农村改良的实践，并取得了卓越的成果。

朱溥恩少年时曾经务农4年，因此熟悉农村的情况，他以为"现在农业不振，已达极点，揆其原因，一则困于经济、肥料不足，一则习于游惰，田野荒芜"，因此于1917年在其故乡武进北门的长沟村创办农村改良会，由其族叔朱增云负责。根据《长沟村农村改良会简章》第一条，"本会以改良农业、辅助农业经济，图民生主义之实现及农村组织之改善为宗旨"，并规定有不吃鸦片烟、香烟，不赌博，不游惰，无不正当行为者，经会员两人介绍方可成为会员。当时以长沟村为范围，共吸引会员40余人（会员以家长为限，即40余家），每年贷款2000余元，以裕其经济，又戒吸鸦片、赌博、游惰，以矫正其恶习。又设毛巾厂一家，以供会员家属工作。1920年朱增云去世，朱溥恩前往北京担任议员，农村改良会因此停顿。1927年朱溥恩回到武进之后，根据村人强烈要求，重新兴办改良会，并推广至附近三村，

---

① 《准武进举行模范乡办法》，《江苏省政府公报》第8—9期，1927年。
② 顾树森：《一百六十四天的县长生活》。

至1928年,农村改良会的范围已经扩展至包括长沟村及附近的任家村、顾家村、张家村、钱家村、野田村、李家村、戴家村、坦荡村、蒋家村共10个村,会员总数扩大至115人(即115家)。改良会由全体会员推举执行委员会7人主持会务,并互推1人为主席,任期一年,连举连任。每月召开会员会一次,每周召开委员会一次,重大事务投票通过。于每年阴历正月举行全体大会,重新登记会员,选举执行委员会,又设会计、文牍、调查、庶务四股。

农村改良会所有的经费都由朱溥恩以个人信用向城中的裕农银号借贷,月利一分五厘,以平均低息月利六厘半放贷,每年仅利息朱溥恩便要亏损400余元。另外,朱溥恩在长沟村创办小学,所有7岁以上的改良会会员子女皆须入学,无力负担学费的,均由其负担,总计约150元左右。有鉴于此,为了确保农村改良会长远发展的经费支持,朱溥恩便号召在改良会范围内创办10余处鱼塘,准备用鱼塘赢利作为改良会经费。1929年,朱溥恩又制定了农业改良会酌认公益捐办法,发起公益捐款。改良会的事业包括水利、蚕桑、织布厂、公园、养鱼、造路、教育。

长沟村农村改良会成立之后,在农村改良方面取得了显著的成效。1928年全年放出借款4000余元,届期除一人因丧事延期外,其余人均遵守信用,还款无一愆期。会员有3人犯赌,一人殴母,被改良会除名。其中两人因赌除名之后,改过自新,经其本人再三申请,又经改良会考察通过,重新恢复会员资格,夏天肥料借款也享受同等资格。实践证明,改良会成立之后,会员中赌博、吸鸦片的情形已经显著减少。如由农村改良会创办的织布厂中,每名女工可获月工资七八元,但只有该会会员的家属方可进厂做工,"该村人某甲有鸦片癖,照章不得入会,其女见村人之为会员者,其妇女均得入厂工作,每人每月得七八元之工资,大为欣羡而已,则以父染烟癖,不得入会,因之不得入厂工作,株守家门,生计大难,未免有向隅之悲,故辄埋怨其父。某甲受其女之刺激,矢志戒烟入会,而其女竟遂入厂工作之志"。①

朱溥恩不好高骛远、脚踏实地,在自己的家乡切切实实做好基层农村改良事业,取得了显著的成效,相对于其他地方的乡村建设活动,常州的乡村建设活动虽然名声不大,但取得的实效却相当显著。

四、武进农村改进区

1932年,武进农村改进区成立了"武进县农村改进指导委员会",1934年改为"武进县农村改进委员会",全权负责办理农村改进实验工作。经费来自两部分,一部分由个人捐助,另一部分则来自县政府与县党部。农村改进委员会设置了6个农村

---

① 华印椿:《武进长沟村农业改良会调查记》,《教育与职业》1929年第4期;《武进长沟村农村改良会》,1932年铅印本。

改进试验区（简称"农改区"），分别是南夏墅农改区、卜弋桥农改区、奔牛农改区、东安农改区、湖塘桥农改区和马迹山农改区，以及淹城、潘家桥、永乐、小新桥、塘桥、永德、竹溪等17个示范乡。农改区的工作从社会调查入手，注重生计、公民、卫生、教育等方面的工作，并制定了最低限度的工作标准，分政治、经济和文化三大类，每大类下又详细规定具体的工作，其中政治方面共22项，经济方面20项，文化方面15项，共计57项。

具体而言，政治方面包含的工作有：召开改进会会员大会、召开村代表会议、调查户口、举办人事登记、举办冬防自卫团、消防队训练、举行卫生展览会、筹设民众诊病所、免费补种牛痘、严禁烟赌、打免费防疫针、举办夏令卫生运动、举办灭蝇运动、取缔露天坑厕、检查饮食店卫生、募捐建筑桥梁、征工浚河、征工修路、破除迷信、举行植树运动、消除靡费习俗、组织婚丧改进会以及筹设戒烟所；经济方面的工作有：举办稻作和麦作调查、实施麦作地方选种办法、推广改良稻麦种、试验盐水选种、举行农事展览会、举办戽水田亩登记、筹备戽水合作事宜、调查全区桑蚕叶数量、办理育蚕指导所、调查全区茧量、举行春蚕展览会、组织信用合作社、举办肥料购买合作事宜、组织互助社、提倡副业、推广改良鸡种、推广改良猪种、办理仓储合作以及组织储蓄会；文化方面的工作有：举行各种纪念集会、订定全区公民信条、开办民众学校、开办流动学校、组织图书馆或流动图书馆、设立民众运动场、举行国耻画片展览会、举办民众茶园、民众茶园轮流演讲及时事报告、出版壁报并设立图书报社、办理民众代笔事宜、组织剧社、组织球队、组织青年服务团及调查并设计改进私塾。①

到了1934年，时值全国经济衰落，武进本地的蚕丝、土布生产减少，为救济农村，进一步促进自治，时任县长蔡培带领全县再次开展了示范乡的建设运动。此前武进胡埭桥、南夏墅、卜弋桥、东安等乡镇已进行了农村改进试验区的建设，成效较为显著。为进一步普及全县，于是有了此次示范乡计划。武进县共分为19个行政区，大区有40余个乡镇，小区10余个乡镇，每区中选定乡镇，至少选出1个示范乡，令全区各乡模仿，以3年为期，完成自治。推行示范乡计划与前述模范乡规程类似，具体分为发展乡村经济、推进农民教育、改良农民生活、推行农村村政等四大方面。②

五、武进农村保甲制的推进

与乡村自治相关联的是保甲制。自1930年代初开始，保甲制由国民党"剿匪"地区而扩散至各省，"纳保甲于自治"的体制先后在鄂、湘、皖、陕、闽、浙、苏、甘、

---

① 朱考金：《民国时期江苏乡村建设运动研究》，中国三峡出版社2009年版，第263—282页。
② 蔡培：《试办武进示范乡计划大纲之商榷》，《苏声月刊》第1卷第5期，1934年，第178—186页。

宁、赣、豫、绥、川等 13 省以及北平、南京两市开始推行。1934 年 2 月，江苏省政府委员会第 633 次会议通过了《江苏省清查户口编组保甲规程》，规定"保甲之编组以户为单位，设户长，10 户为甲，设甲长，10 甲为保，设保长，城区以 25 甲为保，设保长，保属于乡镇长"，并规定"连保录结"，如有违禁不报，结内连保之人"甘心连坐"。武进县的保甲工作始于 1934 年 11 月。在时任县长侯厚宗的领导下，首先举行了保甲讲习会，讲解保甲的意义、方法与工作方式；而后挨户编号，确定户长并推定保长，推定保长乡镇长；最后由县长带头抽查各区保甲工作进展。通过 10 余门保甲训练课程，训练户长、甲长、保长。至 1935 年 3 月底，基本完成保甲组织的建立与统计，全县 10 个区 188 个乡镇共分为 2004 保 21958 甲。① 这时其它县份的保甲尚在编查之中。② 保甲也试图对乡村的建设与管理有所助益，如在禁烟、清洁卫生、防止害虫、清理仓储积谷、浚河筑路、训练壮丁、造林、筹办保学等方面都有所规定。事实上，在保甲进行了几个月之后，武进县也的确在治安、禁烟、捕蝗、征工浚河、清洁卫生方面取得了一定成绩。1936 年，当时国民党中央地方自治委员会主任李宗黄便认为武进的保甲编组和公民训练有特殊的成绩，在江南处于领先地位。但限于财力与人力，仍然存在很多问题，如当时乡镇保甲会议各区多未举行，保甲人员对户口调查表记录的填写既不切实又很潦草。③ 而且还有人估计，以当时保长更替的速度，不出五年，武进已受训的保长便会减少殆尽，④ 所以要最终实现"一方面安定社会，谋农村之复兴，一方面训练民众，树立全民政治之基础"的目标其实根本不可能。⑤ 而在全国办理保甲处于领先的武进尚且如此，其他地方的效果便可想而知了。

日伪时期，一度将乡镇制改为城厢坊村制，1940 年后仍恢复区、乡、镇名称。抗日战争胜利后，国民政府进一步强化保甲制度，实施区乡镇扩并计划，1947 年把全县划设 74 个乡镇，设置 1025 保、14829 甲，共计 228030 户，每乡镇平均 14 保，每保 14.5 甲，每甲 15.3 户，县直辖 14 个乡镇，设保 117 个、甲 2947 个，共 47721 户，每乡镇平均 8.4 保。⑥

---

① 侯厚宗：《武进保甲之组织训练与运用》，《江苏民政》第 1 卷第 3—4 期，1935 年，第 22—41 页。
② 《常州各区保甲将悉完成》，《申报》1935 年 3 月 26 日。
③ 《武进县订定改进保甲计划》，《江苏保甲》第 2 卷第 22 期，1936 年。
④ 吕公：《乡镇长训练以后》，《江苏保甲》第 1 卷第 16 期，1935 年。
⑤ 侯厚宗：《武进保甲之组织训练与运用》，第 22—41 页。
⑥ 《沿革形势》，张澹庵编《武进指南》。

第三章 民国时期的常州经济

民国时期，常州本土的民族工商业者克服了一系列的不利因素，凭借其创业精神和民族意识，充分发挥主观能动性，在本地传统手工业、商业的基础上，走出传统，变商为工，建立起近代工业。在经营中充分利用本地设备和国产原料，加强区域合作，将劣势化为局部优势，在动荡不安的年代，实现了本地的初步工业化。这便是被学者万灵称之为"常州道路"①的中国地方工业化之路。但另一方面，当时常州工业部门仍然比较单一，金融商业发展较为畸形，农村经济虽然几经尝试改良，但仍然举步维艰。

第一节 农村与农业经济

民国以来，由于连年战争，再加上自然灾害频繁，农村发展受到了严重制约，农业生产萎缩不前，虽然在国民政府时期，采取了一系列措施改进农业技术，发展农副业，常州地区的农业经济也有了一定的发展，但其发展步伐非常缓慢，农村的生产方式和基本生产关系也没有发生基本的变革。1926年，奇声曾对武进农民的生存状况进行调查，发现衣、食、住三项，一半均系自给。衣普通皆系自织土布，色以青黑为大宗。食以米饭，菜蔬类皆取诸田园，鱼肉则不可常得。起居住所则瓦屋数间，猪圈鸡窝常集于一室。其农具及重笨什物经常寄于庙宇公室。一年内生活，大致是年初拜贺亲友之后，便稍事整理器具，购置牲口，先施肥料，然后下种，培植桑树，继以种豆。春夏之交，是蚕桑季节。此外还要顾及收麦，收麦后则继以翻土、插秧、戽水、耕耘，直至秋收。稻谷收好后，仍将麦子播种下田，然后开始整理家舍，预备过年。农民大都起床甚早，至吃早饭时，已经工作过半日，早饭后仍须工作，午饭后则稍行休息，有很多农民便聚博于茶馆。有些农民兼做工匠，或贩售日用品，每日工资在2角或2角半不等，从事此业者大概占农民总数的30%左右。农民中粗通文字者，大约占40%。②

---

① 参见万灵：《常州的近代化道路：江南非条约口岸城市近代化的个案研究》。
② 奇声：《武进之农民生活》，《生活》1926年第1卷第21期。

一、农民与土地

据 1928 年的《武进年鉴》统计,武进县有田亩数 1762017 亩,其中平田仅 220 万亩,人口 840424 人。1927 年《东方杂志》的调查则统计全县共有农户 71 万人。① 至 1949 年,调查统计全县有人口 1018965 人,耕地面积为 1523673 亩。另有市镇 78 个,商户 5408 户。② 常州农村最典型的特点便是人多地少,1927 年时统计为人均 2 亩,1946 年时为人均 1 亩半,③ 而到了 1949 年,在对苏南农村土地制度的调查统计中,武进县和江阴县平均占有土地 1 亩 2 分左右,为全苏南最少,低于整个苏南 2 亩 4 分的平均水平。④ 人均土地面积过小,使得农业上以小规模经营为主,小规模经营便导致了两个特点:一是精耕细作,如据 1949 年的调查,茶山乡每亩田要花 15 个工;二是仅靠农业收入不能维持生活,必须从事副业和手工业。⑤

常州农村土地状况的另一个特点是佃农比例大,自耕农比例小,地主占大量土地。据 1927 年的调查,占武进人口 1.41% 的地主占有了田亩总数的 44.3%。⑥ 而 1935 年统计表明,江苏省佃农占农户总数的 32%,半佃农占 28%,两者合占 60%,而在常武地区两者则合占 80.28%。⑦ 与此同时,常州又以中小地主为多,"虽有每户拥田千亩者,然大抵则以二三百亩之地主为最多",⑧ 1949 的对百丈乡的调查也表明,地主占有土地以 100 亩以内的为最多。⑨ 武进全县占有土地千亩以上的大地主只有 15 家,500 亩以上者为 100 家,百亩以上的有 800 家。本地最大的地主是天宁寺,拥有近万亩的土地。不产粮棉的沙田区有几万亩的地主,但沙田的地价不及一般耕地的十分之一。⑩ 据 1927 年的调查,自耕农约 5 万人,有土地 45 万亩,人均 9 亩。⑪ 其中武进北乡的自耕农比南乡东乡要多,北乡大地主也相对要少。这与北乡相对贫困,手工业和副业不发达有密切关系。自耕农的土地不可能全都由自己耕种,其中有一部分

---

① 龚骏:《各地农民状况调查·武进》,《东方杂志》第 24 卷 16 期,1927 年。
② 《武进县农村经济概况》,华东军政委员会土地改革委员会编《华东农村经济资料》第 1 分册《江苏省农村调查》,1952 年版,第 41 页。
③ 华中工委调研室:《武进调查》,1949 年 3 月油印本。
④ 《苏南农村土地制度初步调查》,华东军政委员会土地改革委员会编《华东农村经济资料》第 1 分册《江苏省农村调查》,第 5 页。
⑤ 《武进县农村经济概况》,第 42 页。
⑥ 龚骏:《各地农民状况调查·武进》。
⑦ 《中国经济年鉴续编》,商务印书馆 1935 年版,第 121—135 页。
⑧ 李范:《武进县乡村信用之状况及其与地权异动之关系》,《民国二十年代中国大陆土地问题资料》第 88 辑,台北成文出版社 1977 年版。
⑨ 《武进县农村经济概况》,第 47 页。
⑩ 中共武进县委:《常州工作报告》,1929 年 4 月 16 日,转引自吴之光《常武地区的建党活动》,《常州革命史资料选编》第 4 辑,内部资料,1984 年,第 90 页。
⑪ 龚骏:《各地农民状况调查·武进》。

属于雇工耕种的富农。所以当地的 8 万名雇农绝大部分被富农和富裕中农所雇佣，少数受雇于地主。

常州地区的地租种类极多，大致包括以下五种：一是活租制，即一年或二年定一次租额，一般是白米 1 石 2 斗，占收成的 40% 左右，低的则有 8 斗，最高可达 1 石 5 斗。二是定租制，业佃双方议定 3—5 年的租期，期限内地主不能抽田，租额则与活租制相近。三是活田，即农民将田卖给地主，若干年后可以原价赎回，这几年内，农民需要缴纳 30—40% 的租额，另外田赋也要由农民缴纳。四是干租制。即农民将田卖给他人，若干年内可以原价赎回，在此期间，买主自种不交租，卖主也不交利息。五是分种，即所用肥料、种子业佃各半，收获亦由业佃双方平分。①

二、农业经济

据 1930 年《中国实业志》，武进籼稻面积为 860000 亩，糯稻面积为 138000 亩，籼粳稻产量为 1600000 石，糯稻为 100000 石，总计为 1700000 石。小麦为 1376000 亩，大麦为 258000 亩，裸麦为 206 亩。②据 1949 年调查，武进县主要的农作物是稻、麦、豆、棉四种，其中稻田面积为 1080000 亩，每亩平均产稻 400 斤、麦 450 斤；小麦面积为 1100000 亩，每亩平均产量为 100—150 斤，大豆面积为 150000 亩，每亩平均产量为 150 斤；棉花面积为 18000 亩，每亩产量 45 斤。据当时对礼嘉、湖塘、戚墅堰三个村的调查，地主平均每 13 户有水车 1 部，耕牛 1 头；富农每 2 户可有水车 1 部，每 11 户有轧稻机 1 架，2.5 户有耕牛 1 头；中农每 4 户有水车 1 部，68 户有轧稻机 1 架，27.5 户有耕牛 1 头；贫民每 30 户有水车 1 部，每 216 户有轧稻机 1 架，每 30 户有耕牛 1 头。由此可见这一地区生产工具及耕畜并不足，且大多为富农、中农所占有，贫农则异常缺乏。③

1927 年的调查指出，如果一户农民耕种面积为当时全县平均数的 12 亩，农业生产收入（包括稻、麦、柴草及其他）共 396 元，支出田租 144 元，生产费用（包括饲料、肥料、添补农具及其他）116 元，共支 260 元，收支相抵，剩余 136 元。另生产收入中柴草 12 元完全是自给，所以其实实际净余为 124 元。如果每户以 4 口人算，每天伙食约需 0.5 元，仅可维持 8 个多月的生活。④

1930 年，乔启明对 7 个省 13 地农家进行了经济调查，其中包括武进县 300 户农家，这 300 户农家每户人数为 4.87 人，如果包括长年同居共食的亲属和雇工等（文中称家庭），则每家平均人数为 5.09 人，每一家庭的年支出为 293.26 元。其中食物

---

① 《武进县农村经济概况》，第 46—47 页。
② 《中国实业志》（江苏省）第五编，实业部国际贸易局 1933 年 2 月编印，第 1 页，第 48 页。
③ 《武进县农村经济概况》，第 53 页。
④ 龚骏：《各地农民状况调查·武进》。

191.99元，占65.5%，房租19.23元，占6.6%；衣服6.78元，占6.6%；燃料25.43元，占8.7%，这四项便占了全部费用的83.1%，可见武进农家支出的80%以上只是用以维持基本生活。此外医药3.52元，占1.2%；生活改进22.96元，占7.8%；个人嗜好11.19元，占3.8%；器具设备1.89元，占0.6%；杂项10.27元，占3.5%。① 如果再对照上文乔启明的农村支出调查，改按每家4人计算，即上述支出以四分之五折算，约为232元，再从支出中扣除田租，即收支相抵余额为268元，可见自耕农每年应尚有少量节余，但如果还需雇工，则普通自耕农的生活也是很艰难的。②

以上数据并没有考虑到粮食价格下跌和物价飞涨的问题，根据1930年代的研究，1910年武进白米1斗价格为0.58元，食盐1斤价格为0.036元，白米1斗可换食盐16斤；而至1931年食盐1斤为0.112元，白米1斗则为0.98元，仅能换食盐8斤12两（注：旧制），白米对食盐的比价降低了42%。另据统计，1894—1932年的39年中，武进农产品物价指数自47升至161，而其他物品的零售价在1910—1932年22年中便由93提高到183。③农产品价格上涨的幅度远不如整个日用品价格上涨的幅度，由此导致农民购买力日见萎缩。与此同时，1912—1932年的21年中，武进地价增涨速度更比物价增涨率为高。原因在于耕地不足造成地价昂贵，国内政局动荡，外有侵略，工商业难以发展，还是投资土地最为稳健，促成地价激增，尤其邻近都市的田价，常超过农业利用上应值的价格。④ 从1910—1932年，武进地价每亩每年增加8.32%，每年实增6.24元。物价地价增涨的同时，农工实际工资则相对降低。1925年武进农产品、地价、农工工资的价格指数分别为156、262、125，1932年三者的指数分别为161、328、137。农工实际工资日见减少，除了物价上涨因素外，农村土地兼并，劳动力过剩，也是重要原因。⑤

农家入不敷出，多数负债。武进农家借贷种类普通的有翻头利，即春天借米，麦收后麦贱米贵，又以麦折成米或棉纱，另外是借头粮，即无论在1月、2月、9月借的粮，到秋收后最低利息每石加4斗，最高加6斗。⑥ 借贷来源则有典当、搭会、向私人借贷、向商店赊欠、向农行、仓库押物借款等途径。据1930年代对第八区前墅乡30户农家调查，30家负债总额为4650元，平均每家负债155元。其中每家平均年付搭会款42元，为有着落的收入，减去后每家实际负债113元。当时全县农村

---

① 乔启明：《中国农民生活程度之研究》，《社会学刊》第1卷3期，1936年。
② 万灵、贡献：《晚清至抗战前常武地区的农村经济》，《中国农史》1991年第2期。
③ 张履鸾：《江苏武进物价之研究》，《金陵大学学报》第3卷1期，1933年。
④ 万灵、贡献：《晚清至抗战前常武地区的农村经济》。
⑤ 李范：《武进县乡村信用之状况及其与地权异动之关系》，台北《中国地政研究丛刊》，1977年。
⑥ 《武进县农村经济概况》，第47页。

估计有 80% 农户为负债户，总负债约为 11 万元。①

三、副业和手工业

如前所述，早在明清时期，常州农业的商品化进程已经开始，家庭手工业也得到了发展，到了民国后由于人多地少，副业和手工业仍是农村经济的重头。常州郑陆桥曾有首歌谣，称"常州郑陆桥，人多田地少，没啥事情弄点糖抛抛"，②说的就是每年农闲时有大批郑陆桥乡民到安徽腹地各乡镇做麦芽糖生意，虽然规模不如郑陆桥的麦芽糖，但武进各乡各镇的农民都从事类似的副业。

从晚清开始，蚕桑业便是武进农村重要的收入来源。在太平天国战争结束之后，一方面，官员们为了恢复经济推广桑树的种植，另一方面欧美各国从中国大量进口生丝的刺激了蚕桑业的兴起，"稚桑入土四年，所获已丰。至六年则一亩之桑可抵二亩之稻而有余，而又仅资四十余日之力，故民不待劝而自趋"③。因此，从同光以后，阳湖一带已经成为蚕桑的重要种植区。到了民国后，武进大量的豆田渐变成桑田，此后随着上海、无锡等地的机械缫丝业的发展，武进的蚕桑业发展加快。根据《武进年鉴》的统计，1926 年桑园面积 125893 亩，占全县农田面积的 7%，至 1928 年增加到了 140981 亩，当时整个蚕茧收入在 600 余万元。这时每担蚕茧收购价在 100 元以上，桑价则在 10 元左右，一般养蚕农民年收入可在 300—400 元，这是武进蚕桑业的黄金时期。④不过值得注意的是，由于地利的关系，武进蚕桑质量并不及其他地方。《武进工业调查报告》便称"蚕丝，以苏杭所产为佳，本邑所产较次"⑤。而且和湖州等丝区桑田面积占耕地总数的 30—40% 相比，武进的蚕桑产量也远远不如。

1930 年代之后，一方面由于蚕病流行，更重要的是由于 1929—1933 年全世界经济危机冲击下造成的丝价惨跌，使得茧市不振，价格迅速跌落，据《中国实业志》载，1929 年鲜茧收购已经跌到 52—55 元，而至 1932 年更是锐减至 23—30 元，当年武进春茧的价格也跌到了每担 30.7 元。⑥由于武进蚕茧质量本相对较差，再加上本地又没有丝厂支持，使得蚕桑业受到的冲击远较他处更甚。至 1931 年，全县桑园已经仅剩 59862 亩，产春茧 14541 担，秋茧 10991 担，桑叶 42 万担，总收入下降至 230 余万元。⑦

---

① 李范：《武进县乡村信用之状况及其与地权异动之关系》。
② 蒋楠生：《江南农村回忆：江苏武进县南乡农村情况》，《现代农民》第 4 卷第 9 期，1941 年。
③ （清）李超琼：《阳湖留署呈明地方情形》，《石船居杂抄剩稿》。
④ 《江苏省蚕业改进管理委员会直属各场所处区二十四年工作报告·武进蚕桑改良区》，《江苏建设月刊》第 3 卷第 3 期，1936 年。
⑤ 于定一：《武进工业调查录》，民国十八年铅印本，第 61 页。
⑥ 马勤如：《武进县农村副业之调查》，《农行月刊》第 1 卷第 2 期，1934 年。
⑦ 《江苏省蚕业改进管理委员会直属各场所处区二十四年工作报告·武进蚕桑改良区》，《江苏建设月刊》第 3 卷第 3 期，1936 年。

到了抗战时,全县的桑田半遭砍伐,至 1945 年全市种植面积已经跌至了 4 万亩,产茧量 27875 担,仅为 1925 年的 7.5%。①

土布业是武进县的另一个重要副业。土布业主要在武进东南乡如湖塘、马杭发展,西北地区发展很少,这本身便和各地乡村人地比例关系密切:

> 西北乡与东南乡不同,西北地广人稀,东南地少人密。东南乡农民农户收入不足以维持生活,因之纷向副业方面发展,如土布、踹布、青坊及染织有关各手工业,如大粉、小粉、劈绿柴等是。西北乡农民农田较多,农产收入勉能维持生活,即不再向副业发面谋发展。结果成为东南乡农民因副业日益发展而日见富裕,西北乡农民则因不发展副业而生活日见贫苦。此乃常州东南一带,布厂发达之远因。②

武进最早使用手摇车纺纱,投梭机织布,土纺土织,晚清开始用洋纱土织,品种规格也随织机和棉纱的发展不断进步。投梭机在 1912 年是全盛时期,仅南门外如湖塘桥等地便有 25000 台投梭机。1906 年晋裕布厂成立之后,常州出现了手拉机织布,同时在于定一等人的提议下开始"土布改良",织出的布也由原有的门幅 9 寸至 1 尺 2 寸,变为用机制纱以手拉机生产,布幅 2 尺以上,品种有斜纹、葡萄呢、丝光线呢等花色布。从 1911 年左右,农村也逐渐向手拉机发展,至 1920 年左右,已经有 2000 台手拉机。至 1917 年起,开始出现脚踏铁木机,产品也可以与动力所织相仿,品种有斜纹、平布、线呢、条格布等。据 1927 年《武进工业调查录》统计,当时武进土布年产量约 700 万—800 万匹,总产值在 400 万元以上,其中以湖塘桥产量为最多。③但一战以后,随着日、英等国布匹的大量引进,"本地出产的土布到处受人唾弃,销售不易,小手工业土布毛巾等厂庄,皆遭巨损",查秉初所开的新安镇合昌布庄仅 1920 年便亏损 9000 多元,拖延年余停业。查秉初当时曾向政府申请,提出凡以手投梭机及手拉拨木机和脚踏机三项所织之土布,皆系人工用力所织成,为农村副业,请放宽原有土布规定的阔度和长度标准,一同享受土布免税的优惠,但随着日货的倾销,各县各乡各镇的土布庄仍然大量减少。九一八事变后,全国开始抵制日货,土布业重新获得生机。④同时常州湖塘、马杭等地开始出现棉织生产合作社,初为织户自发的互助组织,后来得到了政府的倡导。由社方发棉纱供社员加工,集中销售,

---

① 毛文辉:《抗战胜利后的武进蚕桑业》,武进县政协文史委编《武进文史资料》第 13 辑,第 109 页。
② 姚子瑜:《常州布厂业发展之远因与因素》,《常州纺织史料》第 1 辑,内部资料,1982 年,第 125 页。
③ 于定一:《土布庄》,《武进工业调查录》,第 42 页。
④ 查秉初:《清末至解放常州工商业略述》,《常州地方史料选编》第 1 辑,内部资料,1982 年,第 100—102 页。

一定程度上促进农村土布业的发展,到抗战爆发时,湖塘地区的脚踏机已经发展到 1.5 万台,日产坯布和各类厂布约 1 万余匹。① 抗战期间,虽然土布业受到了日军的摧残,但由于各地工厂开工不足,再加上人民生活困难,土布业得到了发展,1944 年时,全县脚踏机已经达到 2 万台。② 而据 1946 年统计,整个湖塘桥有各种木铁织机 45000 台,日夜工每天出布约 65000 匹。③

除了以上两项大宗副业之外,常州各地还有如焦溪的蒲包,新闸的萝卜干,陈渡桥、马公桥等的梳篦,礼嘉等地的砖窑等以及酿酒、榨油等等。据 1926 年和 1928 年的调查,22 个乡手工业项目有纺织、剥丝绵、劈香棒、篾箕、舂米、砻谷、家用器具、农具、缝衣、做砻、芦席、蒲包、蒲鞋、砖瓦共 14 类,其中纯商品性的只有丝绵、香棒、篾箕、芦席、蒲包、蒲鞋 6 项,其他都是半自给半商品性的。如有 20 个乡从事土布业,但只有 7 个乡是自用兼外销,其他 13 个乡都是单纯自用,④ 可见民国时武进地区的家庭手工业虽有一小部分商品生产,但大部分仍属于谋生而非谋利。而且即使有商品生产,大部分仍是季节性的,并没有分化出大量的独立手工业者。以湖塘桥为例,虽然这里是整个常州乃至整个苏南最大的家庭土布生产中心,但基本上至解放前仍是一家一户的家庭手工业作坊,虽然有蚕桑改良区和织布合作社等新兴的生产方式,但依然没有改变整个武进的境况,因此大部分的本地农民仍然束缚在土地上。

四、国民政府的农村政策

1933 年 5 月,国民政府成立了农村复兴委员会,一方面促进农村经济的发展,一方面也是为了阻止中共在农村的发展。在"农村复兴"的大背景下,江苏省政府和武进县政府也制订了一系列政策措施,来推进本地农村经济的发展。

1. 农业推广所。1925 年,杨寿生为推广农业技术、振兴农业而创办了农事试验场,后改为武进蚕桑场,1932 年又改为农业改良场,1933 年春始称武进农业推广所,1935 年推广所归并于武进蚕桑改良区,至抗战爆发中止。抗战胜利后,国民政府于 1946 年 5 月恢复设立武进农业推广所,地址在常州东仓桥南岸的清代东仓遗址上,同时还辟为农场,属推广所,所、场合一,另在前黄设有分场。农推所在行政上分属江苏省建设厅和县政府建设科,在事业方面则隶属省农业改良所和农业辅导区,下隶乡农会业务小组和私立农场。1947 年 12 月北平稚晖大学决定迁常州,改名武进大学,县政府第三次县政会议议决以县农推所农场拨作校址,农推所即迁至离城厢 5

---

① 谢召南:《武进县之农产概况》,《苏农通讯》1946 年第 2 期。
② 武进县县志编纂委员会:《武进县志》,第 344 页。
③ 谢召南:《武进县之农产概况》。
④《武进家庭手工业调查表》,武进县实业局《武进年鉴》第一回、武进县建设局《武进年鉴》第二回。

公里处的郊区。不久武进大学因故作罢，农推所于1948年10月又迁入城内前驳岸。

自1949年，农推所主要做了以下的一些工作，包括协助县农会组织乡农会105个，协助县合作室组织农业合作社25个，与地方有关团体合组农业推广协进委员会和农产改良会30余处；在前黄、牛塘、村前、戚墅堰设立4处示范农田，筹设村前、坊前、马迹山、奔牛等农民水利社4所。在农业技术推广方面，推广了美国白皮和金陵大学2905号良种麦，种植面积7万亩，约占全县小麦面积的6%，亩产2至3包（每包172市斤）；此外还推广了省稻作试验场的384号及314号良种稻，试植甘蓝菜、番茄，试养约克夏种猪，并引进波皮猪、盘克县猪、来康鸡和黄金蜂等，这些蔬菜和禽畜是武进县同类品种的滥觞。农推所管理的私立农林场，1947年1月8日调查填报有18个。除农推所农林场外，都在今雪堰、潘家两乡的山区。各场土地面积5亩至75亩不等。种植果林为主，有的兼营畜牧。农场成立早的在1926年，多数在沦陷时期成立。1947年和1948年又成立若干农场，有资料可查的有夏溪贝巷村的私立永兴农场，横林的私立力行农场等。由此可见民国政府对于私立农场须有一定规模、合格的人才和明确的宗旨才予以批准确认。建立农场需经农推所审核同意上报，农场建立后，农推所给予技术辅导。农推所发挥了一定的农业技术推广作用，取得了一定成效，但从整体而言，农推所的工作仍比较零散，并不可能改变整个农村的面貌。①

2. 蚕业改进。针对当时蚕业的困难，国民政府也开始注重蚕桑技术推广和蚕业改进工作。1932年秋，江苏省实业厅便在金坛、武进和无锡三县成立蚕业统制区，试办蚕业统制。1933年，蚕业行政管理移交省建设厅管辖。1934年3月，江苏省政府又设置江苏省蚕业改进管理委员会，委员长由建设厅长兼任。是年3月23日，经江苏省政府委员会第643次会议通过，在无锡县和金坛县设置蚕桑模范区，在武进、江阴、宜兴、丹阳、吴县、吴江、扬中、江都、句容、镇江和溧阳等11个县设置蚕桑改良区，改良区设主任1人，由县长兼任，副主任1人，技术员和办事员各若干人，另设督察员若干人，会同指导员办理取缔及督察事务。同时在蚕桑最发达的地区设置蚕桑指导所，在蚕期办理蚕户调查、蚕室蚕具消毒，共同催青和稚蚕共育工作，并设置永久性的蚕桑中心指导所，指导蚕户桑之改良扩充及组织蚕业合作社，举办蚕农技术训练班等。武进全县最多设中心指导所3所，指导39所。1937年抗战爆发后，蚕业改进管理委员会员和各地改良区基本停办。②

1946年2月，江苏省政府第一次委员会议通过，恢复江苏省蚕业改进管理委员

---

① 毛文辉：《抗战胜利后的武进农业推广所》，武进县政协文史委编《武进文史资料》第15辑，内部出版物，1993年，第172—173页。
② 蒋国宏：《种子革命与社会变迁：长江三角洲地区的农业品种改良研究（1927—1937）》，吉林人民出版社2007年版，第277—340页。

会及蚕丝试验场,并在无锡、吴县、武进及宜兴四县设置蚕桑改良区,其中武进改良区设中心指导所于林南镇(今横林镇),指导蚕农 6447 户,并兼管丹阳、镇江、扬中、江都的蚕业改良工作。1946 年当年,全县设春期指导所 6 所,秋期指导所 10 所,至 1947 年春,秋期增至 14 所;1948 年,春秋二期都达到 14 所,1949 年春设 20 所。1947 年还设辅导所 10 所,1948 年 8 所。同时又在乡间建立合作社,其中 1946 年创办养蚕合作社 5 个,社员 4234 人;1948 年则达到 30 余个。另外 1946 年设烘茧运销合作社 4 个,社员 3732 人;至 1947 年春增至 11 个,社员 7962 人,1948 年增至 13 家。蚕桑改良区推进新蚕种,使得蚕茧单产量明显提高,但是随着 1946 年之后的粮价飞涨,虽然蚕茧产量每年都有提高,但仍有大量农民毁桑种粮,产量反不如沦陷时期,至 1947 年的总产量只有 1945 年的 71.4%。[①]

第二节 民国初期工业的兴起(1911—1927)

中华民国成立后,北京政府也制定和采取了一系列政策法规,促进经济的发展,尤其是在张謇出任农商总长期间,在次长常州人刘垣的协助下,积极推动工业的发展。随着第一次世界大战爆发,列强无暇东顾,国际社会对轻工产品的需求又大增,中国民族企业家抓住这一难得的发展机遇,设立工厂,增加资本,积极扩大生产,扩展销路,获得了丰厚的利润,工业得以迅速发展,常州近代工业发展的序幕也由此逐步拉开。

一、纺织工业

1915 年裕纶布厂结束,当时有净盈余 3 万余元,创办人蒋盘发便以此为资本,和刘国钧集资创办大纶机器织布厂,这是常州最早的机器织布厂和近代纺织厂,在筹备期间,蒋盘发曾专程由上海东货铁工厂陈清鉴陪同去日本考察,同时买回旧布机"大英车"100 台和浆纱机 1 台,加上原裕纶厂的手拉机 180 台,共有布机 280 台。一年后又由陈清鉴介绍购进了大英机 10 台和铁木混 10 台,这是铁木混织机最早引入常州。铁木混织机是种简易动力织布机,造价低,但有一般动力织机的效能。自此可生产每匹长 10 丈 4 尺(约合 34.67 米),宽 2 尺 6 寸(约合 0.87 米)的细布和宽 2 尺 2 寸(约合 0.73 米)的斜纹布。[②] 据刘国钧回忆:

我把全家迁居常州城内以后,就与蒋盘发先生联络了一些人,集资

[①] 毛文辉:《抗战胜利后的武进蚕桑事业》,武进县政协文史委编《武进文史资料》第 13 辑,第 109—115 页。
[②] 常州市民建、常州市工商联:《常州纺织工业史话》,常州市政协文史委编《常州文史资料》第 3 辑,第 7 页。

九万圆，于民国四年在常州组织了"大纶纺织公司"，股东有了刘宝森、陆友仁等十余人，创设了"大纶机器布厂"，地点在常州东下塘乌衣桥。有九万圆资金的企业，当时在常州来说是首屈一指的，尤其是使用了动力织布机。全厂有向日本购买的动力织布机，一部分铁木混织机，还有相当一部分木机。虽然是旧机器，但种类不少，还有浆纱机。采用水门引擎作总传动。是常州进入现代动力化织布的第一个厂家。①

此后，赵锦清在东下塘赵家弄开设锦纶二厂，请上海东货铁工厂陈清鉴等来常将土布的手拉织机改为脚踏机。乡间各作坊也纷纷仿效，将改良织机改为铁木混合人力脚踏机。当时，常州地区还成立了许多类似的手工布厂，如天泰、振余、公信、广丰、汪永裕、天孙（1918年改名为官办第九工场）及乡区的通惠。其中振余厂是常州最早使用脚踏机的手工布厂，第九工场则首先采用提花机，生产提花布，该工厂虽然只经营了三四年，但常州生产的提花贡呢、毛葛以及各种花线呢从此却崭露头角。②

动力织机的使用，推动了机器染织业的发展。1918年，徐吟甫在东太平桥南创办了恒丰染织厂，这是全市首家设有机器印染车间的织布厂。1919年，刘国钧在新坊桥独资创办了广益布厂。同年，戈莲生等集资10万余元，在东外直街平桥西首开办了广新纱厂，所产棉纱与无锡的"雀球牌"并驾齐驱。③

早在1915年，当时的商会会长钱以振便"联合同志二十人"，发起筹设"大经纺织股份有限公司"，拟招股资本50万元。但由于政局不定，最终只得退股停办，大经厂胎死腹中。④直到1920年，钱以振、于定一、卢锦堂及无锡荣德生发起筹办了常州纱厂股份有限公司，以钱以振为经理，总集资60万元。纱厂订购了英国好华特新纺机12000锭，但筹建过程并不顺利，至1921年10月才开出纱锭4000锭，不过由此常州终于生产出了自己的第一批棉纱——10支仙女纱。⑤同年，大纶布厂在德安桥北扩展为大纶纺织股份有限公司大纶纱厂，次年11月投产，资本额50万元，使用600匹蒸汽引擎拖动，有纱锭1万枚，布机260台，工人1000余人，仙女纱问世1个月之后，大纶也纺出自己的第一批棉纱——六鹤纱。⑥

此外还有福大和利民两家纱厂，福大创办于1921年，不到两年便遇火夭折，但

---

① 刘国钧：《刘国钧自叙》，香港利文出版社2001年版，第64页。
② 常州市民建、常州市工商联：《常州纺织工业史话》，第7—9页。
③ 江苏省常州市天宁区志编纂委员会：《天宁区志》，方志出版社2003年版，第294页。
④ 《常州大经纱厂总事务所广告》，《申报》1915年9月8日。
⑤ 常州市民建、常州市工商联：《常州纺织工业史话》，第10页。
⑥ 江苏省常州市天宁区志编纂委员会：《天宁区志》，第294页。

它是常州最早能生产 60 英寸阔幅提花绒毯和军毯的工厂。利民由吴县张云搏、杨廷栋创办，股本为 30 万元，有走锭 5200 枚，生产 4 支、6 支粗纱，于 1924 年正式投产，但此后三度因亏损停业，1925 年由债权人上海通易信公司接办，改名为通成纱厂。通成纱厂自纺自织，生产提花绒毯，远销全国各地。①

1923 年，江浙军阀混战，生产受到破坏，同时日货又加紧倾销。刘国钧当年在东外直街创办了广益二厂，诸永生等集资在东门外仓桥开设利源染织厂，机织斜纹、平布，后改为大华染织厂。两厂均使用国产仿英动力织布机。这一时期，相继使用动力布机的还有恒丰染织厂、永成染织厂、鼎成染织厂等。②

1923 年，钱授昌、钱授祺兄弟俩和上海实业家崔福庄在江阴合办了蓉西、蓉新两家织布厂，拥有 350 台手拉织布机。1924 年 4 月，钱氏兄弟决定在横林镇创办机器织布工厂，他们购置了 6 亩土地，出资建造房屋 83 间，先以租贷方式，租借给厂方使用，钱氏兄弟和蒋仲虎、张翰卿合伙投资纹银 2 万两，推举钱授昌为经理，蒋仲虎为监理，冯涵真为厂长，钱云章为账务，着手置办织机、电动机、筒、纡车、手浆缸等设备，于 1925 年冬正式投产，是武进县最早的电动机织色织布厂。③

这一时期创办的纺织企业还有 1924 年的大文布厂、1926 年蒋盘发创办的协源染织厂等。④

二、机器制造业

常州是民国时期全国机器制造业的重要中心，一度规模仅次于上海。1912 年，由修理引擎、制造引擎而派生出来的常州第一家机械制造厂厚生机械厂成立，这家后来成为著名的常州柴油机厂的企业的成立，是为常州机器制造业的开端。厚生机械厂是近代中国著名的动力机械厂家，在厚生厂和不久之后创办的万盛铁工厂为主要代表的机械动力厂的推动下，织机、煤油发动机、碾米机、磨粉机等机械加工制造业相继出现，促进了常州经济各部门的发展。

1912 年，常州军政分府决定设立戽水机工厂，提倡机器灌溉农田，奚臻为顾问，接受军政分府指示，筹建机器厂。奚臻（1878—1953），字九如。1912 年，奚九如从上海求新制造机器轮船厂买回了 8 马力火油机与 8 吋口径的水泵，先在秋季代农轧米和戽水灌溉，后即与武进县沙田局专办龚瑞蕙、四乡公所总董赵颂平、新闸财翁潘鹤鸣、江阴县农会主任吴励吾、江阴县农会会长徐习五及朱溥恩等人合资，一

---

① 常州市民建、常州市工商联：《常州纺织工业史话》，第 13—14 页。
② 江苏省常州市天宁区志编纂委员会：《天宁区志》，第 294 页。
③ 何寅初：《武进县最早的色织布厂——武进第一染织厂》，《武进文史资料》第 2 辑，内部出版物，1983 年，第 149 页。
④ 《实业名录》，武进县实业局编《武进年鉴》第一回。

图 8-16 奚九如

起开办了溥利米厂，引擎和碾米机均系在上海求新厂购得。因引擎运至上海修理不便，又求助上海求新制造厂民族资本家朱子尧支持，于 1913 年 9 月创设厚生制造机器厂，厂名源于辛亥革命口号"通商惠工、厚生利用，国基永奠"语句。建厂时资本为 15000 元，占地 12 亩 5 分，当时设备仅为一台 3 马力火油引擎拖带 8 尺、10 尺旧车床各一部及 8 尺龙刨一部，均从上海求新厂购得。

奚九如建厂后即制造火油引擎，不久便仿制成功 8 马力火油引擎，并售给了牛塘桥许恒丰油坊。当时火油便宜，各油坊因之竞相争用火油机，厚生厂亦找到利源所在，第二年便在永宁寺后翻建平房 8 间，添置工作母机，很快，企业发展速度和规模在沪宁沿线鲜有其匹。1914 年春试制农田戽水机成功，这是用一台 3 马力火油机配上传动设备传动农田抽水用的木槽龙骨水车，以替代人力畜力戽水灌溉，最先的两台产品分别租给江阴贤庄、武进史墅供农田灌溉，开创了常州地区机器戽水历史。1915 年又制成 5 马力火油引擎，租给太平洲（今扬中市）三茅庵郭松茂家用作圩田排水。当时《武进报》有专题报道，说太平洲地势低洼，每逢积雨，无处宣泄，危及田畴，租用厚生机器可不使大水积而为患，由此扩大了厚生产品的影响。"近年农田均利用机器戽水得不受水旱之灾，首先制造提倡，实为厚生厂焉"。①

此后，厚生厂还制造了脚踏风扇、织袜制造机等。当时，常州豆市、米市河段常有千石大船停泊，武进河道常需开拓疏浚，奚九如在水利机械方面就重点投资，于 1915 年开始建造挖泥机船，并于 1918 年 12 月制成大型联珠斗式挖泥机船"利通"号。当时《晨钟报》记者曾描述机船试演盛况并评论说："此机果然灵妙非常，下视人工不可同日而语……两岸观者如堵，莫不赞美奚君研究制造之成效，为吾邑实业界及水利前途大放异彩。"

1919 年，上海求新厂被法国资本吞并，厚生厂一度处境窘迫。1920 年，奚九如为扩大资本，增强产销能力，不得不借助他人资本，让企业改组为"厚生利记机器厂"。此后，厚生厂制造 12 马力火油引擎成功，并转产铁木织布机。此后，厚生销量日佳，便撇开潘鹤鸣，再度改组，恢复原牌号，由其子奚祝升任经理兼厂长，1924 年，厚生厂生产出第一台二行程卧式柴油机，这使得厚生厂成为中国最早制造内燃机的企业之一，当年又推出"救星"牌（奚九如的"九"与"救"在武进北乡同音）商标，

---

① 叟人：《厚生制造机器厂史略》，《江苏国工半月刊》1936 年第 3 期。

其创意是配套戽水设备用于农村抗旱排涝,是农业的"救星"。此后又,增设电气工场,制造50千伏安变压器、12千瓦发电机等。1925年,江南大旱,武进四乡幸亏租用厚生引擎才使旱不为灾。当年国民政府财政部和江苏省政府曾"令准厚生厂救星牌商标的农田戽水机免税十年"。1926年仿制英商安利洋行卧式四行程12马力路司登柴油机成功,以后相继造出17匹、27匹、40匹马力柴油机。①1927年,《武进工业调查录》评论:"机械兴而物质愈进于文明,亦工业日臻于繁赜,国计民生,具有关系焉,吾邑距今五十年(1879年),不知有机械化……今以机械制造机械,则自厚生始……"②1929年6月至10月,救星牌8马力和27马力柴油机,以及水泵在规模宏大的西湖博览会展出,获得了优等奖章和优等产品证书。

1930年后常州棉、纺、染、织业已初具规模,手工纺织遍及城乡,棉织机械之需要量的日益扩大。厚生厂的生产重点从低速单缸引擎转向织机,并适量配套制造筒子车、纡子车、经纱机、页布机。随着常州纺织工业的迅速发展,厚生厂也达到了历史上的鼎盛时期,该时全厂有设备60台之多,有翻砂工场2个,分日夜两班生产,营业额每月可达15万元,其中仅1937年1—7月即生产布机1200多部,丰田式织布机最高月产量达300台水平。抗战全面爆发前夕,全市有染织厂40多家,开动布机6300余台,属厚生制造的占一半左右。③

在厚生厂的推动下,织机、煤油发动机、碾米机、磨粉机等机械加工制造业相继出现,常州本地的机器厂相继创设,使之成为民国时期全国机械制造业的重要基地之一。常州本地生产的机器除了纺织企业使用外,也先后在协丰、恒丰、宝兴泰、裕源成、许恒丰、大生源等米厂、油厂中应用,促进了常州近代粮食加工业的发展。1919年,陆汉民、万福耀、万全金等人集资创办常州机器厂,经营年余效益不佳,1920年出盘给万鉴明、庄汉宝等人,改名为万盛铁工厂。1926年,万盛销售引擎已达到120多部,营业额约8万余元,利润达到2万余元。至1930年代,万盛铁工厂已经发展到有固定资金3万元,人员达到百余人,主要生产立式引擎和部分卧式引擎,还生产碾米机、榨油机、开河机、织布机、抽水机,与厚生厂业务基本相仿,而且在引擎制造方面,由于技术精良,其质量和销路更优于厚生,曾在1935年在北平参加全国铁道沿线货物展览中获得最优等奖。此后又看准工业进步潮流,把重点力量花在测绘仿制立式柴油机上,至1937年前后已经成为常州乃至全国最主要的机械工

---

① 徐恺卿:《奚九如与厚生制造机器厂》,常州市政协文史委编《常州文史资料》第10辑,内部出版物,1992年,第126—133页。
② 于定一: 《武进工业调查录》之《机械铁工厂》,第96—97页。
③ 徐恺卿:《奚九如与厚生制造机器厂》,第131页。

厂之一。① 据 1931 年《中国经济年鉴》的统计，当时常州已经有厚生、万盛、平民工艺厂、鑫大机器厂、大可机器厂、唐荣昌机器厂、工务机器厂、华远机器厂、大生机器厂、万成机器厂、新盛机器厂、荣大昌机器厂、求精机器厂、万森机器厂、骏远机器厂、中华机器厂等多家，总资本 119300 元，工人总计达到 700 人。这些机器厂的出资人大部分是原厚生、万盛的技工，而且也大部分集中在西门外怀德桥一带。②

三、粮食加工业

粮油业本来就是常州的重要产业，随着需求量的增长，一些手工作坊便开始过渡到采用机械动力生产，由此促进了常州粮食加工业的发展。1911 年，西门徐永昌米号资方徐顺昌和吴葵秋、奚臻合作，在西门日晖桥开办了机械碾米厂，用柴油引擎作动力，进行铁机碾米，不仅拉开了近期常州粮食加工业的序幕，还由此直接导致了日后厚生厂的产生。

1. 榨油业。常州由于是苏南最大的大豆集聚市场，本地榨油工业一向发达，在全面抗战前，四乡油坊约 300—400 家，大的油厂每年消耗大豆 3000 石之多，最小者亦要有 100—200 石。但在民国初年，常州大部分油坊都是一磨一灶二格车式的种田油车、牛磨油坊。1913 年，由谢文新主持的马公桥塸的裕源油坊首先开始使用柴油引擎作动力，常州油坊开始进入工业油坊阶段。随着厚生厂的发展，至 1916 年，裕源、许恒丰、宝兴泰、公信、许恒裕等油坊都已经引进动力机械，改称油厂。此后自震华电厂发电后，各厂改用电力作为动力者日益增多。1920 年协丰油厂成立，与宝兴泰两家成为同业中规模最大的工厂，两厂拥有大小木车共 150 多台。至 1923 年，常州城内 10 多家油坊全部成为榨油厂。③ 据 1928 年统计，宝兴泰、协丰、源大盛、瑞源、扬永大、蒋同兴、溥利、王泰昌 9 家用电力的油厂马达数已达 550 台，此外还有用蒸汽机、内燃机的裕源、许恒丰等六七家。此外土油坊则分布全县各街镇，总计 80 余户，全年需用黄豆 40 万石，售价 300 万元。

常州榨油工业大都集中在城西，主要是因为这里一直是常州粮食批发集散地，水陆交通运输方便，而且无主土地极多。这些油厂致力于技术改造，1927 年，裕源油厂制造中饼，虽然出油量好，成本较低，但是由于形状异于常品，推销出现一定困难。1934 年，协丰、溥利相继添设立式水压圆车海饼机，每日用豆达到 5000 石，常州各

---

① 常州柴油机厂志编纂委员会：《常州柴油机厂志》，内部出版物，1988 年，第 66—67 页。
② 《中国经济年鉴》（下册）第 1 册第十一章《工业》，《民国丛书续编》第 1 编，上海书店出版社 2012 年版，第 613—614 页。
③ 《常州工商联资料》，转引自祝慈寿《中国工业技术史》，重庆出版社 1995 年版，第 246 页。

厂总计日需 20000 石，此时达到常州榨油业的最鼎盛时期。①据统计，1931—1933 年，武进共有榨油厂 19 家，工人总数 674 人，资本总数 775000 元，生产总值 5055000 元，平均每年出口油 3300 担，价值 16176000 元；饼 808800 担，价值 3437400 元，仅次于上海。②

2. 面粉业。1919 年，叶时卿、浦耆生、朱质斋、周维松、孙瑞康等集资银币 20 万元，在关河路购买土地 30 余亩，兴建四层楼磨粉车间，从美国进口了一套制粉设备，安装钢磨 10 部，动力是柴油引擎，1921 年建成出粉，使用"狮子"商标，日产面粉 3000 包，全厂职工 200 余人，所产面粉色质均佳，这是常州第一家近代面粉厂，也是当时全省规模较大的面粉厂之一。③投产以后，生产经营良好，销路甚畅，每月获利七八千元。之后又陆续开办了数家碾米粉工厂，至 1932 年，武进县有碾米厂 8 家，总资本 22000 元，年碾米量 80000 石。④

此后 1935 年，李应懋、谢钟豪、戴焕堂等人在戚墅堰运河边征用土地 33 亩，筹建大星面粉厂，于 1937 年建成投产，拥有磨粉机 10 台，职工 200 余人，日生产面粉 5000 包，但开工未满半月，即遭战火烧毁，负债 10 万元。⑤

四、电气业：武进电气公司与戚墅堰电厂

武进的振生电灯股份有限公司创办于 1913 年 1 月，由无锡人祝大椿和常州人张赞墀、吴树棠、费志超、薛云鹏等人发起，筹集资金 10 万元银币，选址在常州小南门外横兴桥南，租赁徽州会馆基地，又设总办事处（即事务所）于常州铁丝巷内。发电所内除本国建造的高 90 尺、直径为 5 尺的烟囱外，所有蒸汽锅炉、蒸汽机和发电机设备都系英国的拨柏葛公司和爱伦名厂制造。1913 年 4 月，振生电灯公司发起人和武进市董事会签订契约，并于 1914 年 5 月正式发电。发电所装机容量 1913 年为 180 千瓦，1914 年冬增加一台 125 千瓦的煤气机，装机容量增加到 305 千瓦，到了 1920 年增加到 605 千瓦。

振生电灯公司经营的业务主要以供武进市区街巷、商铺和居民的电力照明为主，同时，还经营代用户接灯，为用户定购或租用各种支烛光的灯泡以及租给用户电表等业务。1921 年，公司增定资本为 20 万元，增添了发电设备 125 千瓦煤气机、300 千瓦水汀机及 3100 平方尺着热面锅炉各 1 座。1923 年，振生电灯公司的资本已经达

---

① 《常州油饼工业历史沿革》，常州市档案局、常州市地方志办公室编《常州地方史料选编》第 1 期，内部资料，1982 年，第 200—201 页。
② 《中国实业志》（江苏省）第八编，实业部国际贸易局 1933 年，第 389 页。
③ 上海粮食局等编：《中国近代面粉工业史》，中华书局 1987 年版，第 428—442 页。
④ 《中国实业志》（江苏省）第八编，第 364—365 页。
⑤ 张月生：《常州面粉工业述略》，常州政协文史委编《常州文史资料》第 10 辑，第 181 页。

到 40 万元，于是更名为武进电气股份公司，并于大北门外殷家桥北另建占地 64 方的厂房，改用 1500 千瓦涡轮发电机，拥有 2300 伏、380 伏、220 伏三级输电线路，当年发电量为 1699000 度，自此电厂开始有更多的电供应城郊工作。1925 年全厂发电容量 900 千瓦，1926 年发电量达到 2257000 度。1932 年，资本又调整到 70 万元，添购了 2000 千瓦透平发电机 1 座，锅炉 1 座，全此装机容量达到 3500 千瓦。[①]

1920 年，施肇曾、杨廷栋在武进戚墅堰与德国西门子公司创办震华电机制造厂，当时华股 568500 元，西门子持股 735000 元，是当时全国规模最大的电气公司，占地面积 200 亩。创办之初，原拟以制造电机为主要事业，而以发售电气副之，后因股本不足，专致力于供电事业。[②] 1923 年冬，震华电厂开始发电，电力可兼及武进、无锡、江阴等县。但因受时局影响，一度入不敷出。1926 年夏，改由西门子经营，亦无起色。1927 年西门子退出，由震华公司经营。

当时无锡有耀明电气公司，与震华公司一向处于竞争关系，兴讼数年。1927 年，交通部派人来调解，双方在上海商定合并事宜，由耀明公司与西门子及震华部分股东重组永兴电气公司，规定资本 120 万元。但震华公司副经理江上达等多数股东反对移交。8 月 8 日，永兴公司强行接收，发生了停电 8 个小时的事件，常、锡两县地方公团及农工各界呈请建设委员会维持。9 月 20 日，建设委员会接收震华电厂，并于是年 10 月 1 日改名为中华民国建设委员会戚墅堰电厂，同时也将耀明公司接收。

接收震华和耀明之后的戚墅堰电厂营业区包括武进县及无锡县。为避免与武进电厂的竞争，1931 年，双方达成协议，武进城内及西门外一带归武进电厂，四乡及北门归戚墅堰电厂。武进电厂本身电力不够，且只在夜间发电，便与戚墅堰电厂订立互助供电协定。1929 年，戚墅堰电厂又收购扬名和大明两电厂，1936 年又将营业范围扩张至宜兴漕桥镇河南部分及江阴县 8 处。此外，在各地还有自行集资植电杆贩售戚墅堰电厂电力给用户的转售公司，至 1934 年，有无锡开原、竞明及武进的鸣凰、万塔、遥观等 5 家。1934 年后，又扩及江阴、宜兴、丹阳、苏州等地。

1927 年，戚墅堰电厂资本 250 万元，设备有 3200 千瓦涡轮发电机 2 座，2500 平方尺着热面锅炉 4 座，发电量共计 6400 千瓦，供电范围东起无锡，经常州西至丹阳，架设高低压线路 110 公里，其中 10 公里是 33000 伏的特别高压线，是全国第一条超高压线。经营业务是电灯、电热、工厂电力、农田戽水等项。1928 年有电灯电热用户 3385 户，电力用户 103 户，至 1936 年电灯电热用户已经达到 16900 户，电力用

---

① 《振生电灯公司始末》，常州市档案局、常州市地方志办公室编《常州地方史料选辑》第 8 辑，内部出版物，1983 年，第 89—104 页。
② 吴俊卿：《常州戚墅堰电厂的历史变迁》，江苏省政协文史资料委员会《江苏文史资料集粹经济卷》，江苏省政协文史资料编辑部 1995 年版，第 113 页。

户近 500 户。到 1937 年全面抗战前，全厂装机容量 19600 千瓦，发电量达 57798 千度，已经成为当时全常州规模最大的企业之一。

戚墅堰电厂规划均来自德国人之手，规模宏大，设备完整。1929 年 7 月，建设委员会技师赵松森前往参观，印象极好，他指出设备的优点有五："一，炉水用蒸馏器蒸过之水，便利且经济，为他厂所无。二、炉房与机房联络极灵捷，有表示出力之设备，炉房工作者可随时知道发电之状况，为他厂所无。三、炉房之建造，使空气温度适宜，炉房中无烟气，温度与室外温度相近。四、烟筒全用洋灰建造，坚固宏庄。五、机器排列整齐，电台监视灵便，自动开关尤为新式，变压器室排列最有条理。"

武进电厂和戚墅堰电厂的建立和发展极大地推动了武进和无锡两地工业发展，根据相关资料，1934 年武进和无锡两地工厂使用电力总数为 32000 马力，而其中自备发电机占 46.9%，接近一半。而仅到了 1936 年，两地已经没有自行供电的工厂了。①

而电厂的另一个重大贡献便是推动了武进农村灌溉事业的发展。武进县使用柴油抽水机甚早，早在光绪三十二年（1906）芙蓉圩已经开始使用。1924 年，震华电厂主持人江上达的兄弟江上悟时为武进定西乡乡董，他在本乡蒋湾桥先行试办农田 2000 亩电力戽水，后又在吉三垛试办 1000 余亩。这也是中国历史上第一次试行电力戽水。1924 年 7 月 10 日至 9 月 18 日，武进地区恰逢干旱，电厂开机 42 昼夜，秋收之时，粮食产量与品质均列上等。武进农民交口称赞"龙王水"。秋收之后，杨廷宝又在湖塘镇试办电力碾米，置机 2 部，用 27 匹马力电动机拖动，每小时可碾米 40 石，深受农民欢迎。地方报纸交口称赞："乡人负稻来者，可立待携米而归，风声所播，十里内外，农民咸集挂号，挨次而进，每每日以继夜。"1925 年，武进的丰东、政成、延成、定东及原有的定西 5 乡陆续要求设机灌溉，面积达 9833 余亩。《申报》报道，1926 年，无锡开原乡荣鄂生、富安乡乡董汪某、扬名乡乡董陈某等，仿照武进电力灌田方法，组织电力灌田公司，承包农田戽水，准备从开原、富安、扬名等乡试办，将来逐渐推广。此后，苏州电气厂看到震华电厂电力灌溉成绩优良，也跟着试办。1926 年，浒墅关一带电力灌溉面积达 3 万余亩。② 因此可以说，武进电力灌溉农田，实开一代风气之先。

1926 年秋，黄炎培得悉震华电气厂与武进县地方人士联合试办电力灌溉，已发展到 8 个乡 40 处，灌溉面积达到 27520 亩时，很感兴趣，便打算到蒋湾桥等处视察。并于 1926 年 11 月初来武进县实地调查，陪同调查的有东南大学（后改中央大学）农

---

① 王树槐：《江苏武进戚墅堰电厂的经营：1928—1937》，《台北"中研院"近代史研究集刊》第 21 期。
② 唐文起：《江苏近代经济史探讨》，江苏大学出版社 2013 年版，第 148 页。

科主任邹秉文、教授唐启宁，金陵大学教授徐仲迪，联合改进农村生活事宜董事会执行部主任兼东南大学教授赵叔愚等著名学者。调查结束后，1926年11月6日，黄炎培在《武进商报》上发表了《调查常州电力灌田状况报告》。黄炎培在报告中指出，常州地区水利以运河为主干，但运河受长江影响，水位涨跌不常，水位低时，河面距离田面相差在2丈以上，有时必须装置5节水车，才能吸水进田。各乡便自购柴油引擎，大致设备费用300元，约可灌田千亩。但问题是动力较大，水轴容易坏，管理稍疏，引擎易坏，平均每亩成本1.9元。1924年，定西乡开始试用震华电厂的电力吸水，分直接、间接两种。直接即用铁管向河吸取，直达农田，加上各种费用，每亩自插秧至收成，成本为1.7元。间接者，即先自大河吸水入小河，由农夫用水车戽入农田，每亩1.2元。1925年起，各乡便纷纷与震华签订合同，合同期至少5年。所有马达等设备或由各乡自行办理，也可向震华租用，另付租费，而震华专门负责传送电力，每度6分钱，每亩至少使用10度。

武进农村都是小农，为节约成本，各乡设一农社，以下分设若干戽水地点，各社按照震华的原价销售给农民，而震华则给农社九折的让利，也有的社是自行再向农民增收一定的费用，如将每度电价加价1分。1926年，情况有所变化，震华电厂由于增加杆线成本巨大，对于农民的要求，不得不加以限制。当时全县有戽水地点40所，分占8乡，合计受益田额为27520亩，马力总计为996匹。从前每亩用电平均约12—16度，1926年由于雨水较多，只需6度。

根据农民所言，电力灌溉有种种好处。一是可以解决人力不足的问题。如24匹马力的引擎，10吋口径水管，可抵人工400人。二是河水淤浅之时，人力兽力及小引擎均不能吸水，只有电力可以做到。三是人力既省，可专用于其他工作，每亩可减省70%的成本费用。稻谷收成也由每亩6担增加至7担。

黄炎培还指出，现在困难问题只在于厂之杆线设备。一时力有不逮，故线路不能再远。若论农田之需要与厂电之供给，余地正多，尽可大大推广。[①]

建设委员会接办戚墅堰电厂后，鉴于电力灌溉有益农村生产，于1929年底组织灌溉委员会，由建设委员会、电气处、水利处、太湖流域水利委员会及戚墅堰电厂,5家组成，委员会负责实际工作的均为戚墅堰电厂人士。1930年，建设委员会奉命将水利事业移交内政部后，专办灌溉事业，成立灌溉局，并设武锡办事处。在国民政府的推动下，1925年武进、无锡两地灌溉面积为10809亩，而到了1936年已经增长

---

① 萧吾：《1926年黄炎培先生来武进县调查电力灌溉状况》，武进县政协文史委编《武进文史资料》第8辑，内部出版物，1987年，第129—131页。

至 50000 亩。到 1946 年，无锡、常州、丹阳三地电力灌溉面积已经达到 15 万亩以上。①

除了上述几个工业部门外，毛巾厂、袜厂、肥皂厂、纽扣厂、电镀厂等日用品工业也在常州相继创建，这些厂规模虽然不大，但都是常州迈向近代轻工业城市的重要基础。据《武进工业调查录》的统计，当时常州有纺纱厂、米厂、米麦面厂、油饼厂、轧棉作厂、组线厂、纽扣厂、染织厂、机械铁工厂、电镀厂、印刷厂、电厂等近代工业企业员工 7260 家，年销售额 22173000 元，使用电力共马达匹数 3551.1 匹，各行业工资总额 3022072 元。其中纺织业已经开始居于常州工业的龙头地位，职工有 5100 人，占总数的 70%；年销售额 12133000 元，占总数的 54.7%，马达 2091.8 匹，占总数的 58.9%；工资总额 1065300 元，占总数的 35.2%，均居各行业首位。② 常州近代工业最早都是在手工业最发达的行业兴起，如土布和粮油加工业。植根于发达的农村家庭手工业和城市商业之上，纱厂、油厂、布厂随之兴起，而一种生产部门的建立，又要求有多种生产部门的配合，随即而来的机械制造业的发展，电厂的建立便是这种连锁反应的集中体现。

常州地方经济的发展并非一帆风顺。首先，当时掌控常州地方经济的仍是传统意义上的绅商，缺乏新兴民族资本家的眼光和勇气，权力和资本的结合仍是当时常州地方经济的显著特色。同时，工业部门仍显单一，传统行业仍占主体，新兴行业投入少，大型项目不多。据统计，钱、典、木、豆四大业资本仍占总额的近 40%，而近代纱厂染织厂只占总额的 20%。③ 而且除电力、粮油加工、棉纺织业、机械行业外，大部分工业部门残缺。当时也有地方人士指出，常州"可办之工厂不仅此而止"，建议还可办化学工厂、应用铜铁厂、应用胰皂厂、应用纸厂等，可惜当地"面团团者往往以其资本从事于钱庄典当等，而不愿集资创办未经人办之工厂"，④ 可见常州地区工业发展的途径主要仍是将先进技术引入传统行业进行改造，而少有新兴、大型的项目。⑤

其次，第一次世界大战之后，政局动荡，内受军阀战争破坏，外受欧美日列强挤压，导致常州经济在 1920 年代初期受到了挫折。欧战结束后，洋布倾销，包括最先办起的晋裕在内的 8 家布厂先后倒闭或改组。1923 年，常州纱厂开工仅 16 个月便受到洋纱的压力，亏损而停产清理。1925 年，常州纱厂决定将工厂租给无锡荣氏，改名为"申新六厂"。一年之后的 1924 年，蒋盘发在上海棉花市场做投机生意失败，加上洋纱

---

① 王树槐：《江苏武进戚墅堰电厂的经营：1928—1937》。
② 于定一：《武进工业调查录》。
③ 《武进县工商业负担调查表》，《江苏省财政公报》第 1 期，1928 年。
④ 我一：《现在可提倡之工厂》，《武进月报》第 3 卷第 4 号，1920 年。
⑤ 万灵：《常州的近代化道路：江南非条约口岸城市近代化的个案研究》，第 102 页。

倾销，大纶纱厂被迫停产清理。由上海保大、久大银行团接办，增资 75 万元，改名为大纶久记。两座最大的纱厂相继失败，导致了常州商业银行和富华银行也相继破产，厚生等机械厂也一度陷入困境，再加上刘树森在沪经营宝成纱厂破产。地方绅士冯晓青甚至说，"如果再修县志，应劝人将'勿经营纱厂'一语载入"。①

初步发展的近代工业虽然一波三折，困难重重，却仍对常州地区社会经济的发展产生了不可估量的影响，为本地培养了大批的技术人才，改变了城市的面貌，更重要的是为下一步的再次辉煌打下了坚实的基础。

第三节 大成奇迹与常州道路（1927—1937）

1927 年军阀混战的结束为整个中国的经济发展提供了一个良好的契机，常州地区的工业化进程也呈现出前所未有的兴旺局面，进入了一个新的黄金时代。以大成奇迹为标志，常州城市近代化进程开始加速，而大成、民丰这样的综合性纺织企业的形成，尤其令人注目。

一、染织业的复兴

1927 年，随着北伐成功，民气大振，抵制洋货运动日益发展，纺织市场开始复苏，至 1930 年，武进的土纱布业、金融业的一些殷实大户相继投资于染织工业，"乡间织布的农妇也多数入厂为女工"，首批成立的新厂有民华、协盛、裕民、志盛恒、益民、利达、三和、鼎成和乡区的立华、宝华等十家中小染织厂。据查秉初回忆：

> 本年入冬，雨水特重，连绵阴雨 37 天之久，影响乡间放款，不克如期收回，以致本市各业年底账款，毫无成绩，难期结束，遂使本市批发商号深知放账业务不能掌握年节清账之可能性，转觉欣羡工厂，应先付款，然后出货，分文无欠，即无倒闭受亏之弊，于是有变易经营之方针，舍放账交易之商业为开机生产之工业，此亦即暗伏变商为工的沿革史之一端。②

随着 1935 年国民政府的币制改革，刺激了人民的购买力，再加上抗日情绪高涨及日货竞争力衰退，纺织业又得到了新一轮发展，陆续出现了裕成、九和、诚孚、万成、民康、大盛、恒源畅、常丰、天纶、同新、华昌、大东等工厂，乡间也出现了新华、冠华等厂。③而在当时整个武进染织业的繁荣发展中，尤以大成和民丰的崛起令人注目。

---

① 常州市民建、常州市工商联：《常州纺织工业史话》，第 13 页。
② 查秉初：《清末至解放常州工商业略述》，《常州地方史料选编》第 1 期，第 106—107 页。
③ 常州市民建、常州市工商联：《常州纺织工业史话》，第 13 页。

二、大成和民丰的崛起

刘国钧（1887—1978），江苏靖江人，幼时家贫，读私塾半年辍学，10多岁便自谋生路，曾做过小贩，到槽坊做苦工。15岁到常州奔牛镇刘吉升京货店学徒。1909年，开始独立创业，创办和丰京货店，并开办染坊，因经营有方，逐渐积累了一些资本。1915年，与蒋盘发、刘宝森等人合资，创办大纶机器织布厂。1918年春，他收回大纶投资，独资创办了广益布厂，开工不到一年就盈利3000余元，此后也年年获利。1922年，又建了广益二厂，成为当时常州最大的布厂。

蒋盘发创办的大纶纱厂于1924年停产清理，1926年由银团接办，因管理不善，工潮迭起，此时，"久记"股东愿以50万元出盘。刘国钧听说此事，

图8-17　蒋盘发

便积极联系，并开始筹集资金。当时常州较有实力之工商人士对经营纱厂缺乏信心，因而刘国钧几乎到处碰壁，经多方奔走，连大纶纱厂少数原股东同意以少数资金投入在内，勉强筹集40万元，其中他个人即占半数以上。1929年底正式订立协议盘买大纶纱厂。在初步达成协议时，无锡唐星海亦有意来常州经营纱厂，拟出5万元之代价，请刘转让，但刘国钧经营纱厂之意志坚定，未予同意。在接办大纶久记纱厂后，即更名为"大成纺织染公司"，次年开始生产。

大成纺织染公司位在常州大南门外德安桥堍，刘国钧接办后担任经理，分工负责厂内生产，刘靖基为协理，分工负责营业，并在上海设置办事处，由刘靖基常驻负责。当时大成公司资金，注册为50万元，因筹集不足，实收40万元。但以万枚纱锭，260台布机规模之企业，流动资金至少需50万元方能周转，又因原大纶纱厂经营时，对机件之维护保养较差，许多必要的附属设备亦不完善。如此情况，对生产极为不利，刘国钧认为"工欲善其事，必先利其器"，遂进行大检修与增加必要之附属设备，共花去13余万元。周转资金由此更感不敷。便以其广益染织厂名义向金融业借到长期信用贷款，再加上其私人垫款，共垫入大成公司达40万元，故大成公司之流动资金，尚能勉强周转。由于刘国钧曾经营布号，又经营布厂，对公司的生产经营，尤其对染织方面的花色品种具有一定经验，对企业前途信心甚足。他曾在一次董事会议上对担心公司前途的董事说："各位如果对公司前途担心，可将股款改作存款，国钧有信心于一年到两年之后还本。"足见他对企业生产具有十分把握。

图 8-18 刘国钧（右）在大成一厂

大成公司自开工伊始，生产便大见起色，锭扯由 0.8 磅增至 1 磅以上，布机台扯亦较原有基础提高 20% 以上。1930 年夏季正式投入生产，当年年底结算，就获得盈余 10 万元左右。1931 年底结算，除分红、股息一切开支，又获得净盈余 50 万元。获得盈余后，刘国钧力主增资，在他的推动下，1931 年冬，股东会增加资金为 100 万元。①

当时中国棉纺织业工厂，对于纺、织、印、染，只经营其中的一部分，至多是纺织或印、染联营。染色与印花作为棉纺工业的一部分，比例很少。外国资本利用我国这一弱点，压低棉纱、坯布价格，抬高色布价格，以打击和摧残中国棉纺业。刘国钧目睹此状，遂于 1932 年偕同陆绍云、朱希武等东渡日本，参观日本纺织业，研究其生产经营之方法。归国后，感到不发展印染，决不能与外货竞争。同时，他认为日本纺织业有许多生产经营方法比较先进，决心对大成予以改革。又感到独资经营之广益染织厂，虽因生产花色布匹，业务甚好，年年盈余，然终须费一部精力照顾，两者关系较难处理，遂将自己的广益厂并入，增添印染设备，改为大成二厂，而大成一厂增加纱锭 15000 枚，专事纺织，大成由此成为中国第一家纺织印染配套的"一条龙"联合企业。

大成二厂主要产品为"大成蓝布"，因坯布好和颜色坚牢度好，很受消费者之欢迎，畅销全国。同时大成一厂出产的"蝶球细布"，外销至南洋等地，同时"元色斜羽绸"在湖南，"条子漂布"在天津、河南、广东、广西等地非常畅销。由于大成二厂成立，印染设备扩展，生产能力达到了每日印染 5000 余匹坯布，为满足大成二厂的需要，刘国钧又在大成二厂对面筹设大成三厂，于 1936 年向瑞士订购纱锭 3 万枚，自动布机 500 台，可惜 1937 年先行进口纱锭 1 万枚，战争已经爆发。1935 年，刘国钧拟赴四川办厂，途经汉口时，见汉口震寰纱厂停业，经商定合作，由震寰占 40%，大成占 60% 资，订期 5 年，改称"大成纺织染公司第四厂"，于 1936 年秋恢复生产，至

---

① 朱希武：《大成纺织染公司与刘国钧》，全国政协文史委编《文史资料选辑》第 31 辑，《文史资料选辑》合订本第 10 卷，中国文史出版社 1989 年版，第 185—187 页。

抗战中汉口沦陷前夕，方行结束。①

大成公司创办之后便以惊人的速度迅猛发展，从1930年至1937年的8年中，无论设备还是资金，均增加8倍，资产猛增至460万元，日产布5000匹，不仅成为常州轻纺工业企业之冠，在全国也名列前茅。著名经济学家马寅初誉称：全国纺织业在日趋萧条情况下，惟大成公司八年以八倍的速度增加着，这是罕见的奇迹。②

刘国钧的成功代表着常州新一代实业家的崛起，与常州传统的绅商有明显的不同，且更具备企业家精神。首先，勤于学习，有着强烈的创新精神。刘国钧曾于1924年、1932年、1934年3次赴日本参观学习，回国后即提出"华厂日厂化""出品日货化"的口号，强调"机器革命"的重要性，并向工商界同仁发出"不可专事对内竞争，而要以科学之头脑，工人之身心，与世界竞争"的呼吁。他在大成非常注重技术革新，实现了多个全国首创。其次是注重管理。大成在人员管理上实行多级工商制和连考制，招收的职员最低资格也必须是高中或同等学力以上的毕业生，练习生必须达到初中水平，养成工也必须粗具文化。同时对养成工、练习工都要进行严格的培训，其中练习生要经历为期3年的技术培训，包括机械、制图、电气，要会改变产品品种和工艺流程。第三是具有强烈的市场意识。刘国钧非常熟悉纺织品市场的行情，大成一成立，就在上海设立办事处，由刘靖基负责，专门分析市场动态，了解经营方向。同时他也努力了解国际纺织品市场的发展变化，他一向注重了解日本纺织业的发展情况，在了解到日本丝绒畅销全球的情况后，他便决定率先引进这项技术，并成功试制中国较早的丝绒和灯芯绒，只不过因抗战爆发，未能正式投产。刘国钧还注重开拓国际市场。他曾向常州纺织界指出："吾常专织斜纹实非久计，宜往南洋调查改织阔路格子等布有利。"第四是注重质量。《大成厂歌》中有"成本力求轻，产品力求精"，刘国钧一向对纱布质量非常重视，几乎每天都到车间检查各道半成品的质量。为了提高产品质量，他不惜代价。③1930年代初他便在细纱车间安装空调设备，以提高细纱质量。他专门请来日本技师，将一根油线传动一个锭子，改为一根锭带传动4个锭子，解决了许多质量上的问题。④

在大成的影响下，常州民丰纱厂也开始向纺织染配套的综合性企业发展。民丰纱厂的经营者江湛（1893—1966），字上达，后以字行，早年进入和慎银号当练习生，不久便凭借其经商才能获得和慎银号经理卢正衡的赏识，并成为武进县商会会长钱以振的女婿，从此江上达的经商天分和钱以振的社会资源得到了有效的结合，开始

---

① 朱希武：《大成纺织染公司与刘国钧》，第188—189页。
② 万灵：《刘国钧和常州的纺织工业》，《江苏纺织》1991年第6期。
③ 朱希武：《大成纺织染公司与刘国钧》，第192—194页。
④ 刘国钧：《赴日考察印象及感想》，《刘国钧文集》论著卷，南京师范大学出版社2001年版，第16页。

进入发展的高速通道。1919年,钱以振和常州另一位商业领袖于定一合资创办常州纱厂,江上达出任常州纱厂副理。同时为吸引资金,以金融推进工业发展,1920年和1921年,钱以振和江上达又相继在常州开设了富华储蓄银行和常州商业银行。由于钱以振的经营失误,1923年,常州纱厂被无锡荣氏兼并,更名为申新六厂,钱以振宣告破产。此后,江上达开始了独立经营。他先是应吴县杨廷栋的邀请,出任其创办的常州震华电厂的副厂长。在他灵活的经营下,震华电厂差点让无锡的耀明电灯公司倒闭。江以数年经营电厂所得红利和常州纱厂收受租金及经营的利润,逐渐还清纱厂的大部分债务,其余部分与债权人商妥,折算为债券,于1931年4月将申新纱厂收回,改组为民丰纱厂股份有限公司(简称民丰纱厂),由江全面主持厂务。不久,发生九一八事变和"一·二八"事变,全面掀起抵制日货高潮,民丰生产的16支、20支纱十分畅销,获利甚多。1933年日商棉纱卷土重来,民丰生产的纱销售呆滞,资金困难。他与苏纶纱厂严庆祥接洽,由严和李耀章增资10万元作周转,并由严、李主持厂务,江自任常务董事。从1934年起,民丰先后添置纱锭布机、漂染机组和一台1000千瓦汽轮发电机,新建织部房、染部房,使民丰成为纺、织、染一体化的大型企业。到1937年3月,民丰已有纱锭22264枚,布机280台,发电机1500千瓦。到抗战前,民丰纱厂已经成为一个兼具纺织印染的综合性纺织企业,资本总额已经达到140万元,上海成为民丰纱厂的主要销售市场,江上达遂常驻上海,一跃成为上海滩的纺织业巨头。①

大成和民丰的成功成为常州纺织业的重要标杆,许多企业都以这两个企业为模范,改进工艺,提高质量,常州的纺织业由此开始了突飞猛进的发展。如常州纺织工业的先锋人物蒋盘发虽然几经挫折,但仍不气馁,从零开始,1925年在家中原有24台布机的基础上,又设立了协源浆纱厂,1930年代后大力扩大布机,兼做绒布,发展成为染织工厂,由于经营得法,采用盘头纱、筒子纱后,每匹生产成本由1.2—1.3元降为0.86元,到抗战爆发前已有布机240台,成为最大的一家染织厂。②1931年,民华染织公司首创丝结呢,丝光闪亮,富有毛感。总经理王有林每月大部分时间都要在上海调查商情,根据市场情况积极进行技术改造,用42支双股线代替60支双股线,生产的府绸质量一度超过了大成。谈柏生经营的恒丰盛染织厂大力发展一种土法印花双面绒的生产,同时购进日本印花机两台,开发出了水浪绒,畅销苏北各

---

① 吴中:《江上达》,中国社科院近代史研究所中华民国史研究室编《中华民国史资料丛稿·人物传记》第15辑,中华书局1982年版,第94—97页。
② 常州市民建、常州市工商联:《常州纺织工业史话》,第19页。

地①。常州染织业的繁荣发展，使常州地区的产业结构发生了重大的变化，常州纺织工业超越了其他行业，成为地区的第一支柱产业。1935 年，纱厂的工资总额已经达到了 70 万元，销售额达到 1000 多万元，平均日产布 6000 余匹。② 至 1937 年，全县有棉纺织染厂 40 余家，其中大型综合厂 2 家，纱锭 60000 余枚，布机 8000 余台，日产 5000 匹 20 万米的漂染设备，各布厂每日需用纱 450 件，日产斜纹布 40 万匹，细布、各漂府绸布等 10 万匹。③

纺织业的发展也推动了整个常州工业的发展。1928 年，全县工商资本总额仅 171.7 万元，其中纱厂、染织厂的资本总额仅 34 万元，加上色白布业资本 12 万元，总计仅 46 万元。仅仅 4 年之后的 1932 年常州棉纺、棉织、毛巾、面粉、碾米、榨油、机器制造等 8 个主要工业部门的资本总额已经达到 500 余万元，而仅纱厂、棉织厂资本便达 400 余万元，占了 80%。除机器制造业外，其余 7 个行业的工人人数为 9188 人，其中纺织业工人为 6983 人，约占 76%。④ 而到 1936 年，仅大成一个厂的资本总额就已经达到了 400 万元。

三、吴淞机厂的迁移和重建

1907 年，在沪宁铁路建造过程中，清政府在上海吴淞张华浜建成吴淞机厂，当时占地 89862 平方英尺，投资 358733 元，建造了 11 个生产厂房，并于黄浦江沿岸建造码头，接通轨道至吴淞机厂，以便卸重件、机器、材料等。吴淞机厂是中国铁路工业最早的 7 个铁路机厂之一，也是南方地区最大的机厂，至 1930 年代，该厂占地 1.86 公顷，厂房建筑面积 7140 平方米，机器设备 240 台，员工 1487 人。1935 年全年大修机车 31 台，客车 46 辆，货车 112 辆。1932 年"一·二八"事变后，根据当时的形势发展，国民政府相关部门开始讨论吴淞机厂的迁移问题，最终决定将其迁往常州戚墅堰。

1936 年 11 月 10 日，吴淞机厂首批重要机械设备 21 台运到戚墅堰。12 月，新厂开始通电，1937 年 1 月开工修理机车，2 月正式改名为戚墅堰机厂。8 月迁厂结束，新厂房占地 42 公顷，厂房面积 2.1 万平方米，工房 20 幢，面积 1.2 万平方米。然而不到 3 个月的时间，常州沦陷，戚墅堰机厂为日本侵略军侵占，改称华中铁道常州工场。1945 年抗战胜利后，国民政府重新接办工厂，恢复原有的厂名，并改组管理机构。

---

① 王有林：《民华厂竞争图存二三事》，常州市纺织工业公司修史编志办公室编《常州纺织史料》第 2 辑，内部出版物，1983 年，第 107—108 页。
② 陆留云：《武进纺织观》，《纺织周训》1935 年第 5 卷第 1 期。
③ 徐伯元：《1911—1949 年的常州工业发展概述》，江苏省中国现代文学史编《江苏近现代发展史文案》，内部出版物，1983 年，第 172 页。
④ 民国实业部国际贸易局编：《中国实业志》（江苏省）第八编。

至1949年常州解放前夕，工厂占地54公顷，建筑总面积59372平方米（其中厂房面积32279平方米），设备总台数836台，职工2948人，是解放前常州规模最大的工厂。[①]

常州在1930年代以大成奇迹为标志的经济迅速崛起，有着非常复杂的原因。首先，这是以整个国内经济发展为大背景的。1927年北伐战争结束到1937年抗日战争爆发，是中国民族资本主义发展的又一个黄金时代。在这十年里，执政的国民党在经济特别是财政金融方面采取了诸多有影响的变革措施，促进了中国经济的发展。其次，常州民族资产阶级的内部结构发生了变化，新兴资本家如刘国钧、刘靖基等代替了传统的绅商，成为常州民族资产阶级的代表性人物。这些人大多出身中小商人，有着专业知识和创新精神，有着较强的市场观念和质量意识，企业管理水平也较高，为常州经济的发展奠定了基础。第三，常州本地的家庭纺织业和金融业的雄厚基础也为经济起飞提供了有益的支持。常州很早就有土布生产，因此劳动力市场得天独厚。"乡人纺织，具有特长，工厂未兴，女工充足，非若沪锡之工厂林立，供不应求，女工为纱厂需要之一，工多价廉，尤便选择"。[②] 常州本地金融业发达，随着纺织业兴旺，也对提供了充足的资金支持。

这一时期常州的城市经济发展也不是没有问题，如工业部门仍然比较单一，纺织业过于独大等等，但近代常州城市工业的历史变迁仍然有其独特的价值。从传统的行政中心和漕运中心向轻纺工业城市发展的功能转化，是常州近代化的主题。常州近代化的动力主要不是来自外力，而是本地的内在动力和外来影响相互作用的结果，并以地方经济自身增长为主。也就是说常州走的是一条与众不同的近代化道路。常州土生土长的民族资产阶级克服了一系列的不利因素，凭借其创业精神和民族意识，充分发挥主观能动性，在本地传统手工业、商业的基础上，走出传统，变商为工，建立起近代工业。在经营中充分利用本地设备和国产原料，加强区域合作，将劣势化为局部优势，在动荡不安的年代，借助有利的大环境，实现了本地的初步工业化。这便是被学者万灵称之为"常州道路"的中国地方工业化之路。[③]

常州工业的崛起，既促进了城市经济的繁荣，也深深地影响了城市的观念。首先，近代工商经济的兴起与发达，导致了常州人谋生方式的深刻变化，竞争趋向激烈。追求近代知识和技能，已成为在近代商业化社会中提高谋生能力，改变自身地位和处境的必不可少的手段。其次，人的价值观念发生了变化。比如，尊文教、耻营求的传统价值观开始逐渐被摒弃，商人从四民之末变成了最吃香的职业，变成了社会

[①] 陆俊：《吴淞机厂—戚墅堰机厂史略》，《中华文史资料文库》经济工商编第12卷，中国文史出版社1996年版，第211—218页。
[②] 于定一：《创办常州纺织公司利益说明书》，《武进月报》第2卷第9号，1919年。
[③] 参见万灵：《常州的近代化道路：江南非条约口岸城市近代化的个案研究》。

舞台中的主要角色和公众关注的中心,并受到公众的尊敬。由于纺织业日益成为常州城市中的主导产业,纺织女工的地位开始得到提高,女性可能成为家庭财富的主要来源,在家庭中的地位相应得到了明显的提高。

当时常州和无锡的工业家曾经有着一个宏伟的蓝图,1930年代,荣德生曾经计划"要使常锡两地的工厂,在五年到十年时间内连成一家",常州各厂沿运河向东发展,无锡各厂则向西扩进,形成一个"日里烟囱相交,夜里灯火相望",可以与发达工业国家相媲美的大工业区。常州的众多纺织界人士都对此颇感兴趣,如民华纺织厂、正丰染织厂分别在此购买了16亩和30亩土地,准备建造新厂。其中正丰染织厂的子厂大东棉织印染厂在1937年已经有排车200台,招工报到者已经达到200余人。①但正在各位企业家雄心勃勃,准备大展身手的时候,战争的炮火打断了他们的美梦。②随着1937年全面抗战爆发,国难当头,中国的民族企业家也遭受到了空前的损害与牺牲,本来就发育不良的中国民族资本在战争中饱受摧残。1937年11月29日,常州沦陷,日军烧杀抢掠,惨绝人寰,全城曝尸遍地,总计被杀民众4000余人。在战争中,大成二厂为日机轰炸之主要目标之一,常州沦陷期间,大成二厂一片瓦砾,三厂被日军作养马房;③厚生厂房屋被烧六七十间,损失生铁千余吨、轴承6000只,原物料被窃一空。④在日军占领的8年间,工厂大部被毁,纺织印染业停工达3年之久,只有新建的4家染织厂、几家小型米厂和织布厂勉强维持生产,民族工商业一度濒临崩溃的境地。⑤

第四节 常州商贸金融业的发展

随着常州工业的发展,本地的商业和金融业也有一定的发展,据1918年《武进月报》统计,当时常州商会入会工商户有银钱业10家,典业18家,木业41家,南货颜料业19家,纸业14家,色布23家,白布13家,豆业11家,药材22家,葛裘洋货22家,绸缎13家,漆业11家,桐油豆麻9家,烛铺4家,糟酱13家,铜锡1家,棉纱煤铁5家,京广苏杭洋货煤油12家,水旱烟9家,茶叶9家,南北什货14家,衣业8家,银楼2家,鞭炮2家,冶坊2家,米业23家,堆栈6家,浴

---

① 万灵:《常州的近代化道路:江南非条约口岸城市近代化的个案研究》,第136页。
② 章百熙:《常州布厂业与申新纱厂紧密合作的历史》,常州市档案局、常州市地方志办公室编《常州地方史料选编》第1辑,内部出版物,1982年,第177页。
③ 朱希武:《大成纺织染公司与刘国钧》,第190页。
④ 徐恺卿:《奚九如与厚生制造机器厂》,常州市政协文史委编《常州文史资料》第10辑,第131页。
⑤ 常州市地方志编纂委员会编:《常州市志》第1册,第756页。

室 10 家，旅栈 54 家。同时已经形成以城中为中心，东、西、北门各具特色的城市市场和向东延伸的戚墅堰市场。其中城中市场是最为繁华的商业区，西门市场是豆、木、米、土产等重要行业的集散地；北门市场虽然随着木业西移逐渐衰落，但随着沪宁铁路的通车而重新繁荣，成为菜馆、饭店和蔬菜水产的大规模集市所在地；东门市场随着水门桥码头的设立，成为常州客货水运的主要门户之一，而戚墅堰随着沪宁铁路的通车和电厂、机车厂的设立，发展迅速，有"小无锡"之称。① 从总体上看，常州商业规模仍然较小。1915 年，常州商会曾为了特种营业税之事呈请减免，在文中专门叙述了常州商业所面临的困境：

> 如以奢侈营业论，则姑就特种营业税条例第一条所列，合之武进情形，如海菜业，武进本无专业海菜者，惟南北货业兼售海菜。海菜之可称奢侈品者，惟鱼翅燕窝等品足以当之，而武进之南北货中鱼翅燕窝等不及百分之一。而施行细则第二条，凡普通营业商店兼营特种营业之一种或数种者，得征收其特种营业税，是南北货之税非税其属于奢侈品之鱼翅燕窝，实因其有百分之三奢侈品，而借此以税其他种人生日用必不可少之食品也。纳税之商人何甘？间接之购日用品之小民又何甘？酒馆固类于奢侈矣。而武进地方饭庄尤多，论其资本除房屋生财外无活本之可言，尤多租赁一半间门面营业者，此类饭店大抵供挑脚贩夫以及乡人之入城而无处休息者，而一般工匠之劳动社会亦借此为供给，以言奢侈无乃不类至洋杂货店。洋货固多奢侈矣。而洋货之消于内地者亦多日用不可缺之品，以言杂货则更非洋货可比，女红针线日用零星之物皆属于是，尤多以自己住屋设买卖其执业者，即阖家妇女老幼而无伙友，其买卖小至数文，此项小本营生，大街小巷所在皆有，是店而类于摊，然谓非洋杂货业则不可也。又如革制品业，外来之货销售日广，诚宜极力提倡以谋抵制，上海已有数家，微闻其营业情形尚难自立。若武进内地则可称为商店者，惟皮箱店两三家，但系贩卖而非制革，其可称为革制品者，惟小街僻巷之钉鞋弓弦皮梁铺，以及肩挑皮匠担沿门工作者足以当之。其他如珠宝古玩业，则武进向无珠宝业，只有旧书荒货店，质言之仅一门摊。旅馆则有客店数家，不能与沪苏宁镇各埠相提并论，即较之无锡之稍具旅馆形式者，亦为不类皮货绸缎，是否绝对奢侈品亦难遽下判断。银楼则间有稍成局面者，而大多数系阖家工作之银匠铺。武进地处沪宁中心，虽民穷财尽，而商业于比较上尚称繁盛，而

---

① 卢树人：《常州市商业志·市场》，中国商业史学会编《货殖：商业与市场研究》第 2 辑，第 391—408 页。

现状如此其他各县可推想而知。①

到了1928年，据统计，常州共有1577工商业户，其中商业计1396户，工业181户，商业户相当于工业户的8倍。从工商资本构成上看，钱业24万元，典当12万元，木业15万元，豆业10万元，纱厂28万元，染织6万元，米业5万元，油麻1.2万元，水旱烟0.5万元，京广苏杭洋杂货2万元，土北货0.5万元，油坊1万元，彩蛋蜜饯3万元，铜锡0.5万元，糟坊2万元，皮箱0.5万元，鞋帽1万元，面粉4万元，烛业1万元，纱油煤业3万元，色白布业12万元，纸业9万元，绸缎葛裘丝绒洋货8万元，电话公司4万元，南北糖杂货颜料10万元，以上资本总额171.7万元。其中钱典两业资本就占了总额的20.8%。②

1930年代之后，以纺织业为代表的常州工业的发展进一步促进了本地商业的繁荣。全面抗战前几年，"全市工人已达数万，每期发工资后，南北大街的门市商号，顿起生意，全市的菜馆戏院，亦必热闹"。③随着抗战的爆发，又使得常州的商业陷入了低谷。

抗战胜利后，常州的商业一度复苏，旅馆、菜馆、游乐场所呈片面繁荣的景象。市面扩充到北大街到府桥，县巷、县直街也成了繁荣之处。但好景不长，随着内战的爆发，再次陷入低潮。至1948年，常州各商店中"食"类有粮食店88家，碾米48家，豆杂粮20家，酒酱49家，盐26家，南货24家，茶食糖果25家，腌鲜土北货22家，炒货7家，面粉3家，土面17家，糕团7家，面饭馆104家，菜馆58家，油26家，磨坊8家，卷烟26家，土烟5家，茶叶15家，国药48家，西药44家，酒药4家，肉庄18家，鱼行4家，鸡鸭铺5家，熏腊金腿2家，变蛋坊3家，蛋行3家，茶馆86家，酒肆13家，点心店15家，猪行10家，野味10家，哺坊1家，牛肉2家，糖坊9家；"衣"类有纱花布46家，丝行1家，罗筛绢2家，帽鞋49家，毛巾袜24家，西服35家，成衣12家，洗染织补14家，衣庄18家，寿衣6家，神袍2家，零剪2家，丝线4家，琢针1家；住类有旅馆79家，木行35家，竹行7家，树行4家，松板5家，锯木6家，营造木作14家，瓦作8家，石灰8家，砖瓦5家，石铺5家，铁铺18家，白铁14家，漆店14家，漆作10家，中西木器18家，棕梯6家，红木4家，席8家，茅蓬2家，芦席2家，明瓦1家。"行"类有雨伞13家，运输21家，轮船15家，橹板3家，黄包车行8家，汽车6家，自由车行7家。"其他"类有银行17家，钱庄6家，信用合作社7家，典当20家，银楼34家，百货62

---

① 《常州商会禀诉特种营业税碍难情形》，《申报》1915年1月26日。
② 《武进县工商业负担调查表》，《江苏省财政公报》第1期，1928年。
③ 查秉初：《清末到解放常州工商业略述》，第108页。

家,铜锡器 12 家,瓷器 8 家,藤器 7 家,陶器 3 家,冶坊 5 家,钟表 40 家,梳篦 24 家,煤铁 52 家,五金玻璃电料 47 家,香烛 10 家,鞭炮 6 家,印刷 16 家,刻字 10 家,皮箱 5 家,纸货 20 家,锡箔 10 家,对扇 5 家,装裱 13 家,账簿简帖 15 家,图书教育用品 33 家,笔墨 10 家,洋镜 6 家,眼镜 3 家,乐器 4 家,颜料 17 家,牙骨 6 家,羽单 4 家,刀剪 5 家,堆栈 12 家,煤油 6 家,车木 7 家,度量衡 6 家,花粉 5 家,笆斗 2 家,搪瓷 3 家,风箱 4 家,麻袋 9 家,蒲包 4 家,纸扎 7 家,灯笼 4 家,蒸笼 4 家,照相 14 家,鲜花 3 家,电器 2 家,电话 1 家。①

一、传统豆木业

清末至民国初,常州豆业依旧繁荣,由于常州西门开辟了怀德路,兴建了怀德桥,交通方便,东北三省以及河北、河南、湖北、山东等省的大豆由铁路南运,来货水陆并进,每天到货达万石以上。常州榨油业迅速发展,据 1918 年统计,油饼厂耗豆量从 15 万—16 万担增加到了 40 多万担,上升 2.5 倍以上。使得经营豆行的粮商大获其利。1914 年豆市河共有沈乾泰、刘乾丰、恒丰、豫泰丰、潘同昌、元丰、许恒泰、宝源长、瑞生源、鼎泰丰、慎丰、汇丰、晋泰、同丰、震泰、萃昌等 17 家豆行。1920 年代初,常州开设的银行如上海商业银行、武进商业银行等还在豆市河、惠商堆栈等处设立西门办事处,对豆行放款、押款予以优惠,豆行资金运用更加灵活,并以同样优惠条件吸引客商。此时常州纺织工业兴起,客户运粮至常可以带回布匹贩售,两头获利。1921—1931 年,豆市河各豆行全年成交额达 600 万石以上,最高日成交额达 10 万石,此时成为常州豆业的全盛时期。

1931 年九一八事变发生后,东北大豆中止南下,华北来货亦受阻滞,大豆来源锐减,豆业从此开始走下坡路。1935 年,国民政府进行币制改革,银圆停止流通,钱庄业务收缩,豆业也受到影响,一些豆行因货款收不回相继倒闭,至抗战爆发时,宝源长等豆行已经相继歇业。②

> 武地油厂共四家,受瑞生源、宝源长两豆行之影响,加之该厂内容本不甚佳,申地同行需以现款交易,本地钱庄无力与其往来,于今年倒闭,计亏欠庄款等二十余万元。查豆市该业进出最大者,首推瑞生源、宝源长,该两行系属联行,唯因经理经营交易所失败,均于去岁倒闭,据调查所得,计亏欠银行庄款达六十余万之多,该业因去年年底,销路呆滞,存货多相率不敢售出,市价高至八元左右,嗣又逐步下跌。③

---

① 《实业》,张澹庵编《武进指南》。
② 巢福偕:《漫话常州豆业》,常州市政协文史委编《常州文史资料》第 10 辑,内部出版物,1992 年,第 162—163 页。
③ 《武进近来商业概况》,《中行月刊》1932 年第 5 卷第 3 期。

民国初年是木业最兴盛的时候,在常州的客木号有120多家,全年木码在14万—15万两(22万—23万立方米),畅销苏南各地。1914年实力雄厚的"三丰一泰"(永丰盛、乾丰、祥丰、开泰)四家木行,相互竞争,业务量突飞猛进,单是永丰盛一年营业额便有100万银元,创历史纪录。1916年,全市木材营业额突破300万银元,成为西(江西)木、广木在苏南最大的集散中心。至1921—1928年间,每年营业额都达到五六百万元,木行数量达到50余家。[①]至1934年,据调查,还有批发木行15家,零售24家,总计39家。[②]

常州木材最重要的来源地是江西,如南昌、抚州、赣州等地,至1920年代末,江西成为共产党的重要根据地,国共两党战争频繁,直接影响到了常州木业的发展。1928年,受战争的影响,木业在遂川山区购买的大量木材无法运回,几个大木行损失严重,其中钱祥丰木行损失30万两,宣布倒闭,连经营十余年的私家花园末园也不得不拍卖抵债。[③]1932年,战争再次涉及木业,常州木业掀起削价竞卖风潮,不少木行倒闭,甚至导致了钱业解体,木业元气大伤。1933年全年营业额不过110余元,1934年虽然略有增加,但也仅是1927年营业额的30%左右。常州木业衰落除了时局原因之外,还有进口木材倾销的原因,此外和木业经营者本身也有密切关系:

> 近年以来,(木业)则江河日下矣,其衰落之主因,究尚在木业自身,如经营者,皆患短视,只图近利,而无远计,一也。栽植不良,货色年不如年,二也。采伐墨守陈规,每候树木倒后,遇水发时,待其由山沟冲下,致断者甚多,三也。运输不知改良,水深处扎成大排,水浅处改为小排,偶一疏忽则搁浅逾旬,四也。[④]

二、金融业的发展

1.钱庄。晚清以来,苏州一直是江南最重要的存款码头之一,常州的钱业市场也主要围绕苏州钱业市场进行,钱庄存欠月息完全"参照苏、申、镇、锡银拆",[⑤]此时常州不少钱庄均拖欠苏州同业信用贷款,少则七八万元,多则十余万元,后均以三折、五折偿还。至民国初年,常州仅存豫通、汇源恒、聚昌厚、源通泰、鼎成五家钱庄。1914年以后,随着常州本地工业的发展,银钱业也纷纷恢复和增设。1916年12月14日《武进报》载,当时常州有银号1家,大小钱庄11家,放款余额160万元左右,次年《武进月刊》刊载的银钱业已经达到16家。此后数年间,随着

---

① 常州市木材公司编:《常州木材志》,内部出版物,1986年,第2页。
② 徐润身:《武进木业调查》,《实业统计》1935年第2期。
③ 常州市木材公司编:《常州木材志》,第4页。
④ 《武进近来商业概况》,《中行月刊》1932年第5卷第3期。
⑤ 《武进近来商业概况》,《中行月刊》1932年第5卷第3期。

获利增加，钱庄逐渐增设，至 1923 年，常州钱庄增至 27 家。到 1926 年、1927 年时，全年营业额达千万元以上，每家盈利一般都要在 1 万—2 万元。进入 1930 年代，随着木业衰退，大部分钱庄均受到牵累。

1935 年，国民政府进行币制改革，废两改元，钱庄在洋厘上已无利可得，大部分钱庄几乎都停业清理，仅剩泰成钱庄一家，此后常州金融界便以银行为主体。全面抗战爆发后，由于城内银行大部分迁走，金融秩序混乱，银钱业开始畸形发展，当时领取执照的竟达 30 多家，而私营拆放的地下钱庄尚不计算在内。抗战胜利后，国民政府规定：凡营业至战争爆发时的银行、钱庄，持有原营业执照者，可以申请复业，此外不允许再设立新的银行和钱庄，当时各钱庄均先后于 1946 年、1947 年复业，至 1949 年常州解放前夕，常州共有钱庄 6 家。[1]

2.银行。晚清时期，上海的中国通商银行、浙江兴业银行、无锡周廷弼创办的信成银行曾在常州设立分支机构，而常州最早的商办银行是恽祖祁于 1907 年创办的和慎银行。1915 年上海商业储蓄银行创立，同时在常州、无锡两地设立代理处，这是民国以后外地在常州设立的第一家银行。后业务逐渐发展，1920 年升格为常州分行。至 1930 年代，常州分行拥有储户已经达全市户口半数之多，足证市民对该行的信任和欢迎。商业储蓄银行常州分行也主动扶植较大的工厂企业。如大成公司(包括一、二、三厂)、民丰纱厂、裕民布厂等单位做全资厂产押款的，按照各厂的资产总值订定放款总额，在总额内灵活支用。银行派员驻厂监督，按月编表报行，定期汇报生产和物资流动情况，据以研究和调节放款，以确保放款的安全可靠。在工厂遇到较大困难时，采取联合放款，以维持工厂的生产正常周转。[2]

1917 年初，钱以振集资在西瀛里开设常州商业银行，资金 30 万元，董事长是孟森，董事钱以振、江湛、沈秉厚、于定一、瞿倬、陈辉德，监察人刘垣、杨廷栋。钱以振任经理、江湛任副经理，营业主任沈毅。1920 年，该行资本总额为 396198 元，全年纯利 14307 元。定期、特别、票据、暂时、往来、他行及储蓄之六项存款共为 459000 余元。[3]1920 年 5 月，杨廷栋、徐果人等创设富华储蓄银行，资本 20 万元，缴足 66000 元开业，经办有奖储蓄业务，至 1922 年 6 月末，有奖储蓄余额达 16 万元。[4] 常州商业银行和富华储蓄银行和当时钱以振创办的常州纱厂关系密切，在资金方面对常州纱厂支持极大，随着常州纱厂亏损而无法维持，1923 年常州商业银行和富华储蓄银行也同时关闭和收歇。

---

[1] 常州市人民银行编志办：《常州市金融志》，河海大学出版社 1997 年版，第 26—30 页。
[2] 常州市人民银行编志办：《常州市金融志》，第 36 页。
[3] 《银行周报》，1921 年第 44 期。
[4] 常州市人民银行编志办：《常州市金融志》，第 27 页。

1916年前，官僚资本开设的银行在常州没有开设分支机构，仅有聚昌厚钱庄设有无锡交通银行纸币兑换处，豫通钱庄设有江苏交通银行纸币兑换处，1916年4月，交通银行设常州分行于西瀛里，但只营业了一个多月，后因纸币停止兑换，遂并入交通银行无锡分行。

北伐战争胜利后，外地官僚资本银行和商办银行来常设立分支机构逐渐增多，中国银行常州办事处、交通银行常州支行、江苏省农民银行武进分行、江苏银行常州支行、信孚商业储蓄银行常州分行、国华银行常州分行等相继设立。[①]1934年，由刘国钧、吴镜渊、严裕棠及钱庄业的谢钟豪发起成立了武进商业银行，资本25万元，并随着业务的发展，陆续在常州西门、北大街、戚墅堰、上海、宜兴、金坛等地设立办事处，这是民国期间常州最大的本地商办银行，然而不久全面抗战爆发，银行迁往上海，至1947年才在常州大庙弄14号复业。[②]随着钱庄的衰弱，至1930年代中期，常州金融界已经以银行为主体。

3.典业。民国初年，典业获利颇丰，至1917年，常州城乡共有当铺16家，资本额在6万—10万元，折合成大米约1万—1.6万石，均为退职官僚及当地绅士投资创办。各典当营运资金，除自有资本外，还向银钱业大量贷款，月息7—9厘；吸收客户存款，月息8厘至1分，比银钱业贷款利率稍高。典当业因有充沛的资金来源，没有拒当情况，当时典当业实存架本（当出的资金总额）约有15万—30万元，旺季时，架本还要上升三分之一。至1932年，常州有信成、恒春、德源、济恒、久丰、永大、亦济、恒源、永济、济和、协隆、慎恒、恒丰、和丰、协盛等典当行17家，资本额为756000元，营业额则在350万元以上。1934年后，随着当时商业渐不景气，典当业已出现周转不灵的现象。当时国民政府看到典当可避免一般平民因借贷无门而铤而走险，所以鼓励商人开设典当。当时只要向财政部领取开业执照，并缴纳执照费10元，即可开业，免缴其他捐税，但因为整个市场缺乏资金，新开设典当业仍较少。1937年，全面抗战爆发，战火波及常州，典当大半被焚。整个常州沦陷期间，物价疯狂上涨，货币迅速贬值，周转迟缓，营业日益萧条，月息高到60分，还赶不上物价人为上涨，至1945年，常州典当业已经无一幸存。1945年8月，抗战胜利后，典当业呈请复业的有23家，均领得财政部的开业执照，于次年相继开业。规定当期为4个月，月息16分，手续费8分。但不到一年，通货恶性膨胀，至1947年6月前后，不到一年半时间，典当行又全部倒闭。[③]

---

① 常州市人民银行编志办：《常州市金融志》，第28—29页。
② 常州市人民银行编志办：《常州市金融志》，第39页。
③ 朱康孙：《常州典当》，常州政协文史委编《常州文史资料》第4辑，内部出版物，1984年，第19—21页。

4. 保险业。辛亥革命后，中国保险业有了进一步的发展，一批新的保险公司相继成立。据北洋政府农商部统计，1915年华商保险公司有59家，资本总额959.6万元，保险费收入656万元。1917年北洋政府农商部拟订《保险业法案》42条，这是继清末《保险业章程草案》后第二部以"保险"为名的专门法规。1913年5月24日，中国合众水火保险公司在常州西瀛里恒泰源内设立代埋处，代埋人刘慎祥，在《新兰陵报》刊登广告。这是常州保险业历史上第一家保险代理机构。1915年陆续又有英商公裕太阳保险公司常州分公司等5家保险机构开设，其中英商公裕太阳保险公司常州分公司是常州保险业历史上第一家分公司级保险机构。由大军阀、大官僚参股的华安合群寿险公司也于1926年在常州设立代理处。1912—1927年，常州共开设40家保险机构，其中30家为外商保险公司代理机构，占常州保险市场的75%。外商在常州聘请社会士绅为经理，利用他们的社会地位和熟悉地方行情的特点，招徕业务。当时华商保险公司虽有所发展，但因初创，缺乏专门人才，资金薄弱，保额小，超额部分不得不分保于外商，所以民国初期常州的保险市场实际上均为外商所操控。这一时期的常州保险业务量不大，保费收入不多，这与当时常州经济发展没有突破是有很大关联的。北伐战争之后，常州工业开始起飞，在上海的各大保险公司亦纷纷来常设立代理机构，从1928年到1936年常州共设立了19家保险代理机构，其中华商保险公司已达12家，占比为63.15%。[1]至1948年，先后在常州挂牌经营保险业务的机构多达68家，其中外商保险公司分理处或办事处46家。[2]保险是工业化程度的一面镜子，工业化程度越高，保险越兴旺。在这一时期，常州还出现保险诈骗一案，一时轰动全城。常州振余布厂是最早把手拉织机改成脚踏织机，在常武地区织布厂中颇有名气。但由于同业仿制，加上连续几年纺织业不景气，经理蒋吉昌在经营失败后竟纵火焚烧厂房和仓库，企图诈取保险公司赔款，结果被保险公司理赔人员识破，告上法庭，判刑罚钱，弄得家破人亡。此案后成为保险公司识别诈骗的经典案例。[3]

三、商业服务业

常州商业最繁华的地方是西瀛里、南大街、鼓楼南北、千秋坊、县直街、县巷、局前街、东仓桥、西仓桥、西门外直街、新桥弄、篦箕巷、豆市河、米市湾、大北门外青山桥，夜市约晚十时止。[4]南大街（包括后街、千秋坊、织机坊）是城市中心，因此绸土布、京广洋货的零售企业大部集中于此，所谓"牌楼到鼓楼"。东大街（千秋坊）则临近于浮桥菜市。常州士绅大部分居于麻巷、青果巷、局前街等处，因此糖栈、

---

[1] 常州市人民银行编志办：《常州市金融志》，第41—43页。
[2] 常州市保险学会编：《常州保险志（1913—2000）》，方志出版社2010年版，第1—2页。
[3] 常州市民建、市工商联：《常州纺织工业史话》，第8页。
[4] 《增订中国旅行指南》，商务印书馆1921年版，第6页。

纸烛、锡箔大都集中于此。西大街（织机坊）集中了嫁妆、木器。此外南大街青云坊口到双桂坊口，称为商业腰鼓，店市已不集中，并有手工业开设其中。城西则船帮集中，销中下身货。鼓楼以北，则金银饰物，及便利学生的烟纸竹货较多。①

百货业称京广洋货业，在一战之前有商会会员 10 余家，主要集中在南大街和西门附近，职工人数约百余人。②1927 年，全业划分为五洋、百货、五金、玻璃、电料、巾袜、钟表、眼镜、西药等行业。其中百货业有大小商号 40 余家，人员百余人，资金约银元 7.5 万元（折米 1 万石左右），大户有广成昌、益泰元、大华等 10 余家，均分布于南北大街、西瀛里一带。③进入民国后，常州饮食服务业也相应发展。1920 年代初，常州已经形成以酒菜饭馆、包饭作、熟面、面饼、馒头 5 个自然行业为主的食业，并在西门、东门、北门、南门和城中形成 5 个食市，1921 年《增订中国旅行指南》曾称：常州"宴客以朝阳楼、兰陵第一楼、玉泉楼等馆为最佳。菜肴燕菜每席 16 元，鱼唇 10 元，和菜自 1 元至 5 元，冷菜每碟 1 角 6 分，小盘对折。清真出卖之糟肉，味美而价廉。烧菜起码 4 角 8 分，整席老六样起码 3 元 6 角，优者递加。小饭每席连饭 2 元。点心肉馅包子、面、饺、酥饼、菜馅或甜馅、馒首，均每件 20 文。加蟹馒头每件 30 文。小麻糕每件 20 文，大麻糕每件 100 文。以玉泉楼、玉波楼、会泉楼、新民社等处制者尤为可口"。④1927 年，《武进年鉴》记载了存心堂酒馆等 19 家酒菜饭馆。1931 年，常州成立菜馆业同业公会。至 1948 年，全市有菜馆 58 家、酒楼 13 家、面饭馆 104 家，野味馆 1 家，糕团店 7 家，点心店 15 家，较有名气的酒菜饭馆有国际饭店、万福楼、大鸿楼、德泰恒、兴隆园等 20 余家。⑤常州茶馆业自明清以来便十分繁荣，至 1926 年城内较有名气的茶馆有第一楼、会泉楼等，至民国中叶，茶馆有 40 余家，1948 年，有大观园、得财园、近水阁、仁育轩、状元楼等 30 余家茶馆。⑥民国时期局前街、县巷、县直街一带为旅馆聚集之地，夜市至晚上 12 时止。1926 年，常州成立旅馆业公会，其时城内有旅馆 13 家，1928 年达到 19 家，1937 年有旅馆 21 家，至 1948 年达到 108 家，主要分布在新丰街、椿庭桥、局前街、县直街一带，占城中旅馆总数的 70%，如大陆饭店、大成旅馆、中央饭店均为城内最著名的旅馆。建于乌龙庵的大陆饭店是当时最现代化的旅馆，很多名流如徐志摩、梅兰芳、赵丹、周璇、

---

① 《常州商业历史沿革》，常州市档案局、常州市地方志办公室编《常州地方史料选编》第 1 辑，内部出版物，1982 年，第 233 页。
② 《常州百货业经营状况及历史沿革》，常州市档案局、常州市地方志办公室编《常州地方史料选编》第 1 辑，内部出版物，1982 年，第 261 页。
③ 武进建设局编：《武进年鉴》第二回。
④ 《增订中国旅行指南》，第 6 页。
⑤ 常州市商业局编：《常州市商业志》，江苏科学技术出版社 1994 年版，第 146—147 页。
⑥ 《常州市商业志》，第 159 页。

上官云珠等都曾下榻于此。① 常州较早也是规模较大的理发店是 1920 年开设的明星理发店;1928 年,常州妇女协会筹资集股在大庙弄口创设常州女子理发商业有限公司,是当时最大的理发店。至 1937 年,常州共有理发店 42 家;1946 年,常州理发业同业公会成立,当时有理发店 144 家,较有规模的有明星、华丽、美丽等。② 常州第一家新式浴室是 1915 年开设在半山亭的新启堂浴室,至 1919 年,有新启堂、龙泉池、二泉池、良园、涤园、洪福泉、通湖泉、启明等 10 家浴室,296 个座位。1940 年 1 月,刘雪轩等在磨盘桥合股开设了常州第一家女子浴室——常州女子浴室;至 1948 年,常州有浴室 17 家,其中有八仙等男浴室 13 家,兰陵等女浴室 4 家。③

第五节 战后常州经济的恢复与衰落

抗日战争胜利后,民族工商业一度复兴,但好景不长,国民党挑起内战,经济大环境日趋恶化。同时,官僚资本的地位在战时和战后都得到强化,这种结构性的变化使中国经济过早地结束了自由竞争时代而加速步入以国家资本为主体的垄断时代。再加上恶性通货膨胀导致货币的极度贬值,使得基础薄弱的民族工商业步履维艰,不少工厂处于停顿状态,物价飞涨,民不聊生,民怨沸腾。到了 1949 年常州解放前,整个常州经济已经处于一种百废待兴的状态之中。

一、短暂的经济恢复

抗战胜利后,国民政府为恢复经济发展,制定了一系列经济政策,如曾明确规定:"政府对于民营工矿事业之能依照工业建设计划切实进行者,应竭诚重视,认真护助。国营民营,不过方法之异,绝无轻重之别。故对于民营事业应由国立银行予以资金汇兑运用之便利,水陆运输之协助,机器材料之分配,劳工组织之注意,俾可顺利进行,不受阻碍。"④ 1947 年 5 月,资源委员会委员长翁文灏宣布:对处于初创时期有困难的民营工矿企业,采取保息保本的措施,以保证其投资的安全,同时在电力价格、水陆运费及税则方面,确保民营与国营同等待遇。⑤ 有关方面还表示,准备有计划地将一批规模较小、宜于民营的敌伪电力、机械等工厂出让、标售给民营企业。

江苏省政府也采取了一系列措施,如江苏省建设厅对全省民营工厂一面进行调查,摸清情况,一面派员督导,厉行登记,在严格登记的基础上,对各企业存在之

---

① 《常州市商业志》,第 153—154 页。
② 《常州市商业志》,第 155—156 页。
③ 《常州市商业志》,第 157 页。
④ 翁文灏:《中国工业政策纲要试拟案》,《资源委员会公报》第 12 卷第 5 期。
⑤ 翁文灏:《资源委员会第一届委员会开会辞》,《资源委员会公报》第 13 卷第 2 期

资金周转困难、生产设备缺乏、技术人员难聘等问题，就其实际需要，给予不同程度的帮助与支持。同时，省建设厅还专门设立工商指导处，在各县亦相应设立工商指导员，宣传工商法规，指导办理工商登记。①

国民政府努力恢复生产的政策，给经济的复苏提供了一个良好的环境和氛围。再加上当时胜利之初，人心振奋，各方发展生产的积极性较高，加之接收的大批敌伪产业也提供了相当的机器、设备和技术力量，使得常州的经济一度得到恢复。据江苏省政府1946年10月统计，当时武进共新设工厂72家。②

在纺织业方面，刘国钧主持的大成纺织染股份有限公司迅速修复大成一、二、三厂恢复生产，从美国购进2万枚旧纱锭，安装于大成三厂，并给三个厂分别安装了从美国进口的发电机，使三厂发电量自给有余。到1948年，大成公司在常州共拥有纱锭74300枚、布机1780台和日产5000匹布的漂染设备。民丰公司也迅速整修好被破坏的厂房、设备，1946年便开足纺机，1947年又向美国订购12800锭纺机全套设备，建造了新的厂房，并补充了部分梳棉并条机、粗纺机；至1948年，该厂已拥有纺锭28496枚、布机300台，资本总额达法币60亿元。协源染织厂战后只用了3—4个月，即将240台布机全部开足。1946年内，常州共开工永大盛、大同、协兴德、经纶、忠远、利生、协丰等25家布厂，占原有布厂数的三分之一。之后又有协和、振兴、元中、庆丰等19家小布厂开工。至1948年，常州纺织印染工厂计有113家，拥有纱锭111796枚、布机6774台，月产棉布、印染能力均达35万匹。③

在机器制造业方面，先后开办协大、华成、复兴等中小机器厂33家，机器工厂总数达73家，共拥有工作母机316部，1—3吨通天冶铸炉14座，职工929人，主要生产蒸汽机、抽水机、农产品加工机、动力织布机等。戚墅堰机厂战后由交通部京沪区铁路管理局派员接收，拨专款修造了280间工房，并在内部管理上做了不少改进，生产有所恢复。1946年该厂共修理机车210台、客车180辆、货车1971辆，1947年业绩全面上升，共修理机车263台、客车575辆、货车2092辆。④

戚墅堰电厂也获得了一定发展，该厂由经济部接收，后发还扬子电气公司执业，官商合办。1947年11月，该厂从英国购进的2500千瓦列车发电设备投入运行，装机容量达1.96千瓦。在1946—1948年，该厂发电量逐渐增加，1946年为5510.65

---

① 王懋功：《江苏省政府政情述要》建设部分，《近代中国史料丛刊续辑》970册，台北文海出版社1983年版，第14页。
② 王懋功：《江苏省政府政情述要》建设部分，第774页。
③ 徐伯元：《1911—1949年的常州工业发展概述》，江苏省中国现代史学会编《江苏近现代经济史文集》，内部出版物，1983年，第180页。
④ 陆俊：《从吴淞机厂到戚墅堰机厂》，《江苏文史资料集粹》（经济卷），江苏文史资料编辑部1995年版，第91—92页。

万千瓦时,即已比战前1936年的发电量增加了13.9%,1947年为6693.8万千瓦时,1948年提高至7068.5万千瓦时,为1936年发电量的146.1%。

在粮食加工业方面,常州在1946年共有面粉厂、米粉厂7家,日产能力在万包以上,其中成余、鼎泰两厂,日生产能力分别为2300余包和2000余包,"孔雀""多福"两品牌也颇具名声。①

据1946年统计,常州有纱厂4家,染织厂85家,碾米厂48家,面粉厂7家,土布厂34家,冶坊5家,煤铁52家,煤油6家,机器翻砂67家,造纸厂1家,冰厂3家,毛巾袜厂24家,石碱2家,肥皂厂4家,电气2家,油饼厂8家,锯木6家,印刷16家。②

二、社会经济的全面恶化

抗战胜利之后常州经济的复苏只表现在部分行业(如棉纺、机械、电力)等,而且时间很短,随着内战的爆发,经济危机全面加深,常州的经济迅速陷入全面的危机和衰败之中。直接导致这一状况的原因主要有以下几个方面。

一是1946年,国民党当局挑起内战,导致资金、原料、燃料极其紧缺,巨额军费开支导致银行无法提供给企业及时的贷款,而随着战火的不断扩大,导致原材料不易收购,工业陷入停滞。国民政府为筹措军费,大肆征收苛捐杂税,1946年最高所得税率累进至85%,一般工厂根本无力进行正常维修和扩大再生产。1947年4月1日起又发行美金公债,纺织厂每一纱锭摊派4.477美元,令所有企业主叫苦不迭。同时又为了防止工业品进入中共解放区,实行"限额转口"的办法,给生产带来了严重影响。其中对棉纱、棉布进行管制运销后,常州、无锡200余家布厂棉纱来源断绝,60000余名工人先后被迫停工。

二是国家垄断资本严重侵害了民营工业的利益。官僚资本的地位在战时和战后都得到强化,国民政府虽然强调支持民营企业,但在此方面并无实际有效的措施,而是将大部分精力都放在国营工业的发展上。1945年秋,宋子文提出将接收的日伪工业企业分别建立几家由国家统一经营的公司,于是一批国家垄断资本企业相继建立,其中尤以中国纺织建设公司规模最大。该公司拥有全国纱锭数的70%、布机数的56%,棉布产量占全国的70%左右,同时垄断了全国一半左右的棉花收购、进出口业务及纱布的销售,中纺公司大量挤占了民营纺织公司发展的空间,引起了民营纱厂业主的强烈不满。

在这些因素的作用下,常州地区的棉纺织业迅速衰落。1948年民丰纱厂棉纱产

---

① 徐伯元:《1911—1949年的常州工业发展概述》,第183页。
② 华中工委调研室:《武进调查》,1949年3月油印本。

量为 9712 件，棉布产量为 237596 匹，比上年分别减少了 27% 和 6.6%。①1948 年 7 月 17 日《武进新闻》刊登常州染织业消息称："本邑染织厂业，在此棉花生产奇缺，纱价猛烈剧涨之际，全城各厂 2 万台布机行将停工，数万男女职工均有遭受失业之危机。"各种棉纱绸业商号也危机重重，上海《申报》有如下报道：

> 半年来武进商业甚为不景气，中秋节前，即传说有甚多商号停歇，结果仍在挣扎中度过，虽有余康绸布号等，究属少数。惟近十天来，竟连接倒闭三家纱布号，引起社会重视。首先宣告倒闭者为府直街元和泰纱布号，总数达三万万元，嗣经股东刘炳生、程秉诚、刘文生等出面料理，以六成清偿结束。十四、十五两日，西瀛里鼎信、大丰两纱号又相继突告倒闭，鼎信传总缺八千余万。该号经理倪志明在停闭前一日（十三日）上午尚持以绸业银行缴款回单，向本邑大成纱厂购买二十支六鹤纱十件，又蓝蝶球细布五十支，随即雇车分两次将纱布运完。讵料当日下午，大成忽接绸业银行电话通知，谓鼎信货款系属退票。该厂立即派人驰赴鼎信调查，该经理倪志明早已走避，纱亦藏匿不见。②

其他行业情况也相差无几，机器制造业战后初期拥有工人近千名，至 1949 年，职工已仅剩 600 余名。1948 年 8 月，制造一台布机限价金圆券 710 元，承接订货后，收取 50% 的定金，至制造完成交货时，一台布机的全部售价尚不足支付动力（900 元），致使全行业亏本严重，工厂发不出工资，连工人的伙食费也难以支付。③面粉业方面，1946 年底《文汇报》一篇报道称：沪苏锡常四地面粉工业"小型厂已纷纷倒闭，就是现在还在开工的几家中型粉厂，也时停时开，在勉强拖延日子。据一般观察，今年阴历年关，恐难安全度过"。④至 1946 年 12 月，广丰新、宝丰、大德、恒益、盈丰、宝泰等面粉厂已经相继停业。

与此同时，物价全面上涨。1946 年 1 月至 12 月，常州籼米由每石 1.2 万元涨至 5.06 万元，龙头细布由每市尺 90 元涨至 840 元。1947 年，大米每石已达 98 万元至 106 万元，其他日用品亦大涨特涨。1948 年，国民党在战场上节节败退，政局面临崩溃之际，豪门权贵加紧对人民搜刮，投机奸商兴风作浪，物价动荡加剧。2 月起，常州大米每石已达 278 万元至 300 万元。至 5 月，每石米市场挂牌 650 万元；至 7 月，米价已经达到 3700 万元。8 月发行金圆券，以 1 元收兑 300 万元法币。9 月，地方政府公布限价，粳米每石 19.8 元，面粉每袋 7.5 元，但在强制执行的 70 天中，米商

---

① 徐伯元：《1911—1949 年的常州工业发展概述》，第 182 页。
② 《武进商业不景气，纱布号三家倒闭》，《申报》1946 年 11 月 9 日。
③ 徐伯元：《1911—1949 年的常州工业发展概述》，第 182—183 页。
④ 陈真编：《中国近代工业史资料》第 4 辑，三联书店 1961 年版，第 418 页。

以少量应市，当时在常州市场上只能购买到满是砂子的糙米，菜场只有少量青菜和豆芽，连柴草都没有供应。与此同时抢购风潮接连不断，黑市成倍高于限价。①11月被迫放弃限价，物价更以惊人的速度暴涨，百姓大受其害，仅仅从1949年1月到3月，米价已经又从2000元上涨到8万元。

在农业方面，由于内战的爆发和政府恢复农业生产的政策未认真落实，常州农村经济也陷入了危机。江苏省虽然制定政策减免了各地的田赋，但是减免期限未过，已开始预征1946年度的田赋。江苏省政府主席王懋功电令各县，限期"征齐拨交指定单位，如有贻误，该县长责难旁贷"。②而且各地还以种种办法对农民进行盘剥。沉重的负担让常州农村经济陷入危机中。可以说到了1949年常州解放前，整个常州经济已经处于一种百废待兴的状态之中了。

城乡经济的进一步恶化，使社会秩序动荡不安，人们开始用各种方式进行挣扎与抗争。1946年2月1日农历除夕，武进桐庄乡（今南夏墅）发生褚凤娣被恶婆凶姑虐待致死一案。武进地方法院判处不公，在没有进行尸检的情况下，便强行判断为发痧而死，激起城乡人民义愤。5月8日，数千人冲破军警阻拦，推开法院大门，把法院大厅悬挂的"国以法治"匾额，改为"国以币治"，并抬出游街。院长和首席检察官越墙逃跑。③法院为平息民愤，才匆匆宣布恶婆凶姑各判有期徒刑6个月，但言明如执行有困难，可以400元折抵一日刑期。④

随着物价的疯狂上涨，常州不断发生抢米风潮。1948年6月15日，当时米价为1300万元，有一小孩至新丰街黄洪生米店买米，店主拒绝出售，母亲赶来与其理论，店主擅自将米价上涨至1600万元，母亲与之争吵，被店主殴打，周围贫民遂一哄而上，将米店大米抢光，并蔓延至全市，最后县政府警察局和城防司令部出动弹压方才平息。⑤此后米价依然日涨夜大，抢米风潮仍未平息。6月23日，米价涨高至1630万元，西门杨大生米厂因拒绝供应平价米而激起百余贫民愤慨，适有军警巡逻队经过，经调解后，以每人限购1升米（每石1400万元）才告平息。1948年7月14日，粮价上涨到2750万元，饥民100余人先在盛太米号抢米7石余，后又至大园地、殷家桥、怀德桥等处抢米，共抢大米170余石。抢米风潮一直延续到11月。

城区工人、职员冲破当局的种种禁令，先后爆发怠工、罢工、请愿、示威达60余次，其中以戚墅堰机厂工人中断京沪铁路交通，开出专列赴上海请愿的罢

---

① 辛：《难为了主妇们》（常州通讯），《现代妇女》第5期，1948年。
② 江苏省政府1946年9月10日代电，《江苏省政府公报》第1卷第26期。
③ 《申报》1946年5月12日。
④ 《申报》1946年9月17日。
⑤ 芳菲：《常州的抢米风潮》，《礼拜六》1948年第133期。

工斗争规模最大。1949年2月7日，当时米价持续上涨，但铁路当局仍按1月米价折算发放2月米贴，戚墅堰机厂工人拒领米贴，将一列待修的头等客车推上车站正线岔道口，并卧轨拦车，京沪铁路交通中断。工人提出五项要求：（一）补发1月份双奖。（二）5390元作借支，再发食米1石。（三）发米2石作为应变费。（四）发米5石作家属疏散费。（五）以后薪津按米计算。厂方害怕事态扩大，作出让步，米贴作为借支，每人先发2斗米，其余要求一周内答复。戚墅堰机厂工人罢工消息传开后，上海铁路员工也积极响应。[①]但是路局至15日仍未对工人要求作出答复，上海铁路员工再次罢工，戚墅堰机厂3000名工人则挂了15节车厢驶往上海请愿，车厢两边画着巨大的破饭碗，写着"要活命，要饭吃""还有几日可活"等标语，沿途各地铁路工人也不断赶来会师，最后形成一支由五六十节车厢，6000余人组成的请愿队伍，浙江杭州的铁路工人也赶来准备会师。时任京沪杭警备司令部司令的汤恩伯担心铁路中断影响江防大计，指令两路局尽快结束罢工，不得不与罢工代表达成协议，（一）员工待遇比照电信局调整（工资增长40%），（二）每人先借支5000元，（三）本月底前发给每人食米5斗，（四）本月工资于25日前全部发清。持续11天的铁路大罢工以工人胜利结束。[②]

常州的社会危机是整个国民党当局面临的经济、政治危机的缩影，也是国统区经济走向崩溃的集中体现，标志着国民党政权的垮台已经为期不远。

第四章 民国时期的常州社会

民国时期，常州城、郊对贫苦孤寡、婴幼弃儿及贫病生活无依者，先后设有养济院、普济堂、存仁堂、敬节内堂、保婴保节局、栖流所等慈善救济团体进行救济。相较于清代，民国慈善组织发生了一些变化。这些变化一方面表明了士绅、商人等上层人物与地方政权一起更广泛地参与社会建设，这是社会自主性增强的表现，另一方面也体现了慈善组织呈现一定的规范化、制度化因素。除了慈善组织，常州商会凭借其较强的经济实力，对地方经济、社会建设、公益事业颇多襄助，农会与教育会也在各自领域对促进社会改良与进步发挥了一定作用。

---

① 《申报》1949年2月8日。
② 中共上海市委党史研究室：《中国共产党上海史（1920—1949）》，上海人民出版社1999年版，第1865—1866页。

第一节 慈善机构的转型

明清以降，常州地区出现了众多的慈善机构和慈善设施，在慈善机构的创立和发展过程中，以地方士绅和商人为主体的民间力量发挥了重要作用。晚清至民国后，常州慈善机构的发展更是呈现出由传统向近代转型的特点。

一、公款公产处与传统慈善事业

1912年，常州成立公款公产处，地点在城内东横街育婴堂。1918年《武进基本公产公款报告册》中收入的《武进公款公产处为咨请主持事》，有如下一段话："查敝处向名公善堂，办理全县慈善事业。"①可见公款公产处即由清代公善堂改造而成的。但是公款公产处并不仅仅是公善堂，慈善事业只是其事务的一部分。

根据1919年3月23日制定的《武进公款公产管理处办事规则》，

图8-19 参与慈善的常州中医

武进公款公产处负责管理全县公产，兼办育婴、种痘、医局、恤嫠等各慈善事宜。公款公产处设议董会，讨论决定处内事务，又设经董两人，管理处中全部事务，并向议董会负责。下设总务一人，并设文书股、会计股和庶务股，另有征租三人，杂务一人负责管理本处城乡田房租，设正副管婴管理育婴堂。此外寿安堂、东南西北四大堂、普济堂、敦义堂、忠义祠、救舟亭、灾赈和学宫。②

北伐胜利后，根据国民政府的规定，各县均成立公款公产管理处，1928年4月，武进公款公产处根据省政府的命令进行改组，设正主任1人、副主任2人，主计员7人。职员分文牍、会计、庶务、管婴四股。每月开常会1次，议决各项事件交主任执行。③

---

① 《武进公款公产处为咨请主持事》，《武进基本公产公款报告册》。
② 武进公款公产管理处办事规则，《武进基本公产公款报告册》。
③ 《基本公款公产管理处》，武进县建设局《武进年鉴》第二回。

新的公款公产管理处正式成为政府部门，其业务将以前有很大扩展。根据《公款公产处管理规则》，公款公产处的主要职责是：（一）主管县有款产之出纳及收益处分事项。（二）保管县有款产之契券图籍案牍及县有古物古迹之保存事项。（三）稽核领受县款机关之收支簿据及其用途。（四）稽核县政府报省之县地方费用册报。（五）其他受县政府及地方机关、公法团委托，关于公有款产之保管整理事项。[①] 而陈冰伯则解释："公款公产管理处所管理者，除田赋上之地方款外，尚有其他公产及公产之收益。支出方面为县自治经费，军警饷糈及军事费、慈善机关补助费。"[②] 抗战胜利后的 1948 年，常州成立公有款产管理委员会。

虽然最早的公款公产处仍然属于自治机构，由绅商主管，与原有的公善堂相类似，随着时间的推移，公款公产处已经基本上变成了一个政府部门，到了 1928 年后，常州慈善事业已经正式统一由政府管理，这在常州慈善史上堪称首次。根据《武进年鉴》，1927 年武进县预算为 370689 元，其中公款公产处经费为 3200 元。[③] 1927 年，公款公产处的主要办事内容包括：（一）种痘 1805 号。（二）育婴堂存外堂婴孩 275 人，内堂婴孩 6 人，统计育婴费银 5063 元。（三）寿安堂常年给发城乡恤济粮 80 名，按月支领，每名给小洋 6 角，全年核发大洋 383 元。至夏历六月、七月开办医局施诊给药，全年共施诊 6298 号，共费银 3236 元。（四）四大堂由公款公产处兼理，1928 年东同仁堂项下存 18.95 元，南怀仁堂存 230.93 元，西同仁堂存 282.44 元，北存仁堂 389.5 元。（五）普济堂养老人 30 名，共计有费 1098 元。[④]

至 1948 年，常州的旧善堂有原来的普济堂、敬节堂、南怀仁堂、北存仁堂、东同仁堂、西同仁堂、保婴保节总局、长年医局以及诚济堂、栖流所、一善堂等，并称"各善堂合力整顿旧有事业，随时共筹新事业发展"。[⑤]

二、改造游民：游民习艺所

游民问题由来已久。龚自珍曾言："自乾隆末年以来，官吏士民，狼艰狈蹶，不士、不农、不工、不商之人，十将五六。"[⑥] 晚清时期，居民中百分之五六十的人已是闲民、游民。在工商业发达的城镇，如江苏的苏州、常州，浙江的杭州、嘉兴、湖州等地，尤其是在江浙的太湖水域周围，手工业和商业繁盛，为游民创造了一些就业机会，他们从事艺人、船夫、轿夫、捐客、成衣匠、织工、染工、踹匠、铜锡匠、

---

① 董坚志编：《国民政府行政大全》第 3 册《县政府行政大全》，锦章图书馆 1929 年版，第 64 页。
② 陈冰伯：《今日之县政》，同文图书公司 1933 年版，第 139 页。
③ 《暂定十六年度地方预算》，武进县建设局《武进年鉴》第二回。
④ 《武进公款公产管理处》，武进县建设局《武进年鉴》第二回。
⑤ 《慈善事业》，张澹庵编《武进指南》。
⑥ 龚自珍：《西域置行省议》，《龚自珍全集》，上海人民出版社 1975 年版，第 106 页。

窑工、木工、泥瓦匠等职业。①

1915 年 12 月,北京政府颁布《游民习艺所章程》,对习艺所的设施、收养对象及教养内容进行规范。②1927 年南京国民政府成立后,对社会救济事业进行了较大规模的调整,使社会救济事业呈现出一些新的面貌。1928 年 6 月,南京国民政府内政部公布《各地方救济院规则》,要求各级政府设立救济院,次第筹办或合并办理养老、孤儿、残废、育婴、施医、贷款等所。③1940 年代以后,国民政府先后公布《社会救济法》《救济院规程》《管理私立救济设施规则》《私人办理济渡事业管理规则》等法律法规,以规范各类救助机构的管理运作。1943 年《社会救济法》的出台表明,国民政府已将社会救助明确为国家的行政责任。此外,民国政府为加强对民间慈善事业的监管、促进慈善事业兴起,也颁布了系列法令规章。④

民国初年,常州社会商团、慈善人士谋"良善之方法,以处置乞丐"。1912 年常州绅士赵克诚创办武进游民习艺所,是为习艺所之伊始。1926 年,改称感化院,对游民分期施以感化教育。1930 年感化院归并武进县救济院领导,1934 年游民感化院又改成游民习艺所。游民在所习艺期为 12 个月,期满视游民个人情况予以保释就业。在所游民分官费私费两种,官费游民膳食费由当局负担,私费游民由本人自理。1933 年秋,在所游民约 118 人,官费 71 人,私费 47 人。1937 年 11 月,常州沦陷,该所停办。开办 26 年中,先后有赵克诚、孙浩生、赵怀、汤致运、王缓卿等分任习艺所长和感化院长职务。⑤

武进游民习艺所属于新的慈善公益组织机构,其成立宗旨就在促进社会自强自立、改进地方文化等方面。当时在江南各地市镇普遍设置了这类游民习艺所,就是这类新型慈善组织的典型例子。设置游民习艺所的目的不是为了解决被救济者的一时之贫,而是传以一技之长,使之能自立于社会,服务于社会。尤其是维护社会治安方面,习艺所具有"莫大的帮助"。⑥

武进游民习艺所创办之后,有意识地组织游民学习一些职业技能,对游民进行改造。创立最初,习艺所组织游民 71 人,作缝工、竹工、蒲工、草工等。1915 年增设织布、织袜、织毛巾、雕刻等工艺生产。1932 年 2 月 14 日,游民习艺所改为游民感化院,对游民进行工艺感化教育,所作工种计有缝袜、摇纱、糊纸匣,每人每月

---

① 冯尔康:《游民与社会结构的演变》,《顾真斋文丛》,中华书局 2003 年版,第 527 页。
② 商务印书馆编译处:《最新编订民国法令大全》,商务印书馆 1924 年版,第 481 页。
③ 上海市社会局编:《公益慈善法规汇编》,1932 年铅印本,第 20 页。
④ 王卫平、黄鸿山、曾桂林著:《中国慈善史纲》,中国劳动社会保障出版社 2011 年版,第 35 页。
⑤ 江苏常州市民政局编:《常州民政志》,内部出版物,1991 年,第 263 页。
⑥ 包伟民主编:《江南市镇及其近代命运:1840—1949》,知识出版社 1998 年版,第 219 页。

可获工资洋 3—4.5 元。1930 年,武进临时乞丐收容所委员会议决,乞丐在所,应使他们从事简易工作,资金由所内筹集,盈利除去收容所增资外,大部分发给乞丐。据 1946 年 12 月 1 日《武进中山日报》载:"社会部游民收容救济办法规定,游民乞丐入院后,应注意教养兼施,予以生产训练,有工作能力的游民乞丐应当尽量宽施工赈,或为之介绍职业。"①

三、抚孤育幼:育婴堂与贫儿院

在抚孤育幼方面,育婴堂在民国初年复建于东横街。1928 年末计存堂外婴孩 275 人,内堂婴孩 16 人。1930 年隶属武进救济院。抗日战争时期因经费无着而停闭。当时,武进教育界知名人士汤时斋看到育婴堂设备简陋,教育方法落后,就请士绅蒋慰仙、周季平、王春渠等出面主持,动员社会力量,在常州东横街三牌楼建造武进救济院,改造育婴堂。把育婴堂搬进新建的大厦,提倡讲卫生,保姆和医院的护士一样,穿戴白衣白帽,改善饮食质量,按时饮食,还配备西式摇篮。②

除了育婴堂,贫儿院是常州士绅热心倡导建立的慈善机构,对于常州贫幼儿的教育贡献尤多。常州贫儿院由冯嘉锡(字晓青)、伍玑(字琢初)两人倡议,并首先慷慨解囊,冯捐献 3000 元,伍捐献 2500 元,于 1922 年开始筹备。同时邀请地方士绅、工商巨擘吴镜渊、钱以振、庄中希等 31 人为院董,成立院董会。院董会负责筹集基金,订立章程之事,院董会推选冯嘉锡任院长,院址选定东门城内椿桂坊灵观庙宇为院舍。1923 年 8 月经江苏省政府批准,教育厅、民政厅备案。9 月 13 日开始收容贫儿,16 日举行开学典礼。

贫儿院创立时收容贫童孤儿 60 名,教养兼施,所有衣着、被褥、伙食、学习用品,全部由院方供给。1926 年贫儿院规模已达收容贫孤儿 270 余名,每年经费开支达 2 万元以上。其经费来源,除由财政厅依照省议会决议每年补助 2000 元外,全赖院董及工商界热心教育人士捐助。贫儿院开办时,全部寄宿,除免费教育外,并供衣食。嗣后逐年扩充名额,院舍不敷应用,而要求入院者接踵而至。且贫儿院不能专事教养,必须实施勤工俭学,使贫儿学会做工,能自谋生路。于是添设工场,延聘技师,授贫儿以生产技能。因织布、摇袜、织毛巾等需要女工,贫儿院于 1927 年首先招收贫女 30 名。院董会又拟创办贫女小学,并附设妇女工艺厂。贫儿院女子部编制分小学、职业两部。小学部遵照新学制义务教育办理;职业部除授以实用之工艺外并按照部

---

① 江苏常州市民政局编:《常州民政志》,第 274 页。
② 吴之光、羊宗秀:《记教育界人士汤时斋》,武进县政协文史委编《武进文史资料》第 10 辑,内部出版物,1988 年,第 55 页。

定高小课程授予普遍文化教育。①

1928年10月22日,《申报》刊载了《常州贫儿院续向南洋募集捐款事略》,对于贫儿院的创设过程有所述及,并为贫儿院募集捐款:

> 该院正院长冯晓青、副院长伍琢初,鉴于常地瘠苦,孤寒稚子到处皆是。爰组织常州贫儿院以资教养,捐款提倡,多方规划,至民国十二年秋始就东门灵官庙,改修成立,当经招收贫儿六十名。数年之间,岁岁递增,今年已加至二百七十名。春间又设女子部,兼设妇女工艺厂,统计该院现有贫儿贫女贫妇共四百余名,凡衣食住教、无不筹备,设初级四级,高级二级,有藤工、木工、染织、织巾、缝纫等工场。该院基金缺少,前由该院院长及董事公请金启生女士任南洋各岛劝捐员,金女士所募各埠捐款,均由各埠商会或学校经收汇寄,甚为核实。冯、伍两先生均德高望重之常邑人士,一致推崇,经营院务,可称苦心孤诣,且成绩昭彰。兹因垂询该院真相,用特证明,毫无虚伪,贵埠诸善士捐款,请放心从速汇交该院查收。②

1933年院监刘铁卿辞职,聘曹吉人任院务主任,刘绍屏任教导主任,臧其吉任总务主任,他们都毕业于陶行知所创办的南京晓庄师范。陶行知还曾于1934年夏来贫儿院演讲。曹吉人主持院务后,在1935年贫儿院分设三个分院。③贫儿院虽添设女子部,但仍不能满足要求入院者的愿望,于是又增设分院三所。原贫儿院本部改成中心院,女子部改成北门分院,添设的东门分院,在东门城内县文庙。这三个分院不收寄宿生,全部走读,不供食宿,且只设初级班(四年制)。抗战爆发后,各分院房屋工场设备全部被毁。1940年代末期,工商业不景气,依赖募款办学难以维持,贫儿院遂改为育群中、小学。1949年后,育群中学由政府接办。④

贫儿院并不是近代的产物,但其运作管理呈现出相当程度的规范化与制度化,是民国以后才出现的新趋向。除政府对社会慈善公益组织机构的倡导、表彰、奖励、支持之外,近代江南市镇公益事业还得到了商人、乡绅、教会、寺院、商会、公馆及其他市镇上层分子的支持,其所涉及的社会阶层超过传统时期,其中尤其凸现了工商业人士的作用。

---

① 吴玉良:《我所知道的贫儿院》,常州政协文史委编《常州文史资料》第6辑,内部出版物,1986年,第98—99页。
② 《常州贫儿院续向南洋募集捐款事略》,《申报》1928年10月22日。
③ 骆振华:《常州贫儿院片断》,常州政协文史委编《常州文史资料》第3辑,内部出版物,1982年,第153页。
④ 吴玉良:《我所知道的贫儿院》,第106页。

四、敬老与医疗救助：红十字会

与传统慈善组织有所不同的是，红十字会这一舶来品，登陆中国之后就成为近代中国慈善组织现代化转型的领头军。在社会救助方面，常州红十字会自筹备伊始，就发挥了重要作用。1911年辛亥革命推翻清政府后，大清红十字会更名为中国红十字会。全国各地50多处红十字分会纷纷成立，如苏州、无锡、江阴、镇江等分会。它们大多依靠当地教会和教会医院，并广泛参与了辛亥革命的战地救护。由于常州地区战事不是很剧烈，加之缺少教会医院，因此没有在第一时间成立红十字组织。1914年6月，这种状况得到扭转，基督教监理公会常东牧区与长老会联合在局前街创办常州福音医院，院长由长老会王完白牧师担任。①据王完白自述："医院中尚有二种联属之事业，一为福音医院医学校。二为中国红十字会常州分会。光复之际，余方主任江阴医院，曾组织红十字医队，参与南京及津浦路线之救护事业。迨来常创办医院后，上海红十字会总会沈仲礼前会长，即以筹备常州分会事相托。开院后，遂以筹备处名义办理红会事业。"

图 8-20 王完白

1914年10月，王完白受中国红十字会总会沈敦和副会长的委托，负责创建中国红十字会常州分会，并在局前街福音医院设立常州分会筹备处，自任理事长。王完白实为常州红十字会的奠基人与创始者。分会筹备处成立不久，江阴发生战事，这也给常州红十字分会筹备处一次锻炼的机会。据王完白回忆："江阴炮台发生战祸，炮声相闻。常州大起恐慌，急与地方领袖共谋救济之法，乃组织伤兵留养院于第五中学，妇孺留养院于女子师范。教会西女士五六人，担任义务看护。"②妇孺留养院为此还在红十字分会的指导下，制定了《中国红十字会常州分会附设妇孺留养院办法》，包括定名、宗旨、院址、院务、职员、制限、时期、经费、医药、余则等十个部分，内容十分相近，在《武进报》上分两天载完。③值得庆幸的事，这次战事持续时间较短，常州一带并未受大的影响。然而常州分会未雨绸缪的具体措施，却为地方红十字会应对突发事件提供了范例。战争结束后，为了将红十字会这个永久的慈善机构做下去，第五中学董伯章校长特意将校舍划出一部分作为临时病院，另外

---

① 张涛：《中国红十字会常州分会筹备处的历史及其贡献》，池子华等主编《红十字运动研究》2014年卷，合肥工业大学出版社2014年版，第215页。
② 王完白：《十年之回顾》，《兴华》第20卷第12期，1923年，第23页。
③ 《妇孺留养院之办法》，《武进报》1916年5月1日、5月2日。

参加救护者多达6人，全系义务劳动，不取报酬。

　　常州红十字会分会筹备处成立后，王完白按照总会的要求，推行捐款入会制度，向社会广泛征集会员。为此他亲自拟定了《中国红十字会常州分会章程》，刊发于1916年4月27日的《武进报》上，详细规定了入会条件和本会坚持的宗旨与主要业务。为了更加有效地筹募资金，王完白还连续多日在《武进报》上刊发《中国红十字会常州分会筹办处入会简章》，简章的主要内容为："捐洋在二十五元以上即由总会举为正会员，二百元以上特别会员，一千元以上名誉会员，皆有徽章凭照。"至1920年底，常州红十字分会的会员人数已到达正式成立分会所需的30人。1921年初，筹备处共征得正式会员36人，超过组织分会的法定人数，于是请求总会批准成立正式分会，经总会汪大燮会长呈报陆军、海军、内部各部及江苏省长官备案保护，获准成立永久慈善机构——中国红十字会常州分会。2月21日，中国红十字会常州分会在福音医院召开成立大会，选出首任会长屠寄、理事长王完白、理事董伯章、资产委员龚承祖、议事员恽宝骏等12人，当选者均为地方名绅且热爱公益人士。①

　　除参与救护、征募会员外，常州红十字分会还开展力所能及的募捐活动，参与赈灾工作。1917年夏秋之际，北京、河北等地发生严重水灾，常州分会筹备处代募赈灾款。1919年夏，长江流域发生水灾，常州分会再次发出劝募倡议，不少热心人士纷纷响应。1920年，华北发生严重旱灾，赤地千里。常州分会筹备处再次进行劝募。由王完白主持开展的三次成功的赈灾劝募，为分会的早日成立奠定了群众基础和物资基础，也为以后开展更大规模的募捐活动积累了宝贵的经验。②

　　1925年8月，奉浙战争又起。在持续近两个月的战争中，中国红十字会总会总办事处进行了广泛的救护动员。③常州红十字分会也积极参与救护。11月1日，常州武邑红十字分会在第一公园召集大会，到会会员200多人，伍会长报告开会宗旨后，由理事长报告会务经过事项，略谓："去年江浙战事，本会一方救护，一方设法掩埋，救护伤兵三四百人。掩埋亡兵二百余人。当时救护分为两处，除武进医院外，又在第一高小等处作为分院，始能容纳。惟枪伤者必用爱克司光镜照治，幸武进医院有此器具，始能疗治。每伤兵一人，每日约须七八角费用，然较苏州等处所费尚少，以医生均尽义务之故。掩埋队则掩埋亡兵，备尝困难。至设妇孺救济院，用款尚少。"会议最后选举议事员卢锦棠、李复稔、刘节生、赵颂平、史企望、刘和远、夏宗荣、朱秀齐、刘尧性、汪子传、许顺康、张佩绅、周志靖、龚瑞蓂、吴翼平、王完白、

---

① 张涛：《中国红十字会常州分会筹备处的历史及其贡献》，第219页。
② 张涛：《中国红十字会常州分会筹备处的历史及其贡献》，第220—221页。
③ 池子华：《红十字运动：历史与发展研究》，合肥工业大学出版社2013年版，第177页。

郭晓溪等 17 人，留影而散。①

1926 年 1 月 9 日，《申报》上再次刊载了武邑红十字会参与救助的详细情况：

> 理事长徐化吾偕同会员刘耐斋等，携带现款赴南宿州散放急赈。至昨（七日）日回常。据谓此次放赈，沿津浦路线，自固镇至夹沟止，计程一百余里。此地即为联奉两军剧战之场，死兵遍野，灾民惨苦，大有目不忍睹之概。放银办法，分灾户为善与人同四字，善字一元、与字二元、人字三元、同字四元。放衣办法，分为上下全三字，上字棉衣一件、下字棉裤一条、全字棉衣裤一套、共计银七千元，棉衣裤一千件。又沿津浦路线，尸骨未经深埋而为野兽所食者，不可胜计。该会职员又雇工覆以泥土、筑坟一百五十八个，本拟再赴远乡散发，嗣因绑匪甚多，携带现款恐有被劫情事，故未敢前往，在沿火车线各地散放，约经十日始竣。②

1926 年 10 月 13 日，武进红十字分会在县学旁史宅开会，"到李复稔等十三人，正议长卢锦棠赴沪，副议长恽汉辅主席。议决事项：（一）改选任满议事员八人案，议决仍遵前例，准于十一月一日改选，由营田庙本会举行；（二）筹备大会事宜案。议决准于十月三十日召集理事议事员联席会，筹备大会事宜再行决定，议毕聚餐而散"。③ 同时，常州武进红十字会还积极组织救助国民革命军北伐军及难民的行动。1927 年 3 月 15 日，武邑红十字会召集议事会，"（一）报告函请各县红分会互相报告近况；（二）报告致函总办事处，阵述本届筹备状况并请协助医药；（三）报告函请各军事长官，给示保护；（四）报告函请运司令至必要时准予火车免费，运送难民；（五）议决设立救济院十处；（六）议决救济院均由各主任自行担任经费，不得零星募捐；（七）公推赵颂平与武进医院接洽疗治伤兵"。④

有学者认为，与以往的救护行动相比，中国红十字会总会在北伐战争的救护中，表现出令人不解的"消极"，一则没有亲自组织、协调各分会的战地救护，各地分会近乎沉寂的救护局面，与此有关；二则没有积极的救援行动方案；三则没有举办必要的募捐活动。⑤ 可能全国红十字会的状况如此，但常州武进红十字会还是在北伐战争中开展了一些有效的伤兵、难民救助活动。

常州红十字会经过十年发展，各项工作均有长足进步。1935 年 8 月，常州红十字会创设大规模医院，医院地址在麻巷，"暂设病床五十只，分头二三等及产房，

---

① 《常州红十字会召集大会》，《申报》1925 年 11 月 3 日。
② 《红十字会放赈记》，《申报》1926 年 1 月 9 日。
③ 《红十字会议事员开会》，《申报》1926 年 10 月 14 日，第 7 版。
④ 《红十字召开议事会》，《申报》1927 年 3 月 16 日，第 7 版。
⑤ 池子华：《红十字运动：历史与发展研究》，第 180 页。

一切 X 光、紫光、太阳灯、电疗器、手术化验室等，应有尽有"，医院聘请陈舜名为院长，承仰贤、蔡俊、赵品莲等为医师。①1937 年全面抗日战争爆发。之后，常州沦陷，常州红十字会活动停止。1946 年 2 月中国红十字会总会批准上海办事处关于将常州分会改为中华民国红十字会武进县分会的报告。7 月，武进县分会成立。②1946 年 8 月 18 日，武进红十字会诊疗所成立，初借西门外安邦小学的一部分房屋，后又迁城内西横街，至是年冬，又在溧武路由热心人士捐建房屋一所。诊疗所设主任医师 2 人、护士 1 人、医助 2 人、助产士 1 人、给验员 1 人、司药 1 人、干事 1 人，均由红十字总会派员担任，并有志愿者多人。诊疗所仅收挂号费，药费一律免收，药品除由总会供应外，新亚药厂等也有大量捐助。诊疗所开业半年内，便收诊人次总计 12728 人，在乡间注射伤寒霍乱疫苗 2137 人次，在城内小学布种牛痘 5583 人，乡间小学 4813 人，为各级学校体检 1473 人，成人体检 315 人，为婴幼儿体检 1239 人。③此外每日为 2000 多个 1—5 岁的贫弱儿童免费提供牛奶，每月还进行一次免费体检。④在乡间，武进红十字会从 1947 年 2 月开始，先后设立了前黄、湟里、寨桥、厚余、西夏墅、马迹山、湖塘桥、雪堰桥及坂上 9 个服务站，以前黄服务站为例，有医师 1 位、护士 1 位、助产士 2 位和干事 2 人，设病床 8 张、产床 2 张，自 1947 年 2 月—1948 年 4 月共诊治病人 49952 人，发放寒衣 600 件、单衣 424 件、皮鞋 62 双、米 3 石，补助 40 名贫苦儿童的学费，举办失学儿童夜校，有学生 72 名。⑤

有研究认为，中国红十字会诞生之后，其救伤瘗亡、拯饥扶困的人道行为传承了传统慈善组织"养"的轨迹。此外，其筹办社会保障机构，开办医学堂、护士学校培养专业医护人才，与传统善堂会大相径庭，并且更为注重对受救者的"教"，发扬授之以渔的救护理念。⑥常州红十字分会在民国时期的发展，也彰显常州地方慈善组织逐渐调整自身，由"养"而"教"，积极参与人道活动。

第二节 社会结构的变化与新兴阶层的出现

城市化是由农业为主的传统乡村社会向以工业和服务业为主的现代城市社会逐渐转变的历史过程，包括人口职业的转变、产业结构的转变、土地及地域空间的变化，

---

① 《常州红十字会创设大规模医院》，《医药评论》第 7 卷第 8 期，1935 年 8 月 15 日，第 38 页。
② 《常州红十字会成长记》，《常州日报》2014 年 5 月 8 日。
③ 于开明：《武进分会的医务工作》，《红十字月刊》1947 年第 17 期。
④ 吴逸樵：《武进分会的营养服务》，《红十字月刊》1948 年第 27 期。
⑤ 《红十字旗帜在乡村》，《红十字月刊》1948 年第 29 期。
⑥ 顾洪、袁玲：《民国前期慈善组织的现代化转型——以中国红十字会为例》，池子华等主编《红十字运动研究》2014 年卷，合肥工业大学出版社 2014 年版，第 203 页。

但同时也是人的生活方式和整体素质不断提高的过程,更是一个文化重铸的过程。近代的常州在西风东渐中逐渐发生社会的变迁自然是城市发展的重要景观。

一、社会阶层变迁与工人阶级的形成

常州以纺织工业出现迅速发展为基础,整个地区的经济结构和功能发生了变化,从一个传统的漕运城市逐渐转变成为以纺织业为主导产业的轻工业城市,随着经济结构的改变,加上西方思想文化的传播,常州城市发生了明显的社会变迁。

1. 人口结构变化。从1928—1936年,常州人口平均每年以3.43%的增长率增长,显示了这一区域的稳定而又迅速的增长。城市人口变化更快,1926—1931年,常州城市人口年均增长率为8.31%,占全县的比例从12.6%提高到16%。城市人口的聚集是城市化的重要标志之一,更重要的是人口的社会结构也发生了重大的变化。1930年全县工商业人口占总人口的比例已经达到12.3%,1931年第一区(即城区)人口14.23万人,其中在业人口为6.38万人,占44.8%,其中商业人口占在业人口21.4%,工业为10.2%,工商业人口占全城人口的31.6%,工商业人口的增加也标志着城市结构的转型,务农虽然还是城市人口的最主要的职业,但工商业人口已经基本上接近农业人口的水平。1930年代无锡城市工商业人口也占据了全城人口的32.9%,这也说明常州的城市化进程与当时在全国领先的工商业城市无锡基本处于同一水平。到了1949年市区在业人口5.6万人,占市区总人口的22.7%,其中有职工2.93万人,占在业人口的52.32%,农业劳动力1.99万人,占35.54%;个体劳动者0.68万人,占12.14%,各种现代职业已经成为城市在业人口的主要成分。①

2. 产业工人的出现。由于没有外国企业,又没有洋务派创办的工业,所以常州近代产业工人很晚才出现。1906年、1911年先后出现的晋裕、裕纶两个手工布厂的雇佣工人,是常州近代最早的一批工人。晋裕布厂工人在百人以上,裕纶则最多时达到600多人,这些织布工人大部分是湖塘桥一带的农家熟练女工,手摇车手则是11—12岁的女童工,浆、染为技术工,每月工资,技术工为7—10元,织布工为6—7元,童工为4—5元。这些工人虽多手工操作,而且还可能没有脱离农业,但仍然是常州产业工人的雏形。②随着第一次世界大战期间常州工业的迅速发展,常州地区第一代产业工人也随之形成。到了常州近代工业黄金时期的1932年,产业工人数量已经迅速增长,全市棉纺厂、棉织厂、毛巾厂、粉厂、榨油厂、碾米厂、机器厂、冶坊八种工厂里的工人总数已达9188人。③1949年,全市工人达2万人。同时,产

---

① 武进县县志编纂委员会:《武进县志》,第196—201页。
② 万灵:《常州的近代化道路:江南非条约口岸城市近代化的个案研究》,第66页。
③ 《中国实业志》(江苏省)第八编,第389页。

业工人的素质也大幅度提高，当时常州工人织出的布已经达到先进的国际水平，当时公认"此则工匠之管理训练，别具运用之精神焉"①。但与此同时，劳动条件差，工资很低是普通现象。据42个行业的统计，工人平均月工资仅为11.5元，扣除各类苛捐杂税，实际所得只有五六元。据1927—1937年的资料，常州城区纺织厂男工每月最低工资为6—9元，最高为35—37.5元，30元以上大多数是技工，人数极少。女工每月最低工资为3—9元，最高为24元。而1931年统计常州城市居民五口之家，每户每月生活费支出最少要30元，才能维持温饱。以这样的工资收入，维持全家生活已很困难。②

1914年，梳篦工人曾为增加工资而罢工，这也是常州最早的罢工记录。1919年五四运动期间，常州市各界联合会声援学生运动，已有工人参加，火车站工人、电话局工人都相继罢工。1919年11月19日，全市工人举行同盟罢工，要求加薪，这是常州工人第一次以集体的力量出现。1927年2月28日，在中共常州独立支部的组织下，各工厂工人在仁育桥交通旅社集会，组建武进县总工会，这是常州工人最早的组织。3月初，木业、煤炭业相继成立工会。3月20日，北伐军进驻常州；21日，武进县总工会由秘密转为公开，在大庙弄四乡公所挂牌办公，王寿生任武进县总工会组织委员长。此后，油厂、机器业、邮务、商人、酒酱业、印刷业、色布业、教职员工、银行、典业、南货颜料业、成衣业、染业以及震华电厂、申新六厂、武进电气厂、通成纱厂等的工会相继成立，总计达20家，会员达万余人，占职工总数的三分之一。在工会的组织下，震华电厂率先实行8小时工作制，大纶纱厂、申新六厂等工会开展的劳资斗争也取得了不同程度的胜利，形成了常州城区工运高潮。此后由于大革命失败，工会于1928年被改组为武进县总工会整理委员会。1930年宣布解散。③抗战胜利后的1946年4月1日，武进县总工会重新成立，会址设大庙弄国民党县党部内。此外常州城区有产业职工会和基层职工会70个，会员人数23598人。④

二、商会、农会与工联会

随着近代常州工业的发展，常州的资产阶级逐渐发展和壮大，他们开始组建了自己的组织，商会、农会和工联会便是其中的代表。

1.商会。常州最早的资产阶级一部分是由官入商的城市绅士转化而来，商会则是这一阶级的代言人。武进商会是全县工商业的联合组织，以图谋工商业及对外贸易的发展，增加工商业的公共福利为宗旨。商会成员由各业资方组成，代表其利益。

---

① 于定一：《武进工业调查录》之《染织布厂》，第53页。
② 常州市工会志编纂委员会：《常州市工会志》，江苏古籍出版社1993年版，第37页。
③ 常州市工会志编纂委员会：《常州市工会志》，第39页。
④ 常州市工会志编纂委员会：《常州市工会志》，第41页。

商会直属武进县政府领导，下属各业同业公会，1948年达62个。①

武进商会始建于1905年，由恽祖祁等筹建，时称常州商务分会，辖武、阳两县，属苏州总会领导。商会负责人初称总理。1912年武进、阳湖商会合并为武进商会，1914年改总理为会长，1929年改会长为主席，1946年起称理事长。其中总理任期一年，会长、理事长任期两年，可连选连任。自始至终共有18任总理、会长、理事长，首任总理恽祖祁，末任理事长查秉初。商会建制方面，1929年前为会董制，由商会所属各业推选会董15人，并设有特别会董3人。会董会议是商会最高权力机构，有权议决商会一切事宜。在会董中选举会长和副职各一人，主持商会日常工作。1929年起改为委员制，选举执行委员15人、监察委员7人，并在执监委员中选举常务委员5至7人，推选常务主席1人，主持商会工作。抗日战争胜利后，改设理事会和监事会，由理监事会选举理事长和常务监事各1人，主持商会工作。②会员入会分为两种情况，一是同行业满7家应组织同业公会，各同业公会定出代表名额入会，成为行业会员。另一种是同行业不满7户者，则以户为单位入会，称单独会员或商店会员。入会者按期缴纳会费，如不入会则勒令停业。

1927年时，武进县商会下设商团、教育委员会（图书馆、补习学校、公园）、国货推广委员会（金丝帽传习所、金漆美术镀像商店、工商业编查处）、商事评议委员会、总务处等部门。日本侵略军占领常州后，1940年6月，伪武进县商会筹备委员会成立。1941年4月，改称武进县商会整理委员会。1942年10月成立伪武进县商会，下辖68个同业公会，应付各种"官差"。1945年日本投降，伪商会解散。抗战胜利后，武进县政府派李杏卿等为商会整理委员。1946年1月组成商会筹备委员会。3月，武进县商会成立，实行理、监事制。由会员代表选出理事、监事主持日常会务，下辖67个同业公会。1949年常州解放前后，县商会为维护地方秩序、支前、救灾、献粮和恢复生产、维持经营等方面作出一定贡献。③各乡镇也同样设立商会，隶属武进商会领导，至武进解放后，各乡镇商会始停止活动。④

根据《武进县商会暂行章程》，武进商会会务包括谋商业之安全及改进，遇必要时得建议于官厅；关于重要实业之产生及市面恐慌等事有提倡维持及请求地方行政长官提倡维持之责；关于商工法规及商业事项得建议于官厅；关于商民有商行为正当之请求，得代陈诉于官厅；答复官厅或其他团体或个人咨询商业之事项；调查

---

① 王网海：《武进商会和商业》，武进县政协文史委《武进文史资料》第13辑，内部出版物，1991年，第85页。
② 王网海：《武进商会和商业》，《武进文史资料》第13辑，第85—86页。
③ 常州市地方志编纂委员会编：《常州市志》第2册，第1216页。
④ 王网海：《武进商会和商业》，第88页。

或证明官厅或其他团体或个人所委托商业之事项；提倡国货，得设置商品出品陈列所；纠正商民不良行动；调处本会区域内当事人或官厅委托之商事争议；受当事人或官厅委托办理商业清理事项等。商会的经费来源除了会费之外，如当时规定二成车、小车和坊厢轿的执照发放和费用收取均由商会实行。根据 1928 年《武进年鉴》，当年商会收入为洋 4916 元，其中包括各业会费 3800 元，二成车照费 852 元，小车照费 144 元，坊厢轿照费 120 元。①

商会有自卫武装团体，即武进商团。商团主要任务是保卫地方、集训青年，并授以知识、道德、职业教育和体格训练。武进商团创建于 1908 年，时称常州商团，有团员 60 余人，团长刘尧勤，后由于以勤、钱琳叔等继任。商团成立伊始，即从政府领取洋枪 80 支，开始训练。1921 年，又向汉阳兵工厂购步枪 60 支，还配备制服和相应物品。1923 年划分 21 个商团勤务段，设段长、副段长各一人。武进商团活动最兴盛的时期为 1928 年至 1933 年，曾组织几次全县性较大的会操和演习。1929 年 11 月 29 日，全县商团集中城区大会操，共 1000 余人，上午 10 时大会操在武进公共体育场进行，操演由司令刘正义指挥。1936 年 1 月，城区商团团员达五六百人，服装整齐，装备一新。后遵照江苏省政府训令，商团移交武进第一区公所接收改编，编为壮丁预备队，商团到此告终。②

商会最主要的活动就是推动工商业创办实业与洋货竞争。1915 年 5 月起，武进商会组织推广国货团，由史锡肇、刘尧勤两人负责，设常州公花园图书馆楼下，以国货样品展览，展出商品以常州特产为主。11 月 7 日，《申报》上刊载《武进推广国货团简章》，对于推广国货团的宗旨、职责做了详细规定：一以推广国货为宗旨，由武进商会发起集合本县工商业组织之，定名武进推广国货团。二职员设名誉干事及干事员，名誉干事由商会会员公推任之，干事员由本团各工商业任之，每业每店各一员干事长。三定期于民国四年十月一日在城内双桂坊图书馆公园内开成立。③

在武进商会的积极推动下，买卖国货的运动开展的较为顺利。1919 年 9 月，吴寄儒集股 1 万元，在常州织机坊新楼房创设振华国货公司，以提倡买卖国货为宗旨，凡舶来之品，概不售卖。同时大力推广国货味之祖（味精），抵制日货味之素，并向镇江等地推销。④为打开国际销路，商会于 1915 年、1926 年组织地方产品参加巴拿马太平洋博览会和美国费城博览会。先后组织产品参加江苏省商品展览、南京商品展览、上海商品展览、浙江省商品展览和南洋劝业会商品展览，不少产品因获奖

---

① 《商会附刊》，武进县建设局《武进年鉴》第二回。
② 王网海：《武进商团始末》，《武进文史资料》第 13 辑，内部出版物，1991 年，第 104—105 页。
③ 《武进推广国货团简章》，《申报》1915 年 11 月 7 日，第 17 版。
④ 王网海：《武进商会和商业》，第 86 页。

而扩大了销路。

商会从创立伊始便开展了各项有利于民生的活动,其中对武进的市政建设贡献尤著。此外,商会还承担了办理平粜的职责。1920年春荒,商会办理平粜,前后20天,粜米近4000石,差价概由商会承担。次年沙洲水灾,商会又筹募赈捐1.5万元。[①]1927年至1930年,米价上涨,每石高达十二三元,有的甚至更贵。县商会及各地方乡镇商会,向上海、无锡等地组织大米,实行平粜,每石不高于10元,以济民食。但因数量有限,对每户实行限购,如奔牛镇每户每次准购5升。

1912年起,商会支持张恺祁创办商业补习学校,为企事业培养人才。1918年,又在文在门北侧沿城脚,把白龙庵及前后荒地和府学余基、五皇庙、文昌阁等一并圈入开辟第二公园。关心资助贫儿园和工学团筹贫民教育,出资补助地方教育经费。资助武进医院、红十字会、育婴堂等保健、保育单位。还办善举,逢年过节向鳏寡孤独发放粮米等。[②]

2. 农会。1905年,江苏成立了第一个农会——锡金农会。1907年底,农工商部奏准颁行《农会简明章程》。自此,江苏各地开始普遍设立农会。[③]清朝末年,以研究农学、讲求农务、推动农业发展为宗旨的农会,并非是真正的农民组织。会董及会员几乎都是地方士绅。在组织制度上,当时的农会与当时的商会有许多共同之处。领导制度实行议董制,总理和协理虽然负总责,但所有重要事务仍须全体议董甚至全体会员公议决断。

1910年,江苏咨议调查局作出各县设置农会的决议,省咨议局常驻议员朱溥恩、屠宽回常州组建农会。1911年6月,县农会正式成立,屠寄当选首任会长。中华民国成立以后,北京政府对原有农会进行改组。1912年9月24日,农林部颁布《农会暂行规程》及其施行细则,对农会的主旨、会员资格、组织成立、会章、职员、经费、业务等作了规定。1912年农会会长改由奚臻担任。1913年朱溥恩担任会长。自1913年起,全县36个市、乡均建立基层农会。[④]1919年改选,李国光任会长,1920年,朱溥恩复任会长;1924年5月19日,北京政府农工商部公布《修正农会规程》暨其施行细则,对原有《农会暂行规程》稍作修订补充。这些法令颁布施行后,各地重新设立农会。[⑤]至1926年农会会长改由刘佩衡担任。1927年6月1日,国民党组建

---

① 常州市地方志编纂委员会:《常州市志》第2册,第1218页。
② 常州市地方志编纂委员会:《常州市志》第2册,第1217页。
③ 江苏省地方志编纂委员会编:《江苏省志·社会团体志·农民团体篇》,方志出版社2000年版,第13页。
④ 常州市地方志编纂委员会:《常州市志》第2册,中国社会科学出版社1995年版,第1214—1215页。
⑤ 江苏省地方志编纂委员会编:《江苏省志·社会团体志·农民团体篇》,第16页。

的县农民协会筹备处成立，会址设旧城隍庙，黄介直、徐梦芴为筹备委员。10月，全县有27个村农协，会员3232人。次年初，成立县农民协会整理委员会，7月设立武进县农民协会，黄介直任常务委员。1930年12月，县农会委员会议决定对基层农会进行整理。

1937年冬常州沦陷后，农会停止活动。抗日战争胜利后，1946年1月成立县农会筹委会，王章、陈绍希等十余人任筹备委员。6月30日，在中山纪念堂召开成立大会，正式成立县农会，蒋超俊任理事长。县农会下辖106个乡农会，有会员2.5万人；至次年8月，农会会员达11.2万人。县农会设立后，提出了一些设想和计划。1947年和1948年曾举办农业贷款、蚕种贷款和土布贷款；负责分发美国进口纯种橄榄菜种350公斤和种植指导工作；利用青果巷费氏宗祠房屋6间，设立农民福利社；为推广台湾大麻种，供给种子30余担，并进行技术指导和介绍麻纺公司收购；抛售积谷1万石和贷放豆饼。因此，武进县农会被农业、社会两部命名为示范县农会。1949年4月，武进解放，农会停止活动。①

3. 工联会。在北伐战争前，执常州工业界牛耳的基本是恽祖祁、钱以振、于定一这样兼具新旧时代不同特征和思想的绅商式人物。商会会董大部分是豆、木、钱、典这样的传统商业的经营者，极少工业企业的代表。由于地方自治的推动，加上自己阶级意识的觉醒，商会有了更明显的政治意识，逐渐成为常州城内政治的主导力量。但是由于这些人更关注的是自身的利益争夺，造成常州缺乏一个统一的、有力的、能够协调各方力量的决策集团，限制了地方的发展。随着本地工业经济的发展，以刘国钧等产业资本家为代表的原来的中下层力量开始崛起。1928年上海成立中华工业总联合会；1931年12月4日，以大成、民丰等纱厂为代表的厂业联合会代表刘国钧、庄启、江上达、刘靖基等开始筹组中华工业联合会武进分会。1932年1月8日，各代表在大成纱厂通过了本会草章及办事细则，并开始征集会员。

根据章程，工联会以经营研究发展，改良地方工业为目的，会员包括特别会员，即工业团体；普通会员，即职工30人以上的工厂；赞助会员，即其他团体厂店及个人之赞助本会组织者。工联会设会长1人，副会长2人，干事若干人。特别会员会费甲种每月60元，乙种30元，丙种15元；普通会员甲种6元，乙种4元，丙种2元。会员大会每年春天举行1次，干事会每月举行2次。又根据《办事细则》，设干事会，下设总务组、研究组、评议组、交际组、统计组、法律组，各组设主任。

1932年4月20日在磨盘桥新星二楼召开了工联会武进分会的会员大会，会员到达28人，推举裕源成油厂的屠公复为会长，代表武进电话公司的庄启和大成公司的

---

① 江苏省地方志编纂委员会编：《江苏省志·社会团体志·农民团体篇》，第26页。

刘国钧为副会长，戚墅堰电厂徐冠瀛为总干事兼总务，大成公司的顾峤若为副总干事兼法律主任。大成董事吴镜渊、刘丕基，民丰纱厂的江上达、严惠臣，协源染织厂的蒋光祖，久成染织厂的费哲安，利源染织厂的诸永生，裕民染织厂的唐定安，通成纺织厂的方少禾、池宗墨，恒丰染织厂的刘宝森，厚生机器厂的奚祝升，武进电气厂的费亮声为干事。染织厂同业会公和厂业联合会为工联会的特别会员，大成纺织染厂、民丰纱厂、通成纺织厂、恒丰盛织造印染厂、协源染织厂、裕民染织厂、利源染织厂、利达染织厂、宝丰染织厂、永成染织厂、华昌染织厂、裕丰棉花厂、一新面粉厂、恒丰面粉厂、厚生机器厂、裕源成油厂、三友工艺制造厂、振群印刷公司、武进电话公司为普通会员。5月21日在商会图书馆楼下召开成立大会，由商会拨第一公园内商品陈列所房屋为会所。同时决定召开工联会展览会。1933年2月19日—3月20日，首届工联会展览会在第一公园举行，征集各会员出品及武进工业界出品进行展览，以发展武进工业，促进贸易合作为宗旨，共有73433人到会参观，销售共计19960元。[①]1935年，中华工业联合会武进分会改名为武进工业联合会。

　　如前所述，商会和农会代表了常州最早的资产阶级，大部分都是兼具新旧时代不同特征和思想的绅商式人物，而且更关注的是自身的利益争夺，造成常州缺乏一个统一的、有力的、能够协调各方力量的决策集团，限制了地方的发展。随着本地工业经济的发展，以刘国钧等产业资本家为代表的原来的中下层力量开始崛起。工联会的成立便是常州地区经济结构发生变化的产物，工联会的成员全是工业企业，纺织企业占了其中绝大部分，而大成和民丰两家最大的纱厂拥有最多的成员，这标志着常州民族资产阶级的新核心的形成，他们凭借着优秀的企业家精神，超越了旧式绅商而成为推动常州经济发展的重要力量。

第三节　近代常州的发展与上海

　　自开埠以来，上海在中外贸易通商的推动下，短短几十年间就由一个滨海县城一跃而成为远东商业巨埠。此后"士之负异才，挟奇术，欲凭胜地以自显者，猥集凫趋不绝"。一方面，上海的繁华与绚烂吸引了四面八方的人们，这些外来移民为上海的城市发展作出了应有的贡献；另一方面，大量人群从乡村涌向都市，也必然会受到上海西方的生活方式及近代多元思潮的冲击，不断改变着自己，进而改变自己的故乡。

---

① 《中华工业联合会武进分会成立纪念兼工业展览会合刊》，1933年铅印本。

一、近代常州在上海的移民

上海开埠以后,伴随都市化的进程,以及城市社会经济的结构性转型,上海的人口容量急剧扩大,来自各处的移民构成了上海城市居民的主体。移民性,以及由此带来的人口高度异质性和流动性,构成了上海社会的显著特征。民国初年的《上海县续志》便写道:"查吾邑水陆辐辏,五方杂处,但可论仕年之久近,无从有土客之区分。"在众多移民中,由于地理上近在咫尺,风俗民情类似,江南人成为上海移民中的主要力量,而作为江南重要区域城市的常州人也在其中扮演了重要的角色。宣统二年(1910),常州府旅沪同乡筹办常州八邑会馆,曾就常州府旅沪人数进行过相关调查。据调查:武进、阳湖两县有2万多名,绅商学界之外,有打铜作、漂布匠、机器匠、木漆匠、茶房、机司、成衣、工役之类。到了1924年常州同乡会成立时,原武进、阳湖两县在上海的人口已经达到10万人以上。到了1940年代,常州旅沪人士已经达到数十万。短短30年之内,常州人在上海的移民数量已经增长了10倍以上。常州著名的望族西营刘氏曾言:"凡我族人,宦辙所至,经商所历,足迹遍各行省,然以生活环境之不齐,欲集多数族人于一地,除春秋祭扫外,实不可能。"但是当1938年编纂的《西营刘氏旅沪通讯录》时,该家族赴沪人数已经占到了全族近三分之一,这也是近代常州人大规模迁居上海的一个缩影。

二、常州人与上海的发展

在上海开埠初期,以盛宣怀为代表的从官僚、士绅中分化出来的新型企业家便通过洋务运动,对西方经济的进入作出积极反应,并取得了重要的成就,成为上海早期经济繁荣的重要组成部分。此后,更多的常州人适应时代的要求迅速崛起,在上海的商海进行搏击,他们不但在经济上做出贡献,同时也为上海城市建设起到了积极的作用。其中有代表性的是以下几位。

刘树森(1869—1940),原名葆基,字柏生。25岁赴上海入德商信义洋行工作。清光绪二十四年(1898),改入美商茂生洋行。1900年,因得到福州将军善联赏识,与其合股开设慎泰恒字号,从此发迹。此后又与盛宣怀合股开设三星香烟公司。同时,他还独资创办了上海商学会,"欲合群智群力与外侮相抵抗,勉为自存之计",并参与改组上海总商会。[①]民国后,他利用一次大战欧洲列强无暇东顾的机会,于1915—1919年间,先后创办宝源造纸厂和宝通、宝丰、宝成纱厂,至1923年,已控制5个棉纺织厂和2个造纸厂,一跃成为上海最有实力的企业家之一。他曾经花10余万银两买下上海著名的愚园作为私家花园,同时在北京香山建造玉华山庄为行署,影响力一度达到极盛。不料好景不长,灾难接踵而至,企业相继失败,最终仅靠森

---

① 朱复康:《刘柏森》,《中华民国史资料丛稿·民国人物传》第4卷,中华书局1984年版,第205页。

记纸厂维持生计,后患癌症病故。后来。刘垣曾回顾他和兄长创业的进程,称:"吾兄与予以孤寒无所凭借之身,寄迹市廛,不自量力,奋臂鼓舌,思以工矿实业挽救国运,始若小有成就,卒乃后先溃败,不可收拾,坐视残余,事业随世变而消逝,可哀也已。"①

闻兰亭(1870—1948),字汉章,号庸庵。早岁辍学,进煤炭店学徒,因做事认真,颇为老板赏识。民国前夕去上海,受聘于纱号,后独自开设纱号。其时华商做纱业生意刚开始,无法与外商竞争,利权大部分为外商所占,他联合华商纱号组织"纱业竞智团",进行广泛活动,聘请多名中间人,支付佣金,从事纱业买卖交易。并先后在上海郊县和苏南创办分号,为纱厂收购棉花,经销纺纱产品,成为荣宗敬申新等纺织厂的重要代理商。欧战爆发后,洋纱进口减少,他的经营规模迅速扩大。在汉口以下的长江沿岸各省,陆续开办分号、联号达50多家,营业额在纱布业中独占鳌头,与荣宗敬一跃成为华东地区1920年代工商(纱业)的领袖,被纺织界一致推举为纱厂业联合会理事长。此外,又与虞洽卿等于1920年创办上海第一家证券物品交易所,任常务理事。又被穆藕初聘任为华商纱布交易所常务理事。后又任理事长和纱业银行董事长、纱业同业公会监事长、上海工商联合会理事长及交易所联合会长等多种职务。淞沪战争爆发后,担任中国红十字会会长,并任救济区难民委员会副主任。日军占领租界后,他留在上海,与中共地下组织、日伪、国民党中统军统三方周旋,担任伪全国商业统制总会监事长、伪上海市商会监事长、市民福利协会理事长,又让军统和国民政府在他家里设秘密电台,还常与中共党员恽逸群接触,从事掩护工作。抗日战争胜利后,被国民政府以汉奸罪判处8年徒刑。后经多方查证,因确实对国家做过有益的事情,改判3年6个月,不久病死狱中。②

吴镜渊(1875—1943),名有伦,字镜渊,以字行。晚清时曾在湖南任候补知县。民国后回常州经营金融业。1916年,得知中华书局经理陆费逵经营不善,债务缠身,毅然设法筹集资金,避免了书局倒闭的命运。从此,吴镜渊代表的常州银团掌握了中华书局的财政命脉。同时,吴镜渊开始对中华书局内部进行全面整顿,建立各项规章制度,令负责人带头执行。不久,董事会推选他为中华书局监察、常务董事,集财务、管理行政权于一身。通过整顿,改进企业管理,使书局很快复苏、发展,成为全国书业中一个仅次于商务印书馆的集出版、发行、印刷于一体的联合企业集团。1930年,又协助刘国钧创办大成纺织股份有限公司。抗战时,又帮助刘国钧以英商

---

① 刘垣:《刘柏生先生墓志铭》,民国三十年石印本。
② 汪仁泽:《闻兰亭》,中国社会科学院近代史研究所《中华民国史资料丛稿·民国人物传》第10卷,中华书局2000年版,第346—351页。

名义创办安达纺织公司。①

许冠群（1898—1972），1918年去上海，任三新纱厂会计员，业余就读于上海商科大学，毕业后任会计师。1926年，与著名的药剂师赵汝调合资1000元，成立新亚化学制药公司（简称新亚药厂），生产戒烟丸。不久改制人寿水，即星牌十滴水。次年将股本扩大到1万元，推国民政府财政部关务署长吴葆之任主席董事，自己任常务董事兼总经理，开始制造出我国第一支注射用灭菌蒸馏水。1928年，抵制日货运动遍及全国，新亚产品顿时销路大增，获利丰厚。随着该厂日益发展，他于1930年8月租赁麦根路（今淮安路）设立较完备的制药厂，生产各种针剂和成药，增开药品配套包装玻璃厂，制造"安瓿"注射针筒及玻璃仪器等，将白克路公司改为发行所，资本增至5万元，赵汝调任厂长，许冠群之父许广澄任新亚药厂主席董事。九一八以后，新亚产品进一步畅销，先后增设药片、药丸制造部和软膏、浸膏等工厂，至1933年总资本增至25万元，职工达100余人。1933年，发起组织上海市制药厂同业公会，并当选第一届主席委员。1936年设立新亚化学药物研究所，聘请东京帝国大学博士曾广为所长，研制有机合成砒素剂、新消梅素。随着业务的扩大，1936年营业额高达100万元以上，成为上海规模最大的药厂。后又相继成立新亚卫生材料厂、新亚血清厂，又在港创办香港新亚药厂。到1940年，总公司资本已达300万元。此后又创办新亚建业公司、组织中国股票公司等，先后经他创办或投资合作的厂商企业共达35家之多，成为一个业务庞大、机构复杂的托拉斯式的新亚企业集团，达到了全盛。②

三、上海的常州同乡组织：从常州八邑会馆到常州旅沪同乡会

光绪二十八年（1902），盛宣怀拨捐南市局门路基地20余亩、房屋数十间，本意是建立一个三等学堂，后由于种种原因，不久三等学堂停办。光绪二十九年（1903），诸广成与庄清华便向盛宣怀提议，将此地作为常州八邑会馆，预备做同乡集会及寄柩丙舍之用。当时盛宣怀邀请八邑士绅欢宴，计到无锡周廷弼、祝大椿，江阴钱伊湘、靖江袁恒之，宜兴任逢辛，武进阳湖汪洵、诸广成、庄篆、薛牟髦等，"即开联席会议，创立常州八邑会馆，各县士绅一致赞同"。"惟修葺房屋及整理内部需款甚巨"，盛宣怀即发起募捐，各县士绅均乐于捐款，遂推举庄篆、汪洵、诸广成、薛云鹏四人为管理会馆委员，着手整理关于基地绘图过户立案等事，依次手续办妥。会馆基础始告奠定。但是"事将成而中止"，原因是"各县士绅认捐之款未缴清"，

---

① 常州市地方志编纂委员会编：《常州市志》第3册，第973—974页。
② 谈玉林：《许冠群》，上海市政协文史委、中国社会科学院近代史研究所中华民国研究史研究室《中华民国史资料丛稿·民国人物传》第4卷，中华书局1984版，第98—104页。

盛宣怀本人又无暇顾及此事，导致会馆事务几至停顿。光绪三十一年（1905），常州旅沪同乡会再次发起，有庄篯、闻兰亭、刘福同、方宾穆、丁甘仁、强联卿、丁仲镕、孟昭常、吴稚晖及薛云鹏，筹借小花园方宾穆宅为筹备处。由于当时"人心涣散，苦无团结力，筹备三阅月即告停顿"。①

宣统元年（1909），诸广成、庄清华、方宾穆再次向盛宣怀提议创办同乡会，并得到了吕景端和汪洵的支持。九月间，盛宣怀约同诸广成至局门路基地检验各产。转年三月初一日，盛宣怀邀请八邑绅董20余人在盛行辕酌叙，讨论常州同乡会成立事宜，定名为常州八邑会馆。盛宣怀通报了捐设常州八邑会馆地产情形，并公议八邑先行垫款，以备兴筑。盛宣怀宣布首先认垫规元1000两，随即庄篯认垫英洋1000元，祝大椿认垫英洋1000元，武阳绅董认垫规元2000两，锡金绅董认垫规元2000两，宜荆绅董认垫规元2000两，江靖绅董认垫规元1000两，共计规元8000两、英洋2000元。暂设事务所于沪北广仁堂内，公举诸广成君为办事董事。

因为"时局及人事的关系"，不久这次尝试再度失败，"仅存常州旅沪同乡会名义"。②此后又时作时辍。1913年11月14日，常州旅沪同乡会曾在《申报》上登广告，定于本月28日召开大会，发起人有汪洵、庄篯、刘福同、方宾穆、庄俞、闻兰亭、强联卿等，③但此后并无下文。直至1923年，在庄篯、刘福同、方宾穆、薛云鹏等人的倡议下，开始着手恢复旅沪同乡会，设临时办事处，于福州路新清和里租赁统厢房一幢，楼下为办事处，楼上为武进友谊社，作为俱乐部，每人各出创办费50元，共收850元，作为筹备经费。1923年10月12日在爱而近路纱业公所开成立选举大会，选出庄篯为正会长，刘福同、薛云鹏为副会长。12月，又租赁牯岭路延庆里房屋为会所，定名为常州旅沪同乡会。同时重行立案在局门路旧址建造常州会馆，删去"八邑"两字，次年夏，会馆修理竣工，还建立了盛宣怀纪念碑。至此，常州旅沪同乡会方才正式成立。④

常州同乡会创始时遇到了一系列的困难，第一届会费仅收到5000元左右，修建会馆便用去一大半，其余各项均赖同人捐资办理。第二届会费收入仅止3700余元。究其原因和当时常州的经济发展密切相关。庄篯自己便称："揆厥原因，实以同乡商界无多，大都劳工及小本经营，并无行号、厂栈巨大商业，较诸无锡铁业、纱业、茧业、面粉业各大工厂富力雄厚者实相去远。""甚至政界、学界诸人向无定踪，绝少实力

---

① 薛云鹏：《追述创办常州旅沪同乡会始末情形》，《常州旅沪同乡会简史及会务报告工作计划》，上海市档案馆藏，卷宗号Q117—8—1。
② 《本会略史》，《常州旅沪同乡会会讯》创刊号，上海市档案馆藏，卷宗号Y4—1—705。
③ 《申报》1913年11月4日。
④ 薛云鹏：《追述创办常州旅沪同乡会始末情形》。

援助",因此,庄箓以为"欲求同乡会务发达,必求商业兴隆,捐款增多,方能蒸蒸日上"。[①]另一方面,由于同乡会屡办屡辍,导致旅沪常州人对同乡会持有成见。

到了1930年代,常州本地工业开始迅速崛起,刘国钧的大成纱厂和江上达的民丰纱厂均发展成为在全国有影响的大型纺织染配套的综合性企业,常州一跃成为和无锡比肩的新兴工业城市。刘国钧、江上达、许冠群等一批新兴资本家也彻底代替了原来以盛宣怀、庄箓为代表的传统绅商,成为常州民族资产阶级的代表性人物,这些人同时也成为了上海滩经济界的龙头人物。由此也从根本上改变了常州同乡会的面貌。1930—1940年代,特别是1940年代前期,是整个常州同乡会发展最为迅速的时期,到了1940年代中期,一度收到的捐款额度达到500万元之多,[②]大量的工作由此得以推进。常州同乡会作用体现在三个方面:

一是保护同乡利益。常州同乡会于1923年成立至1925年期间的函牍中,涉及保护同乡商业利益,维护同乡生命财产的便有20份,[③]常州同乡会还专门设立敬老会,旅沪同乡中年老清贫者,按规定每月每户可以获得200元,人口较多,生计艰难的可以获得300—400元,到1944年,统一增加到了500元。[④]二是同乡难民救济。早在1924年,由于齐卢开战,战火逼近常州,地方糜烂特甚,同乡会便召开临时紧急会议,讨论救济难民办法。"一·二八"事变和八一三事变后,同乡会又相继设立难民收容所[⑤]。1937年11月29日,常州沦陷,日军烧杀抢掠,惨绝人寰,全城曝尸遍地,总计被杀民众4000余人。同乡会在许冠群的支持,派薛云鹏回常,帮助掩埋尸骨,聘医生注射防疫针,并发痧药水数万瓶。同时,同乡会每年都会劝募寒衣,分发给同乡及常州当地的贫苦者。[⑥]三是提高同乡素质。1943年暑假,同乡会委托申、新两报馆办理第一次同乡清寒子弟贷学金,两报馆共计核准125名,贷金计26857元。[⑦]1947年,同乡会又在旅沪会馆(即当年的八邑会馆馆址)设立了私立常州旅沪中学,由蒋维乔担任校长。中学为6年制学校,设有房间20余间,集资3亿元,1亿元充作学校基金,2亿元为修理房舍、设施之用。[⑧]

上海既是常州人的一个重要聚集地,也是常州走向近代的一个助推器。其中最重要的便是推动了江南的城市化和工业化的进程。城市化是由农业为主的传统乡村

---

① 《常州旅沪同乡会第二届大会纪念录》,《常州旅沪同乡会第二届会员录》,1925年铅印本。
② 伍子实、蒋传远:《经济概况》,《常州旅沪同乡会会讯》创刊号。
③ 《常州旅沪同乡会事由函牍摘要》,《常州旅沪同乡会第二届会员录》。
④ 薛云鹏、伍子实:《救助》,《常州旅沪同乡会会讯》创刊号。
⑤ 《本会大事表》,《常州旅沪同乡会会讯》创刊号。
⑥ 薛云鹏:《追述创办常州旅沪同乡会始末情形》。
⑦ 蒋维乔:《教育》,《常州旅沪同乡会会讯》创刊号。
⑧ 《常州旅沪同乡会会议录》,上海市图书馆藏,卷宗号Q117—8—25。

社会向以工业和服务业为主的现代城市社会逐渐转变的历史过程，包括人口职业的转变、产业结构的转变、土地及地域空间的变化。常州的城市化和工业化进程均受到了上海的影响，如常州最早发展起来的几家现代化的工厂，其机器设备都是购于上海，由上海的技术人员协助安装调试以至生产，常州工商人士往往把上海市作为他们创办现代工业的参观学习之地。而城市建设方面，常州也受到了上海的影响，不仅在理念方面借鉴了上海尤其是租界的城市管理，而管理人员也均有在上海甚至留学的经验。更重要的是大批常州人涌入上海，最初关心的并不一定是什么新知识、新思想，但他们到了上海之后，被大都市的各种景观所耳濡目染，自然也会接受那些若似若无，半真半假，纷繁杂乱的各种信息、思想和知识，并或主动或被动地将这些信息、思想和知识带回家乡，上海市面的繁华，物品的丰富，名词的新鲜便通过这些信息的传递普及到了普通民众这一层，恰恰是这种潜移默化式的信息传递从根本上改变了常州社会经济各个层面。耳濡目染，人们的眼界日益开阔，社会观念和行为方式也发生了前所未有的变化。可以说，正是在上海的影响下，常州这座江南小城的面貌发生了重要的改变。

第四节 民国常州社会生活

民国时期，常州社会上传有一俗谚云："天上九头鸟，地上湖北佬。十个湖北佬敌不过一个无锡佬，十个无锡佬敌不过一个常州佬。无常一到，万事都了。"据时人观察："常州人为中国最厉害之民族。余观常州人服务于外者颇多而皆有能名，其俗尚彬彬有礼，严男女之界，地在江南而风气之开通远逊于苏锡，然教育实业皆甚发达，故有足称者焉。"[①] 1948年出版的《武进指南》则称：常州"社会情形，向重个人之财产，近今尤盛，故消极事业多，而积极事业少。试一涉足街衢，银行钱庄，触目皆是。城周不及十里，当铺开至九爿。此外茶楼、酒馆，耗费金钱，消磨岁月之处，难以枚举"。这些当时的记载均能反映民国时常州社会生活之概貌。

一、节日习俗

虽然民国政府成立之初，规定有植树节（1925年农商部定清明日为植树节，后1930年国民政府规定孙中山先生逝世日3月12日为植树节）、农民节（每年立春日）、国医节（全国医药总会成立日）、国际劳动节、中国儿童节（4月4日）、教师节（6月6日）等，但近代主要的节日习俗其实与明清时期没有太大的变化，不过传统的时间节律构架虽然没有太大的改变，但节俗模式却发生了重要的变化，节俗事象也

---

① 《无锡人与常州人》，《江苏教育》第2卷第5期，1933年。

日益丰富多彩。

年初一，晨起，先吃大栗、橘子、荔枝、柿饼，取大吉利市之意。或在床上吃橘，谓之"剥橘"，取百事大吉之意。开门、关门要燃放爆竹，称之为"开门爆仗"。一直至初三日，熟人相见，要互道贺岁，恭喜恭喜。亲友来拜年，要吃莲子百合汤及果盘。午餐要吃年夜饭的剩菜，不能喝汤，否则出门必遇雨。这一天要祭祀祖先宗祠，但是不得洒扫除尘，不然要扫去财气。这一天读书人要写红纸，所谓"元旦书红，万事亨通"。商店贴朱笺对联于大门，停止营业四日，以示庆贺。有各种玩具沿街兜售。儿童贺年，长者要出押岁钱。这一天晚上传说老鼠嫁女，因此要早睡，忌点灯。

初五日传说是五路财神生日，各商店开市，鞭炮之盛，终夜不绝。商店开业时，乡间农民有来城"掉龙灯"者，都是为了讨钱。这一天商店会辞退店友，被辞退的不吃路头面。

正月十五日是上元节，亦称灯节。夜间肩彩灯而踏月，击鼓鸣锣，游行街市，声震全城。且有行元宵灯者。是日居民都要吃糖圆。当时湟里镇灯节尚盛，横林百鸟灯、戚墅堰夜龙灯均有名。

清明节，扫墓，乡间挑菜筐，手携纸钱者满目皆是。小孩放风筝，俗称"放鹞子"。居民插桃花、杨柳于门，以被除邪祟。城隍神出会。城中男女多到郊外踏青。

端午，五月初五日，居民裹粽子，制菖蒲、溶雄黄于酒，遍洒室中。又用笔蘸水在小孩子额头写"王"字。这一天是著名的白云溪龙舟竞渡，画船箫鼓，竟日通宵。民国之后，竞渡一度废除，此后又渐渐兴复。商店下午停止营业半天，作第一期结账，在店伙友于晚上定去留。

中元节，七月十五日，俗称鬼节。前一日夜，全县人民将锡箔折锭，卷入白钱纸，沿路焚烧，谓之结鬼缘。这月月中是盂兰胜会，遍地皆是，僧人道士几有应接不暇之势。且有好事者扎成无数奇形鬼怪，排列街市。七月十五日当天城隍出会。全城居民照例要吃茄饼，还要制茄饼祭祖。

地藏节，七月三十日，俗称为地藏生日。最早以东郊三官堂为集会之所。农人于这一天将田具及木制品摆摊，任人购取。日间各坊厢云车络绎于道，晚间灯火辉煌，通宵达旦。并有乡人头戴箬笠，身着布裙，沿途诵经，一步一拜，诵之拜香。民国以后，由于西门新辟马路，商业振兴，西郊商人便也在这一天作节，游人如蚁，画舫如云，较东郊有过之无不及。及其用意所在，则以西门新辟马路，致振兴商业故也。

中秋节，八月十五日，早晨居民要食糖芋头、月饼，祭祀祖先，也都用月饼，所谓"月圆饼圆月饼圆"。晚间月色皎洁，将月饼、菱藕等物在月下供奉，称之为"斋亮月"。

城中居民向来有游览舣舟亭，吃熟菱，看桂花之说。这一天各商店作第二期结账，晚间备盛筵，以饷商员。而店员的去留，亦于是晚确定。

重阳，九月初九日，各家用米粉和着菜肉作重阳糕。城乡人士登文笔塔游览，取登高之意。这一个月初一至初九，全城设坛斗者有六七处，善男信女多购香斗，入坛焚化，亦极一时之盛。重阳后，日短夜长，百工始入夜操作，称之为"做夜作"。

十月朝，即十月初一日，城隍神出会，居民于此节前后扫墓，乡间例食粢团。民国成立之后，军政府赵不党捣毁神像，停止赛会五年。1917年，重新举行赛会，一时风靡，官方也无如之何。四乡尤盛，往往酿成械斗风潮。其行会时有愚民装作罪犯，及踹高跷、烧手臂香等恶习，当时知识分子称之为武进新文化进行之障碍物。

冬至节，祀祖，早上要和年初一一样吃糖圆。这一天要吃胡葱豆腐。常州有谚语："若要富，冬至隔夜吃碗胡葱滚豆腐""夏至馄饨冬至面""富家冬至吃一夜，穷家冬至冻一夜"。各大家族都必须到祠庙中致祭，人们重视冬至，与新年别无二致，故有"冬至大如年"之谚。

除夕，俗呼"大年夜"，前一日是"小年夜"。整个腊月，居民要置办米粉团，大的叫人口团，小的送灶团，还要做"扁担糕""糖元宝"之类，异常靡费。过年十分忙碌，大除夕接灶，要在堂屋悬挂祖先神像，香花供奉，至新年初再撤去，称之为"落神像"。要准备牲醴糕果，祭百神。神像要前置炭炉，燃欢喜团，取皆大欢喜之意。送神之时，要多放爆竹，意思是答一岁平安，谓之"过年"，亦谓"谢年"。寻常人家要封井，接灶，厨房水缸必须储满，其灶下的薪柴要拿干净，是为了防火，所谓"穷灶仓，富水缸"。商家收账作一岁之总结，自昏达旦，提灯络绎于道者，皆索欠者也。各商店于此日作一大结束，通宵不寐。店事办妥，即设筵畅饮，谓之守岁酒。居户亦有至夜半就寝的。只不过卧室内必燃红烛一对，谓之守岁烛。①

二、饮食习俗

常州的饮食文化富于特色，民国赵尊岳曾言："常州的衣着是不能算考究的，礼貌周到是江南一般的现象。惟对于饮食及多文两样，我以为倒是确切不移的定论。"他以为："我们家乡饮食的著名，不在乎有名的厨子，自成的一派；而在每一家的女太太们，都能亲手料理，且都是日常便饭的菜肴。原来不必用名贵的参燕，就是本地的鱼虾蔬菜，无一不可口，无一不够味。而家制小菜风腊腌晒之法，更是各地望风所不及。"② 民国时，常州最有特色的饮食主要有以下几种。

---

① 以上参见《武进年鉴》第二回《时俗》；《吉凶习惯》，张澹庵编《武进指南》；《武进岁时记》，胡朴安《中华全国风俗志》，《中华民俗方言文献选编》影印本，台湾文海出版社1985年版。
② 赵尊岳：《我的故乡》，《旅行杂志》1938年第12卷第1期。

1. 常州菜饼。唐鲁孙曾经称常州菜饼是"中国饼类最好的一种",来自以做面食闻名的山西人孔祥熙亦说常州菜饼"精巧细致",无与伦比。①菜饼又称"烂面饼",据唐鲁孙引用常州报人濮伯欣所言,谈及其起源是在"明朝末年,常州有位孝子叫萧公亮的,因为母亲老迈,牙齿摇落,胃纳不开,萧孝子为了娱亲,试做这种菜饼,不但适口开胃,而且不需过分咀嚼,吞下去也不影响消化,后来这种菜饼流传开来,所以早先有人又称之为萧公饼"。②伍受真详细地阐述了菜饼的制作方式,是用生水调和面粉,烂面黏手,须先沾些干面粉,然后用手指揉成一小团,在竹筵内揿之使扁,包以预先调制的馅料。③馅料按唐鲁孙的说法,以菠菜、小白菜各半为正宗,没有菠菜、小白菜时,用野生荠菜、苋菜、萝卜也佳。④伍受真还提到有青菜、韭菜,然后再用三七成肥瘦猪肉剁成肉酱,加油、酱、葱,炒成细肉末,小河虾剁烂加少许胡椒粉,一并加入菜里拌匀,此外还有纯素馅(即青菜、香菇、木耳、香豆腐干末混合)。馅料包好后,放入锅中,频频用手将之按平,愈薄愈好,但不可弄破,然后用少量豆油慢慢烤,等到两面微黄即取出,火力时间均不可过久,否则非焦即黄。⑤唐鲁孙称之为"四季咸宜,盘香翡翠,对于老人更能促进食欲,膏润脏腑"。⑥这种饼,在市面上并无购买,全是家中"闺人"所制。

2. 大麻糕。常州大麻糕是独具常州风味和口感的传统美食之一,制作工艺始创于清咸丰年间,由仁育桥畔的长乐茶社王长生点心师傅首制,距今已有150余年历史。大麻糕每个如成人手掌大小,有甜咸两种,其做法一如其他地方的酥饼,但是油酥多,葱油足,面上缀有很多白芝麻,因此特别香酥。另外还有小圆形的叫酥饼,小方块的叫小麻糕。当时城中较大茶馆如惠民楼、玉泉楼、会泉楼等家,门口均放置风炉烘制,俗称烘桶为"麻糕桶"。每个清晨、下午,人们总是围着烘桶,等着新鲜出炉的麻糕当早点或者下午茶吃。⑦大麻糕从晚清开始即风行一时,几乎成为常州人首选的日常点心。唐鲁孙每次到常州时都要带上三五十只回上海,他的母亲更认为雪里红炒黄豆芽夹大麻糕吃,是绝味。⑧

3. 小笼包。常州人称北方的包子为馒头,所以加蟹小笼包,常州人称之为"加蟹馒头",是市级非物质文化遗产。加蟹小笼包在常州历史颇为悠久,清人管干贞

---

① 唐鲁孙:《酸甜苦辣天下味》,广西师范大学出版社2008年版,第116页。
② 唐鲁孙:《酸甜苦辣天下味》,第116页。
③ 伍受真:《武进食单》,台北商务印书馆1988年版,第53页。
④ 唐鲁孙:《酸甜苦辣天下味》,第116页。
⑤ 伍受真:《武进食单》,第53页。
⑥ 唐鲁孙:《酸甜苦辣天下味》,第116页。
⑦ 伍受真:《武进食单》,第70页。
⑧ 唐鲁孙:《酸甜苦辣天下味》,第117页。

在《毗陵食品拾遗》中便言：馒头"名水晶包，亦有荠肉、蟹馅等名，味亦各殊"。小笼包是用蟹肉蟹黄和入肉末作馅料制成的，常州各大茶楼均有出售，其味之美，全国少有。其妙在每一个馒头中有甚多汁水，吃的时候须先咬破那层薄薄的皮，吮去肉汁，然后入口咀嚼，否则肉汁漏出，淋漓衣袖间。虽然上海南翔小笼包也富盛名，但是民国年间，常州人会经常携带土产的小笼包到上海，赠送戚好，深受欢迎。小笼包冷却之后，再次蒸熟吃，味仍鲜美。①

4. 酒酿元宵。常州人把小粒无馅心的叫做糖圆，大颗而有馅的叫元宵，而此处的酒酿元宵其实就是指的是糖圆。清代时，常州人会在正月十四日，用米粉加水调和，搓捏成比豌豆为大的小圆子，只有能手方能搓成匀圆。然后于次日元宵节早晨，投入沸水中煮熟，加白糖，放入玫瑰、桂花、酒酿等，称之为糖圆。此后如新媳妇进门，出嫁女回门，都要吃糖圆。②常州酒酿俗称"白酒"，因为要和高粱酒等烧酒有所区别，便又称"甜白酒"。常州所产酒酿，在甜、嫩、香、滑之外，中间全无硬米粒，生食极佳。煮糖圆时，加入酒酿，便是酒酿元宵。晚清民国年间，苏沪一带甜食店，常常用"常州酒酿元宵"作招牌。③

5. 豆炙饼。豆炙饼是常州独有的一种点心，有人称之为"豆渣饼"，其实是一种误读，因为它不是普通豆腐渣做的，原料是白豇豆。根据《武进工业调查录》的介绍，是将豇豆"淘净，浸数小时，水磨成粉，不去渣，用匙挽少许，入铁釜，反复烘之，即成扁圆形"。④为了防止和豆渣饼混淆，常州人又给了它一个好听的名字，叫作"金钱饼"。豆炙饼有大小两种，大的直径寸许，用刀剖开一面，至一大半，不要全部切开，然后将拌好佐料的肉末塞入，用豆粉封口，入油炸熟，松脆香美，称之为"金钱跑马"，是常州南大街会泉楼的名菜。⑤而小豆炙饼则如铜元一般大，可以和肉末菠菜同炒，更可以在油炸后放入豆腐汤中。⑥由于豆炙饼本身虽然无味，但最富吸收的特质，因此放入任何汤中，味道均佳。常州人会在烹制刀鱼时，放入小豆炙饼同煮，其味之美，更胜刀鱼。⑦唐鲁孙曾在北大街孙家酒店吃过蛤蜊豆腐泡豆炙饼，颇有风味，但是他也没吃过著名的刀鱼豆炙饼，颇感遗憾。⑧

6. 萝卜干。萝卜干是常州著名的小吃。明清时期，常州每到冬日，城乡各户都

---

① 伍受真：《武进食单》，第68页。
② 伍受真：《武进食单》，第59页。
③ 伍受真：《武进食单》，第82页。
④ 于定一：《武进工业调查录》。
⑤ 唐鲁孙：《酸甜苦辣天下味》，第117页。
⑥ 伍受真：《武进食单》，第9页。
⑦ 伍受真：《武进食单》，第22页。
⑧ 唐鲁孙：《酸甜苦辣天下味》，第118页。

要腌制咸菜，主要便是青菜、雪里红和红萝卜。清人金武祥曾有诗称："新腌青菜红萝卜，旨蓄家家有御冬。"其下小注云："涤场以后，青红烂然，门前皆晒此二物，干后始腌以入瓮。"①常州所产红萝卜以西门外新闸一带品种最优，甜脆可口。新闸红萝卜用来做萝卜干最佳。在腊月间，将红萝卜切成条形，盛于竹器中，晾干后放入浅缸中加食盐，揉搓使透，放茴香，盛入瓮中，数日后即可食，此名为"五香萝卜干"，如用加倍分量的盐和花椒，则叫做"盐水萝卜干"。②

二、民国时期常州的宗教

图8-21 冶开禅师

辛亥革命以后，随着新思想的冲击，再加上连年战争，寺观日加萧条，僧道星散，伊斯兰教的清真寺亦负债累累，难以为继。据1935年统计，武进有寺庙户口4546人，其中佛教徒1087人、道教徒234人、回教徒2人、基督教徒10人、天主教2人，其他264人。③日军侵占常州期间，各大宗教更是受到了严重打击。但另一方面，以天宁寺为代表的佛教影响日增，在近代中国佛教史上有着重要的地位。基督教则着重社会事业，先后创办学校、医院，传播西方文化与科学技术，特别是武进医院的创建与发展，为常州的现代医疗卫生事业打下良好的基础。④与此同时，会道门在1940年代也有一定的发展。

1.佛教。据1935年调查，常州城乡有寺庙庵堂1315所，其中192所改为中、小学校舍。新中国成立前夕，尚有1123所，其中寺院182所，小庵、小庙941所。有僧796人，尼374人，男女居士310人。民国期间虽然受到了新思想的冲击，再加上社会动荡不安，对宗教发展产生了一定的影响，但是常州佛教却影响日增，其中尤以天宁寺和清凉寺为代表。

民国时期的天宁寺香火旺盛，发展平稳。1948年3月，宋美龄偕蒋经国到达常州，便曾至天宁寺礼佛。天宁寺的影响力与冶开为代表的诸多高僧有着密切的关系。冶开禅师（1852—1922），法名清熔，俗姓许，江苏扬州江都人，清末宗门四大尊宿之一。同治十年（1871）至常州天宁寺，参谒方丈定念禅师，随侍左右，读经参禅。翌年大悟，

---

① （清）金武祥：《陶庐五忆》。
② 伍受真：《武进食单》，第51—52页。
③ 侯厚宗：《武进保甲之组织训练与运用》，《江苏民政》1935第3—4期。
④ 常州市地方志编纂委员会编：《常州市志》第3册，第848页。

定念为其授纪荝，承其法嗣。光绪二十二年（1896），重回天宁寺，主持天宁寺修复工作。四出募化，前后历时十余年，重建后的天宁寺殿宇嵯峨，雕梁画栋，共计有屋舍479间，占地130余亩，寺田增至8000余亩，僧众达800余人，开始进入全盛时期。冶开任天宁方丈期间，"造殿修塔，应念而成，勤劬九秋，因病告退，而皈依

图8-22 天宁寺

日众"，僧传云，天宁能在动荡的岁月中"卒保无事，神之佑也，熔之诚也"。[1]1913年，冶开被推举为中华佛教总会会长。

冶开一生热心于佛教文化事业，他在任天宁寺住持期间，创设毗陵刻经处，改用枣木板雕刻经板，与南京的金陵刻经处分任方册藏刊刻之事。今南京金陵刻经处藏有天宁刻板29640块。另外1956年，应印度政府所请，天宁寺又曾上交国家387卷佛经，合计4043块刻板转赠印度，再加上抗战时有部分经板被毁，可知天宁寺刻板当在4万余块以上。同时，天宁寺还承担一些社会印刷业务，如著名的元史学家屠寄所著《蒙兀儿史记》便由其雕版开印。直到当代，年轻僧人习诵所用《禅门日诵》仍注明"板存江苏常州府天宁寺住持经刊"字样。因此，天宁毗陵刻经处所刻卷帙之多，影响之广，几乎可以和金陵刻经处媲美，并称中国佛教印刷之双璧。

天宁寺另一个有全国影响力的便是梵呗。梵呗是在佛教法事活动中用"乐音"演唱的赞颂佛菩萨的作品，原用梵语和印度曲调演唱，我国改用汉语及汉族曲调演唱。天宁寺是南方梵呗的代表，其曲调一直保持着较为统一的规范，节奏沉稳扎实，唱腔悠扬潇洒，韵味古朴清雅。著名诗人徐志摩在《志摩日记·西湖记》1923年10月4日如此记载："昨天与君劢、菊农等去常州，乘便游了天宁寺，大殿上有一二百个和尚在礼忏，钟声、磬声、佛号声，合成一种宁静的和谐，使我感到异样的意境。走进大殿中，只闻着极浓馥的檀香，青色的氤氲，一直上腾到三世佛的面前，又是一种庄严而和蔼、静定的境界。"数日后，他又写成名诗《常州天宁寺闻礼忏声》，诗中写道："我听着天宁寺的礼忏声，这是哪里来的神明？人间再没有这样境界。"[2]

---

[1] 濮一乘：《武进天宁寺志》，《中国佛寺史志会刊》第一辑第35册，台北明文书局1980年版。
[2] 徐志摩：《徐志摩诗全编》，浙江文艺出版社1990年版，第117页。

至今中国大陆及港台各地寺院的梵呗唱诵，仍然皆以天宁寺为范本。

冶开还致力于教育。光绪二十七年（1901），冶开"为念当地失学儿童甚多，曾就别院辟私塾一所，延师教导"。1911年，住持显宽将其改名为天宁初级小学校。在社会慈善方面，冶开曾捐资兴建横跨运河的大石桥——政成桥。他与常州著名慈善人士钱振煌等合办"平价售米"，贴钱赔本售米给穷苦民众，以减轻穷人的负担。他还创建了佛教慈悲会，年近七十时亲自去北方赈济灾民，"老幼捧手泣于道曰：'活我者，老和尚也'"。①

冶开之后，慧轮密铨禅师、证莲密源禅师等方丈继续保持天宁寺稳中有升的发展趋势。其间尤以天宁佛教院的创办为最重要。1920年，住持显彻于天宁小学中开办学戒堂，专教僧侣课程，定为3年毕业，此乃天宁寺创办佛学院之始。1936年6月2日，太虚禅师曾在天宁寺学戒堂开示，宣讲佛教思想。到1940年，证莲密源禅师将学戒堂正式改为天宁佛学院，成为培养僧才的重要场所。当时佛学院建筑面积3310平方米，共56间，为"回"字形二层四合大院，最多时招140人。②其弟子如敏智禅师为法相唯识学权威，戒德禅师则精于佛教梵呗。

随着时势的变化，天宁寺受到了越来越多的冲击。1927年初，武进县部分乡区曾出现由共产党领导的东南各乡清算天宁寺浮收田租佃农委员会，坚持斗争达2年多。其中1929年的抗租斗争由当时刚任江苏省委常委、农委书记的陈云主持。直到天宁寺写下"不清算浮收，天宁寺决不下乡收租"的保证，陈云才离开常州返回上海。③此后，他总结经验，于1929年底写下了《江苏农民运动》报告，系统阐述了他关于江苏农民运动的思想。④1937年，抗战硝烟日紧，方丈证莲密源禅师将许多刻经板转移至马迹山祥符寺（时为天宁寺下院）。11月29日，日军占领常州。次日上午入寺，但日军并未在天宁寺驻扎，旋即开赴南京，所以寺庙乃得幸免。

近代天宁寺是佛教高僧的摇篮，其中培养出来的著名高僧有：敏智印心禅师，20岁时至天宁寺参学，儒释贯通，造诣颇深。1935年任天宁佛学院教务主任，后荣升院长、天宁寺方丈。1949年退隐香港，后赴美弘法，任美国佛教协会会长。1978年在纽约创设世界佛教中心即观音寺。他一生致力于佛教教育事业，受益甚众。寄禅敬安禅师，别号"八指头陀"。早年居常州天宁寺，与时任方丈青光清宗禅师结下般若之缘。后为宁波天童寺住持，1912年于上海组织中国佛教总会，被推举为第一任会长。虚云性彻禅师，早年参学天宁寺，听青光清宗禅师讲《楞严经》，后与

---

① 于凌波：《中国近现代佛教人物志》，宗教文化出版社1995年版，第18页。
② 常州市地方志编纂委员会编：《常州市志》第3册，第855页。
③ 江苏省委宣传部：《江苏人民革命斗争史略》，江苏人民出版社2003年版，第293页。
④ 中央文献研究室：《陈云人生纪实》，凤凰出版社2007年版，第98—103页。

冶开禅师等修行三年，得益匪浅。曾担任中国佛教协会名誉会长，为现代中国禅宗代表人物。恒海清华禅师，保定军官学校第二届毕业生，曾参加辛亥革命，官至旅长，后皈依佛门，1929—1936年被推为天宁寺西堂首座。抗日战争爆发后，动员僧众组织抗日游击队，在宜兴太华地区进行抗日活动。1938年在太湖马迹山遭日军袭击，壮烈牺牲。月霞禅师，天宁寺冶开禅师法嗣，在创办僧学院、宣讲《楞严经》等方面造诣颇多。曾创办过江苏僧师范学堂及华严大学，培育僧才，对后世颇有影响。应慈禅师，与月霞禅师同为冶开弟子，宣讲《大乘经论》，誉满大江南北。继月霞后，开堂传戒，弟子遍及中外。解放后任中国佛教会名誉会长。①

清凉寺占地20亩，规模仅次于天宁寺。在静波清海和应慈法师的主持下，清凉寺在近代中国佛学史上有着一定的地位。

静波清海（1865—1939），江苏盐城人，俗姓陈，披剃于淹城西方庵。光绪十七年（1891），静波清海来到常州天宁寺，先后任知客、维那、僧值等职，后得常州清凉寺方丈润田禅师器重，遂礼请接任清凉寺方丈。静波清海担任方丈后，为重建清凉寺竭尽全力。清末民初，盛宣怀庄氏夫人捐出在上海的部分房产，在上海创办清凉中院和清凉分院，并在连云港云台山重建镇海寺。1912年和1914年静波清海先后任中华佛教总会副会长、会长。1914年于清凉寺创办黄卍字慈善会，任会长。静波清海生平禅净兼修，并精研密宗，曾在藏经楼三楼开"大白伞盖"法坛（密坛）。1923年，静波法师拟创办"清凉学院"，培养弘法僧才，时天宁寺高僧应慈法师在杭州，静波出面请其出关主事。应慈提出学僧不参加经忏佛事，以讲经为主课，日必三时坐香，不上早晚殿，而以发普贤十愿为代表。遂出关赴常州主持清凉学院，培养华严预科学僧。②1924年4月13日，中华佛教会正会长清海将《关于常州清凉学院之公文》呈江苏省教育厅长及江苏省长。不久便得到了江苏省教育厅厅长蒋维乔的批示。据《常州清凉学院章程》规定，本院设立于江苏武进县清凉寺，设院长1人，主讲法师2人，教员3人，监学1人。本院暂分普通、专修两科，每班定学额30人，普通科3年毕业，专修科即以清凉学派为研究，亦规定3年毕业后再增设各宗专科，不愿续修者听每科皆设旁听席。③常州清凉学院的创办，被视为民国佛教华严宗复兴的重要标志之一，在近代佛教史上着重要的影响。④

2. 基督教与天主教。鸦片战争后，西方大批传教士来到中国传教，根据《江南传教史》记载，道光三十年（1850）常州府各会口教徒有3000余人。咸丰三年（1853）

---

① 释松纯：《常州天宁寺主持和名僧传略》，天宁寺内部出版物，2007年。
② 赖永海主编：《中国佛教通史》第15卷，江苏人民出版社2010年版，第242页。
③ 《常州清凉学院章程》，《海潮音》第7卷第3期，1925年，第7页。
④ 赖永海主编：《中国佛教通史》第15卷，第250—251页。

设常州总铎区，但官府拒绝洋教入城，只得在常州府所属无锡县北门三里桥购地建总本堂（即总铎堂）。① 同治十二年（1873），江南教区（苏皖二省）法籍主教郎怀仁到总铎区视察，在总堂主持圣诞弥撒，到会教徒3000余人。郎怀仁企图在常州城区购地建教堂，遭到当地士绅"反洋教联盟"的拒绝。之后，只得在戚墅堰运河边建造一所简陋的公所，在小东门桥西关村建一所小教堂，归东青天主教堂管辖。光绪十一年（1885）正式建立天主教戚墅堰分堂。光绪十三年（1887），天主教在江苏省有8个总铎区，其中常州府设有总铎区，包括武进、阳湖等所属8个县。光该区所辖东青本堂，就有13个会口，共有教徒1239人（其中东青328人，戚墅堰110人）。光绪二十二年（1896）天主教东门分堂正式成立。光绪二十六年（1900），常州总铎区发展到60个会口，教徒达12144人。光绪三十年（1904），苏州耶稣会总司铎潘慎章、牧师罗格思来常州，在北直街开设福音讲堂并中西蒙学馆。

清代常州的教堂主要在城外，开始规模较小，之后逐步扩展。最早的天主堂是东青天主堂，位于武进东青镇陈家头村，清道光末年（1848）前后建立，开始仅有5间茅屋，为扬州、无锡等地外来渔民中的天主教徒的活动场所，后才发展为教堂，由总铎区法籍神甫叶沃若坐堂。清光绪十三年（1887），本堂下辖焦溪乡堵圩里、郑陆乡顾家头、戚墅堰，常州小东门桥外西关村，政平乡走马塘、横林以及江阴澄西地区杨家牌、虞门、吴家垫、俞王、三堡村、老台等13个会口，有教徒1239人，其中东青有328人。戚墅堰天主堂在光绪十一年左右创立，有地基1亩，房屋17间，光绪十三年时有教徒110人。东门天主堂于光绪二十二年初建，时称常州住院，系东青天主堂分堂。

天主教在常州地区的传播始终伴随着当地士绅、百姓的猜疑、抗拒甚至仇视，即便清廷自上而下逐步打开教禁，此地教案依旧不断。光绪十七年（1891），安徽芜湖发生教案，不久便开始逐步蔓延，常州府地区最早波及的是无锡，民众毁坏了三里桥教堂和西漳牌楼村玫瑰堂等城堂，此后又逐渐影响到阳湖、江阴等地。各地所属教堂大多都被焚烧毁坏，并发生了较大的暴力流血冲突。清廷由两江总督刘坤一、江苏巡抚刚毅查办此案，直接将"署无锡县刘树仁，署江阴县孙贻绅，阳湖县叶怀善、署金匮县汤曜，均摘去顶戴"。②

1921年，常州总铎区改称无锡总铎区，属南京教区。抗战爆发后，常州天主堂房屋大多被毁，1948年，常州天主教教徒朱道明在东门天主堂独资捐建圣母堂。

---

① 常州市地方志编纂委员会编：《常州市志》第3册，第861页。
② 中国第一历史档案馆、福建师范大学：《两江总督刘坤一等奏报江苏镇江等属各教案分别议结情形折》，《清末教案》第二册，中华书局1998年版，第488—489页。

1949年后，据统计，常州、武进城乡有天主教徒2500人。①

19世纪中叶，基督教即新教开始传入苏南。清代在江南地区传教的基督教差会主要是监理会、圣公会和浸信会。光绪二十八年（1902），美国基督教监理会在常州北直街设立福音堂开始在府城传教。光绪二十九年，监理会苏州教区设立常州循环司。同年，美国长老会传教士赛兆祥派遣教士扬州人张荣生在奔牛镇开设小教堂。光绪三十年，史友兰接任教务。光绪三十二年，李月峰在常州北门大井头设布道所，每周布道两次。光绪三十三年，分设常北、常东两循环司，由美籍教士鲍涵恩、霍约翰分任其职。东循环司在关帝庙弄汤襄武王祠设礼拜堂；在东门口"来馆旧址"、戚墅堰、宜兴、和桥等4处设分堂。不久，宜兴、和桥分堂自立教堂。是年，基督教南长老会江淮区会自江阴传入，开始在常州传教。1915年，循环司改称牧区。至1920年，常州城乡有教堂3所，布道区9处，外籍教职人员20人，中国教职人员38人，受餐信徒508人，教会小学生511人，医院及护士学校各一所。1921年，府直街基督教堂建成，为常北牧区主礼拜堂。监理会还在常州创办小学、中学、真儒护士学校、武进医院等文教医疗慈善机构，并先后组织布道团、青年团契等。1925年，基督教复临安息日会江浙区会在雪堰桥地区传教。上海宣道会（美国独立差会）守真堂清心堂于1930年曾派人到鸣凰、庙桥一带活动。1937年美南长老会在城区怀德路建有从谦堂。常州被日军入侵后，美籍教士撤退，教堂、医院等被日军侵占，教徒仅存301人，活动基本停止。1949年4月以前，基督教灵工团传入常州北门，甚为活跃。复临安息日会、宣道会、长老会在武进奔牛等8处设教堂，嘉泽等6处设布道所，牧师3人，传道9人，教徒609人。

光绪二十八年（1902）五月，美国监理会苏州教区派俞止斋偕同美籍教士罗格恩来常，租赁北直街洪姓民房数间作为福音堂，是为常州最早的教堂。光绪三十三年改名为常北循环司礼拜堂，不久改为常北牧区礼拜堂。下辖魏村分堂、西石桥分堂（江阴）与武进医院"真儒堂"。1921年，北直街福音堂退租，教会购得府直街流霞观弄口房屋作为常北牧区主礼拜堂，共计4间，面积130平方米，时称府直街基督教堂。美国监理会于光绪三十四年建戚墅堰基督教布道所，又名福音堂。1915年由美国监理会传教士霍约翰募捐5万美元，建成常州地区规模最大的基督教堂，为纪念其妻妹恺乐格，命名为恺乐堂，建筑面积778.94平方米，仿"哥特式"，可容纳700余人礼拜。恺乐堂为常东牧区主礼拜堂，并兼管戚墅堰福音堂和横山桥分堂。

此外城内外的基督教设施还有怀德路从谦堂，为美国南长老会（中华基督教会）教堂，1937年由长老会医师王完白捐款建造，为纪念其父王从谦而命名，面积

---

① 常州市地方志编纂委员会编：《常州市志》第3册，第861—863页。

164.86平方米。雪堰桥基督教堂，1925年7月，上海基督复临安息日会美籍教士伊文斯、胡德和米·斯姆（女）等来此传教，先搭帐篷，后租赁西街清水潭民房作教堂，并创办三育小学1所，1937年迁往无锡南门。基督教北门布道所，原称北门殷家桥聚会处（即灵工团）。1948年，基督教使徒信心会上海全备福音堂牧师汪兆翔来常州，在青山路殷家桥堍设聚会处，又称灵工团、小群。①

3. 道教。清代道教衰微，民国抑道尤甚。民国初年，东岳庙、都城隍庙等道观神像相继被毁。晏公庙、营田庙、灵官庙、烈帝庙等道观相继改学校、贫儿院，其他道观亦多被毁废。1925年，常州地方人士组织"常州道院"，院长陶湘，副院长刘度来，地址设在玄妙观，后迁麻巷，系民间研究道教的团体，属道友性质。1927年，道士李银兆发起组织"武进县道教联合会"。②1928年，国民政府明令"画符念咒的道教是不善宗教，故应废除"。此后道士地位和影响日渐下降，但民间仍有不少人延请道士做斋醮活动。即使是常州"最古最大之道教根据地"的玄妙观，所时人描述，也是"不若天宁寺之有恒产，故道士数十，全赖为人礼经谶而生活"。1935年统计：武进全县道观234所，道士、道姑440人。抗战结束后，1946年在北门外天地坛成立"武进道教会"，会长杨鹤立，并下设戚墅堰、焦溪、新安、横山桥办事处，分属泰山、天一、三茅等三个教派。而至1956年统计，当时尚有道士222人，其中城内仅存玄妙观3人，天地坛1人。③

当时在农历六七月间，民间常有斋醮等法事活动。斋醮又称打醮，有的由私人延请道士在家或在庙观内举行，有的则由地区或商店集资约请道士在广场举行。西门敦仁堂、西庙沟通真坛及临川里内常有斋醮活动。罗天大醮亦称永安、保安或平安大醮，为道教法事中规模较大的活动。斋醮时，道士活动要伴随着音乐仪注程式，常州道士在此过程中形成了富有特色的道教音乐。④常州道教音乐的演奏、人数及其组织较为自由，乐器组合形式相当灵活，大致上类似于江南丝竹乐队。演奏者大都能兼奏数种乐器，在参奏者不变的情况下，也能按需要随时变换乐器的组合，从而取得多样化的演奏效果。其音乐主要可分为丝竹锣鼓乐、唢呐锣鼓乐、丝竹乐、伴唱的乐曲等，使用的乐器则有竹笛、唢呐、笙、二胡、板胡、琵琶、三弦、锣鼓、水钗、钹、堂鼓、木鱼等。⑤

4. 伊斯兰教。咸丰十年（1860），太平军攻占常州，城内城外3座清真寺均毁于战火，

---

① 常州市地方志编纂委员会编：《常州市志》第3册，第865—867页。
② 常州市民族宗教事务局编：《常州市宗教志》，内部出版物，1991年，第47页。
③ 常州市民族宗教事务局编：《常州市宗教志》，第47页。
④ 常州市民族宗教事务局编：《常州市宗教志》，第54页。
⑤ 秦德祥：《常州道教及其音乐》，《中国音乐》1997年第3期。

回民在战乱中死伤众多，外逃者也不少，回民人口大减。战后，虽有外来回民迁来常州落户，总体已经不能形成太平天国运动之前的规模和相应的聚居方式，到民国初年，常州地区的回民人数约为 60 户，总数不到 300 人，双桂坊、陡门塘两处修复后，也不复从前的规模。晚清至民国，常州伊斯兰教开始有组织地开展活动，1913 年常州建立回教联合会，并成为中国回教会江苏省武进支会。而 1916 年在常州主持教务的北京开学阿訇哈只·阿布都剌·剌赫曼·马德宝是常州当时最有声望的伊斯兰学者，他通晓阿拉伯、英吉利、希腊、土耳其等 4 种外语，著有《回历对照表》《清真通历》《中阿字典》和《中阿要语汇编》等书。民国初年，双桂坊清真寺寺董屠达甫在寺内创办清真两等小学，设 1 个班级。聘蔡龙辛为校长兼教师，马洪恩阿訇执教经文。由于经费不足，三四年后即停办。1948 年正月，常州回教协会理事长沙碧、理事穆常又在双桂坊清真寺内兴办清真义务小学，第一任校长陈纯兼教师，马洪恩仍教经文，有 1 个班，学生 37 人；1949 年增设 1 个班，教师 3 人。开初只收回族子弟，后来回汉兼收。学生全部免费入学，经费由清真寺筹集。至 1949 年，武进县内回族仅 96 户 450 人，大都生活贫困。①

5. 会道门。常州地区可考的会道门活动最早可以追溯至清乾隆年间土生的三茅教和清嘉庆年间大乘教的传入。在抗日战争全面爆发前，常州的会道门活动十分有限。

1937 年以后，这种情况发生改变。1939 年，清净佛教会在常州发展组织。同年冬红相会（即红枪会）在城北门建立第二分会。1940 年中教道义会在常州建立武进分会。同年冬中华洪道社（即道德学社）常州分社成立。1941 年，一贯道在常州传道，至 1947 年号称道徒 5 万人。1943 年，一心天道龙华圣教会在常州成立总办事处，道徒 1000 余名。1948 年中国健康促进会开始筹建武进通讯处。从 1939 年起，有影响的会道门团体，如一贯道、一心天道龙华圣教会（理教除外），均在此时期传入并形成气候。根据常州地方六次取缔反动会道门的统计资料计算，常武地区会道门共发展道徒 22820 人。金坛、溧阳两县各有近万道众。而且这只是会道门经历新中国初年大幅萎缩后的数字，1937—1949 年的人数远不止这些，如一贯道在其最盛时期的 1947 年拥有道众 12 万人。有研究者认为会道门在这一时期的成功是由于日本人的支持。如中华洪道社便曾在 1942 年更名为大东亚筹备处。

就会道门自身而言，攫取和化用传统文化与其成功密不可分。最早在常州传播的三茅会、大乘教、大王会等都是与当地民间习俗相结合的产物。而会道门则在教义、名称及日常运作等方面对传统加以利用。从教义上看，尽管各种会道门之间存在区别，但基本上都是以儒释道三教合一（后也有加上基督教和伊斯兰教称五教合一者）

---

① 常州市地方志编纂委员会编：《常州市志》第 3 册，第 871 页。

或是无生老母、真空家乡为根本的。从名称上看，一贯道取义"一以贯之"，出自《论语·里仁》。武进之乩坛直接称"儒教"。各类组织或借以儒释道三教之内容为名（如中教道义会，观音堂等），或直接以某种民间信仰的具体形式为名（如红三教、关帝会等）。从日常运作来看，凡大的会道门在常州的传导场所都冠以善会善堂之名，而表面行救济之事。一贯道在常州又名为武进崇慈慈善会，行冬赈、放food等善事。理教总会在常设有德善堂、慈善堂、百善堂、敬善堂、忠善堂5处善堂，开办夏令诊所等事业。这都是对明清之际江南地方善堂善会传统之化用。借用传统之名，再辅以慈善事业及若干实利，会道门成功赢得了民众。

抗战胜利后，国民党一度试图对会道门进行控制。1946年1月12日，中华理教总会理事长王有才将一贯道内幕调查情形电呈国民政府教育部，请求查禁一贯道等反动会道门。1月31日，国民政府社会部专员徐霖会同王有才，将一贯道在南京建邺路187号总坛崇华堂、南京三茅宫99号明一总坛两处道坛房产一并查封，交由中华理教会暂行保管。但中华理教总会本身就是会道门之一，其举报并接管一贯道之道产，其实只是不同会道门之间势力的消长，而没有触及整个会道门组织的根本。

为了应对国民党对会道门的控制，各个会道门开始采取相应的措施。如中华理教会武进分会于1946年11月12日上午在常州大戏院举行了成立大会，宣称城乡理教各公所均已遵照合法组织成立支会，并要求政府准予给示保护。这样一来，早在1943年在沦陷区成立的有汉奸组织嫌疑的会道门，摇身一变成为1946年以后成立之合法组织。除去合法化努力之外，还实行现代组织形式，人事上采用理监事制，分理事长、理监事、理事。机构上县市分会以下设乡镇支会，设有理监事会。另外，武进理教会的日常运作中也加入了月报、筹组财经、改进委员会、考绩、选举等新的工作。然而这些其实仅仅停留在表面，而实际操作的仍然是传统的一套，即使是曾一度被起诉并查禁的一贯道实际也没有消失，反而在1947年达到新的高峰，在常拥有道众12万人。可见，国民政府控制会道门的努力，只是流于形式。更具有讽刺意味的是，1946年武进县党政军的主要负责人竟然都是会道门成员。地方政府大员纷纷参加会道门组织（一贯道），并为其提供保护（一贯道、理教分会等）。而会道门则帮助政府缉查共产党。甚至有的会道门还协助政府收税（三茅会）。一贯道在1944年就曾协助中统特务搜捕中共常州地区工作人员，1949年解放军进城前，武进县长翁桱也是由一贯道护送出城才得以逃脱的。可以说，会道门正是通过和国民政府之互动，才得以在规模上发展至顶峰。

1949年后，以一贯道为代表的会道门采取与人民政府为敌的措施。随机散布各种谣言，如解放军进驻，则说九九八十一劫将至（解放军使用八一徽章）。朝鲜战争爆发则宣传第三次世界大战要爆发了。土改时则说不义之财不好得，白占土地能几时。同善社、一心天道等组织大都采用类似的办法。常州军事管制委员会宣布取缔反动会道门组织，常州的会道门组织随即被一举铲除。①

第五章 民国时期的常州文化

晚清民国以来，随着外来思想的渗透，社会格局的变化，常州的社会文化也开始逐步体现与传统时代不尽相同的风貌。民国时期常州的学术文化有了进一步的发展，在诗词、史学、出版、书画、戏剧等领域都取得瞩目成绩，杰出人才辈出，常州本地的教育也依然相对发达。但另一方面，随着时代的变迁，常州渐渐成为人才输出地，而不是吸引人才的中心，更多人才流入了上海、北京这样的大城市。知识分子的缺席使得常州这样的中小城市失去了在现代社会中文化再生产的有效机制，使得图书、教育、媒体等文化事业发展面临瓶颈。

第一节 文化重镇

民国时期常州继续延续在文化上的辉煌，无论是传统领域还是新知识界，均涌现出一大批杰出人士，这些优秀的常州籍知识分子为中国文化在近代的发展作出了重要的贡献。

一、传统文化的最后辉煌与新变

1. 文学。民国时期，常州的传统学术依然在延续，当地成立了多家诗社。苔岑吟社在当时最有影响，由朱承仙、汪赞纶、金武祥、钱振锽等42人发起，1917年成立。后以信函参加者达九省，并于1918年由社员集资，于北直街祥源观后荒地建聊园一座，为社员觞咏之所，其间曾编印《苔岑丛书》多种，由余端主编，后至抗战而星散。②此外，1912年成立冰心社，成员大都为前清举人秀才及南菁书院同学，初无社址，借老义和、惠民等茶社于每日下午集会课诗或作诗钟，互评优劣。后借长年医局水阁3间活动，社员渐多，原苔岑吟社之蔡焦桐、邓春澍等亦加入该社。自正月初一至大除夕，每日午饭后即纷纷参加活动，风雪无阻。每年除夕举行"蝴蝶会"一次。1927年，周

---
① 苏阳扬:《从常州地区会道门的兴衰看地方权力体系之演变》,《常州工学院学报》,2008年第4期。
② 余端编:《苔岑丛书》十种,1920年铅印本。

有光父亲周葆贻及其弟子创办兰社，成员达百人以上，曾刊《武进兰社男女弟子诗词百人集》，周葆贻自序其结社缘起云："余花甲以还，倦游归里，息影著书。见后学读书十年不知平仄，随口乱读，大惧斯文将坠，爰设兰社，补习国文，兼授韵学，以辅学校之不足。盖自民国十六年丁卯至去岁丁丑，此十年间得百余男女弟子之诗词，汇为一集。"①

在近代学术领域，以钱振锽、徐震、谢玉岑为其中翘楚。钱振锽（1875—1944），近代学者、书法家。字梦鲸，号名山，清末"江左三大儒"之一。光绪二十九年（1903）进士，授刑部主事，辛丑条约订约后，他慷慨上书，批评朝政，遭嫌而归隐林泉。曾在菱溪寄园授徒20年，培养了谢觐虞、谢稚柳、程沧波等一大批优秀学者，常州学风为之一振。他书法善行楷，学帖而参以碑意，用笔浑朴，结体宽博。书学主张沉着痛快，有解衣磅礴之概，寓风雷霹雳之声。晚年喜画墨竹，清疏挺峭。又工诗词，著有《名山集》《名山文约》《名山诗集》《名山词》等。晚年值日军侵华，故园被焚，不得已避居上海，自号海上羞客，体目时艰，每兴浩叹。②

徐震（1898—1967），字哲东，文为章太炎入室弟子，武为杜心五、郝月如弟子，是一位文武双全的大家。早年就读于东吴大学，历任武进县公安局长、武汉警备司令部少将参议等政军职务，并在多所大学任教。徐震擅骈文，工诗，而其最重要成就则在经学上，在当时学界有着相当影响。章太炎曾如此评价其"大著八篇，明董何说，皆非公羊本义，斯为灼见症结之言。自清道光以来，董何之学雾塞一世。得足下参伍比考，发见隐匿，真如排云雾而见青天矣"。③徐震还将经学研究的方法、义理、精神运用于武术古籍整理、武术史、武术理论研究，成果著名者有《国技论略》《太极拳考信录》《太极拳谱理董辨伪合编》《太极拳发微》等十余种。1920年，他还在武进县成立正德国技社，为常州社会培养了几百名武术人才。④

谢玉岑（1899—1935），名觐虞，一字子楠，别号孤鸾，人称"常州才子""江南词人"。谢玉岑是钱振锽的得意弟子，也是其女婿。1925年秋，他南游浙江永嘉，执教于温州十中。1926年转到上海工作，先后在南洋中学、上海商学院等学校任教，同时积极参加书画界的活动。在这段不到10年的时间里，他才华焕发，名震艺坛。无论在诗词创作，还是在书画艺术方面，都突飞猛进，卓然成家，使前辈赞叹，同侪折服。1932年，谢玉岑的夫人钱素蕖不幸逝世，遗下三男两女。由于哀伤过度，谢玉岑自此每年生病，药石不断，而工作忙，家累重，交游多，无法好好休息。1934年，

---

① 邹文渊编：《武进兰社男女弟子诗词百人集》，1939年铅印本。
② 钱振锽：《名山文约》卷五《自传》，《名山全集》民国木活字本。
③ 章太炎：《题徐震〈公羊确论〉》，《国学论衡》1936年第7期。
④ 徐云上：《父亲徐哲东生平事略》，《徐震佚文集》卷首，山西科学技术出版社2006年版，第1—26页。

他不得不回家疗养，次年春病逝于家，年仅37岁。① 据郑逸梅回忆："常州惊才绝艳的短命诗人，前为两当轩主人黄仲则，后即我笔下提到的谢玉岑了。集端刊有玉岑遗像一帧，美风仪，翩翩擢擢，洵属张绪当年，我和他是很稔熟的。他的绝句，澹宕别具韵味。"②

2. 书画。自晚清至民国，常州在书画界人材辈出，先后涌现出唐驼、冯超然、马万里等书画名家，名噪中外。

图8-23　唐驼

唐驼（1871—1938），6岁入私塾，17岁后始致力于楷书，因习字过勤，右背隆然高起，遂弃其名，自号曰驼，字曰曲人。③ 后赴沪，先为上海澄衷学堂撰写《字课图说》，书法始名噪一时。曾在文明书局、商务印书馆任职，后任中国图书公司副理。辛亥革命后，主持中华书局印刷所。唐驼的书法秀美遒劲，含蓄朴茂，时称唐体，与沈尹默、马公愚、天台山人并称题额写匾四大圣手，当时上海商店以请其写市招联额为一时风尚。同时他还是中国印刷业开拓者，推动了中国印刷事业的发展。

冯超然（1881—1954），初名迥，号涤舸，50岁后号慎得，别署嵩山居士、涤舸画匠、云溪懒渔等，室名三十六鸳鸯馆、嵩山草堂，与吴湖帆、吴待秋、吴华源并称海上画坛"三吴一冯"，又与吴湖帆、赵叔孺、吴待秋并称"海上四杰"，是晚清至民国时期在山水、花鸟、人物等各画科都造诣精深的大家，"时海上画家，各派争鸣，而冯氏称绝诣，不蕲众悦，其识力之高，有非常人所能窥测者"。④

马万里（1904—1979），原名允甫，又名瑞图，字万里，以字行，号曼庐，别署百花村长，晚号大年等。早年为钱振煌寄园弟子，1924年毕业于南京美术专科学校，1929年任上海美专国画系山水、花鸟、人物教授，是上海美专中国画系唯一一位三科的教授。1934年创办桂林美术专科学校，自任校长。生平尤精善花卉，兼工

---

① 朱尧：《谢玉岑年谱》，《艺术百家》2014年第C1期。
② 郑逸梅：《郑逸梅选集》第6卷，黑龙江人民出版社2001年版，第734页。
③ 蒋维乔：《卖字先生唐驼墓表》，卞孝萱、唐文权编《民国人物碑传集》，凤凰出版社2011年版，第662页。
④ 郑威、冯天虹：《冯超然年谱》，上海书画出版社2007年版。

书法、篆刻。当时《上海画报》主编俞逸芬曾言："间喜为篆,在曼生、墨卿之间,治章法秦汉,深自矜惜,不轻示人。小诗声调风韵,模新城而得其妙。"①

3.藏书。民国时期的藏书界,董康与陶湘最为著名。董康(1867—1947),字绶经,号诵芬室主人,光绪十五年(1889年)中举,次年成进士,历任刑部主事、郎中、大理寺推丞。他是沈家本的得力助手,推动了晚清法律的修订工作。辛亥革命后赴日,1914年回国,历任北洋政府大理院院长、法制编纂馆馆长、司法总长、财政总长等职。1937年,董康出任伪中华民国临时政府议政委员会常务委员、伪司法委员会委员长、大理院首席法官等职。1945年抗日战争胜利后,被提起公诉。1947年因年老多病,保外就医,病死于苏州医院。董康是近代知名的法学家,同时对中国古典戏曲、版本目录学也有研究。他专门从事汇集古代曲剧珍本,影印了朱有燉的《杂剧十段锦》、毛西河评点的《西厢记》,此外又编印了阮大铖仅存的《石巢传奇四种》《盛明杂剧》,还编印了《曲海总目提要》,包括元明及清初各种剧曲684种的详细目录,还刊有《诵芬堂丛刊》,收录了一些重要戏曲的唱本和评论文章。董康还是一名古董鉴赏家,喜欢收藏石刻、碑帖、古钱。②

陶湘(1871—1940),字兰泉,号涉园,官至直隶候补道。宣统元年(1909)后,投身实业,历任纱厂经理和中国银行、交通银行分行经理等职。陶湘爱藏书,博洽群籍,广事搜罗,积数十年之力,收藏各种珍贵书籍30万卷,仅明本书就达4万余卷,其中嘉靖本达200余种。曾费30余年之力,搜集毛氏汲古阁刻书达540余种,距毛刻全部600种只差50余种,并编有《明毛氏汲古阁刻书目录》。又搜集清代武英殿刻本500余种。他编有《武进涉园陶氏鉴藏明版书目》《涉园殿版书目》《明吴兴闵版书目》等。同时,他又刻书,"尝谓友人,欲尽鬻所有,从事刻书,期之十年,可成万卷,流布他日,借以不朽云"。刻有《跂廛丛刻》《百川书屋丛书》正续编、《喜泳轩丛书》等,总计250种左右,所刻各书均极精美悦目。1929年,任故宫博物院图书馆专门委员,其间编有《故宫殿本书库现存目》3卷,收录殿本书1290部,另外考订有《清代殿版书目》《武英殿聚珍版书目》《武英殿袖珍版书目》等,撰有《清代殿本书始末记》。③

4.中医。常州是近代中医学发展最为兴盛的地区,自同光时,孟河医派便已经成为整个中医的主导流派,进入民国后,常州的优秀中医如丁济万、谢观、恽铁樵、

---

① 钱璱之:《寄园子弟记略·马万里》,常州市政协文史委《常州文史资料》第11辑,内部出版物,1993年,第202—205页。
② 宗清元:《董康》,娄献阁、朱信泉主编《中华民国史资料丛稿·民国人物传》第10卷,中华书局2000年版,第173—180页。
③ 陶湘:《武进陶涉园七十年纪略》,1939年铅印本。

丁福保均执上海中医界之牛耳，而且他们致力于中医改良，取得了令人瞩目的成就，正如恽铁樵所言，其医学"是创作的，也是刷新的"。①

恽铁樵（1878—1935），名树珏，字铁樵，以字行，别号冷风、焦木、药庵、黄山民。早年致力于翻译小说，进入商务印书馆后，担任《小说月报》主编。中年后弃文行医，离开商务印书馆，创办铁樵中医函授学校、《铁樵医学月刊》等。他学贯中西，洞察经典之奥义，了解世界医学之进步，更有丰富的实践经验，高瞻远瞩地提出"发明古书精义，采取西国学说，证诸实地经验"等中西医汇通的思路方法。他认为："今日中西医皆立于同等地位。""中西医之不同，乃由于中西文化之不同。"即不只是治法和药物的不同，而是根本方法不同之两种学说。他在强调这个根本区别的基础上，提出要深入研究中西医各自的特点并比较优劣，寻找两者的结合点或结合两者的突破点。恽铁樵的中西医汇通思想，特别是他提出的改进中医和创立新医学的观点，更贴近于现代，对当今中西医结合，促进中医现代化，仍有着重要的参考价值。②

谢观（1880—1950），字利恒，晚号澄斋老人，其伯祖谢兰生、祖谢葆初均为孟河名医。谢观幼承家学，精研经史舆地之学，又熟诵医经，经方及本草。早年入龙城书院致用精舍，讲求新学。1901年肄业于苏州东吴大学。1905年至广州，任教于两广优级师范学校。1911年后供职于上海商务印书馆，编辑地理、医学图书，主编《中国医学大辞典》，另著有《中国医学源流论》，均为民国时中医学的代表著作，所编《家用良方》则是当时最畅销的养生保健书籍之一。后历任上海中医专门学校、神州医学总会所设中医大学校长。1929年，他发起组织中医协会，发表宣言反对"废止中医案"，并曾主持上海市国医公会、中央国医馆等医学团体工作。另编有《中国医话》《中国药话》等。③

丁济万（1904—1963），原名秉臣，字济万，后以字行，丁甘仁之孙。丁济万出身世中医世家，早年研读经史之学。17岁考入丁甘仁创办的上海中医专门学校。毕业后，初在诊所，后到广益中医院行医。1926年丁甘仁去世后，他接办诊所及其他医疗事业，并将中医专门学校改为上海中医学院，使之成为近代中医改革和发展的中心。1929年，南京政府通过"废止旧医（即中医）以扫除医学事业之障碍案"，他积极奔走，联络全国中医业代表向南京政府请愿，经多次努力，直到当局撤销禁锢中医法令。为了扩大中医事业的影响，他开设华隆中医院，一切照西医院规模，设病房、药房，配护士，并亲自主诊。经数年经营，医院遂具规模，他也成为上海

---

① 恽铁樵：《宣言一》，《铁樵医学事务所三周年纪念特刊》，1936年11月。
② 章巨膺：《恽铁樵先生年谱》，《药庵医学丛书》第一辑，1948年铅印本。
③ 熊月之主编：《上海名人名事名物大观》，上海人民出版社2005年版，第279页。

图 8-24 朱普生

中医界的领袖人物,先后被推选为上海中医学会会长、上海中医公会理监事长和上海市卫生局中医委员会委员。抗战胜利后,任国民政府卫生部中医委员会委员。1948年春,以中医师公会代表身份,被推为"国大"代表。3月,在第一次会议期间,与中医界其他代表联合向大会提出"中西医平等发展"议案。1949年春,迁居香港,曾任香港中医师公会理事长兼医疗研究院董事长等职。[1]

此外,常州本土也涌现出中医代表人物,如擅长妇科的名医沈伯藩,诊疗技术有独到之处的伤骨科名医朱普生,针灸技术高超的程培莲,专擅儿科的钱氏等。

5. 地方戏曲。

(1)京剧。常州最初的京剧组织,是业余京剧爱好者组织的"票房"。晚清年间,常州就有一些昆曲爱好者和曲学研究者。其中成就卓著的要数赵子敬(号逸叟),有"常州一支笛"之说。他的歌喉极佳,且能粉墨登场。民国初年进京,在北京组织"言乐社"等剧社,悉心培养了韩世昌等著名的表演艺术家。以后还有蒋君稼、汪剑依等名票友。常州的"票房"很多,较早的有创设于1930年代的声声社,以后影响较大的有斌和社、龙吟社和龙成社。斌和社(前身斌社)成立于抗战时期,原址在磨盘桥,社长吴子镛,行当整齐,组织健全,并聘请了瑞德宝、赵化南等名家做老师。龙吟社(前身青风社)成立于1948年,原址在西门龙嘴上,以粮行职工为主,有周赓雨、丁五顺等演员,经常演出《金水桥》《打渔杀家》《打严嵩》《玉堂春》《武家坡》等剧目。龙城社成立于抗战后,社长蒋君稼。蒋君稼的伯父蒋维乔也爱好京剧。蒋君稼通过宣统皇帝的哥哥溥侗的关系,拜名旦田桂凤等为师,后被京剧大师陈德霖赏识,收为弟子,从此名噪京城。另有常州红星京剧团,成立于1935年,名叫万胜堂,班主姜金鸿。抗日战争中,该班仅剩16人,在北乡、西石桥、宜兴张渚山区演出。白天剧团隐蔽在山沟里,夜里出来为新四军和广大农民演出,新四军不仅保护演员的安全,还经常上台慰问。1944年后,他们组班中央舞台,颇具规模。[2]此外,常州盛产戏曲评论家,1915年起,出现了有101人之多并延续20多年的戏曲评论家群,共撰写出数千篇剧评和理论文章,将评论水平提到相当高度,其中尤以张照(肖伧)的《菊部丛谈》

---

[1]《丁济万》,刘绍唐主编《民国人物小传》第6册,上海三联书店2015年版,第1—3页。
[2] 陆文桂:《常州京剧简史》,《常州古今》第3辑,内部出版物,1982年,第82—83页。

最为著名。

（2）常锡剧。常锡剧简称锡剧，是由滩簧衍变而成。常州滩簧发源于武进、阳湖一带，形成于清初，它是在本地民间山歌小调、宣卷、唱春、调采茶和南词等基础上，吸收外地的山歌小调，逐渐发展而成的。发展过程中，也不断吸收了外地的民歌小调，特别是受到了凤阳花鼓的较大影响，所以常州滩簧早期也称花鼓滩簧。直到1920年，《兰言日报》还报道："常州北门外大新桥前王家塘有王某者，屡在附近深夜演唱花鼓滩簧……"①

辛亥革命后，出现"孙文闹革命，滩簧好进城"的民谣。是年冬，常州70多名艺人在西门小菜场集会，推白秋鸿为中兴之祖，自高林福以下已故艺人，列于白秋鸿名下，书表成轴，每年祭奠。1912年，滩簧开始在城内文庙、明伦堂等处公开演出。1913年12月21日，武进县知事发布《严禁滩簧布告》，派警密拿。但在成全巷、孙府弄等私家后园，却相继搭台设座，公开出售门票（筹）。1915年12月7日《武进报》社论《说滩簧》，对内容提出改革建议。1916年11月起，武进县署连续发布《整饬民曲》文告："对演唱滩簧提供条件的房东地主，一并拿案严办；倘村主四邻地保徇情不报者，一经查出，亦应深究，决不姑宽。"城内再度禁绝。除有王桂福、曹顺庆、刘祥林、张麻子、王狗大等坚持在城外火车站龙头房等处演出外，其他人都去上海寻求发展。

1919年，周甫毅、孙玉翠联合组班，演员有卞和尚、周小卿等，琴师有谈凤笙等，请王嘉大用幕表形式，据坊间小说参合常州道情、常州宣卷，创大型戏，于农历七月初一起，在上海小世界游艺场四楼演出。半年内新创作《乌金记》《珍珠塔》《双珠凤》《玉连环（李翠英）》等10种，每种连演三至四天不等。同时，角色行当开始分立：生行分小生、老生、丑等；旦行分闺门旦、丫头旦、老旦、风骚旦（含丑旦）；在声腔上，周甫毅创"连环句式"，为小生专用腔，王嘉大与琴师谈凤笙合作创老旦专用调"反弓簧调"。1920年春节，以"常州古曲"为名正式上演，自此在沪上的各班竞相上演大型剧目。当时常州城内仍禁演，但自农历二月至四月，在县署附近的鸿运楼（县直街）、大观楼（局前街）等茶馆仍有4家演出。

清末，常州和无锡艺人各持门面，互不交往。仅1915年王嘉大和锡帮袁仁仪在上海点春堂茶馆曾合演过一场《庵堂相会》。1919年5月，周甫毅组班入先施乐园演出，约锡帮男旦过昭容合作，引起纠纷。评理约定，此后两帮艺人，可自由合作或联合组班，两帮于是合流，开创了常锡滩簧合作的先声。常锡滩簧之能合作，一是地域相近，

---

① 蒋仁法：《从滩簧到常锡剧：常州地方戏略考》，《常州古今》第3辑，内部出版物，1982年，第73页。

图 8-25 王嘉大

同属常州府,二是语言和曲调相近。① 最初滩簧沿袭传统,用便装服饰演出。1921年孙玉翠组班,从事服饰改革的实验。是年启用"常州文戏"名。1926年,孙玉翠得京剧艺人及衣箱之助,用中国戏曲通用服饰、化妆及表演程式,创文武小生一行,采用京剧锣鼓,在沪如意楼戏院演出《花碧莲》,由孙玉翠根据《绿牡丹》小说改编,郑桂芬演主角花碧莲,各班竞相仿效。影响所及,常州城区的庄祥炳向洪福堂京班女演员阿雪(原姓名无考)学习身段后,是年冬在东郊剧场(舣舟亭戏院)演出《白蛇传》。

1932年"一·二八"事变爆发,在沪艺人纷纷返乡。周甫毅之徒李如祥在桌围上首用"常锡文戏"名称,此后即成为剧种名。当时只有滩簧调一种基本曲调,后引进杭州武林班的大六调,增入清板(无伴奏唱句),创作出常锡文戏的第二基本调,即大陆板。常州新建的乾元市场,有两个剧场用包帐制专演常锡文戏,曾被国民党武进县党部干涉而中断,后仍坚持演出,遂成为专门演出常锡文戏的剧场。

1940年,由陈梅森等发起组织"常锡文戏研究会",联络各地艺人。此时在名称上仍未统一。常州和上海统称为"常锡文戏",苏州叫"苏锡文戏",无锡也有叫"无锡文戏",总共有100多个团体,近3000多名艺人。其中常、锡一带乡间大小各个市镇,都有其艺人的足迹。②

二、新文化的兴起和繁荣

近代以来,常州涌现出了大批的优秀知识分子,他们大都接受新式教育,推崇科学、民主,是新思想、新观念积极拥护者,在科学技术、文化传播等各个领域都取得了令人瞩目的成就,为近代中国的学术发展作出了杰出的贡献。

1. 科学。自西方近代科学知识系统传入中国之后,科学知识在常州日益普及,一大批优秀的知识分子出国留学学习科学知识,他们有感于中国科技落后的现实,萌生了科技救国的理想,许多科学家日后为中国的科学事业作出了突出的贡献,以赵元任为代表的常州籍学者还参与创建了国内最早的民间科学组织——中国科学社和中国最早的科学杂志——《科学》杂志。1948年,武进籍的赵元任、吴稚晖、李宗恩、张景钺,金坛籍的华罗庚、吴定良当选为第一届中央研究院院士,其中武进县和上海县并列为全国入选第一届中央研究院院士最多的县。此外如赵燏黄等也是

---

① 李棋:《锡剧史话》,中国文联出版社2001年版,第3页。
② 李棋:《锡剧史话》,第4页。

当时有代表性的科学家。

李宗恩（1894—1962），著名的热带病学家和医学教育家，中国最早从事热带医学研究的医学家之一，对于研究寄生虫病曾做出重要学术贡献。1920年毕业于格拉斯哥大学医学院，获得医学士学位，后赴伦敦热带病学院进修，并获卫生及热带病学文凭。1923年，李宗恩回国，应邀参加北京协和医学院内科的医疗和教学工作，并进行热带病的科学研究。抗日战争期间，主持创办贵阳医学院。抗日战争后，任北平协和医学院院长，中国医学会副会长，1948年当选为中央研究院院士。1949年后，仍任协和医学院院长。①

张景钺（1895—1975），祖籍武进，生于湖北省光化县老河口。1916年考入清华学校，1920年赴美留学，1922年转入芝加哥大学植物系，1925年获博士学位，并加入美国植物学会，成为终身会员。同年秋回国，任东南大学生物系教授，次年兼任系主任。1931年又到英国利兹大学、瑞士巴塞尔大学进修。回国后任北京大学生物系主任，并曾兼任理学院院长。张景钺是中国植物形态学和植物系统学的开拓者，1926—1938年发表的论文，是我国植物形态学、发育解剖学、生理解剖学、实验形态学的最早文献，其中1926年在中国科学社生物研究所研究报告2卷4期上发表的《蕨茎组织之研究》一文是中国植物形态学研究方面最早的一篇学术论文。他参与发起成立中国植物学会，并长期担任书记、理事长，《植物学报》主编等职务。1948年当选为中央研究院院士，1955年又被聘为中国科学院学部委员。②

赵燏黄（1883—1960），字午乔，号药农，第一位将中国中草药学与西药学进行贯通研究的学者，中国中药学的奠基人之一。1905年，自费留学日本东京药学专门学校。1908年，当选第一届中华药学会书记。次年，考进东京帝国大学，攻读生药学和化学，并参加中国同盟会，武昌起义后回国。曾任内务部卫生局科长、代理司长。1914年，到浙江医药专门学校药科任教授，致力生药学研究。当时中国制药业还是空白，常用药品都靠进口，他便呈书教育部门建议"医药分业"，创立药学院，重视国内药材的研究生产。他与徐伯鋆合编的《现代本草生药学》（上册）是中国第一部生药学教科书。1930年，任中央研究院化学研究所研究员、教育部编审委员会委员、药学译名审查委员会委员，专门从事生药学研究。专门为卫生部拟订《中央研究院拟设中药研究所计划书》，先后撰写《历代本草变迁沿革史》《中国新本草图志》《历代本草史论》等药学著作。1935年，赴北平研究院生物研究所任研究员。1938年，应弟弟赵汝调之邀，入上海新亚药厂任技师，并在北平创办新亚药厂华北

---

① 《李宗恩》，卢嘉锡主编《中国现代科学家传记》第3集，科学出版社1992年版，第566—573页。
② 《张景钺》，《中国现代科学家传记》第6集，科学出版社1994年版，第490—494页。

分厂。抗战胜利后,他任北平医学院教授、中国药学会监事。1955 年 12 月,任中医研究院研究员,兼北京医学院药学系教授。①

2. 语言学。近代常州有"语言学家之乡"的美誉,产生了大量有影响的语言学家,吴稚晖、赵元任、瞿秋白、周有光、沈颐、方毅等均在近代语言文字改革的进程中作出了重大的贡献。

吴稚晖(1865—1953),名眺,后名敬恒,字稚晖,生于雪堰桥一户普通商人之家。光绪十五年(1889)入江阴南菁书院,光绪十七年(1891)乡试中举,曾参与公车上书,遂认识到要御敌、要强国,就要让民众学习西方先进的科学技术,而要学习先进技术,首先要让民众读书识字。但是汉字难学,是民众识字的一大障碍。吴稚晖便开始按《康熙字典》的等韵,创制了一套拼音字母,按本乡方音拼成语句,用来传授家人及亲友,作为通信之用。因其形似豆芽菜,称"豆芽菜字"。这是他在语言文字改革方面最早的尝试。光绪三十三年(1907),他与张静江、李石曾在巴黎组织世界社,发行《新世纪》,并组设中华印字局,广印书报,鼓吹革命。《新世纪》先后登载了他的《万国新语》《中国新语凡例》等文章,主张利用世界语作为实现世界和平、天下大同的工具之一。他写道:"中国现有文字之不适于用,迟早必废;稍有翻译阅历者,无不能言之矣。既废现有文字,则必用最佳最易之万国新语,亦有识者所具有同情矣。"同时,他认为,在过渡时期,汉字仍然是大多数中国人宣达意念的符号,但是必须认识到汉字的缺点,并谋求补救的方法。所以他发表了《书驳中国用万国新语说后》《废除汉文议》等文章,进一步探讨汉字问题。

民国成立后,1912 年 8 月 7 日,教育部临时教育会议通过了《采用注音字母案》,决定先从统一汉字读音着手,实施国语教育。同年 12 月,吴稚晖受命筹备读音统一会,制定了《读音统一会章程》和《读音统一会进行程序》,开始推进文字改革。1913 年 2 月 15 日,读音统一会在北京开会,吴稚晖被选为议长。他在 3 个多月内,率领统一会审定了 6500 多字的国音,采定 39 个汉字笔画式的注音字母。此次审音令千百年来分歧的方音统一于国音,使中国第一次拥有了一个法定的拼音方案,中国近现代语言文字改革事业也进入了一个新的局面。

1917 年,应教育部总长范源濂邀请,吴稚晖按读音统一会所编的《国音汇编草》,依据《康熙字典》的部首排列法,编定了《国音字典》。该字典除收入经审定的 6500 余字外,还将一字多义,或不同的字而可通用者,也一并收入,合计 3000 多字。该字典 1920 年由教育部正式公布。这标志着中国确立国语字音标准的开始。

---

① 《赵燏黄》,中国科学技术协会编《中国科学技术专家传略·医学编·药学卷》,中国科学技术出版社 1996 年版,第 1—15 页。

注音字母方案公布后，从 1919—1932 年，又陆续进行了若干项重要修正，每次修订吴稚晖都积极参与。1932 年，经钱玄同编纂、赵元任校订的《国音常用字汇》完成。1932 年 5 月 7 日，教育部发布《国音常用字汇》。至此，"新国音"完全确定，并作为民国时期重要的语言文字标准在大陆一直使用至 1950 年代，直至《汉语拼音方案》公布实施，它确立了北京语音音系为标准音的国音政策，意义重大，影响深远。

1930 年 4 月 21 日，在国民党中央执行委员会第 88 次常务委员会上，经吴稚晖提案，议决改注音字母名称为注音符号，并决定了由吴氏拟定的三项推行办法。行政院和教育部分别下文推行注音符号，教育部成立了注音符号推行委员会，吴稚晖为委员之一。此外还编成注音符号传习小册、开设注音符号传习会。7 月 23 日教育部颁布了各省市县推行注音符号办法 25 条。

吴稚晖向来主张注音与汉字不可分离，认为合则双美，离则两伤。虽然大力提倡注音书报，但社会上的注音读物依然很少，原因在于缺乏一副带注音的铅字铜模，注音书报无法刊印。经吴稚晖提案，1935 年 1 月，教育部委托中华书局铸汉字注音铜模，一年内完成全套铜模的铸造工作。1941 年 3 月 24 日，吴稚晖在国民党五届八中全会提出大量编印注音国字书报及刊物，积极推行注音识字运动。教育部分别令各省市、各机关及学校切实办好铸造各号国字铜模、大量编印注音读物等事项。1942 年，《国语千字报》发行，成为深受小学教师和中学生欢迎的课外读物。1942 年 6 月 1 日，由教育部等 9 部会组成中央推行注音识字运动委员会举行第一次会议，并于 10 月 20 日正式成立。黎锦熙评价此次注音识字运动时认为："三十余年来所已知已言，而未能实行，今竟能由国家最高政治机关下令督促全国，大有雷厉风行之势，此实打破三十年来政府方面之沉寂，而为国语运动史上开一新纪元。"①

赵元任（1892—1982），又名宣重，号一致，宣统二年（1910），在清华留学考试中以第二名的成绩考入美国康乃奈大学。1915 年，转入哈佛大学学习，1918 年获哲学博士学位，到康乃奈大学任教，同时自修语言、音乐。1921 年，他重赴哈佛大学任教，并钻研语言学，并先后赴法国、德国、英国进行考察，打下扎实的语言学基础。1925 年，清华大学设国学研究院，应聘回国任该院导师，与著名学者梁启超、王国维、陈寅恪并列清华"四大导师"。他致力于研究方言，到江浙两省调查吴语方言，撰有《现代吴语的研究》一书，被著名学者王力誉为"研究方言的典范"。他调查方言的科学方法，成为后人研究方言的效法模式。1929 年，中央研究院历史语言研究所成立，赵元任应聘任研究员兼语言组长，并制订了研究语言的长远计划。他率队调查安徽徽州、江西、湖北、湖南方言，直至抗日战争爆发被迫中断。其间

---

① 陈洪、陈凌海：《吴稚晖先生大传》，台湾颖庆印刷文具有限公司 1964 年版。

写出了《钟祥方言记》《瑶歌记音》和《湖北方言调查》。同时又灌制近千张语言唱片音档。1938年，全家移居美国，不久加入美国籍，历任耶鲁、哈佛等大学教授，并担任美国语言学会主席。赵元任是中国语言科学的创始人，罗常培先生曾对其作过如此评价："近30年来，科学的中国语言研究可以说由他才奠定了基石，因此年轻一辈都管他叫中国语言学之父。"①

早在1920年第一次旅苏期间，瞿秋白由于受到苏俄扫除文盲运动的影响，对中国语言文字问题便产生了浓厚的兴趣。后来，他曾与吴玉章、林伯渠和萧三等人一起研究过中国文字改革的问题。虽然艰苦的革命斗争几次中断了他的这项研究工作，但他仍在1928年写成了《中国拉丁化的字母》的小册子。1931年9月，中国工人在海参崴召开中国新文字第一次代表大会时，便以他这本小册子为基础第一次正式通过了中国新文字方案。瞿秋白的《中国拉丁化字母》曾于1930年在苏联莫斯科出版单行本，后来，他又吸取过去各种文字改革方案的长处，先后修订了几次，于1931年底又整理成了《新中国文草案》一书，这是一部比较详尽和完整的有关建设"新中国文"的方案。这是中国现代语言史上"拉丁化中国字运动"的开始。作为文字改革家的革命家，瞿秋白创造性地提出了"现代普通话新中国文"的方案。瞿秋白认为，中国有广大的识字不多的工农群众，必须建立能够为他们所需要的"现代普通话""真正的白话"。他认为语言的大众化是当前最迫切的先决问题。为了尽快形成和使用"现代普通话"，他积极倡导"文字革命"，即文字改革，主要是汉字改革。他是最早考虑创制拉丁化新文字的先驱人物之一，是中国文字改革事业的先行者。②

此外，在汉字简化方面，1935年，洪深仿照基本英语的方式，根据汉字所能代表的意义，在同义字、近义字中选定1100个基本汉字和250个特别字（补充用字），编写了一本《一千一百个基本汉字教学使用法》。由于作者任意改变词语（有很多是常用词语），让语言迁就文字，本末倒置，它实际上并未推行开来，但为日后汉字的最终简化作出了有益的尝试。③

3.新闻出版。民国以后，常州学者继续在出版界作出卓越的贡献。1912年元旦，中华书局宣布成立，2月正式开业，5位创业先驱中便有沈颐和陈寅两位常州人。不久，由陆费逵和沈颐负责主编中国第一套中小学共和教科书《中华教科书》出版，当时正值春季开学，原清政府学部颁行的中小学教科书已经禁用，一时不及修改，而《中

---

① 赵新那、黄培云编：《赵元任年谱》，商务印书馆1998年版。
② 薛荣：《瞿秋白语言文字学思想初探》，《常州大学学报》2010年第4期。
③ 洪深：《一千一百个基本教学使用法》，上海生活书店1935年版。

华教科书》能及时反映政治形势，配合共和政体需要，很受社会欢迎，"架上恒无隔宿之书"。

1920年代，蔡元培号召"课本中国化"，即提倡大学使用中国人自己编写的教科书，中国教科书的编辑范围也逐步从中小学、师范扩展到大专院校。其中蒋维乔编写的《中国文学史》，顾实编写的《中国文学史大纲》，吕思勉和陈衡哲编写的《宋代文学》《文艺复兴史》等教科书，都对中国的大学教育作出了突出的贡献。这些都充分地说明了常州学者对编写教材、发展教育所作的贡献确是多方面的。

除了教科书之外，出版界的常州学者在辞典编纂方面也作出了重要的贡献。随着科学和民主的传播，外来名词日益输入，人们迫切要求获得新的知识，传统的《说文解字》式的字书和《尔雅》派单纯解释古代语词的词典已不能满足时代的要求，需要一部以语词为主兼收百科知识的现代词典问世。1906年，商务印书馆编译所专门成立了一个辞典部，由常州人陆尔奎（1862—1935）、方毅（1876—1940）担任正副部长。他们先编了一本《新字典》问世。由于当时市场上只有这么一本新式字典，所以大受欢迎，销路很广。

1908年，他们开始了中国近代第一部大型工具书《辞源》的编纂工作，主持其事者为陆尔奎、方毅等，参与者则有蒋维乔、庄俞、孟森、顾实、殷惟和、刘秉麟、谢观等十余位常州人。陆尔奎，光绪十七年（1891）举人，后被两广总督岑春煊延为幕宾。光绪三十二年（1906），进商务印书馆工作。陆尔奎曾称："欲求文化，亟应创编辞书。"甚至还说："国无辞书，无文化可言也。"[①] 为了编纂《辞源》，陆尔奎等人以"钻研旧学，博采新知"作为编纂的指导思想，"罗书十万余卷，历时八年而始竣事。当始事之际，固未知其劳费一至于此也"。其间"往往因一字之疑滞而旁皇终日，经数人之参酌而解决无从，甚至驰书万里，博访通人"。1915年，《辞源》正编以甲、乙、丙、丁、戊五种版式出版。《辞源》不仅继承了中国原有字书、类书的许多优点，还吸取了国外辞书的若干长处，用单字领头，下列词语，"内则搜罗诸子百家，外则采辑各种科学"，既收古汉语，也录新名词，在我国辞书的体例和内容上都称得起有创造革新之功。我国有语词为主、兼及百科的独特工具书，自《辞源》始。《辞源》在当时思想界、学术界、文艺界、教育界都产生了巨大影响。[②]

《辞源》编纂成功后，陆尔奎也因积劳成疾而双目失明，此后他"不复论学"，回到家乡雪堰桥雅浦村，直至逝世。《辞源》续编改由方毅、傅运森担任主编。

[①] 陆尔奎：《〈辞源〉说略》，史建桥、乔永、徐从权编《〈辞源〉研究论文集》，商务印书馆2009年版，第3页。
[②] 周大璞主编：《训诂学初稿》，武汉大学出版社2013年版，第122页。

1931年《辞源》续编出版后。他们又投入到《中国人名大辞典》和《中国古今地名大辞典》的编写工作,最后由臧励龢主持编纂完成,至今仍然在学术界运用不衰。①

《辞源》之后,常州学者又开始从事另一部划时代的辞典《辞海》的编纂。1930年,中华书局负责人陆费逵邀请著名教育家舒新城主持编纂《辞海》,不久,由于舒新城事务繁忙无力兼顾,陆费逵遂邀请常州学者沈颐重回中华书局主持辞典部。②沈颐到任后,积极贯彻舒新城确立的编纂方针,锐意革新,费尽心血,终于让《辞海》的编纂工作走上了正规。他对编纂工作也进行重要改革,要求编辑逐日阅看各种报纸和新出版的主要杂志、图书,注意搜集新词新语(包括外来语)。同时,要求全体编辑阅看宋、金、元、明以来的小说、戏曲,搜集流行的俗词俗语(口头词语),做成资料卡,供写稿时选择。③沈颐为《辞海》的编纂作出了重要的贡献,在他主持下,《辞海》无论在体例、条目的收列、释文等方面都取得了新的成就,基本确定了日后辞书的编纂模式,成为中国又一部开创性现代词典。

常州学者另一个突出贡献则在期刊杂志方面。《东方杂志》从1904年创刊到1948年终止,长达44年,是旧中国出版历史最久的一部大型综合性刊物。孟森曾主编过《东方杂志》两年。《小说月报》是中国现代文学史上第一个"纯文学"的刊物,其第一任主编是常州人许指严。1912年至1917年改由另一位常州人恽铁樵主编。恽铁樵选稿很严,十分重视文章章法,《小说月报》每期除连载林纾译的欧美名家小说外,其余的长短篇小说大都呈现铿锵的古文声调。恽铁樵也非常重视现实主义文学。他说,著译小说是为了"变国故",对"大抵堆砌号为鸳鸯蝴蝶派的作品,一切摈弃",唯"雅洁者是取"。恽铁樵非常注意在编辑工作中发现和培养新人,奖掖有才华的青年。他慧眼识英才,热情向社会介绍鲁迅的第一篇小说,已成为新文学史的一段佳话。1911年鲁迅在故乡任绍兴师范校长时,用文言创作了一篇小说,1912年12月,在绍兴的周作人给这篇小说加了一个《怀旧》的题目寄给《小说月报》。恽铁樵见到后,立即"复信,大加称赏",特地将它编在卷首第一篇的突出位置,对其中的佳妙处加了十来处圈点,还在文末写上了很有分量的评赞——"实处可致力,虚处不能致力,然初步不误,机灵人所可固有,非难事也。曾有青年才解握管,便讲词章,卒至满纸,无有是处,极宜以此等文字药之",极尽揄扬之意。恽铁樵对文学青年满腔热情的态度,给鲁迅留下了深刻的印象。直到1934年5月,他还两次以十分感激的心情在给杨霁云的信中提及此事。当时也默默无闻、后来成了蜚声中外的大画家徐悲鸿和中国现

---

① 宗清元:《陆尔奎与〈辞源〉》,《文史杂志》1998年第5期,第43页。
② 钱子惠:《辞海编纂的前前后后》,《陆费逵与中华书局》,中华书局2002年版,第53—55页。
③ 周颂棣:《老辞海是怎样编成的》,《陆费逵与中华书局》,第51页。

代旧体章回小说大师张恨水,以及程瞻广、程小青、许堇父等都得到恽铁樵的提携,因此他曾有"大说家"之誉。①

4. 史学。民国时常州学者继续在史学方面取得了突出的成就,其中尤以吕思勉和孟森为代表。吕思勉(1884—1957),字诚之。吕思勉出身于常州望族,自幼受常州学术熏陶,23岁起始决心献身于历史研究,此后长期从事历史教育和研究工作。他将中国传统史学研究和西方学术资源相结合,1920年写成《白话本国史》,这是第一部用语体文写的中国通史,也是中国历史学界具有划时代意义的著作。他在该书强调要"用新方法整理旧国故的精神",并提出了许多新概念和观点,特别是社会历史变迁进化的观点,令人耳目一新。之后他又致力于中国社会史、制度史的开创工作,晚年又完成了《先秦史》《秦汉史》《两晋南北朝史》《隋唐五代史》等4部断代史。吕思勉一生治学严肃,作风踏实,成为中国史学界重要的开拓者之一。②

孟森自袁世凯解散国会,随即南下,开始向转学术研究。1931年,受聘为北京大学历史系教授,课余著述,七年之间,成书数百万言,其中以《明元清系通纪》为最。其他尚著有《八旗制度考实》《清初三大疑案考实》《清史讲义》等,成为中国明清史研究的开创者。抗日战争爆发后,日本侵略军因其曾撰有《宣统三年调查之俄蒙界线图考证》,胁其交出此一界限图,深感屈辱愤恨,不久郁郁以终。③

5. 文学。民国初年,常州涌现出了许指严、李定夷、吴惜等一批优秀的小说家,其中尤以掌故小说家许指严为最著名。许指严(1875—1923),原名国英,字志毅、子年,号指岩。早年在常州致用精舍任教员,光绪二十九年(1903),至南洋公学中院任国文教员,清末民初上海文坛有名的管际安、赵苕狂、李定夷等均是他这个时期的学生。后入商务印书馆任国文编辑,开始写小说,并曾任《小说月报》主编。1916年,入财政部任机要秘书。次年3月在京创办《说丛》杂志,写出了洋洋大观的《新华秘记》及《新华梦》。1917年,京城发生溥仪复辟闹剧,他逐日根据当时报刊和耳闻目睹的所见所闻,写出《复辟半月记》。回上海后,在学生李定夷主编的《小说新报》馆任编辑。此时创作进入高潮,除了在《小说新报》发表长篇小说《京华新梦》《小叶野闻》,笔记《小筑茗谈》和大量的短篇小说外,掌故小说如《南巡秘记》《古今艳史大观》《三海秘录》等也大都在此期间写成。1921年,应武进商会聘请,回常州任《商报》总编辑,并接连在该报发表小说作品。1923年受聘于上海南方大学任国文教授,不久突发急性肺炎逝世。许指严是当时最有名的掌故小说家,他去世后,

---

① 黄健民:《阳湖耆宿与商务印书馆》,第61页。
② 李永圻、张耕华主编:《吕思勉先生年谱长编》,上海古籍出版社2012年版。
③ 何龄修编:《孟心史学记》,三联书店2008年版。

有人感叹:"指严死,掌故小说与之俱死矣。"①

常州本地新文学界主要以报刊的副刊为阵地。武进《中山日报》的社长李渺世(1904—1980)便是重要的新文学作家,他早年参加文学研究会,曾在《小说月报》发表较早的反映铁路工人和矿业工人生活小说,被沈雁冰评为"旁观者的人道主义小说"。②由其主持的《中山日报》便成为常州新文学的重要阵地,《中山日报》每日副刊叫《短炬》,主编为周天飞,读者大部分为常州的中学生和中小学教员,一小部分为商店的店员和工友,它是最能够集结常州青年的一份副刊,"对于时代社会,该刊亦有正确的认识,在常州的报纸中,《短炬》是能够遂行现时代副刊所应达到之任务的",③时人认为"在常州新文学的历史上应占重要的地位"。《中山日报》每周三还有副刊为《绿波》,编辑柳言。另外《武进夜报》的副刊叫《夜曲》,主编洪知厂,读者大部分为商店店员,上面有一些短小的文章可以看到青年正在向新的方向奋进。④

常州各个中小学校在新文学创作方面具有传统,1933年上海儿童书局便曾出版时年仅十岁的人范小学学生曹巧玉的散文集《巧玉日记》。在文学团体方面,县立初中的学生组织了一个"滴墨社",女师范的学生组织了一个"心声社",还有"常州青年学生文艺社",编有《青艺》周刊,"新澜社"是常州各商店店员筹组的。⑤此外常州出现的文学社团还有隐霞社、秋心社、武进文艺社、菁菁文艺社等,曾出版有《隐霞》《秋心》半月刊、《武进文艺》月刊、《菁菁》月刊等,因经济原因相继停刊了。一些新文学作家也曾在常州出版其著作,如李渺世便曾在常州出版散文集《枯草》,被以为是"1933年中国小品文难得的收获",而赵颐年的诗集《天真》被认为作风很像陈梦家。⑥

6. 艺术。常州学者除了在传统国画上取得成绩外,对西洋画引入中国也作出了极为重要的贡献,其中最有代表性的便是刘海粟。刘海粟(1896—1994),出生于常州望族西营刘氏,早年曾入上海"布景传习所"学画,掌握了一定的西洋画法。半年后回到家乡,创办"图画传习所",一面任教,一面继续刻苦学习绘画,进修古文。1911年底,为逃避父亲安排的婚事,刘海粟只身到上海,创办中国第一所美术学校——上海美术专科学校,并自任校长。上海美专在刘海粟的主持下,对中国

---

① 栾梅健:《掌故小说大家:许指严》,《苏州大学学报》1991年第4期。
② 巴彦:《李渺世小说创作摭谈》,《新文学史料》1993年第3期。
③ 秋筠:《常州文化界之奋兴》,《出版消息》第22期,1933年10月16日。
④ 涟达:《常州》,《文学》第3卷第4期,1934年。
⑤ 秋筠:《常州文化界之奋兴》。
⑥ 涟达:《常州》。

的传统的教育体制作了一系列的改革。如男女同校读书，便由上海美专肇始，同时仿效北大校风，提倡学术自由，制定旅行写生制度，创办暑期进修班。1918年，刘海粟又在上海美专创办了中国第一本美术杂志。1925年，他提议让美术、音乐成为中小学的必修课，对美育在中小学的推广和普及起到了重要的作用。①

另外在西洋画中有影响的是李毅士（1886—1942），名祖鸿，早年在日本学政治法律，后至英国格拉斯哥美术学院学习西画。回国后，出任北大书画研究会黑白画导师、北京美专书画教授、北京高等师范西画教授、上海美专教务长、南京高等师范工艺科技法理论教授、南京中央大学教育学院艺术

图8-26 刘海粟

科西画教授兼主任等职，所作之《长恨歌画意》《粥少僧多图》《霓裳羽衣舞》等颇享时誉。②

在音乐领域最有代表性的是赵元任、吴伯超。赵元任被公认为中国近代音乐先驱者之一。他刊载于1915年1月《科学》杂志上的《和平进行曲》，是目前所能见到的发表最早的中国钢琴曲。1925年回国在清华执教时，任校音乐委员会主任，并发起成立琴韵歌声会。这一时期，创作《海韵》（徐志摩词）、《教我如何不想他》（刘半农词）等大量抒情歌曲，其中《教我如何不想他》至今仍为人传诵。1928年，这些歌曲汇集出版《新诗歌集》。在这些歌曲中，他把西方音乐的技巧与中国的传统音乐结合起来，具有强烈的中国民族风味。1930年代国内平民教育、儿童教育兴起后，他又为陶行知的诗词等谱写了《小先生歌》《春天不是读书天》《自立立人歌》等。1937年抗日战争爆发后，谱写了《抵抗》《背着枪》（又名《自卫》）等抗日歌曲。以后，这些作品汇集出版《儿童节歌曲集》和《赵元任歌曲选集》，被萧友梅称为"中国的舒伯特"。③

吴伯超（1903—1949）是卓越的音乐教育家、指挥家、作曲家与民乐演奏家。早年入常州师范学校，随著名音乐家刘天华学习音乐。1922年，蔡元培创办北京大学音乐传习所，刘天华被聘为国乐课程导师，吴伯超随其北上。1927年毕业后，曾

---

① 袁志煌、陈祖恩编：《刘海粟年谱》，上海人民出版社1992年版。
② 吴之光：《画家李毅士事略》，武进县政协文史委编《武进文史资料》第12辑，第143—145页。
③ 赵新那、黄培云编：《赵元任年谱》。

在北京师范学校以及孔德学校短期任教。1927年起,在中国第一所高等音乐专业学校上海国立音乐院任教。抗战时,任内政部音乐编辑委员会主任委员,1943年任重庆青木关国立音乐院院长。1945年后,又主持了国立音乐院本科及幼年班的迁校工作。1949年1月27日,乘"太平"轮去台湾途中,船沉身亡,年仅45岁。①

电影方面,杨小仲为其中之翘楚。杨小仲(1899—1969),原名杨保泰,乳名羼提生。1916年考入商务印书馆补习学校工读,1918年转正,并开始对电影产生浓厚的兴趣。1920年,由他为中国影戏研究社改编的剧本,并于次年由商务印书馆活动影戏部摄成的影片《阎瑞生》,是中国最早的一部长故事片。他从此步入影坛,改名杨小仲,专门编写剧本。1925年,他独立编导了影片《醉乡遗恨》,大胆选用一些教师和学生担任角色,摆脱了当时电影界对文明戏演员的依赖。同时,他利用模型代替实景,利用自然景色衬托人物的思想感情,这些措施,对处于初创时期的中国电影具有一定的革新意义。②

摄影方面的代表则是吴中行(1899—1976)。1923年上海《摄影画报》举办的第一届全国摄影比赛中,吴中行的《雪花冻断杏花村》作品名列第一,引起全国同行的瞩目。1926年他在镇江北固山下拍摄的《归牧》,参加英国伦敦国际摄影展,后被英国皇家摄影学会吸收为会员,成为第一位中国籍会员。1932—1935年,先后有《锦树双栖》《水纹》参加英国伦敦国际影展;《双羔》《双鹅》《蝉》《牧羊》参加法国巴黎国际摄影沙龙;《声如洪钟》《报晓》参加美国芝加哥百年进步展览会万国影展等等。他的作品,多以自然风光、静物、动物、人物、花卉等为题材,取景于江南自然景色。在摄影技艺、造型的处理上,吸取了中国绘画艺术的传统特点,使作品具有诗情画意,情深意远、自然朴实的艺术风格。③

7. 戏剧。进入民国后,陆镜若全力推动新式戏剧在中国的发展。陆镜若(1885—1915),名辅,字扶轩。早年留学日本。1912年,他在上海邀集原春柳社成员欧阳予倩等,成立新剧同志会,开始了职业演剧生涯。1914年,新剧同志会正式挂出"春柳剧场"的招牌,陆镜若集编剧、导演、演员为一身,由其编剧的《家庭恩怨记》在当时最为著名,也使得新剧同志会在中国早期职业演剧界独树一帜,并享有很高的社会声誉。1915年秋,陆镜若因积劳成疾,逝世于上海,不久新剧同志会旋即宣

---

① 王震亚:《国立音乐院院长吴伯超传略》,萧友梅音乐教育促进会编《吴伯超的音乐生涯》,中央音乐学院出版社2004年版,第5页。
② 上海电影志编纂委员会编:《上海电影志》,上海社会科学院出版社1999年版,第760页。
③ 吴锦成、吴锦渝:《记祖父吴中行先生》,常州市政协文史委编《常州文史资料》第9辑,内部出版物,1989年,第81—84页。

告解散。① 著名作家包天笑挽联云:"似此英年,遽尔销沉谁之罪;竟成悲剧,空教惆怅不如归。"

吴我尊是陆镜若生前最重要的合作伙伴,陆镜若去世后,他开始致力于中国戏剧的发展。吴我尊(1881—1942),又名楠,字伯乔。光绪三十年(1904),他在上海南洋公学读书时,参与组织沪学会演剧部,演出《文野婚姻》,并与欧阳予倩相识。光绪三十二年,赴日本东京高等商业学校留学,参与成立中国最早的话剧团体——春柳社。1912年与陆镜若等一起组织新剧同志会和春柳剧场,演出《家庭恩怨记》《社会钟》等剧目,将新剧运动推向高潮。陆镜若逝世后,他开始将精力转到戏剧教育和评论上,并主张新剧和旧剧并存。1916年应张謇之邀,在南通创办伶工学校,任教务长,同时担任更俗剧场之刊物《公园日报》编辑部主任。张謇去世后,他率领学员及演员到北京、安徽、上海、江苏、浙江等地巡回演出。1935年与张古愚、郑过宜主编《戏剧旬刊》。吴我尊是近代最重要的戏剧评论家之一,1928年,他为《戏剧月刊》创刊号作序时,称要把"常州学派"的"微言大义"和讲求实用思想、"阳湖文派"做人与作文追求一致的文风贯穿到戏剧评论之中;把"常州词派"托物言情艺术品格应用到戏剧改革实践中。②

洪深、吴祖光是中国现代戏剧的代表人物。洪深(1894—1955),学名洪达,字伯骏,号潜斋,别号浅哉,洪述祖之子,中国话剧和电影的开拓者和奠基人之一,著名的电影戏剧理论家、剧作家、导演。1912年秋,考入清华学校实科。1916年进入美国俄亥俄州立大学,学习烧磁(瓷)工程专业。1919年,转入哈佛大学学习戏剧,成为中国第一位在国外专攻西方戏剧的留学生。1922年回国后,先后任职于复旦大学、国立暨南大学、国立中山大学等。成名剧作《赵阎王》于1923年上演。1928年首先提出使用"话剧"一词,作为新式戏剧的名称,并于次年撰写《从中国的"新戏"说到"话剧"》一文,产生广泛的影响效应。其农村三部曲《五奎桥》《香稻米》《青龙潭》是中国话剧的代表作。1924年,他又进入电影界,任明星影片公司的编导,1925年,他撰写了我国第一个电影文学剧本《申屠氏》;1930年,他编写并参与制作了我国第一部有声电影《歌女红牡丹》。③他还与田汉、郑君里等发起成立中国左翼剧团联盟,并任书记。

吴祖光(1917—2003),又名吴召石、吴韶。1933年入中法大学文学系学习,一年后到南京戏剧专科学校任校长室秘书,1934年发表处女作《宫娥怨》。19岁创

---

① 李晓主编:《上海话剧志》,百家出版社2002年版,第373页。
② 华瑛楠:《新剧先驱吴我尊》,《艺术百家》1992年第2期。
③ 陈美英:《洪深年谱》,文化艺术出版社1993年版。

作全国第一部正面反映抗日战争的话剧《凤凰城》，被誉为戏剧界神童。随后又创作《正气歌》《风雪夜归人》《林冲夜奔》《牛郎织女》和《少年游》等剧作，名震剧坛。1945年主编《新民报》副刊，率先发表毛泽东词作《沁园春·雪》。1946年到上海任《新民报》"夜光杯"副刊编辑和《清明》杂志主编，同时创作《捉鬼传》和新剧《嫦娥奔月》，声讨国民党统治，后逃亡香港。1947年开始在香港人中华影片公司、香港永华影业公司任导演。

从陆镜若开始，洪深、吴我尊、吴仞之、吴祖光等[①]常州籍优秀的戏剧家便致力于家乡的戏剧发展，推动常州本地戏剧事业迅速发展，常州一度业余剧团林立，演出众多，其兴盛程度较之当时的大都市也不遑多让。1912年，陆镜若带领新剧同志会来常演出日本作家左藤红绿的《猛回头》，这是现代戏剧第一次在常州演出。1915年8月，常州最早的业余话剧团体义务新剧社在大树头刘宅成立，也排演过一些文明戏。1929年暑期，赵毅甫、吴仞之、赵元成等组织中学教师成立业余话剧团，排演反映朝鲜学生抗日爱国为内容的话剧《山河泪》。1933年末，中山纪念堂落成，邀上海复旦大学"复旦剧社"到常，洪深亦赶来连夜排戏。次年元旦起，演出丁西林的《压迫》等独幕剧，主演有王莹等。1934年夏，洪深的学生赵于野回常，与沈默菊神、沙浚、石云、赵慕周、邱东生、孟浪等组织"流沙业余剧团"。是年秋，演出爱尔兰作家格里高兰夫人的《月亮上升》和街头剧《放下你的鞭子》，后排演《瞎了一只眼》。此后，北辰剧社、六六剧社等相继成立，演出了日本剧作家菊池宽的《父归》和进步话剧《战友》等。1935年，武进湟里民众教育馆组成新生剧团，阿甲曾在该团主演《苦儿流浪记》。"一二·九"运动后，为支持青年学生抗日救亡运动，揭露国民党的面目，费定、余一叶等组织青年剧团，演出凌鹤等的《洋白糖》、田汉的《回春之曲》和曹禺的《雷雨》。1937年卢沟桥事变发生后，常州旅外大学生组织抗敌后援会，公演于伶的《夜光杯》。以学生为主体的武进军训学生战地服务团亦分赴城郊演讲和演剧，开展抗日救亡宣传活动。

日军侵常后，话剧活动较前沉寂。1942年夏，于野、史曼倩、高俊等组织蔷薇剧团，排演田汉的《获虎之夜》、陈荒煤的《黎明》以及《王三》（《刽子手》）、《伪婚》等独幕剧。是年冬，公演《雷雨》与莫里哀的讽刺喜剧《守财奴》。金沙创作以吸食鸦片弄得家败人亡为内容的4幕话剧《忏悔》。1943年夏，该团去武进湟里演出《回春之曲》，群众扶老携幼，从十几里外赶来看戏，观众达数千人。1944年冬，银行界徐世光等组织业余剧团，演出曹禺的《日出》。潘瑾琳等演出李健吾的《金丝雀》，导演赵颐年。1945年春，梁牧、李燕、周镐等组织大地剧团，演出《三千金》。5月，

[①] 吴祖光：《吴祖光自述》，大象出版社2004年版。

天凤剧团演出根据秦瘦鸥同名小说改编的《秋海棠》，突出反对军阀、反对强暴的主题，每次开演前，演员都在幕内高唱《热血歌》，观众报以热烈掌声。接着，常联剧团公演曹禺的《原野》，蔷薇剧团高丽华等演出《四姐妹》，秦汉自导自演黄佐临的《梁上君子》。嗣后，戚墅堰机厂职工剧团演出《家》；春秋剧团演出《第二代》与《绿窗红泪》。

1945年8月，为欢庆抗日战争胜利，常州业余话剧团体组成岳飞演出委员会，10月，联合演出吴祖光的大型历史剧《还我河山》，由戴衍万导演，演员多达50余人，常州业余国乐团为之配乐，甚为壮观。1946年元旦，为庆祝胜利后第一个新年，由子英、方俊导演五幕讽刺喜剧《狂欢之夜》，上海正义旅行剧团演出曹禺的《蜕变》。2月，综合剧艺研究社上演吴祖光的《少年游》与《凤凰城》。3月，正气剧团演出陈白尘的《魔窟》。9月，中流剧团演出陈白尘的《结婚进行曲》。10月，吕复率领全国演剧九队上演魏如海的《明末遗恨》、吕复的《劫后余生》。这一年，全城演出数量话剧20多部，其数量之多，为常州话剧史之最。1947年后，物价飞涨，民不聊生，蓬勃的常州话剧活动，也一蹶不振。①

三、常州籍的女性学者

民国时期，常州女性的才华继续得以彰显，在多个领域取得了卓越成就，成为一个独特而饶有意味的现象。

陈撷芬（1883—1923），笔名楚南女子，陈范女儿，祖籍湖南衡阳，出生于江苏武进，近代妇女运动组织者、女报人。16岁时，在陈小燕子帮助下创办并主编妇女刊物《女报》，后因稿源不足停刊，协助料理《苏报》和帮助蔡元培创办爱国女学，同时参加女学会。光绪二十八年（1902），《女报》复刊，翌年改名《女学报》。她办报主张把妇女的解放和民族解放联系起来，号召妇女和男子一起共同改变整个国家"受制于人"的状况。同时，为中国妇女鸣不平，提倡女学，鼓吹女权，争取自由平等。《女学报》上不仅发表《中国女子之前途》《尽力》等为女权争一席之地的文章，还发表反清文章，与《苏报》相呼应，故有"小苏报"之称。后因"苏报案"，《女学报》受牵连，财产被没收，她随父亡命日本。不久，加入反清秘密会党三合会和争取男女平权的中国最早爱国团体"共爱会"。光绪三十年（1904）四月，与秋瑾结识，在经济上支持秋瑾与家庭决裂。九月，发起将共爱会改组为实行共爱会，被推为会长。不久，发起组织女子雄辩会，任会长，组织女留学生开展推翻清朝的演说活动，后与未婚夫杨隽同往美国留学。民国时期，加入女子参政会，呼吁女子参政、议政，

---

① 赵争、金沙：《民国期间常州话剧演出活动散记》，常州政协文史委编《常州文史资料》第9辑，内部出版物，1989年，第162—171页。

为女子能在民国政府中从事政治活动积极奔走。① 同为女中豪杰的张默君曾撰悼文纪念陈撷芬，称其"固非当今伟人，又非得意命妇，更非今日时髦新鲜女团体中之领袖或中坚分子，宜为一般社会所冷漠也。虽然，自有其高尚之特性，纯正之人格，及有价值之遗墨，差可不朽"。②

图 8-27　陈衡哲

陈衡哲（1890—1976）是陈撷芬的堂妹，中国近现代著名作家、历史学家。1914年考取清华学堂首批留美女生。1915年进美国瓦莎女子大学专修西洋史，兼修西洋文学。1917年6月，发表被称为中国现代文学史上第一篇白话小说《一日》。1920年芝加哥大学文学硕士毕业，回国后受聘北京大学历史系教授，被称为中国教育史上第一位女教授，并在新文化运动中占据一席之地，作品有《西洋史》（上下册）《文艺复兴小史》《欧洲文艺复兴小史》，短篇小说集《小雨点》《西风》，英文著作《一个年轻女孩的自传》等。后往东南大学、四川大学历史系任教授。解放后任上海市政协委员。③

袁晓园（1901—2003），中国第一位女外交官、税务官，著名书画家、语言文字学家、社会活动家。出身于常州望族，早年到上海美术专科学校学绘画，又曾被聘为江苏省政府秘书等职。1925年，到巴黎大学学习法文，后入普鲁士大学攻读经济学。1931年，袁晓园毕业于普鲁士大学经济系。回国后，被聘为福建厦门税务局副局长，成为中国第一个女税务官。不久又赴法国深造，考入巴黎政治学院，专攻国际关系法，回国后在外交部担任专员，不久被任命为中国驻印度加尔各答领事馆副领事，成为中国第一位女外交官。后供职于外交部，1948年当选为"国大代表"。1949年后侨居美国，曾在联合国秘书处任职。1985年，返回中国定居。创办北京国际汉字研究所，出版《汉字文化》杂志，还创立北京国际书画研究所、北京晓园语文与文化研究所、

---

① 陈静：《论辛亥革命前期的陈撷芬》，扬州大学历史系硕士学位论文，2009年。
② 张默君：《哀陈撷芬君》，《中国古代短篇小说集》（中），人民日报出版社2011年版，第507页。
③ 江森：《陈衡哲传》，上海远东出版社2010年版。

晓园中医院和国际友谊林等。①

陆小曼（1903—1965），名眉，别名小眉、小龙，笔名冷香人、蛮姑。父亲陆定曾在南京政府财政部任职，并创办中华储蓄银行。1922年，与军人王赓结婚，后因性格不合离婚，1926年与徐志摩结婚。陆小曼曾研究过英国古典文学，晚年从事翻译工作，曾译有意大利戏剧《海市蜃楼》《泰戈尔短篇小说选》、艾米丽·勃朗台的自传体小说《艾格妮丝·格雷》等。她又是著名的画家，师从刘海粟、陈半丁、贺天健等名家。她也擅长戏剧，曾与徐志摩合作创作《卞昆冈》五幕话剧；她谙昆曲，也能演皮黄，曾出演《春香闹学》《思凡》等剧，在北京和上海名动一时。她的《哭摩》《遗文编就答君心》等散文，浓丽哀怨，文风直逼徐志摩，小说《皇家饭店》，描写细腻，技巧新颖；她还和王令之合作改编了列国志故事《河伯娶妇》。1949年后，她任上海市文史馆馆员、上海画院画师。②

第二节 教育发展

民国成立后，常州的传统教育继续加快向新式教育转变的进程，中小学基础教育和职业教育迅速发展，城市居民文化素质进一步提高，1931年，城区识字者仅占城区总人口的30.36%，而到了1946年，城区识字者已经占总人口的57.94%。③

一、教育机构与教育组织

1912年，南京临时政府设立了教育部，蔡元培为教育总长，蒋维乔、严保诚、沈步洲等常州籍学者都参与了教育部的工作。在这些学者的努力下，教育部相继颁布了《普通教育暂行办法》《普通教育暂行之标准》等法规，开始了推广新式教育的进程。随后，包括常州在内的江苏各地地方教育行政机构也逐渐完善，1917年12月江苏省教育厅成立，1923年常州教育局成立，常州地方教育日益正规。1922年教育部颁布了《学校系统改革令》，把学校教育分为初等、中等、高等三个大的阶段，其改革的标准是："一、适应社会进化的需要；二、发挥民治教育精神；三、谋个性的发展；四、注意国民经济力；五、注意生活教育；六、使教育易于普及；七、多留各地方伸缩余地。"这次改革即"壬戌学制"，确定了现代中国教育的基本制度。有学者认为，"《壬戌学制》的产生标志着中国教育界的优

---

① 钱月航：《爱国女杰袁晓园》，常州政协文史委编《常州文史资料》第19辑，内部出版物，2004年，第69—89页。
② 柴草：《陆小曼传》，百花文艺出版社2002年版。
③ 常州市地方志编纂委员会编：《常州市志》第1册，第434页。

秀分子真正开始自觉探索和遵循教育发展的内在规律,并用以指导学制改革实践。"①
壬戌学制后,常州地方教育得到了迅速的发展,新式教育成为教育的主流,传统的旧教育组织机构逐渐发生变化。

1. 从学务课到教育局。辛亥革命后,奉省议会令,取消劝学所,设学务课,掌管县教育事宜。著名学者谢观任学务课长兼县视学,他"悉心擘画,严考绩,图扩充",在两年的任期中,使武进县教育事业有了显著发展,一度名列全国第二。1913年,遵省颁县公署组织条例,撤学务课,设县公署第三科。1915年4月,教育部重行颁布《劝学所规程》,规定"各县设劝学所,辅佐县知事办理县教育行政事宜"。1918年,县知事奉省教育厅训令,设武进县公署劝学所。1923年8月,武进县公署劝学所改组为武进县教育局。组成人员有局长、视学、教育委员、事务员。局长承县知事命主持全县教育行政事宜,视学秉承县知事命视察全县教育事宜,教育委员负责办理各市乡教育事务。

国民党北伐占领常州后,北伐军十七军政治部宣布取消教育局,成立武进县教育委员会。4月18日,教育委员会全体委员辞职。县政府遂仿各县办法,暂设教育科。7月,裁撤教育科,成立武进县政府教育局,设总务课、学校教育课、社会教育课。时教育局管理学校(省立学校除外)、图书院、博物馆、公共体育场、公园以及其他一切与学术文化有关的事业。

1937年11月,日军侵占常州,教育局解散,后成立伪武进县教育局。抗战胜利后,县政府一度设教育科,1947年4月22日,复设县教育局,负责管理教育及文化事业。②

2. 教育经费与管理。教育经费方面,民国期间,省立常州中学系省办学校,教育经费由省拨款,另外省还给县一定补助。县立中小学教育经费由县拨款,来源主要为田赋,学产租金。1913年,武进全县教育经费总支出99409元,其中田赋收入99129元,占该年教育经费99.6%。其后,教育经费不足,遂加征各种教育捐。1915年,征中资学捐,田产买卖契价100元征4元,典契征2元。1919年,征契税附税,商户开行带征特捐。次年,征屠宰捐,充义务教育费。1927年,征经忏捐,20%为县教育费,余为市、乡教育费。1929年,征筵席捐,30%为县教育费,余为市、乡教育费。1933年,征杂捐、房捐。抗日战争胜利后,征娱乐捐。此外,民国期间还征过货物税带征教育费、烟酒公卖税带征教育费、干丝煤捐、锡箔捐、四业捐、忙银附税、漕米附税、香捐、神会捐、神戏捐、纸马捐、冥器捐、花船捐、杂税附税、牙帖附税、

---

① 田正平主编:《中国教育史研究·近代分卷》,华东师范大学出版社2009年版,第252页。
② 常州市地方志编纂委员会编:《常州市志》第1册,第411页。

渔课附税、芦课附税、营业杂捐、盐斤加价、桑叶捐、蒲包捐、棉纱捐。①

学费方面，在光绪三十二年（1906），初等小学堂每月 0.3 元（银元），高等小学堂 0.3—0.6 元，中学堂 1—2 元。民国初，高等小学每月 0.8 元。1924 年，教育经费竭蹶，县立学校增收学费：一、二年级每月 0.4 元，全年 4.8 元；三、四年级每月 0.5 元，全年 6 元；五、六年级每月 0.9 元，全年 10.8 元。1926 年，市立学校增收学费：一、二年级每月 0.35 元，三、四年级 0.45 元。1918 年，降低学费标准，初级部每学期不超过 1 元，高级部不超过 3 元，私立小学不超过前项规定的 3 倍。1930 年，城市高级部每年 10.8 元，农村小学一年级 2 元，二、三年级 3 元，四年级 4 元；初级中学 20 元。日军侵占常州期间，除学费外，加收杂费，中学还收体育费、图书费、讲义费、实验材料费。抗战胜利后，中学增收劳作材料费、医药费。1946 年，省立常州中学收校舍修建费。次年 9 月 2 日，中等学校校长联席会议决定学杂费标准：私立中学高中 84 万元（其中学费 28 万元、杂费 26 万元、教师生活补助费 30 万元，时货币为法币），初中 70 万元（其中学费 20 万元、杂费 20 万元、教师生活补助费 30 万元），县立中等学校学杂费较私立中等学校少 20 万元（时白粳米每担 37.5 万元）。同月，《武进中山日报》发表《中学的收费》一文。该文称：如此收费，"中下阶级要负担一个孩子读书，已感吃力，若有二至三个孩子读书，只得'宫墙外望''向隅独悲'的了，至于清贫人家的子弟更谈不上受什么中等教育了。" 1948 年 3 月，县教育局规定中小学收费标准，国民小学收大米，低、中、高级依次为 0.48 石、0.55 石、0.63 石；县立师范学校初中部学费 60 万元、教师生活补助费 180 万元、杂费 120 万元、童子军费 10 万元、师范部学费免收，杂费 80 万元、教师生活补助费 80 万元、宿费 40 万元；县立初级中学学费 30 万元、教师生活补助费 180 万元、杂费 120 万元、童子军费 10 万元；私立中学收大米，高中 2.5 石、初中 2.1 石（米价每石 220 万元折价，市价实际为 280 万元）。②

在教育经费支出方面，主要是工资支出。1913—1917 年，县立师范学校工资支出总计 18371 元，占同期经费支出的 53%。1921 年，省立第五中学工资支出 22420 元，占全年学校经费 28361 元的 79.1%。1930 年《十九年度武进教育计划》（款产）规定各小学经费以及工资总额，其中工资支出所占比重高达 90% 以上。次年，省立常州中学工资支出 37494 元，占全年学校经费 48474 元的 77.3%。1946 年 3 月，县立师范学校工资支出 77.1 万元，占该月经费总支出的 67.7%。③

---

① 常州市地方志编纂委员会编：《常州市志》第 1 册，第 404 页。
② 常州市地方志编纂委员会编：《常州市志》第 1 册，第 404—405 页。
③ 常州市地方志编纂委员会编：《常州市志》第 1 册，第 409 页。

虽然工资是经费支出的大宗，但是教员工资相对而言仍然非常少。1913年，市乡小学教员工资每月多者10余元，少者不满10元（银元）。1917年，教师工资按班（每班定员一般为1.5人）发给，1班20元，2班50元，3班80元，4班115元，5班146元，6班180元，6班以上每班加俸30元。1924年，江浙军阀混战，教师工资发不足额。1927年，执行省教育厅制订的小学教员薪金标准。1930年，单级独教教师每月薪金25元；二级以上初小教员，按学历及教授成绩分等，一等每月薪金22元，二等19元，三等16元（城市生活水平比乡村高，每等提高3元）；高级小学教员也分三等，一等每月薪金33元，二等29元，三等25元。1932年，中学教员工资分为8等，依次为90元、80元、70元、60元、55元、50元、45元、40元。1934年，县教育局以初、高级教员薪金"相差悬殊"为由，修订1930年的小学教员工资标准。该标准分四级：一级正教员28元，专科教员26元；二级正教员23元，专科教员21元；三级正教员18元，专科教员16元；四级正教员13元，专科教员11元。次年，小学教员工资每级减4元（是年11月始用法币）。①

1920年代末，常州学校已有经费不足、教师欠薪的情况。当时教员薪水来源大宗是学费和各种捐税，政府承担份额极少，随着农业经济的凋弊，无论是学费还是捐税均收取不足，导致教师薪水支取无着，不仅要打折扣，而且积欠累月。②"除私立学校经济独立，教员束修能按月发放外，公立者无不欠薪，以目下生活程度之高，教员薪金之微，恐按月发给，尚苦支持不易，安可一再欠薪，以是除万不得已者外，无不另谋出路，即一时不能脱离，亦都抱五日京兆之心，盖日夜谋衣食之不遑，何能安心工作？"③其中1928年7月，因各小学薪酬只发放至4月，五、六、七三月分文未发，各校教职员以无米为炊，枵腹从公，于7月7日上午联合至教育局作大规模索薪，并推出代表12人，后经财政局担保发放方才平息。

日军侵占常州期间，物价飞涨，教师工资更是入不敷出。1944年，县立茭蒲巷小学、局前街小学在校内发起"一把米"运动，要求学生人人捐助一把米，以救教师于"枵腹从公"的困境之中。抗日战争胜利后，公务人员的生活指数连年上升。1946年，迫于教师的要求，县临时参议会调整县立中、小学教师的薪金标准：含生活补助费在内，教师最高薪33100元，最低薪28200元。是年4月，中学校长会议议决征收"教师生活补助金"，高中6000元，初中4500元。同月，城区小学教员300人罢教，向县政府提出从速发售平价粮、提高小教待遇等要求。县长持敷衍态度，教师遂愤

---

① 常州市地方志编纂委员会编：《常州市志》第1册，第394页。
② 丁庆生：《乡村教育之一角》，《长城》第1卷第11期，1934年。
③ 许英：《武进的新闻事业与学校》，《京沪沪杭甬铁路日刊》第1034期，1934年。

慨称:"小教既已判处饥毙之徒刑,不妨当自今日开始执行!"1947年5月,江苏省立常州中学人均工资30万元。该校教师向社会发出呼吁:"这是我们……濒临饥饿、痛心而又是万不得已的呼吁!最近一月物价闪电式的狂涨,影响到我们的生活,影响到我们的精神,因而影响到我们的教学……'教员穷','穷教员','穷'和'教员'十多年来已成为不可分割的联系……物价已涨得骇人……一石白米,须价二十四万元,照我们目前的收入……连自己在内,两个人以上便发生问题。"1948年12月,县政府规定小学教员底薪标准:一等100元,二等90元,三等80元,四等70元,五等60元(是年8月19日货币改用金圆券,金圆券与法币之比为1:300万)。同年,省立常州中学教师迫于生活,举行历时4天的罢教(时称"总请假")。①

3. 常州教育会。辛亥革命后的1911年9月21日,武阳两邑教育界人士集会局前街之先贤祠,商讨教育事宜,决定建立"常州教育会",以辅助军政分府推行普及教育。商定教育会设会长一人,副会长两人。会长必须由"品学兼优,声誉素著,对本地教育有功者任之"。会员则须"品行端正、有志教育者,呈具入会申请书及有确实介绍人之保证书,由会长审察允许"。会议经过反复讨论,一致推选屠寄为会长,朱溥恩为副会长。一年后,改选庄蕴宽为会长,后因庄不能常驻会中,会务主要由朱溥恩主持。②

1913年12月,武进教育会开大会,庄俞提出实施实用主义教授法案,其要点是"兴学以来,学校信用不能深印于一般人之脑筋中者,殆以学校之教育与社会生活上无密切之效验故也。查教育部颁旨小学教则,各科要旨莫不具实用之义,其第一、第二、第三、第四各条可以概见,苟能实施于学校,则教育必合于实用主义,可无待言,是在教员之教授法如何耳。即以国文作法一项言之,要以注意应用文字为主。如便条、明信片、书函、请帖、谢帖、贺帖、吊帖、讣文、电报、汇票、借据、押据、绝契、租契、合同、联单、印花税、邮票等,分配于数学年内,一一示以写法、用法、作法、修身注重作法,算数注重计算及簿记。今拟于各学校中先就修身、国文、算数三科教授法实施实用主义。"③这一提案彰显民初实用主义对武进教育产生了一定的影响。

1933年改称第一区教育会,薛迪功曾任会长。1937年日军侵占常州后,教育会停止活动。1946年5月,武进县教育会恢复成立,由是旭人任理事长。④

4. 民众教育馆。常州是中国民众教育萌芽之地,伍达早在民国初年便提倡社会教育和通俗教育,在他的推动下,常州通俗教育很早便得到了发展,1916年在县文

---

① 《武进小学教师之索薪潮》,《教育杂志》第22卷第7期,1930年。
② 项正子:《常州教育史话》,《常州古今》第2辑,内部出版物,1981年,第63页。
③ 《武进教育会提出实施实用主义教授法案》,《教育杂志》第5卷第10号。
④ 常州市地方志编纂委员会编:《常州市志》第2册,第1218页。

庙建成了通俗教育馆，设图书、娱乐、卫生、理科、体育等部，由劝学所领导，当时每年支 600 元，馆中仅略备图表及生理模型，每天参观人数在 300 人左右。1919 年起，通俗教育馆还组成演讲团，演讲《南京政府成立纪念》《反对二十一条不平等条约》等。1925 年，通俗教育馆迁至局前街先贤祠内。

在 1929 年之前，常州的社会教育由劝学所及以后的教育局直接负责。1927 年，社会教育经费（时称扩教经费）为 11255 元，仅占当时全县教育经费 5.76%。其中通俗教育馆年支出为 1200 元，公共体育场年支出为 900 元，理科实验室为 600 元，造就师资费为 1297 元，民众社会教育经费为 2064 元。1928 年，在全县教育经费明显增加的情况下，社会教育经费也增加至 21511 元，占全县教育经费的 8.57%。本年建了一所通俗教育分馆，还举办了如武进物产展览会、商品比赛会、农作物比赛会、卫生展览会、婴儿健康比赛会、民众健康运动会等一系列的活动。由于当时武进县税收欠佳，整体教育经费都不能按月发放，因而经常会出现挪用民众教育经费的问题，所以民众教育经常有动辄掣肘的感叹。[1]

1927 年，留美学生俞庆棠任江苏省教育厅扩充教育处处长，他热衷提倡民众教育，创办了江苏民众教育学院。校长始由俞庆堂兼任，后由无锡人高阳担任。创办伊始，规定省内大县名额为 4 人、小县 2 人，由省教育厅主考。武进县属大县，当时取正式生 4 名，即苏鸿铨、邹人一、谈焕生、穆英，全部公费；备取生 2 名，刘婉贞（女）、苏鸿宾，系自费。民众教育学院首届仅一个班，共有学生 100 余名。1929 年，苏鸿铨等 6 人自江苏民众教育学院毕业后回到武进。县教育局因此特设扩充教育科，苏鸿铨任科长，民众教育院老师刘之常任县民众教育馆馆长，邹人一任分馆主任，穆英则任农民教育馆主任。苏鸿铨等人为武进当时的通俗教育做了大量的工作，包括充实通俗教育馆、筹备民众图书馆、添设至少 20 所民众学校、试办民众茶园、筹设各市乡阅报处、整顿体育场、添设民众教育分馆、创办民众音乐团、民众诊病处等。[2]

首先便是充实通俗教育馆，并将其改名为民众教育馆，又在旧邑庙（当时称民众娱乐场）办了民众教育分馆，其中民众教育馆每年经费扩充至 1500 元，下设图书部、演讲部、陈列部、问字处、阅报室；分馆经费则为 800 元，设有书报部、娱乐部、疗病部等，并编辑有《民友周刊》。到了 1932 年，全县民众教育馆扩充至 8 所，全县城乡阅报处 37 处。尽管经费不足，但民众教育馆还是购置了不少模型、标本及医药卫生方面的图标等，挂在馆内展览，私立中学常来借用模型标本供教学使用。民

---

[1] 张仲明、许德成：《武进县民众教育概况》，《教育与民众》第 1 卷第 8 期，1930 年。
[2] 苏鸿铨口述，尔东整理：《武进民众教育馆和平民教育琐记》，常州政协文史委编《常州文史资料》第 3 辑，内部出版物，1983 年，第 149 页。

众教育馆主要开展扫盲、医药、卫生教育及一些文体活动。扫盲分为高级班、初级班两种。高级班的对象是有些文化基础的工商业中的学徒及社会上的失学青年，学习一年达到相当于小学的程度。初级班的学习内容为千字文，教员由馆内职员兼任，半年学毕。另外还办有两个职业班，分别是刺绣和摇袜，以女生为主。卫生教育方面，主要是开办卫生讲座和展览会，但规模较小，参加者寥寥。平时还进行一些免费种牛痘、打防疫针等工作。在当时民众中有些影响的是在中山纪念堂办了一所诊所，设有内科、伤科、儿科、眼科等，由医生挂牌义务行医，地方报纸等广告广为宣传。民众馆还曾办过婴儿健康比赛，通过对婴儿的各项健康指标的测定确定名次，优胜者发银盾一面，凡参加者都奖有一盒鸽蛋。文体活动主要由江苏省巡回电影团到常州时在馆内放映无声电影，每张票收5个铜板。民众教育馆书报室则订有七八份报刊，另有数千册图书以供借阅。

1918年，武进县在府文庙东的空地上，建造了地方上最早的公共体育场，该场四周围以矮墙，场内建有217米的环形跑道，同时设有篮、排、足、网球场各一面，场长由教育局长兼任，每年经费也是600元。体育场主任是李守之，毕业于中国体操学校。下面设田径赛部、球类部、国术部、器械运动部，但没有固定的职员。每天参观人数在400人左右。民众教育馆成立后，体育场也交由其管理。

1929年开始，武进民众教育馆开始向乡下发展。最早于1929年在城西新闸镇茶庵设了第一所农民教育馆，设总务、成人、儿童、妇孺四部。至抗战前，总计开办了五六个馆。农村中的民众教育馆主要从事扫盲。全县有五六十个扫盲班，以千字文为课本。在部分集镇的茶馆里还设有阅报处，每处有上海、常州报各一份，由常州派报处直接分发，经费由县教育局社会教育科列支。[1]

此外，至1929年，社会教育科还陆续创办了市、乡立民众夜校17所，每班每期经费70元，学校以授简易的知识技能为宗旨，文化课设国语、算术、常识、三民主义浅说。1929年，停设三民主义浅说、算术，改设党义、珠算，增设信札（授平民书信），常识随时加设。[2]1932年，设国语、算术、常识、音乐。其中农村夜校的技术教育包括主要讲授种植水稻、小麦、棉花的基本知识，结合生产进行。妇女还施以生计教育，讲授织工的知识技能。至1932年，全县民众学校已增加至38所，其中农民学校增至12所，新闸乡立茶庵小学设实验民众学校，由农民教育馆兼办。[3]但是当时学校学生常常中途离校，毕业者甚少。

---

[1] 苏鸿铨口述，尔东整理：《武进民众教育馆和平民教育琐记》，常州政协文史委编《常州文史资料》第3辑，内部出版物，1983年，第149页。
[2] 张仲明、许德成：《武进县民众教育概况》。
[3] 金宗华：《视察武进县教育报告》，《江苏教育》第2卷第3期，1933年。

日军侵占常州期间，民众教育馆以及民众夜校都一度停办，公共体育场也被日军强占，作为训练新兵之用。伪县政府成立后，即将前双桂坊小学旧址改设民众教育馆，并将县文庙强行拆毁，改建成民众运动场。① 当时民众教育馆设主任3人、指导员2人、事务员4人，又附设民众学校一所，另有妇女职业补习班，并举办联合运动会、国书展览会、演说竞赛会、婴儿健康比赛等。抗战胜利后，原公共体育场于1948年重新开放，民众教育馆也由国民党政府教育局的社会教育科负责。

二、新式学校的蓬勃兴起

常州教育在1912—1936年有了进一步发展。20世纪30年代前期是常州教育较为繁荣的时期，1933年武进县有县立男女初中各一所，女子师范院一所，学生659名；私立中学7所，学生1353名。职业学校公立1所，学生124名；私立2所，学生180名。公立完全小学40所，学生13624名。初级小学327所，学生19676名；私立完全小学16所，学生2712名；私立初级小学8所，学生705名。幼稚园1所，学生31名。总计各级学校405所，学生39064名。② 随着经济的萧条和战争的临近，学校数量明显减少。1937年11月，日军侵占常州，学校停办。次年，日伪限令"复校"。至1942年，全县有县立初中1所，私立初中5所，县立实验小学1所，县立小学18所，初级小学69所，私立小学8所，初级小学2所，合计98校。③ 其间师生多方抵制日伪奴化教育。抗战胜利后，学校大多复校。1949年前，境内学校108所；小学81所，中学18所，中等师范学校1所，职业学校7所，特殊学校1所。④ 这些新式学堂的课程设置结构中的西学课程的比重越来越突出，逐步形成了完全不同于传统的西学主导型课程结构，学校中的老师水准也均较高，常州中学的师资更是与现在一流大学相比也毫不逊色，著名学者吕思勉、钱穆、童斐、刘天华、吕凤子、巴黎大学哲学博士邵鹤亭等都曾在此任教，培养出一大批优秀的学生，使其成为常州近代人才之渊薮，也是常州地方社会风气转变的枢纽及近代革命活动的中心。所以历史学家严耕望曾言："清末民初之际，江南苏常地区小学教师多能新旧兼学，造诣深厚，今日大学教授，当多愧不如。无怪明清时代中国人才多出江南！"⑤

1. 小学教育。民国时，常州小学教育事业有较大的发展。其中清光绪年间建立的武阳公立小学，于民国元年（1912）改为武进县立高等小学，不久，又因武进改市，学校更名为市立第十三小学。1913年，市建制撤销，仍恢复为县，校名又改为武进

---

① 《伪政府拆毁文庙》，《苏讯月刊》第25期，1941年。
② 金宗华：《视察武进县教育报告》，《江苏教育》第2卷第3期，1933年。
③ 《江苏省清乡区七区教育概况视察总报告：武进县》，《江苏教育》1942年第5期。
④ 常州市地方志编纂委员会编：《常州市志》第3册，第314页。
⑤ 严耕望：《钱穆宾四先生行谊述略》，《治史三书》，上海人民出版社2011年版，第218页。

第一高等小学。①育志、冠英两所初高等小学，分别改组为市立第一、第二小学校，私立粹化女学改组为县立女子师范。女子入学者渐多，仅常州市区域内男女兼收的小学即有7所，女学生1087人。地方人士也相率办学，城乡各小学学生人数激增，师资不足，于是民政署与县教育会在东郊东岳庙筹办武进县立师范学校暨附属初等小学，规模宏大，由屠百辛任校长。当时，初级小学教授"通俗文"，高等小学以上仍用普通文和古文。1913年7月24日，县市乡教育联合会成立。据统计，当时武进全县36个市乡，计有小学350余所，小学教员共计1000余人。

壬戌学制颁布后，按照省教育厅的部署，1923年7月14日，武进县教育局董事会召集成立大会，"到庄百俞、郭次汾、过汉秋、赵颂平、庄中希、许剑虹、何汝霖等七人，其他董事刘佩衡、刘苟八、陈研三人因事未到。讨论事项如下：（一）拟订董事会施行细则，公推许剑虹、过汉秋二人为起草员，并通函各县教育局，征求所订董事会细则，以资参考。（二）推选董事长。当推定陈研因为董事长，其他事项因人数未齐，俟下届开会再行公决"。②7月20日，教育局召开会议讨论新学制问题："到县署三科长王若霖、教育局长何汝霖、各学委各校长共二十余人，讨论问题颇多。议决事项：（一）自本学年起，一年级至五年级一律改行新制，惟原有之高小二年级生以上仍照旧制办理；（二）县立乙工乙商乙农及男女职业学校。照旧制办理，待有一定改组方法，再行改办；（三）凡完全办理六年小学，本学期起定名为武进公立小学校。市乡原有之四年小学，定名为市乡乡立第几初级小学；（四）现在乡间所办理之县立高小或乡立小学，每多分办，自本学期起，酌量地方情形，令其合并办理完全小学。"③

至1932年，武进县有小学校380所，教师1056人，在全省仅次于无锡；在校学生29216人，在全省仅次于无锡、南通。④当时学校所定教育目标有五：第一，根据三民主义，实施公民的基础训练。第二，适合儿童心理，应用科学方法，培养儿童的知识和技能。第三，注意卫生，重视体育，养成儿童健全的身心。第四，注意艺术的陶冶，造成儿童的审美观点。第五，注意团体生活，发扬儿童的合作精神。⑤

1937年11月，日军侵占常州后，各校大都停办。次年下半年，日伪当局命令"复校"。据不完全统计，先后复校的公立小学有12所。至1942年，全县有学校98所，

---

① 顶正子：《常州教育史话》，第68页。
② 《武进县教育局董事会》，《申报》1923年7月16日。
③ 《教育局会议新学制》，《申报》1923年7月22日。
④ 丁庆生：《乡村教育之一角》，《长城》第1卷第11期，1934年。
⑤ 顶正子：《常州教育史话》，第68页。

学生 20998 人，教职员 468 人，月支经费 33521 元。①1945 年 11 月，战前设立的学校或战时呈准有案者获准复校。次年，公立学校改称中心国民学校。至 1947 年，全县有中心国民学校 565 所，国民学校 141 所，在校学生 57272 名。②1948 年，省教育厅为实施"国民教育"，要求各县乡镇每 5 保设国民学校 2—3 所。1949 年 4 月，全县还有小学 81 所。③

小学学制，清末规定初等小学 5 年，高等小学 4 年，共为 9 年。1913 年教育部又改为 7 年。1932 年一律定为 6 年，即初小 4 年，高小 2 年，一直延至 1949 年。所开设课程，清末民初设有修身及读经课，后废，逐步统一为国语、算术（包括珠算）、常识、体育、音乐、图画、手工七课。1932 年后，在高小增开公民、童子军课，有些小学又按其学校特点，增开其他课程，如觅渡桥小学一度在初小四年级开始，增设英语课。局前街小学在初小又开设故事课。马园巷小学一贯对算术比较重视，因此课时较其他学校多。每周上课时间，原各校规定不一。④

图 8-28　江苏省立常州中学

2. 中等教育。中学方面，尤以原常州府学堂为代表，这是武进县最早的中学。南京政府成立后，江苏省政府对省立新式中学进行统筹规划，常州府学堂划归省办，改称江苏省立第五中学。1929 年 9 月，又改称省立常州中学。行政组织方面，校长下分设教导、事务二处。教导处设教导主任、训育主任各一人，教导助理、训育助理各一人。学生十级，各级级任导师一人，导师二人或三人，均以专任教员分任。高中军事训练，由训练总监部直派军事教官一人掌理。⑤

1933 年 4 月中下旬，省教育厅厅长周佛海视察常州教育情形，并于 4 月 23 日在省立常州中学发表演讲，对于常州中学及常州中等教育教育多有褒奖："余昨日莅

① 《江苏省清乡区七区教育概况视察总报告：武进县》，《江苏教育》1942 年第 5 期。
② 《武进调查》，华中工委调查室油印本，1949 年 3 月。
③ 常州市地方志编纂委员会编：《常州市志》第 3 册，中国社会科学出版社 1995 年版，第 314 页。
④ 项正子：《常州教育史话》，第 68 页。
⑤ 《省立常州中学》，《江苏教育》第 6 卷第 1、2 期。

常,即来校视察,所见种种,甚为满意。凡此种种,概由校长教职员全体努力之结果。常州中等学校共有十五六所,教厅不仅须办好省立学校,亦须办好县立私立各校。但欲办好县立私立各校,必须先办好省立中学,所以省立中学能不能办好,关系不仅一校,实关系常州县私立各校,请诸位努力!"① 至1930年代中后期,常州中学已获得长足发展,但在教学仪器与新式书籍等方面仍嫌不足:"该校仪器标本,多系承继前高等实业学堂之旧物,论其数量虽云充实,考其实质,或则过于专门,不合现在普通科之需要;或则过于腐窳不合实用,亟宜设法添购,以资应用。图书以中国古书居大多数,新式书籍寥寥无几,员生参考,均嫌不足。体育设备,除跑道球场外,各种球类以及运动用之衣、袜、鞋、帽、网罩、袖带、手套、护膝之类,随时添购,勉强敷用。关于军训与童子军方面之设备,亦略具规模,尚可敷用。"②

抗战爆发后,常州中学将高中部迁宜兴蜀山,初中部留原址上课。11月,日寇侵占常州,学校被迫停办。翌年,部分教师在上海公共租界设"江苏省立常州中学沪校",后因日寇侵占公共租界,沪校改为"常中学塾",1945年抗日战争胜利,于原址复校仍名"江苏省立常州中学",至1949年常州解放时,全校共有9个高中班,6个初中班,学生1067人,教职员工48人。③

除了常州中学外,武进县的其他普通中学教育也得到进一步的发展。1912年,无锡、宜兴、江阴、靖江、武进五县曾在武进县城联合设立常州中学校,旋因经费负担等产生矛盾而停办。1926年9月,在原常州府署内创办武进县立初级中学,学制3年,首任校长为虞子纲,后为壮树正。④

随着小学毕业生逐年增多,常州私人创办中学之风渐开。常州最早的私立中学是1924年由夏仪贞任校长的育德中西女校。1924年8月,由周毓莘、蒋君辉、俞贯庭、张景源等人在原常州府学内的启圣祠、文昌阁创办的私立常州初级中学。1931年,由周毓莘任校长的私立东南中学并入。1932年增设土木科,更名为私立常州中学,并请谭延闿书写校牌,时校长为徐学竞。普通科学制6年,开公民等12课,各课采用学分制,初中3年或高中3年中各课必须取得如下学分,方准毕业。计:社会科20分,其中公民6分,历史8分,地理8分。言文科68分,其中国语32分,外国语36分。算术科(包括代数及几何)30分。自然科(包括物理、化学、博物)16分。艺术科(包括图画、手工、音乐)12分,体育课6分,其中生理卫生4分,体育2分。总计164分。该校创建后,在教学上十分重视实验,至抗日战争前,全校就备有各

---

① 《视察常州教育时之讲演——在省立常州中学之训词》,《江苏教育》第2卷第5期,1933年。
② 《省立常州中学》,《江苏教育》第6卷第1、2期。
③ 项正子:《常州教育史话》,第65页。
④ 赵争:《常州光复后最早的地方报》,第88页。

种理化仪器 2400 多件、博物标本 1308 件、图书 19200 余册、体育用具 696 件。这在常州各公私立中学中是少有的。1937 年，全校共有初中 7 班，高中 6 班，土木科 4 班，学生 716 名，定校训为"诚肃"。抗日战争期间，在上海静安寺路与无锡师范合办沪校。1946 年，学校迁回常州原址，校长为顾绍炎。直至常州解放。

1927 年，恽逸群为适应当时革命斗争的需要，与教育界进步人士陈一梦创建私立逸仙中学。第二年，学校遭当局搜查，恽逸群等人被捕，学校被迫停办。1928 年，私立江南初级中学创办，后改名为私立辅华初级中学。1929

图 8-29　正衡初级中学校舍

年春，卢锦堂创办私立正衡初级中学。抗战时期，正衡中学改名为正行补习学社。1942 年，增设高中。抗战胜利后更名私立正衡中学。至 1949 年常州解放，几十年间，该校先后培养初中毕业生 1740 人，高中毕业生 251 人。[1] 同年创办的私立芳晖女子初级中学则是武进县第一所私立女子中学。其前身是办在织机坊西大街女子小学内的初中班。校长为杨祥溪，因杨擅长英语，故该校解放前学生亦以英语成绩著称。日寇侵占常州时，学校因"芳晖"之"晖"系日军两字，故更名"芳辉"。抗日战争胜利后，校名复为"芳晖"。[2]

1929 年，武进、延陵两所私立初级中学创建。1931 年，潜化初级中学创办。1933 年，奔牛初级中学创办，1935 年改名为私立树人初级中学。至 1935 年，全县共有公私普通中学 13 所，学生 2317 人。除奔牛树人私立中学外，其余均设于县城。[3]

1937 年日军占领常州后，多数学校停办，各界爱国人士开始在农村大力兴办私立中学，前后多达 24 所，吕思勉等知名学者也在其中任教。在县城也办有县立初级中学、私立清化初级中学、私立正行中学、私立西郊中学、私立群立中学和私立芳晖女子中学等 6 所。据 1942 年的统计，当时共有学校 6 所，学生 1706 人，教职员 103 人，月支经费 26349 元。[4]

抗日战争胜利后，原办在武进县前黄的私立新园中学，搬入城内之关帝庙，经

---

[1] 项正子：《常州教育史话》，第 66 页。
[2] 项正子：《常州教育史话》，第 67 页。
[3] 武进县县志编纂委员会：《武进县志》，第 728 页。
[4] 《江苏省清乡区七区教育概况视察总报告：武进县》，《江苏教育》1942 年第 5 期。

当时县教育局同意,更名为武进县立初级中学,时校长为杨木斋,直至1949年常州解放。① 此外,县城又创办了私立柏桢、鉴明、名山等中学。至1949年,武进城乡先后办过公私立中学41所。②

中等师范教育方面,1912年,粹化争存女校改为武进县立女子师范学校,史良曾就读于此,先后担任女师校长的有李锡祺、庄敏俅、萧石光等人,著名诗人艾青抗战前亦曾在该校任教。1937年11月日寇侵占常州后,学校停办。③ 此外,由于城乡学校举办很多、师资缺乏,当时常州军政分府与教育会商定在1913年于东岳庙创建武进县立师范学校,人们习称"东门师范",招收年龄在14岁以上的高等小学毕业生,考试录取入学后,一律试习4个月,如发现因身体羸弱,难望造就或成绩过差,品质不良,不宜培养为教师的,得令其退学。学生取得正式学籍后,由国家供膳,学习3年。每年授课45周,每周授课36个钟点,3年学完,考试合格准予毕业的,由县分配任初等小学教师。该校首任校长为屠心矩,后为吴式鑫,学监为李国涛。④

此外,1939年,前黄新园初级农业学校附设简易师范班,1943年,溪南中学创办简易师范班,1945年抗日战争胜利后,原办在牛塘桥的私立青云中学搬入城内青果巷原武进女子师范学校内,经当时教育局报经省教育厅同意,将该中学更名为常州师范学校,先后任校长的有蒋文华、杭海槎等人。⑤ 1946年,新园初级中学附设的简易师范班迁至县城。同年,武进县立初级中学招收高中师范1班,改校为武进县立师范学校。是年秋,简易师范班也并入县立师范。⑥

3. 高等教育。常州创办高等学校的努力始于清末。宣统二年(1910),省立第三师范欲办在无锡,伍达等以为地方上若有一师范学校,则于日后本邑小学教育上有各种便利,故与庄蕴宽、沈同芳、屠寄联名致信时任江苏学务顾问之陆尔奎,恳请出力帮忙,后不果行。⑦

民国时期常州的高等教育仍然一直发展缓慢,步履蹒跚。这与政府的高等教育发展方针密切相关,全国的高等教育大都集中于大型城市。1912年4月,常州府中学堂附设高等实业班,设农科、土木工程科、应用化学科,以本校之高中三年级为其预科,次年因经费困难停办。1930年代初,有私立济生医学院之设。该院设预科、本科。1946年,教育部决定将国立音乐院暂迁常州。后该院与省立常州中学发生校

---

① 顶正子:《常州教育史话》,第68页。
② 武进县志编纂委员会:《武进县志》,第729页。
③ 顶正子:《常州教育史话》,第65页。
④ 顶正子:《常州教育史话》,第64页。
⑤ 顶正子:《常州教育史话》,第66页。
⑥ 武进县县志编纂委员会:《武进县志》,第736页。
⑦ 伍受真:《博纯先生传记》。

产纠纷,遂迁天津,仅幼年班迁常州。

幼年班的校长由国立音乐院院长吴伯超兼任。幼年班完全学西洋乐器,其师资条件很高,除了本校专职的黄源礼、夏之秋、盛天洞、廖辅叔等优秀教师外,还聘请了原上海中华交响乐团的外籍教师,以及潘美波、陈传熙等专家为兼任教师。幼年班的课程以专业和基础课为主,比如主科(专业科)不及格就要淘汰,副科(钢琴)视唱练耳不及格就要留级,两次不及格就淘汰。英语不及格也要留级。这种淘汰制对学生压力很大。由于淘汰制,再加上入学时的精选,一定程度保证了学生的质量。1948年的一次全国乐器比赛,除钢琴的第一名被刘诗昆夺得之外,其他项目所有的第一、二名都被幼年班获得。幼年班在常州共招了两届学生,1946年一届,1947年一届。这所音乐院幼年班培养了一批有扎实基础的音乐人才,在中国近现代音乐文化史上有一定作用和地位。①1949年,幼年班改为中央音乐院附中。②

4. 幼儿教育。常州最早的幼教机构,可追溯至清末创建于麻巷与白马三司徒相间的涤氛蒙养院。这是由庄先识和继室陈警自筹资金于1908年创办的。蒙养院开学后,开设了游戏、唱歌、谈话、剪纸、手技、故事、识字、算数等课程。嗣后幼儿日益增加,于1913年4月,又附设初等小学,形成了学前教育与小学教育递升衔接、自成一体的格局。据1913年7月江苏行政报告书统计,当时该校有2个班级、38名学生、4名教师,700银元经费。庄先识曾向武进市董要求改为公立或进行补助,市董请议事会核准后,每月资助其200银元,由市区预备费项下支拨。1914年4月,由县公署列入地方行政预算支出,直至1916年因资金匮乏被迫停办。涤氛蒙养院虽然前后只存在了8年时间,但为常州的幼教事业开创了先河。③1936年,基督教会创办私立恺乐幼稚园,设5个班,收幼儿290人。1937年日军侵占常州,该园停办。此后至1949年4月,常州再无独立设置的幼稚园,仅一些小学附设幼稚园(班)。

5. 教会学校。1902年,美国监理公会的势力发展到常州,女传教士罗淑君在教会的支持下,于1909年4月租借北直街民房为校舍,创办教会学校,为了纪念基督教监理公会的百年大会,学校起名为"崇真中西女塾"。除高等小学外,崇真女校还办了工读班,招收小学毕业生及失学的女子,采取半工半读制,学生达300余人,办学经费大都来自美国教会的捐助。1917年,美国参加第一次世界大战,崇真女校失去经济来源,学校濒临停顿,后依靠学生及罗淑君等人的捐款,才勉强得以维持。

① 张锡生:《我所知道的音乐院幼年班》,《常州古今》第3辑,内部出版物,1982年,第139—140页。
② 芮文元:《常州的一所音乐小学》,《常州古今》第3辑,第143—145页。
③ 晓钟:《常州最早的幼教机构与陈警的生平活动》,《常州文史资料》第6辑,内部出版物,1986年,第115—116页。

1923年初，崇真女校在原有旧址上已无法容纳更多学生，于是，由美国教会捐款，购得北大街土地一块，建造了一幢上下 36 间的西式教学楼和一幢上下 8 间的宿舍楼，另有一座西式传教士住宅，供罗淑君居住。9 月，崇真中西女塾正迁入新校舍上课，同时增办初中部，改名为"崇真女校"，学生达 400 余人。1927 年，北伐军在崇真驻扎，经教会通过多方活动，才收回校舍复课。此后罗淑君辞去校长职务而兼任顾问，中国人梅瑞先担任校长。崇真女校停办初中部，专办小学，以提高教育质量。1929 年，为了适应形势，崇真女校遵照教育部的规定，组织了校董会，呈准省教育厅立案，并将学校改名为"私立崇真小学"。1937 年常州沦陷，学校的教职工避难他乡，学校损失惨重。1939 年，经美国教会与日军再三交涉后达成协议，崇真小学的校舍无条件归还，由牧师张景一筹款购置校具，开办崇真补习学社，招收一年级至四年级的学生 30 余人。1941 年 12 月，太平洋战争爆发，日军派兵包围了崇真小学，校产全部封存。1942 年 8 月，日军强行接收了美国教会医院武进医院，强迫崇真小学把校舍让给医院，学校迁至礼拜堂上课。1943 年，礼拜堂又被日军接收，学校不得不宣布停办。1946 年，抗战胜利后，崇真女校复校，并聘段惠贞为校长，教育目标定为"根据建国需要，培养儿童科学知识，贯彻基督博爱精神，以造成救国爱群的健全公民"。①

除了崇真女校之外，美国基督教传教士还创办了恺乐小学与恺乐中学。1927 年春，东吴第十二小学改名恺乐小学。1934 年增设初中部，后改名为恺乐中学，校长蒋文渊。1935 年，常州地区教育部门督学视察武进各小学办学情况，曾对武进私立恺乐小学的优点提出表扬："儿童读物按照各年级程度支配；五年级教室，布置流行性脑膜炎预防法，颇适当；高中级算术，采用弹性编制；每学期举行体格检查，颇周到；附设幼稚园，设备完善。"同时也提出几点改正意见："五年级女生尚有留长发者，应劝令剪去；优良成绩，应随时揭示。"恺乐小学教导主任张中正"学验充实，勖襄校务，颇见勤奋"与教员梅琴"教授法优良"，两人被"拟予嘉许"。②1936 年共有 8 个班级、学生 525 人、教职员工 16 人，校长刘莘初。抗日战争时期，校舍被毁停办。1945 年 9 月复校，至 1948 年，恺乐小学有 6 个班、学生 356 人、教职员工 11 人，并附设幼儿班。该校以办学严谨、成绩优秀著名。

此外，1913 年，美籍女教士蓬美丽还创办了育德女校，称育德中西女校，专收基督教徒女儿入学。校址在关帝庙弄汤襄武王祠内，1934 年并入恺乐小学。③

---

① 陆子平：《崇真女校与崇真小学》，《常州文史资料》第 6 辑，内部出版物，1986 年，第 110—113 页。
② 《薛督学视察本邑各教育机关意见》，《武进教育》第 95 期。
③ 常州市地方志编纂委员会编：《常州市志》第 3 册。

6. 职业教育。早在清末，粹化女学便设有刺绣专科，由李仁（字静珊）主持。1912年，李仁创办女子职业团，设工艺速成班及机缝专科，翌年改名女子职业学校，分职业补习科、职业教师养成科、绣工科、缝纫四科。1921年时学生有90人，常年经费3000元，政府补助2000元，不足由私人垫筹。1917年，该校收归县立，改名为武进县立女子职业学校。该校每年绣量约价值银3万余元，占整个武进县绣品产量的绝大多数。该校的刺绣作品还多次参加各种比赛，包括巴拿马、费城万国博览会、江苏省地方物产展览会等，屡次获奖。历年毕业生中工于刺绣的，达数百人，并在常州城内设立绣品所30余家。

1913年，在《江苏教育行政报告书》中提及武进私立商业补习学校。1916年，县立第三高等小学校（今觅渡桥小学）改名为县立乙种商业学校，后于1918年夏撤销。同年8月，又将定西两等小学校（今湖塘桥小学）高级部改为高等商业补习学校。

1917年，县视学徐学竞鉴于每年有相当数量的初小、高小毕业生不能升学，就业又困难，遂拟具学务改革方案，呈县、省审批。该方案主张裁减高等小学校，添设实业学校及职业补习班。具体方案为：城区多习工商业，择适当地点设乙种商业学校、乙种工业学校各1所；各乡视该地所需，设职业班。同年7月，县公署发布改革的训令，同时公布《职业补习班办法大纲》。嗣后，县立第二高等小学改办县立乙种工业学校，县立第三高等小学改办县立乙种商业学校。县公署公布《职业补习班办法大纲》后，反对者甚多。第二高等小学校长向省教育厅指控徐学竞"徇私改革，紊乱教育"。时支持改革者也不乏其人。8月下旬，省教育厅派省视学至常调查。该视学根据各方意见，变通改革计划：一是高等小学按十学区分配，每学区1所；城区学生众多，除第一区设男女高等小学各1所外，保留办学素有成绩的第三高等小学。二是乙种实业学校照原议添设。三是职业学校只可遵照部定补习学校规程试办一二所，不得将已取消的高等小学均改为补习班。在这一方案下，1917年7月，将武进县立第四高等小学校（原西郊两等小学堂高级部）改组为县立第一乙种商业学校，后于1925年更名为县立商业学校。县立第二高等小学校（今新坊桥小学）更名为县立第一乙种工业学校，校长张镜渊，分设竹藤、木工、造纸工、制皂工等科，1921年时常年经费4000元，学生60人。县立第五高等小学校（今横林小学）改为县立乙种农业学校，偏重于蚕桑，校长史嚶，常年经费2000余元，学生55人。此外县立第十二高等小学（即寨桥小学）高等部改为农业补习班。[①]

1918年3月，当时武进市公益事务所提请创办职业学校，随即武进商会、武进电话局、常州商业银行联合出资创办了武进职业补习学校，由刘宪（铁卿）任校长，

---

① 章伯寅：《参观江苏省职业教育报告书》，《教育与职业》第31期，1921年。

以青果巷张王庙旧址为校舍,以庙宇为教室,用大殿设工场。根据庄俞起草的章程,该校以"对于已未从事工商业者补习必须之知识技能并普通教育,俾养成适于各种职业人材"为宗旨,招收国民学校毕业,志在就职,年满 12 岁以上者;高等小学毕业者;现在高等小学、中学之修业生欲于课外补习者;已在各商店工厂之生徒、职工、职员等,其中三个创办机构之生徒、职员、职工来校学习一律免学费。开设科目有修身、国文(读法、作法、书法)、算术(笔算、珠算)、簿记、英语、商业、制图、工业理化等,除国文、英语为一年外,其他各科修习时间均为 6 个月,每日教授时间在晚上 7—10 时,每周教授时数在 12—18 小时。[①]学校经常费月支 240 元,学生有 36 人,分木工、雕工、漆工、雕纸匣工、织带工五科,产品销路颇广。武进市职业补习学校当时在职业教育界影响非常大,1921 年正是由于刘宪在中华职教社年会中提议,才推动了中华职业学校联合会最终的成立。同年,还有女子蚕桑学校、县立法政讲习所等职业学校相继创办。

　　1919 年,常州基督教监理会及常州士绅集资,在武进医院创设看护学校,后改名真儒高级护士学校。1924 年,创办公立女子艺术学校。1927 年,创办私立常州女子艺术学校。1931 年 9 月,嘉泽地区的进步青年吴元、吴才和吴锦棠创办武进县嘉泽初级农校,因得罪当地士绅吴沂芳,被诬告为共产党,后在旅沪同乡会的支持下,方才于次年春天正式开学上课,这是武进县创办的最早的一所农校。其中第一学期开 1 个班,40 多名学生;第二学期邻县金坛、丹阳和本县夏溪、湟里、厚余等地的青少年相继而来,学生增加到 60 多人。农校开设初中文化课程,兼教农技知识,并办有一个 2 亩田的小型农场,不久因经济困难而停辍。[②]

　　1931 年,私立中国工艺学校创办,后于 1933 年因私立中国工艺学校创办人被指控为"招摇撞骗",省教育厅遂注销其立案。1932 年 7 月,私立常州中学附设土木科。1934 年,省教育厅发布"推广职业学校"令。同年 2 月,李夏创办尚美女子艺术专门学校,后于 1937 年 2 月改名为尚德女子职业学校。武进国医会为培养中医,在双贤里 17 号举办国医讲习所,共收学员 50 名,学制 3 年,所长为万仲衡。[③]后改名为武进国医专科学校。1937 年 11 月,日军侵占常州,各校停办。

　　1939 年 9 月,前黄创办私立新园初级农业学校(后改为名私立新园初级中学)。1943 年 9 月,在横山桥创办了私立霞峰初级农业学校(后改名为私立横山初级中学)。同年,朱溥恩、蔡晋成、奚臻创办私立城北商业职业学校。抗战胜利后的 1946—

---

① 庄俞:《创立武进职业补习学校之旨趣及简章》,《教育杂志》第 9 卷第 8 期,1917 年。
② 金振之:《我县最早的一所农校》,武进县文史委员会编,《武进文史资料》第 1 辑,内部出版物,1983 年,第 86—88 页。
③ 项正子:《常州教育史话》,第 66 页。

1948 年，常州先后创立的私立职业学校有常州职业中学、大成高级商业职业学校、惠黎初级商业职业学校、正谊职业学校，复校的有私立武进工学团，另有私立常州中学所设土木科、私立鉴明中学所设机械科及办在城北的三一英文专修馆、图书美术专修馆等。1948 年，省教育厅以私立大成高级商业职业学校"教学设备，诸多不合""教员资历亦与商业无关"为由，屡令武进县政府取缔该校。但该校未能被取缔。1949 年 4 月，有职业中学 7 所，均为私立，另有 3 所私立中学附设职业科。①

这些职业学校课程主要有公民课、文化课、专业课。文化课一般设国文、数学、外语、体育，文科增设历史、地理，商科、工科增设物理、化学；专业课因专业而异。如 1948 年时，私立常州中学土木科各课课时比重为：公民课 5.5%、文化课 47%、专业课（含实习）47.5%。根据学科特点，各职业学校主要采用讲授法、混合教学法、自学辅导法、指示阅读法。其中 1936 年，私立武进工学团团长钱以振规定该校的专业教学采用"手脑并用，半工半读""教、学、做合一"的教法，文化课则采用道尔敦制的自学方法。②

在职工业余教育方面，1928 年曾设工人夜校 1 所。刘国钧后于大成纺织公司设立工人补习学校，规定工人需经过培训方能上岗。其中练习生设纺织原理、英文、算术、国文，养成工设国文、机械常识、卫生课程。抗日战争胜利后，大成工人补习学校除实施知识技能方面的教育外，还进行工作法、品性、烹饪、缝纫、唱歌等方面的训练，旨在陶冶工人的品性。③

7. 私塾改造。新式学校开设后，常州的私塾仍一直兴盛不衰。1913 年，县公署严令取缔私塾，但收效甚微。1917 年，城区在校小学生 4849 人，其中私塾生 3422 人，占入学人数的 70.6%。1920 年，县公署对私塾由取缔转为限制，并公布《整顿私塾之规程》。1927 年，县教育局制定《私塾设立标准》，规定设塾点城区须距学校半里以上，乡区须在 2 里以外。1928 年，复取缔私塾，县教育局成立取缔私塾委员会。同年，塾师成立"塾师委员会"，以相对抗。1933 年，县政府对私塾由取缔转为改良，并向各区发出协助教育局改良私塾的训令。1936 年，武进县计有私塾 1500 余所，为小学数的 4 倍。是年，县政府拟制《武进县二十五年度中心工作大纲》，其中"教育部分"称，最近调查，全县居民户 232703 户，入学儿童仅 44653 人，平均 5 户多才有 1 名儿童入学，"可见失学儿童之多"。据此，县政府认为要减少失学儿童，须将私塾加以改良，"以收推行义教之效"。1937 年 11 月，日军侵占常州，学校停办，农村私塾增加。1945 年，县城附近农村有私塾 32 所。抗日战争胜利后，常州城

---

① 常州市地方志编纂委员会编：《常州市志》第 3 册，第 326 页。
② 常州市地方志编纂委员会编：《常州市志》第 3 册，第 353 页。
③ 常州市地方志编纂委员会编：《常州市志》第 3 册，第 368 页。

乡小学大多复校，加以县政府在农村推行"国民教育"，私塾多转为小学。①

8. 扫盲教育。1916年，实施识字教育。1929年，以识1000字为扫盲标准。1935年，武进创建普及教育团，在武进第一区南运镇一保至六保试点识字教育普及，先从训练户长入手，所有不识字的户长不论性别年龄均须受训，每周受训6日，每日两小时，每期半年，人数以60—80人为度，以凡能读完《老少通》或其他民众读本4册，并了解其意义为识字标准。受训合格者发给识字证书，并应在一年内指导家人识字，一年分两期，第一期要求全家15岁以上，30岁以下者一律识字；第二期要求30岁以上者一律识字。非识字者不能再迁入该甲区域之内。办法实施后一年，各工厂商店以及农家住户概不得雇用不识字者担任工作。②1936年，实施强迫识字教育。常州各区相继成立强迫识字教育实施委员会，③同年11月，实施"不识字民众教育"。1947年《武进新闻》针对当时的民众教育徒具形式，发表署名文章《教育第一！请不要骗人！》。④

三、常州籍教育家

民国时期，常州还涌现出了一批知名的教育家，产生了众多的大学校长，为中国教育的现代化作出了重要的贡献，其中尤以蒋维乔、孟宪承最具代表性。

蒋维乔（1873—1958），字竹庄，字竹庄，别号因是子，法名显觉，中国近代著名教育家、哲学家、佛学家。1903年进入商务印书馆编译所，从事小学教科书的编辑工作。1910年编《学校管理法》，被清政府誉为"颇多经验有得之作"。1912年，应蔡元培之邀，参加民国临时政府教育部的筹建工作，任秘书长，拟订中华民国《普通教育暂行办法通令》，规定"学堂改称学校""初小男女同校""小学废止读经"等。南北议和成功，政权北迁后，任北京政府教育部参事，逐日审议学校令及学校规程。由他草拟的《大中小学制方案》陆续公布施行。1913年汪大燮任教育总长，他与汪不合，辞职南归，仍进商务印书馆工作，主持编辑中学及师范学校教科书。针对袁世凯复辟帝制、发布尊孔读经的命令，在《教育杂志》上连续发表《教育大政方针私议》《硬教育与软教育》等论文，指出所谓"尊崇孔学为道德教育之本""不过饰一孔学假面具，以上下相蒙耳"！1917年1月，受教育部之托，与黄炎培等5人先于1917年1月到日本、菲律宾考察教育。2月回国，在京、津、沪、宁演说，然后将考察结果，汇编成《考察日本、菲律宾教育纪实》一书出版。9月北上任教育部参事，掌管教育法令。1922年7月任江苏教育厅厅长，在任3年，对江苏教育进行整顿。后因东南大

---

① 常州市地方志纂委员会编：《常州市志》第3册，第319页。
② 曹吉人：《武进普及教育团实施办法草案》，《生活教育》第2卷第15期，1935年。
③ 《武进第一区强迫识字教育实施委员会成立》，《民众教育通讯》第6卷第1期，1936年。
④ 常州市地方志编纂委员会编：《常州市志》第3册，第366页。

学正在闹学潮,被江苏省长强令接任东南大学校长。1927年,回上海定居。1929年,蒋维乔应上海光华大学之聘,任哲学系教授。其后历任该校中文系教授、中文系主任、教务长兼文学院院长等职达20年之久。他的许多学术著作完成于此时,计有《中国佛教史》《中国近三百年哲学史》等。①

孟先承(1894—1967),字伯洪,中国现代著名教育家,他是最早对中国古代教育文献作系统的科学整理和研究的专家,也是将外国教育理论传入中国的早期传播者之一。他毕业于南洋公学预科,后进入圣约翰大学。1918年考取公费留学,在美国华盛顿大学专攻教育。1921年,赴英国伦敦大学研究所深造。回国后,受聘于东南大学任教授。1923年,应上海圣约翰大学校长卜舫济之邀,前往该校任教。1925年五卅惨案爆发,他支持学生的爱国行动,并与钱基博等教授一起带领进步师生离校。此后发起创办了光华大学,任校长,并担任国立中央大学教育学院院长。抗战胜利后,重返浙江大学任教,兼任文学院院长。1951年,调任华东军政委员会教育部部长、华东行政委员会教育局局长,后转任华东师范大学校长。②

第三节 文化事业

民国成立以后,常州本地的文化事业如新闻报刊、图书馆、广播等都取得了一定的发展,但当时最重要的文化设施大都集中于北京、上海、南京等大都市,因此常州本地的文化事业发展也受到了一定的限制。

一、书店

民国时期,常州地区的书店、书局多达32家,官办、民办、私办图书馆有10余家,剧院、书场、电影院遍布城区,计有20多家。20世纪30年代,常州的书店有世界、商务、大东、五洲、教育用品社、美新、新新等7家。世界书局代售的新书很多,大部分为现代、光华、开明、大江的。教育用品社则为上海开明书店和北新书局的常州分店,除经售教育用品外,开明、北新所出版的新书也都有代售,这是常州青年自己所组织的一个书店。其余如商务、大东、五洲、美新、新新等书店,主要出售《曾国藩家书》,张恨水、周瘦鹃等人的作品。③至1949年,常州有中国童子军用品供应社、新亚教育用品社、新群和记书社、美新书局、世界书局5家书店。另有振群印刷公司、大众印刷公司、大华印刷所、美新印刷所、建交印刷公司等5家印刷企业。④

---

① 陈秉仁:《蒋维乔》,《中华民国史人物传》第3卷,中华书局2011年版,第1496—1498页。
② 《孟宪承生平与学术年表》,《孟宪承讲录、孟宪承谈话录》,华东师范大学出版社2010年版。
③ 秋筠:《常州文化界之奋兴》,《出版消息》第22期,1933年10月16日,第29页。
④ 《武进调查》,华中工委调查室油印本,1949年3月。

二、图书馆

图 8-30 1909 年武进商会图书馆

据《创建商会图书馆记》碑文所叙，光绪二十八年（1902）七月，武进商会会董于定一与庄俞、刘志杨各出书数十部，赁屋于铁市巷岳宅，创设阅书讲报社，此乃武进商会图书馆的前身。光绪三十一年，恽祖祁用银7000余元，在双桂坊延陵季子祠2亩8分基地建成武进商会会所。翌年，以建商会会所余基余款，建造商会图书馆，计用银4900余元，其中尚有恽毓嘉捐田95亩，售银2180元，不足部分再用修地方志书的余款及恽祖祁自捐银凑足。次年春，五楹图书馆楼屋落成，阅书讲报社迁入。这是中国历史第一个县级图书馆，也是第一个由专业团体创办的图书馆，在中国图书馆史上有着重要的意义。据当时报刊资料所载，宣统二年（1910）增加图书1706种，加原有4267种，总共5973种。辛亥革命后，藏书量与日俱增，至1919年，办馆10年，收藏古今图书达10万余卷，规模已相当可观。关于商会图书馆办馆宗旨，商团团长钱以振撰《读书会及图书馆成立告商界诸青年》一文中曾言："学徒对于店中，视读书为应享之权利，而商店亦视此为应尽之义务，青年缺少领导，日就堕落而不自知，即稍稍觉悟，亦烦闷无出路，同人感觉如此，爰有读书会及图书馆之设立。"可知商会图书馆的设立，除供上层知识分子读书外，对商业职工和社会青年，也有积极意义。

1932年初，经县教育局与县商会集议，县教育局即于1月8日发出训令，将商会图书馆接管，改建武进县立图书馆，并派县立民教馆馆长金蕃兼任县立图书馆筹备主任。同年3月15日，省教育厅又核准县署派教育局社会教育科科长苏鸿铨兼任县立图书馆馆长，但是两次委派都未实行。1933年9月10日，以高柏桢为主任委员的武进县社会事业委员会呈文报县府："县处京沪中心，交通便利，素号大邑，地方文化，堪称发达。去年曾由教育局与县商会一度集议，拟就原有商会图书馆，加以整顿与扩充,但后果并未实现,查现在之商会图书馆,亦因内容不充,等于虚设,利用双方之馆址与经费,创设武进县立图书馆,实属目前要图,本会有见于此,拟定县立图书馆计划大纲九条。"于是县府在9月18日召开县商会、县教育局、县社会事业委员会三方面参加的筹设县立图书馆会议,讨论通过了该委员会提出的计划大纲九条。据此,1933年12月,由教育局正式接管商会图书馆,改称武进县立图书馆。据当时报纸文章略谓:"本拟添置通俗图书杂志,由于年逢干荒,经费紧缩,只能作罢。"1935年秋季,由沈国亮任馆长,筹备才告一段落。

前后共筹备4年的县立图书馆,1936年1月1日正式对外开放。当时的县立图书馆,设有阅报、阅书、儿童阅览、参考等4室,有一部分图书供读者外借。由于原来图书馆藏书"私人寄存者十之七八",因此此次教育局接管图书馆引起地方人士强烈不满,一些名流将寄存图书大部分收回,馆藏数量急剧下降,不足万册,景况一落千丈。1937年冬季,抗日战争爆发,常州沦陷,县立图书馆告歇,沦陷期间整整闭馆8年。馆藏曾有《咸淳毗陵志》钞校本一部,系清代著名校勘学家卢文弨用朱笔亲自校注,极为精审。抗战中此书由馆长沈国亮装入木匣存放于局前街小学地下室内,后因局前街小学为日寇部队占据,书遭损毁。1945年9月,抗战胜利,国民党政府又接管了县立图书馆,虽说藏书已"力加整理",而"大部珍藏书籍,类皆残缺不全"。及至1949年4月常州解放时,全馆藏书总共不过26600余册。①

除了县立图书馆之外,在城中还有冠时图书馆,成立于1919年,由局前街新群书社王冠时创办,每日定时开放,免费借阅。茗杏图书馆成立于1926年,在冠英学校内(现觅渡桥小学),为纪念该校创办人庄鼎彝(字茗甫)而命名。此外乡间有孝仁乡图书馆,由钱振锽于宣统三年(1911)孝仁乡下官堂内创办,这也是常州第一座乡村图书馆,藏书最多时达2000余册,每月农历初一日、十二日、二十一日为借书还书日。1915年,怀北乡教育会在西圈门怀北乡乡公所内创办了怀北乡图书馆,经费由学董筹拨,藏书最初有200余种,后又添购博物图书和杂志多种。②

三、报纸

从清宣统三年(1911)至1949年,常州城乡共出版发行过各种地方报纸74种(不包括抗日战争时期出版发行的抗战小报)。其中日报45种,3日刊16种,5日刊1种,周刊1种,旬刊1种,半月刊1种,刊期失考9种。

1911年至1920年是常州报纸的黄金时代,先后创办的报纸曾有20多种。推其

---

① 潘健:《常州市图书馆简史》,常州市档案局、常州市地方志办公室编《常州古今》第2辑,内部出版物,1981年,第140—147页。
② 常州市地方志编纂委员会编:《常州市志》第3册,中国社会科学出版社1995年版,第473页。

原因，一是清室覆亡后，言禁大开，民国成立后，约法规定人民有言论、出版之自由；二是常武地区素有"人文荟萃"之称，又地处宁沪之间，因而能得风气之先。①

1911年9月，常州光复。为了扩大革命影响，鼓动士气，激发人心，民政署于军政分府成立的当天，连夜筹划出版机关报《新民日报》，于9月21日创刊，由汉痴主笔，社址设在民政长署内。版面安排上，第一版为社论与时评，主要内容为敦促人民剪除辫子，废除裹足，改变服装等等；第二版为电讯。各地光复消息来自常州军政分府和镇军政府。报纸出版后，人们争购阅读，在促进革命思想的传播方面，起了很大作用。②

1912年6月，为启迪民智，县议会议决创办《公言报》，由府中学堂教员吕叔元为主笔，日出对开1张，由日进公司印刷，每份售价为大洋1分。经常撰稿的有中学堂教员陈章、顾实、吴山秀等。该报刊登了大量宣传革命的文章，使革命思想深入人心。同年5月19日，《新兰陵》报问世，社址设双桂坊16号。21日，《新兰陵报》创刊。这两种四开报纸发行数量不多。③

不久，北京政府实行专制统治，期间创办的多种报纸怕以政论招祸，于是商业性、文艺性、消闲性报纸应时而生。但这一时期的报纸，除《武进报》《晨钟报》《兰言日报》《商报》《正谊日报》等少数几种外，出版时间都没有超过3年。1919年10月5日的《晨钟报》说："今观吾邑之报纸，发行至千号者，仅推本报"，"《新时事报》《大声报》《益常报》出版未久，已先后停版。"当时一些报纸随起随没的原因，除受到了执政当局的政治迫害外，也和经济上难以维持有关。据《晨钟报》发行至千号时所出的特刊中记载："本报组织之初，不过两三人，经济实万分拮据"，"本报千日之经历，几许困难，几许艰险，不知从何说起"。④

这一时期的报纸，都是日报，多数为对开一大张四版。1912年下半年起，都改用新闻纸两面印刷。在1920年前创刊的各种报纸，其编排形式如出一辙，都是在各版上标有"社论""时评""录电""本省要闻""本地新闻""城乡琐闻"等等栏目，有关内容，都按各栏目"对号入座"。报纸文章多为文言文，白话文较少。1919年年底，《新武进报》和《商报》曾大力提倡白话文，每逢星期日都增刊，以白话文介绍新思潮、新文艺等，但由于写作白话文的作者不多，加上承印报纸的印刷所也无白话文的标

---

① 徐惠卿：《民国初期常州报纸简介》，常州市政协文史委编《常州文史资料》第2辑，内部出版物，1982年，第16页。
② 赵争：《常州光复后最早的地方报》，常州市政协文史委编《常州文史资料》第1辑，内部出版物，1981年，第85页。
③ 赵争：《常州光复后最早的地方报》，常州市政协文史编委《常州文史资料》第1辑，第87页。
④ 《晨钟报》特刊。

点符号,因此虽一度大力倡导,终于虎头蛇尾。所有报纸在这一时期均无插图和照片。原因是各报均无美术、摄影人员,本地也无制版行业。《公言报》偶尔载有漫画,是木刻的,偶尔发表过几幅摄影作品,是由照相馆提供,去外地制版的。这种情况一直延续到1949年。在1913年前,报上的广告还较少;1913年后,广告至少占了报纸版面的四分之一还多。广告费成为各报收入的主要来源,各报所以能在经济上勉力维持,也主要是依赖广告。①

五四时期,新文化运动兴起,当年常州便有《新武进》《商报》《正谊报》创刊。《晨钟报》《兰言日报》等连续报道五四运动的情况,并联名致电大总统、国务院,声援北京学生的爱国斗争。《商报》创刊后不久,增设了"实业谈""教育谈""新文艺""新研究""新提倡"等栏目,大力传播科学知识,传播新思想,反对旧礼教,并和《新武进》等报纸一起试行白话文体,使人耳目一新。1920年5月,武进报界联合会成立,同年又有《谠言日报》《常报》《金声日报》《明德报》《新晨报》等报纸创刊。此时,常州同时发行的报纸有13种之多,但至1927年初,仅存《新武进》《商报》《新晨钟》《新正谊报》《虎报》等数种。

1927年3月20日,北伐军进驻常州,通令各报停刊整顿,仅《常州晚报》获准出版。第一次国共合作时期,中共常州独立支部以国民党县党部名义创刊《武进民报》(临时刊),此报由加入国民党的共产党员主办。由于四一二政变,国共合作破裂,《武进民报》为国民党右派接管,改名《武进中山日报》,为国民党县党部党报。1929—1933年,国民政府连续颁布《宣传品审查条例》《新闻检查标准》《新闻出版法》等,其间仅有一些商业性、消闲性民营报纸创办。至1933—1937年,办报热潮又起,报纸多达20余种,但多数为时不长。此时的常州报纸仍呈现出以年青人为代表的蓬勃发展态势。日报主要有武进《中山日报》《武进商报》《武进晨报》《常州晚报》《武进夜报》等6种;三日刊的小报为《敢报》《网报》《珠报》《晶报》等10种。

日军侵占常州时期,城区报纸极少,且均为日军所控制。1938年1月,常州自治会成立。在日寇宣抚班控制下,自治会办了一张三日刊《常州新闻》,仅有编辑、校对各一人。刊登内容很简单,除了自治会一些公告外,每期都是剪辑上海日海军办的《新申报》的消息作为翻版。1938年6月,敌伪常州自治会结束,《常州新闻》即告停刊。1938年7月,汪伪武进县公署成立,伪教育科派本地人郭文轨筹办《武进日报》,同年7月中旬出版。1942年夏秋时期,汪伪中联社沈立行(逸凡)来常州接办《武进日报》,时任编辑的沙碧曾言:该报"字里行间暴露了对敌伪阿谀奉

---

① 徐惠卿:《民国初期常州报纸简介》,常州市政协文史委编《常州文史资料》第2辑,第17—20页。

承，这就难免有失民族气节了"。另据当事人沈立行回忆："在这一时期《武进日报》的内容，总的来说，是按照日军报导部和伪宣传部的指示，进行奴化、反共及'大东亚战争'的宣传。第一版是国内外新闻，主要刊登伪中央通讯社的新闻稿，日本同盟社和德国海通社的国际消息。"①

这一时期，武进地区的农村报纸主要有《漕桥日报》。1937年8月13日，日军入侵上海。8月底，漕桥成立武进县各界抗敌后援会漕桥分会，决定筹办《漕桥日报》，宣传抗日，由旅外学联负责，八开两版一张，每天油印80份。不久，由于日机常在夜间出动骚扰，市镇上灯火管制，晚上工作不便，日报又改为晚报，当天出版。11月16日日军占领漕桥，报纸停办。②

在乡村中，中共地方组织和抗日武装创办了抗日报纸多种，新闻工作者在极端困难的条件下，冒着生命危险坚持出版。先后有《突击报》（后改名为《前驱报》）、《太湖报》《抗战报》《火线报》等油印或石印报纸，时间从1940年春到1944年夏，延续4年多。这些报纸宣传党的坚持抗战，反对投降；坚持进步，反对倒退；坚持团结，反对分裂的主张和爱国抗日统一战线，动员、组织和鼓舞军民与敌、伪、顽进行斗争。《太湖报》为了避开敌人的"扫荡"，经常在船上坚持编印。1943年6月，《抗战报》移驻马迹山，中秋节突遭日军袭击，3名工作人员壮烈牺牲，电讯、印刷器材悉遭破坏，报纸一度停刊，但不久，又恢复出版油印报。

抗日战争胜利后，常州先后有10余种报纸恢复或创办。其中发行量较多、影响较大的有《武进中山日报》《武进新闻》《武进正报》3种。

抗日战争胜利后，国民党接收了日伪时的报纸《武进日报》，恢复出版《武进中山日报》，作为国民党的舆论工具。1946年9月，原《武进新闻》的编辑、记者孙秉澄等人筹创《新闻夜报》，因县长孙丹忱作难未能出版，遂以人员、资材转与三青团负责人万怀清创办的三青团的机关报《武进正报》。该报1946年11月9日创刊，1949年4月23日停刊，发行数3800余份，报社地址在常州市北大街65号。③不久，《武进正报》编辑、记者朱龙骧等人又联系工商界人士，开始筹办《常州新闻夜报》，该报创刊于1947年8月18日，停刊于1949年4月22日。发行数最高达1500份。每天出版横四开一张，分四版。④

随着国民党统治江河日下，经济萧条，物价飞涨，纸源紧缺，常州报业也举步

---

① 沙碧：《沦陷时期的常州新闻事业》，《常州文史资料》第2辑，内部出版物，1982年，第40页。
② 孙秉澄：《解放前武进的几种报纸》，《武进文史资料》第2辑，内部出版物，1983年，第171—172页。
③ 孙秉澄：《解放前武进的几种报纸》，《武进文史资料》第2辑，第172—175页。
④ 孙秉澄：《解放前武进的几种报纸》，《武进文史资料》第2辑，第175—178页。

维艰,有的报纸停刊,有的缩减版面提高报价,报社职工因生活所迫,有要求增加工资进行罢工请愿的,有被解雇甚至遭拘捕的。至1949年解放前夕,尚存《武进中山日报》《武进新闻》《武进正报》、《武进晨报》(三日刊)、《快报》(晚报)、《常州新闻夜报》《武进民声日报》《武宜日报》《钢报》《晨报》《武进学报》《武进儿童》等12种报刊,此外《申报》《上海新闻报》《上海中央日报》《南京中央日报》《和平日报》《上海正言报》《上海商报》《上海前线日报》《上海大公报》等报纸在常州设有分销处或分布处。①

四、影剧院、书场

逸仙戏园是常州城区第一座营业性的戏剧演出场所。宣统元年(1909),由吴安甫等集资在西河沿碧霞弄口兴建,为两层楼砖木结构,有1000多个座位,分楼座、正厅、边厢、清座、立看5种。舞台沿用古戏楼样式。自开业起,始终演出京剧,小杨月楼、盖叫天等京剧名流先后来此演出。1917年3月,首次在常州戏剧舞台上使用布景。1920年5月停业。

民国后常州较大的影院是坐落在公园路的常州大戏院,建于1916年,始称中华环球俱乐部;1928年,由顾庆颐、高守书等与清真寺立约重建,改名明星大戏院。1932年1月,第一次放映有声电影《虞美人》。同年重新改建后,更名为常州大戏院,门额为于右任书写。两层楼砖木结构,有900多个座位,分正厅、楼座、后座和包厢4种。此外著名的还有建于1920年的西区游艺场,建于1929年的东郊戏院,建于1931年的乾元市场、贻园大戏院,建于1935年的大观园书场,建于1935年的凯旋电影院,建于1946年的大光明电影院,建于1947年的大华大戏院等等,截至1949年,全市共有影院、书场、剧场等40余家。②

五、广播电台

1932年9月,国民党武进县党部设立广播电台;1936年,三民主义青年团武进分部创办常青广播电台,都属官办性质;1933年创办的大润广播电台和马氏广播电台则是民营性质。这些广播电台均有新闻、娱乐、商情、教育等内容,在宣传新思想、新风尚,提倡白话文和新生活,改造社会风气等方面起着重要作用。③

国民党武进县党部广播电台于1932年9月建立,台址设武进县商会国耻馆,有发射机1台,功率15瓦、频率1250千赫、波长240米。配备3名专职修理人员。次年3月,频率改为1330千赫,波长225.6米,发射功率增为50瓦,台址从国耻馆

---

① 《武进调查》,华中工委调查室油印本,1949年3月。
② 常州市地方志编纂委员会编:《常州市志》第3册,第480—485页。
③ 史君伟:《近代常州现代化事业的发展与劫难》,《中国地方志》2007年第6期。

迁至大庙弄中山纪念堂楼上，于1934年2月1日正式播音。1935年，又将功率增至75瓦，播音时间从3小时左右增加到7小时，广播节目从不固定逐步改为固定。1937年日军侵常时停播。1945年抗日战争胜利后，由常州华安电料行业主郭光华及友人朱安如提供广播发射机和全套广播设备，恢复县党部电台，功率100瓦，翌年10月扩大到200瓦，至1949年解放时停播。

  大润广播电台1933年由常州大润电料行业主和钱庄老板创办，属民营性质。凭着他们掌握的无线电技术，从市场上购得进口的广播器材，组装发射机。建台的目的，主要是报道商情、传递信息；寻求娱乐，活跃生活。台址设在南大街大润电料行，呼号为XGDL，功率10瓦、频率1470千赫、波长204.1米。每天播音3小时，上午9—10时、下午1—2时、6—7时。节目内容除本地、外埠商情、牌价外，大部分是文艺节目，以京剧唱片、流行歌曲等为主。1935年，频率改为1174千赫、波长255.5米，当年停办。常青广播电台1947年5月29日（农历三月二十九日，黄花岗战役纪念日）开播，由三青团武进分团建立。台址设在城中公园（今人民公园）内，电台呼号XLYC，频率760千赫、波长394.7米、功率200瓦，木杆天线高度49米，机器设备由常州华安电器行无偿提供。次年，电台改由武进县社会服务处（三青团所属机构）领导。此电台至1949年4月常州解放时停播。[1]

---

[1] 常州市地方志编纂委员会编：《常州市志》第3册，第542—543页。